리처드 버턴(1821~1890)　영국의 탐험가·외교관. 29개 언어를 구사하는 동양학자

영국 남서부 데번주 토키 항구(1842) 버턴은 이곳에서 태어나 프랑스·이탈리아에서 어린시절을 보냈다.

오늘날 토키 항구

옥스퍼드대학교 트리니티 칼리지　버턴은 1840년 이 대학에 입학해 공부하다가 42년에 동인도 주재 육군에 지원입대한다.

▲ 캘커타 항구
(1848)

1842년 버턴은 인
도 서북 구자라트
에 주둔한 제18
봄베이 보병부대
소위로 임관한다.
이곳에서 그는 여
러 지역 언어를
습득한 뒤 토착민
으로 변장해 정보
활동을 하게 된
다.

◀구자라트 지르
나르산에 있는 자
이나교 사원

'마르자 압둘라 더 부시리'라는 페르시아 사람으로 변장한 버턴(1849~50)

▲영국왕립지리
학회

영국왕립지리학회
의 의뢰를 받은
버턴은 1857년 6
월 탄자니아 동쪽
에서 서쪽으로 원
정을 시작해 1858
년 2월에 유럽인
으로서는 처음으
로 탕가니카 호수
를 발견한다. 그
의 이 발견은 뒤
에 리빙스턴과 스
탠리의 아프리카
탐험의 길잡이가
된다.

◀위성에서 본 탕
가니카 호수

▲트리에스테 정
부 궁전

버턴은 외교관으
로서 1865년 브라
질 산투스 영사
를 비롯 69년 시
리아 다마스쿠스
영사, 71년부터 트
리에스테(이탈리
아 북동 해안 지
역) 영사로 1890
년(70세) 숨을 거
둘 때까지 재직했
다. 그의 유해는
런던 모틀레이크
로 옮겨졌다.

▶트리에스테 미
라마레 성

▲성 메리 막달
레딘 로마 가톨
릭 교회 묘지
런던, 모틀레이
크

◀베두인 천막 모
양의 버턴 부부 영
묘

〈염색공 아부 키르와 이발사 아부 시르〉 레옹 카레. '이발사는 승객들에게 면도를 해주고 먹을 것을 구해 염색공에게 주었다.'

〈염색공 아부 키르와 이발사 아부 시르〉 이리 트른키. '염색공은 노예들에게 이발사를 묶어 채찍질한 뒤 바깥에 내던지라고 명령했다.'

〈어부 압둘라와 인어 압둘라〉 '여자나 아이들도 꼬리 없는 자를 보면 모두 웃어 댑니다.'

〈하룬 알 라시드 교주와 오만의 상인 아부 알 하산 이야기〉 '나는 이제 돈이 한 푼도 없소.'

〈이브라힘과 자밀라〉 '공주는 석류 같은 유방을 드러내고 보름달 같은 얼굴로 춤을 추기 시작했다.'

〈카마르 알 자만과 보석상의 아내〉 '주인이 곯아떨어지자 할리마가 들어와 자만을 희롱하기 시작했다.'

〈샤리아르와 샤라자드〉 르네 불. 1898. '샤라자드여, 나는 아이들이 태어나기 전부터 그대를 용서했노라.'

〈잘 차려입은 샤라자드 자매와 샤리아르 왕 형제〉(결말) '두 자매가 나란히 왕들 앞으로 다가가 그 앞에 섰다.'

World Book 137

Richard Francis Burton

THE BOOK OF THE THOUSAND NIGHTS AND ONE NIGHT

아라비안나이트 V

리처드 버턴/고산고정일 옮김

동서문화사

Richard Francis Burton
THE BOOK OF THE THOUSAND NIGHTS AND ONE NIGHT
아라비안나이트 V

디자인 : 동서랑 미술팀

아라비안나이트 V
차례

염색공 아부 키르와 이발사 아부 시르

옛날 알렉산드리아에 아부 키르라는 염색공과 아부 시르*¹라는 이발사가 시장거리에서 서로 나란히 가게를 하고 있었습니다.

염색공은 거짓말쟁이에다 사기꾼이며 어처구니없는 악당이었습니다. 이 사내의 관자놀이는 사원의 옥돌을 훔쳐서 만들었는지, 아니면 유대교회의 문지방 장식을 훔쳐내어 만들었는지 사람들을 속이고 나쁜 짓을 하고도 염치도 체면도 없이 눈 하나 깜짝하지 않았습니다.

손님이 직물을 가지고 와서 물감을 들여 달라고 부탁하러 오면, 언제나 물감을 사야 한다면서 선금을 받아내서는 그 돈으로 먹고 마시고 다 써버렸습니다. 돈이 떨어지면 이번에는 손님이 찾으러 오기 전에 부탁받은 천을 팔아서 그 돈으로 또 먹고 마시곤 했습니다.

그는 이처럼 먹고 마시는 일 말고는 돈을 쓰지 않았지만, 음식은 늘 산해진미, 술은 남들이 들으면 깜짝 놀랄 만한 최고급품밖에 먹지 않았습니다. 그리하여 물감 주문자가 가게로 찾아오면 판에 박은 듯이 이렇게 말하는 것이었습니다.

"죄송하지만 내일 아침 해 뜨기 전에 오십시오. 그때까지는 반드시 물을 들여 놓을 테니까요."

그러면 손님은 속으로 이렇게 생각하면서 돌아갑니다.

'하루쯤이야 어떠려고.'

그리하여 다음 날 아침 약속시각에 다시 찾아오면 또 이렇게 말해 손님을 돌려보냈습니다.

"정말 죄송합니다만 내일 아침까지 기다려주십시오. 사실 어저께 손님이 오셔서 온종일 볼일을 보느라고 일을 못했는데, 내일 아침까지는 꼭 염색을 해 놓겠습니다."

손님이 그대로 돌아갔다가 다음 날 아침에 다시 찾아오면 아부 키르는 또 이렇게 말합니다.

"여러 번 오시게 해서 정말 죄송합니다. 어제는 여편네가 몸이 아파서 온종일 누워 있었기 때문에 이것저것 일을 보다가 그만 일을 못했습니다. 이번에는 틀림없이 해 놓을 테니 내일 와 주실 수 없겠습니까?"

이런 식으로 손님이 몇 번이나 걸음을 해도 그때마다 교묘하게 핑계를 만들어서는, 다음은 틀림없이 해 놓겠다고 천연덕스럽게 손님을 속여 쫓곤 했습니다.

——여기서 날이 훤히 새기 시작하여 샤라자드는 이야기를 그쳤다.

931번째 밤

샤라자드는 이야기를 계속했다.

오, 인자하신 임금님, 천 주인이 찾아올 때마다 염색공은 뭔가 핑계를 대어 날짜를 연기하고, 다음은 틀림없다고 장담했습니다.*² 이렇게 몇 번이나 속다 보면 손님도 참다못해 이렇게 소리를 지릅니다.

"내일, 내일 하고 언제까지 미룰 작정이오? 안 되겠소, 내가 부탁한 천을 돌려주시오. 이젠 물을 들이지 않아도 좋으니까."

그러면 또 이렇게 변명했습니다.

"그런데 손님, 아주 죄송한 일이 생겨서 매우 난처해하고 있습니다. 그래도 사실대로 말씀드려야겠지요. 오, 알라여, 제발 남의 물건에 손대는 놈에게 벌을 내려주십시오."

그러면 손님은 깜짝 놀라서 묻습니다.

"대체 무슨 일인데 그러오?"

"실은 손님께서 부탁하신 천 말입니다, 나는 더할 나위 없이 훌륭하게 물을 들여서 새끼줄에 널어 두었지요. 그런데 놀랍게도 어느 틈에 도둑을 맞았지 뭡니까? 더구나 누가 훔쳐 갔는지 도무지 짐작할 수가 없군요."

이 말을 듣고 사람 좋은 손님이면 간단하게 포기해 버립니다.

"하는 수 없지, 언젠가 또 알라께서 자비를 내려주시겠지."

그러나 끈질긴 손님은 날마다 찾아와서 비난하고 욕설을 퍼부은 끝에 관가에 고소하지만, 결국 아무것도 받아낼 수 없었습니다.

이렇게 자꾸 손님을 속이는 동안 염색공에 대한 소문이 차츰 온 성 안에 퍼져서 모두 아부 키르를 경계하게 되었습니다. 그래서 모르는 사람은 몰라도 아는 사람은 아무도 아부 키르의 함정에 걸리지 않게 되었습니다.

그러나 아부 키르는 사람들이 아무리 창피를 주고 욕을 해도 개구리 낯짝에 물 붓는 격이라 부끄러워하는 기색조차 없었습니다.

이렇게 하여 얼마 안 가 장사가 되지 않자, 아부 키르는 날마다 옆집 이발사 아부 시르의 가게에 앉아서 자기 가게 쪽을 물끄러미 바라보곤 했습니다.

그러다가 아부 키르가 그렇게 나쁜 인간이라는 사실을 모르는 손님이 천 보따리를 들고 가게 앞에 오면 얼른 일어나서 달려나갔습니다.

"손님, 무슨 볼일이십니까?"

"이것을 물들이고 싶은데."

"무슨 색으로 들이시렵니까?"

사실 염색공은 악랄한 거짓말쟁이였지만, 염색에는 꽤나 솜씨가 좋은 장인이었습니다. 그러나 어느 손님에게도 충실하게 약속을 잘 지키지 않았으므로 가게의 판매액은 없고 빈곤해질 뿐이었습니다.

그리하여 매번 주문품을 받고서 말했습니다.

"죄송하지만 선금을 주셔야겠는데요. 물건은 내일까지 꼭 해놓겠습니다."

그래서 손님이 선금을 놓고 가면 아부 키르는 곧장 시장으로 달려가 그 천을 팔아치우고, 그 돈으로 또 고기와 채소, 과일, 담배,*³ 그 밖에 여러 가지 물건들을 사곤 했습니다.

아부 키르는 이렇게 손님을 속이면서 한 번이라도 속인 적이 있는 손님이 가게 앞에 나타나면, 재빨리 이발관으로 들어가 몸을 움츠리고 숨어 있었습니다.

아부 키르는 이런 식으로 오랫동안 살았습니다.

어느 날, 그는 성미가 매우 급한 남자에게서 염색 주문을 받았습니다. 이번에도 그는 여느 때처럼 곧 그 천을 팔아서 그 돈으로 먹고 마시고 하여 다 써버리고 말았습니다.

손님은 매일같이 독촉하러 왔지만, 아부 키르는 가게에 없었습니다. 그도 그럴 것이 독촉하러 오는 손님의 모습을 보면 그는 얼른 이웃 이발관에 몸을 숨겨 버렸기 때문입니다.

그러니 아무리 찾아와도 주인은 없고, 그 성급한 사내는 견디다 못해 판관을 찾아갔습니다. 그리고 집행관 한 사람을 데리고 염색집에 가서 가게 안을 조사해 보니, 자기가 맡긴 천은 흔적도 없고 이가 빠진 오지그릇 몇 개만 널려 있을 뿐 그 밖에 아무것도 없었습니다.

그래서 수많은 이슬람교도가 보는 앞에서 가게 문을 못질해 버렸습니다. 그것이 끝나자 집행관은 열쇠를 가지고 옆집 이발관에 가서 주인에게 말했습니다.

"아부 키르가 돌아오거든 이 사람의 천을 가지고 나에게 오라고 전해 주시오.*4 그러면 가게 열쇠도 돌려줄 테니까."

그러고는 성미 급한 사내와 함께 가버렸습니다.

이발사 아부 시르는 몸을 숨기고 있던 염색공에게 물었습니다.

"당신은 왜 그렇게 이상하게 장사를 하시오? 누가 무엇을 가져오면 모조리 어디론가 보내 버리지 않소? 아까 그 사람의 천은 어떻게 했소?"

"이발사 양반, 그건 도둑을 맞았다오."

"이상한 일도 다 있군. 천을 맡으면 정해 놓고 도둑을 맞으니 정말 이상한 일도 다 있지. 그럼, 당신 가게는 이 도시의 도둑 소굴이란 말인가요? 그렇지 않고서야 맡은 물건마다 모조리 도둑맞을 리가 없지. 당신은 거짓말을 하는 게 아니오? 바른대로 말해 보시오."

"사실은 이발사 양반, 도둑맞은 게 아니오."

"도둑을 맞지 않았다면 맡은 물건들을 어떻게 했단 말이오?"

"맡으면 곧장 팔아서 이리저리 다 써버렸지 뭐."

이발사는 깜짝 놀라면서 물었습니다.

"그런 짓을 하고도 알라께서 용서해 주실 줄 아시오?"

"너무 가난해서 생각다 못해 한 짓이오. 장사는 안 되지 가난해서 돈은 없지, 어쩔 도리가 있어야지."*5

그러면서 장사가 시원치 않아 수입이 전혀 없다고 푸념을 늘어놓았습니다. 그러자 아부 시르가 이발사라는 영업도 벌이가 적다고 한탄하면서 말했습니다.

"나는 머리 깎는 데는 이 도시의 어떤 이발사보다도 뒤떨어지지 않을 자신이 있소. 그런데 도무지 손님이 오지 않으니 정말 이제 이 직업도 지긋지긋해졌어."

"나도 그렇소. 이렇게 장사가 안 되니 이젠 싫증이 났어. 이발사 양반, 우리가 꼭 이 도시에서만 살아야 할 이유가 어디 있소? 이곳을 벗어납시다. 우리는 배운 기술이 있으니 세계 어느 곳에 간들 못 살겠소? 이렇게 구차한 곳은 포기하고 어디 가서 새 출발을 합시다."

이렇게 말하면서 염색공이 이발사 아부 시르를 꾀자, 이발사도 그럴듯한 생각이 들어 둘이서 길을 떠나기로 작정했습니다.

──여기서 날이 훤히 밝았으므로 샤라자드는 이야기를 그쳤다.

932번째 밤

샤라자드는 이야기를 계속했다.

오, 인자하신 임금님, 염색공 아부 키르는 이발사 아부 시르가 같이 길을 떠나는 데 동의하자, 매우 기뻐하면서 다음과 같은 즉흥시를 읊었습니다.

그대 높은 곳에 오르려거든
고향을 나와 길을 떠나라.
그러면 다섯 곱의 이익을 보리라.
슬픈 생각도 위안받고
먹을 것도 지식도 예의범절도
나그네 신세이니 스스로 얻어지리라.
착한 사람과 어진 사람을
사귀는 것 또한 쉬우리라.
여행은 괴로운 것, 벗과도 헤어져
고생만 한다고 사람들은 말하지만
남에게 미움받고 의심을 받으면서

치욕의 집에 사느니보다
차라리 젊은이는 죽음을 택하라
이것이 사나이의 정신이니라.

길을 떠나기로 이야기가 결정되자 아부 키르는 아부 시르에게 이렇게 말했습니다.

"이발사 양반, 이렇게 서로 형제가 되었으니 이제부터는 아무 거리낌 없이 지내기로 하세나. 첫 번째 장(파티하)이라도 외고,*6 누구든지 좋은 직업을 발견할 때는 실직자를 보살펴 주기로 하되, 남은 돈은 궤짝에 모아 두었다가 알렉산드리아에 돌아와서 반씩 나누어 갖기로 하세."

"그래, 좋아."

이발사도 찬성하여 두 사람은 코란의 첫 장을 외면서 서로 맹세했습니다.

그리하여 이발사 아부 시르는 가게 문을 닫고 열쇠를 집주인에게 맡겼습니다. 염색공의 가게는 아까 그 성급한 사람이 집행관을 시켜 가게에 못질하고 열쇠를 가져가 버렸으므로, 그대로 내버려 둔 채 소지품만 꾸려서 나왔습니다.

이튿날 두 사람은 바다 위에 떠 있는 큰 돛단배*7를 탔습니다. 배는 그날 당장 항구를 떠났지만, 곧 두 사람에게 기막힌 행운이 찾아왔습니다. 왜냐하면 그 배에는 선장과 선원 말고도 120명의 승객이 타고 있었으나 이발사가 한 사람도 없었기 때문입니다. 배가 출발하자 이발사가 말했습니다.

"여보게, 배는 탔지만 앞으로 먹을 것이 얼마 없으니 야단났네. 게다가 배 여행은 오래 걸린단 말이야. 그래서 가위와 면도날이 든 가죽 주머니를 메고 승객들 사이를 돌아다녀 봐야겠어. 그러면 누군가가 면도를 해달라고 부탁할 테니 이발료 대신 보리과자나 은화 한 닢, 아니면 먹을 물을 얻어볼까 봐. 그러면 자네나 나나 안심할 수 있지 않겠나."

"그것참 좋은 생각이군."

그리고 아부 키르는 벌렁 누워서 그대로 자 버렸습니다.

이발사는 이발도구와 물그릇*8을 들고, 수건 대신(워낙 빈털터리였으므로) 누더기 천을 어깨에 걸친 채 승객들 사이를 돌아다니기 시작했습니다. 그러자 곧 어느 승객이 불렀습니다.

"여보게, 면도 좀 해 주오."

이발사는 얼른 면도도구를 꺼내 얼굴을 밀었습니다. 면도가 끝나, 손님이 값으로 금화 반 닢에 해당하는 은화를 내놓자 이발사가 말했습니다.

"손님, 대단히 죄송하지만, 이 은화 대신 보리빵을 주실 수 없겠습니까? 이렇게 배 여행을 하고 있을 때는 그편이 더 고맙겠는데요. 사실 저에게 동행이 하나 있는데 먹을 것이 모자라서 곤란을 겪고 있답니다."

손님은 빵과 치즈 한 조각에 물병에 가득 물까지 부어 주었습니다. 이발사는 그것을 가지고 돌아와서 말했습니다.

"여보게, 빵과 치즈를 가져왔네. 먹지 않겠나? 물도 있어."

염색공은 이발사가 벌어온 빵과 치즈를 먹고 물을 벌컥벌컥 들이켰습니다.

이발사는 또 이발도구와 물그릇과 누더기 천을 챙겨서 갑판으로 나가 승객들 사이를 돌아다녔습니다. 어쨌든 이발사가 따로 없었으므로 아부 시르는 승객들에게 매우 필요한 존재가 되어, 손님들 가운데는 보리빵을 두 개씩이나 주는 사람이 있는가 하면 치즈를 덩어리째 주는 이도 있었습니다.

"여보게, 털 좀 밀어주오."

이발사가 빵 두 개와 금화 반 닢에 해당하는 은화를 달라고 하면 손님은 이발사가 달라는 대로 주었습니다.

이렇게 계속 손님이 끊이지 않아서 저녁때까지 빵 서른 개, 은화 서른 닢, 그리고 많은 치즈와 올리브 열매, 생선알*9 등이 모였습니다. 그 밖에도 이발사는 필요한 물건은 뭐든지 손님에게서 얻을 수 있었습니다.

그날 마지막으로 선장 얼굴을 밀어줬는데, 이발사가 면도질하면서 항해 중에 먹을 것이 부족하다고 호소했더니 선장이 말했습니다.

"그럼, 저녁마다 동행인과 함께 와서 우리와 같이 식사하도록 하시오. 사양하지 말고 이번 항해 중에 죽 그렇게 하시오."

이발사가 돌아와 보니 염색공은 무척 기분 좋은 듯이 자고 있었습니다. 이발사가 두드려 깨우자 눈을 뜬 아부 키르는 머리에 빵과 치즈와 올리브 열매가 잔뜩 놓여 있는 것을 보고 깜짝 놀라서 물었습니다.

"아니, 이렇게 많은 음식이 다 어디서 생겼나?"

"알라의 자비지."

아부 키르가 손을 뻗어 음식을 집으려 하자, 아부 시르는 그를 못하게 말리며 말했습니다.

"지금 먹으면 안 돼. 모아 둬야지. 사실 아까 선장님을 면도해 주면서 먹을 것이 부족하다 했더니, 오늘부터는 자네하고 같이 밤마다 자기들과 함께 식사하자더군. 그래서 오늘 밤에는 그 첫 번째 초대를 받아 가는 셈이야."

그러나 아부 키르는 고개를 저으면서 말했습니다.

"모처럼 좋은 기회지만 나는 그만 사양해야겠어. 뱃멀미로 머리가 아파서 도저히 일어날 수 없는걸. 자네 혼자 가서 잘 먹고 오게."

"그렇다면 하는 수 없지."

그러고는 염색공이 먹는 모습을 가만히 바라보면서 앉아 있었습니다. 그러자 염색공은 돌 깨는 일꾼이 돌산에서 돌이라도 쪼개듯이 커다랗게 한입 베어, 열흘은 굶은 코끼리처럼 쑤셔 넣고는 꿀떡 삼키고, 그것이 다 넘어가기도 전에 또 볼이 터지도록 잔뜩 밀어 넣는 것이었습니다. 그러는 동안 눈앞에 놓인 음식을 식인귀 같은 형상으로 노려보면서, 굶주린 황소가 콩과 여물을 먹어 치울 때처럼 씩씩거리며 콧김을 내뿜었습니다.

그때 한 선원이 와서 말했습니다.

"이발사 양반, 선장님이 저녁식사를 하러 오시라고 부르십니다. 일행도 같이 오시라고 하더군요."

그래서 이발사는 염색공에게 다시 한 번 권했습니다.

"자네도 같이 가겠나?"

"아니, 나는 걸음을 걸을 수가 없어."

그래서 이발사가 혼자 가보니 보리빵과 그 밖의 많은 음식을 차려 놓은 식탁 앞에서 선장이 기다리고 있었습니다.

"일행은?"

"뱃멀미 때문에 못 왔습니다."

"그거 안됐구려. 그럴 땐 가만히 누워 있게 하시오. 뱃멀미 같은 건 금방 나으니까. 어쨌든 그 양반의 몫도 준비해 두었으니 가져다주구려. 당신이 돌아올 때까지 기다리고 있을 테니까."

그리고 커다란 쟁반에 여러 가지 요리를 조금씩 담아 세 사람이 먹어도 될 만큼 만들어 이발사에게 주었습니다.

"이것을 친구에게 가져다주시오."

이발사가 그 쟁반을 가지고 돌아와 보니, 염색공은 아까 두고 간 음식을 마치 낙타처럼 송곳니[10]를 드러내고 정신없이 먹는 중이었습니다.

"내가 아까 그건 먹지 말라고 하지 않던가? 이 배의 선장님은 정말 친절한 분이야. 자네가 멀미로 고생하고 있다 했더니, 이렇게 많은 음식을 주시지 않겠나? 이렇게나 많이 말이야."

"그것도 이리 주게."

염색공은 쟁반을 빼앗아 들고, 허연 이빨을 드러낸 들개나 성난 사자, 아니면 비둘기를 덮치는 매, 또는 굶어 죽기 직전에 먹을 것을 발견한 사람처럼 걸신들린 듯이 먹기 시작했습니다.

이발사는 다시 선장이 기다리는 식탁으로 돌아가서 저녁을 먹고 커피[11]도 마시며 즐겁게 지냈습니다.

돌아와 보니 염색공은 음식을 깨끗이 먹어 치우고, 빈 쟁반은 한옆에 밀어 놓았습니다.

──여기서 날이 훤히 새기 시작하여 샤라자드는 이야기를 그쳤다.

933번째 밤

샤라자드는 이야기를 계속했다.

오, 인자하신 임금님, 이발사 아부 시르는 빈 쟁반을 선장의 부하에게 돌려준 뒤, 염색공 옆에서 아침까지 잤습니다.

그 다음 날도 이발사는 승객들 사이를 돌아다니면서 면도를 해 주고 먹을 것과 마실 것을 얻어 와서 염색공에게 주었습니다.

염색공은 반드시 일어나야 할 때 말고는 눕거나 앉은 채 먹고 마시면서 나날을 보냈습니다. 그동안에도 이발사는 선장에게서 음식을 얻어다가 염색공에게 가져다주곤 했습니다.

그리하여 스무날 남짓 지난 어느 날, 배는 어느 항구에 닿았습니다. 두 사람은 선장과 선원들과 작별하고 뭍에 올라 시내로 들어가서 대상객주에서

방을 하나 빌렸습니다. 이발사는 곧 방을 꾸미고 냄비, 접시, 숟가락*12 등 날마다 쓰는 물건을 사서 요리를 만들었습니다.

그러나 염색공은 주막에 들어갔을 때부터 계속 잠만 자면서, 이발사가 식사준비를 다 하고 깨울 때까지 눈을 뜨지 않았습니다. 아부 시르가 깨우자 겨우 일어난 그는 식사한 뒤 이발사에게 말했습니다.

"난 아무래도 현기증이 나서 못 견디겠어. 나쁘게 생각하지 말게."

그러고는 또 벌렁 드러누워 자 버리는 것이었습니다.

이렇게 생활하는 사이에 어느새 40일이 지났습니다. 그동안 이발사는 날마다 이발도구가 든 가죽 주머니를 메고 거리를 돌아다니다가, 때로는 생각지도 못하게 많은 돈을 벌고 또 때로는 얼마 벌지 못한 채 돌아와서 언제나 자는 염색공을 깨웠습니다.

그러면 염색공은 눈을 뜨고 여태껏 배불리 먹어본 적이 없는 사람처럼 허겁지겁 주워 먹고는 벌렁 누워서 자 버리는 것이었습니다.

이렇게 하여 다시 40일이 지났을 때, 이발사 아부 시르가 말했습니다.

"그렇게 누워만 있지 말고 거리로 나가서 상쾌한 바깥 공기라도 쐬고 오는 게 어때? 이 거리는 정말 유쾌하고 재미있는 곳이야. 이런 곳은 어디든 없을걸."

아부 시르는 염색공을 밖으로 데리고 나가려 했지만, 염색공은 여전히 이렇게 말하고는 다시 벌렁 드러누워 버리는 것이었습니다.

"나는 현기증이 나서 못 견디겠어. 그러니 너무 나쁘게 생각 말고 내버려두게나."

이발사는 상대의 기분을 상하게 하고 싶지도 않았고, 심한 말도 하고 싶지 않았습니다.

그러나 41일째가 되었을 때, 이발사가 병이 나서 돈벌이를 하러 나갈 수가 없게 되었습니다. 염색공은 하는 수 없이 객주 문지기에게 부탁하여 먹을 것과 마실 것을 날라 오게 하거나 필요한 것을 사오게 하면서, 먹고 자는 것 말고는 아무것도 하지 않았습니다.

그리하여 나흘 동안은 문지기의 신세를 지고 있었는데 닷새째가 되자, 이발사의 병 상태가 더욱 나빠져서 마침내 그는 정신을 잃고 말았습니다.

염색공은 배가 고파 견딜 수가 없자 이발사의 옷을 뒤져 은화 1천 닢을 꺼냈습니다.

그는 그 은화를 몽땅 주머니에 쑤셔 넣고 정신을 잃은 이발사를 내버려 둔 채 아무도 몰래 밖으로 나갔습니다. 그때 그 문지기는 시장에 가고 없어서 염색공이 나가는 것을 본 사람은 아무도 없었습니다.

이윽고 염색공은 시장에 가서 은화 5백 닢이나 하는 호사스러운 옷을 사 입고 하릴없이 거리를 돌아다니며 구경했는데, 그곳은 보면 볼수록 유례를 찾아볼 수 없는 아름다운 도시였습니다. 그러나 염색공은 곧, 사람들이 하나 같이 흰색 아니면 푸른색 옷을 입고, 다른 색 옷을 입은 자는 아무도 없다는 사실을 깨달았습니다.

그래서 염색집에 가 보았더니 역시 푸른색 말고는 아무것도 없었습니다. 염색공 아부 키르는 흰 천을 한 장 꺼내 들고 주인에게 물었습니다.

"주인장, 이것을 물들이고 싶은데 얼마나 받소?"

"은화 스무 닢입니다."

"그건 너무 비싸오! 우리나라에선 은화 두 닢밖에 안 하는데."

"그럼, 당신네 나라에서 들이면 되잖소? 우리 집에선 은화 스무 닢이 정해진 값이라 한 푼도 깎을 수 없소."

"그런데 무슨 빛깔로 들여주겠소?"

"파랑으로 들이지요."

"파랑은 곤란해, 빨강으로 해 주시오."

"빨간빛으로 물들이는 방법을 모르는 걸요."

"그럼 녹색은?"

"녹색도 모릅니다."

"노란색은?"

"노란색도 모릅니다."

이렇게 아부 키르가 차례차례 색깔에 대한 것을 물어보는 동안 주인이 이런 말을 했습니다.

"이곳에는 염색공이 딱 40명이 있는데, 그보다 늘어나거나 줄어드는 일이 없지요. 그중 누군가가 죽으면 그 아들에게 동료가 일을 가르쳐서 뒤를 잇게 하니까요. 죽은 이에게 자식이 없으면 한 사람이 줄어드는 셈이죠. 아들이 둘 있을 때는 큰아들에게 일을 가르치고 큰아들이 죽으면 그 아우에게 그 뒤를 잇게 합니다. 동업자 사이에는 엄격한 규약이 있어서 저희는 파란 물을 들이는 방법밖에 배우지를 못했어요."

"사실 나도 염색공인데, 나는 무슨 색이고 마음대로 물을 들일 수 있소. 그러니 월급을 주고 나를 고용하면 어떻겠소? 무슨 색깔이든 물들이는 방법을 모두 가르쳐 드리리다. 그러면 당신은 이 도시에서 제일가는 기술자가 될 거요."

"우리 동업자의 규칙으로는 외국인은 넣어 줄 수가 없소."

"그렇다면 내가 마음대로 염색집을 열면 어떻게 하겠소?"

"그렇게는 안 되지."

아부 키르는 그 가게에서 나와 다른 염색집에 가 보았지만, 대답은 마찬가지였습니다.

그리하여 염색공 40명을 모조리 찾아다녔으나 스승으로도 제자로도 고용해 주지 않자, 마지막으로 염색공들의 우두머리에게 가서 그때까지의 사정을 이야기하고 부탁해 보았습니다. 그러나 우두머리도 역시 거절했습니다.

"외국인은 끼어들 수 없게 되어 있습니다."

아부 키르는 마침내 화를 내고는 도성의 왕을 찾아가서 딱한 사정을 호소했습니다.

"오, 임금님, 저는 외국인으로서 염색업을 하고 있는 자입니다."

그리고 이 도시의 염색공들과 주고받은 말을 모두 이야기하고 나서, 마지막으로 이렇게 덧붙였습니다.

"저는 어떤 빛깔로도 물들일 수 있습니다. 예를 들면 빨강이면 장미색으로도 대추색으로도 물들일 수 있습니다. 또 초록이면 풀색이나 연두색, 올리브색이나 앵무새 날개의 빛 등 온갖 빛깔로 물들일 수 있습니다. 검은색이라면 석탄 색깔, 눈꺼풀을 물들일 때와 같은 검정이 있고, 노란색도 마찬가지로 오렌지, 레몬빛, 그 밖의 온갖 노란색을 낼 수 있지요."

그런 다음 알고 있는 여러 빛깔의 이름을 모조리 주워섬겼습니다.

"그런데 임금님, 이 도시의 염색공들은 제가 방금 말씀드린 빛깔도 도무지 염색을 할 줄 모르더군요. 오로지 파란색밖에 물들일 줄을 모른다고 합니다. 그러면서도 그 사람들은 저를 스승으로도 제자로도 써주지 않습니다."

"그대 말이 맞구나. 내가 허락해 줄 테니 염색집을 내도록 해라. 돈도 대

주마. 성 안의 염색공들은 신경 쓸 것 없다. 그자들이 네 장사를 방해라도 할 때는 그놈들을 교수형에 처해서 저들의 가게 앞에 매달아 줄 테다."

그리고 곧 목수를 불러서 명령했습니다.

"너희는 지금부터 이 염색공을 데리고 거리를 안내하고 다니다가 이 사람이 마음에 들어 하는 곳이 있으면, 그곳이 상점이든 대상객주든 주택이든 무엇이든 상관없으니 그 주인에게 말해서 내주게 하고, 이 사람이 원하는 대로 훌륭한 가게를 지어주어라. 이 사람이 하는 말은 아무리 귀찮은 일이라도 잘 듣고 절대로 명령을 어겨서는 안 된다."

그리고 왕은 아부 키르에게 호사스러운 옷과 노예 두 사람, 거기에 비단 안장을 얹은 준마 한 필과 금화 1천 닢을 주면서 말했습니다.

"이 돈은 가게가 다 될 때까지 비용으로 쓰도록 해라."

그리하여 염색공 아부 키르는 왕이 준 호사스러운 옷을 입고 비단 안장을 얹은 준마에 올라, 당장 태수에 못지않은 훌륭한 신분이 되었습니다. 게다가 왕의 명령으로 집까지 얻게 되어 마음대로 집 안을 꾸밀 수 있게 되었습니다.

──여기서 날이 훤히 밝았으므로 샤라자드는 이야기를 그쳤다.

934번째 밤

샤라자드는 이야기를 계속했다.

오, 인자하신 임금님, 그 이튿날 염색공 아부 키르는 준마에 올라앉아 목수들을 거느리고 적당한 장소를 찾아 시내 여기저기를 돌아다녔습니다.

이윽고 마음에 드는 장소가 눈에 띄어 "여기가 좋겠다"고 말하니, 목수들은 곧 그 임자를 왕 앞에 데려갔습니다.

왕이 그 집을 상당한 가격에 사겠다고 하자 집주인도 기꺼이 승낙했습니다. 이윽고 목수들은 아부 키르의 지시로 작업에 착수했습니다.

얼마 안 가서 이 도시의 어느 염색집도 비교할 수 없는 훌륭한 가게가 완성되었습니다. 아부 키르는 왕 앞에 나아가 가게가 완성되었음을 보고한 뒤 이렇게 말했습니다.

"오, 임금님, 물감과 여러 가지 연장을 살 돈을 좀 주셨으면 좋겠습니다."

"그럼 그 밑천으로 금화 4천 닢을 줄 테니, 염색되면 맨 먼저 보여다오."

아부 키르는 돈을 받아들고 곧장 시장으로 갔는데, 염색재료*¹³가 거의 공짜나 다름없을 만큼 싸서 염색에 필요한 재료를 잔뜩 사 가지고 돌아왔습니다.

그리하여 왕이 보낸 5백 필 남짓한 천을 여러 색깔로 물들여서 가게 앞에 펼쳐 놓았더니, 지나가던 사람들은 난생처음 보는 이상한 염색물에 모두 놀라는 것이었습니다.

그러는 동안 가게 앞에는 수많은 사람이 모여들어 처음 본 신기한 염색물에 눈이 휘둥그레져서 아부 키르에게 물었습니다.

"오, 주인장, 이건 무슨 색깔이오?"

그래서 아부 키르는 이것은 빨강이고, 그것은 노랑이며, 저것은 녹색이라는 식으로 빛깔 이름을 하나하나 가르쳐주었습니다. 그러자 사람들은 저마다 기다란 천을 가지고 와서 부탁하는 것이었습니다.

"이것을 저렇게 물들여 주시오. 염색료는 얼마든지 달라는 대로 주겠소."

그뿐만이 아닙니다. 아부 키르는 왕에게 부탁받은 천을 죄다 물들여서 왕궁으로 가져갔습니다. 왕은 여러 가지 아름다운 빛깔로 물들인 천을 보고 매우 기뻐하며 어마어마한 값을 주었습니다.

아부 키르는 왕의 주문품 말고도 도시 사람들에게서 계속 주문을 받았고, 그럴 때마다 은화와 금화가 잔뜩 들어왔습니다.

그리하여 아부 키르의 이름은 그 가게와 함께 유명해져서 다른 나라에까지 평판이 자자해졌습니다. 사람들은 그 가게를 '임금님의 염색가게'라고 부르게 되었습니다. 사방팔방에서 복(福)의 신(神)이 찾아와, 다른 염색공들도 아무도 불평을 말하는 자가 없었습니다. 그들은 가게에 찾아와서 그의 손에 입을 맞추고 그때까지의 무례를 사과한 다음 제발 제자로 삼아 달라고 부탁하는 것이었습니다. 그렇지만 아부 키르에게는 흑인 노예와 하녀가 있고, 재산도 많았으므로 제자를 두려고 하지 않았습니다.

이렇게 아부 키르가 뜻하지 않은 행운을 만나는 동안, 이발사 아부 시르는 방 안에 갇힌 채 가진 돈도 도둑맞고 사흘 동안이나 정신을 잃고 누워 있었습니다.

사흘째 저녁때가 되어 객주 문지기가 무심코 아부 시르의 방문을 보니 자물쇠가 걸려 있었습니다. 그러고 보니 요 며칠 두 사람의 모습을 보지 못했고, 아무 소리도 듣지 못해 속으로 이렇게 생각했습니다.

'아하, 아마 저놈들은 방값을 떼어먹고 도망을 갔거나*14 아니면 죽어 버렸나 보다.'

밤이 되기를 기다렸다가 문지기가 방 앞에 다가가 보니, 안에서 이발사의 신음이 들려 왔습니다. 자세히 보니 열쇠구멍에 열쇠가 꽂혀 있어서 얼른 문을 열고 들어가 보니 아부 시르가 누워서 끙끙 앓고 있었습니다.

"이게 어찌 된 일이오? 당신 친구 아부 키르 님은 어디로 갔소?"

"오, 알라여, 오늘 가까스로 정신이 들어 기를 쓰고 불러봤지만 아무도 대답하는 사람이 없었소. 오, 당신 위에 알라의 은혜가 내리시기를! 미안하지만 내 베개 밑에 지갑이 있으니 은화 다섯 닢만 꺼내 뭐 힘이 날 만한 것을 좀 사다주시오. 배가 고파 못 견디겠구려."

문지기가 지갑을 들여다보니 아무것도 없었습니다.

"지갑이 텅텅 비었는데요. 은화고 뭐고 한 닢도 들어 있지 않아요."

그 말을 듣고 이발사는 아부 키르가 돈을 빼갔음을 알았습니다.

"나와 함께 온 사람을 보지 못했나요?"

"지난 사흘 동안 전혀 보지 못했는데 당신과 헤어지지 않았던가요?"

"아니, 그럴 리가 없소! 틀림없이 그 염색공은 병든 나를 버려두고 내 돈을 훔쳐서 달아난 거야."

이발사가 소리 내어 울기 시작하자 문지기가 말했습니다.

"걱정하지 마시오. 알라께서는 그런 나쁜 짓을 한 놈에게는 반드시 벌을 내리실 테니까."

이렇게 위로하고는 방을 나가더니 이윽고 고깃국을 끓여서 사발에 담아왔습니다.

이렇게 문지기가 두 달 동안 자기 용돈을 아껴서 여러 가지 음식을 사다가 친절하게 시중을 들어준 덕분에, 이발사는 온몸이 젖도록 땀을 흘리고는*15 전능하신 알라의 자비로 완전히 몸이 회복되었습니다.

병이 다 낫자 이발사는 일어나서 문지기에게 말했습니다.

"여러 가지로 친절을 베풀어주신 당신의 호의는 평생 잊지 않겠소. 반드시 알라의 힘을 빌려 이 은혜를 갚으리다. 자비로우신 알라께 의지하지 않고는 아무도 은혜를 갚을 수 없으니까요."

"당신이 낫게 된 것도 모두 알라의 덕택이지요. 나는 다만 자비로우신 알라를 섬긴다는 생각으로 당신을 간호해 드렸을 뿐이오."

이윽고 이발사는 대상객주를 나와 시장거리를 이리저리 돌아다녔는데, 운명의 신은 마침내 이발사를 아부 키르의 염색집으로 데리고 갔습니다.

지나가다 보니 색색가지로 물들인 천을 펼쳐 놓은 가게 앞에 많은 사람이 모여 있었습니다. 이발사가 그중 한 사람에게 물었습니다.

"도대체 여기는 무슨 가게입니까? 무슨 일이 일어났나요? 이렇게 많은 사람이 모여 있는데, 어찌 된 일입니까?"

"이 가게는 아부 키르라는 외국인을 위해서 임금님이 일부러 세우신 염색집이라오. 이 나라에는 저렇게 여러 색으로 물들이는 염색공이 한 사람도 없어서, 저자가 새로운 천을 물들일 때면 모두가 신기해서 늘 이렇게 구경들을 나온다오. 아부 키르와 이 도시의 염색공들이 서로 다툰 일도 있었지."

그리고 염색공들과 아부 키르 사이에 일어난 일에서부터, 아부 키르가 임금님에게 딱한 사정을 호소한 결과, 임금님이 이처럼 훌륭한 염색집을 지어 준 일이며 막대한 돈과 물건을 내리신 일 등, 아부 키르의 신상에 일어난 일을 죄다 이야기해 주었습니다.

이 말을 들은 아부 시르는 몹시 기뻐하면서 마음속으로 생각했습니다.

'아부 키르를 이렇게 염색집 주인으로 성공하게 해 주신 알라께 감사드려야지. 그놈은 나를 버리고 달아났지만, 그것도 용서해 주자. 나는 그자가 일이 없어서 곤란할 때 보살펴주고 친절히 대해 주었으니, 나를 보면 매우 기뻐하며 내가 해 주었듯이 후하게 나를 보살펴 주겠지.'

그래서 그가 문을 열고 안으로 들어가니, 염색공 아부 키르는 왕이 하사하신 호사스러운 옷을 입은 채, 좋은 옷을 입은 흑인 노예 4명과 백인 노예 4명을 좌우에 거느리고 입구에 가까운 걸상에 앉아 있었습니다. 가게 안에서는 이 밖에도 흑인 노예 10명이 일하고 있었습니다.

아부 키르는 흑인 노예들을 사서 염색법을 가르친 다음 자기는 마치 대신이나 왕후처럼 거만하게 앉아서, 그저 이렇게 하라 저렇게 하라고 턱으로 지시만 하면 되었습니다.

이발사는 아부 키르가 자기를 보면 매우 반가워하며 친절하게 대해 주리라 생각하면서 그 앞으로 다가갔습니다.

그러나 그의 얼굴을 보자마자 염색공은 대번에 이렇게 호통을 치는 것이었습니다.

"아니, 이 바보 같은 놈이! 가게 입구를 막아서는 안 된다고 그렇게 말했건만! 도둑놈인 주제에 사람들 앞에서 내 얼굴에 먹칠할 작정이냐? 여봐라, 이놈을 잡아서 묶어라!"

흑인 노예들이 우르르 달려들어 이발사 아부 시르를 묶어 버렸습니다. 염색공은 의자에서 일어나 명령했습니다.

"이놈을 바깥에 내던져 버려라."

노예들이 주인의 명령대로 이발사를 땅바닥에 내동댕이치자, 염색공은 느닷없이 채찍을 들더니 이발사의 등을 백 번이나 때리고 다시 반듯이 눕혀 배를 백 번 때리고 나서 말했습니다.

"네 이놈! 이 사기꾼 놈아! 다시 이 가게 앞에 나타나기만 해 봐라. 임금님 앞에 끌고 가버릴 테니까! 그러면 임금님은 경비대장에게 말해서 네 목을 치게 하실 것이다. 어서 냉큼 꺼져라! 이 망할 놈아."

이발사는 순식간에 실컷 맞고 창피를 당하고는 아주 낙심하여 터벅터벅 그 자리를 떠났습니다. 바로 그때 건달 하나가 아부 키르에게 물었습니다.

"대체 저 사람이 무슨 짓을 했나요?"

"저놈은 남의 천을 훔치는 도둑이오."

──여기서 날이 훤히 밝았으므로 샤라자드는 이야기를 그쳤다.

935번째 밤

샤라자드는 이야기를 계속했다.

오, 인자하신 임금님, 아부 키르는 말을 이었습니다.

"나는 저놈에게 손님한테서 맡은 천을 몇 번이나 도둑맞았는지 모르오.

그때마다 나는 이렇게 속으로 빌었다오. '알라시여, 제발 저 사람을 용서해 주십시오!' 저 사람은 가난뱅이인 데다 나는 가혹한 짓은 하고 싶지 않았거든.

그리고 손님에게는 그때마다 도둑맞은 천값을 변상하고 저놈에게는 다시 그런 짓을 하지 말라고 타일렀소. 그러나 저놈은 아직도 그 버릇을 못 고치고 있더란 말이오. 이번에 다시 나타나기만 하면 임금님에게 끌어내다가 목을 치게 하여 세상에 해독을 끼치는 불량배를 아주 없앨 작정이오."

거리의 건달들은 이 염색공의 말을 믿고 이발사를 욕했습니다.

한편 이발사 아부 시르는 대상객주로 돌아가서 염색공의 인정 없고 모진 행동을 생각하다가, 매 맞은 아픔이 가시자 시장에 나가 목욕이라도 하려고 지나가는 사람에게 물었습니다.

"목욕탕으로 가려면 어디로 가면 될까요?"

그러자 그 사람은 이렇게 되물었습니다.

"목욕탕이라니, 그게 무얼 하는 덴가요?"

"몸을 씻고 때를 벗기는 데지요. 그게 이 세상에서 가장 기분 좋은 일이거든요."

"그렇다면 바다에 가시구려."

"아니, 나는 목욕탕에 가고 싶소."

"우리는 목욕탕 같은 건 모르오. 몸은 언제든지 바다에서 씻으니까요. 임금님도 몸을 씻을 때는 바다로 나가신다오."

아부 시르는 이 도시에 목욕탕이 없고 사람들은 그것이 어떤 것인지도 모르고 있다는 사실을 알자, 그길로 왕궁으로 가서 왕 앞에 나아가 무릎을 꿇고 엎드려 아뢰었습니다.

"저는 외국인으로 목욕탕을 하던 사람입니다. 이 도시에 와서 목욕탕을 가려고 찾았더니, 그런 곳은 한 집도 없더군요. 이 세상에서 가장 큰 쾌락인 목욕탕이 이 도시에 없으니, 대체 어찌 된 일이온지요?"

"그 목욕탕이라는 것은 어떻게 생겼느냐?"

아부 시르는 목욕탕에 대한 것을 자세히 설명한 뒤 이렇게 덧붙였습니다.

"그러니 훌륭하신 임금님의 수도(首都)도 목욕탕만 있으면 더할 나위 없이 훌륭한 도시가 될 것입니다."

"오, 알려줘서 고맙다!"

왕은 아부 시르에게 세상에 둘도 없는 훌륭한 옷과 말 한 필, 흑인 노예 2명을 내린 뒤, 이윽고 시녀 4명과 백인 병사 4명도 주었습니다. 또 잘 꾸며진 집까지 마련해 주는 등 염색공보다 더욱 융숭하게 대우했습니다.

그런 다음 아부 시르에게 목수를 보내며 분부했습니다.

"이 목욕탕 주인이 마음에 들어 하는 장소를 골라서 목욕탕을 지어주어라."

그리하여 목수들을 데리고 거리를 여기저기 보고 다닌 끝에 적당한 장소를 발견한 아부 시르는 곧 목수들을 시켜 일을 시작하게 한 다음, 직접 이모저모 지시하면서 지금까지 없었던 훌륭한 목욕탕을 지었습니다. 마지막에는 화가들을 불러 그림을 그리게 하여, 보는 자의 눈을 즐겁게 하는 장식도 끝냈습니다.

이윽고 건축이 다 되자, 아부 시르는 왕 앞에 나아가서 목욕탕 공사도 다 끝내고 장식도 마쳤다고 아뢴 다음 덧붙였습니다.

"이제 내부시설을 갖추는 일만 남았습니다."

임금님이 그 비용으로 금화 1만 닢을 주자, 아부 시르는 그 돈으로 내부시설을 갖추고 줄을 쳐서 흰 천을 여러 장 드리웠습니다. 그 앞을 지나가던 사람들은 그 훌륭한 장식에 눈이 휘둥그레졌습니다. 지금까지 한 번도 본 적이 없는 건물이 지어지자, 자꾸 구경꾼이 찾아와서는 고개를 갸우뚱거렸습니다.

"대체 이것이 무엇일까?"

그러면 아부 시르는 자랑스럽게 설명해 주었습니다.

"이것은 목욕탕이라는 것이오."

그 설명을 들은 구경꾼들은 매우 놀라워했습니다.

이윽고 아부 시르는 물을 데워서 더운 물이 나오게 하고, 커다란 물통에 분수를 만드니 사람들은 그것을 보고 모두 넋을 잃었습니다.

아부 시르가 왕에게 아직 어른이 되지 않은 백인 노예 10명가량을 청하자 왕은 달처럼 아름다운 소년 10명을 보내 주었습니다. 아부 시르는 그 노예 소년들의 몸을 씻어주면서 말했습니다.

"이런 식으로 손님의 몸을 씻어 드리는 거다."

그런 다음 향료를 피우고, 포고관에게는 시내를 돌아다니며 이렇게 알리게 했습니다.

"모두 '임금님의 목욕탕'으로 가시오!"

이윽고 손님들이 오기 시작하자, 아부 시르는 노예 소년들에게 손님의 몸을 씻어주라고 분부했습니다. 손님이 목욕탕에서 나오면 소년들은 한 단 높은 마루 위에 앉아서 아부 시르에게서 배운 대로 몸을 주무르고 씻어주었습니다.

이렇게 사흘 동안 무료로 목욕을 시킨 다음, 나흘째 되는 날 왕을 초대했습니다. 왕은 말을 타고 측근 중신들과 함께 목욕탕에 와서 옷을 벗고 안으로 들어갔습니다.

아부 시르가 주머니처럼 된 천으로 직접 왕의 몸을 밀어주니 왕의 살갗에서 등잔 심지 같은 때가 밀려 나와, 그것을 보여주자 왕은 매우 기뻐했습니다. 그리고 한 손으로 왕의 팔다리를 탁탁 두드리자, 때가 벗겨져 피부가 매끄러워졌으므로 철썩철썩하는 소리가 크게 울려 퍼졌습니다.*16

때를 다 민 다음 아부 시르가 욕조 안에 장미수를 타자, 왕은 그 속에 몸을 담갔습니다. 목욕한 왕은 지금까지 느끼지 못했던 상쾌한 기분이 되어 여간 만족스럽지 않았습니다.

이어서 이발사가 왕을 높은 대 위에 앉히자 소년들의 안마가 시작되었고, 향로에서는 더없이 훌륭한 침향*17 연기가 피어올랐습니다. 왕이 몹시 감탄하며 말했습니다.

"오, 주인, 이것이 목욕탕이라는 것인가?"

"그렇습니다."

"과연 이런 목욕탕이 있어야 이 수도도 나무랄 데 없는 도시라고 할 수 있겠구나."

그리고는 왕은 이내 다시 물었습니다.

"그런데 요금은 한 사람당 얼마씩이냐?"

"임금님의 분부대로 하겠습니다."

"그렇다면 누구든지 한 사람당 금화 1천 닢씩 받도록 해라."

"오, 현세의 임금님이시여, 외람된 말씀이오나 세상에는 부자도 있고 가난한 자도 있으니 모두 같다고 할 수 없습니다. 분부대로 한 사람에 금화 1

천 닢씩을 받게 된다면 모처럼 목욕탕을 만들어도 가난한 자는 들어올 수가 없습니다."

"그렇다면 그대는 얼마를 받을 생각인가?"

"목욕하는 손님들의 마음 내키는 대로 하면 어떨까 합니다.[18] 아니면 손님의 신분에 어울리는 요금으로 정하는 것이 좋으리라고 생각합니다. 그러면 부자는 많은 요금을 내고, 가난한 자는 형편대로 내고 들어올 수 있습니다. 이런 방법으로 한다면 언제까지나 번창할 것입니다. 금화 1천 닢이라는 돈은 임금님 같은 분이라면 모르되 다른 사람은 도저히 낼 수 없습니다."

이 말을 들은 태수 한 사람이 아부 시르의 의견에 동조하며 말했습니다.

"오, 임금님, 참으로 목욕탕 주인의 말이 맞습니다. 설마 임금님께서도 세상 사람들 모두가 임금님처럼 부유하다고 생각하시는 건 아니겠지요?"[19]

"정말 그렇구나. 하지만 어쨌든 이 사람은 외국인인 데다 가난하니 친절히 보살펴 줘도 거리낄 것이 없다. 이 도시에 없는 목욕탕을 만들어서 도시의 가치를 높여 주었으니, 아무리 비싼 요금을 주더라도 많다고 할 수 없어."

그러자 대관들이 말했습니다.

"그렇다면 임금님의 돈으로 이 사람을 구하시고, 가난한 사람들에게 은총을 내리시어 목욕비를 싸게 해 주십시오. 그렇게 한다면 백성들은 기뻐하여 임금님을 축복할 것입니다. 아무튼 금화 1천 닢이라면 이 나라 태수인 저희도 낼 수 없는 큰돈이니 가난한 자가 어찌 그 요금을 낼 수 있겠습니까?"

"오, 대관들이여, 어쨌든 오늘은 각자 금화 백 닢과 백인 노예 하나, 시녀 하나, 흑인 노예 하나씩을 주도록 해라."

"분부대로 하겠습니다. 하오나 내일부터는 누구든지 신분에 따라 요금을 내게 하겠습니다."

"그렇게 해라."

왕은 동의하고 금화 1천 닢[(1)]과 노예 3명을 주었습니다. 그런데 이날 왕과 함께 목욕한 귀족의 수는 4백 명이나 되었습니다.

──여기서 날이 훤히 밝았으므로 샤라자드는 이야기를 그쳤다.

936번째 밤

샤라자드는 이야기를 계속했다.

오, 인자하신 임금님, 그리하여 아부 시르의 그날 수입은 금화 4만 닢을 제외하고도, 백인 노예 4백 명, 흑인 노예 4백 명, 여자노예 4백 명이나 되는 막대한 수에 이르렀습니다.[20] 그뿐만 아니라 왕도 금화 1만 닢, 백인 노예 10명, 시녀 10명, 흑인 노예 10명을 보태주었습니다. 아부 시르는 왕 앞에 나아가 바닥에 엎드리며 말했습니다.

"오, 자비로우신 임금님, 정의로우신 임금님, 이렇게 많은 시녀와 노예를 주셨는데 이자들을 다 어디에 살게 하면 좋겠습니까?"

"그대는 어찌 그리 어리석은 소리를 하느냐! 내가 귀족들에게 일러서 그렇게 하게 한 것은 모두 그대를 부유하게 해 주고 싶어서였다. 언젠가는 고향과 가족이 생각나서 돌아가고 싶을 때가 있으리라. 그때 안락하게 살 수 있을 만큼 돈을 가지고 가야 하지 않겠느냐?"

"오, 현세의 임금님(부디 알라의 은총이 내리기를!), 이러한 백인 노예나, 시녀, 흑인 노예를 거느리는 것은 왕에게나 어울리는 것이지 저희에게는 도무지 어울리지 않습니다. 혹시 저에게 현금이라도 내려주신다면 그편이 수많은 노예보다 훨씬 도움이 될 것입니다. 왜냐하면 그들은 먹여줘야 하고 입혀줘야 하기 때문에, 제가 아무리 수입이 많아도 먹여 살리기에는 부족할 것이라 생각합니다."

이 말을 듣자 왕은 웃으면서 말했습니다.

"정말 그렇구나. 사람이 많으니 그들을 돌보는 것도 쉬운 일이 아니겠지. 그럼, 한 사람당 금화 백 닢에 나에게 팔겠느냐?"

"저로서는 더할 나위 없이 고마운 말씀이옵니다. 그럼 한 사람에 금화 백 닢으로 사주시기 바랍니다."

왕이 재정관에게 명령하여 돈을 가져오게 하니, 재정관은 한 푼도 손대지 않고 그대로 아부 시르에게 넘겨주었습니다.[21] 그런 다음 왕은 노예들을 원래의 주인들에게 돌려주면서 말했습니다.

"그대들은 자기 노예를 알고 있을 테니 내 선물로서 데리고 가도록 해라."

귀족들은 왕의 말에 따라 자신이 거느리고 있던 노예들을 데리고 돌아갔

염색공 아부 키르와 이발사 아부 시르 4309

습니다. 그 모습을 보면서 아부 시르는 왕에게 말했습니다.

"오, 임금님, 다행히 임금님 덕분에 알라 외에는 배불리 먹여줄 수 없는 저 식인귀들을 몰아낼 수 있었습니다. 그러니 이제 그만 임금님께서도!"[*22]

이 말을 듣자 왕은 웃으면서 말했습니다.

"아, 참 그렇지!"

그러고는 중신들을 데리고 어전으로 돌아갔습니다.

그날 밤 아부 시르는 밤새도록 돈을 세어 자루에 담아 묶어 놓았습니다. 결국 그에게는 흑인 노예 20명과 백인 노예 20명, 여자노예만이 4명 남았습니다.

다음 날 아침, 아부 시르는 목욕탕을 열어 놓고 포고인에게 이렇게 외치게 했습니다.

"목욕하고 싶은 사람은 형편대로 요금을 내면 누구든지 목욕할 수 있습니다."

그런 다음 아부 시르가 금고[*23] 옆에 앉아 있으니 손님이 끊이지 않고 계속 몰려왔습니다. 저마다 신분에 어울리는 요금을 금고 안에 넣고 목욕탕으로 들어가니, 저녁 해가 지기도 전에 높으신 알라의 은혜로 금고가 꽉 차버렸습니다.

얼마 뒤 왕비도 목욕탕에 오고 싶어 한다는 얘기가 들려왔습니다. 아부 시르의 귀에도 그 얘기가 전해지자, 그는 곧 왕비를 위해 하루를 둘로 나눠 이른 아침부터 점심때까지는 남자들만, 점심때부터 저녁때까지는 여자들만 입장하게 했습니다.[*24]

이윽고 왕비가 오자 아부 시르는 욕실의 예절과 일을 가르쳐 놓은 여자노예 4명을 금고 뒤에 앉혔습니다. 목욕한 왕비는 기분이 상쾌해져서 매우 즐거워하며 요금으로 금화 1천 닢을 두고 돌아갔습니다.

이렇게 해서 아부 시르의 목욕탕에 들어간 사람들은 부자나 가난뱅이나 모두 차별 없이 친절한 대우를 받았으므로, 그 명성이 온 도시에 퍼져 아부 시르의 집에는 모든 문에 온갖 복이 날아들었습니다. 이윽고 아부 시르는 왕실의 호위병과도 사귀고 속마음까지 알아주는 참된 벗도 여럿 생겼습니다.

왕도 일주일에 한 번은 목욕하러 왔는데 그때마다 금화 1천 닢을 놓고 갔습니다. 그런 날 말고도 많은 손님이 왔고, 아부 시르는 그들을 빈부의 차이와 상관없이 모두 진심으로 정중하게 대접했습니다.

어느 날 왕실의 선장이 목욕하러 왔습니다. 아부 시르는 자기도 옷을 벗고 같이 들어가서 선장의 몸을 주무르고 씻어주며 매우 친절하게 대접한 다음, 목욕이 끝나자 과일즙과 커피를 대접했습니다. 선장이 사례하려고 하자 그것도 받지 않았으므로, 선장은 매우 고마워하면서 마음속으로 이 호의를 어떻게 보답해야 할까 생각했습니다.

한편 염색공 아부 키르는 어떻게 지내고 있었을까요?

아부 키르도 사람들이 세상에 참으로 신기한 목욕탕에 대해 이렇게 얘기하는 것을 들었습니다.

"정말이지 그 목욕탕은 이 세상의 천국이라니까! 인샬라! 어떤가, 내일 나하고 같이 그 기막힌 목욕탕에 가보지 않겠나?"

그러자 그는 혼잣말을 했습니다.

"그리고 보니 소문난 목욕탕에 안 가본 것은 나뿐이구나. 그렇게 인기가 좋은 목욕탕이 어떤 곳인지 한 번 보러 가자."

그래서 염색공 아부 키르는 제일 좋은 옷을 입고 말을 타고, 백인 노예 4명과 흑인 노예 4명을 앞장세워 목욕탕에 갔습니다. 문 앞에서 말을 내리니 침향을 피우는 향기가 코를 찌르는데 손님은 잇따라 자꾸 들락거리고, 걸상에는 빈부귀천의 차별 없이 사람들이 몰려와 앉아 있었습니다.

아부 키르가 안으로 들어가자, 아부 시르가 반가이 그를 맞이했습니다. 그러나 아부 키르는 이렇게 말했습니다.

"이것이 어엿한 신분을 가진 사람이 하는 일인가? 나는 염색집을 열어서 이 도시 제일가는 염색공이 되어 임금님과도 친해지고 신분과 재산도 착실히 만들었네. 그런데 자네는 나를 찾지도 않고 돈도 얻으러 오지 않더군. 나는 얼마나 자네를 찾았는지 모르네. 노예와 하인들을 시켜서 대상객주며 여러 군데를 찾아다녔지만 보이지 않더구먼. 게다가 자네 소식을 알려주는 사람도 아무도 없고."

"내가 자네를 찾아갔을 때, 자네는 나를 도둑놈 취급을 하며 많은 사람 앞에서 매질하고 창피를 주지 않았는가?"

이 말을 듣고 아부 키르는 짐짓 걱정스러운 표정을 지으며 물었습니다.

"그게 무슨 소리야? 내가 자네를 때렸다고?"

"그래, 그게 바로 나였단 말일세."

아부 키르는 시치미를 떼며 자기는 그런 짓을 한 기억이 없다고 천 번이나 맹세했습니다.

"사실은 그 무렵에 날마다 천을 훔쳐가는 놈이 있었는데 그놈이 자네하고 똑 닮았단 말이야. 그래서 자네를 그놈으로 착각한 건지도 모르지."

아부 키르는 몹시 후회하는 척하면서 자기 몸을 철썩철썩 때리면서 소리쳤습니다.

"위대한 신 알라 외에 권력 없고 주권 없다! 나는 틀림없이 자네한테 나쁜 짓을 했어. 하지만 자네도 잘못이야. 나더러 자기가 누구라고 말하지도 않았고, 나는 나대로 일이 너무 바빠서 정신이 없었다네."

그러자 아부 시르가 대답했습니다.

"여보게, 알라께서 자네를 용서해 주시기를! *25 이것도 저것도 다 헤아릴 수 없는 신의 의지 속에 전부터 정해져 있었던 일이야. 오직 알라께서 보상해 주시겠지. 어쨌든 안에 들어가서 옷을 벗고 천천히 목욕이나 하게."

염색공 아부 키르가 말했습니다.

"형제, 제발 부탁이니 나를 용서해 주게."

"알라께서 자네의 죄를 없애 버리고 자네를 용서해 주실 걸세. 이 모든 것은 영겁의 옛날부터 정해져 있었던 거니까."

잠시 뒤, 아부 키르가 물었습니다.

"그런데 자넨 어떻게 해서 이렇게 훌륭한 신분이 되었는가?"

"자네를 성공하게 해 주신 신의 은총으로 나도 성공한 거지. 내가 임금님을 찾아가서 목욕탕의 효능을 말씀드렸더니 이렇게 훌륭한 목욕탕을 지어주신 거라네."

"그래? 자네가 임금님하고 친하듯이 나도 임금님과 친하네."

——여기서 날이 훤히 밝아왔으므로 샤라자드는 이야기를 그쳤다.

937번째 밤

샤라자드는 이야기를 계속했다.

오, 인자하신 임금님, 염색공이 말했습니다.

"자네가 임금님하고 친하듯이 나도 친한데, 임금님은 우리가 의형제 사이라는 것을 모르실 테니, 내가 그 사실을 말씀드리고 자네를 추천해서 지금보다 더욱 은총을 베풀어주시도록 해 주겠네."

"아니, 추천 안 해 줘도 좋아. 사람의 마음에 애정이 샘솟게 하는 알라께서는 아직 건재하시니 말이야. 그리고 임금님이나 가신들도 나를 매우 사랑해 주실 뿐만 아니라 온갖 선물까지 주셨다네."

아부 시르는 막대한 돈과 많은 노예를 얻은 이야기를 한 다음 이렇게 덧붙였습니다.

"어쨌든 금고 뒤에 옷을 벗어 놓고 욕탕에 들어가게. 나도 함께 들어가서 때를 밀어줄 테니까."

염색공이 옷을 벗자 아부 시르도 같이 들어가서 그의 몸을 씻어주고, 목욕이 끝났을 때는 옷 입는 것까지 도와주었습니다.

그런 다음 저녁을 권하고 과일도 대접하니 하인들은 주인의 이 친절한 태도를 의아한 눈으로 바라보았습니다.

이윽고 아부 키르가 약간의 요금을 내자 아부 시르가 말했습니다.

"그러지 말게, 자네와 나는 허물없는 형제 사이가 아닌가."

그러자 아부 키르가 말했습니다.

"사실 이 목욕탕은 나무랄 데가 거의 없지만 한 가지 부족한 것이 있더군."

"부족하다니, 어떤 점이?"

"탈모제*26가 없단 말이야. 황비석(黃砒石)과 석회석을 섞어서 만든 고약인데, 털이 쉽게 빠지게 하네. 이것을 준비해 두었다가 임금님이 오시거든 쉽게 털이 빠지는 방법을 가르쳐 드리게나. 그러면 임금님은 반드시 기뻐하시며 자넬 더욱 잘 보살펴주실 것이네."

"그런가? 그럼 한번 만들어봐야겠군."

이윽고, 아부 키르는 작별인사를 하고 나와서 곧장 말을 타고 궁전으로 가서 왕 앞에 나아가 말했습니다.

"오, 임금님, 사실 충언을 해 드릴 말씀이 있어서 왔습니다."

"충언이라니, 무슨 말인고?"

"임금님께서 목욕탕을 지으셨다는 말을 들었사온데 사실인지요?"

"그렇다. 외국인이 청을 하기에 그대에게 염색집을 지어주었듯이 훌륭한 목욕탕을 지어주었지. 덕택에 이 도시의 자랑거리가 하나 더 생겼어."

왕은 목욕탕의 효능을 자세히 설명해 주었습니다.

"그럼, 임금님께선 벌써 목욕을 하셨습니까?"

"음, 하고말고."

이 말을 듣자마자 아부 키르가 외쳤습니다.

"알라 무드릴라! ——신을 찬양하라! ——알라 덕분에 임금님은 그 신앙의 적인 악당의 위해에서 벗어나신 겁니다. 그 목욕탕 주인 말입니다!"

"목욕탕 주인이 어쨌다는 말인가?"

왕이 놀라서 물었습니다.

"오, 임금님, 앞으로는 두 번 다시 그런 목욕탕에 들어가지 마십시오. 그렇지 않으면 틀림없이 목숨을 잃게 될 테니까요."

"그게 무슨 소린가?"

"그 목욕탕 주인은 임금님의 적이요, 신앙심 깊은 자의 적입니다. 그자가 임금님께 목욕탕을 짓게 한 것은 목욕탕 안에서 독을 써 임금님을 죽이려는 계획 때문입니다. 그자는 무언가 준비를 하고 있다가, 다음에 임금님께서 목욕하러 가시면 '이 약을 허리 아래 있는 것에 바르십시오. 그러면 자연히 털이 빠집니다' 하고 권할 것입니다.

그런데 그것은 바로 무서운 독약이랍니다. 왜 이런 나쁜 계략을 꾸미는가 하면, 그놈이 임금님을 살해하면 그리스도교도의 국왕에게 납치된 자기 아내와 자식들을 석방해 준다는 약속을 받았기 때문입니다. 저도 그때 그놈과 같이 체포되었는데, 염색집을 차려서 그곳 사람들에게 여러 가지 염색을 해 주었기 때문에 그 사람들이 말을 해 줘서 가까스로 풀려난 것입니다. 그래서 자유의 몸이 된 저는 이곳으로 왔는데 어느 날 우연히 목욕탕에 갔다가 그자를 만났습니다. 그래서 저는 이렇게 물었습니다. '당신은 어떻게 해서 아내와 자식들까지 자유로운 몸으로 돌아올 수 있었소?'

그랬더니, 그자는 대답했습니다.

'아니, 아직 자유로운 몸이 된 것은 아니오. 어느 날 그리스도교도의 왕이 연회를 열었을 때 나도 많은 사람 틈에 끼어서 그 자리에 가보았습니다. 그런데 모두 큰 소리로 떠들고 있기에 무슨 말인가 자세히 들어 보았더니 그것은 다름 아닌 이곳의 임금님 이름이었소. "이 세상에서 내가 두렵게 생각하는 것은 그 도성의 왕*27 하나뿐이다. 그러니 그대들 중에 그 도성의 왕의 목을 쳐서 가져오는 자에게는 뭐든지 원하는 대로 소원을 풀어주리라." 그래서 나는 왕 앞에 나아가서 물었습니다. "만약 제가 그 도성의 왕을 살해했을 때는 제 아내와 아이들을 자유롭게 해 주시겠습니까?" 그랬더니 이렇게 대답했습니다. "물론이지, 그대 소원은 뭐든지 이뤄주리라."

그래서 나는 그리스도교도의 왕과 약속하고 이곳에 와서 왕을 찾아가 목욕탕을 지어 달라고 했던 거요. 그러니 하루 빨리 왕을 죽여 그리스도교도의 왕에게 가서 아내와 아이들을 찾고 상을 탈까 하오.' 이러는 것이 아니겠습니까? 그래서 제가 물었습니다.

'그럼 어떻게 해서 죽일 작정인가?'

그러자 그놈은 이렇게 말했습니다.

'아주 간단한 방법이 있지. 독을 섞은 고약을 만들어서 왕이 목욕하러 왔을 때 "이 고약을 허리 아래 있는 것*28에 바르시면 털이 자연히 빠질 것입니다." 그렇게 권해서 왕이 그것을 사용하기만 하면 고약의 독이 하루 만에 온몸에 퍼져서 마침내 심장을 해쳐 죽게 된다네. 그 사이에 나는 달아나 버릴 테니까 누가 하수인인지 아무도 모르는 거지.' 이러는 것이었습니다. 그래서 저에게 은혜를 베풀어주신 임금님의 신상이 몹시 걱정되어서 급히 달려온 것입니다."

왕은 염색공 아부 키르의 말을 듣고는 불같이 화가 나 말했습니다.

"이 일은 절대로 다른 사람에게 말해선 안 된다."

왕은 그 증거를 잡으려고 목욕탕으로 갔습니다. 왕이 들어가자 아부 시르도 옷을 벗고 언제나 그랬듯이 왕 가까이 가서 몸을 씻어주었습니다. 그러고 나서 왕에게 말했습니다.

"오오, 임금님, 저는 이번에 아래쪽의 털을 제거하는 약을 보여드리려고 합니다."

왕이 말했습니다.

"가지고 오너라."

아부 시르가 약을 가져왔습니다. 그러자 왕이 냄새를 맡아보니 메스껍고 고약한 냄새가 났으므로 독약이 틀림없다고 생각했습니다. 그래서 단단히 화가 난 왕은 호위병들을 향해 큰 소리로 명령했습니다.

"이놈을 붙잡아라!"

병사들이 즉각 아부 시르를 체포하자, 왕은 그대로 옷을 입고는 펄펄 뛰며 화를 내면서 궁전으로 돌아가 버렸습니다. 그러는 동안 왕이 그토록 화낸 까닭을 아는 자는 아무도 없었습니다. 왜냐하면 왕은 너무나 화가 나서 누구에게도 이유를 말하지 않았고, 또 아무도 용기를 내어 자세한 사정을 물어보는 자도 없었기 때문입니다.

이윽고 왕은 알현실에 나와서 아부 시르를 꽁꽁 묶어 끌어내게 한 다음 왕실의 선장을 불렀습니다.

"이 악당을 데리고 가서 산화칼슘 스무 관을 담은 큰 자루에 처넣고 아가리를 묶어라. 그런 다음 작은 배에 실어서 내 궁전 앞까지 저어 와서 격자창에 내가 보이거든 '던질까요?' 하고 물어라. 그래서 내가 '던져라!' 명령하거든 그 자루를 바닷속에 처넣어라. 그러면 산화칼슘이 끓어서 저놈은 바닷속에서 타 죽을 것이다."

"알았습니다."

선장은 아부 시르를 왕 앞에서 메고 나가 왕궁 건너편 외딴섬으로 데려가서 물었습니다.

"언젠가 내가 당신이 하는 목욕탕에 갔을 때, 당신에게 여러 가지로 친절한 대접을 받고 매우 즐거운 기분으로 돌아온 적이 있소. 그때 요금을 내려고 했지만 당신은 그것도 받지 않았소. 그래서 나는 당신에게 아주 반하고 말았는데, 오늘 임금님과 당신 사이에 도대체 무슨 일이 있었던 것이오? 그 경위를 이야기해 보시오. 당신을 그토록 처참하게 죽일 만큼 임금님을 화나게 하다니, 대체 어떤 무례한 짓을 했소?"

"아닙니다. 저는 아무 짓도 하지 않았습니다. 임금님께 이런 일을 당할 만한 죄를 지은 기억이 전혀 없습니다!"

──여기서 날이 훤히 밝아왔으므로 샤라자드는 이야기를 그쳤다.

938번째 밤

샤라자드는 이야기를 계속했다.

오, 인자하신 임금님, 아부 시르의 대답을 듣고 선장이 말했습니다.

"그럴 테지. 당신은 임금님께 지금까지 아무도 받지 못한 후한 대우를 받고 남들이 부러워하는 신분으로 출세했으니 말이오. 이것은 아마 당신의 행복을 시기하는 자가 임금님께 나쁘게 말해서 임금님의 화를 돋운 게 틀림없소. 하지만 걱정하지 마시오. 전혀 알지 못하는 나를 그렇게 친절하게 대해 준 당신이었으니, 이번에는 내가 당신에게 친절을 베풀 차례요. 살고 싶으면 나와 함께 이 섬에 있어야 하오. 갤리언선이 이 도시에서 내 고향을 향해 출발할 때, 그 배에 태워 드릴 테니까."

아부 시르는 선장의 손에 입을 맞추고 그 친절에 감사를 표했습니다. 선장은 산화칼슘을 가져와 사람만 한 크기의 돌과 함께 자루에 넣으면서 말했습니다.

"이제부터는 그저 알라를 의지하는 수밖에!"

그리고 이발사 아부 시르에게 쳉이를 주면서 설명했습니다.

"이 그물을 바다에 던지면 고기가 잡힐 거요. 나는 임금님이 잡수시는 고기를 이 쳉이그물로 잡고 있소. 그런데 오늘은 당신을 덮친 재난 때문에 고기잡이를 할 수가 없소. 그래도 요리를 배우는 소년이 고기를 가지러 왔을 때 한 마리도 없으면 난처하니, 당신이 조금이라도 잡거든 나 대신 소년에게 주시오. 그동안 나는 궁전으로 배를 저어가서 임금님이 보는 앞에서 당신을 바다에 던져 넣는 시늉을 하고 올 테니까."

"그럼, 저는 그동안 고기를 잡고 있겠습니다. 부디 알라께서 당신을 보호해 주시기를!"

선장이 자루를 배에 싣고 궁전 아래까지 저어가니, 창가에 앉아 있는 왕의 모습이 보여서 크게 소리쳤습니다.

"오, 현세의 임금님, 던져 넣을까요?"

"던져 넣어라!"

왕은 이렇게 소리치면서 한 손을 들어 신호를 보냈습니다. 그 순간, 무언가가 섬광처럼 번쩍이면서 바닷속에 떨어졌습니다. 물속에 떨어진 것은 다름 아닌 왕의 도장반지였습니다. 원래 이 반지는 마법 반지로, 왕이 노하여 누군가를 죽이고 싶을 때는 그 반지를 끼고 있는 오른손을 쳐들어 신호만 하면, 번쩍이는 빛과 함께 불꽃이 상대방을 쳐서 머리가 어깨에서 굴러떨어지도록 되어 있었습니다.

무장들이 순순히 왕의 명령을 따르고 있는 것도, 또 왕이 힘 있는 인물을 굴복시키고 있는 것도 다 이 반지 때문이었던 것입니다.

그런 힘이 있는 반지였으니, 반지가 바다에 빠졌어도 왕은 그 사실을 숨기고 말하지 않았습니다. 반지를 잃어버린 사실을 알면 군대가 모반을 일으켜 자기를 죽이지나 않을까 두려워서 말할 용기가 없었던 것입니다.

한편 아부 시르는 선장이 섬을 떠나자 그물을 바다에 던졌습니다. 그것을 끌어 올려 보니 그물 가득히 고기가 걸려 있었습니다. 몇 번 그물을 던지는 동안 마침내 물고기가 산더미처럼 쌓이게 되었습니다.

"그러고 보니 오랫동안 생선을 못 먹었구나!"

아부 시르는 그중 제일 큰 고기를 골라 들면서 혼잣말을 했습니다.

"선장이 돌아오거든 기름에 튀겨서 저녁으로 먹어야겠다."

그래서 아부 시르가 가지고 있던 작은 칼을 꺼내어 물고기의 배를 가르려 하니, 아가미에 뭔가 걸리는 게 있어서 아무리 해도 갈라지지가 않았습니다. 자세히 보니 왕의 도장반지가 들어 있는 게 아니겠습니까! 아마도 반지를 삼킨 고기가 운명의 실에 이끌려 이 섬 쪽으로 왔다가 아부 시르의 그물에 걸렸던 것이겠지요.

아부 시르는 그 반지가 이상한 힘을 가졌다는 것도 모르고 새끼손가락*29에 끼었습니다. 그때 요리수습생 두 명이 와서 물었습니다.

"선장님은 어디 가셨습니까?"

"나는 모르겠는걸."

아부 시르는 아무 생각 없이 오른손을 흔들어 손짓했습니다. 그러자 이상하게도 두 소년의 목이 어깨에서 뚝 굴러떨어졌습니다.

그것을 본 아부 시르는 깜짝 놀라 소리쳤습니다.

"오, 도대체 누가 이들을 죽였을까?"

아부 시르는 두 사람의 죽음을 슬퍼하며 오랫동안 생각에 잠겨 있었습니다.

이윽고 선장이 돌아와 보니 고기가 산더미처럼 쌓여 있고 그 옆에 두 소년이 죽어 있는 데다, 아부 시르의 손가락에 왕의 도장반지가 번쩍이고 있지 않겠습니까?

"오, 형제여, 그 반지 낀 손을 움직여서는 안 되오. 그 손을 놀리면 내가 죽어요."

아부 시르는 이유도 모르는 채 한쪽 손을 움직이지 않고 가만히 하고 있었습니다. 선장이 다가와서 말했습니다.

"누가 이 두 사람을 죽였소?"

"모르겠습니다."

"그럼, 그 반지는 어떻게 손에 넣었소?"

"내가 그물로 잡아올린 고기 배를 갈랐더니 그 속에 있더군요."

"아, 그랬구나. 나는 뭔가 번쩍이는 것이 어전에서 바다로 떨어지는 것을 보았소. 임금님께서 '던져 넣어라!'고 말하면서 당신 쪽을 향해 손을 흔든 순간*30이었지. 그래서 나는 그 자루를 바다에 던져 넣었는데, 그 순간 왕의 반지도 손가락에서 미끄러져 바닷물에 빠진 모양이군. 그 덕분에 당신은 그 반지를 손에 넣게 되었으니, 이것도 다 당신의 운이오. 그건 그렇고 그 반지의 효력에 대해 알고 있소?"

"전혀 모릅니다."

"왕의 군사들은 모두 이 반지의 힘을 두려워해서 임금님의 명령을 따르고 있는 거요. 이 반지가 없으면 아무도 복종을 하지 않을 것이오. 임금님이 화가 나서 누군가를 죽이려고 마음만 먹으면 곧 이 반지의 힘으로 그놈의 목이 날아가 버리거든. 이 반지에서 번쩍하는 빛만 나면 상대의 목이 그 자리에서 떨어져 버리니 말이오."

이 말을 들은 아부 시르는 춤이라도 출 듯이 좋아하며 말했습니다.

"그렇다면 제발 나를 저 도성에 데려다주지 않겠습니까?"

"그렇지, 이렇게 되면 당신이 살아 있다는 것이 드러나도 걱정할 필요가 없겠어. 임금님도 무서울 것 없으니까. 임금님을 죽이고자 하면 손만 쳐들면 되고, 임금님이고 군대고 모조리 죽이고 싶을 때도 마음만 먹으면 깨끗하게 해치울 수 있거든."

그렇게 말하면서 선장은 아부 시르를 배에 태워 도성을 향해 저어 나갔습니다.

──여기서 날이 훤히 새었으므로 샤라자드는 이야기를 그쳤다.

939번째 밤

샤라자드는 이야기를 계속했다.

오, 인자하신 임금님, 선장은 이발사 아부 시르를 배에 태워 도성으로 데리고 돌아갔습니다. 육지로 올라간 아부 시르가 곧장 궁전으로 가서 알현실에 들어가 보니, 왕은 가신들 쪽을 향해 근심 어린 모습으로 앉아 있었습니다. 그것은 말할 것도 없이 도장반지를 잃어버렸기 때문인데, 그렇다고 누구에게 잃어버렸다고 말할 용기도 나지 않았습니다. 왕은 아부 시르를 보고 놀라서 물었습니다.

"내가 너를 바다에 던져 넣으라 일렀는데 어찌 이곳에 다시 나타났느냐?"

그러자 아부 시르는 다음과 같이 대답했습니다.

"오, 현세의 임금님이시여, 임금님께서 선장에게 저를 바다에 던져 버리라고 분부하시자, 선장은 저를 어느 섬에 데려가서 임금님께서 왜 저토록 화가 나셨는지 그 까닭을 얘기해 달라고 했습니다. '당신에게 사형을 내리시니 대체 임금님께 무슨 나쁜 짓을 했소?' 그래서 제가 나쁜 짓을 한 기억이 전혀 없다고 대답했더니, 선장이 말했습니다. '당신은 임금님의 은총으로 크게 출세했소. 아마 그래서 누군가 당신을 시기하여 임금님께 당신에 대해 험담을 했기 때문에 단단히 화가 나신 모양이오. 하지만 나는 언젠가 목욕을 하러 갔을 때 당신이 무척 친절하게 대접해 준 데 대한 답례로, 당신을 풀어주고 영지로 돌려보내 드리겠소.'

그러고는 저 대신 커다란 돌을 자루 속에 넣고 임금님 앞에서 바다에 던진 것입니다. 그런데 임금님께서 저를 던져 넣으라고 신호하셨을 때 임금님의 소중한 반지가 바다에 떨어졌는데, 그것을 물고기가 그만 삼켜버리고 만 것입니다. 그때 마침 섬에서 물고기를 잡고 있었던 저는 참으로 운 좋게 그 물고기를 잡을 수 있었습니다. 그래서 그 물고기의 배를 갈랐는데, 아가미에서 도장반지가 나왔기에 일단 제 손에 끼었습니다.

그때 임금님의 요리수습생이 생선을 가지러 왔습니다. 제가 이 반지가 마력을 가졌다는 것은 꿈에도 모르고 아무 생각 없이 손짓했더니 금세 두 사람의 목이 뚝 떨어지고 말았습니다. 그때 선장이 돌아와서 제가 끼고 있는 반지를 보고 그 마력에 대해 얘기해 주었습니다. 그래서 임금님께서 전처럼 저를 보살펴주셨으면 하고 이 반지를 돌려 드리러 왔습니다. 이것이 그 반지이니 어서 받아 주십시오. 그리고 제가 사형을 받을 만한 죄를 지었다고 하시는데, 그게 무슨 죄인지도 가르쳐주십시오. 그것만 알면 저는 죽어도 상관없습니다. 흐르는 피로 그 죄 갚음을 하겠습니다."

이렇게 말하고 아부 시르는 반지를 뽑아 왕에게 돌려주었습니다. 왕이 아부 시르의 훌륭한 태도에 감동하면서 반지를 손가락에 끼니, 온몸에 금방 힘찬 기운이 되살아나는 듯한 느낌이었습니다. 왕은 일어나서 이발사 아부 시르를 와락 가슴에 끌어안고 말했습니다.

"오, 아부 시르여, 그대는 참으로 귀인 중의 귀인이로다. 부디 나를 용서해 다오. 만약 이 반지를 그대 아닌 다른 사람이 주웠더라면 결코 내 손에 돌아오지 못했을 것이다."

"오, 임금님, 임금님께서 진심으로 용서해 달라고 하신다면, 왜 저를 죽이려고까지 하셨는지 그 까닭을 말씀해 주십시오."

"그대가 이처럼 좋은 일을 해 주었는데 죄가 있을 리가 있겠느냐? 내가 화가 난 것은 그 염색공이 와서 그대의 죄를 호소했기 때문이다."

왕은 아부 키르가 말하고 간 것을 자세히 이야기해 주었습니다.

"오, 임금님, 알라께 맹세코 저는 나사렛 사람의 왕 따위는 알지도 못하며 그리스도교의 나라에 가본 적도 없습니다. 하물며 독을 써서 임금님을 죽이려 하다니 터무니없는 이야기입니다. 그 염색공 아부 키르 하고는 원래 알렉산드리아에서 이웃하여 살고 있었습니다. 두 사람이 다 살기가 어려워서 의논한 끝에 길을 떠나게 되었습니다. 우리는 코란의 첫 장을 외며 두 사람 가운데 누군가가 직업을 구했을 때는, 나머지 한 사람을 돌보기로 맹세하고 배를 타고 이곳에 온 것입니다."

그런 다음 아부 시르는 두 사람 사이에 일어난 일, 염색공이 병든 자기를 대상객주에 남겨둔 채 돈을 가지고 달아난 일, 또 객주의 문지기가 병이 나을 때까지 자신을 친절히 보살펴준 일, 회복한 뒤 이발도구 주머니를 매고 거리를 돌아다니다가, 우연히 아부 키르의 염색집을 발견해 인사를 하려고 들어가자, 도둑으로 몰고는 노예들을 시켜서 마구 때린 일 등을 모두 이야기한 다음 이렇게 덧붙였습니다.

"오, 임금님, 그 털 빠지는 고약을 준비하라고 권한 것도 아부 키르였습니다. 그자는 이렇게 말했습니다. '이 목욕탕은 훌륭하지만 한 가지 부족한 점이 있다네. 탈모제를 갖추지 않은 것이야.' 하지만 임금님, 그 약은 결코 독약도 아니고 해로운 것도 아닙니다. 저희 고향에서는 목욕탕에 들어갈 때마다 모두 쓰고 있으니까요. 그러나 저는 미처 그것을 생각지 못했던 것입니다.

마침 염색공이 왔기에 잘 대접해 주었더니 탈모제 이야기를 하기에 옳다구나 싶어서 곧 만들기로 한 것입니다. 지금 제가 말씀드린 것이 의심스러우시거든 부디 대상객주의 문지기나 염색집 직공이라도 부르셔서 확인해 보십시오."

그래서 왕이 곧 대상객주의 문지기와 염색집 직공들을 불러서 물어보니 모두 아부 시르가 말한 그대로였습니다. 그러자 왕은 명령을 내렸습니다.

"그 염색공을 맨발인 채로 머리에는 아무것도 씌우지 말고 두 팔을 묶어서 끌고 오너라!"

한편 염색공은 아부 시르가 죽은 줄만 알고 좋아하고 있는데, 느닷없이 왕의 호위병들이 우르르 들이닥쳤습니다. 그러고는 염색공의 목덜미를 후려치며 포승을 걸어 궁전으로 끌고 갔습니다.

염색공이 눈을 들어보니 놀랍게도 죽었어야 할 아부 시르가 왕 옆에 앉아 있고, 그 앞에 대상객주 문지기와 염색 직공들도 늘어앉아 있지 않겠습니까? 이윽고 대상객주의 문지기가 앞으로 나와 아부 키르에게 말했습니다.

"이분은 당신과 함께 온 사람이 아닙니까? 이분의 돈을 훔치고, 이러이러한 행동을 하고 앓아누워 있는 사람을 버려두고 달아난 것은 당신이 아니었나?"

다음에는 직공들이 말했습니다.

"당신이 붙잡아서 때리라고 한 것은 바로 이분이지요?"

그래서 아부 키르의 비열한 죄상은 임금님 앞에 죄다 드러나게 되었고, 마침내 염색공은 문카르나 나키르*31의 고문보다 더한 일을 당해도 자업자득이니 어쩔 수 없다 생각하게 되었습니다.

왕은 호위병들에게 명령했습니다.

"이놈을 데리고 나가서 거리로 끌고 다녀라!"

──여기서 날이 훤히 밝아왔으므로 샤라자드는 이야기를 그쳤다.

940번째 밤

샤라자드는 이야기를 계속했다.

오, 인자하신 임금님, 왕은 말을 이었습니다.

"거리를 돌아다닌 다음, 큰 자루에 넣어서 바닷속에 처넣어 버려라!"

그러자 아부 시르가 말했습니다.

"오, 임금님, 부디 저를 보셔서라도 아부 키르의 죄를 용서해 주십시오."

"그대에 대한 죄는 그대가 용서하더라도, 나에게 범한 죄는 어떤 일이 있어도 용서할 수 없다! 이놈을 끌어내라!"

그리하여 병사들은 아부 키르를 묶어서 온 거리를 끌고 다닌 끝에 산화칼슘을 담은 자루에 넣어서 바다에 던져 버렸습니다. 이로써 염색공은 바닷속에서 불타버려 제명대로 다 살지 못하고 죽고 말았습니다.

그 뒤 왕은 이발사에게 말했습니다.

"오, 아부 시르여, 소원이 있거든 무엇이든 말해 보라. 내가 다 이뤄주리라."

"더는 이곳에 머무르고 싶지 않으니 부디 고향으로 돌려보내 주십시오."

"이 나라의 대신이 되어 줄 수는 없겠느냐?"

하지만 아부 시르가 응하지 않자, 왕은 전에 내린 온갖 재물 말고도 다른 엄청난 선물을 주어 고국으로 돌려보내기로 했습니다. 그중에는 온갖 물건을 가득 실은 갤리언선도 포함되어 있었는데, 그 배의 선원은 모두 백인 노예병사들이었습니다.

아부 시르는 임금님과 작별하고 부하들을 태운 배에 올라 항구를 떠났습니다. 그리고 옆도 돌아보지 않고 항해를 계속하여 마침내 알렉산드리아 항구에 도착했습니다. 곧 모두 상륙했는데, 백인 노예 하나가 바닷가에 커다란 자루가 밀려 올라와 있는 것을 보고 말했습니다.

"주인님, 큰 자루가 해변에 밀려 올라 있는데 아가리가 단단히 묶여 있어서 무엇이 들어 있는지 전혀 모르겠군요."

아부 시르가 다가가서 자루를 열어보니, 놀랍게도 그 속에는 아부 키르의 시체가 들어 있었습니다. 파도에 밀려서 이곳까지 흘러든 것입니다. 아부 시르는 시체를 꺼내 알렉산드리아 근처에 묻고, 무덤 위에 참배소를 세워 영구히 소유권을 확보해 놓은 뒤 그 문에 다음과 같은 시를 새겼습니다.

사람은 그 행위로 하여
세상에 알려지고
그 행위로 하여 절로
고귀한 성품도 나타나는 법.
남을 욕하지 말라,
남을 저주하면 자신도 저주받는다.
욕은 다시 자기에게 돌아가는 것,
음탕한 말, 천한 말을 삼가라.
개가 날뛰는 곳에서는
참을 수 있지만
사자는 해를 주는 까닭에
쇠사슬에 매는 것.
버려진 시체는 바다에 떠돌지만
진주는 모래톱에 남는다.
어리석지 않은 참새는
매를 쫓지 않는다.
푸른 하늘을 보라,
대기의 책장에 쓰여 있는 말—
"인정이 많고
친절을 베푸는 자

둘도 없는 보답을 얻으리라.”
쓰디쓴 표주박에
달콤한 꿀 찾지 말라.
원래가 쓴 것은 끝까지 쓸 뿐이니.

그 뒤 아부 시르는 안락하게 남은 생애를 보내다가 알라의 부르심을 받아
저세상으로 가게 되었습니다. 그러자 사람들은 그를 살아 있을 때 친구였던
아부 키르의 무덤 옆에 묻어주었습니다.

그래서 그곳을 ‘아부 키르와 아부 시르’라고 불렸는데, 지금은 다만 아부
키르의 이름만 알려 있습니다.

이것이 두 사람의 생애에 대해 세상에 전해지고 있는 이야기입니다. 오,
영원히 살아서 낮과 밤을 교체시켜 주시는 알라께 영광 있으라!

또 다음과 같은 이야기도 있습니다.

〈주〉

＊1 아부 시르(Abu Sir)는 의심할 바 없이 고대 이집트의 포우시리(Pousiri), 우리 고전의
부시리스(Busiris)〔이집트의 전설적인 국왕〕가 사실과 다르게 전해진 것으로, 근대 이
집트의 다양한 마을도 이 이름을 따서 불리게 되었다. 단, 보통은 그냥 부시르(Busir)
라고 발음한다.

아부 키르(Abu Kir)는 글자 그대로는 ‘역청(瀝靑)의 아버지’인데, 이 역시 아보우
키르(Abou-Kir)〔이집트 북부의 만(灣) 이름이자 마을 이름〕로 사실과 다르게 전해졌
다. 현재 이 작은 도시는 옛날의 밝은 카노부스, 즉 이집트적인 행락 휴양지의 흔적을
간직하고 있다.

〔쿡의 《이집트 안내기》에 의하면, 아부키르 마을은 이집트의 근대사에 지울 수 없는
각인(刻印) —이를테면 1798년에는 ‘나일 해전’이 일어나고, 그 이듬해에는 나폴레옹이
불과 5천의 병력으로 2만 5천의 터키군을 격파한 것 등—을 새긴 곳으로, 거기서 약 3
마일 떨어진 곳에 카노부스(Canobus) 또는 카노푸스(Canopus) 시의 유적이 있다고 한
다.〕

＊2 서구의 이야기 작가와 마찬가지로 동양의 작가가 자신의 불량배나 악인들을 사뭇 재밌
게 그리고 있는 점은 흥미롭다. 반면에 성품이 착하고 어진 남녀는 대개 생기가 없고
흥미를 끌지 않는 존재로 되어 있다. 《실낙원》의 진짜 주인공도 악마이며, 신과 사람은
그 존재에 비하면 그림자가 희미하다. 또 메피스토펠레스는 파우스트와 마르가레트보

다 훨씬 멋지게 묘사되어 있다.

*3 담배는 아랍어로 두한(Dukhan)이라고 하며, 글자 그대로는 연기를 뜻한다. 여기서는 또 담배라고 해도 치보우크(Chibouk), '딤바크(Timbak)', 즉 '툼바크(Tumbak)'를 가리키는데, 이것은 비교적 강한(페르시아와 그 밖의) 종류의 담배로, 시샤, 즉 물 담뱃대로 마시기 전에 물로 씻어야만 한다.

　담배는 처음으로 여기에 언급되어 있는데, 명백하게 필사생이 제멋대로 삽입한 것이다. 이 '풀'은 16세기 말까지(커피가 전해 내려온 뒤, 약 백 년 동안) 동양에는 전해지지 않았지만, 일단 전해지고 나자 사회의 풍습을 완전히 바꿨다.

*4 이것은 집행관이 이런 종류의 관리 관습에 따라, 열쇠를 돌려주기 전에 상당한 돈을 우려먹으려고 욕심을 낸 것을 의미하고 있다. 따라서 동양에서의 매우 엄격한 처벌은 '경찰을 부르는 것'이며, 뇌물을 써서 어물어물 덮을 수 없는 사람들은 모두 서서히 그의 손에 빼앗기고 만다.

*5 이슬람교도들 사이에서 먹고 살기 위해 도둑질을 한다는 구실은 아부 시르 같은 선한 사람에게는 먹혀들 것이다.

*6 두 사람의 약속을 종교적으로 의무 짓기 위해.

*7 갤리언선(galleon船)[3층에서 4층의 갑판을 가진 외항용(外航用) 돛단배]은 아랍어로 갈리윤(Ghaliyun)이라고 하는데, 우리의 선박용어는 대부분 아랍어와 관련이 있는 듯하다. 이미 주석한 무장상선 카라크(carrack)는 아랍어의 하라크(Harrak)이며, 그 밖에도 모로코의 우스쿠프(Uskuf, 스쿠프라고 발음)는 소형 돛단배 스키프(skiff), 카티라(Katirah)는 커터(cutter), 바리자(Barijah)는 바지선인 barge에 해당한다. [이것은 북아프리카 연안이 옛날 바바리아 해적의 일대 거점으로, 근대의 횡범선(橫帆船)도 거기서 발달한 것과 스페인의 무어인이 북아프리카에 이주하여 해적화한 것과도 관계가 있는 듯하다. 고스가 쓴 《세계의 해적전기(海賊傳記)》 제1부에 자세히 나와 있다.]

*8 보통 주석을 섞은 놋쇠로 만든 커다란 수반(그 가장자리는 목에 맞도록 도려져 있다)을 손님 목에 대고 비누를 칠한다. 그러나 비교적 가난한 계급의 이발사는 '비누거품만 잘 내도 반쯤 깎은 거나 마찬가지(Barba ben saponate mezza fatta)'라는 이탈리아의 격언을 무시하고, 비눗물 대신 물만 담은 작은 그릇만 있을 뿐이다. 세비야의 이발사는 양 끝에 술이 달린 천을 어깨에 걸치고 거기에 면도칼을 닦는다.

*9 생선알(botargoes)은 아랍어로 바타리흐(Batarikh)라고 하며, 소금에 절인 생선(파시흐 (Fasikh))의 알이다. 부리(Buri, *Mugil cephalus*)는 나일 강에서 잡은 바닷물고기를 말하는데 상당히 맛있다고 한다. 어떤 사람은 부타르가(Butargha)라고 쓰는데, 지금은 튀니지와 다미에타 중간에 폐허가 되어 있는, 고대 이집트의 도시 부라트(Burat)에서 유래한다고 한다(손니니).

*10 송곳니는 아랍어로 아니아브(Anyab, 나브(Nab)의 복수형)이며, 어금니를 가리키지

만, 대개는 송곳니, 동물의 엄니 등에 사용된다.

＊11 커피[866번째 밤 참조]는 담배와 마찬가지로, 아마 필사생이 마음대로 집어넣은 것 같다. 그러나 이 이야기는 비교적 근대의 것인 듯하다. 어쨌든 《아라비안나이트》 속에서 사람들은 음식을 먹고 마신 뒤 손은 씻지만, 근대인처럼 담배를 피우거나 커피를 마시지는 않는다.

＊12 숟가락은 아랍어의 밀라카(Mi'lakah)(브레슬라우판 제10권)이다. 포크는 동양에서도 근세의 것으로, 무어인은 끝이 갈라진 나무막대에서 이 용어를 빌려 왔다. 그러나 특히 새조개의 껍데기와 함께 사용되기 시작했을지도 모르는 숟가락은 먼 옛날로 거슬러 올라간다.

＊13 염료는 아랍어로 닐라(Nilah)이며, 글자 그대로 인디고 남색이지만, 여기서는 염색용의 모든 원료를 가리킨다. 이 말은 산스크리트어로 니르라고 하는데, 그것의 재배도 아마 인도에서 전해 내려온 것이리라. 하기는 예루살렘이 십자군에 점령되어 있었을 때는 하(下)요르단 강 유역에서 재배되고 있었다. 이 말[니라]이 아직도 어원이 밝혀지지 않은 '나일(Nile)'과 아무 관계도 없음은 말할 것도 없다. 그런데도 내가 최근에 만난 어떤 사이비 학자, 이 언어학상 이치에 맞지 않는 말을 억지로 끌어 붙여 마치 자기가 발견한 것인 양 우쭐거리며 뽐내면서 나에게 설명했다.

＊14 카이로의 와칼라(Wakalah), 즉 '대상숙소'에서는 오늘날에도 흔히 있는 일이다. 그러나 대부분은 바우와브(Bawwab, 문지기 또는 수위)가 의심스러운 여행객을 엄중하게 감시하고 있다. 여자 손님을 재울 때는 이런 종류의 피해가 늘어난다. 그래서 정기적으로 경찰에게 여자 손님을 한꺼번에 싹 없애라는 지령이 내려진다.

＊15 이집트의 원주민은 항상 취한(取汗) 작용을 병이 나은 표시로 생각한다.

＊16 목욕탕에서는 종종 이러한 동작을 볼 수 있다. 그것은 피부가 피지를 분비하지 않게 되었을 때, 손바닥으로 때리면 더 큰 소리를 낸다는 생각이다.

＊17 글자 그대로는 '혼합향을 만들기 위한 침향(Aloes for making Nadd)'이라는 뜻. 이른바 '독수리 나무(Eagle-wood)'(말라이 아이글라(Malay Aigla), 아갈로쿰(Agallochum)으로, 산스크리트의 아구라(Agura))는 침향목(lignum aloes)과 포르투갈어의 파오 다길라(Pao d'Aguila) 등과 같이 본뜻이 바뀌어 잘못 전해진 말들이 많이 나왔다. 가장 우수한 종류는 '칼람바(Calamba)' 또는 '칼람바크(Calambak)'였다.

《린스호턴 여행기 Voyage of Linschoten》 속 유르 대령의 말에 나와 있다(제1권). 이 책은 내가 가장 사랑하는 사람이자, 내 속마음을 가장 잘 알아주던 친구인 박식한 고(故) 아서 쿠크 버넬이 하클루이트 협회를 위해 편찬한 것이다.

＊18 공중목욕탕은 '알라 주디 크(Ala judi-k, 당신의 기분에 따라)'가 되어 있는 불쾌한 존재의 하나이다. 목욕하는 사람의 신분이 높으면 높을수록 그만큼 더 요금을 내리라고 기대되고 있다. 졸저 《순례》 제1권에 나와 있다. 1853년에 나는 카이로에서 3피아스트

르 20파라(6펜스보다 약간 많은 금액)의 요금을 지급했는데, 오늘날에는 5실링 정도 요구될 것이다.

* 19 이 이야기는 '카스텔라가 이렇게 싼데도 굶주리는 사람이 있난 말인가' 하고 가난을 믿지 못했던 영국의 전설적인 공작부인과 어딘가 비슷하다.

* 20 이러한 꿈같은 '바프시시'[봉사료] 이야기는, 커피가게에 모인 때밀이들에게는 군침 도는 이야깃거리가 아닐 수 없다.

* 21 즉 이런 종류의 사람들의 관습에 따라, 재정관은 거액의 '바프시시'[봉사료]를 요구하거나 받지 않은 것이다.

* 22 영리한 동료의 희롱의 본보기.

* 23 목욕탕의 첫 번째 방은 마슬라흐(Maslakh), 또는 탈의실이라 불리며, 여기에 파수꾼이 큰 상자를 옆에 두고 앉아 손님의 지갑이나 귀중품 등을 이 상자에 넣어 보관한다. 또 이것은 요금을 넣는 금고도 된다. 런던의 '터키탕'(터무니없는 호칭이지만)에서도 이와 비슷한 광경을 볼 수 있다.

* 24 이것은 이집트와 시리아의 습관으로, 문에 달려 있는 헝겊 조각을 통해 여자들이 목욕 중이라는 것을 알 수 있다. 나는 다만 얘기로 듣기만 했는데, 노예내시가 여자들과 함께 목욕했던 시대와 장소에서는, 젊은 남자들이 오랜 연습 끝에 고환을 감쪽같이 수축시켜 노예내시로 위장했다. 정신을 집중하여 노력하면 어떤 어려운 일도 해낼 수 있다. 오르시니(Orsini)가 평소에는 쓸모없는 근육을 사용하여 청각을 비정상적으로 발달시킨 사례도 있다. 〔오르시니는 나폴레옹 3세의 암살을 계획한 이탈리아의 지사(志士). 1819~58년.〕

* 25 이렇게 알라를 끌어댄 것은 아부 시르가 염색공의 말을 믿지 않았음을 나타낸다.

* 26 탈모제는 아랍어로 다와(Dawa, 글자 그대로는 치료, 의약이라는 뜻)라고 하며, 속어이다. 336번째 밤〔'알 야만의 남자와 여섯 노예계집' 이야기 주석 19〕 참조. 라스마(Rasmah), 누라(Nurah), 그 밖에 많은 이름이 있다.

* 27 브레슬라우판에는 '이스바니야(Isbaniya)의 왕'이라고 되어 있다. 이스반(Isban, 스페인 왕)이라는 고대 민족은 노아의 아들 야페테의 후예로 오늘날에는 존재하지 않는다. '아라비아의 헤로도토스'[알 마수디를 가리킴]는 겨우 잘랄리카(Jalalikah), 즉 갈리샤인(Gallicians)을 인정하고 있을 뿐이며, 따라서 갈레고(Gallego) 민족의 오랜 역사와 그 중요성을 증명하고 있다.

* 28 성모(性毛)는 아랍어로 샤르(Sha'r)라고 하며, 원래는 신체 중에서도 특히 치부의 털을 가리킨다. 부르크하르트의 속담(202번)에 '소를 가지지 않는 것을 슬퍼하여 여자는 덤불로 채찍을 만들었다'고 한 것은, 공중누각을 그려놓고 자신을 위로하는 자에 대해 한 말이다. 또한 '허리 아래에 있는 것'이란 음부를 가리키는 고상한 터키어.

* 29 새끼손가락은 아랍어로 힌시르(Khinsir) 또는 힌사르(Khinsar)라고 하며, 가운뎃손가락

도 가리킨다. 아랍어에서는 각 손가락에 저마다 이름이 있으며, 그 이름은 또 그것에 상당하는 발가락에도 적용된다. 즉, 이밤(Ibham, 엄지손가락), 사바바(Sabbabah), 무사바(Musabbah), 또는 다아(Da'aah, 집게손가락), 와스타(Wasta, 가운뎃손가락), 빈시르(Binsir, 넷째 손가락, 반지를 끼는 손가락), 힌사르(Khinsar, 새끼손가락). 손가락과 손가락 사이에도 몇 가지 이름이 있다. 《영어 아랍어 사전》(런던, 케간 파울사(社), 1881년 간행)에 나와 있다. 이 책은 스승 배저 박사의 방대한 역작으로, 이 학문에 있어서 이 책은 사랑의 결정이기는 해도, 그다지 보람이 없는 저작이었을 거라고 생각한다.

* 30 물론 왕이 희생자가 들어 있다고 생각한 자루를 가리킨 것을 의미한다. 그러나 효력이 나타나기도 전에 반지가 바닷속에 빠진 것이다. 동양의 이야기 작가는 종종 간단하고 분명하게 함축적인 문체로 길고 번거로운 말과 상세한 세부묘사를 대신한다.

* 31 문카르와 나키르는 천사의 이름이다. 〔레인 저 《이집트인의 생활》에 의하면, 이 두 천사는 죽은 이의 무덤을 찾아가서 시체를 앉혀놓고, 살아 있을 때의 신앙에 대해 질문을 한 뒤 악한 자에게 고통을 준다고 한다.〕

〈역주〉

(1) 원문 그대로이다. 원래는 백 닢이라고 해야 맞는 것이다.

어부 압둘라와 인어 압둘라*¹

옛날 어느 곳에 압둘라라는 어부가 살고 있었습니다. 가족이 많았는데, 아이들만도 아홉이나 되는 형편이라 살림이 무척 어려웠습니다.

가진 것이라고는 그물이 하나 있을 뿐, 그 밖에는 아무것도 없었습니다. 그래서 날마다 바다에 고기잡이하러 나갔는데, 조금이라도 고기가 잡히면 그것을 팔아서 그 돈으로 신이 뜻하는 만큼의 먹을 것을 사서 아이들에게 먹였습니다. 때로 고기가 많이 잡히면 맛있는 요리를 만들고 과일을 사기도 하여, 동전 한 푼 남기지 않고 다 쓰고는 이렇게 생각했습니다.

"내일 양식은 내일 어떻게 되겠지."

그러다가 아내가 또 임신하여 열 번째 아이가 태어났습니다.

마침 그날은 집에 먹을 것이 아무것도 없어서 아내가 남편에게 말했습니다.

"여보, 먹을 것을 좀 가져와요. 이래 가지고는 몸이 견디지 못하겠어요."

"오늘은 바다에 가서 그물을 치고 올게. 전능하신 알라의 은총에 의지하여 이번에 태어난 아이의 운수를 시험해 보자고. 큰 행운을 주시면 좋으련만."

"그럼 빨리 다녀오세요. 전능하신 알라를 믿으세요."

어부는 그물을 메고 바닷가로 가서 새로 태어난 아이의 운수를 걸고 그물을 던졌습니다.

"오, 알라시여, 부디 새로 태어난 아이가 고생하지 않고 안락하고 유복하게 지낼 수 있도록 해 주십시오!"

한참 뒤 그물을 당겨 보니 그 속에는 잡동사니와 조약돌과 이름 모를 바다풀이 잔뜩 들어 있을 뿐 물고기는 한 마리도 걸려 있지 않았습니다.

그래서 다시 그물을 던져 당겨 보았는데, 이번에도 여전히 고기는 들어 있지 않았습니다. 그렇게 세 번, 네 번을 되풀이하여 그물을 던졌으나 번번이 고기는 걸려들지 않았습니다.

그래서 이번에는 장소를 이리저리 바꿔가며 알라께서 주시는 그날의 양식을 구하러 온종일 그물을 던지고 다녔지만, 저녁때가 되어도 송사리*2 한 마리조차 잡히지 않았습니다. 너무나 이상하여 고개를 갸웃거리며 어부는 혼자 중얼거렸습니다.

"알라께서는 이번에 태어난 아이에겐 양식 하나도 주시지 않을 모양인가? 아니다, 그럴 리가 없어. 알라께서는 자비와 사랑으로 가득한 신이시니, 자신의 입을 찢어서 열어주신 인간에게 양식을 주지 않으실 리가 없지."*3

그렇게 혼잣말을 하면서 압둘라는 허기진 배를 안고 집으로 무거운 발걸음을 돌렸습니다. 목이 빠져라 자신을 기다리고 있을 가족들을 생각하니 빈 그물을 메고 돌아오는 그의 마음은 더욱더 어두워졌습니다.

'대체 어떻게 하면 좋담? 집에 가서 아이들에게 뭐라고 말한다?'

이윽고 빵집 앞에 이르니 빵 굽는 화덕 주위에 많은 사람이 모여 있었습니다. 그 시절은 흉년으로 먹을 양식이 모자랄 때여서 모든 사람이 굶주림에 허덕이고 있었습니다. 사람들은 빵집 주인에게 돈을 내고 있었지만, 주인은 사람들이 검은 산처럼 모여 있어서 일일이 손님에게 신경을 쓰지 못하고 있었습니다.

어부는 코를 실룩거리며 사람들 뒤에 서서 따뜻하게 구워지고 있는 빵 냄새를 맡으며 구경하고 있었습니다. 사실 배가 너무 고파 목구멍에서 손이 나올 지경이었습니다. 그때 빵집 주인이 어부를 보고 소리쳤습니다.

"어이, 어부 양반, 이리 오시오!"

압둘라가 다가가니 빵집 주인이 말했습니다.

"빵이 필요하시오?"

그러나 압둘라가 잠자코 대답하지 않고 있으니 빵집 주인은 다시 말을 걸었습니다.

"부끄러워하지 말고 확실하게 말씀하시오. 알라는 자비로운 신이시니까. 돈이 없다 해도 빵을 드리겠소. 참고 견디면 언젠가 또 좋은 날이 오겠지요."

그제야 어부는 가까스로 입을 열고 말했습니다.

"오, 주인장, 실은 짐작하신 것처럼 저는 돈이 한 푼도 없습니다. 미안하지만 자식놈들을 먹일 만큼 빵을 주실 수 없겠습니까? 빵값 대신 이 그물을 내일 아침까지 맡겨 두지요."

"천만에, 어부 양반. 그 그물은 당신의 장사 밑천이자 양식의 씨가 아니겠소. 그물을 나에게 두고 가면 무엇으로 고기를 잡는단 말이오? 그런데 빵은 얼마나 필요하시오?"

"금화 반 닢어치만 주십시오."

빵집 주인은 은화 열 닢어치의 빵에 은화 열 닢을 보태어 어부에게 주면서 말했습니다.

"이 은화 열 닢으로 반찬거리라도 장만하시오. 합해서 은화 스무 닢 대신 내일 고기라도 잡아서 가져오면 되오. 내일도 고기가 잡히지 않거든 사양하지 말고 여기 와서 빵과 돈을 가져가도록 하시오. 언젠가 당신에게 행운이 올 때까지 기다릴 테니까."

─여기서 날이 밝아왔으므로 샤라자드는 이야기를 그쳤다.

941번째 밤

샤라자드는 이야기를 계속했다.

오, 인자하신 임금님, 어부는 빵집 주인의 친절한 말을 듣고 감사했습니다.

"전능하신 알라께서 당신의 친절에 대해 보답해 주시기를!"

어부 압둘라는 빵과 은화를 얻어서 서둘러 가게를 나왔습니다. 그리고 여러 먹을거리를 사서 부지런히 집으로 돌아와 보니, 아내는 배가 고파 우는 아이들을 달래며 남편이 돌아오기를 기다리고 있었습니다.

"이제 곧 아버지가 먹을 것을 많이 사서 돌아오실 테니 얌전하게 기다리고 있어야 해."

어부는 가지고 간 음식을 펴 놓고 식구들과 함께 먹은 다음, 아내에게 그날 있었던 일을 얘기해 주었습니다.

"정말 고마운 분이군요."

아내는 알라께 감사의 기도를 드렸습니다.

다음 날 아침, 어부는 또 그물을 어깨에 메고 집을 나섰습니다.

"오, 알라시여, 오늘은 그 빵집 주인에게 사례할 수 있도록 고기가 많이 잡히게 해 주십시오!"

어부는 바닷가에 가서 열심히 그물을 던졌으나 웬일인지 이날도 고기가 한 마리도 잡히지 않았습니다.

어부는 매우 낙심한 채 발길을 돌렸는데, 집으로 가려면 아무래도 그 빵집 앞을 지나야 했습니다.

'어떻게 해서 집으로 간다? 그래, 걸음을 빨리해서 빵집 주인의 눈에 띄지 않도록 얼른 지나가는 수밖에 없다.'

그렇게 생각한 어부는 빵집 앞에 이르자 전날처럼 많은 사람이 몰려 있어서 급히 그 앞을 빠져나가려 했지만, 어느새 빵집 주인이 재빠르게 어부를 보고 불렀습니다.

"오, 어부 양반, 이리 와서 빵과 돈을 가져가시오. 설마 당신이 나를 잊어버린 것은 아니겠지?"

어부는 하는 수 없이 대답했습니다.

"잊을 리가 있겠습니까? 다만 오늘도 고기를 잡지 못해 당신을 대할 낯이 없어서."

"그런 걱정은 하지 않아도 돼요. 당장 갚으라는 말은 절대 하지 않을 테니까. 당신에게 행운이 찾아올 때까지 기다려 준다고 하지 않았소?"

빵집 주인은 또 빵과 은화를 주었습니다.

어부가 집에 돌아가서 아내에게 그 말을 하자 아내가 말했습니다.

"이렇게 고마운 일이 어디 있겠어요? 머지않아 당신은 틀림없이 행운을 만나 그 친절한 빵집 주인에게 은혜를 갚을 수 있을 거예요."

그러나 그 뒤 40일 동안 날마다 아침 일찍부터 바다에 나가 온종일 그물을 던졌는데도, 고기 한 마리 잡지 못하고 번번이 빈손으로 돌아왔습니다. 그동안 빵집 주인은 고기에 대해서는 아무것도 묻지 않고, 그를 함부로 대하거나 기다리게 하는 일도 없이 반드시 은화 열 닢과 빵을 주었습니다.

그리하여 어부가 이렇게 말을 했습니다.

"주인장, 얼마나 되었는지 계산해 주십시오."

그러면 빵집 주인은 이렇게 대답하는 것이었습니다.

"아니, 아직 계산할 때가 아니오. 당신에게 운이 트일 때까지 기다리시오.

그러면 다 계산해서 돈을 받을 테니까요."

그때마다 어부는 빵집 주인의 친절에 감사하면서 그 자리를 떠났습니다.

40일째가 되자 어부는 아내에게 말했습니다.

"이젠 그물을 찢어버리고 어부 노릇을 그만둬야겠소."

"왜 그런 생각을 하세요?"

"바다에서 양식을 번다는 건 이제 그만두는 게 좋을 것 같소. 이런 불경기가 언제까지 계속될지를 알아야지. 그리고 빵집 주인을 보기 민망해서 이젠 바다에도 나가지 못하겠소. 바다로 나가려면 반드시 빵집을 지나가야 하니, 바다에 나가지 않으면 그 사람을 만나는 일도 없겠지. 그 앞을 지날 때마다 나를 불러서 은화와 빵을 주니, 앞으로 더 얼마나 많은 빚이 쌓이겠소."

"알라 무드릴라(우리를 가엾게 여기시고 나날의 양식을 주시는 알라를 찬양합시다!), 그게 어떻다는 거예요?"

"나는 빵집 주인에게 많은 빚을 졌소. 아마 빚을 갚으라고 독촉할 것이 틀림없어."

"빚을 갚으라고 재촉하던가요?"

"아니야, 오히려 얼마나 되는지 계산해 달라고 해도 싫다 하는걸. '서로 행운이 찾아올 때까지 기다리면서 그때까지 미뤄둡시다.' 이런단 말이야."

"정말 알라께서는 자비로우신 신이군요."

"그러게 말이야!"

어부는 또다시 그물을 메고 바다에 나가면서 이렇게 기도를 드렸습니다.

"오, 알라님, 제발 한 마리라도 좋으니 고기가 잡히게 해 주십시오! 그래야만 빵집 주인에게 가져다줄 수 있지 않겠습니까?"

그리고 그물을 던지고 한참 기다렸다가 끌어당겨 보니 어쩐지 묵직한 느낌이 들었습니다. 그래서 압둘라는 안간힘을 쓰면서 가까스로 그물을 뭍으로 끌어 올리고 보니, 팅팅 불어서 썩은 냄새가 진동하는 나귀 시체가 들어 있는 게 아니겠습니까? 그것을 보고 낙심한 어부는 구역질하면서 시체를 그물에서 꺼냈습니다.

"오, 위대한 신 알라 외에 주권 없고 권력 없다! 아무래도 나는 더 이상 어부 노릇을 계속할 수가 없겠다. 집에 가서 여편네에게 '바다에서는 양식을 얻을 수 없으니 이 직업은 그만두겠다'고 말하자. 그러면 여편네는 틀림없이

'알라님은 자비로운 분이시니, 머잖아 당신에게도 행운을 주실 거예요.' 하겠지. 여편네가 말하는 행운이란 이렇게 썩은 나귀 시체였단 말인가?"

압둘라는 매우 슬퍼하면서 탄식했습니다. 그리고 나귀 시체에서 나는 불쾌한 냄새로부터 멀리 떨어지기 위해 장소를 바꿔서 다시 한 번 그물을 던졌습니다. 그리고 한참 기다렸다가 그물을 끌어 올리니, 이번에도 뭔가 매우 무거운 것이 들어 있었습니다.

"좋다! 이렇게 된 바에야 바닷속에 있는 시체를 모조리 끌어내서 바다를 깨끗이 청소하자!"

이렇게 중얼거리면서 밧줄을 당기는데, 너무 무거워서 손바닥에 피가 맺힐 정도였습니다. 그래도 낑낑거리면서 간신히 해안으로 끌어당겨 그 속을 들여다보았더니 이럴 수가! 뜻밖에도 그 안에 사람*⁴이 하나 들어 있지 않겠습니까!

어부는 그것이 놋쇠 항아리에 갇혀 바다에 던져진 솔로몬의 마신인 줄만 알았습니다. 오랜 세월이 흐르는 동안 항아리가 깨져서, 마신이 튀어나와 달아나다가 이 그물에 걸린 줄만 알고 급히 그곳을 떠나 큰 소리로 외쳤습니다.

"오, 솔로몬의 마신님, 제발 목숨만 살려주십시오!"

그러자 그 벌거숭이 인간이 그물 속에서 큰 소리로 어부를 불렀습니다.

"오, 어부 양반, 달아나지 말고 이리 오시오. 무서워할 것 없어요. 당신과 마찬가지로 나도 사람이니까. 나를 여기서 꺼내주기만 하면 알라께서는 반드시 그 보답으로 당신에게 은혜를 내리실 거요."

이 말을 듣자 어부 압둘라는 정신을 가다듬고 옆으로 다가가서 물었습니다.

"그럼, 당신은 마족 중의 마신이 아니란 말이오?"

"아니요, 나는 틀림없는 인간이고 알라와 그 사도를 믿는 자랍니다."

"누가 당신을 바닷속에 던졌소?"

"나는 바다의 자식으로 바닷속을 걸어가고 있었는데, 바로 내 위에 당신의 그물이 떨어진 거요. 우리는 알라의 충실한 종으로 알라께서 만드신 것에 대해서는 강한 애정을 느끼며, 한결같이 알라에 대한 신앙심이 부족한 것을 두려워하고 있지요. 나는 당신의 그물을 좀 찢었는데, 거기에 대해 알라의 심판을 기꺼이 받겠소.

만약 나를 풀어주신다면 당신은 내 소유자가 되고, 나는 당신의 포로

가 되겠소. 알라의 사랑으로 나를 자유롭게 해 주고 나에게 예의를 표시하여 당신의 친구로 삼아주지 않겠습니까?

그러면 나는 날마다 여기로 올 테니, 당신도 육지의 과일을 선물로 들고 내가 있는 곳으로 와 주십시오. 당신이 있는 곳에는 포도, 무화과, 수박, 복숭아, 석류 같은 여러 가지 과일이 있을 테니, 어떤 것이든 가지고 오면 됩니다.

우리가 사는 곳에는 산호, 진주, 감람석, 에메랄드, 루비, 그 밖의 어떤 보석이든 얼마든지 있으니, 당신이 과일을 담아 가지고 오시면, 그 광주리에 가득 넣어 드리지요, 형제여, 어떻습니까?"

"코란의 첫 장에 걸고, 그렇게 하기로 합시다!"

두 사람은 같이 코란의 첫 장을 외었습니다. 압둘라는 인어를 그물에서 꺼내주고 물었습니다.

"그런데 당신의 이름은?"

인어가 말했습니다.

"내 이름은 바다의 압둘라라고 합니다. 당신이 여기 왔을 때 내가 보이지 않으면 이렇게 부르십시오. '오, 압둘라, 오, 인어여, 너는 어디 있느냐?' 그러면 곧 당신 앞에 나오겠습니다."

—여기서 날이 밝아왔으므로 샤라자드는 이야기를 그쳤다.

942번째 밤

샤라자드는 이야기를 계속했다.

오, 인자하신 임금님, 이번에는 바다의 압둘라가 압둘라에게 물었습니다.

"그런데 당신의 이름은 무엇인가요?"

"내 이름도 압둘라야."

"그러면 당신은 육지의 압둘라이고 나는 바다의 압둘라군요. 지금 곧 바다에 가서 당신에게 드릴 선물을 가져올 테니 잠시만 여기서 기다려주십시오."

어부는 인어를 놓아준 일을 후회하며 혼잣말을 했습니다.

"혹시 돌아오지 않는 건 아닐까? 틀림없이 나를 속여 놓고 지금쯤 나를 비웃고 있을 테지. 그 인어를 산 채로 잡아 두고 거리에서 사람들에게 구경 시키면 돈도 벌 수 있고, 그놈을 높은 양반의 저택으로 데리고 갈 수도 있을 텐데."

어부는 인어를 놓친 것이 생각할수록 분했습니다.

"모처럼 손에 들어온 수확물을 놓쳐 버렸어!"

이렇게 포로를 놓친 자신의 어리석음을 한탄하고 있는데, 인어 압둘라가 두 손에 가득 진주와 산호, 루비, 그 밖의 여러 가지 보석을 가지고 나타나서 말했습니다.

"오, 형제여, 미안하지만 이것 좀 받아주시오. 바구니라도 있으면 거기다 가득 담아 드릴 것을."

어부 압둘라는 몹시 기뻐하며 보석을 받아 들었습니다.

"그럼, 날마다 해가 뜨기 전에 이리로 와 주시오."

인어는 어부에게 작별인사를 하고 바닷속으로 사라져 버렸습니다.

서둘러 시내로 돌아간 어부 압둘라는 곧장 빵집 화덕 앞으로 가서 말했습니다.

"오, 주인장, 드디어 행운이 찾아왔소. 지금까지 빚이 얼마나 쌓였는지 계산해 주십시오."

그러자 빵집 주인이 말했습니다.

"계산 같은 것은 아무래도 좋소. 나에게 줄 만한 것이 있거든 뭐든지 좋으니 두고 가구려. 그렇지만 언제나처럼 두고 갈 것이 없거든 또 빵과 은화를 가져가시오. 언젠가는 좋은 날이 올 테니까."

"아닙니다, 주인장, 정말로 알라의 자비로 행운이 찾아왔다니까요. 어쨌든 내가 주인장에게 그동안 지은 빚이 상당할 텐데, 우선 이것을 받아 두십시오."

그는 진주와 산호, 루비, 그 밖의 보석을 한 손 가득(전체의 반가량이었습니다) 빵집 주인에게 주었습니다. 그리고 이렇게 말했습니다.

"이 보석을 팔 때까지 돈을 좀 융통해 주십시오."

빵집 주인은 무척 기뻐하면서 가게에 있는 돈과 빵을 전부 어부에게 주면서 말했습니다.

"이제부터 나는 당신의 종이요, 노예요."

그런 다음 있는 빵을 모두 자기 머리에 이고서 어부의 집까지 따라갔습니다. 그리고 어부의 아내와 아이들에게 빵을 준 다음, 시장에 가서 쇠고기와 야채와 여러 과일을 사 와서, 자기 가게 일은 내팽개치고 어부 집의 일을 온종일 부지런히 거들었습니다.

"오, 주인장, 그렇게 하지 않아도 좋으니 좀 쉬시오."

"아니요, 나는 당신의 종이 되었으니 일하는 것이 나의 의무입니다. 당신의 호의에 뭐라고 감사의 말을 드려야 할지 모르겠소."

그러자 압둘라가 빵집 주인에게 대꾸했습니다.

"당신은 내 은인이시오. 내가 어려울 때, 힘들 때 도와주셨기 때문이요."

빵집 주인은 그날 밤, 어부 압둘라와 함께 유쾌하게 지내면서 둘도 없는 친구가 되었습니다.

이윽고 어부가 아내에게 인어를 만난 이야기를 하자, 아내는 기뻐하면서 말했습니다.

"그 일은 비밀로 해 두세요. 그렇지 않으면 임금님께서 듣고 당신을 괴롭힐지 모르니까요."

그러나 압둘라는 아내에게 이렇게 대답했습니다.

"누구에게고 비밀로 해 두겠지만, 그 친절한 빵집 주인에게만은 숨기지 않고 이야기할 작정이야."

그리하여 날이 새자 어부는 전날 밤 여러 과일을 담아 둔 광주리를 들고 해가 뜨기 전에 바닷가로 갔습니다. 어부는 바닷가에 이르자 자리를 잡고 앉아 광주리를 내려놓고는 크게 소리쳤습니다.

"여보게, 압둘라! 인어여! 어디 있느냐?"

그러자 인어가 대답하며 나타났습니다.

"여기 있습니다!"

어부가 과일 광주리를 주자 인어는 그것을 받아들고 바닷속으로 사라진 채 한 시간가량 돌아오지 않더니, 이윽고 여러 가지 보석이 가득 든 광주리를 들고 다시 나왔습니다.

어부가 그 광주리를 이고서 빵집으로 가자 빵집 주인이 말했습니다.

"오, 나리, 방금 빵*5을 40개나 구워서 댁에 갖다 드렸습니다. 지금 제일 고급 빵을 굽는 중인데, 이것이 다 되면 야채와 쇠고기도 사서 갖다 드리지요."

어부 압둘라는 광주리에서 보석을 세 움큼이나 집어 빵집 주인에게 주고 그대로 집으로 돌아가 광주리를 내렸습니다.

그런 다음 그중에서 값이 나갈 만한 보석을 하나씩 골라 보석시장으로 가서 우두머리의 가게에 걸음을 멈추고 물었습니다.

"이 보석을 사시지 않겠소?"

"어디 봅시다."

우두머리의 대답에 압둘라가 보석을 보여주니, 그가 말했습니다.

"이 밖에도 많이 있습니까?"

"광주리에 하나 가득 있소."

"댁이 어디십니까?"

어부가 자기 집을 가르쳐줬더니, 보석상 우두머리는 느닷없이 압둘라에게서 보석을 빼앗고는 하인들에게 명령했습니다.

"이놈을 잡아라! 이놈은 여왕님의 보석을 훔친 도둑이다!"

그러고는 채찍을 가져오라고 하여 하인들을 시켜 압둘라를 실컷 때린 다음 손발을 묶었습니다.

우두머리는 보석시장 상인들과 함께 궁전으로 가서 아뢰었습니다.

"보석 도둑을 붙잡아 왔습니다."

그러자 우두머리와 함께 간 상인 가운데 어떤 자가 말했습니다.

"저 집 것을 훔친 놈도 이놈이다!"

이렇게 말하는 자가 있는가 하면 또, 이렇게 말하는 자도 있었습니다.

"이쪽 집에서 도둑질한 놈도 이놈이 틀림없다."

그러면서 모두 압둘라를 족쳐댔습니다.

그러나 압둘라는 왕 앞에 끌려갈 때까지 한 마디도 대꾸하지 않았습니다. 이윽고 모두 왕 앞에 나아가자 우두머리가 말했습니다.

"오, 임금님, 왕비님 목걸이가 없어졌을 때 임금님께서 저희보고 수상한 자가 있거든 알리라고 하셨는데, 오늘 마침 그 도둑을 잡았습니다. 바로 이어전에 있는 바로 저놈인데 제가 목걸이 보석을 빼앗았습니다."

왕은 곧 환관에게 말했습니다.

"이 보석을 가지고 가서 왕비에게 보여주고, 이것이 왕비가 잃어버린 물건인지 알아 오너라."

환관이 보석을 가지고 왕비에게 갔더니, 왕비는 그 보석을 보고 깜짝 놀라면서 말했습니다.

"내 목걸이 보석은 지금 나에게 있다. 이 보석은 내 것이 아니다만, 내 목걸이보다 훨씬 더 훌륭하구나. 제발 그 사람을 괴롭히지 마시라고 말씀 여쭈어라."

—여기서 날이 훤히 밝았으므로 샤라자드는 이야기를 그쳤다.

943번째 밤

샤라자드는 이야기를 계속했다.

오, 인자하신 임금님, 왕비는 덧붙여서 이렇게 말했습니다.

"그 사람이 이 보석을 팔 마음이 있다면, 이걸 사서 움 알 수드*6 공주의 목걸이를 만들어주고 싶구나."

환관이 왕에게 가서 왕비의 말을 전하자, 왕은 보석상 우두머리와 그 패거리들에게 아드와 사무드*7의 천벌을 받으라고 욕을 퍼부었습니다.

그러자 그들이 말했습니다.

"오, 현세의 임금님이시여, 저희는 이자가 찢어지게 가난한 어부라는 사실을 잘 알고 있었으므로, 도저히 이만한 보석을 정당하게 손에 넣었을 리가 없다고 생각했습니다. 그래서 틀림없이 도둑질한 물건이라고 믿었던 것입니다."

"너희는 비열한 악당들이다! 진실한 신자의 행운을 시기하는 것이냐? 아마 이것은 전능하신 알라께서 이 사람에게 자비를 내리신 물건일 테다. 어째서 너희는 잘 알아보지도 않고 이 사람에게 모욕을 주었단 말이냐. 썩 물러가거라! 너희 같은 놈들에게는 자비를 내리지 마시라고 알라께 기도를 드리겠다!"

모두 두려움에 떨면서 물러가자 왕은 어부 압둘라에게 말했습니다.

"오, 어부여, 알라께서 그대에게 내려주신 모든 것에 알라의 축복이 있기를! 이제 걱정할 것 없다. 그런데 그대는 이 보석을 어디서 손에 넣었는고? 나에게 바른말을 해 보아라. 나는 왕위에 있지만, 아직 이처럼 훌륭한 보석은 손에 넣은 적이 없다."

"오, 임금님, 저희 집에는 이런 보석이 광주리에 가득 있습니다."

어부는 인어와 친구가 된 경위를 자세히 아뢰었습니다.

"저는 앞으로 날마다 광주리에 가득 과일을 가지고 가서 보석을 한 광주리씩 받기로 약속했습니다."

"오, 어부여, 정말 기가 막힌 행운을 얻었구나. 그러나 부(富)를 지키기 위해서는 세력이 필요한 법이다.*8 그대에게 횡포를 부리는 자가 있다면 당분간은 내가 지켜주겠지만, 나는 언제 어느 때 왕위에서 물러날지 모르고 또 죽을 수도 있다.

그리고 내 뒤를 이은 자가 이 세상의 보물이 탐나서 비열한 마음을 일으켜 그대를 죽일지도 모른다. 그래서 나는 그대와 내 딸을 짝지어주고, 그대를 대신으로 임명하여 내가 죽거든 그대에게 왕위를 물려주기로 하겠다. 그러면 내가 죽은 뒤에도 그대는 부를 빼앗길 염려가 없지 않으냐."

왕은 곧 측근에게 분부했습니다.

"이자를 목욕탕으로 안내해라."

화관들이 압둘라를 목욕탕으로 데려가서 깨끗이 씻겨준 다음, 호사스러운 옷을 입혀서 왕 앞에 데려왔습니다. 왕은 곧 압둘라를 대신에 임명하고 그 집에 사신과 호위병과 시녀들을 보냈습니다.

그들은 압둘라의 아내와 자식들에게도 왕실의 옷을 입힌 다음, 아이를 안은 압둘라의 아내를 가마에 태워, 병사와 사자와 가신들이 앞장서서 호위해 궁전으로 데려왔습니다.

환관들이 큰아이를 왕에게 데려가니 왕은 부드럽게 어루만지며 자기 옆에 앉혔습니다. 왜냐하면 어부 압둘라에게는 아들이 아홉이나 있었지만, 왕은 움 알 수드라는 공주 말고는 왕자도 후계자도 없었기 때문입니다.

왕비는 압둘라의 아내를 매우 정중하게 대접하고 선물을 한 다음 자기 옆에서 종사할 여자 대신으로 임명했습니다.

이윽고 왕이 공주와 어부 압둘라와의 혼인계약서를 만들라고 명령하자,[*9] 압둘라는 공주에 대한 결혼지참금으로 자기가 가진 보석을 모두 공주에게 보내기로 했습니다.

왕은 이 결혼을 축복하기 위해 포고를 냈고, 그날 밤 압둘라는 공주의 방에 들어 그 처녀막을 뚫었습니다.

이튿날 아침, 왕이 격자창 밖을 내다보고 있으니 압둘라가 과일을 가득 담은 광주리를 이고 밖으로 나가는 모습이 보였습니다.

"오, 사위여, 그대 머리에 인 것이 무엇인가? 그리고 어디로 가느냐?"

왕이 묻자 압둘라가 대답했습니다.

"제 친구인 바다의 압둘라를 만나러 갑니다."

"오, 사위여, 친구를 찾아갈 시간도 아닐 텐데?"

"아닙니다. 저는 바다의 압둘라와 만날 약속이 되어 있어서, 그것을 어기면 틀림없이 저를 거짓말쟁이로 생각하고, 뜬세상에 휩쓸려 친구를 잊어버렸다고 섭섭하게 여길 것입니다."

"과연 그대 말이 옳다. 그렇다면 어서 친구를 찾아가거라. 알라께서 그대를 도와주시기를."

압둘라가 거리를 지나 바다 쪽으로 걸어가니 도중에 만난 사람 가운데에는 이렇게 말하는 자가 있었습니다.

"저것 좀 봐, 임금님의 사위가 과일을 보석하고 바꾸러 가신다."

또한 아무것도 모르는 자는 이렇게 말하며 압둘라를 불렀습니다.

"여보시오, 그 과일은 얼마요? 이리 와서 나한테 파시오."

그러나 압둘라는 그들의 마음을 다치게 하고 싶지 않아서 이렇게 말했습니다.

"내가 돌아올 때까지 기다리시오."

그러고는 바닷가에 이르러 바다의 압둘라를 만나 과일과 보석을 바꿔서 돌아왔습니다.

그런데 이렇게 압둘라가 매일 빵집 앞을 열흘이나 지나갔지만, 늘 화덕이 닫혀 있었습니다.

"이상하다. 빵집 주인은 어디로 갔을까?"

그는 이렇게 중얼거린 뒤 이웃 사람에게 물었습니다.

"이 빵집 주인은 어디로 갔나요? 무슨 일이라도 있는 건가요?"

"예, 나리, 빵집 주인은 요즘 병이 들어서 집 밖에 나오지 않는답니다."

그래서 압둘라는 빵집 주인의 집을 물어서 찾아가 문을 두드렸습니다. 그 소리를 듣고 빵집 주인이 창문으로 내다보니, 친구인 어부가 머리에 보석 광주리를 이고 서 있어서 얼른 내려가 문을 열었습니다.

압둘라는 안으로 들어가 빵집 주인을 얼싸안고 기쁨의 눈물을 흘리면서 말했습니다.

"오, 어찌 된 일이오, 주인장? 나는 매일 그 빵 굽는 화덕 옆을 지나갔는데 늘 문이 닫혀 있어서 이상히 여기고 이웃 사람에게 물어보았소. 그랬더니 당신이 병이 났다고 하지 않겠소? 그래서 이렇게 직접 찾아온 거요."

"오, 고맙소, 사실 나는 병이 난 게 아니라 누군가가 당신을 도둑이라고 고발해서 임금님께 체포되었다는 말을 듣고 겁이 나서 가게 문을 닫고 숨어 있었던 거요."

"그랬군요."

압둘라는 그렇게 말하고 왕과 보석시장 우두머리와의 사이에서 일어난 일을 자세히 이야기한 다음 이렇게 덧붙였습니다.

"그래서 나는 공주와 결혼하고 왕의 대신으로 임명되었소."

그리고 잠시 사이를 둔 뒤 다시 말했습니다.

"그러니 이 광주리의 보석은 모두 당신 몫으로 받아두시오. 겁낼 것은 아무것도 없소."

압둘라는 이렇게 빵집 주인을 위로한 뒤, 그곳에서 나와 빈 광주리를 들고 궁전으로 돌아갔습니다. 그러자 왕이 물었습니다.

"오, 사위여, 오늘은 그대의 친구 인어를 못 만난 모양이구나?"

"아니요, 만났습니다. 하지만 받은 보석을 모두 친구인 빵집 주인에게 주었습니다. 제가 무척 신세를 진 사람이기 때문입니다."

"그 빵집 주인이 무엇을 어쨌다는 것인고?"

"인정이 무척 많은 사람이라 제가 가난했을 때 여러 가지로 친절을 베풀어주었습니다. 저를 하루도 보살펴주지 않은 날이 없었고, 제 마음을 상하게 한 일도 없었습니다."

"그 사람의 이름은 무엇인고?"

"예, 빵장수 압둘라라고 합니다. 제 이름은 어부 압둘라, 바다의 친구는 인어 압둘라입니다."

"내 이름 역시 압둘라이다. 알라의 종*¹⁰인 우리는 모두 형제이다. 곧 사람을 보내 그 빵장수를 이리 데려오도록 해라. 그 사람을 좌대신으로 임명하리라."

어부 압둘라가 빵장수에게 사람을 보내니 그는 이내 달려왔습니다. 왕은 빵장수 압둘라에게 대신의 옷을 주어 좌대신으로 삼고, 어부 압둘라를 우대신으로 삼았습니다.

—여기서 날이 밝기 시작했으므로 샤라자드는 이야기를 그쳤다.

944번째 밤

샤라자드는 이야기를 계속했다.

오, 인자하신 임금님, 그리하여 어부 압둘라는 과일을 가득 담은 광주리를 날마다 인어에게 가져가서 그 광주리에 보석을 가득 담아 오기를 꼬박 1년이나 계속했습니다.

과일이 열리지 않을 때는 건포도, 편도, 개암, 호두, 무화과 등을 가지고 갔습니다. 인어는 어부가 가져간 것은 뭐든지 받고, 그 대신 언제나 보석을 광주리에 가득 담아줬습니다.

어느 날 어부는 평소처럼 말린 과일*¹¹을 광주리에 가득 담아 인어에게 가지고 갔습니다.

그리고 그는 바닷가에서 인어 압둘라는 물속에서 서로 이야기를 나눴는데, 이야기 주제가 무덤에 대한 것에 이르렀을 때 인어가 이렇게 물었습니다.

"형제여, 예언자의 유해는(알라여, 예언자를 지켜주소서!) 당신들이 사는 육지에 묻혀 있다던데, 당신은 그 무덤을 아시오?"

"알고말고, 야스리브라는 도시*¹²에 있지."

"육지에 있는 사람들은 그 무덤에 참배하나요?"

"물론이오."

"그 거룩하고 자비로운 예언자의 무덤을 찾아가서 기원을 드릴 수 있다는 건 참으로 기쁜 일이지요. 예언자의 무덤을 참배하는 자는 누구든지 알라의 자비를 얻는다고 하니까요. 그런데 형제여, 당신은 그 예언자의 무덤을 참배한 적이 있습니까?"

"아직 없소. 나는 당신을 알게 되어 이런 행운을 만나기 전까지는 빈털터리 어부라 여행을 할 여비도 없었고, 그런 여유 있는 신분도 아니었으니까요. 그래도 알라의 성전*13에는 순례를 했습니다. 예언자의 무덤도 찾아가야 하지만, 다만 하루라도 당신을 만나지 않고는 견딜 수 없어서 이렇게 못 가고 있는 형편이오."

그러자 바다의 인어가 말했습니다.

"그렇다면 당신은 무함마드(오, 알라여, 이분을 지켜주소서!)의 무덤에 참배하는 것보다 나에 대한 우정이 더 소중하단 말입니까? 무함마드는 심판의 날에 당신을 알라께 주선해서 지옥의 불길에서 구원하여 천국에 들어갈 수 있게 해 주실 분이오. 당신은 이 세상을 동경하여, 알라께서 축복하시고 감싸시는 예언자 무함마드의 무덤을 외면하시려는 건가요?"

"아니요, 결코 그렇진 않아요. 예언자의 무덤에 참배하는 것이 무엇보다 소중하다는 것을 알라께 맹세하지요. 그러니까 올해에는 꼭 당신의 승낙을 얻어 예언자의 무덤 앞에서 기도하고 싶소."

"예, 알았습니다. 하지만 무덤에 참배하러 갈 때는 나를 위해서도 예배한다는 것을 약속해 주시오. 그리고 또 한 가지 부탁하고 싶은 건 나와 함께 바닷속에 들어와 주었으면 하는 것이오. 그러면 우리의 수도로 안내하여 우리 집에서 환대를 해 드리고 부탁하는 물건을 드리기로 하지요. 그러면 예언자의 무덤에 참배할 때 그것을 바치고 이렇게 기도해 주시기 바랍니다. '오, 알라의 사도여, 인어 압둘라는 당신에게 인사를 드리고 이 선물을 바칩니다. 제발 지옥의 겁화에서 구원해 주시옵소서.'"

"오, 형제여, 당신은 바닷속에서 만들어져 그곳에서 살고 있으니 아무것도 걱정할 필요가 없소. 하지만 만일 육지에 올라오면 무엇이 걱정인가요?"

"물을 떠나면 이 몸은 말라 버리고 육지의 바람을 맞으면 죽어 버립니다."

"그와 마찬가지로 나는 땅에서 만들어져서 땅에서 살고 있으니 바닷속에 들어가면 대번에 물이 배 속으로 들어가 숨이 막혀 죽어 버릴 거요."

"그런 점은 조금도 걱정할 것 없어요. 내가 고약을 갖다 드릴 테니, 그걸 몸에 발라 두면 아무리 깊은 바다를 헤엄쳐도 아무렇지 않아요. 바닷속에서의 생활도 아주 자유로워지지요."

"그렇다면 괜찮겠지요. 그럼 한 번 시험해 볼 테니 그 고약을 갖다 주구려."

"예, 그러지요."

바다의 인어는 광주리를 가지고 깊은 바닷속으로 사라졌습니다. 그리하여 꽤 오랫동안 나타나지 않더니, 이윽고 황금처럼 노랗고 향기로운 소기름 같은 고약을 가지고 나왔습니다.

"그게 대체 뭐요?"

"이것은 단단*[14]이라는 물고기의 간을 짠 기름입니다. 고기 중에서도 덩치가 가장 큰 놈으로 우리에게 가장 무서운 적입니다. 몸은 육지의 어떤 짐승보다도 커서 낙타나 코끼리를 한입에 삼켜버리지요."

"그 고기는 뭘 먹고 사오?"

"바다짐승을 먹고 살지요. 당신은 '바다의 물고기처럼 강한 자가 약한 자를 잡아먹는다'*[15]는 속담을 들어 본 적이 없습니까?"

"들은 적이 있지요. 바다에는 그 단단이라는 물고기가 많이 사오?"

"예, 전능하신 알라 말고는 아무도 헤아릴 수 없을 만큼 많지요."

"내가 당신과 함께 바다에 들어가면 그런 동물이 나를 잡아먹지 않을까요?"

"절대로 그런 염려는 없습니다. 단단은 당신을 보면 사람이 왔다는 것을 알고 겁을 먹고 달아나 버릴 테니까요. 놈들에게는 바닷속에서 만나는 사람만큼 무서운 것이 없답니다. 사람의 기름은 놈들에게 무서운 독이니까요. 단단은 사람을 잡아먹으면 대번에 죽어 버립니다. 우리도 바다에 빠져 죽은 사람의 도움을 빌리지 않으면 그놈의 간장의 기름을 모을 수가 없습니다. 사람이 물에 빠져 죽으면 모양이 달라지고 살이 잘 떨어져 나가서, 단단은 그것을 바다에 사는 짐승인 줄 알고 멋모르고 먹다가 죽어 버립니다. 그래서 우리는 그 시체의 간장에서 비계와 기름을 떼어내어 몸에 바르고, 바닷속을 안전하게 헤엄치고 다니는 거지요. 이 단단이란 놈은 백 마리, 2백 마리, 아니 1천 마리가 넘게 있어도 사람의 목소리를 한 번 듣기만 하면 그 자리에서 모조리 죽고 만답니다."

—여기서 날이 훤히 밝아왔으므로 샤라자드는 이야기를 그쳤다.

945번째 밤

샤라자드는 이야기를 계속했다.

오, 인자하신 임금님, 바다의 압둘라는 말을 이었습니다.

"그래서 사람이 바다에 빠지면 우리는 얼른 그 사람을 건져서 이 기름을 몸에 발라주고, 바닷속 깊은 곳을 그 사람과 함께 돌아다닙니다. 그리하여 몇 마리가 되든 단단을 발견하기만 하면 그 사람에게 소리를 지르게 하는데, 그 목소리를 들으면 단단은 대번에 죽어 버립니다."

그 말을 듣고 어부가 말했습니다.

"그렇다면, 오로지 알라만 믿기로 하겠네."

그리고 옷을 벗어 바닷가에 구덩이를 파고 묻은 다음, 머리끝부터 발끝까지 그 기름을 발랐습니다. 그리하여 물에 들어가서 눈을 떠보니 전혀 아무렇지도 않았습니다.

그래서 어부는 바닷속을 이리저리 걸어 다니기도 하고 마음대로 물 위로 떠올랐다 가라앉기도 해 보았습니다. 바닷물은 마치 머리 위를 가린 천막처럼 여겨졌을 뿐 아무런 장애도 되지 않았습니다. 이윽고 인어가 물었습니다.

"오, 형제, 뭐가 보입니까?"

"온통 재미있는 것만 있군요. 정말 당신이 말한 대로, 물은 조금도 장애가 되지 않는군."

"그렇다면 나를 따라오십시오."

두 사람이 쉬지 않고 다른 곳으로 헤엄쳐 가는 동안, 어부는 앞뒤와 양옆의 바닷속을 들여다보고 바다를 헤엄쳐 다니는 크고 작은 고기들을 구경하며 즐겼습니다.

수많은 물고기 가운데 물소 비슷한 것도 있고 보통 소 같은 것도 있었으며, 개를 닮은 것과 사람을 닮은 것도 있었는데, 모두 가까이 왔다가 어부만 보면 곧 달아나 버렸습니다. 그래서 어부가 물었습니다.

"오, 형제, 고기들이 나를 보며 금세 달아나는데 대체 무엇 때문일까?"

"고기들이 당신을 무서워하는 겁니다. 알라께서 만드신 것은 모두 아담의 아들을 무서워하니까요."

이렇게 하여 어부 압둘라는 깊은 바닷속의 신비에 놀라면서 헤엄쳐 나가다가 어느 높은 산에 이르러 잠시 쉬기로 했습니다.

그때 별안간 큰 고함이 들려와서 어부가 돌아보니 산 뒤쪽에서 낙타만 한, 아니 그보다 더 큰 시커먼 것이 소리를 지르며 이쪽으로 돌진해 오는 모습이 보였습니다.

"오, 형제 저게 뭐요?"

"저게 단단입니다. 나를 단숨에 잡아먹으려고 달려오고 있으니, 오, 형제여, 단단이 나에게 접근하기 전에 크게 소리 질러 주십시오. 그렇지 않으면 저놈은 나를 단번에 삼켜버릴 겁니다."

그래서 어부가 얼른 고함을 지르니, 단단은 금방 시체가 되어 바닷속으로 가라앉았습니다.

이 광경을 보고 어부가 외쳤습니다.

"오, 전능하신 알라께 영광 있으라! 알라를 찬양하는 자에게 영광 있으라! 내가 칼로 저놈을 죽인 것도 아닌데, 저렇게 큰 동물이 내 고함 소리 하나로 죽어 버리다니 도대체 어찌 된 일일까?"

"오, 형제여, 그리 놀랄 일은 아닙니다. 단단은 1천 마리든 2천 마리든 무조건 인간의 고함에는 못 당하니까요."

두 사람은 다시 앞으로 나아가서 어느 도시에 이르렀는데, 그곳에는 남자는 하나도 없고 모두 여자뿐이었습니다. 그것을 본 어부가 물었습니다.

"오, 형제, 여기는 어떤 도시이고, 이 여자들은 무엇을 하고 있소?"

"여기는 바다의 여자들만이 사는 도시입니다."

"이 속에 남자는 아무도 없소?"

"한 사람도 없습니다."

"그렇다면 남자가 없는데 어떻게 임신을 하고 자식을 낳는 거요?"[16]

"이곳 여자들은 바다 임금님께 추방당한 자들이라, 여기서는 잉태를 하거나 아이를 낳지 못합니다. 죄를 범한 여자들은 모두 이 도시로 보내지는데 한 번 이곳으로 온 여자는 두 번 다시 밖으로 나갈 수 없습니다. 여기서 나가려고 하면 무서운 바다짐승에게 잡아먹히기 때문이죠. 하지만 바닷속의 다른 도시에는 남자와 여자가 살고 있지요."

"그렇다면, 바닷속에는 여기 말고도 또 도시가 있단 말이오?"

"그럼요, 많이 있지요."

"바닷속에도 당신네를 지배하는 국왕이 있소?"

"있고말고요."

"오, 형제여, 나는 바닷속에서 불가사의한 것을 많이 본 셈이군."

"당신은 아직 바다의 불가사의를 거의 보지 못했습니다. 바닷속 불가사의는 육지의 그것보다 종류와 수가 훨씬 많다는 것을 모르시는군요?"

"그렇소, 나는 몰랐소."

어부 압둘라는 그렇게 대답하면서 가까이 있는 여자들을 자세히 살펴보았습니다. 그 여자들은 달처럼 아름다운 얼굴에 머리카락도 인간과 거의 같을 정도로 비슷했습니다. 다만 손발이 몸 한복판에 달려 있고, 엉덩이에는 물고기의 꼬리지느러미 같은 것이 달려 있었습니다.

어부는 인어의 안내로 그 도시를 한 바퀴 돈 다음, 다른 도시로 따라갔습니다. 그 도시에는 남자와 여자들이 많이 있고, 여자는 아까 그 도시의 여자처럼 꼬리지느러미가 달려 있었습니다. 그런데 그곳 사람들은 육지 사람들처럼 옷을 입거나 물건을 사고팔지 않았습니다.

"오, 형제, 여기서는 남자나 여자나 거기를 마구 드러내고 있구려?"*17

"바다에는 옷이라는 것이 없으니까요."

"그럼, 결혼할 때는 어떻게 하오?"

"여기서는 결혼 같은 것을 하지 않습니다. 마음에 드는 상대가 있으면 누구든지 뜻을 이룰 수 있지요."

"그건 너무하군! 어째서 바다의 남자는 알라와 사도의 가르침에 따라 여자에게 청혼하고 지참금을 준비해서 정식으로 결혼식을 올리지 않는 것이오?"

"우리는 모두가 같은 종교를 믿고 있지는 않습니다. 사람들 가운데에는 이슬람교도가 있어서 유일신을 믿고 있지만, 그리스도교도도 있고 다른 종교에 귀의한 자도 있어서 저마다 자기 신앙의 율법에 따라 결혼들을 하지요.

정식으로 결혼하는 것은 대개 이슬람교도랍니다."

"그런데 당신들은 늘 벌거숭인 데다 사고팔 물건도 가지지 않은 듯한데, 신부에게 줄 신랑의 지참금으로는 어떤 것을 사용하오? 신부에게 보물이나 보석을 가져다주나요?"

"아닙니다, 바닷속에선 보석 따위가 아무런 가치도 없습니다. 그래서 결혼을 하고자 하는 이슬람교도는 먼저 신부 될 여자의 아버지와 의논한 다음, 온갖 종류의 물고기를 1천 마리나 2천 마리쯤 잡아갑니다.

그래서 약속한 물고기를 가져가면 곧 신부와 신랑 가족이 모여서 결혼잔치를 벌이고, 그 자리에서 신랑이 가져온 물고기를 먹습니다. 결혼한 뒤에는 신랑이 고기를 잡아와서 신부를 먹이는데, 만일 신랑이 그것을 못하면 신부가 고기를 잡아와서 신랑을 먹여 살립니다."

"그럼, 여자가 간통했을 땐 어떻게 하나요?"

"그런 일로 죄를 지으면 여자는 아까 그 여자의 도시로 추방되어 버리지요. 만약 정부의 씨를 잉태했을 때는 여자아이를 낳으면, 어머니에게는 화냥년, 딸에게는 화냥년의 자식이라는 낙인을 찍어 어머니와 딸을 함께 추방합니다. 그 딸은 죽을 때까지 남자를 모르고 지내게 되지요. 그러나 태어난 아이가 남자아이이면, 그 아이는 국왕 앞에 끌려가서 살해되고 맙니다."

어부 압둘라는 이 말을 듣고 매우 신기해했습니다. 인어 압둘라는 어부를 도시마다 안내하여 마침내 80개의 도시를 구경시켜 주었고, 어부는 온갖 것을 구경하면서 실컷 즐겼습니다. 그들의 도시는 저마다 경치도 다르고 주민들도 다 달라서, 어부가 물었습니다.

"오, 형제여, 바닷속에는 이 밖에도 또 다른 도시가 있소?"

"당신은 지금까지 바닷속 도시의 광경과 그 불가사의 중에서 얼마만큼을 보셨다고 생각하십니까? 자비로우신 예언자의 공덕을 두고 말합니다만, 설령 내가 1천 년 동안 날마다 1천 개의 도시에 안내하여 그 하나하나의 도시에서 1천 가지의 불가사의를 보여 드린다 하더라도, 바닷속 도시와 그 불가사의의 24분의 1도 되지 않을 겁니다! 제가 여태까지 안내한 곳은 제 고향뿐이랍니다."

"오, 형제, 그렇다면 나는 이제 아주 싫증이 났소. 고기도 물리도록 실컷 먹었소. 아무튼 지난 80일 동안, 당신은 고기를 굽지도 삶지도 않고 밤낮없이 날로 먹었거든."

"고기를 굽느니 삶느니 하는데 그게 대체 무슨 뜻입니까?"

"우리는 고기를 불에 굽거나 물에 넣어서 삶지요. 그리고 여러 방법으로 요리하여 온갖 음식을 만든다오."

"그렇지만 바닷속으로 불을 가지고 올 수는 없지요. 우리는 굽느니 삶느니 하는 게 어떤 것인지 도무지 알 수가 없어요."

"우리는 고기를 올리브기름이나 참기름*18으로 튀기기도 한다오."

"바닷속에서 어떻게 올리브기름이나 참기름을 구할 수 있겠습니까? 사실 당신의 말이 도무지 이해가 가지 않습니다."

"그럴 테지요. 그런데 형제여, 당신은 무척 많은 도시를 안내해 주었는데 아직 당신이 사는 도시는 보여주지 않았소."

"내가 사는 도시는 벌써 지나와 버렸습니다. 우리가 바다에 들어온 육지 근처에 있으니까요. 그곳에 들르지 않고 이쪽으로 먼저 온 것은, 바다의 대도시를 보여 드려 당신을 즐겁게 해 드리고 싶어서였습니다."

"지금까지 많은 도시를 실컷 구경했으니, 이번에는 당신이 사는 도시에 가 보고 싶군요."

"그럼 그렇게 합시다."

바다의 압둘라는 이렇게 말하고서 방향을 바꿔 왔던 길을 한참 나아가더니 이윽고 말했습니다.

"오, 형제여, 여기가 내가 사는 도시랍니다."

어부 압둘라가 사방을 둘러보니 지금까지 구경한 도시보다는 훨씬 작아 보였습니다. 인어를 따라 깊은 바닥 밑으로 내려가니 어느 동굴 앞에 이르렀습니다.

"이것이 우리 집입니다. 이 도시의 집은 모두 이 집처럼 산 중턱에 동굴을 파서 만들었습니다. 우리가 집을 지을 때는 왕에게 가서 '이러이러한 장소에 집을 짓고 싶습니다' 말해야 합니다. 그러면 왕은 아무리 단단한 바위도 뚫을 수 있는 강한 부리를 가진 '곡괭이'*19라는 물고기들을 보내줍니다.

이 물고기들에게는 품삯 대신 식량으로 고기를 몇 마리씩 주지요. 이 물고기 떼는 왕에게서 명령받은 산에 이르면 곧 일을 시작하여 산 중턱에 동굴을 팝니다. 집주인은 동굴이 완성될 때까지 매일 고기를 잡아와서 곡괭이들을 돌보는데, 집이 완성되면 모두 돌아가지요.

바닷속에서는 다 이런 식으로 거래할 때도 일을 할 때도 모두 물고기를 매개로 합니다. 식량도 물고기이고 자기들 자신도 물고기의 일종이지요. 자, 안으로 들어오십시오."

어부 압둘라가 인어를 따라 동굴 속으로 들어가는데 인어가 큰 소리로 누군가를 불렀습니다.

"얘, 아가!"

그러자 놀랍게도 얼굴이 보름달처럼 둥근 처녀 하나가 나오지 않겠습니까! 머리카락이 길고 엉덩이는 토실토실하며, 허리는 가늘고 눈에는 검게 화장을 하고 있었습니다. 그러나 실오라기 하나 걸치지 않은 알몸인 데다, 엉덩이에는 꼬리지느러미가 달려 있었습니다.

처녀는 육지의 압둘라를 보더니 아버지에게 물었습니다.

"오, 아버지, 이 꼬리가 없는 분*20은 누구세요?"

"애야, 이분은 육지에서 오신 내 친구이다. 내가 늘 너에게 가져다준 뭍의 과일을 주신 분이지. 이리 와서 인사드려라."

딸이 앞으로 나와서 유창한 말솜씨로 인사를 하자 아버지가 다시 말했습니다.

"손님께서 멀리 뭍에서 오셔서 우리를 축복해 주셨으니,*21 어서 맛있는 물고기를 내오너라."

딸이 새끼 양만 한 물고기를 두 마리 가지고 오자 아버지가 권했습니다.

"자, 드십시오."

어부 압둘라는 싫었지만, 배가 고팠으므로 하는 수 없이 그 고기를 먹었습니다. 아무튼 인어들에게는 고기 말고는 아무것도 없었으므로 이제 고기에 신물이 났던 것입니다.

그때 맵시가 곱고 애교 있는 인어 아내가 두 아이를 데리고 나왔는데, 아이들은 모두 한 손에 고기를 쥐고 마치 사람이 오이를 깨물어 먹듯 먹고 있었습니다. 인어의 아내가 남편 곁에 어부가 있는 것을 보고 물었습니다.

"오, 이 꼬리가 없는 분은 누구신가요?"

아이들과 딸도 어부 곁에 다가와서 엉덩이를 들여다보며 웃어댔습니다.

"어머, 이분은 꼬리가 없네!"

그러자 어부는 인어에게 말했습니다.

"오, 형제여, 당신은 나를 여기 데리고 와서 여자들의 웃음거리로 만들 작정이었소?"

—여기서 날이 훤히 밝아왔으므로 샤라자드는 이야기를 그쳤다.

946번째 밤

샤라자드는 이야기를 계속했다.

오, 인자하신 임금님, 어부의 말에 인어가 큰 소리로 외쳤습니다.

"오, 형제여, 부디 용서하시오. 우리 사이에선 꼬리 없는 자가 무척 드물답니다. 그래서 꼬리가 없는 사람을 보면 바다의 국왕은 곧 불러서 위안거리로 삼곤 합니다. 여자나 아이들도 꼬리 없는 자를 보면 신기해서 모두 웃어대는데, 형제여, 아무것도 모르는 어린아이와 여자들이니 부디 용서해 주시오."

그러고는 아내와 아이들을 돌아보며 소리쳤습니다.

"시끄럽다!"

모두 그 서슬에 놀라서 입을 다물자, 인어는 어부 압둘라의 기분을 달래느라고 애를 썼습니다.

이렇게 두 사람이 이야기를 하고 있는데 키가 크고 튼튼한 인어들이 열 명가량 찾아와서 말했습니다.

"오, 압둘라, 당신이 꼬리 없는 사람과 같이 있다는 사실이 임금님 귀에 들어갔소."

"그래요? 여기 계시는 분이 그분인데, 이분은 우리 같은 바다의 사람이 아닙니다. 육지에 사는 내 친구인데, 손님으로서 모시고 온 것이오. 그러니 곧 다시 육지로 보내 드려야 합니다."

"우리는 이 사람을 데려가지 않고 빈손으로는 못 가오. 할 말이 있으면 그 사람과 함께 왕 앞에 나가서 임금님께 직접 하구려."

그래서 인어 압둘라는 어부를 돌아보며 말했습니다.

"오, 형제여, 이렇게 된 이상 왕의 명령에 따르지 않을 수 없습니다. 나와 함께 왕 앞에 가 주셔야겠소. 내가 온 힘을 다해 당신을 왕으로부터 구출해 드리겠소. 인샬라! 걱정하실 건 없습니다. 왕은 당신을 바다 사람인 줄 아시는 모양인데, 당신을 만나 보시면 육지의 사람이라는 것을 아시고, 반드시 정중하게 대접해서 무사히 육지로 보내 드릴 겁니다."

"일이 이렇게 된 이상 모든 걸 당신한테 맡기겠소. 난 단지 알라를 믿고 당신을 따라갈 뿐이니까."

그리하여 인어는 육지의 압둘라를 데리고 왕 앞에 나아갔습니다. 왕은 어부의 모습을 보더니 웃음을 터뜨리며 말했습니다.

"오, 꼬리 없는 사내여, 잘 왔다!"

그러자 왕 주위에 있던 사람들도 일제히 웃음을 터뜨렸습니다.

"정말, 이 사내에게는 꼬리가 없구나!"

그때 바다의 압둘라가 왕 앞으로 나아가 어부의 신분을 알린 다음 이렇게 말했습니다.

"이분은 육지에 사는 사람으로 제 친구입니다. 굽거나 삶지 않은 날고기를 싫어하니 우리 사이에서는 살아갈 수 없는 사람입니다. 그러니 부디 이분을 육지로 돌려보낼 수 있도록 선처해 주시기 바랍니다."

"오, 그렇다면 이 사람은 우리와 함께 살아갈 수 없겠구나. 곧 육지로 보내주도록 해라. 그리고 손님용 음식을 내다가 대접하도록 해라."

가신들이 여러 가지 음식을 어부 앞에 날라 와서, 어부가 다 먹고 나자 왕이 말했습니다.

"그러면 기념품을 줄 테니 무어든 원하는 것이 있으면 말해라."

"보석을 주신다면 더 바랄 것이 없겠습니다."

"이 사람을 보석창고로 안내해서 원하는 물건을 마음대로 고르도록 해 주어라."

인어 압둘라는 어부를 보석창고로 안내하여 어부가 원하는 건 뭐든지 마음대로 꺼내게 했습니다. 그런 다음 인어는 어부를 자신의 도시로 데려가 지갑을 내놓으며 말했습니다.

"이것을 가지고 가서 예언자의 무덤에 공양해 주십시오. 그러면 알라께서 당신을 지켜주실 겁니다."

어부는 그 속에 무엇이 들었는지도 모르고 지갑을 받았습니다. 인어는 어부를 뭍으로 데려다주기 위해 길을 서둘렀는데, 도중에 노래를 부르고 유쾌하게 웃는 소리가 들려서 쳐다보았습니다. 그곳에서는 탁자에 고기를 수북하게 차려 놓고 많은 인어가 둘러앉아 먹고 노래하면서 흥겨운 잔치를 벌이고 있었습니다.

"저 사람들은 왜 저렇게 기뻐하면서 떠들고 있나요? 결혼식이라도 있었나요?"

"아니요, 동료가 죽었답니다."

"그럼, 당신들은 동료가 죽으면 기뻐서 노래를 부르며 잔치를 벌인단 말이오?"

"예, 그렇습니다. 육지의 사람들은 사람이 죽으면 어떻게 합니까?"

"우리 육지에 사는 사람들은 동료가 죽으면 슬퍼서 큰 소리로 울부짖는다오. 여자들은 자신의 얼굴을 때리고 슬퍼하며, 죽은 사람을 애도하는 표시로 옷을 찢기도 하지요."

이 말을 듣고 인어 압둘라는 깜짝 놀라면서 말했습니다.

"아까 맡긴 물건을 돌려주십시오."

어부가 지갑을 돌려주자, 인어는 어부를 물가에 올려준 뒤 이렇게 말했습니다.

"우리 두 사람의 교제와 우정은 오늘로서 끝입니다. 앞으로 당신은 나를 볼 수 없을 테고, 나도 당신을 만나지 않을 것이오."

그러자 어부는 큰 소리로 물었습니다.

"왜 별안간 그런 소릴 하는 거요?"

"육지의 사람이여, 당신의 생명은 알라로부터 받은 것이 아닙니까?"

"물론 그렇지요."

"그렇다면 알라께서 그 생명을 도로 받아 가시는데 어째서 그토록 슬퍼합니까? 어째서 그것을 애도하고 눈물을 흘린단 말입니까? 당신에게 아이가 태어날 때 알라께서는 그 아이에게 생명을 맡겨주신 것인데, 그것을 실컷 좋아하다가 다시 그 아이에게서 생명을 거두어 가실 때는 그토록 슬퍼한단 말입니까? 그런 분에게 어떻게 예언자에 대한 공물을 맡길 수 있겠습니까? 당신들에게 알라로부터 맡은 것을 돌려 드리는 것이 그토록 어려운 일이라면,

예언자에 대한 공물을 맡아 가지고 가서 그것을 그대로 공양하는 것도 틀림없이 쉬운 일이 아닐 것이오.*22 그러니 우리는 이제 교제할 필요가 없다는 겁니다."

인어는 말을 마치자 어부 압둘라를 바닷가에 남겨둔 채 물속으로 사라지고 말았습니다. 어부 압둘라는 모래밭 구덩이에 묻어 둔 옷을 꺼내 입고, 보석을 가지고 궁전으로 돌아갔습니다. 왕은 어부를 보더니 매우 반가워하면서 말했습니다.

"오, 사위여, 잘 있었는가? 오랫동안 보이지 않던데 대체 어찌 된 일이냐?"

어부 압둘라는 바닷속에서 보고 온 이상야릇한 일들을 하나하나 자세히 이야기해 주었습니다. 왕은 그 말을 듣고 깜짝 놀랐습니다. 그리고 인어가 마지막으로 한 말을 듣고 이렇게 말했습니다.

"인어에게 그렇게 말하다니 그건 그대가 잘못한 것이야."

그 뒤에도 어부는 한동안 날마다 바닷가에 가서 인어 압둘라의 이름을 불렀으나, 아무 대답도 없고 나타나지도 않았으므로 결국 단념하고 말았습니다. 그리하여 어부의 왕과 그 가족들은 모든 환락을 파괴하고, 교제를 단절시키는 죽음이 찾아올 때까지, 다 함께 행복하게 남은 생애를 보내며 올바른 길을 걸어갔습니다.

그러므로 멸망하는 일 없이, 보이는 세계와 보이지 않는 세계를 두루 지배하시고 모든 것을 다스리는 전지전능한 신, 종들에게도 은혜를 베푸시며 그 뜻하는 바를 모두 아시는 알라께 영광을!

또 다음과 같은 이야기도 있습니다.

〈주〉

*1 이 이야기는 '주다르와 그 형'을 모형(母型)으로 하고 있다. 〔606번째 밤 이하.〕 주인공의 완전한 이름은 압둘라히(Abdu'llahi)='알라의 종'이며, 이집트인은 압달라(Abdallah)라고 발음하고, 더욱 순수하게 발음하는 바다위인〔아라비아 반도의 유목민으로, 흔히 베두인족이라는 이름으로 알려 있다〕과 그 밖에는 압둘라(Abdullah)라고 한다. 따라서 어느 쪽이라도 상관없다. 무함마드는 '알라께서 가장 좋아하시는 이름은 압둘라, 즉 아브드 알 라만(자비로운 신의 노예) 같은 이름이다'라고 말한 것으로 전해지고 있다(졸저《순례》제1권).

*2 〔송사리라고 의역한 minnow는〕 아랍어의 시라(Sirah)로, 여기서는 아마 나일산(産) 청어(Nile-sprat, *Clupea sprattus Linn*)이거나, 아니면 폴스크가 '알 야마의 정어리(Sardine)는 같은 이름의 홍해어(紅海魚)에도 사용된다'고 말힌 사딘(Sardine)을 가리키는 것이리라. 스웨덴 사람인 하셀키스트(Hasselquist)에 의하면 '이집트인은 사딘에 마요라나(marjoram)를 채우고, 설령 부패하기 시작했어도 그것을 기름에 튀겨 먹는다'고 한다. 〔프레데릭 하셀키스트는 박물학자이자 여행가. 1722~52년.〕

*3 《코란》(제67장 14절, 제74장 39절, 제88장 17절 등) 속에 각각의 창조물은 각각 정해진 수명과 운명을 가진다고 분명히 나와 있으므로.

*4 인간은 아랍어로 아다미(Adami), 즉 아담의 자손(Adamite)이다. 조금 뒤에 나오는 곳에서는 인어(merman)를 인간의 종족이라고 했고, 다른 곳(945번째 밤)에는 물고기의 일종으로 되어 있다.

　아마 영리한 물범이나 우둔한 바다소처럼 사람의 얼굴을 닮은 생김새에서 인어의 존재를 믿게 된 것으로 생각하는데, 이 신앙은 매우 일반적이다. 알 카즈위니의 말에 따르면, 꼬리를 가진 인어가 건조되어 구경거리가 되거나, 또 시리아에서는 인어가 인간 여자와 함께 살며 아들을 하나 낳았고, 그 아들이 '부모의 말을 통역했다'고 한다.

　이 이야기도 그리스인에 의해 매우 세련되고 아름답게 꾸며졌지만, 아랍인, 힌두인, 북방인 등의 인어는 녹색의 털이 나 있는 기괴한 것에 지나지 않는다.

*5 아랍어의 카프 슈라이크(Kaff Shurayk)는 한 개의 빵(bun, 단빵)에 사용된다. 거의 인간의 손만 한(이 때문에 카프=＇손바닥＇이라는 이름이 있다) 직사각형의 빵과자로, 세로로 두 줄, 가로로 비스듬하게 여러 줄의 눈금이 새겨져 있다. 원료는 발효시킨 반죽. 달걀과 투명버터를 섞은 것을 표면에 바르고, 각종 향료(육계, 강황, 쑥, 말린 자두(mahalab), 방향성 종자)로 맛매를 곁들인 것.

*6 움 알 수드(Umm al-Su'ud)는 '번영의 어머니'라는 뜻.

*7 아드(Ad)와 사무드(Thamud)는 역사가 시작되기 이전의 아랍인 종족으로 예언자 사리와 후드에게 악한 행동을 해서 지옥에 떨어졌다.

*8 부(富)를 보호하기 위해서.

*9 유럽인 독자 특히 여성 독자들은, 조강지처인 첫 번째 아내에게 이것은 가혹한 운명이라고 생각할 것이다. 그런데 이슬람교도의 머리에는 그런 생각이 없다. 여성은 10명의 자녀를 낳은 뒤에는 움 알 바나티 우 알 바닌(Umm al-banati w'al-banin) 즉, '딸과 아들의 어머니'가 되어, 스스로 사랑의 희롱에 적합하지 않다고 생각해야 했다.

　이를테면, 아랍인은 여성의 일곱 가지 나이에 대해 설명하고 있는데, 나는 그것을 유명한 (아일랜드의) 모형을 본떠서 다음과 같이 번역해 보았다.

　열에 스물은

　미인도 많네.

스물에 서른

넉넉한 살집에 살결도 아름답고

민첩하구나.

서른, 마흔은

자식이 보배라

마흔에 쉰은

살림을 잘 꾸리는

노부인.

쉰에 예순

한탄의 씨앗이고,

예순, 일흔은

저주의 대상이네.

여성과 결혼 문제에 대한 이러한 사고방식과 그 밖의 사고방식들은 《순례》(제2권)에 상세히 설명되어 있다.

*10 압둘라는 앞에서도 말했듯이 '알라의 종' 또는 '노예'를 의미한다.

*11 건과(乾果)는 아랍어로 누클(Nukl), 즉 콰트르 만잔(*quatre mendiants*)[무화과와 포도와 살구와 개암나무 열매를 말린 디저트]을 말하며, 파키하(Fakihah) 즉 '생과(生果)'에 대응하는 말이다.

　비열한 장난을 좋아하는 페르시아인은 과자 집에 부탁하여 양이나 산양의 똥에 설탕을 섞어서, 그것을 연회 참가자들에게 나눠준다. 이 유쾌한 과자는 누클 이 페쉬킬(Nukl-i-peshkil, 똥 과자)이라고 불린다.

*12 야스리브(Yathrib)는 예언자[무함마드]의 도시 마디나트 알 나비의 옛 이름이다. 일반적으로는 알 메디나(Al-Medinah)로 불린다. 맥나튼판이나 부르판에서는 타이바(Tayyibah, 성도(聖都)의 많은 별칭의 하나로, 멋진 도시라는 뜻)로 되어 있다.

*13 메카의 영묘(카바)를 말한다.

*14 나는 석학 새뮤얼 보샤르가 쓴 《히에로조이콘》(런던, 1663년 간행)의 '수서동물에 관한 제5서(Lib Quintus de Aquaticis Animalibus)'에서도 단단(Dandan)을 발견할 수 없었는데, 단단은 페르시아어로 '이(齒)'를 의미하므로, 개복치(sun-fish) 또는 깊은 바닷속의 엄니가 잘 발달한 괴상하게 생긴 물고기를 가리키는 것으로 추정하는 수밖에 없다.

*15 자기 자신에 대해 말할 때, 농부가 즐겨 사용하는 속담.

*16 레인은 이 말을 '어리석고 혐오스럽고, 또는 발칙하다'고 생각하여 생략했다.

*17 동양인은 원칙적으로 옷을 많이 입지 않는다. 그래도 예의라는 본질적인 목적에 충분할 정도로는 입는다. 그러므로 여행자들은 몇 년 동안 그들 사이에서 생활해도 우연

한 '신체의 노출'은 결코 볼 수 없을 것이다.

＊18 참기름은 아랍어로 시라지(Shiraj)라고 하며, 씨앗에서 짠 기름을 가리키는데, 특히 참깨로 짠 기름을 가리킨다. 페르시아인은 이 말을 Siraj라고 발음한다(뚜렷하게 그들은 이 말이 자신들의 언어 시라(Shirah)='즙'에 아랍어의 옷을 입힌 것이라는 사실을 모르고 있다). 그리고 '무사이리지(Musayrij)'라는 분사(分詞)를 만들었는데, 이것은 '참기름 얼룩'이라는 뜻으로, 페르시아와 그 밖의 나라에서 매우 현명하게 비위생적인 버터보다 위생적인 참기름을 선호하는 유대인에게 사용된다.

＊19 곡괭이 물고기(pecker)는 아랍어로 나카룬(Nakkarun)이며, 아마 무서운 단단의 동료일 것이다.

＊20 아랍어로 아즈아르(Az'ar)는 보통 '털이 적다'는 뜻이다. '꼬리가 없는' 것에 사용하는 일반적인 단어는 아브타르(abtar)이다. 《코란》 제103장 3절을 참조하기 바란다. 거기서는 '아이가 없다'는 의미이다.

＊21 일상적인 인사말.

＊22 브레슬라우판 제11권. '아마 당신이 가질 것'이라는 뜻이다. 바다의 압둘라는 완전히 윤리적이다. 그러나 슬픔은 윤리적이지 않다. 우리는 대체로 자기 자신을 위해 친구의 죽음을 슬퍼하며 우는 것이다.

하룬 알 라시드 교주와 오만의 상인 아부 알 하산의 이야기

어느 날 밤, 하룬 알 라시드 교주는 도무지 잠이 오지 않아서 마스룰을 불러 이렇게 분부했습니다.

"어서 가서 자파르를 데려오라."

마스룰이 자파르 대신을 데려오자, 교주가 말했습니다.

"오, 자파르여, 오늘 밤에는 아무리 해도 잠이 오지 않는데 어떻게 하면 잠을 잘 수 있을꼬?"

"오, 충실한 자들의 임금님이시여, 잠이 오지 않으실 때는 '거울을 보고 목욕탕에 들어가 노랫소리에 귀를 기울이면 깊은 근심도 노고도 이내 사라지리라'고 현자께서 말씀하셨습니다."

"오, 자파르여, 그런 것도 다 해 보았지만 그래도 잠이 오지 않는구나. 그러니 나의 경건한 조상님께 맹세코, 그대가 내 불면증을 고쳐서 잠을 잘 수 있게 해 주지 않을 때는 그대 목을 칠 테니 그리 알라."

자파르는 그 자리에서 대답했습니다.

"오, 충실한 자들의 임금님, 그렇다면 제가 하자는 대로 하시겠습니까?"

"뭘 어떻게 하자는 것이냐?"

"다름이 아니라 저와 함께 썰물을 타고 티그리스 강을 내려가서 카룬 알 라시드라는 곳으로 가시는 겁니다. 그러면 아마도 난생처음 듣는 말을 들으시고, 한 번도 본 적이 없는 신기한 것을 보실 수 있을 겁니다. 속담에도 '심심풀이에는 세 가지 방법이 있다. 지금까지 한 번도 보지 못한 것을 보는 것, 들어 본 적이 없는 것을 듣는 것, 처음 가는 곳에 가 보는 것'이라고 했습니다. 이 방법으로 임금님의 불면증도 반드시 나을 겁니다.

강 양쪽에 창문과 난간이 있는 집들이 마주보고 늘어서 있으니, 그 아래에서 재미있는 것을 보고 들으며 마음을 달랠 수 있을 겁니다."

자파르의 제안이 교주의 마음에 썩 들었으므로, 교주는 곧 일어나서 대신을 비롯하여 아우인 알 파즈르, 술벗 이사크,[*1] 아부 노와스, 아부 달라프,[*2] 그리고 검사(劍士) 마스룰을 데리고 나갔습니다.

—여기서 날이 훤히 밝았으므로 샤라자드는 이야기를 그쳤다.

947번째 밤

샤라자드는 이야기를 계속했다.

오, 인자하신 임금님, 교주는 자파르와 그 일행을 데리고, 먼저 의상실에 들어가서 상인으로 변장했습니다. 그런 다음 티그리스 강에 나가 금빛 배를 타고 물결을 따라 내려가서 이윽고 목적지에 이르렀습니다.

그때 어디선가 비파 가락을 타고 다음과 같은 노래를 부르는 여자의 목소리가 들려 왔습니다.

숲 속에 하자르가
소리 높여 지저귀고
술잔도 가까이 있을 때
그이에게 나는 말하네,
"기쁨과 즐거움을 피하며
한탄하는 날 얼마나 길었던가!
눈을 뜨라, 이 세상은
빌려 온 그릇이 아니던가!"
슬픔에 눈동자 흐려지고
애처롭게 겁에 질린
사랑하는 벗의 손에서
잔을 받아 들고 술을 따르라.
그이의 아름다운 뺨을
나는 빛깔도 선명하게
장밋빛으로 물들였으니,

그것은 귀밑머리 아래서
석류 열매인 양 빛나네.
그대 아름다운 뺨 언저리
눈물 자국을 보면
물푸레나무인 줄 알 것을,
그러나 뺨은 점점 더 밝아져
붉은빛으로 타오르네.
말하기 좋아하는 자, 말하기를
"잊으라, 그 임을,
그러나 그 임도 역시
아름다운 뺨과 보드라운
솜털에 빛나는 모습 보니,*3
쓸데없구나, 내가 말하는 것도."

이 노래를 듣고 하룬 알 라시드 교주가 말했습니다.

"여보게, 자파르, 어쩌면 목소리가 저리도 고울꼬!"

"오, 임금님, 저는 여태껏 저토록 아름다운 목소리를 들어본 적이 없습니다. 그러나 이렇게 벽을 사이에 두고 들어서는 성에 차지 않습니다. 하다못해 휘장 뒤에서라도 들을 수 있다면 얼마나 좋겠습니까?"

"오, 자파르여, 이 집 주인에게 말해 보자꾸나. 그러면 노래하는 여인의 얼굴을 볼 수 있을지도 모르잖느냐."

"그게 좋겠습니다."

모두 배에서 내려 안내를 청하니, 뜻밖에도 얼굴이 빼어나게 아름답고 말씨도 고우며 웅변이 참으로 유창한 젊은이가 나와서 이렇게 말했습니다.

"어서 오십시오. 이렇게 찾아주셔서 참으로 영광입니다! 자, 안으로 들어오셔서 편히 쉬십시오."

그리하여 젊은이의 안내로 큼직한 손님방에 들어가 보니, 천장은 황금으로 장식되어 있고 사방의 벽은 군청색으로 칠해져 있었습니다. 방 한쪽 끝에 한 단 높게 마련된 자리에는 달처럼 아름다운 여자들이 죽 늘어앉아 있었습니다. 주인이 그 여자들에게 말을 건네니 모두 서둘러 자리에서 내려왔습니다. 주인이 자파르에게 말했습니다.

"오, 여러분, 저는 여러분 가운데서 누가 제일 신분이 높으신지 모릅니다. 그러니 신분이 높으신 분부터 차례로 자리에 앉으시고, 다른 분들도 적당한 자리에 앉으십시오."

그래서 모두 신분에 따라 자리를 잡아 앉고, 마스룰은 교주의 시중을 들기 위해 그냥 서 있었습니다.

"오, 손님들, 허락해 주신다면 음식을 차려낼까 합니다만."

주인의 말에 모두 일제히 대답했습니다.

"그것참 고맙소."

이윽고 주인은 시녀들에게 요리를 날라 오게 했습니다.

곧 띠를 두른 여자 네 명이 들어와서 손님들 앞에 식탁을 놓고 거기에 메추라기, 닭, 비둘기 고기 등 여러 가지 산해진미를 차려 놓았습니다. 음식이 소담스럽게 담긴 쟁반 가장자리에는 각각 이러한 향연에 어울리는 시가 새겨져 있었습니다.

손님들이 흡족하게 요리를 먹고 손을 씻고 나자 주인이 말했습니다.

"오, 여러분, 뭐든 원하시는 것이 있으면 사양하지 마시고 말씀하십시오. 반드시 만족시켜 드릴 테니까요."

"우리가 이곳에 찾아온 것은 이 집 벽 너머로 참으로 기막힌 노랫소리를 들었기 때문이오. 한 번 더 그 노래를 듣고 목소리 임자의 얼굴을 봤으면 하오. 당신의 관대한 마음으로 이 부탁을 들어주신다면, 우리는 흡족한 마음으로 돌아갈 수 있겠소만."

"알았습니다."

주인은 한 흑인 노예여자를 돌아보며 말했습니다.

"네 여주인을 데려오너라."

노예여자는 비단 방석이 깔린 도자기 의자를 가져다 자리를 잡아놓고 나가더니, 보름달처럼 아름다운 여자를 안내해 왔습니다.

다음에 여자가 의자에 앉자 노예가 큼직한 비단 주머니를 건넸습니다. 여자는 그 속에서 보석과 히아신스석을 박은 황금 손잡이가 달린 비파를 꺼냈습니다.

—여기서 날이 훤히 밝았으므로 샤라자드는 이야기를 그쳤다.

948번째 밤

샤라자드는 이야기를 계속했다.

오, 인자하신 임금님, 이윽고 여자는 조용히 비파를 타기 시작했는데, 그 맵시는 참으로 다음의 노래와 같았습니다.

젖먹이를 사랑으로 품는 어머니처럼
여자는 비파를 무릎에 안고
줄을 뜯으니 신묘한 소리
흘러나와 맑게 울려 퍼지는구나.
그러나 줄을 타는 오른손은 조금도
가락이 틀릴 염려가 없네.
왼손으로 나사를 늦추었다가 죄고
죄었다가 늦추니.

이렇게 여자가 비파를 가슴에 안고, 어머니가 아기를 돌보듯이 몸을 기울여 비파 줄을 울리니, 마치 아기가 어머니에게 호소하는 듯한 소리가 울려 퍼졌습니다.

이윽고 여자는 비파를 타면서 이런 시를 읊었습니다.

만약 '세월'이 나에게
연인을 돌려준다면
나는 원망하리라,
"사랑하는 이여,
술을 들이켜고 잔을 돌리시라.
사나이 마음의 티 없는
맑은 술을 그대는 마시라.

그 술을 마시고
고민에서 기쁨으로
또 괴로움에서 쾌락으로
돌고 돌릴 수 있으리라.”
‘서풍’은 이윽고
그 술잔 받쳐 들고
한 손에 ‘별’을 잡은
아름다운 ‘보름달’에게
돌리는 광경을 그대 못 보았는가? *4
둥근 달의 그 ‘여신’이
티그리스 강변의 어두운 밤에
빛의 비를 뿌릴 때
몇 날 밤을 이야기로 지새웠던가.
‘달’이 ‘서쪽’으로 질 때
흐르는 물에 흔들려
마치 황금으로 만든 칼을
흔드는 것처럼 보이는구나.

여자는 노래를 마치자 눈물을 흘리며 흐느껴 울기 시작했습니다. 그러자 그 자리에 있던 사람들도 여자의 노래에 감동해서 소리 내어 울기 시작하더니, 옷을 찢고 머리를 때리면서 거의 까무러칠 지경에 이르렀습니다.

이윽고 하룬 알 라시드 교주가 입을 열었습니다.

“오, 그 노래로 짐작건대 저 여자는 연인과 헤어진 것이 분명하다.”

그러자 집주인이 말했습니다.

“이 여자는 부모를 잃었습니다.”

“아니다. 저것은 부모를 잃은 자의 슬픔이 아니다. 사랑하는 남자를 잃은 슬픈 사랑의 탄식이다.”

교주는 여자의 노래가 무척 마음에 들어서 이사크를 돌아보며 말했습니다.

“나는 지금까지 이토록 아름다운 여자를 본 적이 없구나!”

“오, 임금님, 저도 이 여자의 아름다움에 그저 놀라고 있을 뿐입니다.”

하룬 알 라시드가 집주인의 몸짓을 찬찬히 살펴보니 매우 고상하고 아름다운 젊은이건만, 얼굴빛이 몹시 파리하고 금방이라도 숨이 끊어질 듯한 기색이었습니다. 그래서 교주는 젊은이에게 말을 건넸습니다.

"오, 젊은이여."

"예, 나리, 무슨 말씀이십니까?"

"그대는 우리가 누군지 아는가?"

"아니요, 모릅니다."

그러자 자파르가 말했습니다.

"그렇다면 우리의 이름을 말해 줄까?"

"예."

"이분은 사도의 큰아버님의 후예, 충실한 자들의 임금님이시다."

그리고 다른 사람들의 이름도 차례차례 소개했습니다. 그것이 끝나자 하룬 알 라시드 교주가 말했습니다.

"그대는 얼굴빛이 매우 창백한데 태어날 때부터 그런가, 아니면 무슨 까닭이 있어 그런가 말해 보라."

"오, 진실한 신자들의 임금님이시여, 저에게는 참으로 기이한 사연이 있습니다. 이 이야기를 눈 한구석에 새겨 두면, 교훈이 필요한 사람에게 좋은 훈계가 될 것입니다."

"그럼, 그 이야기를 좀 들려다오. 혹시 내 손으로 그대를 구해 줄 수 있을지도 모르니까."

"충실한 자들의 임금님, 그러시다면 송구스럽지만 제 이야기에 귀 기울여 들어주시기 바랍니다."

젊은이는 다음과 같은 이야기를 시작했습니다.

―오, 진실한 신자들의 임금님이시여, 저는 바다 위 상인 중의 상인으로 오만에서 태어났습니다. 제 아버지는 배 30척을 가지고 교역을 하는 상당히 살림이 넉넉한 무역상이었습니다. 배 한 척에 연 수입이 금화 3만 닢이나 되었으니까요. 아버지는 무척 마음이 너그러운 분으로, 저에게 읽기와 쓰기, 그 밖에 필요한 것은 모두 가르쳐주셨습니다.

아버지는 임종이 임박해지자 저를 머리맡에 부르시어 마지막 훈계의 말씀을 하신 다음, 곧 전능하신 알라의 자비로운 품으로 돌아가셨습니다. 오, 알라여, 부디 충실한 자들의 임금님 수명을 늘려주시기를!

제 아버지에게는 같이 배를 타고 바다 위를 다니던 장사 친구가 있었습니다. 어느 날 제가 집에서 상인들과 이야기를 하고 있는데, 하인이 늘어와서 이렇게 말했습니다.

"주인님을 뵙고 싶다는 사람이 문 앞에서 기다리고 있습니다."

그래서 제가 들여보내라고 했더니 머리에 무언가를 이고 있는 사람이 들어왔습니다. 그 사람이 머리에 인 것을 내려서 덮개를 벗기니 상자가 나왔는데, 그 속에는 우리나라에서는 볼 수 없는, 제철이 아닌 신기한 과일과 소금에 절인 채소가 들어 있었습니다.

제가 매우 감사하다면서 은화 백 닢을 주었더니 그는 인사하고 돌아갔습니다. 그 과일과 채소를 친구들에게 나누어주자 이것이 어디서 온 것일까 하는 이야기가 나왔는데, 모두 한결같은 목소리로 이렇게 말하는 것이었습니다.

"바소라에서 온 것이다."

그런 다음 이런 이야기 저런 이야기를 하던 끝에 바그다드 여자의 아름다움에 대한 칭찬이 나왔고, 또 아마 온 세계에서 바그다드처럼 깨끗한 데는 없으며 그곳 주민처럼 아름다운 사람도 없다는 데 모두의 의견이 일치했습니다.

이렇게 바그다드와 그 주민들이 뛰어나게 아름답다는 말을 듣자 제 마음에는 어떻게 해서라도 그곳에 가 보고 싶은 욕망이 솟아났습니다. 그래서 저는 집과 땅, 배, 흑인 노예와 시녀들까지 죄다 팔아서 금화 1천만 닢이나 되는 돈을 만들었습니다. 그 밖에 보석류는 지니고 배 한 척을 사서 전 재산을 싣고 고국을 떠나 한동안 항해를 계속했습니다.

다음에는 작은 배를 한 척 빌려서 있는 돈을 죄다 싣고 며칠 동안 강을 거슬러 올라간 끝에, 마침내 바그다드에 도착했습니다.

바그다드에 다다르자, 저는 길 가는 사람들을 붙잡고 상인이 모여 사는 가장 살기 좋은 곳이 어디냐고 물었습니다.

"그건 카르프 거리지요."

사람들이 가르쳐주는 대로 그리로 간 저는 사프란이라는 곳에 집을 한 채 빌려서, 그곳에 전 재산을 옮겨 놓고 한동안 살았습니다.

어느 날, 그날은 금요일이었는데, 저는 얼마 안 되는 돈을 가지고 산책을 나서서 먼저 만수르 사원이라고 하는 대사원으로 갔습니다. 때마침 금요일 기도를 올리던 중이어서 저도 같이 기도를 마치고 사람들 뒤를 따라 카룬 알라시드라는 구역으로 갔습니다.

거기에는 크고 훌륭한 집이 서 있고 격자창이 달린 난간이 강을 향해 나와 있었습니다. 저는 사람들과 함께 그 앞에 서서 바라보고 있었는데, 고운 옷을 입고 좋은 향기를 풍기는 한 노인이 눈에 띄었습니다. 은실 같은 수염이 두 갈래로 갈라져 가슴까지 내려와 있는 그 노인을 시녀 네 명과 시동 다섯 명이 옆에서 시중을 들고 있었습니다.

저는 옆에 있는 사람에게 물었습니다.

"저 노인은 누구며, 뭐하는 분입니까?"

"저 사람은 타히르 이븐 알 알라라고 하는데, 유곽의 주인이라오. 저 사람 집에 가면 누구든지 먹고 마시며 미인의 얼굴을 볼 수 있지요."

저는 그 말을 듣고 저도 모르게 중얼거렸습니다.

"그래, 이것이 바로 내가 오랫동안 찾고 있던 것이다."

―여기서 날이 훤히 밝았으므로 샤라자드는 이야기를 그쳤다.

949번째 밤

샤라자드는 이야기를 계속했다.

오, 인자하신 임금님, 젊은이는 이야기를 계속했습니다.

―오, 충실한 자들의 임금님, 저는 노인에게 다가가서 인사를 하고 말했습니다.

"저, 노인장, 좀 볼일이 있는데요."

"무슨 일이오?"

"오늘 밤 당신 집의 손님이 되고 싶습니다만."

"좋습니다. 하지만 젊은 양반, 우리 집에는 여자가 많이 있는데 하룻밤에 금화 열 닢짜리도 있고, 마흔 닢짜리도 있고 더 비싼 것도 있소. 어느 쪽을 원하시오?"

"금화 열 닢짜리를 사지요."

그리고 한 달 치로 금화 3백 닢을 주자, 노인은 시동을 불러 저를 집 안에 있는 목욕탕으로 데려가게 했습니다. 시동은 제 몸을 알뜰히 씻어준 다음, 어느 방 앞으로 데려가서 문을 두드리니 한 여자가 나타났습니다.

"손님이 오셨어요."

이 말을 들은 여자는 반가운 미소를 지으면서 저를 황금으로 장식한 방 안으로 안내했습니다. 여자는 마치 보름달처럼 빛났고, 옆에서 시중을 드는 두 여자는 흡사 별처럼 아름다웠습니다.

여자는 저를 자리에 앉히고 자기도 옆에 앉은 다음, 노예계집에게 눈짓을 하니 곧 암탉과 메추리와 비둘기 고기 등의 온갖 요리를 담은 쟁반을 내왔습니다.

여자와 저는 그 음식을 배불리 먹었는데, 태어나서 지금까지 그렇게 맛있는 음식은 처음 먹었습니다.

식사가 끝나자 여자는 식탁을 치우게 하더니 술과 꽃, 과자와 과일을 내오게 했습니다. 그렇게 꼬박 한 달 동안 여자와 함께 지낸 다음, 저는 목욕탕에 갔다가 그길로 노인을 찾아갔습니다.

"노인장, 이번에는 하룻밤에 금화 스무 닢짜리를 사고 싶은데요."

"그럼, 돈을 치르십시오."

저는 돈을 가지고 와서 한 달 치로 금화 6백 닢을 냈습니다. 그러자 노인은 시동을 불러서 지시했습니다.

"이 손님을 모셔라."

시동은 또 나를 목욕탕에 데려가 씻어준 다음, 어느 방 앞으로 가서 문을 두드려 나타난 여자에게 말했습니다.

"손님이 오셨어요."

여자는 저를 공손히 맞아들여서 옆에 있던 노예계집 네 명에게 먹을 것을 가져오게 했습니다.

이윽고 저희 앞에는 온갖 요리가 차려졌고, 식사가 끝나자 식탁을 치운 뒤 여자는 비파를 들고 다음과 같은 노래를 불렀습니다.

아아, 바벨의 나라에서

하룬 알 라시드 교주와 오만의 상인 아부 알 하산의 이야기 4371

떠돌아 오는 사향 향기여,

전하라, 내 동경을 담은 소식을,

실로 나의 진실은 임이 사는 곳

벗들의 성스러운 무리에게 맡겼노라,

그곳에 뭇사람이 그리는 임이 사노라,

그러나 기울지 않도다, 그 임은

어떠한 사나이의 마음에도.

저는 여자와 함께 한 달을 지낸 뒤 다시 노인에게 가서 말했습니다.

"이번에는 하룻밤에 금화 마흔 닢짜리 여자를 사고 싶소."

"그럼, 돈을 내십시오."

나는 한 달 치로 금화 1천2백 닢을 치르고 여자와 함께 한 달을 지냈는데, 여자의 모습이 매우 아름답고 목소리가 참으로 상냥하여 세월이 꿈처럼 지나가고 말았습니다.

그러던 어느 날 밤, 다시 노인을 찾아갔더니 무언가 떠들썩한 소리가 들려와서 물어보았습니다.

"무슨 일입니까?"

"오늘 밤에는 모두 강에 배를 띄우고 유쾌하게 놀려고 합니다. 옥상에 올라가서 구경이나 하시지요."

"그렇게 하지요."

저는 옥상에 올라가서 사람들이 횃불을 들고 부산하게 움직이고 있는 광경을 내려다보고 있었습니다. 그러다가 옥상 끝으로 갔더니 그 아래로 근사한 휘장을 내린 작은 방이 보였습니다.

그 방 가운데에 빛나는 황금으로 아름답게 꾸미고 양탄자로 덮은 노간주나무*5 침대가 놓여 있는데, 그 위에 보는 이의 마음을 매혹하는 아름다운 젊은 여자가 앉아 있었습니다.

그 옆에 한 젊은이가 앉아서 여자의 목을 끌어안고 서로 입을 맞추고 있었습니다. 이 광경을 본 저는 그 여자의 아름다움에 그만 눈이 아찔해져서 제가 어디 있는지도 잊어버릴 정도로 흥분하고 말았습니다. 그래서 옥상에서 내려와 같이 있던 여자에게 방금 보고 온 여자에 대해서 물어보았더니, 이러이러한 여자라고 대답한 뒤 이렇게 묻는 것이었습니다.

"그 여자를 어떻게 하시려고요?"

"나는 그 여자에게 반해 버렸어."

"아부 알 하산 님, 혹시 그 여자에게 마음이 있으세요?"

"그래. 나는 몸도 마음도 온통 그 여자에게 사로잡히고 말았어."

"그분은 타히르 이븐 알 알라 님의 따님이자 저희 여주인이랍니다. 저희는 모두 그분의 시녀지요. 하지만, 아부 알 하산 님, 그분의 하룻밤 값이 얼마인지 아세요?"

"아니 몰라."

"금화 5백 닢이에요. 그래서 임금님에게도 그림의 떡이랍니다."

"그렇다면 나는 전 재산을 털어서 그 여자를 사야겠다!"

저는 그대로 자리에 들기는 했지만, 욕정에 사로잡혀서 긴 밤을 뜬눈으로 지새웠습니다. 아침이 되자 저는 곧바로 목욕탕에 가서 제일 좋은 옷으로 갈아입은 뒤 이븐 알 알라를 찾아가 말했습니다.

"주인장, 오늘은 하룻밤에 금화 5백 닢짜리 여자가 필요하오만."

"좋습니다. 돈을 치르십시오."

그래서 한 달 치로 금화 1만 5천 닢을 주었더니 노인은 시동을 불러 말했습니다.

"이분을 여주인에게 모셔라."

이윽고 시동이 저를 이 세상에서 한 번도 보지 못한 훌륭한 방으로 데려갔습니다. 바로 그 방에 전날 본 그 여자가 앉아 있었습니다.

오, 충실한 자들의 임금님, 저는 여자를 본 순간, 그 요염한 모습에 대번에 정신이 아찔해지고 얼이 빠져 버렸습니다. 그 여자는 마치 열나흗날 밤의 달처럼 아름다웠기 때문입니다.

　—여기서 날이 훤히 밝아왔으므로 샤라자드는 이야기를 그쳤다.

950번째 밤

샤라자드는 이야기를 계속했다.

오, 인자하신 임금님, 젊은이 아부 알 하산은 이야기를 계속했습니다.

—그 여자의 아름다운 목소리는 비파 소리보다 더 아름다워 시인이 이렇게 노래한 것과 똑같았습니다.

밤이 되어 어둠에 덮였을 때
나는 욕정을 어찌할 길 없어
처녀는 간절하게 외쳤노라.
"아, 밤이여, 그대 어둠을 타고
이 옥문 채워줄
남자를 데려와다오."
처녀는 손으로 옥문을
때리면서 뜨겁게
한숨을 쉬고 또 쉬다가
이윽고 눈물을 흘리면서 말하기를,
"이쑤시개로 하얀 이를
청소하듯 옥경(玉莖)은
옥문을 깨끗이 씻어주는 것.
아, 이슬람교도들이여,
누구든 여자를 만족하게 해 줄
그 물건을 여기서 안 써 보려나."
이 말을 들으니 뭉클하게
나의 양물(陽物)이 벌떡 일어나
옷자락을 쳐들었노라.
"자, 가자, 그대에게!" 하는 듯이.
그래서 손을 뻗어 처녀의
속곳 끈을 풀었더니
처녀는 깜짝 놀라 묻는구나,

"그대는 누구?"
"그대 소원을 풀어줄 사람."
나는 대답하고
굵은 물건 찔러 넣고
여기저기 옥문 속을
힘을 다해 다루었네.
세 번 교접하고 일어났을 때
처녀가 은근히 말하기를
"그대의 묘기에 놀랐노라."
나도 대답했노라. "그대의 묘기에도."

또 이런 식으로 희한하게 노래한 시인도 있습니다.[*6]

아름다운 여자여,
만약 이 남자에게
그 얼굴 한 번 보인다면,
우상 따위 내동댕이치고
이 여자의 얼굴을
유일신인 줄 알 것이로다.
만약 이 여자가 동쪽을 보고
스님 앞에 선다면
서쪽을 향한 스님마저
동쪽을 향해 무릎 꿇으리.
만약 이 여자가
바다에 침을 뱉는다면
짜디짠 바닷물도
순식간에 달콤하게 변하리라.

또 이런 노래가 있기도 합니다.

나는 첫눈에 그대를 보고
보기 드문 타고난 눈썹
아름다운 마음에
놀란 눈 크게 뜨네.
나의 사랑하는 마음
그대 은밀하게 의심할 때
그 뺨에 역력하게
의혹의 빛 나타나네.

제가 여자에게 인사하자 여자는 저를 맞이하며 말했습니다.
"잘 오셨습니다."
그러고는 제 손을 잡더니 자기 옆에 앉혔습니다.
끝없는 욕정에 사로잡힌 저는 이별의 날이 찾아올 것이 두려워 눈물을 흘리며 다음과 같은 시를 읊었습니다.

나는 이별을 슬퍼하지만
이별의 밤을 또한 사랑하노라.
흐르는 시간의 힘으로
서로 다시 만날 날의
기쁨을 생각해서이다.
그러나 다시 만날 날에
꺼림칙한 게 하나 있으니
모두 뜬세상의 일이라
덧없음을 알기 때문이노라.

여자는 상냥한 말로 위로해 주었건만, 저는 몸을 태우는 듯한 그리움에 나란히 누워 있으면서도 이별의 아픔을 느꼈습니다. 사랑하는 여자에게서 멀리 떨어지는 슬픔을 생각하니 가슴이 아파 나도 모르게 다음과 같은 시를 읊었습니다.

그리운 그대 품에 안겨
이별을 생각하고는
용혈수처럼
붉은 눈물 흘리노라.
그러나 그대의 눈처럼 하얗고
긴 목덜미에 얼굴을 얹고
눈물방울 훔친다네.
그것은 저 새하얀 장뇌가
하염없이 흐르는 피마저
멈추게 하는 성질이 있음을 알기 때문.

이윽고 여자가 식사를 준비하라고 말하자, 가슴이 봉곳한 네 처녀가 음식과 과일을 비롯하여 과자와 꽃과 술 등을 날라 왔습니다. 그것은 왕의 향연에나 어울릴 만한 호화로운 것들뿐이었습니다.

오, 충실한 자들의 임금님이시여, 저희는 먼저 그것을 먹은 뒤, 향기로운 꽃이 가득 장식된, 왕에게만 어울리는 호사스러운 방에서 술자리를 벌였습니다.

이윽고 한 시녀가 비단 주머니를 가져오자, 여자는 그 속에서 비파를 꺼내 무릎에 놓고 타기 시작했습니다. 그런데 마치 어린아이가 어머니에게 응석을 부리는 듯한 미묘한 소리를 울리면서 다음과 같은 시를 읊었습니다.

맛 좋은 술도 상냥한 젊은이의
손으로 주는 게 아니면 들지 말라.
진정 젊은 사나이들은
술처럼 맛있고
술 또한 젊은이처럼 맛있으니.
잔 비우는 자에게
기쁨을 주는 것은
술 붓는 저 뺨 아름다운 동자
그가 돌리는 것 말고 무엇이 술이랴.

그리하여 저는, 오, 충실한 자들의 임금님! 여자와 함께 몇 달을 지내는 동안 마침내 돈이 떨어지고 말았습니다. 그래서 어느 날 여자와 함께 앉아서 이별의 쓰라림을 생각하며 폭포처럼 눈물을 흘리고 있었습니다. 정말 밤인지 낮인지도 분간을 못 하게 되고 말았습니다.

"왜 그렇게 우세요?"

"오, 내 눈동자의 빛이여, 헤어지는 것이 슬퍼서 우는 거요."

"오, 주인님, 우리가 왜 헤어져야 하나요?"

"내가 당신에게 온 날부터 당신 아버님은 날마다 금화 5백 닢씩 받고 있소. 그래서 나는 이제 돈이 한 푼도 없소. 속담에도 '돈은 남남끼리 친하게 하고, 가난은 한집 사람마저 남으로 만든다'고 하지 않소? 시인도 이렇게 노래했다오."

> 돈 떨어지면
> 집에 있어서도 귀양살이고
> 돈 있으면
> 어느 나라를 헤매어도
> 묵을 집 있노라.

그러자 여자가 대답했습니다.

"사실, 아버지는 언제나 여기 묵고 있던 상인이 빈털터리가 되어 버리면 사흘 동안만 대접하고 쫓아내 버린답니다. 쫓겨난 사람은 두 번 다시 돌아오지 않아요. 그러니 당신은 돈 떨어진 것을 비밀로 하세요. 제가 어떻게든 해서 당신이 원하시는 만큼 저와 함께 사실 수 있도록 할 테니까요. 왜냐하면 저도 당신을 사랑하고 있으니까요.

아버지는 돈을 전부 저에게 맡기시곤 얼마나 있는지도 모르셔요. 앞으로는 밤마다 금화 5백 닢을 드릴 테니 그것을 아버지에게 지급하세요. 그러면 아버지는 그 돈을 저에게 주실 테고, 저는 그걸 다시 당신에게 드리겠어요. 그렇게 하면 죽을 때까지 이렇게 같이 살 수 있잖아요."

저는 여자에게 감사하고 손에 입을 맞추었습니다. 그리하여 꼬박 1년 동안 두 사람은 행복하게 지내고 있었습니다. 그런데 어느 날 여자가 시녀 한 사람을 심하게 때렸습니다.

그러자 여자노예는 이렇게 소리쳤습니다.

"알라께 맹세코 당신이 나를 괴롭힌 것처럼, 나도 그 앙갚음으로 당신을 괴롭혀 줄 테니 두고 봐요."

그러고는 곧장 여자의 아버지에게 달려가서 모든 비밀을 폭로하고 말았습니다.

이 말을 들은 타히르 이븐 알 알라는 벌떡 일어나더니, 여자와 함께 앉아 있는 제 앞으로 달려와서 소리쳤습니다.

"이봐!"

"왜 그러십니까?"

"우리 집은 손님이 빈털터리가 되었을 때는 사흘 동안만 먹여주고 있다. 그런데 너는 1년 동안이나 공짜로 먹고 마시며 제멋대로 지냈단 말이지? 여봐라, 이놈의 옷을 벗겨라!"

시동들이 달려와서 제 옷을 벗기자, 주인은 은화 다섯 닢만으로도 살 수 있는 헌 옷과 은화 열 닢을 저에게 던져주었습니다.

"냉큼 나가거라! 나는 너를 때리지도 않고 욕도 하지 않겠다. 그러니 얼른 어디론가 사라져버려. 이 도시에서 얼쩡거리다가는 목숨이 없을 줄 알아라!"

저는 그 집에서 나오기는 했지만, 온 세상의 재앙이 한몸에 내리 덮친 듯한 슬픔과 당혹감 때문에 갈피를 잡지 못하고 어디로 가야 할지도 몰랐습니다. 그리고 처음에 오만 시에서 가지고 왔던 재산을 생각하며 저도 모르게 혼자 중얼거렸습니다.

"나는 이곳에 금화 1천만 닢이나 가지고 왔는데, 그것을 몽땅 저 저주받을 늙은이에게 처넣고 말았구나. 그런 데다 동전 한 푼 없는 벌거숭이로 쫓겨나고 사랑하는 연인과도 헤어져야 하다니. 하지만, 위대한 신 알라 외에 주권 없고 권력 없다!"

그로부터 저는 바그다드에서 사흘 동안 아무것도 먹지 못한 채 머물러 있다가, 나흘째에 바소라로 떠나는 배가 있어서 가까스로 그 배를 탔습니다. 이윽고 바소라에 이르러 배에서 내린 저는 주린 배를 안고 시장으로 갔습니다.

그때 전부터 알고 지내던 건어물 상인이 다가와서 저를 끌어안았습니다.

아버지의 친구이자 제 친구이기도 한 그는 제가 누더기 옷을 입고 있는 모습을 보더니 어찌 된 일이냐고 물었습니다. 제가 그때까지의 경위를 자세히 이야기했더니 그가 말했습니다.

"그건 분별 있는 사람이 할 일이 아니었군. 그래서 앞으로 어떻게 할 작정인가?"

"어찌해야 좋을지 모르겠소."

"그렇다면 우리 가게에 와서 회계를 맡아 봐 주게나. 그러면 옷과 먹을 것을 주고 거기에 하루 은화 두 닢씩을 줄 테니까."

그래서 저는 얼른 승낙하고 그의 가게에서 열심히 일하여 이윽고 금화 백 닢가량을 모으게 되었습니다.

그래서 강가의 2층 방을 빌려 배가 상품을 싣고 오면 물건을 사서 바그다드로 돌아갈 생각으로 기다리고 있었습니다.

어느 날 상품을 가득 실은 배가 들어오자 많은 상인이 물건을 사러 몰려들었습니다. 저도 그들과 함께 배에 가 보았더니 두 남자가 나타나 갑판 위에 의자를 놓고 앉았습니다.

상인들이 물건을 살 셈으로 두 사람에게 말을 건네니, 그들 가운데 한 사람이 선원에게 말했습니다.

"그 양탄자를 가지고 오시오."

잠시 뒤 한 선원이 양탄자를 들고 와서 펼쳐 놓자 다른 선원이 안장자루를 두 개 들고 나왔습니다. 남자 하나가 그 속에서 작은 자루를 꺼내 그 속의 것을 양탄자 위에 쏟아놓았습니다. 그런데 놀랍게도 눈이 어릴 만큼 아름답게 빛나는 진주와 산호, 히아신스석, 루비, 그 밖의 온갖 보석이 와르르 쏟아져 나왔습니다.

—여기서 날이 훤히 밝았으므로 샤라자드는 이야기를 그쳤다.

951번째 밤

샤라자드는 이야기를 계속했다.

오, 인자하신 임금님, 젊은이 아부 알 하산은 이야기를 계속했습니다.

—그때 의자에 앉아 있던 한 남자가 소리쳤습니다.

"상인 양반들, 오늘은 완전히 지쳐버려서 이 정도의 물건만 헐값으로 팔겠습니다."

상인들이 보석을 흥정하기 시작하자 마침내 금화 4백 닢까지 값이 올라갔습니다. 그때 자루의 주인(이 사람은 저의 옛 친구로, 저를 보자마자 의자에서 내려와 인사를 했습니다)이 저를 돌아보며 물었습니다.

"어째서 당신은 다른 상인들처럼 값을 부르지 않소?"

그래서 저는 대답했습니다.

"아니요, 저는 운이 나빠서 재산을 몽땅 잃어버리고 금화 백 닢밖에 남지 않았는걸요."

"오, 오만의 사람이여! 그 많던 재산이 겨우 금화 백 닢밖에 남지 않았단 말이오?"

저는 부끄러워서 눈에 눈물이 가득 괴었습니다. 그 모습을 본 그는 저를 무척 동정하여 다른 상인들에게 말했습니다.

"나는 금화 백 닢으로 온갖 값진 보석이 든 이 주머니를 저분에게 팔고 싶은데, 부디 여러분이 증인이 되어주시오. 말하자면 이것은 저분에게 드리는 내 선물인 셈이니까."

그리고 그는 보석과 함께 안장자루와 양탄자까지 몽땅 저에게 주었습니다. 저는 그 사람에게 깊이 감사했고, 다른 상인들도 그의 행위를 칭찬했습니다.

얼마 뒤, 저는 보석시장으로 가서 가게를 열었습니다. 그 보석 중에는 어느 명장이 만든 둥근 호신석(護身石)도 섞여 있었습니다. 그것은 무게가 반 파운드가량 되는 루비로, 빨갛게 반짝이는 그 양면에는 개미가 기어가는 듯한 글씨가 자잘하게 새겨져 있었습니다. 그러나 저는 그 가치를 전혀 알지 못했습니다.

그렇게 1년 동안 보석을 사고팔다가, 어느 날 저는 마지막으로 그 호신석을 손에 들고 이렇게 중얼거렸습니다.

"이 돌은 꽤 오랫동안 내 가게에 있었지만 얼마만큼의 가치가 있는지 도무지 짐작도 할 수 없구나."

그래서 그것을 거간꾼에게 맡기자, 거간꾼은 그것을 가지고 시장을 한 바퀴 돌고 나서 저에게 다시 돌아와 말했습니다.

"어디 가서 물어보아도 이 돌을 은화 열 닢 이상으로 사겠다는 상인은 없더군요."

"그런 싼값으로는 팔기 싫소."

거간꾼은 제 얼굴에 그 돌을 던지고 가 버렸습니다.

그로부터 얼마 지난 뒤 다시 그 돌을 거간꾼에게 맡겼는데 역시 은화 열다섯 닢의 가치로밖에 보지 않았으므로, 저는 화가 나서 그 돌을 빼앗아 그대로 접시에 던져두었습니다.

2, 3일 뒤 제가 가게에 앉아 있는데, 나그네 차림의 한 남자가 찾아와서 인사했습니다.

"가게에 있는 물건을 좀 구경할 수 없겠소?"

"예, 구경하십시오."

오, 충실한 자들의 임금님, 저는 그때 호신석을 헐값에 흥정한 화가 아직 가라앉지 않고 있었습니다. 나그네는 가게 문 앞을 뒤적거리더니 호신석을 보자마자 별안간 제 손에 입을 맞추며 소리쳤습니다.

"알라를 찬양하라!"

그러고는 저에게 묻더군요.

"오, 주인장, 이것은 팔 것입니까?"

저는 그 돌 때문에 여전히 불쾌했으므로 무뚝뚝하게 대답했습니다.

"그렇소."

"값은 얼만가요?"

"얼마에 살 작정이오?"

"금화 스무 닢 드리지요."

이 말을 들은 저는 상대가 저를 놀리는 줄로만 알고 소리쳤습니다.

"썩 꺼져버려!"

그랬더니 그 사람이 이렇게 말하는 게 아니겠습니까?

"그럼, 금화 쉰 닢에 사지요."

제가 한 마디도 대답을 하지 않았더니 그가 다시 말했습니다.

"그럼, 금화 1천 닢이면 어떻겠소?"

그래도 내가 대답하지 않고 가만히 있으니 그는 웃으면서 말했습니다.

"어째서 대답하지 않소?"

"냉큼 돌아가시오!"

저는 같은 말을 되풀이하면서 금방이라도 덤벼들 듯이 험악한 인상을 지었습니다.

그러자 상대는 금화 1천 닢씩 값을 올려갔습니다.

그래도 제가 대답하지 않으니 그는 마침내 이렇게 말하는 것이었습니다.

"그럼, 금화 2만 닢이면 팔겠소?"

그때까지도 저는 상대가 저를 놀리는 줄만 알았습니다.

그때 가게 앞에 몰려든 구경꾼들이 저를 거들고 나섰습니다.

"이자에게 파시오. 그래놓고 만약 사지 않을 때는 우리가 몽둥이로 때려서 이곳에서 쫓아내 버릴 테니까요."

그래서 저는 말했습니다.

"당신은 정말 살 마음이 있소, 아니면 나를 놀리고 있는 거요?"

"당신은 정말 팔 생각이 있는 거요, 없는 거요? 아니면 나를 깔보며 놀리는 거요?"

"정말 당신이 사신다면 기꺼이 팔겠소."

"그럼, 금화 3만 닢에 사겠소. 보석값을 줄 테니 그것을 나에게 주시오. 그것으로 거래를 끝냅시다."

그래서 저는 구경꾼들을 향해서 소리쳤습니다.

"여러분이 증인이 되어주시오!"

그리고 그 나그네에게 다시 말했습니다.

"그럼, 팔겠는데 한 가지 조건이 있소. 당신이 이렇게 막대한 돈을 내고 사는 이 호신석에 어떤 가치가 있는지 그것을 가르쳐주시오."

"이 거래를 끝낸 뒤에 이 돌의 효능에 대해 얘기하리다."

"그럼, 이것을 틀림없이 당신에게 팔겠소."

"오, 알라여, 부디 이 상인이 한 말에 증인이 되어주소서!"

그러자 그는 돈을 꺼내 나에게 준 다음 호신석을 집어 품속에 넣으면서 저에게 말했습니다.

"이제 거래 끝난 거지요?"

"예."

이어서 그 사람은 구경꾼들을 돌아보며 말했습니다.

"이 상인은 금화 3만 닢에 이 호신석을 나에게 팔았소. 부디 여러분이 증인이 되어주시오."

그런 다음 다시 저를 향해 말했습니다.

"오, 가련한 상인이여, 만약 당신이 끝내 이 돌을 팔지 않겠다고 우겼다면 나는 금화 10만 닢, 아니 1백만 닢까지라도 값을 올렸을 거요."

그 말을 듣는 순간, 오, 진실한 신자들의 임금님이시여! 제 얼굴에서 핏기가 싹 가시고, 그때 이후 지금 보시는 것처럼 이렇게 새파란 얼굴이 되고만 것입니다.

"그럼, 제발 이 호신석의 효능에 대해 자세한 얘기를 해 주시오."

그러자 나그네는 다음과 같은 이야기를 시작했습니다.

"인도의 어느 왕에게 드물게 아름다운 딸이 하나 있었는데, 그 딸이 간질병*7에 걸려서 서기와 학자와 성자들을 불러모았지만 아무도 공주의 병을 고칠 수 없었소. 나도 그때 그 사람들 속에 끼여 있다가 이윽고 왕에게 말했지요.

'오, 임금님, 저는 사둘라라고 하는 바빌론의 한 늙은이를 알고 있는데, 세상이 아무리 넓다 해도 이런 종류의 난치병에 대해서는 그 노인만 한 실력을 갖춘 자가 없습니다. 저를 그 노인에게 보내주십시오.'

'좋다, 곧 떠나도록 해라.'

'그러면 저에게 홍옥수를 하나 주십시오.'

왕은 나에게 커다란 홍옥수와 함께 금화 10만 닢과 그 밖의 선물을 주었지요. 그래서 나는 그 물건들을 가지고 바벨을 향해 출발했소.

그리하여 늙은이를 찾아내어 가지고 간 돈과 선물을 내놓았더니, 늙은이는 선물을 받은 다음 보석상들을 불러 그 홍옥수로 지금 여기 있는 호신석을 만들어 주더군요.

그리고 늙은이는 일곱 달 동안 별을 관측한 끝에 가장 운이 좋은 때를 골라서 호신석에 액을 막는 글을 새겨 줍디다. 보시는 바와 같이 이 호신석에 새겨진 글씨가 바로 그것이오. 그래서 나는 이것을 가지고 인도의 임금님에게 돌아갔소."

—여기서 날이 훤히 밝았으므로 샤라자드는 이야기를 그쳤다.

952번째 밤

샤라자드는 이야기를 계속했다.

오, 인자하신 임금님, 젊은이 아부 알 하산은 충실한 자들의 임금님에게 이야기를 계속했습니다.

—그 호신석을 산 남자는 다음과 같이 이야기를 계속했습니다.

"공주는 밤마다 네 개의 사슬에 묶여 여자노예 한 사람과 함께 잤는데, 아침이 되면 어김없이 노예는 목이 베인 시체로 발견되곤 했소. 그런데 왕이 내가 가지고 간 이 호신석을 공주의 몸 위에 올려놓자, 그토록 심하던 공주의 병이 그 자리에서 씻은 듯이 나아버리지 않겠소. 왕은 매우 기뻐하며 나에게 예복과 많은 돈을 상으로 내리시고 이 호신석을 공주의 목걸이에 꿰어 두셨소.

어느 날 공주는 시녀들을 데리고 바다에 나가 배를 타고 있었는데, 시녀가 장난을 치다가 그만 손이 공주의 목걸이에 걸려 끊어지는 바람에 바다에 빠지고 말았소. 그때부터 공주에게 붙어 다니던 악귀가 다시 돌아오고 말았소. 왕은 그것을 매우 슬퍼하여 많은 돈을 나에게 주면서 이렇게 말했소.

'지금부터 곧 사둘라를 찾아가서 사라진 호신석 대신 또 하나를 만들어 달라고 부탁해 다오.'

그래서 부랴부랴 바벨에 가 보았더니 그 늙은이는 이미 세상을 떠나고 없습디다. 하는 수 없이 빈손으로 돌아와서 왕에게 말했더니, 왕은 나 말고도 열 명을 시켜서 온 나라를 돌아다니며 공주의 병을 낫게 해 줄 약을 찾아오라고 명령하셨소. 그것이 손에 들어오면 공주의 병이 다시 낫기 때문이오.

그리하여 알라의 자비로 이렇게 뜻하지 않게 당신 가게에서 이 호신석을 손에 넣을 수 있었던 거요."

오, 충실한 자들의 임금님, 그는 말을 마치자 호신석을 가지고 사라져 버렸습니다. 이것이 제 얼굴이 새파랗게 변해버린 사연입니다.

그 뒤, 저는 있는 대로 재산을 몽땅 가지고 바그다드로 가서 전에 묵었던 주막에서 쉰 뒤, 이튿날 날이 새기가 무섭게 옷을 갈아입고 사랑하는 여자를 만나러 타히르 이븐 알 알라의 집으로 달려갔습니다. 그 여자에 대한 저의 사랑은 여전히 식지 않고 더해 가기만 했기 때문입니다.

노인 집에 가 보니 난간은 헐리고 격자창으로 변해 있었습니다. 한참 동안 제 신세와 지난날을 생각하면서 멍하니 서 있으니, 하인이 하나 나왔기에 물어보았습니다.

"타히르 이븐 알 알라 님은 어떻게 지내고 계시는가?"

"그분은 전능하신 알라께 참회하셨습니다."*8

"어찌하여 참회를 하셨는가?"

"어느 해에 오만에서 아부 알 하산이라는 젊은 상인이 찾아와서 한동안 노인의 딸과 함께 살았는데, 결국 있는 돈을 모두 써버리고 말았습니다. 그리고 가엾게도 늙은이에게 쫓겨나 절망에 빠진 채 어디론가 사라져 버렸습니다.

그런데 늙은이의 딸이 이 아부 알 하산이라는 사람을 몹시 사랑하여 그 남자와 헤어지자 곧 큰 병이 들어서 거의 다 죽게 되었지요. 그것을 안 아버지는 금화 10만 닢의 상금을 걸고 아부 알 하산을 찾게 했는데, 수많은 사람이 나라 안을 두루 돌아다니면서 찾았지만 결국 아무도 찾아내지 못했습니다. 그 때문에 지금 그 딸은 언제 죽을지 모를 상태에 빠져 있답니다."

"그 처녀의 아버지는 어떻게 되었는가?"

"늙은이는 딸이 병든 것을 매우 슬퍼하며 데리고 있던 여자들을 죄다 팔고, 전능하신 알라께 참회했답니다."

"그럼, 만일 지금 너에게 오만 사람 아부 알 하산이 있는 곳을 가르쳐주는 사람이 있다면 어떻게 하겠는가?"

"오, 만약 당신이 그것을 가르쳐주신다면 우리 집은 당장 가난에서 구제되지요."

"그럼, 지금 곧 처녀의 아버지에게 가서 이렇게 말하게나. '좋은 소식을 가져왔으니 약속하신 사례금을 주십시오. 오만 사람 아부 알 하산이 문 앞에서 기다리고 있습니다.'"

내 말을 듣자 하인은 마치 물방앗간에서 놓여난 나귀처럼 엎어질락 자빠질락 뛰어가더니, 이윽고 타히르 노인을 데리고 돌아왔습니다.

늙은이는 저를 보자 곧장 집으로 되돌아가서 하인에게 금화 10만 닢을 주었고, 하인은 그것을 받아들고 저를 축복하며 떠나갔습니다.

늙은이는 저를 끌어안고 눈물을 흘리면서 말했습니다.

"오, 젊은이, 여태까지 어디에 있었소? 당신과 헤어진 뒤 내 딸이 다 죽게 되었소. 제발 같이 가주시오."

제가 늙은이를 따라 집 안으로 들어가자 늙은이는 전능하신 알라 앞에 꿇어 엎드려 감사 기도를 드렸습니다.

"이 사람을 다시 만나게 해 주신 알라께 영광 있으라!"

그리고 딸의 방에 들어가서 이렇게 말했습니다.

"알라께서 네 병을 고쳐주셨다."

"오, 아버님, 제 병은 아부 알 하산 님의 얼굴을 보기 전엔 절대 낫지 않아요."

"네가 뭘 좀 먹고 목욕탕에 갔다 오면 내가 꼭 하산을 만나게 해 주마."

"오, 아버님, 그게 정말이세요?"

"정말이고말고. 위대하신 알라를 두고 맹세해도 좋다."

"그분을 만날 수만 있다면 아무것도 먹을 필요 없어요."

그래서 늙은이는 시동에게 말했습니다.

"하산 님을 모시고 오너라."

이윽고 제가 그 방으로 들어갔더니, 저를 본 여자는 금세 까무러쳤다가 잠시 뒤 깨어나서 다음과 같은 시를 읊었습니다.

아, 알라는 헤어진 두 사람을
드디어 만나게 하셨네.
다시 만날 날 있을 줄은
꿈에도 생각지 않았는데.

여자는 마루에 일어나 앉아서 말했습니다.

"오, 하산 님, 저는 꿈속이 아니고는 두 번 다시 당신을 못 만날 줄 알았어요."

그러고는 저를 꼭 끌어안고 눈물을 흘리면서 말했습니다.

"오, 아부 알 하산 님, 이제는 음식을 먹을래요."

이 말을 들은 늙은이는 매우 기뻐하며 먹을 것을 날라 왔고 저희는 함께 그것을 먹었습니다.

오, 충실한 자들의 임금님, 그 뒤 여자는 오랜 시간을 저와 함께 지내면서 점차 이전의 아름다운 모습을 되찾았습니다. 그러자 그 여자의 아버지는 판관과 증인들을 불러 결혼계약서를 작성하게 하고 성대한 결혼식을 올려줬습니다. 그리하여 그 여자는 제 아내가 되어 오늘날까지 함께 살고 있습니다.

신상 이야기를 마친 하산은 마지막으로 이렇게 덧붙였습니다.

"그리고 이 아이가 바로 그 아내와의 사이에서 태어난 아들이올시다."

하산은 세상에 드물 만큼 아름다운 사내아이를 데려와서 아이에게 말했습니다.

"자, 충실한 자들의 임금님 앞에서 무릎을 꿇어라."

아이가 바닥에 엎드리자, 교주는 아이의 아름다운 모습에 감탄하면서 알라를 찬양했습니다.

이윽고 하룬 알 라시드 교주는 일행을 이끌고 그 집을 떠나면서 이런 말을 남겼습니다.

"오, 자파르여, 참으로 희한한 일도 다 있구나. 여태껏 이런 기이한 이야기는 한 번도 들은 적이 없노라."

궁전으로 돌아가자 옥좌에 앉은 교주가 소리쳤습니다.

"마스룰!"

"오, 임금님, 무슨 일이십니까?"

"오, 마스룰. 바소라, 바그다드, 호라산에서 거둔 일 년간의 세금을 가지고 와서 이 홀에다 쌓아라."

마스룰은 세 도시에서 거둔 세금을 홀에다 쌓아 올렸습니다. 그것은 알라 말고는 아무도 헤아릴 수 없을 정도로 많은 금액이었습니다.

이어서 교주는 그 앞에 휘장을 치게 하고 자파르를 불러서 분부했습니다.

"아부 알 하산을 데리고 오라."

"예."

자파르는 곧 오만의 상인 아부 알 하산을 데려왔습니다.

하산은 교주가 자기 집에 왔을 때 무슨 실수라도 한 것이 아닌가 생각하고 조심조심 바닥에 꿇어 엎드렸습니다.

"하산, 잘 들어라."

"오, 진실한 신자들의 임금님이시여, 알라께서 언제나 임금님 위에 은총을 내리시기를!"

"저 휘장을 걷어 보아라."

하산이 홀 앞의 휘장을 들춰 보니, 눈이 어릴 만큼 많은 금화가 쌓여 있었습니다.

"오, 아부 알 하산이여, 이 돈과 그대가 그 호신석으로 손해 본 돈을 비교해 보았을 때 어느 쪽이 더 많은가?"

"오, 충실한 자들의 임금님, 여기 있는 돈이 훨씬 많습니다."

그 말을 듣자 교주는 늘어앉은 신하들을 향해 말했습니다.

"이 돈을 모두 이 젊은이에게 줄 테니, 그대들이 증인이 되어다오."

하산은 매우 기쁜 나머지 바닥에 엎드려 얼굴을 붉히며 울기 시작했습니다.

그런데 하산이 우는 동안 눈물이 두 뺨을 타고 흘러내리자 혈색이 되살아나서, 젊은이의 얼굴이 마치 보름달처럼 아름답게 빛나기 시작했습니다.

그것을 본 교주가 별안간 소리쳤습니다.

"알라 외에 신은 없다! 만물의 모습을 바꾸시지만 스스로는 영원히 변치 않는 알라께 영광을!"

그런 다음 거울을 가져오게 하여 아부 알 하산에게 보여주자, 그는 거울에 비친 자신의 얼굴을 보았습니다. 그러자 하산은 그 자리에 다시 엎드려 더없이 높으신 알라께 감사 기도를 드렸습니다.

이윽고 교주는 산더미처럼 쌓아 놓은 돈을 하산의 집으로 나르게 한 뒤, 하산에게는 술벗으로 삼고 싶으니 앞으로 궁정에 입궐하라고 분부했습니다.

그 뒤 하산은 알 라시드 교주가 전능하신 알라의 부르심을 받을 때까지 종종 교주를 찾아갔다고 합니다. 눈에 보이는 것, 보이지 않는 것, 모두를 다스리시는 영원한 존재이신 알라를 칭송할지어다!

또 다음과 같은 이야기도 있습니다.

〈주〉

＊1 이사크(Isaac)는 모술의 이사크(Ishak)를 말하며, 이 책 '모술의 이사크' 이야기〔279번째 밤〕 참조.

＊2 아부 달라프 알 이질리(Abu Dalaf al-Ijili)는 이름난 무인(武人)으로, 넓은 도량과 뛰어난 교양으로 이름이 높았다.

＊3 혈기왕성하여 강렬한 일격(fiers coups de canif)〔성교할 때〕을 가할 수 있을 때.
　　정숙한 귀부인도
　　서른 안 된 남편이 좋아.
　　　　　　　　　　(바이런 작《돈 주안》1. 62)

＊4 늘씬하고 우아한 동자(서풍)와 아름다운 처녀(달)가 거품이 이는 잔(별)을 빙글빙글 돌렸다는 뜻.

＊5 노간주나무(juniper wood)는 아르아르(Ar'ar)이지만, 아마 *Callitris quadrivalvis*를 말하며, 그 나뭇진(산다라크(Sandarac))은 바니시(Varnish)로서, 아메리카의 모가도르(Mogador)에서 영국에 수입되어 있다. 투자(Thuja)라고도 하는데, 모습은 사이프러스 나무와 비슷하고 성장이 느리며, 밑동 근처에 아름다운 나뭇결이 나타난다. 여행자들은 한결같이 로마령 모리타니의 시트라스(Citrus)〔키트루스, 노송나무과 카리토리스속〕 나무라고 한다. 플리니우스(제13장)는 보기 드물게, 식탁 한 개가 1백만 세스테르티우스(9백 파운드)에서 130만 세스테르티우스나 한다고 했다. 〔참고로 세스테르세(sesterce)는 고대 로마의 화폐.〕 그 밖의 상세한 것은 릴레드 박사가 쓴《모로코와 무어인 *Morocco and the Moors*》(1876년, 런던 간행)에 나와 있다.

＊6 이 시는 866번째 밤에도 나왔다. 나는 여기서는 페인 씨의 번역을 인용했다.

＊7 부르판이나 맥나튼판에는 공주의 질병이 다 알 수다(Daa al-Suda, 우울증)로 잘못 적혀 있다. 브레슬라우판에는 바르게 다 알 사르(Daa al-Sar, 간질)로 되어 있다. 하기는 뒤에 든 질병은 악마에 사로잡혀 있다는 의미일 것이다.

＊8 즉, 수치스러운 장사를 그만두었다는 뜻.

이브라힘과 자밀라*¹

이집트의 대신 알 하시브*²에게는 이브라힘이라는 매우 아름다운 아들이 있었습니다. 대신은 이 아들의 미모를 매우 염려하여 금요일기도 말고는 외출을 허락하지 않았습니다.

어느 날, 이브라힘은 이슬람교 사원에서 돌아오다가 한 늙은이가 책을 많이 늘어놓고 있는 모습을 보았습니다.

이브라힘은 말에서 내려 늙은이 옆에 앉아 책을 한 권 한 권 펼쳐 보았습니다. 그러다가 그중 한 권에, 말로는 들어봤지만 실제로는 이 세상에 없을 듯한 아름다운 여자의 초상화가 그려져 있는 것이 눈에 들어왔습니다. 젊은이는 그 그림을 들여다보는 동안, 그만 그림의 미인에게 완전히 사로잡혀 분별심을 잊은 채 책장수 늙은이에게 말했습니다.

"노인장, 이 그림을 나에게 팔지 않겠소?"

책장수 늙은이는 땅바닥에 꿇어앉은 채 이렇게 대답했습니다.

"오, 도련님, 그냥 가지십시오, 돈은 필요 없습니다."*³

그래도 이브라힘은 책장수에게 금화 백 닢을 주고, 그 책을 사 들고 돌아왔습니다. 그러고는 밤낮없이 그 그림만 들여다보면서 눈물을 흘리며 제대로 먹지도 않고 밤에는 잠도 자지 않았습니다. 그러던 어느 날, 그는 마음속으로 생각했습니다.

'이 그림을 그린 사람을 찾아내자. 혹시 그 늙은이가 가르쳐줄지도 몰라. 그림 속 여자가 아직 살아 있다면 반드시 찾아내어 사귈 것이고, 이것이 단순한 그림이고 실물이 없다면 이 여자에 대한 사랑을 단념하는 수밖에 없지. 이 세상에 있지도 않은 여자를 사모하여 마음을 괴롭히는 것은 어리석은 일이니까.'

—여기서 날이 훤히 밝아왔으므로 샤라자드는 이야기를 그쳤다.

953번째 밤

샤라자드는 이야기를 계속했다.

오, 인자하신 임금님, 다음 금요일, 이브라힘은 그 책장수 늙은이를 다시 찾아갔습니다.

"오, 노인장, 이 그림을 그린 사람이 누구인지 가르쳐주십시오."

"도련님, 이 그림은 바그다드 사람이 그린 것인데, 이름은 아부 알 카심 알 산다라니라 하며, 알 카르프라는 곳에 살고 있습니다. 그러나 그 그림이 누구를 그린 것인지는 저도 모르겠습니다."

이브라힘은 노인에게 작별을 고하고 금요일 기도를 마친 뒤 집으로 돌아 왔습니다. 그리고 3만 닢이나 되는 금화와 보석을 자루에 담아 날이 새기를 기다렸다가, 가족의 눈을 피해 살짝 빠져나가서 어느 대상 속에 끼어들었습니다.

그리하여 대상 가운데 바그다드 사람을 찾아서 이렇게 물었습니다.

"아저씨, 여기서 바그다드까지는 몇 리나 됩니까?"

"도대체 당신은 지금 어디에 있고, 바그다드는 어디에 있다고 생각하는 거요? *4 여기서 아무리 빨리 가더라도 두 달은 걸릴 거요."

"아저씨가 나를 바그다드까지 안내해 주면 금화 백 닢과 내가 지금 타고 있는 말을 드리겠어요. 이 말은 금화 1천 닢의 가치가 있답니다."

"우리가 지금 말한 것은 알라께서 증인이 되어주실 거요. 그럼, 오늘 밤부터 당신은 나와 함께 잡시다."

이브라힘은 상인의 말대로, 그날 밤은 거기서 지내고 날이 새자 그 사람과 함께 길을 떠났습니다. 그 사나이는 이브라힘과 약속한 말과 돈이 탐이 나서, 쉬는 것도 잊어버리고 지름길로 길을 서둘러 마침내 바그다드 성 밖에 이르렀습니다.

"오, 알라여, 무사히 여행할 수 있게 해 주셔서 감사합니다. 젊은 양반, 여기가 바로 바그다드요."

이브라힘은 무척 기뻐하며 말에서 내려 말과 금화 백 닢을 그 사람에게 주었습니다. 그러고는 가지고 온 자루를 메고 시내로 들어갔습니다.

그리하여 알 카르프 거리를 찾아 헤매다가 운명의 장난인지, 우연히 어느 골목 안으로 들어가고 말았습니다.

그 골목에는 열 채가량 되는 집이 다섯 채씩 마주보고 서 있고, 제일 안쪽 문에 문고리가 두 개 달린 집이 있었습니다.

그 집 문 앞에는 대리석 걸상이 두 개 놓여 있었는데 그 위에는 근사한 깔개가 깔려 있었습니다. 그중 한 걸상에는 풍채가 훌륭한 남자가 호사스러운 옷차림으로 달처럼 아름다운 백인 노예 다섯 명을 거느리고 앉아 있었습니다.

젊은 이브라힘은 그것을 보고 책장수가 가르쳐준 화가가 바로 이 사람이 아닐까 하는 생각이 들어서 그 사람을 향해 인사했습니다. 그러자 상대도 답례하며 이브라힘을 기꺼이 맞이하여 자리를 권하면서 찾아온 까닭을 물었습니다.

"저는 외국인인데, 이 근처에 묵을 수 있는 집을 하나 주선해 주실 수 없겠습니까?"

이 말에 상대는 누군가를 소리쳐 불렀습니다.

"여봐라, 가잘라!"*5

그러자 노예여자가 나와서 대답했습니다.

"나리, 부르셨습니까?"

"하녀 두세 명을 데려가서 그 집을 깨끗이 청소하거라. 그리고 이 아름다운 젊은 분을 위해 가구와 필요한 물건들을 고루 들여 놓아라."

노예여자가 그대로 준비하자, 주인은 이브라힘을 안내하여 그 집을 보여주었습니다.

"오, 주인장, 집세는 얼마입니까?"

"아름다운 젊은이여, 당신이 이 집에서 사신다면 집세 같은 건 받지 않겠습니다."

이 말을 듣고 이브라힘이 그 호의에 깊이 감사하자, 주인은 다른 노예여자를 불렀습니다.

이 노예는 태양인가 싶을 만큼 아름다운 여자였습니다.

"장기를 가져오너라."

여자가 장기를 가져오고 하인 하나가 천*6을 펼쳐 준비를 끝내자, 노인은 이브라힘에게 물었습니다.

"젊은이, 장기를 둘 줄 아시오?"

"예, 압니다."

두 사람은 장기를 몇 판 두었는데, 이기는 사람은 언제나 이브라힘이었습니다.

"젊은이는 장기의 명수구려! 정말 놀라운 솜씨요. 이 바그다드에서는 나를 이기는 자가 없는데, 당신은 나에게 이겼단 말이야."

이윽고 시녀들이 방 안을 치우고 가구들을 챙겨서 필요한 것을 모두 갖추고 나자 늙은이는 이브라힘에게 열쇠를 주면서 말했습니다.

"젊은이, 나하고 같이 식사하지 않겠소?"

이브라힘이 그를 따라서 참으로 아름다운 저택으로 들어갔는데, 그곳에는 도저히 말과 글로 다할 수 없는 온갖 종류의 그림과 가구들이 곳곳에서 황금빛으로 찬란하게 빛나고 있었습니다.

주인은 이브라힘을 반갑게 청해 들인 다음, 하인들에게 식사준비를 시켰습니다. 이윽고 알 야만의 사나에서 만든 식탁이 들어왔는데, 거기에는 생전 처음 보는 훌륭한 요리들이 가득 차려져 있었습니다.

이브라힘은 음식을 배불리 먹고 손을 씻은 다음, 방과 가구를 하나하나 구경했습니다.

이윽고 가지고 온 가죽 자루를 찾았지만, 그 어디에도 보이지 않아서 이브라힘은 속으로 중얼거렸습니다.

'위대한 신 알라 외에 주권 없고 권력 없다! 겨우 은화 한두 푼어치의 대접을 받고 금화 3만 닢이나 되는 귀중품이 든 자루를 잃어버리다니! 이렇게 된 바에는 알라의 구원을 비는 수밖에 없다.'

—여기서 날이 훤히 밝았으므로 샤라자드는 이야기를 그쳤다.

954번째 밤

샤라자드는 이야기를 계속했다.

오, 인자하신 임금님, 가죽 자루를 잃은 이브라힘은 몹시 낙담하여 말할 기운도 없이 묵묵히 있었습니다.

그때 주인이 장기를 가져왔습니다.

"한 판 두시려오?"

그리하여 두 사람은 다시 장기를 두기 시작했는데, 이번에는 주인이 이겼습니다.

"주인장도 잘 두시는데요."

이브라힘이 장기판을 한쪽으로 밀어내며 일어서자 주인이 물었습니다.

"오, 젊은이, 왜 그러시오?"

"제 가죽 자루가 없어졌습니다."

그러자 주인은 일어나서 가죽 자루를 가져왔습니다.

"젊은 분, 당신의 가죽 자루는 여기 있소. 자, 한 판 더 두지 않겠소?"

"그렇게 하지요."

이번에는 이브라힘이 이겼습니다.

"오, 당신이 가죽 자루에 마음을 빼앗겼을 때는 내가 이겼는데, 그것을 돌려드리고 나서는 내가 지고 말았소. 그런데 당신은 어느 나라 분이오?"

"이집트에서 왔습니다."

"이 바그다드에는 무슨 일로 오셨소?"

그래서 이브라힘은 그림을 꺼내 놓고 말했습니다.

"오, 주인장, 저는 사실 이집트의 대신 알 하시브의 아들인데, 책방에서 이 그림을 보고 나서 너무나 놀라 책장수에게 이 그림을 그린 화가가 누군지 물어보았습니다. 그랬더니 그는 '바그다드의 카르프 거리의 사프론이라는 곳에 사는 아부 알 카심 알 산다라니라는, 지체 높은 분이 그린 거요' 하며 가르쳐주었습니다. 그래서 약간의 돈을 가지고 혼자 이 고장까지 왔습니다만, 아는 사람이 하나도 없습니다. 그러니 될 수만 있다면 주인장께서 그 아부 알 카심을 찾아주셨으면 합니다. 만나서 이 그림을 그리게 된 경위와 또 누구를 그렸는가를 물어보고 싶습니다. 저는 그분이 원하시는 건 뭐든지 드릴 생각입니다."

이 말을 듣더니 주인이 대답했습니다.

"아니, 어떻게 이런 일이! 젊은이, 사실 내가 바로 그 아부 알 카심 알 산다라니라는 사람이오. 당신과 내가 이런 일로 만나다니 운명이란 참으로 신기하군요."

이브라힘은 일어나서 그를 껴안으며 머리와 손에 입을 맞췄습니다.

"오, 알라여, 부디 이분에게 은총을 내려주소서. 오, 주인장, 이 그림은 누구를 그린 것인지 가르쳐주십시오."

"좋소, 가르쳐 드리지요."

주인은 일어나더니 다른 방으로 가서 두세 권의 책을 가져왔는데, 그 속에도 같은 그림이 그려져 있었습니다.

"젊은이, 이 그림은 내 사촌누이, 말하자면 우리 아버지의 형제인 아부 알라이스*7라는 사람의 딸을 그린 것이오. 이 처녀는 바소라에 살고 있고, 처녀의 아버지는 그 도시의 총독이라오. 처녀의 이름은 자밀라라고 하는데 매우 아름다운 여자지요. 그렇게 아름다운 여자를 나는 아직 본 적이 없소. 그런데 그 처녀는 남자를 무척 싫어해서 남자라는 남자는 죄다 거절한다오.

언젠가 나는 큰아버지에게 그 처녀와의 결혼을 신청하고 상당한 돈을 썼지만, 큰아버지는 끝내 승낙해 주지 않았소. 그리고 그 처녀도 내가 청혼했다는 말을 듣고 몹시 분하게 여기더니 편지에다 이런 말을 썼어요.

'당신에게 조금이라도 분별심이 있다면 이 도시에 살지 않는 것이 좋을 거예요. 그렇잖으면 당신은 자기가 놓은 덫에 걸려 스스로 목숨을 잃게 될 테니까요.'

그렇게 말한 것은 그 처녀가 여걸 중의 여걸이었기 때문이오. 그래서 나는 몹시 실망하여 바소라를 떠나서 책 속에 그 처녀의 초상화를 그려 넣어 여러 나라에 뿌려왔소. 그렇게 해 놓으면 당신 같은 아름다운 남자가 그림을 보고 무슨 수를 써서든지 그 처녀에게 접근하게 될 테고, 그러면 그 처녀도 남자에게 마음이 움직여 반해 버리는 일도 있을지 모르니까요.

그렇게 되면 나는 그 사람에게 부탁해서 멀리서라도 좋으니 잠깐이라도 그 처녀를 엿볼 수 있게 해달라고 말할 작정이었소."

이 말을 듣고 이브라힘은 고개를 숙이고 가만히 생각에 잠겨 있었습니다. 알 산다라니가 다시 말을 이었습니다.

"젊은이, 나는 바그다드에서 살지만 당신처럼 아름다운 남자는 지금까지 한 번도 본 적이 없소. 그 여자가 당신을 보면 틀림없이 사모하게 될 거요. 당신이 그 여자를 손에 넣게 되거든 멀리서라도 좋으니 나에게도 한 번만 보여주시오."

"알았습니다."

"그럼, 출발할 때까지 우리 집에 계시도록 하시오."

"저는 여기에 더는 있을 수 없습니다. 그 여자가 그리워 가슴이 타버릴 것만 같아서요."

"그렇더라도 배가 준비될 때까지 사흘만 참아주시오. 바소라에는 배로 가는 게 가장 좋으니까요."

이브라힘은 하는 수 없이 기다리기로 했습니다.

사흘이 지나, 배를 준비하여 먹을 것과 여러 가지 필요한 물건을 싣고 난 화가가 이브라힘에게 말했습니다.

"자, 배가 준비되었으니 떠날 채비를 하시오. 이 배는 당신의 소유요. 선원들도 모두 당신의 종이니, 당신이 무사히 이곳으로 돌아올 때까지는 조금도 불편함이 없을 거요. 선원들에게는 당신의 명령을 잘 따르도록 일러두었소."

이브라힘은 화가와 작별하고 배에 올라 바소라를 향해 떠났습니다. 무사히 바소라에 이르러 선원들에게 금화 백 닢씩을 주려고 하자 그들이 말했습니다.

"저희는 주인에게서 받고 있습니다."

그러면서 받으려고 하지 않았습니다.

"이것은 자네들에 대한 내 선물이니 받아두게, 주인에게는 비밀로 할 테니까."

그는 억지로 돈을 쥐여주었습니다.

이브라힘은 배에서 내리자 곧장 시내로 들어가서 사람들에게 물었습니다.

"상인들은 어디에 숙소를 정합니까?"

"하마단*8이라는 여인숙이 있습니다."

이브라힘은 그곳에 가서 숙소를 정했습니다. 이브라힘을 본 사람들은 모두 그 아름다움에 놀라 눈을 크게 떴습니다.

이브라힘이 선원 하나를 데리고 그 숙소에 들어가서 관리인을 찾아 인사하자 관리인도 정중히 답례했습니다.

"노인장, 깨끗한 방 있습니까?"

"예, 있습니다."

그는 이브라힘과 선원을 금으로 장식한 멋진 방으로 안내했습니다.

"오, 도련님, 당신에게는 이 방이 꼭 어울릴 겁니다."

"이것은 내 성의요."

이브라힘은 금화 두 닢을 꺼내 관리인에게 주었습니다.

"이 돈은 열쇠 값*9으로 받아두겠습니다."

관리인은 돈을 받고 이브라힘을 축복했습니다.

이윽고 선원을 돌려보내고 방으로 들어가자 관리인이 여러 가지로 시중을 들어주면서 말했습니다.

"오, 도련님, 이렇게 와주셔서 여간 기쁘지 않습니다."

이브라힘은 금화 한 닢을 주면서 일렀습니다.

"이것으로 빵과 포도주를 사다주시오."

관리인은 시장에 가서 여러 물건을 은화 열 닢어치에 사 와서 나머지 은화 열 닢을 돌려주었습니다.

"그건 당신이 가지시오."

이브라힘이 은화 열 닢을 돌려주자 관리인은 무척 기뻐하면서 인사했습니다.

이브라힘은 빵과 요리를 조금만 먹고 나머지는 모두 관리인에게 주면서 말했습니다.

"이걸 집으로 가지고 가서 가족들에게 나눠주시오."

관리인은 그 빵과 요리를 집으로 가져가서 식구들에게 나눠주면서 말했습니다.

"오늘 우리 숙소에 든 젊은이는 얼마나 인심이 좋고 친절한지, 아마 그런 사람은 좀처럼 없을걸! 그분이 우리 숙소에 오래 묵어주면 우리도 부자가 되겠는데 말이야."

이윽고 관리인이 이브라힘의 방으로 돌아가 보니, 그는 혼자 앉아서 훌쩍훌쩍 울고 있었습니다. 관리인은 그 옆에 앉아 이브라힘의 다리를 주물러주며 그 발에 입을 맞춘 뒤 말했습니다.

"젊은 나리, 왜 우시는 겁니까? 오, 알라여, 부디 이분을 울지 않게 해주십시오."

"오, 오늘 밤엔 당신에게 부탁이 있소."

"뭐든지 말씀하십시오."

이브라힘은 금화 다섯 닢을 그에게 주면서 말했습니다.

"이것으로 신선한 과일과 술을 사다주시오."

그리고 다시 금화 다섯 닢을 더 꺼내주면서 말했습니다.

"이것으로는 마른 과일과 꽃, 살진 닭을 다섯 마리 사고 비파도 하나 가져다주시오."

관리인은 시키는 대로 물건을 사서 돌아오다가 집에 들러 아내에게 이렇게 말했습니다.

"이 술을 잘 걸러서 되도록 맛 좋게 요리를 만들어주오. 그 젊은 손님이 이렇게 많은 음식을 사오라고 부탁을 하는구려."

그래서 아내는 시키는 대로 특별한 고급요리를 만들어, 대신의 아들 이브라힘에게 가져다주었습니다.

　—여기서 날이 훤히 밝았으므로 샤라자드는 이야기를 그쳤다.

955번째 밤

샤라자드는 이야기를 계속했다.

오, 인자하신 임금님, 이브라힘은 관리인과 함께 식사했습니다. 관리인은 유쾌하게 먹고 마셨지만, 이브라힘은 울고만 있다가 다음과 같은 시를 읊었습니다.

　　나의 벗이여, 목숨과 재물,
　　뜬세상의 모든 것을 버리고
　　그대에게 가리라.
　　영원한 동산 낙원이면 무엇하리,
　　내 마음 그대에게 통하여
　　단 한때의 인연을 맺기 위해.

이브라힘은 노래를 마치고 심하게 흐느껴 울다가 끝내 정신을 잃고 말았습니다. 이브라힘이 한참 뒤 한숨을 토해내며 정신을 차리자 관리인이 물었습니다.

"오, 도련님, 왜 그렇게 슬피 우십니까? 지금 부르신 그 노래 속 여인은 누구신지요? 당신에 비하면 그런 여자는 발밑의 먼지나 마찬가지일 텐데요."

그러나 이브라힘은 그 말에는 대답도 하지 않고 일어나더니, 가장 고급스러운 여자옷이 든 보자기를 꺼내 왔습니다.

"이것을 당신 부인에게 갖다 드리시오."

관리인이 그것을 받아 아내에게 갔다가 아내와 함께 되돌아와 보니, 이브라힘은 여전히 울고 있었습니다.

"오, 도련님을 보니 정말 저희 애간장이 끊어지는 듯합니다. 당신이 애타게 사모하는 그 아름다운 여자는 대체 누굽니까? 반드시 당신의 측실로 삼아 드리고 말겠습니다."

"오, 관리인 양반, 나는 이집트의 대신 알 하시브의 아들인데, 이 도시의 총독 아부 알 라이스의 딸 자밀라를 사랑하고 있다오."

그러자 관리인 마누라가 말했습니다.

"어머나, 제발 그런 말씀은 하지 마세요. 그런 말을 절대 입 밖에 내서는 안 됩니다. 그 말이 누군가의 귀에 들어가는 날이면 우리 모두 죽고 말아요. 그 여자처럼 난폭한 여자는 이 세상에 없으니까요. 그 여자는 별나게 남자를 싫어해서 그 여자 앞에서는 '남자'라는 말조차 꺼내지 못할 정도랍니다. 오, 도련님, 그 여자는 단념하시고 다른 여자를 생각하세요."

이 말을 듣고 이브라힘은 더욱 심하게 울기 시작했으므로 관리인이 좋은 말로 달랬습니다.

"오, 나에게는 둘도 없는 목숨이지만, 내 이 목숨을 던져서 당신의 소원을 이루도록 힘써 보겠습니다. 무슨 좋은 방법을 생각해 보지요."

그리고 관리인은 아내와 함께 돌아갔습니다.

이튿날 아침, 이브라힘이 목욕한 뒤 나들이옷으로 갈아입고 방에 돌아오니 관리인이 들어와서 말했습니다.

"오, 나리, 자밀라 공주의 전속 재봉사로 꼽추가 있으니, 그 사람에게 가

서 당신의 마음속을 고백하십시오. 그 사람이 소망을 이룰 방법을 가르쳐줄
지도 모르니까요."

이브라힘이 곧장 일어나서 꼽추 재봉사의 가게를 찾아가 보니 그의 곁에
는, 마치 달처럼 아름다운 백인 노예소년 열 명이 있었습니다.

이브라힘이 재봉사에게 공손히 인사하자 재봉사도 답례하고 반가이 맞이
하여 자리를 권해 주었는데, 가게에 있던 사람들은 모두 이브라힘의 아름다
운 모습에 홀딱 반해 눈을 크게 떴습니다. 그중에서도 특히 꼽추 재봉사는
이브라힘의 아름다움에 넋을 잃고 말았습니다.

"내 주머니를 좀 꿰매주시오."

재봉사는 즉시 필요한 명주실을 가지고 와서 이브라힘이 일부러 찢어 놓
은 주머니를 꿰매주었습니다. 이브라힘이 그 사례로 금화 다섯 닢을 주고 숙
소로 돌아가자 재봉사는 혼자 중얼거렸습니다.

"그 젊은이는 어째서 금화를 다섯 닢이나 주었을까?"

재봉사는 그날 밤새도록 아름답고 기품 있는 이브라힘을 생각하고 있었습
니다.

이튿날 날이 밝자마자 이브라힘이 즉시 재봉사의 가게에 가서 인사하자
재봉사도 공손히 답례하며 맞이했습니다.

"재봉사 양반, 주머니가 또 찢어졌으니 다시 꿰매주시오."

"예, 그렇게 하지요."

재봉사는 얼른 주머니가 찢어진 데를 꿰매 주었습니다. 이브라힘이 금화
열 닢을 주자, 재봉사는 돈을 받아들고 그의 아름다움과 후한 인심에 감탄하
면서 말했습니다.

"오, 젊은이, 이러시는 데는 반드시 무슨 까닭이 있을 거요. 그저 주머니
를 꿰매기 위해서만은 아닐 테니 말씀해 보십시오. 만약 여기 있는 백인 노
예 가운데 누군가에게 마음이 있다면*10 그렇다고 말씀하십시오. 이 소년들
은 당신에게 비하면 도저히 발밑의 먼지만도 못한 자들뿐입니다. 보십시오.
이 소년들은 모두 당신의 노예로서 당신의 명령에 복종할 자들입니다. 아니
면 달리 무슨 소원이 있거든 그것을 말씀해 주십시오."

"오, 재봉사 양반, 여기서는 말할 수 없소. 내 이야기는 아주 기이한 것이
니까요."

그러자 재봉사는 얼른 일어나서 이브라힘을 가게 안으로 데리고 들어갔습니다.

"자, 어서 이야기해 보십시오."

이브라힘이 지금까지의 사정을 모두 이야기하니 재봉사는 재미있다는 듯이 듣고 있다가 말했습니다.

"오, 젊은이, 목숨을 소중히 하시오. 지금 말한 그 여자는 남자를 끔찍이도 싫어하는 무척 사나운 여자라오. 그러니 말조심을 하지 않으면 봉변을 당하고 맙니다."

이브라힘은 재봉사의 말을 듣자 엉엉 울면서 재봉사의 옷자락을 붙잡고 매달렸습니다.

"오, 나를 좀 도와주시오. 나는 이미 죽은 거나 다름없는 사람이오. 재봉사 양반, 나는 고향의 아버지와 할아버지 곁을 떠나 낯선 타향에서 외롭게 지내고 있습니다. 저는 그 여자가 없이는 살아갈 수 없습니다."

이 말을 듣자 재봉사는 젊은이가 가엾어서 말했습니다.

"오, 젊은이, 내가 가진 거라고는 단 하나의 목숨뿐이지만, 그 목숨을 버리고서라도 당신의 소원을 이루도록 노력해 보리다. 당신이 이토록 탄식하는 모습을 보니 더는 가만히 있을 수 없군요. 내일까지 어떻게든 당신의 마음을 위로해 드릴 방법을 생각해 내도록 하지요."

이브라힘은 재봉사의 호의에 감사하고 숙소로 돌아가서 관리인에게 재봉사와의 이야기를 자세히 들려주었습니다. 그러자 관리인은 감탄하며 말했습니다.

"그 사람은 당신에게 참으로 고마운 친절을 베풀었군요."

이튿날 이브라힘은 좋은 옷을 입은 뒤 돈 자루에 돈을 넣어서 꼽추 재봉사를 찾아가서 말했습니다.

"재봉사 양반, 어제 약속한 것은 어찌 되었는지요?"

"이제부터 곧 살진 닭 세 마리와 설탕과자 3온스,*11 그리고 작은 항아리두 개에 술잔 하나를 준비해 주십시오. 항아리에는 술을 가득 담아서요. 그것들을 큰 자루에 넣어서 아침 기도가 끝나는 대로 바로 배에 싣고 사공에게 바소라의 강 아래까지 가달라고 부탁하십시오. 사공이 십 리 반 이상은 갈수 없다 하거든 알았다고 성의 없이 대충 대답하십시오.

배가 그 근처에 이르면 다음에는 돈으로 낚아서 더 먼 곳까지 배를 저어가게 하는 겁니다.

그러는 동안에 정원이 보일 텐데, 그 첫 번째 것이 자밀라 공주의 정원입니다. 정원이 보이거든 배를 대게 해서 뭍에 올라 그 안으로 들어가십시오. 그러면 비단깔개가 깔린 두 개의 높다란 계단 중에 나 같은 꼽추가 앉아 있을 테니, 그 사람에게 가서 사정을 말하고 동정을 끌도록 잘 부탁하면 반드시 일이 순조롭게 진행되어 공주를 멀리서나마 볼 수 있게 될 겁니다.

내 능력은 고작 여기까지입니다. 만약 그 사람이 당신 말을 듣고도 동정을 느끼지 않는다면 그때는 우리 모두 죽게 될 겁니다. 내가 생각한 것은 이런 방법인데 나머지 일은 전능하신 알라의 뜻에 맡기는 수밖에 없습니다."

"그렇다면 알라의 힘에 의지하기로 하지요. 어떻게 되든지 모든 것은 알라의 뜻이니까요. 알라 외에 주권 없고 권력 없다!"

이브라힘은 꼽추 재봉사의 집에서 나와 일단 숙소로 돌아와서는 그가 가르쳐준 대로 물건을 사서 자루에 넣고, 이튿날 날이 새자 곧장 티그리스 강가로 갔습니다.

강가에 나가보니 때마침 사공이 하나 잠을 자고 있어서 그를 깨워 금화 열 닢을 주고 배를 강 아래의 바소라까지 내달라고 부탁했습니다.

"나리, 십 리 반 이상은 못 가는데 그래도 괜찮습니까? 십 리 밖에서 조금이라도 멀리 나가면 나나 당신이나 죽음을 당하게 되고 맙니다."

"좋소, 당신 좋도록 하시오."

사공은 곧 이브라힘을 태워 강 아래 정원 가까이 저어갔습니다.

"오, 젊은 나리, 여기서 더는 못 갑니다. 만약 더 나간다면 우리 두 사람 다 죽습니다."

이브라힘은 다시 금화 열 닢을 꺼내 사공의 손에 억지로 쥐여주었습니다.

"이건 당신 용돈으로 받아 두시오. 생활에 보탬이 될 테니."

사공은 더 이상 거절하지 못하고 말했습니다.

"전능하신 알라께 모든 것을 맡기고 조금만 더 강 아래쪽으로 나가 보지요."

—여기서 날이 훤히 밝았으므로 샤라자드는 이야기를 그쳤다.

956번째 밤

샤라자드는 이야기를 계속했다.

오, 인자하신 임금님, 배가 정원에 가까이 다가가 뭍에 손이 닿을 정도가 되자 이브라힘은 섬으로 뛰어올랐습니다. 그러자 사공은 급히 배를 돌려 달아나고 말았습니다.

이브라힘이 정원으로 다가가 보니 모두 그 꼽추 재봉사가 말한 대로였습니다. 정원 문은 열려 있고, 그 옆의 긴 상아 의자에는 금으로 수놓은 옷을 입고 금칠을 한 은창을 든 꼽추가 앉아 있었습니다.

이브라힘은 성큼성큼 꼽추 앞으로 가서 그의 손에 입을 맞췄습니다.

"너는 누구이며 여긴 뭘 하러 왔느냐? 누가 너를 여기까지 데려왔는지 어서 말해 보라."

"나는 아무것도 모르는 나그네입니다."

그렇게 말하고는 이브라힘이 슬픈 듯이 울기 시작하자, 그 아름다운 모습을 바라보고 있던 꼽추는 가여운 생각이 들어서 그를 긴 의자에 앉혀 눈물을 닦아주면서 말했습니다.

"오, 젊은이여, 아무것도 걱정할 것 없어. 당신이 빚이라도 져서 곤란하다면 알라께서 갚아주실 거야. 또 무서운 일이라도 만난다면 알라께서 막아주실 테지."

"나는 무서운 걸 만난 것도 아니고 빚을 져서 곤란하지도 않습니다. 나는 알라께 감사하고 싶을 만큼 많은 돈을 가지고 있답니다."

"오, 젊은이, 그렇다면 왜 그렇게 아름다운 얼굴로 이 위험한 곳에 왔나?"

이브라힘이 그제야 그때까지의 일을 자세히 이야기하자, 꼽추는 고개를 숙이고 가만히 듣고 있더니 이렇게 말했습니다.

"그 꼽추 재봉사가 당신을 이리 보낸 거로군?"

"예, 그렇습니다."

"그 재봉사는 내 아우인데 좋은 녀석이지. 내가 당신을 가엾게 여기지 않았더라면 당신은 물론 내 아우와 숙소의 관리인, 그의 마누라 등이 모조리 죽음을 당할 뻔했어. 이 정원은 이 세상에 둘도 없는 곳으로 '들송아지의 동산'이라고 하는데 총독과 나, 자밀라 공주 말고는 아직 아무도 들어온 적이 없다네.

나는 20년 동안 여기 살고 있지만 다른 사람이 여기 들어온 것은 한 번도 본 적이 없어. 자밀라 공주는 언제나 40일마다 한 번씩 이 정원에 와서 비단 천막 밑에서 시녀들과 지내는데, 그때 공주의 옷자락은 시녀 열 명이 황금 고리로 받쳐 들지. 나 자신도 아직 공주님을 자세히 본 일이 없지만, 당신을 위해 목숨을 버리고라도 한 번 힘써 보겠네."

이브라힘은 꼽추 정원지기의 손에 입을 맞추었습니다.

"내가 앞으로 좋은 방법을 생각해 낼 테니 그때까지 내 옆에 계시오."

정원지기는 이브라힘의 손을 잡고 정원 안으로 들어갔습니다.

이브라힘은 정원을 둘러보면서 에덴동산도 이보다 더 아름답지는 않을 거라고 생각했습니다. 그곳에는 꾸불꾸불한 나무와 높다란 종려나무가 서 있고, 맑은 물이 솟아나는 샘이 있는가 하면 온갖 새들이 지저귀고 있었습니다.

정원지기는 이브라힘을 둥근 지붕의 정자로 데려갔습니다.

"여기는 자밀라 공주가 오셨을 때 앉는 곳이오."

이브라힘이 자세히 살펴보니 황금색과 검푸른 색의 찬란한 그림이 잔뜩 그려진, 비할 데 없이 쾌적한 장소였습니다. 출입구는 네 개인데 다섯 개의 계단을 올라가게 되어 있었습니다.

값진 돌계단을 내려가니 중앙에 분수가 설치되어 있고, 황금으로 만든 크고 작은 사람 모양의 분수구가 저마다 물을 뿜고 있었습니다.

더구나 그 뿜어져 나오는 물이 미묘한 소리를 내서, 듣는 사람은 마치 에덴동산에서 노는 듯한 느낌이 들었습니다.

정자 주위에는 개울이 흐르고 페르시아식 물레방아*¹²가 돌아가고 있으며, 그 물레방아의 가장자리에 매달려 있는 은그릇에는 비단이 덮여 있었습니다.

그리고 정자 왼쪽에는 격자창이 있어 들짐승과 영양, 토끼들이 뛰노는 푸른 목장이 한눈에 보였습니다. 오른쪽 격자창에서도 널찍한 들판이 내다보였는데, 거기서는 온갖 새가 지저귀는 소리가 들려왔습니다.

이 광경을 바라보고 무척 기분이 좋아진 이브라힘은 정원지기와 함께 입구로 통하는 오솔길에 앉았습니다.

"이 뜰이 어떻소?"

"정말 이 세상 가장 좋은 낙원 같군요."

정원지기는 매우 흡족한 미소를 띠며 일어나 나가더니 한참 만에야 자그마한 밥상에 닭고기와 메추리고기, 맛좋은 설탕과자를 수북이 담아 와서 이브라힘 앞에 놓았습니다.

"자, 맘껏 드시오."

이브라힘이 배불리 먹고 나자 정원지기는 무척 기뻐하며 소리쳤습니다.

"이것이 바로 왕이나 왕자의 격식*¹³이라는 거야!"

그러고는 곧 이브라힘에게 물었습니다.

"오, 이브라힘 님, 저기 놓아둔 자루에는 무엇이 들었소?"

이브라힘이 그것을 열어 정원지기에게 보여주었습니다.

"혹시 자밀라 공주님이 오셨을 때 필요할지 모르니까 그대로 가지고 계시오. 공주님이 오시면 나는 당신이 있는 곳으로 음식을 가져다줄 수 없을 테니까요."

그리고 그는 일어나더니 이브라힘의 손을 잡고 정자와 마주보는 장소로 가서, 나무 사이에 높은 자리를 만들고는 이렇게 말했습니다.

"이리로 올라오시오. 공주님이 오셨을 때 이쪽에서는 공주님 얼굴을 볼 수 있지만, 공주 쪽에서는 당신을 볼 수 없을 거요. 이것이 내가 당신을 위해 생각해 낸 최상의 방법이니 그 이상은 알라게 의지하는 수밖에 없소. 공주님이 노래를 부르시거든 그 노래를 들으면서 술이나 마시고 공주님이 돌아가시거든 누구에게도 들키지 않도록 원래의 장소로 돌아가면 되는 거요. 인샬라!"

이브라힘이 고마워서 그 손에 입을 맞추려 하자 정원지기는 슬그머니 물리쳤습니다.

이브라힘이 가지고 온 자루를 나무 사이의 자리에 두자, 정원지기가 다시 말했습니다.

"이브라힘 님, 정원을 돌아다니며 과일이라도 따 먹고 계시오. 내일 자밀라 공주가 이곳으로 오실 예정이니까."

이브라힘은 정원을 돌아다니면서 과일을 따 먹으며 시간을 보내고, 밤에는 정원지기와 함께 잤습니다.

이튿날 아침 해가 뜰 무렵, 이브라힘이 아침 기도를 드리고 있는데 정원지기가 새파래진 얼굴로 뛰어와서 말했습니다.

"어서 일어나서 저 나무 위로 올라가시오. 자밀라 공주가 곧 오신다며 노예계집들이 청소를 하러 왔소."

—여기서 날이 훤히 밝아왔으므로 샤라자드는 이야기를 그쳤다.

957번째 밤

샤라자드는 이야기를 계속했다.

오, 인자하신 임금님, 정원지기는 말을 이었습니다.

"침을 뱉거나 코를 풀거나 기침을 하지 않도록 조심해야 해요.*14 그랬다가는 나나 당신이나 죽은 목숨이니까."

이브라힘이 일어나서 나무 위로 올라가자 정원지기는 이렇게 기도하면서 그 자리를 떠났습니다.

"알라께서 당신이 무사하도록 지켜주시기를!"

잠시 뒤, 갑자기 세상에 보기 드문 아름다운 노예계집 네 명이 오더니 정자에 들어가 겉옷을 벗고 청소를 하기 시작했습니다. 그리고 장미수를 뿌리고 용연향과 침향을 피운 뒤 마지막으로 비단깔개를 펼쳤습니다.

이어서 악기를 든 여자 쉰 명이 나타났습니다.

그 가운데에 자밀라 공주가 있었는데, 머리 위는 새빨간 가리개로 가리고, 옷자락은 시녀들이 금고리로 받쳐 들면서 정자로 들어갔으므로 이브라힘은 공주의 옷자락밖에 볼 수 없었습니다.

그래서 이브라힘은 속으로 생각했습니다.

'오, 그토록 애쓴 것도 헛수고가 되고 말았구나! 하지만 앞으로 어떻게 되는지 가만히 보고 있어야지.'

이윽고 시녀들이 음식을 담은 그릇을 날라 오자 모두 맛있게 먹고 마신 뒤 손을 씻었습니다. 그런 다음 공주 옆에 있던 시녀가 의자를 가져와서 공주가 거기에 앉자, 여자들은 모두 악기를 연주하며 비할 데 없이 아름다운 목소리로 노래를 부르기 시작했습니다.

얼마 뒤 시중드는 노파가 어디선가 나타나 손뼉을 치면서 춤을 추기 시작하니, 여자들은 노파를 이리저리 끌고 다니면서 흥겹게 놀았습니다. 그러다가 드디어 휘장이 걷히고 자밀라 공주가 웃으면서 나왔습니다.

이브라힘이 눈동자를 움직이지도 않고 바라보니, 공주는 아름다운 옷과 장식을 걸치고 머리에는 진주와 보석을 박은 황금관을 쓰고 있었습니다. 또 가늘고 긴 목에 커다란 진주를 꿴 목걸이를 걸고, 버들가지 허리에는 감람석으로 만든 대롱옥에 루비와 진주로 장식한 술을 매단 띠를 두르고 있었습니다.

시녀들은 공주 앞에 무릎을 꿇고 엎드렸습니다.

—이 광경을 뚫어져라 쳐다보던(하고 이브라힘은 말했습니다) 저는, 분별심이고 뭐고 완전히 잃어버리고, 이 세상에 둘도 없는 아름다운 공주의 모습을 멍하니 바라보면서 넋을 잃고 말았습니다. 그래서 잠시 까무러쳤다가 다시 정신을 차린 저는 울면서 이런 시를 읊었습니다.

　　나는 잠시도 눈을 감지 않고
　　오로지 그대만을 바라보노라.
　　오직 두려운 것은 눈을 감고
　　그대를 보지 못하는 일뿐.
　　아무리 눈을 크게 뜨고
　　뚫어질 듯이 바라보아도
　　아름다운 그 모습
　　못다 볼 것 같아라.

이윽고 노파는 여자들에게 말했습니다.

"너희 중에 열 명만 일어나서 춤을 추고 노래를 불러 보아라."

이브라힘은 그것을 바라보며 마음속으로 중얼거렸습니다.

'자밀라 공주가 춤을 추었으면 좋으련만.'

시녀 열 명은 공작춤을 추고 나니, 공주 주위에 모여들며 말했습니다.

"공주님, 저희에게 춤을 보여주세요. 공주님의 춤을 보는 것만큼 기쁜 일은 없을 거예요. 오늘처럼 즐거운 날은 지금까지 한 번도 없었으니까요."

이브라힘은 속으로 외쳤습니다.

'이건 정말 알라께서 내 소원을 들어주신 거다. 천국의 문이 열린 거야!'

시녀들은 공주의 발에 입을 맞추면서 말했습니다.

"저희는 오늘처럼 공주님이 명랑하신 모습은 본 적이 없어요."

시녀들이 자꾸만 부추기자, 드디어 겉옷을 벗은 공주는, 수많은 보석으로 가장자리를 두른 황금빛 속옷 차림으로 일어섰습니다. 그리고 석류 같은 유방을 드러내고 보름달 같은 얼굴로 춤을 추기 시작했습니다.

이브라힘은 난생처음 보는 공주의 우아한 춤을 넋을 잃고 바라보았습니다. 참으로 심오한 경지에 이른 신과 같은 놀라운 재주를 보여주었으므로, 사람들은 술잔에서 넘치는 거품도 잊고, 머리 위에서 터번이 떨어지는 것도 모를 지경이었습니다. *15

그것을 시인은 이렇게 노래하고 있습니다.

> 맵시 보드라운 무희는
> 반나무 가지와도 흡사하구나.
> 그 발놀림에 반하여
> 내 영혼은 하늘을 난다.
> 한 번 춤추면 내 발도
> 절로 움직여, 마치
> 내 가슴의 꽃이
> 그 발밑에 있는 듯하구나.

또 다른 시인은 이렇게도 노래하고 있습니다.

> 무희는 버들가지인가,
> 부드러운 그 맵시
> 고상한 몸놀림과 고운 자태여,
> 보기만 해도 넋을 잃는다.
> 춤추면서 놀리는 발끝

멈출 줄을 모르고
무희는 진정
그 발아래 밟히는
내 가슴의 불길 같구나.

이브라힘은 이야기를 계속했습니다.

─제가 공주를 계속 바라보고 있으니, 공주도 문득 눈동자를 들어 저를 보고 말았습니다. 공주는 당장 얼굴빛이 변하여 춤을 멈추고 시녀들에게 말했습니다.

"내가 돌아올 때까지 너희는 노래를 부르고 있어라."

그러더니 두어 뼘가량 되는 칼을 들고 성큼성큼 저에게 다가와서 이렇게 외치는 게 아니겠습니까?

"위대한 신 알라 외에 주권 없고 권력 없다!"

그 모습을 보고 저는 거의 정신을 잃을 정도로 놀랐습니다. 그러나 공주는 바로 옆에까지 와서 저와 얼굴을 마주하자 손에 든 칼을 툭 떨어뜨리고 이렇게 외쳤습니다.

"오, 사람의 마음을 변하게 하시는 알라께 영광을!"

그러고는 저를 향해 말했습니다.

"오, 젊은 도련님, 놀라실 것 없어요. 아무 걱정하지 마세요."

제가 그 말에 울음을 터뜨리자, 공주는 제 눈물을 닦아주면서 물었습니다.

"오, 아름다운 분, 당신은 누구시며 여긴 무슨 일로 오셨나요?"

저는 공주 앞에 무릎을 꿇고 그 옷자락을 꼭 붙들었습니다.

"해치지 않을 테니까 아무 걱정 마세요. 알라께 맹세코, 아직 당신 말고 어떠한 남자도 내 눈에 들어온 적이 없으니까요.*16 자, 이제 당신이 누구신지 말해 주세요."

그래서 제가 자초지종을 이야기하자 공주는 매우 놀라면서 물었습니다.

"오, 그럼 당신이 이브라힘 빈 알 하시브라는 분이란 말이에요?"

"그렇습니다!"

그러자 공주는 별안간 나에게 몸을 던지면서 말했습니다.

"오, 이브라힘 님, 내가 남자를 싫어하게 된 것은 바로 당신 때문이에요.

전에 이집트에는 이 세상 어디에서도 찾아볼 수 없는 아름다운 젊은이가 살고 있다는 소문을 듣고, 그만 당신을 애타게 사모하여 완전히 사랑의 포로가 되어 버렸답니다. 그래서 나는 당신 탓에 마치 시인이 이렇게 노래한 여자가 되어 버렸답니다."

　　임에게 반한 것은
　　눈보다 먼저 귀,
　　귀는 때로 눈보다
　　빨리 사랑을 하는 것.

"당신의 얼굴을 보여주신 알라를 찬양할지어다! 만약 당신이 아닌 다른 사람이 이 정원에 있었더라면 정원지기도 숙소의 관리인도 재봉사도, 이 일에 관계된 모든 사람을 모조리 죽여 버렸을 거예요."

공주는 그렇게 말한 다음 곧 이렇게 덧붙였습니다.

"그런데 어떻게 하면 시녀들에게 들키지 않고 당신의 식사준비를 할 수 있을까요?"

"나에게 먹을 것과 마실 것이 약간 있습니다."

제가 공주 앞에 자루를 열어 보이자 공주는 닭고기를 집어 제 입에 한 입 넣어주었고, 저도 공주의 입에 넣어주었습니다. 저는 마치 꿈을 꾸는 것만 같았습니다.

그런 다음 술을 꺼내 함께 마셨는데, 그동안 시녀들은 줄곧 노래를 부르고 있었습니다. 그리하여 공주는 아침부터 점심때까지 제 곁에 있다가, 이윽고 일어났습니다.

"이제부터 가서서 배를 한 척 구한 뒤에 제가 갈 때까지 이러이러한 장소에서 기다리고 계세요. 이대로 헤어지는 건 도저히 참을 수 없는 걸요."

"오, 공주님, 나는 내 배를 가지고 있습니다. 사공도 데리고 있는데, 지금 내가 돌아오기를 기다리고 있습니다."

"그것참 잘 됐군요."

공주는 이렇게 대답하고 시녀들이 있는 곳으로 돌아갔습니다.

—여기서 날이 훤히 새기 시작하여 샤라자드는 이야기를 그쳤다.

958번째 밤

샤라자드는 이야기를 계속했다.

오, 인자하신 임금님, 자밀라 공주는 시녀들한테 돌아가서 말했습니다.

"이제 궁전으로 돌아가자."

"왜 벌써 돌아가세요? 언제나 사흘 동안은 여기 계셨는데?"

"내 기분이 별로 좋지 않아, 아마 병이 났나 본데 병이 더해지기 전에 돌아가는 게 좋겠어."*17

"그럼 분부대로 하겠습니다."

모두 겉옷을 입고 강가로 가서 배에 올랐습니다.

그때 정원지기가 이브라힘에게 와서 그때까지의 사정은 모르는 채 이렇게 말했습니다.

"이브라힘 님, 공주님을 보셨나요? 공주님에게 들키는 게 아닐까 여간 걱정이 아니었다오. 공주님은 여기서 사흘 동안 묵으시니, 당신이 들키기라도 하면 큰일이니까요."

"나는 공주님에게 들키지도 않았고, 공주님을 보지도 못했습니다. 공주님이 도무지 정자에서 바깥으로 나오려 하시지 않으셔서요."

"오, 젊은 양반, 만약 공주에게 들켰으면 지금쯤 우리는 이 세상에 없을 거요. 하지만 공주가 다음에 오실 때까지 나와 함께 여기 있으면 마음껏 공주를 볼 수 있을 거요."

"아니오, 나는 돈을 많이 가지고 있어서 걱정스럽소. 또 부하들을 기다리게 해 두었으니 내가 없는 동안 무엇을 하고 있는지 궁금하기도 하고."

"오, 젊은 양반, 당신과 헤어지는 것이 너무나 서운하군요."

정원지기는 작별을 아쉬워하면서 이브라힘을 가슴에 끌어안았습니다.

이윽고 이브라힘은 숙소로 돌아가서 관리인을 만나 맡겨 두었던 돈을 찾았습니다.

"좋은 소식을 들려주시오!"*18

관리인의 말에 이브라힘이 대답했습니다.

"도저히 소망을 이룰 방법이 없더군요. 깨끗이 단념하고 고향으로 돌아가야겠소."

관리인은 눈물을 흘리면서 울었습니다. 그러고는 짐을 배까지 옮겨주고 작별인사를 했습니다.

이브라힘은 자밀라 공주와 약속한 장소에 가서 공주가 오기를 이제나저제나 기다렸습니다. 이윽고 주위가 어두워지자 공주가 찾아왔습니다. 턱수염을 잔뜩 기르고 허리에 띠를 두른 남자로 변장하고, 한 손에 활과 화살을, 다른 손에는 칼을 뽑아든 공주가 물었습니다.

"그대가 이집트의 대신 알 하시브의 아들 이브라힘인가?"

"예, 그렇습니다."

"공주를 꾀어내려고 오다니, 이런 괘씸한 녀석이 있나! 자, 덤벼라, 그리고 국왕 앞에서 거짓 없이 사실대로 다 말해라!"

―이 말을 듣고(하고 이브라힘은 말했습니다) 저는 정신을 잃었고, 함께 있던 선원들도 무서워서 숨이 멎을 것만 같았습니다.

제가 정신을 잃은 것을 보고, 공주가 수염을 떼고 칼을 던진 다음 허리띠를 풀자, 비로소 저는 그것이 자밀라 공주라는 사실을 알았습니다.

저는 안도의 가슴을 쓸어내리며 말했습니다.

"아, 당신 때문에 하마터면 가슴이 찢어질 뻔했소."

그리고 선원들에게 빨리 배를 내라고 명령했습니다.

선원들은 돛을 올리고 열심히 배를 몰아 며칠도 안 되어 바그다드에 도착했습니다. 그런데 뜻밖에 강가에 배가 한 척 매어져 있고, 그 배의 선원들이 우리를 보더니 목청껏 소리치는 것이었습니다.

"오, 무사히 돌아오셨군요!"

그 배가 우리 쪽으로 다가오기에*19 자세히 보니, 놀랍게도 화가 아부 알 카심 알 산다라니가 타고 있는 게 아니겠습니까!

화가는 우리를 보자 소리쳤습니다.

"이제야 찾았구나. 너희는 신의 가호를 받아 길을 나아가도록 해라. 나는 처리해야 할 일이 있다."

그런 다음 화가는 저를 향해 돌아서서 말했습니다.

"무사히 돌아와서 무엇보다 다행이오! 그런데 목적은 이루었소?"

"이루었습니다!"

그는 준비해 온 횃불을 저희 배 쪽으로 비추었습니다.

자밀라 공주는 그 화가의 모습을 보더니 기분이 나빠져서 갑자기 얼굴빛이 변했습니다. 그러나 화가는 공주를 보며 말했습니다.

"무사해서 다행이오. 나는 지금부터 국왕에게 볼일이 있어 바소라까지 가야 하오. 어쨌든 오랜만에 만난 두 사람에게 이것을 선물하겠소."[20]

노인은 마약이 든 과자상자를 꺼내 우리 배에 던졌습니다.

그래서 저는 자밀라 공주에게 말했습니다.

"내 눈동자의 시원함이여, 이것을 드시오."

그러나 공주는 울면서 물었습니다.

"이브라힘 님, 저 사람이 누군지 아세요?"

"알고말고요."

"저 사람은 제 사촌오빠[21]랍니다. 전에 아버지에게 저를 달라고 청했지만 제가 거절했어요. 저 사람은 바소라에 가서 우리 일을 아버지에게 일러바칠 거예요."

"오, 공주, 저 사람의 배가 바소라에 이르기 전에 우리 배는 모술에 도착할 겁니다."

저는 이렇게 말했지만, 우리는 신의 뜻 속에 숨겨진 운명에 대해서는 전혀 알지 못했습니다.

그래서 저는(하고 이브라힘은 말을 계속했습니다) 그 과자를 집어 먹었습니다. 그런데 과자가 위 속에 채 도달하기도 전에 갑판에 머리를 부딪치며 쓰러지고 말았습니다. 그대로 새벽까지 쓰러져 있다가 재채기를 하는 바람에 마약이 콧구멍에서 튀어나왔습니다.

깜짝 놀라 눈을 떠보니 저는 벌거숭이가 된 채 움막집에 내동댕이쳐져 있지 않겠습니까? 저는 제 얼굴을 때리면서 속으로 중얼거렸습니다.

'알 산다라니의 계략에 속아 넘어간 게 틀림없어.'

그러나 속바지 말고는 실오라기 하나 걸치지 않은 알몸으로 어디로 가야 할지 알 수 없었습니다. 어쨌든 일어나 걸어가 봤더니, 뜻밖에도 경비대장이 칼과 둥근 방패[22]를 든 부하들을 이끌고 이쪽으로 오고 있지 않겠습니까? 저는 깜짝 놀라서 다 허물어진 목욕탕을 발견하고 그 안에 몸을 숨겼습니다.

그때 무언가가 발에 걸리기에 손을 뻗어 만져 보았더니 무언가 끈적끈적한 것이 만져졌습니다. 그때는 그것이 피인 줄도 모르고 속바지에 닦았습니다.

그런 다음 다시 손을 뻗어 보았더니 시체의 머리가 만져졌으므로, 나는 깜짝 놀라 손을 움츠리면서 이렇게 외쳤습니다.

"위대한 신 알라 외에 주권 없고 권력 없다!"

그러고는 목욕탕 구석에 있는 선반 속에 몸을 숨겼습니다.

그러는 동안 아까 그 경비대장이 와서 목욕탕 문 앞에서 걸음을 멈추더니 부하들에게 지시했습니다.

"이 안을 찾아보라!"

그러자 열 명가량 되는 경비대가 횃불을 들고 들어왔습니다. 저는 너무 무서워서 벽 뒤에 몸을 숨겼는데 거기서는 시체가 똑똑히 보였습니다.

그 시체는 보름달처럼 아름다운 여자였는데, 놀랍게도 머리는 한쪽 구석에서 뒹굴고 있고 호사스러운 옷을 입은 몸은 다른 곳에 있지 않겠습니까?

그것을 보자 나는 더욱 무서워져서 숨도 쉴 수 없게 되었습니다. 그러는 사이에 경비대장이 들어 왔습니다.

"구석을 잘 찾아보라!"

부하들은 제가 숨어 있는 곳으로 왔는데, 그중 한 사람이 저를 발견하여 한 뼘이나 되는 칼을 들고 제 곁으로 다가왔습니다. 그리고 바로 옆에 오자 갑자기 소리를 질렀습니다.

"이토록 아름다운 얼굴을 만드신 알라께 영광을! 이봐 애송이, 너는 어디서 온 것이냐?"

그러고는 제 손을 움켜잡고 물었습니다.

"너는 왜 이 여자를 죽였지?"

"알라께 맹세코 저는 죽이지 않았습니다. 누가 죽였는지도 모릅니다. 당신네가 무서워서 여기 숨어 있었을 뿐입니다."

그리고 제 신분을 밝히고 이렇게 덧붙였습니다.

"제발 오해하지 말아 주세요. 저는 다른 걱정거리가 있는 사람이니까요."

그러나 상대는 저를 경비대장에게 끌고 갔습니다. 그러자 경비대장은 제 손에 묻은 피를 보며 말했습니다.

"다른 증거는 필요 없다. 당장에 이놈의 목을 쳐라."

—여기서 날이 훤히 새었으므로 샤라자드는 이야기를 그쳤다.

959번째 밤

샤라자드는 이야기를 계속했다.

오, 인자하신 임금님, 이브라힘은 이야기를 계속했습니다.

—경비대장이 저를 당장 죽이라고 명령하자, 저는 눈물을 뚝뚝 흘리면서
이런 시를 읊었습니다.

우리는 밟았네,
우리를 위해 새겨 둔 발자국을.
그 발자국은 밟아야만 하노라고
성전에 적혀 있다네.
또 어느 나라에서
죽어야 한다고 정해져 있으니,
다른 곳에 묻힐 일도 없다네.

그런 다음 저는 한 번 크게 흐느껴 울고는 정신을 잃고 쓰러져 버렸습니
다. 망나니는 마음이 몹시 흔들려 저를 동정하여 소리쳤습니다.

"이 얼굴은 결코 사람을 죽일 인상이 아닙니다!"

그래도 경비대장은 귀도 기울이지 않고 명령했습니다.

"그놈의 목을 쳐라!"

그들은 피를 받을 깔개 위에 저를 앉히고 눈을 가렸습니다. 망나니는 칼을
뽑아들고 경비대장에게 마지막 허락을 구한 뒤, 막 한칼에 내 목을 떨어뜨릴
기세였습니다. 저는 자신도 모르게 절규했습니다.

"아, 슬프구나, 타향의 하늘 아래!"

그때 느닷없이 말굽 소리가 울리더니 이렇게 부르짖는 소리가 들려왔습니다.

"그 사람을 죽이지 마라. 목 베는 일을 멈추어라!"

여기에는 이상한 사연이 있었던 겁니다.

이집트의 대신 알 하시브는 시종장을 시켜서 하룬 알 라시드 교주에게 선물과 편지를 보냈는데, 그 편지에는 다음과 같은 얘기가 쓰여 있었습니다.

"1년 전에 제 아들이 사라졌는데, 바람처럼 떠도는 소문에 의하면 바그다드에서 살고 있다는 얘기를 들었습니다. 그러하오니 알라의 대행자이신 교주님의 관용과 은총으로 부디 제 아들 이브라힘의 수색에 힘써주셔서, 시종과 함께 저에게 보내주시기를 간절히 바라는 바입니다."

이 편지를 읽은 교주는 경비대장을 불러서 이브라힘을 찾아내라고 명령했고, 경비대장은 밤낮을 가리지 않고 찾아다니던 중 그가 바소라에 있다는 것을 알고 그 사실을 교주에게 전했습니다.

그러자 교주는 이집트의 대신 앞으로 편지를 써서 그것을 시종장에게 주며 대신의 부하들과 함께 바소라로 가라고 명령했습니다. 그래서 시종장은 하루라도 빨리 이브라힘을 찾아낼 결심을 하고 즉시 출발했는데, 뜻밖에도 도중에 피의 깔개 위에 앉아 있는 이브라힘에게 눈길을 멈추게 되어 무사히 구해낸 것이었습니다.

이때 경비대장은 시종장을 보고 그가 누구인지 이내 알아채고서 맞이하러 나갔습니다. 시종장은 말에서 내리자마자 대뜸 경비대장에게 물었습니다.

"이 젊은이는 누구이고, 도대체 무슨 잘못을 했는가?"

시종의 질문에 경비대장이 경위를 이야기하자 시종장은 (젊은이가 이브라힘인 줄은 꿈에도 몰랐으므로) 이렇게 말했습니다.

"그 젊은이는 사람을 죽일 인상이 아니다."

그러고는 죄인을 묶은 노끈을 풀어주라고 명령했습니다. 그리하여 경비대장의 부하들이 젊은이를 묶고 있던 끈을 풀어주자 다시 덧붙였습니다.

"그 젊은이를 이리로 데려오너라."

경비대장이 이브라힘을 시종장 앞에 데려갔습니다. 그때 이브라힘의 평소의 아름다움은 공포 때문에 완전히 사라져 있었으므로 시종장은 그가 이브라힘인 줄도 모르고 물었습니다.

"오, 젊은이, 그대의 신분을 밝히고, 어인 까닭으로 죽은 여자 옆에 있었는지 말해 보라."

이브라힘은 상대의 얼굴을 한참 들여다보더니 아버지의 시종장임을 알자 소리쳤습니다.

"아니, 이게 어찌 된 일인가? 그대는 나를 모르는가? 나는 그대 주인의 아들 이브라힘이다. 그대는 아마도 나를 찾아온 것이겠지?"

이 말을 듣고 그를 빤히 들여다보던 시종장은 상대가 틀림없는 이브라힘인 걸 알고 그의 발밑에 몸을 내던졌습니다. 그러자 경비대장은 깜짝 놀라 낯빛이 싹 변하고 말았습니다.

이윽고 시종장은 경비대장에게 호통을 쳤습니다.

"이 압제자! 이 멍청한 놈! 네놈은 이집트의 대신이자, 나의 주군이신 알 하시브 님의 후계자를 죽일 작정이었느냐?"

그러자 경비대장은 시종장의 옷자락에 입을 맞추며 말했습니다.

"오, 나리,*23 어찌 이분이 이브라힘 님인 줄 알았겠습니까? 저희는 이 자리의 광경만 보고 상상한 것뿐입니다. 이분 바로 옆에 사람이 죽어 있기에 그만 의심을 하게 된 것입니다."

"이런 어리석은 놈 같으니! 너는 경비대장 자격이 없다. 이브라힘 님은 열다섯 살의 소년이지만 아직 참새 한 마리 죽인 일이 없으시다. 그런 분이 어떻게 사람을 죽일 수 있겠느냐? 왜 잠시 시간을 두고 사정을 조사조차 하지 않았단 말이냐!"

곧 시종장과 경비대장은 부하들에게 명령했습니다.

"젊은 여자의 하수인을 찾아라!"

그래서 부하들은 다시 그 목욕탕에 들어가서 다행히 하수인을 잡아서 경비대장에게 끌고 왔습니다. 경비대장은 곧 교주 앞으로 범인을 끌고 가서 자초지종을 보고했습니다.

알 라시드 교주는 범인에게 사형을 선고한 다음, 이브라힘을 불러내어 빙긋이 웃으면서 말했습니다.

"지금까지 있었던 일을 이야기해 보라."

이브라힘이 그때까지 겪었던 일을 자세히 얘기하자 교주는 매우 안타까워하면서 검사 마스룰을 불렀습니다.

"어서 가서 아부 알 카심 알 산다라니의 집을 습격한 다음, 산다라니와 자밀라 공주를 데려오너라."

마스룰이 알 카심의 집을 습격해 보니, 자밀라 공주는 자신의 머리카락에 몸이 묶여 다 죽어가고 있었습니다. 마스룰은 곧 공주의 포박을 풀어주고 대신 알 카심을 꽁꽁 묶어 교주 앞으로 끌고 갔습니다.

교주는 공주의 아름다운 모습을 보고 진심으로 감탄하다가, 이윽고 알 카심을 돌아보면서 말했습니다.

"이놈을 묶어서 이 젊은 처녀를 때린 두 손을 잘라버려라. 그리고 기둥에 매달고, 이놈의 돈과 재산을 모두 몰수하여 이브라힘에게 주어라."

신하들은 교주의 명령대로 따랐습니다.

그럭저럭하는 동안, 뜻밖에 바소라의 총독이자 자밀라의 아버지인 아부 알 라이스가 나타났습니다. 그것은 교주의 도움을 받아, 이집트의 대신 알 하시브의 아들 이브라힘이 자신의 딸을 유괴한 사건을 고발하고, 그가 저지른 잘못의 대가를 치르게 하기 위해서였습니다.

알 라시드 교주가 말했습니다.

"그대의 딸을 고난과 살해자의 손에서 구한 사람이 바로 이브라힘이다."

그리고 이브라힘을 불러내 놓고 알 라이스에게 물었습니다.

"그대는 이집트의 대신 아들과 그대 딸의 결혼을 승낙할 마음이 없느냐?"

"오, 신앙심 깊은 자의 임금님, 분부에 따라 두 사람을 결혼시키겠습니다."

교주는 환관과 증인들을 불러 이브라힘과 자밀라를 결혼시켰습니다.

그리고 산다라니의 재산은 몽땅 이브라힘에게 주고, 이집트로 돌아갈 채비까지 살뜰히 챙겨주었습니다.

그리하여 이브라힘은 자밀라 공주와 함께 환락을 파괴하고 교제를 단절하는 시절이 찾아올 때까지 더없는 행복을 누리며 오래오래 남은 생애를 보냈습니다.

영원히 멸망하지 않는 알라께 영광 있으라! 오, 자비로우신 임금님, 또 다음과 같은 이야기도 있습니다.

〈주〉

＊1 이 이야기는 브레슬라우판에는 없다.

＊2 알 하시브(Al-Khasib, 결실이 풍부한 자)는 아브드 알 하미드(Abd al-Hamid)의 아들로, 하룬 알 라시드 교주 시대에 이집트의 조세(租稅)를 감독하는 지위에 있었다. 영주도 아니고 왕후도 아니었던 셈이다.

＊3 흔히 있는 알라 주디크(Ala Judi-k), 즉 '기분에 따라서'. 이편이 적어도 가치가 열 배나 높아진다.

＊4 즉, 거리가 매우 멀다는 뜻.

＊5 가잘라(Ghazalah)는 '영양'을 뜻한다. 그러나 여기서는 노예여자의 이름이다.

＊6 하크로츠는 파치시(Pachisi)라는 인도의 놀이를 할 때 사용하는 천을 그림으로 설명하고 있다. 이른바 '놀이판'은 동양적이라기보다는 유럽적이다. 그러나 최근에 '놀이판', 특히 서양 주사위 놀이판은 나라 안과 밖에 널리 보급되어 있다.

＊7 아부 알 라이스(Abu al-Lays)는 '사자(獅子)의 아버지'라는 뜻.

＊8 하마단(Hamadán)은 페르시아령 메소포타미아의 유명한 도시(단, 약한 거센소리가 붙은 철자)에서 따온 이름. 《사디크 이 이스파하니의 지리학상의 저작집 *Geographical Works of Sadik-i-Ispahani*》(런던, 동양번역기금, 1882년)에 자세히 나와 있다. 하므단(Hamdan, 센 거센소리를 가졌다)이나 하므둔(Hamdun)은 단순히 남자 성기를 뜻하며, 이것은 객석을 향한 교묘한 희롱일지도 모른다.

＊9 열쇠 값은 아랍어로 훌완 알 미프타(Hulwan al-Miftah)라고 하며, 새로운 숙박인에게 열쇠를 건네줄 때 값을 낸다. 페인 씨는 똑같은 경우에, 관리인에게 내는 프랑스의 두니에 알 디(denier à Dieu)〔착수금이라는 뜻〕와 비교하고 있다.

＊10 이 솔직함은 그야말로 호라티우스적이다. 이를테면, 북유럽에 대해 남유럽적이다.

＊11 온스(ounce)는 아랍어로 우키야(Ukiyyah)이며, 복수형은 아와크(Awak), 이슬람 동양에서는 널리 알려진 언어이다. 도량형(度量衡)으로서는 나라에 따라 분량이 달라서, 오늘날 우리가 모로코라 부르고 있는 바르바리 지방(모리타니)에서는 적은 금액의 화폐 이름으로 되어 있다.

　　또한 이 말은 상형문자의 우크(Uk) 또는 Wuk(온스)에서 직접 유래하며, 유럽에서는 그리스어의 ουυχια로서 처음으로 나타났다.

＊12 아라비아어의 사키야(Sakiyah)로, 유서 있는 고대 페르시아의 물레방아. 이 말은 물레방아를 회전시키는 물질에도 사용된다.

＊13 동양인은 연인이면 더 말할 것도 없이, 대식가를 크게 존경한다.

＊14 상류사회에서 침을 뱉거나 코를 푸는 것은 '품위 없는 행동'이다. 재채기(알 아트사(Al-Atsah))는 약간 복잡하다. 재채기에 의한 죽음에 관한 《탈무드》의 전설에 대해서는 레인 저 《근대 이집트인》 제8장에 자세히 나와 있다.

　　힌두교도들 사이에서는 재채기와 하품은 악령에 의한 것으로, 그들은 엄지손가락과 집게손가락을 최대한 소리 높이 울려서 악령을 쫓는다. 이단적인 아랍인은 재채기를 불길한 징조로 여기고 한동안 여행을 중지했다.

이슬람교도의 신앙에 의하면, 알라가 아담 속에 영혼(생명?)을 불어넣자, 마른 진흙이 뼈와 살이 되었다. 이 최초의 인간은 생명의 숨결을 느끼자, 재채기를 하고 '알라무드릴라'[신께 영광을]라고 외쳤다. 이에 대해 천사 가브리엘은 대답했다. "오 아담이여, 알라께서 그대에게 자비를 내리시기를!"

무함마드는 체중이 가벼운 데다 털구멍이 큰 탓인지 자주 재채기하며 이렇게 말했다. "만약 사람이 재채기하거나 트림을 하더라도 '알라무드릴라'라고 외친다면 일흔 가지 병(그 마지막은 나병)을 면할 수 있다."

무함마드는 하품을 싫어했는데, 그것은 재채기만큼 유익하지 않기 때문이었다. 그는 이렇게 말했다. "만약 여러분이 입을 크게 벌리고 손으로 가리지 않는다면 악마가 날아들어 가리라."

이것은 오늘날에도 바그다드에서 모로코까지 널리 퍼져 있는 미신이다.

＊15 레인은 필요 이상으로 이 문장을 이해하기 어렵다고 생각했다. 요컨대 술잔인 쿠스 (Kuss)가 음률상 두개골인 루스(Ruus)를 필요로 하고 있을 뿐이며, 이치에 맞지 않는 말을 억지로 끌어 붙여 자기에게 유리하게 한 것이라 할 수 있다.

＊16 아무도 내 마음에 든 남자가 없었다는 뜻. 나는 앞에서 '현지의 남자는 눈에 들어오지 않는다'는 속담을 인용했는데, 그것은 '여자는 낯선 남자의 얼굴을 좋아한다'는 의미이다.

＊17 여기서 공주는 동양인 특유의 방식으로, 진실을 말하고는 있지만, 매우 아리송한 말이어서, 허위보다 오히려 훨씬 더 기만적이다. 기묘한 동양적인 궤변은 정직하고 솔직한 거짓말보다 훨씬 위험하다. 이집트인이 여러분에게 거짓말을 할 때는 상대의 눈을 똑바로 바라보는 것이 좋다. 그러면 대개 순수한 마음에 상처를 받은 듯한 표정을 하거나, 기가 꺾여 쩔쩔매면서 본성을 드러낼 것이다.

＊18 오랜만에 만나서 안부를 물을 때 쓰는 모나지 않고 부드러운 상투어. '별일 없었습니까?'

＊19 이브라힘과 약속한 대로 자밀라 공주의 얼굴을 보기 위해.

＊20 속담에 '없는 것이 나쁘다(Les absents ont toujours tort)'고 했다.

＊21 이 남자는 그녀와 결혼할 우선권을 가지고 있었다. 그러나 성년에 달한 뒤에는 상대 여자의 승낙이 필요하다.

＊22 둥근 방패는 아랍어로 마타리크(Matarik)라고 하며, 가죽을 씌운 작은 나무방패이다. 동양의 경계가 되는 변두리 땅에서는 지금도 이 장비가 순경에게 필요하다.

＊23 오, 나리(O my lord)는 아랍어로 야 마울라야(Ya Maulaya)! 이며, 이 말은 널리 이슬람교권 일대에서 지금도 사용되고 있다. 그러나 몰라에(moolaee)로 발음되는 바르바리 지방에서, 유럽인은 마치 이 말이 mule(노새)와 관계가 있는 것처럼, 뮬리 (muley)로 바꾸고 말았다. 그러므로 《로빈슨 크루소》에서도 'muly' 또는 'Moley Ismael'이라는 말을 찾아볼 수 있다(제2장).

호라산의 아부 알 하산*[1]

알 무타지드 빌라 교주*[2]는 매우 건장하고 튼튼한 체격을 지닌 고결한 군주로, 바그다드에 6백 명의 대신을 거느리고 백성의 사정과 생활 형편을 잘 살피고 있었습니다.

어느 날 교주는 신하의 움직임을 살피고 뭔가 재미있는 소식을 들어서, 마음의 위로를 얻기 위해 이븐 함둔*[3]을 데리고 나갔습니다.

이윽고 대낮의 타는 듯한 더위를 이기지 못해 두 사람은 큰길에서 좁은 골목길로 들어갔습니다. 그러자 그 안쪽에 높이 솟아 있는 아름다운 저택이 보였습니다.

두 사람이 그 집 주인을 칭송하면서 문 앞에 앉아 쉬고 있으니, 열나흗날 달처럼 아름다운 환관 두 사람이 안에서 나왔습니다. 그중 하나가 말했습니다.

"오늘도 누군가 손님이 찾아왔으면 좋겠는데! 주인님은 손님이 오지 않으면 식사를 하지 않으시잖아. 그런데 오늘은 여태까지 손님이 한 사람도 오지 않는군."

두 사람의 대화를 들은 교주는 깜짝 놀라 속으로 생각했습니다.

'아마 이 집 주인은 어지간히 인심이 좋은 모양이다. 한 번 찾아가서 주인의 후한 인심을 보기로 하자. 이것도 내가 주인에게 자비를 내려주는 한 방법이니까.'

그래서 교주는 환관에게 말을 걸었습니다.

"외국인 일행*[4]이 찾아뵙고자 한다고, 주인에게 청을 드려주지 않겠나?"

왜냐하면 그 시절, 교주는 백성들의 사정을 살피러 나갈 때는 늘 상인으로 변장하고 있었기 때문입니다.

환관이 집으로 들어가서 주인에게 그 말을 전하자 주인은 반가워하면서 몸을 일으키더니 몸소 손님을 맞이하러 나왔습니다. 그는 얼굴이 단정하고 맵시가 아름다운 사람으로, 니샤푸르*5 비단으로 지은 속옷에 금줄 장식이 달린 겉옷을 입고, 몸에 향수 냄새를 풍기며, 손에는 루비 도장반지를 끼고 있었습니다.

"참으로 잘 오셨습니다. 찾아주셔서 영광입니다. 어서 들어오십시오."

두 사람은 집 안으로 들어갔습니다. 집 안은 마치 천국의 일부인가 싶을 만큼 아름다워서, 가족이 있는 것도 고향에 대한 것도 까맣게 잊어버릴 정도였습니다.

—여기서 날이 훤히 밝아왔으므로 샤라자드는 이야기를 그쳤다.

960번째 밤

샤라자드는 이야기를 계속했다.

오, 인자하신 임금님, 집 안에는 훌륭한 정원이 있는데, 온갖 신기한 나무들이 사람의 눈길을 빼앗고, 방은 또한 값비싼 가구들로 장식되어 있었습니다.

모두 자리에 앉자 교주는 집 구조와 가구들을 둘러보았습니다. (이제부터 이븐 함둔이 얘기합니다.)

—교주님의 태도를 살펴보니 그 얼굴빛이 순식간에 달라졌습니다. 나는 늘 교주님의 얼굴빛을 보고 기분이 좋은지, 아니면 화가 나 있는지 짐작했으므로 이렇게 혼잣말을 했습니다.

"교주님께서는 무엇 때문에 화를 내고 계신 걸까?"

그때 황금 수반을 가지고 왔기에 우리는 손을 씻었습니다. 그러고 나니 비단이 펼쳐지고 그 위에 등나무로 만든 식탁이 놓였습니다. 식탁보를 들치니 계절을 잊은 진기한 꽃 같은 요리가 두 가지 혹은 한 가지씩 놓여 있었습니다.

"자, 손님들, 어서 드십시오. 마침 나도 배가 고프던 참입니다. 실례지만, 제 평소 습관에 따라 저도 함께 들겠습니다."

주인은 그렇게 말하며 닭고기를 뜯어서 우리의 접시에 담아주었습니다.

그리고 주인은 줄곧 웃으면서 노래를 읊고 이야기를 하며 손님이 즐거워할 만한 재미있는 이야깃거리를 유쾌하게 늘어놓았습니다.

식사가 끝나자 우리는 이루 말할 수 없이 좋은 향이 그윽하게 감도는 방으로 옮겼습니다. 이 방에서는 갓 딴 과일과 말할 수 없는 향기가 깃든 설탕절임이 나왔으므로, 우리는 무척이나 기뻐서 세상의 근심이 다 사라지는 듯한 기분이었습니다.

그런데 교주님은(하고 이븐 함둔은 말을 이었습니다) 쾌활하게 잘 웃으시고 시름을 쫓아버리는 것을 무척 좋아하시며, 시기심이 많은 분도 폭군도 아닌데, 웬일인지 여전히 눈살을 찌푸린 채 다른 자들이 아무리 즐거워해도 미소조차 짓지 않는 것이었습니다.

그래서 나는 속으로 생각했습니다.

'교주님께서 기분이 저렇게 나쁜 것은 무엇 때문일까? 어떻게 하면 교주님의 불편한 심기를 되돌릴 수 있을까?'

이윽고 친구의 마음을 풀어주고 정답게 해 주는 술이 나와 금과 수정과 은잔을 가득 채우니, 주인은 등나무 지팡이로 안방의 문을 두드렸습니다.

그러자 문이 열리며 가슴이 봉곳하고 한낮의 태양처럼 환한 세 여자가 나타났습니다.

그중 한 사람은 비파를 타는 사람이고, 한 사람은 하프를 들었으며 또 다른 여자는 능숙한 무희였습니다. 주인은 말린 과일과 설탕절임을 우리 앞에 차려 놓고 여자들과 우리 사이에 비단 술과 황금 고리가 달린 비단 휘장을 쳤습니다.

교주님은 그런 것은 거들떠보지도 않고 누구에게도 반응을 보이지 않다가, 상대가 누구인지 전혀 알지도 못하는 주인을 향해 물었습니다.

"당신은 귀족이오?"

"아닙니다, 손님. 저는 그저 상인의 아들로 사람들은 저를 호라산 아마드의 아들, 아부 알 하산 알리라는 이름으로 부르고 있지요."

"당신은 나를 아시오?"

"알라께 맹세코 전혀 모릅니다."

그때 내가 옆에서 끼어들며 말했습니다.

"오, 주인장, 이분은 알 무타와킬 알랄라*6의 손자이고, 충실한 자들의 임금님이신 알 무타지드 빌라 님이오."

이 말을 듣자, 주인은 일어나 두려움에 몸을 떨면서 그 앞에 꿇어 엎드렸습니다.

"오, 진실한 신자들의 임금님이시여, 교주님의 경건한 조상의 위엄과 덕망에 걸고 소원입니다만, 만일 저에게 뭔가 부족한 점이 있거나 무례한 행동이 있었다면 부디 너그럽게 용서해 주십시오!"

그러자 교주님이 말했습니다.

"그대가 우리를 참으로 정중하게 대접해 준 것은 말할 나위도 없이 훌륭한 일이다. 또 내가 그대를 추궁하고자 하는 일에 대해서도, 내가 이해가 가도록 있는 그대로 진실을 말한다면 용서해 주마. 하지만 만약 거짓말을 한다면 분명한 증거를 들어 이제까지 들어본 적도 없을 정도로 무서운 극형을 내릴 것이니 그리 알라."

"임금님께 거짓을 아뢰다니, 알라께서 용서치 않으실 일입니다. 그런데 오, 충실한 자들의 임금님, 무엇을 추궁하시려는 건지요?"

"그대 집에 들어와서 훌륭한 물건들을 보니 가구에도 기구에도, 아니, 그대 옷에까지 모두 나의 할아버지 알 무타와킬 알랄라*7의 이름이 새겨져 있구나."

"그렇습니다. 오, 충실한 자들의 임금님(전능하신 알라께서 가호해 주시기를!), 임금님께서는 마음에 진실의 옷을 입으시고 몸에는 성실의 옷을 입고 계십니다. 임금님 앞에서는 아무도 거짓말을 할 수 없습니다."

교주는 주인에게 앉으라고 명령한 뒤 이렇게 말했습니다.

"그럼, 자세하게 말해 보라."

그러자 주인이 이야기를 시작했습니다.

—오, 충실한 자들의 임금님, 제 아비는 환전상, 약방, 아마포상 등 여러 시장을 중심으로 하고, 각 시장에 가게와 대리점을 열어 온갖 상품을 취급하고 있었습니다. 환전가게 뒤에는 별실이 마련되어 있었는데, 거래는 가게에서 하고 그곳은 자신만의 개인 공간으로 사용하고 있었습니다. 아버지는 막대한 부를 축적하여, 천하에 어깨를 나란히 할 자가 아무도 없었습니다. 그러나 자식이라고는 저 하나밖에 없었으므로 저를 무척 사랑하며 매우 소중하게 키워주었습니다. 임종 때 아버지는 저를 불러 어머니를 저에게 맡기면

서 전능하신 알라를 두려워하라고 타이르고는 숨을 거두었습니다. 알라여, 부디 아버지의 영혼에 자비를 내려주시고 진실한 신자들의 임금님에게 장수를 내려주소서!

아버지가 세상을 떠난 뒤, 저는 쾌락을 추구하고 술과 여자에 빠져 좋지 않은 친구들과 어울리게 되었습니다. 어머니는 늘 그런 저의 행동을 꾸짖으며 잔소리를 했지만, 저는 도무지 귀를 기울이지 않다가 마침내 재산을 모두 다 써서 없애고 말았습니다. 그뿐만 아니라 땅을 팔고, 집을 팔고, 제가 지금 사는 이 집 말고는 모두 팔아버려 아무것도 남지 않게 되었습니다.

그래서 저는 어머니에게 말했습니다.

"어머니, 이 집을 팔까 하는데요."

그랬더니 어머니는 이렇게 말하며 승낙해 주지 않았습니다.

"이것마저 팔아버리면 네 체면은 어떻게 되고, 또 어디서 비를 피한단 말이냐."

"이 집은 금화 5천 닢의 가치가 있으니, 금화 1천 닢으로 다른 집을 사고 나머지 돈으로 장사할까 합니다."

"그렇다면 그 값으로 나에게 팔려무나."

"좋습니다."

어머니는 금고가 있는 곳으로 가서 뚜껑을 열고 안에서 사기 항아리를 꺼냈는데, 거기에는 금화 5천 닢이 들어 있었습니다. 저는 그것을 보고 마치 이 집 전체에 금화가 널려 있는 것처럼 생각했습니다.

그때 어머니는 저에게 이렇게 말했습니다.

"애야, 이것은 네 아버님의 재산이 아니다. 이것은 내 친정아버님의 유산인데, 필요할 때 쓰려고 간직해 두었단다. 네 아버님께서 살아 계실 때는 돈이 많아서 이 돈을 쓸 필요가 없었지."

저는 어머니에게서 그 돈을 받자, 오, 충실한 자들의 임금님, 또다시 방탕한 생활에 몸을 맡겨, 친구들과 먹고 마시고 흥청거리면서 어머니의 훈계도 아랑곳하지 않았습니다. 그럭저럭 그 돈마저 다 써 버리자 어머니에게 또 말했습니다.

"어머니, 이 집을 팔까 하는데요."

"애야, 이 집은 너에게 꼭 필요한 것 같아서 전에도 못 팔게 했는데, 어째서 또 팔겠다는 것이냐?"

"잔소리는 그만 하세요. 필요해서 파는 거니까요."

"그렇다면 내가 집안일을 모두 맡는다는 조건으로, 금화 15만 닢에 내가 사마."

그래서 저는 집을 그 값으로 어머니에게 팔아서 집안일은 모두 어머니에게 맡겼습니다. 어머니는 옛날의 아버지 대리인들을 찾아가 한 사람 앞에 금화 1천 닢씩을 주고, 나머지는 자신이 지닌 채로 지출과 수입을 직접 관리하기 시작했습니다.

그리고 저에게도 장사할 돈을 주면서 말했습니다.

"아버님 가게에 앉아 있어라."

그래서 저는 어머니의 말대로 오, 충실한 자들의 임금님, 환전시장에 있는 가게 뒷방에 거처를 정했습니다.

그랬더니 제 친구들이 찾아와서 제 가게의 물건을 사주어서 가게가 크게 번창하여 재산이 점점 불어났습니다.

그것을 본 어머니는 숨겨 두었던 보석과 진주와 금을 저에게 내주었습니다. 그래서 저는 전에 돈을 물처럼 썼을 때 팔아버렸던 집과 땅을 도로 사서 다시 전처럼 부자가 되었습니다. 그렇게 한동안 지내다가 아버지의 대리인들이 찾아왔기에 사 두었던 상품을 내주고, 가게 뒤에 덧붙여 두 번째 방을 다시 더 늘리어 지었습니다. 어느 날 이 새로 지은 방에 앉아 있으니, 오, 난생처음 보는 아름다운 여인 하나가 찾아와서 이렇게 묻는 것이었습니다.

"여기가 아마드의 아들 아부 알 하산 알리 님의 비밀 가게인가요?"

"예, 그렇습니다."

"주인은 어디 계시나요?"

"내가 주인입니다."

저는 대답을 하면서도 여자가 매우 아름다워 넋이 나갈 지경이었습니다. 그러자 여자가 자리에 앉으면서 말했습니다.

"가게 젊은이에게 일러서 금화 3백 닢을 달아주세요."

저는 점원에게 금화 3백 닢을 달게 했습니다. 여자는 그것을 받아들고는 멍하니 있는 저를 남겨 놓고 가버렸습니다. 그러자 점원이 이상한 얼굴로 물었습니다.

"주인님은 저 여자를 아십니까?"

"아니다, 전혀 모르는 사람이다."

"그럼 왜 저더러 돈을 주라고 하셨습니까?"

"여자의 아름다운 모습에 넋이 나가 무슨 말을 했는지 도무지 기억이 나지 않는구나."

점원은 저 몰래 여자 뒤를 따라갔다가 얼마 지나지 않아 울면서 돌아왔는데, 얼굴에 얻어맞은 자국이 있기에 웬일이냐고 물었더니 이러는 겁니다.

"그 여자가 어디로 가는지 보려고 따라갔더니 여자가 눈치채고 돌아서서 저를 이렇게 끔찍하게 때렸습니다. 하마터면 눈알이 튀어나올 뻔했어요."

오, 충실한 자들의 임금님, 그 뒤 한 달 동안 여자는 모습을 보이지 않았습니다. 저는 여자가 그리워 안절부절못하며 나날을 보내고 있었는데, 꼭 한 달 만에 여자가 갑자기 나타나더니 저를 보고 인사하는 것이었습니다. 저는 매우 기뻐서 춤이라도 추고 싶은 심정이었습니다.

여자는 제 안부를 물은 뒤 이렇게 말했습니다.

"당신은 아마 속으로 '내 돈을 가지고 달아나다니 뻔뻔스러운 사기꾼이다' 생각하셨겠죠?"

그래서 저는 대답했습니다.

"오, 부인, 알라께 맹세코 말하지만, 내 돈과 생명은 모두 부인의 것입니다."

그러자 여자가 베일을 벗고 앉았는데, 그 얼굴과 가슴께에 온갖 장식이 흔들거리고 있었습니다. 이윽고 여자가 말했습니다.

"한 번 더 금화 3백 닢을 달아주세요."

"그러지요."

제가 다시 돈을 달아주었더니 여자는 또 그 돈을 받아들고 나갔습니다.

"저 여자 뒤를 따라 가 보아라."

제 명령에 여자를 뒤따라 나간 점원은 잠시 뒤 허둥지둥 돌아왔습니다.

그 뒤 한동안 여자는 나타나지 않았습니다.

그런데 어느 날, 제가 가게에 앉아 있으니 여자가 다시 불쑥 찾아와서 잠시 저와 이야기를 나눈 다음 이렇게 말했습니다.

"금화 5백 닢만 달아주세요. 그만큼 필요하니까요."

"내가 뭣 때문에 당신에게 돈을 드려야 합니까?"

저는 하마터면 이렇게 말할 뻔했지만, 제 마음의 사랑이 그 말을 누르고 말았습니다.

오, 충실한 자들의 임금님, 저는 그 여자만 보면 뼈마디가 떨리고 얼굴빛이 변하여 할 말을 잊어버리고 말았습니다. 마치 시인이 이렇게 노래한 것처럼.

이렇다니까!
우연히
그 여자와
마주하고 있을 땐
벙어리가 되어
한 마디도 말을 못하네.

그래서 저는 또 여자를 위해 금화 5백 닢을 달아주었습니다. 여자는 그것을 받아서 가버렸습니다. 제가 뒤를 밟아 보니 여자는 보석시장으로 가 어떤 사람의 가게 앞에 서서 목걸이를 요구했습니다.

그리고 뒤를 돌아보더니 저에게 이렇게 말하지 않겠습니까?

"저 사람에게 금화 5백 닢을 치러주세요."

보석상은 저를 보더니 일어나서 공손하게 맞이했습니다.

"이분에게 목걸이를 드리고 값은 내 앞으로 달아 놓으시오."

"좋습니다."

여자는 목걸이를 받자 그대로 가버렸습니다.

—여기서 날이 훤히 밝아 왔으므로 샤라자드는 이야기를 그쳤다.

961번째 밤

샤라자드는 이야기를 계속했다.

오, 인자하신 임금님, 호라산의 아부 알 하산은 자신의 신상 이야기를 계속했습니다.

―저는 계속 여자의 뒤를 밟았습니다. 여자는 티그리스 강가에 가서 조그만 배에 올라탔습니다. 저는 한 손으로 땅을 가리켰습니다. 그리고 이렇게 말하는 듯한 시늉을 했습니다.

"나는 당신 앞에 무릎을 꿇고 땅에 입맞추겠습니다."

여자는 웃으면서 점점 멀어져 갔고, 저는 꼼짝도 하지 않고 그 뒷모습을 지켜보면서 강가에 서 있었습니다.

그러자 여자는 건너편의 육지에 올라가더니 어떤 저택으로 들어갔습니다. 자세히 보니 그것은 알 무타와킬 교주님의 궁전이었습니다.

그래서 오, 충실한 자들의 임금님, 저는 발길을 돌려 집으로 돌아왔지만, 그 여자에게 3천 닢의 금화를 빼앗겼기 때문에 온 세상의 모든 근심이 한꺼번에 제 가슴을 짓누르는 듯한 느낌이었습니다.

저는 돌아오는 길에 이렇게 혼잣말을 했습니다.

"저 여자는 내 재산을 뺏고 내 마음마저 훔쳐가 버렸다. 이러다간 사랑 때문에 목숨을 잃을지도 모르겠다."

저는 집에 돌아가서 어머니에게 자초지종을 얘기했습니다. 그러자 어머니가 말했습니다.

"애야, 앞으로는 그 여자를 조심해야 한다. 그렇지 않으면 돌이킬 수 없는 일이 일어나게 될 테니까."

제가 가게에 돌아가 있으니 약재시장의 대리인으로 있는 상당히 나이가 많은 노인이 찾아와서 말했습니다.

"나리, 보아하니 얼굴빛이 좋지 않은 게 무슨 고민거리가 있으신 것 같은데, 무슨 일이신지요?"

그래서 저는 그 여자와의 일에 대해서 처음부터 끝까지 자세하게 이야기했습니다.

"그렇다면 그 여자는 틀림없이 충실한 자들의 임금님 궁전에 있는 시녀일 것입니다. 어쩌면 교주님이 총애하시는 측실일지도 모르지요. 돈은 전능하신 알라를 위해 썼다 생각하고 앞으로는 그 여자를 모르는 척하시오. 여자가 다시 찾아오면 상대하지 마시고 나에게 알려주시오. 그러면 나리께서 신세를 망치지 않도록 무슨 수를 써 드릴 테니까."

노인이 돌아간 뒤 혼자 남은 저는 욕정의 불길에 가슴이 타들어가는 듯한 심정이었습니다.

한 달이 지나 여자가 다시 모습을 나타내자 저는 춤이라도 출 듯이 기뻐했습니다.

"저번에는 왜 몰래 제 뒤를 밟으셨나요?"

여자가 묻기에 저는 이렇게 대답했습니다.

"가슴속 뜨거운 연정에 사로잡혀 그런 행동을 하고 말았습니다."

그러고는 체면도 남의 시선도 아랑곳하지 않고 울기 시작했습니다. 여자도 저를 가엾이 여기고 눈물을 흘리면서 말했습니다.

"당신 가슴의 사랑의 불길은 저에 비하면 아무것도 아니에요. 제 가슴은 그 이상으로 불타고 있답니다! 저는 이제 어쩌면 좋아요? 이렇게 한 달에 한 번밖에 당신을 만나 뵐 길이 없으니."

그러고는 저에게 종잇조각을 하나 주면서 말했습니다.

"이것을 가지고 이러이러한 장사를 하는 제 대리인을 찾아가서 거기에 적혀 있는 만큼 받아 오세요."

그래서 저는 소리쳤습니다.

"나는 돈 같은 건 필요 없습니다. 재산이고 목숨이고 모두 당신에게 바치겠습니다."

"그럼, 가까운 시일 내에 아무리 어려움이 있어도 당신이 저에게 오실 방법을 연구해 보겠어요."

여자는 작별을 고하고 돌아갔습니다.

저는 늙은 약장수에게 가서 다시 자세히 이야기했습니다. 그러자 노인은 저와 함께 여자가 들어간 알 무타와킬 교주님의 궁전까지 가 주었는데, 거기서 더는 어떻게 해야 할지 좋은 생각이 떠오르지 않는 모양이었습니다.

그러다가 이윽고 강가를 향한 왕궁의 격자창을 마주보고 있는 가게에서 재봉사가 제자와 함께 일하고 있는 것을 보더니 이렇게 말했습니다.

"저기 있는 저 사람의 힘을 빌려서 당신의 소망을 이루게 해 드리지요. 먼저 당신의 주머니를 찢어서 저 사람에게 가서 꿰매 달라고 하시오. 그것을 꿰매주거든 금화 열 닢을 주시오."

"그렇게 해 보지요."

저는 그리스 비단 두 필*8을 가지고 재봉사의 가게로 가서, 긴소매 윗옷 두 벌과 소매 없는 윗옷 두 벌을 지어 달라고 부탁했습니다. 재봉사가 천을 치수에 맞게 잘라 옷을 다 짓자, 저는 보통보다 많은 삯을 치르고 만들어준 옷은 받지 않았습니다.

"그건 당신과 당신 제자들에게 주는 것이오."

그 뒤 저는 이 재봉사를 찾아가 오랫동안 앉아서 세상 이야기를 나누는 사이가 되었습니다. 그러다가 다른 옷을 주문하면서 이렇게 말했습니다.

"가게 앞에 걸어 놓으시오. 지나가던 사람들이 보고 사갈지도 모르니까."

그러자 재봉사는 제가 말한 대로 했습니다.

교주님의 궁전에 출입하는 사람들이 그 옷을 보고 조금이라도 마음에 들어 하는 눈치면, 저는 문지기든 누구든 무료로 주었습니다.

그러던 어느 날 재봉사가 저에게 말했습니다.

"오, 젊은 나리, 제발 바른말을 해 주시오. 당신은 비싼 옷을 백 벌이 넘게 주문해서 대부분 공짜로 남에게 주어 버렸습니다. 그것은 상인의 방식이 아닙니다. 상인이라면 한 푼의 이익이라도 다투는 법이니까요. 그런 것을 이렇게 선물하다니, 대체 당신의 재산은 얼마나 되며 1년 수입은 얼마나 됩니까? 바른 대로 말해 주시오. 그러면 소원을 이루도록 도와 드릴 테니까요."

그리고는 곧 이렇게 덧붙였습니다.

"제발 부탁이니 말해 주시오. 당신은 혹시 사랑을 하는 게 아닙니까?"

"그렇소."

"당신이 사랑하는 상대가 누구요?"

"교주님 궁전에 있는 시녀입니다."

"뻔뻔스러운 여자들 같으니! 그 여자들은 언제까지 남자들을 홀릴 작정이란 말인가! 그런데 그 여자의 이름을 아십니까?"

"모르오."

"어떤 여자인지 이야기해 보시오."

그래서 제가 여자의 모습을 이야기하자 재봉사가 말했습니다.

"그 여자는 알 무타와킬 교주님이 마음에 들어 하시는 측실인데, 비파를 타는 여자라오. 그 여자는 백인 노예*9를 하나 데리고 있으니, 먼저 그 노예와 사귀시오. 그 사람을 통하면 가까이 갈 수 있을지도 모르오."

둘이서 그런 이야기를 하고 있는데, 마치 열나흗날 달처럼 아름다운 바로 그 노예가 궁전에서 나왔습니다.

젊은 노예는 제가 재봉사에게 주문하여 지어 놓은 온갖 색깔의 비단옷을 보고 이리저리 살펴보기 시작했습니다.

그리고는 저에게 다가오기에 저는 일어나서 인사를 했습니다.

"당신은 누구십니까?"

"상인이오."

"이 옷을 팔지 않으시겠습니까?"

"좋습니다."

노예는 그중에서 다섯 벌을 고른 뒤 물었습니다.

"이 다섯 벌에 얼마입니까?"

"당신을 알게 된 기념으로 그냥 드리리다."

그러자 노예는 매우 기뻐했습니다. 그래서 저는 급히 집으로 돌아가서 금화 3천 닢이나 하는, 보석과 히아신스석을 장식한 옷을 한 벌 가지고 와서 그것도 노예에게 선물로 주었습니다.

그것을 받은 노예는 궁전 안의 한 방으로 저를 안내하고 물었습니다.

"상인들은 당신을 뭐라고 부릅니까?"

"아, 나는 한낱 하찮은 상인일 뿐이오."*10

"아무래도 당신의 행동은 수상하군요."

"어째서요?"

"어째서라니, 당신은 나에게 값비싼 선물을 하고 내 마음을 얻지 않았습니까? 당신은 분명히 호라산의 환전상 아부 알 하산 님일 겁니다."

오, 충실한 자들의 임금님, 저는 이 말을 듣고 울기 시작했습니다.

"왜 우십니까? 알라께 맹세코 당신이 눈물을 흘릴 만큼 사랑하시는 그분은 당신 이상으로 당신을 사모하고 있습니다. 당신과 그분 사이는 궁전 여자들 사이엔 이미 소문이 다 나 있지요. 그런데 당신은 무엇을 원하고 계십니까?"

"이 가슴의 괴로움에서 나를 구해 주시오."

그러자 노예는 이튿날 다시 찾아오라고 하였으므로 그날은 집으로 돌아왔습니다.

이튿날 눈을 뜨자마자 저는 노예를 찾아갔습니다. 어떤 방에서 기다리고 있으니 노예가 들어와서 말했습니다.

"어젯밤에 여주인은 볼일이 끝나자 교주님의 허락을 받고 바로 자기 방으로 돌아왔습니다. 그래서 제가 당신 이야기를 하자 만나고 싶다 하셨으니 저녁때까지 여기서 기다리십시오."

그래서 저는 어두워질 때까지 노예 방에서 기다리고 있었습니다. 그러자 노예는 금실을 섞어 짠 속옷과 교주님의 옷을 한 벌 가져와서 저에게 입히고는 향수를 뿌려주었습니다. 그리하여 저는 순식간에 신앙심 깊은 자의 임금님으로 변했던 겁니다. 노예는 양쪽에 방이 늘어선 회랑으로 저를 안내했습니다.

"이것은 노예여자들의 우두머리 방입니다. 이 회랑을 지나갈 때 당신은 문 앞에다 콩을 한 알씩 놓고 가야 합니다. 그것이 교주님께서 밤마다 하시는 습관입니다."

―여기서 날이 훤히 밝아왔으므로 샤라자드는 이야기를 그쳤다.

962번째 밤

샤라자드는 이야기를 계속했다.

오, 인자하신 임금님, 어젯밤 이야기를 이어 말씀드리겠습니다.

백인 노예는 아부 알 하산에게 말했습니다.

"그리고 오른쪽 두 번째 통로까지 가면 대리석 문지방이 있는 문이 눈에 띌 테니 손을 대 주십시오.*11 아니면, 이러이러한 수만큼 문을 헤아려서 이러이러한 표시가 있는 문으로 들어가십시오. 그러면 그분이 당신인 줄 알고 안으로 안내할 것입니다. 밖으로 나갈 때는 당신을 궤짝에 넣어서 내갈 작정입니다만, 틀림없이 알라께서 보호해 주시겠지요."

그런 다음 노예는 저를 남겨 놓고 갔습니다.

저는 백인 노예가 시키는 대로 문을 세며 콩을 한 알씩 그 앞에 놓으면서 나아갔습니다. 그런데 회랑 한복판에 이르렀을 때, 갑자기 시끄러운 얘기 소리가 들리더니 횃불이 제가 있는 쪽으로 다가오는 것이 보였습니다.

불빛이 다가옴에 따라 자세히 보니 놀랍게도 저편에서 오는 사람은 촛불을 든 노예여자들에게 에워싸인 교주님 바로 그분이 아니겠습니까!

그리고 측실 하나*¹²가 다른 측실에게 이렇게 말하는 것이 들려왔습니다.

"교주님이 두 분 계시는 거예요? 아까 교주님 냄새가 나더니 내방 앞을 지나가시면서 언제나처럼 콩을 두고 가셨어요. 그런데 또 횃불이 보이고 시녀들과 함께 교주님이 이쪽으로 오고 계시니."

이윽고 횃불이 다가왔습니다. 저는 온몸을 와들와들 떨고 있었습니다. 그러자 한 환관이 다가와서 큰 소리로 측실들에게 말했습니다.

"이쪽으로 오십시오!"

그러자 모두 어느 방을 향해 발을 돌려 안으로 들어갔습니다.

그리고 다시 교주와 함께 나와서 제 연인의 방 앞으로 갔습니다.

"이건 누구의 방인가?"

"샤자라트 알 주르 님의 방입니다."

"샤자라트를 불러라."

교주님의 시종이 부르자 샤자라트가 나와서 교주님의 발에 입을 맞췄습니다.

"오늘 밤 나와 술을 한잔하겠느냐?"

"교주님이 이렇게 행차하셔서 교주님의 자비로우신 얼굴을 보여주셨으니 곁에서 모셔야지요. 오늘 밤에는 술 생각이 없습니다만."

그러자 충실한 자들의 임금님은 환관을 돌아보며 말했습니다.

"재정관에게 일러서 목걸이를 이 사람에게 주도록 해라."

그리고 여자의 방으로 들어가자고 했습니다.

그리하여 먼저 촛불을 든 사람이 들어가고 이어 교주님도 방으로 들어갔습니다.

그때 얼굴이 손에 든 횃불처럼 빛나는 아름다운 시녀 하나가 저에게 다가와서 물었습니다.

"거기 있는 게 누구요?"

그러더니 제 손을 잡고 어느 방으로 끌고 들어가더니 다시 한 번 물었습니다.

"당신은 누구예요?"

저는 그 여자 앞에 엎드려 눈물을 흘리면서 말했습니다.

"오, 부인, 제발 저를 가엾이 여기시고 목숨만은 살려주십시오."

"틀림없는 도둑이로구나!"

"나는 절대로 도둑이 아닙니다. 어디를 봐서 도둑놈 같이 생겼습니까?"

"그렇다면 바른 대로 말하세요. 그러면 살려 드리지."

"나는 세상을 모르는 미련한 남자로, 사랑 때문에 이런 어리석은 꼴을 한 채 절망의 심연에 빠져버리고 말았습니다."

이 말을 듣자 여자가 소리쳤습니다.

"여기서 기다려요. 곧 돌아올 테니까."

여자는 밖으로 나가더니 곧 자기 시녀의 옷을 가지고 돌아와서 저에게 입힌 뒤 자기를 따라오라고 했습니다.

제가 여자 뒤를 따라갔더니, 여자는 자기 방으로 데리고 들어가서 근사한 깔개를 깐 침대로 저를 안내했습니다.

"자, 여기 앉으세요. 무서워할 건 없어요. 그런데 당신은 호라산의 환전상 아부 알 하산 님이 아니세요?"

"맞습니다."

"당신이 나에게 정직하게 말씀하셨으니 알라께서 목숨을 구해 주시겠지요. 만약 당신이 도둑이라면 목숨은 없을 거예요. 게다가 당신은 교주님의 옷을 입고 교주님의 향수를 뿌리고 있었으니 더 말할 것도 없지요!

하지만 정말 아부 알 하산 님이라면 당신의 몸은 안전할 테니 두려워하실 것 없어요. 왜냐하면 당신은 우리 언니 샤자라트 알 주르의 친구니까요. 언니는 언제나 입버릇처럼 당신의 이름을 부르며, 당신에게서 돈을 얻은 이야기, 그래도 당신이 조금도 후회하지 않았다는 이야기, 당신이 강가까지 언니를 따라와서 언니 앞에 무릎을 꿇는 시늉을 했다는 이야기를 해 주었어요. 언니도 당신 못지않게 사랑으로 애태우고 있답니다.

그런데 당신은 어떻게 이곳에 오셨어요? 언니가 시켜서인가요? 아니면 당신 마음대로? 당신은 언니 때문에 정말이지 자기 자신을 위험에 빠뜨린 거예요! *13 이런 약속을 하시다니 도대체 어떻게 하실 작정이세요?"

"그게 아니오, 나 스스로 나 자신을 위험에 빠뜨린 거라오. 나는 오로지 그분을 만나서 그분의 얼굴을 보고 그분의 아름다운 목소리를 듣고 싶었을 뿐입니다."

"그러실 테지요."

"알라께서도 보고 계시겠지만, 나는 그분의 명예를 더럽힐 생각은 조금도 없습니다."

"그러시다면 틀림없이 알라께서 구해 주실 거예요. 저도 이젠 당신이 가여워지는군요."

여자가 시녀를 불렀습니다.

"샤자라트 님께 가서 이렇게 전해 다오. '아우님이 안부를 전하시면서, 이리로 와주십사고 하십니다. 그러니 오늘 밤에도 전처럼 와주신다면 영광으로 생각하겠습니다. 아우님이 무척 고민하고 있답니다.'"

시녀는 밖으로 나가더니 잠시 뒤에 돌아와서 말했습니다.

"샤자라트 님은 '내가 대신 앓더라도 동생의 목숨에 지장 없게 해 주시기를! 정말, 다른 일 같으면 주저하지 않지만, 교주님께서 두통을 앓고 계셔서 뜻대로 안 돼요. 교주님과 나 사이는 동생도 잘 알고 있을 테니'라고 말씀하셨습니다."

여자는 다시 한 번 말했습니다.

"한 번 더 언니에게 가서 '비밀 이야기가 있으니 꼭 제 여주인님에게 와주세요' 하고 전하고 오너라."

다시 나간 시녀는 잠시 뒤 보름달처럼 빛나는 여자와 함께 돌아왔습니다. 동생은 나가서 언니를 맞이하며 포옹한 뒤 말했습니다.

"아부 알 하산 님, 나오셔서 언니 손에 입을 맞춰주세요."

그때 저는 방 안 벽장에 숨어 있다가 그 소리를 듣고 나갔습니다. 오, 충실한 자들의 임금님, 제 연인은 저를 보더니 달려와서 가슴에 꼭 끌어안았습니다.

"어떻게? 더군다나 교주님의 옷을 입고 교주님의 장식과 향수를 뿌리고 여길 오셨나요? 어떻게 된 일인지 이야기해 주세요."

그래서 저는 그 무서웠던 일과 그 밖의 일들을 모두 얘기했습니다.

"저 때문에 당신이 그런 일을 당하시다니 정말 미안하군요. 당신을 무사히 구해 주신 알라께 감사드립니다. 제 방이나 동생 방에 계시면 이제 안전할 거예요."

그런 다음 그 여자는 저를 자기 방을 데리고 가면서 동생에게는 이렇게 말했습니다.

"서로 법도를 어기는 결혼은 하지 않겠다고 약속했어. 하지만 이분은 목숨을 걸고 이렇게 위험한 곳까지 오셨으니, 나 같은 건 이분에 비하면 이분이 밟는 땅이나 이분 신발의 티끌에 지나지 않아!"

—여기서 날이 훤히 새었으므로 샤라자드는 이야기를 그쳤다.

963번째 밤

샤라자드는 이야기를 계속했다.

오, 인자하신 임금님, 그러자 동생이 말했습니다.

"그렇다면, 알라께서 아부 알 하산 님을 구원해 주시기를!"

"어쨌든 두고 봐, 내가 이제부터 어떻게 할 생각인지 곧 알게 될 테니까. 그러면 나는 이분하고 정식으로 결혼할 수 있게 될 거야. 나로서는 피를 흘리는 고통을 겪더라도 그렇게 하는 수밖에 없어."

이렇게 저희가 이야기를 하고 있는데, 부산한 소리가 나더니 교주님이 제 연인의 방 쪽으로 오는 모습이 보였습니다. 여자는 저를 얼른 지하실에 숨기고 뚜껑을 덮었습니다.

그렇게 해 두고 여자는 나가서 교주님을 맞이했습니다. 교주님이 방에 들어와 앉자, 여자는 교주님 옆에 앉아 시중을 들면서 시녀에게 술상을 차려오게 했습니다.

그 무렵 교주님은 나중에 알 무타즈 빌라*¹⁴ 님의 어머니가 되는 반자라는 여자를 사랑하고 있었는데, 이때는 사이가 나빠져서 따로 떨어져 지내고 있었습니다. 반자는 자신의 아름다움을 믿고 고집을 부리며 화해를 하려 하지 않았습니다. 알 무타와킬 교주 또한 자신이 교주의 자리에 올라 있고 왕권을 쥐고 있으니, 애타게 그리워하면서도 자기 쪽에서 먼저 굽히고 화해를 청하지는 않았습니다.

그래서 다른 노예들의 방에 가서 마음을 달래려 애쓰고 있었던 겁니다. 교주님은 샤자라트 알 주르의 노래를 좋아하셨으므로, 이때도 노래를 청했습니다. 샤자라트는 비파를 들고 줄을 고른 다음 이런 노래를 불렀습니다.

아, 재미있구나
나와 임 사이에 있는
흔한 사랑의 거래
서로 떠나 살건만
뜬세상이 그래도 그리워라.
임을 피하니
남들 수군거리기를
'사랑을 모른다'고,
임을 그려 사모하면
남들 헐뜯으며 말하누나.
'참을 줄 모른다'고.

아, 하지만 나는
임을 사랑하여
그리는 마음
밤마다 더하누나.
'위안'이여,
심판의 날에도 함께 있어다오.

그대의 부드러운 살결
명주와도 같이 아름답고
나직한 그 목소리
참으로 그윽하여라.
아, 애달프다, 그 눈길.
"이리 하여라!"는
알라의 말씀에
아, 맛있는 술의 취기와도 같이
사나이의 마음을 취하게 하여

분별을 빼앗는구나.

이 노래를 듣고 교주님은 매우 기뻐했습니다. 오, 충실한 자들의 임금님이
시여, 저도 숨어서 그 노래를 듣고 즐기고 있었습니다. 전능하신 알라께서
눌러주시지 않았으면, 나는 하마터면 소리를 질러 두 사람 다 큰 창피를 당
할 뻔했습니다.

여자는 또 이런 노래를 불렀습니다.

그대를 품건만
마음은 더욱더
그대의 사랑을 동경할 뿐.
아, 세상에 그대의 포옹보다
더 좋은 게 있으랴?
애타는 마음 진정시키려고
그대의 입맞춤 허락하지만
입술을 포갤 때마다
심한 사랑의 불길은
더욱더 타오를 뿐.
진정 사랑하는 이 몸의
목마름을 달랠 길 없구나,
그대 마음과 내 마음
하나로 녹을 때까지는.

교주는 이번에도 매우 기뻐하면서 말했습니다.
"오, 샤자라트 알 주르여, 뭐든지 필요한 것이 있거든 말해 보아라."
"오, 진실한 신자들의 임금님이시여, 저에게 자유를 주십시오. 교주님의
자비로우신 행위에 대해서는 알라님이 보답해 주실 겁니다."
"오, 좋고말고. 알라에 대한 사랑을 위해 그대를 자유롭게 해 주마."
이 말을 들은 여자는 교주 앞에 무릎을 꿇고 바닥에 엎드렸습니다.
"비파를 들고 내 측실을 소재로 노래를 불러다오. 나는 그 여자를 진심으

로 사랑하고 있다. 신하들이 나를 기쁘게 해 주고 싶어 하듯이, 나도 그 여자를 기쁘게 해 주고 싶구나."

그래서 여자는 비파를 들고 이런 노래를 불렀습니다.

귀여워하던 여인이여
어떠한 희생을 치르더라도
너를 다시 한 번
내 손에 넣어야겠구나.
사랑하는 마음에 어울리게
고분고분히 나가든가,
주권자답게
권력을 써서라도.

교주님은 이 노래에 무척 감탄하며 말했습니다.

"자, 다시 한 번 비파를 들고 나와 세 명의 시녀를 읊은 노래를 불러다오. 세 여자가 내 마음의 고삐를 잡고 쉬지 못하게 하는구나. 그 세 명이란 너와 그 고집 센 여자, 그리고 또 하나 있는데, 이 역시 절세미인, 그러나 이름은 말하지 않는 것이 좋겠다."

여자는 다시 비파를 들더니 쾌활하게 뜯으면서, 다음과 같은 시를 읊었습니다.

세 명의 아름다운 처녀
나의 고삐를 잡고
높은 데서 거만하게
내 마음을 다스리네.
넓은 인간세상에서
누구도 따르지 않은 나지만,
세 사람의 말만은
순순히 따르고
그것도 모자라

비웃음마저 당하였네.
그것도 사람 때문, 정 때문이던가
왕인 내 주권을
세 처녀가 모두 빼앗아 갔네.

　교주는 이 노래 구절이 자기와 꼭 들어맞는 것을 매우 신기하게 여기며, 속으로 고집 센 측실과 화해할 마음을 먹고 방을 나가, 그 측실 방으로 발길을 돌렸습니다.

　여자노예가 미리 알려 교주가 자신을 만나기 위해 찾아오는 것을 알게 된 여자는 마중을 나와서 그 앞마루에 엎드린 다음, 발에도 입을 맞추니 두 사람은 서로 화해했습니다.

　한편 샤자라트는 매우 기뻐하며 제 곁으로 와서 말했습니다.

　"당신이 와주신 덕택에 저는 자유로운 여자가 될 수 있었어요. 알라께서는 반드시 저를 도와 당신과 정식으로 결혼시켜 주실 거예요."

　이렇게 둘이서 이야기하고 있는데, 여자의 백인 노예가 방에 들어와서 저희는 그때까지의 사정을 들려주었습니다.

　"오, 이토록 경사스러운 결말을 주신 알라께 영광 있으라! 이제는 전능하신 알라의 은총으로 부디 두 분이 무사히 궁전을 빠져나가시는 일만 남았군요!"

　잠시 뒤 제 연인의 동생 파티르가 왔으므로, 샤자라트는 말했습니다.

　"오, 동생아, 이분을 무사히 궁전에서 데리고 나가려면 어떻게 하면 좋을까? 사실 알라께서 나를 자유롭게 해 주셨어. 이분이 와주신 덕택에 나는 자유로운 여자가 될 수 있었던 거야."

　"이분에게 여자 옷을 입혀서 데리고 나가는 수밖에 없을 것 같아요."

　그리하여 샤자라트가 여자 옷을 한 벌 가져오자, 저는 그것을 입고 밖으로 나가려 했습니다. 그런데 오, 충실한 자들의 임금님, 궁전 한가운데 가까이 이르니 공교롭게도 교주님이 환관들을 거느리고 앉아 있지 않겠습니까? 교주님은 저를 보고 이상히 여기시고 측근자에게 명령했습니다.

　"어서 가서 저 시녀를 데려오너라."

　명령을 받고 달려온 측근들이 저를 교주님 앞에 끌고 가서 얼굴의 베일을

벗기자, 교주는 저를 보고 깜짝 놀라면서 사연을 물었습니다.

그래서 제가 숨김없이 모든 사실을 이야기하니, 교주님은 한참을 생각하다가 곧 샤자라트 방으로 가서 이렇게 말했습니다.

"너에게는 내가 있는데 어째서 상인의 아들 따위를 좋아하게 되었는고?"

여자는 교주 앞에 엎드려 바닥에 입을 맞춘 다음, 모든 것을 있는 그대로 이야기했습니다.

그 말을 듣더니 교주는 여자를 가엾이 여기고, 여자의 사랑과 그 사연을 생각하여 용서해 주셨습니다. 이윽고 교주님이 나간 뒤 환관이 들어와서 말했습니다.

"자, 이제 걱정하실 것 없습니다. 당신의 연인은 교주님 앞에 불려 나가 심문을 받았지만, 당신이 교주님께 말씀하신 것과 한 마디도 다르지 않게 대답하셨습니다."

한편, 교주님은 이내 돌아와서 저를 가까이 불러놓고 물었습니다.

"교주의 궁전에 침입하다니 어째서 그런 대담한 짓을 했는고?"

그래서 저는 대답했습니다.

"오, 충실한 자들의 임금님이시여, 분수에 어긋나지만, 그러한 행동을 한 것은 제가 아무것도 분간하지 못하는 사랑의 노예였기 때문이며, 교주님의 관대하고 자비로우신 마음을 믿어 의심치 않기 때문입니다."

그리고 저는 눈물을 흘리면서 교주님 앞에 꿇어 엎드렸습니다.

그러자 교주님이 말했습니다.

"좋다, 두 사람을 용서해 주마."

교주님이 저에게 앉으라고 분부하시기에 제가 조심스럽게 앉으니, 교주님은 판관 아마드 이븐 아비 두와드*15를 불러 저희 두 사람을 짝지어주었습니다.

교주님은 여자의 소유물을 전부 저에게 내주라 명령했고, 측근들은 저와 여자의 결혼을 궁전에 종사하는 사람들에게 알렸습니다.

그로부터 사흘 뒤 저희는 궁전에서 물러나왔고, 여자의 모든 소유물을 저희 집으로 날랐습니다.

오, 충실한 자들의 임금님, 임금님께서 보시고 이상히 여기신 저희 집 물건들은 모두 아내의 결혼 혼수품이었던 겁니다.

그 뒤 어느 날, 아내는 저에게 물었습니다.

"여보, 알 무타와킬 교주님은 마음이 너그러우신 분이지만 행여나 악의를 가지고 우리를 떠올리시거나, 시기심 많은 사람이 우리에 대해 험담을 하는 게 아닐까 걱정되네요. 그래서 저는 그런 일이 없도록 대책을 세웠으면 싶어요."

"어떻게 하려는 거요?"

"교주님의 허락을 얻어서 순례를 떠나 음악을 한 것에 대해 참회할까 해요."*16

"참 좋은 생각이오."

마침 저희가 이런 이야기를 하고 있을 때 교주님의 사자가 제 아내를 데리러 왔습니다. 왜냐하면 교주님은 제 아내의 노래를 무척 좋아하셨기 때문입니다.

아내는 신하와 함께 가서 교주님이 바라시는 대로 노래를 불렀습니다.

그러자 교주님은 이렇게 말씀하셨습니다.

"너무 오래 소식을 끊어서는 안 된다."

"예. 잘 알았습니다."

아내는 대답했습니다.

그 뒤 어느 날, 아내는 언제나처럼 사자가 데리러 와서 교주님에게 갔습니다. 그런데 어느새 아내가 돌아왔는데, 옷은 찢어져 있고 두 눈에는 눈물에 가득 고여 있었습니다. 그 모습을 보고 놀란 저는 교주님께서 저희를 체포하라는 명령이라도 내리셨나 하는 생각이 들어 깜짝 놀라 이렇게 소리쳤습니다.

"우리는 알라의 것, 언젠가는 알라의 곁으로 돌아가리라! 알 무타와킬 교주님이 우리에게 화를 내고 계셨소?"

그러자 놀랍게도 아내는 이렇게 말했습니다.

"알 무타와킬 님이 도대체 어디에 계시다는 거예요? 이제 그분의 통치는 끝나고 이미 흔적도 없이 사라져 버렸어요."

"아니 무슨 일이 일었소? 이야기 좀 해 보구려."

"교주님께서는 알 파스 빈 하칸 님과 사다카 빈 사다카 님을 상대로 휘장 뒤에 앉아서 술을 들고 계셨는데, 아드님인 알 문타시르 님이 터키인들*17을 이끌고 교주님을 습격하여 살해해 버렸어요. 그래서 떠들썩한 술자리는 순식간에 참담한 아수라장으로 변하고 기쁨은 슬픔으로 바뀌고 말았어요. 저는 노예처녀들과 함께 그 자리를 빠져나와서 알라님 덕택에 목숨을 건졌답니다."

오, 충실한 자들의 임금님, 이 말을 듣고 저는 얼른 일어나서 바소라를 향해 강을 내려갔습니다. 바소라에 도착해서 알 무타즈와 알 무스타인 빌라*18 사이에 전쟁이 일어났다는 소문을 듣고 저는 놀라서 식구들과 전 재산을 모두 바소라로 옮겼습니다.

오, 진실한 신자들의 임금님, 이것이 제 신상 이야기입니다.

저는 단 한 마디도 붙이거나 빼지 않았습니다. 이런 까닭으로 교주님이 이 집에서 보신 교주님의 할아버님 알 무타와킬 님의 이름이 붙은 물건들은 모두 그때 저희에게 주신 것입니다. 저희 재산의 바탕은 교주님의 귀하신 조상님의 것이었던 셈입니다.

그것도 다 그분들께서 자비로우신 분들이었기 때문입니다.

교주님은 상인의 신상 이야기를 듣고 놀라면서도 매우 기뻐했습니다. 아부 알 하산은 아내와 자식을 교주 앞에 데리고 나왔습니다.

모두 교주 앞에 꿇어 엎드려 땅에 입을 맞추는 것을 바라본 교주님은, 그들의 아름다운 모습에 다시 한 번 깜짝 놀랐습니다.

그런 다음 교주님은 종이와 붓을 가져오게 하여 하산을 위해 20년 동안 땅과 가옥세를 면제한다는 특허장을 써주었습니다.

또 교주님은 하산이 마음에 들어서 술벗으로 선택하여, 이 세상과 작별하고 무덤에 묻힐 때까지 궁중에서 오순도순 지냈다고 전해지고 있습니다.

자비로운 운명의 신 알라께 영광을!

또 다음과 같은 이야기도 있습니다.

〈주〉
*1 레인은 이 이야기가 왕궁 취사장에서 일하는 요리사가 한 이야기〔이 책 27번째 밤 이하 '요리사 이야기')와 매우 흡사할 뿐만 아니라 재미가 없다는 이유로 생략했다.
*2 알 무타지드 빌라(Al-Mu'tazid Bi'llah) 교주는 아바스 왕조 제16대로, 재위는 이슬람력 279~289년(서기 891~902년).
　　"그는 얼굴이 아름답고, 용감하며, 풍채가 중후하고 당당하며, 아는 것이 많고, 아바스 왕조의 역대 교주 가운데 가장 성격이 강했다. 언젠가는 용감하게 사자를 공격한

적도 있었다."(알 슈티)

나는 거기에 이렇게 덧붙이고 싶다. 성품이 어질고 착한 무장이자 뛰어난 정치가인
동시에, 매우 광신적이며, 최초로 의사를 발로 차서 죽이고 여색을 몹시 좋아한 탓에
목숨을 잃었다고.

*3 카타브(Katib), 즉 서기라고 불린 함둔 빈 이스마일(Hamdun bin Ismail)은 일족 가운
데 나딤, 즉 술친구라는 요직에 오른 최초의 인물이었다. 그의 아들 아마드(본문 속에
도 나오지만)는 시와 역사를 말로 전해 주는 사람이었다.

*4 아마 교주에게는 수행하는 자들이 있었을 것이다. 그러나 본문에는 두 사람의 수행원
에 대해서만 말하고 있을 뿐이다.

*5 니샤푸르(Nishapur)는 아랍어로 나이사부르(Naysabur)이며, 호라산(Khorasan)의 유명
한 도시 이름이다. 여기에는(우리 국민이 오마 카이얌(Omar Khayyam)이라고 불러 마
지않는) 오마르 이 하이얌(Omar-i-Khayyam)의 유해가 땅속에 묻혀 있으며, 그 묘지
에는 아직도 참배자가 끊이지 않는다.

최근에 그 겨냥도가 여러 유명한 신문지상에 게재되었다. 이 천문학자이며 시인의
묘비에 관한 감격스러운 이야기에는, 고(故) 피츠제럴드(Fitzgerald)가 번역한 시집
《루바이야트》의 서문에 나와 있다. 그의 뛰어난 초역(抄譯)(820종의 4행시 가운데
101종)에 의해 이 시는 영어를 사용하는 민족들 사이에서 폭발적인 호평을 얻었다.

*6 알 무타와킬 알랄라(Al-Mutawakkil ala'llah) 교주는 아바스 왕조 10세(이슬람력
234~247＝848~861년)로 알 라시드 교주의 증손자, 게다가 노예 출신의 측실이 낳은
아들이다. 알리 일가를 무척 싫어한 일로 유명하며(알 후사인(Al-Husayn)의 무덤을
파괴했다), 정통파의 전설적인 교의를 수정한 일에서는 알라의 허락을 청했다. 또 그
리스도교도에게 나무 또는 가죽 목걸이를 걸게 했는데, 나중에 터키인 5명에게 암살당
했다. 〔참고로 알리는 무함마드의 사촌동생, 알 후사인은 알리의 아들.〕

*7 또한 알 무타와킬 알랄라 교주의 아버지는 알 무타심 빌라(Al-Mu'tasim bi'llah) (이슬
람력 218~227＝833~842년)로, 외국 출신의 노예여자 마리다와 알 라시드 교주 사이
에서 태어난 아들이다. 그는 무예 솜씨가 뛰어났으며 건장하고 튼튼한 체격을 지닌 인
물이었는데, 아쉽게도 교양이 부족했다. 그러나 팔의 힘이 놀랍게 뛰어나 손가락으로
다른 사람의 팔꿈치를 으스러뜨릴 수 있었다. 모든 일에서 페르시아의 왕들을 모방했
고 '8왕'이라는 별명이 있었다. 그것은 본인이 아바스 왕조 제8세였고, 알 라시드의 여
덟 번째 아들이며, 또 즉위는 이슬람력 218년, 수명은 48년, 게다가 전갈자리(여덟 번
째 별자리) 아래에서 태어나, 여덟 번 원정 싸움에서 이기고 돌아왔으며, 세력이 강한
8명의 적을 쓰러뜨리고, 8남8녀의 자식을 두었기 때문이다.

*8 필(piece)은 아랍어로 슈하(Shukkha)이며, 잔지바르 무역에서 널리 사용되는 말이다.
그곳에서는 길이가 한 길인 질 좋은 무명 한 장을 말한다. 졸저《중앙아프리카의 호수

지방》 제1권에 나와 있다.

*9 그는 뒤에 두 군데서 하딤(Khadim) 즉, 환관으로 불리고 있다.

*10 "내 이름 따위는 신경 쓰시 마시오. 비밀로 해두고 싶으니까" 하는 은근한 말투. 늘 써서 버릇이 되다시피 한 이 문구는 지금도 널리 사용되고 있다.

*11 존경의 표시로서, 이슬람교도들은 문지방을 중시한다. 나는 카이로에 가까운 맘루크 술단[노예왕]들의 한 매장소에서 쿠푸(Khufu, 케옵스 왕) 왕의 방패를 새긴 화강암판을 발견했다. 〔케옵스는 이집트 제4왕조의 왕. 기원전 3~4세기.〕

*12 즉, 그가 그 문 옆을 지나간 방의 측실.

*13 "만일 언니가 그렇게 하라고 말한 거라면."

*14 알 무타즈 빌라(Al-Mu'tazz bi'llah)는 아바스 왕조 제13세(이슬람력 252~255＝ 866~869년). 그의 어머니는 카비하(Kabihah)라고 하는 그리스 출신의 노예였다(알 마수디와 알 슈티). 본문의 반자는 아마 필사생이 잘못 기록한 것이리라. 그는 대단한 호남자로, 황금으로 말을 장식한 것도 그가 최초였다. 터키인들에게 정복당한 뒤에는 하는 일도 없고 일할 능력도 없게 되어, 마침내 터키인의 명령으로 폭동을 일으킨 민중은 그를 왕위에서 끌어내리고 죽여 버렸다. 그의 마지막에 대해서는 여러 가지 설이 전해지고 있다.

*15 아마드 이븐 아비 두와드(Ahmad ibn Abi Duwad)를 맥나튼판은 아부 다우드(Abu Daud)라고 잘못 쓰고, 부르판은 정확하게 아부 두와드라고 썼다. 〔버턴이 Abu가 아니라 Abi라고 한 것은 잘못 쓴 것인가?〕 그는 알 무타심 알 와시크 빌라(바테크 (Vathek)), 알 무타와킬 등의 각 교주를 섬긴 판관 Kazi al-Kuzat였다.

　〔참고로 알 바테크는 아바스 왕조 제9대 교주로, 윌리엄 벡퍼드가 그 특이한 생애를 소설화했다.〕

*16 즉, 죄(하람)는 아니라 하더라도 마크르(즉 종교적으로 칭찬할 수 없는 것)인 직업을 포기하는 것. 무함마드는 음악은 물론, 예술 일반에 대해서도 반대했다.

*17 터키인 호위병. 〔이 책 '오마르 빈 알 누만 왕과 두 아들 샤르르칸과 자우 알 마칸 이야기' 주석 352 참조.〕

*18 알 무스타인 빌라(Al-Musta'in bi'llah)는 아바스 왕조 제12세(이슬람력 248~252＝ 862~866년). 노예출신 측실인 무하리크의 아들. 그는 덕망 높은 인물로, 재능이 있고, 얼굴이 빼어나게 아름다우며, 살결이 희고, 천연두의 흔적이 있으며, 혀가 짧은 것으로 유명했다. 처음으로 남자의 어깨 망토를 짧게 줄이고, 소매를 넓히는 유행을 만들었다. 이미 그 무렵 바그다드의 친위대였던 터키인과 수없이 말썽을 일으켜, 마침내 나중에 지위를 노린 알 무타즈 교주의 꾀임에 의해, 자신의 시종 사이드 빈 살리(Said bin Salih)에게 살해되었다.

카마르 알 자만과 보석상의 아내*1

옛날에 아브드 알 라만이라는 상인이 있었습니다. 알라께서는 이 남자에게 아들과 딸을 하나씩 점지하셨는데, 두 아이가 다 뛰어나게 아름답고 사랑스러워서 딸은 카우카브 알 살라, 아들은 카마르 알 자만*2이라고 이름 지었습니다.

알라께서 점지하신 이 아름답고 사랑스러운 두 아이를 보고 있으면 부모는 엿보는 자의 흉악한 눈이나, 시기하는 자의 험담, 교활한 사람들의 농간, 사악한 자들의 기만 등이 걱정되어 잠도 제대로 잘 수 없을 정도였습니다.

그래서 상인 아브드 알 라만은 두 아이를 14년 동안 어떤 집 안에 가두어 놓고, 사람들 눈에 띄지 않도록 했습니다. 그래서 부모와 두 아이를 돌보는 노예여자 말고는 아무도 두 남매를 본 자가 없었습니다.

그런데 아버지는 말할 것도 없고 어머니도 알라께서 내리신 대로 한 구절도 틀리지 않고 코란을 암송할 수 있었으므로, 어머니는 딸에게, 아버지는 아들에게 코란을 읽고 외우는 것을 가르쳤습니다.

그럭저럭 두 아이는 그것을 모두 외우게 되었습니다. 또 읽기와 쓰기, 산수 말고도 여러 학문을 배웠으므로, 다른 스승을 부를 필요가 없었습니다.

아들 자만이 성년이 되었을 때 어머니는 남편에게 말했습니다.

"당신은 카마르 알 자만을 언제까지 숨겨둘 작정이에요? 그 애는 계집앤가요, 아니면 사내아인가요?"

"물론 사내아이지."

"사내라면 왜 시장에 데려가서 가게에 앉혀 놓지 않는 거예요? 그렇게 해야 그 애도 세상 사람들을 알게 되고, 세상 사람들도 그 애를 알고, 그 애가 당신 아들이라는 것을 알게 될 거 아니에요. 그리고 당신은 그 애에게 장사를 가르쳐줘야 해요. 당신에게 무슨 일이 일어나더라도 세상 사람들이 그 애가 당신의 상속자라는 것을 인정한다면, 당신의 유산은 그 아이에게 돌아갈 거예요. 하지만 지금 이대로 있다가 만에 하나 당신이 돌아가시면 그 애가 자기가 상인 아브드 알 라만의 아들이라고 아무리 주장해도 사람들은 믿지 않을 거예요. 만약 그렇게 하지 않으면 그들은 '우리는 너를 본 적도 없고 그 사람에게 아들이 있다는 건 얘기조차 듣지 못했다'고 할 테니, 관청에서는 당신 재산을 몰수해 가고, 저 애는 빈털터리가 되어 버릴 거예요.

딸아이 역시 마찬가지예요. 전 그 애를 세상에 내보내 줄까 해요. 그러면 누구든지 그 애와 어울리는 사람이 청혼할 테니, 그 사람과 짝을 지워서 손자를 볼 수 있을 것 아니에요?"

—여기서 날이 훤히 새기 시작하여 샤라자드는 이야기를 그쳤다.

964번째 밤

샤라자드는 이야기를 계속했다.

오, 인자하신 임금님, 아내의 말을 들은 상인 라만은 이렇게 말했습니다.

"나는 세상의 눈이 무서워서 두 아이를 숨겨 두었던 거요. 모두 다 두 아이를 너무 사랑해서였지. 사랑은 별나게 시샘이 세다고, 시인도 이렇게 노래하지 않았소?"

보기만 해도 샘이 난다,
그대의 몸, 그대의 운명.
미칠 정도로 가까이 보건만
암만 보아도 싫증이 나지 않고,
마지막 '심판'의 날까지
내 목숨 다하는 날까지
그대, 내 곁에 있을지라도
이 마음 어찌 만족하리오.

그러자 아내가 말했습니다.

"알라를 믿으세요. 알라께서 지켜주시면 아무 재앙도 일어나지 않아요. 그러니 오늘은 그 아이를 가게에 데려가세요."

어머니가 아들에게 가장 값진 옷을 입혀주자, 아들은 한층 더 사람의 눈을 끌고 사람의 마음을 안타깝게 할 정도로 아름다운 젊은이의 모습이 되었습니다. 아버지가 아들을 데리고 시장에 나가니, 이 젊은이를 보는 사람들은 모두 그 아름다움에 황홀해져서 앞다투어 그 손에 입을 맞추고 인사를 했습니다.

"아이고, 이런 곳에 해님이 돋아서 시장을 비추네."

"아니, 이런 곳에 보름달이 돋을 리가 없을 텐데."

"축제 때의 초승달*3이 알라께서 만드신 인간으로 모습을 바꾸었나 봐."

이렇게 사람들이 젊은이를 찬양하고 축복하자, 아버지는 그들의 말에 당황하여 아들을 보기 위해 줄줄 따라오는 사람들에게 소리를 지르기도 했지만, 그들의 입을 막을 수는 없었습니다.

그래서 아버지는 아들을 밖으로 데리고 나가게 한 아내를 저주하면서 주위를 둘러보니, 앞에서도 뒤에서도 사람들이 떼지어 몰려오고 있었습니다.

간신히 시장의 가게에 이르러 문을 열고 가게에 앉아 아들을 자기 옆에 앉혔습니다. 그리고 바깥을 보니 길 가던 사람들이 가게 앞에서 걸음을 멈추고 아름다운 젊은이의 얼굴을 보려고 웅성대기 시작했습니다.

그리하여 가게 앞은 사람들로 발 디딜 틈 없이 꽉 차게 되었고, 남녀노소 할 것 없이 모여든 사람들은 이런 노래를 불렀습니다.

아름다운 그대 모습
사람들의 영혼을 빼앗아 가네.
"나의 종들이여,
두려워하라, 나의 꾸짖음을."
그대 말하나,
아름다운 그대 역시
아름다운 모든 것을
진심으로 사랑하니,
아, 그대의 종인들

어찌 사랑의 마음 누르리.

상인 라만은 이렇게 남녀를 가리지 않고 아들 주위에 떼지어 모여들어 아들을 자세히 살피는 사람들을 보자 당황하여 얼굴이 빨개져서 어찌해야 좋을지 몰랐습니다.

그런데 한참 뒤 시장의 가장자리 쪽에서 신앙심 깊은 알라의 종이 입는, 바스산(産) 천으로 지은 거친 옷을 입은 한 수도승이 왔습니다. 그는 사프란 언덕에서 자라는 반나무의 가는 가지와 비슷한 자만이 가게에 앉아 있는 것을 보더니 눈물을 뚝뚝 흘리면서 이런 시를 읊었습니다.

밝게 빛나는
보름달처럼
모래언덕에서 자라나는 가지를
나는 보고 물었노라
"그대 이름은?"
"루루(진주)"
"리리(백합)라고?"
"라라!"*4

노래를 부르고 난 수도승은 오른손으로 잿빛 머리카락을 쓸어 올리면서 이리저리 걸어 다니기 시작했습니다. 주위에 떼지어 있던 사람들은 너무나 무서워 가슴이 죄어오는 듯한 심정이었습니다.

수도승은 젊은이의 모습을 볼 때마다 눈이 아찔하고 마음이 어지러워 마치 시인이 부른 이런 노래와 똑같은 마음이었습니다.

홍안의 미소년 거기 있어서,
아름다운 뺨에
단식을 깨는 향연
참으로 아름답게 비치도다.*5
보라, 지금 늙은이 하나

유유히 걸어왔노라,
신의 은총을
기다리는 수도승으로,
걸음걸이에도
고행의 징조가 엿보였도다.

수도승은 밤이나 낮이나
한결같이 '사랑'을 연구하고
옳고 그름에 상당한 지식 있었노라.
그 마음은 젊은 남녀를 그리며
몸은 이쑤시개처럼 야위고
늙은 뼈는 시든 가죽으로 덮였도다.

늙은이는 본래 환관과
함께 산 페르시아인,
여자와의 사랑에 이르러서는
정신의 사랑을 주장했지만
사실은 색의 길, 중생의 길
어느 길에나 통달하여
그에게 있어서는 자이나브도
자이드*⁶와 다름없었노라.

요염한 여자에게 매혹되어
미녀를 숭배한 이 늙은이
봄의 들살이를 탄식하며
폐허에서 눈물 뿌렸노라.
아, 그대는 이 수도승을 보고
아침 바람이 흔들어주는
시든 가지라 생각하리라.
아마도 무정한 것은

오로지 목석뿐이리니!

이 수도승, 색의 길에는
놀랄 만큼 현명하여
그 눈빛 날카롭게
모든 자를 지켜보노라.
그리하여 거친 살결도
부드러운 살결도 거듭 시험하고,
수사슴 암사슴 구별도 없이
한결같이 끌어안아,
허옇게 수염 센 늙다리와
수염도 없는 젊은이를
모두 위로했노라.*7

이윽고 수도승은 젊은이에게 다가가서 달콤한 바질 뿌리*8를 하나 주었습니다. 그것을 본 아버지는 지갑에 손을 넣어 은화를 꺼냈습니다.

"스님, 이것을 드릴 테니 저리 가주시오."

수도승은 돈을 받더니 가게 앞에 있는 돌 위에 젊은이와 마주보고 앉아서 젊은이를 물끄러미 쳐다보고는 한숨을 쉬며 눈물을 흘렸습니다.

사람들은 수도승의 몸짓을 지켜보면서 저마다 한마디씩 지껄였습니다.

"탁발승은 모두 호색한이란 말이야."

"정말이야. 저 중 녀석이 젊은이한테 반한 모양이군."

그런데 아브드 알 라만은 이러한 광경을 다 보고 난 뒤 천천히 일어나서 아들에게 말했습니다.

"애야, 가게를 닫고 어서 집으로 가자. 오늘 장사는 글렀다. 전능하신 알라시여, 제발 이 애 어미에게 벌을 내려주소서! 그 여자가 쓸데없는 참견을 하는 바람에 이 꼴이 되었습니다."

그리고 수도승에게 말했습니다.

"여보시오, 스님, 가게를 닫을 테니 비켜주시오."

수도승이 일어나자 상인은 가게 문을 닫고 아들을 데리고 나갔습니다. 수도승과 사람들이 그 뒤를 따랐는데, 이윽고 집에 도착하자 아들은 안으로 들어가고 아버지는 수도승을 돌아보며 물었습니다.

"여보시오, 도대체 무엇이 필요하오? 스님은 무엇 때문에 우는 거요?"

"오, 주인장, 오늘 밤은 댁의 손님이 되고 싶구려. 이 나그네는 전능하신 알라의 손님이니까요."

"알라의 손님이라면 좋습니다. 들어오십시오."

—여기서 날이 훤히 새기 시작하여 샤라자드는 이야기를 그쳤다.

965번째 밤

샤라자드는 이야기를 계속했다.

오, 인자하신 임금님, 카마르 알 자만의 아버지 라만은 입으로는 그렇게 말했지만 속으로는 이렇게 생각했습니다.

'이 거지 중놈 같으니! 아들에게 반해서 음탕한 짓이라도 했다가는 봐라, 오늘 밤 당장 죽여서 몰래 묻어 버릴 테니까. 그렇지 않으면 손님으로 대접하고 음식을 주기로 하자.'

라만은 수도승을 손님방으로 안내하여 아들과 함께 있게 했습니다.

그렇게 하기에 앞서 상인은 몰래 아들에게 이렇게 말해 두었습니다.

"애야, 내가 나가거든 저 수도승 옆에 앉아서 저놈에게 장난을 걸어 유혹해 봐라. 나는 손님방이 내려다보이는 창문에서 너를 지켜보다가, 만일 저놈이 너에게 음탕한 짓이라도 하면 당장 내려가서 저놈을 죽여 버릴 테니까."

그래서 자만은 수도승과 단둘이 되자 시치미를 떼고 그 옆에 앉았습니다.

노인은 젊은이를 물끄러미 바라보며 한숨을 쉬면서 눈물을 흘리기 시작했습니다. 자만이 말을 걸면 노인은 몸을 떨면서 상냥하게 대답하고는, 괴로운 듯이 신음하고 소리 지르면서 젊은이를 돌아보았습니다.

그럭저럭 저녁상이 들어오자, 노인은 젊은이를 그윽하게 바라보면서 넘치는 눈물을 누르지 못해 흐느끼며 식사를 했습니다.

그날 밤도 4분의 1가량이나 지나 할 이야기도 없고 잠잘 때가 되자 아브드 알 라만이 말했습니다.

"애야, 오늘은 이 스님의 시중을 들어 드려라. 절대로 거역해서는 안 된다."

그리고 문 밖으로 나가려 하자 수도승이 큰 소리로 불렀습니다.

"오, 주인장, 아드님을 같이 데리고 가시든가, 아니면 우리와 함께 여기서 주무시지요."

"아닙니다. 아들은 당신과 함께 자게 하겠습니다. 혹시 무슨 일이 있을지 모르니 그때 아들이 당신의 시중을 들어 드릴 겁니다."

상인은 두 사람을 남겨 놓은 채 손님방에서 나와 바로 옆에 손님방을 향한 창문이 있는 방으로 가서 앉았습니다.

아버지가 나가자 자만은 수도승에게 다가가서 계속 상대의 마음을 유혹하며 당장에라도 몸을 맡길 것처럼 굴었습니다. 그러자 수도승은 매우 화가 나 소리쳤습니다.

"오, 젊은이, 이게 무슨 짓이오? 나는 알라께 의지하여 돌을 맞은 악마로부터 보호받고 싶소! 오, 알라여, 정말 이런 짓은 알라를 거부하는 행동으로, 알라의 뜻에 맞는 일이 아닙니다. 젊은이, 제발 저리 가시오!"

그렇게 말하면서 수도승은 일어나 떨어진 곳에 가서 앉았습니다. 그러나 자만은 그 뒤를 따라다니면서 수도승에게 몸을 던지며 매달렸습니다.

"스님, 어째서 저를 받아들이고 즐기려 하지 않으시는 겁니까? 저는 진심으로 당신을 사모하고 있는데요."

그러자 수도승은 전보다 더 화를 내며 말했습니다.

"그만두지 않으면 아버님을 불러서 이를 테요."

"아버지는 제 버릇을 잘 알고 계시기 때문에 방해하지 않을 걸요. 그러니 이 기분을 달래주세요. 왜 저를 피하십니까? 제가 마음에 들지 않습니까?"

"알라께 맹세코, 나는 절대로 그런 짓은 하고 싶지 않소. 날카로운 칼로 갈기갈기 난도질을 당할지라도!"

그리고 수도승은 다음과 같은 시를 읊었습니다.

　　진정 이 내 마음,
　　사랑스러운 젊은이들을

처녀처럼 사랑하지만,
그 기쁨도 그러하거니와
날마다 밤마다
아름다운 젊은이들을
보지만,
나는 로트의 백성*9도 아니고
유곽의 손님도 아니로다.

그리고 눈물을 흘리면서 말했습니다.
"문을 열어주시오. 나는 가겠소. 이런 집에서는 묵고 싶지 않소."
그러면서 수도승은 자리에서 일어났습니다. 그러나 자만은 수도승을 붙들고 매달렸습니다.
"저의 아름다운 얼굴과 새빨간 뺨, 그리고 부드러운 살결과 달콤한 입술을 자세히 보세요."
그러고는 술 따르는 작부도 부끄러워할 정도로 종아리*10를 드러내고, 마법과 마술사도 쩔쩔매게 하는 눈으로 수도승을 빤히 바라보았습니다.
그것은 어느 시인이 노래한 것처럼, 매우 아름다워서 보는 자의 마음을 녹이는 매력으로 넘치고 있었습니다.

그 소년은 일어나서
아름다운 장딴지 드러내니
나는 그 모습 잊지 못하노라,
밤의 어둠 속에서
진주조차 부끄러워할 빛을 냈기에
내 욕정의 피 솟더라도
수상히 여기지 말라,
심판의 날이 오면
모든 사람 장딴지 드러내어
마지막 심판을 받을 지니.*11

이어서 자만은 자기 가슴을 수도승 앞에 헤쳐 보이면서 말했습니다.

"제 가슴을 보세요, 처녀의 가슴보다 근사하지요. 제 입술은 설탕과자보다도 달콤하답니다. 망설임도 금욕주의도 모두 내동댕이치고 신앙과 수도도 그만두시고 저의 이 아름다운 몸을 마음껏 즐기세요. 아무것도 염려하실 것 없습니다. 자, 우물쭈물하지 마세요. 주저는 악덕이랍니다."

젊은이는 자신의 아름다운 모습에 대한 자신감으로 상대의 이성을 짓밟으려고 옷을 벗고 아름다운 살결을 드러내기 시작했습니다.

그것을 본 수도승은 얼굴을 돌렸습니다.

"오, 나는 알라께 보호받기를 바랄 뿐이오! 젊은이여, 부끄러움을 아시오.*12 그런 짓은 용서받지 못할 일, 나는 꿈속에서조차 그런 짓은 하고 싶지 않소."

그리고 몸을 비비대는 젊은이를 밀어내고 메카를 향해 기도를 드리기 시작했습니다.

수도승이 기도를 시작한 것을 본 젊은이는 두 번 절하는 기도 뒤에 인사말*13을 욀 때까지 기다리다가, 그것이 끝나자 다시 다가가서 말을 걸려고 했습니다. 그러나 수도승은 다시 같은 의도*14를 되풀이하여 두 번째 기도를 드리기 시작했습니다.

그리하여 수도승은 세 번, 네 번, 다섯 번이나 기도를 되풀이했습니다. 보다 못한 젊은이가 말했습니다.

"그것은 무엇을 위한 기도입니까? 구름이라도 타고 달아날 작정이십니까? 밤새도록 기도만 하고 계시면 모처럼의 기쁨을 놓쳐버리게 되지 않습니까?"

그렇게 말하면서 젊은이는 수도승에게 몸을 던지고 이마에 입을 맞췄습니다.

그러나 늙은 수도승은 이렇게 말했습니다.

"오, 젊은이여, 그대의 마음에서 악마를 몰아내고 자비로우신 알라를 섬기시오."

"제 소원을 풀어주지 않으시면 아버지를 불러서 '이 수도승이 저에게 음탕한 짓을 하려고 했습니다'라고 이르겠어요. 그러면 아버지는 뼈가 부서질 때까지 당신을 때릴 거예요."

아브드 알 라만은 이 광경을 처음부터 끝까지 자기 눈으로 보고 귀로 들으면서 수도승에게 음탕한 마음이 조금도 없다는 것을 확인하고, 이렇게 중얼거렸습니다.

"만일 저 수도승이 음탕한 자라면 저토록 끈질긴 유혹에 벌써 넘어갔을 것이다."

그 뒤에도 아들은 계속 수도승을 유혹하며 기도를 방해했으므로, 마침내 수도승은 분통을 터뜨리며 젊은이를 몹시 거칠게 때리고 말았습니다.

카마르 알 자만이 울기 시작하자, 아버지가 들어와서 아들의 눈물을 닦아 주고 위로해 준 다음, 수도승에게 말했습니다.

"오, 형제여, 당신은 그토록 훌륭한 분이면서 왜 내 아들을 보고 눈물을 흘리며 한숨지었소? 그런 데는 반드시 무슨 까닭이 있을 텐데요?"

"예, 있습니다."

"당신이 이 아이를 보면서 우는 것을 보고 나는 당신을 나쁘게 생각하여, 당신을 시험할 작정으로 아들에게 그런 짓을 시킨 것이오.

만약 당신이 음탕한 짓을 한다면 당장 달려와서 죽일 작정이었소. 그러나 당신의 올바른 품행을 보고 매우 훌륭하고 덕이 높은 분이라는 사실을 알았소. 알라여, 부디 이 수도승을 지켜주소서! 자, 이제 당신이 우신 까닭을 들려주시오."

수도승은 한숨을 내쉬며 말했습니다.

"오, 주인장, 옛 상처를 건드리지 말아 주십시오."

"꼭 좀 들려주셔야겠소."

그러나 상인이 고집을 부리며 졸라대자 수도승은 이야기를 하기 시작했습니다.

"사실 나는 여러 나라를 두루 돌아다니며 밤과 낮을 만드신 알라의 업적에서 길을 배우는 탁발승입니다. 나는 어느 금요일 날 아침 9시에 바소라로 들어갔습니다."

—여기서 날이 훤히 새기 시작하여 샤라자드는 이야기를 그쳤다.

966번째 밤

샤라자드는 이야기를 계속했다.

오, 인자하신 임금님, 수도승은 이야기를 계속했습니다.

─바소라 시에 들어갔더니 가게마다 온갖 물건과 고기와 술이 산더미처럼 쌓여 있는데, 어느 가게나 인기척이 없고 남자도 여자도 처녀도 아이도 보이지 않았습니다. 시장에도 한길에도 개 한 마리 고양이 한 마리 없고 아무 소리도 들리지 않았으며, 아무것도 보이지 않았습니다. 나는 이상한 생각이 들어 혼자 중얼거렸습니다.

"이곳 사람들은 고양이와 개를 데리고 어디로 갔을까? 알라께서 도성 사람들을 어떻게 하셨을까?"

그때 나는 배가 고파서 빵집 화덕에서 갓 구운 빵을 내 마음대로 꺼내, 옆의 기름가게에 들어가 투명버터와 벌꿀을 찾아 빵에 발라먹었습니다.

그리고 과일즙을 파는 가게에 들어가서 실컷 마신 뒤 커피가게가 열려 있기에 들어갔더니 커피를 가득 담은 냄비가 불 위에 얹혀 있어서 커피도 마냥 마셨습니다.*15

'거참 이상한 일도 다 있다! 이곳 사람들은 죽음의 신이 마을을 덮쳐서 사람들이 모조리 죽은 걸까? 아니면 갑작스러운 사건이라도 일어나 모두 너무 무서워 가게를 닫을 사이도 없이 달아난 것일까?'

이렇게 생각하고 있는데 난데없이 북소리가 들려와 나는 깜짝 놀라서 몸을 숨겼습니다. 한참 뒤 문틈으로 내다보았더니, 달처럼 아름다운 여자가 머리와 얼굴을 드러내고 두 사람씩 나란히 시장 쪽으로 오고 있는 모습이 보였습니다. 여자들은 40쌍 80명인데, 그 한가운데 말을 탄 젊은 귀부인이 있었습니다.

그 말은 은으로 된 마구와 보석을 박은 황금 장식의 무게를 이기지 못해 걸음도 제대로 못 걷는 모양이었습니다. 얼굴을 완전히 드러낸 귀부인은 가장 값비싼 장신구를 달고 멋진 옷을 입고 머리에는 아름다운 보석 목걸이를 걸고 가슴에는 황금 장식을 드리우고 있었습니다. 그리고 허리에는 별처럼 빛나는 허리띠를 매고 발에는 보석을 박은 황금 발찌를 끼고 있었습니다.

이 귀부인의 앞뒤 양옆에는 노예여자들이 따르고 있었으며 귀부인 바로 앞에 있는 한 사람은 큰 칼을 허리에 차고 있었는데, 그 자루는 에메랄드와 보석으로 장식되고 황금 술장식이 달려 있었습니다. 그 귀부인은 내가 숨은 곳으로 가까이 오더니 말을 멈추고 말했습니다.

"여봐라, 저쪽 가게 안에서 무슨 소리가 났으니 구석구석 뒤져보아라. 우리가 모두 얼굴을 드러내고 있으니 그것을 볼 양으로 누군가가 숨어 있는지도 모르겠다."

귀부인의 명령을 받은 시녀들은 곧 내가 숨어 있는 커피가게와 마주보는 가게를 뒤지러 나갔는데, 그동안 나는 무서워서 몸을 떨고 있었습니다. 얼마 뒤 시녀들이 가게에서 한 남자를 끌고 귀부인 앞에 데려갔습니다.

"공주님, 이 사내를 발견했기에 데려왔습니다."

그러자 귀부인은 칼을 든 시녀에게 명령했습니다.

"그자의 목을 쳐라."

시녀는 남자에게 다가가서 단칼에 목을 베어 버렸습니다. 그리고 시체를 길바닥에 남겨 둔 채 모두 그곳을 떠나갔습니다.

숨어서 이 광경을 보고 있던 나는 기겁을 하고 놀랐지만, 한편으로는 그 젊은 귀부인에게 아주 반하고 말았습니다.

그 뒤 한 시간가량이 지나자, 상인들이 하나둘 나타나서 저마다 가게로 들어갔습니다. 그리고 사람들이 시장거리를 오가게 되자, 사람들은 죽은 사람 주위에 모여들어 신기한 듯이 바라보았습니다.

이윽고 나는 사람들 눈에 띄지 않도록 은신처에서 기어 나왔습니다. 나는 그 귀부인에 대한 연정에 사로잡혀서 남몰래 그 여자에 대해 수소문하면서 돌아다녔습니다. 그러나 그 귀부인에 대해 알려주는 자가 아무도 없어서 나는 안타까운 연정을 가슴에 품은 채 바소라를 떠났습니다.

그런데 뜻밖에 당신 아드님을 만났더니 내가 얼핏 본 그 젊은 귀부인과 너무나도 닮았는지라, 불현듯 그 여자를 떠올리곤 그만 가슴의 불길이 타오르기 시작하여 마음의 갈피를 잡지 못하는 부끄러운 모습을 보여 드렸던 것입니다. 내가 눈물을 흘린 것은 이런 까닭이 있었기 때문입니다.

이야기를 마친 수도승은 미친 듯이 울면서 집 주인에게 말했습니다.

"오, 주인장, 부탁이니 문을 열어주시오. 나는 이만 돌아가겠소."

아브드 알 라만이 문을 열어주니 수도승은 밖으로 나가 버렸습니다.

그런데 아들 카마르 알 자만은 수도승의 이야기만 듣고도 그 부인을 사랑하여, 그만 욕정의 포로가 되어 미칠 듯한 그리움에 사로잡히고 말았습니다.

그래서 이튿날 아침 아버지에게 이렇게 말했습니다.

"상인의 아들들은 모두 자신의 소망을 이루기 위해서 세계를 돌아다니고 있습니다. 또 아버지는 아버지대로, 반드시 여행하면서 돈을 벌 수 있는 장사를 시키기 위해 아들에게 상품을 나눠주지요. 그런데 아버님은 왜 저에게 상품을 나눠주시지 않습니까? 그렇게 해 주시면 저도 그것을 가지고 가서 행운을 찾아오고 싶어요."

"애야, 그것은 돈 없는 상인이나 하는 짓이란다. 돈이 없으니 아들을 외국에 내보내서 돈벌이를 시키는 것이다. 그러나 나는 돈이라면 얼마든지 있어서 더는 필요하지 않은데 너를 외국으로 보낼 이유가 어디 있겠느냐? 나는 너와 잠시도 떨어져 있을 수 없다. 특히 너는 얼굴이 빼어나게 아름다운 데다 더할 나위 없이 우아하게 생겼으니, 네 몸이 걱정스러워서 더욱 나는 너를 떼어 놓을 수 없다."

"아닙니다, 아버님. 무슨 일이 있더라도 여행을 떠날 상품을 저에게 주세요. 그렇지 않으면 돈과 상품이 없더라도 몰래 빠져나가 버리겠어요. 그러니 제 마음을 진정시켜 주시려면 부디 상품을 준비해 주세요. 저는 여행을 떠나 여러 나라를 구경하면서 견문을 넓히고 싶어요."

라만은 아들이 외국 땅을 몹시 동경하고 있다는 사실을 알자 아내와 의논했습니다.

"사실 저 애가 자꾸만 먼 곳으로 여행하겠다고 상품을 달라는구려. 여행은 고행*16이나 다름없는데 말이오."

"당신은 그게 마음에 안 드신단 말씀이세요? 그것은 상인 자식들의 관습이라 모두 다투어가며 온 세계를 돌아다니면서 돈벌이를 하고 있잖아요."

"상인 대부분은 가난하니까 부자가 되어 보자는 생각으로 나가는 거요. 나는 재산이 많으니 자식에게 여행을 시킬 필요가 없단 말이오."

"아니에요. 좋은 것은 얼마든지 있어도 해가 되지 않는 거예요. 만약 당신이 그 애의 소원을 들어주시지 않는다면 내 돈으로라도 상품을 갖춰주겠어요."

"여행이란 무척 힘든 것이라 그 애를 낯선 외국에 보내는 것이 걱정돼서 그러는 거요."

"돈벌이하러 가는 것이니까 외국에 가더라도 곤란을 겪지는 않을 거예요. 그리고 그 애가 원하는 대로 해 주지 않으면 집을 나가버릴지도 몰라요. 만약 그렇게 되어 그 애를 못 찾게 된다면, 그야말로 세상 사람들의 웃음거리가 될 뿐이에요."

그래서 결국 상인은 아내의 충고를 듣고 금화 9천 닢어치의 상품을 준비해 주었습니다. 그리고 어머니는 한 개에 적어도 금화 5백 닢이 넘는 반지용 보석을 마흔 개나 넣은 주머니를 아들에게 주면서 말했습니다.

"얘야, 이 보석을 유용하게 쓸 때가 있을지도 모르니 소중히 간직해라."

카마르 알 자만은 그 보석을 받은 뒤 바소라를 향해 길을 떠났습니다.

—여기서 날이 훤히 밝았으므로 샤라자드는 이야기를 그쳤다.

967번째 밤

샤라자드는 이야기를 계속했다.

오, 인자하신 임금님, 카마르 알 자만은 보석을 받아 허리띠 속에 넣고 바소라를 향해 길을 떠났습니다. 그런데 한눈팔지 않고 길을 서둘러 바소라까지 앞으로 하룻길밖에 남지 않은 지점까지 왔을 때, 느닷없이 아랍인들이 습격해 와서 옷을 모두 벗겨가고 종자와 하인들은 모두 살해되고 말았습니다.

카마르 알 자만만은 살해된 자들 속에 쓰러져서 피투성이가 된 덕택에 도둑들은 그가 죽은 줄만 알고 다시 확인해 보지도 않고 약탈품을 가지고 사라져 버렸습니다. 도둑들이 가버린 뒤 일어나서 주위를 살펴보니, 허리띠 속 보석 말고는 아무것도 남아 있지 않았습니다. 그래도 자만은 기운을 내어 다시 걸어가서 마침내 바소라에 도착했습니다.

그날은 마침 금요일이어서 그 수도승이 말한 대로 도시에는 사람 하나 보이지 않고 조용했습니다. 시장거리에도 인적이 끊어지고 가게에는 물건이 가득 진열된 채 그대로 열려 있었습니다. 그래서 자만은 음식을 먹고 마시면서 주위를 둘러보고 있었습니다.

그러자 얼마 안 있어 큰 북 소리가 들려와서 어느 가게 안에 몸을 숨기고 있으려니 노예여자 한 무리가 다가왔습니다. 그들을 가만히 살펴보고 있으니, 그 젊은 귀부인이 여자들 한복판에서 말을 타고 있는 것이 눈에 띄었습니다. 그 순간, 카마르 알 자만은 사랑의 설렘과 함께 미칠 듯한 욕정에 사로잡혀 그 자리에 서 있는 것조차 힘들 지경이었습니다.

한참 뒤 사람들이 돌아와 시장에는 사람들로 가득 찼습니다. 자만은 시장의 보석상에 가서 마흔 개의 보석 가운데 한 개를 꺼내 금화 1천 닢에 팔았습니다. 그리고 그 돈을 가지고 대상객주에 가서 하룻밤을 묵었습니다.

이튿날 아침 옷을 갈아입고 목욕탕에 가서 보름달처럼 아름다운 모습으로 나왔습니다.

그는 다시 보석 네 개를 금화 1천 닢씩에 팔아서 좋은 옷을 사 입고 바소라 시내를 돌아다니다가 다시 시장거리로 나갔습니다. 거기서 이발소가 눈에 띄기에 들어가서 머리를 깎았습니다.

그리하여 이발소 주인과 사귀게 된 그는 이렇게 말했습니다.

"이발사 양반, 나는 이곳에 처음 온 사람인데, 어제 이 도시에 들어오니 사람이 아무도 보이지 않더군요. 인간도 마신도 살아 있는 것이라고는 그림자도 보지 못했어요. 한참 있으니 노예여자들이 나타났는데, 그 한복판에 옷을 잘 차려입고 말을 탄 젊은 귀부인이 있습디다."

카마르 알 자만은 자기가 본 것을 자세히 이야기해 주었습니다.

그러자 이발사가 물었습니다.

"젊은 양반, 그 이야기를 나 말고 다른 사람에게도 했나요?"

"아니, 하지 않았소."

"그렇다면 누구에게도 말하지 않도록 조심하시오. 사람이란 좀처럼 비밀을 지킬 수 없는 법이니까요. 당신은 아직 어린데, 소문이 퍼져 나중에 그 일과 관련된 자의 귀에 들어가서 당신이 살해되지나 않을까 염려스럽소. 왜냐하면, 젊은이, 당신이 본 것은 이 도성 사람 말고는 아무도 모르는 일이니까요.

그 일 때문에 바소라 사람들은 죽을 만큼 괴로워하고 있다오. 금요일 날 아침이 되면 개와 고양이까지 집 안에 가두어 시장거리를 어정거리지 못하도록 해 놓고 사람들은 죄다 이슬람교 사원으로 들어가 안에서 문을 걸어 잠근다오.*17 아무도 시장을 거닐거나 창밖을 내다볼 수 없게 되어 있는데, 이 재난의 원인이 무엇인지 아는 사람은 아무도 없소.

하지만, 젊은이, 오늘 밤에 그 이유를 여편네한테 물어서 가르쳐 드리지요. 내 아내는 나이를 먹어서 온갖 유명한 사람들 집에도 출입했기 때문에 시내의 소문은 무엇이든 다 알고 있으니까요. 그러니 내일 다시 나를 찾아오시오. 아내가 한 말을 들려 드릴 테니까."

이 말을 들은 자만은 한 움큼의 금화를 꺼내어 이발사에게 주었습니다.

"오, 이발사 양반, 이것을 부인에게 드리세요. 부인은 우리 어머니나 한가지니까요."

그리고 다시 한 움큼의 금화를 꺼내주며 말했습니다.

"이것은 당신 몫이오."

"오, 젊은이, 거기 앉아 기다리시오. 내가 얼른 아내에게 가서 모든 사정을 알아봐 드릴 테니까."

이발사는 곧 집으로 돌아가서 아내에게 젊은이에 대한 이야기를 했습니다.

"그래서 그 젊은 상인에게 이야기해 줘야 하니까, 이 도시에서 일어나고 있는 일의 참된 내용을 나에게 말해 줘. 어째서 금요일 아침에는 사람도 짐승도 시장거리에 나오지 못하게 되었는지 그 이유를 알고 싶어 하고 있어. 아마 그 젊은이는 사랑을 하는 것 같아. 너무 지나치게 인심이 좋거든. 그러니 그분이 알고 싶어 하는 것을 말해 준다면 사례를 두둑이 받을 수 있을 거야."

"그렇다면 얼른 되돌아가서 이렇게 전하세요. '우리 집에 가서, 말하자면 당신 어머니나 다름없는 내 아내와 이야기해 보시오. 아내는 당신에게 인사를 전하라면서 이제 당신의 소망은 이루어졌다고 말했소.'"

이발사는 가게에 돌아가서 기다리고 있는 젊은이에게 아내의 말을 전하고 집으로 데려갔습니다.

이발사의 아내는 젊은이를 반기며 자리를 권했습니다. 자만은 금화 백 닢을 꺼내 놓으면서 말했습니다.

"오, 아주머니, 그 젊은 귀부인이 대체 누구인지 이야기해 주십시오."

그러자 이발사의 아내는 다음과 같이 이야기를 시작했습니다.

—실은, 젊은 양반, 어느 때, 인도의 임금님이 바소라의 국왕에게 보석을 하나 보내왔습니다. 국왕은 그 보석에 구멍을 뚫으려고 보석상이란 보석상은 모두 불러 놓고서 이렇게 말했습니다.

"누가 이 보석에 구멍을 뚫어보라. 누구든지 구멍을 뚫어준 자에게는 소원을 들어줄 테지만, 만약에 보석을 망가뜨릴 때는 목이 달아나리라."

이 말에 모두 무서워하면서 이렇게 말하는 것이었습니다.

"오, 임금님, 보석이라는 것은 매우 깨어지기 쉬운 것이옵니다. 그리고 대부분의 보석에는 금이 있기 때문에 조금도 흠을 내지 않고 보석에 구멍을 뚫을 수 있는 자는 아마 아무도 없을 것입니다. 저희 능력에 맞지 않는 일은 분부하지 마십시오. 저희 실력으로는 도저히 이 보석에 구멍을 뚫을 수 없습니다. 그러나 혹시 우리 대장님*18이라면 경험도 있고 실력도 확실하므로 가능할지 모르겠습니다."

"너희 대장이 누구냐?"

"오바이드 대장입니다. 대장님은 저희보다 훨씬 이 일에 정통하고 재주도 뛰어날 뿐만 아니라 재산도 많은 훌륭한 사람입니다. 그러니 부디 대장을 부르시어 보석에 구멍을 뚫도록 명령하십시오."

왕은 곧 오바이드를 불러 아까 말한 조건으로 보석에 구멍을 뚫으라고 명령했습니다. 그러자 오바이드 노인은 보석을 받아서 곧 왕이 원하는 대로 구멍을 뚫었습니다. 그러자 왕이 말했습니다.

"오, 대장이여, 뭐든지 소원을 말해 보라."

"오, 현세의 임금님이시여, 그럼 내일까지 여유를 주십시오."

대장은 이렇게 말하고 왕 앞을 물러갔습니다.

오바이드 대장이 하루의 여유를 달라고 한 이유는, 그 일을 아내와 의논하고 싶었기 때문이었습니다. 그 아내가 바로 당신이 본, 행렬 한복판에서 말을 타고 있던 그 젊은 귀부인입니다. 대장은 부인을 매우 깊이 사랑했고, 사랑이 깊은 만큼 무슨 일이든 아내와 의논하고 나서 결정하는 습관이 있었던 것이지요. 그래서 대장은 다음 날까지 대답을 미룬 것입니다.

대장은 집으로 돌아가서 아내에게 말했습니다.

"내가 임금님의 보석에 구멍을 뚫어 드렸더니 뭐든지 소원을 말하라 하셨는데, 당신과 의논하려고 내일까지 대답을 미루고 왔소. 뭐든지 당신이 원하는 것을 말해 보구려. 내일 가서 임금님께 말씀드릴 테니."

"우리에겐 아무리 태워도 다 태울 수 없을 만큼 많은 재산이 있어요. 당신이 만일 나를 사랑한다면 바소라 시 전체에 이런 포고를 내려주십사고 말씀드려 보세요. '이 도성 사람들은 금요일마다 기도가 시작되기 두 시간 전에 모두 이슬람 사원으로 들어갈 것, 단 가게는 모두 열어둘 것' 그러면 그 시간에는 상하귀천의 구별 없이 단 한 사람도 시내에 없게 되지요. 모두 문에 자물쇠를 채우고 사원이나 집 안에만 있게 되는 거예요. 그러면 저는 말을 타고 노예계집들을 거느리며 번화가를 돌아다닐 작정이에요. 창문이나 격자창 안에서도 저를 훔쳐봐서는 안 돼요. 바깥을 어정거리는 자가 있으면 보는 대로 죽여 버리겠어요."*19

오바이드 대장은 왕 앞에 나아가서 그 일을 말씀드렸더니, 왕은 허락하고 바소라 사람들에게 그와 같은 포고를 내리라고 신하에게 명령했습니다.

—여기서 날이 훤히 새기 시작하여 샤라자드는 이야기를 그쳤다.

968번째 밤

샤라자드는 이야기를 계속했다.

오, 인자하신 임금님, 이발사의 아내는 이야기를 계속했습니다.

—그런데 사람들이 '개와 고양이들이 가게 안 물건을 망쳐놓을 일이 걱정된다'며 반대하자, 왕은 사람들이 금요일 아침 기도를 마치고 밖으로 나올 때까지는 개와 고양이도 모두 가두어 두라고 명령했습니다.

그리하여 보석상 대장의 아내는 금요일마다 마을 사람들이 기도 드리는 시간보다 두 시간 전에 거리로 나가서, 시녀들을 거느리고 당당하게 말을 타고 제멋대로 돌아다니게 되었습니다. 그동안은 시장을 지나가거나 창문과 격자창에서 밖을 내다보는 사람이 아무도 없었습니다.

이것이 당신이 알고 싶어 하는 것이고, 그 귀부인의 정체도 가르쳐 드렸어요. 그런데 젊은 양반, 당신이 원하는 건 다만 그 여자의 정체를 아는 것인가요, 아니면 만나고 싶은 건가요?

여자의 말에 카마르 알 자만이 대답했습니다.

"오, 아주머니, 나는 그 여자를 만나고 싶습니다. 제발 만나게 해 주십시오."

"당신은 어떤 귀중품을 가지고 계신가요? 그걸 말씀해 보세요."

"네 종류의 보석을 가지고 있습니다. 첫 번째는 각각 금화 5백 닢의 가치가 있고, 두 번째는 금화 7백 닢, 세 번째는 금화 8백 닢, 넷째는 금화 1천 닢의 가치가 있습니다."

"그중에 네 개만 써도 될까요?"

"아니, 전부 다 써도 상관없습니다."

"그렇다면 곧바로 숙소로 가서 금화 5백 닢짜리 보석을 하나 가지고 보석 시장에 가, 보석상 조합의 우두머리 오바이드 대장의 가게를 찾아가세요. 그 가게에 가면 대장이 좋은 옷을 입고 직공들과 함께 앉아 있을 거예요. 그러면 대장에게 인사를 하고, 가게 앞 평상에 앉아 그 보석을 대장에게 주면서 이렇게 말하세요.

'오, 대장님, 이 보석으로 도장반지를 만들어주십시오. 너무 크게도 말고 무게도 1미스칼*20이 넘지 않도록 해 주시오. 모양은 당신 좋도록 해도 상관없습니다.'

그리고 대장에게 금화 스무 닢을 주고 직공들에게도 모두 금화 한 닢씩을 주세요. 대장과 함께 앉아 이야기하는 동안에, 만약 거지가 오거든 대장이 감탄하도록 그에게도 금화 한 닢을 주어서 당신 인심이 후하다는 걸 보여주세요. 그런 다음 가게에서 나와 당신의 숙소로 돌아가는 거예요. 그날 밤은 거기서 자고, 이튿날 아침에 금화 백 닢을 가지고 가서 이발사에게 주세요. 그 사람은 가난하니까요."

"그렇게 하지요."

그는 곧 대상객주로 돌아가서 금화 5백 닢짜리 보석을 하나 가지고 보석 시장으로 갔습니다. 시장에 가서 보석상 조합 우두머리인 오바이드 대장의 가게를 물으니 바로 알 수 있었습니다.

그 가게를 찾아가자 위엄 있는 풍채의 오바이드 대장이 호화로운 옷을 입고 직공 네 명에게 무언가를 지시하고 있었습니다.

"안녕하십니까!"

젊은이가 인사를 하니, 보석상도 기쁘게 인사하며 옆에 있는 자리를 권했습니다.

자만은 보석을 꺼내 대장에게 내밀었습니다.

"대장님, 이 보석으로 도장반지를 만들어주십시오. 무게는 1미스칼이 넘지 않도록 하고 모양은 알아서 보기 좋게 만들어주시오."

그리고 금화 스무 닢을 꺼내 대장에게 주었습니다.

"이것은 반지를 세공하는 품삯입니다. 반지값은 다음에 치르겠습니다."

그리고 직공들에게도 금화 한 닢씩을 주니, 직공들도 오바이드도 대번에 젊은이에게 호감을 느끼게 되었습니다.

볼일이 끝난 뒤 카마르 알 자만은 보석상과 함께 앉아 이야기를 나누고 있었는데, 거지가 올 때마다 금화 한 닢씩을 주자 모두 이 젊은이의 넉넉한 인심에 깜짝 놀랐습니다.

그런데 오바이드 대장은 집에도 도구를 갖추어 놓고 있어 특별한 일을 할 때는 집으로 가져가서 하는 것이 습관이었습니다. 그것은 직공들에게 자신만의 비법을 숨기기 위해서였습니다.[21] 그때는 언제나 아내가 대장 앞에 앉아 있는데, 그렇게 아내를 앞에 앉혀 놓고 그 얼굴을 바라보면서 일을 하면 왕에게만 어울릴 온갖 종류의 장신구를 참으로 절묘한 솜씨로 완성할 수 있었습니다.

이번에도 대장은 집에 돌아가서 그 뛰어난 솜씨로 반지를 만들기 시작했습니다.

아내는 대장이 일을 시작하는 모습을 보고 물었습니다.

"그 보석으로 무엇을 만들려고 하세요?"

"금에 올려서 반지를 만들 생각이오. 금화 5백 닢이나 하는 보석이거든."

"그게 누구 반지예요?"

"젊은 상인의 반지요. 그야말로 아름다운 얼굴과 동경에 빛나는 눈동자, 타오르는 듯한 뺨에 입술은 술라이만[(1)]의 봉인 같고, 아름다운 뺨은 누만 왕의 꽃[(2)]을 방불케 하지. 붉은 입술은 산호 같고, 목덜미는 참으로 우아하여 아름다운 영양의 목을 떠올리게 한다오. 살결은 붉은빛이 감도는 하얀 피부, 귀하게 자라서 쾌활한 데다 기막히게 인심 좋은 젊은이야."

대장은 아내에게 젊은 상인의 흠잡을 데 없는 인품과 훌륭한 마음가짐을 얘기하며, 젊은이의 뛰어나게 아름다운 모습과 너그러운 성격을 입에 침이 마르도록 칭찬했습니다. 남편의 이야기를 듣는 동안에, 아내는 점점 그 젊은이에게 연정을 느끼게 되었습니다.

세상에 자기 아내에게 다른 남자가 얼굴이 잘생기고, 돈도 잘 쓴다는 것을 칭찬하는 이 남편처럼 어리석은 남자도 없을 겁니다.

그리하여 아내는 불같은 욕정이 타오르는 것을 느끼며 남편에게 물었습니다.

"내가 가지고 있는 매력을 그 사람도 갖고 있다고요?"

"오, 그 젊은이도 당신의 아름다운 매력을 온통 그대로 다 가지고 있다오. 정말, 당신하고 똑 닮았어. 나이도 당신과 비슷한데 당신 기분을 상하게 할 염려만 없다면, 나는 그 젊은이가 당신보다 천 배는 아름답다 말하고 싶을 정도야."

아내는 말없이 남편의 말을 듣고 있었습니다. 그러나 가슴속은 연정의 불길로 활활 타오르고 있었습니다.

보석상 대장은 아내 앞에서 끝없이 얘기를 늘어놓으며, 카마르 알 자만의 아름다운 얼굴을 칭찬하면서 반지를 다 만든 뒤 아내에게 그것을 내밀었습니다. 아내가 자기 손에 끼어보니 꼭 맞았습니다.

"오, 여보, 전 이 반지가 마음에 들었어요. 이게 내 것이면 좋겠어요. 이 반지를 손가락에서 뽑기가 싫어지는군요."

"조금만 기다려요. 그 반지의 임자는 아주 인심이 좋은 사람이니 나에게 팔라고 말해 볼 테니까. 팔아 준다면 다행이고, 또 이런 보석이 하나 더 있다면 그것을 사서 똑같은 반지를 만들어주리다."

—여기서 날이 훤히 새기 시작하여 샤라자드는 이야기를 그쳤다.

969번째 밤

샤라자드는 이야기를 계속했다.

오, 인자하신 임금님, 보석상과 그 아내가 그러고 있는 동안, 카마르 알 자만은 그날 밤은 숙소에서 지내고 이튿날 아침이 되자 금화 백 닢을 가지고 이발사의 아내에게 가서 말했습니다.

"이 돈을 받아주시오."

그러자 이발사의 아내는 이렇게 말했습니다.

"그것은 주인에게 주세요."

그래서 이발사에게 주었더니 아내가 물었습니다.

"당신은 내가 말한 대로 하셨나요?"

"그대로 했지요."

"그렇다면 곧 보석상의 그 대장에게 가세요. 그리고 대장이 반지를 내놓거든 그것을 손가락에 잠깐 꼈다가 얼른 빼서 대장에게 이렇게 말하세요.

'오, 대장님, 반지가 잘못됐군요. 좀 끼는 것 같소.'

그러면 대장은 이렇게 말할 거예요.

'오, 상인 양반, 그렇다면 좀더 크게 다시 만들까요?'

'다시 만들 것까지는 없소. 그것은 당신의 노예여자에게나 주십시오.'

그러면서 다시 금화 7백 닢짜리 보석을 꺼내주세요.

'이것은 그것보다 더 좋은 것이니까, 이걸로 다시 만들어주시오.'

그리고 대장에게는 금화 서른 닢, 직공들에게는 모두 금화 두 닢씩을 주면서 말하세요.

'이것은 반지를 세공하는 삯이고, 반지값은 나중에 드리겠소.'

그리고 숙소로 돌아가시거든, 이튿날 아침에 나에게 금화 2백 닢을 가져다주세요. 그러면 다시 그 뒤의 계략을 가르쳐 드리겠어요."

그래서 젊은이는 보석상 대장에게 갔습니다. 대장은 자만을 반갑게 맞이하며 가게에 앉혔습니다.

"다 됐나요?"

"예, 다 됐습니다."

주인이 도장반지를 꺼내오자 자만은 손가락에 껴보더니 얼른 뽑아서 대장에게 돌려주었습니다.

"이건 실패한 것 같군요, 대장. 내 손에는 좀 작군요."

"오, 그렇다면 좀더 크게 다시 만들까요?"

"아니 괜찮소. 그럴 것까지는 없으니 이 반지는 당신의 노예여자에게나 주십시오. 그리 값진 것도 아닙니다. 금화 5백 닢 정도의 것이니 새로 만들 것까지는 없소."

그러고는 금화 7백 닢짜리 보석을 꺼냈습니다.

"이것으로 만들어주시오. 전의 것보다는 고급 돌입니다."

그런 다음 대장에게는 금화 서른 닢, 직공들에게는 금화 두 닢씩을 주었습니다.

"오, 도련님, 반지값은 다 된 다음에 받겠습니다."

대장이 돈을 도로 돌려주려 하자, 자만이 말했습니다.

"이것은 세공하는 품삯이오. 반지값은 나중에 드리겠소."[*22]

그 대담한 인심에 깜짝 놀라는 보석상과 직공들을 남겨두고 자만은 숙소로 돌아갔습니다.

오바이드 대장은 집으로 돌아가서 아내에게 말했습니다.

"오, 할리마,[*23] 나는 그 젊은 상인만큼 인심 좋은 사람은 처음 봤어. 당신은 참 운이 좋은 여자야. 그 젊은이는 이 반지를 '당신의 노예여자에게나 주시오' 하면서 공짜로 주더란 말이야."

남편은 자초지종을 얘기한 뒤 이렇게 덧붙였습니다.

"그 젊은이는 아무래도 상인의 아들이 아닌 듯해. 어쩌면 왕가의 출신일지도 몰라."

보석상이 이렇게 젊은이를 칭찬하면 할수록, 아내는 점점 더 젊은이를 그리워하게 되었습니다.

아내가 그 반지를 집어 자기 손에 끼자, 보석상은 전의 것보다 약간 큰 반지를 다시 만들었습니다. 반지를 다 만들자, 아내는 그것을 첫 번째 반지 아래에 끼어보곤 이렇게 말했습니다.

"어머나, 여보, 이것 좀 보세요. 제 손에 끼니 반지 두 개가 얼마나 잘 어울리는지 몰라요. 이거 둘 다 내 것이면 얼마나 좋을까!"

"좀 기다려요. 이것도 살 수만 있다면 사다 줄 테니까."

이튿날 아침, 대장은 그 반지를 가지고 가게로 나갔습니다.

한편 자만은 아침이 되자 이발사의 아내에게 가서 금화 2백 닢을 주었습니다.

그러자 이발사의 아내가 말했습니다.

"보석상에게 가서 대장이 반지를 내주거든 당신은 그것을 끼어본 뒤 얼른 빼고는 이렇게 말하세요.

'오, 대장, 이번에도 실패했군요. 이 반지는 너무 커요. 나 같은 사람이 일을 부탁하러 오거든 치수를 정확하게 재시오. 내 손가락의 굵기를 잘 쟀더라면 이런 실수는 하지 않았을 텐데.'

그러고는 금화 1천 닢짜리 보석을 꺼내 주면서 이렇게 말하세요.

'이것으로 다시 만들어주시오. 이 반지는 당신 노예여자에게나 주고.'

그리고 대장에게 금화 마흔 닢, 직공들에게는 금화 세 닢씩을 주면서 또 이렇게 말하세요.

'이것은 세공하는 삯이요. 반지값은 나중에 드리겠소.'

그렇게 한 다음 대장이 뭐라고 말하는지 잘 들어 두세요. 그리고 금화 3백 닢을 가지고 와서 우리 남편에게 주세요. 그 돈으로 그이는 팔자를 고칠 거예요. 그이는 가난하니까요."

"알았습니다."

자만이 보석상에게 갔더니, 대장은 친절하게 젊은이를 맞아들여 가게에 앉혀 놓고 반지를 꺼내주었습니다. 젊은이는 그것을 받아 손가락에 껴보더니 얼른 뽑아들고 말했습니다.

"오, 나 같은 사람이 일을 부탁하거든 반드시 치수를 정확하게 재도록 하시오. 당신이 내 손가락의 굵기를 쟀더라면 이런 실수는 하지 않았을 것을. 하여튼 이 반지는 당신의 노예여자에게나 주시오."

그런 다음 이번에는 금화 1천 닢짜리 보석을 꺼냈습니다.

"이것으로 내 손가락에 맞는 도장반지를 만들어주시오."

그러자 오바이드 대장이 말했습니다.

"참으로 지당하신 말씀입니다. 그럼……."

대장은 자만의 손가락 굵기를 정확하게 쟀습니다.

그래서 자만은 금화 마흔 닢을 꺼내 대장에게 주면서 말했습니다.

"이것은 세공하는 품삯으로 받아 두시오. 반지값은 나중에 내겠소."

보석상은 깜짝 놀라 소리쳤습니다.

"오, 도련님, 수고비라면 이미 충분하고도 남을 만큼 받았는데요. 정말 인심이 후하시군요."

"별것 아닙니다."

자만은 한참 동안 대장과 이야기를 나누면서 거지가 지나갈 때마다 금화 한 닢씩을 주었습니다.

이윽고 자만은 돌아가고, 보석상은 집에 가서 아내에게 말했습니다.

"정말 그 젊은 상인만큼 인심 좋은 사람도 없어. 그 사람만큼 얼굴이 잘나고 인심 좋고 말 잘하는 사람은 처음 본다니까."

그리고 매력 있고 인심 좋은 젊은이를 칭찬해 마지않았습니다.

"아이 참, 당신도 어지간히 딱한 양반이군요. 그렇게 인품이 훌륭한 분인데다, 값비싼 반지를 두 개씩이나 주셨으니 감사의 표시로 한 번 집에 초대해서 대접해 드려야 하지 않겠어요? 당신이 그분에게 호감을 느끼고 있다는 것을 그분이 알고 우리 집에 와주신다면 반드시 우리에게 좋은 일이 많이 있을 거예요. 하지만 당신이 돈이 아까워서 대접하기 싫다면 좌우간 한 번 말이나 해 보세요. 제가 돈을 내서라도 그분을 환대해 드릴 테니까요."

"그런 말을 하다니, 그럼 당신은 내가 구두쇠라고 생각한단 말이오?"

"당신은 구두쇠는 아니지만, 융통성이 없어요. 오늘 밤엔 그분을 초대하도록 하세요. 모시고 돌아오지 않으면 용서하지 않겠어요. 그분이 거절하시거든 이혼을 맹세해서라도 꼭 모시고 오세요."

"오, 내 머리와 눈에 걸고 꼭 모셔 오도록 하리다."

오바이드 대장은 반지를 만들기 시작하여, 일이 끝나자 이튿날 아침 가게에 나가서 젊은이가 오기를 기다렸습니다.

한편, 자만은 금화 3백 닢을 가지고, 이발사의 아내를 찾아가서 남편에게 주라고 하면서 내놓았습니다.

"아마 오늘쯤 대장은 당신을 자기 집에 초대할 거예요. 초대를 받거든 그날 밤은 그 집에서 묵고 아침에 나에게 와서 모든 것을 이야기해 주세요. 그리고 그때 금화 4백 닢을 가져와서 우리 주인에게 주세요."

"알았습니다."

젊은이는 그렇게 대답했습니다. 그리고 돈이 떨어지면 언제나 가지고 있던 보석 가운데 몇 개를 팔아서 모자라는 것을 채워 메우고 있었습니다.

자만이 보석상의 가게로 가보니, 보석상은 벌떡 일어나 진심으로 환영하며 성의를 다해 인사한 뒤, 당장 그 자리에서 굳게 우의를 맹세했습니다. 그런 다음 만들어온 반지를 껴보니 손가락에 꼭 맞는지라 젊은이는 보석상에게 이렇게 말했습니다.

"이건 정말 훌륭한 명인의 솜씨. 세공이 정말 마음에 들어요. 하지만, 나는 아무래도 이 보석이 좀 마음에 들지 않는군요."

―여기서 날이 훤히 새기 시작하여 샤라자드는 이야기를 그쳤다.

970번째 밤

샤라자드는 이야기를 계속했다.

오, 인자하신 임금님, 카마르 알 자만은 보석상에게 말을 계속했습니다.

"세공은 정말 마음에 들어요. 하지만, 아무래도 보석이 마음에 들지 않는군요. 나는 이보다 더 좋은 것을 갖고 있으니, 이 도장반지는 노예여자에게나 주십시오."

그리고 자만은 이번에는 네 번째 보석과 금화 백 닢을 보석상에게 주었습니다.

"이건 수고비요. 그리고 이것은 지금까지 여러 가지로 폐를 끼친 데 대한 내 성의이니 받아주시오."

"오, 상인 양반, 지금까지 아무리 수고를 했다 해도 그 대가는 충분히 받았습니다. 저는 당신에게 완전히 반해 버렸습니다. 이제는 당신과 헤어지고 싶지 않을 정도입니다. 그래서 부탁인데, 오늘 밤 저희 집에 와주시지 않겠습니까?"

"이거 고맙습니다. 하지만 일단 숙소에 돌아가서 하인에게 일러 놓아야 할 것이 있고, 또 나를 기다리면 안 될 테니 오늘 밤은 딴 데서 묵는다는 말을 해 두고 와야겠습니다."

"손님은 어디에 사십니까?"

"이러이러한 대상숙소에서 살고 있습니다."

"그렇다면 제가 모시러 가지요."

"그렇게 해 주신다면 고맙겠습니다만."

보석상은 손님을 모셔 가지 않고 혼자 집으로 돌아갔다가는 아내에게 몹시 혼날 것이 두려웠습니다. 그래서 해가 지기 전에 대상숙소로 가서 자만을 데리고 집으로 가 더할 나위 없이 잘 꾸며진 손님방으로 안내했습니다.

오바이드 대장의 아내 할리마는 자만을 보자 그만 마음을 빼앗겨 정신을 차릴 수 없었습니다.

주인과 손님은 저녁이 나올 때까지 이야기를 하다가 식사가 나오자 배불리 먹고 마셨습니다. 밥을 먹은 뒤에는 커피와 과일즙을 마시면서 주인은 계속 젊은이의 이야기 상대가 되어주었습니다.

그러다가 밤이 되었으므로 두 사람은 정해진 기도를 올렸습니다.

기도가 끝나자 한 시녀가 밤에 마실 것을 컵에 담아 왔으므로 두 사람은 그것을 마시고 그대로 잠이 들었습니다.

한참 뒤 할리마가 들어와서 두 사람이 깊이 잠든 것을 보고 자만의 얼굴을 찬찬히 들여다보다가 그 아름다움에 놀라 혼자 이렇게 중얼거렸습니다.

"사랑에 빠진 사람이 어쩌면 이렇게도 잘 잘 수 있는 걸까?"

할리마는 젊은이의 몸을 반듯하게 돌려 눕힌 다음, 그 가슴 위에 올라탔습니다. 그리고 격렬한 정욕에 사로잡혀 상대의 뺨에 입맞춤의 비를 퍼부으니, 그 흔적이 생생하게 남아 뺨이 새빨개진 건 물론이고 광대뼈까지 붉게 반짝였습니다.

그런 다음 젊은이의 입술을 세차게 빨아대자, 젊은이의 입술에서 피가 배어 나와 여자의 입으로 흘러들어 갔습니다.

그러나 여전히 음욕의 불길은 꺼지지 않고 욕정의 갈증도 가라앉지 않았습니다. 여자가 끊임없이 입맞춤하고, 끌어안고, 다리에 다리를 걸곤 하는 동안, 어느새 동녘 하늘이 훤해지더니 아침 해가 눈부시게 창문으로 비쳐들었습니다.

할리마는 젊은이의 주머니 속에 작은 뼈구슬[24]을 네 개 넣어 두고 방을 나갔습니다.

이윽고 여자가 시녀를 시켜 무언지 코로 맡는 약을 두 사람의 콧구멍에다 대니 두 사람은 재채기를 하고 눈을 떴습니다.

"주인님, 기도시간이 되었습니다. 어서 일어나셔서 아침 기도를 드리세요."

그리고 여자노예는 수반과 물병을 가지고 왔습니다.[25]

카마르 알 자만이 일어나면서 말했습니다.

"주인장, 늦잠을 잤나 봅니다."

"오, 나의 벗이여, 이 방 안의 공기가 답답하군요. 이 방에서 자면 언제나 그렇답니다."

"정말 그렇군요."

자만은 맞장구를 치며 세수를 했는데, 얼굴을 물에 적시니 뺨과 입술이 따가웠습니다.

"어, 이상한데? 이 방 공기가 탁해서 정신없이 잠들어 있었는데 어째서 뺨과 입술이 이렇게 화끈거릴까?"

카마르 알 자만은 보석상에게 물었습니다.

"내 얼굴과 입술이 타는 듯이 화끈거리는데 도대체 어찌 된 일일까요?"

"아마 모기한테 물렸나 보지요."

"그렇더라도 좀 이상하군요. 당신도 그렇소?"

"아니, 아무렇지도 않은데요. 그런데 늘 당신 같은 손님이 올 때마다 손님은 아침에 모기한테 물렸다고 투덜거리지요. 더욱이 당신처럼 수염이 없는 사람만 그렇다오. 수염이 있으면 모기가 물지 않는 모양이지요. 내게는 수염 밖에 모기의 방해가 될 것은 없으니까요. 모기는 수염 있는 사람을 좋아하지 않는가 봅니다."*26

"그런가 보군요."

그러는 동안에 시녀가 아침상을 차려 와서 두 사람은 식사를 마치고 집을 나갔습니다.

자만은 그 길로 곧장 이발사의 아내를 찾아갔는데, 여자는 젊은이를 보자마자 큰 소리로 말했습니다.

"아이고, 얼굴에 재미를 본 표적이 남아 있네요. 자, 무슨 재미를 보셨는지 이야기해 보세요."

"아무 재미도 보지 않았습니다. 그저 주인과 같이 손님방에서 저녁을 먹고 밤 기도를 드린 다음 둘이서 아침까지 푹 잔 것밖에는요."

이발사의 아내는 웃으면서 말했습니다.

"그럼, 뺨과 입술의 그 자국은 뭡니까?"

"이건 손님방에서 모기한테 물린 자국이죠."

"그렇다면 주인도 마찬가지로 모기에게 물렸던가요?"

"주인 말을 들으니, 그 손님방의 모기는 수염 있는 사람은 물지 않고 수염이 없는 사람만 문다더군요. 그래서 수염 없는 손님이 왔을 때는 아침에 일어나서 꼭 모기한테 물렸다고 투덜댄다 하던데요? 수염만 있으면 그럴 리가 없지요."

"당신 말은 참말이겠지요. 그런데 그 밖에 무슨 다른 일은 없었어요?"

"주머니 속에 뼈로 만든 구슬이 네 개 들어 있더군요."

"어디 좀 봅시다."

젊은이가 주머니에서 구슬을 꺼내 보이자, 이발사의 아내는 웃으면서 말했습니다.

"이건 당신 애인이 당신 주머니에 넣은 거예요."

"어째서 그런 짓을 했을까요?"

"그 여자는 암호로 당신한테 이렇게 말하려는 거지요. 말하자면 당신이 그 여자를 진심으로 사랑한다면 그렇게 깊이 잠들었을 리가 없다는 의미예요. 왜냐하면 사랑을 하는 자는 그렇게 태평하게 잠을 잘 수 없거든요. 그런데 당신은 아직 어리니 이 구슬이라도 갖고 노는 것이 어울릴 텐데, 어째서 여자를 사랑하게 되었는지 정말 우스운 이야기라는 거지요. 그래서 그 여자는 어젯밤에 당신에게 가서 당신이 푹 잠들어 있는 모습을 보고 당신 뺨에 입을 맞춘 다음 이것을 남기고 간 거예요. 하지만 그 여자는 이것으로 만족할 여자가 아니에요. 오늘 밤에도 당신을 모시러 또 남편을 보낼 거예요. 그러니 당신은 그 집에 가거든 잠들지 않도록 주의하세요.

그리고 내일 나에게 금화 5백 닢을 가지고 와서 무슨 일이 있었나 죄다 얘기해 주세요. 그러면 또 그다음 수를 가르쳐 드릴 테니까."

"알았습니다."

카마르 알 자만은 숙소로 돌아갔습니다.

한편 보석상의 아내는 남편에게 물었습니다.

"손님은 가셨나요?"

"아, 가셨소. 그런데 할리마, 간밤에 모기란 놈이 손님을 물어 얼굴과 입술에 상처를 내서 여간 미안하지 않았어."

"우리 집 손님방의 모기는 언제나 그래요. 그 방 모기는 수염 없는 사람만

무나 봐요. 그런데 여보, 오늘 밤에도 그분을 초대하면 어때요?"

보석상은 그날도 젊은이가 묵고 있는 숙소로 찾아가서 집에 데려갔습니다.

집에 이르러 손님방에서 먹고 마시고 한 뒤, 저녁 기도를 마치자 노예계집이 들어와서 두 사람에게 마실 것을 권하여 두 사람은 그것을 마시고 얼마 지나지 않아 깊이 잠이 들고 말았습니다.

—여기서 날이 훤히 새기 시작하여 샤라자드는 이야기를 그쳤다.

971번째 밤

샤라자드는 이야기를 계속했다.

오, 인자하신 임금님, 두 사람이 잠들자 아내 할리마가 손님방에 들어왔습니다.

"오, 태평스러운 도련님, 이렇게 쿨쿨 자면서 사랑을 한다고 말하다니, 연인이란 잠을 못 자는 법이건만."

그러면서 젊은이 위에 올라타 입을 맞추더니 끌어안고 입술을 깨물고 빨고 하면서 온갖 애정 표현을 했습니다. 그렇게 밤새도록 입맞추고 어루만지다가 아침이 되자, 여자는 알 자만의 품속에 날이 예리하고 짧은 칼을 넣어두고 나간 뒤 곧 두 사람을 깨우러 시녀를 보냈습니다.

자만이 눈을 떠보니 이번에도 할리마가 마구 입을 맞추고 빨고 한 통에, 두 뺨이 새빨갛게 달아올라 화끈거리고 입술은 산호처럼 빨갛게 부어 있었습니다.

젊은이의 얼굴을 보고 보석상이 이렇게 물었습니다.

"어젯밤에도 모기가 또 물던가요?"

"아니요."

자만은 이렇게 대답하며 그다지 불평하지 않았습니다. 왜냐하면 젊은이는 이제 그 이유를 알고 있었기 때문입니다. 잠시 뒤 자기 속주머니에 칼이 들어 있다는 사실도 알았지만, 역시 보석상에는 아무 말도 하지 않았습니다.

아침을 먹고 커피를 마신 뒤 자만은 보석상의 집을 나와 숙소로 돌아갔습니다. 그리고 금화 5백 닢을 가지고 이발사의 아내에게 가서 간밤에 있었던 일을 얘기했습니다.

"무척 참았는데도 어느새 잠이 들어버렸어요. 아침에 일어나 보니 주머니 속에 칼이 들어 있더군요."

"오, 알라여, 오늘 밤 부디 그 여자로부터 이분을 지켜주시기를! 그건 만약 당신이 또 잠들어 버리면 이 칼로 당신을 베어 버리겠다는 뜻입니다. 당신은 오늘 밤 또다시 보석상 집에 초대될 텐데, 당신이 또 잠든다면 그 여자는 당신을 죽여 버릴 거예요."

"그럼, 어떻게 하면 좋을까요?"

"잠자리에 들기 전에 언제나 무슨 음식을 먹거나 마시거나 하나요?"

"저녁을 먹고 나서 저녁 기도를 하고 나면 시녀가 와서 우리에게 밤에 마실 것을 한 잔씩 두고 갑니다. 그것을 마시면 그냥 졸려서 잠이 들었다가 아침까지 깨어나지 않는답니다."

"그렇다면 그 잔 속에 뭔가가 있는 거예요. 그러니 시녀가 잔을 가져오거든 그것을 마시지 말고 주인이 먼저 잠들 때까지 기다리세요. 그리고 시녀에게 '물을 한 그릇 주시오' 하고 말해 보세요. 그러면 시녀는 물을 가지러 갈 테니, 그때 잔을 베개 뒤에 버리고 누워서 자는 척하고 계세요. 물을 가져온 시녀는 당신이 잔에 담긴 음료를 마셔서 잠이 든 줄만 알고 방에서 나갈 겁니다. 그러면 얼마 안 있어 당신도 사정을 알 수 있게 될 거예요. 내 말을 잘 기억해 두세요."

"잘 알았습니다."

한편 보석상의 아내는 남편에게 또 말했습니다.

"손님은 사흘 밤 대접하는 것이 예의니까 한 번 더 모시고 오세요."

오바이드 대장은 다시 자만의 숙소에 가서 젊은이를 데려와 손님방에 함께 앉았습니다.

이번에도 두 사람이 저녁을 먹고 저녁 기도를 마쳤을 때, 시녀가 들어와서 두 사람에게 잔을 내밀었습니다.

주인은 금방 그것을 먹고 푹 잠이 들었지만, 자만은 먹지 않고 있으니 시녀가 물었습니다.

"손님은 안 드세요?"

자만이 대답했습니다.

"내가 목이 몹시 마르니 물을 좀 가져다주시오."

시녀가 물을 가지러 나간 틈에 자만은 잔을 베개 뒤에 비우고 자리에 누웠습니다. 시녀가 돌아와 보니 손님이 누워 있었으므로 여주인에게 돌아가 알렸습니다.

"손님도 잔을 비우고 잠이 들었습니다."

"이젠 그이를 살려두는 것보다 차라리 죽이는 편이 낫겠어."

할리마는 그렇게 중얼거리더니 예리한 칼을 들고 자만에게 다가갔습니다.

"이 바보! 이번이 세 번째건만 아직도 신호를 모르시는군요. 이것으로 당신의 심장을 찢어주겠어요."

할리마가 중얼거리면서 칼을 들고 다가오는 것을 눈치채고, 자만은 눈을 번쩍 떴습니다. 그리고 웃으면서 일어났습니다.

"오, 이 신호의 의미를 아시게 된 건 당신 혼자만의 지혜가 아닐 거예요. 분명히 누군가 교활한 사기꾼의 도움을 받은 거겠지요? 도대체 누가 가르쳐 줬는지 말씀해 보세요."

"어느 늙은 여자한테서 들었습니다. 그 여자와 이런 일들이 있었지요."

카마르 알 자만이 그때까지의 경위를 모두 이야기하자, 할리마가 말했습니다.

"내일 그 여자를 찾아가서 '뭔가 더 좋은 생각을 가르쳐줄 수 없겠습니까?' 여쭤보세요. 그리고 상대가 '좋아요' 하고 대답하거든 '그럼 그 여자와 거리낌 없이 즐길 방법을 가르쳐주시오'라고 물어보세요. 그러나 이발사의 아내가 '그건 도저히 불가능합니다. 더 이상은 방법이 없어요' 하거든 그런 여편네 따위는 깨끗하게 잊어버리세요.

내일 밤에도 제 남편이 당신을 초대할 테니 같이 집에 와서 그 여자가 뭐라고 했는지 저에게 알려주시면, 앞으로 어떻게 하면 좋을지 생각해 볼 테니까요."

"그렇게 하리다."

그리하여 젊은이는 그날 밤 할리마를 상대로 교합(交合)의 분사(分詞)*27를 사용하고, 접속사를 관계대명사*28에 연결하면서 온갖 기술을 다하며 즐겼습니다. 한편 여자의 남편은 잘려나간 어미(語尾)*29처럼 버려져 있었습니다.

이렇게 두 사람이 잠시도 쉬지 않고 사랑의 놀이에 빠져 있는 동안 날이 밝자, 여자가 말했습니다.

"저는 도저히 오늘 밤만으로는 만족할 수 없어요. 온종일이라도, 아니면 한 달, 아니 일 년도 모자라겠어요. 저는 평생 당신과 함께 살고 싶어요. 하지만 조금만 기다려주세요. 아무리 영리한 사람이라도 교묘하게 속여서 우리의 소원을 이룰 좋은 방법을 궁리해 볼 테니까요.

저는 남편에게 의심을 품게 할 작정이에요. 그러면 남편은 저와 이혼하겠지요? 그렇게 되면 저는 당신과 결혼해서 같이 당신의 나라로 가겠어요. 그뿐만 아니라, 남편의 돈과 재물을 몽땅 빼앗고 이 집도 죄다 허물어 버려서 아예 남편의 흔적이 남지 않도록 계략을 꾸며 보겠어요. 그러니 당신은 제 말을 잘 듣고 그대로 따라주셔야 해요."

"알았소."

"숙소에 돌아가 계시면 남편이 가서 또 초대할 거예요. 그러거든 당신은 이렇게 말씀하세요.

'오, 대장님, 아담의 아들은 자칫하면 남의 짐이 되기 마련이오. 너무 자주 당신 집을 방문하면 아무리 인심 좋은 사람이라도 나중에는 싫어지는 법이지요.*³⁰ 그러니 매일같이 댁에 가서 잘 수는 없습니다. 당신은 상관없더라도 가족들이 나 때문에 쉴 수가 없어서 불평할 테니까요.

그래도 당신이 친구로서 나와 같이 있기를 원하신다면, 당신 집 근처의 어디쯤에 집을 한 채 빌려주십시오. 그러면 잠자는 시간까지는 내가 가거나 당신이 오거나 하면서 살 수 있지요. 시간이 되면 나는 내 잠자리로 들어가고 당신은 당신 방으로 돌아갈 수 있잖소. 이러는 편이 내가 밤마다 댁의 신세를 지는 것보다 훨씬 좋은 방법이 아닐까요?'

그렇게 말씀하시면 남편은 저에게 의논할 거예요. 그러면 저는 옆집 사람을 내보내도록 하겠어요.

이 옆집은 우리 집인데 세를 주고 있거든요. 어쨌든 당신이 옆집으로 옮겨 오면 나머지 계획은 또 알아께서 잘 이끌어주실 거예요. 아시겠어요? 제가 말한 대로 하셔야 해요."

"알았습니다."

여자가 자만을 방에 남겨 놓고 나가자, 젊은이는 누워서 자는 척하고 있었습니다.

이윽고 시녀가 들어와서 주인과 손님을 깨웠습니다. 주인은 눈을 뜨더니 손님을 돌아보며 물었습니다.

"오, 젊은 분, 간밤에는 모기가 물지 않던가요?"

"아니요, 조금도."

"아무래도 이제 모기에게 물리는 것이 습관이 된 모양이군요."

두 사람은 아침을 먹고 커피를 마신 뒤 각자 일을 보러 집을 나갔습니다. 카마르 알 자만은 이발사의 아내를 찾아가서 자초지종을 얘기했습니다.

―여기서 날이 훤히 새기 시작하여 샤라자드는 이야기를 그쳤다.

972번째 밤

샤라자드는 이야기를 계속했다.

오, 인자하신 임금님, 자만은 이발사의 아내에게 이렇게 말했습니다.

"그 여자와 거리낌 없이 즐길 수 있는 무슨 좋은 수가 없을까요?"

"오, 젊은 양반, 내 계략도 이제 씨가 말라버려서 더는 좋은 방법이 떠오르지 않는군요."

젊은이는 이발사의 아내에게 작별을 고하고 숙소로 돌아갔습니다.

저녁때가 되자, 아니나 다를까 보석상인이 또 데리러 와서 자만은 이렇게 말했습니다.

"오늘은 같이 갈 수 없군요."

"왜 그래요? 나는 당신이 마음에 들어서 당신하고 떨어져 있을 수 없는데요. 제발 나와 같이 가주시오!"

"이대로 당신이 우리 두 사람의 우정을 계속해서 이어나가고 싶으시다면, 당신 집 이웃에다 집을 한 채 빌려주십시오. 그렇게 되면 희망하실 때마다 우리 집에서 저녁시간을 같이 지낼 수도 있고, 당신 집에서 지낼 수도 있습니다. 그리고 잘 시간이 되면 저마다 자기 집에 돌아가면 되지 않겠습니까?"

"그렇다면 우리 집 옆에 집이 한 채 있는데 그게 내 소유입니다. 그러니 오늘 밤에 나와 같이 가십시다. 내일에라도 그 집을 비우게 할 테니까요."

그래서 자만은 보석상인과 함께 그의 집에 가서 두 사람은 저녁을 먹은 뒤 저녁 기도를 마쳤습니다.

이윽고 보석상인은 약이 든 음료*31를 마시고 잠이 들었지만, 자만의 것에는 약을 넣지 않았으므로 그것을 마셔도 졸리지 않았습니다.

이윽고 보석상 아내 할리마가 와서 자만 옆에 앉아 두 사람은 어둠 속에서 달콤한 사랑을 속삭였으나, 남편은 죽은 듯이 잠들어 있었습니다.

이튿날 아침 눈을 뜨자 보석상인은 옆에 세든 사람을 불러서 말했습니다.

"갑자기 집이 필요하게 되었으니 비워 주셔야겠소."

"알았습니다. 곧 비워 드리지요."

옆집 사람이 곧 집을 비워주자, 자만은 그 집으로 짐을 모두 날랐습니다. 그날 밤 보석상인은 자만의 집에서 지내다가 잠잘 시간이 되어 자기 집으로 돌아갔습니다.

그 이튿날 보석상의 아내 할리마는 솜씨 좋은 일꾼을 불러 뇌물을 주고 자기편으로 끌어들인 다음, 자기 방에서 자만의 집까지 지하도를 뚫고 땅속에 뚜껑이 달린 출입구를 만들게 했습니다. 그리하여 자만도 모르는 사이에 돈 자루를 두 개나 들고 자만을 찾아왔습니다.

자만이 깜짝 놀라 물었습니다.

"아니, 어디로 오셨소?"

여자는 지하도를 보여주면서 말했습니다.

"자, 이 자루를 잘 넣어두세요. 그이의 돈이에요."

그리고 여자는 젊은이 옆에 앉아 온갖 희롱을 다한 끝에 날이 새자, 이렇게 말했습니다.

"기다리고 계세요. 그이를 깨워서 가게에 내보낸 다음 곧 돌아올 테니까요."

카마르 알 자만이 기다리는 동안, 여자는 집으로 돌아가서 남편을 깨웠습니다. 남편은 간단하게 목욕을 하고 기도를 마친 다음 가게로 나갔습니다.

남편의 모습이 보이지 않자, 아내는 자루를 네 개나 들고 지하도를 통해 젊은이에게 갔습니다.

"자, 이것도 간직해 두세요."

그리고 다시 젊은이와 한참을 같이 있다가, 이윽고 여자는 집으로 돌아가고 자만은 시장으로 나갔습니다.

해질녘이 되어 젊은이가 집에 돌아와 보니 집 안에는 돈 자루 열 개와 보석, 그 밖의 물건들이 잔뜩 옮겨져 있었습니다.

잠시 뒤 오바이드 대장이 오더니 자만을 자기 집으로 데려가서, 그날 밤을 그 손님방에서 함께 지냈습니다. 이윽고 언제나처럼 시녀가 마실 것을 가지고 와서 주인은 그것을 마시자마자 금방 곯아떨어져 버렸습니다. 그러나 자만의 잔에는 아무것도 넣지 않았으므로 마셔도 잠이 들지 않았습니다.

이윽고 할리마가 들어와서 젊은이 옆에 앉아 희롱하기 시작했습니다. 그동안 시녀는 보석상의 재산을 비밀통로로 해서 자만의 집으로 나르고 있었습니다.

그러는 사이 아침이 되자 시녀가 주인과 손님을 깨우고 커피를 날라왔습니다. 두 사람은 그것을 마시고 각자 다른 방향으로 나갔습니다.

그리하여 사흘째가 되자, 보석상의 아내는 자만에게 남편의 칼을 한 자루 가지고 왔습니다.

날이 한쪽에만 서 있는 그 짧은 칼은 오바이드 대장이 손수 만들어서 돈을 새김까지 한 것으로 금화 5백 닢의 가치가 있는 것이었습니다. 그것은 좀처럼 볼 수 없는 훌륭한 칼로, 날도 잘 들어서 사람들이 아무리 탐을 내도 보석상인은 소중히 궤짝에 넣어 두고 팔려고 하지 않은 물건이었습니다.

여자는 그 칼을 자만에게 주면서 말했습니다.

"이것을 허리에 차고 제 남편에게 가서 옆에 앉아 뽑아 보이면서 이렇게 물어보시는 거예요. '오, 대장, 오늘 내가 사 온 이 칼을 좀 보시오. 싼가요, 비싼가요?' 그러면 그이는 이 칼이 자기 것이라는 것을 알지만 수줍어하는 성질이라 '이것은 내 칼이오'라고는 말 못하고, 이렇게 물을 겁니다. '어디서 이걸 사셨습니까? 얼마에 사셨나요?' 그러면 이렇게 대답하세요.

'어떤 곳에서 레반트인*32 두 사람이 무슨 이야기를 하고 있기에 가만히 들어보았소. 그랬더니 하나가 '이봐, 어디 갔다 왔나?' 묻자, 상대가 '그 여자한테 갔다 왔지. 그 여자는 만날 때마다 은화 열 닢을 주는데 오늘은 잔돈이 없으니 남편의 칼을 가져가라기에 이것을 받아 왔어. 그래서 지금 이걸 팔 참이야' 하고 대답하지 않겠소? 그 칼이 마음에 들어서 내가 '여보시오,

그 칼을 나에게 팔지 않겠소?' 하니까 '예, 그러십시오' 하기에 금화 3백 닢을 주고 손에 넣었는데 싼가요, 비싼가요?'

그렇게 말한 다음에 그이가 뭐라고 하는지 잘 기억해 두세요. 그러고 나서 그이와 한참 동안 이야기를 나누다가 얼른 집으로 돌아오세요. 그러면 저는 지하도 입구에서 기다리고 있을 테니, 그때 이 칼을 저에게 돌려주세요."

"알았습니다."

자만은 칼을 허리에 차고 보석상의 가게로 갔습니다.

보석상은 젊은이를 보자 공손히 인사하고 반갑게 맞이하다가, 문득 젊은이가 허리에 차고 있는 칼을 보고 이상하게 여기며 속으로 생각했습니다.

'아무래도 내 칼 같은데? 도대체 저것이 어떻게 이 젊은이 손에 들어갔을까?'

그러고는 다시 생각을 고쳤습니다.

'아니야, 어쩌면 내 칼과 비슷한 다른 칼일지도 모르지.'

그렇게 생각하는 동안 자만이 칼을 뽑아 보이면서 말했습니다.

"오, 대장, 이 칼을 좀 감정해 봐 주십시오."

오바이드가 받아 들고 자세히 보니 분명히 자기 칼이었지만 차마 자기 것이라고 말하지는 못했습니다.

—여기서 날이 훤히 밝았으므로 샤라자드는 이야기를 그쳤다.

973번째 밤

샤라자드는 이야기를 계속했다.

오, 인자하신 임금님, 그래서 보석상은 자만에게 이렇게 물었습니다.

"이 칼을 어디서 구하셨소?"

자만이 할리마가 가르쳐준 대로 대답하자, 오바이드가 말했습니다.

"이 칼은 그 값이라면 너무 쌉니다. 금화 5백 닢의 값어치는 충분히 있지요."

보석상인의 가슴속에는 누를 수 없는 불길이 타올라 도무지 일이 손에 잡히지 않았습니다. 자만이 아무리 말을 걸어도 마음이 가라앉지 않아서 젊은 이가 쉰 마디를 말하면 겨우 한 마디 대꾸할 뿐이었습니다.

가슴은 아프고 몸은 고문을 당하는 것처럼 괴로웠고, 머리는 어지러워서 마치 시인이 다음과 같이 노래한 것과 똑같았습니다.

> 사람들은 나에게 말을 시키려 애쓰지만
> 나는 깊은 생각에 사로잡혀
> 한 마디도 하지 않네.
> 아아, 바닥 모를 번뇌의
> 깊은 바다에 가라앉는 내 모습,
> 남녀도 구별하지 못하도다!

카마르 알 자만은 주인의 태도가 갑자기 변한 것을 보고 말했습니다.

"지금은 한창 바쁘실 때겠군요."

그리고 작별을 고한 다음 급히 집으로 돌아와 보니, 할리마가 지하도 입구에 서서 기다리고 있었습니다.

"제가 시킨 대로 하셨어요?"

"예, 그렇게 했소."

"그이는 뭐라고 하던가요?"

"이 칼은 그 값이라면 너무 싸다. 금화 5백 닢의 값어치는 있다고 말하더군요. 그러나 속으로 무척 괴로워하는 것이 역력하여 그대로 돌아왔는데 그 뒤 어떻게 됐는지 모르겠소."

"그 칼을 빨리 돌려주세요. 그이에 대한 걱정은 하지 않아도 돼요."

여자는 칼을 원래의 장소에 갖다놓고 시치미를 떼고 있었습니다.

한편 보석상은 자만이 돌아가자 가슴에 불타오르는 질투와 의혹 때문에 몸도 마음도 마구 찢어지는 듯한 느낌이었습니다.

"어서 집에 가서 칼이 있나 없나 확인하여 이 의혹을 밝혀내야겠다."

이렇게 중얼거리면서 급히 집으로 돌아간 보석상은 용처럼 거센 콧김을 내뿜으면서 아내의 방으로 들어갔습니다.

"어머나, 당신이 이 시간에 웬일이세요?"

"내 칼은 어디 있소?"

"그 궤짝 속에 있지요."

아내는 손으로 자기 가슴을 치면서 소리쳤습니다.

"아, 당신은 누구하고 싸워서 그 사람을 죽이려고 칼을 가지러 온 거죠?"

"어서 그 칼을 내놔. 그걸 나에게 보여 달란 말이야."

"그 칼로 아무도 죽이지 않는다고 맹세하기 전에는 싫어요."

보석상이 맹세하자, 아내는 궤짝을 열고 칼을 꺼내 남편에게 주었습니다. 남편은 그것을 받아들고 자세히 살펴보더니 이렇게 중얼거렸습니다.

"그것참 이상하다."

그러고는 다시 아내에게 돌려주며 말했습니다.

"원래대로 잘 넣어 두시오."

"도대체 왜 그러세요?"

"아니야, 사실 내 친구인 젊은 사람이 이것과 똑같은 칼을 갖고 있는 것을 보았어."

보석상은 자세한 이야기를 아내에게 들려주었습니다.

"그러나 궤짝 속에 칼이 있는 것을 보고 내 의심은 다 풀렸소."

"하지만, 당신은 나를 의심하고 그 레반트인의 정부가 돼서 그 사람에게 칼을 준 줄로만 알았죠?"

"그렇소. 그렇게 의심하지 않을 수가 없었지. 하지만 칼을 보고 잠시 의심하던 마음은 다 사라졌어."

"아니에요. 당신은 나를 의심했어요. 난 못 잊겠어요."

아내가 떼를 쓰기 시작하자, 남편은 이런저런 말로 변명하여 가까스로 달래 놓고 가게로 돌아갔습니다.

이튿날 여자는 자만에게 남편의 회중시계를 가져다주었습니다. 그것은 보석상이 손수 만든 것이므로 그것과 똑같은 물건은 아무도 가지고 있을 수 없었습니다.

"그이 가게에 가서 이렇게 말하세요. '어제 만난 자를 오늘도 만났는데 회중시계를 들고 있다가 나를 보고 '이 시계를 사시지 않겠습니까?' 하기에 '어디서 그걸 손에 넣었소?' 물어보았습니다. 그랬더니 그 사람은 '내 정부가 준 거요.' 하기에 금화 쉰여덟 닢을 주고 샀지요. 잘 좀 봐 주십시오. 그 값이면 싼지 비싼지' 하고는 그이가 뭐라 하는지 잘 들어 보세요. 그리고 얼른 돌아와서 시계를 저에게 돌려주세요."

자만은 보석상의 가게로 가서 여자가 시킨 대로 했습니다.

오바이드 대장은 시계를 보더니 이렇게 말했습니다.

"이건 금화 7백 닢의 가치는 있소."

그러고는 또다시 의심의 불길로 가슴을 태우기 시작했습니다.

잠시 뒤 젊은이는 여자에게 돌아와서 시계를 돌려주었고, 잇달아 보석상인도 씩씩거리면서 달려 들어왔습니다.

"내 시계는 어디 있지?"

"여기 있지요."

"이리 가져 와."

아내가 시계를 남편에게 가져가니 남편은 큰 소리로 외쳤습니다.

"오, 위대한 신 알라 외에 주권 없고 권력 없다!"

"당신, 도대체 왜 그러세요? 제발 이유를 말해 주세요."

"오, 뭐라고 말해야 할까? 이런 일이 계속 일어나면, 나는 도대체 어떻게 되어 버릴까?"

이런 탄식에 이어, 그는 다음과 같은 노래를 읊었습니다.

　　자비로운 신의 존재는
　　조금도 의심치 않지만
　　새로운 슬픔 일어나
　　연거푸 나를 에워싸니
　　마음은 도리 없이 어지럽구나,
　　그것을 알기 전에 나는
　　좀처럼 참기 어려운 것을
　　끝까지 참고 기다렸노라.
　　하늘의 신이 나의 숙명을
　　뜻대로 채우실 때까지
　　곧잘 참고 기다렸노라.
　　그 임을 그토록 관대하게

참고 견딜 수 있을 때까지
나는 참고 기다렸노라.
(그것은 알로에보다 더
쓰디쓴 것이었노라)
그 약보다도 쓴 것은
세상에 없다고 하지만
이 몸 인내의 힘 다하니
그것은 더욱더 쓰더라.

그런 다음 아내에게 말했습니다.

"오, 여보, 나는 젊은 친구가 처음에 내 칼을 갖고 있는 것을 보았소. 그 칼의 구조는 내가 생각해 낸 것이라 다른 사람은 그 칼을 가지고 있을 수 없으니 내 것임을 바로 알 수 있었지. 그 젊은이가 칼에 대해 내 마음을 갈가리 찢는 듯한 말을 하기에, 나는 그만 마음이 초조해져 서둘러 집에 와 보니 칼은 멀쩡히 집에 있지 않겠소? 그런데 오늘도 그 사람은 내 회중시계를 가지고 왔단 말이오. 그 생김새도 빛깔도 내가 만든 것 그대로니 그런 것은 이 바소라에 오직 하나밖에 없는 것이오. 더구나 그 시계에 대해 내 마음을 지옥에 밀어 넣는 듯한 말만 하니, 앞으로 나는 어떻게 해야 할지, 어떻게 될지 도무지 알 수 없게 되어 버린 거요."

"당신은 말하자면 내가 그 젊은이의 정부고, 당신의 물건을 준 게 아닌가 의심했다는 말이군요. 그래서 나에게 와서 물건이 있는지 없는지 알아내어 내가 부정한 여자라는 증거를 잡으려고 하셨군요.

만약, 내가 칼과 시계를 보여 드리지 않았더라면 틀림없이 부정한 짓을 했다고 생각하셨겠지요. 당신은 내가 그렇게 부정한 여자일 거라 생각하시는 거예요? 좋아요, 난 이제부터 절대로 당신과 함께 식사하거나 술을 마실 수 없어요. 나는 금지된 것을 싫어하듯이 당신이 싫어졌어요."[*33]

보석상은 토라진 아내를 달래고 어르고 하여 가까스로 기분을 돌려놓은 다음, 아내에게 쓸데없는 말을 한 것을 후회하면서 가게로 돌아갔습니다.

—여기서 날이 훤히 밝았으므로 샤라자드는 이야기를 그쳤다.

974번째 밤

샤라자드는 이야기를 계속했다.

오, 인자하신 임금님, 가게로 돌아온 보석상은, 아내를 얼마쯤 믿으면서도 한편으로는 의심스러워 도무지 갈피를 잡지 못해 오히려 머릿속이 더 복잡해지는 것만 같았습니다.

그날 저녁, 보석상이 자만을 데려가지 않고 혼자 집으로 돌아갔더니 아내가 물었습니다.

"그 젊은 상인은 어디 계신가요?"

"그 사람은 자기 집에 있겠지."

"그럼, 두 분의 우정이 벌써 식었단 말인가요?"

"그 사람 때문에 여러 가지 일이 생겨서 난 그자가 싫어졌소."*34

"지금 가서 그 사람을 데려오세요. 내 마음이 개운치가 않아요."

아내의 말에 오바이드 대장이 마지못해 카마르 알 자만의 집에 가 보았더니, 놀랍게도 그 집에 자기 물건들이 여기저기 흩어져 있는 게 아니겠습니까?

그것을 본 보석상인은 또다시 가슴에 질투의 불길이 솟아나 깊은 한숨을 내쉬었습니다.

그것을 보고 자만이 물었습니다.

"왜 그러십니까? 우울하신 것 같은데?"

'당신 집에 내 물건이 있는데 도대체 누가 여기 갖다 놓았소?'

보석상은 이렇게 말하고 싶었지만, 마음이 약해 차마 말하지 못하고 그저 이렇게 대답할 뿐이었습니다.

"난처한 일이 좀 생겨서 그래요. 아무튼 우리 집에 함께 가서 재미있게 보냅시다."

그러자 자만은 거절하면서 말했습니다.

"오늘은 그냥 집에 있게 해 주십시오. 왠지 마음이 내키지 않는군요."

그러나 보석상인은 굳이 와 달라고 빌다시피 하여 마침내 자만을 자기 집으로 데려갔습니다.

둘이서 저녁을 먹고 같이 밤을 보내는 동안 보석상은 아내가 걱정되어 견딜 수 없었습니다. 그래서 자만이 백 마디를 할 동안 한두 마디밖에 대답할 수가 없었습니다.

그러는 동안 시녀가 평소 때처럼 마실 것을 두 잔 가지고 들어왔습니다. 둘이서 그것을 마시고 나자 보석상은 깊이 잠들었지만, 젊은이는 눈을 뜨고 있었습니다.

이윽고 보석상의 아내 할리마가 들어와서 정부에게 말했습니다.

"저 뿔 난 사람을 어떻게 하면 좋아요? 자신의 얕은 분별심에 취해 여자의 음모 같은 건 전혀 눈치채지 못하고 있어요. 저이를 속여서 저와 이혼하도록 꾸미는 수밖에 도리가 없겠어요. 내일 저는 여자노예로 변장해서 당신을 따라 그이 가게로 갈 테니까, 당신은 그이에게 이렇게 말하세요.

'오, 대장, 나는 오늘 알 야실지야의 대상객주에서 이 여자를 발견하고 금화 1천 닢에 사왔습니다. 잘 좀 봐 주세요. 금화 1천 닢이면 싼가요, 비싼가요?' 그리고 제 베일을 벗겨서 얼굴과 가슴과 온몸을 그이에게 보여주는 거예요. 그런 다음 곧 저를 당신 집으로 데려다주세요. 그러면 저는 거기서 비밀통로를 지나 제 방으로 돌아와서 결과가 어떻게 되는지 지켜볼 테니까요."

그런 다음 두 사람은 웃고 속삭이면서 입을 맞추고 마음껏 즐기다가 새벽녘이 되자 여자는 물러가서, 남편과 정부를 깨우기 위해 시녀를 보냈습니다.

두 사람은 눈을 뜨고 아침 기도를 마친 다음 식사와 커피를 든 뒤, 보석상은 시장으로 나가고 자만은 자기 집으로 돌아왔습니다.

이윽고 할리마가 노예여자 차림으로 지하도를 통해 자만의 집으로 왔습니다. 이 여자는 전에 진짜 노예 신분이었던 것입니다.[*35]

카마르 알 자만은 여자와 함께 보석상인의 가게로 가서 인사를 하고 앉으면서 말했습니다.

"오, 대장님, 오늘 알 야실지야의 대상객주에 가 보았더니 노예상인이 여자를 데리고 있기에 아주 내 마음에 들어서 금화 1천 닢을 주고 샀는데, 한 번 봐 주십시오. 그 값으로 비싼지, 싼지?"

그러고는 여자의 얼굴에서 베일을 벗겼습니다. 보석상이 보니 그것은 바로 자기 아내로, 상당히 값비싼 옷을 입고 자잘한 장식품으로 멋지게 단장했으며, 눈썹을 그리고 손발을 헤나로 물들이고 있는 게 아니겠습니까! 그것은 언제나 집에 있을 때 꾸미는 자기 아내의 모습과 똑같았습니다.

그도 그럴 것이 여자가 달고 있는 장신구는 모두 자기 손으로 만들어 준 것뿐이었기 때문입니다. 게다가 여자는 카마르 알 자만이 주문하여 만들었던 도장반지도 끼고 있었습니다. 그것만 보아도 그 여자가 틀림없이 자기 아내임을 똑똑히 알 수 있었습니다. 그래서 보석상인은 아내에게 물었습니다.

　"오, 그대 이름은 무엇인가?"

　그러자 상대는 시치미를 뚝 떼고 자기 이름을 대었습니다.

　"할리마라고 해요."

　보석상은 어처구니가 없어서 젊은이를 돌아보며 물었습니다.

　"이 여자를 대체 얼마에 손에 넣었다고 했소?"

　"금화 1천 닢입니다."

　"그렇다면 공짜나 마찬가지요. 반지와 옷과 장신구만 해도 그 이상의 가치가 있소."

　"오, 부디 알라께서 당신에게도 좋은 일을 알려주셔서 기쁘게 해 주시기를! 당신 마음에도 드신 모양이니 이 여자를 집으로 데려가겠습니다."

　"좋도록 하시오."

　자만이 여자를 데리고 집으로 돌아가자 여자는 곧 비밀통로를 거쳐 자기 방에 들어가 앉아 있었습니다.

　한편 보석상은 질투의 불길을 태우면서 혼잣말을 했습니다.

　"만약을 위해 아내를 보고 와야겠다. 아내가 집에 있다면 그 노예계집은 아내와 똑 닮은 여자겠지. 오직 한 분, 닮은 것이 없는 알라께 영광을! 하지만 만약 집에 아내가 없다면 그 노예계집은 틀림없는 내 아내야."

　보석상은 가게를 뛰쳐나가 곧장 집으로 달려갔습니다. 돌아가 보니 아내는 아까 가게에서 본 것과 똑같은 옷을 입고 같은 장신구를 단 채 방에 앉아 있었습니다.

　보석상인은 자신의 손을 때리면서 소리쳤습니다.

　"오, 위대한 신 알라 외에 주권 없고 권력 없다!"

　그러자 아내가 물었습니다.

　"아니, 여보, 도대체 왜 그러세요, 정신이 어떻게 되신 거예요? 아니면 어디 몸이라도 아픈 거예요? 계속 그렇게 안 하던 행동을 하시다니, 정말 무슨 일이 있었던 게 틀림없어요."

"얘기해 줄 테니 화내지는 마."

"그럼, 어디 얘기해 보세요."

아내가 부드럽게 묻자 보석상인은 얘기하기 시작했습니다.

"그 젊은 친구가 어떤 노예계집을 사서 왔소. 그 여자가 어떻게나 당신과 똑 닮았던지 키까지 똑같을 정도였소. 그뿐만 아니라 이름도 같고 입은 옷도 같더란 말이오. 말하자면 그 여자는 어디를 보나 바로 당신이더란 말이야. 손에는 당신의 도장반지를 끼고 장신구도 당신 것과 똑같았소. 그래서 그 자가 여자를 나에게 보여주었을 때, 나는 틀림없이 당신인 줄만 알고 어리둥절해져서 이 일을 어찌해야 좋을까 생각했지.

애당초 우리가 그 젊은이와 교제를 하지 않았더라면 이런 일은 없었을 텐데. 그자가 고향을 떠나지 않고 그래서 우리가 그자를 사귀지 않았더라면 좋았을걸. 그자는 나에게 믿음 대신 나쁜 감정을 심어주고, 내 마음에 사악한 의심을 불러일으켜 전에는 평온했던 내 생활을 어지럽히고 있소."

"자, 내 얼굴을 자세히 들여다보세요. 어쩌면 내가 그 사람과 같이 있던 그 여자이고, 그 사람은 내 정부이며, 둘이서 짜고 내가 노예로 변장하여 당신 앞에 나타나 당신을 함정에 빠뜨리려고 꾸민 일인지도 몰라요."

"그게 무슨 소리야? 설마 당신이 그런 짓을 하리라고는 꿈에도 생각한 적이 없어."

이 보석상은 여자들의 간사한 꾀에 어두울 뿐만 아니라, 여자가 남자를 어떻게 마음대로 다루는지도 전혀 몰랐습니다. 또 시인의 다음과 같은 말 따위는 한 번도 들어 본 적이 없었던 것입니다.

아름다운 여자를 정신없이 쫓는 동안
청춘은 빨리 지나가고
백발의 나이만 밀려왔네.
밤마다 근심에 괴로워하니
사랑의 쾌락은 멀어져 갔네.
다툴수록 위태롭기 한이 없고
헛되이 괴로움만 늘어가네.
여자란 어떤 것인가

만약 나에게 묻는다면
보라, 나는 여색의 길에 있어
번개처럼 재빠른 달인이라네,
아, 용감한 사나이도
그 머리에 서리 앉고
돈 떨어지면
여복의 운명도 멀어짐을 알라.

또, 이런 시도 몰랐습니다.*36

여자에게는 거부하라,
여자에게 '아니'라고 말할 수 있다면
신의 뜻을 따르는 사람이다.
여자에게 고삐를 잡히면
출세의 고삐는 못 잡는다.
지혜의 길 부지런히 쫓아서
설사 천 년을 공부하더라도
타고난 재능을 방해하여
그 완벽을 얻지 못하게 하는 것,
―그것이 바로 여자이니라.

또, 이런 시가 있는 것도 알지 못했습니다.

여자는 악마
남자를 저주하여 만들어진 것,
이러한 마녀를 얼른 피하여
알라 곁으로 달려가리라!
여자의 사랑에 유혹당하면
슬픔의 구렁에 떨어져서
이 세상의 행복도 신앙의

깊은 혜택도 잃으리라.

그래서 아내 할리마가 보석상에게 말했습니다.

"나는 이 방에 앉아 있을 테니 당신은 얼른 그이 집으로 가서 문을 두드리고 빨리 그이 방에 들어가 보세요. 그리고 만일 그이 곁에 여자가 있다면 그것은 나하고 똑같이 닮은 그이의 노예계집이에요. (닮은 모습 없는 알라께 영광 있으라!) 만약 옆에 노예계집이 없다면 가게에서 당신이 보신 여자가 나라는 것이 분명해지겠죠. 그러면 나에 대한 의심도 분명히 증명될 거예요."

"정말 그렇군."

남편은 아내를 두고 곧장 밖으로 나갔습니다. 그러자 할리마도 부리나케 비밀통로를 통해 자만에게 가서 지금까지의 일을 대충 얘기해 주었습니다.

"그러니 빨리 문을 열고 그이에게 저를 보여주세요."

그렇게 얘기하고 있는데, 문을 두드리는 소리가 들렸습니다.

"누구십니까?"

"나요, 당신 친구. 당신은 아까 시장에서 노예계집을 보여주셨는데, 좋은 여자를 샀다고 기뻐하기는 했지만, 그것만으로는 부족한 것 같아서 얼굴을 한 번 더 보려고 왔소."

"예, 알았습니다."

카마르 알 자만은 얼른 문을 열어주었습니다.

오바이드가 들어가 보니 자기 아내가 젊은이 옆에 앉아 있다가 벌떡 일어나서 그의 손에 입을 맞추었습니다. 보석상은 여자를 자세히 쳐다보면서 한참 동안 얘기를 해 보았지만 자기 아내와 조금도 다르지 않았습니다.

"알라께서는 뜻대로 뭐든지 만드시는군."

보석상은 그렇게 중얼거리면서 전보다 더한층 실망에 빠져 집에 돌아와 보니, 아내 할리마는 2층 방에 단정히 앉아 있었습니다.

─여기서 날이 훤히 새기 시작하여 샤라자드는 이야기를 그쳤다.

975번째 밤

샤라자드는 이야기를 계속했다.

오, 인자하신 임금님, 보석상인이 방에 들어오자 아내가 물었습니다.

"무얼 보셨어요?"

"그 여자가 그 젊은 상인 옆에 앉아 있었어. 정말 당신하고 똑같더군."

"자, 이제 어서 가게에 나가세요. 그리고 그런 쓸데없는 생각은 버리고, 두 번 다시 저를 의심하지 말아 주세요."

"물론이오, 지나간 일은 너그럽게 용서해 주오."

"알라께서 당신에게 자비를 내려주시기를!"*37

보석상은 아내의 두 뺨에 입을 맞추고 가게로 나갔습니다.

그런 뒤 할리마는 돈 자루를 네 개나 가지고 지하도를 지나 다시 자만에게 갔습니다.

"어서 여행준비를 하세요. 그리고 돈을 운반해 가도록 채비를 하세요. 좋은 생각이 떠올라서 당신을 위해 실행할 작정이니까요."

카마르 알 자만은 밖에 나가 노새를 몇 필 사서 짐 실을 준비를 하고 여행용 가마도 마련했습니다. 그리고 백인 노예와 환관들도 사서 재산을 모조리 도성 밖으로 옮겨 놓고 할리마에게 돌아왔습니다.

"준비를 다 해놓고 왔소."

"저도 준비가 다 됐어요. 그이의 돈과 재물은 모조리 당신 집에 날라다 놓았으니 이제 아무것도 남지 않았어요. 이 모든 것은 다 당신을 사랑하기 때문이에요. 오, 나의 사랑스러운 연인, 당신을 위해서라면 저는 천 번이라도 남편을 희생시키겠어요.

그건 그렇고 이번에는 그이에게 가서 이렇게 작별인사를 하고 오세요.

'사흘 뒤에 이곳을 떠날 예정이어서 작별인사를 하러 왔습니다. 그러니 집세를 얼마나 드려야 하는지 계산해 주십시오. 이따가 돈을 보내 드릴 테니까요.'

그리고 그이의 대답을 듣고서 저에게 알려주세요. 그 결과를 보고 또 생각해 봅시다. 저는 그이를 속여서 화를 돋우어 저와 이혼하게 하려고 온갖 짓을 다 했지만, 그래도 그이는 계속 저에게 반해서 정신을 차리지 못하니, 이

제 우리는 당신의 나라로 달아나는 수밖에 도리가 없어요."

"오, 멋진 생각이오! 그런 행복은 꿈에도 생각지 못했는데!"

카마르 알 자만은 보석상의 가게로 가서 주인 옆에 앉으며 이렇게 말했습니다.

"오, 대장, 사흘 뒤에 고향으로 떠나게 되어 작별인사를 하러 왔습니다. 그러니 집세가 얼마나 되는지 계산해 주십시오. 그것을 내고 마음의 부담을 덜고 싶습니다."

"무슨 말씀을! 나야말로 당신에게 빚이 있는 걸요. 내가 집을 빌려 드렸다고 해서 당신에게서 돈을 받다니요. 우리는 당신한테 여러 가지로 신세를 많이 졌습니다. 그건 그렇고 떠나신다니 정말 섭섭하군요. 될 수만 있다면 당신의 귀국을 말리고 싶소만."

두 사람은 눈물을 흘리며 서로 작별을 고했습니다.

오바이드 대장은 자만과 함께 가게에서 나와 자만의 집으로 갔는데, 할리마가 있다가 두 사람을 반겨 맞으면서 여러 가지 시중을 들어주었습니다.

대장이 자만의 집에서 자기 집으로 돌아가 보니 거기도 할리마가 있었습니다. 그리하여 사흘 동안 대장은 양쪽 집에서 할리마를 만났는데, 사흘이 지나자 할리마가 자만에게 말했습니다.

"그이가 가진 돈과 재물과 그 밖의 양탄자 등 가치 있는 물건은 죄다 당신 집으로 날라다 놓았어요. 남은 건 늘 밤에 마실 것을 가져다주던 그 노예계집뿐이에요. 그 노예계집은 제 친척이고 저하고는 제일 다정하기 때문에 그 애하고는 헤어지기가 싫어요. 그래서 제가 화를 내면서 그 아이를 때리는 시늉을 하고는 남편이 집에 돌아왔을 때 이렇게 말할 거예요.

'난 이제 더는 참을 수 없어요. 저 노예계집과는 도저히 한 지붕 밑에서 못 살겠어요. 그러니 데리고 나가서 팔아주세요.'

그러면 남편은 저 노예계집을 팔 거예요. 그걸 당신이 사면 그 애를 함께 데려갈 수 있어요."

"그것참 좋은 생각이오."

자만이 말하자 할리마는 노예계집을 때렸습니다.

이윽고 보석상인이 집에 돌아와 보니 노예가 울고 있으므로 이유를 물었습니다.

"마님이 때렸어요."

대장은 아내 방으로 가서 물어보았습니다.

"저 노예계집을 때린 모양인데 어찌 된 일이오?"

"오, 여보, 다른 말은 할 것 없고 이 한 마디만 하겠어요. 전 저년이 이제는 꼴도 보기 싫어졌어요. 그러니까 데리고 나가서 팔아 버리거나, 아니면 나와 이혼해 주세요."

"그렇다면 하는 수 없지. 당신 말대로 팔아 버려야지 뭐."

대장은 가게로 나가면서 노예계집을 데리고 자만의 집 앞을 지나갔습니다.

한편 할리마는 보석상이 집에서 나가자 몰래 그 지하도를 통해서 자만에게 달려갔습니다.

자만은 대장이 지나가기 전에 여자를 얼른 가마에 태웠습니다. 그리고 보석상이 노예계집과 함께 다가오는 것을 보고 물었습니다.

"그 여자는 누굽니까?"

"우리에게 밤에 늘 마실 것을 가져다주던 그 노예계집이오. 말을 듣지 않는다고 아내가 화를 내면서 나더러 내다 팔아 버리라는군요."

"부인이 싫으시다면 하는 수 없지요. 그렇다면 그 여자를 나한테 팔지 않으시겠소? 당신들에 대한 추억도 되고, 또 내 노예계집 할리마에게도 시녀가 하나 필요하니까요."

"좋습니다. 이 여자를 데려가십시오."

"그런데 값은 얼마를 치러 드릴까요?"

"한 푼도 받을 생각 없소. 당신에게는 여러 가지로 신세를 졌으니까요."

그리하여 자만은 노예계집을 넘겨받고, 가마 안에 있는 할리마에게 말했습니다.

"대장의 손에 입을 맞추고 인사를 해요."

할리마는 가마에서 나와 오바이드의 손에 입을 맞추고는 다시 가마에 올랐습니다.

그동안 오바이드는 여자를 유심히 살펴보고 있었습니다.

이윽고 자만이 말했습니다.

"오바이드 대장, 이제 당신에 대한 것은 모두 알라께 맡기겠습니다. 부디 이것으로 내 마음의 부담을 없애주시기를!"[*38]

"오, 알라께서 당신의 부담을 없애주시기를! 그리고 무사히 고국으로 돌아가시기를!"

보석상은 자만과 작별을 고하고 눈물을 흘리면서 가게로 나갔습니다. 사실 보석상으로서는 카마르 알 자만과 헤어지는 것이 매우 괴로웠던 것입니다.

왜냐하면 자만은 오랫동안 이 보석상의 친구였고, 우정에는 의리와 인정이 따르게 마련이기 때문입니다.

그러나 한편으로는 아내에 대한 자신의 의혹을 몰아낼 수 있게 된 것이 못 견디게 기뻤습니다. 왜냐하면 젊은이는 이제 떠나버렸고 자기가 지금까지 품고 있었던 의심도 근거가 없다는 것을 알았기 때문입니다.

한편 할리마는 자만에게 말했습니다.

"무사히 여행을 계속하시려면 사람들이 잘 다니지 않는 길을 택해서 가세요."

―여기서 날이 훤히 밝기 시작하여 샤라자드는 이야기를 그쳤다.

976번째 밤

샤라자드는 이야기를 계속했다.

오, 인자하신 임금님, 할리마의 말을 듣고 자만이 대답했습니다.

"알았소."

자만은 여느 길과는 다른 길로 여행을 계속하여 이윽고 이집트*³⁹ 국경에 이르렀으므로, 거기서 파발꾼을 사서 아버지에게 편지를 보냈습니다.

아버지 아브드 알 라만은 그날도 상인들과 함께 시장에 나가 있었는데, 아들 자만이 고향을 떠난 뒤 아무 소식이 없어서 아들과 헤어진 일을 매우 슬퍼하고 있었습니다.

마침 그때 파발꾼이 와서 큰 소리로 불렀습니다.

"여러분, 아브드 알 라만이라는 상인이 어느 분이십니까?"

"무슨 일이오?"

"아드님 카마르 알 자만이라는 사람의 편지를 갖고 왔습니다. 그 아드님과는 알 아리시*⁴⁰에서 헤어졌습니다."

이 말을 들은 라만은 춤이라도 출 듯이 기뻐하며 안도로 가슴을 쓸어내렸습니다.

상인들은 라만을 위해 아들의 무사함을 함께 기뻐하며 축하했습니다. 아버지가 파발꾼이 가져온 편지를 펴보니, 다음과 같은 말이 적혀 있었습니다.

"나의 아버님, 상인 아브드 알 라만 님에게,
카마르 알 자만으로부터

먼저 아버님을 비롯하여 모든 상인 여러분에게 평화가 있기를! 제가 걱정되신다면 알라를 찬양하고 알라께 감사를 드리십시오. 저는 장사를 해서 막대한 돈을 벌어 무사히 건강한 몸으로 돌아왔습니다."

이것을 읽고 라만은 몹시 기뻐하면서 악기를 가져오게 하는 등 성대한 잔치를 준비하기 시작했습니다.

드디어 자만이 알 살리히야*⁴¹의 도성에 이르자 아버지 라만을 비롯하여 모든 상인이 마중을 나왔고, 아버지는 아들을 얼싸안은 채 매우 기뻐서 어쩔 줄을 몰라 하다가 그만 까무러치고 말았습니다.

이윽고 정신을 차린 아버지가 말했습니다.

"오늘은 참으로 경사스런 날이다. 오, 아들아, 전능하신 알라께서는 마침내 우리를 다시 만나게 해 주셨구나."

그리고 다음과 같은 노래를 불렀습니다.

벗이 돌아오니
진정 반갑구나, 반가워,
아침도 저녁도 없이
기쁨 가득 찬 술잔
돌리고 또 돌리리라.
참으로 잘 돌아왔도다,
이 세상의 빛이여, 보름달이여.

이어서 아버지는 기쁨의 눈물을 폭포처럼 쏟으면서 다음과 같은 노래를
불렀습니다.

이 세상의 달*42은
여행을 마치고 나의 문 앞에서
눈부시게 빛나노라,
그 머리카락은 마치
그대 없는 밤의 어둠인가.
깃에서는 새하얀
아침 해 찬란하게 떠오르네.*43

상인들도 자만에게 다가가서 인사를 했는데, 자만 옆에 있는 널찍한 원진
(圓陣)*44 속에는 많은 짐과 가마가 한 대 놓여 있고, 수많은 노비도 있었습니
다. 사람들은 자만 일행을 집까지 데려다주었습니다.

이윽고 아버지는 가마에서 나온 할리마를 보고, 이 여자는 모든 남자의 마
음을 홀리는 요사스러운 계집이 틀림없다고 꿰뚫어 보았습니다.

그들은 두 사람을 2층 방으로 안내했는데, 그곳은 마치 마술에서 풀려난
보물창고처럼 매우 아름답게 꾸며져 있었습니다.

자만의 어머니는 할리마를 보자 너무나 아름다운 모습에 황홀해져서 틀림
없이 어느 왕비님일 거라 생각하고 조심조심 물었습니다.

"부인은 대체 누구시오?"

"저는 댁의 아드님의 아내입니다."

"내 아들이 당신과 결혼했다면 우리도 두 사람을 위해 결혼잔치를 해야지."

한편 라만은 사람들이 돌아간 뒤 아들을 불러 놓고 물었습니다.

"오, 아들아, 네가 데려온 그 노예계집은 얼마에 샀느냐?"*45

"오, 아버님, 그 여자는 노예계집이 아닙니다. 제가 여행을 떠난 것도 원
인을 따지면 그 여자 때문이었습니다."

"그게 무슨 소리냐?"

"아버님, 기억나시지요? 언젠가 우리 집에 묵은 수도승이 그날 밤 바로
저 여자 이야기를 했던 것입니다. 그것을 듣고 저는 어떻게 해서든 그 여자

를 찾아내겠다는 한마음으로 길을 떠났는데, 도중에 아라비아인 도둑을 만나 돈과 소지품을 모두 빼앗겨 빈털터리가 되고 말았습니다. 그 뒤에도 혼자 바소라에 들어가서 여러 사건을 경험했습니다."

자만은 아버지에게 자기가 그동안 겪은 일들을 자세히 이야기해 주었습니다.

"애야, 그래서 너는 저 여자와 결혼을 해 버린 것이냐?"

"아닙니다. 다만 결혼약속을 했을 뿐입니다."

"그럼 저 여자와 결혼할 작정이란 말이냐?"

"만약 아버님께서 허락해 주시면 그리하고, 안 된다고 하시면 하지 않겠습니다."

"만약 네가 저 여자와 결혼한다면, 나는 일곱 번 환생할 때까지 너와 인연을 끊고 의절하겠다. 내가 우리의 관계를 끊겠다는 것은 그리 호락호락한 것이 아니다. 저 여자가 자기 남편에게 그렇게 무참한 짓을 한 것을 보면, 도저히 너하고도 행복한 결혼생활을 할 리가 없다. 너 때문에 남편을 버린 것처럼, 다른 남자 때문에 언젠가는 너도 같은 신세가 될 게 틀림없어. 왜냐하면 저 여자는 간악한 여자이고, 간악한 여자가 하는 말은 믿을 수 없기 때문이다. 그러니, 네가 내 말을 거역하면 나는 분노할 것이다. 그러나 내 말을 순순히 듣는다면, 내 전 재산을 털어서라도 저 여자보다 더 예쁜 처녀를 찾아주마. 순진하고 정숙한 여자 말이다. 그리고 더없이 성대한 잔치를 열어두 사람의 앞날을 축복해 주마. 저 집 아들은 집안도 없고 친척도 없는 노예와 결혼했다는 말을 듣기보다는, 이러이러한 집안의 딸과 결혼했다는 말을 듣는 것이 훨씬 좋지 않겠느냐?"

아버지는 자신의 의견을 더욱 뒷받침하기 위해, 여러 증거와 이야기, 실례와 노래와 비유를 들어서 할리마와의 결혼을 말리려고 설득했습니다. 그러자 마침내 카마르 알 자만은 이렇게 소리쳤습니다.

"오, 아버님, 그렇다면 제가 저 여자와 결혼하는 것은 결코 옳은 일이 아니군요."

이 말을 들은 아버지는 무척 기뻐하며 아들의 이마에 입을 맞추었습니다.

"오, 아들아, 이제 알았느냐? 그래야지 내 아들이지. 네 아내로는 더없이 예쁘고 마음씨 고운 처녀를 꼭 찾아주마."

그리고 아버지는 오바이드의 할리마와 그 시녀를 2층의 한 방에 가두고

흑인 노예계집에게 두 사람이 먹을 것과 물을 나르게 한 다음, 할리마에게 이렇게 말했습니다.

"너희 둘은 이 방에서 절대로 한 발짝도 나와선 안 된다. 누구든 너희를 살 사람이 나타날 때까지 여기 있어라. 만약 싫다고 하는 날엔 두 사람 다 죽여 버릴 테니 그리 알아라. 너는 남편을 배신한 간악한 여자로서 한 가닥의 양심도 없는 계집이기 때문이다."

그러자 할리마가 대답했습니다.

"좋도록 하세요. 자신이 뿌린 씨앗은 자신이 거두는 법이니 어떻게 된다 해도 하는 수 없는 일이지요."

라만은 그 방에 자물쇠를 채우고 집안의 여자들에게도 엄중히 분부했습니다.

"어느 누구도 이 두 사람 곁에 가까이 가거나 말을 해서는 안 된다. 다만 흑인 노예계집만은 2층 방의 창문으로 물과 먹을 것을 넣어주도록 해라."

이렇게 하여 할리마는 남편을 매정하게 버린 일을 눈물로 후회하면서 시녀와 둘이 살게 되었습니다.

이렇게 해 놓고 아버지 라만은 여자 중매인들을 곳곳에 보내 아들의 신붓감으로 어울리는 좋은 집안의 처녀를 찾도록 했습니다.

그리하여 여자들이 곳곳을 돌아다니며 좀더 아름답고 조건이 좋은 처녀를 찾는 동안, 마침내 알 이슬람의 장로*46의 저택에 가서 그 집 딸을 보았습니다.

그 처녀는 카이로에서도 견줄 자가 없을 만큼 아름다운 얼굴에 균형 잡힌 몸매와 타고난 기품을 갖춘, 할리마보다 수천 배나 뛰어난 숫처녀였습니다.

중매쟁이 여자가 이런 사실을 아버지 라만에게 알렸더니, 아버지는 집안 사람들과 함께 그 장로를 찾아가서 혼담을 청했습니다. 그리하여 아브드 알 라만은 아들과 그 처녀의 결혼계약서를 작성하고 성대한 결혼식을 올려준 뒤, 저택을 개방하고 40일이나 피로연을 열었습니다.

첫날에는 학자들을 초대하여 훌륭한 축연*47을 열고 다음 날에는 상인 거간꾼을 부르는 등, 날마다 신분과 직업이 다른 사람들을 초대했고, 온 나라 안의 신학자와 태수와 무인*48과 관리들도 모두 초대했습니다.

그동안 끊임없이 피리와 북을 울리면서, 라만은 아들 자만과 함께 손님들을 접대했고, 손님들이 음식을 먹는 모습을 보며 흐뭇해하고 기뻐했습니다.

그뿐만 아니라 온 거리에 등불을 밝히고 여기저기서 어릿광대와 마술사들이 모여들어 온갖 여흥을 펼치니, 그야말로 성대한 잔치가 되었습니다.

마지막 날에는 멀고 가까운 고장에서 수도승과 가난한 사람들까지 초대했습니다. 라만과 자만은 나란히 앉아서, 그들이 줄지어 음식을 먹는 광경을 바라보며 기뻐했습니다.

그런데 그 가난한 사람들 속에, 할리마의 남편인 보석상 우두머리 오바이드가 끼여 있었습니다. 보기에도 딱하고 가엾은 몰골로, 얼굴에는 방랑의 피로와 덧없는 세상의 고뇌가 생생하게 나타나 있었습니다.

그 모습을 본 카마르 알 자만은 늙고 여위기는 했어도 그자가 틀림없이 오바이드임을 알아차리고 아버지에게 말했습니다.

"오, 아버님, 저기 문 앞에 서 있는 저 가엾은 늙은이를 좀 보십시오."

라만이 그쪽을 보니, 몸에는 은화 두 닢 어치도 되지 않는 겉옷[*49]을 걸치고 얼굴은 진흙투성이가 되어 다 쓰러져가는 순례자 같은 모습을 한 늙은이가 눈에 띄었습니다.

그는 병자와 같은 신음을 내며 비틀거리고 있었습니다. 그 모습은 다음의 노래에 있는 것과 같았습니다.[*50]

돈 떨어지면 사람은 시들어
마치 해가 서산에 저물어
스산해지는 꼴과 같다.
사람들 속에 섞이면
얼른 머리를 숙이고
홀로 걸을 때는
흐르는 눈물 멈추지 않는구나.
그 모습이 보이지 않는다고
마음에 두는 사람 없고
추억도 상관없네.
혹시 있다 해도 이 세상의
쾌락을 누릴 방법도 없으니,
한 번 가난의 저주받으면

설령 고향에 있어도
타향 사람!

또, 이와 같은 모습을 노래한 다음과 같은 시도 있습니다.

가난한 자는 무슨 일이든
거절당하고 학대받으면서,
어디를 가나 세상은
문을 닫고 얼씬도 못하게 하네.
죄도 없이 미움을 받고
까닭도 없이 적이 되네.
부자에게는 개조차도
그 발밑에 꿇어 엎드려
아침의 꼬리를 흔들건만
가난한 자를 보면 공연히
짖어대며 물어뜯는다네.

또 다른 시인은 이렇게 노래했습니다.

마음이 너그러운 젊은이가
행운을 얻어 재물을 쌓으면
무서운 일, 싫은 일
모두 어디론가 사라지고
시샘하는 자도 어느덧
뚜쟁이처럼 아침하네.
약속하지 않아도 정부조차
허둥지둥 만나러 오네.
자랑스러운 젊은이가
소리도 요란하게 방귀를 뀌면
"좋은 노래로다." 칭찬을 하고

소리 없이 슬며시 방귀를 뀌면
희한한 냄새로다 칭찬들 하네.

—여기서 날이 훤히 새기 시작하여 샤라자드는 이야기를 그쳤다.

977번째 밤

샤라자드는 이야기를 계속했다.

오, 인자하신 임금님, 아들 카마르 알 자만이 아버지 아브드 알 라만에게
말했습니다.

"저 거지를 좀 보십시오!"

아버지는 아들에게 물었습니다.

"아들아, 저 사람은 대체 누구냐?"

"아버님, 저 사람이 바로 집에 감금된 할리마의 남편인 보석상 우두머리
오바이드입니다."

"네가 나에게 말한 자가 바로 저 사람이냐?"

"예."

오바이드 대장이 이런 꼴로 여기까지 찾아온 데는 다음과 같은 사연이 있
었습니다. 그때 오바이드는 자만과 헤어진 다음, 일단 가게로 갔다가 한참
뒤 집으로 돌아가서 문을 열고 들어가 보니, 아내는 보이지 않고 집 안은 온
통 엉망이 되어 있습니다. 마치 다음의 시와 같은 광경이었습니다.[51]

방, 방, 방은 마치
꿀벌이 잘 저장해 둔 벌집과 같다.
벌이 가버리니
집 안은 텅 비어 버리는구나.

집 안에 아무도 없다는 것을 안 오바이드는 미친 사람처럼 구석구석을 살
펴보았지만 아무도 없었습니다. 그래서 재물을 간직해 둔 방에 가 보았더니,

거기 있어야 할 돈과 그 많던 재물이 그림자조차도 없었습니다.

그제야 오바이드는 간신히 이치에 맞지 않는 헛된 꿈에서 깨어나 아내에게 배신당한 것을 알고 무척 슬퍼하며 울었으나 이 사실은 비밀에 부치기로 했습니다.

자기를 배신한 아내가 이 사실을 알면 의기양양해하며 기뻐할 것이고, 친한 친구들에게 알려져서 걱정을 끼치는 것도 창피했기 때문입니다.

사실 이 비밀이 드러났더라면 오바이드는 다만 사람들의 비웃음만 샀을 뿐, 아무런 이득도 없었을 겁니다. 그는 속으로 생각했습니다.

'오바이드여, 네 몸에 내린 이 고난과 재앙은 절대로 남에게 말하지 않는 것이 좋다. 이렇게 말한 사람도 있지 않느냐.'

> 가슴에 숨긴 재앙 때문에
> 마음은 아프리라, 하지만
> 가슴에 숨긴 재앙을 말하면
> 마음은 더욱더 아파지리라.

그래서 오바이드는 대문을 닫고 자물쇠를 채운 다음 가게에 가서 하인 하나를 불렀습니다.

"그 젊은 상인이 꼭 카이로에 같이 가자고 조르는구나. 그저 도시를 구경하고 심심풀이를 하자는 것인데 우리 부부와 같이 가야 한다고 하는구나. 그래서 가게는 한동안 너에게 모두 맡길 테니 만약 임금님께서 물으시거든 '부인을 데리고 성지순례를 떠났습니다'*52 하고 대답해 다오."

그리고 약간의 가재도구를 팔아서 노예여자*53와 낙타, 노새 그리고 백인 노예를 사서 여자만 가마에 태워 열흘 뒤에 바소라를 떠났습니다. 친구들은 모두 오바이드가 아내와 함께 순례를 떠나는 줄만 알았습니다.

마을 사람들은 모두 이 일을 진심으로 기뻐했습니다. 그것은 오바이드가 아내를 데리고 순례의 길을 떠난다면, 금요일 아침마다 사원이나 집 안에 갇혀 있지 않아도 되기 때문입니다. 그중에는 이렇게 기도하는 사람도 있었습니다.

"알라께서 두 번 다시 그자를 바소라로 돌려보내지 마셨으면! 우리가 금요일마다 사원이나 집에 갇혀 있지 않아도 되도록!"

이 금요일 아침의 관습은 바소라 사람들에게는 매우 괴로운 일이었던 것입니다.

"내 생각 같아선 그자는 바소라 사람들이 소망하기 때문에 여행에서 돌아오지 못할걸."*54

"만일 그 사람이 다시 돌아온다 해도 별로 좋은 일은 없을 거야."*55

이런 식으로 보석상에 대해 원한을 품고 있던 사람들은 그가 길을 떠난 것을 무척 기뻐했고, 심지어 바소라의 개와 고양이까지 함께 좋아했습니다.

그런데도 금요일이 되자 포고관리는 언제나처럼 변함없이 기도시간 두 시간 전에 사원에 모이거나 아니면 개, 고양이와 함께 집 안에 들어가 있으라고 알렸습니다.

그것을 듣고 화가 난 사람들은 시민대회를 연 뒤 어전으로 몰려가서 왕 앞에 엎드려 하소연하며 도와주기를 간절히 바랐습니다.

"오, 현세의 임금님이시여, 보석상 오바이드가 아내를 데리고 성지순례의 길을 떠났으니 저희는 이제 집 안에 들어갈 필요가 없을 줄 압니다. 그런데 왜 오늘도 밖에 나오지 못하게 하시는 겁니까?"

그러자 왕이 말했습니다.

"그 배신자 놈은 도대체 무슨 이유로 나에게 한마디 말도 없이 떠났단 말이냐? 돌아오면 혼을 내줄 테다. 그렇다면 모두 가게로 돌아가서 장사하도록 해라. 이 귀찮은 관습은 그만두기로 한다."

한편 보석상 오바이드는 열흘 동안 여행을 계속하여 바그다드 가까이에 도착했습니다. 그때 예전에 카마르 알 자만이 바소라로 들어가기 전에 당한 것과 같은 재난을 만나, 아랍인*56 도둑 떼에 옷과 소지품을 죄다 빼앗기고 죽은 척하고 있다가 간신히 목숨만 건졌습니다.

아랍인 도둑 떼가 가버린 뒤, 보석상은 몸을 일으켜 알몸으로 여행을 계속하여 간신히 어떤 마을에 도착했습니다. 그리고 다행히 알라의 자비인지 인심이 후한 사람들을 만나 헌옷을 얻어 알몸을 가릴 수 있게 되었습니다. 그때부터는 구걸하면서 도시에서 도시로 여행을 계속한 끝에, 마침내 신이 수호하시는 카이로에 도착한 것입니다.

그리하여 보석상이 주린 배를 안고 시장거리를 돌아다니며 구걸을 하고 있으려니 한 남자가 다가와서 말했습니다.

"오, 가엾은 사람이여, 결혼잔치를 하는 집이 있으니 거기 가시오. 오늘은 수도승과 가난한 자에게 베풀어주는 날이니, 거기 가면 실컷 얻어 드실 수 있을 거요."

"어디로 가야 하는지 길을 모릅니다."

"그럼 나를 따라오시오. 가르쳐 드릴 테니."

그 남자는 보석상을 아브드 알 라만 집으로 데려갔습니다.

"여기가 잔칫집이오. 두려워할 것 없으니 안으로 들어가시오. 잔칫집에는 문지기가 없는 법이라오."

그래서 오바이드가 안으로 들어갔을 때 자만의 눈에 띄었던 것입니다.

라만은 아들에게 말했습니다.

"오, 아들아, 지금은 저자를 그냥 내버려 두는 것이 좋겠다. 배가 무척 고픈 모양이니 실컷 먹게 내버려 둬라. 기운을 회복하거든 이리 부르자."

두 사람이 한참 기다리고 있는 동안 오바이드는 양껏 음식을 먹고 나서 손을 씻고 커피와 사향, 용연향으로 향을 곁들인 과일즙을 마신 뒤 떠나려 했습니다. 그때 아브드 알 라만은 시동을 시켜 그 뒤를 쫓아가게 했습니다.

"여보세요, 외국 양반, 이리로 오십시오. 상인 아브드 알 라만 님께서 볼 일이 있으시다고 합니다."

"아브드 알 라만이 누굽니까?"

"이 잔치의 주인입니다."

오바이드는 그 사람이 틀림없이 자기에게 선심을 써주리라 생각하고 라만에게 갔는데, 뜻밖에도 그 옆에 자신의 친구 카마르 알 자만이 앉아 있는 게 아니겠습니까? 보석상은 그를 보자 너무나 창피하여 그만 까무러칠 지경이었습니다.

그러나 자만이 벌떡 일어나 오바이드를 끌어안고 진심으로 반갑게 인사를 하자, 두 사람은 함께 정신없이 울었습니다.

이윽고 자만이 오바이드를 옆에 앉히자, 아브드 알 라만이 아들에게 말했습니다.

"친구를 그렇게 맞이하는 것은 친절이 아니다. 먼저 목욕탕으로 안내하고 금화 1천 닢*57이나 하는 가장 좋은 옷을 한 벌 드리도록 해라."

그래서 자만은 오바이드를 목욕탕에 안내하여 몸을 씻어주고 좋은 옷을 입혀주니, 그에게는 다시 보석상 우두머리다운 훌륭한 위엄이 되살아났습니다.

그러자 사람들이 자만에게 물었습니다.

"저 사람은 대체 누구요? 당신은 언제부터 저분을 알고 계십니까?"

"내가 저분에게 신세를 많이 졌습니다. 나를 재워주고 여러 가지로 친절하게 대접해 주셨지요. 매우 부유한 신분의 보석상인으로 그 분야에서는 어깨를 겨룰 자가 없는 유명한 분입니다. 그래서 바소라의 임금님도 저분을 무척 아끼시어 명예로운 지위를 주시고, 저분의 말이라면 뭐든지 들어주신답니다."

젊은이는 사람들 앞에서 보석상을 한껏 칭찬했습니다.

"저분은 나를 여러 가지로 친절하게 보살펴주었습니다. 나는 그 깊은 호의에 어떻게 보답해야 할지 모를 정도입니다."

자만이 줄곧 오바이드를 칭찬하자 사람들의 눈에도 갑자기 그 보석상이 매우 존경할 만한 사람으로 보였습니다.

"우리도 당신을 믿고 저분에게 경의를 표하기로 하지요. 그런데 저분은 무슨 까닭으로 고향을 버리고 이곳에 오셨는지요? 차마 눈 뜨고 볼 수 없는 그런 모습으로 굴러떨어지다니, 알라께서는 도대체 왜 그러셨을까요?"

"오, 여러분, 그런 의심을 품어서는 안 됩니다. 아담의 아들은 번성함과 쇠락함이 서로 바뀌는 운명에서 잠시도 벗어날 수 없고, 이 세상을 살아가는 한 재난을 피할 수 없는 법입니다.

시인도 이렇게 노래하고 있지 않습니까?

이 티끌 같은 세상은 곧잘
사람의 마음을 무참히도 찢어 놓으니
명예나 지위의 유혹에
꿈에도 굴하지 말라.
명심하여 죄에서 멀리 벗어나라.
재앙과 파멸이
뜬세상의 법도임을 알라.

아주 조그만 불행 때문에
아주 커다란 행운이
떠나가기 몇 번이던가.
세상의 모든 것은 변천의
원인을 스스로 잉태하는 법!

  내가 바소라에 들어갔을 때는 저분보다 더 심한 꼴을 하고 있었습니다. 저분은 누더기라도 걸치고 카이로에 오셨지만, 나는 글자 그대로 알몸이라 한 손으로는 앞을 가리고 다른 손으로는 엉덩이를 가린 채 바소라로 들어가야 했습니다. 그때 알라와 저분 말고는 아무도 나를 동정해 주는 사람이 없었습니다. 왜 그렇게 되었는고 하니, 아라비아인 도둑이 습격해 와서 나를 알몸으로 만들고 낙타와 암소와 짐을 빼앗고 시동과 노예들을 모조리 죽여 버렸기 때문입니다. 나는 죽은 사람들 틈에 꼼짝 않고 누워 있었으므로 아라비아인들은 내가 죽은 줄만 알고 그대로 가버렸던 것입니다.
  그래서 나는 일어나서 알몸 그대로 바소라에 들어갔는데, 그때 저분을 만나 옷을 얻어 입고 그 집에 머물게 되었던 겁니다.
  거기다 나는 많은 돈을 얻어 썼습니다. 내가 가지고 온 것은 모두 알라와 저분의 호의에 의한 것입니다. 내가 바소라를 떠날 때도 저분이 온갖 귀한 것을 주서서 나는 의기양양하게 고향으로 돌아올 수 있었던 것입니다.
  내가 떠날 때까지는 저 오바이드 님은 상당히 부유한 신분이었습니다. 그 뒤에 아마 불행을 당하여 가족을 버리고 고향을 떠나게 되어 도중에 내가 당한 것과 같은 재난을 만난 듯합니다. 그러니 조금도 이상하게 생각할 것 없습니다. 나는 지금 저 오바이드 님의 고귀한 행위에 보답하여, 시인의 이런 노래에 있는 것처럼 은혜를 갚을 생각입니다.”

드높은 찬사로서
‘세월’을 찬양하는 자여,
‘세월’이 무엇을 이루고
무엇을 이루지 못했는지
그대는 자세히 아는가?

    적어도 그대가 할 일을
    진심을 담아 수행하라.
    언젠가 그것은 반드시
    보답을 받으리라.

  자만이 사람들에게 이렇게 이야기하고 있을 때, 오바이드가 상인 우두머리다운 훌륭한 차림으로 나타났습니다.

  사람들은 모두 일어나 인사를 하고 오바이드를 윗자리에 앉혔습니다. 잠시 뒤 카마르 알 자만이 오바이드에게 말했습니다.

  "오, 나의 벗이여, 참으로 잘 오셨습니다. 당신이 당한 재난을 얘기할 필요는 없습니다. 내가 당신보다 먼저 같은 변을 당하여 잘 알고 있으니까 더 이상의 설명은 필요 없습니다. 아라비아인이 당신 옷을 벗기고 재물을 빼앗았다 하더라도, 우리가 가진 돈은 우리의 육체를 보상하기 위한 몸값에 지나지 않으니 조금도 걱정하실 필요 없습니다. 내가 당신의 도성에 벌거숭이로 들어갔을 때 당신에게서 옷을 얻어 입고 여러모로 후한 대접을 받았으니, 이번에는 내가 그 은혜를 갚을 차례입니다."

  —여기서 날이 훤히 밝기 시작하여 샤라자드는 이야기를 그쳤다.

978번째 밤

  샤라자드는 이야기를 계속했다.

  오, 인자하신 임금님, 카마르 알 자만은 보석상 우두머리 오바이드에게 말했습니다.

  "정말로 나는 당신이 나에게 해 주신 대로 해 드리겠소. 아니, 반드시 그보다 더 이상으로 해 드리고 싶소. 그러니 부디 기운을 내십시오."

  그러면서 오바이드가 입을 열 기회를 주지 않았습니다. 그것은 오바이드가 아내와 자기에 대한 얘기를 꺼내면 난처하기 때문이었습니다. 그리하여 자만은 계속 격언과 우화, 노래, 이야기, 전설 등을 차례로 끌어내면서 그를 위로했습니다.

오바이드도 자만의 마음을 짐작하고 과거에 대한 것은 아무 말도 하지 않았습니다. 그리고 젊은이의 재미있고 신기한 이야기를 흥미롭게 들으면서 마음속으로 다음과 같은 노래를 읊고 있었습니다.

아, 세상의 꼭대기에
하나의 법도가 씌어 있도다.
그대 그것을 읽으면 비처럼
피눈물 쏟으리라,

이 세상은 오른손으로
사람의 아들에게 술잔 주지 않고,
왼손으로 파멸의 잔
들이켜게 할 뿐.

이윽고 카마르 알 자만과 아버지는 오바이드를 안채의 손님방으로 안내하여 사람을 물리친 뒤 세 사람만 남게 되자, 먼저 아브드 알 라만이 오바이드에게 말했습니다.

"당신이 사람들 앞에서 얘기할 기회를 주지 않은 것은, 당신이나 우리에게나 명예롭지 못한 일이 될까 봐 두려웠기 때문이오. 하지만 지금은 우리뿐이니, 당신 부부와 내 아들 사이에 일어난 일을 전부 얘기해 주시오."

그래서 오바이드는 처음부터 끝까지 모든 것을 이야기했습니다.

"그렇다면 잘못은 내 아들에게 있나요? 아니면 당신 부인에게 있나요?"

"아드님에게는 조금도 잘못이 없습니다. 남자란 원래부터 여자를 보면 색정이 일어나게 만들어진 존재니까요. 남자로부터 몸을 지키는 것은 여자에게 부여된 의무입니다. 그러니 죄는 제 아내에게 있으며 아내가 저를 배신해서 이렇게 된 것입니다."*58

라만은 일어나서 아들 자만을 따로 불러냈습니다.

"아들아, 나는 저 남자의 아내가 남편을 배신한 간악한 여자라는 것을 확인했다. 그래서 나는 오바이드가 참으로 명예를 존중하는 사내다운 인물인지, 아니면 아내의 부정을 알고도 넘겨 버리는 비겁한 남편*59인지 시험해보려 한다.”

“어떻게 시험을 하시렵니까?”

“먼저 아내와 화해하라고 오바이드에게 권해 보겠다. 오바이드가 이를 승낙하고 아내의 죄를 용서한다면, 나는 그 자리에서 오바이드를 베어 버리고 그 아내와 하녀도 죽여 버릴 테다. 간악한 여자를 용서하고 받아들이는 남편이나 행실이 더러운 여자는 살려둬 봤자 이로울 게 없으니 말이다.*60 그러나 아내를 용서하지 않고 두 번 다시 돌아보지 않는다면, 나는 그자를 네 누이와 짝지어서 네가 그 남자의 집에서 가지고 온 것 이상으로 많은 재산을 나눠줄 참이다.”

그런 다음에 아버지는 오바이드에게 가서 이렇게 말했습니다.

“오, 손님, 여자를 상대하는 데는 인내와 도량이 필요하고, 여자를 사랑하는 데는 강한 의지의 힘이 있어야 하오. 왜냐하면 여자는 남자보다 얼굴이 아름답다는 것을 믿고 남자를 농락하거나 배신하기 때문이오. 여자란 덮어놓고 으스대며 남자를 무시하지요. 특히 남편이 아내에게 애정을 표시하면 할수록 더한 것 같소.

그럴 때 아내는 언제나 거만한 태도를 보이거나 교태를 부려 보이고, 또 온갖 마음에도 없는 행동으로 나오기도 하는 법이라오. 그렇다고 마음에 거슬리는 결점을 발견할 때마다 아내에게 화를 낸다면 도저히 부부 사이가 원만해질 수 없소. 남편은 어떤 아내에게나 마음이 넓고 참을성이 강한 남자가 되지 않으면, 아내와 화합을 이루기 어려운 법이라오.

남편이 아내에게 관대하고, 나쁜 짓을 하더라도 용서해 주지 않는다면, 함께 살아도 득이 될 것은 아무것도 없소. 또 실제로 부부에 대해서는 옛날부터 이런 말이 있소.

‘설령 몸은 천상에 있더라도 남자의 얼굴은 여자 쪽을 향한다. 힘이 있어 죄를 용서하는 남편은 알라의 보답을 받으리라.’

그런데 그 여자와 당신은 오랫동안 부부로서 함께 살아온 사이이니, 어떻게든 이번에는 너그럽게 용서해 주어야 합니다. 금실이 좋은 것에 성공의 비결이 있으니까요. 게다가 여자란 존재는 대체로 지각이 모자라고, 신앙심이 약한 법.*61 그래도 그런 여자가 한 번 죄를 짓고 후회한다면, 두 번 다시 되풀이하는 일이 없다오. 그러니 내 생각으로는 당신이 부인과 화해를 하시는 편이 좋으리라고 생각하오.

그러면 나는 부인이 당신에게서 빼앗은 것보다 더 많은 재물을 드리겠소. 그리고 당신만 좋다면 우리 집에서 같이 사십시다. 당신 부부는 반드시 즐거운 세월을 보낼 수 있을 것이오. 또 고향으로 돌아가고 싶다면 돌아가도 좋소. 원래 남자와 아내 사이의 다툼은 옛날부터 끊어지는 일이 없으니까요. 그러니 너그럽게 생각하시고 거친 행동은 하지 않는 게 좋을 거요."

"오, 주인장, 그런데 제 아내는 어디 있습니까?"

"우리 집 2층 방에 있소. 나를 봐서 부디 부인에게 가서 위로해 주시오. 절대로 나무라지는 마시오. 내 아들이 부인을 데려왔을 때 아들은 결혼할 작정이었는데, 나는 그것을 막고 2층 방에 부인을 가두고 자물쇠를 채워 두었소. 왜냐하면 나는 그때 '만약 이 여자의 남편이 찾아오거든 고스란히 돌려주자. 이토록 아름다운 여자이니 설마 남편이 버리지는 않겠지.' 그렇게 생각했기 때문이오. 그런데 내가 예상한 대로 되었으니, 당신과 부인을 다시 만나게 해 주신 전능하신 알라를 찬양합시다! 내 아들은 다른 처녀하고 결혼시켜 주었소. 오늘 잔치가 바로 그 결혼잔치였소. 오늘 밤에 아들은 신방에 들 것이오. 이것이 부인이 있는 방의 열쇠니 어서 가서 부인하고 화해를 하시오. 먹을 것과 마실 것을 갖다 드릴 테니 마음껏 즐긴 뒤에 내려오시면 되오."

"오, 주인장, 알라께서 반드시 당신의 선행에 보답하실 겁니다."

오바이드는 이렇게 외친 뒤, 열쇠를 받아들고 기쁜 듯이 2층으로 올라갔습니다.

아브드 알 라만은 오바이드가 틀림없이 자기가 한 말을 기꺼이 받아들인 줄 알고, 칼을 들고 몰래 뒤따라가서 그와 아내 사이에 어떤 일이 일어나는지 엿보았습니다.

보석상 오바이드가 방문 앞까지 가니, 안에서 아내 할리마의 울음소리가 들려왔습니다. 카마르 알 자만이 다른 여자와 결혼한 사실을 알고 한탄하고 있었던 것입니다. 노예계집의 목소리도 들려왔습니다.

"마님, 저는 몇 번이나 그 젊은 나리와 결혼해 봤자 좋은 일이 없을 테니 빨리 헤어지시라고 말씀드렸잖아요. 그런데도 제 말을 듣지 않으시고 주인

나리의 재물을 훔쳐서 젊은이에게 주었을 뿐만 아니라, 그 남자에게 완전히 반해서 고향을 버리고 이 나라까지 오시지 않았어요? 그런데 결국 젊은이는 마님은 조금도 생각하지 않고 다른 여자와 결혼해 버렸어요. 결국 마님의 어리석은 불륜 때문에 이런 끔찍한 감금까지 당하게 되고 만 거예요."

그러자 할리마가 소리쳤습니다.

"시끄럽다. 이 지긋지긋한 계집! 그이는 다른 여자와 결혼은 했지만 언젠가는 나를 생각해 줄 거야. 나는 그이와 같이 지낸 밤을 도저히 잊을 수가 없어. 그래서 언제나 이런 시를 생각하며 마음을 달래고 있지.

아, 나의 주인들이여
그대들은 생각하는가, 그 사람을.
벗도 없이 오직 홀로
그대에게 돌아오는 그 사람이니
꿈에도 잊지 말지어다.
그대 위해 그 사람은
자신의 몸마저 잊었으니.

그이는 틀림없이 내 애정을, 나와 정답게 주고받은 이야기를 생각하고 나를 찾아올 거야. 그러니 나는 언제까지나 그이만 생각하면서, 설령 여기서 묶인 채 죽더라도 그 사람을 계속 사랑할 테야. 그이는 나의 연인이고 생명인걸. 나는 그이를 깊이 믿고 있어. 언젠가는 나에게 돌아와서 나를 상냥하게 위로해 주실 거야."

보석상 오바이드는 이 말을 듣고 당장 방 안으로 뛰어들어가서 아내에게 말했습니다.

"이 더러운 년! 너는 그 젊은이에게 아직도 미련이 남아 있는 모양인데, 그것은 마치 악마*[62]가 천국에 미련을 두고 있는 것과 같으리라. 네 마음에 이러한 불륜과 악덕이 숨어 있다는 것을 나는 몰랐노라. 내가 너의 괘씸한 행동을 한 번이라도 알았더라면, 너를 잠시도 내 곁에 두지 않았을 것이다. 그러나 이제 나는 네년이 저지른 죄를 똑똑히 알았다. 비록 너 때문에 내가 죽는 한이 있더라도 나는 너를 살려두지 않겠다. 이 부정한 년!"

보석상은 두 손으로 여자를 움켜잡고, 다음과 같은 시를 읊었습니다.

아, 아름다운 여자여,
너는 나의 참된 사랑을 배반하고
불륜의 죄 저지르며
올바른 길을 지키지 않았구나.
오랜 세월 나는 너에게
어리석은 사랑 쏟았건만
지금은 나의 사랑 귀찮고 싫어져서
네 얼굴조차 밉기만 하구나.

그리고 보석상은 여자의 숨통을 졸라 목을 부러뜨리고 말았습니다.

이 광경을 본 노예계집은 목청껏 비명을 질렀습니다.

"아, 이를 어째! 마님!"

"오, 못된 년, 이것도 다 네 책임이다. 너는 왜 아내의 행실을 알고도 나에게 말해 주지 않았느냐."*63

보석상은 이렇게 소리치며 노예계집에게 덤벼들어, 역시 목을 졸라 죽이고 말았습니다.

그동안 아브드 알 라만은 손에 칼을 쥔 채 문밖에서 귀를 세우고 주의를 집중해 동정을 엿보고 있었습니다.

그런데 두 사람을 죽여 버리고 나자 비로소 불안에 사로잡힌 보석상 오바이드는 자신이 저지른 일에 두려움을 느껴 멍하니 정신을 잃은 채 혼잣말을 했습니다.

"오! 이 집 주인은 내가 이 저택에서 두 사람을 죽인 사실을 알면 틀림없이 나를 죽일 것이다. 하지만 전능하신 알라께, 내가 아직 진실한 신앙을 가지고 있는 동안에 목숨을 거두어 가시라고 기도드리자!"

보석상은 자신이 어떻게 처신하면 좋을지 도무지 알 수 없었습니다. 그때 뜻밖에도 아브드 알 라만이 문밖에서 모습을 드러냈습니다.

"걱정할 것 없소. 당신이 한 행동은 자신을 구할 만한 가치가 있는 것이었으니까. 내가 쥐고 있는 이 칼을 보시오. 당신이 이 여자와 화해하여 아무

일도 없었던 것처럼 돌아간다면, 나는 당신을 그냥 살려두지 않을 생각이었소. 저 여자도 시녀도 함께 말이오. 하지만 당신은 그들을 훌륭히 해치웠소. 그 보상으로 나는 카마르 알 자만의 누이를 당신과 짝지어주겠소.”

라만은 오바이드를 아래층으로 데리고 내려가서 노비들을 불러 두 여자의 시체를 치우게 했습니다.

곧 카마르 알 자만이 바소라에서 데려온 두 노예계집이 갑자기 죽었다는 소문이 퍼지자 사람들은 그를 위로해 주었습니다.

“당신의 장수를 기원합니다!”

“알라께서 당신에게 보상을 내려주시기를!”

두 사람의 시체는 수의에 싸여 땅속에 묻혔고, 이 사건의 진상을 아는 사람은 아무도 없었습니다.

얼마 지나자, 아브드 알 라만은 이슬람교의 장로와 마을의 이름난 사람들을 한 사람도 빠짐없이 불러 놓고 말했습니다.

“장로님, 제 딸 카우카브 알 살라*64와 보석상 오바이드의 결혼계약서를 작성하고, 딸의 결혼지참금은 전부 지급된 것으로 기록해 주시오.”

장로는 결혼계약서를 작성하고, 라만은 모두에게 과일즙을 대접했습니다.

그리하여 이슬람교 장로의 딸과 자만의 누이, 이 두 신부를 위해 성대한 공동 결혼잔치가 벌어졌습니다.

두 신부는 그날 밤 같은 가마를 타고 시내를 돌아다녔고, 그것이 끝나자 카마르 알 자만과 오바이드가 함께 행렬을 지어 각각 자기 신부에게 갔습니다.*65

보석상이 아브드 알 라만의 딸 방에 들어가 보니, 신부는 할리마보다 훨씬 아름답고 천 배나 얌전한 처녀였습니다. 그날 밤 오바이드는 신부와 첫날밤을 보내고 이튿날 아침 자만과 함께 목욕탕에 갔습니다.

보석상은 그 뒤 한동안 행복한 세월을 보냈으나, 이윽고 고향이 그리워지기 시작했습니다. 그래서 보석상은 아브드 알 라만을 찾아가서 말했습니다.

“장인어른, 사실 저는 고향이 그리워서 못 견디겠습니다. 고향에 재산을 남겨 두고 왔는데 하인이 맡고 있지요. 그러니 일단 고향으로 가서 재산을 정리하여 다시 이곳으로 올까 합니다. 부디 고향으로 돌아가는 것을 허락해 주십시오.”

"오, 사위여, 기꺼이 허락해 주마. 그대의 생각은 조금도 잘못된 것이 아니네. 속담에도 '고향을 사랑함은 신을 믿는 첫걸음'이라고 하지 않았는가. 자기 고향에 애정을 갖지 않은 자는 다른 나라에 대해서도 특별히 호의를 가질 리가 없지. 그러나 만일 그대가 아내를 두고 고향으로 갔다가, 고향에서 그대로 눌러앉고 싶어지면 난처해지지 않겠나? 아내에게 돌아가야 할지, 고향에 그대로 머물러야 할지 갈피를 잡지 못하게 되겠지. 그러니까 아내를 데리고 가는 것이 좋을 듯하네. 그래서 다시 여기로 돌아오고 싶거든 돌아오도록 하게. 그때는 크게 환영해 줄 테니. 우리는 이혼이라는 것을 모르는 사람들이고 여자들도 결코 두 번 결혼하는 일이 없다네. 결코 남편을 쉽게 버리지 않기 때문이야."*66

"오, 장인어른, 저는 혹시 따님이 저와 함께 제 고향으로 가는 것을 승낙하지 않을까 봐 염려하고 있습니다."

"사위여, 이 나라에서는 남편의 뜻을 거역하는 여자는 하나도 없어. 아내가 남편에게 화를 낸다는 말도 들은 적이 없고."

"부디 알라께서 이 나라 부부들을 축복해 주시기를!"

그리고 아내에게 가서 물었습니다.

"이제 고향으로 돌아갈까 하는데 당신은 어떡하겠소?"

"제가 처녀였을 때는 뭐든지 아버님께서 명령하셨어요. 이제는 결혼했으니 명령할 권리는 모두 남편에게 옮겨간 거예요. 저는 당신 말씀을 절대 거역하지 않겠어요."

"오, 알라께서 당신 아버님을 축복해 주실 거요! 그리고 당신을 잉태한 자궁과 당신을 낳은 허리에도 자비를 내려주시기를!"

그런 다음 보석상은 끈을 자르고*67 부지런히 여행채비를 하자, 장인은 많은 선물을 주었습니다. 이윽고 작별을 고한 보석상은 아내와 함께 길을 떠나 쉬지 않고 여행을 계속하여 무사히 바소라에 도착했습니다. 친척과 친구들이 마중을 나왔는데, 오바이드가 성지에 다녀온 것을 의심하는 사람은 한 사람도 없었습니다. 그러나 어떤 사람은 오바이드가 돌아온 것을 기뻐했지만, 어떤 사람은 화를 내면서 이렇게 말했습니다.

"저놈이 돌아온 덕택에 우리는 또 금요일 아침이 괴롭겠구나."

바소라의 왕은 오바이드가 돌아왔다는 소식을 듣고 몹시 화가 나서 당장 보석상을 불러 꾸짖고 트집을 잡아 따져 물었습니다.

"오바이드, 너는 어째서 나에게 한마디 인사도 없이 여행을 떠났느냐? 알라의 성전에 참배한다면 어째서 내 도움을 청하지 않느냐 말이다! 너는 나에게 그만한 힘이 없다고 생각하느냐?"

"오, 임금님, 용서하십시오. 저는 순례를 떠났던 것이 아닙니다. 사실은 이러이러한 사건이 일어나서……."

보석상은 아내와 카이로의 아브드 알 라만의 사건에서, 아브드 알 라만의 딸을 아내로 얻게 된 경위를 자세히 이야기하고 마지막으로 이렇게 덧붙였습니다.

"그래서 저는 새 아내를 바소라에 데리고 온 것입니다."

그러자 왕이 말했습니다.

"오, 만약 내가 더없이 높으신 알라를 두려워 않는다면, 지금 당장 그대를 죽이고 그 훌륭한 여자를 측실로 맞이했을지도 모른다. 설령 그 여자를 위해 막대한 돈이 들더라도 왕에게 참으로 어울리는 여자인 듯하니 말이다. 그러나 알라께서는 그 여자를 그대에게 주셨으니, 알라의 축복이 있기를 기도하마! 그러니 그대는 아내를 소중히 해야 하느니라."

왕이 축하 선물을 내리자 보석상은 그 앞에서 물러나와 아내와 함께 화목한 나날을 보냈습니다.

그러나 5년이 지나자 보석상은 전능하신 알라의 부름을 받아 갑작스럽게 세상을 떠나고 말았습니다.

이 사실을 안 바소라의 왕은 즉시 보석상의 아내에게 청혼했으나 상대는 거절하며 응하지 않았습니다.

"오, 임금님, 저희 집안에는 남편이 죽은 뒤 재혼한 여자가 하나도 없습니다. 하오니 저도 다시는 남편을 맞이하지 않을 작정입니다. 비록 목숨을 잃는 한이 있더라도 임금님과 결혼할 생각이 전혀 없습니다."

바소라 왕은 과부에게 사람을 보내어 물었습니다.

"그대는 고향으로 돌아가고 싶은가?"

그녀는 이렇게 대답했습니다.

"좋은 일을 하시면 언젠가 좋은 보답도 있겠지요."

그래서 바소라의 왕은 과부를 위해 죽은 보석상의 재산을 그러모은 다음,

죽은 남편의 신분에 부끄럽지 않을 정도로 자신의 재물을 보태주었습니다. 그리고 배려 깊고 도덕심 높기로 유명한 한 대신과 5백 기의 호위병을 딸려서 무사히 아버지 슬하로 보내주었습니다.

그 뒤 여자는 아버지의 집에서 지내면서 다시는 결혼하지 않고 남은 생애를 보내다가 마침내 저세상으로 떠났습니다. 그 뒤 다른 사람들도 모두 저세상에 불려 갔습니다. 그리하여, 이 여자는 죽은 남편의 자리에 국왕을 맞이하는 것을 승낙하지 않았으니, 남편이 시퍼렇게 살아 있는데도 남편을 버리고 어디서 굴러먹던 말 뼈다귀인지 모를 젊은 놈과 눈이 맞는 여자와는 하늘과 땅 차이로, 도저히 비할 바가 못 되었습니다. 특히, 정식으로 인연을 맺지도 않고 방탕하게 사는 것은 더 말할 것도 없습니다.

그러므로 여자란 어차피 모두 다 똑같다고 생각하는 남자들*68은 그 병이 뼛속 깊이 스며들어서 구제하기 어려운 법입니다. 눈에 보이는 자와 눈에 보이지 않는 자의 세계를 다스리시고 영원히 멸망하지 않는 알라께 영광 있으라!

오, 인자하신 임금님, 또 여러 가지 이야기 중에 이런 이야기도 전해 내려오고 있습니다.

〈주〉

*1 레인은 이 이야기가 '제목에서 예상되는 것보다 훨씬 더 저속하다'는 이유에서 무시하고 말았다. 그러나 그의 노스승이 하신 말 가운데 다음과 같은 글을 인용하여 간접 증거로 삼고 있다.

"대부분 사람들(여성)은 재혼을 가장 명예롭지 못한 행위로 여기고 있다. 이 견해는 지방의 도시나 마을에서는 매우 흔하며, 내 어머니 쪽 친척은 그 점에서 특히 심하다. 그래서 남편과 사별하거나 이혼한 여성은 아무리 남은 생애가 길어도, 평생 과부로 살며 재혼을 좋게 여기지 않는다."

나는 그러한 현상은 이미 지나간 예전의 낡은 시대에 속하는 것이라고 생각한다. 그리고 이집트에서의 외국인, 특히 영국인의 서투른 통치 아래에서는, 일찍이 찰스 네이피어 경이 간통한 여자를 죽인 남편을 모조리 교수형에 처한 당시의 신드에 출현했던 특이한 정경이 재현될 우려가 있다. 나는 다른 데서, 무함마드는 자신의 가정에서 두 아내를 성인의 반열에 넣었음에도, 이슬람교도는 여성에 대해 영혼과 천국의 안식처를 부인한다는 무지한 사고방식에 대해 말한 적이 있다. 이러한 얘기는 사도 바울이 여성을 경멸한 것을 하나같이 과장한 그리스도교회의 '신부들'과 함께 태어난 것이다. 성

암브로스(St. Ambrose)는 〈고린도 전서〉와 〈후서〉를 주석하면서, 대담하게도 'Feminas ad imaginem Dei factas non esse'〔여자는 신의 모습을 본떠서 만든 것이 아니라는 뜻〕라고 말했다. 그러나 7세기에 이슬람교가 일어났을 때, 그리스도교 학자들은 여성의 인기를 얻기 위해 여성을 경멸한다는 더러워진 자신들의 명예를 교묘하게 이슬람교도에게 넘겨씌웠다. 그리하여, 남유럽에서는 그 중상(中傷)이 지금도 효과를 얻고 있는 것이다.

〔위의 성 암브로스는 라틴교회의 장로로, 밀라노의 주교였다. 340～397년.〕

무함마드(《코란》제24장)는 포교 6년째에 처음으로 여성의 얼굴가리개를, 추론적으로는 또한 여성의 격리를 명령했다. 바다위인은 뚜렷하게 이 사실을 몰랐다. 또 이 금령은 도회지에서 실행되었다고 하지만 반드시 지켜지지는 않았고, 아마 매우 제멋대로 시행되었을 것이다. 이러한 남녀의 분리는 유럽의 관습에 도입되는 것은 불가능한 일이지만, 매우 큰 장점을 가지고 있다는 것은 인정하지 않을 수 없다. 즉, 남자끼리의 매우 자유로운 사귐을 조장함으로써, 이른바 '하층사회'가 문명화된다는 것이다. 모로코에서 중국에 이르기까지 어떠한 이슬람 국가에서도 유럽 문명, 특히 영국 문명에 의해 길러진, 예의나 도의가 없는 야만인은 전혀 찾아볼 수 없다.

같은 이유에서 여성들도 서로 완전한 친교나 우의를 맺을 수 있다. 우리는 남녀 양성 가운데 가장 뛰어난 사람들이 저마다 독자적인〔즉, 남자는 남자의, 여자는 여자의〕사교를 좋아하는 사람들이라는 것, 즉 '나무랄 데 없는 숙녀의 상대'와 '나무랄 데 없는 신사의 상대'가 아닌 것을 알고 있다. 그리고 이를테면 '무용실의 교태(flirtation)' 같은 음란한 행동을 그만둠으로써 사회적인 예절에 중요한 항목을 추가하기도 한다.

아마 그 최선의 형태는 그리스, 로마, 인도(이슬람교가 침투하기 이전의) 등의 영웅적인 시대에 이루어진 성의 반격리(半隔離)이며, 이것은 그 뒤에도 그리스도교의 아르메니아와 근대 그리스에 보존되어 있다. 그것은 이슬람교의 인습적인 준엄함과 '앵글로색슨인'이나 '앵글로아메리카인'의 자유 또는 방종을 알맞게 조절해 서로 잘 어울리게 한 것이다.

＊2 카마르 알 자만(Kamar al-Zaman)은 '그 시대의 달'이라는 뜻으로, 앞에서도 나온 이름이다. 〔이 책 '카마르 알 자만의 이야기'를 참조할 것.〕

＊3 축제 때의 초승달이란 제9월(라마단)의 단식이 끝난 뒤부터 둘카다(Zu'l-Ka'dah)〔제11월)의 초승달을 말한다. 이 비유는 흔한 것이다.

＊4 나는 음운을 보존하기 위해 의미를 희생시켰다. 루루는 진주인가? 라! 라! 는 '아니! 아니!'라는 뜻. 또한 이 책 22번째 밤의 시 참조. 나는 그 시를 읽은 독자 가운데 어리둥절한 사람도 있었을 것이라 생각하므로 다음의 1행을 설명해 둔다.

그 여자, 모래 산(엉덩이) 장대(목)에 걸린 태양(얼굴)처럼……

＊5 단식을 깨는 것을 허락받은, 굶주린 남자의 눈에 환하게 비친다는 뜻.

＊6 자이나브(Zaynab, Zenobia)와 자이드(Zayd)는 여자와 남자의 속명(屬名)이다.

＊7 이 시는 《아라비안나이트》에 나오는 수많은 시와 마찬가지로 매우 부적절한 것이다. 왜냐하면 이 악의를 품은 늙은 수도승은 미소년의 모든 유혹에 넘어가지 않고, 돈키호테식으로 한 여자에게 반해 버리기 때문이다. 페인 씨는 변칙적인 전구법(轉句法)의 남용 때문에 원뜻이 애매하다고 불평했지만, 나는 아부 노와스 유형의 음탕한 노인을 부른 것으로, 의미가 매우 뚜렷하고 분명하다고 생각한다.

＊8 뿌리는 아랍어로 이르크(Irk)이지만, 여기서는 작은 가지를 뜻하는 것이 분명하다. 바질(basil)은 동양에서는 상당히 크게 성장한다.

＊9 로트의 백성이란 아랍어로 라이트(Lait)라고 하며, 로트의 종족과 관계가 있는 사람이라는 뜻.〔요컨대 남색자를 말한다.〕

＊10 이것은 사키(Saki, 장딴지 또는 종아리의 빗각)와 작부 사키를 연결지은 말장난이다.

＊11 "마침내 옷자락을 걷어 올려 정강이를 드러낼 때가 찾아와, 이제 꿇어앉으라는 말을 들어도 그것조차 마음대로 되지 않노라."《코란》 제68장 42절)

　　'다리를 드러내는 것'은 슬픈 재앙을 의미하는데, 아마도 전쟁 때문에 옷자락을 걷고 옷을 벗는 방법에서 나온 것이리라.〔파머 역시 영어로 번역한 《코란》 하권의 각주에서, 큰 재앙 또는 전투를 의미하는 말이라고 했다.〕 그러나 여기서 이 비유는 단지 우스개에 지나지 않으며, 이슬람교도에게는 무례한 말이다.

＊12 아랍어의 이스타히(Istahi)로, 꾸짖을 때 언제나 사용하는 말. 이를테면 힌두스탄어에서도 쿠치 샤름 나힌(Kuchh sharm nahin)? 즉 '너는 수치를 느끼지 않느냐?'고 한다. 동양인에게는 치욕이 일종의 격정이나, 서구에서는 그렇지 않다.

＊13 즉 천사와 인간이 "우리와 모든 올바른 알라의 종들에게 신의 평화가 있기를!"하고 외는 것으로, 모든 기도를 끝맺는 말이다.

＊14 의도(intent)는 아랍어로 알 니야트(Al-Niyat)이며, 기도의 의식적인 목적 또는 의도. 이것이 없는 기도도 이로울 게 없다. 말로 하면 '내 영혼에 무서운 위험이 닥쳐온 이때, 나는 두 번 절하는 기도를 올리고자 한다' 등이 될 것이다.

＊15 이 이야기에서도, 또 뒤에 이어지는 이야기에서도 종종 커피가 나오는데, 커피를 일상적으로 마시는 것은 비교적 후기의 제작연대를 나타내는 것이며, 이 경우는 필사생이 제멋대로 삽입한 것은 아니다.

＊16 여행, 고행 'Travel is Travail'은 아랍어로 알 구르바 쿠르바(Al-Ghurbah Kurbah)이며, 본문 속 번역어는 내 절친한 친구 고(故) 에드워드 이스트윅(Edward Eastwick)으로부터 빌려 쓴 것이다. 그는 《굴리스탄》을 번역한 것 말고도 많은 책을 썼는데, 그것에 의해 원숙한 동양학자였음을 엿볼 수 있다.

　　〔이스트윅은 오랫동안 인도에 머물며, 나중에는 힌두스탄어 교수, 페르시아 공사관의 서기관 등을 역임했다. 1814~83년. 《굴리스탄》은 '장미의 정원'이라는 뜻으로 페

르시아의 대시인 사디의 걸작이다.〕

*17 이 지어낸 이야기는 인도에서 바르바리까지의 모든 이슬람 도시에서 정오의 예배시간 동안 안팎의 문들이 모두 조심스럽게 닫힌다는 사실에서 암시받은 것일지도 모른다. 이것은 결코 '금요일은 창조가 완료된 날이니, 무함마드가 알 메디나에 들어간 날이니'하는 얘기가 아니다. 오히려 가까운 장래에 그리스도교도가 기도 중인 이슬람교도에 대해 반란을 일으켜, '시칠리아의 저녁 기도(Sicilian Vespers)'를 재연할 우려가 있다는 세간의 미신 때문이다.

〔시칠리아의 저녁 기도란, 1282년 시칠리아 섬 주민이 부활제인 월요일 '저녁 기도'의 종소리를 신호로 그 섬에 사는 프랑스인에 대해 자행한 대학살사건을 말한다.〕

*18 대장 샤이흐(Shaykh)는, 즉 보석상 조합의 우두머리를 말한다.

*19 이것은 좋지 않은 종류의 고다이바(Godiva) 부인이다.

〔고다이바는 영국의 마샤 백작 레오프릭의 아내로, 전설에 의하면 11세기에 레오프릭은 주민에게 무거운 세금을 부과하여 착취했다고 한다. 아내 고다이바가 세금을 줄여줄 것을 간청하자, 남편은 만일 알몸으로 말을 타고 온 마을을 돈다면 그 요청에 응하겠다고 약속했다. 고다이바가 지나가는 동안 마을 주민은 한 사람도 남김없이 창문을 가리고 문을 닫고 몸을 숨겼지만, 단 한 사람 문틈으로 내다본 재단사는 당장 눈이 멀어 버리고 말았다. 그것이 '엿보는 톰(Peeping Tom)'이라는 이름으로 세상에 알려지게 되었다. 물론 이 별명은 성적인 호기심에서 몰래 엿보는 호색한을 가리키는 것이다.〕

*20 1미스칼(Miskal)은 약 3페니웨이트이다. 〔1페니웨이트(pennyweight)는 영국의 도량형으로 귀금속이나 보석의 무게를 잴 때 쓴다. 24그레인(gr), 1그레인은 0.0648그램(g).〕 그러나 곳에 따라 다르며, 모로코에서는 흔히 메즈칼(Mezkal)이라 불리는데, 상상 속의 단위일 뿐 그러한 화폐가 실재하는 것은 아니다.

*21 이것은 그 무렵 유럽의 관습이기도 했다. 칼의 명장(名匠)인 경우, 도검 제작의 비법을 탐색하려고 몰래 엿본 제자를 살해한 스승이 한둘이 아니었다.

*22 맥나튼판에는 이 대목에서 많은 부분이 그릇되고 또 틀린 글자를 인쇄했다.

*23 맥나튼판은 곳곳에서 이 여자를 사비야(Sabiyah)='젊은 부인'이라고 부르며, 974번째 밤까지 그 이름 할리마(Halimah)='상냥한 여자'를 쓰지 않았다. 나는 페인 씨의 예에 따라, 좀더 일찍부터 이 이름을 대화 속에 삽입했다.

*24 〔작은 뼈라고 의역한 cockal에 대하여. 이 말은 일반 영한사전에는 나오지 않으며, 뒤에 알게 되지만 정확하게는 무명뼈라는 뜻이다.〕 아랍어로는 아와시크(Awashik)이며, 매우 드물게 사용되는 말이다. 독일은 작은 뼈(osselet, 또는 osselle)라고 번역하고, 페인은 무명뼈(hucklebone)라고 번역했다. 이것에 대해 페인은 일부러 다음과 같은 비망록을 나에게 제공해 주었다.

샴보(Chabaud)는 '어린이가 가지고 노는 작은 뼈(petit os avec lequel les enfants jouent)'라고 해석하여 작은 뼈라고 번역했고, 레섬(Latham)은 무명뼈(hucklebone, 또는 cockal)라고 번역하고 꼬리뼈의 소추골(小椎骨)의 하나라고 했다. 또 리틀턴(Littleton)은 '탈루스(Talus)', 즉 무명뼈라 번역하고, 주사위 같은 놀이용 뼈구슬인데, 이 놀이는 코칼(Cockal)이라 한다고 말했다.

hucklebone과 Knucklebone은 뜻이 같은 말이다. 그러나 후자는 근대의 말이고 중복적일 뿐만 아니라, 잘못된 관념을 주기 쉽다. 또 이 말은 지관절(指關節)의 너클(knuckle)과는 아무 관계도 없으며, 독일어의 네헬(Knöchel)[방언으로는 네헬라인(Knöchelein)], 즉 작은 뼈에서 나왔다.〔샴보는 미상. 레섬은 로버트 고든 레섬을 말하며, 영국의 유명한 언어학자이자 인종학자. 1812~88년. 리틀턴은 영국의 애덤 리틀턴으로 라틴어 사전의 편찬자이자 목사이다. 1627~94년.〕

＊25 잠자고 난 뒤와 예배 전에 씻기 위한 것. 노예의 인사는 매우 자연스러운 것이다. 우리는 오늘날에도 이슬람교도의 가정에서 이런 인사를 들을 수 있다.

＊26 사람 좋고 아둔한 남편의 우둔함이, 더없이 고지식한 아랍적인 유머와 함께 묘사되어 있다.

＊27 이 문장에는 문법상 이중의 의미가 들어 있는데, 그 용법은 뚜렷하고 분명하다. 하르프 알 자르(Harf al-Jarr)는 관형격의 명사를 지배하는 분사(分詞), 또는 끼워 넣고 집어넣는 방법.

＊28 접속사는 아랍어로 알 실라(Al-Silah)라고 하며, 교합(交合)의 의미도 있다. 관계대명사 또는 분사의 문법용어는 알 마우술(Al-Mausul)이며, 하나로 결합한 것을 의미한다.

＊29 '잘려나간 어미'는 아랍어로 탄윈 알 이자파 마줄(Tanwin al-Izafah ma'zul)이며, 명사의 격어미(格語尾), 즉 주격은 u에 대한 un, 관형격의 경우에는 i에 대한 in, 목적격의 경우는 a에 대한 an을 가리킨다. 이 어미는 부정(不定)을 나타내며, 이를테면 말리쿤(Malikun)이라고 하면 a king, 즉 어떤 왕을 말한다. 이 명사에 관사 알(al)이 붙어서 한정적이 되면, 어미는 탈락하여 이를테면 알 말리쿠(Al-Maliku=the king)가 되며, 알 말리쿤(Al-Malikun)은 문법상 맞지 않는 것이 된다.

그리고 어구의 구조 또는 지배에서도, 이를테면 인도의 왕(Maliku 'l-Hindi)처럼 어미는 사라져야 한다(인도의 어떤 왕이라고 할 때는 Malikun min Muluki 'l-Hindi= a king from amongst the kings of Hind가 된다).

그러므로 아내와 정부가 한껏 달라붙어서 결합한 한편, 마취약에 취한 남편은 지배상에서 탈락한 어미처럼 잊은 것이다.

또 마지막으로 덧붙인다면, 이러한 어미는 일상의 대화에서는 반드시 탈락하지만, 《코란》이나 시를 읽을 때는 언제나 발음된다.

＊30 이것은 너무 빈번한 방문에 대해 무함마드가 한 말이었다. '주르 기반 타지드 후반
(Zur ghibban, tazid hubban)'='우정이 오래가도록 이따금 방문하라.'
　알 무타나비의 시에도 이렇게 노래했다.
　'지나치게 허물이 없으면 오히려 혐오를 부른다.'
　알 하리리(《입법자의 집회》드 사시 역)도 '한 달에 하루 이상 친구를 찾아가지 말
고 그 이상 친구 옆에 머물지 말라!' 또는 '네 친구에 대한 방문을 늘리지 말라'(같은
《집회》xvi)고 말했다. 《신백화집(新百話集, Cent Nouvelles Nouvelles)》(제52화) 속
에서도 죽어가는 아버지가 아들에게 이렇게 말한다. "Jamais ne vous hantez tant en l'
ostel de votre voisin que l'on vous y serve de pain bis," 〔검은 빵을 대접받을 만큼 자주
타인의 집을 방문하지 말라는 뜻.〕 이러한 일에서 이슬람교도는 대(大)워싱턴에 못지
않은 정이 담긴, 온화한 사도의 말과 행동을 그대로 좇아 지키고 있다. 그러나 아랍
인은 영미인에게서는 찾아보기 어려운 드라이 유머〔시치미 떼는 표정으로 말하는 유
머〕를 풍부하게 사용하고 있다.
　〔《신백화집》은 프랑스에서 15세기 중엽에 나온 호색적이고 익살스러운 이야기를 모
아놓은 이야기책으로, 작자는 미상이다.〕
＊31 약이 든 음료는 아랍어로 아말('Amal)이라고 하며, 작용이나 조작이라는 의미이다.
힌두스탄어〔인도의 공용어〕에서는 이를테면 '아말 파니'(강한 물)처럼 취하게 하는 것
이라는 뜻으로 사용되며, 샤라브(Sharab, 포도주), 보자(Bozah, 맥주), 타디(Tadi, 토
디(toddy)주(酒), 종려의 즙을 발효시킨 종려주), 나르얄리(Naryali, 코코야자의 즙),
사인디(Sayinddi, 야생대추의 즙), 아푼(Afyun, 아편과 그 조제품) 등에 사용된다.
＊32 레반트인은 아랍어로 알 라완디야(Al-Lawandiyah)인데, 이 말과 함께 빈번하게 커피
가 등장하고, 또 곧 시계(Sa'ah)에 대해서도 언급된 점에서 보아, 현재와 같은 형태
의 이 이야기는 16세기 말 이전의 것은 결코 아닐 것이다.
＊33 내가 당신과 잠자리를 같이하는 것을 금지할 만큼의 꺼림칙함으로.
＊34 이것은 민감한 동양인에게는 극히 당연한 일이다.
＊35 따라서 일반적으로 이슬람교도와 동양인의 논리에 의하면, 그녀의 음란하고 부정한
행동은 당연하다는 얘기가 된다. 그러나 이집트에서는 자유로운 신분의 여자나 더없
이 고귀한 집안의 여자 중에서도 적지 않은 여자들이 저마다 할리마보다 더 독자적인
불장난을 즐기고 있다.
　이를테면 자라르 알 슈티의 저서로 알려진 《키타브 알 이자 피 일름 알 니카 Kitab
al-Izah fi 'Ilm al-Nikah》(육체적인 교합에 대한 학문에서의 해설)라는 작은 책자를
보기 바란다. 대영박물관에도 이 책이 일부 보존되어 있다. 또, 내가 아는 한 사람은
친절하게도 카이로에서 석판 인쇄된 것을 일부 보내주었다. 다만, 원작자가 누구인지
는 확실하지 않다고 한다.

*36 이 시는 '카마르 알 자만의 이야기'(170번째 밤)에 나왔다. 나는 페인 씨의 것을 인용한다.

*37 '나는 당신을 용서해 드리겠습니다'라는 표현을 피하여.

*38 서로 장사 거래를 한 이슬람교도들 사이에 남아 있는 옛날부터의 훌륭한 관습이다. 이러한 모든 종류의 채무소멸은 남에게 진 빚이 엄격하게 추궁되는 '심판의 날'에 낱낱이 증거가 될 것이다.

*39 이집트는 아랍어로 '쿠트르(Kutr, 지구 또는 지방) 미스르(Misr)'라고 하며, 미스르는 흔히 마스르(Masr)라고 발음된다. 독자 여러분은, 아시리아인은 나일 강 유역지방을 '무수르(Musur)'라 부른다는 사실을 떠올려주기 바란다. 여기서 아마 상(上)이집트와 하(下)이집트를 가리키는 복수형의 히브리어 미스라임(Misraim)이 나온 것이리라. 또한 오늘날에도 아랍인들은 상하 이집트를 사이드(Sa'id)와 미스르(Misr)로 구별하고 있다.

상형문자로 타메라(Ta-mera)라고 명명된 것은 '홍수의 나라'라는 뜻. 또 그리스어의 아이집토스(Aigyptos)는 아마 카히프타(Kahi-Ptah, 대신(大神) 프타의 땅), 또는 마 카 프타(Ma Ka Ptah, 프타의 영혼의 집)에서 유래한 것이리.

*40 알 아리시(Al-Arish)는 현재 이집트에서 시리아 팔레스타인을 가르는 보잘것없는 국경의 성채이자 가난하고 쓸쓸한 마을이다. 백인 노예병(Mamelukes) 대 프랑스군의 전투(1799년 2월 19일)와 이집트 철수협정으로 유명하다. 또 옛날에는 '이집트 강'(오늘날에는 물이 마른 와디가 되어 있다)의 강변에 건설된 요소로, 당시에는 인구가 조밀한 나자브(Najab), 즉 남부지방의 주요항이기도 했다.

역사가 아부르페다에 의하면, 이 명칭(집이라는 뜻)은 파라오의 호위병들 때문에 국경이 막혀서 앞으로 나아가지 못하게 되었을 때, 요셉의 형제들이 그곳에 지은 초가집에서 유래했다고 한다. 그러나 이것도 역시 유대역사가의 나쁜 영향을 입은 것이리라.

*41 알 살리히야(Al-Salihiyah)는 '성스러운 도시'라는 뜻으로, 카이로 북동쪽 약 60마일 지점에 있는 도시. 따라서 이 비영웅적인 주인공에 존경을 나타내고 있다. 다마스쿠스에도 성자들의 묘지로 유명한 살리히야 교외가 있다. 그러나 익살스러운 시민들은 쿠르드인 주민(호전적인 유목민 이슬람교도)을 풍자하여 그 이름을 잘리니야(Zalliniyah)로 바꿨다(잘리니야는 '방황하게 하는'이라는 의미이다). 폰 함머 남작은 알 말리크 알 아디르의 건설과 관련 있는 '아델리 교외(le faubourg Adelieh)'로 읽고, 필사생의 오류를 바탕으로 연대학적인 논증을 펼쳤다.

*42 '이 세상의 달'은 카마르 알 자만을 가리키며, 흔한 말장난이다.

*43 옷깃에서 태양처럼 빛나는 하얀 목과 얼굴이 나와 있다는 뜻.

*44 원진(圓陣)이란 아랍어로 다이라(Dairah)라고 하며, 휴식 중에 남의 눈을 차단하기

위해 축 늘어트려 둘러치는 천 가리개.

*45 '엄격한 아버지'인 이 상인은 체면을 매우 중시하여, 어머니는 눈치채지 못한, 꺼림칙한 여자의 신분을 한눈에 꿰뚫어 본 것이다. 보통은 그 반대지만.

*46 알 이슬람의 장로(Shaykh al-Islam)는 교회의 우두머리 또는 대주교(Chief Pontiff) 같은 것이 아니며, 법률학자(Olema)의 우두머리로, 율법(신학)에 통달한 푸카하(Fukaha, 파키(Fakih) 또는 신학박사 D.D.)를 가리킨다.

*47 축연은 아랍어로 마울리드(Maulid)라고 하며, 원래는 라비 알 아왈(제3월)의 3일에 시작되어, 일주일 또는 열흘 동안(지역에 풍습에 따라) 계속되는 무함마드의 탄생절에 사용된다.

*48 무인(武人, Antients)은 아랍어로 사나지크(Sanajik, 터키어 산자크(Sanjak)의 복수형)이며, 깃발이라는 뜻이지만 대열의 앞에 서서 기를 드는 사람에게도 사용되며, 주로 베이(Bey) 또는 연대장에 해당하는 군인의 위계에도 적용된다.

*49 겉옷(gown)은 아랍어로 질바브(Jilbab)이며, 올이 성긴 긴 장옷 또는 겉옷으로, 바르바 지방에서는 잘라비야(Jallabiyah), 즉 줄무늬의 두건이 달린 양모 외투가 된다.

*50 이 시는 26번째 밤에 나왔다. 페인 씨가 번역한 시를 인용한다.

*51 이 시도 619번째 밤에 나왔다. 여기서는 레인의 번역을 인용했다.

*52 코모로(Comoro) 섬 사람의 이른바 '신의 일(God bizness)'이라고 하는, 흔한 핑계이다.

*53 이것은 존경할 만한 인물로서 여행하기 위해서였다. 또 이 노예여자가 첩자가 되어 다른 부인들 사이에 섞여서 달아난 아내의 소식을 들을 수도 있었을 것이다.

*54 세상 사람들의 저주를 암시한 온화한 표현.

*55 즉, 그가 말도 없이 여행을 떠나 왕이 격분할 거라는 뜻.

*56 여기서 나는 독자에게 주의해 두고자 한다. 아라비윤('Arabiyyun, 복수형은 우르브('Urb))은 순수한 아랍종족 출신을 말하며, 그것이 알 알 마다르(Ahl al-Madar, 모르타르 사람들, 즉 도시의 주민)이든, 알 알 와바르(Ahl al-Wabar, 산양 또는 낙타의 털로 만든 천막에 사는 사람들)이든 상관하지 않는다. 이에 비해 아라비윤(A'rabiyyun, 복수형은 아랍(A'rab))은 아랍인지 아닌지를 가리지 않고 사막에 사는 사람들을 말한다. 따라서 이런 시가 있다.

사람들은 우리를 알 아랍이라고 하지만,

알 우르브, 바로 그것이 우리의 이름.

*57 여기서 독자의 주의를 불러일으키고자 한다. 디나르(Dinar)는 동로마의 금화 데나리우스(denarius, 또는 솔리두스(solidus))이고, 디르함(Dirham)은 은화 데나리우스다. 여기서 두니에(denier), 다나로(danaro), 딘에이로(dinheiro) 등의 화폐 이름이 나왔다.

세계에서 가장 오래된 디나르 금화는 이슬람력 91~92년(=714~15년)으로 거슬러 올라가며, 옴미아드(우마이야) 왕조 제4세 알 왈리드에 의해 이슬람력 96년에 주조된 금화에는 다음과 같은 글이 새겨져 있다.

(앞면)

평면 "알라 외에 신은 없고, 알라는 유일신이며 견줄 자가 없도다."

둘레 "무함마드는 알라의 사도로서, 알라는 참된 인도와 신앙을 무함마드에게 내리시어 다른 어떤 신조보다 더욱 이를 현시하셨도다."

(뒷면)

평면 "알라는 유일하며, 알라는 영원불멸하다. 알라는 낳지도 않고 태어나지도 않노라."

둘레 비스밀라. 이 디나르화는 96년에 주조되다.

고드프리 클라크(Godfrey Clarke) 편 《일람 엔 나스(Ilam-en-Nas, 사람들을 위한 훈화)》(런던, 1873년)를 참조하기 바란다. 이 재미있는 책은 대부분 《야화》 속의, 특히 247번째 밤~461번째 밤의 대수롭지 않은 이야기로 구성되어 있는데, 나의 옛 친구 프레데릭 에어턴(Frederick Ayrton)이 본문 옆에 주석을 달아서 귀중한 책이 되었다.

＊58 이것이 동양 전체의 원칙이다. 티 없이 순진하거나 또는 아무것도 모르는 나이의 처녀에게는 적용되지 않지만, 유부녀나 과부에 대해서는 진실이다. 서양의 사고방식으로는, 카마르 알 자만은 비열하기 짝이 없는 젊은 악당으로, 약간의 변명의 여지가 있다면 그것은 젊은 나이와 무경험, 그리고 정열을 들 수 있다.

＊59 〔어수룩한 남편(wittol). 또한 이 위틀이라는 말은 배신을 당하고도 아내의 부정을 묵인하는 바보 같은 남편을 말한다.〕 아랍어로 다이유스(Dayyus)라고 하며, 원래는 돈을 받고 자기 아내가 몸을 파는 일을 주선하는 남편이라는 뜻. 대화에서도 이런 의미로 흔히 사용된다.

＊60 이것은 증인을 만들어 개인의 손으로 멋대로 제재를 가하려는 것이다. 그렇지만 체면을 아주 소박한 마음으로 지키고 있는 종족, 이를테면 아프간인이나 페르시아인들 사이에서의 그런 종류의 살인은, 살인 또는 적어도 정당한 살인으로 고발되기는커녕, 여론으로부터 크게 칭찬받을 것이다.

＊61 여자가 지각이 부족하고 신앙심이 약하다는 것은 예언자 무함마드가 말한 것으로 되어 있으며, 《코란》 제64장 14절에는 "진정 여러분은 자신의 아내와 자식들 안에 적을 가지고 있다. 그러므로 아내와 자식들에게 주의하라"고 되어 있다. 《고린도 전서》 제7장 28절과 32절을 비교할 것.

〔참고로, 27, 8절에는 "네가 아내에게 매였느냐, 놓이기를 구하지 말며, 아내에게서 놓였느냐, 아내를 구하지 말라." 또 32, 3절에는 "너희가 염려 없기를 원하노라. 장가가지 않은 자는 주(主)의 일을 염려하여 어찌하여야 주를 기쁘게 할까 하되, 장가간 자는 세상일을 염려하여 어찌하여야 아내를 기쁘게 할까 하여."〕

＊62 악마(Iblis)에 대해서는 '샤리아르 왕과 그 아우 이야기' 주석 16에서 말한 바 있다. 권위자 중에 이 말은 아블라사(ablasa, '그는 알라의 자비를 간절히 원했다'는 뜻)에서 유래한다고 보는 자도 있지만, 외래어인 동시에 고유명사이며, 따라서 어미변화도 불완전하다. 또 알 하리스(Al-Haris, 사자(獅子))라 부르는 자도 있고, 그 때문에 이브의 장자는 이블리스에게 경의를 표하여 아브드 알 하리스라고 명명되었다 한다.

아담 앞에 엎드리기를 거부함으로써 주를 거역하기 전에는, 이블리스의 천사명은 아자질(Azazil)이었다. 그래서 그는 천국에서 쫓겨나, 인류의 적이 되었다(《코란》제18장 48절).

〔같은 대목에는 "나는 천사들에게 '아담을 숭배하라'고 명령했으므로 천사들은 모두 아담을 숭배했다. 그런데 오직 마족 출신인 이블리스만은 주의 법을 어겼다……"고 되어 있다. 어쨌든 이블리스는 마신(Jinn)과 인척이기는 하지만 천사였다. 이 진은 잔, 사탄, 아이프리트, 마리드 등을 포괄하며, 그 우두머리가 이블리스 또는 아자질이었다고 생각해도 괜찮다.〕

＊63 동양에서나 서양에서나 마찬가지로 흔한 일이지만, 자기 아내의 행실을 듣는 것은 언제나 남편이 맨 나중이다. 그러나 오셀로도 에밀리아를 죽이지는 않았다.

＊64 카우카브 알 살라(Kaukab al-Salah)는 '샛별'이라는 뜻.

＊65 이 대목에서 신랑과 신부의 이름이 지겨울 만큼 여러 번 되풀이되어서, 어느 정도 생략하지 않을 수 없다고 판단했다.

＊66 이 이야기의 첫머리에 소개한 레인의 노스승이 쓴 주석을 참조하기 바란다. 신분이 비천하고 행실이 나쁜 아내와 고귀한 집안 출신의 정숙한 아내의 대조가 말 한 마디 한 마디마다 설명되어 있는데, 이것은 과장이 아니다.

＊67 즉 여행용 물주머니의 끈을 자르는 것. 언제나 그렇지만, 이 물주머니는 오랫동안 물을 담지 않고 내버려뒀으므로, 고치거나 새로운 손잡이를 달 필요가 있었던 것이다.

＊68 남자에게도 통용되는 세상의 습관. 보통은 이 말과 함께 한 손을 벌려 다섯 개의 손가락의 크기를 증거로 든다.

나는 이 이야기는 인류학적인 견지에서 더없이 흥미로운 이야기라고 생각한다. 즉, 다양한 인종이 간통문제를 어떻게 보는가를 간접적으로 표현해 주고 있기 때문이다. 북부 유럽에서는 지극히 부당하게도 그 책임을 남성 쪽에 돌리고, 남자를 유혹하는 부인 쪽은 이차적인 고려 대상이 될 뿐이다. 또 영국에서는 불합리하게 남자를 '유혹자'라고 불린다.

옛날에는 '공개적으로 게시되거나' '이름을 소리 높이 외치거나' 했지만, 오늘날에는 손상에 대한 배상이 요구된다. 사유재산과 공공도덕을 해친 중죄라도 다루는 것 같은 방식인데 참으로 비열한 장사꾼 같은 방법이다.

영국적인 감정이 과장된 앵글로아메리카에서는, 정부는 권총에 맞아 죽고, 여자는 처벌을 받지 않아도 된다.

이에 비해 동양인, 특히 이슬람교도들 사이에서는, 여성이 살해되고 정부에 대해서는 그다지 단죄하지 않는다. 이러한 좀더 분별 있는 조치는 남부 유럽의 여러 나라에 깊이 뿌리내리고 있다. 즉, 남유럽에서는 아내를 여전히 사랑할 때에만, 남편은 간통한 여자를 살해한다.

실제로 말하면, 문명세계 전반을 통해 여성을 다루는 방법은 두 가지밖에 없다. 이슬람교도는 여성을 숨겨두고 모든 종류의 유혹으로부터 보호하되, 만일 몰래 남자와 정을 통한 사실이 드러나면 여성을 죽여 버린다. 그리스도교도는 여성을 존중하고, 모든 관중의 주목 대상이 되게 하여 모든 위험에 드러내고, 만에 하나 잘못을 저지르면 자기 자신이 아니라 여성에게 책임을 떠넘기고 수치를 준다.

또 영국은 매우 윤리적이며, 이 나라의 법률은 경우에 따라서는 A부인이 B씨와 간음을 범했다 해도, B씨는 A부인과 간음을 범한 것이 아니라고 여긴다. 세상에 이보다 더 우스꽝스러운 얘기가 또 있을까? 그러나 그렇다 하더라도 "최고의 정의(正義)는 최고의 부정(不正)이다(Summum jus, summa injuria)." 여성의 취급이라는 이 야릇한 제목에 대해서는 앞으로 좀더 논의해야 할 것이다. 여자들은 어쨌든 두 가지의 것, 첫째로 자신들의 심정, 다음은 '작은 자물쇠'에 의해서만 온전히 지킬 수 있는 것이다.

〈역주〉

(1) 술라이만은 솔로몬을 가리킨다.

(2) '누만 왕의 꽃'은 아네모네를 말하며, 앞에 상세한 주석이 나왔다.

압둘라 빈 파지르와 그 형제*1

어느 날, 하룬 알 라시드 교주는 곳곳의 영지와 봉토에서 온 공물을 조사하고 있었습니다.

그런데 다른 영토에서 온 공물은 모두 창고에 들어 있는데, 바소라에서는 아직 그 해의 것이 오지 않았다는 사실을 알았습니다. 그래서 교주는 즉시 회의를 열고 자파르 대신을 불렀습니다.

"자파르, 다른 영토의 공물은 모두 와 있는데, 바소라에서는 아직 오지 않았구나."

"오, 충실한 자들의 임금님, 아마도 바소라 총독의 신상에 공물을 보낼 수 없는 사정이 있었나 봅니다."

"공물 납부기한이 20일이나 지났다. 그런데 여태껏 게을리하고 있다니, 총독에게 무슨 변명의 여지가 있을꼬. 공물을 보내지 않았을 뿐만 아니라, 아직 그 사유도 보고하지 않았다."

"오, 충실한 자들의 임금님, 그러시다면 즉각 사람을 보내겠습니다."

"그렇다면 나의 술벗인 아부 이사크 알 마우시리*2를 보내라."

"분부대로 시행하겠습니다. 진실한 신자들의 임금님!"

자파르 대신은 집으로 돌아가서 이사크를 불러 교주의 칙서를 주면서 말했습니다.

"바소라의 총독 압둘라 빈 파지르에게 가서 무슨 이유로 공물을 보내지 않는지 조사해 주시오. 보낼 준비가 되어 있거든 공물을 받아서 급히 내게로 가지고 오시오. 교주께서 영지 곳곳에서 온 공물을 조사하시고 바소라 것만 오지 않았다는 것을 아셨소. 그러나 아직 준비되지 않아서 총독이 무슨 해명을 하고 싶어 하면 총독을 데려오는 게 좋을 거요. 총독이 직접 교주님께 해명하는 것이 좋을 테니까."

"알았습니다."

아부 이사크는 대신의 부하 5천 기를 이끌고 바소라를 향해 떠났습니다.

그런데 압둘라는 교주의 사신 일행이 온다는 보고를 받고, 즉시 군사를 거느리고 마중을 나가 이사크를 성 안으로 안내했습니다. 그리고 호위대는 성밖에 야영을 시키고 말먹이와 그 밖에 여러 가지 필요한 것을 날라주었습니다.

이사크가 접견실에 들어가서 윗자리에 앉자 바로 옆에 총독이 앉고 주위에 많은 신하가 늘어앉았습니다.

압둘라는 사신에게 공손히 인사를 한 다음, 이렇게 물었습니다.

"오, 교주님의 사절단이 무슨 볼일로 오셨는지요?"

"교주님의 명령으로 공물을 받으러 왔소. 교주님이 분부하신 납부기한이 이미 지나지 않았소?"

"오, 그러시다면 이렇게 일부러 먼 길을 오시지 않아도 되는 것을! 공물은 이미 준비를 하여 내일 발송할까 하던 참이었습니다. 그러나 모처럼 오셨으니 사흘 동안 대접한 뒤에 귀하에게 맡기기로 하겠습니다. 나흘째에 귀하의 손에 확실히 넘겨 드리겠습니다. 그런데 귀하의 호의는 물론이고, 충실한 자들의 임금님 은총에 대해서도 뭔가 감사의 표시를 할까 하는데요."

"그거야 상관없겠지요."

압둘라 빈 파지르는 접견을 마치고, 아부 이사크를 매우 근사한 손님방으로 안내하여 아부 이사크와 그 수행원들 앞에 산해진미를 내왔습니다.

그리하여 주인과 손님, 여러 술벗이 떠들썩하니 먹고 마신 뒤 식탁이 치워지자, 이번에는 커피와 과일즙이 나와 밤늦도록 이야기를 나누며 대접을 받았습니다.

이윽고 아부 이사크가 번쩍이는 황금을 장식한 상아 침대에 몸을 눕히자, 부왕(副王)도 옆에 있는 다른 침대에 누웠습니다.

그러나 웬일인지 그날 밤 이사크는 잠이 오지 않아서 시의 음률과 시작에 대해 명상에 잠겨 있었습니다.

원래 이사크는 교주의 술벗 중에서도 으뜸가는 인물로, 시를 읊고 재미있는 이야기를 짓는 데 비범한 재능을 가진 사람으로 알려 있었습니다.

밤중이 지날 무렵까지 줄곧 즉흥시를 지으면서 잠을 자지 않고 있던 이사크가 문득 보니, 옆 침대에 누워 자던 압둘라가 갑자기 일어나 허리띠를 매고 벽장을 열어 채찍을 손에 들고는, 작은 초에 불을 켜가지고 침실에서 나가고 있었습니다.

—여기서 날이 훤히 새었으므로 샤라자드는 이야기를 그쳤다.

979번째 밤

샤라자드는 이야기를 계속했다.

오, 인자하신 임금님, 압둘라는 이사크가 잠이 든 줄만 알고 살며시 침실에서 빠져나갔는데, 그것을 본 이사크는 속으로 생각했습니다.

'이 밤중에 압둘라가 채찍을 들고 어디로 가는 걸까? 아마 누군가를 벌줄 작정인지도 모르지. 어디 한 번 뒤를 밟아 이 밤에 뭘 하는지 보고 오자.'

아부 이사크는 살며시 일어나 발소리를 죽이고 몰래 뒤를 밟았습니다.

압둘라는 찬장을 열어 고기와 빵을 담아 놓은 네 개의 접시가 얹힌 자그마한 밥상과 물이 든 작은 병을 꺼내더니, 아부 이사크가 뒤를 밟고 있는 줄도 모르고 다른 손님방으로 들어갔습니다.

이사크가 밖에서 문틈으로 안을 들여다보니, 그곳은 널찍한 손님방으로 한가운데 황금을 새겨넣은 상아 침대가 놓여 있었고, 거기에 개 두 마리가 황금 사슬에 매여 있었습니다.

압둘라는 가지고 간 밥상을 방 한구석에다 놓더니, 소매를 걷어붙이고 그중에서 한 마리의 사슬을 풀었습니다. 개는 압둘라의 손안에서 몸을 뒤틀며 힘없는 소리로 신음하면서, 마치 압둘라 앞에 엎드리는 것처럼 콧등을 바닥에 문질렀습니다.

그런데 놀랍게도 압둘라는 개의 발을 등으로 돌려 묶더니 바닥에 던져놓고 가지고 간 채찍으로 사정없이 때리기 시작했습니다.

개는 몸부림을 쳤지만, 몸이 자유롭지 못해 빠져나갈 수 없었습니다. 압둘라는 개가 완전히 의식을 잃고 신음마저 내지 못하게 될 때까지 심하게 때렸습니다.

그런 다음 개를 원래의 장소에 갖다 놓고 사슬로 묶은 다음, 다른 한 마리의 개도 사슬을 풀고 먼저 개처럼 채찍으로 심하게 때렸습니다. 그것이 끝나자 헝겊을 꺼내 개들의 눈물을 닦아주면서 위로했습니다.

"나를 원망하지 마시오. 알라께 맹세코 이것은 내 본의가 아니기에 나에게도 무척 괴로운 일이라오. 머지않아 알라께서 그대들을 재난에서 구해 주실 거요."

압둘라가 개 두 마리를 위해 기도를 드리자, 이사크는 귀를 기울이고 눈도 깜박이지 않고 그 놀라운 광경을 끝까지 지켜보았습니다.

그런 다음 압둘라는 개 옆으로 음식을 담은 상을 가지고 가더니, 먹을 것을 손으로 집어서 한 입씩 먹여주고는 개가 배불리 먹자 콧등을 닦아주고 병의 물을 먹였습니다.

그런 다음 압둘라는 밥상과 물병과 촛불을 들고 나왔는데, 그 전에 이사크는 재빨리 자기 침대로 돌아가 누워 있었습니다. 그 때문에 압둘라는 자기가 상대에게 뒤를 밟힌 것을 전혀 알지 못했습니다.

압둘라는 밥상과 물병을 찬장에 갖다 놓고 손님방으로 다시 돌아와서 벽장 속에 채찍을 넣더니 옷을 벗고 침대에 누웠습니다.

아부 이사크는 방금 보고 온 그 광경에 대해 이리저리 생각하면서 밤을 보내며, 너무나 이상해서 잠도 자지 않고 줄곧 마음속으로 중얼거렸습니다.

'도대체 거기에 어떤 의미가 있는 걸까?'

그러는 사이 마침내 날이 샜으므로 두 사람은 일어나서 새벽 기도를 올렸습니다. 아침*3이 차려지자 그것을 먹고 커피를 마신 다음 접견실로 나갔습니다. 이사크는 그날 온종일 간밤의 일이 마음에 걸렸으나, 혼자서 마음속에 꼭 담아 둔 채 압둘라에게는 한마디도 하지 않았습니다.

그날 밤에도 이사크는 또 밤중에 일어난 총독의 뒤를 밟아, 개 두 마리가 전날 밤과 같은 일을 당하는 것을 보았습니다.

처음에는 심하게 채찍으로 때리고는 나중에 화해하고 음식을 먹이고 물도 먹였습니다. 사흘째 밤에도 같은 일이 다시 되풀이 되었습니다. 나흘째에 이사크는 총독에게서 공물을 받아서 떠났는데, 그 일에 대해서만은 끝내 한마디도 묻지 않았습니다.

이사크는 여행을 계속한 끝에 무사히 바그다드에 도착하여 공물을 교주에게 전했습니다. 교주께서 귀국이 늦어진 이유를 묻자 이사크는 대답했습니다.

"오, 충실한 자들의 임금님이시여, 제가 그곳에 도착해 보니 총독은 마침 공물을 준비해 놓고 막 발송하려던 참이었습니다. 제가 하루 늦게 출발했더라면 도중에 만났을 것입니다. 그런데 오, 진실한 신자들의 임금님, 사실 압둘라 빈 파지르의 집에서 참으로 기이한 광경을 보았습니다."

"대체 무슨 일인데 그러느냐?"

이사크는 압둘라 총독이 개 두 마리에게 한 행동을 대충 이야기한 다음 이렇게 덧붙였습니다.

"저는 그것을 사흘 밤이나 연달아 보았습니다. 처음에는 개를 몹시 때려 놓고, 나중에는 화해하고 위로해 주면서 물도 먹이고 먹을 것도 주곤 했습니다. 저는 총독이 모르게 그것을 지켜보았습니다."

"그래, 그대는 그 이유를 물어보았는가?"

"아닙니다, 저는 한 번도 물어보지 않았습니다."

"아부 이사크여, 내 명령이다. 그럼 지금 곧 바소라로 가서 압둘라 빈 파지르와 개 두 마리를 이리 데려오너라."

"오, 충실한 자들의 임금님, 아무쪼록 그 분부만은 거두어 주십시오. 왜냐하면 압둘라는 무척 정중하게 저를 환대해 주었고, 그 사실을 알게 된 것도 어쩌다가 우연히 그렇게 된 것이지 다른 뜻이 없었기 때문입니다. 그러니 제가 어떻게 바소라에 가서 그를 이리 데려올 수 있겠습니까? 제가 가서 그 말을 하게 된다면 도저히 부끄러워서 압둘라를 대할 낯이 없습니다. 그러니 친필로 편지를 쓰시어 누군가 다른 사람을 보내서 총독과 그 개 두 마리를 데려오도록 하는 것이 좋으리라 생각됩니다."

"아니다. 그대가 아닌 다른 사람을 보내면 틀림없이 총독은 그런 사실이 없다, 개 같은 것도 없다고 잡아뗄 것이다. 그러나 그대가 가서 그대 눈으로 직접 보았다고 하면 총독도 차마 잡아뗴지는 못하리라. 그러니 아무래도 그대가 가서 총독과 개를 데려와야겠다. 내 명령을 따르지 않겠다면 그대의 목이 달아날지도 모르니 그리 알리라."*4

—여기서 날이 훤히 새기 시작하여 샤라자드는 이야기를 그쳤다.

980번째 밤

샤라자드는 이야기를 계속했다.

오, 인자하신 임금님, 교주의 명령에 이사크는 하는 수 없이 대답했습니다.

"오, 충실한 자들의 임금님, 잘 알았습니다. 알라께서는 저희를 구하시는 분이니 알라의 대행자도 선량하십니다. 속담에도 '입은 재앙의 문'*5이라 했습니다만, 제가 무심코 임금님께 입을 놀려 죄를 짓고 말았습니다. 그럼 저에게 편지를 주십시오. 곧 가서 압둘라를 데려오겠습니다."

교주가 친서를 써서 주니, 이사크는 그것을 가지고 바소라로 되돌아갔습니다.

다시 찾아온 그를 보고 총독이 말했습니다.

"오, 아부 이사크 님, 당신이 돌아오신 것이 부디 나에게 불행이 되지 않기를! 도대체 어인 일로 이리 급히 돌아오셨습니까? 혹시 공물이 부족해서 교주님께서 안 받으신 게 아닙니까?"

"오, 압둘라 총독님, 내가 되돌아온 것은 공물이 부족해서가 아니오. 공물은 충분했고, 교주님께서도 기뻐하며 받으셨소. 그런데 사실, 나는 당신에게 사과해야 할 일이 있소. 내가 그만 당신에 대해 손님으로서의 의무를 잊고 말았소. 나의 이 실수는 전능하신 알라께서 정하신 일이라고밖에는 생각할 수가 없구려."

"무슨 실수를 하셨는데 그러십니까?"

압둘라가 되받아 물었습니다.

"사실, 내가 여기 묵고 있었을 때 사흘 밤을 연거푸 당신의 뒤를 밟았었소. 그래서 당신이 한밤중에 일어나 침실에서 나가 채찍으로 개를 때리고 돌아오는 것을 보고 말았소. 나는 무척 놀랐지만 묻는 것도 거북한 일이라 잠자코 있었소. 그런데 바그다드에 돌아가서 무심코 그 말을 교주님께 지껄이고 말았구려.

교주님은 그 말을 들으시자 당장 당신에게 돌아가라고 명령하셨소. 이것이 교주님의 친서요. 처음부터 이럴 줄 알았더라면 절대 말하지 않았을 텐데, 이것도 운명의 장난인지 나로서는 어쩔 수 없었소."

"당신이 교주님께 말해 버린 이상, 당신의 말이 거짓이 아니라는 증거를 내가 교주님께 보여 드리기로 하지요. 그렇지 않으면 교주님은 당신을 거짓말쟁이라고 생각하실지도 모르니까요. 당신은 내 친구이니 그런 일이 있어서는 안 됩니다.

만약 당신이 아닌 다른 사람이 왔더라면 나는 사실을 부정하고 상대를 거짓말쟁이로 만들어 버렸을 것이오. 하지만 다름 아닌 당신의 일이니 지금 곧 개 두 마리를 끌고 당신과 함께 가지요. 설령 이 일 때문에 파멸을 불러와 내 목숨이 줄어들게 된다 해도 어쩔 수 없는 일이지요."

"아니요, 반드시 알라께서 당신을 지켜주실 거요!"

압둘라는 곧 충실한 자들의 임금님께 어울리는 선물을 갖추고, 개 두 마리를 황금 사슬에 맨 채로 각기 다른 낙타에 태운 뒤, 자신도 말을 타고 이사크와 함께 바그다드를 향해 출발했습니다.

이윽고 교주 앞에 나가서 그 앞에 엎드리자 교주는 압둘라에게 자리를 권했습니다. 그가 자리에 앉으면서 개 두 마리를 교주 앞에 내놓으니, 교주가 보고 물었습니다.

"오, 압둘라여, 이 개는 대체 무엇인고?"

그러자 개 두 마리는 마치 교주에게 무언가 호소라도 하는 듯이 꼬리를 흔들면서 눈물을 흘렸습니다.

그 모습을 보고 교주는 매우 놀라서 말했습니다.

"이 개들에 대한 내력과 그대가 이 개들을 때렸다가 달랬다가 하는 까닭을 말해 보라."

"오, 충실한 자들의 임금님이시여, 이것은 날 때부터 개가 아니라 원래는 얼굴이 빼어나게 아름다운 두 젊은이로, 저와 피를 나눈 형들이옵니다."

"도대체 무슨 까닭에 이런 개의 모습을 하게 되었는고?"

"오, 신앙 깊은 자의 임금님, 만약 허락해 주신다면 그 사정을 숨김없이 말씀드리겠습니다."

"말해 보라. 하지만 절대 거짓말을 해서는 안 된다. 사람을 속이는 것은 위선자나 하는 짓이니라. 있는 그대로 솔직하게 말해 보라. 정직은 안전한 방주*6이고 덕이 있는 인물의 표징이니라."

"오, 알라의 대행자시여, 제가 이 개 두 마리의 내력을 말씀드리면 이 개들이 그 산 증인이 되어줄 겁니다. 즉 제가 있는 그대로 정직하게 말씀드리면 개가 그것을 증명해 줄 테고, 만약 거짓말을 하면 저의 거짓을 증명할 것입니다."

"오, 압둘라여, 이것은 단순한 개 두 마리가 아닌가? 전혀 말도 못하는데, 어찌 그대의 증인이 될 수 있단 말인가?"

그러자 압둘라는 개 두 마리를 돌아보며 말했습니다.

"오, 나의 형님들이여, 만약 내가 거짓말을 하거든 고개를 들고 눈을 부릅뜨시오. 그러나 바른말을 했을 때는 고개를 숙이고 눈을 깔아주시오."

그런 다음, 다음과 같이 이야기를 시작했습니다.

─오, 진실한 신자들의 임금님, 저희는 한 부모에게서 난 삼 형제였습니다. 아버지의 이름은 파지르인데, 할머니가 쌍둥이를 낳아 그중 한 사람이 죽고 남은 분이 제 아버지였으므로, 할아버지가 파지르, 즉 '살아남은 자'라는 이름을 지었던 것입니다.

아버지는 할아버지의 손에 무럭무럭 자라 성인이 된 다음 저희 어머니를 아내로 맞았고, 그 뒤 얼마 안 되어 할아버지는 세상을 떠났습니다. 어머니는 처음에 여기 있는 맏형을 낳으셨는데, 아버지는 그에게 만수르라는 이름을 지어주었습니다.

그다음에 여기 있는 둘째 형을 낳아서 나시르*⁷라 이름 짓고, 끝으로 난 저에게는 압둘라라는 이름을 지어주었습니다. 아버지는 저희 셋을 키워서 저희가 성인이 되자 인도와 그리스, 그리고 호라산의 상품이 많이 갖추어진 가게와 집 한 채, 금화 6만 닢을 남기고 세상을 떠났습니다.

그래서 저희 형제는 아버지의 몸을 깨끗이 씻고 묻어 신의 자비에 맡긴 다음, 훌륭한 묘비를 세웠습니다. 그리고 아버지의 영혼이 지옥에 떨어지지 않도록 기도를 드리고 경전을 소리 내어 외고 공양을 위해 시주도 했는데, 40일*⁸이 지나자 상인과 명사들을 초대하여 하룻밤 성대한 잔치를 베풀었습니다.

그리고 손님들이 식사를 마치기를 기다렸다가, 나는 곧 이렇게 입을 열었습니다.

"상인 여러분, 이 세상은 참으로 덧없는 것이지만 내세는 영원합니다. 살아 있는 모든 것이 멸망한 뒤에도 영원히 살아 계시는 전능하신 알라를 찬양합시다! 그런데 여러분, 이 축복된 날에 어째서 내가 여러분을 초대했는지 여러분은 아십니까?"

"오직 한 분, 숨겨진 것을 아시는 알라를 찬양하라!"*9

"여러분, 아버지는 많은 돈을 남기고 세상을 떠나셨지만, 혹시 아버지에 대해 채권을 가지신 분이 계시지나 않을까 나는 걱정하고 있습니다. 그래서 그런 분이 계시다면 이번 기회에 아버지의 빚을 깨끗이 갚아 드릴 생각이니 아버지에게 빚을 주신 분은 말씀해 주십시오. 내가 아버지 대신 충분히 만족하시도록 해 드릴 테니까요."*10

그러자 상인들은 한결같은 목소리로 말했습니다.

"이보시게, 압둘라, 진실로 이 세상 재물은 내세의 재물을 대신할 수 없는 것이라오. 또 우리는 남을 속이는 사람들이 아니며, 옳고 그름을 가리고 전능하신 알라를 두려워하고 있다오. 그러니 결코 고아들의 양식까지 탐내는 짓은 하지 않을 것이오.

우리가 알고 있는 한, 당신 아버님은(알라여, 이분에게 자비를 내리소서!) 지금까지 남에게 빌려준 돈은 그대로 두었던 것과*11 자신이 빚진 것은 반드시 갚았다는 사실을 잘 알고 있소. 우리는 당신 아버님께서 늘 '나는 남의 생활을 불안하게 만들고 싶지 않다'고 말씀하시는 것을 들었소. 아버님은 늘 기도 중에 '오, 알라여, 당신이야말로 저의 희망이며 저를 지탱케 해 주시는 분입니다. 부디 제가 빚을 남기고 죽는 일이 없도록 해 주소서'라고 하셨다오. 그리고 빚이 있으면 재촉을 받기 전에 얼른 갚았고, 반대로 누구에게 돈을 빌려주었을 때는 전혀 재촉하지 않고 '언제든지 형편 되는 대로 갚으시오' 하는 것이 습관이었소. 채무자가 가난할 때는 빚을 삭쳐주시고, 또 가난하지 않더라도 아버님께 돈을 빌린 채 죽어 버리면 '알라여, 부디 빚을 남기고 간 그를 용서해 주십시오!' 하셨지요. 그러니 우리는 모두 당신 아버님께서 누구에게도 빚이 없다는 것을 증언하오!"

"오, 여러분, 알라께서 여러분을 축복해 주시기를!"

그리고 나는 두 형을 돌아보며 말했습니다.

"오, 형님들, 아버님은 한 푼의 빚도 남기시지 않고 우리를 위해 집과 가게 말고도 많은 돈과 상품을 남겨주셨습니다. 그러니 우리 셋은 전 재산의 3분의 1씩 가질 자격이 있는 셈입니다. 그래서 의논을 드리는데 유산을 분배하지 말고 공동소유로 해 놓고 함께 사는 것과 세 몫으로 나누는 것과 어느 편이 좋을까요?"

그랬더니 형들은 이렇게 말했습니다.

"한 사람씩 몫을 나누기로 하지 뭐."

(여기서 압둘라는 이야기를 끊고 개 두 마리를 향해 물었습니다. "형님들, 이 말에 틀림이 없지요?" 그러자 개들은 '그렇다'는 듯이 고개를 숙이며 눈을 감았습니다. 압둘라는 다시 이야기를 계속했습니다.)

—저는 당장 판관을 불렀습니다. 그리하여 재산을 분배한 결과, 저는 돈과 상품이 적은 대신 집과 가게를 갖고, 두 형은 돈과 상품을 가졌는데 세 사람 다 그것으로 만족했습니다. 그래서 저는 돈으로 상품을 사서 가게를 열어 장사를 시작했고, 형들도 상품을 잔뜩 사서 배 한 척을 세내어 먼 외국으로 항해를 떠났습니다. 그때 저는 속으로 이렇게 생각했습니다.

'알라께서 부디 두 형님을 가호해 주시기를! 나는 충분히 살 길이 주어졌으니, 아무 일 없이 평온하게 살 수 있으면 더 바랄 것이 없다.'

그리하여 1년이란 세월이 지나는 동안, 알라께서는 저를 위해 행운의 문을 열어주시어, 저는 막대한 이익을 올렸고, 마침내 아버지가 저희 형제들에게 남겨주신 것과 같은 정도의 재산을 모았습니다.

무척 추웠던 어느 날, 제가 검은담비와 하얀담비,*12 두 벌의 모피 외투를 입고 가게에 앉아 있었습니다. 그때 느닷없이 두 형이 나타났습니다. 그런데 두 사람 다 누더기 속옷만 입고 추위에 입술은 새파래지고, 온몸을 덜덜 떨고 있지 않겠습니까!

저는 형들의 비참한 모습을 보고 가슴이 아파 형들의 불행을 탄식했습니다.

—여기서 날이 훤히 밝았으므로 샤라자드는 이야기를 그쳤다.

981번째 밤

샤라자드는 이야기를 계속했다.

오, 인자하신 임금님, 압둘라 빈 파지르는 교주에게 다시 이야기를 계속했습니다.

—저는 너무나 마음이 아파서 일어나 두 형을 끌어안고 눈물을 흘렸습니

다. 이윽고 저는 한 형에게는 검은담비 외투를, 다른 형에게는 하얀담비 외투를 입히고 목욕탕으로 데려가서 천금*13이나 하는, 왕에게나 어울릴 것 같은 훌륭한 옷을 한 벌씩 선사했습니다. 이윽고 두 형이 목욕을 마치고 옷을 입자 저는 형들을 집으로 데려가서, 몹시 배가 고파 보였으므로 얼른 식사를 준비하게 하고 여러 가지로 위로하면서 같이 식사했습니다.

(여기까지 이야기한 압둘라는 또 개 두 마리를 향해 물었습니다. "오, 형님들, 그렇지요?" 개 두 마리는 고개를 숙이고 눈을 감았습니다. 그래서 압둘라는 이야기를 계속했습니다).

—오, 알라의 대행자시여, 두 형이 식사를 마쳤을 때 제가 물었습니다.

"형님들 이게 도대체 어떻게 된 일입니까? 재산은 다 어디다 두었습니까?"

그러자 형들은 이렇게 대답했습니다.

"우리는 강*14을 거슬러 올라가 쿠파라는 도시에서 한 개에 금화 반 닢짜리 물건을 금화 열 닢에, 금화 한 닢짜리 물건을 스무 닢에 팔아서 뜻하지 않은 큰 벌이를 했지. 다시 그 돈으로 바소라에서 금화 마흔 닢이나 하는 페르시아 상품을 한 개에 열 닢꼴로 사들여서 알 카르흐*15라는 곳에 가서 장사했는데 여기서도 막대한 이익을 올렸단다."

두 사람은 이곳저곳의 도시의 이름을 말하면서 큰돈을 번 이야기를 해 주었습니다. 그래서 저는 물었습니다.

"그렇게 많은 돈을 벌었는데 어째서 벌거숭이 꼴로 돌아오셨소?"

그러자 두 형은 한숨을 내쉬면서 말했습니다.

"아우야, 아마 누군가가 우리를 저주하는 것이 틀림없고, 게다가 여행이라는 것은 믿을 수 없는 것이란다. 우리는 잔뜩 벌어서 그걸 가지고 바소라로 돌아올 작정으로 배를 타고 사흘 동안 바다 위를 계속 다녔는데 나흘째가 되자 바다가 거칠어져서, 아주 큰 소리와 함께 바다가 거품을 물고 부풀어 올랐다가는 서로 부딪치면서 마치 어둠 속의 화톳불처럼 불꽃마저 튀기기 시작하더구나.

우리 배는 그 풍랑을 거슬러 나아가다가 그만 파도 속에 잠겨 있던 날카로운 바위 모서리에 부딪쳐서 배는 산산이 부서지고, 우리는 갖고 있던 재산과 함께 바닷속에 빠져서 그만 전 재산이 바닷속에 가라앉고 말았다.

그로부터 일주일 동안 물 위에서 버둥거리다가 알라의 자비로 지나가는 배의 구원을 받아 살아났는데, 그때부터 거리에서 거리로 구걸하면서 여기까지 오느라고 이루 말할 수 없는 고생을 했단다. 먹을 것을 사기 위해 몸에 걸친 것을 하나하나 팔아가면서 가까스로 바소라 근처까지 올 수 있었는데, 그때까지 별의별 고생을 다했구나.

만약에 우리가 그런 재난을 당하지 않고 무사히 돌아올 수 있었더라면 임금님만큼 재물을 가지고 있었을 텐데, 이것도 다 알라께서 미리 정해 주신 숙명일 테니 어쩔 수 없는 일이다."

그래서 저는 이렇게 말했습니다.

"오, 형님들, 그렇게 슬퍼하실 것 없습니다. 목숨이 있고서야 재산도 있지요. 몸이 무사한 것이 무엇보다 좋은 재산입니다. 알라께서 형님들을 구해 주셨으니 저는 그것이 무엇보다도 기쁩니다. 가난함과 부유함이라는 것은 말하자면 덧없는 꿈같은 것이라 노래 중에도 이런 것이 있지요.

파멸을 피하여
이 목숨 구할 수만 있다면
쌓아올린 재물은
한 조각의 발톱에 지나지 않음을 알라.

저는 말을 이었습니다.

"오, 형님들, 아버지가 오늘 돌아가셔서 지금 내가 가진 재산만을 남기셨다고 생각합시다. 나는 두 형님께 똑같이 재산을 나누어 드리겠습니다."

그래서 저는 판관을 불러 제 재산을 셋이서 똑같이 나눴습니다.

그리고 형들에게 말했습니다.

"오, 형님들, 사람이란 태어난 고향에 있기만 하면 알라께서 반드시 나날의 양식을 주시는 법입니다. 그러니 형님들도 가게를 열어서 살아가도록 하십시오. '은밀한 신의 뜻' 속에 정해져 있는 사항은 반드시 성취되는 법이니까요."

그리하여 저는 형들을 위해 가게를 내주고 상품을 가득 들여놓아 주었습니다.

"이것으로 장사해서 번 돈은 모두 저축해 두도록 하세요. 형님들의 옷과 식량 값은 모두 내가 부담해 드릴 테니까요."

저는 진심으로 두 사람을 보살펴주었습니다. 두 형은 낮이면 자기 가게에서 장사하고 저녁때가 되면 저희 집에 와서 같이 생활하면서, 두 사람의 생활비는 모두 제가 대고 두 형에게는 한 푼도 쓰게 하지 않았습니다.

그런데 형들은 곧잘 여행지에서 재미있었던 일과 큰 벌이를 한 경험을 얘기하면서, 저더러 계속 외국으로 같이 나가자고 권하는 것이었습니다(여기까지 이야기하자 압둘라가 또 개들에게 "형님들, 제 말이 틀림없는 사실이지요?" 하자, 개 두 마리는 고개를 숙이고 눈을 감았습니다. 압둘라는 다시 이야기를 계속했습니다).

—오, 알라의 대행자시여, 이렇게 두 형이 줄곧 외국에 가서 큰 벌이를 해 보자고 권하기에 결국 저는 이렇게 말했습니다.

"그럼 형님들을 위해 같이 가도록 하겠습니다."

그리하여 형들과 동업의 계약을 맺고, 배 한 척을 세내서 온갖 귀중한 포목과 상품을 꾸려서 배에 가득 실었습니다. 그것이 끝나자 항해에 필요한 물품을 갖추어 바소라에서 출범하여, 성난 파도가 곤두박질치는 거친 바다를 나아갔습니다.

이윽고 큰 도시에 이르러 물건을 팔아 싼 것을 사서 또 다른 곳에 가서 거래해 가며, 여러 나라와 각지의 항구를 돌면서 장사를 하는 동안 무척 많은 돈을 벌 수 있었습니다. 그러다가 어느 산*16에 당도했는데. 그때 선장은 닻을 내리더니 저희에게 이렇게 말하는 것이었습니다.

"여러분, 배에서 내려주십시오. 물이 부족하니 어서 물을 구해 와야 하겠습니다."

그래서 저도 함께 배에서 내려 뭍에 올라 모두 사방으로 흩어져 물을 찾기 시작했습니다. 저는 섬의 산으로 올라가서 걸어갔는데, 그때 흰 뱀 한 마리가 보기만 해도 끔찍한 모습을 한 검은 용에게 쫓겨 정신없이 이쪽으로 오고 있는 것이 보였습니다. 그러더니 눈 깜짝할 사이에 검은 용이 흰 뱀을 따라 잡아 대가리를 누르고 자기 꼬리로 흰 뱀의 꼬리를 감았습니다.

그때 흰 뱀이 비명을 지르기에 저는 검은 용이 흰 뱀을 업신여겨 욕보이려는 것임을 알았습니다. 저는 흰 뱀이 가엾은 생각이 들어서 옆에 있던 무게

5파운드가량 되는 화강암 덩어리를 집어들어 검은 용을 향해 던졌습니다. 그런데 그 돌이 용케 검은 용의 대가리를 박살 내는 순간, 희한하게도 흰 뱀이 어느새 보름달처럼 빛나는 예쁜 처녀로 변하는 것이 아니겠습니까! 처녀는 제 앞으로 다가와 제 손에 입을 맞춘 뒤 말했습니다.

"오, 알라께서는 당신을 두 가지 재앙에서 구해 주실 것입니다. 한 가지는 이 세상에서의 치욕이고, 또 한 가지는 마지막 심판의 날에 오는 지옥불인데 그날에는 올바른 마음으로 알라께 가는 자가 아니면 재물도 자손도 아무 소용이 없게 된답니다."[*17]

그리고 다시 이렇게 덧붙였습니다.

"오, 사람이여, 당신은 제 명예를 구해 주셨습니다. 당신의 친절에 깊이 감사드립니다. 이 은혜는 반드시 갚겠어요."

이렇게 말하면서 처녀가 땅을 보고 무슨 신호를 하자 순식간에 눈앞의 땅이 널찍하게 갈라지더니 처녀는 금방 그 속으로 사라지고 땅은 다시 원래대로 닫히고 말았습니다.

저는 비로소 그 처녀가 마신임을 알았습니다.

한편 검은 용은 불이 되어 타더니 이윽고 한 줌의 재가 되고 말았습니다. 저는 너무도 놀라워서 동료들에게 방금 보고 온 이야기를 하면서, 그날 밤은 모두 함께 그 섬에서 지냈습니다.

이튿날 선장은 닻을 올리고 돛을 펼치고 밧줄을 풀어 섬을 떠났습니다. 그로부터 20일 동안 항해를 계속했는데, 그동안 한 조각의 섬 그림자조차 보이지 않았습니다. 마침내 물이 떨어지자 선장이 이렇게 말했습니다.

"여러분, 이제 물이 한 방울도 없습니다."

"그럼 아무데라도 좋으니 뭍으로 갑시다. 그러면 물을 구할 수 있겠지요."

그러자 선장은 이렇게 소리쳤습니다.

"나는 나침반 방향을 잘못 잡아서 어디로 가야 할지 도무지 갈피를 잡지 못하겠습니다."

이 말을 들은 사람들은 발을 동동 구르며 분해하다가 눈물을 흘리면서 오로지 전능하신 알라께 방향을 가르쳐 달라고 빌었습니다.

그날 밤은 모두 비탄에 잠겨 밤을 지새웠는데, 다음과 같이 시를 지은 시인은 참으로 놀라운 재능을 갖고 있다고 하겠습니다.

한탄으로 저무는 밤
몇 번이었던가,
그토록 한탄하다가는
젖먹이마저 겁을 먹고
백발로 변할 밤들,
그러나 채 날이 새기도 전에
우리 곁을 찾아온
'알라의 구원과 다가온 승리'.

이튿날, 슬픔 속에 밤이 새고 태양이 눈부시게 솟아올랐을 때, 문득 커다란 산이 하나 나타나 저희 일행은 춤을 추며 기뻐했습니다. 산자락까지 오자, 선장이 말했습니다.

"여러분, 배에서 내려 물을 구해 오십시오."

저희는 모두 물을 찾아다녔으나 물은 어디에도 보이지 않았습니다. 계속해서 물이 부족해 힘들었던 터라, 저희는 몹시 실망하고 당황했습니다.

그런데 내가 산꼭대기에 올라가 보니, 그 건너편에 한 시간만 걸으면 갈 듯한 곳에 주위가 언덕으로 둘러싸인 움푹한 곳이 보였습니다. 그래서 저는 동료들을 불러서 이렇게 제안했습니다.

"저 산 너머에 움푹한 데가 보이죠? 저 안에 틀림없이 성벽을 둘러싼 마을이 있고 목장과 들도 있을 거요. 저기 가면 물과 다른 것도 있을 테니, 우리 모두 가서 물을 얻고 고기와 과일을 사오지 않겠소?"

그러자 사람들이 말했습니다.

"만약 저곳에 있는 사람들이 이교도들이라면 어떡하지요? 틀림없이 우리를 잡아 죽일 거요. 그렇게 되면 결국 우리는 스스로 불구덩이에 뛰어드는 것이나 마찬가지가 아니오. 실제로 오만하고 무모한 사람은 그다지 칭찬할 것이 못 됩니다. 어떤 시인도 그런 사람을 이렇게 노래했듯이 늘 재난만 불러들이기 때문이지요.

땅은 땅이라 넓고
하늘은 하늘이라 넓지만

마음이 교만한 자는
위험을 피할 수는 있더라도
비난을 피할 수는 없으리라!

그러니 우리는 위험에 가까이 다가가지 않는 게 좋을 거요."
그래서 나는 이렇게 말했습니다.
"여러분, 나에게는 여러분에게 그 일을 지시할 권한은 없소. 그러니 형님들하고 같이 저곳에 갔다 오겠소."
내 말에 형들은 이렇게 말하는 것이었습니다.
"우리도 무서워서 가기 싫다."
"나는 일단 저기 가기로 했으니 알라를 믿고 무슨 일이든 알라의 뜻에 따를 작정입니다. 그럼, 내가 다녀올 때까지 여기서 기다려주십시오."

—여기서 날이 훤히 밝아왔으므로 샤라자드는 이야기를 그쳤다.

982번째 밤

샤라자드는 이야기를 계속했다.
오, 인자하신 임금님, 압둘라는 다음과 같이 이야기를 계속했습니다.
—그래서 저는 사람들과 헤어져서 길을 나아가 그 성문까지 갔습니다. 그런데 그곳은 이 세상에 보기 드문 웅장하고 화려한 도시였습니다. 큰길을 따라 가로수가 줄을 서 있고, 높다란 탑이 굳고 단단하게 솟아 있으며, 궁전은 하늘 높이 위엄찬 모습을 자랑하고 있었습니다. 성문은 황금으로 만들어져 눈이 어릴 만큼 아름다운 조각이 빛나고 있었습니다. 성문을 들어서니 도중에 돌의자가 있는데, 거기에 한 남자가 열네 개의 열쇠가 달린 쇠사슬을 팔에 걸고 앉아 있었습니다. 그것을 본 저는 그자가 문지기라는 것과 이 도시의 문이 열네 개임을 짐작할 수 있었습니다.
저는 그 사람에게 다가가서 인사를 했습니다.
"안녕하십니까!"

그러나 상대는 내 인사에 대답도 하지 않았습니다. 저는 두 번, 세 번 인사를 되풀이했지만 그래도 그는 대답하지 않았습니다.

그래서 저는 남자의 어깨에 손을 얹고 물었습니다.

"여보시오, 어째서 내 인사에 대답하지 않는 거요? 자는 거요, 아니면 귀머거리요? 그것도 아니면 이교도와 인사하는 게 싫단 말인가요?"

그래도 그 남자는 대답하지 않을 뿐만 아니라 몸을 조금도 움직이지 않는 것이었습니다. 이상한 생각이 들어 자세히 들여다보니, 놀랍게도 그것은 사람이 아니라 돌이 아니겠습니까!

"기괴한 곳이로군! 이건 인간의 모습과 흡사하게 조각한 돌이잖아? 말만 할 줄 안다면 진짜 사람하고 똑같은걸!"

저는 그 자리를 떠나 성 안으로 들어갔습니다. 얼마 안 가서 한 사람이 길에 서 있는 것이 보여서 다가가서 자세히 보니 그것 역시 돌상이었습니다.

곧장 안으로 걸어가는 동안 여기도 그렇고 저기도 그렇고 모두 같은 모습이었습니다. 그때 머리에 빨래를 이고 있는 한 노파를 만났는데, 옆에 가서 자세히 보니 노파는 물론이고 머리에 인 빨래까지 돌이었습니다.*18

이윽고 시장으로 들어가 보니 기름장수는 손에 저울을 든 채 돌이 되어 있고 그 앞에 놓여 있는 버터와 그 밖의 물건들도 모두 돌이었습니다. 그뿐만 아니라 모든 가게에 있는 상인들은 남자와 여자, 아이들 할 것 없이 모두 서 있거나 앉은 자세로 돌이 되어 있고, 피륙 따위는 마치 거미집처럼 되어 있었습니다.

저는 이 광경을 재미있게 구경하면서 가끔 물건을 만져 보았는데, 그것은 마치 먼지처럼 되어 흩어져 버렸습니다.

그러는 동안 많은 궤짝이 눈에 띄어 하나를 열어 보았더니 그 속에는 금화가 담긴 자루가 가득 들어 있었습니다.

그 자루를 집어 보니 자루는 금세 가루가 되었는데 금화만은 변함없이 그대로 있었습니다. 저는 가질 수 있을 만큼 금화를 몸에 지니면서 혼잣말을 했습니다.

"형님들도 같이 왔더라면 임자 없는 보물을 마음대로 가져갈 수 있었을 텐데."

이번에는 다른 가게로 가 보니 그곳에는 전보다 더 많은 돈이 있었지만 더는 가질 수 없었습니다.

저는 그 시장에서 나와 다른 시장으로 갔다가, 거기서 또 다른 시장으로 발걸음을 옮겨 차례차례 둘러보면서, 온갖 종류의 인간은 물론, 개와 고양이까지 모두 돌로 변한 모습을 구경했습니다.

그러는 동안 어느덧 금세공품 가게 앞에 이르렀는데, 사람들이 금세공품을 손에 든 채, 또는 광주리에 담아 들고 있는 채로 돌이 되어 있었습니다. 그것을 본 저는 오, 진실한 자들의 임금님, 그때까지 지니고 있던 금화를 얼른 내던지고 그 대신 금세공품을 되도록 많이 몸에 지녔습니다.

그런 다음 보석가게로 가보니 역시 가게 앞에서 많은 상인이 히아신스석, 다이아몬드, 에메랄드, 루비, 그 밖의 온갖 귀한 보석을 가득 담은 주머니를 앞에 놓은 채 돌이 되어 있었습니다.

그래서 저는 가지고 있던 금세공품을 모두 버리고 되도록 많은 보석을 몸에 지녔는데, 생각할수록 형들이 함께 오지 않은 것이 안타까웠습니다. 나와 같이 왔더라면 이런 값진 보석을 얼마든지 가지고 갈 수 있었을 겁니다.

보석가게에서 나와 곧장 나아갔더니 매우 아름답게 장식한 커다란 문 앞에 이르렀는데, 그 안에는 나무 의자가 놓여 있고 현관에는 많은 환관을 비롯하여 호위병, 기병, 보병, 관리들이 모두 좋은 옷을 입고 앉아 있었습니다.

그 사람들 역시 모두 돌이 되어 있었습니다. 혹시나 하고 그 한 사람을 건드려 보았더니 옷이 마치 거미줄처럼 부서져서 흩어져 버렸습니다.

그 대문을 들어서서 더 나아가니, 그곳은 세상에 보기 드문 훌륭한 궁전으로, 그 아름다운 내부 장식에 그저 놀랄 뿐이었습니다.

이윽고 진주와 보석이 아로새겨진 황금 옥좌가 눈에 띄었는데 그 위에는 훌륭한 옷을 입은 아담의 자손이 앉아 있었습니다. 그 사람이 머리에 쓰고 있는 코스로에의 왕관*19에는 온갖 아름다운 장식이 새겨져 있어, 마치 한낮의 태양처럼 찬란하게 빛나고 있었습니다. 가까이 가보니 그것도 역시 돌이 되어버린 사람이었습니다.

그 다음에 후궁으로 들어가 보니 그곳은 왕비의 접견실인데, 진주와 보석이 박힌 순금 옥좌 위에 왕비가 앉아 있었습니다.

머리에는 보석으로 아름답게 꾸민 왕관을 쓰고, 주위에는 달처럼 고운 여자들이 갖은 색깔의 옷을 입고 의자에 앉아 있었으며, 환관들은 가슴에 두 손을 대고*20 무슨 볼일을 말하는 자세로 서 있었습니다.

그 방에 장식된 것은 이 세상의 것이 아니라 할 만큼 훌륭하고 아름다워, 보는 자의 마음을 어지럽히고 혼을 빼앗는 것들뿐이었습니다. 그중에서도 투명한 수정 램프*21는 천장에서 가장 찬란한 빛을 발했으며, 또 수정으로 만든 항아리 안에는 돈으로도 살 수 없는 진귀한 보석이 가득 들어 있었습니다.

그래서 오, 진실한 자들의 임금님이시여, 저는 그때까지 지니고 있던 보석을 죄다 버리고, 어느 것을 갖고 어느 것을 남겨야 할지 모를 정도의 그 진귀한 보석을 몸에 지닐 수 있을 만큼 지녔습니다. 아, 정말 그곳은 수많은 도시의 보물창고라 해도 지나친 말이 아닐 것입니다. 이윽고 쪽문*22이 있기에 그 안을 들여다보았더니 계단이 보였습니다.

그 계단을 40단쯤 올라갔더니, 어디선지 낮은 목소리로 코란을 외는 사람의 목소리가 들려왔습니다.

소리 나는 쪽으로 가 보았더니 이윽고 비단 휘장을 친 큰 문이 나왔습니다. 그 휘장에는 자잘하게 금으로 수를 놓고 진주와 산호, 루비, 에메랄드 등이 달려 있어서 마치 별이 반짝이듯 반짝반짝 빛나고 있었는데, 그 휘장 안에서 독경소리가 새나오고 있었습니다.

그래서 휘장을 들치고 안을 들여다보았더니 거기에는 눈이 어릴 만큼 아름답게 꾸민 문이 있었습니다. 또 그 문을 열고 안으로 들어가자, 그곳은 마치 대지의 바닥에 있는 보물창고*23 같은 훌륭한 손님방이었습니다. 그곳에서 한 처녀가 마치 맑게 갠 하늘에 걸린 빛나는 태양처럼 아름다운 모습으로 앉아 있었습니다. 처녀는 더없이 훌륭한 옷에 값진 패물을 달고 균형이 잘 잡힌 몸매를 한, 세상에서 보기 드문 완벽한 미인이었습니다.

날씬한 허리에서 두 다리로 흐르는 아름다운 곡선, 루비를 이슬에 적신 듯한 입술, 아무리 중환자라도 한 번 보기만 하면 씻은 듯이 나아버릴 만큼 우아하고 사랑스러운 모습이었습니다. 눈동자는 동경을 머금어 싱싱하게 빛나고 있어, 그 아름다움은 다음과 같은 시보다도 더 뛰어난 것이었습니다.

　　나는 최상의 경의를 보내노라,
　　아름다운 모습을

옷으로 가린 처녀에게.
그 뺨의 꽃 피는 동산은
붉은 장밋빛으로 꾸며졌네.

그 이마는 묘성(昴星)이 돋은 듯
찬란하게 빛나고,
또한 밤하늘의 등불을
그 가슴에서 우리는 보았노라.

부드러운 장미의 잎을
처녀는 의상으로 삼았으니
가지에서 나무열매를 딸 때,
그 장미 잎은 복되게도
처녀의 피를 빨 수 있으리라.*24

행여 이 처녀가 바닷속에
뛰어드는 일 있으면
이튿날 아침에는 변하리라,
짜디짠 바닷물도
꿀벌의 집보다 더 달콤하게.

또 지팡이에 의지한
흰 수염의 늙은이도
한 번 임의 사랑 얻으면
단번에 정기 되살아나
용맹한 사자마저 쓰러뜨리리라.

압둘라는 얘기를 계속했습니다.
　—오, 진실한 신자들의 임금님, 저는 그 처녀를 처음 본 순간부터 격렬한
사랑에 가슴을 두근거리면서 곧장 그 앞으로 다가가 보니, 처녀는 높다란 침

대 위에 앉아 영광에 빛나는 알라의 성전을 외고 있었습니다.

목소리는 마치 천국의 문지기 리즈완이 천국의 문을 열 때의 소리처럼 조화를 잘 이루고, 입술에서 새어 나오는 한 마디 한 마디는 보석의 비가 내리는 듯했으며, 얼굴은 꽃처럼 곱게 빛나 시인이 노래한 다음의 시와 똑같았습니다.

아, 그 목소리와 아름다운
모습으로 까닭 없이
사람의 마음 춤추게 하는 그대!
그대를 동경하고 애타게 사랑하는
마음은 그칠 줄을 모르네.
진정 그대가 가진 두 가지,
사랑의 신자(信者)를 불태우고 마네.
―그것은 요셉의 광채와
다윗의 훌륭한 노래를 합한
그대의 아름다운 천품이라네.

그 처녀가 장엄하고 무게 있는 가락으로 코란을 외는 것을 들은 저는 속으로 '평안하라는 자비로운 주님의 말씀을 듣더라'*25고 한 코란의 유명한 구절을 떠올렸습니다. 그런데 저는 우물거리며 제대로 인사조차 하지 못했습니다. 마음도 눈도 어지러워서, 마치 시인이 이렇게 노래한 모습이 되어 버린 것입니다.

너무나 그리워서 더듬거리며,
말도 못했노라, 단 한 마디도.
나의 피 흘리지 않고는
그대에게 다가갈 방법 없노라.
욕하는 자들이 하는 말 따위
나는 한마디도 듣지 않으리,
그러나 이 몸에 대한

한 마디 한 마디로
그대에게 바치는 내 사랑을
나는 분명히 증명하리라.

저는 그 처녀에 대한 누를 길 없는 동경을 마음 가득 채우고 이렇게 말했습니다.

"오, 고귀한 여인이여, 아름다운 보석이여, 당신에게 평안함이 있기를! 부디 알라께서 당신에게 행운의 기초를 쌓아주시고 당신의 영광을 더욱 높여 주시기를!"

그러자 여자가 대답했습니다.

"오, 압둘라 빈 파지르 님, 저도 당신에게 진심으로 인사를 드립니다. 정말 잘 오셨습니다! 오, 나의 사랑스러운 분, 내 눈동자를 상쾌하게 해 주시는 분이여!"[1]

"오, 아름다운 처녀여, 당신은 어떻게 내 이름을 아시오? 당신은 대체 누구십니까? 그리고 이 도성 사람들은 모두 어떻게 된 것입니까? 모두 돌이 되어 있는데, 제발 그 이유를 말씀해 주십시오. 나는 이 도시와 주민들을 보며 너무나 이상하게 생각하고 있었습니다. 살아 있는 사람은 오직 당신 한 사람뿐이군요. 제발 그 까닭을 이야기해 주십시오. 나는 그 이유를 정말 알고 싶습니다."

"압둘라 님, 우선 앉으세요. 인샬라! 그러면 저와 이 도성 사람들 사이에 일어난 사연을 이야기해 드리지요. 위대한 신 알라 외에 주권 없고 권력 없다!"

그래서 제가 처녀 옆에 앉자 그녀는 다음과 같은 이야기를 시작했습니다.

―압둘라 님(알라께서 당신에게 자비를 베풀어주시기를!), 사실 저는 이 도시를 다스리는 왕의 딸이었습니다. 아까 당신이 보신 알현실 옥좌에 앉아 있던 사람이 우리 아버지입니다. 그리고 주위에 앉아 있던 사람들은 대신과 근위병들인데, 아버지는 지휘 아래 106만 명의 군병을 거느린 무예와 용맹이 뛰어난 왕이었습니다. 아버지가 지배한 나라의 태수의 수는 2만 4천 명이 넘고 그 태수들은 모두 총독, 그 밖의 높은 지위를 차지하고 있었습니다.

아버지는 자신의 도시와 마을과 크고 작은 성채 말고도 천에 가까운 도시를 정복했고, 아버지 밑에는 저마다 2만 명의 병사를 가진 아라비아인 족장*26이 1천 명이나 있었습니다.

게다가 여태껏 아무도 본 적이 없고 또 소문도 들어본 적이 없는 값진 보석과 금과 그 밖에 온갖 보물을 헤아릴 수 없을 만큼 많이 가지고 있었습니다.

—여기서 날이 훤히 밝았으므로 샤라자드는 이야기를 그쳤다.

983번째 밤

샤라자드는 이야기를 계속했다.

오, 인자하신 임금님, 돌의 도시의 공주는 압둘라에게 그 신기한 이야기를 계속했습니다.

—오, 압둘라 님, 아버지는 타국의 왕과 용사들과 싸우면 반드시 이겼기 때문에, 아무리 용감한 장수들도 아버지를 두려워했고 외국의 왕들은 모두 아버지에게 복종했습니다.

그러나 아버지는 알라를 믿지 않고 알라 대신 다른 신을 갖다 놓고서 그 우상들을 숭배하는 이단자였으며, 가신들도 모두 전지전능하신 신을 외면한 채 우상을 숭배하고 있었습니다.

어느 날 아버지가 영토의 태수들을 불러 놓고 옥좌에 앉아 있었을 때, 난데없이 웬 남자가 나타났습니다. 그런데 그 사람의 얼굴은 접견실 구석구석까지 환하게 할 만큼 빛났으며, 몸에는 초록색 의상을 입고 두 손은 무릎 아래까지 길게 드리워져 있었습니다.*27 고귀한 빛이 가득 찬 그 얼굴에서는 후광이 비치는 듯했습니다.*28 그 사람은 아버지를 향해 이렇게 말했습니다.

"오, 그대, 알라를 배반하고 우상을 숭배하는 자여, 그대는 어찌하여 그토록 오랫동안 전지전능하신 알라를 섬기는 것을 잊고 우상을 숭배하고 있는 것이냐? '알라 외에 신은 없고, 무함마드는 알라의 사도이다'라고 말해 보아라.

그대도, 그대의 일족도 당장 우상숭배를 버리고 알라를 믿도록 해라. 우상은 인간의 소원을 조금도 들어주지 않는다. 알라 말고는 아무것도 믿어서는 안 된다. 알라야말로 기둥 없이 하늘을 떠받들고 피창조물에 대한 자비로 대지를 양탄자처럼 펼치셨느니라."*29

이에 대해 아버지는 이렇게 대답했습니다.

"이 우상을 업신여기는 자여, 너는 대체 웬 놈이냐? 우상의 노여움이 두렵지도 않느냐?"

"우상은 돌이다. 돌이 화가 난들 나를 해칠 힘은 없을 것이고 또 우상에게 사랑을 받아도 아무 이득도 없다. 그 증거로 내 앞에다 네가 숭배하는 우상과 너희 백성이 숭배하는 우상을 놓고 나에 대해 화를 내라고 기도해 보라. 나도 알라께 우상들에게 화를 내시라고 기도할 테니, 그러면 피창조물과 창조주의 노여움이 얼마나 다른 것인지 뚜렷이 알게 될 것이다. 네가 숭배하는 우상은 네가 멋대로 만들어낸 것으로, 악마들이 옷을 입듯이, 제 몸을 그 속에 감싸고 있다. 우상의 배 속에서 말을 하는 것은 바로 그 악마들이다.*30 너희 우상은 만들어진 것이지만, 나의 신은 창조하는 것이며, 이 신은 불가능한 것이 아무것도 없다. 그러므로 진실이 밝혀지면 그것을 따르고, 허위가 드러난다면 그것을 과감하게 버려야 한다."

그러자 왕을 비롯하여 늘어앉은 사람들이 저마다 외쳤습니다.

"이 눈으로 확인하기 위해 너의 신이 있다는 증거를 보여라."

그러나 그 남자는 이렇게 대답했습니다.

"너희가 믿는 신들의 증거도 보여달라."

그래서 아버지가 우상의 모습을 한 하느님을 숭배하는 모든 자에게 각자의 우상을 가져오라고 분부하자, 모두 자신의 우상을 알현실로 가져왔습니다.

그때 나는 마침 아버지의 알현실을 내려다볼 수 있는 휘장 뒤에 있었습니다. 나는 전부터 에메랄드로 만든 사람 크기의 우상을 가지고 있었는데, 아버지가 그것을 가져오라 하여 곧 그것을 알현실로 보냈습니다.

그것은 히아신스석으로 만든 아버지의 우상 옆에 놓았습니다. 그 밖에 대신의 우상으로는 금강석*31으로 만든 것도 있었고, 태수나 귀족들의 우상으로는 루비로 만든 것, 홍옥수로 만든 것, 산호, 침향목, 흑단, 은, 황금 등 저마다 신분에 어울리는 온갖 우상들이 모여들었습니다.

한편으로 일반 병사와 백성들의 우상은 화강암을 비롯하여 나무, 도기, 찰흙 등으로 만든 것이었는데, 그런 우상은 노랑, 빨강, 녹색, 검정, 회색 등 온갖 빛깔을 하고 있었습니다.

이윽고 그 남자는 아버지에게 말했습니다.

"자, 나에게 천벌을 내리라고 그 우상들에게 빌어 보라."

그러자 모두 먼저 아버지의 우상을 한 단 높은 데 있는 황금 의자에 놓더니 내 우상을 그 옆에 놓은 다음, 각자 신분에 따라 모두 우상을 나란히 놓았습니다. 그런 다음 아버지는 일어나서 자신의 우상 앞에 꿇어 엎드렸습니다.

"오, 나의 신이여, 당신은 자비로운 신으로, 이 수많은 우상 가운데 가장 위대한 신이십니다. 지금 들으신 바대로, 이자는 저에게 와서 무례하게도 당신의 존엄성을 모독하고 당신을 조롱하고 있습니다. 게다가 자기는 당신보다 더 강한 신을 믿는다고 큰소리치면서, 저희에게 당신을 버리고 자기가 받드는 신을 믿으라 말하고 있습니다. 하오니, 오, 나의 신이여, 부디 이 사람에게 신벌을 내려주소서!"

그리고 아버지는 우상을 향해 열심히 빌었으나, 우상은 한 마디도 대답하지 않았습니다. 그러자 아버지는 다시 말했습니다.

"오, 나의 신이여, 이런 일은 여태껏 없었던 일이옵니다. 제가 당신께 무슨 말씀을 드리면 당신께서는 반드시 대답하셨습니다. 그런데 어째서 한 마디도 하지 않고 잠자코 계십니까? 주무시는 겁니까,*³² 아니면 제 말을 듣지 않으시는 겁니까?"

그리고 아버지는 한 손으로 우상을 흔들었습니다. 그러나 그래도 우상은 아무 대답도 하지 않을뿐더러 조금도 움직이지 않았습니다.

그것을 보고 그 남자가 말했습니다.

"너의 우상은 한 마디도 말을 하지 않는데 어찌 된 일이냐?"

"아마 딴청을 피우시거나 주무시고 계시는 게지."

이 말을 듣고 상대가 소리쳤습니다.

"오, 알라의 적이여, 어째서 너는 말도 못하는 쓸모없는 신을 숭배하고 내가 믿는 알라를 받들려 하지 않는 것이냐? 나의 신이야말로 모든 기도하는 자에게 응답하고, 항상 계시며, 죽지 않고, 또 마음을 다른 곳으로 옮기지도 않는가 하면, 잠드시는 일이 없다. 그것은 짐작으로도 알 수 없을 뿐만 아니라, 자신은 볼 수 있어도 다른 자는 엿볼 수 없으며, 이 세상 우주에 있는 온갖 사물과 현상을 다스리시는 분이다.

그러나 너의 신은 하는 일도 없고 일할 능력도 없으며 재앙을 물리치고 자기 자신조차 지키지 못한다. 돌로 만든 악마가 너를 홀리고 타락시키기 위해 신의 형태를 거짓으로 꾸미고 우상에 들어가 있는 것에 불과하다. 그러나 지금은 그 악마도 우상에서 빠져나가고 없다. 그러니 알라를 숭배하고, 알라 외에 신은 없고 알라 외에 숭배를 바쳐야 할 자는 없다는 것을 증언하라! 원래 네가 믿는 신은 자신의 재앙을 물리칠 힘조차 없는데, 어떻게 너의 재앙을 물리쳐줄 수 있겠느냐? 자, 눈을 크게 뜨고 너의 우상이 얼마나 무능한지 똑똑히 봐두어라!"

남자는 그렇게 말하며 우상 앞으로 가더니, 우상의 머리를 탁 하고 한 번 쳤습니다. 그러자 우상의 목은 당장에 툭 떨어지고 말았습니다.

그것을 본 아버지는 불같이 화를 내며 옆에 있던 시종에게 소리쳤습니다.

"나의 신을 공격한 이 거만한 놈을 죽여 버려라!"

모두 일어나서 그 남자에게 덤비려 했으나 아무도 그 자리에서 움직일 수가 없었습니다.

그러자 남자는 그들에게 이슬람교를 믿으라고 열심히 권했으나 아무도 개종을 승낙하지 않자 마침내 이렇게 소리쳤습니다.

"그렇다면 너희에게 내 신의 노여움을 보여주겠다."

"좋다, 보여다오."

그러자 남자는 두 팔을 벌리고 말했습니다.

"오, 나의 신이시여, 주여, 당신은 저의 지팡이고 희망입니다. 부디 저의 기도에 답하시어 당신의 은총을 받으면서도 다른 신을 숭배하는 이 타락한 인간들을 벌해 주소서. 전지전능하신 알라여, 낮과 밤의 창조주여, 부디 여기 있는 이자들을 모두 돌이 되게 하소서. 당신이야말로 주권자이고 당신에게는 불가능한 일이 아무것도 없습니다. 당신은 만물을 지배하는 전능한 신이십니다."

그러자 알라께서는 이 도시의 사람들을 죄다 돌로 바꿔 버렸습니다. 그러나 나 혼자만은 알라의 공덕을 보았을 때 즉시 알라를 믿었으므로, 그 재앙에서 벗어날 수 있었지요. 그것을 본 그 남자는 나에게 다가와서 말했습니다.

"오, 너에게는 전생에서부터 행복이 정해져 있었으며, 이 모든 것은 알라의 은총이니라."

그리고 그 사람은 나에게 많은 것을 가르쳐주었고, 나는 굳게 맹세했습니다. 그때 나는 일곱 살이었는데, 이제 어느덧 벌써 서른 살이 되었군요.

그때 나는 그 사람에게 이렇게 말했습니다.

"오, 장로님, 이 도시의 사람들은 모두 당신이 하신 기도의 힘으로 돌이 되어 버렸습니다. 하지만 저 혼자 당신의 인도로 알라의 가르침을 믿게 되어 구원받았으니 당신은 나의 스승입니다. 부디 당신의 이름을 말씀해 주세요. 그리고 나를 안전하게 보호해 주시고, 이제부터 제가 먹고 살아갈 수 있는 양식을 주세요."

그랬더니 그 사람은 이렇게 말했습니다.

"내 이름은 아부 알 아바스 알 히즐이다."

그는 그렇게 말하고는 나를 위해 석류나무를 한 그루 심어 주었는데, 그 나무는 순식간에 자라서 금세 가지가 무성해지고 꽃이 피더니 석류가 하나 열렸습니다.

그러자 그 사람이 말했습니다.

"이것을 먹으려무나. 이것은 전능하신 알라께서 너에게 주신 거다. 너는 알라께 감사드리고 알라를 진심으로 숭배해야 하느니라."

그리고 나에게 이슬람교의 교의와 기도방법, 알라를 섬기는 모든 것을 가르쳐주고 또 코란 외는 법을 가르쳐주었습니다.

그로부터 20년 동안 나는 여기서 이렇게 알라를 숭배하고 있습니다. 석류나무에는 매일 한 알씩 열매가 열려 나는 그것을 먹고 겨우 목숨을 이어 왔습니다. 금요일마다 알 히즐 님(평화롭게 잠드시기를!)이 오시는데, 이분이 나에게 당신의 이름과 얼마 안 가서 당신이 여기 오신다는 기쁜 소식을 전하면서 '압둘라가 찾아오거든 정중히 맞이하고 반드시 그의 말을 따라야 한다. 그리고 압둘라의 아내가 되어 순종하면서 어디든 그가 가는 곳이면 따라가야 한다'고 말했어요. 그래서 나는 당신을 보자마자 당신인 줄 알았던 겁니다. 이것이 이 도시와 주민들에 얽힌 이야기입니다.

처녀는 이야기를 마치고 나서 저에게 석류나무를 보여주었는데, 정말 열매가 한 개밖에 열려 있지 않았습니다. 처녀는 그것을 따와서 반을 먹고 반은 저에게 주었습니다. 먹어보니 그것은 과연 이 세상에 누구도 맛본 적 없을 만큼 맛있었습니다. 그래서 저는 물었습니다.

"당신은 알 히즐 노인의 말대로 내 아내가 되어 이제부터 우리나라에 가서 바소라에서 나와 함께 살겠습니까?"

그러자 여자가 대답했습니다.

"전능하신 알라의 뜻에 맞는 일이라면 기꺼이 그렇게 하겠어요. 당신의 말이라면 저는 어떤 일이든 따르고, 절대 거역하지 않겠어요."

그래서 저는 처녀와 굳은 약속을 맺은 다음, 처녀의 안내로 부왕의 보물창고에 가서 몸에 지닐 수 있는 한껏 보물을 지니고 그 도시에서 나왔습니다.

이윽고 형들에게 돌아갔더니 형들은 저를 찾던 중이었습니다.

"도대체 어딜 가 있었느냐? 네가 너무 오랫동안 돌아오지 않기에 걱정하고 있었다."

그러자 선장도 참견하면서 말했습니다.

"압둘라 님, 요즘 늘 순한 바람이 불었는데요, 당신이 돌아오지 않아서 떠나지 못하고 있었소."

"그런 건 조금도 손해될 것이 없소. 바쁠수록 돌아가라는 말도 있지 않습니까? 결국 지금까지 내가 여기에 없었기 때문에 참으로 엄청난 이익을 얻게 되었소. 우리가 바라던 게 완전히 이루어지게 되었으니까요. 그것에 대해 재주가 뛰어난 시인은 이렇게 노래하고 있지요."

> 보물을 찾아 외국에 가더라도
> 무엇이 내 손에 들어올지
> 나는 알 수 없네.
> 오로지 구해 마지않는
> 이익을 얻을지, 아니면
> 원치 않는 손실을 부르게 될지.

그리고 그들을 향해 말했습니다.

"자, 보시오. 이곳에 없는 동안 나는 이런 것을 손에 넣었단 말이오."

나는 가지고 온 보물을 보여주고, 돌의 도시에서 본 것을 이야기해 준 뒤 이렇게 덧붙였습니다.

"만약 당신들이 내 말을 듣고 같이 갔더라면, 모두 이런 보물을 손에 넣을 수 있었을 텐데 말이오."

—여기서 날이 훤히 새기 시작하여 샤라자드는 이야기를 그쳤다.

984번째 밤

샤라자드는 이야기를 계속했다.

오, 인자하신 임금님, 압둘라 빈 파지르는 교주를 향해 이야기를 계속했습니다.

—그러자 모두 이렇게 대답했습니다.

"설령 우리가 함께 갔다 하더라도 그 도시의 왕에게까지 갈 만한 용기는 없었을 겁니다."

그래서 저는 두 형에게 말했습니다.

"이젠 아무것도 걱정할 필요 없습니다. 나는 운 좋게 이만한 보물을 손에 넣었으니 이것을 우리 셋이서 나누기로 합시다."

그리하여 보물을 4등분하여 두 형과 선장에게 한 몫씩 주고 나머지 한 몫은 제가 가진 다음 선원과 하인들에게도 약간씩 주었습니다. 그러자 모두 매우 만족해하면서 저를 축복해 주었으나, 두 형만은 왠지 얼굴빛이 변하고 눈이 번들거렸습니다.

그래서 저는 형들이 욕심이 나서 그러는 줄 알고 형들을 달랬습니다.

"오, 형님들은 아무래도 내가 드린 것만으로는 만족스럽지 않으신 모양이군요. 하지만 우리는 형제간이므로 조금도 차별을 두지 않았습니다. 제 몫이나 형님들 몫이나 다를 바가 없고, 만에 하나 제가 죽기라도 한다면 내 유산을 상속하는 사람은 형님들밖에 더 있겠습니까?"

그런 다음 공주를 배에 태워 선실에 안내한 다음 먹을 것을 가져다주고 형들과 이야기를 했는데, 두 형이 내게 말했습니다.

"아우야, 저 아름다운 여자를 대체 어쩔 작정이냐?"

"저는 그 여자와 결혼을 약속했습니다. 바소라에 도착하는 대로 곧 성대한 결혼식을 올리고 같이 살까 합니다."

그러자 형 하나가 큰 소리로 말했습니다.

"그 젊은 여자는 정말 기가 막힌 미인이더구나. 내가 아주 반하고 말았는데, 나에게 양보해 주면 안 되겠느냐? 내 아내로 삼고 싶다만."

그러자 다른 형도 말했습니다.

"나도 그 여자가 탐이 나는데, 내 아내로 삼고 싶으니 나에게 양보해 다오."

"아, 형님들, 그 여자와 저는 서로 결혼하기로 맹세를 했는데 형님들 어느 한 분에게 양보해 드리면 저는 맹세를 어기게 되고 사랑을 잃어야만 합니다. 또한 그 여자는 저와 결혼한다는 조건으로 데려왔는데, 어찌 저 아닌 사람과 결혼시킬 수 있겠습니까?

형님들은 저 여자를 사랑한다고 하시지만, 제가 형님들보다 훨씬 더 저 여자를 사랑하고 있습니다. 저 여자야말로 저에게는 목숨보다 소중한 보물입니다. 형님들에게 양보하는 것은 도저히 있을 수 없는 일입니다.

그대신 우리가 무사히 바소라에 돌아가게 되면 형님들을 위해 바소라 처녀들 가운데 가장 예쁜 여자들을 골라서 청혼하여 제 돈으로 형님들의 지참금을 마련해 드리겠습니다. 그리하여 함께 결혼식을 올리고 세 사람 다 같은 날 밤에 신방을 차리기로 합시다. 그러니 제발 그 여자만은 단념해 주십시오. 그 여자는 제 것이니까요."

두 형은 제 말을 듣자 그대로 입을 다물어 버렸기에 저는 제 뜻을 잘 이해하고 받아들인 줄로만 알았습니다.

그 뒤 배는 바소라를 향해 떠났는데 이 항해 중에 저는 날마다 처녀에게 먹을 것을 가져다주었으므로 처녀는 선실 밖으로 나오는 일이 결코 없었습니다. 그리고 저는 늘 갑판에서 형들 사이에 누워서 잤습니다.

그렇게 40일 동안 항해를 계속한 끝에 가까스로 바소라가 바라보이는 곳에 이르자, 사람들의 기쁨은 이루 말할 수 없었습니다.

저는 형들을 믿고 있었으므로 완전히 마음을 놓고 있었는데, 더없이 높은 알라 말고는 앞으로 무슨 일이 일어날지 아무도 모르는 법입니다.

그날 밤 제가 잠자리에 들자 채 잠이 들기도 전에 별안간 형 하나가 저의 두 다리를 잡더니 다른 형은 두 팔을 잡았습니다. 두 사람은 그 처녀 때문에 저를 바다에 던져 버리기로 공모했던 것입니다.

눈을 번쩍 뜬 저는 깜짝 놀라 소리쳤습니다.

"오, 형님들, 저를 어쩌시려고 그러십니까?"

"너는 괘씸하기 짝이 없는 놈이다. 너는 형제의 우애를 한 여자 때문에 배신했으니 말이다. 그래서 네놈을 바다에 던져 버리려고 그런다."

그러더니 형들은 저를 갑판 위에서 바다에 던져 버렸습니다.

(여기서 또 압둘라는 잠깐 말을 끊고 개 두 마리를 돌아보며 물었습니다. "오, 형님들 제 얘기가 틀림없지요?" 개 두 마리는 틀림없다고 대답하듯이 고개를 숙이고 컹컹 짖었습니다. 그 모습에 교주는 매우 놀라워했습니다.)

이윽고 압둘라는 이야기를 계속했습니다.

—오, 충실한 자들의 임금님, 이렇게 저는 두 형 때문에 바다에 던져져서 물속에 깊이 가라앉았으나, 잠시 뒤 다시 물 위로 떠올랐습니다. 그 순간 난데없이 사람만큼이나 큰 새가 한 마리 날아와서 저를 움켜잡더니 그대로 하늘 높이 날아올랐습니다. 한참 동안 저는 정신을 잃은 채 아무것도 모르다가 이윽고 정신을 차리고 눈을 떠 보니, 어느새 저는 온갖 모양과 갖가지 색의 보석으로 아름답게 꾸며진 호화로운 궁전에 와 있었습니다.

거기에는 많은 시녀가 가슴에 손을 얹고 서 있었고, 중앙에는 진주와 보석으로 꾸며진 순금 옥좌가 놓여 있는데 거기에 한 여자가 앉아 있었습니다.

그 여자는 눈이 어지러울 만큼 화려한 보석으로 장식한 옷을 입고, 허리에는 도저히 돈으로는 살 수 없을 듯한 귀중한 보석이 박힌 띠를 맸으며, 머리에는 얼핏 보기만 해도 정신이 아찔할 만큼 아름다운 두건을 세 겹으로 감고 있었습니다.

그때 저를 채간 새는 저를 그곳에 내려놓자마자 이내 환하게 빛나는 태양처럼 아름다운 처녀의 모습으로 변했습니다. 자세히 보니 그것은 언젠가 제가 섬의 산에서 검은 용으로부터 구해 준 그 하얀 뱀 처녀였습니다.

이윽고 옥좌에 앉은 여자가 이 하얀 뱀 처녀에게 물었습니다.

"너는 왜 이 사람을 여기로 데려왔느냐?"

"오, 어머니, 바로 이 분이에요. 마신의 처녀 사이에서 제 명예를 지켜주신*33 분 말이에요."

그러고는 저를 향해 물었습니다.

"당신은 제가 누군지 아시겠어요?"

저는 일부러 이렇게 대답했습니다.

"모르겠습니다."

"당신은, 제가 언젠가 산 위에서 검은 용에게 하마터면 욕을 볼 뻔했을 때 검은 용을 죽여 저를 구해 주시지 않았습니까?"

"그때 검은 용에게 쫓기고 있던 것은 하얀 뱀이었는데요?"

"제가 바로 그 흰 뱀이에요. 마족의 대왕인 '붉은 왕'의 딸이고, 이름은 사이다*³⁴라고 합니다. 이 옥좌에 앉아 계시는 분은 제 어머니이며 '붉은 왕'의 왕비 무바라카라고 합니다.

저를 쫓아와서 제 정조를 더럽히려던 그 검은 용은 '검은 왕'의 대신으로, 이름은 달피르라고 하며 말할 수 없이 얼굴이 못생긴 놈이었습니다. 그 대신은 저에게 반하여 제 아버지에게 청혼했으나 아버지는 그자에게 사자를 보내 이렇게 전하게 하셨습니다.

'오, 이 쓰레기 같은 대신! 너 같은 놈이 감히 대왕의 딸과 결혼할 수 있을 줄 알았단 말이냐!'

이 말을 들은 대신은 무척 화를 내면서 어떻게 해서든 저의 정조를 짓밟아 버리고, 아버지에게 앙갚음하기로 맹세를 했답니다. 그 뒤부터는 제가 어디로 가든 뒤따라와서 저를 범하려고 했지요.

그 때문에 그 대신과 아버지 사이에 피투성이 싸움이 일어났는데, 불행히도 싸움의 형세는 아버지에게 불리하게 돌아가 상대를 쓰러뜨릴 수 없었어요. 그놈은 겉모습이 사나운 것처럼 간교한 속임수에도 뛰어나서, 아버지에게 맹렬한 공격으로 금방이라도 상대를 거꾸러뜨릴 수 있을 듯한 틈을 주었다가 그때마다 교묘하게 빠져나가기를 거듭했지요. 그러는 통에 아버지는 그만 지치고 말았어요.

그래서 저는 날마다 몸의 형태와 빛깔을 바꾸지 않을 수 없게 되었는데, 하지만 아무리 변신을 해도 그놈은 금세 그보다 더 센 것으로 변하여, 제가 어디로 달아나든 당장 냄새를 맡고 쫓아와서 저를 심하게 괴롭혔답니다.

마지막에 저는 하얀 뱀이 되어 당신이 보신 그 산 위에 있었는데, 그놈은 검은 용으로 변신하여 저를 쫓아와서 결국 저를 붙잡고 말았어요. 저는 있는 힘을 다해 저항했지만, 마침내 기진맥진하여 그자가 막 내 몸 위에 올라타고 그 더러운 욕정을 채우려 했을 때, 당신이 나타나 검은 용을 돌로 쳐 죽여주셨습니다. 그래서 저는 제 본모습으로 돌아와서 이렇게 말했지요.

'이 은혜는 두고두고 잊지 않겠습니다.'

그때의 은혜를 갚기 위해 당신이 형님들의 배신으로 바다에 던져졌을 때 제가 급히 가서 당신을 구한 거랍니다. 자, 이번에는 저를 구해 주신 데 대해 제 부모님도 인사를 드릴 거예요."

말을 마친 처녀는 왕비를 돌아보며 말했습니다.

"어머니, 제 정조를 지켜주신 이분께 인사하세요."

"오, 사람의 아들이여, 당신은 우리를 위해 참으로 좋은 일을 해 주셨어요. 깊이 감사드립니다."

이어서 왕비는 굉장히 값나가는 비단옷과 진귀한 보석을 나에게 듬뿍 내주라고 분부한 뒤 이렇게 덧붙였습니다.

"이분을 임금님이 계신 곳으로 안내해라."

그래서 사람들은 저를 왕의 알현실로 데려갔습니다. 거기 가보니 왕은 많은 마신과 호위병을 거느리고 옥좌에 앉아 있었는데, 눈이 어지러울 정도로 아름다운 보석을 몸에 잔뜩 지니고 있었습니다. 왕이 저를 보고 얼른 일어나자 다른 사람들도 모두 함께 일어나서 저를 맞이했습니다. 왕은 저에게 인사를 하며 진심으로 환영한 뒤, 매우 정중하게 감사의 뜻을 표하고 가지고 있던 수많은 보물을 저에게 주었습니다. 그런 다음, 몇몇 부하에게 분부했습니다.

"이분을 다시 공주에게 안내해라. 원래의 장소로 보내 드려야 하니까."

부하들이 저를 사이다 공주에게 데려가자, 공주는 곧 보물과 함께 저를 업고 하늘로 날아올랐습니다.

한편 얘기는 바뀌어, 선장은 형들이 저를 바다에 던졌을 때 그 물소리를 듣고 잠에서 깨어나 물었습니다.

"갑판에서 뭔가가 떨어지는 소리가 났는데 무슨 일이오?"

그러자 형들은 눈물을 흘리고 가슴을 치면서 대답했습니다.

"아, 어찌 이럴 수가! 동생이 바다에 빠져 죽고 말았습니다. 뱃전에서 용변을 보려다가 그만 바다에 빠지고 말았어요!"

형들이 제 재산을 가로채고 만 것은 말할 것도 없습니다. 그러나 돌의 도시에서 데려온 처녀 때문에 두 사람 사이에 마침내 싸움이 일어났습니다.

"저 여자는 내 것이다."

그들은 이렇게 서로 우기며 양보하지 않았던 것입니다. 마구 서로 저주하면서 싸움질하느라 동생인 제가 바다에 빠져 죽은 것은 염두에도 없었고, 애초에 그 죽음을 애도하는 마음 따위는 아예 갖지도 않았던 것입니다.

그러고 있을 때, 느닷없이 사이다 공주가 저를 데리고 큰 돛단배 한복판에 내려앉은 것입니다.

—여기서 날이 훤히 새기 시작하여 샤라자드는 이야기를 그쳤다.

985번째 밤

샤라자드는 이야기를 계속했다.

오, 인자하신 임금님, 압둘라 빈 파지르는 이야기를 계속했습니다.

—두 사람이 그렇게 싸우고 있을 때, 갑자기 사이다 공주가 저를 데리고 큰 돛단배의 한복판에 내려앉았습니다. 형들은 저를 보자 끌어안고 제가 무사한 것을 기뻐하는 듯이 이렇게 말했습니다.

"오, 아우야, 도대체 어떻게 이렇게 살아서 돌아왔느냐? 우리가 너를 얼마나 걱정하고 있었는지 아느냐?"

그러자 사이다 공주가 말했습니다.

"너희가 이분을 진심으로 걱정했다면 처음부터 바다에 던지지는 않았겠지. 어쨌든 너희는 스스로 어떻게 죽을지 방법을 선택해라!"

공주는 두 사람을 움켜잡고 당장에라도 숨통을 끊어놓으려 했습니다.

그러자 두 형은 비명을 지르며 소리쳤습니다.

"오, 아우야, 제발 살려다오!"

저는 얼른 사이다 공주를 말리면서 부탁했습니다.

"제발 부탁이니 형님들을 죽이지는 말아 주시오."

"이 사람들은 배신자니까 죽이는 수밖에 없어요."

사이다 공주는 좀처럼 제 말을 듣지 않았으나 제가 간곡히 설득하고 달래자 마침내 뜻을 굽히고 말했습니다.

"그럼 당신을 봐서 두 사람의 목숨만은 살려주기로 하지요. 그 대신 마술을 걸 테니 그리 아세요."

사이다 공주는 잔을 꺼내 바닷물을 뜨더니 뭔가 주문을 외웠습니다.

"이들을 개로 만들어라!"

그러면서 그 물을 끼얹으니, 오, 알라의 대행자시여! 두 사람은 순식간에 지금 보시는 바와 같이 개로 변해버린 것입니다.

(여기서 압둘라는 개 두 마리를 돌아보며 말을 걸었습니다.

"오, 형님들, 제 말이 틀림없지요?"

"네 말이 맞다."

그러자 개 두 마리는 마치 이렇게 말하는 듯이 고개를 낮게 숙였습니다.

그 모습을 보고 압둘라는 다시 이야기를 계속했습니다.)

―그런 다음 사이다 공주는 배에 있는 사람들에게 말했습니다.

"여기 계시는 압둘라 빈 파지르 님은 내 오라버니가 되신 분이에요. 이제부터 나는 매일 한두 번씩 여길 찾아오기로 하겠어요. 그러니 만약 여러분 가운데 이분의 뜻을 거스르거나 지시를 따르지 않거나, 또는 이분을 험담하거나 해치는 사람이 있으면, 바로 이 두 배신자처럼 요술을 부려 개로 만들어 버릴 테니 그리 아세요. 한 번 개가 되면 죽을 때까지 다시는 인간으로 돌아갈 수 없어요."

그러자 배 안에 있던 사람들은 일제히 대답했습니다.

"오, 부인, 우리는 모두 이분의 노예이고 하인입니다. 결코 분부를 어기지 않겠습니다."

사이다 공주는 다시 저에게 말했습니다.

"바소라에 도착하자마자 곧 재산을 조사해서 뭐든지 없어진 것이 있거든 얼른 나에게 알리세요. 그것이 누구의 손에 가 있든 또 어디에 가 있든 당장 찾아 드리겠어요. 재산 조사가 끝나거든 이 두 배신자의 목에 나무칼*35을 씌워서 침대 다리에 묶어 감금해 두셔야 합니다. 그리고 밤마다 한밤중에 두 개에게 가서 까무러칠 만큼 때리세요. 하룻밤이라도 그것을 잊으시면 제가 당장 달려와서 먼저 당신부터 때린 다음 이 배신자들을 때릴 테니까요."

"알았소."

"바소라에 도착할 때까지 두 사람을 단단히 밧줄로 묶어 두세요."

제가 시키는 대로 개 두 마리를 밧줄로 돛대에 매는 걸 보고 사이다 공주는 자기 나라로 돌아갔습니다.

이튿날 배가 바소라 항구에 들어서자 많은 상인이 저를 마중 나와 인사를 했습니다. 그러나 형들의 소식을 묻는 사람은 아무도 없었습니다.

그런데 제가 몰고 있는 개를 보고 모두 이렇게 물었습니다.

"아니, 아무개님,*36 이런 개를 두 마리나 끌고 와서 어떻게 할 작정이오?"

"항해 중에 키우던 개라서 데려왔습니다."

상인들은 그 개들이 제 형들인 줄 몰랐으므로 그저 웃고만 있었습니다.

이윽고 집에 도착하여 개 두 마리를 한 방에 넣어 두고, 그날 밤은 밤새도록 보석과 그 밖의 물건 보따리를 풀고 정리하느라고 바쁘게 보냈습니다.

그러는 동안에도 많은 상인이 인사를 하러 왔으므로, 나는 그들을 접대하기 바빠서 개를 사슬로 침대에 매어 두는 것을 까맣게 잊고 말았습니다.

그래서 그대로 잠자리에 누웠더니 별안간 '붉은 왕'의 딸 사이다가 나타나서 말했습니다.

"저 개들을 사슬로 묶어 놓은 음 실컷 때려주라고 했는데 어째서 지키지 않으시는 거예요?"

그러고는 저에게 덤벼들어 채찍으로 심하게 때리는 바람에, 저는 그만 정신을 잃고 쓰러지고 말았습니다.

그런 다음 두 형도 마찬가지로 채찍으로 심하게 때리자, 개들도 거의 다 죽게 되었습니다.

사이다 공주는 다시 저에게 말했습니다.

"저 개들은 밤마다 반드시 때려야 해요. 하룻밤이라도 그것을 게을리하면 제가 당신을 때리러 올 테니까 그리 아세요."

"오, 공주, 내일부터는 반드시 사슬로 묶어 침대에 매어 놓고, 잊지 않고 때리기로 하겠소. 결코 하룻밤도 빠뜨리지 않겠소."

사이다 공주는 저에게 엄격하게 명령하고 자취를 감췄습니다.

이튿날 저는 금세공사를 찾아가서 목걸이와 황금 사슬을 주문했습니다. 왜냐하면 제 손으로 칼을 만들어 개들의 목에 채우는 건 쉬운 일이 아니었기 때문입니다. 금세공사는 제가 주문한 대로 물건을 만들어줘서, 저는 개 목에 목걸이를 채우고 사이다 공주가 명령한 대로 사슬로 침대에 매었습니다. 그리고 그날 밤, 제 뜻은 아니지만 나는 개 두 마리를 채찍으로 때렸습니다.

그 사건은 아바스 왕조의 세 번째 교주님이신 알 마디*37님 시대에 일어났는데, 그 당시 저는 교주님께 온갖 공물을 바쳐서 교주님의 총애를 얻게 되었습니다. 그 결과 바소라의 부왕으로 임명된 것입니다.

한동안은 그렇게 살았으나, 세월이 흐르자 저는 속으로 생각했습니다.

'아마 그 여자의 노여움도 이젠 많이 풀어졌겠지.'

그리고 어느 날 밤, 형들을 때리지 않고 그냥 두었습니다.

그러자 곧 사이다 공주가 다시 나타나서 평생 잊지 못할 만큼 끔찍하게 저를 때렸습니다. 그때부터 저는 하룻밤도 형들을 때리지 않는 날이 없었습니다.

이윽고 알 마디 님이 세상을 떠나시고, 임금님께서 교주의 지위를 이어받으셔서 계속 저에게 바소라의 통치를 맡겨주셨습니다.

지난 12년 동안 저는 마음에도 없이 밤마다 형들을 때리고는, 다시 그 뒤에 변명과 사과를 한 뒤 식사와 물을 가지고 가서 위로해 주었습니다. 개 두 마리는 언제나 별실에 가둬두었으므로, 알라의 창조물인 인간 가운데서 그 것을 눈치챈 자는 한 사람도 없었습니다.

그러다가 마침내 교주님께서 공물 때문에 보내신 교주님의 친구 아부 이사크 님이 저의 비밀을 알아내시고, 귀국하신 뒤 이 일을 교주님께 보고한 것입니다.

교주님께서는 또다시 이사크 님을 보내시어 저와 개 두 마리를 부르셨고, 그래서 이렇게 교주님 앞에 형들을 데리고 나오게 된 것입니다. 그리고 분부하신 대로 사건의 경위를 말씀드렸으며, 이것은 제 신상 이야기이기도 합니다.

교주는 개 두 마리의 내력을 알고 매우 놀라면서 압둘라에게 물었습니다.

"그대는 현재 이 두 형의 죄를 용서했는가, 어떤가?"

"오, 임금님, 저는 알라께서 두 형의 죄를 용서해 주시고, 이 세상에서나 내세에서나 더는 벌을 받지 않게 해달라고 간절히 기도하고 있습니다! 사실 용서받을 필요가 있는 사람은 누구보다 먼저 저 자신입니다. 지난 12년 동안 매일 밤 두 형을 때려 왔으니까요."

"오, 압둘라여, 그렇다면 이 두 사람이 용서를 받고 원래의 인간으로 돌아가서 그대와 화해하도록 주선해 주마. 그러면 그대들 세 사람은 앞으로 진정한 형제로서 화목하게 살아갈 수 있을 것이고, 그대가 형들을 용서했으니 형들도 그대가 때린 것을 쾌히 용서하리라. 그럼 지금부터 두 사람을 숙소에 데려가서 오늘 밤은 때리지 말도록 해라. 그러면 내일부터는 아마 모든 일이 잘될 것이다."

"오, 임금님, 만약 제가 하룻밤이라도 형들을 때리지 않으면 틀림없이 사이다 공주가 와서 저를 호되게 때릴 것입니다. 언젠가처럼 그렇게 끔찍하게 맞는다면 저는 도저히 견딜 수 없습니다."

그러자 교주가 대답했습니다.

"겁낼 것 없다. 내가 친필로 편지를 써줄 테니,*38 사이다가 그대에게 오거든 보여주어라. 사이다가 그것을 읽고 그대를 용서해 준다면 내가 잘 봐 주지만, 내 명령에 따르지 않을 때는, 그대는 알라께 모든 것을 맡기고 사이다에게 그냥 맞도록 해라. 그리고 하룻밤 형들을 때리는 일을 잊었기 때문에 그런 변을 당하는 것이라 생각하고 단념해라. 만약 그렇게 그 여자가 나에게 저항한다면, 내가 충실한 자들의 임금인 한, 반드시 그 대가를 치르게 할 것이다."

교주는 사이다 앞으로 편지를 써서 도장반지를 찍어 압둘라에게 주었습니다.

"오, 압둘라여, 사이다가 오거든 이 편지를 주면서 '인간의 왕인 교주님이 오늘 밤은 개를 때리지 말고, 이 편지를 당신께 전하라 하시면서 잘 부탁한다고 하셨소' 하고 말해라. 조금도 겁낼 것 없다."

그리고 교주는 압둘라에게 결코 두 형을 때리지 않겠다고 굳게 맹세하게 했습니다.

압둘라는 개를 몰고 숙소로 돌아가면서 속으로 생각했습니다.

'오늘 밤 마왕의 딸이 교주의 명령을 거역하고 나를 때리면 교주는 어떻게 할 작정일까. 하지만 오늘 하루쯤 내가 맞는 한이 있더라도 형들을 때리지 않기로 하자.'

압둘라는 다시 한동안 생각에 잠겼다가 이윽고 뭔가 알았다는 듯한 표정으로 중얼거렸습니다.

"교주님께 어떤 강한 자신감이 없다면 나더러 두 사람을 때리지 말라고 말씀하셨을 리가 없다."

압둘라는 숙소로 들어가자 이렇게 혼자서 중얼거렸습니다.

"어떻게 되든 알라께 모든 것을 맡기기로 하자."

그러고는 개들의 목걸이를 벗기고 다정하게 위로해 주었습니다.

"이젠 형님들을 때리지 않겠습니다. 아바스 왕조 제5세*[39]이신 교주님께서 형님들의 사면에 힘써주셨고, 저도 형님들을 용서했으니까요. 만약 그것이 더없이 높으신 알라의 뜻에 맞는다면 형님들은 진짜로 용서를 받아 오늘 밤엔 틀림없이 자유로운 몸이 될 것입니다. 그러니 안심하고 기뻐하십시오."

그러자 개 두 마리는 소리 내어 울기 시작했습니다.

—여기서 날이 훤히 밝기 시작하여 샤라자드는 이야기를 그쳤다.

986번째 밤

샤라자드는 이야기를 계속했다.

오, 인자하신 임금님, 압둘라의 말을 들은 개 두 마리는 울면서 그의 발에 빰을 비비며 그 앞에서 겸손하게 축복하는 듯한 몸짓을 했습니다.

그것을 보고 압둘라도 슬피 울면서 개의 등을 쓸어주다가 이윽고 저녁이 차려지자 개 두 마리와 함께 먹기 시작했습니다. 이 광경을 엿본 부하들은 바소라의 총독이 개와 함께 식사하는 것을 알고 매우 놀라면서 한결같은 목소리로 말했습니다.

"주인님이 실성하셨나? 아니면, 분별을 잊으신 것인가? 바소라의 총독이면 대신보다 훨씬 높은 지위인데 개와 함께 식사를 하시다니, 주인님은 개가 더럽다는 것*[40]을 모르시는 걸까?"

부하들은 마치 노비가 주인과 식사를 하는 것처럼 개들이 압둘라와 함께 먹고 있는 광경을 힐끔힐끔 쳐다보았습니다. 물론 개들이 총독의 형들이라는 것은 꿈에도 알 리가 없었습니다.

이렇게 사람들이 엿보는 동안 식사가 끝나고 압둘라가 손을 씻자 개도 발을 씻었습니다.

그걸 본 사람들은 모두 웃음을 터뜨렸습니다.

"여태껏 개가 밥을 먹고 나서 발을 씻는 모습은 본 적이 없는걸."

그들은 이렇게 쑥덕거리며 이상하게 생각했습니다.

이어서 개들이 압둘라 옆에 앉아 있었으나 그 이유를 묻는 사람은 아무도 없었습니다.

어느덧 밤이 되자, 압둘라는 관리들을 돌려보내고 자리에 누웠고 개도 한자리에 누웠습니다. 그것을 본 하인들이 말했습니다.

"주인님이 개와 함께 주무시네."

"어차피 개와 함께 식사할 정도이니 같이 잔들 이상할 것도 없지. 하지만 아무리 생각해도 제정신이 아닌 게 분명해."

하인들은 주인의 식탁에 남은 맛있는 음식을 보고도 '더럽다!'고 하면서 아무도 먹으려 하지 않았습니다.

그런데 압둘라가 잠자리에 든 지 얼마 안 되어 갑자기 땅이 갈라지더니 사이다가 나타났습니다.

"오, 압둘라 님, 어째서 당신은 오늘 밤 저 두 사람을 때리지 않으시는 거예요? 또 목걸이는 왜 벗겼나요? 당신은 내 명령을 어겨 나를 조롱할 작정이세요? 그렇다면 당장 당신을 때린 다음 두 형과 마찬가지로 개로 만들어 버릴 테니 그리 아세요."

"오, 공주님, 다윗의 아들 솔로몬(이 두 분이 평안히 잠들어 계시기를!)의 도장반지에 걸고 부탁입니다. 제발 자초지종을 얘기할 때까지 기다려주시오. 그런 뒤에는 얼마든지 당신 마음대로 하시오."

"그럼, 그 이유를 말해 보세요."

"내가 두 사람을 때리지 않은 데는 이런 이유가 있소. 인류의 왕이시며 충실한 자들의 임금님이신 하룬 알 라시드 교주님께서 오늘 밤에 두 사람을 때리지 말라고 명령하시고, 그것을 나에게도 굳게 맹세하게 하셨소. 그리고 당신에게도 부탁하는 편지를 써서 나에게 맡기셨소.

그래서 나는 하는 수 없이 교주님 명령에 복종하지 않을 수 없었다오. 이것이 교주님의 편지요. 이것을 읽어 본 다음 당신 좋도록 하시오."

압둘라는 교주의 편지를 사이다에게 주었습니다.

사이다가 그것을 받아 들고 읽기 시작했는데, 거기에는 이런 내용이 적혀 있었습니다.

"인자하시고 자비로우신 알라의 이름으로! 인간의 왕 하룬 알 라시드가 '붉은 왕'의 딸에게 이 편지를 보내노라.

이 사람은 이미 형들의 죄를 용서하고 그 죄를 탄핵하는 권리를 철회함에 따라, 나는 그들의 화해를 명령했노라. 일단 화해가 성립되었으면 징벌 또한 철회되는 것이 타당한 일이니, 만약 그대가 마신으로서 내 법률을 거역한다면 나 또한 그대의 의도를 막고 그 명에 따르지 않겠노라. 그러나 그대가 내 명령에 따르고 이에 협조한다면, 나 또한 그대의 명령에 대해 같은 행동으로 보답하리라.

따라서 나는 그대에게 이자들을 해치지 말 것을 명령하노라. 그대가 알라와 그 사도를 믿는다면, 그대는 복종과 동시에 명령의 의무를 져야 할 것이다.*41

만일 그대가 그들의 죄를 용서해 준다면, 나 또한 알라의 힘이 허락하는 한 그대에게 보답하리라. 이에 대한 복종의 표시로서, 그대는 빨리 이 두 사람의 마술을 풀어주어 내일은 자유로운 몸으로 내 눈앞에 나타나게 해야 할 것이다. 단, 만에 하나 그들을 마술에서 풀어주지 않을 때는, 나는 전능하신 알라의 힘을 빌려 그들을 해방하고 그대에게 그 대가를 치르게 할 것이다."

사이다는 편지를 읽고 나자 이렇게 말했습니다.

"압둘라 님, 나는 이 편지를 아버님에게 보여 드린 다음에 대답해 드리겠어요."

그리고 땅을 향해 손짓하자 순식간에 땅이 쩍 갈라졌고, 사이다는 그 사이로 사라지고 말았습니다.

그것을 본 압둘라는 춤이라도 출 듯이 기뻐하면서 외쳤습니다.

"오, 알라여, 부디 충실한 자들의 임금님을 보호해 주소서!"

한편 사이다 공주는 아버지에게 가서 그때까지의 경위를 이야기하고 교주의 편지를 내놓았습니다.

'붉은 왕'은 편지에 입을 맞춘 다음 그것을 읽고 이렇게 말했습니다.

"오, 애야, 인간 왕의 결정이라면 어쩔 수 없는 일이다. 이 왕의 명령은 우리에게 절대적인 힘을 가졌으니 도저히 거역할 수 없단다.

너는 지금 당장 되돌아가서 두 사람을 용서해 주고 '너희는 인간 왕의 주선으로 용서받는 것이다' 하고 말해 주어라. 만에 하나 우리가 인간 왕의 노여움을 사게 되면, 우리는 마지막 한 사람까지 죽게 될 테니까 말이다. 우리의 힘이 닿지 않는 일을 억지로 강행해서는 안 되느니라."

"그렇다면 아버님, 만일 인간의 왕이 우리에게 화가 나면 어떤 짓을 할까요?"

"인간의 왕은 우리를 지배할 수 있는 권력을 가졌다. 거기에는 여러 가지 이유가 있지만 첫째로 그 왕은 인간이며, 그 점에서 우리보다 뛰어나다.*42 둘째로 그 왕은 알라의 대행자이다. 셋째로 그 왕은 한결같이 매일 아침 두 번 엎드리는 새벽 기도를 드리고 있다. 그러기에 비록 마신족이 7개의 세계에서 죄다 모여들어 그 왕에게 대항한다 하더라도 그 상대에게 생채기 하나 낼 수 없단다.

이에 비해, 그 왕이 우리에게 화가 나 새벽 기도를 올리고 한 마디만 외치면, 우리는 한 사람도 남김없이 고분고분 왕 앞에 끌려가, 도살자 앞에 끌려나간 양처럼 엎드려야 한다. 인간의 왕은 우리가 도저히 살 수 없는 사막으로 우리를 몰아낼 수도 있고, 우리를 모두 없애 버리려고 마음먹으면 그것도 할 수 있다. 우리를 향해 멸망해 버려라 하고 명령만 하면, 우리는 동족끼리 마구 죽이지 않을 수 없게 된단다.

그런 까닭에 우리는 이 왕의 명령을 절대로 어길 수 없다. 만약 그런 짓을 하다가는 왕은 대번에 우리를 지옥불로 태울 것이고, 그렇지 않은 경우라도 안전한 장소로 달아날 수 있는 것도 아니다.

부지런히 새벽 기도를 드리는*43 진실한 신자라면 언제나 누구나 그런 것이란다. 그의 명령은 우리에게는 절대적이다. 그러니 너는 두 사람 때문에 우리 모두의 파멸을 부르는 짓을 해서는 안 될 것이다. 자, 진실한 신자들의 왕이 화나시기 전에 어서 가서 두 사람을 용서해 주어라."

사이다는 압둘라에게 돌아가서 아버지가 한 말을 전하고 이렇게 덧붙였습니다.

"우리를 대신하여 진실한 신자들의 임금님 손에 입을 맞추고 용서를 빌어주세요."

그런 다음, 지난번의 그 잔을 꺼내어 물을 가득 떠서 주문을 외더니 뭔가 알 수 없는 말을 중얼거렸습니다. 그것이 끝나자 개들에게 물을 뿌리면서 외쳤습니다.

"개의 모습에서 본디 인간의 모습으로 돌아가라!"

그러자 순식간에 개들은 원래의 사람 모습으로 돌아와 완전히 주문이 풀렸습니다.

두 형은 이렇게 외쳤습니다.

"오, 알라 외에 신은 없고 무함마드는 알라의 사도임을 증언하노라!"

그리고 아우의 손과 발에 입을 맞추면서 용서를 빌었습니다. 그러나 압둘라는 오히려 이렇게 말하는 것이었습니다.

"형님들이야말로 저를 용서해 주십시오."

형들은 진심으로 뉘우치며 말했습니다.

"우리는 사악한 악마의 유혹에 넘어가 욕심에 눈이 어두워졌단다. 그 때문에 우리는 오랫동안 그 죗값을 받았지만 결국 알라께서 구해 주셨다. 관대한 정신은 고결한 마음에서 나오는 것이다."

형들은 눈물을 흘리면서 자신들의 비열한 행동 때문에 압둘라가 크나큰 곤경에 빠졌던 것을 슬퍼하며 깊이 뉘우쳤습니다.

이윽고 압둘라가 다시 물었습니다.

"그런데 제가 돌의 도시에서 데려온 아내는 어떻게 되었습니까?"

"우리가 악마의 유혹에 넘어가서 너를 바다에 던졌을 때 우리는 서로 그 여자를 차지하려고 싸웠단다. 그 여자는 우리가 싸우는 모습을 보고 대번에 우리가 너를 바다에 던진 것을 눈치채고 선실에서 나와 우리에게 이렇게 말하더구나.

'저 때문에 다투실 필요 없습니다. 저는 결코 당신들 두 사람과는 결혼하지 않을 거니까요. 제 남편은 바닷속에 빠졌으니 저도 그 뒤를 쫓겠어요.'

그렇게 말하고는 바다에 몸을 던져 죽고 말았다."

압둘라는 그 말을 듣자 이렇게 소리쳤습니다.

"진실로 그 여자는 순교자로서 최후를 마쳤구나! *44 하지만 위대한 신 알라 외에 주권 없고 권력 없다!"

그리고 여자의 가련한 죽음을 슬퍼하며 흐느껴 울다가 형들의 잘못을 따져 나무랐습니다.

"그런 짓을 하여 내 아내를 뺏어갔으니, 정말 안타까운 일이군요."

"정말 미안하구나. 그러나 알라의 뜻으로 우리는 악행에 대한 대가를 치르지 않았느냐. 이 모든 것은 다 알라께서 정해놓으신 숙명일지도 모른다."

압둘라는 형들의 말을 순순히 들었지만 사이다는 가만있지 않았습니다.

"이 두 사람이 당신에게 그토록 나쁜 짓을 했는데도 당신은 두 사람을 용서하실 작정인가요?"

"오, 공주여, 설령 복수할 만한 힘을 가졌더라도 상대를 용서하는 자는 반드시 알라의 보답을 받을 수 있는 것이오."

"이 두 사람은 배신자이니 앞으로도 조심하셔야 해요."

공주는 압둘라에게 작별인사를 하고 사라졌습니다.

—여기서 날이 훤히 새기 시작하여 샤라자드는 이야기를 그쳤다.

987번째 밤

샤라자드는 이야기를 계속했다.

오, 인자하신 임금님, 압둘라는 사이다가 떠난 뒤, 두 형과 함께 그날 밤을 지내고 이튿날 아침 두 사람을 목욕탕에 다녀오게 한 뒤 좋은 옷을 입혔습니다.

이윽고 식사준비를 시키고 음식이 나오자, 식탁을 차려서 형제 셋은 함께 식사했습니다. 두 사람을 본 하인들은 그들이 압둘라의 형들임을 알고 인사를 한 다음 압둘라에게 물었습니다.

"오, 주인님, 형님들께서 돌아오신 것을 축하합니다. 두 분께서는 지금까지 어디에 계셨습니까?"

"너희가 본 그 개 두 마리가 여기 계신 내 형님들이었다. 이 두 분을 비참한 감옥의 고통에서 구해 주신 알라를 찬양하자!"

이어서 압둘라는 두 형을 교주의 알현실로 데려가서, 알 라시드 교주 앞에 엎드려 교주의 건강과 장수, 더욱 높은 위세를 기원했습니다.

"오, 압둘라 태수여, 잘 왔다. 간밤에 무슨 일이 있었는지 자세히 얘기해 보라."

교주의 말에 압둘라가 대답했습니다.

"오, 충실한 자들의 임금님(알라시여, 바라건대 그 주권을 더욱 늘리소서!), 두 형을 숙소로 데려갔을 때 저는 두 사람에 대해 완전히 안심하고 있었습니다. 임금님께서 두 사람을 구해 주시겠다고 맹세하셨기 때문에 저는 속으로 '신의 도움이 있는 한, 왕인 자는 반드시 바라는 목적을 달성할 것이다' 생각했지요.

그래서 저는 알라의 가호를 빌면서 개 목걸이를 벗기고, 같은 식탁에서 식사를 함께했습니다. 그 광경을 본 부하들은 저의 정신을 의심하면서 서로 쑥덕거렸습니다. '총독님이 실성하셨나 보다! 대신보다 높은 바소라의 총독이 개들하고 같이 식사하시다니!' 부하들은 식탁 위에 남은 음식을 모두 버리고 '개가 남긴 음식을 어떻게 먹는단 말이냐!'고 하더군요.

부하들은 계속 저의 비정상적인 행동을 비웃었습니다. 저는 그들의 험담을 듣고도, 개가 형인 줄 모르는 탓이라 여기며 한 마디도 하지 않았습니다. 그러다가 잠잘 시간이 되어 저는 부하들을 물리치고 잠자리에 들었습니다. 그런데 어느덧 정신이 들고 보니 벌써 눈앞의 땅이 두 쪽으로 갈라져 있고, '붉은 왕'의 딸 사이다가 나타나, 매우 험악한 기세로 눈동자를 이글이글 불태우며 있는 게 아니겠습니까!"

압둘라는 그 경위를 이야기한 뒤 사이다가 마침내 두 형을 개의 모습에서 인간으로 돌린 것을 설명하고 이렇게 덧붙였습니다.

"오, 충실한 자들의 임금님, 지금 두 사람을 여기 데려왔습니다."

교주가 두 사람을 보니, 둘 다 달처럼 아름다운 젊은이들이었습니다.

"오, 압둘라여, 부디 알라께서 그대에게 좋은 보답을 내려주시기를! 그대로 인해 처음으로 나 자신도 알지 못했던 힘*45을 알게 되었으니 말이다. 앞으로는 인샬라! —신의 뜻에 맞는다면—, 내가 살아 있는 한 새벽 기도를 쭉 계속할 작정이다."

교주가 두 형에게 과거의 압둘라에 대한 배신행위를 꾸짖으니 두 사람은 교주 앞에 엎드려 진심으로 사죄했습니다.

"손을 잡고*46 서로 용서하면 알라께서는 지나간 일은 다 용서해 주실 것이다!"

그리고 다시 압둘라를 돌아보며 말했습니다.

"오, 압둘라, 두 사람을 그대의 보좌역으로 삼고 잘 보살펴주도록 해라."

그리고 두 형에게는 압둘라에게 복종하겠다는 맹세를 시키고 많은 선물을 내린 뒤 바소라로 돌아가게 했습니다.

압둘라가 두 형과 함께 교주 앞에서 물러나자, 교주는 자기가 드린 새벽 기도의 공덕으로 얻은 결과를 기뻐하면서 이렇게 외쳤습니다.

"누군가의 불행이 다른 누군가의 행복이 된다고 한 것은 참으로 진리를 꿰뚫고 있는 말이로다!"

그리하여 압둘라는 두 형과 함께 많은 영예를 짊어지고 바그다드를 떠나 길을 서둘러 바소라 가까이에 이르렀습니다.

그러자 도시의 이름난 사람들과 귀족들이 일행을 마중 나와, 그들은 아름답게 꾸민 시내를 보기 드물게 훌륭한 행렬을 지어서 나아갔습니다.

마중 나온 백성들은 그들을 보고 기뻐하면서 압둘라에게 축복 인사를 보냈고, 압둘라는 금은을 뿌리면서 그들의 수고에 대해 고마움을 표시했습니다.

하지만 두 형에게 관심을 기울이는 사람은 아무도 없었습니다. 그래서 아우가 마치 병든 눈을 어루만지듯이 두 사람에게 다정하게 대해도, 어느새 두 사람의 가슴속에는 질투심이 생겨났습니다. 압둘라가 신경을 쓰면 쓸수록 두 형의 증오와 시기심은 더욱더 커졌습니다.

그것은 시인의 이런 노래와도 같았습니다.

나는 모든 사람의
착한 마음을 얻고자 하건만
나를 부러워하는 자들의
마음은 붙잡기 어려워라.
아무리 해도 보람 없이
이 몸을 궁지로 몰아넣네.
내 행복을 노리며
질투하는 자의 착한 마음을
아, 어찌 얻을 수 있을까,
진정 이러한 무리는

나의 영락과 낙담을
보고서 비로소 만족하네.

압둘라는 형들에게 저마다 절세미인을 측실로 얻어주고, 그 밖에 환관과
하인과 백인 노예, 흑인 노예를 40명씩 주었습니다. 또 혈통 좋은 아라비아
말 50필과 호위병과 종자도 붙여주었습니다. 게다가 조세 수입을 갈라 나눠
주고 녹봉과 덤삯까지 정하여 보좌역에 임명하고는 이렇게 말했습니다.

"오, 형님들, 이제 저와 형님들은 같은 자격을 가졌으니 우리 세 사람 사
이에는 아무런 차별이 없습니다."

―여기서 날이 훤히 밝아왔으므로 샤라자드는 이야기를 그쳤다.

988번째 밤

샤라자드는 이야기를 계속했다.

오, 인자하신 임금님, 압둘라는 계속해서 형들에게 말했습니다.

"알라와 교주님을 제외하고, 이 고장의 지배권은 제 것인 동시에 형님들
의 것입니다. 그러니 제가 있든 없든 형님들은 바소라를 다스려주시기 바랍
니다. 형님들의 명령을 신속하게 수행하도록 할 것입니다.

그러나 포고를 낼 때는 부디 알라를 두려워하시는 마음으로 백성들을 압
박하지 않도록 하십시오. 그렇게 하지 않으면 백성들은 형님들을 저주하게
되고, 그 결과 교주님 귀에 좋지 않은 소식이 전해질 겁니다. 그렇게 되면
저나 형님들이나 불명예를 져야 합니다. 그러니 절대 백성들에게 포악한 짓
을 해서는 안 됩니다. 형님들께서 백성이 소유하는 재물이 탐나시거든 제발
저의 재산 중에서 가지십시오. 형님들이 필요한 만큼 아무리 많은 재산을 쓰
셔도 상관없습니다. 부디 백성들의 재산만은 손대지 마십시오. 형님들도 다
음과 같이 압제를 훈계한 노래가 있다는 사실을 아실 겁니다. 이렇게 노래할
줄 아는 사람은 참으로 천부적인 재능을 가진 시인일 겁니다.

압제는 사람 마음에 숨어 있어도
힘을 잃지 않는 한
아무도 그것을 막지 못한다.
현인은 재주를 다투지 않고
적당한 때가 오기를 기다릴 뿐이다.
예지의 혀는 가슴에 있지만
어리석은 혀는 입안에 있다.
어려움을 당하여 분기하고
민첩한 솜씨 발휘하지 못하는 자는,
원한을 풀려는 자의
가냘픈 손에도 쓰러진다.
사람들이 그 혈통과 출신을
감추려 하지만 어쩔 수 없다.
그 행동을 앞에 두고
매우 비밀스러운 일
드러나는구나.
고약한 핏줄을 타고난
포악한 자는 한 마디도
이치에 맞는 말을 하지 않는다.
어리석은 자의 손끝에
큰일을 맡기는 사람은
경박하고 어리석은 자로서
자신을 증명할 뿐이다.
널리 세상 사람들에게
비밀이 새어 나가게 하는 자들은
적에게 업신여김만 받을 뿐이다.
마음이 너그럽고 착한 자는
그 운명에 만족하고
스스로 관계없는 일에
참견하는 일이 없다."

이렇듯 압둘라는 두 형에게 그릇됨이 없이 정당하게 일하는 것을 으뜸으로 여기고 포악한 행동을 삼가도록 누누이 타일렀습니다. 그리하여 자신의 배려 깊은 권고에 대해, 두 형이 그만큼 자신을 더욱더 사랑해 줄 거라고 믿고, 두 사람의 부응을 기대하며 지극히 정중하게 대우했던 겁니다.

그러나 압둘라가 그토록 너그럽게 대했건만 두 형은 점점 더 압둘라를 시기하고 미워하게 되었습니다. 어느 날 두 형이 마주 앉아 이야기하다가 둘째 형 나시르가 맏형 만수르에게 말했습니다.

"형님, 우리는 대체 언제까지 이렇게 압둘라의 부하로 지내야 합니까? 아우는 지금 총독이라는 높은 신분으로 백성들에게 존경을 받고 있지만, 근본은 한낱 상인에 지나지 않았잖습니까? 개천에서 용 났다는 말은 아우를 두고 하는 말입니다.

그런데 우리는 뭡니까? 훌륭한 사람이 되지도 못하고 백성들에게 존경도 받지 못하고 있지 않습니까? 보세요! 그놈은 우리를 업신여기고 보좌역으로 삼았지만, 보좌역이 대체 뭡니까? 우리를 부하로 삼고 부려 먹는 일이 아닙니까? 결국 그놈이 살아 있는 한, 우리의 지위는 올라가지 않을 것이고 백성들의 존경도 받을 수 없으니, 우리의 소원을 풀려면 그놈을 죽이는 수밖에 없습니다.

이때 그놈의 재산을 뺏어두지 않으면 결국 저놈이 죽을 때까지 두고두고 기다려야 합니다.

저놈만 죽이고 나면 우리는 곧 태수가 될 수 있고, 저놈의 보물창고 속에 있는 온갖 보물을 우리 둘이서 나눌 수도 있습니다. 그런 다음 교주님께 공물을 보내 형님은 쿠파 총독, 나는 바소라 총독을 시켜 달라고 부탁합시다. 그러면 우리 두 사람도 훌륭한 신분이 될 수 있을 것입니다. 그러려면 저 압둘라 놈부터 죽여야만 합니다."

"네 말이 옳다. 하지만 그놈을 어떻게 죽이지?"

"우리 둘 중 어느 한 집에서 연회를 베풀고 그놈을 초대해서 잔뜩 대접합시다. 그래서 밤새도록 같이 앉아 재미있는 이야기를 하다가 그놈이 졸릴 때쯤 해서 잠자리로 안내하는 겁니다. 그리고 그놈이 깊이 잠들고 나면 깔고 앉아 목을 졸라 강물에 던져 버리면 그만입니다. 이튿날 아침이 되면 이렇게 말하는 겁니다.

'저희 셋이 세상 이야기를 하고 있는데, 의남매를 맺은 그 마녀신이 찾아와서 이렇게 말하더군요.

"이 인간쓰레기야, 충실한 자들의 임금님께 나에 대해 잘도 일러바쳤더구나. 우리가 그자를 두려워할 거라고 생각하느냐? 그놈이 왕이면 우리도 왕이다. 교주가 무례한 태도를 고치지 않는다면 우리는 그놈을 더욱 끔찍한 방법으로 죽여줄 테다. 그러나 우선 너부터 먼저 죽여 놓고 교주가 어떻게 하는지 지켜보기로 하마."

그렇게 말하면서 마녀신은 압둘라를 붙잡더니 그대로 땅속으로 함께 사라져 버렸습니다. 그 광경을 보고 우리는 한때 정신을 잃었다가 다시 정신을 차렸지만, 동생이 어떻게 되었는지 전혀 알 수 없습니다.'

그다음에 교주님께 훌륭한 진상품을 바치면 교주님은 그놈 대신 우리에게 통치권을 주실 게 아니오?

그렇게 되면 한 사람은 쿠파 총독으로, 한 사람은 바소라 총독으로 임명해 달라고 합시다. 그러면 우리는 바라던 대로 영토를 손에 넣고, 또 충성스러운 백성들을 다스릴 수 있지 않겠습니까?"

"오, 아우야, 정말 훌륭한 생각이다."

이렇게 두 사람은 마침내 아우를 죽이기로 의논했습니다. 그래서 나시르는 연회를 준비한 다음 압둘라에게 말했습니다.

"오, 아우야, 나는 너의 진실한 형으로서, 너와 만수르 형님을 집에 초대하여 연회를 열고 식사나 같이할까 하는데, 네 생각은 어떠냐? 너같이 훌륭한 사람이 우리 아우라는 걸 우리는 무엇보다 자랑스럽게 여기고 있다. 총독 압둘라가 나시르의 손님이 되어 같이 식사하게 된다면 그보다 더 기쁜 일은 없을 것이다."

"오, 형님들이여, 참으로 좋은 생각이십니다. 저와 형님들 사이에 무슨 거리낄 것이 있겠습니까? 형님의 집은 저희 집이나 마찬가집니다. 그런 형님이 저를 초대하시는데 어찌 제가 거절하겠습니까?"

그런 다음 압둘라는 맏형 만수르에게도 말했습니다.

"큰형님도 함께 나시르 형님 집에 가셔서 작은형님을 기쁘게 해 드립시다."

"아우야, 나시르의 집에서 연회가 끝나거든 우리 집에도 와서 식사를 같이하겠다고 약속해 다오. 나시르가 네 형이라면 나도 네 형이 아니냐? 나시르의 호의를 받아줬다면 내 호의도 받아줘야지."

"물론이지요, 형님, 기꺼이 받아 드려야지요. 나시르 형님 댁에서 연회가 끝나면 그길로 형님 댁으로 가겠습니다. 형님 역시 제 형님이니까요."

만수르는 압둘라의 손에 입을 맞추고 돌아갔습니다. 이튿날 압둘라는 만수르와 그 밖의 관리들과 함께 말을 타고 나시르의 집으로 갔습니다.

나시르는 손님들 앞에 요리를 내오게 하여 한동안 떠들썩하게 먹고 마시니, 이윽고 식사가 끝나 식탁을 치우고 모두 손을 씻었습니다.

그리하여 낮에는 술을 마시고 재미있게 지내다가 밤이 되자 저녁을 먹고 저녁 기도와 밤 기도까지 마쳤습니다. 그때부터는 온갖 세상 이야기를 하면서 나시르와 만수르는 번갈아 이야기를 들려주며 압둘라를 대접했습니다.

그때 세 형제는 홀에 있었고 압둘라의 부하들은 모두 다른 방에 있었는데, 나시르와 만수르가 여러 가지 이야기와 모험담, 일화 등을 늘어놓는 동안 압둘라는 그만 슬슬 졸음이 오기 시작했습니다.

─여기서 날이 훤히 새기 시작하여 샤라자드는 이야기를 그쳤다.

989번째 밤

샤라자드는 이야기를 계속했다.

오, 인자하신 임금님, 졸음이 오는 듯한 압둘라의 태도를 본 두 형은 압둘라를 뉘어 놓고 자기들도 다른 침대에 누워 압둘라가 잠들기를 기다렸습니다.

그러다가 아우가 잠이 든 모습을 보고 두 사람은 일어나서 아우를 깔고 앉았습니다.

깜짝 놀라 눈을 뜬 압둘라는 두 사람이 자기 가슴 위에 타고 있는 걸 보고는 소리쳤습니다.

"오, 형님들, 대체 왜들 이러십니까?"

"우리는 네 형도 아니고, 너 같이 무례한 놈은 알지도 못한다! 너 같은 건 살아 있는 것보다는 차라리 죽어주는 편이 나아!"

형들은 이렇게 소리치면서 압둘라의 목을 힘껏 졸랐습니다.

마침내 압둘라가 정신을 잃고 더는 움직이지 않자, 두 사람은 아우가 아주 죽은 것으로 생각했습니다.

그런데 마침 그 집은 강가에 있었으므로, 두 사람은 그 자리에서 얼른 강물에 압둘라를 던져 넣었습니다. 그러나 압둘라가 물에 떨어질 때 알라께서는 이미 구원의 배를 보내고 계셨던 것입니다.

나시르의 집 주방은 창문이 강 쪽으로 나 있어서, 요리사들은 짐승을 요리한 뒤 쓰레기를 강에 던지는 버릇이 있었습니다. 또 그것을 먹으러 오는 돌고래*47가 한 마리 있었습니다. 마침 그날은 연회가 있어서 평소보다 많은 고기 부스러기가 던져졌으므로, 돌고래는 좋아하며 그것을 주워 먹고는 여느 때보다 기운을 냈습니다.

그때 압둘라가 강물에 던져지는 소리가 들려와서 얼른 그쪽으로 가 보니 그것은 사람이었습니다. 돌고래는 그 아담의 아들을 등에 태우고 강을 가로질러 가서 강가에 내려놓았습니다. 그 장소가 사람들이 많이 다니는 큰길이어서, 얼마 뒤 대상이 지나가다가 강가에 누워 있는 압둘라의 모습을 발견했습니다.

"저기 물에 빠진 사람이 있다! 강에서 밀려 올라온 모양이다."

사람들은 시체 주위에 모여 그것을 들여다보았습니다.

그때 대상의 우두머리가 왔는데, 그는 학문도 있고 의술까지 갖춘 훌륭한 사람이었습니다.

"오, 여러분, 무슨 일이오?"

"물에 빠져 죽은 사람이 있습니다."

대장은 한동안 압둘라의 몸을 살펴보고 나서 이렇게 말했습니다.

"이 젊은이에게는 아직 숨이 남아 있소. 명예도 있고 지위도 있는 사람 같은데, 아직 살아날 가망은 충분히 있소."

대상 우두머리는 압둘라에게 마른 옷을 입히고 불에 몸을 쬐어 녹여준 다음 일행 속에 넣어 간호해 주면서 여행을 계속했습니다.

그렇게 하여 나흘째 되던 날 압둘라는 다시 살아났지만, 너무나 심한 변을 당한 뒤라 몸이 무척 쇠약해져 있었습니다. 대상 우두머리는 자신의 온갖 지식을 다 동원하여 간호하면서 여행을 계속하여, 바소라를 떠난 지 한 달 만에 페르시아의 아우지*48라는 도시에 도착했습니다.

상인들은 숙소에 들어가서 압둘라를 침대에 뉘였는데, 그가 밤새도록 끙끙 앓는 소리를 내어 모두 한숨도 잘 수 없었습니다. 날이 새자 숙소 관리인이 대상 우두머리에게 와서 말했습니다.

"당신이 데려온 그 환자 때문에 간밤엔 한숨도 못 잤소."

"오는 길에 강물에 떠밀려 올라온 사람이 있어 구해 왔는데, 그는 내가 간호해 준 보람도 없이 아직도 기운을 차리지 못하는구려."

"그렇다면 수도녀*49 라지하 님에게 데리고 가보시지요."

"수도녀 라지하란 어떤 사람입니까?"

"이 고장에는 티 없이 맑고 깨끗한 아름다운 성녀님이 계시는데, 병든 사람은 누구든지 그 수도녀를 찾아가지요. 그 수도녀의 집에서 하룻밤만 자고 나면 병이 깨끗이 나으니까요."

"그리로 안내해 주시오."

"그럼 병자를 데려오십시오."

그래서 대장은 압둘라를 데리고 관리인을 따라 어느 초암에 이르렀습니다. 보아하니 많은 사람이 선물을 들고 들어갔다가 모두 기쁜 얼굴로 나오곤 했습니다.

관리인은 초암 앞에 가서 말했습니다.

"실례합니다. 병자를 데려왔습니다."

"병자를 휘장 안으로 데리고 오세요."

관리인은 압둘라에게 말했습니다.

"휘장 안으로 들어가시오."

그러자 압둘라는 휘장 안으로 들어가서 성녀의 얼굴을 보았습니다. 그런데 놀랍게도 그 여자는 바로 '돌의 도시'에서 데려온 자신의 아내가 아니겠습니까!

서로 상대를 알아보고 먼저 인사를 나눈 뒤, 압둘라가 물었습니다.

"도대체 당신은 누구를 따라 여기까지 왔소?"

그러자 여자가 대답했습니다.

"그때 당신 형님들이 당신을 바다에 던져 넣고는, 나를 두고 서로 다투는 모습을 보고 나도 바로 바다에 몸을 던졌어요. 그런데 참으로 운 좋게도 알 아바스 알 히즐 장로께서 나를 구해 이 초암으로 데려왔답니다. 알 히즐 님은 나에게 환자를 고쳐도 좋다고 허락하시고서 거리마다 다니시면서 이렇게 선전해 주셨어요. '병자들은 모두 라지하 여승에게 가라.' 그리고 또 나에게는 이렇게 말씀하셨지요.

'때가 올 때까지 이 초암에 머물러 있으시오. 얼마 안 가서 당신 남편이 찾아올 테니까.'

그로부터 날마다 많은 병자가 여길 찾아오는데, 내가 병자의 몸을 쓰다듬거나 머리에 손을 얹기만 하면 곧 나아서 다음 날엔 돌아가곤 했어요. 그래서 내 소문이 퍼져서 많은 사람이 선물을 가지고 찾아오게 되어 얼마 안 가서 꽤 많은 재산을 모으게 되었지요.

지금 나는 사람들의 존경을 받으며 이 지방 주민들이 부탁하는 기도를 드려주면서 살고 있답니다."

그리고 더없이 높은 알라께 기도하면서 압둘라의 몸을 쓰다듬으니 그의 병은 그 자리에서 씻은 듯이 나아버렸습니다.

장로 알 히즐은 언제나 금요일 밤에 라지하 여승을 찾아오고 있었는데, 압둘라가 이 초암을 찾아온 날이 우연히도 목요일*50이었습니다. 그날 저녁 두 사람은 산해진미를 배불리 먹은 뒤 알 히즐 장로가 오기를 기다렸습니다.

이윽고 알 히즐이 와서 두 사람을 데리고 초암을 나가는가 했더니, 눈 깜짝할 사이에 바소라에 있는 압둘라의 집에 두 사람을 데려다 놓고 가버렸습니다.

날이 새어 압둘라가 주위를 차근차근히 살펴보니, 그곳은 틀림없이 자기 집이었습니다. 그때 바깥에서 사람들이 떠드는 소리가 나서 격자창으로 내다보니, 두 형이 십자가에 매달려 있는 게 아니겠습니까!

그 경위는 다음과 같습니다.

두 형은 압둘라를 티그리스 강에 던져 넣고는, 이튿날 아침 잠자리에서 일어나 눈물을 흘리면서 소리쳤습니다.

"오, 마녀신이 내 아우를 끌고 가버렸다!"

그러고는 곧 공물을 갖추어 사자를 통해 교주에게 보내고는 거짓 경위를 보고한 뒤, 자기들에게 바소라의 통치를 맡겨 달라고 소망했습니다.

그러자 교주는 두 사람을 불러서 심문했으나, 두 사람이 전부터 계획한 대로 거짓말을 늘어놓자 교주는 눈초리를 찢으며 크게 화냈습니다.[51]

그래서 그날 밤, 교주는 여느 때처럼 새벽 기도를 드린 다음 마신족을 불러모았습니다. 모여든 마신들에게 압둘라에 대해 물으니 모두 절대로 압둘라를 해친 적이 없다고 맹세했습니다.

"저희는 압둘라에 대해서 전혀 모릅니다."

그때 '붉은 왕'의 딸 사이다가 나타나서 이 사건의 진상을 교주에게 알렸고, 교주는 마신들을 모두 돌려보냈습니다.

이튿날 아침 교주가 나시르와 만수르 두 사람을 곤장으로 치게 하며 족치니, 마침내 서로 상대에게 잘못을 미루면서 자초지종을 자백한 것입니다. 그 말을 들은 교주는 불같이 화내며 소리쳤습니다.

"이 두 놈을 바소라로 끌고 가서 압둘라의 집 앞에 매달아라!"

그리하여 압둘라는 형들의 처형을 지켜본 뒤, 시체를 묻으라고 명령한 다음, 즉시 말을 달려 바그다드로 가서 교주를 만나 두 형이 자기에게 한 처사와 자기 아내를 찾아낸 경위를 상세하게 이야기했습니다.

이 말을 들은 알 라시드 교주는 매우 놀라면서, 즉시 판관과 증인을 불러 압둘라와 돌의 도시에서 데려온 처녀와의 결혼계약서를 작성하게 했습니다.

그리하여 압둘라는 기쁨 속에서 그 처녀와 운우의 정을 맺고, 환락을 파괴하고 교제를 단절시키는 죽음이 찾아올 때까지 오랜 세월을 바소라에서 행복하게 살았습니다. 죽는 일 없이 영원히 사시는 알라의 완전한 모습을 칭송할지어다!

오, 인자하신 임금님, 또 이런 이야기도 들은 적이 있습니다.

〈주〉

[1] 레인은 이 이야기가 '이 작품 가운데 가장 재미있는 이야기 중 하나'라고 인정했지만, '그 가장 중요하고 뛰어난 부분이 〈바그다드의 짐꾼과 세 여자〉의 첫 번째 이야기와 본질적으로 같다'고 하여 생략했다. 실제로는 그가 출판사로부터 글자 수를 제한받고 있었으므로 《아라비안나이트》속 가장 우수한 몇 개의 이야기를 삭제하지 않을 수 없었던 것이다.

[2] 아부 이사크 알 마우시리(Abu Ishak al-Mausili)는 모술(Mosul)의 이브라힘을 가리킨다. 《아라비안나이트》속에 가장 자주 등장하는 음악시인. 나는 다시 한 번 이 이름은

Ishâk(가운데에 거센소리를 넣어서 Isaac처럼)라고 발음하며, 이샤크(Ishàk)가 아니라는 것을 강조한다.

＊3 아침은 아랍어로 푸투르(Futur), 영인(英印)의 치호티 하지리(chhoti haziri), 즉 원래의 아침밥을 말하며, 라마단(단식의 달)을 제외하고, 새벽 기도 직후에 이슬람교도가 먹는 식사를 말한다. 사려 깊은 사람들은 빵, 삶은 콩, 달걀, 치즈, 응고된 우유, 파티라(Fatirah) 등의 실질적인 식사를 하는데, 그 뒤에 커피를 마시고 담배를 피운다. 레인 저《근대 이집트인》제5장과 졸저《순례》제2권 나와 있다. 〔레인에 의하면 파티라는 버터를 섞어서 매우 얇게 편 일종의 과자이며, 이것을 그대로, 또는 적은 양의 벌꿀이나 설탕을 쳐서 먹는다. 또 담배와 커피는 그럴 여유가 있는 사람들이 대개 이른 아침에, 때로는 낮에도 그것을 즐긴다고 한다. 담뱃대는 보통 4피트에서 5피트의 긴 담뱃대 즉 시부크라고 하는 것인데, 이집트의 것은 대부분 나무로 만든 것이다. 사발 모양의 담배통은 흙을 구워서 만든 것, 흡입구는 호박이나 각종 보석류와 황금이 아로새겨져 있어서 가장 호화로운 부분이다. 페르시아식 물 담뱃대도 어느 정도 사용된다. 또한 흥미로운 것은 아랍어에서는 담배를 피운다고 하지 않고 마신다고 표현한다.〕

＊4 이 '목을 벤다'는 식의 표현을 문자 그대로 해석해서는 안 된다. 앞에서도 설명한 것처럼, 그 의도는 '알라의 대리인'인 왕으로서의 존엄성과 위엄을 나타내기 위한 것이다.

＊5 글자 그대로는 '사람의 재앙(insan)은 혀(lisan)에서 나온다'.

＊6 방주(Ark)는 아랍어로 사피나(Safinah)라 하며, 노아의 방주를 말한다. 이집트의 바리스(Baris)〔작은 배〕에서 나온 신화로, 나중에 바빌로니아의 홍수 전설에 의해 부풀려지고 아름답게 꾸며졌다. 후자의 전설은 페르시아만의 바닷물이 동시리아의 산악지대까지 넘쳤던 당시의 흔적이었을지도 모른다. 나는 이 사실을 토대로, 다마스쿠스가 보이는 곳에 사화산이 존재한다는 것을 설명하고 싶다. 1871년 5월, 나의 친구 고(故) 찰스 F. 드레이크(Charles F. Tyrwhitt-Drake)는 이 사화산을 탐방했는데, 아마 이것이 최초의 탐방이었을 것이다(졸저《미답사의 시리아》제1권).

＊7 만수르(Mansur)와 나시르(Nasir)는 같은 어근인 나스르(Nasr), 즉 '승리'에서 나온 수동분사와 능동분사이다. 전자는 '이겨서 의기양양하다', 후자는 '큰 성과를 거두다'라는 뜻.

＊8 이슬람교도의 정규 상중기간. 무함마드는 유대인의 남용을 싫어하여 이 기간을 많이 축소했는데, 그 유대인들은 오늘날까지 이 기간을 매우 엄중하게 지키고 있다.

＊9 '아니요, 모릅니다'의 점잖고 완곡한 표현.

＊10 이슬람교도는 체면뿐만 아니라 종교에 의해서도, 죽은 부모의 채무를 변상하여 최후의 심판일에 신의 징벌로부터 그들을 구할 의무가 있다. 살아 있는 채무자에 대해서는 관대한 태도를 명령했던 무함마드도, "알라는 남에게 빚지는 일을 제외한 모든 결점을 감싸주신다. 즉, 빚지는 일에 대해서는 징벌이 있을 것이다"라고 말했다. 또

"순교자는 빚지는 일을 제외하면 모든 잘못을 용서받으리라"는 말도 했다. 어느 때 무함마드는 채무를 갚지 못하고 죽은 한 이슬람교도에 대해 기도를 거절했다고 한다.

이렇게 가혹한 태도는 희사로서 빚지는 일을 면제하도록 채권자에게 권하던 관대한 태도와는 매우 대조적이다. 그리고 실제로, 바로 이 빚지는 일에 대한 온건한 견해가 있기 때문에, 이슬람교도인 아는 사람에게 금전의 융통을 부탁하는 것은 매우 바람직하지 않다.

＊11 즉, 그는 빚 갚는 것을 독촉하지 않았던 것이다. 또한 잊어서는 안 되는 것은, 그가 자신의 돈에 대한 이자를 취하지 않았다는 사실이다. 그것은 《코란》에서 금지하고 있기 때문이다.

＊12 알 마수디(Al-Masudi)(제17장)는 검은담비(sable, Samur)와 하얀담비(hermelline, Al -Farwah) 모피와 검은 여우와 붉은 여우 모피에 대해 언급하고 있다. 〔위의 책은 10세기 아라비아 여행가로 이름난 알 마수디의 대표작 《황금 목장과 보석 광산》을 가리킨다.〕

사무르(Samur)에 대해서는 이 책 '이브라힘 빈 알 마디와 이발외과의사' 이야기 주석 4 참조. 〔이 항은 258번째 밤에 나오는 검은담비에 대한 간단한 각주인데, 이 책에서는 생략했다. '아랍어의 사무르는 속어에서는 고양이나 개에 사용된다……'는 설명을 볼 수 있다.〕

신자브는(Sinjab)는 회색 다람쥐(Mus lemmus 즉, 나그네쥐 lemming) 모피, 하얀담비 모피(meniver)〔miniver라고 잘못 쓰지만 menu vair이다〕 등을 가리키는 페르시아어로, 검은담비 모피(ermine)〔Mus armenius 또는 Mustela erminia〕에 대응한다. 〔위에 menu vair라고 한 것은 '작은 모피'라는 뜻이며, 중세 영어에서는 정확하게 meniver라고 썼던 것 같다.〕

내가 영국을 방문할 때마다 뜻밖이라고 생각하는 것은, 부자들이 부자연스럽게 모피를 걸치고, 가난한 사람은 가난한 사람대로 어리석게도, 털을 안쪽으로 한 양피 외투나, 크로아티아에서 아프가니스탄까지 농부들의 몸을 보온하고 쾌적하게 해 주는 훌륭한 다룸가죽을 사용하지 않는다는 것이다.

＊13 천금(千金)은 아랍어로 타지르 알피(Tajir Alfi)라고 하며, 금화 1천 닢(5백 파운드) 또는 1천 파스(5천 파운드)를 의미한다.

＊14 티그리스=유프라테스 강.

＊15 알 카르흐(Al-Karkh)는 아마 그런 이름으로 불리는 바그다드의 한 지역을 가리키는 듯한데, 《아라비안나이트》 속에서 여러 번 말하고 있다.

＊16 산은 아랍어로 자발(Jabal)인데, 여기서는 산이 많은 섬을 가리킨다.

＊17 《코란》 제24장. 아들은 부(富)와 마찬가지로 소유의 대상으로서 중요시된다. 왜냐하면 남자가 없으면 재물도 가치가 없기 때문이다. 그래서 무함마드는 부와 자식을 결

부시켜, 사람은 그 두 가지에 의해 현세의 재앙을 면할 수 있다고 했다. 그러나 그 두 가지도 내세의 재앙을 막을 수는 없다.

*18 이렇게 돌로 변한 사람들의 이야기는 '여주인 이야기'(이 책 17번째 밤 이하)에 나왔다. 거기서는 사람들이 '검은 돌'로 변해 있었다.

*19 코스로에의 왕관이란 아랍어로 타지 키스라위(Taji Kisrawi)라고 하며, 역대 코스로에 왕이 쓰는 관을 말한다.

*20 가슴 앞에 팔짱을 끼는 것은 흔히 널리 세상에 알려진 나폴레옹적인 포즈로, 동양 전체에 걸쳐서 주인 앞에 나선 노예와 하인이 취하는 자세이다. 영인(英印)에 조각상 같은 것을 보내는 사람들은 이를 잊어서는 안 된다.

*21 램프는 아랍어로 탈리크(Ta'alik)이며, 높은 데 매다는 램프이다. 종종 네모진 모양으로 하며, 채색유리와 엄청난 장식이 달려 있다. 모로코식으로 매다는 네모진 등은 지금 영국에서도 자주 볼 수 있다.

*22 쪽문, 즉 작은 출입구, 특히 문 또는 정면 현관 옆에 있는 것은 '바늘구멍'이라 불리며, 《마태복음》 제19장 24절과 《코란》 제7장 38절의 의미를 밝혀주고 있다. (참고로 마태복음의 같은 대목에는 유명한 문장 "낙타가 바늘귀로 들어가는 것이 부자가 하느님의 나라에 들어가기보다 쉬우니라……"하는 것이 있다.)
이 금언의 율법학자(유대의)적인 형식에서는 코끼리가 낙타를 대신하고 있다. 또, 어떤 사람들은 코란의 자말(Jamal, 낙타)보다 하블(Habl, 굵은 밧줄)을 선호한다.

*23 즉 칸즈(Kanz, 마법에 걸린 보물창고)를 말하며, 보통은 지하에 숨겨져 있지만, 마술을 푸는 주문에 의해 열려 대지의 표면으로 옮겨진다.

*24 아라비아는 물론 인도와 페르시아의 동양작가들은, 작품 속에서 여성의 더없이 섬세하고 아름다운 피부에 대해 한결같이 찬사를 보내며, 여주인공을 지극히 얇은 속옷의 접촉조차 견디기 어려울 만큼 민감한 육체의 소유자로 그리고 있다.
그것에 대한 예는 이 책에서도 얼마든지 볼 수 있다. 동양 미인의 살결은 계속되는 격리와 꾸준한 화장품 사용, 목욕 등의 영향 덕분에 조만간 시인들의 과장처럼 보이는 찬사조차 어느 정도 정당화하는 섬세함과 예민성의 정점에 이를 것으로 보인다. 세상에 알려지지 않은 다음의 이야기가(이븐 할리칸이 역사가 에트 테베리(Et Teberi)한테서 인용한 것이지만) 그 좋은 예이다.
페르시아 사산 왕조의 초대왕 아르데시르 이븐 바베크(Ardeshir ibn Babek, 아르타크세르크세스 1세(Artaxerxes Ⅰ))는 오랫동안 메소포타미아의 강대한 도시에서 에스사티론이라는 약소국 왕의 손안에 있는 엘 헤도르를 공략하고 있었으나 생각처럼 잘 되지 않았다. 그러나 마침내 왕녀 네지레와의 내통으로 이를 순조롭게 손안에 넣고, 그 왕녀와 결혼했다. 그것은 일찍부터 내통에 대한 대가로 약속된 것이었다.
"그 뒤 어느 날 밤, 왕비가 잠을 이루지 못하고 침대에서 몸을 뒤척이고 있으니,

아르데시르 왕은 왜 잠을 자지 않느냐고 물었다. 그러자 왕비가 대답했다. '저는 이렇게 거친 잠자리에서 잠을 자본 적이 지금까지 한 번도 없습니다. 어쩐지 불편해서요.' 그래서 왕은 당장 잠자리를 바꿔주었으나, 그래도 왕비는 여전히 잠을 이루지 못했다.

이튿날 아침, 왕비가 허리의 통증을 호소하여 조사해 보니, 천인화 잎이 살결의 주름 사이에 달라붙어 있고 피가 배어 나와 있었다. 그것을 보고 놀란 왕은 그것 때문에 잠을 못 잔 것이냐고 물었다. 왕비는 고개를 끄덕였다. 그래서 왕은 거듭, '그럼 도대체 그대의 아버지는 어떻게 그대를 키웠는고?' 물었다. 그러자 왕비가 대답했다.

'아버지는 공단 이부자리를 깔고, 비단옷을 입히고, 자양분이 듬뿍 든 산해진미와 처녀벌의 꿀, 그리고 잘 발효된 포도주를 먹여주셨습니다.' '그대를 그토록 사랑하고 소중히 여기며 키워준 아버지를 배신했으니, 나를 배신하는 건 더욱 간단한 일이겠구나.' 아르데시르 왕은 그렇게 말하고, 왕비의 머리카락을 말꼬리에 묶도록 명령한 뒤 말을 달리게 해서 왕비를 가혹하게 죽였다."

유명한 독일의 민화에는 위의 천인화 잎 이야기와 비슷한 사건에 의해 진짜 왕녀를 찾는다는 이야기가 있다.

힌두인 이야기 작자들 사이에서는 비정상적으로 보드라운 살결은 이미 낡은 표현이 되어 있다.

〔에트 테베리는 보통 아트 타바리라고 쓰며, 아랍어로 세계사를 썼다. 838~923년.〕

*25 "(55절) 실로 그날 천국에 거주하는 자들은 그들이 행한 모든 것으로 크게 기뻐하리라, (56절) 그들은 그의 아내들과 시원한 그늘에서 장식된 침상에 기대어 (57절) 모든 과일을 즐기며 원하는 모든 것을 갖게 되며 (58절) 평안하라는 자비로운 주님의 말씀을 듣더라."

이것은 《코란》의 유명한 제36장 '야신(Ya Sin)'의 55~58절로, 교육을 받은 이슬람교도들은 대부분 암기하고 있다.

이슬람교도의 천국이 완전히 관능적인 것은 아니라는 증거로서, 위에 든 것 말고도 다음과 같은 글도 인용할 수 있을 것이다. "어떠한 사람도, 선한 사람들의 행위를 위해 어떠한 눈동자의 청량함이 보유되고 있는지 모른다."《코란》제70장 17절)

팔르그레이브 씨(《아라비아》제1권)의 이른바 천상의 선녀들 40명의 시중을 받는 '영원한 기루(妓樓)'인, 먹고 마시고 교접하는 천국은 오로지 육욕의 쾌락밖에 모르는, 비교적 저속한 종류의 인간을 상대로 설명한 것이다. 바다위족 앞에서 정신적인 기쁨을 운운하는 것은, 마치 대도시의 무지한 사람들에 대한 것과 마찬가지로 당찮은 말일 것이다.

*26 족장(Emirs)〔보통은 태수라고 번역했지만〕은 고전적인 'Phylarchs'〔종족의 우두머리라

는 뜻)로, 바다위족을 거느려 다스리고 있었다.

＊27 이것은 (나중에 알려지지만) 침입자가 '초록 옷의 예언자' 알 히즈르(Al-Khizr)였음을 나타내고 있다.

＊28 즉, 모든 예언자, 특히 무함마드에게서 나오는 것으로 상상이 되는 구원의 빛.

＊29 이 책의 글머리에 나왔던 이 상투구는 원래 코란의 말이다.

＊30 우상의 내부에 숨겨진 이 장치는 목소리를 내는 멤논상(Memnon像)의 시대까지 거슬러 올라갈 수 있다. 인도, 특히 소마 나트(Soma-nath)의 사원에서 높은 인기를 얻었다.
　〔멤논은 이집트의 테베 근처에 있는 커다란 석상으로, 새벽에 동이 틀 무렵 첫 빛을 쬐면 음악소리를 내는 것으로 전해진다. 소마 나트는 인도 구제라트의 도읍.〕

＊31 금강석, 즉 다이아몬드는 아랍어로 알마스(Almas)라고 하며, 그리스어의 아다마스(Adamas)〔αδαμας〕에 해당한다. 나는 박학한 전(前) 교수 마스켈린(Maskelyne)과는 견해를 달리하며, 다이아몬드를 갈고 닦아 표면을 반질반질하게 한 것은 매우 오래전부터 시작된 것으로 생각한다. W.M. 플린더스 패트리(Flinders Patrie) 씨는《기자의 피라미드와 사원 The Pyramids and Temples of Gizah》(런던, 필드앤드튜어사, 1884년)) 자신의 연구를 통해 '피라미드 학자들(Pyramidists)'의 독선과 허위, 단순한 발상 등을 철저히 무너뜨리고, 측정법을 미술의 수준까지 높였다고 할 수 있는 사람이다. 하지만 그는 불라크 박물관의 쿠푸(khufu, 케옵스(Cheops) 왕)의 상(像) 같은, 고대 이집트의 상이 다이아몬드를 사용하여 가공되었다고 믿고 있다.
　〔마스켈린은 유명한 천문학자 네빌 마스켈린의 인척에 해당하는 광물학자로, 오랫동안 케임브리지 대학에서 교편을 잡았다. 1823~1911년.〕
　아테나이오스(Athenaeus)〔제5서〕에 의하면, 인도인들은 프톨레마이오스 필라델포스 왕(Ptolemy Philadelphos)의 장례식에 진주와 다이아몬드를 가져왔다고 했는데, 그것은 가공되지 않은 돌은 도저히 장식으로 사용할 수 없어서 연마를 간접적으로 나타내고 있는 것이다. 〔아테나이오스는 서기 2세기의 그리스 저술가. 대표작은《학자의 향연 Deipnosophistae》전 15권이다. 프톨레마이오스 필라델포스는 프톨레마이오스 2세를 말하며, 기원전 247~222년에 이집트 왕으로서 나라를 다스렸고, 그 시기는 이집트의 전성기였다. 알렉산드리아 박물관과 도서관 설립.〕

＊32 이 말은 아마 바알의 선지자들에 대한 엘리야(Elijah)의 조롱에서 빌려 쓴 것이리라 (열왕기상, 제18장 27절). 〔거기에는 "정오에 이르러는 엘리야가 그들을 조롱하여 이르되, 신(神)이므로 큰 소리로 부르라. 그는 묵상하고 있는지, 혹은 그가 잠깐 나갔는지 혹은 그가 길을 행하는지 혹은 그가 잠이 들어서 깨워야 할 것인지 하매"라고 되어 있다.〕
　유대교도와 이슬람교도는 조상 또는 우상의 원래의 용법을 일부러 무시했다. 그것

은 케브라, 즉 예배하는 방향으로서, 또 사고를 집중해야 할 대상으로서 도움이 되는 것이었지만, 그들은 그 본질적인 위력을 믿는 저급한 서민의 남용에만 주의를 기울였다. 그리스도교 국가는 오늘날까지 줄곧 같은 논쟁을 계속하고 있다. 그리하여 로마 가톨릭은 조상과 그림, 둘 다 즐겨 사용하고, 그리스 정교는 조상이 아니라 그림만 도입했으며, 이른바 프로테스탄트는 둘 다 추방하고 있다.

＊33 즉, 능욕에서 구원해 준 것.

＊34 사이다(Sa'idah)는 운이 좋은 사람(여성명사)이라는 뜻. 무바라카(Mubarakah)는 축복받은 자. 둘 다 당사자가 이슬람교도였음을 나타내고 있다.

＊35 칼은 아랍어로 굴(Ghull)이며, 철 또는 다른 금속제 형구이다. 이따금 중국의 Kza 또는 cangue과 비슷하게 만들었다. 일종의 이동식 처형대[즉 목을 나무판에 끼우니까]로, 오늘날에도 영국 지방에 그 흔적이 남아 있는 아주 오래된 차꼬와 마찬가지로 사용되었다. 데이비스(Davis) 저서 《중국인》 제1권에 나와 있다.

　　알 슈티에 의하면 알 무타와킬 교주는 그리스도교도들에게 목에는 이 칼을 쓰고, 머리에는 노란 모자를 쓰며, 허리에는 노란 띠를 묶는 것 말고도 말을 탈 때는 나무 등자를 사용하고 집 앞에는 악마의 상을 두도록 명령했다고 한다.

＊36 '아무개님'은 아랍어로 야 풀란(Ya fulan, 어떤 사람)이다. 풀란은 포르투갈어와 스페인어로는 풀라노(fulano)라고 한다.

＊37 알 마디(Al-Mahdi)는 하룬 알 라시드의 아버지로, 아바스 왕조 제3세(이슬람력 158~169＝775~785년)인데, 맥나튼판과 부르판에서는 '알 아바스의 후손 가운데 다섯 번째'로 불리고 있다. 그는 우수한 시인이자 문인이었고, '진디크(Zindik)'의 맹렬한 박해자이기도 했다. 이 말은 특히 조로아스터교 경전의 주해서를 읽고 조로아스터교에 귀의한 사람들을 가리킨다. 그러나 나중에는 일반 이단자 또는 무신론자에게도 사용되었다.

　　알 마디 교주는 메카에서 여러 개혁을 단행하는 한편, 처음으로 자신이 마시기 위해, 여러 마리 낙타에 눈(雪)을 싣고 700마일이 넘는 먼 길을 운반하게 했다(기번 저 《로마제국 흥망사》 제52장). 사냥 중에 사고를 당해 최후를 마쳤다. 그중에는 아들인 무사 알 하디(Musa al-Hadi)와 하룬 알 라시드 교주[제4, 제5세]에게 왕위를 물려준 뒤에 독살당했다고 전하는 자도 있다. 알 마디는 '하늘로 향해졌다'는 뜻이다.

＊38 이 멋진 기적을, 이 이야기가 알 라시드 교주 시대보다 훨씬 뒤에 쓰인 증거로 생각해서는 안 된다. 동양에서는 기적적인 사건은 급속하게 성장하여 몇 년이 안 되어 완전하게 발달해 버린다. 아비시니아인 그리스도교도 아브라하(Abraha)의 침입[메카에 대한]은 무함마드가 태어난 해에 일어났다. 그런데도 45년 뒤에 쓰인 것으로 보이는 《코란》의 초기의 장(제105장)에는, 천연두가 어린아이 장난 같은 어처구니없는 기적을 일으키고 있다.

〔제105장을 초기의 장이라고 한 까닭은, 시대별로 다시 배열하면 제105장은 36장이 되기 때문이다. 로드웰 역 《코란》에 설명되어 있다. 또한 이 장에서는 아브라하가 대군과 코끼리를 이끌고 메카로 쳐들어가지만, 뜻밖에도 참패를 당한다. 그것은 들새 떼의 습격과 점토로 구운 돌 세례를 받아 그 어마어마한 군대가 마치 구겨진 풀잎처럼 무너졌기 때문이라는 기술을 볼 수 있다. 이 전설을 후세 사람들은 군병들 사이에 천연두가 발생했기 때문이라고 해석하고 있다.〕

나 자신도 신드에서 기적의 주체가 된 적이 있고, 그것이 어떤 피르(Pir), 즉 신학 교사의 가족연보에 정식으로 기록되어 있다. 졸저 《신드의 역사》와 《신드 재방(再訪)》(제4권)에서도 다루었다.

*39 원전에서는 '제6세'라고 되어 있다.

*40 '더럽다'는 아랍어로 나지스(Najis)이며, 의식상 부정한 것을 가리킨다. 특히 힌두교에서의 소의 입과 마찬가지로 개의 입을 말한다. 이슬람교도는 그것에 접촉한 뒤에는 간단한 목욕을 하지 않으면 기도를 올릴 수 없다.

*41 알라를 대신하여 나라를 다스리는 자와 예언자의 대행자로서.

*42 마신보다 인류가 뛰어난 것에 대해서는 앞에서 설명했다.

*43 알 슈티에 의하면 하룬 알 라시드 교주는 매일 백 번씩 엎드리며 예배를 드렸다고 한다.

*44 익사자의 순교에 대해서는 18번째 밤〔이 책 '바그다드의 짐꾼과 세 여자' 이야기 주석 134〕 참조.

*45 즉, 규칙적인 새벽 기도 덕분에 얻어진 힘. 《아라비안나이트》가 이 경우처럼 짐짓 우화를 들먹이거나 설교로 연결하는 일은 거의 없다. 우리는 이러한 설교를 듣지 않게 된 점을 다행으로 생각해야 할 것이다.

*46 '손을 잡다'는 아랍어로 무사파하(Musafahah)이며, 앞에서도 설명했듯이 우리의 악수를 대신하는 것으로, 이 의례는 크고 넓은 지역에서 행해지고 있다. 그들은 서로 오른쪽 손바닥이나 손가락을 잡지 않고 벌린 채로 마주 댄 뒤, 이어서 손가락을 이마로 가져간다. 《순례》 제2권.

*47 돌고래(dolphin)는 아랍어로 다르필(Darfil), 그리스어로는 데르피스($\delta\epsilon\lambda\phi\iota\varsigma$), 나중의 데르핀($\delta\epsilon\lambda\phi\iota\nu$)으로, 작자가 헤로도토스의 아리온(Arion)의 고사를 읽었음을 간접적으로 표현해 주고 있다. 〔헤로도토스의 《역사》 제1서 23, 24절에, 페리안데르 왕의 시대에, 아리온이라는 하프의 명수가 돌고래 등을 타고 지중해를 건너간 이야기가 나온다.

*48 아우지(Auj)라는 것은, 단지 생각일 뿐 근거는 없는 얘기지만, 페르시아의 카르마니아 주(지금의 키르만(Kirman))에 있는 유명한 바로크식 도시 쿠치(Kuch)가 아닐까 한다. 그러나 작자는 알 마수디로부터 많이 빌려 쓰고 있으므로, 어쩌면 이단의 도시

‘샤드라크(Shadrak)’가 있었던 시스탄(Sistan)의 아우크(Auk)일지도 모른다. 〔시스탄 또는 세이스탄은 페르시아 동부와 아프가니스탄 서남부를 차지하는 지방.〕

＊49 수도녀 샤이하(Shaykhah)는 뛰어난(또는 탁월한) 신앙가. 샤이흐(Shaykh)의 여성형 인 샤이하는 여자 족장이라는 뜻으로, 무희들의 우두머리에게도 ‘샤이하’라는 칭호를 준다.

＊50 압둘라는 목요일에 아내를 만났다. 목요일 밤은 이슬람교도들에게는 금요일 밤이다.

＊51 즉, 사이다에 대해서.

〈역주〉

(1) ‘내 눈동자의 청량함이여’와 마찬가지로, 남국에서는 누구든지 뭐든지 시원하고 상쾌하 게 해 주는 것이 환영받는다.

구두 수선공 마루프와 그 아내 파티마

아주 옛날, 신이 지켜주시는 도시 카이로에 헌 구두*¹를 고쳐주는 일을 생업으로 하는 구두 수선공이 살고 있었습니다.

그자의 이름은 마루프*²이며 그에게는 파티마라는 아내가 있었는데, 사람들은 그 여자를 '똥녀'*³라고 불렀습니다. 그것은 이 여자가 몹시 음란하고 천박한 데다, 체면도 소문도 아랑곳없이 고약한 짓만 하고 다녔기 때문입니다.

파티마는 남편을 엉덩이로 깔아뭉개고는 하루에도 수십 번씩 욕을 하고 저주해서, 구두 수선공은 아내의 그런 나쁜 성질과 못된 행패에 늘 겁을 먹고 있었습니다.

그것은 그가 무척 소심한 데다 우스울 정도로 체면을 중요시했고, 또 생활이 어려웠기 때문입니다.

돈이 좀 벌리는 날에는 아내의 환심을 사는 데 그 돈을 썼으나, 벌이가 없는 날이면 아내는 반드시 밤에 남편의 몸에다 마구 분풀이를 해서, 마루프는 밤새도록 잠도 자지 못하고 아내의 장부(帳簿)*⁴처럼 캄캄한 기분이 되곤 했습니다.

참으로 이 여자는, 다음 시에서 노래한 것과 똑같은 여자였습니다.

　　고통과 불행 속
　　애처롭도록 슬픈 모습으로
　　몇 밤을 아내와 새웠던가!
　　이런 고생 할 줄 알았으면
　　첫 인연 맺던 그날 밤에
　　차가운 독배 안겨서
　　그 목숨 빼앗을 것을.

그 밖에도 온갖 잔소리로 남편을 괴롭히던 어느 날, 이런 일이 있었습니다. 파티마가 마루프에게 이렇게 말했습니다.

"이봐요, 마루프, 오늘 밤엔 벌꿀을 친 볶음국수(쿠나파)*5를 사다줘요."

"전능하신 알라께서 돈을 벌게 해 주신다면 꼭 사오겠는데, 지금 내게는 돈이 한 푼도 없어. 하지만 알라께서 어떻게 돈을 융통해 주실 테지."*6

—여기서 날이 훤히 새기 시작하여 샤라자드는 이야기를 그쳤다.

990번째 밤

샤라자드는 이야기를 계속했다.

오, 인자하신 임금님, 남편의 대답을 들은 아내가 말했습니다.

"그런 건 내 알 바 아니에요. 알라께서 당신을 도와주든 말든 볶음국수를 사오지 않으면 그냥 두지 않겠어요. 빈손으로 돌아오기만 해 봐요. 오늘 밤에는 언제나처럼 차마 눈 뜨고 볼 수 없는 꼴로 만들어버릴 테니까. 부부가 되어 당신이 내 것이 된 그날 밤처럼 말이에요."

"하지만 알라 님은 자비로우시거든!"

그렇게 중얼거리면서 가게에 간 남편은 온몸으로 슬픔을 표현하면서 이렇게 기도했습니다.

"오, 알라여, 부디 저에게 볶음국수 살 돈을 벌게 해 주소서. 그리고 오늘 밤 그 무서운 여자에게 혼나지 않도록 저를 지켜주소서!"

남자는 아침 예배를 드린 뒤 가게를 시작했습니다. 그러나 점심때까지 가게에 앉아 있어도 일거리 하나 들어오지 않고, 아내의 무서운 얼굴만 자꾸 눈앞에 어른거렸습니다.

그는 일어나 가게 문을 닫고, 빵 살 돈도 없는데 어떻게 볶음국수를 살 수 있을까 걱정하면서 밖으로 나갔습니다.

이윽고 볶음국수 가게 앞에 이르자 마루프는 눈물이 가득한 눈으로 실성한 것처럼 멍하니 그 앞에 서 있었습니다.

그 모습을 보고 과자장수가 물었습니다.

"오, 마루프, 왜 울고 있는 거요? 왜 그러는지 자세히 얘기해 보시오."

그래서 마루프는 자초지종을 얘기해 주었습니다.

"우리 집 무서운 마누라가 나더러 막무가내로 볶음국수를 사오라더군. 그런데 오늘은 점심때가 지나도록 한 푼도 벌지 못했다오. 그래서 마누라가 무서워서 견딜 수가 없구려."

과자장수는 웃으면서 말했습니다.

"너무 걱정하지 마시오. 도대체 얼마나 필요하오?"

"6파운드가량 필요합니다."

주인은 볶음국수를 6파운드 저울에 달더니 이렇게 말했습니다.

"버터는 고급품이 있지만, 벌꿀은 마침 떨어졌소. 벌꿀보다 맛좋은 설탕꿀*7은 있는데 그건 안 되겠소?"

마루프는 외상으로 사가는 판에 까다롭게 굴 수 없어서 아무 말도 못했습니다.

"얘, 설탕꿀도 좋습니다."

그래서 과자장수는 국수를 기름에 튀겨서 임금님 앞에 내놓아도 부끄럽지 않을 만큼 듬뿍 설탕꿀에 적셨습니다.

"빵*8과 치즈도 필요한가요?"

"필요하긴 하지만."

마루프가 우물쭈물하니, 과자장수는 은화 반 닢어치의 빵 네 조각과 한 닢어치의 치즈 하나를 건넸습니다. 볶음국수의 값은 은화 열 닢이었습니다. 이윽고 과자장수가 말했습니다.

"알았소? 마루프, 모두 은화 열다섯 닢의 빚이 있는 셈이오. 그럼, 어서 가지고 가서 부인을 기쁘게 해 드리시오. 그리고 목욕비도 여기 있으니 가져가시오.*9 하루라도, 이틀이라도, 아니 사흘이라도, 어쨌든 알라께서 당신에게 나날의 양식을 내리실 때까지 융통해 드릴 테니 부인이 고생하지 않게 잘해 드리시오. 계산은 여유가 생길 때까지 기다려 드리겠소."

그리하여 마루프는 볶음국수와 빵과 치즈를 가지고 안도로 가슴을 쓸어내리면서 인사를 한 뒤, 집으로 가는 길 내내 과자장수에게 하늘의 축복을 빌었습니다.

"오, 주여! 당신의 완전한 모습을 찬양합니다! 당신은 참으로 자비로우신 분이십니다!"

마루프가 중얼거리면서 집으로 돌아가니, 그를 본 아내가 물었습니다.

"당신, 볶음국수는 사왔겠지요?"

"아, 사오고말고!"

구두 수선공은 볶음국수를 아내 앞에 내놓았습니다.

그런데 그 볶음국수에는 자당밀*[10]이 발려 있었으므로 아내는 금방 토라져서 쏘아붙였습니다.

"내가 벌꿀 바른 것을 사오라고 하지 않았어요? 당신은 내 말도 듣지 않고 자당밀을 바르게 했군요?"

구두 수선공이 외상으로 사온 것이라고 변명했으나 아내는 듣지 않았습니다.

"시시한 변명은 그만둬요. 난 벌꿀을 묻히지 않은 볶음국수는 먹기 싫단 말이에요!"

그러더니 아내는 화가 잔뜩 나서 볶음국수를 남편 얼굴을 향해 던지고는 욕을 퍼부었습니다.

"나가! 이 뚱쟁이 놈아, 다른 것을 갖고 오지 않으면 용서하지 않을 테야!"

그러고는 불이 번쩍 나도록 남편의 따귀를 갈겨서 이를 한 개 분질러 놓았습니다. 구두 수선공이 문득 정신을 차리고 보니, 가슴게에 피가 뚝뚝 떨어지고 있는지라 도저히 참지 못하고 아내의 머리를 살짝 때렸습니다. 그러자 아내는 기다렸다는 듯이 남편 수염을 붙잡고 아우성쳤습니다.

"사람 살려! 이슬람교도들이여!"

이웃 사람들이 그 요란한 소리에 달려와서 아내를 남편의 수염에서 떼어 놓았습니다.

그러고는 여자를 나무라고 타일렀습니다.

"우리 모두 자당밀을 바른 볶음국수도 맛있게 먹고 있소. 그런데 당신은 왜 이 가엾은 사람을 이렇게도 학대하는 거요? 이건 정말 너무하지 않소?"

사람들은 구두 수선공 아내를 어르고 달래어 두 사람을 화해시켜 놓고 돌아갔습니다. 그들이 모두 가버리자 여편네는 다시 볶음국수 따위는 절대로 먹지 않겠다며 악다구니를 썼습니다.

그래서 배가 몹시 고팠던 마루프는 속으로 생각했습니다.

'여편네가 안 먹겠다고 저 난리를 부리니, 내가 먹어야겠어.'

남편은 볶음국수를 먹기 시작했습니다.

아내는 남편이 볶음국수를 먹는 것을 보고 말했습니다.

"인샬라! 제발 그걸 다 먹고 탈이 나서, 그놈의 몸뚱이가 썩어버리기를!"

"당신 말대로는 안 될걸."

남편은 웃으면서 우적우적 먹었습니다.

"당신은 절대로 먹지 않겠다고 말했지만, 알라께서는 자비로우시니 내일 밤에는 알라의 은혜로 벌꿀 바른 볶음국수를 가져다줄지도 모르지. 그때는 당신 혼자 먹구려."

그렇게 말하며 남편이 아내를 달래자 아내는 남편에게 욕을 퍼부었습니다. 그리하여 아내는 날이 새도록 남편에게 행패를 부리다가, 마침내 남편을 때리려고 두 팔까지 걷어붙였습니다.

"조금만 참고 기다려 줘. 꼭 다른 볶음국수를 사다줄 테니."

마루프는 그렇게 말하고 사원에 가서 기도를 드린 다음, 가게 문을 열고 앉았습니다.

그런데 법정에서 판관의 심부름꾼 두 사람이 찾아와서 말했습니다.

"같이 갑시다. 가서 판관님께 까닭을 밝히시오. 당신의 아내가 고발했소. 그 여자는 얼굴이 이러이러하게 생겼던데."

두 사람 입에서 고소인의 생김새와 옷차림을 들은 마루프는 자신의 아내가 틀림없다는 것을 알고 이렇게 저주했습니다.

"오, 전능하신 알라여, 제발 그 계집에게 천벌을 내려주소서!"

마루프가 두 심부름꾼과 함께 판관에게 가보니, 자기 아내 파티마는 한 손에 붕대를 감고 얼굴에 쓰는 베일은 피투성이가 된 채 서서 울부짖고 있었습니다.

판관은 구두 수선공에게 말했습니다.

"여봐라, 너는 더없이 높으신 알라가 조금도 무섭지 않으냐? 어째서 너는 이 선량한 여자를 때리고 두 팔을 분지르고 이빨을 뽑는 학대를 했느냐?"

"만약 제가 아내를 때리거나 이빨을 뽑고 학대를 했다면 저를 얼마든지 벌하십시오. 하지만 바른 대로 말씀드리자면 이렇습니다."

마루프가 자초지종을 자세히 설명하고 마지막으로 이렇게 말했습니다.

"그래서 이웃 사람들이 저희 두 사람을 화해시켜 준 것입니다."

무척 인정이 많은 판관은 구두 수선공에게 금화 4분의 1닢을 주면서 말했습니다.

"그렇다면 이 돈으로 그대의 아내에게 벌꿀 바른 볶음국수를 사다주고 둘이서 화해를 해라."

"그 돈은 제 아내에게 주십시오."

법관은 두 사람을 화해시킬 생각으로 여자에게 돈을 주면서 말했습니다.

"부인, 당신도 남편을 잘 공경해야 하오. 그리고 남편도 부인에게 잘해 줘야 해."*11

두 사람은 판관의 중재로 화해하고 법정에서 물러갔습니다.

법정에서 나오자, 두 사람은 따로따로 헤어져서 구두 수선공은 가게에 돌아가서 앉았습니다. 그러자 아까 그 심부름꾼이 찾아와서 말했습니다.

"우리 수고비를 내시오!"

"그 판관님도 나에게서 아무것도 받지 않으시고 오히려 금화 4분의 1닢을 주지 않았소?"

"판관이 당신한테서 돈을 받건 당신에게 돈을 주건, 그런 건 우리가 알 바 아니오. 당신이 수고비를 안 주면 반드시 내게 하고 말 것이오!"

그리고 두 사람은 마루프를 붙잡고 시장 안을 이리저리 끌고 다녔습니다. 마루프가 하는 수 없이 연장을 팔아서 두 사람에게 금화 반 닢씩 주니, 그제야 두 사람은 그를 놓아주고 돌아갔습니다.

구두 수선공은 연장을 팔아버리고 나서 한 손을 턱에 괴고 슬픈 듯이 앉아 있었습니다. 그런데 얼마 안 있어 인상이 좋지 않은 두 남자가 찾아와서 말했습니다.

"여봐, 어서 판관에게 출두해. 당신 마누라가 고발했으니까."

"판관님이 방금 우리 부부를 화해시켜 주셨는데요?"

"우리는 다른 판관님의 명으로 왔소. 당신 마누라가 우리 판관님에게 고발했단 말이야."

구두 수선공은 하는 수 없이 자리에서 일어나 신의 가호를 빌면서 두 사람을 따라 법관에게 갔습니다. 그리고 거기 있는 아내를 보자마자 이렇게 말했습니다.

"여보, 마누라, 우리는 아까 화해하지 않았소?"

그러자 아내가 소리쳤습니다.

"당신과 나 사이에 화해고 뭐고가 어딨어요?"

그는 앞으로 나아가서 판관에게 자세한 사정을 이야기한 다음, 마지막으로 이렇게 덧붙였습니다.

"사실 조금 전에 다른 판관님께서 저희를 화해시켜 주셨답니다."

이 말을 들은 법관이 파티마를 향해 말했습니다.

"이, 괘씸한 여자 같으니라고! 둘이 화해를 해 놓고 어째서 다시 나에게 고발했느냐?"

"그 뒤에 이 사람이 다시 저를 때렸습니다."

"서로 화해하고 두 번 다시 여자를 때려서는 안 된다. 그러면 이 여자도 그대에게 대들지 않겠지."

그리하여 두 사람이 그 앞에서 다시 화해하자, 판관은 마루프에게 말했습니다.

"심부름꾼들에게 수고비를 주도록 해라."

구두 수선공은 수고비를 주고 가게로 돌아가서, 너무나 억울하여 술에 취한 것처럼 비틀거리며 자리에 앉았습니다.

잠깐 마루프가 가만히 앉아 있으니, 갑자기 한 남자가 옆에 다가와서 말했습니다.

"여봐, 마루프, 빨리 달아나게. 자네 부인이 고등법정*¹²에 고발을 해서 포리*¹³가 자네를 찾아다니고 있다네."

그래서 마루프는 가게를 걷어치우고, '개선문'*¹⁴ 쪽으로 달아났습니다.

그때 그는 구두틀과 연장을 판 나머지 돈 은화 다섯 닢을 갖고 있었으므로, 빵을 은화 네 닢어치, 치즈를 한 닢어치 샀습니다.

계절은 마침 한겨울이었고 오후 기도시간이었는데, 구두 수선공이 쓰레기 더미를 헤치고 나간 순간, 마치 물을 담은 가죽 자루를 쏟아버리는 듯한 기세로 큰비가 퍼부어, 마루프는 물에 빠진 생쥐 꼴이 되고 말았습니다.

마루프는 하는 수 없이 아딜리야 사원*¹⁵에 뛰어들었는데, 매우 황폐한 곳으로 안에 문도 없이 텅 비어 있는 작은 방이 있어서 거기에 몸을 숨기고 비를 피했습니다.

그는 눈물을 강물처럼 흘리고 울면서 자기에게 닥친 재앙을 탄식했습니다.

"나는 도대체 어디까지 달아나야 한단 말인가! 오, 알라시여, 그 계집이 찾아오지 못할, 멀고 먼 나라로 저를 데려다주십시오."

그렇게 중얼거리면서 울고 있으니, 별안간 눈앞의 벽이 두 쪽으로 갈라지더니 그 속에서 정체를 알 수 없는 커다란 괴물이 나타났습니다. 그 모습을 본 구두 수선공은 소름이 끼치면서 온몸의 털이 곤두섰습니다. 그 괴물이 입을 열었습니다.

"이봐, 여기서 뭐하고 있는 거야? 오늘 밤 왜 나를 귀찮게 하는 거지? 나는 여기서 2백 년 동안 살고 있지만, 여기까지 들어와서 너 같은 행동을 한 자는 지금까지 아무도 없었다. 네가 무엇을 바라는지 말해 보아라. 네가 측은한 생각이 들어서 그러니, 뭐든지 소원을 말해봐라, 들어주마."

"도대체 당신은 누구십니까?"

"나는 여기 주인*16이다."

그래서 마루프는 그때까지 아내와의 사이에 일어난 일을 죄다 이야기했습니다.

"그럼, 너를 아내가 따라올 수 없는 먼 나라로 데려다 달란 말이냐?"

"그렇습니다."

"그렇다면 내 등에 타거라."

구두 수선공은 시키는 대로 그 괴물의 등에 탔습니다.

괴물은 그를 등에 태운 채 날아오르더니, 저녁때부터 새벽녘까지 날아서 어느 높은 산꼭대기에다 그를 내려놓았습니다.

—여기서 날이 훤히 밝아왔으므로 샤라자드는 이야기를 그쳤다.

991번째 밤

샤라자드는 이야기를 계속했다.

오, 인자하신 임금님, 마신은 구두 수선공을 산꼭대기에다 내려놓고 말했습니다.

"자, 이 산에서 내려가면 도시의 성문이 나올 테니 그 안으로 들어가거라. 네 아내는 결코 거기까진 오지 못할 거다."

그러고는 마신은 어디론가 사라져 버렸습니다.

마루프가 한참을 간이 콩알만 해진 채 그곳에 앉아 있으니, 이윽고 아침 해가 솟아올랐습니다.

"어디 기운을 내서 시내로 내려가 보자. 이런 산꼭대기에서 이러고 있어 봤자 아무런 소용도 없을 테니."

마루프는 이렇게 중얼거리면서 산에서 내려갔습니다.

산기슭으로 내려가니 훌륭한 성벽에 싸여, 보기만 해도 쾌적하고 웅장한 궁전과 금빛으로 빛나는 건물들이 즐비하게 늘어선 도시가 보였습니다. 즉시 성문 안으로 들어가 보니, 그곳은 슬픈 기분을 달래주는 멋진 도시였습니다.

마루프가 거리를 걸어가니 그곳 사람들은 신기하다는 듯이 그를 쳐다보다가, 그곳 사람과는 전혀 다른 옷을 입고 있는 것을 보고 수상쩍게 여기면서 주위에 몰려들었습니다.

"여보시오, 당신은 외국 사람이오?"

"그렇습니다."

"어디서 오셨소?"

"카이로에서 왔습니다."

"언제 카이로를 떠나셨소?"

"어제 오후 기도시간에 떠났습니다."

이 말을 들은 상대는 갑자기 큰 소리로 웃더니 소리쳤습니다.

"여보게들, 모두 와서 이 사람 말 좀 들어보게나."

"이 사람이 뭐라고 하는데 그러나?"

"아, 글쎄, 이 사람은 카이로에서 왔다는데, 어제 오후 기도시간에 그곳을 출발했다는군."

그 소리를 들은 사람들은 모두 큰 소리로 웃어대면서 마루프를 에워쌌습니다.

"당신은 머리가 어떻게 된 것 아니오? 이곳과 카이로 사이는 꼬박 1년은 걸리는 거리란 말이오. 그런데 어떻게 어제 오후에 카이로를 떠나서 오늘 아침에 이 고장에 도착한단 말이오?"

"당신이야말로 제대로 돈 모양이군. 나는 사실을 말하고 있을 뿐이오. 이건 내가 카이로에서 갖고 온 빵인데, 자, 보시오, 아직도 말랑말랑하지 않소."

마루프는 갖고 있던 빵을 사람들에게 보여주었습니다.

사람들은 자기들의 빵과 사뭇 다른 그 빵을 자세히 들여다보고 있었는데, 그러는 동안 마루프를 에워싼 사람들의 수는 점점 늘어났습니다.

"정말, 이건 카이로의 빵이야, 잘 봐!"

마루프는 순식간에 그 주위를 둘러싼 사람들의 구경거리가 되고 말았습니다. 그 사람들 가운데는 마루프의 말을 믿는 자도 있고, 거짓말이라고 욕하는 자도 있었습니다.

그때 암노새를 타고 두 흑인 노예를 거느린 한 상인이 사람들 사이를 헤치고 들어오더니 이렇게 말했습니다.

"여러분, 이렇게 여러 사람이 한 외국 사람을 에워싸고 빈정대고 있다니, 부끄럽지도 않소?"

그는 사람들을 꾸짖으며 마루프의 주위에서 사람들을 몰아냈으나, 그에게 말대꾸하는 사람은 아무도 없었습니다.

이윽고 상인은 마루프에게 말했습니다.

"오, 형제여, 이리 오시오. 이제 당신을 해칠 자는 아무도 없을 거요. 이곳 사람들은 정말 수치를 모른단 말이야."

그러더니 상인은 마루프를 데리고 훌륭하게 장식한 넓은 저택으로 데려가서 왕에게나 어울릴 손님방으로 안내했습니다.

그리고 노예들에게 옷궤에서 부자상인이나 입을 만한 옷을 가져오게 하여 마루프에게 입혔습니다. 그러자 원래 기품 있게 생긴 마루프는 완전히 딴사람이 되었습니다.

이어서 주인이 먹을 것을 가져오게 하자, 노예들은 두 사람 앞에 여러 가지 맛있는 요리를 담은 쟁반을 내왔습니다.

두 사람은 함께 그것을 먹고 마셨습니다. 이윽고 상인이 물었습니다.

"형제여, 당신의 이름을 들려주시오."

"나는 마루프라고 하며 구두 수선공입니다."

"고향이 어디요?"

"카이로입니다."

"카이로에서는 어느 거리에서 살았소?"

"당신은 카이로를 아십니까?"

"나도 카이로에서 태어났소."

"나는 '붉은 거리'*¹⁷ 사람입니다."

"그렇다면 '붉은 거리' 사람 가운데 아는 사람이 누가 있습니까?"

"아무개하고 아무개를 알고 있소만."

마루프는 그렇게 대답하고 몇 사람 아는 사람의 이름을 말했습니다. 그러자 상인이 물었습니다.

"그럼, 약종상*¹⁸ 아마드 노인을 아시오?"

"그 사람과 나는 벽 하나를 사이에 둔 이웃이었습니다."

"그분은 건강하신가요?"

"예, 건강하게 잘 있습니다."

"그분에겐 아들이 몇인가요?"

"셋입니다. 무스타파, 모하메드, 알리입니다."

"그 아이들은 어떻게 지내고 있소?"

"무스타파는 매우 건강하고 공부를 잘해서 교사*¹⁹노릇을 하고 있습니다. 모하메드도 약종상을 하는데, 결혼하여 아버지 가게 가까이에 가게를 냈지요. 벌써 하산이라는 아들을 낳았지요."

"오, 그것참 반가운 소식이군요! 부디 알라의 축복이 있기를!"

상인이 말하자 마루프는 다시 말을 이었습니다.

"알리는 내 소꿉동무로 늘 나하고 같이 놀았습니다. 우리는 곧잘 나사렛 사람(그리스도교도)의 아이인 척하고 교회에 숨어 들어가서 그리스도교도의 책을 훔쳐내어 팔고는 그 돈으로 먹을 것을 사곤 했지요.

그런데 어느 날 한 나사렛 사람이 내가 판 책을 사고는, 그것을 증거로 우리의 나쁜 짓을 사람들에게 이르고 알리의 아버지에게 항의했습니다.

'당신 아들이 더는 못된 짓을 하지 못하게 막지 않으면 당신을 임금님께 고발하겠소.'

그래서 알리의 아버지는 그 사람들을 말려 놓고 알리를 채찍으로 때렸습니다.

그 뒤 알리는 어디론가 가버렸는데 어디로 갔는지 아무도 아는 사람이 없습니다. 벌써 20년이나 지났지만, 알리의 소식을 전하는 사람은 하나도 없답니다."

그러자 주인은 말했습니다.

"사실 내가 바로 그 알리요! 약종상 아마드 노인의 아들 알리 말이오! 그리고 당신은 내 소꿉친구 마루프*[20]이고!"

그리하여 두 사람은 다시 재회의 인사를 나누었습니다. 그러고 나자 알리가 먼저 말했습니다.

"오, 마루프, 자네는 어쩌다가 카이로에서 이 먼 곳까지 오게 되었나, 그 까닭을 말해 주게."

마루프는 '똥녀'라는 별명이 붙은 아내 파티마의 악독한 행위 때문에 자신이 겪은 재난을 하나하나 얘기하고 끝으로 이렇게 말했습니다.

"그래서 도저히 견딜 수 없어서 아내 곁을 떠나 개선문 쪽으로 달아났었지. 그렇게 마구 걸어가는 동안 비가 오기에 텅 빈 사원으로 들어가서 울고 앉아 있었는데, 갑자기 그 사원의 주인이라는 어떤 괴물이 나타나지 않겠나.

그것은 마족 중의 마신이었는데, 내가 거기까지 오게 된 사연을 묻기에 그때까지의 경위를 얘기했더니 나를 등에 태우고 하룻밤 하늘과 땅 사이를 날아간 끝에 산꼭대기에 나를 내려주더군.

그리고 이곳으로 가라고 가르쳐주기에 산에서 내려와 여기 왔는데, 많은 사람이 나를 둘러싸고 이런저런 말을 묻지 않겠나? 그래서 어제 카이로를 떠나왔다고 했더니 아무도 곧이듣지 않더군. 그때 마침 자네가 나타난 걸세. 내가 카이로를 떠나 여기까지 온 데는 이런 사정이 있었네. 그런데 자네는 어째서 이 고장에 왔나?"

그러자 알리는 다음과 같은 이야기를 들려주었습니다.

—나는 일곱 살 때 엉뚱한 생각에 머리가 이상해져서, 이 나라 저 나라, 이 거리 저 거리를 헤매다가 마침내 이곳에 다다랐다네. 여기는 이흐티얀 알 하탄*[21]이라는 이름의 도시인데, 이 도시 사람들은 무척 친절하고 동정심이 많아서 가난한 사람에게는 외상으로 물건도 팔아주고 상대가 하는 말은 뭐든지 믿어준다네.

그래서 나는 이렇게 말해 봤다네.

"나는 상인인데 짐보다 한 발 먼저 도착했습니다만, 짐을 넣어 둘 곳이 없어서 난처하군요."

그러자 모두 내 말을 믿고 방을 빌려주더군.

그래서 내가 이렇게 말했다네.

"여러분 가운데 나에게 금화 1천 닢을 빌려줄 분은 없습니까? 짐이 오면 곧 갚아 드리겠습니다. 짐이 오기 전에 여러 가지로 필요한 것이 있어서요."

그리고 또 그 돈을 빌려주기에 얼른 시장에 가서 여러 상품을 잘 조사해서 사들인 다음에, 다음 날 다시 팔아서 금화 쉰 닢의 이익을 보고, 또 다음 상품을 사들였지.*22

그러면서 이곳 사람들과 잘 사귀며 인심 좋게 대접했기 때문에 모두 나를 좋아하게 되었다네. 그 뒤에도 꾸준히 장사해 가면서 나는 부자가 되었지.

어떤가, 자네, 속담에도 있듯이 세상은 겉모습과 기만이고, 여행 중의 창피한 일도 아는 사람이 없으니 부끄러울 게 없다네.

그러니 자네도 누가 묻거든 이렇게 말해 보게.

"나는 구두 수선공인 데다 가난해서 마누라한테서 달아나 어저께 카이로를 떠나왔소."

그러면 누가 자네 말을 믿겠는가? 이곳에 있는 동안 내내 사람들의 웃음거리가 될 뿐일세. 게다가 또 이렇게 지껄여 보게.

"난 마신의 등에 업혀 여기 왔소."

그야말로 모두 자네를 피하고 아무도 곁에 오지도 않고 이렇게 떠들어 댈걸세.

"저 사람은 마신한테 씌웠어. 괜히 옆에 갔다간 혼난다."

그런 소문이 나기만 하면 끝장이지. 자네한테 불리할 뿐만 아니라 내게도 불리해. 이곳 사람들은 모두 내가 카이로에서 온 것을 알고 있거든.

알리의 말에 마루프가 물었습니다.

"그럼, 어찌하면 좋을까?"

그러자 알리가 대답했습니다.

─좋아, 자네가 어떻게 하면 좋은지 가르쳐주지. 내일 자네에게 금화 1천 닢과 암나귀 한 필, 그리고 흑인 노예를 한 명 주겠네. 그 노예가 앞장서서

자네를 시장으로 안내할 테니 자네는 유유히 시장으로 들어가게. 그때 나는 사람들과 앉아 있다가 자네가 나타나면 일어나서 절을 하고, 자네 손에 입을 맞추며 정중히 인사를 하겠네. 그때 내가 포목에 대한 것을 묻겠네.

"이러이러한 물건을 가져오셨습니까?"

그러면 이렇게 대답하게.

"많이 가지고 왔소."

그리고 사람들이 자네에 대해 물으면, 나는 자네를 칭찬하면서 훌륭한 인물인 것처럼 보이게 하고 다음과 같이 권하겠네.

"이분에게 창고와 가게를 마련해 드리시오."

나는 또 자네가 대단한 부자이고 자비로운 사람인 것처럼 선전하겠어. 그러니 그때 거지가 오거든 얼만가 적선해 주게. 그러면 사람들은 내 말을 믿고 자네를 자비롭고 훌륭한 사람으로 알고 자네를 좋아하게 될 걸세.

그렇게 되면 나는 자네를 비롯해 상인들을 모두 우리 집에 초대하여, 그들과 자네가 사귀게 되도록 도와줌세.

─여기서 날이 훤히 밝아왔으므로 샤라자드는 이야기를 그쳤다.

992번째 밤

샤라자드는 이야기를 계속했다.

오, 인자하신 임금님, 상인 알리는 다시 말을 이었습니다.

"나는 상인들과 함께 자네를 우리 집에 초대할 작정이야. 그러면 자네는 상인들과 사귀어 장사할 수 있게 되고, 그러는 동안 부자가 될 수 있을 걸세."

이튿날 알리는 마루프에게 금화 1천 닢과 옷 한 벌, 흑인 노예 한 사람을 주고, 암노새에 태운 뒤 이렇게 말했습니다.

"자네는 내 친구이고 잘 보살펴줘야 할 의무가 있으니 나는 알라께 이렇게 기도하겠네. 부디 이것에 대한 부담을 자네에게서 면제해 주십사고 말이야.*23 걱정할 필요 없네, 아내의 악행 따위는 생각지도 말고 누구에게도 아내의 이름을 입 밖에 내서는 안 돼."

"오, 알라께서 자네의 친절에 보답해 주실 거네!"

그는 노새를 타고 흑인 노예를 앞장세워 시장에 들어섰습니다.

시장에는 많은 상인이 있었는데, 알리도 그 가운데 섞여 앉아 있다가 마루프를 보자 얼른 일어나 마루프에게 몸을 던지면서 소리쳤습니다.

"오, 상인 마루프 님, 안녕하시오! 당신은 정말 부지런하고 친절한 분이시군요!"*24

그리고 여러 사람이 보는 앞에서 그의 손에 입을 맞춘 다음, 상인들을 돌아보며 말했습니다.

"여러분, 당신들은 상인 마루프 님과 가까워질 수 있는 영광을 얻은 것이오."*25

상인들이 마루프에게 인사를 하자 알리는 상대에게 실수하지 말라는 듯이 눈짓을 했습니다. 그래서 그들의 눈에는 마루프가 매우 훌륭한 사람처럼 보였습니다.

알리는 마루프를 도와 노새에서 내리게 한 뒤 정중하게 인사를 하고, 상인을 한 사람씩 데려가서 마루프를 칭찬하며 소개했습니다. 상인들이 알리에게 물었습니다.

"저분은 상인입니까?"

"그렇소. 저분이야말로 상인 중의 상인이지요. 세상에 저분만 한 부자도 아마 없을 겁니다. 저분의 재산은 말할 것도 없고 조상 대대로 내려온 막대한 자산에 대해선, 카이로의 상인들 가운데 모르는 사람이 아무도 없다오. 인도와 신드, 그리고 알 야만에까지 거래를 넓히고 있는 데다, 그 대범한 씀씀이에 대해서도 평판이 자자하다오. 그러니 저분의 신분을 아셨거든, 그 인품을 찬양하고 그만한 대우를 해 주시는 게 좋을 거요. 저분이 멀리 이 도성까지 오신 것은 장사하기 위해서가 아니라, 다만 외국의 풍물을 구경하고 즐기기 위해서니, 그 점도 알아두도록 하시오. 불이 나도 저분의 재산은 도저히 다 못 탈 정도이니, 이익을 위해서 굳이 외국으로 나갈 필요가 전혀 없는 분이니까요. 사실 나도 저분의 하인 가운데 한 사람에 불과하답니다."

알리가 계속 마루프의 칭찬을 늘어놓자, 마침내 상인들도 마루프를 떠받들듯이 존경하며 저마다 그 뛰어난 기량을 칭송하기 시작했습니다. 그들은 마루프의 주위로 모여들어 빵과자*26와 과일즙을 내밀었습니다. 시장의 상인 우두머리조차 얼굴을 내밀고 공손하게 인사를 할 정도였습니다.

이윽고 상인 알리가 여러 사람 앞에서 마루프에게 물었습니다.

"나리, 아마 이러이러한 피륙은 어느 정도 가져오셨으리라고 생각합니다만."

"많이 가져왔소."

그런데 그날 알리는 마루프와 상인들을 만나게 해 주기 전에 값진 물건들을 그에게 보여주면서, 좋은 물건과 싼 물건, 온갖 종류의 천 이름을 미리 가르쳐 두었습니다.

그때 한 상인이 마루프에게 물었습니다.

"폭이 넓은 노란색 천도 가져오셨습니까?"

"많이 가져왔소."

다른 상인이 또 물었습니다.

"영양의 붉은 핏빛*27 천은?"

"그것도 많이 있소!"

마루프는 누가 무엇을 물어도 한결같이 대답했습니다.

그것을 본 한 상인이 알리에게 말했습니다.

"알리 님, 당신과 같은 고향 사람인 이분은 천 짝의 값진 상품을 수출하려는 생각이 있다면 그것도 할 수 있으시겠죠?"

"그 정도의 물건은 이분의 많은 창고 가운데 한 군데서만 실어내도 될 거요. 그 정도 가지고는 끄떡도 없지요."

모두 이러고 있는데 한 거지가 와서 상인들 주위를 어정거렸습니다. 그것을 보고 어떤 상인은 그 거지에게 은화 반 닢을 주고, 또 어떤 상인은 동전*28 한 닢을 주었으나, 대부분의 상인은 동전 하나도 주지 않았습니다. 마지막으로 거지가 마루프에게 다가가자, 그는 금화를 한 움큼 꺼내주었습니다. 거지는 마루프에게 축복을 빌면서 떠나갔습니다.

상인들은 그 모습을 보고 깜짝 놀라 말했습니다.

"세어도 보지 않고 거지에게 금화를 집어주는 저 사람은 아마 임금님의 물건이라도 맡았나 보다. 대단한 부자가 아닌 이상 거지에게 저렇게 한 움큼이나 금화를 줄 수야 없지."

한참 뒤, 또 가난한 여자가 다가왔는데, 마루프는 그 여자에게도 금화 한 움큼을 주었습니다. 여자는 고마워서 어쩔 줄 몰라 하며 떠나갔습니다.

이 여자가 다른 거지들에게도 그런 사실을 얘기하여 거지들이 자꾸 마루프를 찾아왔습니다. 마루프는 그 거지들에게 모두 한 움큼씩 금화를 주어서 마침내 1천 닢이 다 없어져 버리자, 사람들은 손뼉을 치면서 말했습니다.

"오, 알라는 우리의 뛰어난 구세주이고 그 대행자 또한 뛰어나도다!"

그때, 상인 우두머리가 물었습니다.

"왜 그러십니까, 마루프 님?"

"이곳 사람들은 모두 가난해서 생활에 곤란을 겪고 있는 것 같군요. 이럴 줄 알았더라면 안장자루에 금화를 많이 넣어 와 빈민들에게 베풀어줄 걸 그랬소. 외국에 오래 머물지도 모르지만,*29 나는 천성이 거지를 보고는 그냥 지나치지 못하는 성격이라서요. 그런데 이제 금화가 한 닢도 남지 않았으니, 거지가 또 오면 뭐라고 말해야 할지 모르겠구려."

"알라께서 당신에게 나날의 양식을 베풀어주실 것이오,*30 이렇게 말하면 되지요."

"아니오, 나는 그럴 수 없소. 그래서 나는 그것이 괴로워요. 하다못해 금화 1천 닢만 더 있다면, 내 짐이 도착할 때까지 적선할 수 있으련만."

"그런 것쯤은 걱정하지 마십시오."

상인 우두머리는 하인에게 금화 1천 닢을 가져오게 하여 마루프에게 주었습니다.

그래서 마루프는 계속 지나가는 거지에게 돈을 주다가 이윽고 낮 기도가 시작되어 사람들이 이슬람 사원으로 들어가자, 마루프는 나머지 돈을 가지고 사원으로 가서 기도드리는 사람들의 머리 위에 뿌렸습니다.

그러자 사람들이 마루프를 돌아보면서 그를 위해 기도해 주었습니다. 그것을 본 상인들은 마루프의 후한 인심과 두둑한 배짱에 그저 놀랄 뿐이었습니다.

한편 마루프는 다른 상인에게서도 금화 1천 닢을 빌려서 그곳에 있는 사람들에게 뿌렸습니다. 알리는 마루프의 이러한 태도를 보면서 소리 내어 말리지도 못하고 속만 태우고 있었습니다.

그러는 사이 오후 기도시간이 되어, 마루프는 다시 사원에 들어가서 예배

를 한 뒤 남은 돈을 전부 뿌렸습니다. 이윽고 시장 문이 닫힐 때까지*31 마루프는 금화 5천 닢에 가까운 돈을 상인에게서 빌려서 사람들에게 뿌리면서 말했습니다.

"내 짐이 도착할 때까지 기다려주시오. 그러면 금화가 필요한 사람은 금화로, 상품이 필요한 사람은 상품으로 갚아 드리겠소. 얼마든지 갖고 있으니까."

그날 밤 알리는 마루프를 다른 상인들과 함께 초대하여 대접했습니다. 가장 높은 자리에 마루프를 앉혔는데, 마루프는 옷과 보석에 대한 말밖에 하지 않았습니다. 상인들이 다른 물건에 대한 이야기를 꺼내면 그때마다 마루프는 자꾸 이렇게 말했습니다.

"그것도 많이 가지고 있소."

이튿날에도 마루프는 시장에 나타나 상인들에게 친근하게 말을 걸고는 돈을 빌려서 그것을 가난한 사람들에게 뿌렸습니다.

그리하여 그는 20일 동안이나 돈을 빌려서 뿌리는 바람에 금화 6만 닢이나 빚을 지고 말았습니다. 그런데도 금화 자루는커녕 짐짝 하나 오지 않았습니다.

마침내 상인들은 빚을 갚으라고 독촉하기 시작했습니다.

"마루프의 짐은 대체 언제 오는 거야. 언제까지 남의 돈을 빌려서 가난한 사람들에게 적선할 작정일까?"

"내 생각으로는 알리에게 의논해 보는 게 좋을 것 같아."

상인들은 알리를 찾아가서 물었습니다.

"알리 님, 마루프 상인의 짐은 아직도 안 왔소?"

"조금만 더 참으시오. 곧 도착할 테니까요."

알리는 이렇게 대답해 놓고 마루프에게 가서 따졌습니다.

"오, 마루프, 대체 이 꼴이 뭔가? 내가 자네한테 빵을 구우라고 하던가? 아니 빵을 새까맣게 태우라고 하던가? 상인들은 조금 전에도 내게 와서 떠들고 갔다네. 자네는 그들한테 금화를 6만 닢이나 빌려서 모두 가난한 자에게 적선했다며? 장사도 하지 않는 자네가, 도대체 이 빚을 어떻게 갚을 생각인가?"

"걱정할 것 없어.*32 금화 6만 닢이 어떻다는 건가? 내 짐만 오면 상품이

든 금은이든 원하는 대로 갚아주면 되잖나?"

"이거 정말 놀랐는걸! 그럼, 자네는 정말 물건을 가지고 있단 말인가?"

"그럼, 많이 있고말고!"

"오, 알라시여, 성인들이시여, 제발 이자의 뻔뻔스러운 행동을 응징해 주소서! 내가 자네에게 나한테까지 그렇게 말하라고 하던가? 좋아, 그렇다면 상인들에게 자네에 대해 죄다 폭로해 버릴 테니 그리 알게."

"잔소리 말고 어서 돌아가게! 자네는 내가 가난뱅인 줄 아는가? 나는 자루 속에 무진장 많은 돈을 갖고 있단 말이야. 짐이 도착하는 대로 상인들에게 곱절로 갚아줄 테니 잔소리 말게. 나는 돈 같은 건 필요하지 않으니까."

이 말을 들은 상인 알리는 부글부글 끓어오르는 화를 참지 못하고 말했습니다.

"자네처럼 무책임한 인간이 어디 있단 말인가? 나한테까지 뻔뻔스럽게 거짓말을 하다니 부끄럽지도 않나?"

"마음대로 말하게! 상인들은 내 짐이 도착할 때까지 기다렸다가 한 푼이라도 많은 돈을 받는 것이 이익일 테니까."

알리는 마루프 곁을 떠나면서 이렇게 중얼거렸습니다.

"오, 전에 저놈을 그렇게 칭찬해 놓고 이제 와서 헐뜯으면 내가 거짓말쟁이가 되지. '칭찬했다가 비난하면 두 번의 거짓말'*33이라 했는데, 내가 그 꼴이 되게 생겼군."

그래서 어떻게 해야 할지 도무지 좋은 생각이 떠오르지 않았습니다.

그러고 있는데 상인들이 찾아와서 이렇게 말했습니다.

"알리 님, 그분에게 말씀해 보셨습니까?"

"오, 여러분, 나는 부끄러워서 여러분을 볼 낯이 없소. 사실 나도 마루프에게 금화 1천 닢을 빌려주었는데, 그 말을 하지 못했소. 좌우간 당신들이 그 사람에게 돈을 빌려줄 때 나에게 한 마디도 의논하지 않았으니 나를 탓할 일은 아닌 것 같소.

그 사람에게 직접 돈을 달라고 요구해 보시오. 만약 그 사람이 갚아주지 않거든 임금님께 가서 '저놈은 우리를 속인 사기꾼입니다' 고발하시오. 그러면 그 사람에게 사기당한 손실을 갚도록 해 주실 테니까요."

그래서 상인들은 당장 왕에게 가서 자초지종을 아뢴 뒤 이렇게 말했습니다.

"오, 현세의 임금님이시여, 저희는 씀씀이가 너무 큰 그 상인 때문에 큰 피해를 보고 있습니다. 그자는 이런저런 사정으로 빌린 돈을 닥치는 대로 가난한 자들에게 집어주었습니다. 만일 빈털터리라면 설마 제정신으로 그렇게 돈을 아낌없이 펑펑 쓰는 짓은 하지 않을 테고, 만약 큰 부자라면 벌써 짐이 도착해서 지금쯤은 그 남자에게 성의가 있다는 것을 저희도 확실하게 알고 있을 것입니다.

그런데 짐은 아직도 오지도 않았고, 당사자는 짐을 운반하는 부대가 있는데, 자신은 그보다 먼저 온 것이라 말하고 있습니다. 그러나 그때부터 이미 상당한 시일이 지났지만, 짐을 실은 부대는 전혀 나타날 기미가 보이지 않습니다. 그 사람은 저희에게 금화 6만 닢이나 빌려서 몽땅 거지와 가난한 자들에게 나누어주고 말았습니다."

그들은 다시 마루프를 칭찬하며 그 대담한 태도를 치켜세웠습니다.

그런데 이 왕은 어찌나 욕심이 많은지 아슈아브보다 한 술 더 뜨는 인물이었습니다.*34 그래서 왕은 마루프의 씀씀이와 배짱에 대한 이야기를 듣더니, 욕심에 눈이 어두워 대신에게 이렇게 말했습니다.

"막대한 자산을 가진 부자가 아닌 이상 그토록 아낌없이 돈을 뿌릴 수는 없는 일이다. 그러니 그 상인의 짐은 틀림없이 올 거다. 짐짝이 오면 그자는 상인들이 모인 곳에서 많은 돈을 뿌릴 테지.

내 생각에 그자는 상인들을 다발로 묶은 것보다 더 많은 돈을 가졌을 성싶으니, 나도 그 상인과 사귀어 두었다가 짐이 오면 상인들이 받을 돈을 내가 받아야겠다. 그리고 그 사람을 내 사위로 삼아서 재산을 송두리째 내 것으로 만들어 버려야겠어."

그러자 대신은 이렇게 말했습니다.

"오, 임금님, 제 생각에는 그 사람은 아무래도 사기꾼인 듯합니다. 욕심 많은 사람을 파멸시키는 것은 바로 그런 사기꾼입니다."

—여기서 날이 훤히 새었으므로 샤라자드는 이야기를 그쳤다.

993번째 밤

샤라자드는 이야기를 계속했다.

오, 인자하신 임금님, 대신의 말을 듣고 왕이 말했습니다.

"대신, 나는 그 상인을 시험해 볼 생각이다. 그러면 곧 그가 사기꾼인지, 제대로 된 인간인지, 아니면 운 좋은 벼락부자인지 밝혀지겠지."

"어떤 방법으로 시험해 보시렵니까?"

"그 상인을 불러서 정중하게 대접한 다음 내 보석을 주는 거야. 그자가 그 보석의 가치를 안다면 그야말로 부자라는 증거가 되고, 가치를 모른다면 사기꾼이나 벼락부자가 분명해. 그때는 그놈을 극형에 처해 버릴 테다."

왕이 마루프에게 사람을 보내니, 그는 곧 왕 앞에 나와서 정중하게 인사를 했습니다. 왕은 답례한 다음 자기 옆에 앉혔습니다.

"오, 그대가 마루프라는 상인인가?"

"그렇습니다."

"상인들이 그대에게 금화 6만 닢을 빌려주었다고 하는데, 그것이 사실인가?"

"사실입니다."

"어째서 그 돈을 갚지 않느냐?"

"제 짐이 도착할 때까지 기다려준다면 빌린 돈을 곱절로 해서 갚아줄 생각입니다. 돈으로 갚아 달라면 돈으로, 상품이 필요하다면 상품으로 갚아주겠습니다. 금화 1천 닢을 빌려준 자에게는 그때 손에 한 푼도 갖지 않았던 저를 구해 준 데 대한 사례의 뜻으로 금화 2천 닢을 주겠습니다. 돈은 얼마든지 있으니까요."

"오, 상인이여, 그럼 이 보석의 종류와 값을 아느냐?"

왕은 마루프에게 개암 열매만 한 보석을 주었습니다. 그것은 왕이 금화 1천 닢에 사서 값진 고급품이라고 하여 아끼고 있었던 겁니다.

마루프가 그것을 엄지손가락과 집게손가락 사이에 끼고 힘을 주니까 대번에 부서지고 말았습니다.

왕이 그것을 보고 깜짝 놀라면서 물었습니다.

"어째서 보석을 부숴 버렸느냐?"

마루프는 웃으면서 대답했습니다.

"오, 임금님, 이것은 보석도 뭐도 아닙니다. 이것은 고작해야 금화 1천 닢 정도의 돌조각에 지나지 않습니다. 임금님께서는 어째서 이런 것을 보석이라고 하십니까? 제가 보석이라 부르는 것은 금화 7만 닢의 값어치가 있는 것으로, 그에 비하면 이런 것은 돌조각밖에 되지 않습니다. 또 호두알보다 작은 보석은 제 눈에는 아무런 가치도 없어 보이고, 그런 것에는 관심조차 두지 않습니다.

그런데 임금님께서 이런 금화 1천 닢짜리 돌조각을 보석으로 아시다니 어인 일이십니까? 하지만 이 나라 사람들은 가난해서 값지고 훌륭한 고급품을 갖고 있지 않은 걸 보면, 무리도 아니겠습니다만."

"오, 상인이여, 그대는 지금 말한 보석을 가지고 있느냐?"

"예, 많이 가지고 있습니다."

이 말에 탐욕에 눈이 어두워진 왕이 말했습니다.

"그 진짜 보석을 나에게 주지 않겠느냐?"

"제 짐이 도착하기만 한다면 보석 정도는 얼마든지 임금님께 바치겠습니다. 원하시는 것은 뭐든지 갖고 있으니까요."

이 말을 들은 왕은 매우 기뻐하면서 상인들에게 말했습니다.

"자, 모두 물러가거라. 그리고 이 상인의 짐짝이 도착할 때까지 기다리도록 해라. 짐이 오거든 내게로 가지고 와서, 내 손을 통해서 돈을 받도록 해라."

상인들이 왕 앞을 물러나자 왕은 대신을 불러 놓고 말했습니다.

"상인 마루프를 반갑게 맞아 후하게 대접하도록 해라. 그리고 내 딸 두냐 공주와의 혼담을 넌지시 넣어보게. 만약 두냐 공주와 마루프를 결혼시킨다면 마루프의 재산이 내 손에 들어올 테니까."

"오, 현세의 임금님이시여, 저는 그 사람의 태도가 아무래도 석연치 않습니다. 그자는 사기꾼이거나 큰 허풍쟁이 같습니다. 공주님과 짝을 지어주셨다가 돌이킬 수 없는 일이 발생하면 큰일이니, 부디 지금 하신 말씀은 거두어주십시오."

이 대신은 전에 왕에게 공주를 아내로 맞고 싶다고 간청했다가 공주에게서 퇴짜를 맞은 일이 있었습니다.

그런 까닭이 있었으므로 왕은 대신에게 이렇게 말했습니다.

"이 배신자 같으니! 그대는 내가 행복해지는 것이 못마땅한가? 전에 내 딸을 달라고 청했지만 공주가 승낙하지 않았는데, 그래서 공주의 결혼을 방해하여 공주를 차지할 속셈이구나. 잘 들어 둬라. 이 일에 그대는 아무 관계가 없어. 내가 산 보석의 값을 알아맞히고 그것을 부순 상인을 좋지 않게 생각하여 사기꾼이니 거짓말쟁이니 하고 헐뜯다니 고얀 놈이로고! 그 상인은 틀림없이 많은 보석을 갖고 있을 거야. 공주를 만나서 공주의 아름다운 얼굴을 보게 되면, 틀림없이 공주에게 반해 보석과 값진 물건들을 공주에게 선물할 것이다. 그런데 그대는 공주도 나도 그런 훌륭한 물건들을 가지지 못하도록 훼방을 놓으려는 작정이구나."

대신은 왕의 노여움이 두려워 입을 다물고는 속으로 중얼거렸습니다.

'들개를 부추겨서 가축에게 덤비게 하는 게 낫지!'*35

대신은 짐짓 친근한 태도로 마루프 앞에 다가가서 말했습니다.

"오, 마루프 님, 임금님께서 당신이 아주 마음에 드신 모양이오. 임금님께는 매우 예쁘고 애교 있는 공주가 한 분 계시는데, 이 공주를 당신과 짝지어 드리고 싶으신 모양이오. 당신 생각은 어떻소?"

"저야 별다른 이의가 없습니다만, 좌우간 짐이 도착할 때까지 여유를 주셔야겠습니다. 공주님께 어울리는 결혼지참금도 없이 공주를 아내로 맞이하다니 어림도 없는 일이지요. 현재 나에게는 짐이 오기 전에는 한 푼의 재산도 없습니다.

나는 재산이 많이 있으니 공주에 대한 결혼지참금으로서 금화 5천 닢은 마련하고 싶군요. 그 밖에 결혼식 날 밤에 가난한 사람들에게 뿌리기 위해 천 파스, 혼례 행렬에 참가하는 사람들을 위해서 1천 파스, 그리고 병사와 그 밖의 사람들에 대한 술과 안주 값으로 1천 파스는 필요하겠지요.*36

또 혼례의 아침*37에는 공주에게 선물할 보석이 백 개, 그 밖에 노예계집과 시녀들에게 공주의 명예를 위해서 나누어줄 보석도 백 개가량은 필요할 것입니다. 게다가 1천 명의 빈민들에게도 옷을 주고 돈도 나눠주어야만 합니다.

그러니 짐이 도착할 때까지는 어쩔 수 없지만, 재물은 얼마든지 있으니 그것만 오면 조금도 염려할 것 없습니다."

대신이 왕에게 돌아가서 그 말을 전하니, 왕은 이렇게 말했습니다.

"그것이 그자가 원하는 것이라면, 어떻게 사기꾼이니 허풍쟁이니 하는 말을 할 수 있는가?"

"저는 아직도 제 생각을 굳게 믿고 있습니다."

그러자 왕은 무섭도록 화를 내면서 대신을 이렇게 꾸짖었습니다.

"내 목숨을 걸고 말한다만, 그대가 언제까지나 그런 트집을 부린다면 내 손으로 그대를 죽여 버릴 테니 그리 알라. 그대는 어서 가서 그 상인을 이리 데려오너라. 내가 직접 그 사람과 이야기해 정해 버릴 테니까."

대신은 마루프에게 갔습니다.

"임금님이 부르시니 곧 와주시오."

"예, 알았습니다."

마루프가 대답을 하고 왕 앞에 나아갔습니다.

"이러니저러니 변명을 하며 내 호의를 거절할 필요는 없네. 나도 돈을 많이 가지고 있으니까. 이 열쇠를 줄 테니 마음대로 쓰도록 해라. 가난한 자에게 옷을 주는 것도 좋겠지. 시녀나 하인들에 대한 것은 걱정할 것 없다. 짐이 오거든 선심을 써서 그대 속이 시원하도록 하면 돼. 결혼지참금에 대해서는 나와 그대 사이니 짐이 도착할 때까지 기다려주기로 하마."

그리고 당장 이슬람교도 장로*³⁸를 불러서 두냐 공주와 상인 마루프의 결혼계약서를 작성하게 했습니다. 왕은 서류가 다 되자 곧 결혼식 준비에 착수하여 온 도시를 꾸미라고 명령했습니다.

이윽고 결혼잔치의 북이 울려 퍼지자 식탁에는 온갖 산해진미가 차려졌고, 예능인들은 저마다 재주를 보여주기 위해 모여들었습니다.

상인 마루프가 넓은 홀의 옥좌에 앉아 있으니 그 앞에 배우, 곡예사, 남창*³⁹ 등 온갖 예능인들이 나와서 기막힌 춤과 절묘한 재주와 솜씨를 보여주었습니다. 그러자, 마루프는 큰 소리로 회계원을 불러 지시했습니다.

"금은을 이리 가져오너라!"

회계원이 금은을 운반해 오자, 마루프는 직접 구경꾼 사이를 헤치고 들어가서 예능인 한 사람 한 사람을 붙잡고 금은을 한 움큼씩 나눠주었습니다.

또 가난한 사람들이나 딱한 사람들에게도 저마다 적선해 주고, 옷이 없는 거지에게는 옷을 주었으니, 그것은 참으로 즐겁고 흥겨운 피로연이었습니다. 그러나 출납계는 보물창고에서 금은과 물건들을 실어 내느라고 정신이 없었습니다.

이 광경을 본 대신은 몹시 화가 났지만 한마디도 하지 않았습니다.

한편 상인 알리는 마루프가 금은을 물 쓰듯이 뿌리고 있는 것을 보고 마루프에게 말했습니다.

"자네는 반드시 알라와 성자들에게 벌을 받을 거야. 상인들의 돈을 다 쓰고도 모자라 이제는 임금님의 주머니까지 털 작정인가?"

"자네가 알 바 아닐세. 짐이 오기만 하면 임금님에게도 배로 갚을 작정이니 상관 말게."

마루프는 여전히 돈을 뿌리면서 큰소리쳤습니다.

"뭐, 다 유행병 같은 걸세. 되는 대로 되도록 다 되어 있는 거야. 누구든지 미리 정해진 운명을 빠져나갈 수는 없는 일이거든."

이러한 잔치가 40일 동안 계속된 뒤 41일째에 신부의 행렬이 시작되어, 태수와 장병까지 한 사람도 빠짐없이 신부 앞에 서서 걸었습니다. 행렬이 마루프 앞에 이르자, 그는 사람들의 머리 위에 황금을 뿌리기 시작했는데, 이 대행렬이 계속되는 동안 내내 공주의 명예를 위해 돈을 뿌렸으므로 그것은 어마어마한 액수에 이르렀습니다.

이윽고 마루프가 사람들의 안내를 받으며 두냐 공주의 침실로 들어가서 등이 높은 긴 의자에 앉으니, 사람들은 휘장을 내리고 문을 닫은 다음 신랑신부를 남겨놓고 물러갔습니다.

그러자 마루프는 자신의 손을 때리면서 외쳤습니다.

"위대한 신 알라 외에 주권 없고 권력 없다!"

그리고 잠시 슬픈 표정으로 앉아 있으니, 옆에서 신부가 그에게 물었습니다.

"부디 알라께서 당신을 지켜주시기를! 서방님, 당신은 무엇을 그리 괴로워하고 계시나요?"

"어떻게 괴롭지 않을 수 있겠소. 당신 아버님께서 아직 채 여물지도 않은 새파란 옥수수를 굽듯이 나를 괴롭히고 있는데."

"아버님께서 당신에게 어떻게 하셨는지 제게 말씀해 보세요."

"장인께서는 내 짐이 오기도 전에 당신을 나에게 짝지어주셨지만, 나로서는 백 개의 보석을 시녀 한 사람에게 하나씩 주고 싶었소. 그러면 시녀들은 공주의 결혼식 날 밤에 보석을 얻었다고 무척 좋아했을 것 아니오. 그렇게 하면 당신에게도 명예가 되고 위력도 되었을 텐데. 나는 많은 재물을 갖고 있으니 그까짓 보석쯤은 아무리 주어도 끄떡도 없소."

"그 일이라면 조금도 염려 마세요. 저는 당신 짐이 올 때까지 기다릴 수 있으니까요. 시녀들 때문에 걱정하실 필요는 없어요. 쓸데없는 걱정일랑 마시고, 자, 옷을 벗으세요. 짐이 오면 보석이든 뭐든 얻기로 하지요, 뭐."

그리하여 마루프는 일어나서 윗도리를 벗고 침대에 앉아 사랑의 쾌락을 찾아 서로 희롱하기 시작했습니다.

마루프가 공주를 끌어안으니 공주는 그의 무릎에 올라앉아, 자신의 입술을 사나이의 입 안에, 한 조각의 살점처럼 밀어 넣었습니다.

이 찰나의 쾌락은 누구든지 자신이 아버지이고 어머니라는 것마저 잊어버리게 할 정도였습니다.

마루프는 공주를 으스러지도록 품속에 끌어안고 달콤한 이슬이 입 속으로 흘러들 때까지 상대의 입술을 빨아들였습니다. 그런 다음 한 손을 공주의 왼쪽 겨드랑이 밑에 집어넣자, 두 사람의 온몸은 뜨겁게 불타오르며 격렬한 교합을 원했습니다.

이윽고 마루프가 공주의 유방 사이를 가볍게 두드린 뒤 한쪽 손을 사타구니의 은밀한 숲으로 미끄러져 들어가자, 공주는 두 다리를 감아왔습니다.

마루프는 이때라는 듯이 서둘러 두 사람의 국부를 확인하고는 이렇게 외쳤습니다.

"오, 두 개의 턱 가리개의 아버지여!"*40

그리고 화약을 채우고 성냥을 그어 그것을 화약 병기의 아가리에 대니 순식간에 불이 붙어, 성채를 사방팔방에서 깨부수고 말았습니다. 그리하여 이러니저러니 생각할 것도 없는 세상에도 희한한*41 일이 일어나, 공주는 자기도 모르는 사이에 소리*42를 질렀습니다.

　—여기서 날이 훤히 밝아왔으므로 샤라자드는 이야기를 그쳤다.

994번째 밤

샤라자드는 이야기를 계속했다.

오, 인자하신 임금님, 그날 밤, 상인 마루프는 공주의 처녀를 깨고 길을 텄습니다. 그날 밤은 사람의 생애에 둘도 없는 밤으로, 서로 끌어안고, 혀로 희롱하고 교합하며 더없이 만족하도록 아름다운 공주를 위로한 것입니다.

날이 새자 마루프는 목욕을 하고 옷을 갈아입은 뒤 왕의 알현실로 나갔습니다. 마루프가 방에 들어서자 늘어앉은 사람들은 무릎을 꿇고 그를 정중히 맞아들이고는 축하의 말을 했습니다. 마루프는 왕의 곁에 앉아서 물었습니다.

"창고 담당은 어디 있소?"

"여기, 바로 당신 앞에 있습니다."

사람들의 대답을 듣고, 마루프는 창고 담당에게 지시했습니다.

"대신과 태수, 중신들에게 명예의 옷을 가져와서 입히도록 하시오."

창고 담당이 요구한 대로 옷을 가져오자 마루프는 가까이 있는 자에게 저마다 신분에 따라 옷을 나눠주었습니다.

그로부터 20일가량이 지났습니다. 그러나 카이로에서 온다던 짐은 여전히 오지 않고 있었습니다. 난처해진 창고 담당은 왕 옆에 대신이 혼자만 앉아 있는 틈을 타서 바닥에 엎드린 다음, 임금님에게 이렇게 아뢰었습니다.

"임금님, 꼭 말씀드려야 할 일이 있사옵니다. 임금님께서는 아직 모르시는 일이지만 나중에 저를 원망하실지 몰라 감히 말씀드립니다만, 사실 창고에는 이제 아무것도 없습니다. 앞으로 열흘도 버텨낼 돈이 없습니다."

왕은 대신을 돌아보고 물었습니다.

"대신, 내 사위의 짐은 아직도 오지 않았느냐?"

대신은 웃으면서 대답했습니다.

"오, 임금님, 알라께서 임금님께 자비를 내려주시기를! 그 상인이 사기꾼이고 허풍쟁이라는 사실을 모르는 사람은 임금님 한 분뿐입니다. 제 목숨을 걸고 말씀드립니다만, 그 상인에게는 짐이라는 것이 애초부터 하나도 없었습니다. 그런데도 그 상인은 끝까지 임금님을 속여 임금님의 재물을 모조리 써 버리고 공주님과 결혼했습니다. 임금님께선 어찌 그토록 그 거짓말쟁이의 정체를 눈치채지 못하셨을까요?"

"그럼, 어떻게 하면 그 상인의 정체를 잡을 수 있을까?"

"오, 임금님, 그러려면 공주님의 힘을 빌리는 수밖에 없습니다. 공주님 말고는 그자의 비밀을 알 수 있는 사람이 없으니, 공주님을 부르셔서 휘장 뒤로 데리고 가십시오. 그때 제가 공주님께 자세히 물어보겠습니다. 공주님께서 직접 그자에게 물어보시면 문제없이 알 수 있는 일입니다."

"과연 그게 좋겠다. 그 상인이 거짓말쟁이 사기꾼이라는 것이 드러나면 나는 내 목숨을 걸고라도 그놈을 죽일 테다."

왕은 대신을 데리고 손님방으로 들어갔습니다. 그리고 곧 공주에게 사람을 보내니, 공주는 바로 와서 휘장 뒤로 들어갔습니다. 그때 마루프는 없었습니다.

"오, 아버님, 무슨 일이세요?"

"대신과 이야기를 좀 해 봐라."

그러자 공주가 물었습니다.

"대신, 나에게 무슨 할 말이 있나요?"

"오, 공주님, 공주님의 남편은 아버님의 재산을 모조리 써 버렸을 뿐 아니라 결혼지참금도 없이 공주님과 결혼했습니다. 그자는 언제나 약속만 하지 결코 그것을 실행하지 않습니다. 게다가 짐도 아직 오지 않고 있습니다. 간단하게 말씀드리면, 저희는 공주님께서 그자의 정체를 알아내 주십사 하는 것입니다."

"정말이지, 그분은 말이 많은 사람이에요. 나에게도 보석과 재산과 값진 물건을 주겠노라고 약속했지만, 아직 그이에게서 얻은 건 아무것도 없어요."

"공주님, 그러시다면 오늘 밤에 그분과 이야기하실 때 이렇게 말씀해 보십시오. '당신은 나를 두려워할 필요가 없으니 솔직히 말씀해 주세요. 당신은 제 남편이에요. 제발 바른대로 말해 주세요. 그러면 저는 당신을 위해 해결책이 될 만한 방법을 생각해 보겠어요.' 다정한 말로 그분을 무척이나 사랑하는 것처럼 보여주고, 그자에게서 진실을 알아내어 저희에게 알려주십시오."

"아버님, 저는 그이에게서 진실을 알아낼 방법을 알고 있어요."

그날 저녁을 먹고 나서 언제나처럼 마루프가 아내에게 가니 아내는 남편의 겨드랑이 밑에 손을 집어넣었습니다. 그리고 교묘하게 다루면서 꿀보다도 달콤한 말로 구슬리기 시작하자 마루프는 마침내 분별심을 잃어버리고 말았습니다.

공주는 남편이 완전히 자기에게 빠지자 이렇게 말했습니다.

"여보, 나의 사랑하는 남편, 내 눈동자의 청량제, 내 생명의 열매여, 제발 제 곁을 떠나지 말아 주세요. 알라여, 이분이 저를 버려서 제가 쓸쓸해지는 일이 없게 해 주소서! 이분과 헤어지는 일이 없게 해 주소서! 정말이지, 당신에 대한 사랑이 제 가슴에 자리 잡고 앉아 욕정의 불길이 제 간장을 불태워 버렸어요. 무슨 일이 있어도 제가 당신을 버리는 일은 없을 거예요. 또 당신의 말을 거역하는 일도 없을 거예요. 그러니 제발 저에게 사실을 털어놔 주세요. 거짓말을 하는 것은 이롭지 못할 뿐만 아니라 당신의 신용을 떨어뜨리는 원인이 된답니다.

도대체 당신은 언제까지 아버지를 속이고 거짓말을 하실 작정이에요? 저는 언젠가 그것이 탄로 나서 아버지에게 혼이 나지 않을까 걱정이 되어 못 견디겠어요. 어떻게 해서든 그 위기에서 벗어나야 할 것 아니겠어요? 당신이 사실대로 말한다 해도 절대로 당신에게 불리한 일은 없을 거예요. 결코 당신에게 해롭게 하지는 않겠어요.

당신은 이제까지 늘 당신은 상인이고 부자라서 많은 재물을 갖고 있다 하셨어요. 당신은 벌써 꽤 오랫동안 '내 짐, 내 짐!' 하시지만, 그 짐은 여태껏 그림자도 안 보였잖아요? 당신 얼굴에 나타나 있는 불안한 그림자는 틀림없이 그것 때문일 거예요. 당신이 거짓말을 하고 계신다면 저에게만은 진실을 말해 주세요. 그것이 알라의 뜻에 맞는 일이라면, 전 당신을 구할 방법을 꼭 생각해 낼 테니까요. 인샬라!"

"그렇다면 있는 그대로 말할 테니 뒷일은 당신이 알아서 처리해 주구려."

"좋아요. 바른대로 말씀해 주세요. 그것이 대책을 세우는 길이에요. 거짓말은 불명예스러운 일이라, 시인도 다음과 같이 말하고 있답니다."

언제나 진실을 말하라.
설령 그대가 그 때문에
지옥불에 타죽을지라도.
그리고 한결같이 경건하게

신의 용서를 구하라.
행여 신을 노엽게 하여
노예를 벗으로 삼는 자는
더없이 어리석은 자이니라.

그러자 남편 마루프가 말했습니다.

"그럼, 말하리다. 오, 여보, 사실 나는 상인이 아니오. 짐도 없고 아무것도 없소. 그뿐만 아니라 나는 고향에서 구두 수선공을 했고, 게다가 '똥녀' 파티마라고 하는 아내도 있다오. 그 마누라와 사실 이러저러한 일이 있어서
……."

마루프는 그때까지 있었던 모든 일을 자세히 털어놓았습니다. 그 말을 듣자 공주는 웃으면서 말했습니다.

"당신은 거짓말을 하는 것과 남을 속이는 데는 정말 훌륭한 솜씨를 가졌군요!"

"전능하신 알라여, 제발 공주를 가호하여 모든 죄를 덮어주시고 이 괴로움을 씻어주소서!"

"사실을 말하면, 당신이 큰 허풍을 쳐서 아버님을 감쪽같이 속였기 때문에, 아버님은 욕심에 눈이 멀어 저를 당신과 결혼시킨 거예요. 그런데 당신이 순식간에 아버님의 재산을 모두 써버리자, 대신은 당신을 원망하고 있어요. 여태까지 가끔 대신은 당신을 사기꾼이니 거짓말쟁이니 하고 아버님께 간언했지만, 아버님은 대신의 말을 곧이듣지 않았어요.

그것은 그 대신이 전에 저에게 청혼한 적이 있는데, 그때 제가 거절했기 때문이지요.

그런데 점점 시간이 지남에 따라 아버지는 재정이 궁핍해지자, 저에게 '남편에게 본마음을 자백하게 해보라'고 하셨어요. 그래서 방금 당신에게 사실대로 말하여 가슴을 열고 비밀을 완전히 털어놓게 한 거예요.

이 일로 아버님은 당신을 처형할지도 몰라요. 하지만 당신은 제 남편이니 저는 당신을 저버리고 돌아서지 않겠어요. 만일 제가 아버님께 지금 당신에게서 들은 말을 그대로 한다면 아버님은 당신을 용서하지 않을 거예요. 아마 틀림없이 당신을 죽이시겠지요.

그리고 공주인 저는 거짓말쟁이 사기꾼과 결혼했다는 소문이 금세 퍼질 거예요. 그렇게 되면 당신 때문에 제 명예까지 더럽혀지게 되겠지요.

그리고 당신이 아버님께 죽음을 당하면 저는 또 다른 남자와 결혼을 해야 하는데, 그것은 죽어도 싫어요! *43

그러니 얼른 백인 노예의 옷을 입고 여기 있는 금화 5천 닢을 가지고 말을 타서, 아버님의 손길이 닿지 않는 먼 곳으로 달아나세요. 그리고 상인이 되어 어느 나라에 있는지 파발꾼에게 몰래 편지를 보내주세요. 그러면 제 손으로 구할 수 있는 만큼의 돈을 마련해서 당신에게 보내 드리겠어요.

그러는 동안 당신이 부자가 되거나 아버님께서 돌아가시거나 하면 제가 당신을 부를 테니까, 그때는 당신도 체면을 세우고 당당하게 귀국하실 수 있을 거예요. 그때까지 저나 당신이 죽어서 더없이 높은 알라의 자비를 얻게 된다 하더라도 부활의 날에는 다시 만날 수 있겠지요. 이것이 제일 좋은 방법입니다.

서로 건강하게 살아 있는 한, 저는 당신에게 계속 편지와 돈을 보내겠어요. 자, 날이 새기 전에 일어나서 파멸이 당신 머리 위에 내리 덮치기 전에 빨리 떠나세요!"

"오, 나의 아내여, 그럼 이별의 표시로 한 번만 더 당신을 품게 해 주오."

"그렇게 하세요."

그리하여 마루프는 아내를 안고 마지막 쾌락을 즐겼습니다.

그것이 끝나자 마루프는 목욕을 하고 백인 노예의 옷을 입은 뒤, 마부에게 순수혈통 준마에 안장을 얹으라고 명령했습니다.

마부가 말을 끌고 오자 마루프는 그것을 타고 아내에게 이별을 고한 다음 밤사이에 성문을 빠져나갔습니다.

그의 모습을 본 사람들은 국왕의 백인 노예가 무슨 급한 볼일로 외국에 가는 것으로 생각했습니다.

이튿날 아침, 왕과 대신은 거실로 가서 두냐 공주를 휘장 뒤로 불러들였습니다.

"오, 아가, 네 남편이 뭐라고 하더냐?"

"오, 알라여, 부디 대신의 얼굴을 새까맣게 태워주십시오. 저자는 제 남편 앞에서 제 얼굴을 새까맣게 태우려고 했으니까요."

"도대체 그게 무슨 소리냐?"

"어저께 그이가 저한테 왔는데, 제가 대신이 한 말을 하기도 전에 환관장 파라지가 편지를 들고 와서 이렇게 말했습니다.

'백인 노예 열 명이 궁전 창문 밑에 서 있다가 이 편지를 저에게 주더군요. 그들은 자기들이 마루프 님의 짐을 갖고 온 백인 노예들이라 하면서 마루프 주인님의 손에 입맞추고 이 편지를 전해 달라 했습니다. 자신들의 주인님이 공주님과 결혼하셨다는 소식을 듣고 도중에 일어난 사건을 알리러 왔다면서요.'

그래서 제가 편지를 읽어 보니, 다음과 같은 내용이 씌어 있었어요."

　주인님께
　5백 명의 백인 노예로부터.
　주인님께 꼭 알려야 할 일이 생겼습니다. 사실 저희가 주인님과 작별한 지 얼마 안 되어 아라비아인들*⁴⁴의 습격을 받았습니다. 그 아라비아인 도둑들은 2백 명의 기마병이었고 저희는 5백 명의 노예였는데, 곧 양쪽 사이에 격렬한 싸움이 벌어졌습니다.
　아라비아인들이 저희를 에워싸고 30일 동안이나 공격하는 바람에 저희가 이렇게 매우 늦어진 것입니다.

　—여기서 날이 훤히 새기 시작하자 샤라자드는 이야기를 그쳤다.

995번째 밤

샤라자드는 이야기를 계속했다.

오, 인자하신 임금님, 두냐 공주는 왕에게 이야기를 계속했습니다.

"그리고 그 편지 끝에는 이렇게 씌어 있었어요. '저희는 아라비아인들에게 30일 동안이나 에워싸여 공격당한 끝에, 2백 짝의 짐을 빼앗기고 백인 노예 15명이 살해되었습니다.'

남편은 이 통지를 받더니 이렇게 소리쳤어요.

'알라시여, 부디 아라비아인들을 무찌를 수 있게 해 주소서!'

그러고는 노예들에게 말했습니다.

'2백 짝의 짐 때문에 아라비아인들과 싸우다니! 그까짓 짐 따위가 뭐냐 말이다. 짐 2백 짝이라야 돈으로 친다면 불과 금화 7천 닢도 안 된다. 내가 어서 가서 노예들을 데리고 와야겠다. 아라비아인들에게 빼앗긴 짐 따위는 잊어버리고 그들에게 적선했다 생각하면 그만이다.'

그리고 남편은 웃으면서 제 곁을 떠나갔습니다. 그 태도는 자신의 재물을 잃은 것도 노예들이 살해당한 것도 전혀 마음에 두지 않는 듯했어요.

남편이 나간 뒤 제가 격자창으로 내려다봤더니, 거기에 편지를 가지고 온 백인 노예 열 명이 있더군요. 그들은 모두 달같이 아름답고 저마다 금화 2천 닢은 됨직한 옷을 입었는데, 아버님에게는 그 노예들에게 비길 만한 자가 한 사람도 없을 거예요.

남편은 그렇게 노예를 데리고 짐을 찾으러 나갔지만, 저는 그때까지 아버님의 분부를 입 밖에 내지 않았습니다. 지금 와서 생각하니 그 일을 알라께 감사드리지 않을 수 없어요. 그런 말을 했더라면 남편은 아마 저와 아버님을 업신여기고 비웃는 눈으로 저희를 보았을 거예요. 좌우간 이렇게 된 모든 책임은 남편을 늘 나쁘게 말하고 거짓말을 하는 이 대신에게 있습니다."

그 말을 들은 왕이 말했습니다.

"오, 공주여, 네 남편은 정말 어마어마한 재산을 가지고 있구나. 그래서 금은보화에 대해서는 전혀 아무렇지도 않게 생각하는 모양이지. 그 사람은 이곳에 왔을 때부터 가난한 자들에게 적선만 했어. 틀림없이 그자는 자기 짐을 가지고 돌아와서 나에게 값진 재물을 많이 줄 것이다."

공주의 계략에 감쪽같이 속아 넘어간 왕은 계속해서 공주를 달래느라 진땀을 흘리는 한편, 대신에게는 불호령을 내렸습니다.

한편, 마루프는 그때 어디로 가야 할지 몰라 갈팡질팡하면서 황량한 토지로 말을 타고 나아갔습니다.

그리고 이별의 괴로움을 한탄하면서, 격렬한 애욕과 사랑의 고통에 이런 시를 읊었습니다.

아, 무정한 세월의 흐름은

하나였던 우리를
둘로 만들었구나.
더할 수 없이 잔인한 세월에
내 가슴은 짓뭉개지누나.
사랑하는 자와 헤어진 내 눈에서
쏟아지는 눈물을 멈출 수 없네.
이 이별이 끝나서
정답게 같이 살 날은 언제일런가.
아, 빛나는 보름달처럼 아름다운 연인이여,
그대를 떠나오니
진정 이 가슴 찢어지는 듯하구나.
그대가 지닌 달콤한 쾌락 맛보고
쓰디쓴 미끼가 된 뒤부터
한시도 그대를 만날 수 없고
그대의 모습 볼 수도 없구나.
두냐의 매혹에
마루프는 마음을 빼앗겼노라.
설령 이 몸은 연모에 애타 죽을지라도
그대는 오래 살기를!
아, 대낮의 빛과 같은
찬란한 공주여, 바라건대
정에 약하고
연정의 불길에 타오르는
이 가슴 달래시라.
아, 알고 싶구나.
어느 날에나 두 사람의 운명 맺어져서
즐겁고 기쁜 잠자리에서
밤마다 정다운 속삭임 주고받으랴.
사랑의 집에서 두 가슴 끌어안고
더없는 쾌락 맛볼 수 있으랴.

저 모래 산*45에 흔들리는
그 나뭇가지를 이 가슴에 품으랴.
아, 보름달 같은 사람이여,
빛나는 임의 태양은
동녘 끝에서 떠오르리라.
그러니 나는 뜨거운 정열을
그 사랑병으로 감수하며 살리라.
행복한 사랑은 언제나
시기심 많은 신의 목표이니.

이 노래를 마친 마루프는 눈물을 폭포처럼 흘리며 흐느껴 울었습니다. 앞날에 아무런 희망도 없고 차라리 죽는 게 낫다는 생각이 들었습니다. 의식이 흐린 주정뱅이처럼 말을 몰아가다가 점심때쯤 되었을 때, 어느 조그마한 도시에 이르렀습니다.

그때 갑자기 한 농사꾼이 황소 두 마리를 끌며 밭을 갈고 있는 것을 보고, 마루프는 몹시 배고픔을 느껴 가까이 다가가 말을 걸었습니다.

"오, 당신께 알라의 평화가 있으시기를!"

농사꾼도 답례했습니다.

"어서 오십시오. 당신은 국왕의 백인 노예인가요?"

"예, 그렇습니다."

"말에서 내려서 같이 식사나 하십시다."

이 말을 듣고 마루프는 상대가 인심 좋은 농부라는 것을 알고 이렇게 말했습니다.

"오, 형제여. 보아하니 여기는 나에게 줄 만한 것이 없는 것 같은데 어떻게 대접하겠다는 거요?"

"나리, 곧 행복이 찾아올 것이니,*46 이리로 내려오십시오. 도성이 멀지 않으니 얼른 가서 당신에게 드릴 것을 가져오지요. 말에게 여물도 갖다줘야 하지 않소?"

"도성이 가깝다면 나도 당신 못지않게 빨리 가서 시장에서 먹고 싶은 것을 사 먹을 수 있겠구려."

"이곳은 아주 작은 마을*⁴⁷이어서 도성이라고 해도 시장도 없고 아무것도 팔지 않는다오. 그러니, 어서 말에서 내려 이리 오시오. 내가 얼른 갔다 올 테니까요."

마루프가 말에서 내리자 농사꾼은 그를 거기 남겨 놓고 먹을 것을 가지러 갔습니다.

마루프는 농사꾼이 돌아오기를 기다리면서 앉아 있다가 속으로 이렇게 생각했습니다.

'저 가엾은 농부를 방해해서 미안하군. 저 사람이 돌아올 때까지 어디 대신 밭이나 갈아주자.'

마루프는 황소에 쟁기를 메워 밭을 갈기 시작했는데, 얼마 안 있어 쟁기에 뭔가가 걸려 소가 우뚝 서버렸습니다.

마루프는 소에 소리를 질러댔지만, 쟁기는 끄떡도 하지 않았습니다. 자세히 보니 쟁기가 금고리 같은 것에 걸려 있어서 흙을 헤치고 살펴보니, 그 고리는 꼭 맷돌의 아랫돌만 한 설화석고판의 한복판에 박혀 있었습니다.

마루프가 있는 힘을 다해 석판을 파내자, 그 밑에 계단이 있는 지하실이 나타났습니다. 즉시 내려가 보니, 그곳은 목욕탕처럼 여러 개의 방으로 나누어져 있었습니다. 첫 번째 방에는 바닥에서 천장까지 황금이 가득 들어 있고, 두 번째 방에는 에메랄드와 진주와 산호가 가득 들어 있었습니다.

세 번째 방에는 히아신스석과 루비, 터키석, 네 번째 방에는 다이아몬드와 그 밖의 보석들이 가득 들어 있고, 그 방의 높은 단에는 투명한 수정 궤짝이 있는데 거기에는 호두알만 한 보석이 꽉 차 있었습니다.

그리고 그 궤짝 위에 레몬만 한 황금상자가 놓여 있었습니다.

마루프는 그것을 보고 깜짝 놀라 뛸 듯이 기뻐하며 속으로 중얼거렸습니다.

'이 작은 상자 속에는 무엇이 들어 있을까?'

그래서 그 상자의 뚜껑을 열었더니 황금 도장반지가 하나 들어 있었는데, 그 반지에는 개미가 기어간 듯한 작은 글씨로 이름과 주문이 새겨져 있었습니다.

마루프가 그 반지를 집으니 뜻밖에도 가까운 곳에서 난데없는 목소리가 들려왔습니다.

"아도슴! ⁽¹⁾ 여기 있습니다. 무엇을 도와 드릴까요, 주인님! 무슨 볼일이 있으십니까? 명령만 하시면 뭐든지 하겠습니다. 도시를 세우시고 싶으십니까? 아니면 도시를 파괴하고 싶으십니까? 왕을 죽이고 싶습니까? 아니면 다른 것을 원하십니까? 주인님이 원하시는 일이라면 무슨 일이든, 밤과 낮을 만드신 전능하신 알라의 허락을 얻어서 만족하시도록 해 드리겠습니다."

마루프는 깜짝 놀라며 소리쳤습니다.

"오, 알라께서 만드신 피조물이여, 도대체 너는 무엇이냐?"

"나는 그 도장반지의 노예이며, 그 반지를 가지신 분의 시중을 드는 자입니다. 당신이 어떤 것을 요구하시더라도, 저는 그것을 실행하겠습니다. 거절하거나 게을리하는 것은 엄격하게 금지되어 있으니까요.

저는 일흔 하고도 둘의 마족을 다스리는 왕으로, 일족의 수는 7만 2천을 헤아리며, 한 마족은 저마다 천의 마물을 지배하고, 그 마물은 각각 천의 마신을 지배하며, 그 마신은 또 각각 천의 악마를, 악마는 또 각각 천의 악령을 지배하고 있습니다. 그 모든 것들은 저의 부하이며, 제 명령을 거역할 수 없습니다.

그런데 그러한 제가 또 이 반지의 주문에 걸려 있으므로, 반지 주인의 명을 절대로 거역할 수가 없습니다. 보십시오, 이렇게 주인님께서 이것을 손에 넣으셨기 때문에, 저는 이제 주인님의 노예가 되었습니다. 그러니 뭐든지 말씀만 하십시오. 저는 그 명령을 따르고 분부를 어기지 않을 테니까요.

그리고 언제라도 제가 필요하시면, 육지에 있든 바다에 있든 상관없으니 이 반지를 문지르기만 하십시오. 저는 당장 주인님 앞에 나타날 것입니다.

그러나 절대로 두 번 계속해서 문질러서는 안 됩니다. 그러면 거기에 새겨져 있는 이름의 맹렬한 불길에 제가 타죽어 버려서, 결국 주인님은 저를 잃고 후회하게 되실 테니까요. 자, 제 정체에 대해서는 자세히 들려 드렸으니, 잘 부탁하겠습니다."

─여기서 날이 훤히 새었으므로 샤라자드는 이야기를 그쳤다.

996번째 밤

샤라자드는 이야기를 계속했다.

오, 인자하신 임금님, 마루프는 반지의 노예에게 물었습니다.

"네 이름은 무엇이냐?"

"제 이름은 아부 알 사다트*⁴⁸라고 합니다."

"그럼, 사다트여, 이곳은 어디며 너를 그 작은 상자 속에 넣은 자는 누구냐?"

"주인님, 사실 이곳은 아드의 아들 샤다드의 보물창고인데, 이 사람은 '원기둥이 많은 도시 이람'*⁴⁹의 기초를 쌓은 분입니다. 저는 이분이 살아 계시는 동안 쭉 그분의 노예였습니다. 이것은 샤다드 님이 다른 보물과 함께 간직해 두신 도장반지인데, 그것이 이번에 주인님 손에 들어가게 된 것입니다."

"너는 이 보물창고 속에 있는 것을 땅 위로 옮겨 놓을 수 있는가?"

"예, 일도 아닙니다."

"그렇다면 하나도 남김없이 밖으로 꺼내다오."

마루프의 말을 듣고 마신 사다트가 손으로 땅에 신호하자, 땅은 천둥 같은 소리를 내면서 두 쪽으로 갈라졌습니다. 마신은 땅속으로 들어가서 한참 보이지 않더니, 이윽고 우아하게 생긴 젊은이들이 황금 광주리를 들고 나타나 땅 밑 보물창고 속에서 광주리에 황금과 보석을 담아 나르기 시작했습니다.

한 시간쯤 왔다 갔다 하자, 이윽고 사다트가 땅 위로 나와서 마루프에게 보고했습니다.

"주인님, 땅 밑 보물창고에 있던 것은 죄다 땅 위로 날랐습니다."

"저 아름다운 젊은이들은 누군가?"

"저건 제 자식들입니다. 이 정도의 일이면 마족 일당을 불러모을 것도 없어서 송구스럽지만 제 자식들에게 시킨 것입니다. 또 할 일이 있으시면 분부하십시오."

"그럼, 암노새와 큰 상자를 가져와서 이 황금과 보석을 실어낼까 하는데 할 수 있겠나?"

"식은 죽 먹기지요."

사다트가 큰 소리로 부르자 순식간에 아들 8백 명이 마신 앞에 죽 늘어섰습니다.

사다트는 아들들에게 말했습니다.

"너희 가운데 일부는 암노새와 노새 몰이꾼, 그리고 백인 노예로 변해라. 가장 비천한 자라도 어느 나라의 왕도 갖고 있지 않을 만큼 훌륭한 모습으로 말이다. 그리고 나머지는 모두 종이 되어라."

그리하여 그들 가운데 7백 명은 운반용 노새가 되고, 나머지 백 명은 노예의 모습으로 변했습니다. 사다트는 그 밖에 마신족을 몇 명 불러 보석이 박힌 황금 안장을 얹은 말이 되라고 명령했습니다.

마루프는 자기가 명령한 대로 젊은이들이 하는 것을 보면서 외쳤습니다.

"오, 큰 상자는 도대체 어디 있느냐?"

그러자 젊은이들이 많은 상자를 날라 왔습니다.

"하나하나의 상자에 각기 다른 황금과 보석을 담도록 해라."

젊은이들은 명령대로 황금과 보석류를 따로따로 상자에 담아서 3백 필의 노새에 실었습니다.

"오, 아부 알 사다트, 값진 피륙을 몇 짐 가져다다오."

"예, 이집트 천으로 할까요? 아니면 시리아나 페르시아, 그것도 아니면 인도나 그리스 천으로 할까요?"

"종류별로 각각 백 짐씩, 노새 5백 마리에 실어오게."

"오, 주인님, 부디 잠깐 여유를 주십시오. 마신들에게 지시해서 몇 명의 마신을 여러 나라에 보내 종류가 다른 피륙을 백 짐씩 실어오게 할 테니까요."

"여유를 달라 하면, 어느 정도의 시간이 있으면 되겠느냐?"

"밤이면 충분합니다. 날이 새면 주인님이 원하시는 것을 보게 해 드리겠습니다."

"좋다, 그럼 그동안 기다리기로 하지."

그리고 마신은 젊은이들에게 자기를 위해 천막을 치라고 명령했습니다. 이윽고 천막이 완성되어 마루프가 안에 들어가 앉자, 그 앞에 젊은이들이 식탁을 차렸습니다.

그때 사다트가 말했습니다.

"주인님, 이 천막 안에서 잠깐만 기다려주십시오. 제 아들들에게 당신을 지키도록 명령해 두겠습니다. 저는 저쪽에 가서 마신들을 시켜 당신이 요구하신 것을 가지러 보내야 하는데, 아들들을 주인님 곁에 있게 할 테니 염려하실 건 없습니다."

사다트는 이렇게 말하고 천막 안 식탁 앞에 앉아 있는 마루프를 남겨 둔 채 노예와 하인과 종자로 변신한 마신들을 데리고 밖으로 나갔습니다.

이렇게 마루프가 앉아서 쉬고 있을 때, 렌즈콩*50을 담은 커다란 그릇과 보리를 잔뜩 담은 말먹이 자루를 들고 아까 그 농사꾼이 돌아왔습니다.

농사꾼은 그곳에 천막이 쳐지고 백인 노예들이 가슴에 손을 얹고 서 있는 것을 보고, 국왕이 와서 쉬고 있는 줄 알고 입을 딱 벌리고 서서는 이렇게 중얼거렸습니다.

"임금님께 드릴 병아리 한 쌍을 잡아서 고급버터로 빨갛게 튀겨 왔더라면 좋았을걸!"

사실 이 농사꾼은 병아리를 잡아서 국왕께 대접하려고 발길을 돌려 집으로 다시 돌아가려 했습니다. 그런데 바로 그때 마루프가 농사꾼을 보고 큰소리로 부르면서 백인 노예들에게 명령했습니다.

"저 사람을 이리 데려오너라."

젊은이들은 콩죽 그릇을 든 농부를 마루프 앞으로 데려왔습니다.

"그게 뭐요?"

"이건 당신의 식사와 당신의 말먹이입니다. 이런 하잘것없는 음식을 갖고 온 것을 용서하십시오. 설마 임금님께서 여기 오실 줄은 꿈에도 몰랐습니다. 그런 줄 알았더라면 병아리 한 쌍을 요리해서 단정한 옷을 입고 임금님께 드리러 왔을 텐데요."

"나는 국왕이 아니오. 나는 국왕의 사위인데 지금은 사이가 나빠졌소. 그러나 국왕께서 나와 화해를 하기 위해서 부하들을 보내왔으니 나도 도성으로 돌아갈까 생각하고 있는 참이오. 그대는 내가 누구인지도 모르고 이 음식을 가져다주었으니, 비록 그것이 콩죽이든 뭣이든 그대와 즐겁게 먹고 싶소."

마루프는 농부가 가져온 그릇을 식탁 가운데 놓고 콩죽을 양껏 먹었습니다. 그리고 농부에게는 식탁에 차려진 맛있는 고기를 실컷 먹게 했습니다.

그런 다음 손을 씻고, 백인 노예들에게도 식사를 허락하니 젊은이들은 남은 콩죽을 모조리 먹어버렸습니다.

큰 그릇이 깨끗하게 비자, 마루프는 거기에 황금을 가득 담아 농부에게 주었습니다.

"이것을 가지고 가시오. 그리고 도성으로 나를 찾아오면 그대를 정중하게 대접하겠소."

농부는 황금이 가득 든 큰 그릇을 받아들고 소를 몰고는, 마치 자기가 임금이라도 된 듯한 기분으로 마을로 돌아갔습니다.

이윽고 노예들이 데려온 보물창고의 신부(新婦)*51인 처녀들이 마루프 앞에서 악기를 연주하며 춤을 추기 시작했습니다. 그리하여 마루프는 이 세상에 둘도 없는 환락의 하룻밤을 보냈습니다.

이튿날 아침, 아직 날이 채 새기도 전에 멀리서 모래먼지가 무럭무럭 일더니 이내 활짝 개면서, 그 속에서 피륙을 실은 노새 7백 마리가 노새 몰이꾼과 짐꾼, 횃불잡이와 함께 나타났습니다.

그 노새 떼와 함께 사다트가 암노새를 타고 대상 우두머리 차림으로 돌아왔는데, 그 옆에는 네 귀퉁이*52에 눈부신 보석이 박힌 황금 가마가 있었습니다.

아부 알 사다트는 천막 앞에 오자 노새에서 내려 마루프 앞에 엎드린 다음 이렇게 말했습니다.

"오, 주인님, 당신이 원하신 대로 모든 것을 갖추었습니다. 그리고 가마 속에는 어떠한 임금님의 옷과도 비교할 수 없을 정도로 훌륭한 옷을 넣어 두었습니다. 그 옷을 입으시고 가마에 타신 뒤, 또 필요하신 것이 있으면 뭐든지 명령하십시오."

"오, 아부 알 사다트여, 그렇다면 이흐티얀 알 하탄의 도성으로 가서 내 장인인 왕을 찾아가 다오. 단, 그 앞에 나설 때는 반드시 인간인 파발꾼의 모습으로 가야만 한다."

"예, 분부대로 하겠습니다."

마루프가 국왕 앞으로 편지를 써서 봉인해 주니, 사다트는 그것을 받아들고 떠났습니다.

그리하여 사다트가 도성에 이르고 보니 마침 왕은 대신에게 이런 말을 하고 있었습니다.

"오, 대신, 나는 사위가 걱정되어 견딜 수 없구나. 아랍인들이 사위를 죽이지나 않을까 해서 말이다. 사위가 있는 곳을 안다면 군사를 이끌고 구하러 가련만."

그러자 대신이 말했습니다.

"알라여, 부디 우리 임금님의 실수를 너그러이 용서해 주소서. 저 마루프 놈은 저희가 감시하고 있는 것을 눈치채고 달아난 것입니다. 그놈은 사기꾼이고 거짓말쟁이옵니다."

바로 그때 난데없이 마신 파발꾼이 뛰어들어 왕 앞에 무릎을 꿇고, 왕의 영원한 명예와 영광과 장수를 빌었습니다. 왕이 물었습니다.

"너는 도대체 누구냐? 무슨 일로 왔느냐?"

그러자 마신 사다트가 대답했습니다.

"저는 파발꾼으로, 많은 짐을 가지고 도착하신 임금님의 사위께서 임금님께 드리는 편지를 전해 달라며 저를 먼저 보내셨습니다. 이것이 그 편지올시다."

왕이 편지를 받아서 펴보니, 다음과 같은 말이 적혀 있었습니다.

"먼저 나의 큰아버님*[53]이신 명예로운 임금님께 진심으로 인사 말씀드리나이다. 저는 지금 끝없는 짐의 행렬을 이끌고 마침내 도성 근처에 와 있으니, 군사를 이끌고 마중을 나와주시기 바랍니다."

왕은 그 편지를 읽더니 춤이라도 출 듯이 기뻐하며 소리쳤습니다.

"여봐라, 대신. 그대의 이마가 까맣게 눌어버리기를! 그대는 이래도 마루프를 거짓말쟁이요, 사기꾼이라고 욕하려느냐? 마루프는 지금 기나긴 노새의 대열을 이끌고 오고 있단 말이다. 그러고 보면 그대야말로 거짓말쟁이 반역자가 아닌가!"

대신은 얼굴이 빨개지도록 당황하여 깊이 고개를 떨어뜨리고 대답했습니다.

"오, 임금님, 제가 그렇게 말씀드린 것은 짐의 도착이 너무나 늦어져서 헛되이 낭비되는 재물이 염려되었기 때문입니다."

"이 반역자 같으니! 내 재물이 어쨌단 말이냐! 마루프의 짐이 도착하기만 하면 그 사람은 자기가 쓴 재물의 몇 배로 나에게 갚아줄 텐데 말이다!"

왕은 그렇게 소리친 뒤, 도성을 아름답게 꾸미라 명령하고는 몸소 공주에게 가서 말했습니다.

"공주여, 너에게 좋은 소식을 가져왔다. 네 남편이 노새 떼를 이끌고 가까운 곳까지 와 있다는구나. 그것을 알리는 편지가 방금 나에게 도착했다. 그래서 지금부터 사위를 마중 나가려는 참이다."

이 말을 들은 두냐 공주는 좀 의아한 생각이 들어서 마음속으로 중얼거렸습니다.

'희한한 일도 다 있네. 그이가 나더러 자기는 가난뱅이라고 한 것은 나를 놀리느라고 한 말이었을까? 아니면 그렇게 해서 내 마음을 떠본 걸까? 아무튼 그이에게 절개를 지킨 것은(오, 알라께 영광을!) 정말 잘한 일이었어.'

한편 카이로의 상인 알리는 도성이 꾸며지는 모습을 보고 사람들에게 그 이유를 물어보았습니다.

"임금님 사위의 짐 행렬이 도착한다오."

알리는 이 말을 듣고 자기도 모르게 외쳤습니다.

"오, 전지전능하신 알라는 위대하도다! 그 녀석은 정말 재앙의 신이라니까! 여편네에게서 도망쳐 왔을 때는 빈털터리였는데, 언제 그렇게 행렬을 지을 만큼 많은 재물을 손에 넣었을까? 아니다. 어쩌면 이것은 공주가 명예롭지 않은 일을 당할까 봐 두려워한 나머지 마루프를 위해 꾸민 계략인지도 몰라. 오, 더없이 높은 알라여, 부디 마루프의 명예를 지켜주소서! 그 녀석이 사람들에게 창피를 당하지 않도록 낯을 세워주소서!"

—여기서 날이 훤히 새었으므로 샤라자드는 이야기를 그쳤다.

997번째 밤

샤라자드는 이야기를 계속했다.

오, 인자하신 임금님, 상인 알리가 그렇게 말하며 마루프를 축복하자, 상인들은 마루프에게 빌려준 돈을 받을 수 있게 되어 모두 기뻐했습니다.

이윽고 왕은 군사를 모아 말을 타고 성 밖으로 나갔고, 그때 아부 알 사다트는 마루프에게 돌아가서 왕에게 편지를 전하고 왔다고 보고했습니다.

그러자 마루프가 명령했습니다.

"짐을 실어라!"

모두 노새에 짐을 싣고 나자, 마루프는 그 호사스러운 옷을 입고 가마에 올랐습니다. 그 모습은 어떤 왕보다도 의젓하고 위엄 있으며 떳떳했습니다.

이렇게 하여 그곳을 떠난 마루프는 아직 반도 가기 전에 군사를 이끌고 오는 왕을 만났습니다.

왕은 마루프가 훌륭한 가마를 타고 앞에서 얘기한 좋은 옷을 입은 모습을 보자, 달려가서 인사를 하고 사위의 무사함을 기뻐하면서 진심으로 환영했습니다.

이어서 영내의 모든 고관과 귀족들도 마루프에게 인사하니, 마침내 마루프가 전에 한 말이 모두 진실이며 거짓이 아니었음이 밝혀졌습니다.

잠시 뒤 그들은 탐욕스런 국왕이 시기심이 들 만큼 호화로운 행렬을 지어 도성으로 들어갔습니다.

상인들은 앞다투어 마루프에게 다가와서 그 손에 입을 맞추었고, 상인 알리는 이렇게 말했습니다.

"오, 이 사기꾼 대장 같으니! 자네의 계략이 멋지게 들어맞아 모든 것이 대성공으로 끝났군. 하지만 자네에게는 그것이 썩 잘 어울리는군그래. 더없이 높으신 알라께서 자네를 더욱 지켜주시기를!"

마루프는 이 말을 듣고 웃었습니다.

이윽고 마루프는 궁전으로 들어가 옥좌에 앉은 뒤 이렇게 말했습니다.

"황금이 든 상자는 왕의 보물창고로 실어 가고, 피륙 짝은 이리 가져오너라."

그리하여 7백 개의 짐짝이 운반되어 오자, 그는 그것을 모두 풀게 하여 그 중에서 제일 좋은 것을 골라서 말했습니다.

"이 피륙은 두냐 공주에게 가져가거라. 그러면 공주가 노예계집들에게 나눠줄 테지. 그리고 이 보석이 든 상자도 시녀와 환관들에게 나눠줄 수 있도록 가져가거라."

다음에 마루프는 돈을 빌린 상인들에게 갚지 못한 돈 대신 피륙을 주었는데, 금화 1천 닢을 빌려준 자에게는 2천 닢어치의 피륙을 주었습니다.

그것이 끝나자 그는 가난한 자와 생계가 곤란한 자들에게도 재물을 나눠

주었는데, 왕은 아깝다는 듯이 지켜보았으나 말릴 수는 없었습니다.

이렇게 마루프는 7백 짝의 짐이 몽땅 없어질 때까지 적선을 베풀었습니다. 그것이 끝나자 이번에는 장병들을 돌아보며 에메랄드와 루비, 산호를 한 움큼씩 집어주기 시작하자, 마침내 왕은 참다못해 끼어들었습니다.

"여보게, 사위, 적선은 그만하면 충분하지 않은가. 짐도 이젠 얼마 남지 않았구나."

"아직 얼마든지 있습니다."

그리하여 마루프의 신용은 전혀 의심할 여지가 없어져서, 이제 그를 거짓말쟁이라고 생각하는 사람은 아무도 없었습니다.

그리고 마루프가 필요한 것은 언제든지 그 마술 반지의 노예가 모두 준비해 주었으므로 적선을 그만둘 필요가 없었던 것입니다.

이윽고 창고지기가 왕 앞에 나와서 알렸습니다.

"임금님, 보물창고가 꽉 차서 더는 넣을 수 없습니다. 남아 있는 황금과 보석은 어디에 둘까요?"

왕은 그래서 다른 보관소를 정해 주었습니다.

그런데 두 공주는 보물을 보고 기뻐한 것은 말할 것도 없지만, 너무나 놀라워서 혼자 중얼거렸습니다.

"저이가 이 보물을 대체 어떻게 손에 넣었을까?"

상인들도 마찬가지로 훌륭한 물건을 얻고 기뻐하면서 마루프에게 축복을 기원했습니다. 하지만 상인 알리는 너무 이상하고 궁금한 나머지 이렇게 혼잣말을 했습니다.

"저 녀석이 저렇게 많은 보물을 손에 넣다니, 도대체 무슨 거짓말로 어떻게 속인 걸까? *54 그 보물이 공주에게서 나온 거라면 저렇게 아낌없이 뿌릴 리가 없어. 하지만 당분간 잠자코 있는 것이 현명하겠지. 이런 시도 있으니."

왕 중의 왕이 베풀어줄 때는
공손하고 차분하게 입을 다물고
감히 이유를 묻지 말지어다.
알라는 그 뜻에 맞는 자에게

은혜를 베푸시니,
오로지 우러러 존경하며
성스러운 법을 지킬지어다!

한편, 왕은 왕대로 마루프가 아낌없이 마음껏 재물을 뿌리는 모습을 보고 그저 간담이 서늘할 정도로 놀랄 뿐이었습니다.

이윽고 마루프가 공주의 방으로 가니, 공주는 다정하게 미소 지으면서 남편의 손에 입을 맞춘 다음 말했습니다.

"그때 당신이 저에게 말씀하신 건 저를 놀리신 거예요? 아니면 제 마음을 떠보기 위해서였어요? 나는 빈털터리로 마누라에게서 도망쳐 왔다, 이렇게 말씀하시고선! 알라를 찬양할지어다! 전 당신 아내로서 의무를 소홀히 하지 않았으니까요.

부자이든 가난뱅이든 당신은 나의 연인, 이 세상에 당신 말고 다른 소중한 사람은 아무도 없어요. 하지만 당신이 그때 무슨 생각으로 그런 말씀을 하셨는지 알고 싶어요."

"나는 세상에 흔히 있듯이, 당신이 재물이나 보물 때문에 나를 사랑하는지 그것을 시험해 보려고 했소. 하지만 당신의 애정이 참된 것이고 당신이 성실한 여자임을 잘 알게 되었으니, 나에게 이보다 더 좋은 일은 없소! 당신은 참으로 훌륭한 여자요."

그런 다음 마루프는 아무도 없는 장소로 가서 몰래 반지를 문질렀습니다.

그러자 당장 아부 알 사다트가 나타났습니다.

"아도습! 무슨 일이십니까? 뭐든지 명령하십시오."

"아내를 위한 멋진 옷과 패물이 필요하다. 그리고 이 세상에 둘도 없는 보석 마흔 개를 엮은 목걸이를 가져다다오."

"알았습니다."

마신이 이내 그 물건들을 가져오자, 마루프는 마신을 돌려보내고 옷과 패물을 가지고 가서 아내 앞에 내려놓았습니다.

"이것을 입어보오."

그것을 본 두냐 공주는 그때까지 남아 있던 의심은 모두 털어내고 진심으로 기뻐했습니다.

패물 가운데는 마법사가 공들여 만든, 보석을 새긴 한 쌍의 황금 발찌와 돈으로는 도저히 살 수 없는 귀한 팔찌, 귀걸이, 그리고 코걸이*55까지 있었습니다.

그래서 두냐 공주는 그 옷을 입고 패물을 하고는 마루프에게 말했습니다.

"오, 여보, 이것은 휴일이나 축젯날에 입게 잘 넣어 둬야겠어요."

"그것 말고도 얼마든지 있으니, 그냥 평상복으로 입으시오."

두냐 공주가 그 옷을 입은 것을 본 노예들은 모두 찬사를 보내면서 마루프의 손에 입을 맞췄습니다.

마루프는 다시 그곳에서 나와 혼자가 되자 마술 반지를 문질렀습니다. 그리고 이내 나타난 반지의 노예에게 명령했습니다.

"옷 백 벌과 황금 패물을 가져오너라."

"예."

아부 알 사다트는 곧 옷 백 벌에 하나하나 패물을 넣어서 가져왔습니다.

마루프는 그것을 받아들고 큰 소리로 여자노예들을 불러, 한 사람마다 한 벌씩 그 옷을 나눠주었습니다.

여자들이 모두 같은 옷을 입으니 마치 새까만 눈동자를 한 천국의 처녀들 같았고, 그 가운데 서 있는 두냐 공주는 수많은 별 속의 달처럼 뛰어나게 빛났습니다.

그중 한 시녀가 이 일을 왕에게 알리자, 왕은 곧 달려와서 공주와 시녀들이 눈이 어릴 만큼 아름답게 차려입은 모습을 보고 깜짝 놀랐습니다.

이윽고 왕은 공주의 방에서 나오자 대신을 불러 이렇게 말했습니다.

"오, 대신."

왕은 방금 보고 온 광경을 대신에게 이야기했습니다. 그리고 이렇게 물었습니다.

"그래, 그대는 이 일에 대해 어떻게 생각하나?"

"오, 현세의 임금님, 그것은 참으로 상인다운 행동이 아닙니다. 상인이란 비록 베 한 자를 몇 년을 두고 묵히는 한이 있더라도 이익이 없으면 놓지 않는 법입니다. 그런데 어찌 일개 상인이 그토록 대담하게 인심을 쓸 수 있겠습니까?

그리고 마루프는 도대체 어떻게 해서 그런 엄청난 재물을 손에 넣었을까요? 그런 것은 임금님도 조금밖에 못 가지셨습니다. 세상 어떤 상인이 그런 황금과 보옥을 수백 짝씩이나 갖고 있겠습니까? 확실히 여기에는 무슨 까닭이 있을 겁니다. 만약 임금님께서 제 말씀을 들어주신다면 제가 진상을 밝혀보겠습니다."

"오, 대신이여, 나는 그대의 지시를 따르기로 하겠다."

"그러시다면 임금님께서 사위를 만나셔서 어지간히 감격하신 척하고, 얘기를 나누시다가 이렇게 말씀해 보십시오. '여보게, 사위, 우리 꽃밭에 가서 같이 즐거운 시간을 보내는 게 어떻겠는가? 다른 자는 부르지 말고 나와 그대와 대신, 셋이서 말이다.'

그리하여 꽃밭에 가게 되면, 저희가 식탁에 포도주를 많이 차려 놓을 테니 임금님께선 그 사람에게 술을 권하셔서 아주 취하게 하시는 겁니다. 술에 취하면 사람은 사려분별을 잃게 마련이니, 그때를 놓치지 말고 사실을 추궁하면 틀림없이 비밀을 털어놓을 것입니다. 술이란 놈은 참으로 배반자여서, 옛 시인도 이렇게 재미있는 시를 읊었습니다.

우리가 술을 마실 때
술은 몰래 숨어들어
비밀이 있는 곳에 다가가네.
나는 외치네, "멈추라!"고.
내가 오로지 두려워하는 것은
술 때문에 정신을 잃고
숨긴 일 나도 모르게
벗에게 털어놓는 일.

이때 그자가 바른대로 말한다면, 그자의 정체를 알게 됩니다. 그때부터 칼자루는 우리 쪽에 넘어오게 되지요.

제가 이런 말씀을 드리는 것은 그자가 지금 하는 짓이 행여 나쁜 결과를 가져오지나 않을까 염려했기 때문입니다. 혹시 그자는 왕위를 바라고, 관대한 행동과 돈의 힘으로 군대를 길들여서 임금님을 몰아내고, 이 나라를 자기 것으로 만들려고 하는 건지도 모릅니다."

대신의 말을 들은 왕은 고개를 끄덕이며 말했습니다.

"정말 그렇다."

—여기서 날이 훤히 밝았으므로 샤라자드는 이야기를 그쳤다.

998번째 밤

샤라자드는 이야기를 계속했다.

오, 인자하신 임금님, 왕과 대신은 그날 밤새도록 그런 의논을 한 뒤, 날이 밝자 왕은 접견실로 나갔습니다.

그때 마부와 하인들이 허둥지둥 달려 들어왔습니다.

"무슨 일이냐?"

"오, 임금님, 간밤에 마부들은 말의 털을 쓸어주고, 말과 노새에게 여물도 충분히 주었습니다. 그런데 오늘 아침에 보니, 사위님의 백인 노예들이 말과 노새를 모두 훔쳐 달아나고 말았습니다. 마구간을 샅샅이 뒤져보았지만, 말도 노새도 한 마리도 보이지 않고, 백인 노예의 숙소에도 가 보았으나 그곳에도 놈들의 모습은 그림자조차 보이지 않았습니다. 도대체 어디로 달아났는지 전혀 알 수 없습니다."

왕은 마루프의 말과 백인 노예들이 모두 마신의 부하임을 몰랐으므로 깜짝 놀라면서 마부들에게 물었습니다.

"무엇이! 1천 필의 말과 5백 명의 노예와 종이 너희가 모르는 사이에 감쪽같이 달아났단 말이냐. 어떻게 그런 일이 있을 수 있느냐!"

"사실입니다. 정말 어떻게 된 것인지 저희도 도무지 영문을 모르겠습니다."

"그렇다면 물러가 있다가 너희 주인이 후궁에서 나오거든 그 사실을 알려주어라."

마부들이 왕 앞에서 물러나와 어찌할 바를 모르고 있을 때 마루프가 나왔습니다.

그는 마부들이 어쩔 줄 몰라 하는 모습을 보고 물었습니다.

"웬일들이냐?"

마부들이 사건의 경위를 이야기하자 마루프가 말했습니다.

"그만한 일로 떠들 것 없다. 물러들 가거라, 물러가."

그리고 웃으면서 자리에 앉았는데, 그 일에 대해 화를 내지도 않고 그렇다고 슬퍼하는 기색도 없었습니다.

그것을 보고 있던 왕은 대신을 돌아보며 말했습니다.

"재물을 도무지 마음에 두지 않는 저자는 도대체 어떻게 된 사람일까? 여기에는 반드시 무슨 까닭이 있을 거다."

그런 다음 왕과 대신은 마루프를 상대로 잠시 이야기를 나누었습니다. 그러다가 이윽고 왕이 사위를 향해 말했습니다.

"오, 사위여, 그대와 대신하고 셋이서 꽃밭으로 나가보지 않겠느냐? 꽃밭에 가서 바람을 쐬고 싶구나."

"그것참 좋은 생각이십니다."

그래서 세 사람은 같이 꽃밭으로 나갔습니다. 뜰에는 나무마다 과일이 가지가 휘도록 열려 있고, 그 사이를 개울이 졸졸 소리 내며 흐르고 있었습니다. 또 높은 나뭇가지 사이로 새들이 즐겁게 지저귀고 있었습니다.

셋이서 꽃밭의 정자에 들어가 앉자 대신은 신기하고 이상한 이야기와 유쾌한 어릿광대 이야기, 기분이 흥겨워지는 속담 같은 것을 들려주었고, 마루프는 열심히 얘기에 귀를 기울였습니다.

그러는 사이 어느새 점심시간이 되자 고기를 담은 큰 쟁반과 술병이 식탁에 차려져 나왔습니다.

세 사람이 식사를 마치고 손을 씻은 다음, 대신은 술잔에 술을 따라서 먼저 왕께 권했고, 왕이 비운 그 잔을 마루프에게 주며 술을 가득 따랐습니다.

"자, 한 잔 드시오. '이성(異性)도 입을 다물고 경건하게 고개를 숙여 경의를 표한다'는 술이오."

"오, 대신, 이것은 무슨 술인가요?"

마루프가 묻자 대신이 대답했습니다.

"이것은 '반백(半白)*56의 처녀'라는 술로, 오랫동안 집에*57 넣어둬서 햇수가 좀 된 숫처녀인데, 마시는 자의 마음에 기쁨을 준답니다. 이 술에 대해선 시인도 이렇게 노래하고 있지요.

고집 센 이단의 처녀
터덜터덜 발걸음도
무겁게 걸어가니,
모든 아랍인의 머리에
처참한 복수를 하였도다.
어두운 밤 보름달 같은
이교도의 젊은 사나이도
잘 익은 이 술을 마시면
마음이 급해져
그 눈동자 참으로 큰
죄의 무거운 씨가 되노라.

또 어떤 재주 있는 시인은 이렇게도 노래했습니다.

그대는 마치
신부가 요염한 그 모습을
신랑에게 보여주려고
태양의 춤을 추는 듯하구나.
그 얼굴은 밤하늘의 달인 양
게미니의 별로 장식되었도다.*58
그 술의 질은 이토록 미묘하여
한 번 마시면 손발을 돌며
영혼이 흐르는 양 달려간다.

또 이렇게 노래한 시인의 시도 참으로 희한합니다.

그토록 밝은 보름달은
내 팔 속에 잠들고
그 태양빛은 술잔에서
춤추며 기울지 않네.

밤에 잠자리에 누워서 보면
어인 일로 마술사들이
술잔에 허리 굽혀
불을 붙이고 있네.
그리하여 불길은
술병 주둥이에서
나에게 인사를 하네.

또 이 밖에도 이런 노래가 있습니다.

이 술은
온몸의 마디마디를
돌면서 달리네,
마치 생기의 물결이
병든 몸에 돌아오듯이.

또 다른 시인도 이렇게 노래했습니다.

놀랍도다, 맛있는 술
빚은 자들은 죽고
아카 비타를—생명의 물을
우리에게 남기다니.

이보다 더 좋은 것은 아부 노와스가 부른 이런 노래지요.

나를 탓하지 말라,
탓하면 나는 노하리라.
진정 나를 미치게 하는 것은
술이건만, 나의 위로도
어찌하리오, 술에 있으니.

금빛 처녀*59의 교태에
온갖 병이 낫는구나.
그 흐르는 액체에 닿으면
돌도 기뻐서 춤추리라.
어두운 한밤중에
이 처녀 병에서 일어나
조용히 걸어 나오니,
그 순간 집안은
환하게 빛나도다.
세상 사람이 사모하는
젊은이를 찾아다니면
모두 기쁨에 넘쳐
뜨거운 피 들끓으리.
남근을 가진 사내아이처럼
가장한 요니*60를 든 여자
술잔을 받쳐 드니*61
로트 사람도 기생집 손님도
몸과 영혼을 빼앗겨 버렸노라.
자, 말하여라, 애욕의 기술
다 아는 듯 자랑해 마지않는
젊은이에게, 그 무언가
배운다 해도, 세상에는 그 밖에도
좋은 일 수없이 많다고.

그러나 그중에서 가장 뛰어난 것은 이븐 알 무타즈*62의 시입니다.

울창한 나무 그늘 드리운
작은 섬*63에 자비로운 알라 신은
비를 내리셨네.
아브둔*64이라 불리는 사당에도

촉촉이 내리는 빗방울.
그 속에서 어쩌다가
아침바람은 내 눈을 뜨게 하고
새들 날아오르기 전에
새벽은 밝아오기 시작하네.
사문(沙門)의 독경 소리는
둘러싼 벽에 메아리치고,
검은 가사 입은 승려들은
아침마다 술잔을 드네.

무리진 사람들 속에
교태 머금은 눈동자*65의
미인은 그 얼마나 많았던가.
흰빛으로 검정을 감싼
사랑스러운 눈동자를 가린
처녀는 마음이 들떠
남몰래 나를 만나려고
밤의 어둠 속에 둘러싸여
겁에 질려서 남의 눈 피하며
종종걸음으로 곧장 달려오네!
그러면 나는 일어나 맞이하니,
가까이 오는 처녀의 길에
내 뺨을 양탄자처럼
곱게 깔아 치맛자락을 잡고
발자국을 지워 버렸네.

그러나 저 하늘에 걸린
초승달은 손톱을 닮았는데
그 빛 사라지려 하지 않고
남부끄러운 은밀한 일을

드러내며 위협하는 듯하네.
이윽고 그 일 남에게 알려져서
마침내 일어나고 말았지만
나는 말하기를 싫어하니
요란스레 나에게 묻지 말라.

또, 이렇게 노래한 시인도 천부적인 재능을 타고났지요.

하루아침에 눈 떠보니
대부호로다. 이 몸은
기쁜 소식에 기뻐 날뛰노라.
그도 그럴 것이 금빛 물*66을
바라보며 한 잔 두 잔.

또, 이런 시도 무척 멋진 시 아닙니까?

정말 그렇도다, 이 술은
비할 데 없는 연금술,
다른 과학에 대한 말은
모두 거짓이로다!
근심이 한 말 있을지라도
단 한 홉의 술을 마시면
깊은 시름도 당장
최고의 기쁨으로 바뀌누나.

그리고 또, 이런 시도 있습니다.

참으로 무거운 건, 공허한 술잔
좋은 술 채울 때는
진정 가벼워라, 절로 날아갈 듯이.

성스러운 마음에 육체가 사뿐하게 뜨는 것처럼.

또 이렇게 노래한 시도 있습니다.

  술잔과 붉은 술
  숭배함은 마땅하니,
  그 영광 사라짐은
  치욕임을 알라.
  나 죽으면 묻어다오,
  포도나무 옆에
  그리운 포도 넝쿨
  낯선 흙에 묻힌
  나의 뼈 적셔주리.
  황야에 묻지 말라,
  죽은 뒤 한 방울의 술
  없음을 두려워하노라."*67

대신은 줄곧 마루프에게 술을 권하면서 그럴듯한 말솜씨로 술의 덕을 찬양하고, 시와 속담을 인용하여 술 마시는 일의 즐거움을 늘어놓았습니다. 그러자 마침내 마루프도 스스로 술잔에 입을 대기 시작하여 나중에는 나 몰라라 하는 기분이 되어 대신이 자꾸 따라주는 술잔을 넙죽넙죽 받아 마셨습니다. 술잔을 거듭할수록 그는 마음이 들뜨고 흥겨워져서, 사리판단을 못할 만큼 술에 잔뜩 취하고 말았습니다.

마루프의 취기가 정점에 이르러 마음을 붙들고 있던 고삐가 완전히 풀린 것을 보고 대신이 말했습니다.

"오, 상인 마루프 님, 정말이지 이번 일에는 간담이 서늘해지도록 놀라고 말았습니다. 도대체 어디서 그 많은 보물을 손에 넣으셨습니까? 코스로에의 대왕이라도 그만한 재물은 구경도 못했을 겁니다. 저희는 태어나서 지금까지 그처럼 막대한 재산을 가진 상인 본 적이 없습니다. 또 당신처럼 마음이 너그러운 상인도 처음 봅니다. 이번에 당신이 하신 일은 아무리 보아도 타고난 임금님의 행위이지, 결코 평범한 상인이 할 수 있는 행위가 아닙니다. 그러니 부디 당신의 진짜 신분과 출신을 저희에게 밝혀주실 수 없겠습니까?"

그리고 대신은 이것저것 물으면서 상대를 어르고 치켜세우고 하는 통에 마루프는 그만 사려분별을 잃어버리고 말했습니다.

"나는 상인도 아니고 왕도 아니오."

그리고 그때까지 자신의 신상에 일어난 일을 죄다 털어놓고 말았습니다. 그러자 대신이 말했습니다.

"오, 마루프 님, 제발 부탁이니 그 반지를 저에게 한 번만 보여 주십시오. 어떻게 만들어진 것인지 보고 싶습니다."

이미 곤드레만드레 된 마루프는 반지를 쑥 뽑아서 대신에게 주었습니다.

"자, 이거요, 잘 보시오."

대신은 도장반지를 손에 들고 자세히 들여다보았습니다.

"이걸 문지르기만 하면 이 반지의 노예가 나타난단 말씀이지요?"

"그렇소, 그것을 문질러서 노예가 나타나거든 그게 어떻게 생겼나 구경이나 하시구려."

대신이 마루프의 말대로 반지를 문지르니 곧 마신이 나타났습니다.

"아도슴! 뭐든지 명령하십시오, 주인님! 원하시는 것은 뭐든지 해 드릴 테니까요. 도성을 부수시렵니까, 도시를 지으시렵니까? 아니면 어느 임금님을 죽이고 싶으십니까? 주인님이 원하시는 일이라면 뭐든지 이루어 드리겠습니다."

그러자 대신은 벌떡 일어나서 그 자리에 곤드레만드레 된 마루프를 가리키면서 명령했습니다.

"이 돼먹지 못한 놈을 잡아다가 사람이 살지 않는 먼 곳에 버리고 오너라. 먹을 것도 마실 것도 없고 아무도 모르는 그곳에서 굶어 죽게 말이다."

그러자 마신은 마루프를 옆구리에 끼고 하늘과 땅 사이를 날아갔습니다. 그제야 정신이 든 마루프는 이제 도저히 살아날 수 없게 된 자신의 신세를 깨닫고 눈물을 흘리면서 말했습니다.

"오, 사다트여, 나를 데리고 어디로 가는 거냐?"

"나는 너를 사막지대*68에 버리러 가는 길이다. 이 못난 녀석아! 그런 소중한 부적을 남에게 자랑하는 놈이 어디 있느냐? 네가 이런 변을 당하는 것도 다 자업자득이다. 알라만 두렵지 않다면 너 따윈 천 길 높은 데서 내동댕이치고 싶다. 그러면 너 따위는 땅에 떨어지기도 전에 바람에 찢겨 가루가 되고 말게다."

마루프는 모든 것을 단념하고 더는 아무 말도 하지 않았습니다.*69 이윽고 사막지대에 이르자, 마신은 온몸에 털이 곤두설 듯한 그곳에 마루프를 던져놓은 채 뒤도 돌아보지 않고 날아가 버렸습니다.

—여기서 날이 훤히 새었으므로 샤라자드는 이야기를 그쳤다.

999번째 밤

샤라자드는 이야기를 계속했다.

오, 인자하신 임금님, 한편 마술의 반지를 손에 넣은 대신은 왕에게 말했습니다.

"이번에는 어떻게 생각하십니까? 그놈은 거짓말쟁이요 사기꾼이라고 그렇게 말씀을 드렸는데도 제 말을 안 믿으셨지요?"

"정말 그렇구나, 그대의 말이 옳았어. 오, 대신, 알라께서 그대에게 축복을 내리시기를! 그런데 그 반지를 이리 다오. 나도 그것을 보고 눈요기로 삼고 싶으니."

대신은 화난 얼굴로 왕을 노려보고는, 그 얼굴에 침을 뱉으면서 말했습니다.

"오, 이 얼뜨기 같은 놈아! 내가 너에게 이 반지를 줄 성싶으냐? 나는 이제 네 부하가 아니야, 네 주인이란 말이다. 이렇게 된 이상 너를 살려둘 수는 없다."

대신이 다시 도장반지를 문지르자 반지의 노예가 나타났습니다.

"이 무례한 놈을 이놈의 사위인 사기꾼이 있는 곳에 내다 버리고 오너라."

마신은 대신의 명령에 따라 왕을 움켜잡고 날아올랐는데, 그 모습을 보고 왕이 물었습니다.

"오, 알라께서 만드신 마물이여, 도대체 내가 무슨 죄를 지었단 말이야?"

아부 알 사다트가 대답했습니다.

"내가 알 게 뭐냐. 나는 주인의 명령에 따를 뿐이다. 누구든 이 마술의 반지를 가진 자의 명령을 거역할 수는 없으니까."

마신은 계속 날아가서 사막에 이르자, 마루프를 버린 곳에 왕도 버리고 돌아갔습니다.

이윽고 왕은 가까운 곳에서 마루프가 흐느껴 울고 있는 소리를 듣고 다가가서 자신도 같은 일을 당한 자초지종을 얘기했습니다. 두 사람은 자기들의 비참한 신세를 한탄하며 앉아 있었는데, 그곳에는 먹을 것도 마실 것도 아무것도 없었습니다.

한편 대신은 장인과 사위 두 사람을 나라 밖으로 몰아내 버린 뒤, 꽃밭에서 나와 군대를 소집하고 회의를 열어 그들에게 왕과 마루프를 처단한 사실을 알리고 도장반지에 대해 보고한 다음 마지막으로 이렇게 덧붙였습니다.

"만약 너희가 나를 국왕으로 떠받들지 않는다면, 나는 도장반지로 마신을 불러내어 너희를 하나도 남김없이 그 사막에 버릴 것이다. 그러면 굶주림과 갈증에 지쳐 비참하게 죽게 될 테니 그리 알라!"

"부디 저희에게는 나쁜 일을 겪지 않게 해 주시기를! 당신을 국왕으로 모시며 결코 명령을 어기지 않겠습니다."

가신들이 마지못해 대신을 왕으로 추대하는 데 동의하자, 대신은 그들에게 예복을 내렸습니다.

그리고 뭐든지 필요한 것이 있으면 사다트를 불러서 가져오게 했습니다.

그리하여 대신이 옥좌에 오르자 가신들은 공손하게 그 앞에 엎드렸습니다. 대신은 곧 두냐 공주에게 사람을 보내 이렇게 전했습니다.

"오늘 밤 그대를 찾아갈 테니 준비를 하고 기다려라. 나는 그대를 오래전부터 그리워하고 있었다."

공주는 그 전갈을 듣자 남편과 아버지가 당한 불행을 슬퍼하며 울었습니다. 그리고 대신에게는 사람을 보내 이렇게 대답했습니다.

"부디 과부의 기한*70이 끝날 때까지 기다려주십시오. 그 기한이 지나면 결혼계약서를 만들어 법에 따라 합방을 하는 것이 옳을 줄 압니다."

하지만 대신은 사자를 돌려보내며 말했습니다.

"나는 과부의 기한이라는 것을 모를 뿐만 아니라 기다릴 수도 없다. 계약서 따위는 아무래도 상관없고 법에 맞든 안 맞든 그런 것에 구애받을 생각이 없다. 어쨌든 오늘 밤에 그대를 찾아갈 테니 그리 알라."

그래서 공주도 이렇게 대답했습니다.

"좋습니다. 기다리고 있겠습니다."

거기에는 공주도 생각하는 바가 있었기 때문입니다.

늘 공주에게 마음을 애태우고 있던 대신은 이 대답을 듣자 매우 기뻐서 가슴속 괴로움이 씻은 듯이 사라지는 것만 같았습니다. 그래서 대신은 신하들에게 연회를 베풀면서 이렇게 말했습니다.

"이것은 나의 혼례잔치이니 많이들 먹게. 사실 오늘 밤 두냐 공주와 신방에 들게 되었다네."

그때 그 자리에 있던 이슬람교 장로가 말했습니다.

"과부의 기한이 지나기 전에 결혼계약서도 작성하지 않고 공주님께 가시는 것은 법도에 맞지 않습니다."

"과부의 기한 따위는 상관없어. 다시는 쓸데없는 소리하지 마라!"

장로는 후환이 두려워 그대로 입을 다물어 버렸지만, 다른 자에게는 이렇게 대신을 욕했습니다.

"저자는 이교도가 틀림없어. 알라도 믿지 않고 알라를 공경하는 마음도 없는 이단의 무리야."

그날 밤 해가 지자마자 대신이 두냐 공주를 찾아가니, 공주는 가장 고운 옷을 입고 가장 화려한 패물을 하고 있다가 대신을 보자 방긋 웃음을 지으면서 말했습니다.

"어서 오세요, 정말 잘 오셨습니다. 하지만 아버지와 남편을 대번에 죽이셨더라면 더욱 좋았을 텐데."

"그 두 사람은 죽이는 것 말고는 방법이 없지."

이윽고 두냐 공주가 대신을 옆에 앉혀 놓고 생글생글 웃고 어루만지면서 대신을 무척 사랑하는 것처럼 희롱하기 시작하니, 대신은 꿈이라도 꾸는 듯 정신이 홀리고 말았습니다.

그러나 공주가 그렇게 달콤한 말을 늘어놓고 다정한 태도를 보인 것은, 오로지 그 반지를 손에 넣어 상대의 행복을 재앙으로 바꾸고, 한껏 황홀경에 빠진 대신의 머리 위에 알라의 심판이 떨어지게 하기 위해서였습니다. 또 공주가 그런 행동으로 나간 것은 다음과 같은 시인의 충고에 따른 것이었습니다.

칼로서 할 수 없는 일을
나는 뛰어난 지혜로 이루었노라.
전리품을 손에 넣고
돌아왔노라. 의기양양하게.*71

대신은 두냐 공주가 몸을 쓰다듬고 미소 짓고 하는 동안, 누를 수 없는 욕정에 사로잡혀 마침내 두냐 공주의 몸을 요구했습니다. 그러자 공주는 몸을 빼더니 갑자기 통곡하면서 말했습니다.

"오, 여보, 당신은 저 남자가 우리를 엿보고 있는 것이 눈에 보이지 않으세요? 알라께 맹세코 말씀드리지만 제발 저 사람 눈에 띄지 않게 해 주세요. 저 눈이 우리를 보고 있는 앞에서 어떻게 당신과 몸을 섞을 수 있겠어요?"

이 말에 대신은 화를 내며 말했습니다.

"도대체 그놈이 어디 있단 말이오?"

"저기요. 그 반지의 홈 사이에서 얼굴을 내밀고 우리를 빤히 쳐다보고 있잖아요."

그러자 대신은 마신이 두 사람을 보고 있는 줄 알고 웃으면서 말했습니다.

"걱정할 것 없소, 이건 도장반지의 노예인데 내 부하요."

"저는 이교도가 무서워요. 그 반지를 뽑아서 제 눈에 닿지 않는 데다 두셔요."

그래서 대신은 반지를 뽑아 이부자리 옆에 놓고 공주에게 다가갔습니다.

이때 공주는 대신이 방심하고 있는 틈을 타서 그를 발로 걷어찼습니다.*72 대신은 정신을 잃고 그 자리에서 쓰러지고 말았습니다.

공주는 큰 소리로 노예여자를 불러서 명령했습니다.

"이놈을 묶어라!"

노예여자 40명이 대신을 묶는 동안 공주는 얼른 반지를 집어 손에 끼고 문질렀습니다.

곧 반지의 노예가 모습을 나타냈습니다.

"아도슴! 공주님, 뭐든지 명령만 내리십시오."

"이 이교도 놈을 감옥에 처넣고 쇠사슬로 묶어 두어라."

마신은 그를 끼고 '분노의 감옥'*73에 처넣고 왔습니다.

"그자를 지옥의 감옥에 넣고 왔습니다."

"잘했다. 그런데 너는 내 남편과 아버지를 어디에다 버렸느냐?"

"사막에 버리고 왔습니다."

"얼른 가서 그분들을 이리 모시고 오너라."

"예."

마신은 대답하자마자 쉬지 않고 날아서 사막으로 갔습니다. 두 사람은 눈물을 흘리면서 자신들의 운명을 한탄하고 있었습니다.

"이제 걱정하지 마십시오. 두 분을 구하러 왔으니까요."

그리고 마신은 대신이 한 짓을 비롯하여 자초지종을 모두 얘기했습니다.

"저는 공주님의 명령에 따라 그 대신 놈을 이 손으로 지옥의 감옥에 처넣고 왔습니다. 공주님께서 당신들을 빨리 모시고 오라 분부하셨습니다."

마신은 이 소식을 듣고 기뻐하는 두 사람을 안고 하늘을 날아갔는데, 공주에게 가는데 불과 한 시간도 걸리지 않았습니다.

공주는 일어나 아버지와 남편을 맞이하여 두 사람을 자리에 앉힌 다음에 맛 좋은 음식을 내왔습니다. 두 사람은 배불리 먹고 마시면서 그날 밤을 공주와 함께 보냈습니다.

이튿날 공주는 두 사람에게 훌륭한 옷을 입힌 다음 왕에게 말했습니다.

"아버님은 전처럼 옥좌에 오르셔서 제 남편을 대신으로 임명하시고, 군대를 불러모아 모든 사정을 말씀하세요. 그리고 대신을 감옥에서 끌어내어 처형하시고 시체는 불태워 버리도록 하세요. 그자는 이교도라 결혼식도 올리지 않고 다짜고짜 저를 범하려 했어요. 그뿐만 아니라, 대신은 '나는 이교도이니 신의 가르침을 믿지 않는다'고 스스로 말했습니다."

"오, 공주여, 잘 알았다. 그러나 그 반지는 나나 네 남편에게 주는 게 좋겠다."

"이것을 아버님이나 남편이 가지고 있는 것은 좋지 않을 듯해요. 제가 단단히 보관해 두겠어요. 두 분보다 더 주의 깊게 잘 간직해서 무슨 일이든 두 분께서 반지가 필요할 때는 제가 대신 반지의 노예에게 명령하겠어요. 제가 살아 있는 동안은 절대로 염려하지 마시고, 제가 죽은 뒤에는 두 분이 알아서 하세요."

"공주여, 네 말이 지당하니 그렇게 하마."

왕은 곧 사위 마루프를 데리고 알현실로 나갔습니다.

한편 왕의 신하들은 대신이 결혼식도 올리지 않고 공주에게 간 일이며, 왕과 마루프가 참혹한 변을 당한 일을 한탄하면서 하룻밤을 지새웠습니다. 그들은 새 임금이 이교도이니, 알라의 법도가 더럽혀지지나 않을까 염려하고 있었습니다. 그래서 알현실에 모인 사람들은 이슬람교 장로를 비난하며 말했습니다.

"당신은 어째서 그때 대신이 두냐 공주님에게 가는 것을 막지 않았소?"

"오, 여러분, 그자는 이교도인 데다가 그런 무서운 반지를 가지고 있었기 때문에 나도 다른 사람들과 마찬가지로 그자에게 대항할 수 없었던 거요. 그러나 더없이 높으신 알라께서 머지않아 반드시 그자의 행위를 벌하실 테니, 그자에게 살해당하지 않도록 한동안은 얌전하게 있는 것이 좋을 것 같소."

이런 얘기를 주고받고 있는데, 뜻밖에도 사막에 버려졌다던 왕과 마루프가 나타난 것입니다.

—여기서 날이 훤히 밝기 시작했으므로 샤라자드는 이야기를 그쳤다.

1000번째 밤

샤라자드는 이야기를 계속했다.

오, 인자하신 임금님, 왕은 그들에게 명령하여 도성을 아름답게 꾸미게 하고 감옥에 있는 대신을 끌어오라고 명령했습니다. 대신이 끌려나오자 사람들은 그를 저주하며 욕설을 퍼부었습니다. 대신이 왕 앞에 끌려나오기가 무섭게 왕은 이 세상에서 가장 처참한 방법으로 그를 처형하라고 명령했습니다.

그리하여 신하들이 대신을 베어 버리고 그 시체를 불태우니, 대신은 다시없이 처참한 꼴이 되어 지옥으로 떨어지고 말았습니다. 시인은 이런 인간에 대해 다음과 같이 읊었습니다.

자비로운 알라마저
그자의 뼈가 묻힌
무덤을 동정하진 않으리.
문카르와 나키르*74도
영원히 무덤을 떠나지 않으리.

왕이 마루프를 우대신으로 임명한 뒤 즐거운 세월이 평온하게 흘러갔습니다. 그리하여 5년이 지나 6년째에 왕이 세상을 떠났으므로, 두냐 공주는 아버지의 후계자로서 마루프를 떠받들었으나 그 반지는 주지 않았습니다.

그동안 두냐 공주는 마루프의 씨를 잉태하여 무척이나 아름다운 아들을 낳았습니다. 유모의 무릎 위에서 소중히 자라 아이가 다섯 살이 되었을 때, 어머니 두냐는 중병이 들어 자리에 눕게 되었습니다. 두냐는 남편을 불러 놓고 말했습니다.

"저는 중병에 걸렸어요."

"오, 내 마음의 아내여, 부디 알라의 가호가 있기를!"

"아마도 전 다시는 일어나지 못할 것 같아요. 당신은 제가 부탁하지 않더라도 아들을 잘 보살펴 주시겠지요. 당신께 부탁하는 것은 오직 이 반지를 소중히 해달라는 것뿐이에요. 부디 당신 자신을 위해서나 자식을 위해서나 소중하게 간직하세요."

공주가 마술의 반지를 손에 쥐여주자 마루프는 말했습니다.

"알라께서 지켜주시는 자에게는 재앙이 일어날 리가 없어."

그 이튿날 두냐는 더없이 높은 알라의 부름을 받고 떠났습니다. 그 뒤에도 마루프는 왕위를 지키면서 오로지 나랏일에만 전념했습니다.

그러던 어느 날, 마루프가 손수건을 흔들자*75 모여 있던 신하들은 모두 자기 집으로 물러갔습니다. 마루프는 거실로 물러가서, 해가 지고 어둠이 내릴 때까지 혼자 앉아 있었습니다.

그러자 평소의 습관에 따라 신분이 높은 술벗들이 찾아와서 그를 상대로 밤늦도록 놀다가 이윽고 그의 허락을 받고 돌아갔습니다.

그 뒤에 잠자리를 보살피는 노예여자가 와서 자리를 편 다음, 마루프의 옷을 벗기고 잠옷으로 갈아입혔습니다. 그리고 마루프의 다리를 주무르다가 잠시 뒤 그가 잠든 것을 보고 자기 방으로 물러갔습니다.

한참 뒤, 마루프는 자기 옆에 누군가가 누워 있는 듯한 기척을 느끼고 깜짝 놀라 일어나며 소리쳤습니다.

"오, 알라여, 제 곁에 있는 악마를 물리쳐주소서!"

그리고 나서 눈을 크게 뜨고 자세히 보니, 자기 옆에 얼굴이 매우 못생긴 여자가 누워 있어서 물었습니다.

"너는 대체 누구냐?"

"놀라지 마세요. 나는 당신의 아내 파티마 알 우라예요."

그 말에 여자의 얼굴을 자세히 들여다보니, 그 못생긴 얼굴과 커다란 송곳니, 틀림없는 자기 아내의 얼굴이었습니다.

"아니 어떻게 여길 왔어? 누가 이 나라에 데려왔지?"

"당신은 지금 도대체 어느 나라에 있어요?"

"이흐티얀 알 하탄이라는 도시지. 그런데 당신은 언제 카이로를 떠났지?"

"조금 전에요."

"그럴 리가 있나!"

"맞아요, 사실은 이렇게 된 일이에요."

파티마는 이야기를 시작했습니다.

"내가 당신하고 다투었을 때, 악마가 나를 부추겨 당신을 해치자고 하기에 나는 관가에 당신을 고발했어요. 그래서 관리들과 판관들이 당신을 찾았는데 아무래도 당신은 보이지 않았어요. 그리고 이틀이 지나자 나는 내가 한 잘못을 깨닫고 무척 후회했지요. 하지만 아무리 후회해 봤자 소용없는 일이라 그로부터 며칠 동안 당신을 걱정하며 울고 지냈답니다. 그럭저럭 돈도 떨어지고 먹을 것도 없어서 지체 높은 부자에게나 천한 가난뱅이에게나 가리지 않고 구걸하는 신세가 되었지요.

당신과 헤어진 뒤 나는 거지의 쓰라린 괴로움을 맛보고 밤마다 당신과 헤어진 것을 슬퍼하며 매일 밤 눈물로 살아왔지요. 헤어진 뒤의 괴로움과 학대받고, 창피당하고 측은한 취급을 받는 것을 눈물로 참고 견디고 있었답니다."

이렇게 파티마는 자기가 겪은 일들을 모두 이야기했습니다. 마루프는 그저 깜짝 놀라며 상대의 얼굴을 지켜볼 뿐이었습니다.

"어제만 해도 온종일 발이 부르트도록 구걸을 다녔지만, 아무도 베풀어주는 사람이 없었어요. 누구든 지나가는 사람이 있으면 소매를 붙잡고 '빵 부스러기라도 좋으니 적선하세요' 하고 애걸했지만, 모두 욕만 할 뿐 아무것도 주지 않더군요. 그래서 저녁도 먹지 못하고 잠을 청했지만, 배가 고파서 잠이 오지 않아 남에게서 창피당한 것을 생각하며 울고 있는데, 난데없이 어떤 사람이 나타나 나에게 묻는 거예요.

'이보시요, 부인, 왜 울고 있소?'

그래서 대답했지요.

'전에는 저에게 남편이 있어서 먹을 것도 사주고 원하는 것이 있으면 이루어주곤 했지요. 하지만 지금은 그 남편이 제 곁에 없습니다. 어디로 갔는지도 모릅니다. 그이가 저를 버린 뒤부터 저는 온통 괴로운 일뿐이랍니다.'

'당신 남편 이름이 뭔가?'

'마루프라고 합니다.'

'나는 그 사람을 알고 있지. 그 사람은 지금 어느 도시의 왕이야. 당신이 그곳에 가고 싶다면 언제든지 데려다주지.'

'제발 소원이니, 저를 그이에게 데려다주세요.'

그랬더니 그 사람은 나를 움켜잡고 하늘과 땅 사이를 날아 이 집에 데려와서는 이렇게 말했어요.

'저 방으로 들어가요. 당신 남편이 저 방 침대에서 자고 있으니까.'

그래서 나는 시키는 대로 이 방에 들어와 보니 당신이 좋은 이불 속에서 자고 있지 않겠어요? 그때는 설마 당신이 오랫동안 함께 산 나를 버릴 줄은 몰랐어요. 다시 한 번 당신을 만나게 해 주신 알라를 찬양하라!"

그러자 마루프가 말했습니다.

"내가 임자를 버렸다지만, 그때 나를 버린 건 임자가 아닌가? 나를 여러 판관에게 고발하고 나중에는 관청에까지 고소해서 포리가 잡으러 왔기 때문에 나는 어쩔 수 없이 달아난 거야."

그리고 마루프도 파티마에게 지금까지의 사연을 이야기하고, 자기가 국왕이 된 일, 두냐 공주와 결혼하고 그 공주가 죽어 버린 일, 공주가 남기고 간 여섯 살 난 아이가 있다는 것도 얘기해 주었습니다.

"지금까지의 일은 모두 알라의 뜻에 따라 전생에서 이미 정해진 일이에요. 나는 지난 일을 뉘우치고 당신의 가호를 바랄 뿐이에요. 그러니 제발 나를 쫓아내지 말고 뭐든지 먹을 것을 좀 주세요."

이렇게 파티마가 줄곧 머리를 조아리며 애원하자, 마침내 마루프 왕도 인정에 끌려 이렇게 말했습니다.

"지난날의 잘못을 뉘우친다면 여기 있도록 해. 내 옆에 있으면 모든 것이 당신 뜻대로 이루어질 테니까. 하지만 만약 나쁜 생각을 품는다면 나는 사정없이 당신의 목숨을 빼앗을 거야. 지금 나에게는 전능하신 알라 말고는 세상에 무서운 것이라곤 아무것도 없으니까. 나를 고등재판소에 고발하거나, 포리를 시켜 체포하거나 하는 일은 불가능해. 그런 것쯤은 이제 나에겐 문제도 되지 않아.

왜냐하면 나에게는 마술 반지가 있는데, 이것을 문지르면 아부 알 사다트라고 하는 반지의 노예가 즉시 나타나서 내가 명령하는 건 뭐든지 이루어주기 때문이야. 당신이 만약 고향에 가고 싶다면 평생 안락하게 살 수 있을 만큼 재물을 주어서 고향으로 보내줄 수도 있어. 그러나 내 곁에 있고 싶다면 따로 궁전을 지어서 가장 좋은 비단으로 꾸미고, 노예계집 스무 명에게 시중들게 하고, 좋은 그릇과 사치스러운 옷을 주지. 그러면 임자는 왕비가 되어 임자가 죽거나 내가 죽을 때까지 이 세상의 환락을 맘껏 누리면서 살 수 있을 거야. 어떻게 하겠소?"

"나는 당신과 함께 살고 싶어요."

파티마는 마루프의 손에 입을 맞춘 다음 지난날의 잘못을 뉘우치고, 다시는 나쁜 짓을 하지 않겠다고 맹세했습니다.

그리하여 마루프는 파티마를 왕비로 삼고 궁전을 하나 내주고, 또 노예계집과 환관들도 딸려주었습니다.

어린 왕자는 부왕과 파티마를 찾아가곤 했는데, 왕비는 자기가 낳은 자식이 아니어서 미워하고 있었습니다. 왕자도 파티마가 증오와 노여움의 눈초리로 자기를 바라보는 사실을 알고 파티마를 피하며 조금도 따르려 하지 않았습니다.

한편 마루프는 예쁘고 젊은 측녀들만 사랑하고, 아내인 '똥녀' 파티마 따위는 염두에도 두지 않았습니다. 그도 그럴 것이 파티마는 이제 흰머리도 빠져가는 노파인 데다 얼굴이 못생겼을 뿐만 아니라 머리에는 백랍병이 생겨

희고 검은 얼룩뱀처럼 추한 모습이 되었기 때문입니다. 게다가 그 옛날 남편인 마루프를 그토록 괴롭혔으니 더 말할 것도 없었습니다. 옛날 속담에도 '학대는 욕정의 뿌리를 찢고 마음의 흙에 증오의 씨를 뿌린다'고 했으며, 어느 재주 있는 시인도 이렇게 노래했습니다.

남을 해치는 행실 때문에
남의 마음 잃지 말라.
한 번 미움을 사면
두 번 다시 사랑은 돌아오지 않는다.
사랑이 공허해진 마음은
마치 깨진 유리병처럼
본디 모양으로 돌리기 어렵다.
엎지른 물을 다시 담지 못하듯이.

사실 마루프 왕이 아내를 보호한 것은 그녀에게 특별히 칭찬할 만한 가치가 있어서가 아니라, 오로지 전능하신 알라의 뜻에 따르기 위해 관대하게 대한 것뿐이었습니다.

—샤라자드가 여기까지 이야기했을 때 두냐자드는 언니의 이야기를 가로막으면서 말했다.

"언니의 이야기는 어쩌면 이렇게도 재미있을까요? 요염한 여자의 눈동자보다도 훨씬 더 사람의 마음을 사로잡아요! 게다가 언니가 인용한 여러 가지 책도, 지금까지 얘기한 세상에 둘도 없이 신기하고 희한한 이야기도 정말 훌륭해요."

동생의 말에 샤라자드가 대답했다.

"내가 내일 밤에 할 다음 이야기에 비하면 지금까지 한 이야기는 아무것도 아니란다. 하지만 임금님께서 그 이야기를 할 시간을 주실지 모르겠구나."

이윽고 날이 새어 아침 해가 빛나기 시작하자, 샤리아르 왕은 상쾌한 기분으로 잠자리에서 일어났다. 그리고 다음 이야기가 궁금해서 견딜 수 없다는 듯한 기색으로 중얼거렸다.

"아니다, 이야기를 끝까지 다 들을 때까지 결코 저 여자를 죽이지 않으리라."

그리고 왕은 알현실로 나갔다.

한편, 언제나 그러하듯 대신은 딸의 시체를 감쌀 옷을 안고 왕궁에 출사했다.

샤리아르 왕은 그날 온종일 명령과 금령을 내리면서 정사를 돌본 다음, 후궁으로 돌아가 여느 때처럼 아내인 샤라자드의 방에 들어갔다.[*76]

1001번째 밤

두냐자드가 언니에게 말했다.

"마루프의 신상에 대한 마지막 이야기를 들려주세요!"

"그래, 물론 얘기해 줄게, 임금님이 얘기해도 좋다고 허락하신다면."

샤라자드가 대답하자 왕이 말했다.

"나도 듣고 싶으니 허락하마."

그래서 샤라자드는 이야기를 계속했다.

—오, 인자하신 임금님, 마루프는 아내인 파티마와 잠자리를 같이할 의무를 전혀 지지 않고 다정하게 얘기도 하지 않았습니다.

파티마는 남편이 자신의 침대를 멀리하고 다른 측실들에게 마음을 빼앗기고 있자 완전히 질투에 사로잡혔습니다. 그리고 악마의 속삭임에 넘어가서, 남편의 반지를 훔쳐내어 그를 죽이고 자기가 여왕이 될 꿍꿍이셈을 품었습니다.

그래서 어느 날 밤, 파티마는 남편이 무엇을 하고 있는지 엿보려고 자신의 거처를 빠져나갔습니다. 하필이면 전생의 숙명이라고나 할까요, 마루프는 그날 밤 한 측실과 잠자리를 같이하고 있었는데, 이 여자는 참으로 아름답고 뛰어난 겉모습을 지니고 있었습니다.

왕은 또 신앙심이 두터웠으므로, 여자와 잠자리를 같이할 때는, 반지에 새겨진 신성한 신의 이름을 두려워하여 반드시 마법 반지를 빼어 베개 위에 놓아두는 습관이 있었습니다. 그리고 온몸을 목욕하여 몸을 깨끗이 한 뒤가 아니면 절대로 반지를 끼지 않았습니다.

게다가 마루프는 여자와 함께 잘 때는 늘 반지를 생각하고 날이 새기 전에 여자를 돌려보냈고, 목욕탕에 들어갈 때는 돌아올 때까지 방에 자물쇠를 잠갔으며, 반지를 낀 다음에야 평소처럼 다른 사람의 출입을 허락했습니다.

왕비인 '똥녀' 파티마는 그런 사정을 죄다 듣고 알고 있어서, 거동을 잘 살피다가 밤중에 왕이 곤히 잠들면 숨어 들어가서 반지를 훔쳐올 작정이었던 것입니다.

그런데 마침 그 시간에 왕자가 등불도 들지 않고 뒤를 보러 나와 어둠 속에서 변소 문을 열어 놓은 채 대리석 디딤돌*77 위에 쭈그리고 앉아 있다가, 파티마가 발소리를 죽여 가며 아버지의 방 쪽으로 가는 것을 보았습니다.

"저 사악한 노파가 이 밤중에 아버지의 궁전엔 뭣 하러 갈까? 반드시 무슨 까닭이 있을 거다."

왕자는 변소에서 나와 살그머니 파티마의 뒤를 밟았습니다.

왕자는 매우 훌륭한 단도를 갖고 있었는데, 그것을 매우 소중히 여기며 아버지의 방에 갈 때는 반드시 몸에 지니고 갔습니다.

아버지는 그것을 볼 때마다 웃으면서 소리쳤습니다.

"야, 애야, 꽤 좋은 칼이로구나! 하지만 너는 아직 한 번도 그것을 휘두른 적도 없고, 그것으로 사람의 목을 벤 적도 없지."

그러면 왕자는 언제나 이렇게 대답했습니다.

"베어야 할 목이 있으면 반드시 베어 보이겠습니다."

아버지는 아들의 이 자신 있는 말에 즐거워하며 웃었습니다.

왕자가 그 칼을 뽑아들고 파티마를 따라가 보니 그 노파가 왕의 방으로 숨어들었습니다. 왕자는 문 뒤에 숨어서 그녀의 거동을 살폈습니다.

파티마가 바스락거리며 방 안을 뒤지면서 중얼거리는 소리가 귀에 들어왔습니다.

"반지를 어디다 뒀을까?"

이 말에 왕자는 파티마가 마술 반지를 찾고 있음을 알고, 파티마가 찾아낼 때까지 가만히 기다렸습니다. 이윽고 파티마가 마침내 반지를 찾아내고 나직하게 중얼거렸습니다.

"오, 여기 있다!"

그러고는 반지를 들고 발길을 돌려 나가려고 했습니다. 왕자가 얼른 문 뒤에 몸을 숨기자, 파티마는 밖으로 나와 반지를 바라보고는 그것을 쥐고 사방을 두리번거렸습니다.

　그러나 파티마가 그것을 막 문지르려고 하는 순간, 왕자는 칼을 휘둘러 파티마의 목을 쳤습니다. 파티마는 외마디 비명을 지르며 쓰러진 채 그대로 숨이 끊어져 버렸습니다.

　그 소리에 놀라 마루프가 일어나서 나가보니 파티마가 피를 흘리며 쓰러져 있고, 아들이 피가 묻은 칼을 들고 서 있었습니다.

　"오, 왕자여, 어인 일이냐?"

　"아버님, 아버님은 여러 번 저더러 너는 좋은 칼을 가지고 있지만, 아직 그것을 들고 싸움터에 나간 적도 없고, 사람의 머리를 벤 적도 없다'고 하셨습니다. 그래서 저는 베어야 할 목이 있으면 반드시 베어 보이겠다고 대답했지요. 자, 보십시오, 저는 아버님 대신 베어야 할 목을 쳤습니다."

　그리고 아버지에게 그 사연을 이야기했습니다.

　마루프가 반지를 찾아보니 보이지 않았는데, 아들의 말대로 파티마의 손에 쥐어 있었습니다.

　마루프는 그 손을 펴서 반지를 빼내며 왕자에게 말했습니다.

　"잘했다, 훌륭하구나! 알라께서는 너에게 이 무서운 계집을 죽이게 하여 나를 편안하게 해 주셨듯이, 너를 이 세상에서도 다음 세상에서도 편안하게 해 주실 것이다. 이 계집의 계략은 결국 자기 자신을 멸망시키는 원인이 되었구나. 재간 있는 시인도 이렇게 노래 부르고 있지."

　　사람의 뜻이 알라의 도움을
　　재촉하면, 어떠한 때라도
　　소원을 이루리라.
　　그렇지 않고 알라가 구원을 거부하면
　　애초의 계획마저 재앙이 되어 멸망하리.

　마루프 왕이 큰 소리로 신하들을 부르자, 모두 서둘러 왕 앞에 모여들었습니다. 왕은 아내인 '똥녀' 파티마가 저지른 괘씸한 행위에 대해 얘기하고 날이 새기 전에 파티마의 시체를 치워 놓으라고 명령했습니다.

이튿날 왕이 시체를 환관들에게 맡기니, 환관들은 그것을 씻고 수의를 입혀서 묻은 다음 묘비를 세웠습니다.

이렇게 파티마가 멀리 카이로에서 온 것도 결국 무덤에 들어가기 위해 오게 된 셈이 되고 말았습니다.

뛰어난 시인은 이렇게 노래하고 있습니다.

우리는 모두 자신을 위해 표시된
길을 걸어왔을 뿐.
가는 길이 표시된 자,
그 길을 밟아 가는 수밖에 없도다.
고향에서 죽으리라
운명에 표시된 자는
타향에서 죽는 일이 없노라.*78

이런 시인의 노래는 또 얼마나 훌륭한 것인지요!

행복을 찾아서 이국으로
길 떠날 때는,
어떠한 운명이 기다리고 있는지
나는 알지 못한다.
좋은 운명을 좇아가는지,
아니면 불운에 쫓겨가는지.

그 뒤 마루프는 지난날 자기가 달아나던 중에 손님이 되어 대접을 받은 농부를 불러 우대신 겸 추밀사(樞密使)에 임명했습니다.*79

마루프는 이 남자에게 아름답고 사랑스러운 얼굴에 고귀한 성정을 타고난 숫처녀 딸이 있다는 것을 알고 당장 왕비로 맞이했고, 그 뒤 이윽고 왕자도 짝을 지어주었습니다.

그리하여 그들은 한동안 이 세상의 위안과 기쁨을 맘껏 누리며, 천하가 태평하고 모든 백성이 편안한 나날을 보냈습니다. 그러나 얼마 안 되어 환락을 멸하고 단란함을 파괴하며 도시를 어지럽히고 어린아이들을 고아로 만드는 죽음이 찾아왔습니다.

멸망하는 일 없이, 그 손에 보이는 것과 보이지 않는 것의 열쇠를 쥐고 계시는 영원한 신 알라께 영광이 있기를!

〈주〉

＊1 구두는 아랍어로 자라빈(Zarabin)〔자르분(Zarbun)의 복수형〕이라고 하며, 글자 그대로는 노예의 신발, 또는 샌들, 즉 백인 노예병사가 신는 신발이다. 여기서 이 말은 튼튼한 단화, 또는 보행용 부츠 같은 근대적인 의미로 사용되어 있다.

＊2 마루프(Ma'aruf)는 속어이며 '선량하다'는 뜻. 이를테면 '아밀 알 마루프(A'mil al-Ma'aruf)'라고 하면 '잘 부탁합니다' '아무쪼록 부탁합니다'라는 뜻이다.

＊3 드지는 '똥녀'인 우라(Urrah)에 대해 '악다구니 쓰는 악녀(une mégère)'라는 번역어를 적용했고, 레인은 '좋지 않은 악의를 품은, 시끄러운 여자를 의미하는 속어'라고 했다.
　　그러나 이것은 우르(Urr) 즉 '똥'의 여성형이며, 빌링스게이트〔런던의 어시장〕의 처녀에게 붙이는 악명이 아니다. 〔빌링스게이트는 욕설의 동의어이므로.〕

＊4 즉, 최후의 심판일에 그녀에게 제시되는, 그녀의 행적이 기록된 장부〔염라대왕의 장부〕처럼 까맣다는 뜻이다. 죄가 많은 사람은 이 장부를 왼손에 들고 오른손은 등 뒤에 묶여서, 열 가지의 추악한 모습, 이를테면 원숭이나 돼지 등의 모습으로 나타난다.

＊5 쿠나파(Kunafah, 일종의 국수(vermicelli-cake))는 밀가루로 우리의 버미첼리보다 가늘게 만든 것으로, 사문(녹여서 투명하게 한 버터)으로 볶아서 벌꿀 또는 설탕으로 단맛을 더한 인기 있는 음식이다. 레인의 저서 《근대 이집트인》 제5장에 나와 있다.
　　또한 벌꿀은 감미료로 사용되는 각종 시럽류에 대응하는 것이다.

＊6 즉, 도와주실 것이라는 뜻. 이에 대한 사나운 여자의 대답은 이슬람교도가 보는 바로는 매우 불경한 말이다.

＊7 설탕꿀은(drip-honey), 아랍어로 아사르 카트르(Asar Katr)이다. 레인은 '고급 흑꿀, 당밀'이라고 했다. 그러나 나중에는 자당밀(蔗糖蜜, Asal Kasab)이라 불리고 있다.

＊8 빵은 아랍어로 아이쉬(Aysh)이며, 글자 그대로는 인간이 늘 먹는 것이라는 뜻이다. 후브즈(Khubz) 쪽이 더욱 일반적인 용어이다.

＊9 목욕비도 가져가라는 것은, 아내를 육체적으로 앎으로써 아내와 화해를 하는 것이 좋다고 은근히 암시한 것이다.

＊10 자당밀은 아랍어로 아사르 카사브, 즉 아마도 사탕수수(*Holcus sorghum*)로 만든 당밀. 나는 중앙아프리카에서 이 수수로 시럽을 만들었다.

＊11 이것은 카이로의 법정에서 여자들을 다루던 관대한 태도를 그대로 옮긴 듯한 문장이다. 그러나 그 결과에 대해서는 탄식을 금할 수 없다.

나는 앞에서도 언급했지만, 영국의 점령 이후 상황은 점점 더 나빠지고 있다. 왜냐하면 역사는 되풀이되기 때문이다. 그것은 아프가니스탄이나 신드에서도 마찬가지였다. 지령하는 것만으로 충분하며 변경을 가해서는 안 되는 사항에 지나치게 참견하여 다른 사항, 특히 피정복자에게 정복자에 대한 경의를 강요하는 점에서는 아무런 방침이 없다.

＊12 고등법정이란 아랍어로 바브 알 알리(Bab al'Ali), 즉 '높은 문' 또는 쉬블림 포르트(Sublime Porte)〔위의 바브 알 알리를 직역한 프랑스어로, 1923년 이전의 '터키정부'를 가리키는 공식명칭〕이다. 여기서는 판관장 또는 재판장의 법정이라는 뜻.

또한 이 바브 알 알리는 '파라오(Pharaoh)'〔고대 이집트 왕의 칭호〕의 어원이기도 한 콥트어의 페르 아오(Per-ao)에서 유래한 것이다.

＊13 포리는 카이로 사투리로 아부 타바크(Abu Tabak)라고 하며, 판관의 명령으로 사람을 체포하는 관리. 원래의 뜻은 '채찍질의 아버지'. 타바카(tabaka)는 구타, 채찍질 등을 말하는 비속한 말. 그도 그럴 것이 위협으로 모든 폭력에 호소하여, 자신의 의무를 수행하기 때문이다.

＊14 '개선문'은 바브 알 나스르(Bab al-Nasr)이며, 동방의 문, 또는 사막의 문.

＊15 아딜리야(Adiliyah) 사원은 위의 개선문 바깥쪽에 있으며, 이슬람력 906년(＝1501년), 알 말리크 알 아딜 투만 베이(Al-Malik al-'Adil Tuman Bey)가 처음 세웠다. 그러나 이러한 연대는 그다지 주목할 가치가 없다. 왜냐하면 이런 종류의 명칭〔여기서는 사원의 이름〕은 종종 필사생의 손으로 멋대로 삽입되었기 때문이다.

＊16 '주인'은 아랍어로 아미르('Amir)라고 하며, 글자 그대로는 사는 자, 거주자라는 뜻. 여기서는 특수한 용법. 앞에서도 볼 수 있듯이 폐허나 뒷간 같은 부정한 장소, 또는 목욕탕은 마신이 즐겨 사는 곳이다.

본문의 마신은 구두 수선공의 절규를 듣고 나온 것으로, 마족도 이렇게 친절한 행동을 할 때가 있다.

＊17 '붉은 거리'는 아랍어로 다르브 알 아마르(Darb al-Ahmar)이며, 바브 주와일라 성문 근처, 그 바깥쪽에 지금도 있는 거리 이름이다. 주와일라 문에 대해서는 이 책 '꼽추 시체가 들려주는 이야기' 주석 26 참조.

＊18 약종상은 아랍어로 아타르(Attar)이며, 향료상이자 약종상이다. 이 말은 우리의 오타(Ottar)〔Attar라고도 쓰며, 장미꽃잎으로 만든 향유를 말한다〕와 관계가 있다.

＊19 선생 또는 교사는 아랍어로 무다리스(Mudarris)라 하며, 글자 그대로는 학업을 닦음 또는 강의하는 사람이지만, 원래는 카이로의 알 아즈하르(Al-Azhar) 사원 같은, 대이슬람 사원〔세계에서 가장 오래된 대학〕에서 강의하는 교수를 가리킨다.

＊20 매우 극적인 정경이 아름답고 순박하게 묘사되어 있다. 《아라비안나이트》가 터키인들 사이에서 국민연극의 기반을 이루게 된 것도 이상한 일이 아니다.

＊21 이흐티얀 알 하탄(Ikhtiyan al-Khatan)에 대해 트레뷔티앙은(그 번역서 3권) '하이난 (Khaitan)이라는 마을'이라고 읽고(맥나튼판 제4권도 그렇지만), '소하탄 왕국의 수도(capital du royaume de Sohatan)'였다고 했다.

레인에 의하면 이흐티얀은 가공의 도시이며, 하탄은 카슈가르 동쪽의 타타르인의 한 지역이다. 〔참고로 카슈가르는 객십지구(喀什地區)이며, 중국 신장웨이우얼자치구 남부에 있는 도시.〕

＊22 이것은 카이로 사람의 전술과 장사하는 꾀를 표현한 문장이다. 앞의 이집트 태수의 통치 아래에서 그들이 어떻게 유럽인을 이용하려 했는지는 재미있는 구경거리였다. 유럽인은 자신도 모르는 사이에 속아 넘어갔다.

이를테면 대령 정도의 계급이었던 모든 지방장관(Bey)은 '각하'가 되어, 그 자격으로 조정에 참여했다. 그들의 아버지는 가난한 농민으로서 밭을 갈고 사는 신분이었다. 탄피크 파샤(Tanfik Pasha)는 항상 명예로운 자리에서 토착민을 측근에 거느리고, 그들에게 먼저 말을 걸어 유럽인을 무시하는 방식으로 그 불길한 통치를 시작했다.

〔1538년 터키가 이집트를 정복했을 때, 그때의 터키 황제 살림은 국내 정치에서 백인 노예병사(Mamelukes)의 세력을 뒤엎어버리려고 했으나 잘되지 않았다. 그래서 생각다 못해 회유책을 써서 이집트를 24개 군관구(軍管區)로 분할한 다음, 각 관구에 태수(Bey)를 임명하고, 그것을 한 명의 파샤(총독)의 최고지휘권에 맡겼다. 따라서 베이는 백인 노예병사가 신분 상승한 것으로, 맘루크 베이라는 명칭의 유래이다.〕

＊23 즉, 신이 언젠가 나에게 갚아주시기를, 그러나 당분간은 부디 뜻대로 사용해 주십사 하는 의미.

＊24 마루프라는 이름을 비튼 것. 선악과 길흉을 미리 보여주는 사람 이름의 의의에 대해서는 할 말이 많지만, 각주로는 도저히 다 설명할 수 없는 범위가 넓은 문제이다.

＊25 〔버턴은 '당신들은 상인 마루프 님과 가까워질 수 있는 영광을 얻은 것이오' 하고 번역했지만〕 이 아니사 쿰(Anisa kum)이라는 아랍어에 대해, 레인은 '마루프의 도착은 당신들을 기쁘게 했다'고 번역했고, 페인 씨는 그저 '여러분에게 그를 소개하니 잘 부탁한다'고 번역했다.

＊26 빵과자라고 번역했지만, 아랍어로 파투라트(Faturat)라고 하며, 이른 아침에 식사로 먹는 가벼운 음식.

＊27 '짙은 빨간색의 염색'(레인).

＊28 동전은 아랍어로 자디드(Jadid). 〔10주다드는 은화 반 닢. 821번째 밤 참조.〕

＊29 어느 쪽의 원전도 이렇게 되어 있지만, 그것으로는 거의 의미가 통하지 않는다. 마루

프는 아마, '나의 짐은 아직 당분간 도착하지 않을지도 모르지만'이라고 말할 작정이
었을 것이다.

*30 수많은 정중한 거절 문구의 하나.

*31 다마스쿠스 같은 대도시에서는 시장마다 높고 무거운 나무문이 있어서, 경비인(가피
르)이 밤이 되면 닫고 아침에 연다. 그러나 '은열쇠'(뇌물을 가리킴)가 있으면 언제라
도 안에 들어갈 수 있다.

*32 거짓말을 하고는 마침내 자기 스스로 그 거짓말을 진실이라고 생각하게 되었음이 암
시되어 있다. 이것은 그리 드문 일이 아니라고 할 수 있다.

*33 '칭찬했다가 비난하면 두 번의 거짓말'은 알 하리리가 한 말로 되어 있다(레인). 그가
한 말인 것은 분명하다. 페르시아인은 '자신이 심은 나무를 베어 넘기지 말라' 라고
한다. 이 생각은 동양 전체에 널리 통하고 있다.

*34 이 문장은 알 하리리에게서 인용(《바다위족의 집회》)한 것이다. 아슈아브(Ash'ab)는
오스만 교주를 섬긴 메디나 사람으로, 이슬람력 54년에 사망했는데, 탐욕스럽고 잔인
하기로 명성이 자자한 사람이었다. 미코바처럼 늘 어디서 호박이 굴러들어오기를 기
다리고 있었다. (미코바는 찰스 디킨스의 소설 《데이비드 코퍼필드》에 나오는 인물.)

고전을 알기 쉽게 풀이하는 사람인 알 샤리시(Al-Sharishi, 헤레스 출신)는 테오프
라스투스의 방식으로 아슈아브를 그리고 있다.

(헤레스는 에스파냐 남서부 안달루시아 자치지방의 상업도시. 테오프라스투스
(Theophrastus)는 기원전 3세기의 그리스 철학자.)

아슈아브는 누가 주머니에 손을 넣는 것을 보면 뭐든 주려는 것이라 생각하고, 장
례식이 끝나면 유산이 굴러들어오기를 기대하며, 신부의 행렬을 보면 어쩌면 집을 잘
못 찾아서 자기 집에 신부가 들어올지도 모른다 생각하여 집 안을 치웠다……. 그 자
신보다 더한 욕심쟁이가 있을까 하는 질문에 그는 이렇게 대답했다. "있고말고, 내가
전에 옥상에서 키웠던 양은 말이야, 무지개를 보고 건초를 꼰 새끼줄이라고 착각하고
는 그걸 붙잡으려고 뛰어올랐다가 목이 부러졌다네!"

이때부터 '아슈아브의 양'은 세상의 이야깃거리가 되었다(프레스턴은 이 이야기를
완전하게 전하고 있다).

*35 즉 '수전노한테 돈을 보여주면 무슨 말을 해도 소용없다'는 뜻. (우리나라의 '고양이
한테 생선을 맡긴다'와 같다.)

*36 우선 4만 파운드가 필요하다는 얘기.

*37 즉 아랍어의 사비하트 알 우르스(Sabihat al-'urs)로, 혼례를 올린 뒤의 아침, 혼례 이
튿날 아침.

*38 알 이슬람의 장로가 등장하는 것은 제2의 카마르 알 자만 이야기(963번째 밤 이하의
'카마르 알 자만과 보석상의 아내')에서와 마찬가지로, 이 이야기가 근세의 작품임을

나타내는 또 하나의 증거이다.

＊39 남창(effeminates)은 아랍어로 알 징크(Al-Jink)〔터키어에서〕이며, 대부분 유대인, 아르메니아인, 그리스인, 티기인 등의 소년이나 젊은이인데, 여자 옷을 입고 긴 머리를 땋아서 늘어뜨린다.

레인《근대 이집트인》제19장과 제25장)은 '깅크(Gink)'〔이집트인은 그렇게 부르므로〕의 습속에 대해 약간 기술했지만, 이러한 남창에 대해서는 자세히 설명할 수 없었다.

상당한 지위에 있는 이슬람교도들도 종종 축하잔치에 여자 무용수를 쓰지 않고 이러한 남창을 고용하여 춤추게 한다. 이슬람적인 관습의 별난 취향이다.

그들은 성인이 되어서도 종종 그대로 여장하고 있다. 유럽인이라면 그런 모습은 언뜻 보기만 해도 소름이 끼칠 것이다.

〔소도미(sodomy) 또는 페더래스티(pederasty)라 불리는 남색의 생태는 단순한 정신적인 사랑에서 임미시오 멤브리 인 아눔, 즉 항문성교에 이르기까지 천차만별이며, 그것은 여자의 동성애가 음핵의 마찰이나 자위기구의 사용에까지 이르는 것과 같다. 또 호모이든, 레즈비언이든, 간단하게 말하면 어떤 종류의 인간의 특성, 즉 남성에게는 여성적 기질이, 여성에게는 남성적 기질이 매우 현저함에 의한 것으로, 따라서 동성애는 거의 전 세계에 공통되는 현상이다.

버턴은 동서고금의 남색에 대해 여러 번 이야기했고, 사회학자 에드워드 웨스터마크는 훌륭한 저술《윤리 관념의 기원과 발달》에서 세계의 동성애 습속의 범위가 얼마나 크고 넓으며 다양한지를 깊이 생각하고 연구했다.〕

＊40 '두 개의 턱가리개의 아버지여'라는 것은 아랍어로 야 아바 르 리사마인(Ya aba 'l -Lithamayn으로), 그의 성기를 부른 것이다. 어근인 라삼(Latham)은 입맞춤 또는 깨는 것을 의미한다. 따라서 마루프는 이렇게 말한 셈이다.

"나의 혀는 그녀 입의 처녀성을 깨지만, 너는 그녀의 처녀성을 깰 수 있다."

'성채(보통은 정사각형이다)를 네 구석부터 깼다'라고 하면 완전히 부쉈다는 뜻이다.

＊41 이것은 잠언의 지은이에게는 하나의 신비였다(잠언집 30장 18~20절).

나에게는 참으로 신비로운 것이 세 가지 있다.

아니, 네 가지가 있는데, 나는 그것을 알지 못한다.

그것은 곧, 하늘을 나는 독수리의 길,

바위 위를 기는 뱀의 길,

바다를 달리는 배의 길,

남자가 여자를 만나는 길이 그것이다.

노는계집의 길 또한 그러하니,

그녀는 먹고, 그 입을 씻은 뒤

'나는 나쁜 짓은 하나도 하지 않았다'고 말한다.

〔요컨대, 남녀의 교접과 거기에 따르는 무릉도원처럼 아름다운 경지가 이해를 넘어선 것임을 말한 것이리라.〕

＊42 몇 명의 여성이 나에게 그 고통을 설명하며, 이를 뽑을 때의 그것과 비슷하다고 말했다.

＊43 두냐 공주의 그것과 비슷한 성격묘사는 여성에 대한 욕과 꾸짖음이 가득 찬 이 책을 보상하고도 남는다.

＊44 마치 타타르 지방에서처럼, 여기서 '아랍인'은 약탈을 일삼는 유목민을 의미한다. 그 것은 바로 페르시아의 '일리야트(Iliyat)'와 그 밖의 양을 치는 종족과 같은 것이다.

＊45 모래 산은 아랍어로 나카(Naka)라고 하며, 도시를 떠나가는 바다위족의 눈을 기쁘게 해 주는 아름다운 모래언덕을 가리킨다.

＊46 완곡한 어법으로, '곧 먹을 것을 가지고 오겠다'는 뜻. 이 말을 아무렇게나 해 버리면 불행을 부를 우려가 있기 때문이라고 한다.

＊47 마을은 아랍어로 카프르(Kafr)이며, 이집트와 시리아의 촌락. 이를테면 카페르나움 (Capernaum)은 카프르 나훔(Kafr Nahum)〔나훔 마을〕.

＊48 아부 알 사다트(Abu al-Sa'adat)는 '번영의 아버지'라는 뜻. 아부사다트라고 발음한 다. '바그다드의 어부 할리파' 이야기에서도 마찬가지였다.

＊49 《코란》 제89장 참조.〔또한 275번째 밤 이하의 '원기둥이 많은 도시 이람과 아비 키 라바의 아들 압둘라'를 참조할 것.〕

＊50 렌즈콩(lentils)은 이집트에서는 가장 값이 싸고 보잘것없는 먹을거리로, 호텔의 정식 에서는 절대로 볼 수 없다.

＊51 마법의 보물창고를 지키고 보호하는 아름다운 처녀들을 말한다.

＊52 가마 네 귀퉁이의 장식은 아랍어로 아사키르(Asakir)이며, 단순한 금속 구슬을 매달 거나, 초승달 위에 끝이 뾰족한 원뿔꼴 모양을 얹은 것. 레인 저 《근대 이집트인》에 는 마마르를 그려 놓았다.〔마마르는 덮개가 있는 가마.〕

＊53 큰아버지는 아랍어로 암(Amm)이며, 아버지의 형제이다. 여기서는 정중하게 '장인' 대신 사용되었다. 장인이라고 하면 그 딸과 잠자리를 같이한 것이 되며, 그렇게 기록 하는 것은 예의가 아닌 것으로 여겨졌다. 그래서 남편 마루프는 유쾌한 거짓말로 사 촌동생과 결혼했다는 식으로 얘기한 것이다.

＊54 카이로 사람은 같은 카이로 사람을 잘 알고 있었으므로 속지 않은 것이다.

＊55 코걸이는 아랍어로 히잠(Hizam)이라고 한다. 레인은 Khizam이라고 읽었는데, 이 코 걸이에 대해서는 그의 저서 《근대 이집트인》의 부록에 나와 있다.

〔에브리맨스 총서에는 코걸이 그림이 실려 있다. 이에 의하면, 코걸이를 하는 사람 은 카이로의 하층계급의 몇몇 여성과 상하(上下)이집트의 시골 도시와 촌락의 몇몇

여성들이다. 코걸이는 보통 놋쇠제품으로, 지름 1인치에서 1인치 반, 대개는 세 개 이상의 채색 유리구슬이 꿰어져 있다. 오른쪽 콧방울에 끼우며 구슬이 있는 부분이 약간 입의 성면에 온다. 따라서 뭔가 입 안에 넣을 때는 한 손으로 그것을 들어 올려야만 한다. 때로는 금제품도 있다. 이 장식은 족장 아브라함의 시대부터 있었으며, 이사야서와 에스겔서에도 언급되어 있다.〕

익숙하지 않은 유럽인의 눈에는 이러한 장식은 불쾌하게 보일 것이다. 힌두인 여성이 낙타처럼, 마치 고삐라도 달듯이 콧구멍에 꿰는 이 고리에는 사실 아름다움 같은 것은 없다. 그러나 콧구멍 사이에 끼우는 장식구슬은, 적어도 어떤 유럽 여성이 귀에 매다는 길게 늘어지는 무거운 장식만큼 아름답다.

*56 반백(半白)이란 아랍어로 샤므타(Shamta)이며, 많은 술 이름의 하나. 방금 따른 잔에서 춤추는 거품을 가리켜 '하얀 얼룩'이라고 하는 것과 같다.

*57 '집에'란 '술통에'라는 뜻.

*58 야우자(게미니)의 별은 술 따르는 여자의 눈동자에 비유되었다.

*59 금빛 처녀란 연한 색깔의 포도주를 가리킨다.

*60 요니는 은근히 술잔을 암시하고 있다.

*61 언제나 그 이름이 더럽고 지저분한 행동의 징조가 되는 시인 아부 노와스는 여기서는 굴라미야(Ghulamiyah), 즉 소년처럼 남장하고 술을 따르는 소녀를 은근히 가리키고 있다. 문명이라는 것은 어떠한 나라에서도 똑같은 취향을 도입하는 경향이 있으며, 런던과 파리의 사창가에서도 '남장한 미인'을 무시하지 않는다. 이러한 여자들이 종종 문을 열어준다.

*62 압달라 이븐 알 무타즈(Abdallah ibn al-Mu'tazz)는 아바스 왕조 13세 알 무타즈 비 라(Al-Mu'tazz bi'llah)의 아들로, 하룬 알 라시드 교주의 손자의 손자이다.

그는 3세기(이슬람력)의 가장 유명한 시인의 하나로, 서기 908년에 조카인 아바스 왕조 18세 교주 알 무크타디르 비 라(Al-Muktadir bi'llah) 일당에 의해 목이 졸려 죽었다.

*63 자지라트 이븐 오마르(Jazirat ibn Omar)라고 하는데, 모술 북쪽의 티그리스 강 연안에 있는 섬이며 도시이다. 페인 씨에 의하면 "이들 시가 인용된 시편의 어떤 번역에서는, 엘 제지레, 즉 자지라트 이븐 오마르 대신 사마라(Samara, 바그다드 북쪽 60마일에 있는 티그리스 강 언저리의 도시)에 가까운 마을 엘 무티레가 나온다."

*64 자지라트 반대쪽의 티그리스 강 동쪽에 있는 아브둔 수도원을 말하며, 그 이름은 이것을 건설한 어떤 정치가의 이름에서 따온 것이다.

*65 '교태를 머금은 눈동자'는 글자 그대로는 '콜드 위즈 군지(Kohl'd with Ghunj)'이다. 〔직역하면 '군지라는 동작을 하면서 콜 가루를 칠하다'가 된다.〕 우리에게는 '교태'라고 하는 것밖에 적당한 번역어가 없다. 387번째 밤〔이 책 '무사브 빈 알 즈바이르와

타라의 딸 아이샤' 이야기 주석 3]에 군지에 대한 상세한 설명을 볼 수 있다.

*66 금빛 물이란 황금색 술. 이를테면 황금색 포도주(Vino d'Oro)처럼.

*67 바일 박사의 독일어 번역을 오클리가 영어로 번역하여 본 판에 수록했다. 아부 미장(Abu mijan)의 아름다운 시와 비교하기 바란다. 〔바일은 독일의 《아라비안나이트》 전 3권의 역자 구스타프 바일을 가리킨다.〕

이제 '죽음'이 찾아와서
내 눈을 영원히 감겨준다면
높지막한 산 중턱에
내 무덤을 만들면 좋으리라,
포도 넝쿨 우거진 그 안에.
흙무더기 깊숙이
내 뼈가 묻힌다 해도,
포도의 즙은 내 뼈를
먹여 기르리라.
아아, 내 시체를 묻으리라,
쓸쓸하고 황폐한 땅에.
실로 두려운 '죽음의 신'은
내 곁에 찾아올지니!
그러나 포도주 향기에
마음이 설렐 적엔
두려움 없이 죽음의 신의
손길을 기다리리라.

*68 사막지대는 아랍어로 룹알카라브(Rub'al-Kharab)이다. 이븐 알 와르디에 의하면, 나일 강 수원지 이남의 중앙아프리카로, 세계에서 가장 풍요로운 지역의 하나. 그러나 여기서는 아마 룹알할리(Rub'al-Khali), 즉 대 아라비아 사막을 가리키는 것이리라. 자세한 것은 674번째 밤 참조.

또 이 말은 수사상(修辭上)으로는 룹 마스쿤(Rub'a Maskun), 즉 사람이 사는 세계의 4분의 1(나머지 4분의 3은 넓고 큰 바다로 여기고 있으므로)에 대응하고 있다.

*69 이것은 이슬람교도의 훌륭한 대응방식이다. 유럽의 책에서라면 사람과 악마 사이에 매우 긴 대화가 오갔을 것이다.

*70 과부의 기한은 아랍어로 알 이다(Al-'iddah)이며, 당사자가 정식으로 재혼할 수 있을 때까지 지나야 하는 넉 달과 열흘의 기간이다.

그러나 본문의 그것은 뚜렷한 책략으로, 두냐 공주는 남편이 정말로 죽었는지 어떤지도 모르고 있고, 또 마루프와 그녀는 이혼한 것도 아니었다. 따라서 이 '생과부

(grass widow)', 독일인의 이른바 '스트로비트베(Strohwitwe)'[남편과 별거하고 있는 아내]는 중간에 기간을 두든 두지 않든 재혼할 수 없었다.

*71 알 하리리의 작품. 레인의 번역을 인용한 것으로 뛰어난 시다.

*72 아름다운 공주가 이렇게 간단하게 폭력을 행사하는 것을 보면, 독자들은 하층계급 여성들 사이에서는 이러한 거친 실력행사가 얼마나 널려 있을지 쉽게 짐작할 수 있을 것이다. 이집트 '여성'들은 남자를, 특히 남편을 묶고 고환을 도려내어 죽이는 방법까지 알고 있다. 레인 저 《근대 이집트인》 제13장에 나와 있다.

[에브리맨스 총서에는 대강 다음과 같은 얘기가 실려 있다. 이집트 여자의 기질의 한 면을 잘 보여주고 있어서 다음에 소개한다.

어떤 노예상인이 상당한 재산을 가진 젊고 아름다운 여자를 아내로 맞이했다. 그러나 그는 이윽고 아내를 내버려두고 돌아보지 않게 되었다. 이미 노년에 접어드는 나이의 노인이 되어 남자로서 한창때가 지났기 때문이다. 그래서 아내 쪽에서도 자연히 남편에게 냉담해져서 다른 남자에게 정을 주게 되었다. 그런데 이 정부는 평소에 그녀의 집에 찾아와서 쓰레기를 가져가는 청소부였다.

그녀는 정부의 신분이 너무 비천해서, 돈을 대어 자기 집 바로 옆에 가게를 차리고 곡류와 사료를 팔게 했다. 그리고 안전히 자신에게 드나들 방법을 궁리하여 정부에게 그것을 가르쳐주었다.

그녀의 방에는 미늘창이 하나 있는데, 마침 바로 그 앞에 처마보다 높게 자란 종려나무가 한 그루 있었다. 그녀는 그것을 보고 정부가 그 나무를 타고 몰래 드나들 수 있다고 생각한 것이다. 그리고 집에는 여자의 하녀가 하나 있었는데, 이 하녀도 이용하여 그녀가 남편 몰래 정부와 정을 통하는 일을 거들게 했다.

그런데 생각하는 바가 있어서, 그 여자는 정부와 첫 번째로 정을 통하기 전에, 미리 하녀의 입을 통해 이 일을 남편의 귀에 들어가게 해 두었다. 그 사실을 안 남편은 하룻밤 망을 보기로 하고, 아내에게는 외출하여 그날 밤 집에 돌아오지 않는다고 말해놓고 집 안에 몸을 숨기고 있었다. 드디어 밤이 되자, 하녀는 몰래 지금 정부가 여자의 방에 들어가 있다고 남편에게 귀띔했다. 남편은 즉시 아내의 방으로 달려갔으나 문이 잠겨 있어서 열 수 없었다. 억지로 문을 열려고 하니 아내가 안에서 비명을 질렀다. 그 사이에 정부는 재빨리 창문을 통해 종려나무를 타고 달아나버렸다.

아내는 이웃 사람들을 향해 소리쳤다.

"도와줘요! 빨리 와주세요! 도둑이 들었어요!"

사람들이 달려가 보니 여자는 문을 잠근 채 방 안에 있고, 남편은 문밖에 서 있는 것이었다. 그래서 사람들은 주인과 하녀 말고는 아무도 없다고 여자에게 말했다.

그러자 아내는 사람들이 주인인 줄 알고 있는 그 남자가 바로 도둑이며, 자기 남편은 오늘 밤에 나가서 돌아오지 않는다고 대답했다. 남편은 남편대로 자신이 하녀한테서 들은 일을 털어놓고, 정부가 아내의 방 안에 있을 거라고 주장하며 문을 부수고 들어가서는 온 방 안을 구석구석 뒤졌다. 그러나 아무도 없자, 결국 이웃 사람들에게 비난을 받고 아내에게는 실컷 욕만 들었다.

이튿날, 아내는 두 사람의 증인을 데리고, 남편이 아무런 증거도 없이 정숙한 자기를 의심하고 헐뜯었다며 관가에 고발해 버렸다. 죄를 뒤집어쓴 남편은 《코란》이 정한 법에 따라 태형 80대의 형벌을 받았다.

아내는 이 사건을 핑계로 남편에게 이혼을 요구했지만, 상대는 들어주지 않았다. 그대로 이틀이 지나 사흘째 밤이 되자, 아내는 정부를 불러놓고 잠자고 있던 남편의 손발을 묶어 꼼짝하지 못하게 했다. 그리고 정부가 찾아오자 소리를 내면 죽여 버리겠다고 남편을 위협한 뒤, 남편 바로 앞에서 몇 시간 동안 정부와 놀아났다.

정부가 돌아가자 아내는 남편을 풀어주었다. 그러자 남편은 미친 사람처럼 이웃 사람들을 부르면서 아내를 마구 때리기 시작했다. 그러자 여자 쪽에서도 큰 소리로 이웃의 도움을 청했다. 달려온 사람들은 그 광경을 보고 남편이 미쳤다는 아내의 말을 완전히 믿고 말았다. 사람들은 곧 판관에게 호소하여 재판을 청했고, 판관은 남편을 정신병원에 넣으라고 명령했다.

그러나 아내는 일부러 남편을 동정하는 척하고, 그럴 바에는 자기가 집 안에 남편을 가두고 보살펴주겠다고 신청하여 판관의 허가를 받았다. 아내는 당장 쇠로 만든 족쇄와 사슬을 병원에서 가져와 방 안에 남편을 가두고 말았다.

그리하여 한 달이 지나는 동안 여자 쪽에서는 계속 이혼을 요구했으나, 남편은 여전히 응하지 않았다. 아내는 드디어 화가 나서 남편을 정신병원에 보내 버렸다.

그런 지 몇 달 뒤, 가까스로 남편에게서 이혼 승낙을 받은 아내는, 자신의 소망이 이루어지자 이번에는 다시 구명운동을 벌여 남편을 병원에서 꺼내주었다.

이 사건의 진상은 나중에 하녀의 입에서 새어나와 세상에 화제가 되었다고 한다. 그녀들의 수단과 복수심에 대해 그 밖에도 몇 가지 실화가 인용되어 있지만, 길어지므로 생략하기로 한다.〕

*73 '분노의 감옥'이란 아랍어로 시진 알 가자브(Sijn al-Ghazab)이며, 오로지 극악한 범죄인을 가두는 토굴을 말한다. 그들은 여기서 교수형이나 단두대 이상의 무거운 형벌을 받았다.

*74 근세의 어느 이슬람교도들에 의하면, 문카르(Munkar)와 나키르(Nakir)는 이단자(비이슬람교도)의 무덤을, 바시시르(Bashshir)와 무바시시르(Mubashshir)〔기쁜 소식을 주는 자들)는 이슬람교도의 무덤을 방문한다고 한다. 페티 드라크루아(《천일일화(千一日話, Les Mille et un Jours)》) 제3권은 수령 다비라의 지휘 아래에서 저주받은 사람들에게 고통을 주는 검은 천사 '조바니야(Zoubanya)'를 들고 있다.

*75 흰 수건을 흔들거나 던지는 것은 흩어짐의 표시로, 동양적인 관행이다. 이 생각은 아

마도 잔뜩 수를 놓은 보자기와 흰 천에 싸서 선물을 보내는 동양인의 습관에서 생긴 것이리라.

＊76 기묘하게도 레인과 페인은 맥나튼판과 부르판 양쪽에 다 나오는 이 문장을 생략했다. 이 문장의 목적은 뚜렷하게, 이야기의 발단으로 돌아가 독자들에게 대단원이 가까워졌음을 예고하는 데 있다. 그리고 그렇게 긴 것도 《고르의 아마디스》에서 '7인의 수호성인(The Seven Champions of Christendom)'까지의 오랜 기사도 이야기의 경우와 같은 효과를 내고 있다. 즉, 지루한 기분을 불러일으키는 한편 기대치를 높이는 것이다.

＊77 대리석 디딤돌이란 아랍어로 알라 말라카이 바이티 르 라하(ala malakay bayti 'l -rahah)라고 하며, 이 두 장의 디딤돌이 합쳐진 곳에 둥근 구멍과 세로로 갈라진 틈이 있다.

＊78 이 시는 앞에도 나왔다. 여기에는 레인의 번역을 인용한다.

＊79 이슬람교도들 사이에서는 이렇게 급격하고 이례적인 승진이 조금도 이상한 것이 아니다. 유럽에서조차 지금도 가끔 볼 수 있다. 동양의 가족은 설령 아무리 비천하더라도 국가의 모범이요 축소판이며, 학문 같은 것은 지혜에 반드시 필요한 것은 아니다.

〈역주〉

(1) '여기 있습니다, 뭘 도와 드릴까요?'라는 뜻.

대단원

이 긴 이야기를 하는 동안 샤라자드는 샤리아르 왕의 아들을 셋이나 낳았다.

그리하여 마루프의 이야기를 끝낸 샤라자드는, 자리에서 일어나 왕 앞에 엎드리며 이렇게 말했다.

"오, 이 세상의 임금님이시여, 현세의 탁월하신 대왕이시여, 저는 당신의 측실이옵니다. 지나간 천 하룻밤 동안 먼 옛사람들의 이야기며, 교훈이 가득 담긴 이야기를 들려 드렸습니다만, 이제 임금님께 한 가지 소원이 있는데 말씀드려도 되겠는지요?"

"오, 샤라자드, 소원이 무엇인지 말해 보라. 들어주리라."

왕의 말에 샤라자드는 유모와 환관들을 향해 소리 높여 외쳤다.

"아이들을 데려 오너라."

그들은 얼른 가서 세 왕자를 데려왔는데 하나는 아장아장 걷고, 하나는 기어다니며, 나머지 하나는 아직 유모에게 안겨서 젖을 빨고 있었다. 샤라자드는 아이들을 이끌고 왕 앞에 나아가 다시 한 번 바닥에 엎드린 다음 이렇게 말했다.

"오, 현세의 임금님, 이 아이들은 임금님의 자식들이옵니다. 이 아이들에 대한 선물로서 부디 목을 베어 죽는 운명에서 벗어나게 해 주십시오. 만일 임금님께서 저를 죽이시면 아이들은 어미 없는 자식이 되어 시녀들 손에 자라게 될 텐데, 아무래도 그것은 어미 손에 자라는 것만 못할 것입니다."

이 말을 듣고 왕은 눈물을 흘리면서 아이들을 가슴에 끌어안았다.

"오, 샤라자드여, 나는 이 아이들이 태어나기 전부터 그대를 용서하고 있었노라. 그것은 그대가 티 없이 순결하고 정숙하며 영리할 뿐만 아니라, 신을 두려워하고 공경하는 마음도 두텁다는 것을 알았기 때문이다! 그대를 비롯하여 그대의 부모와 조상과 후손에게도 알라의 축복이 내리기를! 전능하신 알라께 맹세코, 나는 그대에게 어떠한 위험과 재해도 가하지 않을 것이다!"

샤라자드는 왕의 손과 발에 입을 맞추고 더없이 기뻐하면서 기원했다.

"오, 알라여, 부디 임금님의 수명을 늘려주시고, 권세가 날로 높아지도록 가호해 주소서!"[*1]

기원이 끝나자 샤라자드는 말했다.

"임금님께서는 세상의 모든 계집의 부덕을 보시고 상심하셨지만, 옛날 코스로에의 왕들은 임금님께서 겪으신 불행보다 훨씬 더 크고 애처로운 불행을 당하셨습니다.

저는 교주님이나 그 밖의 많은 사람과 여자들 사이에 일어난 수많은 일을 오랜 세월에 걸쳐 조금씩 말씀드렸습니다만, 그 이야기들은 지혜로운 자에게나 현명한 자에게 좋은 충고와 교훈으로 가득 차 있다고 생각합니다."

샤라자드는 거기까지 말하고 입을 다물었다.

샤리아르 왕은 샤라자드가 해 준 수많은 이야기를 듣고 크게 깨달은 바가 있었다. 밤마다 이야기를 듣는 동안 왕은 건전한 생각과 판단력을 되찾아 마음을 깨끗하게 하고 지혜를 되찾아, 전능하신 알라께 오로지 귀의하여 받들며 자신의 마음을 향해 이렇게 말했다.

"옛날 코스로에의 왕들도 나보다 훨씬 더 고통스러운 고난을 겪었다. 이제 살아 있는 한 지나간 잘못을 뉘우치고, 나 스스로 그 책임을 지기로 하자. 생각해 보면 이 세상에 샤라자드만큼 뛰어난 여자도 없을 것이다. 알라께서는 압제와 살육에서 백성들을 구하기 위해 샤라자드를 내게 보내신 것이다. 오, 그 알라께 영광을!"

왕이 자리에서 일어나 샤라자드의 이마에 입을 맞추자, 샤라자드와 동생 두냐자드는 매우 기뻐했다.

이튿날 아침, 왕은 침실에서 나가 옥좌에 앉은 뒤 영내의 고관들을 불러모았다. 부름에 받고 모여든 시종을 비롯한 대신과 고관들은 왕 앞에 무릎을 꿇고 엎드렸다. 왕은 샤라자드의 아버지에게 특별한 은총을 내려, 가장 값지고 훌륭한 예복을 하사한 뒤 매우 정중하고 겸손한 태도로 이렇게 말했다.

"그대에게 알라의 가호가 있기를! 그대는 그 품성이 고상한 딸을 나에게 아내로 주어, 나로 하여금 아무런 죄도 없는 백성의 딸들을 죽이는 잘못을 깨닫고 후회하게 했다. 진실로 나는 그 여자가 맑고 깨끗하여 속됨이 없고 신앙심이 깊으며, 영리한 재원임을 알았노라. 또 알라께서 나와 샤라자드 사이에 세 아들까지 점지해 주셨으니, 오, 위대하고 자비로우신 알라의 은총을 찬양하라!"

왕은 이어서 다른 신하들에게도 저마다 명예로운 예복을 내린 다음, 모든 신하에게 자신과 샤라자드 사이에 일어난 일과 그로 말미암아 지금까지의 잘못을 뉘우치게 된 일, 재상의 딸 샤라자드와 정식으로 혼인하여 왕비로 맞을 결심을 하게 된 경위를 간단하게 얘기했다. 그 얘기를 듣고 모두 왕 앞에 엎드려 왕과 신부 샤라자드를 축복하고, 대신은 자신의 딸 샤라자드에게 고맙다고 인사했다.

샤리아르 왕은 매우 기쁜 마음으로 접견을 마친 다음, 사람들을 저마다 집으로 물러가게 했다.

이윽고 샤리아르 왕이 재상의 딸 샤라자드와 결혼한다는 소식이 온 나라 안에 퍼졌다.

왕은 결혼식 준비를 시작하게 하고 사람을 보내 아우인 샤 자만 왕을 불렀다. 아우가 오자, 샤리아르 왕은 부하를 거느리고 몸소 마중을 나갔다.

사람들은 도성을 아름답게 장식하고 향로에 향을 피웠으며, 시장과 거리에도 침향과 그 밖의 온갖 향료를 그윽하게 피우고 사람들도 저마다 몸에 사프란*²을 문질렀다.

또 한편에서는 북소리가 둥둥 울리고, 피리와 플루트가 은은한 소리를 내자, 어릿광대와 요술쟁이들이 서로 다투어 묘기를 부렸고, 왕은 그들에게 선물과 행하를 아낌없이 베풀었다. 참으로 경사스럽고 행복한 날이었다.

가신들이 왕궁에 모여들자, 샤리아르 왕은 통째로 구운 고기와 과자와 온갖 요리를 식탁에 차리라고 지시했다. 또 일반 백성들도 모두 큰 홀에 모여 마음껏 먹고 마시며, 이번 기회에 서로 친목의 시간을 가지라는 포고를 내게 했다. 그리하여 위아래 귀하고 천한 것의 구별 없이, 모든 백성이 궁정에 모여들어, 이레 낮 이레 밤 동안 더없이 성대한 잔치가 계속되었다.

왕은 아우 샤 자만과 단둘이 있게 되자, 아우에게 지난 3년 동안 자신과 샤라자드 사이에 있었던 일을 이야기하고, 샤라자드에게서 들은 수많은 속담과 비유, 연대기와 재미있는 이야기, 풍자, 우스갯소리, 전설과 우화, 구전과 역사상의 일화와 상엿소리, 그 밖에 시에 이르기까지 많은 이야기를 들려주었다. 그것을 들은 샤 자만 왕은 무척 감동하여 이렇게 말했다.

"형님의 얘기를 들으니 저는 그 동생을 아내로 맞이하고 싶습니다. 그러면 우리 형제가 같은 자매를 아내로 맞이하여 더욱더 깊은 인연으로 맺어지게 될 것입니다.

저에게 덮친 재앙이 원인이 되어 형님의 불행을 알게 되었지만, 저도 지난 3년 동안 여자라는 존재에 대해 눈곱만큼도 기쁨을 찾지 못하고, 그저 매일밤 영내의 처녀와 하룻밤을 보내고 이튿날 아침이면 죽임으로써 간단히 시름을 달래곤 했습니다. 하지만 이제는 저도 형수님의 동생 두냐자드를 아내로 맞이하고 싶습니다."

샤리아르 왕은 매우 기뻐하며 곧 샤라자드에게 가서 아우가 두냐자드를 왕비로 맞이하고 싶어 한다는 말을 전했다. 그러자 샤라자드가 말했다.

"오, 현세의 임금님, 그러시다면 한 가지 조건이 있습니다. 저는 한시도 동생 곁을 떠나서는 살 수 없으므로, 샤 자만 님이 이쪽에 오셔서 우리와 함께 살아주시면 좋겠습니다. 저희 자매는 어릴 때부터 줄곧 함께 자라서 서로 떨어져서는 도저히 살 수 없습니다.*³ 샤 자만 님께서 이 조건만 승낙해 주신다면 기꺼이 동생을 드리겠습니다."

샤리아르 왕은 샤 자만에게 돌아가서 샤라자드의 말을 전했다.

"오, 사실 전부터 저도 그렇게 생각하고 있었습니다. 이제는 저도 형님과 잠시도 떨어져 살고 싶지 않습니다. 저의 왕국은 더없이 높은 알라께서 뜻에 맞는 자에게 맡겨주시겠지요. 저는 이제 왕위에 대해 아무 미련이 없습니다."

샤리아르 왕은 동생의 말을 듣고 매우 기뻐하며 말했다.

"오, 아우여, 그거야말로 내가 바라던 바다. 나와 아우를 형제로 맺어주신 알라께 영광 있으라!"

왕이 판관과 신학자, 중신과 귀족들을 부르니, 그들은 두 형제와 두 자매의 결혼을 결정하고 결혼계약서를 작성했다. 형제는 모여든 신하들에게 비단과 공단 옷을 내리는 한편, 도성을 아름답게 꾸미라 명령하고 또다시 성대한 축하잔치를 열었다.

샤리아르 왕은 태수를 비롯하여 대신과 시종들에게 저마다의 저택을 장식하라 명령했고, 도성 사람들은 이 세상에서 아무 근심 없는 행복한 미래에 대한 기대로 가슴이 두근거렸다. 왕은 또 양을 잡고 주방을 설치하여 결혼잔치를 열었다. 그리고 위아래 귀하고 천한 것의 구별 없이 참석자 모두에게 산해진미를 대접하도록 명령하고, 가난한 자에게는 보시하여 모든 사람에게 골고루 혜택을 베풀었다.

한편, 환관들은 목욕탕으로 가서 두 신부를 위해 장미와 버들가지를 달인 물에 사향을 뿌리고 카킬리산(産)*⁴ 용연향을 피워 목욕탕을 그윽한 향기로 가득 채웠다. 샤라자드는 동생 두냐자드와 함께 목욕탕에 들어가서 머리를 감고 짧게 다듬었다.

목욕탕에서 나온 자매는 그 옛날 코스로에의 왕들을 위해 특별히 지었던 의상과 장식을 몸에 둘렀다. 그런데 특히 샤라자드의 의상 가운데는 금란으로 가장자리를 두르고 짐승과 새의 모습을 수놓은 옷도 한 벌 들어 있었다.

또 두 자매는 이스칸다르*⁵조차 갖지 못했을 값비싼 보석 목걸이를 목에 걸었다. 거기에는 사람의 정신을 빼앗고 눈을 어리게 하는 커다란 보석이 꿰어져 있었는데 그 하나하나가 태양보다 달보다 밝게 빛나고 있어서, 그 아름다움에 보는 자는 그저 멍하니 정신을 잃을 뿐이었다.

두 신부 앞에는 황금 촛대에 커다란 촛불이 찬란하게 빛나고 있었으나, 그녀들의 아름다운 얼굴은 그 빛조차 부러워할 정도로 더욱 환하게 빛나고 있었다. 두 사람의 눈동자는 칼집을 떠난 시퍼런 칼날보다 날카롭고 맑았으며, 눈꺼풀의 속눈썹은 보는 이의 마음을 황홀경에 취하게 할 정도였다. 신부들의 아름다운 뺨은 장미처럼 붉고, 목덜미와 몸매는 우아하게 흔들리며, 눈은 영양의 그것보다 발랄하게 빛났다. 이윽고 노예계집들이 악기를 들고 두 사람을 마중하러 왔다.

이어서 두 왕은 목욕탕에 들어갔다가 나와서, 진주와 보석을 아로새긴 긴 의자에 앉았다.

그때 두 자매가 나란히 왕들 앞으로 다가가 그 앞에서 섰는데, 달도 부러워할 그 아름답고 귀여운 모습은 가냘프게 앞뒤 좌우로 하늘거리고 있었다.

이윽고 노예계집들은 샤라자드를 그 자리에 있던 여러 사람 앞에 안내하여, 먼저 붉은 옷을 입은 신부의 모습을 보여주었다. 샤리아르 왕은 일어나서 그 모습을 바라보았는데, 남자고 여자고, 늘어선 사람들은 모두 그 아름다움에 완전히 사로잡혀 마치 꿈을 꾸는 것만 같았다. 그도 그럴 것이 그녀

의 아름다운 모습은 정말 다음의 시에서 노래한 것과 같았기 때문이다.*6

　　모래 산 가는 가지에 걸린 태양인가,
　　짙은 다홍색 옷으로 치장한 그대의 모습,
　　그 입술의 꿀 같은 이슬 나에게 먹여주고,
　　장밋빛 뺨으로 꺼진 불을 일으키네.

　다음에는 사람들이 두냐자드에게 감청색 비단옷을 입히니, 그 자태는 마치 방금 빛을 발하기 시작한 보름달을 보는 듯했다.
　맨 먼저 그 옷을 입고 샤 자만 왕 앞에 신부의 모습을 보여주자, 왕은 매우 기뻐하며, 억제할 수 없는 정욕에 사로잡혀 하마터면 까무러칠 뻔했다. 두냐자드의 모습을 본 순간 사랑의 화살에 심장이 꿰뚫린 것이었다.
　진정 두냐자드의 모습은 시인이 노래한 다음 시처럼 아름다웠다.

　　처녀가 입은 푸른 옷,
　　하늘 같은 감청색의
　　비할 데 없는 그 모습,
　　겨울밤에 비치는 여름달.*7

　이윽고 사람들은 샤라자드에게 돌아가더니, 비할 데 없이 아름다운 두 번째 비단옷을 입히고, 그 얼굴을 베일처럼 머리카락으로 가렸다.*8 또 좌우에 곱슬머리를 늘어뜨리니, 그 모습은 마치 다음과 같은 시에서 노래하는 그대로였다.

　　검은 곱슬머리
　　아름다운 뺨 가리고
　　무정한 경멸의 미소로
　　내 생명 앗아간 여인이여,
　　"밤의 베일 끌어내려
　　아침의 빛을 가리려나?"

이렇게 물으니 처녀는 대답하네.
"아니요, 밤의 검은색으로
보름달을 가렸을 뿐."

이어서 사람들이 두냐자드를 두 번, 세 번, 네 번, 차례차례 옷을 갈아입히며 신부의 모습을 널리 보여주자, 신부는 마치 돋아나는 아침 해처럼 사람들 앞에서 아름다움을 자랑하며 이리저리 몸을 흔들면서 거닐었다. 그것은 마치 다음의 시와 같은 모습이었다.

그 처녀 아름다운 태양인가,
수줍어하는 모습이 사랑스럽구나.
얼굴을 들어 미소 지으니
아침 해도 구름옷을 입는다.[9]

그런 다음 사람들은 샤라자드를 세 번, 네 번, 다섯 번, 차례차례 옷을 바꿔 입히고 공개했다. 샤라자드의 요염한 자태는 마치 반나무의 가는 가지나 목마른 영양 같아서, 그 귀여운 생김새와 기품 있는 몸매는 한 점 나무랄 데 없었다. 그야말로 다음의 시와 똑같았다.

기쁜 날 밤에 그 처녀
보름달처럼 나타났다.
가는 허리는 양초인가
마력 깃든 가냘픈 허리,
빛나는 눈동자는
사람들의 마음 위로하고
붉은빛 타오르는 뺨 언저리에
세상의 빛 비추어준다.
검은 머리 길게 드리어
엉덩이를 가리는데,
사람을 조심하라,

독사의 이빨로 물려고 하는
이마에 걸린 그 곱슬머리여!
그 옆구리의 살결은
비단처럼 부드럽건만
마음은 바위, 남몰래
깊고 깊은 곳에 숨어 있다.
눈가를 장식하는 휘장에서
날아가는 화살은 먼 과녁도
어김없이 맞추고 만다.

　사람들은 다시 두냐자드에게 돌아가서 다섯 번째, 여섯 번째 신부의 모습
을 공개했는데, 초록색 신부 옷을 입은 처녀의 아름다운 자태는 삼천 세계의
모든 미인도 일제히 빛을 잃고, 밀물의 바다에 떠오른 보름달도 부러워할 지
경이었다. 그것은 마치 시인의 다음과 같은 노래를 연상시켰기 때문이다.

아, 진정 기품 있는 처녀,
그 옷맵시 세련되고도
우아하게 알뜰히 차려입었으나
해님도 이 처녀에게서
빛을 빌려 간 듯
비단옷 눈부시게 빛나네.
눈 동그래진 우리 앞에
녹색 속옷도 아름답게
푸른 잎에 석류를 숨기듯
베일을 쓰고 그대는 오네.
"그 옷의 유행을
뭐라고 부르느냐." 물으니
처녀 대답하기를
(두 가지 뜻을 담아서)
"이 옷은 단장(斷腸)이어요.

참으로 그럴싸한 이름이라
수많은 사람의 애간장을
태우고 마음을 빼앗았답니다."

이어서 샤라자드가 여섯 번째, 일곱 번째 옷을 입고 신부의 모습을 보여준 뒤, 이번에는 젊은 남자의 차림새로 나타나 몸을 좌우로 흔들면서 앞으로 나아가자, 그 간드러지고 요염한 걸음걸이와 눈길에 사람들의 몸과 마음은 마냥 황홀해져서 모두 넋을 잃고 쳐다보았다.

이윽고 샤라자드는 허리를 꼬고 엉덩이를 흔들면서 칼자루에 머리카락을 늘어뜨리고 샤리아르 왕에게 다가갔다. 그러자 샤리아르 왕은 은근한 주인이 손님을 안듯이 샤라자드를 껴안으면서, 그 귀에 대고 칼을 뺏어 버리겠다고 위협했다.

그 광경은 마치 시인이 부른 다음의 시와 같았다.

아, 젊은이의 검은 머리가
여자의 그것을 능가할 만큼
더없이 뛰어나지 않다면,
수염을 달아준 시녀는
원한을 품으리라, 신부에게!

사람들은 두냐자드도 마찬가지로 차려입혀서 데리고 나왔고, 이 결혼잔치가 끝나자 왕은 참석한 사람들에게 영예를 나타내는 예복을 내리고 신부들을 각자의 방으로 물러가게 했다. 그리하여 샤라자드는 샤리아르 왕에게 가고, 두냐자드는 샤 자만 왕에게 갔다.

이렇게 두 왕은 사랑하는 아내와 함께 첫날밤을 보냈고, 백성들은 그날 밤을 축복했다.

이튿날 아침, 두 신부의 아버지인 재상이 두 왕 앞에 나아가서 엎드리자, 왕은 재상에게 감사인사를 한 다음 많은 상을 내렸다.

그리고 곧 두 왕이 알현실에 나가 옥좌에 앉으니 재상을 비롯하여 태수와 영주들이 그 앞에 나아가 엎드리며 경의를 표시했다.

샤리아르 왕은 그들에게 명예로운 예복과 선물을 내렸고, 그들은 두 왕의 장수를 빌었다. 두 왕은 장인인 재상을 사마르칸트의 부왕에 임명하고 태수 다섯 명을 뽑아 그를 보좌하게 했다.

재상은 그저 황송하여 엎드린 채 두 왕의 장수를 기원했다. 그리고 환관과 시종들을 앞세워 딸들을 찾아가자, 두 사람은 그들에게 인사를 올리고 작별을 고했다. 또 재상의 두 손에 입을 맞추고 부왕에 임명된 것을 축하하며 막대한 금은을 선물했다.

그리하여 재상은 모든 사람과 작별하고 밤을 낮 삼아 여행을 계속한 끝에 사마르칸트 가까운 곳에 도착했다. 사마르칸트 사람들은 사흘 길을 앞두고 마중을 나와 그의 무사한 도착을 축하했다.

새로운 왕이 도성에 들어가자 백성들은 저마다 집 안팎을 장식했다. 그날은 특별히 경사스러운 길일이었던 것이다.

새로운 왕이 옥좌에 앉자 대신들은 축하인사를 했고, 사마르칸트의 태수와 고관들도 모두 저마다 새로운 왕의 무운장구(武運長久)와 국토의 번영을 빌어 마지않았다. 그래서 새로운 왕이 명예의 예복을 내려 특별히 예우하니, 그들은 이의 없이 새로운 왕을 술탄으로서 받들 것을 맹세했다.

한편, 장인인 재상이 사마르칸트를 향해 출발하고 나자, 샤리아르 왕은 곧 영내의 영주들을 소집하여 성대한 향연을 열고, 온갖 산해진미와 특별히 고른 진기한 과자를 대접했다. 그리고 모두에게 명예의 예복과 상금을 내리고, 가신이 있는 앞에서 자신과 아우를 위해 왕토를 둘로 나누었고, 그 소식을 들은 사람들은 무척이나 기뻐했다.

그 뒤 두 왕은 매일 서로 번갈아 왕국을 다스리면서 늘 온화하고 화목하게 지냈고, 두 왕비도 마찬가지로 전능하신 알라를 섬기며 오로지 신께 감사를 바치면서 살았다.

천하의 모든 백성 또한 풍족하고 태평한 세월을 노래했고, 알라의 길을 안내하는 사람들은 단상에서 두 왕의 평안함과 태평함을 기도했다. 그리하여 두 사람의 이름이 널리 나라 안과 밖에 알려지자, 여행자들은 입에서 입으로 수많은 나라에 그 평판을 퍼뜨리고 다녔다.

그 뒤 샤리아르 왕은 연대기 작가와 서기들을 궁정에 모아놓고, 일찍이 왕비와의 사이에 일어났던 사연을 빠짐없이 기록해 두라고 명령했다. 그래서 연대기 작가와 서기들은 그 신기하고 재미있는 이야기들을 기록한 뒤 '천일야화'라 이름을 지었다. 이 책은 모두 30권에 이르렀으며, 왕은 그것을 보물창고에 넣어 소중히 간직했다.

두 왕은 왕비들과 함께 이 세상의 기쁨과 위안과 환희를 마음껏 누리며 나날을 보냈는데, 그것은 더없이 높으신 알라께서 그들의 고뇌를 기쁨으로 바꿔주신 덕분이었다. 그 뒤에도 그들은 행복한 나날을 보내고 맞이하며 살았으나, 이윽고 환락을 멸하고 교제를 끊으며, 집을 파괴하고 무덤을 짓는 죽음이 찾아와, 전능하신 알라의 자비로운 품으로 돌아갔다. 큰 집과 높은 누각은 황폐해지고 궁전은 폐허가 되었으며*10 자자손손 왕들이 그 재물을 물려받았다.

후세에 한 슬기로운 왕이 나타나 나라를 다스렸는데, 지혜와 덕을 아울러 갖춘 청렴하고 고결한 군주는 사람들 사이에 전해지는 이야기와 전설을, 특히 왕후군주의 정치상의 업적과 자취를 다룬 이야기를 매우 사랑했다. 그리고 우연히 보물창고에 들어가 위의 30권의 책에 진기하고 이상야릇하며 재미있는 이야기와 세상에 둘도 없는 신기한 역사 이야기가 수없이 들어 있다는 것을 알았다. 그리하여 왕은 1권에서 2권, 3권, 차례차례 읽기 시작하여 마침내 끝까지 단숨에 읽어 버렸는데, 책마다 모두 놀라운 이야기들뿐이었다.

왕은 그 책에 그려진 갖가지 다양한 이야기체와 설화, 누구도 따라할 수 없는 재미, 그리고 다양한 일화와 교훈, 회고담 등에 완전히 사로잡혀, 책 전부를 베껴 써서 모든 나라에 이 책을 전하라고 명령했다. 그리하여 이 책에 대한 소문은 멀리 외국에까지 퍼져 나갔고, 사람들은 그 책을 '천야일야기담집'이라 불렀다.

이상이 이 책의 기원에 대해 전해 내려오는 이야기이며, 알라는 전지전능하신 신이십니다! *11

세상의 변천에 좌우되지 않고 뽕나무밭이 푸른 바다가 되듯 큰 변화에도 그 주권을 침해할 수 없으며, 현세의 덧없는 세상일에 마음을 어지럽히는 일 없이, 홀로 완전한 은총을 수없이 지니신 알라께 영광 있으라! 또한 신의 대행자이시고, 창조물 가운데 선택받은 자이신 우리의 주 무함마드, 그를 통해 우리가 아름답고 경건한 종언(終焉)을 신께 기원하는 인류의 명군이시여, 편히 잠드소서!

〈주〉

＊1 여기서부터는 맥나튼판의 문구를 삽입하면서 브레슬라우판에서 빌려 썼다.

＊2 즐거운 축제의 표시로 색깔 있는 가루를 사용하는 풍습이 인도에 아직도 남아 있다.

＊3 거의 모든 이슬람교도가 딸을 시집보내기 전에 이런 조건을 주장한다. 이 관습은 오늘
　　날에도 지중해 연안의 주민들 사이에 남아 있다.

＊4 카킬리산(Kakili産)이란 수마트라산을 뜻한다.

＊5 이스칸다르(Iskander)는 아랍인에 의하면 알렉산드로스를 가리킨다.

＊6 이 시는 22번째 밤에 나왔다.

＊7 이것도 22번째 밤의 시이다.

＊8 이러한 모든 교태는 코티용(cotillon)처럼 아이디어를 연구할 필요가 있다. 〔코티용은
　　두 사람, 네 사람 또는 여덟 사람이 한 조가 되어 추는 활발한 프랑스 춤.〕

　　　또한 이 문장은 신부의 머리 일부를, 입을 비스듬하게 가로지르도록 묶어서 턱수염
　　이나 콧수염으로 보이게 했음을 간접적으로 표현해 주고 있다.

＊9 22번째 밤의 반복.

＊10 동양인은 건물 따위를 새로 만들어 세우기는 하지만, 결코 고장 나거나 허름한 데를
　　손보아 고치지는 않으므로.

＊11 즉 이 이야기가 사실인지 아닌지는 신(神)만이 안다는 뜻.

그 뒤 아라비안나이트

잠자는 자와 깨어 있는 자[*1]

옛날 하룬 알 라시드 교주 시대의 일입니다. 바그다드에 한 상인이 살고 있었는데, 그에게는 아부 알 하산 알 할리아[*2](즉, 어릿광대 아부 알 하산)라는 아들이 있었습니다.

그 상인이 아들에게 어마어마하게 많은 재산을 남기고 죽자, 아들은 그 재산을 반으로 나누어 반은 간직해 두고, 나머지 반은 살아가는 데 쓰기로 했습니다. 그리하여 페르시아인[*3]과 다른 상인의 아들들과 어울려 부어라 마셔라 하며 사치스런 생활을 계속하는 동안, 눈 깜짝할 사이에 많은 재산을 탕진하고 말았습니다.

그래서 아부 알 하산은 지인들과 술친구들에게 가서 자기가 빈털터리가 된 사실을 털어놓고, 자신의 궁핍함을 하소연했습니다. 그러나 누구 하나 그의 푸념을 제대로 들어주는 자도 없고 아무런 대꾸조차 하지 않았습니다. 실망한 하산은 어머니에게 가서 자초지종을 얘기하고 친구들이 돈을 주기는커녕, 위로의 말 한마디 해 주지 않더라고 말했습니다. 그러자 어머니가 말했습니다.

"애, 하산아, 인간이란 그런 것이란다. 내가 돈이 있으면 모두 모여들어 치켜세워 주지만 빈털터리가 되면 아무도 얼씬하지 않는단다."

어머니가 슬퍼하는 아들을 위로하자, 하산은 눈물을 흘리면서 다음과 같은 시를 읊었습니다.

　내게 재물 가득할 때
　뭇 사람들 다정하지만
　내 재물 기울어지면
　구해 줄 자 아무도 없어라.
　재물로 하여 다정해진

친구 아무리 많아도
내가 재물 잃고 나면
어느새 적이 되는 것을!

　이윽고 하산은 슬픔을 털고 자리에서 일어났습니다. 그리고 나머지 절반의 유산을 넣어둔 장소로 가, 그것을 꺼내 아무런 불편함이 없이 살아가기로 했습니다.

　또 전에 알던 사람과는 절대로 가까이 지내지 않고, 낯선 사람들하고만 사귀기로 했습니다. 그뿐만 아니라 낯선 사람도 하룻밤만 대접하고 날이 새면 알은 체도 하지 않으리라 맹세했습니다.

　그리하여 하산은 저녁마다 티그리스 강 다리 위에 앉아 있다가 모르는 사람이 오면 그를 자기 집으로 데려가서, 함께 먹고 이야기하며 하룻밤을 즐겁게 보냈습니다. 그런 다음 손님을 쫓아내고는 두 번 다시 인사도 하지 않고, 곁에 가려고도 하지 않을 뿐 아니라, 집에 초대하지도 않았습니다.

　그렇게 해서 1년이 지나갈 무렵, 어느 날 하산은 여느 때처럼 다리 위에 앉아 그날 밤 같이 놀아줄 상대를 찾고 있었습니다. 마침 그곳을 지나간 것은 언제나처럼 상인으로 변장한 하룬 알 라시드 교주와 '복수의 검객' 마스룰이었습니다. 하산은 두 사람을 보자 가까이 가서 말을 걸었습니다.

　"어떠십니까? 저희 집에 가서 함께 술과 식사를 드실 생각은 없으신지요? 접시에 구운 과자빵*⁴도 있고 고기요리와 고급술도 준비되어 있습니다."

　교주가 거절하자 아부 알 하산은 계속 부탁했습니다.

　"나리, 그러지 마시고 제발 부탁이니 오늘 밤 저희 집 손님이 되어 주십시오. 이렇게 간절히 청하는데 매정하게 거절하지 마시고요."

　하산이 끈질기게 권하는 바람에 교주도 마침내 승낙했습니다.

　하산은 무척 기뻐하며 앞장서서 두 사람을 집으로 안내한 뒤, 교주를 손님방으로 청해 들였습니다.

　그런데 알 라시드 교주가 들어간 그 손님방은 자세히 보니, 온갖 멋과 풍류를 기울인 구조로, 샘가의 분수탑은 황금으로 씌웠을 정도였습니다.

　교주가 종자를 문간에 기다리게 해 놓고 손님방에 앉자 하산은 곧 먹을 것을 내오게 했습니다. 교주가 음식을 먹자 하산도 손님을 대접하기 위해 함께 먹었습니다. 식사가 끝나 식탁이 치워지자 두 사람은 손을 씻었습니다. 교주가 다시 자리에 앉자 술상이 나왔고, 하산은 그 옆에 앉아 교주의 잔에 술을 따라 주며*5 이런저런 이야기를 하면서 접대했습니다.

이윽고 술잔이 몇 순배 돌아갔을 때쯤 주인이 여자노예를 부르니, 반나무 가지처럼 어여쁜 여자가 나타났습니다. 여자는 비파를 들어 줄을 고르더니 반주에 맞춰 이런 노래를 불렀습니다.

아, 내 가슴에 영원히
사는 그대여, 그 모습
이따금 멀어져서 보이지 않더라도
무슨 상관있으랴.
그대야말로 눈에 보이지 않는
내 마음이니, 멀어도
그대는 내 영혼
이리도 가까운데.

범상치 않은 주인의 대접과 예의범절에 매우 감탄한 교주가 주인에게 물었습니다.

"오, 젊은 양반, 당신은 대체 누구시오? 신분을 밝혀주시오. 당신의 친절에 보답하고 싶으니."

그러나 하산은 미소를 지으며 대답했습니다.

"오, 손님, 유감스럽지만 그것만은 사양하겠습니다. 지나간 일은 두 번 다시 돌아오지 않는 것, 당신과의 교제도 오늘뿐이지 두 번 다시 만날 수는 없을 테니까요."

진실한 신자들의 임금님이 물었습니다.

"그게 무슨 말이오? 어째서 당신은 자신의 신분을 밝히지 않는 것이오?"

"손님, 사실 제 신상 이야기는 참으로 기이한 데다 거기엔 까닭이 있습니다."

"어떤 까닭인데?"

"그 까닭에는 꼬리까지 달렸지요."

교주가 웃음을 터뜨리자 하산이 말을 이었습니다.

"그럼 그 까닭에 대해 '건달과 요리사' 이야기를 예로 들어 설명해 드리겠습니다. 자, 들어 보십시오."

건달*6과 요리사 이야기

화창한 어느 날 아침, 한 건달이 눈을 뜨고 보니 주머니 속에 피천 한 닢도 없었으므로 덧없는 세상의 고달픔이 뼈에 사무쳐 왔습니다.

그래서 될 대로 되어라 하고 그대로 누워 뒹구는 동안 해가 높이 떠서 쨍쨍 내리쬐는 바람에, 살갗이 따끔따끔해지고 입에서는 거품까지 나왔습니다. 하는 수 없이 일어나기는 했지만, 건달의 손안에는 무일푼, 동전 한 닢조차 없었습니다.

이윽고 그 건달이 음식점 앞에 가 보니 요리사가 방금 솥을 불 위에 올리고, 접시와 저울을 닦고, 가게를 청소하고서 바닥에는 물을 뿌려 놓은 참이었습니다. 기름도 깨끗이 걸러져 있고 향료는 기분 좋은 향기를 풍기고 있었습니다. 모든 준비를 끝낸 요리사는 요리냄비를 앞에 놓고 손님이 오기만을 기다리고 있었습니다.

배가 매우 고픈 탓에 두뇌가 재빨리 돌아가기 시작한 건달은 그 앞에 다가가 인사하고 이렇게 말했습니다.

"고기 50전어치와 밥*7 25전어치에, 같은 금액만큼의 빵을 달아주시오."

요리사가 주문한 것을 저울에 다는 동안, 건달은 성큼성큼 가게 안으로 들어갔습니다. 그리고 요리사가 손님 앞에 음식을 차려 놓자 사내는 그것을 맛있게 먹고는 접시까지 핥았습니다.

다 먹고 난 그는 어떻게 음식값을 치르나 걱정하며 가게 안에 있는 음식들을 두리번거리면서 어찌할 바를 모르고 앉아 있었습니다.

그때 바로 옆에 질냄비를 엎어 놓은 모습이 눈에 띄었습니다. 당장 그것을 들어보니, 그 밑에는 방금 잘라 아직 피가 줄줄 흐르는 말꼬리가 놓여 있었습니다. 그는 이 집 요리사가 고기 속에 말고기를 섞어 속여 팔고 있음을 알아챘습니다.

요리사의 약점을 발견한 건달은 회심의 미소를 지으며 손을 씻고 인사만

하고는 잠자코 가게를 나섰습니다. 요리사는 손님이 돈 한 푼 내지 않고 공짜로 먹고 나가려 하자 크게 소리 질렀습니다.

"여봐, 기다려 어디 가, 이 도둑놈아!"

건달은 걸음을 멈추고 말했습니다.

"방금 나보고 한 소리야? 나한테 그런 욕을 했단 말이지? 이 멍청한 놈아!"

이 말을 듣자 요리사는 화가 뻗쳐서 밖으로 나와 소리쳤습니다.

"뭣이 어쩌고 어째? 이 상놈 같으니! 고기에 밥에 빵까지 잔뜩 처먹고 마치 아무것도 먹지 않은 것처럼 시치미를 뚝 떼고 그냥 갈 작정이냐!"

건달은 즉시 대꾸했다.

"어디서 거짓말이야? 이 오쟁이 진 놈아!"

요리사는 공짜로 먹고 달아나려는 사내의 멱살을 잡고 소리쳤습니다.

"여보시오! 이슬람교도들이여, 이놈이 오늘 첫 손님인데, 밥만 처먹고 돈도 안 내고 달아나려는구려!"

그러자 구경꾼들이 두 사람을 에워싸고 건달을 비난하면서 말했습니다.

"먹었으면 먹은 만큼 돈을 내야지."

"나는 가게에 들어갈 때 은화 한 닢을 냈단 말이오."

건달이 시치미를 떼며 거짓말을 하자 요리사가 말했습니다.

"이놈이 만약 나에게 땡전 한 닢이라도 줬다면, 나는 오늘 절대로 음식을 팔지 않겠소! 이놈은 내게 한 푼도 주지 않고, 양해도 구하지 않은 채 달아나려고 했단 말이오."

"난 당신에게 은화 한 닢을 줬단 말이야."

건달이 계속해서 요리사에게 욕설을 퍼붓자, 요리사도 지지 않고 악담을 늘어놓았습니다. 그러자 건달은 느닷없이 상대를 철썩 때렸고, 두 사람은 한데 뒤엉켜서 상대의 멱살을 잡고 치고받고 싸우기 시작했습니다.

두 사람이 싸우기 시작하자 마을 사람들이 옆에 와 물었습니다.

"뭐 하러 그렇게 싸움박질을 한단 말이오, 이렇다 할 이유도 없이?"

그러자 건달이 대답했습니다.

"뭐, 그렇긴 하지. 하지만 여기에는 그만한 까닭이 있소. 게다가 그 까닭에는 꼬리가 달렸단 말이오!"

이 말을 들은 요리사가 별안간 소리쳤습니다.

"아, 그렇지, 참! 이제야 당신에게서 돈 받은 것이 생각났소. 틀림없이 당신은 은화 한 닢을 주었소. 그리고 25전어치 음식을 샀지. 자, 가게로 들어갑시다. 거스름돈을 드릴 테니."

요리사는 '꼬리'라는 말이 튀어나온 순간, 자기가 어떻게 해야 하는지 즉시 깨달은 겁니다.

"그것처럼 제 신상 이야기에도 역시 까닭이 있으니(아부 알 하산은 이야기를 계속했습니다) 이제부터 그것을 말씀드리지요."

교주는 하산의 이야기를 듣고 웃으면서 말했습니다.

"그것참 재미있는 이야기로군. 그럼 당신의 신상 이야기와 그 까닭이라는 것도 들려주구려."

주인인 아부 알 하산은 이야기를 시작했습니다.

"사실 제 이름은 어릿광대 아부 알 하산입니다. 아버지는 세상을 떠나면서 저에게 어마어마하게 많은 재산을 남겨주었습니다."

그는 지금까지 있었던 일을 자세히 이야기하고는 다음과 같이 말했습니다.

"그래서 저는 따로 넣어 둔 남은 재산 절반을 가지고 앞으로는 어떤 사람이든 하룻밤만 대접하고, 그 뒤로는 인사도 하지 않고 모르는 체하리라고 스스로 맹세했습니다. 그래서 아까도 말씀드렸지요. 지나간 일은 두 번 다시 돌아오지 않는 것, 당신과의 교제도 오늘뿐이지 두 번 다시 만날 수는 없으리라고요."

충실한 자들의 임금님은 이 말을 듣더니 껄껄 웃어대면서 말했습니다.

"오, 형제여, 듣고 보니 정말 당신의 그 까닭에는 꼬리가 있는 게 틀림없고, 당신이 하는 말은 모두 이치에 맞는 것이구려. 그렇다 해도 인샬라! 나는 당신하고 이것으로 인연을 끝내고 싶지 않은걸."

"오, 손님 저는 아까도 말씀드렸듯이 슬프지만 지나간 일은 두 번 다시 돌아오지 않으므로, 누구와도 다시는 만나지 않으리라 다짐했습니다."

주인은 교주 앞에 구운 거위고기와 고급 과자빵*8 접시를 늘어놓고 자기도 옆에 앉아 그것을 잘게 뜯어서 교주에게 권했습니다.

그리하여 두 사람이 음식을 배불리 먹고 나자 하산은 대야와 물병과 비누를 가져왔고, 두 사람은 손을 씻었습니다.

이어서 하산은 초 세 자루와 램프 세 개에 불을 켜고, 술자리용 흰 천을 펼치더니 잘 거른 술을 내왔습니다. 그것은 오래된 맑은 술로, 그윽하고 향기로운 향기가 마치 순수하고 맑고 깨끗한 사향의 냄새를 방불케 했습니다.

아부 알 하산은 첫 번째 잔에 술을 가득 따랐습니다.

"오, 나의 술벗이여, 우리 두 사람 사이에 딱딱한 예절은 벗어던지기로 합시다. 당신의 노예인 내가 곁에 있으니, 당신이 불편을 느껴 제가 상심하는 일이 없도록 해 주십시오!"

그러고는 잔에 술을 가득 부어 자기가 먼저 마신 다음, 그 잔에 다시 술을 따라 공손하게 교주에게 권했습니다. 그 정중한 태도와 훌륭한 말솜씨가 몹시 마음에 든 충실한 자들의 임금님은 속으로 생각했습니다.

'신께 맹세코 이 호의에 보답하리라.'

하산은 다시 잔에 술을 따라 교주에게 주면서 다음과 같은 시를 읊었습니다.[*9]

임께서 오실 줄 알았더라면
이 가슴의 붉은 피도
검은 눈동자도
아낌없이 펼쳐 보일 것을.
임 오시는 길에
이 젖가슴 이부자리처럼 펼치고,
눈동자도 펼쳐서,
임께서 밟고 오시도록 할 것을.

이 노래를 듣고 교주는 주인의 손에서 잔을 받아들어 입을 맞추고는 그것을 쭉 들이켜고 하산에게 돌려주었습니다.

하산은 정중하게 절을 하고 그 잔에 술을 따라 마셨습니다. 그리고 다시 술을 부은 잔에 세 번 입맞추고 나서, 다음과 같은 시를 읊었습니다.

임을 맞이하여 이 천한 몸은
자비로운 은총들을 찬양하리라.
만일 임이 이곳에 없다면
어느 누가 임을 대신하리오.

하산은 손님에게 술잔을 가리키며 말했습니다.
"자, 건강과 평안을 위해 이 잔을 드십시오. 술은 걱정을 덜어주고 병을
고쳐주지요. 그리고 건강히 오래 살게 하는 맑은 물을 넘치도록 솟아나게 하
니까요."
이렇듯 주인과 손님은 끊임없이 주거니 받거니 하면서 이야기를 나누다
가, 이윽고 밤이 이슥해지자 교주가 물었습니다.
"오, 형제여, 당신은 마음속으로 이루었으면 하는 소원이나, 이것만은 어
떻게든 막고 싶다 하는 일이 없소?"
"정말이지 저는 마음속으로 아쉽게 생각하는 일이 아무것도 없습니다. 하
기야 이래라저래라 명령을 내릴 권한을 갖지 못한 게 아쉬울 뿐이지요. 저에
게 그런 권력이 있다면 제가 생각하고 있는 일을 해치울 수 있겠습니다만."
"오, 형제여, 그렇다면 그대 가슴속에 있는 생각이라는 것을 한번 들려주
지 않겠소?"
"전, 단 하루라도 좋으니 교주가 되어서 이웃 사람들을 혼내주고 싶습니
다. 제 이웃에 사원이 하나 있는데, 그곳에 늙은 중 네 명이 살고 있습니다.
그런데 우리 집에 손님이 오면 그때마다 불평하거나 까탈을 부려 저를 괴롭
히고, 나중에는 충실한 자들의 임금님께 저를 고발하겠다고 위협까지 하더
군요. 이건 정말이지 얼토당토않은 압력입니다. 그래서 저는 더없이 높으신
알라께 부탁해, 단 하루라도 좋으니 그 사원의 늙은 중 모두를 곤장으로 4백
대씩 때린 다음, 온 바그다드로 끌고 다니면서 앞장선 포고인에게 이렇게 말
하도록 시키고 싶습니다. '이것은 주제넘은 참견으로 이웃을 괴롭히고 그의
기쁨을 해쳤으며, 이웃이 먹고 마시는 것까지 방해한 자들에게 내려진 아주
가벼운 응보이다!' 저는 이 일 말고는 아무것도 바라는 것이 없습니다."
"알라께서는 틀림없이 당신의 소원을 들어주실 거요. 자, 마지막 잔을 들
고 날이 새기 전에 돌아갔다가 내일 밤에 우리 다시 만나기로 합시다."

"아니, 그건 안 됩니다."

아부 알 하산이 대답했습니다. 그때 교주는 술잔에 술을 가득 따라 거기에 크리트산 마약을 한 알 몰래 떨어뜨려서 하산에게 주었습니다.

"오, 형제여, 자, 이 잔을 드시오."

"예, 그럼 받겠습니다."

하산은 술잔을 받아들고 단숨에 들이켰습니다. 그런데 술이 위에 채 들어가기도 전에 그는 무너지듯이 엎어져 마치 죽은 사람처럼 늘어져 버리고 말았습니다.

교주는 곧 손님방을 나와 마스룰에게 말했습니다.

"자, 안에 들어가서 이 집 주인을 메고 나와 궁전으로 옮겨다오. 나갈 때는 문단속을 잘해야 한다."

그리고 교주는 밖으로 나갔습니다.

마스룰은 손님방에 들어가서 아부 알 하산을 메고 뒷문을 닫아 놓고 교주 뒤를 쫓았습니다.

새벽녘이 되어 닭이 홰를 칠 무렵*10에야 가까스로 궁전에 도착한 마스룰은 충실한 자들의 임금님 앞에 메고 간 젊은이를 내려놓았습니다. 교주는 그 모습을 보고 재미있다는 듯이 웃어대더니 곧 바르마크 집안의 자파르를 불러오라 명했습니다.

자파르 대신이 들어오자 교주가 말했습니다.

"저 젊은이를 잘 봐 두어라. 내일 저자가 왕의 옷을 입고 나 대신 옥좌에 앉아 있는 모습을 보거든, 그대는 태수와 중신들을 비롯하여 내 집안사람들과 영내의 무사들과 함께 저자의 발아래 서 있도록 해라. 그리고 저자가 무슨 명령을 내리든 절대 거역해서는 안 된다. 내일 하루만은 저자가 무엇을 명령하든 그대로 시행하고 결코 명을 어겨서는 안 된다."

"분부대로 하겠습니다."

자파르는 교주의 분부를 받들고 어전을 물러갔습니다.

한편, 충실한 자들의 임금님은 궁전의 여자들을 모아 놓고 이렇게 일렀습니다.

"저 젊은이가 내일 아침에 일어나거든 너희는 그 앞에 꿇어 엎드린 뒤 저자를 에워싸고 시중을 들도록 해라. 그리고 왕의 옷을 입히고 교주로 모시도록 해야 한다. 절대로 교주가 아니라고 함부로 말하지 말고 '당신은 교주님이십니다' 하고 말해야 하느니라."

그리고 교주는 젊은이를 어떻게 다루고 어떻게 말해야 하는지 하나하나 자세히 일러주고 나서, 별실*¹¹로 들어가 휘장을 내리고 이내 잠자리에 들었습니다.

하산이 코를 골며 자는 동안 이윽고 날이 샜습니다. 때가 되었다고 생각한 시녀들은 젊은이에게 다가가 말했습니다.

"임금님, 새벽 기도시간입니다."

그 말에 웃으면서 눈을 뜬 하산이 주위를 둘러보니, 자기가 어느새 궁전의 한 방에 와 있고, 주위의 벽은 온통 황금색과 남색으로 찬란하게 빛나며 천장에는 순금이 별처럼 박혀 있는 게 아니겠습니까! 방 둘레에는 여러 개의 침실이 있고 문에도 금실로 수놓은 비단 휘장이 드리워져 있었습니다.

그뿐만 아니라 주위에는 황금 그릇과 자기, 수정으로 만든 세공품과 가구가 화려함을 다투고 있고, 바닥에는 양탄자가 깔려 있었습니다. 그리고 사람들이 기도를 드리는 벽감에는 램프가 켜져 있고, 근처에는 노예계집과 환관을 비롯하여 백인 노예와 흑인 노예, 시동, 종자들도 대령하고 있었습니다. 이 광경을 보고 아부 알 하산은 깜짝 놀라 말했습니다.

"내가 꿈을 꾸고 있는 건가? 아니면 여기가 천국에 있는 평화의 동산*¹²일까?"

하산이 다시 눈을 감고 잠을 청하려 하자 한 환관이 말했습니다.

"오, 임금님, 오늘 아침에는 전에 없이 왜 그러시는지요?"

그 말이 신호인 듯 다른 시녀들도 하산의 옆으로 다가와 그를 부축해 일으켰습니다. 알고 보니 젊은이가 누워 있던 곳은 바닥보다 1큐빗이나 높은 이부자리 위였으며 안에는 부드러운 솜이 들어 있었습니다. 사람들의 부축을 받아 일어난 하산이 베개에 팔꿈치를 괴고 넓은 방 안을 둘러보니, 환관과 노예계집과 그 밖의 사람들이 수두룩하게 대령하고 있어서 스스로 자신을 비웃는 듯 말했습니다.

"이게 대체 어찌 된 일일까? 잠이 깬 것 같지도 않고, 그렇다고 꿈을 꾸고 있는 것도 아니고!"

몹시 당황한 하산은 턱을 가슴 깊숙이 묻고 조금씩 눈을 뜨더니 웃으면서 말했습니다.

"이게 도대체 어찌 된 일이지?"

그리고 다시 일어나 앉으니, 그 모습을 보고 여자들이 킥킥거리고 웃었습니다. 젊은이는 점점 더 얼떨떨해져서 자신의 손가락을 깨물어 보았습니다. 그러자 너무 아파서 자기도 모르게 비명을 질렀습니다.

"앗!"

교주는 젊은이의 그러한 모습을 몰래 숨어서 바라보며 웃고 있었습니다.

이윽고 아부 알 하산이 한 시녀를 돌아보며 말을 걸었습니다. 시녀는 재빨리 대답했습니다.

"오, 충실한 자들의 임금님, 부르셨습니까?"

"그대의 이름은 뭐지?"

"샤자라트 알 두르*¹³고 합니다."

그러자 젊은이는 거듭 물었습니다.

"오, 아가씨, 내가 정말로 충실한 자들의 임금님이오?"

"네, 맞습니다. 현재는 틀림없이 충실한 자들의 임금님이십니다."

"당치도 않은 소리, 너는 거짓말쟁이로구나. 이 매춘부*¹⁴야!"

이어 하산이 환관장을 부르자, 그 환관장은 젊은이의 앞바닥에 입맞추고 나서 말했습니다.

"오, 신앙 깊은 자의 임금님, 무슨 일이십니까?"

"누가 신앙 깊은 자의 임금님이오?"

"바로 당신이 임금님이십니다."

"이 거짓말쟁이 같으니! 당신도 당치 않은 뚜쟁이 놈이로구나!"

그러고는 하산이 환관 우두머리를 흘깃 보며 말을 걸자, 상대는 옆으로 다가와 바닥에 엎드리며 대답했습니다.

"예, 충실한 자들의 임금님."

"여보시오, 충실한 자들의 임금님이라니, 대체 누구를 두고 하는 말이오?"

"물론 임금님, 당신을 두고 하는 말이지요."

"거짓말하지 마라! 너도 똑같은 남자 매춘부로구나!"

그런 다음 젊은이는 또 다른 환관을 향해 물었습니다.

"당신은 그렇게 말하지 않을 테지. 정말로 내가 충실한 자들의 임금님이오?"

"예, 틀림없습니다. 임금님, 당신은 현재 충실한 자들의 임금님이시고, 삼계를 다스리시는 주님의 대행자십니다."

이 말을 듣고 아부 알 하산은 쓴웃음을 지으며 자신의 머리가 이상해진 것이 아닌가 의심했습니다. 그리고 눈앞의 광경에 그저 어리둥절하여 이렇게 중얼거렸습니다.

"단 하룻밤 사이에 내가 교주가 되었다고? 어제는 어릿광대 아부 알 하산이었는데, 오늘은 충실한 자들의 임금님이란 말인가?"

이때 환관장이 다시 젊은이에게 다가와서 말했습니다.

"오, 진실한 신자들의 임금님이시여(부디 알라의 이름이 임금님을 보호해 주시기를!), 진실로 당신은 충실한 자들의 임금님이시고 삼계 주님의 대행자가 틀림없습니다!"

노예계집과 환관들이 속속 주위로 모여들자 마지못해 젊은이는 침상에서 일어났으나, 그래도 여전히 자기 신상의 변화가 어이없고 어리둥절하기만 했습니다.

그때 환관장이 생명주실과 녹색 비단으로 만들고 금실로 둘레를 장식한 실내화를 가져왔습니다. 하산은 그것을 받아 들고 요리조리 들여다보다가 옷소매 속에 넣었습니다. 그것을 본 환관장이 큰 소리로 외쳤습니다.

"오, 임금님, 안 됩니다. 그것은 발에 신는 신이니 뒷간에 가실 때 신으십시오."

하산은 부리나케 소맷자락에서 신을 떨어뜨려 발에 신었습니다. 한쪽에서 그 모습을 숨어서 보고 있던 교주는 배를 잡고 웃어댔습니다.

환관이 앞장서서 뒷간으로 안내하자, 젊은이는 안에 들어가 볼일을 보았습니다.*15 그리고 나서 방에 돌아오니 노예계집들이 황금 수반과 은 물병을 가져와 그의 손에 물을 부어주었습니다.*16 그럭저럭 젊은이는 기도하기 전의 재계를 마친 것입니다. 그러자 시녀들이 기도용 양탄자를 펼쳤습니다.

그런데 하산은 기도하는 방법*17을 잊어버려 스무 번이나 계속*18 바닥에 엎드렸습니다. 그러면서도 그는 사이사이에 쉬지 않고 머리를 굴리며 생각했습니다.

'신께 맹세코, 나는 정말로 충실한 자들의 임금님인지도 모른다. 이것은 분명히 꿈이 아니다. 꿈속에서 이렇게 여러 가지 일이 일어날 리가 없지 않은가!'

젊은이는 마음속으로 자기가 진실한 신자들의 임금님이 틀림없다고 믿어버렸습니다. 그리하여 하산은 살람*¹⁹의 기도문을 외는 것을 끝으로 기도를 마쳤습니다.

이어서 백인 노예와 노예계집들이 비단과 리넨으로 지은 옷 꾸러미를 안고 하산 주위로 모여들어, 하산에게 교주의 옷을 입힌 다음 한 손에는 왕의 칼을 쥐여주었습니다.

그때 환관장이 들어와서 아뢰었습니다.

"오, 신앙 깊은 자의 임금님, 시종이 문 앞에 와서 들어와도 좋은지 여쭙고 있습니다."

"들라 해라!"

임금님의 허락을 받은 시종이 들어와 바닥에 엎드린 뒤 인사를 했습니다.

"오, 신앙 깊은 자의 임금님, 문안 인사드리옵니다!"

이 말을 듣고 하산은 일어나 침상에서 내려갔습니다. 그 모습을 보고 환관장이 외쳤습니다.

"아니, 저런! 오, 진실한 신자들의 임금님! 당치도 않으십니다. 모든 자가 임금님의 신하이고 임금님의 지배를 받고 있습니다. 그런데 몸소 일어나 맞으시다니, 교주님답지 않으십니다."

이윽고 환관장이 젊은이에 앞장서서 방에서 나가자 백인 노예와 시동들이 그 뒤를 따랐습니다. 그들은 곧장 걸어가서 마침내 휘장을 들치고 교주의 옥좌가 있는 알현실로 젊은이를 안내했습니다.

거기에는 휘장을 드리운 문 40개가 있고, 알 이지리와 시인 알 라카시를 비롯하여 이브단 자딤, 교주의 술친구 아부 이사크*²⁰가 늘어서 있었습니다. 그리고 칼을 뽑아들고 호위하는 사자들*²¹이 마치 눈의 흰자위가 검은 눈동자를 에워싸듯 옥좌를 둘러싸고 있었습니다.

그곳에는 또 금빛으로 번쩍이는 창과 수많은 자를 거꾸러뜨리는 강궁(強弓)도 있고, 아잠인, 아랍인, 터키인, 다이람인, 또 국내의 백성들과 태수, 대신, 대장, 영주들 그리고 대열을 짠 무장들도 대기하고 있었으며, 아바스 왕가*22의 권세, 예언자 일족의 위엄찬 모습이 모조리 한자리에 모인 듯하여 정말 어마어마한 광경이었습니다.

하산이 거기 있는 옥좌에 털썩 앉아서 왕검을 무릎 위에 얹으니, 늘어선 사람들은 모두 옥좌 앞에 엎드려 교주의 장수와 강력한 힘이 영원하기를 빌었습니다.

이윽고 바르마크 집안의 자파르가 나와서 바닥에 엎드리더니 이렇게 말했습니다.

"오, 임금님의 발걸음이 끝없이 넓고 큰 알라의 세계에 골고루 미치시어, 하늘의 낙원이 임금님의 거처가 되고 지옥불이 적의 집이 되기를! 이웃 나라가 임금님께 도전하는 일이 없고, 임금님의 거처가 영원히 멸망하는 일이 없기를! *23 오, 도시와 도시를 지배하시는 교주님, 뭇 나라를 다스리시는 통치자시여!"

그러자 아부 알 하산은 자파르를 향해 큰 소리로 명령을 내렸습니다.

"오, 바르마크 집안의 하인 놈! 지금 당장 이 도성의 경비대장을 데리고 어릿광대 아부 알 하산의 어머니를 찾아가서 금화 백 닢을 주고 문안드린다 여쭈어라. 그리고 어디 어디 있는 사원에 가서, 거기 있는 늙은 중 네 명을 잡아와서 곤장 1천 대씩을 때리고 말 위에 돌려 앉혀 온 도성을 끌고 다닌 다음, 다른 도시로 추방해 버려라. 도성을 끌고 다닐 때는 포고인이 앞장서서 '이것은 주제넘은 참견으로 이웃을 괴롭히고 그의 기쁨을 해쳤으며, 이웃이 먹고 마시는 것까지 방해한 자들에게 내려진 아주 가벼운 응보인 줄 알라!' 소리치게 해라."

자파르는 젊은이의 분부를 삼가 받들며 대답했습니다.

"분부대로 시행하겠습니다."

그리고 아부 알 하산 앞에서 물러나 도시로 가서 모든 것을 명령대로 시행했습니다.

그동안 하산은 교주의 옥좌에 앉은 채 옳고 그름을 판단하여 상과 벌을 내리고, 명령과 금령을 내리다가 이윽고 날이 저물자 궁전에 들었던 신하들을 물러가게 했습니다. 태수와 중신들이 물러가자, 젊은이는 시종과 그 밖의 가신들을 돌아보며 말했습니다.

"물러가도 좋다."

그러자 환관들이 옆에 다가와 교주의 장수와 영원한 평안을 기원한 뒤, 젊은이를 호위하며 함께 걸었습니다.

이윽고 휘장이 걷히고 젊은이가 후궁으로 들어가자 촛불과 램프가 눈부시게 번쩍이도록 켜 있고 가희들이 악기를 뜯고 있었으며, 가슴 봉곳한 노예계집 10명이 대령하고 있었습니다.

이 광경을 보고 젊은이는 또다시 어찌할 바를 모르고 혼잣말을 했습니다.

"나는 정말로 충실한 자들의 임금님인지도 몰라."

그리고 곧 이렇게 덧붙였습니다.

"그렇지 않다면 이놈들은 마신의 일당이고, 어젯밤 우리 집에 손님으로 왔던 그자는 마왕이었을까? 나에게 달리 보답할 방법이 없어서 마족들에게 명령하여 나를 진실한 신자들의 임금님이라고 부르게 한 건지도 모른다. 이것이 마신의 짓이라면 부디 알려, 이놈들의 장난에서 나를 구원해 주소서!"

그런데 하산이 나타나자, 노예들은 얼른 일어나서 그를 윗자리*[24]에 모시고 그 앞에 산해진미를 담은 커다란 상을 날라 왔습니다.

하산은 그 음식을 배불리 먹은 뒤 한 시녀에게 물었습니다.

"그대의 이름은 뭔가?"

"제 이름은 미스카*[25]라고 합니다."

하산은 다음 여자에게 물었습니다.

"그대 이름은 뭔가?"

"타르카*[26]라 합니다."

이어서 하산은 세 번째 여자에게 물었습니다.

"그대의 이름은?"

"토파*[27]라고 합니다."

이렇게 하산은 처녀 10명의 이름을 물어본 뒤 일어나 별실의 술자리로 이동했습니다. 그 방에는 이미 모든 준비가 갖추어져, 열 개의 큰 상 위에 온갖 과일과 과자가 차려져 있었습니다.

하산은 앉아서 적당히 이것저것 집어먹다가 세 무리의 가희가 있는 것을 보고 깜짝 놀라 여자들에게도 음식을 권했습니다. 젊은이를 따라 가희들은 술자리에 앉았고, 흑인과 백인 노예, 환관, 시동들은 여기저기 앉거나 서 있었습니다.

가희들이 노래를 부르기 시작하자 온갖 아름다운 가락이 방 안 가득 울려 퍼지고, 주위는 달콤한 노랫소리에 젖어 들었습니다. 피리는 소리 높여 외치고 비파도 거기에 화답하여 흐느껴 우니, 마침내 젊은이는 마치 천국에라도 있는 듯 마음이 들뜨고 가슴이 부풀어 오르는 것을 느꼈습니다.

하산은 즐거운 기분이 한껏 달아오르자 이 사람 저 사람 가리지 않고 닥치는 대로 옷을 한 벌씩 내렸습니다. 그리고 이쪽 처녀를 희롱하는가 하면 다른 처녀에게 입을 맞추고, 세 번째 처녀에게 덤벼들더니 또 한 처녀에게는 술을 권하고, 그다음 처녀에게는 음식을 입에 넣어주면서 난장판을 벌이며 한바탕 놀았습니다. 그러는 사이 어느새 해가 지고 밤이 되었는데, 그동안 충실한 자들의 임금님은 하산이 하는 짓을 엿보고 배를 잡고 웃으며 재미있게 구경했습니다. 드디어 밤이 되자 교주는 한 여자에게 마약 한 조각을 탄 술을 하산에게 먹이라고 명령했습니다.

여자가 교주의 명령대로 술잔을 내밀자, 그것을 받아 마신 젊은이는 정신을 잃고 그 자리에 쓰러져 버렸습니다.

교주는 웃으면서 휘장 뒤에서 나타나 마스룰을 불렀습니다.

"이자를 집에 데려다주어라."

검객 마스룰은 잠자는 하산을 메고 가서 그의 집 손님방에 내려놓고 돌아갔습니다.

자기 집 손님방에서 세상모르고 자던 아부 알 하산은 아침이 되어 약효가 떨어지자 잠에서 깨어났습니다. 그는 일어나자마자 큰 소리로 외쳤습니다.

"여봐라, 투파! 여봐라, 라하트 알 쿠르브! 여봐라, 미스카, 토파!"

그가 궁전 시녀들의 이름을 연거푸 불러대자 듣도 보도 못한 여자 이름을 부르고 있는 아들의 목소리를 들은 어머니는 일어나 하산의 머리맡으로 갔습니다.

"오, 알라께서 너를 가호해 주시기를! 오, 아들아, 일어나거라. 애야, 아부 알 하산! 네가 꿈을 꾸고 있는 게로구나."

그 말을 듣고 께느른하게 눈을 떠 보니, 자신의 머리맡에 한 노파가 서 있어서 하산은 고개를 쳐들고 물었습니다.

"그대는 누구냐?"

"나는 네 어미다."

"거짓말하지 마라! 나는 충실한 자들의 임금님이자, 알라의 대행자이다!"

이 말을 듣고 깜짝 놀란 어머니는 비명을 지르며 외쳤습니다.

"오, 알라시여, 부디 아들을 제정신으로 돌려주십시오! 오, 아들아, 그런 말은 하는 게 아니다. 만약 누가 듣고 교주님에게 고자질이라도 하는 날이면 우리는 목숨도 재산도 모두 잃고 말게다."

그제야 정신을 차리고 일어나 주위를 둘러보니 틀림없이 자신은 본디 살던 집 손님방에 있고 눈앞에는 어머니가 서 있는지라, 하산은 자신의 머리가 돌지 않았나 의심했습니다.

"오, 어머니, 제가 궁전에 있는 꿈을 꾸었나 봐요. 제 주위에 노예계집과 백인 노예들이 늘어서 있고, 저는 교주의 옥좌에 앉아 정사를 다스린걸요. 오, 어머니, 정말 그것은 실제 있었던 일이지 절대 꿈이 아니었어요."

하산은 한동안 생각에 잠겼습니다.

"틀림없이 나는 익살쟁이 아부 알 하산이다. 그렇다면 내가 교주가 되어 명령과 금령을 내린 것은 순전히 꿈에 지나지 않았구나."

하산은 또 한참 생각한 끝에 이렇게 중얼거렸습니다.

"아니야. 그건 꿈이 아니었어. 나는 틀림없이 교주였어. 그래서 선물을 주고 명예의 옷을 내리곤 했어."

이 말을 들은 어머니가 말했습니다.

"오, 아들아, 넌 정말 머리가 어떻게 된 게로구나. 그런 말을 하면 정신병원에 끌려가서 구경거리가 되고 만단다. 네가 본 것은 심술궂은 악마의 소행일 테다. 몹시 뒤숭숭한 꿈을 꾼 거야. 악마란 온갖 짓으로 사람을 홀리는 법이니까. 그런데 애야, 간밤에 누군가 손님이 없었니?"

하산은 잠시 생각한 다음 대답했습니다.

"있었어요. 그날 밤 나는 손님과 같이 있으면서 그자에게 여러 가지 신상 이야기를 해 주었지요. 아마 그놈이 악마였나 보군요. 예, 어머니, 저는 어머니 말씀대로 틀림없는 어릿광대 아부 알 하산이에요!"

"그런데, 애야, 기쁜 소식이 있다. 어제, 무척 좋은 일이 있었단다. 바르마크 집안의 자파르 대신과 그 부하들이 와서 그 사원의 장로와 늙은 중들을 채찍으로 1천 대씩 때린 다음 온 도성을 끌고 다니며 창피를 주셨다. 그리고 포고인은 앞장서서 이렇게 외치더구나. '이것은 쓸데없는 말을 해서 이웃 사람들을 괴롭힌 자에 대한 아주 가벼운 응보인 줄 알라!' 그런 끝에 늙은 중들은 바그다드에서 추방되고 말았어. 그뿐만 아니라 교주님께선 나에게 금화 백 닢을 주시면서 안부를 묻는 말씀까지 하셨단다."

이 말을 듣자 하산은 별안간 어머니에게 고함을 질렀습니다.

"이 재수 없는 할멈 같으니! 그런데도 내가 한 말을 믿지 않고 진실한 신자들의 임금님이 아니라는 것이냐? 바르마크 집안의 자파르에게 늙은 중들을 때린 뒤 온 도성을 끌고 다니면서 그 죄를 널리 알리게 하고, 당신에게 금화 백 닢을 주어 문안 인사를 전하게 한 것은 다름 아닌 바로 나란 말이다. 오, 이 불길한 할멈 같으니라고. 나는 틀림없는 충실한 자들의 임금님이시다. 그런데 거짓말을 하여 나를 미치광이로 만들 작정이로구나!"

젊은이는 그렇게 소리치며 일어나더니 어머니에게 달려들어 편도나무 몽둥이로 때리기 시작했습니다.

"사람 살려! 이슬람교도들이여!"

어머니가 비명을 질러도 하산은 그 손길을 멈추지 않았습니다. 결국 비명 소리를 듣고 이웃 사람들이 달려왔습니다. 그러자 아부 알 하산이 자기 어머니를 때리고 있는 게 아니겠습니까?

"오, 이 불길한 늙은이야, 너는 내가 신앙심 깊은 자의 임금님이 아니란 말이냐? 속이는 건 내가 아니라 오히려 네놈이 아니냐!"

"이놈이 실성을 했군!"

하산의 말을 들은 사람들은 그가 완전히 미쳐 버렸다고 생각했습니다. 그래서 하산에게 덤벼들어 그를 꽁꽁 묶고는 정신병원으로 데리고 갔습니다.

병원장이 물었습니다.

"이 젊은이는 어디가 어떻소?"

"이자는 미쳤습니다. 마신이 씌웠어요."

그때 아부 알 하산이 소리를 질렀습니다.

"아니야! 이놈들은 내 말을 거역하고 거짓말을 하고 있다. 나는 결코 미친 것이 아니고 신앙 깊은 자의 임금이란 말이다!"

이 말을 들은 원장이 대꾸했습니다.

"거짓말을 하고 있는 건 당신이 아니오? 이런! 완전히 돌아버렸군그래."

그러고는 하산의 옷을 벗기더니 목에 무거운 칼을 씌우고 높다란 창문에 매어 놓고 밤낮으로 하루에 두 번씩 채찍으로 때리기 시작했습니다. 열흘 동안 똑같은 일이 되풀이되었습니다.

열흘째가 되자 어머니가 찾아와서 말했습니다.

"오, 얘야, 아부 알 하산, 이제 정신이 돌아왔느냐? 이것은 모두 다 악마의 짓이란다."

"오, 어머니, 정말 어머니 말씀이 맞아요. 어머니, 저는 그런 말을 한 일을 후회하고 있으니 미친 것이 나았다는 증인이 되어 주세요. 저를 여기서 구해 주지 않으시면 정말 죽을 것 같습니다."

어머니는 원장을 만나 그 사실을 알리고 하산을 집으로 데리고 돌아갔습니다.

그것이 초순께에 일어난 일이었는데, 그달이 다 지나자 하산은 또다시 술이 마시고 싶어서 예전의 습관대로 손님방을 꾸미고 음식과 술을 준비시켰습니다.

그러고는 티그리스 강 다릿목에 가 앉아 누구든 이야기를 나누며 술 마실 상대가 없을까 하고 오가는 사람들을 유심히 살피고 있었습니다.

그런데 또 교주와 마스룰이 걸어오는 게 아니겠습니까? 하산은 인사도 하지 않고 다짜고짜 알 라시드 교주에게 말했습니다.

"오, 이 마신의 임금아! 너 같은 놈은 다시는 환영하지 않겠다!"

"내가 당신에게 뭘 어떻게 했다고 그러는 건가?"

"이 마물 중에 가장 재수 없는 마물 놈아! 이 세상에 네놈이 나한테 한 장난보다 더 끔찍한 일은 아마 없을 것이다. 나는 얻어맞은 데다 정신병원까지 끌려갔다 왔다. 사람들이 내가 악마에게 씌어 미쳤다고 했는데, 그것은 다 네놈 탓이야. 내가 네놈을 집으로 데리고 가 그렇게 정중하고 극진하게 대접했는데, 네놈은 악마와 마신들을 시켜서 온종일 내 머리를 희롱하지 않았느냐. 그러니 내 눈앞에서 썩 꺼져라! 너 따위에게는 볼일이 없으니."

그러자 교주는 빙그레 웃는 얼굴로 하산 앞에 앉으면서 물었습니다.

"오, 형제여, 그때 다시 당신을 만나러 오겠다고 하지 않았던가?"

"난 너 따위에겐 볼일이 없어. 이런 노래도 있듯이 말이야."

내 벗과 인연을 끊는 것이
적당하고 현명해.
눈앞에 보이지 않으면
가슴에 슬픔도 생기지 않으니.

"정말이지 그날 밤, 당신이 찾아와서 둘이서 즐겁게 술을 마시고 놀던 밤, 악마가 와서 나를 괴롭혔단 말이오."

"악마라니 도대체 누구 말이오?"

"그건 바로 당신이 틀림없어!"

이 말을 들은 교주는 껄껄 웃고 나서 상대를 달래며 정중하게 말했습니다.

"오, 형제여, 그러고 보니 내가 당신 집을 나올 때 무심코 문을 열어 놓고 나왔는데 그래서 아마 악마 놈이 들어간 모양이지?"*28

"그러니 내 몸에 어떤 일이 일어났느냐고 묻지도 마오. 남의 집 문을 열어 놓고 가서 악마 놈이 들어와서 그런 변을 당하게 하다니 괘씸해 죽겠소."

그리고 아부 알 하산은 자기가 겪은 일을 자세히 얘기해 주었습니다.

교주는 웃음을 참으며 그 이야기를 다 듣고 나서 말했습니다.

"그래도 그토록 당신을 괴롭힌 자를 없애주신 알라를 찬양해야겠구려. 처음처럼 행복해 보이는 당신을 이렇게 다시 만나게 되었으니."

"하지만 이제 당신하고 술 마시는 건 사양하겠소. 속담에도 '한 번 넘어진 돌에 두 번 넘어지면 그놈이 나쁘다'고 하지 않던가요. 그러니 오, 형제여, 이제 나는 절대로 당신을 대접하지 않을 것이고 사귀지도 않을 테요. 당신이 아무리 부유하다 해도 나에게는 재수 없는 사람인 듯하니."

"그렇지만 그 늙은 중들을 쫓아내는 소원은 풀었으니, 내가 당신에게 조금은 도움이 되었잖소?"

"그건 그렇군요."

"앞으로도 당신에게 좋은 일이 일어나지 않으리라 누가 장담할 수 있겠소?"

"그래서 나더러 어떡하라는 거요?"

"나는 한 번 더 당신의 손님이 되고 싶으니 거절하지 말라는 말이오."

"그렇다면 다윗의 아들 솔로몬의 도장반지에 새겨진 글에 맹세코, 이번에는 마신들을 시켜 나를 희롱하지 않겠다고 약속한다면…….”

“약속하고말고!”

그래서 하산은 교주를 자기 집으로 데리고 가서 많은 요리를 차려 놓고 마음을 열어 정중하게 대접했습니다. 교주는 젊은이가 다시 그 사건을 자세히 얘기하자, 터져 나오려는 웃음을 참느라 숨이 막힐 것만 같았습니다.

이윽고 요리가 치워지고 술상이 나오자, 하산은 자기가 먼저 잔에 술을 따라 세 번 맛본 다음 교주에게 잔을 내밀었습니다.

“어서 드십시오. 나는 당신의 노예이니, 당신을 노엽게 하는 말은 하지 않겠습니다. 서로 화내는 일이 없도록 하십시다.”

그리고 다음과 같은 시를 읊었습니다.

들으시라!
그대를 섬기는 자의 말을!
곤드레만드레 되어 도를 넘으니
술 마시는 자 말고는
입술 찬양할 자 없으리라.

밤의 어둠이 내릴 때까지
마시고 또 마시고 취하고 또 취하니
술잔에 고개 숙여
절하는 것도 즐거워라.

내 기쁨은 맛있는 술에 있으니
녹아서 흐르는 태양이런가.
정녕 술이야말로
모든 근심을 씻어주노라.

교주는 이 노래를 듣고 하산이 시에 재능이 있음을 알고 매우 기뻐하며 단숨에 잔을 비웠습니다.

이렇게 두 사람이 주거니 받거니 쉴 새 없이 술을 마시면서 이야기하는 동안, 어느새 밤은 깊어지고 두 사람은 완전히 취하고 말았습니다. 그러자 하산이 말했습니다.

"오, 나의 벗이여, 사실은 그 일이 어찌 된 영문인지 도무지 알 수가 없어 얼떨떨하다오. 내가 충실한 자들의 임금님이 되어 정사를 다스리고 여러 가지 물건을 신하들에게 하사한 것이 꿈이 아니라 실제로 있었던 일 같기만 하니 말이오."

"그건 잠에 취해서 그런 거요."

교주는 이렇게 말하면서 마약을 조금 부수어 술잔에 넣었습니다.

"자, 이 잔을 드시오."

"고맙습니다, 잘 마시겠습니다."

하산은 그 잔을 받아 단숨에 들이켰습니다. 그러자 마약이 위에 채 들어가기도 전에 고개가 꺾이면서 정신을 잃고 쓰러지고 말았습니다.

그런데 젊은이의 정중한 대접과 시를 짓는 뛰어난 재능, 솔직한 태도에 몹시 감탄한 교주는 마음속으로 이렇게 생각했습니다.

'이자를 반드시 내 술벗으로 삼으리라.'

그래서 교주는 일어나 마스룰을 불렀습니다.

"이자를 메고 가자."

그러고는 궁전으로 돌아갔습니다.

마스룰은 하산을 교주의 궁전으로 메고 가서 교주 앞에 내려놓았습니다.

교주는 남녀 노예들에게 하산을 에워싸고 대령하라 이르고, 자신은 젊은이의 눈에 띄지 않는 곳에 몸을 숨겼습니다.

이윽고 분부를 받은 시녀 하나가 하산의 머리맡에서 비파를 타기 시작하자 다른 시녀들도 손에 악기를 들고 연주를 시작했습니다.

모두 함께 노래를 부르며 악기를 연주하는 동안 어느새 새벽이 찾아왔습니다. 하산이 잠에서 깨어나자 비파와 탬버린의 합주, 하프에, 노예계집들의 합창 소리가 들려 왔습니다. 깜짝 놀라 사방을 둘러보니 자기가 시녀와 환관들에게 에워싸여 궁전에 누워 있는 게 아니겠습니까. 하산은 겁이 나서 소리를 질렀습니다.

"오, 위대한 신 알라 외에 주권 없고 권력 없도다! 알라시여, 아무래도 오늘 밤은 지난번보다 더 곤란한 일이 일어날 듯하오니 제발 살려주십시오!

정말이지 정신병원도 그렇고 많은 고통을 겪어서 무서워 죽겠습니다. 그때처럼 악마가 올 것만 같아요. 오, 알라여, 주님이여! 제발 악마를 물리쳐 주소서!"

그런 다음 하산은 눈을 감고 소매 속에 얼굴을 묻었습니다. 그리고 가만히 웃어 보기도 하고 가끔 머리를 쳐들고 주위의 동정을 살펴보기도 했으나, 방에는 불빛이 눈부시게 빛나고 노예계집들은 여전히 노래를 부르고 있었습니다. 한참 지나자 한 환관이 젊은이의 머리맡에 앉아 말을 걸었습니다.

"오, 진실한 신자들의 임금님이시여, 이제 일어나시어 임금님의 궁정과 노예계집들을 봐주십시오."

아부 알 하산이 말했습니다.

"내가 정말로 진실한 신자들의 임금이란 말이냐? 네가 거짓말을 하는 게 아니고? 나는 어제 말을 타고 나가지도 않았고 정사를 다스린 기억도 없다. 다만 술을 먹고 잤을 뿐인데, 이 환관 놈이 와서 나를 깨우는구나."

젊은이는 일어나서 자기와 어머니 사이에 일어난 일과 어머니를 때려서 정신병원에 끌려간 일을 생각하고, 원장에게 맞은 자국을 만져보면서 자기 신상에 대해 이것저것 생각해 보았으나 뭐가 뭔지 도무지 알 수가 없었습니다.

'이게 어찌 된 일일까? 내가 또 어쩌다가 이렇게 되었을까?'

젊은이는 주위 광경을 보면서 속으로 생각했습니다.

'이놈들은 모두 사람의 모습을 한 마신들이니 알라께 모든 것을 맡기는 수밖에 없다.'

그래서 한 처녀를 돌아보며 물었습니다.

"나는 누구인가?"

"충실한 자들의 임금님이십니다."

"거짓말하지 마라! 정말로 내가 충실한 자들의 임금님이라면 내 손가락을 깨물어 보아라!"

여자가 옆으로 가서 하산의 손가락을 힘껏 깨물자 하산은 아픔을 참지 못하고 소리를 질렀습니다.

"이제 됐다!"

다음에는 환관장에게 물었습니다.

"내가 누구인가?"

"충실한 자들의 임금님이십니다."

하산은 또다시 여우에 홀린 듯한 기분이 들어서 백인 노예 시동에게 말했습니다.

"내 귀를 물어보아라."

시동은 얼굴을 가까이 가져와 입을 하산의 귀에 대었습니다. 그런데 이 시동은 어릴 때부터 머리가 좀 모자라는 아이여서 그의 귓불을 찢어놓을 듯이 힘껏 물어뜯었습니다. 게다가 이 소년은 아랍말을 잘 몰라 어릿광대 하산이 "이제 그만!" 할 때마다 그것을 "절대로 놓지 말고 물어뜯어라"는 말로 알아듣고 점점 더 세게 무는 바람에 소년의 아래위 이가 마주칠 지경이 되었습니다.

그런 줄도 모르고 시녀들은 가희들의 노래에 귀를 기울이고 있었으므로, 하산이 아무리 구원을 청해도 모르고 있었습니다. 하지만 그것을 본 알 라시드 교주는 실성한 듯이 마구 웃어 젖혔습니다.

하산이 소년의 따귀를 후려쳐서 가까스로 귓불을 구해내자, 그 광경을 본 사람들은 웃음을 터뜨리면서 백인 노예 시동에게 말했습니다.

"교주님의 귓불을 그렇게 세게 깨물다니, 너 제정신인 게냐?"

그러자 하산도 그들을 향해 소리를 질렀습니다.

"이 지긋지긋한 마신 놈들! 네놈들은 나를 그렇게 괴롭히고도 부족하단 말이냐? 하지만 너희 잘못이 아니지, 잘못은 네놈들을 사람으로 둔갑시킨 너희 두목에게 있어. 이렇게 된 바에, 오늘 밤 나는 코란의 '옥좌의 시'와 '성실'과 '두 개의 수호신'의 장에 걸고*29 네놈들로부터 내 목을 지키게 해달라고 알라께 빌어야겠다!"

그렇게 말한 어릿광대 아부 알 하산은, 옷을 모두 벗어던지고 벌거숭이가 되어 앞과 뒤를 몽땅 드러내고는, 노예계집들 사이에 섞여 춤을 추기 시작했습니다. 여자들이 그의 두 팔을 붙잡아도 하산은 그 꼴로 계속 미친 듯이 춤을 추었고, 사람들은 모두 배를 움켜잡고 웃었으며 교주는 너무 웃다가 그만 그 자리에 쓰러지고 말았습니다.

이윽고 정신을 차린 교주는 휘장 뒤에서 나타나 하산에게 말했습니다.

"오, 하산, 그게 무슨 꼴인고? 그대는 나를 웃겨 죽일 작정이냐!"

젊은이는 뒤를 돌아다보고 상대의 정체를 알아채자 이렇게 말했습니다.

"천만의 말씀이옵니다. 임금님 덕분에 저와 제 어머니, 또 사원의 늙은 중들까지 죽게 되었군요."

그러고 나서 젊은이는 교주 앞에 엎드려 그 영원한 번영과 만수무강을 빌었습니다. 교주는 곧 하산에게 훌륭한 옷을 입혀주고 금화 1천 닢을 내렸습니다. 또 얼마 뒤에는 이 어릿광대를 특별히 잘 대우해 아내를 얻어주고, 많은 선물을 하사하여 궁전 안에서 살게 했으며, 교주의 가장 사랑받는 술벗으로 뽑았습니다.

그리하여 하산은 누구보다도 교주의 은총을 받으면서, 단번에 다른 사람들을 제치고 높은 지위를 차지했습니다.

교주의 술벗은 모두 열 명이었는데 이름을 들면 알 이지리, 알 라카시 이브단, 하산 알 파라즈다크, 알 라우즈, 알 사칼, 오마르 알 타르티스, 아부 노와스, 아부 이사크, 알 나딤, 그리고 이 어릿광대 아부 알 하산입니다. 그들은 저마다 재미있는 내력을 가지고 있었는데, 그것은 다른 책에서 이미 얘기한 바 있습니다.

아부 알 하산은 교주에게 중용되어 다른 사람보다 우대를 받으면서, 늘 교주와 왕비 즈바이다 빈트 알 카심을 곁에서 모셨습니다. 그는 뒷날 왕비의 회계를 담당하던 누자트 알 파드라는 여자를 아내로 맞이하게 되었습니다. 두 사람은 부부가 되자, 먹고 마시는 일은 물론이고 이 세상의 온갖 기쁨을 함께 누리며 화려하게 살았습니다.

그러는 동안 가지고 있던 것을 현금과 마찬가지로 죄다 써 없어져 버리자, 남편은 아내에게 말했습니다.

"여보, 누자트 알 파드!"

"네, 왜 그러세요?"

"교주님을 상대로 장난을 한번 쳐볼까 하는데, 당신은 즈바이다 왕비님을 맡아주구려. 그러면 대번에 우리에게 금화 2백 닢과 비단 옷감 두 감이 들어오게 되어 있으니까."

"당신이 시키시는 대로 하겠지만, 도대체 어쩌시려는 거예요?"

"우리 두 사람이 죽은 척하는 거야. 내가 먼저 죽어서 당신 앞에 누울 테니, 당신은 내 몸에다 흰 비단을 씌우고 터번을 풀어서 그 위에 얹어 놓구려. 그리고 발가락을 꽁꽁 묶고 배 위에는 칼과 소금을 조금 얹어 놓으시오.*30 그런 다음 당신은 머리를 풀어 헤치고 즈바이다 왕비님께 달려가서 옷을 찢고 얼굴을 때리면서 통곡하는 거요. 그러면 왕비님께서 무슨 일이냐고 물으시겠지. 그러면 당신은 이렇게 대답하시오. '왕비님께서는 부디 어릿광대 아부 알 하산보다 장수하시기를! 그이가 죽어 버렸습니다.' 그러면 왕비님은 내 죽음을 슬퍼하며 눈물을 흘리신 뒤, 출납계에게 명령하여 당신에게 금화 백 닢과 비단 한 장*31을 주시면서 '그 사람을 관에 넣어 땅속에 묻어주라'고 하실 거요. 그러면 당신은 그 금화 백 닢과 비단을 감사하게 받아서 집으로 돌아오면 되는 거요. 이렇게 해서 당신이 집에 돌아오면, 나는 일어나고 이번에는 당신이 눕는 거요. 그러면 나는 또 얼른 교주님께 가서 '교주님께서는 부디 누자트 알 파드보다 장수하시기를!' 하면서 옷을 찢고 수염을 쥐어뜯는 거지. 그러면 교주님은 당신의 죽음을 슬퍼하시면서 출납계를 불러 나에게 금화 백 닢과 비단을 주라고 명령하시고, 나에게는 빨리 돌아가 당신을 관에 넣어 묻어주라고 하시겠지. 그리고 나서 나는 당신한테 다시 돌아오는 거지."

"그것참 좋은 생각이군요."

누자트 알 파드가 기뻐하며 찬성했으므로 하산은 얼른 그 자리에 누웠습니다. 그러자 곧 아내 누자트가 남편이 시킨 대로 머리를 풀어 헤치고 통곡하면서 즈바이다 왕비에게 달려갔습니다.

그 꼴을 본 즈바이다 왕비가 깜짝 놀라서 물었습니다.

"그 꼴이 대체 웬일이냐? 왜 그렇게 슬피 우느냐?"

누자트는 큰 소리로 울면서 대답했습니다.

"오, 왕비님! 왕비님은 그 어릿광대 아부 알 하산보다 장수하시기를! 그이가 죽고 말았어요!"

즈바이다 왕비는 아부 알 하산의 죽음을 몹시 슬퍼하며 말했습니다.

"정말 슬픈 일이구나, 가엾은 아부 알 하산!"

왕비는 한참 동안 슬픔의 눈물을 흘렸습니다. 그러더니 출납계를 불러 누자트에게 금화 백 닢과 비단을 내주라고 분부했습니다.

"오, 누자트여, 그 사람을 관에 넣어서 잘 묻어주어라."

누자트는 금화 백 닢과 비단을 받아들고 부지런히 집에 돌아와서 남편에게 자초지종을 얘기했습니다. 하산은 얼른 일어나 허리띠를 고쳐 매고 춤이라도 출 듯이 기뻐하면서 금화와 비단을 받아 넣었습니다.

이번에는 하산이 누자트를 뉘어 놓고 아내가 했듯이 자기 옷을 찢고 수염을 뜯으면서 구겨진 터번을 쓰고 달려가, 알현실에 있는 교주 앞에서 가슴을 때렸습니다.

"오, 하산, 그 꼴이 대체 무엇인가?"

하산은 눈물을 흘리면서 대답했습니다.

"오, 교주님, 저는 차라리 이 세상에 태어나지 않고 교주님의 총애도 받지 않았더라면 싶습니다."

"그건 또 무슨 소리, 자세히 말해보라!"

"오, 임금님, 부디 누자트 알 파드보다 장수하시기를!"

이 말을 듣자, 교주는 자신의 손을 때리며 외쳤습니다.

"오, 알라 외에 신은 없다!"

그런 다음 아부 알 하산을 위로하며 말했습니다.

"너무 슬퍼하지 마라. 곧 다른 여자를 한 사람 주선해 줄 테니."

그리고 나서 교주는 출납계를 불러 하산에게 금화 백 닢과 비단을 주라고 분부했습니다.

출납계가 교주의 명령을 시행하자 교주는 말했습니다.

"어서 돌아가 그 사람을 관에 넣어서 묻어주고 후하게 장례식을 치러주도록 해라."

하산은 돈과 천을 손에 들고 얼른 집으로 돌아왔습니다.

"오, 누자트, 어서 일어나구려. 우리 뜻대로 됐으니까."

이 말을 듣고 아내가 벌떡 일어나자 하산은 그 앞에 금화 백 닢과 비단을 내놓았습니다. 두 사람은 금화 위에 금화를, 비단 위에 비단을 포개 놓고 계략이 성공한 것을 기뻐하며 아주 즐거워했습니다.

한편 충실한 자들의 임금님은 아부 알 하산이 누자트를 장사 지내기 위해 물러가자, 여자의 죽음을 슬퍼하며 알현도 하는 둥 마는 둥하고는 자리에서 일어났습니다. 그리고 '복수의 검객' 마스룰의 부축을 받으면서 즈바이다 왕비의 방으로 갔습니다. 시녀의 죽음을 슬퍼하고 있을 왕비를 위로하고 싶었기 때문입니다.

가 보니 왕비도 울면서 교주가 찾아오기를 기다리고 있었습니다. 왕비는 교주가 좋아하는 어릿광대 아부 알 하산이 죽어 슬퍼할 교주를 위로하고 싶었던 겁니다.

"오, 왕비여, 그대의 노예계집 누자트 알 파드보다 장수하기를!"

그러자 왕비가 말했습니다.

"알라여, 부디 제 노예를 지켜주소서! 임금님도 부디 술벗인 어릿광대 아부 알 하산보다 장수하시기를! 그 사람이 죽었다고 합니다."

교주는 빙그레 웃으면서 옆에 있는 환관에게 말했습니다.

"오, 마스룰이여, 정말 여자란 지혜가 얕다니까. 이봐, 자네가 산 증인이지, 아부 알 하산은 조금 전까지 나와 함께 있었거늘."

왕비는 속으로 화가 났지만, 겉으로는 웃음을 지어 보이며 말했습니다.

"농담은 그만두십시오. 하산이 죽은 것만으로는 부족해서 제 노예계집까지 죽이시어 두 사람을 한꺼번에 저세상으로 보내고, 저를 바보로 만드셔야만 직성이 풀리시겠습니까?"

"누자트는 정말로 죽었소."

"아닙니다. 방금 누자트가 옷을 갈가리 찢고 비탄에 젖어서 여기로 왔는걸요. 그래서 제가 달래고 위로하며 금화 백 닢과 비단까지 주었어요. 저는 임금님께서 좋아하시던 어릿광대 아부 알 하산을 잃으신 것을 위로해 드리고자 지금 막 임금님을 모시러 사람을 보내려던 참이었답니다."

교주는 웃으면서 말했습니다.

"죽은 것은 누자트야."

"아니에요. 죽은 것은 하산이에요."

그 말을 듣고 마침내 화가 난 교주의 이마에 어느새 하심근(筋)*32이 나타나 꿈틀꿈틀 움직였습니다. 교주는 마스룰에게 큰 소리로 명령했습니다.

"어릿광대 아부 알 하산의 집에 가서 죽은 사람이 누구인지 확인하고 오라."

마스룰이 얼른 달려나가자, 교주는 즈바이다 왕비를 돌아보며 말했습니다.

"나와 내기를 하겠소?"

"좋아요. 하겠어요. 저는 아부 알 하산이 죽었다에 걸겠어요."

"나는 누자트가 죽었다에 걸겠소. 만일 내가 이긴다면 그대 궁전 앞의 '환락의 동산'을 줄 테니, 그대는 '조각상의 정자'를 걸도록 하시오."

이렇게 정하고 두 사람은 마스룰이 돌아오기를 기다렸습니다.

한편 환관 마스룰은 잠시도 쉬지 않고 달려가서 하산의 집이 있는 골목에 들어섰습니다. 이때 하산은 격자창*³³에 등을 기대고 쉬고 있다가 문득 골목에 들어서는 마스룰의 모습을 보고 누자트에게 말했습니다.

"아마도 교주님은 내가 물러가자마자 알현도 중단하고, 애도하기 위해 즈바이다 왕비님에게 가신 모양이군. 왕비님은 왕비님대로 교주님을 맞이하며 위로하는 표정으로 '부디 알라께서 어릿광대 아부 알 하산의 죽음을 보상해 주시기를!', 뭐 이런 말을 하셨겠지. 그러자 교주님이 왕비에게 말했겠지. '죽은 것은 하산이 아니라 누자트 알 파드요. 당신은 그 여자보다 오래 살기를!' 왕비는 다시 말했겠지. '죽은 건 그 여자가 아니라 당신의 술벗인 어릿광대 아부 알 하산이라니까요.' 교주님도 지지 않고 '죽은 건 누자트 알 파드가 틀림없어' 하고 우기면서, 두 사람은 서로 한 걸음도 물러서지 않았을걸. 끝내 교주님은 화가 나서 내기를 걸고 검객 마스룰을 보내, 누가 죽었는지 확인하고 오라고 분부하신 거지. 이렇게 되었으니, 당신이 좀 누워 있어야겠어. 그러면 저 마스룰이란 작자, 당신의 죽은 모습을 보고 돌아가서 교주님에게 그렇게 보고할 테니까. 모든 게 내가 예상한 대로 되는 거지."*³⁴

그래서 하산은 누자트를 눕히고 천으로 덮은 뒤 머리맡에 앉아 눈물을 흘리기 시작했습니다. 그때 마스룰이 들어와 하산에게 인사했습니다. 마스룰은 누자트가 누워 있는 모습을 보더니 얼굴에 가린 천을 들쳐보고는 말했습니다.

"오, 알라 외에 신은 없다! 정말 부인께서 돌아가셨군요. 별안간 당하신 불행이라 무척 놀라셨겠습니다. 알라께서 당신에게 자비를 내리셔서 당신의 모든 잘못을 용서해 주시기를!"

그리고 얼른 돌아가서 교주와 왕비 앞에 가 자기가 보고 온 것을 보고했습니다. 그러나 웃으면서 아뢰었으므로 교주가 큰 소리로 꾸짖었습니다.

"이 멍청한 놈! 그게 웃을 일인가! 자, 말해 봐라, 누가 죽었더냐?"

"신께 맹세코, 아부 알 하산 님은 살아 계시고, 죽은 사람은 누자트 알 파드 님입니다."

교주는 즈바이다 왕비에게 말했습니다.

"당신이 졌으니 정자를 나에게 빼앗긴 셈이야."

교주는 왕비를 놀리고 나서 마스룰에게 말했습니다.

"여봐라, 마스룰, 그대가 보고 온 것을 왕비에게 다시 한 번 말해 드려라."

"왕비님, 제가 한달음에 아부 알 하산 님의 집에 달려갔더니, 누자트 알 파드 님은 돌아가시고, 그 남편이 머리맡에서 눈물을 흘리며 앉아 있었습니다. 제가 먼저 인사를 하고 애도를 표한 뒤, 옆에 앉아 부인의 얼굴에 덮힌 천을 들쳤는데, 이미 숨이 끊어져서 얼굴이 부어 있었습니다.*35 그래서 저는 말했습니다. '어서 장례식을 거행하시오. 우리도 고인의 명복을 빌 테니.' '그렇게 하지요.' 하산 님의 그 대답을 듣고 저는 곧 보고를 드리기 위해 시신을 관에 넣는 일도 돕지 못하고 돌아온 겁니다."

진실한 신자들의 임금님은 껄껄 웃으면서 말했습니다.

"지혜가 얕은 여인에게 그 얘기를 몇 번이고 들려 드려라."

즈바이다 왕비는 교주의 말과 마스룰의 이야기를 듣고는 약이 올라 이렇게 대답했습니다.

"고작 흑인 노예 따위의 말을 믿으시는 분이야말로 지혜가 얕은 분이지요."

왕비가 마스룰을 욕하자, 충실한 자들의 임금님은 옆에서 웃기만 했습니다. 마스룰은 화가 나서 말했습니다.

"'여자는 지혜가 얕고 신앙심이 부족하니라'*36고 하더니 역시 맞는 말씀인 것 같습니다."

그러자 왕비는 교주에게 말했습니다.

"임금님께서 농담으로 저를 놀리시니, 이제는 이 노예까지 임금님의 비위를 맞추느라 저를 속이는군요. 저도 사람을 보내 두 사람 가운데 누가 죽었는지 확인해 보겠어요."

"얼마든지 확인해 보구려."

교주가 대답하자 왕비는 늙은 궁녀 우두머리를 불러 말했습니다.

"얼른 누자트의 집으로 가서 죽은 사람이 누구인지 보고 오너라. 도중에 어물거리지 말고 얼른 갔다 와야 한다."

왕비는 노파에게 성질을 부리며 재촉했습니다. 노파가 허둥지둥 달려나가자 교주와 마스룰은 재미있다는 듯이 웃었습니다. 한편 노파는 온 힘을 다해 달려가서 누자트 집이 있는 골목으로 들어갔는데, 아부 알 하산이 재빨리 그 모습을 발견하고는 아내에게 이렇게 말했습니다.

"오, 누자트 알 파드, 아무래도 이번에는 즈바이다 왕비가 당신이 죽었다는 마스룰의 보고를 믿지 않고 사실을 확인하려고 저 노파를 보낸 모양이야. 즈바이다 왕비님에게 당신의 얼굴을 세워주기 위해서 이번에는 내가 죽은 척하는 게 좋겠군."

그렇게 말하며 남편이 팔다리를 뻗고 눕자, 아내는 그 위에 천을 덮고 두 눈과 발을 붕대로 묶은 다음, 머리맡에 앉아 눈물을 흘리고 있었습니다.

이윽고 노파가 집 안으로 들어가 보니, 젊은 아내는 아부 알 하산의 머리맡에 앉아 눈물을 흘리면서 죽은 남편의 좋은 점을 끝없이 늘어놓고 있었습니다. 젊은 아내는 노파의 모습을 보자 소리 높여 흐느끼면서 말했습니다.

"아이고, 이게 웬 날벼락이란 말이에요! 난 이제 어떡하면 좋아! 아부 알 하산이 죽었어요. 나만 혼자 남겨놓고!"

그리고 다시 울부짖으면서 자신의 옷을 찢고는 노파에게 말했습니다.

"그렇게도 저를 사랑해 준 사람인데 그만!"

"하지만 당신도 할 말은 있잖아요. 서로 마찬가지였으니까."

노파는 마스룰이 교주와 왕비에게 얘기한 경위를 곰곰 생각한 뒤 말했습니다.

"사실, 마스룰 때문에 교주님과 왕비님 사이가 틀어지게 생겼다오."

그 말을 듣고 누자트 알 파드가 물었습니다.

"무슨 일로 그러시는지요?"

"그건 말이오, 마스룰이 교주님과 즈바이다 왕비에게 와서 당신이 죽었고 하산 님은 살아 계시다고 지껄였기 때문이라오."

"어머나! 저는 바로 조금 전에 왕비님을 찾아뵙고 금화 백 닢과 비단을 부의금으로 받아 온 걸요. 아무튼 이 모습을, 저에게 덮친 이 불행을 잘 보세요! 앞으로 어떻게 해야 할지 정신을 차릴 수가 없군요. 저만 홀로 남았으니. 차라리 그 사람이 살고 내가 죽는 편이 나았을 것을!"

누자트 알 파드가 눈물을 쏟으니 노파도 따라서 눈물을 흘렸습니다. 이윽고 노파가 아부 알 하산 옆에 다가가 얼굴에 덮힌 천을 들춰 보니, 두 눈에는 붕대가 감겨 있고 그 때문에 얼굴이 부석부석해 보였습니다.

노파는 원래대로 얼굴에 천을 덮어놓고서 말했습니다.

"오, 누자트여, 남편을 잃었으니 그 상심이 얼마나 크겠어요."

노파는 고인의 명복을 빌고는 일어나 급한 걸음으로 즈바이다 왕비에게 돌아가서 자기가 본 사실을 자세히 아뢰었습니다.

그러자 왕비는 빙그레 웃으며 말했습니다.

"교주님께 그 얘기를 한 번 더 되풀이해서 여쭈어라. 교주님께서는 나를 지혜가 얕고 신앙심이 부족하다며 깔보시고, 저 저주받은 거짓말쟁이 노예 놈까지 나에게 말대꾸하게 하셨으니 말이다."

이 말을 듣고 마스룰도 물러서지 않았습니다.

"이 할멈이 거짓말을 하고 있는 겁니다. 저는 아부 알 하산 님이 건강하게 잘 계신 것을 보았고, 누자트 님이 죽어 있는 것을 확인했으니까요."

노파도 지지 않고 말했습니다.

"거짓말하는 사람은 당신이오. 당신이야말로 교주님과 왕비님 사이를 이간질하고 있는 거야."

그러자 마스룰이 소리쳤습니다.

"이 재수 없는 할망구 같으니라고! 거짓말은 당신이 하는 거야. 왕비님도 당신이 하는 말을 믿고 저러시는데, 아무래도 망령이 좀 드신 게지."

이 말을 들은 즈바이다 왕비는 환관을 엄하게 꾸짖었습니다. 왕비는 이 노예의 태도와 그가 하는 말을 듣고 진심으로 화가 나서 눈물까지 글썽거렸습니다. 그것을 본 교주는 왕비를 향해서 말했습니다.

"나도 거짓말을 했고 환관이 한 말도 거짓말, 그대도 거짓말, 노파가 한 말도 거짓말이라면, 내 생각에는 우리 넷이 함께 현장에 가서 누가 거짓말을 한 건지 알아보는 수밖에 도리가 없을 성싶군."

그러자 마스룰이 신이 나서 말했습니다.

"그렇게 하는 것이 좋겠군요. 저는 이 밉살스런 거짓말쟁이 할멈에게 창피를 주고 거짓말을 한 대가로 실컷 두들겨 패주어야겠습니다."

노파도 지지 않고 쏘아붙였습니다.

"이 망령난 영감아, 당신 머리가 나보다 영리할까? 그 머리에는 암탉만 한 지혜밖에 들어 있지 않을걸?"

마스룰은 노파의 모욕에 격분하여 당장 폭력을 휘두를 기세였지만, 즈바이다 왕비가 사이에 끼어들어 환관을 밀어냈습니다.

"이 여자의 말이 진실인지, 그대의 말이 진실인지는 곧 알게 되겠지."

이윽고 네 사람은 일제히 일어나 서로 내기를 하며 궁전을 나가 어릿광대 하산의 집이 있는 골목으로 성큼성큼 들어갔습니다.

하산은 네 사람이 오는 모습을 보자 아내 누자트에게 말했습니다.

"정말이지, 진득진득한 게 모두 과자빵뿐이 아니라더니 언제까지나 일이 잘 풀리라는 법은 없지. 아무래도 그 할멈이 돌아가서 왕비님에게 우리 얘기를 하자, 왕비님과 마스룰 사이에 싸움이 붙은 모양이야. 그 결과 서로 내기를 걸고 우리 죽음을 확인하기 위해 함께 우리 집으로 찾아오고 있군. 교주님과 마스룰, 즈바이다 왕비님과 그 할멈, 네 사람이 오고 있어."

이 말을 듣고 누워 있던 누자트가 벌떡 일어났습니다.

"여보, 어쩌면 좋아요?"

"우리 둘 다 죽은 척하고 누워서 숨을 쉬지 않도록 합시다."

두 사람은 저마다 발을 묶고 눈에 붕대를 감은 다음 천을 뒤집어쓰고 송장처럼 숨을 죽이고 누워 있었습니다.

이윽고 교주와 즈바이다 왕비, 마스룰과 노파가 집에 들어와 보니, 어릿광대 하산과 그의 아내가 나란히 송장이 되어 누워 있지 않겠습니까? 왕비는 그 광경을 보자마자 눈물을 흘리면서 말했습니다.

"이 노예계집도 살아 있을 때 여러 가지 나쁜 소문이 있긴 했지만, 남편이 죽은 것이 어지간히 슬펐던지 그 뒤를 좇아서 죽었나 봐요."

그러자 교주가 말했습니다.

"당신은 여러 가지 이유를 붙여서 나를 이기려 하지만 안 될 말이지. 이 여자가 하산보다 먼저 죽은 것은 틀림없는 사실이거든. 왜냐하면 이자는 아내의 죽음을 슬퍼하여 옷을 찢고 수염을 쥐어뜯고 생벽돌 조각 두 개로 가슴을 치면서*37 나에게 달려왔으니깐 말이야. 그래서 나는 이자에게 금화 백 닢과 비단을 주면서 이렇게 말했지. '돌아가서 아내를 잘 묻어주도록 해라. 내가 죽은 아내 대신 더 예쁜 여자를 주선해 줄 테니.' 그런데도 아내를 앞세운 충격이 너무 커서 그만 여자를 따라 죽은 것 같군. 그러니 이 내기에선 내가 이긴 것이오."

이 말에 즈바이다 왕비도 자기주장을 굽히지 않고 대들었으므로 두 사람의 말씨름은 더욱더 사나워졌습니다. 교주는 마침내 누워 있는 두 사람의 머리맡에 털썩 주저앉아 이렇게 말했습니다.

"알라 사도의 무덤에 걸고, 또 내 조상의 위패에 걸고, 두 사람 가운데 어느 쪽이 먼저 죽었는지 나에게 알려주는 자가 있다면, 그자에게 금화 1천 닢을 주겠노라!"

그러자 누워 있던 하산이 벌떡 일어나 앉으며 말했습니다.

"오, 충실한 자들의 임금님이시여, 제가 먼저 죽었습니다. 자, 가르쳐 드렸으니 어서 금화 1천 닢을 내리시어 맹세를 지키십시오."

이어서 누자트도 벌떡 일어나서 교주와 왕비 앞에 섰습니다. 교주와 즈바이다 왕비는 두 사람이 돈을 손에 넣기 위해 죽음의 연극을 꾸민 사실을 알고, 두 사람이 살아 있음을 축하하며, 매우 기뻐했습니다.

그러나 왕비는 이내 누자트를 꾸짖으며 말했습니다.

"이런 짓을 하지 말고 진작에 나에게 돈이 필요하다 말했더라면, 너 때문에 이렇게 애태우지는 않았을 것을!"

"오, 왕비님, 사실은 너무 부끄러워서 말씀을 드릴 수 없었습니다."

한편 교주는 미친 듯이 한바탕 웃어대고 나서 이렇게 말했습니다.

"오, 아부 알 하산이여, 그대는 정말 뼛속까지 어릿광대로군. 이렇게 기발하고 엉뚱한 짓거리를 하다니!"

"예, 충실한 자들의 임금님, 사실은 임금님께서 주신 돈을 다 써버리고 또 다시 부탁하는 것이 낯부끄러워 생각다 못해 이런 일을 꾸미게 되었습니다. 저는 혼자였을 때도 돈을 모으지 못했고, 또 임금님께서 이 여자와 짝지어주신 뒤 설령 저에게 재산이 있었다 해도 아마 옛날에 다 써버렸을 것입니다. 이런저런 일로 있는 것을 모두 써 버리고 나서, 임금님에게서 금화 백 닢과 비단 한 감을 우려낸 것입니다. 이미 주신 것은 모두 임금님께서 내리신 것으로 알고 받아 두겠습니다. 그건 그렇고, 어서 금화 1천 닢을 상으로 내리시어 아까 맹세하신 의무로부터 자유로워지시기 바랍니다."

교주와 즈바이다 왕비는 웃으면서 궁전으로 돌아갔습니다. 그리고 교주는 즉시 아부 알 하산에게 금화 1천 닢을 주며 말했습니다.

"이것은 다행히 그대가 천국행을 면한 것에 대한 축하금으로 생각해라."

한편 왕비도 누자트 알 파드에게 똑같은 말과 행동을 했습니다. 그뿐만 아니라. 교주가 하산의 봉급과 품삯을 올려주었으므로, 부부는 즐거움을 멸하고 교제를 끊으며 왕궁을 황폐화하고 무덤을 파는 죽음이 찾아올 때까지, 행복하고 안락하게 살았다고 합니다.

〈주〉

＊1 '잠자는 자와 깨어 있는 자(The Sleeper and the Waker)'는 아랍어로 알 나임 와 알 야크잔(Al-Naim wa al-Yakzan)이라고 하는데, 이 뛰어난 이야기는 맥나튼판이나 불라크판에는 실려 있지 않다. 브레슬라우판에서는 제4권(272번째 밤～291번째 밤)에 들어 있다. 갈랑이 추가한 11편 가운데 지금까지 그 아랍어 원전이 발견된 유일한 이야기이다. 〔참고로 '알리바바'의 원전은 1913년에 발견되었다.〕

레인은 가장 중요하고 훌륭한 부분은 허구가 아니라 사실로 얘기된 역사적 삽화라고 설명하며, 아무래도 《아라비안나이트》의 순수한 이야기는 아니라고 생각했다. 또한 그는 이 이야기의 중요한 부분을 알 이샤키(Al-Ishaki) 속에서 발견했는데, 이샤키는 오토만 왕조의 술탄 무스타파 말기, 즉 이슬람력 1032년(1623년) 무렵에 그 역사를 완결했다. 〔그러나 레인에 의하면, 이샤키는 이 역사적 삽화를 어디서 가져왔는지 원전을 밝히지 않았다고 한다.〕

페인의 비평에 의하면, '위의 제목(즉 '잠자는 자와 깨어 있는 자(Asleep and Awake)')'은 물론, 아부르후슨의 일상적인(다시 말하면, 깨어 있는) 생활과, 자신은 꿈속에서 보냈다고 생각하는 칼리프 궁전에서의 환상적인 생활과의 대조를 보여주려 한 것'이라고 한다.

나도 한 마디 덧붙인다면, 장난을 좋아하는 동양 전제군주들 사이에서는 이런 종류의 모험이 종종 일어났고, 어쩌면 그것이 세르반테스에게 암시를 주었을지도 모른다고 생각한다.

＊2 아부 알 하산 알 할리아(Abu al-Hasan-al-Khali'a)의 알 할리아는 '어릿광대'라는 뜻이다. 오래된 번역에서는 '도락자(道樂者)'라 불리고 있다.

＊3 페르시아인은 아랍어로 알 파르스(Al-Fars)라고 하며, 영리하다는 것과 난봉꾼으로 유명한 인종이다.

＊4 접시빵(platter-bread)은 아랍어로 후브스 무타바크(Khubs Mutabbak)이며, 빵 굽는 화덕이 아니라 큰 접시로 구운 빵. 토기를 미리 가열하여 그 안쪽에 반죽을 붙인다. "특히나 얇고, 효모를 넣으면 가마에서 구운 빵보다 가볍다."

＊5 《아라비안나이트》의 다른 곳에서 하룬 알 라시드는 술 마시기를 사양하고 있다.

＊6 건달(larrikin)은 아랍어로 하르푸쉬(Harfush)이며, 속어로는 '악한'이라는 뜻. 나는 이 이야기의 원본 MS의 사본을 보내준 뉴욕의 알렉산더 J. 코샤르 씨에게 감사해야 했다.

＊7 〔밥이라고 번역했지만〕 boiled grain은 아랍어로 탐(Ta'am)이라고 하며, 이집트와 소말리란드〔소말리아를 포함한 동아프리카 해안 지역〕에서는 여러 가지 방법으로 요리한 수수(Holcus sorghum)를 가리킨다. 바르바리에서는 이 말은 쿠스쿠수(KusKusu)라는 생명의 양식에 사용된다. 밀가루와 그 밖의 곡물가루를 후추 열매만 한 크기로 빚어서 찐(우리가 감자를 찌듯이) 다음, 투명버터와 잘게 썬 양파, 고기 등을 곁들여 먹는다. 바르바리의 이 생명의 양식은 매우 오래된 것으로, 6세기 초에 레오 아프리카누스(Leo Africanus)는 다음과 같이 기술했다. "반죽 덩어리로 되어 있으며, 구멍이 많은 그릇에 담아서 불에 올린 뒤 버터와 포타주를 적당히 섞는다."

＊8 고급 과자빵은 아랍어로 쿠마자(Kumajah)라고 하며, 효모를 넣지 않고 재 속에서 구운 빵. 이집트인은 이 말을 최상의 밀가루로 만든 과자빵에 사용한다.

＊9 이 시는 이미 12번째 밤에 나왔다. 여기서는 페인의 번역을 인용했다.

＊10 홰를 치면서 우는 수탉은 자연의 시계로, 서아프리카인은 '수탉의 수다'라고 부르고 있다. 전 세계에서 수탉의 울음소리는 미신의 소재가 되고 있다. 자일스(Giles) 역 《요제지이(聊齊志異) Strange Stories from a Chinese Studio》 참조. 거기서는 악마인 이양(李孃)은 수탉이 시간을 알리는 소리를 듣고 자취를 감춘다. 〔허버트 알렌 자일스는 영국의 유명한 중국학자로, 《화영사전(華英辭典)》 등을 저술했다. 1845∼1935년.〕

＊11 별실(retired room)은 아랍어로 마칸 마주브(Makan mahjub)이며, 레인은 '사실(私室, private closet)'로 번역했고, 페인은 '은밀한 장소(privy place)'라 번역하여, 교주가 변소에서 잠잔 것을 일러주었다. 그것과 마찬가지로 신드의 찰스 네피어 경은, '트라키아 전투'에 참전했을 때 사관들의 짐을 가볍게 하려고 어리석게 사령부로서 변소용 텐트를 선택하여 사람들의 웃음거리가 되었다.

＊12 평화의 동산은 아랍어로 다르 알 살람(Dar al-Salam). 무함마드의 낙원은 7개의 '동산'으로 이루어져 있는데, 그 가운데 하나이다.

＊13 샤자라트 알 두르(Shajarat al-Durr)는 '진주의 가지'라는 뜻.

＊14 매춘부는 아랍어로 카바(Kabbah)이며, 매우 품위가 낮고 속된 말이다. 발언자, 즉 하산의 환경과 대조하여 효과적으로 사용되었다.

＊15 다른 동양인들처럼 하산도 아침에 일어나, 아니 밤이 새자마자 변소부터 먼저 갔다가, 첫 번째 기도를 올리기 전에 의례를 지켜 간단한 목욕을 하는 것이다. 유럽에서라면 아마 아침식사가 끝날 때까지 참을 것이다.

＊16 나는 이 책 '누르 알 딘 알리와 그 아들 바드르 알 딘 하산 이야기' 주석 59에서 동양인들은 왜 유럽인처럼 세면기에서 손을 씻지 않는지를 설명했다.

＊17 즉, 머릿속이 뒤죽박죽되어 잊어버린 것이다. 모든 이슬람교도는 예배하고 안 하고는 상관없이, 예배 방법을 잘 알고 있다.

*18 새벽 예배는 라카트(엎드리는 것) 네 번, 파르즈 두 번, 순나 두 번으로 되어 있다. 그림을 그리지 않고는 설명할 수 없다.

*19 파르즈와 순나 2종의 형태에 맞춰 예배를 끝낸 뒤, 이슬람교도는 오른쪽 어깨너머를 바라보면서 "당신에게 평안과 신의 자비가 있기를!"이라 외치고 왼쪽 어깨너머로도 같은 문구를 왼다.

*20 아부 이사크(Abu Ishak)는 곧 악인(樂人) 모술의 이브라힘을 가리킨다.

*21 사자(獅子)들은 아랍어로 리유트(Liyuth)이며, 라이트(Layth)의 복수형. 여기서는 전 사들이라는 뜻.

*22 아바스 왕조(Abbasides)는 무함마드의 큰아버지 알 아바스를 시조로 하며, 당연히 예 언자의 일족에 속하는 것으로 생각하고 있었다.

*23 이 기도는 신비로운 일이지만 이루어졌다. "티그리스 강 동쪽 기슭에 있는 현재의 도 시는 하룬 알 라시드 교주에 의해 건설되었다. 또 교주의 저택은 지금도 그곳에 있어 서 경외로 가득한 호기심의 대상이 되고 있다." 나의 절친한 친구 그래탄 기어리 (Grattan Geary)는 그렇게 쓰고 있다(《아시아 터키를 여행하고 Through Asiatic Turkey》 제1권, 런던, 1878년).

그는 또 구(舊) 바그다드를 대표하는 교외 부근, 티그리스 강 서쪽 기슭에 있는 즈 바이다 왕비의 묘지를 스케치하여 싣고 있다. 그것은 팔각형 건조물에서 위로 뻗은 파인애플 모양의 둥근 천장으로, 옛날에는 어느 쪽 벽도 화장 회반죽이 칠해져 있 었다.

*24 즉, 동양풍 응접실의 상단에 있는, 한 단 높고 깊숙한 곳. 영예의 좌석으로, 레인은 이집트인의 명칭을 따서 리완(Liwan)이라 불렀다.

*25 미스카(Miskah)는 '한 조각의 사향'이라는 뜻.

*26 타르카(Tarkah)는 '함정'이라는 뜻.

*27 토파(Tohfah)는 '선물'이라는 뜻. 고지식한 스페인적인 유머에 밝은 아랍적인 기지를 보탠 점에서, 아부 알 하산을 산초 판자에 비교해 보는 것도 흥미로울 것이다.

*28 《하디스》(무함마드의 언행록)에는 "밤마다 너희 문을 닫아라. 닫을 때는 비스밀라를 외쳐라. 왜냐하면, 악마는 알라의 이름으로 닫힌 문은 열 수 없기 때문이다"라고 되 어 있다. 이집트의 경건한 이슬람교도는 항상 문을 닫고, 빵에는 덮개를 덮으며, 옷 을 벗을 때는 '자비로운⋯⋯알라의 이름으로'라고 외쳐 악마가 가까이 접근하지 못하 게 한다.

*29 '성실'은 《코란》 제112장의 '유일신'의 장. '두 개의 수호신'은 제113장의 '새벽'과 제 114장의 '인간' 둘을 가리킨다.

*30 아랍어의 칼브(Kalb)는 여기서는 마음이 아니라 배를 가리킨다. 이슬람교도가 죽으 면, 오늘날에도 대부분의 나라에서 엄지발가락을 묶으며, 나라에 따라서는 시체 위에

칼을 두기도 한다. 그러나 나는 칼과 소금(둘 다 악령을 물리치는 것으로 알려 있지만)이 카이로에서 이런 식으로 사용되고 있는 줄은 몰랐다.

*31 살아 있을 때는 순견 옷을 입지 않는 이슬람교도도, 죽으면 순견의 수의를 입을지도 모른다. 앞에서도 주석한 것처럼, 천 한 장을 가리키는 슈카(Shukkah)는 평균 길이 6피트이다.

*32 하심근(筋)은 아랍어로 이르크 알 하시미(Irk al-Hashimi)라고 한다(이 책 '누르 알 딘 알리와 소녀 아니스 알 자리스 이야기' 주석 28 참조). 레인은 "하심 본인(또는 그의 후손)에게 그 혈통이 인정되었는지는 확실하지 않다. 그러나 그의 증손인 예언자(무함마드)의 특징 가운데 하나이다"라고 했다.

*33 여기서의 격자창 슈바크(Shubbak)는 손님방 벽에서 돌출한 마슈라비야(Mashrabiyah) 즉, 격자창이 있는 발코니를 말하는 것이리라. 그곳에는 세 사람 또는 그 이상의 사람이 앉을 수 있는 여유가 있다. 《근대 이집트인》에서 레인이 스케치한 '메슈레비에'를 통해 오늘날에는 영국인에게도 친숙해져 있다.

*34 알 라시드 교주와 즈바이다 왕비의 차이를 미리 계산한 아부 알 하산의 재치 있는 두뇌를 보여주고 있다. 아랍인의 민화에는 이렇게 기발한 해결책을 내놓아 문제를 해결하는 뛰어난 지혜가 드물지 않다.

*35 교묘한 필치. 이야기를 되풀이하는 동안 점점 부풀어가는 것이다. 아부 알 하산은 붕대 때문에 두 눈이 부은 것이다.

*36 예언자가 했다는 말. 아내들과 의견 충돌이 있을 때, 이슬람교도 남편들에게 매우 도움이 되는 말일 것이다. 〔논어의 '여자와 소인은 다스리기가 어렵다'에 해당한다.〕

*37 생벽돌은 아랍어로 토바니(Tobani)라고 하며, 레인은 '두 개의 흙덩이'라고 번역했다. 앞에서 풀이한 것처럼, 토브(Tob, 스페인어의 아도베(Adobe=At-Tob))는 햇볕에 구운 벽돌이다. 그러한 재료로 가슴을 때리는 것은 지금도 하층계급에 속하는 이슬람교도의 장례에서는 흔한 일이며, 세게 때리면 때릴수록 그만큼 비탄의 정도가 큰 것을 나타낸다.

하인과 여자 이야기

옛날 어느 아랍인 부족에, 남편의 씨를 잉태한 여자가 있었습니다. 그 집에는 똑똑하고 분별 있는 하인이 고용살이하고 있었습니다.

어느 날 밤 달이 차서 계집아이가 태어나자 하인을 시켜 부정을 없애는 불을 얻어오도록 했습니다. 그래서 하인은 불을 얻으러 나갔습니다.*¹ 그런데 야영지에 살던 점쟁이 여자가 하인에게, 태어난 아기가 사내아이인지 계집아이인지 물었습니다.

"계집아이요."

그러자 점쟁이 여자가 말했습니다.

"그 아이는 앞으로 사내 백 명에게 몸을 팔고 어느 하인과 맺어지고 나서, 마지막에는 거미에게 물려 죽게 될 거요."

이 말을 듣고 하인은 부리나케 되돌아가 산모 방으로 들어가서, 갓난아기를 빼앗아 배를 갈라 버렸습니다. 그러고는 정처 없이 숲 속으로 달아나 다른 나라에 가서 오랫동안 살았습니다.

하인은 부지런히 돈을 벌었습니다. 그리고 20년의 세월이 흐른 뒤 고향으로 돌아가 집을 한 채 장만했는데, 옆집에는 한 노파가 살고 있었습니다.

하인은 그 노파에게 선량한 마음을 베풀고 잘 구슬린 뒤, 결혼은 하지 않고 즐길 수 있는 젊은 여자가 없겠느냐고 물었습니다. 그러자 노파가 대답했습니다.

"그런 일에 있어서는 이름난 젊은 여자를 하나 알고 있지요."

그러고는 그 여자의 매력을 자세히 늘어놓으며 남자의 욕정을 마구 부추기자 하인이 말했습니다.

"그 여자에게 얼른 가서 원하는 건 뭐든지 줄 테니 결정을 짓고 오시오."

그래서 노파가 여자에게 가서 남자의 소원을 전하자, 여자는 대답했습니다.

"저는 지금까지 몸을 팔고 살아왔지만, 이제는 전능하신 알라 앞에서 참회하고 다시는 그런 짓을 하지 않기로 맹세했어요. 그뿐만 아니라 저는 제대로 결혼하고 싶어요. 그분이 정식으로 결혼해 준다면 언제라도 그분에게 가겠어요."[*2]

노파는 남자에게 돌아가 여자의 말을 전했습니다. 남자는 여자의 아름다움과 회개에 더욱 마음이 끌렸습니다. 그래서 여자를 아내로 맞이하여 부부의 정을 나누었습니다. 그 뒤 두 사람은 서로 더 깊이 사랑하게 되었습니다.

그리하여 두 사람은 오랫동안 화목하게 살고 있었는데, 어느 날 남편이 아내 배에 있는 흉터[*3]를 발견하고 그 까닭을 물었습니다.

"어째서 이런 흉터가 생겼는지 모르지만, 어머니가 이 흉터에 대해서 이상한 말을 한 적이 있어요."

"어떤 이야긴데?"

"어머니가 저를 낳은 것은 어느 겨울이었는데, 그때 어머니는 하인을 시켜서 부정을 없애는 불을 얻으러 보냈대요. 그런데 한참 뒤에 하인이 돌아오더니 별안간 저를 빼앗아서는 배를 째놓고 달아나 버렸대요. 어머니는 제 모습을 보고 분하기도 하고 불쌍하기도 해서 얼른 배를 꿰매고는 알라(힘과 주권의 소유자여!)의 은총으로 상처가 나을 때까지 간호해 주셨답니다."

"당신은 이름이 뭐지? 어머니의 이름은? 그리고 아버지는 누구고?"

아내가 부모 이름을 말하자, 남편은 아내의 배를 쩬 사람이 바로 자기라는 사실을 알고 물었습니다.

"당신 부모님은 어디서 살고 계시오?"

"두 분 다 돌아가셨어요."

"당신의 배를 쩬 하인은 바로 나요."

"왜 그런 끔찍한 짓을 하셨나요?"

"용한 점쟁이 여자에게서 예언을 들었기 때문이지."

"점쟁이가 뭐라고 했는데요?"

"당신이 사내 백 명에게 몸을 판 뒤 나하고 결혼하게 된다더군."

"맞아요, 정말 저는 꼭 남자 백 명을 상대했어요. 게다가 당신하고 결혼했잖아요?"

"그 점쟁이는 이런 말도 하더군. 당신은 마지막에 거미에게 물려 죽는다고 말이야. 정말 남자 백 명을 상대하고 나와 결혼한 것은 예언에 딱 들어맞았는데, 죽는 것만은 맞지 않았으면 좋겠군."

그래서 두 사람은 교외의 어느 장소로 가서 단단한 돌과 하얀 회반죽으로 집을 짓고, 내부의 구멍을 모조리 막은 뒤 그 위에 다시 회반죽을 발라 물샐 틈도 없이 완전히 막아버렸습니다.

그리고 거미가 들어오지 못하도록 노예계집 두 명을 두어 청소만 시켰습니다.

부부는 오랫동안 그 집에서 살았습니다. 그러던 어느 날 남편은 천장에 붙어 있는 거미를 한 마리 발견하여 그것을 잡았습니다.

아내는 그 거미를 보더니 말했습니다.

"나를 죽일 거라던 바로 그 거미예요. 그러니 내가 죽여 버려야지."

남편이 말렸지만, 아내는 꼭 거미를 자기 손으로 죽이겠다고 기를 썼습니다. 이윽고 아내는 무서움에 떨면서 막대기를 집어 들어 필사적으로 거미를 내리쳤습니다.

그러자 바닥에 세게 내리친 막대기가 부러지면서 부러진 동강이가 튀어 올라 아내의 손에 박혔고, 그 속으로 거미의 독이 들어갔는지 손이 부어오르기 시작했습니다.

그러더니 점차 팔뚝도 붓고 이윽고 옆구리까지 부어오르더니 끝내 심장까지 독이 퍼져 여자는 그만 죽고 말았습니다.

〈주〉

*1 불은 산모와 마신이나 악령, 악마의 눈으로부터 아기를 보호하는 것으로 알려졌다. 로마인은 산모의 방에 촛불을 켰다. 여기서 여신 칸델리페라가 태어나 칸델라리아라는 말이 처녀 마리아에 사용된 것이다. 브랜드 저서 《통속고고학 *Popular Antiquities*》에는 "그레고리는, 촛불을 켜지 않고는 아기를 혼자 요람 속에 넣어두려 하지 않는, 나이 많은 아내의 매우 흔한 미신에 대해 언급하고 있다"는 문장이 있는데, 이것은 '밤에 공중을 날아다니는 마녀'를 두려워했기 때문이다(밀턴의 《실낙원》 제2권). 스코틀랜드와 독일에도 그와 같은 미신이 있었다. 스웨덴에서는, 촛불이 꺼지면 아기가 바위 굴에 사는 거인(트롤)에게 납치된다고 믿었다. 이 풍습은 말레이 반도에까지 퍼졌는데, 아마 힌두교도와 이슬람교도가 배워 들여온 듯하다. 이것은 부하라의 타지크인들 사이에서도 볼 수 있다.

*2 이슬람교가 생기기 훨씬 전에는 아라비아에 노는계집과 매춘부가 많이 있었다.

*3 흉터는 아랍어로 아타르(Athar)라고 하며, 표시, 마크, 흔적이라는 뜻이다.

16인의 포리*1

그 옛날, 터키의 지배 아래 있었던 이집트*2의 카이로에 매우 용감한 왕 중의 왕이요, 세력이 왕성한 솔단(술탄) 중의 솔단이 살고 있었습니다. 그 이름은 알 말리크 알 자히르 루쿤 알 딘 비바르스 알 분주크다리*3라 하는데, 전부터 이슬람교도의 보루와 해안 지방*4의 성채, 그리스도교도의 구역 등을 끊임없이 습격하고 있었습니다.

그 왕국의 수도에 있는 총독은 귀하고 천한 것의 구별 없이 백성들을 항상 공정하게 다스리고 있었습니다.

그런데 알 말리크 알 자히르 왕은 세상에서 흔히 벌어지는 일이나 사람들이 아는 재미있는 이야기를 보고 듣는 것을 좋아했습니다. 그는 늘 자신의 눈으로 직접 보고 자신의 귀로 모든 사람의 이야기를 듣고 싶어 했습니다.

어느 날 왕은 밤의 이야기꾼*5에게서 여자 중에는 남자보다 더 용감하고 뛰어난 솜씨를 가진 자들이 있으며, 또 그런 여자들 가운데 칼을 잡고 홀로 싸우는 자, 아무리 눈치가 빠르고 동작이 날쌘 경비대장일지라도 속여서 갖은 골탕을 다 먹이는 자가 있다는 말을 들었습니다.

그래서 왕은 말했습니다.

"그런 여자를 직접 아는 자를 불러내어 실제로 있었던 재미있는 이야기를 들어보고 싶구나."

그러자 이야기꾼 한 사람이 말했습니다.

"오, 임금님, 그러시다면 임금님의 수도를 다스리는 총독을 부르십시오."

그 무렵의 총독은 알람 알 딘 산자르*6라는 남자였는데, 경험도 많고 세상 물정에도 밝은 인물이었습니다. 그래서 왕은 그 총독을 불러 자신의 뜻을 전했습니다. 그러자 산자르 총독이 대답했습니다.

"알았습니다, 임금님의 희망이 이루어지도록 애써 보겠습니다."

총독은 곧 자기 집으로 돌아가서 야경대장과 낮에 경비하는 포리, 그리고 졸개들을 모아 놓고 말했습니다.

"나는 아들을 장가 들여서 결혼잔치를 할 예정이다. 그래서 너희를 모두 초대할 생각인데, 그때 너희는 참석한 손님들과 나에게 자기가 들은 신기한 일이나 직접 겪은 기묘한 일에 대해 얘기해 주기 바란다."

이렇게 말을 하자 포리를 비롯하여 밀정과 졸개들이 일제히 대답했습니다.

"그것참 좋은 생각입니다. 비스밀라! (알라의 이름으로) 바로 눈앞에서 일어난 사건처럼 자세히 이야기해 드리지요."

경비대장은 말리크 왕에게 가서 이러이러한 날에 자기 집에서 모임이 있다고 아뢰었습니다. 그러자 왕은 알았다 대답하고 그날의 비용으로 얼마의 돈을 주었습니다.

드디어 약속한 날이 되자, 경비대장은 자기 부하들을 위해 손님방을 마련하고 격자로 칸막이한 다음, 방에는 말리크 왕과 자기 자리를 만들고 꽃나무로 장식하여 누가 있는지 모르도록 해 두었습니다.

이윽고 손님들은 식탁에 차려진 음식을 먹고 술잔이 몇 순배 돌고 나자 점점 흥이 나서, 서로 가슴을 열고 자신이 겪었던 경험담을 주고받기 시작했습니다.

맨 먼저 이야기를 시작한 사람은 야경대장인 무인 알 딘이었는데, 이 사내는 예쁜 여자만 보면 정신을 못 차리는 사람이었습니다.

"여기 계신 신분이 높으신 여러분! 지금부터 옛날에 내가 경험한 놀라운 사건에 대해 이야기할 테니 들어보십시오."

야경대장은 다음과 같은 이야기를 시작했습니다.

첫 번째 포리의 비밀 이야기[7]

여러분도 아시다시피 내가 이 태수님[8]께 종사했을 때는 나도 평판이 상당히 좋아, 아무리 비천한 자들도 이 세상 누구보다 나를 무서워했습니다. 내가 말을 타고 시내를 지나가면 사람들은 나를 보고 눈짓하거나 서로 쿡쿡 찌르기도 했지요.

어느 날, 내가 총독의 저택에서 벽에 기대 생각에 잠겨 있는데 별안간 무릎 위로 단단히 봉한 돈주머니가 떨어지는 것이었습니다. 그것을 집어 들고 조사해 보니 그 속에 은화 백 닢*⁹이 들어 있지 않겠습니까?

그러나 누가 던져주었는지 몰라서 이렇게 외쳤습니다.

"오, 왕국*¹⁰의 왕이신 주님을 찬양하라!"

그러고 나서 며칠이 지난 어느 날, 지난번 그 자리에 앉아 있는데 또 무릎 위로 무언가가 떨어졌습니다. 깜짝 놀라 자세히 보니, 지난번과 똑같은 돈주머니였습니다. 나는 그것을 들고 아무 일도 없었던 듯이 자는 척했습니다. 물론 잠이 올 리 없었지요.

또 어느 날, 그런 식으로 자는 척을 하고 있으니 별안간 누군가 내 무릎 위에 손을 얹는 듯한 느낌이 들어서 눈을 떠 보니, 예쁜 돈주머니가 놓이는 것이었습니다. 그래서 잽싸게 돈을 놓는 손을 잡고 보니, 이게 웬일입니까, 그것은 아름다운 여자의 손이 아니겠습니까? 나는 여자에게 물었습니다.

"오, 부인은 대체 누구십니까?"

"자, 일어나서 저를 따라오세요. 제가 누군지 말씀드릴 테니까요."

나는 곧 일어나 여자를 뒤따라갔는데, 가다 보니 어느 높다란 집 앞에서 걸음을 멈추었으므로 나는 다시 여자에게 물었습니다.

"도대체 당신은 누구십니까? 무슨 까닭으로 이렇게 나에게 호의를 베풀어 주십니까?"

"오, 무임 대장님, 저는 판관 아민 알 후쿰 님의 딸을 사모하여 애태우고 있는 여자입니다. 저와 그 처녀 사이에는 많은 일이 있었고 저는 그 처녀를 열렬히 사랑하게 되어, 기회만 닿으면 남몰래 만나기로 약속했답니다. 하지만 그녀의 아버지 아민 알 후쿰이 딸을 데리고 가 버렸어요. 그래서 저는 그 처녀가 그리워서 거의 미칠 지경이 되어 버렸답니다."

이 말을 듣고 깜짝 놀란 나는 여자에게 물었습니다.

"그래서 나더러 어떻게 하라는 거요?"

"무임 대장님, 제발 저를 도와주세요."

"당신은 어디에 있고, 판관 아민 알 후쿰의 딸은 어디에 있는데?"*¹¹

"걱정하지 마세요. 저는 당신더러 판관의 딸에게 데려가 달라고는 하지 않겠습니다. 저에게 묘한 계략이 있는데 그것으로 소망을 이룰 수 있답니다. 하지만 그 계략에는 당신의 도움이 꼭 필요합니다."

그러고는 다시 이렇게 덧붙였습니다.

"오늘 밤 사람들이 모두 잠들고 나서 당신이 거리를 순찰하실 때쯤, 저는 좋은 옷을 입고 값진 팔찌와 발찌를 달고 몸에는 사향 향기를 풍기면서 판관 저택이 있는 거리에 나가 앉아 있겠어요. 그때 당신이 동료들과 함께 지나가시다가 제가 앉아 있는 모습을 보시거든 저를 심문해 주세요. 그러면 저는 이렇게 대답할 거예요.

'저는 성내에 있는 태수*¹²의 딸인데 볼일이 있어 나왔다가 그만 늦어졌어요. 주와일라 문*¹³을 비롯하여 문이란 문은 모두 닫혀 버렸습니다. 그래서 오늘 밤을 어디서 보내야 하나 망설이다가, 이 거리가 무척 깨끗하게 청소되어 있어 여기서 날이 새기를 기다리고 있습니다.'

제가 당황하지 않고 침착하게 그리 대답하면 다른 야경대장도 의심하지 않고 오히려 이렇게 말하겠지요.

'그러면 하는 수 없으니 이 여자를 돌봐줄 수 있는 사람에게 맡기기로 하자.'

그러면 당신이 이렇게 대답해 주세요.

'그럴 것 없이 아민 알 후쿰의 집에 묵게 하여 그 가족들과 함께 자도록 하면 되지.'

그러고는 곧 그 판관 집 문을 두드려 집안사람을 깨워주세요. 그럼, 저는 쉽게 안으로 들어가 소원을 이룰 수 있어요. 제발 부탁해요!"

"그렇게 하면 어려울 건 없겠군요."

이윽고 밤이 깊어지자, 우리는 칼을 차고 부하들과 함께 순찰을 나가, 도성을 한 바퀴 돌고 한밤중이 되어서야 그 여자가 있는 곳에 도착했습니다. 그 근처까지 가니, 뭐라 말할 수 없이 좋은 향기가 코를 찌르고 발찌가 울리는 소리가 들려오기에 동료들에게 말했습니다.

"저기 사람이 있는 것 같은데?"

그러자 야경대장이 소리쳤습니다.

"누가 가서 조사해 보고 오너라."

그래서 저는 스스로 나서서 그곳으로 갔습니다.

"예쁜 여자가 있습니다. 성안 사람이라는데 외출을 했다가 갑자기 날이 저물어 못 들어가고 있답니다. 그곳이 깨끗하게 청소되어 있으니*¹⁴ 높으신 양반집인 줄 알고 야경꾼도 있을 거로 생각했는지 거기서 밤을 새울 모양이더군요."

"그 여자를 자네 집에 데리고 가지그래."

"알라께서 저를 보호해 주시기를 바랍니다! *15 저희 집은 튼튼한 상자*16 가 아닙니다. 게다가 그 여자는 근사한 옷을 입고 호화로운 패물을 달고 있습니다. 알라께 맹세코 아민 알 후쿰 님의 집에 맡기는 수밖에 없습니다. 그 여자는 깜깜해지고부터 줄곧 그 집 골목에 있었으니, 날이 샐 때까지 그곳에 맡겨 주십시오."

"그렇게 하게나."

야경대장이 허락하자 저는 판관 집 문을 두드렸습니다. 그러자 한 흑인 노예가 나오기에 제가 말했습니다.

"이 부인을 날이 샐 때까지 이 댁에 묵게 해 주시오. 우리는 알람 알 딘 총독님의 부하들인데, 값비싼 옷을 입고 좋은 패물을 단 이 부인을 댁의 문 앞에서 발견했소. 이 댁에 무슨 피해가 돌아갈지도 모르니,*17 차라리 이 댁에서 하룻밤 맡아주는 것이 좋을 듯싶소."

노예는 문을 열고 여자를 집 안으로 안내했습니다.

그런데 이튿날 아침, 날이 새자마자 총독 앞에 몸소 나선 사람은 두 흑인 노예의 부축을 받은 판관 아민 알 후쿰이었습니다. 판관은 큰 소리로 구원을 청하면서 말했습니다.

"오, 이 교활하고 게으른 장관님, 간밤에 당신은 한 여자를 내 집에 맡긴다면서 묵게 했는데, 그 여자는 밤중에 일어나서 내가 후견인으로 있는 고아들*18의 돈을 훔쳐갔습니다. 금화 1천 닢씩 든 커다란 주머니를 6개나 훔쳐 달아났어요.*19 하지만 나는 임금님 앞이 아니면 당신에 대해 불평은 하지 않을 것이니 그리 아십시오."*20

총독은 당황하여 안절부절못하고 있다가, 판관을 옆에 앉히고는 여러 가지 대접을 하며 자세한 사정을 들은 뒤 부하들에게 이 사건에 대해 물었습니다. 그러자 모두 잘못을 내 탓으로 돌렸습니다.

"야경대장 무인 알 딘에게서 이야기만 들었을 뿐, 나는 그 일에 대해서는 아무것도 모릅니다."

그러자 판관은 나를 돌아보며 말했습니다.

"그 여자는 성안 사람이라고 했는데, 너는 그년과 공모하여 나를 속인 거지?"

나는 그저 고개를 숙이고 서서, 순나도 파르즈*21도 까맣게 잊은 채 생각에 잠겨 혼잣말을 했습니다.

"내가 어쩌다가 그런 못된 여자에게 걸려들었을까?"

그러자 총독이 저에게 소리쳤습니다.

"어째서 대답을 못하느냐?"

그래서 나는 대답했습니다.

"오, 장관님, 빚을 갚아야 할 때가 와도 사흘은 여유를 주는 것이 세상의 인심입니다. 그러니 저에게도 사흘만 여유를 주십시오. 그때까지 범인을 찾지 못하면, 도둑맞은 금액에 대한 책임은 모두 제가 지겠습니다."

이 말을 들은 사람들이 모두 이치에 맞는 말이라며 찬성해 주었습니다. 그래서 총독은 판관을 돌아보면서, 온갖 노력을 다하여 도둑맞은 돈을 되찾아 주겠다 약속한 뒤 이렇게 덧붙였습니다.

"반드시 당신 손에 돌려드리겠소."

그리하여 판관이 물러가자 나는 곧장 말을 타고 정처 없이 여기저기 돌아다녔습니다. 정말이지 나는 명예도 신용도 없는 고약한 계집에게 이용당한 것입니다.

그렇게 하룻밤 하룻낮을 수사했으나, 그 여자에 대해서는 아무런 단서도 잡을 수 없었습니다.

그 다음 날도 마찬가지였습니다. 사흘째가 되자 나는 혼잣말로 중얼거렸습니다.

"너는 바보든가, 아니면 미친놈이다."

왜냐하면 그 여자를 만났을 때 여자가 베일을 쓰고 있었으므로, 그쪽에선 나를 알고 있지만 나는 얼굴도 모르는 상대를 찾고 있는 격이니 말입니다.

사흘째 낮 기도시간이 되도록 여자를 찾지 못한 나는 슬그머니 걱정되기 시작했습니다. 내일이면 총독에게 불려 갈 테고, 그렇게 되면 목숨을 잃게 된다는 사실을 알고 있었기 때문입니다.

그러다가 어느새 저녁때가 되어 어느 큰 거리를 어슬렁거리고 있는데, 한 여자가 문을 빼꼼히 열고 곁눈질로 나를 흘끔거리면서 손뼉을 치기도 하는 것이 마치 이렇게 말하는 듯했습니다. "문으로 들어오세요."

내가 주저 없이 안으로 들어가자 여자는 벌떡 일어나 나를 와락 껴안았습니다. 희한한 일이 다 있다 생각하고 있는데 여자가 말했습니다.

"당신이 지난번 판관에게 맡기신 여자가 바로 저예요."

이 말을 듣고 나는 말했습니다.

"오, 내가 당신을 찾으려고 얼마나 많은 곳을 돌아다녔는지 모르오. 당신이 그런 어처구니없는 짓을 하는 바람에 나까지 붉은 죽음*²²을 당하게 생겼소."

"무슨 그런 마음 약한 말씀을 하세요? 명색이 당신 같은 양반이?"

"어떻게 걱정이 안 되겠소? 나는 이 사건이 한시도 머리에서 떠나지 않아 죽을 지경이오. 눈이 벌게서 온종일 당신을 찾아다니다가, 밤이 되면 밤하늘의 별만 쳐다보고 있다오."*²³

그러자 여자가 소리쳤습니다.

"너무 나쁘게만 생각하지 마세요. 당신이 그 남자*²⁴에게 이길 테니까요."

이렇게 말하면서 여자는 일어나 큰 궤짝 옆으로 가더니 안에서 금화가 가득 찬 주머니 6개를 가져와 말했습니다.

"이것은 제가 판관의 집에서 훔친 거예요. 원하신다면 원래의 주인에게 돌려주셔도 좋아요. 그렇지 않으면 이것은 모두 법률상으로 당신 거예요. 또 만일 필요하시다면 돈을 더 드리지요. 저는 돈이라면 얼마든지 가지고 있고, 제가 원하는 건 당신과 결혼하는 일뿐이니까요."

그리고 여자는 일어나서 다른 궤짝의 뚜껑을 열더니 많은 금화를 꺼내 왔습니다. 그래서 나는 여자에게 말했습니다.

"나는 돈 같은 건 전혀 필요 없소. 지금의 궁지에서 빠져나오기만 하면 되오."

"제가 판관의 집에서 나올 때, 당신이 무죄로 풀려날 수 있도록 조치를 해 두었어요."

그리고 여자는 다음과 같이 말했습니다.

"내일 아침에 아민 알 후쿰 판관이 당신을 찾아오면, 상대가 무어라 하든 실컷 떠들도록 내버려 두세요. 그리고 그자가 입을 다물고 난 뒤에도 당신은 아무 대답도 하지 마세요. 만약 총독이 어째서 대답을 하지 않느냐고 묻거든 이렇게 대답하는 거예요.

'오, 총독님, 두 사람의 말이 어긋날 때, 권세가 있는 자보다 권세가 없는 자를 편들어주는 분은 오로지 전능하신 알라뿐입니다.'[*25]

그러면 판관은 이렇게 소리를 지를 거예요.

'두 사람의 말이 어긋난다는 건 무슨 뜻인가?'

그때 당신은 이렇게 대답하세요.

'저는 임금님의 궁전에서 온 처녀를 당신에게 맡겼는데, 아무래도 그녀는 당신 집에 있는 누군가에게 폭행을 당했거나, 아니면 몰래 살해당한 것이 아닌가 하는 생각이 듭니다. 사실 그 여자는 금화 1천 닢이나 하는 옷과 장신구를 하고 있었으니까요. 그러니 댁의 남녀 노예들을 심문해 보실 필요가 있다고 생각합니다. 혹시 범행의 실마리를 잡을 수 있을지도 모르니까요.'

그자는 당신의 말을 듣고 더욱 불안해지고 흥분해서, 그렇다면 같이 가서 집 안을 수색해 보자고 할 겁니다. 그러거든 당신은 이렇게 대답하세요.

'나는 가지 않겠습니다. 나는 피해자이고, 게다가 당신에게 의심을 받고 있으니까요.'

그래도 판관이 알라께 맹세하면서 당신에게 수색하라고 우기거든, 당신은 총독과 함께라면 가겠다고 주장하세요.

그리하여 판관의 집으로 가서 지붕 밑에서부터 골방, 벽장까지 전부 뒤지고도 아무것도 찾아내지 못하거든 판관 앞에 엎드려 완벽히 진 시늉을 하세요. 그리고 나서 출입문 가까이로 가 용변 볼 장소[*26]를 찾는 척하며 주위를 둘러보세요. 그 근처에 어두컴컴하고 움푹 들어간 곳이 있을 거예요.

그것이 보이면 화강암보다 단단하고 단호한 태도로 앞으로 나아가서 항아리 하나를 들어내 보세요. 그 밑에 베일에 싸인 물건이 들어 있을 테니, 그것을 사람들 앞에 들고 나와 큰 소리로 총독을 부르며 펴 보이세요. 거기엔 생생한 피가 묻어 있고, 속에는 여성용 산책 신발 한 켤레와 속옷과 삼베가 들어 있을 테니까요."

나는 여자의 말을 듣고 당장 일어나 나가려고 했습니다. 그러자 여자가 말했습니다.

"이 돈을 가지고 가세요. 쓸 데가 있을 거예요."

나는 그 돈을 가지고 여자의 집 문을 삐쭉이 열어 놓은 채 집으로 돌아갔습니다.

이튿날 아침 판관은 데이지*27 꽃 같은 얼굴을 하고 찾아와 물었습니다.

"알라의 이름에 걸고 내 채무자는 어디 있소? 내 돈은 어디 있지?"

그런 다음 판관은 눈물을 흘리면서 큰 소리로 총독에게 고함을 쳤습니다.

"도둑에게 가담한 그 고약한 놈은 도대체 어디 있느냔 말이오?"

이 말을 듣고 총독은 나를 돌아보며 말했습니다.

"어째서 대답하지 않는가?"

"총독님, 이 사건에 연루된 두 당사자는 대등한 신분이 아니며, 저에게는 구원해 줄 사람이 한 사람도 없습니다. 그러나 제가 옳은지 어떤지는 곧 아시게 될 겁니다."

이 말을 들은 판관은 더욱 격분하여 큰 소리로 외쳤습니다.

"이 괘씸한 놈! 네놈이 옳다는 증거라도 있단 말이냐?"

"판관님, 저는 당신의 집에 한 여자를 맡겼습니다. 그 여자의 옷이며 패물은 모두 훌륭한 것뿐이었습니다. 그런데 그 여자가 별안간 흔적도 없이 사라졌습니다. 그런데도 당신은 그 책임을 모두 저에게 뒤집어씌우고 금화 6천 닢을 요구하고 있으니, 저로서는 도저히 이해가 가지 않습니다. 틀림없이 판관님 댁에 있는 어느 악당이 그 여자를 폭행했을 겁니다."

이 말을 들은 판관은 더욱 화가 나 펄펄 뛰며, 세상에 둘도 없이 엄숙한 맹세를 하고서라도 내가 함께 가서 저택 안을 수색해야 한다고 우겨댔습니다. 그래서 나는 대답했습니다.

"알라게 맹세코, 총독님이 같이 가지 않으시면 저도 가지 않겠습니다. 무슨 변을 당할지 모르니까요."

그러자 판관은 일어나 맹세를 하고 나서 말했습니다.

"인간을 창조하신 신게 맹세코, 나는 총독님과 함께 너를 데려가겠다!"

그리하여 나는 총독님과 함께 판관의 저택으로 가 집 안을 샅샅이 뒤지기 시작했습니다. 그러나 아무것도 나오지 않았습니다. 그러자 나는 그만 덜컥 겁이 났습니다. 총독은 그런 나를 보고 소리쳤습니다.

"이런 형편없는 녀석! 부하 앞에서 나에게 창피를 줄 작정이냐?"

그러는 동안 나는 체면도 아랑곳없이 눈물을 흘리면서 집 안 이곳저곳을 왔다 갔다 돌아다니다 다시 저택 입구 가까이까지 왔습니다. 나는 거기서 여자가 말한 장소를 발견하고 사람들에게 물었습니다.

"저 어두컴컴한 데는 뭐하는 곳이오?"

그러면서 모두에게 그곳을 가리켰습니다.

"저 단지를 이쪽으로 치워 봐라."*28

부하가 명령대로 하자 단지 밑에서 무언가가 보였습니다.

"그 밑에 무엇이 있는 듯하다. 한번 조사해 봐라."

부하들이 조사해 보니 놀랍게도 그곳에서 피묻은 여자 베일과 속옷이 나왔습니다. 그것을 본 나는 간이 콩알만 해져서 그만 정신을 잃고 말았습니다. 그 모습을 본 장관이 외쳤습니다.

"오, 야경대장은 죄가 없다!"

그러는 동안 동료들이 몰려와서 내 얼굴에 물을 뿌리자 나는 겨우 정신을 차리고 벌떡 일어나, 당황해 어쩔 줄 몰라 하는 판관에게 말했습니다.

"이제 혐의는 당신에게 돌아갔습니다. 정말 이것은 보통 사건이 아닙니다. 여자의 가족도 그 여자가 죽었다는 사실을 알면 가만있지 않을 테니까요."

판관은 자신에게 혐의가 걸려 있다는 사실을 알자 얼굴이 노래져서 팔다리를 벌벌 떨었습니다. 그리하여 자기가 잃은 만큼의 돈을 낼 테니, 이 사건을 모른 척해 달라고 부탁했습니다.

판관의 집을 나오며 나는 속으로 이렇게 중얼거렸습니다.

'역시 그 여자가 나를 속이진 않았군.'

그 뒤 사흘가량이 지났을 때, 나는 목욕탕에 갔다가 옷을 갈아입고 곧 그 여자의 집으로 향했습니다. 그런데 여자의 집 문이 닫혀 있고, 온통 먼지투성이라 이웃 사람들에게 어찌 된 일인지 물었습니다.

"이 집은 오래전부터 비어 있었소. 하기는 사흘 전에 한 여자가 나귀를 타고 왔다가 어제저녁 때 짐을 싣고 떠났지요."

이 말을 들은 나는 완전히 당황한 채 돌아왔습니다.

그로부터 며칠 동안 사람들에게 그 여자에 대해 수소문하고 다녔지만, 아무런 단서도 찾지 못했습니다. 정말 그 여자의 빈틈없는 수법과 말솜씨에 혀를 내두르지 않을 수 없었습니다. 이것이 내가 경험한 사건 가운데 가장 기억에 남는 이야기입니다.

알 말리크 알 자히르 왕은 무인 알 딘의 이야기를 듣고 매우 감탄했습니다. 그러자 또 한 포리가 일어나더니 입을 열었습니다.

두 번째 포리의 비밀 이야기

나는 예전에 태수 자마르 알 딘 알 아트와쉬 알 무지디 집안의 집사 노릇을 한 적이 있습니다.

이분은 샤르키야와 가르비야*²⁹ 두 주의 총독에 임명되어 있었습니다. 주인은 특히 나를 마음에 들어 하여 나에게는 무엇 하나 감추는 일이 없었습니다. 게다가 이분은 사려분별이 있는 분*³⁰이었습니다.

어느 날, 돈도 많고 좋은 옷과 장신구도 많이 가지고 있는 어떤 처녀가 한 유대인 남자를 사랑하여, 그 사나이를 집으로 불러들여서 낮에는 같이 먹고 마시고, 밤이면 침실로 끌어들여 함께 잔다는 소문이 총독에게 보고되었습니다.

총독은 그런 이야기를 좀처럼 믿지 않는 듯하더니, 어느 날 밤, 그 처녀의 집 근처를 담당하는 포리들을 불러 소문을 확인해 보았습니다. 그러자 한 포리가 말했습니다.

"총독님, 저는 어느 날 밤, 처녀 집 근처 거리에서 그 유대인이 오는 모습을 보았습니다. 하지만 누구의 집으로 들어갔는지는 아직 확인하지 못했습니다."

그래서 총독은 명령을 내렸습니다.

"오늘 밤, 그자의 뒤를 쫓아서 어디로 들어가는지 잘 봐두어라."

그 뒤 포리들은 그 유대인의 거동에 주의를 기울이고 있었는데, 어느 날 한 포리가 총독에게 와서 말했습니다.

"총독님, 그 유대인이 분명히 그 처녀의 집으로 들어가는 것을 확인했습니다."

그러자 총독은 벌떡 일어나더니, 나 말고는 아무도 데려가지 않고 혼자 밖으로 나갔습니다.*³¹ 가는 길에 총독이 나에게 말했습니다.

"그 여자는 살집이 제법 좋을 것 같은데?"*³²

그 집에 이르러 잠시 문 앞에 서 있으니, 유대인 남자의 명령으로 물건을 사러 가는 길인 듯한 여자노예가 나왔습니다. 우리는 문이 열린 틈을 타서 아무런 인사도 없이 집 안의 여자가 있는 방으로 들어갔습니다.

그 여자는 네 개의 걸상과 요리 냄비, 촛대가 놓여 있는 손님방에 유대인과 단둘이 앉아 있었습니다. 여자는 첫눈에 총독을 알아보고 일어나서 인사했습니다.

"오, 총독님, 안녕하신지요? 잘 오셨습니다. 이렇게 귀하신 분이 찾아주시다니 영광입니다. 정말 저희 집안의 명예입니다."

그리고 총독의 손을 잡아 윗자리에 앉힌 다음, 그 앞에 술과 안주를 차려놓고 술을 권했습니다. 그러고 나서 여자는 입고 있던 옷과 장신구를 죄다 벗더니 그것을 보자기에 싸서 총독 앞에 내놓았습니다.

"총독님, 이것은 모두 총독님의 것입니다."

그런 다음 이번에는 유대인을 돌아보며 말했습니다.

"일어나세요. 그리고 당신도 제가 한 대로 하세요."

유대인은 당황하여 일어나 밖으로 나갔지만, 무사히 살아날 거라고는 꿈에도 생각하지 않았습니다.*33

유대인이 완전히 달아났을 것으로 생각될 즈음, 여자는 아까 그 보자기를 풀어 옷과 장신구를 다시 몸에 걸치고 말했습니다.

"오, 총독님, 친절에 대한 보답으로 친절 말고 뭐가 또 있을까요? 총독님은 일부러 저희 집에 오셔서 빵과 소금을 잡수셨습니다. 그러니 더는 괴롭히지 마시고 이대로 돌아가 주세요. 그렇잖으면 저는 큰 소리를 질러 사람들을 부르겠어요."

그리하여 총독은 아무 소득도 없이 그 여자의 집에서 물러나고 말았습니다. 여자는 그렇게 교묘하기 짝이 없는 수법으로 유대인을 구한 것입니다.

이 이야기를 들은 사람들은 모두 탄복했고, 총독과 알 말리크 알 자히르 왕도 감탄했습니다.

"그런 교묘한 계략을 쓴 사람이 이 세상에 또 있을까?"

그러자 이번에는 세 번째 포리가 일어나서 말했습니다.

"이번에는 제가 경험한 것을 들어 보십시오. 그것은 더 재미있고 희한한 이야기입니다."

세 번째 포리의 비밀 이야기

어느 날 나는 두세 명의 친구를 데리고 볼일을 보러 나갔습니다.

길을 걸어가다가 길가에서 한 무리의 예쁜 여자들을 만났습니다. 그 여자들 가운데 키가 늘씬한 한 여자가 유달리 아름다웠는데, 그 여자는 나와 눈이 딱 마주치자 친구들에게 약간 뒤처져서 걷다가 나에게 다가와 말했습니다.

"아까부터 저를 유심히 쳐다보시던데 저를 아세요? 그러시다면 당신이 누구신지 가르쳐주시지 않겠어요?"

"알라께 맹세코 말하지만, 나는 당신을 전혀 모릅니다. 다만 더없이 높으신 알라의 뜻으로 나는 깜짝 놀랄 만큼 아름다운 당신의 모습을 보고 한눈에 반해 버렸소. 게다가 전능하신 알라께서는 당신에게 사람의 마음을 쏘는 눈동자를 주셨는지, 내 마음은 당신의 포로가 되고 말았소."

"사실 저도 당신과 같은 마음이에요. 아니 당신이 나를 좋아하는 것보다 더 당신을 사모하고 있답니다. 어쩐지 어릴 때부터 당신을 잘 알고 있었던 듯한 기분이 들어요."

그래서 나도 이렇게 말해 주었지요.

"남자에게는 시장에서도 자기에게 필요한 것을 채울 수 없는 무언가가 있지요."

"당신은 집을 갖고 계시나요?"

"아니요, 집은 없습니다. 나는 이곳에 사는 주민이 아니거든요."

"사실 저도 그래요. 하지만 어떻게 해서라도 주선해 드리겠어요."

그리하여 여자가 앞장서서 걷기 시작하자 나는 그 뒤를 따라갔습니다. 어느 객줏집에 간 여자는 그 집 여주인에게 물었습니다.

"빈방 있어요?"

"네, 있습니다."

"그럼, 열쇠를 주세요."

우리 두 사람은 열쇠를 들고 2층으로 올라가 방을 살펴보았습니다. 그런 다음 여자는 여주인에게 은화 한 닢을 주며 말했습니다.

"방이 마음에 들어서 사례로 드리는 거예요. 목이 마르니 물을 좀 가져다 주세요. 낮잠시간이 지나 더위가 물러가거든, 이 댁 주인 양반에게 짐을 가져오라고 보내야겠어요."

여주인은 좋아하면서 물 두 잔을 자그마한 상에 얹어 부채와 가죽 깔개와 함께 가져다주었습니다. 우리는 저녁때까지 함께 있었는데, 이윽고 여자가 이렇게 말했습니다.

"나는 돌아가기 전에 목욕하고 싶어요."*34

"그럼, 둘이서 함께 목욕할 물을 가져오게 합시다."

그러면서 내가 주머니에서 은화 스무 닢을 꺼내려고 하자, 여자가 소리쳤습니다.

"그러시면 안 돼요!"

여자는 자신의 주머니에서 은화를 손에 가득 꺼냈습니다.

"이것이 운명이라는 걸까요? 전능하신 알라께서 당신을 사모하게 해 주시지 않았던들 이렇게 즐거운 일은 없었을 거예요."

"아니오, 아까는 당신이 냈으니, 이번에는 이것을 쓰도록 하시오."

"이봐요, 우리가 앞으로 오래도록 사귀어 가까이 지내보면 제가 돈과 재산 따위는 거들떠보지도 않는다는 사실을 당신도 차츰 아시게 될 거예요."

그런 다음 여자는 물 항아리를 들고 욕탕으로 들어가 목욕하고는, 잠시 뒤 나오더니 저녁 기도를 드리고 자기가 범한 죄에 대해 알라께 용서를 빌었습니다.

그 전에 내가 여자에게 이름을 물으니, 여자는 라이하나라고 알려주며 주소까지 가르쳐주었습니다.

나는 여자가 목욕하는 모습을 보며 속으로 생각했습니다.

'저 여자는 부정을 씻어내고 있구나. 나도 해야겠다.'

그래서 나는 여자에게 말했습니다.

"물을 한 항아리 더 부탁해 주지 않겠소?"

그러자 여자는 객줏집 여주인에게 가서 말했습니다.

"바닥돌*35을 씻을까 하니 이 단지에다 물을 더 떠다 주세요. 그리고 이 돈을 받으세요."

여주인이 물을 두 항아리 가져다주자 나는 옷을 홀랑 벗어 여자에게 준 다음, 물 한 항아리를 들고 욕실로 들어가 목욕했습니다.

목욕을 끝낸 나는 여자를 불렀습니다.

"라이하나, 라이하나!"

그런데 대답이 없어 나와 보니 여자는 이미 사라지고 없었습니다. 그뿐만 아니라 내 옷과 돈, 터번, 손수건까지 깡그리 갖고 달아나 버렸습니다.

죽고 싶을 만큼 기막힌 꼬락서니가 된 나는, 하다못해 송두리째 드러난 그 물건이라도 가릴 헝겊 조각이라도 없을까 이리저리 살펴보았지만 아무것도 없었습니다. 잠시 앉아 생각하다가, 나는 용기를 내어 문을 두드렸습니다. 그러자 여주인이 왔기에 물었습니다.

"나와 같이 온 여자는 어디로 갔소?"

"방금 내려오서서, '이 옷을 아이들한테 입혀 놓고 올 테니 주인이 깨거든 옷을 가져올 때까지 그대로 있으라 전해 주세요' 하며 나가셨는데요."

"오, 주인아주머니, 일이 이렇게 된 바에 내가 모든 것을 털어놓겠소. 사실 그 여자는 내 여편네도 아무것도 아니고, 오늘 처음 만난 여자요!"

나는 여주인에게 사정을 털어놓고, 지금 앞을 가릴 헝겊조차 없는 벌거숭이니 무엇이든 몸에 걸칠 것을 달라고 부탁했습니다. 그러자 여주인은 낄낄대고 웃으며 소리쳤습니다.

"애들아, 파티마! 하지자! 하리파! 사나나! 모두 여기 좀 와 봐라!"

그 소리에 그 집에 있는 여자들은 물론이고 이웃 여자들까지 우르르 달려나와 나를 놀려댔습니다.

"아이 망측해라! 그런 꼴로 여자와 놀아나다니!"

한 여자가 가까이 와서 내 얼굴을 들여다보고 깔깔거리며 웃어젖히자, 또 한 여자가 비웃었습니다.

"그 여자가 당신한테 살짝 반했다 할 때 거짓말이란 걸 알았어야지. 도대체 당신의 어디에 여자가 반할 만한 데가 있단 말이야?"

그러자 또 다른 여자가 말했습니다.

"정말 형편없는 얼뜨기 영감이로군!"

여자들은 모두 앞다투어 나에게 욕을 하고 상소리를 해댔습니다. 나는 그저 내 신세가 분하고 처량해서 이를 갈고 있을 뿐이었습니다.

하지만 그 가운데 한 여자가 나를 불쌍하게 여기고 얇은 천 조각 하나를 가져다주었습니다. 그래서 가까스로 앞만 가리고 잠시 앉아서 머리를 굴렸습니다.

'이러고 있으면 곧 이 여자들의 남편들이 와서 또 나를 놀리겠지.'

나는 객줏집의 다른 입구를 통해 밖으로 달아났습니다. 그랬더니 내 뒤로 남녀노소 할 것 없이 줄줄 따라오면서 외쳐댔습니다.

"미치광이! 미치광이다!"

가까스로 집에 도착해 문을 두드리자, 문을 열어주러 나온 마누라는 벌거숭이에다 머리에는 아무것도 쓰지 않고 키만 껑충한 나를 보고는 비명을 지르며 도로 집 안으로 튀어 들어가는 것이었습니다.

"미치광이다! 악마다!"

그러나 내 가족과 여편네는 곧 그 미치광이가 나라는 사실을 알고 기뻐하며 물었습니다.

"도대체 이게 어찌 된 일이에요?"

나는 도둑들에게 옷째로 몽땅 털리고 하마터면 죽을 뻔했다고 그럴싸하게 거짓말을 둘러댔습니다.

그랬더니 집안사람들은 전능하신 알라를 찬양하며 내가 무사한 것을 기뻐해 주었습니다. 내 딴에는 영리하고 빈틈없다고 스스로 자랑하며 뽐내던 나를, 그런 식으로 속절없이 한 방 먹인 그 여자의 수단을 한번 생각해 보십시오.

둘러앉아서 이 이야기를 듣던 사람들은 여자의 교묘한 수단에 어지간히 감탄하는 눈치였습니다.

이어서 일곱 번째 포리가 앞으로 나와서 이야기를 시작했습니다.

일곱 번째 포리의 비밀 이야기

어느 날 한 노파가 멋지게 세공된 광주리에 패물을 담아, 행실이 고약한 딸을 데리고 비단시장으로 갔습니다.

노파는 한 비단가게에 앉아 주인에게 자신의 딸이 그곳 총독*36의 아이를 임신했다고 말했습니다. 그러면서 그 광주리를 담보로 상인에게 금화 1천 닢이나 하는 비단을 외상으로 샀습니다.

노파가 광주리를 들쳐 속에 있는 패물을 보여주었는데, 상인이 그것을 보니 모두 값진 물건뿐인지라 노파를 믿고 비단을 내주었습니다. 노파는 그것을 받아들고 함께 온 딸을 데리고 갔습니다.

그러나 그 뒤 아무리 기다려도 노파가 오지 않자, 비단장수는 노파를 의심하여 총독의 집을 찾아갔습니다. 그리고는 총독의 가족이라 둘러대고 비단을 가져간 부인에 대해 물었습니다.

그러나 그 여자에 대해 아무도 아는 사람이 없어 도무지 행방을 알 길이 없었습니다. 그래서 상인은 보석이 든 광주리를 꺼내어 전문가에게 감정을 시켜 보았습니다. 그랬더니 그 패물은 모두 도금한 가짜로 은화 백 닢어치도 되지 않는 것이었습니다.

몹시 당황한 상인이 국왕의 대리인을 찾아가서 사정을 호소했습니다. 국왕대리는 그 말을 듣고 상인이 이웃 나라의 이슬람교도에게 감쪽같이 속아 비단을 사기당했음을 단번에 알아챘습니다.

이 대리인은 경험이 풍부하고 사려분별도 있으며 세상물정에도 밝은 사람이어서 비단장수를 돌아보며 이렇게 말했습니다.

"이 광주리와 그대 가게의 상품을 다른 곳에 살짝 감춰 두게. 그리고 내일 아침 자물통을 부숴 놓고, 나에게 달려와 도둑이 가게의 물건을 몽땅 훔쳐갔다고 호소하게. 그런 다음 알라의 도움을 청하며 큰 소리로 울면서 마을 사람들에게도 알리도록 하게.

그러면 순식간에 온 도성 안에 소문이 퍼져, 사람들이 그대의 가게로 몰려들 걸세. 그때 자네는 자물통이 부서진 일이며 가게 물건을 도둑맞은 일을 전부 떠들어 대게. 그리하여 나라 밖까지 알려지도록 온통 선전하게. 그러고 나서 가장 큰 걱정거리는 이 도성의 지체 높은 분께서 맡기신 값진 광주리를 도둑맞은 일이고, 그분의 노여움을 살 것이 가장 두렵다고 사람들에게 말하게. 그리고 '그분이 두려워 관가에 호소할 수가 없으니 여기 모인 여러분이 재난을 당한 나의 증인이 되어 달라'고 하소연하면서 교묘하게 소문을 퍼뜨리는 거네. 그러면 그 노파는 반드시 그대를 다시 찾아올걸세."

"예, 알았습니다."

상인은 총독 앞에서 물러나 가게로 돌아가서 그 광주리와 약간의 물건을 자기 집에 날라 놓고는, 가게를 도둑맞은 듯이 어수선하게 만들어 놓았습니다.

그리고 이튿날 아침 일어나자마자 가게로 가서 자물통을 부수고는 큰 소리로 알라의 도움을 청하자, 온 성안 사람들이 모여왔습니다. 상인은 총독이 시킨 대로 말을 퍼뜨렸습니다.

이 소문이 순식간에 나라 밖까지 전해지자, 상인은 총독에게 가 울부짖으면서 사정을 호소했습니다.

사흘째가 되자 그 노파가 비단값으로 금화 1천 닢을 가지고 상인을 찾아와 광주리를 돌려 달라고 말했습니다.[37]

상인은 얼른 노파를 잡아서 총독에게 데리고 갔습니다. 노파가 총독에게 나아가자 총독이 호통을 쳤습니다.

"이 악마 같은 년! 한 번으로는 부족해서 두 번이나 찾아오다니 대담하구나!"

그러자 노파가 대답했습니다.

"저는 거리를 돌아다니며 구원을 청하는 자[38]인데, 저희는 한 달에 한 번씩 집회를 엽니다. 어제도 모임이 있었지요."

"그놈들을 모두 잡았으면 하는데, 무슨 수가 없겠느냐?"

"예, 그러면 저에게 시간을 좀 내어주십시오. 내일이면 무리가 모두 흩어져 버리니, 오늘 밤 안으로 그자들을 전부 잡아서 넘겨 드리겠습니다."

"그럼, 얼른 갔다 오너라."

"예, 그런데 제 말을 잘 따를 사람 한 명이 필요합니다. 제 명령을 지키지 않으면 실수가 생기니 든든한 사람으로 선택해 주십시오."

총독은 부하 여러 명을 노파에게 붙여주었습니다. 노파는 그 부하들을 데리고 어느 집 문 앞까지 가서는 그들에게 말했습니다.

"당신들은 이 문 앞을 지키고 있다가 나오는 자를 모조리 잡으시오. 나는 맨 뒤에 나올 테니."

"알았소."

부하들은 문밖에서 대기했습니다. 노파는 그들을 남겨 놓고 안으로 들어갔습니다.

총독의 명령에 따라 그들은 한 시간 정도를 꾹 참고 기다렸으나 누구 하나 나오는 자가 없었습니다. 참다못해 그들은 문 앞에 가서 빗장이 부러져라 문을 두들겼습니다.

그리하여 부하 하나가 들어가 여기저기 찾아보았으나 아무도 없어 동료들에게 돌아와 말했습니다.

"이건 한길로 빠져나갈 수 있는 비밀통로의 문이야. 그 노파는 우리를 비웃으며 달아나버렸어."

그들이 총독에게 돌아가 그동안의 사정을 보고하니, 총독은 그 교활한 노파가 자기 목숨을 건지기 위해 그들을 감쪽같이 속이고 우롱했다는 사실을 알았습니다.

어떻습니까? 이 노파가 꾸민 계략이 얼마나 교활한지 한번 생각해 보십시오. 이 노파는 비단장수의 꾀에 잠깐 속아 넘어가 두 번째로 나타나는 어리석은 짓을 했지만, 자신에게 위험이 닥친 것을 알자 곧 그 위기를 빠져나갈 꾀를 궁리해 낸 것입니다.

이 일곱 번째 포리의 이야기를 들은 사람들은 매우 재미있어하며 배를 잡고 웃었습니다. 또 알 말리크 알 자히르 비바르스 왕도 방금 들은 이야기를 매우 즐거워하면서 말했습니다.

"정말이지, 이 세상에는 신분이 매우 높아 왕의 귀에 채 도달하지 않는 사건도 많이 있구나."

그러자 이때 또 한 사내가 앞으로 나와 말했습니다.

"나는 어느 친구에게서 역시 여자의 원한과 간사한 지혜에 대해 지금과 같은 이야기를 들은 적이 있습니다. 그것은 이제까지의 어느 이야기보다도 훨씬 신기하고 기괴하며 재미있고 유쾌한 것입니다."

그러자 그 자리에 둘러앉은 사람들이 말했습니다.

"어디 그 이야기를 한 번 해보시오. 거참 재미있을 듯하오."

―그러자 그 사나이는 다음과 같이 이야기를 시작했습니다.

여덟 번째 포리의 비밀 이야기

어느 날, 나는 어떤 친구들에게서 술자리에 초대를 받았습니다. 그 무리 중에는 내 친구도 섞여 있었으므로, 함께 그 집으로 가서 침상에 앉아 있는데 그 친구가 말했습니다.

"오늘은 참 경사스러운 날이네. 살아서 이런 유쾌한 기분을 맛볼 수 있다는 건 정말 행복한 일이야. 자네도 우리가 하는 일에 반대하지 말고 힘을 보태 도와주어야 하네. 이 계획을 세운 친구들과 자네도 아주 낯선 사이는 아닐 테니까."*39

나도 그 말에 찬성했습니다. 그 자리에 있던 사람들이 그런 이야깃거리*40 중심으로 이야기꽃을 피워 나가자, 나를 부른 한 친구가 일어나더니 다음과 같은 이야기를 시작했습니다.

여러분, 내 이야기를 한번 들어 보십시오. 지금부터 내 모험담을 이야기할까 합니다.

나는 시장에서 환전가게를 하고 있었는데, 내 가게에 늘 잘 오는 사람이 하나 있었습니다. 이 사람은 무엇을 하는 사람인지 신분도 분명치 않았고 그쪽도 나에 대해 전혀 몰랐으므로, 우리는 서로 아무 인연도 없는 사람이었지요. 다만 한두 닢의 은화가 필요할 때, 그 사람은 증서를 쓰고 나에게서 돈을 빌려 갔는데, 이것 역시 누구한테서 소개를 받은 것도 아니고 친해서 그랬던 것도 아닙니다.

나는 이 사람과 별로 이야기도 하지 않았지만, 이러한 관계가 지속되면서 그는 한 번에 은화 열 닢이나 스무 닢씩을 빌려 가는 날도 있었습니다.

그러던 어느 날, 내가 가게에 앉아 있으니 느닷없이 한 여자가 내 옆으로 와 섰습니다. 그 여자는 별자리에서 나온 보름달처럼 빛나는 모습을 하고 있었는데, 그 훤한 빛에 주위가 활짝 밝아지는 듯했습니다.

내가 그 여자를 지그시 바라보고 있으니 여자가 상냥한 목소리로 말을 걸어왔습니다. 그 달콤한 목소리에 나는 그만 완전히 반해 버리고 말았습니다.

여자는 내 그러한 태도를 눈치채고 얼른 자기 볼일을 마친 뒤, 다시 만날 약속을 하고 가 버렸습니다.

혼자 남은 나는 그 여자만을 생각하면서 가슴을 태우고 있었습니다. 그렇게 나는 여자 때문에 고민하며 그 여자가 두 번 다시 오지 않을 거로 생각하고 있었는데, 사흘 만에 여자가 또 불쑥 나타났습니다.

나는 춤이라도 출 듯이 반가워하며 달콤하고 상냥한 말로 여자의 환심을 사서 어떻게서든 우리 집으로 데려가려고 애를 썼지만, 여자는 끝내 내 말을 듣지 않았습니다.

"저는 남의 집에는 가지 않습니다."

"그럼, 내가 당신의 집으로 갈까요?"

"그럼 따라오세요."

나는 은화를 손수건에 듬뿍 싸서 소맷자락 속에 넣고 여자의 뒤를 따라갔습니다.

여자는 부지런히 걸어서 어느 골목으로 나를 데려갔습니다. 그리고 어느 집 앞에 이르자 나더러 그 집 자물쇠를 열라고 했습니다. 내가 거절하자 여자는 제 손으로 직접 자물쇠를 열더니 나를 집 안으로 불러들였습니다. 내가 문을 들어서자 안에서 빗장을 걸고 여자가 말했습니다.

"우리를 볼 수 없는 곳으로 노예계집들을 보내 놓고 올 테니 여기서 잠깐 기다려주세요."

"그러지요."

내가 그렇게 대답하고 앉아 있으려니, 여자는 정말 눈 깜짝할 사이에 베일도 쓰지 않고 돌아와 말했습니다.

"자아, 저를 따라오세요."

내가 일어나서 여자의 뒤를 따라가니 이윽고 손님방이 나왔습니다.

그 방은 청소도 되어 있지 않고 어수선한 데다 불쾌한 냄새까지 나는 기분 나쁜 방이었습니다. 나는 이상하다고 여기면서도 어쨌든 가서 앉았습니다.

그런데 놀랍게도 내가 자리에 앉자마자, 높은 단 뒤에서 허리에 가죽띠만 맨 벌거숭이 사내가 7명이나 나타나 나에게 덤벼들었습니다.

한 사내가 내 터번을 빼앗으니, 또 한 사내는 손수건에 싸서 소매 속에 넣어두었던 돈을 빼앗았습니다. 세 번째 사내는 옷을 벗기고 네 번째 사내는 내 두 팔을 뒤로 돌려 들고 있던 가죽끈으로 꽁꽁 묶더니, 번쩍 들어 올려서는 그대로 바닥에 내던졌습니다. 그러고는 함정이 있는 곳으로 끌고 가 먹을 따려 했습니다.

그때 문을 쾅쾅 두드리는 소리가 났습니다.

그자들은 그 소리에 놀라 나 같은 건 까맣게 잊어버린 듯했습니다. 그런데 그 소리를 듣고 나갔던 여자가 우리가 있는 방으로 들어오더니 말했습니다.

"무서워할 것 없어. 오늘은 아무 위험한 일도 없을 테니까. 방금 그것은 너희에게 저녁밥을 가지고 온 동료들이야."

곧이어 구운 새끼 양고기를 든 사나이가 들어왔습니다.

"모두 왜 그런 꼴을 하고 있나?"

그러자 망나니 같은 놈들이 대답했습니다.

"한 마리 잡았어."

그러자 그 사내가 내 곁으로 다가와 얼굴을 들여다보더니 별안간 큰 소리로 외쳤습니다.

"오, 형제! 대체 이게 어찌 된 일이오!"

그러고는 묶여 있는 내 두 팔을 풀어준 뒤 내 이마에 입을 맞추었습니다.

알고 보니, 그자는 나에게 늘 돈을 빌리러 오던 그 남자였습니다. 나도 그자의 이마에 입을 맞추었더니, 상대도 다시 내 이마에 입을 맞추었습니다.

"오, 형제여, 이젠 무서워하지 마시오."

그리고 동료들한테서 내 옷과 돈을 받아 나에게 돌려주었는데, 없어진 건 하나도 없었습니다.

그 남자는 또 설탕을 넣은 과일즙이 가득 든 도자기 병을 가져와, 안에 레몬즙을 떨어뜨린 뒤 나에게 마시라고 주었습니다. 다른 동료들도 옆으로 와 나를 식탁의자에 앉혀 주었습니다. 그래서 그들과 함께 그것을 마시고 나자, 그 남자가 나에게 말했습니다.

"오, 나의 형제여, 이렇게 하여 당신은 우리와 함께 빵과 소금을 먹었고, 우리의 비밀과 신분도 다 알고 말았소. 그러나 뼈대 있는 집안의 사람들은 비밀도 잘 지키는 법이지요."

그래서 나는 말했습니다.

"나는 좋은 집안의 아들일 뿐만 아니라 교육도 받을 만큼 받았소. 이 일은 누구에게도 말하지 않을 것이고 당신들을 몰래 일러바치지도 않을 것이오."

이 말을 듣고 그들은 나에게 굳은 맹세를 시키고 나서, 그것이 틀림없음을 확인하자 나를 밖으로 내보내 주었습니다. 나는 뜻밖에 목숨을 건진 일이 꿈만 같아서 어리둥절해 하면서 집으로 돌아왔습니다.

그로부터 나는 한 달 남짓 병이 들어 누워 있다가, 이윽고 병이 낫자 목욕탕에 다녀온 뒤 다시 가게를 열어 여느 때처럼 장사를 시작했습니다.

그 뒤로는 여자도 남자도 나타나지 않았는데, 어느 날 가게 앞에 보름달처럼 아름다운 터키인 젊은이가 걸음을 멈추고 섰습니다. 그 젊은이는 염소를 파는 상인으로 거래한 돈이 든 가죽 자루를 가지고 있었는데, 예전의 그 여자가 그자 뒤를 몰래 밟고 있는 게 아니겠습니까?

여자가 젊은이 옆에 착 붙어서 줄곧 유혹하자, 젊은이도 여자의 어여쁜 자태에 결국 마음이 동한 듯했습니다.

젊은이가 여자에게 사로잡혀서는 큰일이다 싶어 내가 젊은이에게 계속 눈짓하자, 무심코 나를 돌아본 젊은이도 그것을 눈치챈 듯했습니다. 그러자 그여자는 나를 흘겨보더니 손으로 무슨 이상한 신호를 하고는 가 버렸습니다.

터키인이 그 여자 뒤를 쫓아가는 것을 보고 나는 그 젊은이도 틀림없이 살해될 거라는 생각이 들어 너무나 무서워졌습니다. 그래서 나는 서둘러 가게 문을 닫고 여행을 떠났습니다.

1년가량 집을 비웠다가 여행에서 돌아온 나는 다시 가게를 열었습니다.

그러자 그 여자가 다시 가게를 찾아왔습니다.

"무척 오랫동안 가게를 비우셨더군요."

"여행을 떠났지요."

"어째서 당신은 그 터키인에게 눈으로 신호를 보냈나요?"

"알라여, 구원하소서! 천만에요, 나는 절대 눈짓으로 신호 같은 걸 보낸 적이 없소."

"제발 내 일을 훼방하지 말아주세요."

그렇게 말하고 여자는 돌아갔습니다.

그 일이 있은 지 얼마 뒤, 나는 친한 친구의 초대를 받게 되었습니다. 그집에서 먹고 마시며 이런저런 이야기를 하다가 친구가 문득 나에게 물었습니다.

"자네는 지금까지 난처한 일을 당한 적이 있는가?"

"자네는? 있다면 자네부터 말해 보게."

그러자 친구는 다음과 같은 이야기를 시작했습니다.

사실 어느 날, 아주 기막힌 미인을 하나 발견했다네. 그래서 뒤따라가서 나와 함께 우리 집에 가지 않겠느냐고 물었지. 그랬더니 여자는 이렇게 말하더군.

"저는 남의 집은 어디라도 가지 않아요. 만일 생각이 있으시다면 저희 집으로 오세요."

그러면서 남몰래 만날 날짜를 정해 주었어. 약속한 날이 되어 그 여자의 시동이 와서 나를 안내한다기에, 나는 심부름 온 그 사내 뒤를 따라갔다네. 이윽고 사내는 대문이 으리으리하고 근사한 집으로 나를 데려가서 문을 열어주기에 안으로 들어갔지. 그런데 그자는 들어가자마자 빗장을 걸고 다음 방으로 들어가려 하더군. 나는 어쩐지 무서워져서 다음 방으로 통하는 문으로 먼저 가 그 문의 빗장을 걸고 이렇게 말했지.

"알라게 맹세코, 저 문을 열어주지 않으면 너를 때려죽일 테다.*41 나는 너희한테 그리 쉽사리 속을 사람이 아니야."

"왜 당신을 속인다고 생각하십니까?"

"사실 이 집은 너무 조용한 데다 입구에 문지기도 하나 없어 놀랐다. 왜 사람 그림자조차 보이지 않지?"

"나리, 이건 뒷문입니다."

"뒷문이든 정문이든 무조건 열어!"

그러자 사내가 빗장을 열어주기에 나는 밖으로 나갔다네. 문에서 얼마 안 간 곳에서 우연히 그 여자를 만났지. 여자는 이렇게 말하더군.

"당신은 장수할 사람이군요. 그렇잖으면 그 집에서 나올 수 없었을 거예요."

"어째서 그렇소?"

"당신 친구(자네 이름을 대면서)에게 여쭤보세요. 그러면 그분이 기묘한 이야기를 해 주실 테니까요."

그러니까 자네가 경험했다는 그 이상한 이야기를 꼭 좀 들려주게나. 나도 내 경험담을 이야기했으니까.

"오, 친구여, 나는 엄숙한 맹세에 얽매여 있다네."

"그런 맹세는 어겨도 괜찮아. 어서 그 이야기나 들려주게."

"사실 뒤가 무서워서 말할 수 없네."

그러나 친구가 너무 끈덕지게 조르는 바람에 하는 수 없이 나는 자초지종을 이야기하고 말았습니다.

내 이야기를 들은 친구는 깜짝 놀랐습니다. 친구의 집을 나온 나는 그 뒤 오랫동안 아무 일 없이 지냈습니다.

어느 날, 또 한 친구를 만났는데 그가 나에게 말했습니다.

"이웃집에 가희의 노래를 들으러 오라는 초대를 받았는데, 자네도 같이 가지 않겠나?"

"난 남의 집에는 가지 않겠어."

그러나 그 친구가 하도 열심히 권하는 바람에, 그만 함께 그 집을 가게 되었습니다.

한 남자가 우리를 맞으며 인사했습니다.

"비스밀라!"*42

남자는 열쇠를 꺼내 문을 열어주었습니다. 우리가 안으로 들어가자 남자는 뒤에서 문을 잠갔습니다.

"우리가 첫 번째 손님인가 보군. 그런데 가희의 노랫소리가 들리지 않으니 어찌 된 일이오?"

내가 물으니, 남자가 대답했습니다.

"손님들은 저 안채에 계십니다. 여기는 뒷문이지요. 그러니 아무도 없다고 해서 이상하게 여기실 것 없습니다."

친구가 나에게 말했습니다.

"우리는 둘이니까 걱정할 것 없어. 우리에게 덤비지는 못할걸."

그리하여 우리는 그 사내의 안내로 손님방에 들어갔는데, 들어가 보니 그곳은 매우 황량하게 어질러져 있어서 보기에도 무서운 광경이었습니다. 그러자 친구가 말했습니다.

"우리는 함정에 빠졌어. 하지만 위대한 신 알라 외에 주권 없고 권력 없다!"

내가 말했습니다.

"알라여! 부디 이자에게 행복을 내려주지 마시기를!"*43

우리는 윗자리의 가장자리에 걸터앉았습니다. 그러자 문득 내 옆에 작은 방 하나가 눈에 들어왔습니다. 내가 안을 들여다보자 친구가 물었습니다.

"무엇이 있나?"

"돈과 보물이 가득 쌓여 있고 살해된 사람들의 시체도 수북하네. 자네도 한 번 보게나."

친구가 안을 들여다보고는 소리를 질렀습니다.

"오, 알라께 맹세코, 우린 죽음 목숨이나 다름없어!"

우리 두 사람은 울기 시작했습니다.

그러고 있으려니 별안간 우리가 들어온 문으로 사내 네 명이 들어왔습니다. 그자들은 모두 벌거숭이로 허리에 가죽띠만 둘렀을 뿐이었습니다. 그것을 본 친구가 와락 덤벼들어 한 놈을 칼자루로 때려눕히자, 다른 세 놈이 일제히 친구에게 덤벼들었습니다.

나는 놈들이 친구에게 정신을 팔고 있는 틈을 타서 다른 출구를 발견하여 그쪽으로 달아났습니다. 그런데 하필 거기는 지하실이라 출구는커녕 창문도 하나 없었습니다. 이젠 죽었구나 싶어 나는 알라의 이름을 외쳤습니다.

"위대한 신 알라 외에 주권 없고 권력 없다!"

그러다 문득 둥근 천장을 올려다보니 색유리를 끼운 반원형 벽면*⁴⁴이 보였습니다. 나는 죽을힘을 다해 그것을 향해 기어 올라갔습니다. 그때는 이미 너무 무서워서 제정신이 아니었습니다. 정신없이 거기까지 기어오른 나는 유리를 빼고 기어서 창틀을 빠져나갔습니다. 그리고 그 뒤에 담이 있어 그 위에 발을 올리고는 걸터앉았습니다.

그곳에서 아래를 내려다보니, 거리에는 많은 사람이 오가고 있었습니다. 나는 아래로 뛰어내렸습니다. 그리하여 전능하신 알라의 가호로 상처하나 입지 않고 땅에 내려섰습니다. 많은 사람이 내 주위에 모여들었으므로 나는 방금 겪은 모험을 사람들에게 들려주었습니다.

그런데 마침 운 좋게 총독이 이 시장 거리를 지나갔으므로, 사람들이 그 사실을 총독에게 알려주었습니다.

총독은 곧 그 집 문 앞에 가서 돌쩌귀를 뽑고는 부하들을 이끌고 도둑의 소굴로 들어가니, 도둑들은 마침 친구를 때려눕히고 막 멱을 따려는 참이었습니다. 도둑들은 나에 대한 것은 까맣게 잊어버리고 있다가 갑자기 생각이 나자 이렇게 얘기를 주고받고 있었습니다.

"그놈은 대체 어디로 갔지? 달아나려야 달아날 구멍도 없는데."

그리하여 총독이 도둑들을 한 손*⁴⁵으로 체포하여 여러 가지를 조사하니, 그들은 그 여자와 카이로의 도적 떼에 대해 모두 자백했습니다. 그래서 사로잡은 도둑들을 끌고 나온 뒤 그 집에는 자물쇠를 채우고 막아 버렸습니다.

나는 총독 일행을 안내하여 맨 처음의 집 앞까지 갔는데, 그 집은 안에서 빗장이 걸려 있어서 문을 통째로 뽑아버리고 안으로 들어갔습니다.

그런데 다음 문도 역시 잠겨 있어서 총독은 그 문을 뽑으라고 지시하면서 부하들에게 문을 열 때까지 말을 해서는 안 된다고 명령했습니다. 이윽고 문이 열려 안으로 뛰어들고 보니, 도둑들은 방금 그 여자가 홀려 데리고 온 새로운 먹잇감을 깔고 앉아 막 먹을 따리던 참이었습니다. 총독은 그 사나이를 풀어준 다음 뺏긴 물건들을 돌려주었습니다.

그리하여 그 여자와 도적 떼를 모조리 체포하고 그 집에서 막대한 돈을 압수하여 돌아갔습니다. 그 양을 팔던 터키인의 지갑도 그 속에 섞여 있었습니다.

총독은 곧 도둑 일당을 그 집 벽에서 책형에 처했습니다. 그리고 여자는 온몸을 베일로 감싸고 판자 위에 못 박은 다음, 낙타 등에 실어서 온 성 안을 끌고 다니며 구경거리로 삼았습니다.

그리하여 알라는 도둑 일당의 소굴을 소탕하여 내가 두려워하던 것을 처리해 주신 겁니다. 그 모든 과정을 나는 죽 지켜보고 있었는데, 처음에 나를 구해 준 사내의 모습이 보이지 않아 매우 이상하게 여기고 있었습니다.

그 일이 있은 지 며칠이 지난 어느 날, 그 사내는 속세를 버린 탁발승 차림으로 나를 찾아와 인사하고는 그대로 떠나가 버렸습니다.

그 뒤, 그 사내는 종종 나를 찾아와서 함께 이야기를 주고받게 되었습니다. 그래서 나는 그 일당에 대해, 그리고 어떻게 해서 그 사람만 달아날 수 있었는지 물어보았습니다. 그랬더니 그가 대답했습니다.

"나는 당신이 더없이 높으신 알라의 구원에 의해 목숨을 건진 그날부터 동료들과 인연을 끊었습니다. 동료들이 내 말을 듣지 않기에 두 번 다시 그들과는 어울리지 않기로 맹세하고 헤어져 버렸지요."

"그땐 정말 놀랐소. 내가 목숨을 건진 건 모두 당신 덕택이었소!"

"그건 이 세상에 얼마든지 있는 일입니다. 서로 전능하신 알라께 몸의 안전을 빌기로 합시다. 그런 악당들은 온갖 간사한 꾀로 사람들을 속이고 있으니까요."

그래서 나는 그에게 말했습니다.

"옛날 나쁜 짓을 했던 시절에 당신은 여러 가지 모험을 겪었을 텐데, 그중에서 가장 재미있는 이야기를 들려주지 않겠소?"

그러자 그 사내가 대답했습니다.

"오, 형제여, 나의 역할은 물건을 사고팔고 먹을 것을 준비하는 일이라서 동료들이 그런 짓을 하고 있었을 때 그 자리에 같이 있지는 않았습니다. 하지만 이런 일이 있었다는 얘기는 들었습니다."

도둑의 이야기

도둑 떼 앞잡이 노릇을 하며 사람들을 함정에 빠뜨리고, 결혼잔치에서 여자들을 속여서 꾀어내던 그 여자가, 어느 날 도둑들을 위해 한 처녀를 결혼잔치에서 속여서 데려온 적이 있었습니다. 그 수법은 자기 집에서도 아무 날에 잔치가 있다 거짓말을 하고, 그날 찾아오라 약속을 정하는 것이었습니다.

그날이 되자 어김없이 그 처녀가 찾아왔습니다. 그래서 그 여자는 가족들만 이용하는 출입구라고 속이고, 처녀를 도둑의 소굴로 끌어들였습니다. 처녀가 손님방에 들어가 보니 거친 남자들이 우글거리고 있어서 비로소 함정에 걸려들었을 알고 도둑들을 바라보며 말했습니다.

"여러분, 잘 들어주세요. 나는 여자예요. 나를 죽인들 당신들에게는 아무런 공훈이 되지 않을 테고, 또 내 피를 보아야만 할 원한이 있는 것도 아닐 테지요. 내가 입고 있는 옷과 패물은 당신들의 정당한 전리품이니 마음대로 가져도 좋아요."

이 말을 듣고 도둑들이 말했습니다.

"우리는 네가 몰래 일러바치기라도 할까 봐 무서운걸."

"그렇다면 아무데도 가지 않고 이대로 여기서 당신들과 같이 살겠어요."

"그렇다면 목숨만은 살려주기로 하지."

이윽고 두목은 여자가 마음에 쏙 들어 그녀를 독차지하고 말았습니다.

그리하여 여자는 꼬박 1년 동안 도둑의 두목과 살면서 부하들의 시중을 잘 들어주었고, 도둑들도 여자를 믿고 따르게 되었습니다.

어느 날 밤, 그 여자는 도둑들에게 술을 권하여 모두 곤드레만드레 되자, 두목의 손에 있는 자기 옷과 금화 5백 닢을 빼앗고, 면도칼로 도둑들의 수염을 밀어 버렸습니다. 그리고 얼굴에 냄비 밑 검댕을 긁어서 그들의 얼굴을 새까맣게 칠해 놓고는*46 문을 열고 달아나 버렸습니다.

술이 깨어 정신이 돌아온 도둑들은, 여자에게 감쪽같이 속아 넘어간 사실을 알고 기가 막혀 했지요.

이 이야기를 듣고 둘러앉은 사람들이 감탄하고 있으니 아홉 번째 포리가 나와서 말했습니다.
"나는 어느 잔치 자리에서 들은 아주 재미있는 이야기를 하지요."

아홉 번째 포리의 비밀 이야기

어느 날 아름답기로 평판이 자자한 가희가 정원을 산책하다가 정자에서 쉬고 있는데, 한쪽 손이 없는 남자가 들어와서 구걸했습니다. 그는 손목이 없는 손으로 여자의 몸을 만지면서 말했습니다.
"제발 부탁이니 적선 좀 해 줍쇼!"[*47]
"싫어요!"
여자는 이렇게 매물차게 거절하면서 그 남자에게 모욕을 주었습니다.
며칠 뒤 한 심부름꾼이 찾아와서 가희에게 선금을 주고 연회 자리에 초대했습니다.
가희가 시녀와 비파 반주자를 데리고 약속한 장소에 갔더니 심부름꾼이 긴 복도로 안내했는데 그 끝에 손님방이 있었습니다.
그래서(여기서부터 가희의 이야기) 손님방 안에 들어가 보니 아무도 없었습니다. 하지만 그 방에는 촛대와 마른 과일, 포도주가 놓여 있어 언제라도 연회를 열 준비가 되어 있고, 다른 곳에는 음식이, 또 다른 방에는 침대까지 놓여 있었습니다.
우리가 거기 앉아 기다리고 있는데, 이윽고 문이 열리고 한 남자가 들어왔습니다. 그런데 자세히 보니 놀랍게도 한쪽 손이 없는 그 남자가 아니겠습니까?
나는 불길한 예감이 들었습니다. 한참 뒤 또 한 남자가 들어와서 손님방의 등잔과 촛대에 불을 켰는데, 그자 역시 한쪽 손이 없었습니다. 이윽고 사람들이 차례차례 모여들었는데, 모두 다 손목이 없는 자들뿐이었습니다.[*48]
자리가 다 차자 주인이 들어왔으므로 모두 일어나서 그를 맞이하여 윗자리에 앉혔습니다. 그 주인은 바로 우리를 데리러 온 바로 그 남자로, 호사스러운 옷을 입고 두 손을 소매 속에 감추고 있어서 손이 어떻게 생겼는지 알수가 없었던 겁니다.

하인이 요리를 날라 오자 그자는 동료들과 함께 음식을 먹고 나서 손을 씻었습니다. 그동안 남자는 곁눈질로 나를 계속 흘끔거리고 있었습니다.

이렇게 하여 모두 취하도록 술을 마시고 차츰 정신이 없어지자, 주인은 나를 돌아보며 말했습니다.

"너는 언젠가 보시를 청하는 자를 박대하면서 흉측한 놈이라고 말했지?"

그자를 자세히 보니 정원에서 나에게 구걸을 한 손목 없는 바로 그 남자가 아니겠습니까! 그래서 나는 그자에게 말했습니다.

"나리, 그게 무슨 말씀인지요?"

"두고 봐라, 내 곧 본때를 보여줄 테니!"

그자는 무서워서 벌벌 떠는 나를 앞에 놓고 고개를 저으면서 수염을 쓰다듬었습니다. 이윽고 남자는 나의 베일과 신을 집어서 자기 옆에 놓고는 나에게 소리를 질렀습니다.

"어서 노래나 불러! 이 망할 것아!"

나는 하는 수 없이 지칠 때까지 노래를 불렀습니다. 그러는 동안 그들은 멋대로 술을 퍼먹어서 엉망으로 취해 소란은 점점 더해 갈 뿐이었습니다. 그때 입구에 있던 문지기가 나에게 다가와서 말했습니다.

"부인, 아무것도 두려워하실 필요 없으니, 돌아가고 싶으면 나에게 알려주시면 됩니다."

"당신은 그런 말로 나를 속일 작정이에요?"

"천만에요, 알라게 맹세코! 당신이 가여워서 그러는 것뿐입니다. 두목은 당신에게 악의를 품고 있어서, 아무래도 오늘 밤 당신을 죽일 것 같으니까요."

"나를 구해 주실 생각이라면 지금 당장 부탁하겠어요."

"두목이 뒷간에 갈 때 내가 등불을 들고 안내하면서 문을 열어 두겠소. 그러면 그 틈에 몰래 빠져나와 어디든 가고 싶은 데로 가시오."

잠시 뒤 내가 다시 노래를 부르자 두목이 말했습니다.

"흥, 제법인데!"

나는 두목에게 쏘아붙였습니다.

"당신은 역겨운 사람이에요!"

두목은 나를 노려보면서 말했습니다.

"이젠 용서하지 않아, 두 번 다시 이 세상을 보지 못하도록 해 주마!"

그러자 동료들이 두목을 달랬습니다.

"그럴 것까진 없잖아?"

그러자 마침내 두목도 한발 양보하여 말했습니다.

"그렇다면 이년을 1년 동안 여기 가두어 두고 밖에 내보내지 않는 수밖에."

그래서 나는 대답했습니다.

"당신의 마음이 풀리신다면 뭐든지 따르겠어요. 지금까지 제가 실례한 일이 있다면 용서하세요."

그랬더니 두목은 고개를 젓고는 술잔을 비운 뒤 일어나 뒷간으로 갔습니다. 다른 패들은 곤드레만드레 되어 떠들며 소란을 피우고 있어서 나는 데려온 사람들에게 주위를 살피게 하면서 복도로 빠져나갔습니다.

문 가까이에 이르러 보니 정말 문지기가 말한 대로 문이 열려 있었습니다. 그래서 우리는 베일도 쓰지 않고*49 밖으로 달아났습니다. 무조건 그 집에서 멀리 달아나는 동안 어느 요리사의 가게에 다다랐습니다. 나는 그 요리사에게 물었습니다.

"당신은 죽은 사람을 되살려 주실 마음이 있으신지요?"

그러자 그가 대답했습니다.

"안으로 들어오시오."

우리가 가게 안으로 들어가자 요리사가 작은 목소리로 속삭였습니다.

"누우시오."

우리가 누우니 요리사는 우리 몸 위에 하르파 풀*50을 덮어주었습니다. 그런데 우리가 그곳에 숨는 순간, 문을 거칠게 차는 소리와 함께 사람들이 오가는 발소리가 들리더니 누군가가 요리사에게 이렇게 묻는 소리가 들려왔습니다.

"누군가 이곳을 지나가지 않았소?"

"아무도 못 봤는데요."

그 뒤부터 밤새도록 가게 주위를 서성이는 발소리가 그치지 않더니, 날이 새자 마침내 포기하고 물러갔습니다. 요리사는 하르파 풀을 치우며 말했습니다.

"이제, 일어나시오. 당신들은 죽음에서 구원받았소."

이 말을 듣고 우리는 일어났으나, 베일도 없고 얼굴과 머리를 가릴 것이 아무것도 없었습니다. 그래서 요리사가 우리를 방에 들여보내 주자, 저마다 자기 집에 심부름꾼을 보내 베일을 가져오게 했습니다. 그 뒤 우리는 전능하신 알라께 참회하고 더는 노래를 부르지 않았습니다.[*51] 정말이지 하마터면 죽을 뻔했다가 겨우 목숨을 구했으니까요.

열네 번째 포리의 비밀 이야기

나는 경비 일을 하기 전에는 포목가게를 하고 있었는데, 그 무렵 어디 사는 누군지도 모르는 단골손님이 한 사람 있었습니다. 나는 그 사람이 원하는 것은 뭐든지 들어주고 포목값을 낼 때까지 재촉도 하지 않고 기다려주었습니다.

어느 날 밤, 나는 친구 두세 명과 모여서 술을 마시며 놀다가 주사위 놀이[*52]를 시작했습니다. 그리하여 한 사람은 대신, 또 한 사람은 국왕, 세 번째는 횃불잡이, 즉 망나니[*53]가 되었습니다.

그런데, 잠시 뒤 초대도 하지 않았는데 객꾼이 한 사람 나타났습니다. 우리는 개의치 않고 놀이를 계속하면서 그 남자도 놀이에 끼워주었습니다. 그러자 국왕이 대신에게 말했습니다.

"허락도 없이 끼어든 객꾼을 끌고 오너라! 그 사정을 물어본 뒤 목을 쳐야겠다."

망나니가 일어나서 그 객꾼을 국왕 앞으로 끌고 가자, 국왕은 목을 치라고 명령했습니다.

그런데 그들에게는 응유[*54]도 베지 못할 듯한 칼이 한 자루 있을 뿐이었습니다. 그래서 망나니가 그 칼을 잡고 객꾼의 목을 한번 쳤는데, 이게 웬일입니까, 목이 댕강 떨어져 버리는 게 아니겠습니까? 그것을 본 우리는 취기가 단번에 싹 가시면서 말할 수 없이 난처한 처지에 빠지고 말았습니다. 친구들은 시체를 숨기려고 집 밖으로 메고 나갔고, 나도 목을 들고 강으로 갔습니다.

그러나 술에 취해 비틀거리는 바람에 옷이 피범벅이 되고 말았습니다. 그러다가 한 도둑과 딱 마주쳤는데, 도둑은 나를 보자마자 대번에 눈치채고 큰소리로 부르는 것이었습니다.

"왜 그러오?"

내가 말하자, 도둑이 물었습니다.

"당신이 들고 있는 것이 뭔가요?"

그래서 내가 그자에게 사정을 이야기하자 그는 나에게서 목을 받아서 강변까지 걸어갔습니다.

이렇게 하여 둘이서 강가에 이르자, 그자는 목을 강물에 씻고 나서 한참 들여다보더니 느닷없이 이렇게 외쳤습니다.

"오, 알라께 맹세코, 이것은 틀림없는 내 동생이오, 우리 아버지의 아들이오. 동생은 자주 사람들을 우려먹곤 했지요."

그러고는 그 목을 강물 속에 풍덩 던져 버렸습니다.

나는 너무 무서워서 도저히 살아 있는 심정이 아니었는데, 그자는 나에게 이렇게 말했습니다.

"무서워하거나 슬퍼할 것 없습니다. 염려하지 마십시오. 당신 옷에 묻은 동생의 피는 깨끗하게 씻어 드릴 테니까요."

그자는 내 옷을 벗겨서 빤 다음 말려서 다시 입혀주었습니다.

"자, 어서 집으로 돌아가시오."

그리고 나와 함께 집까지 따라와서는 이렇게 말했습니다.

"알라께서 결코 당신을 저버리지 마시기를! 나는 늘 당신에게서 외상으로 물건을 사가던 당신의 벗이오. 당신은 나에게 언제나 친절히 대해 주었소. 하지만 이제 두 번 다시 당신을 만나는 일은 없을 거요."

그렇게 말하고 그 남자는 어디론가 떠나갔습니다.

이 이야기를 들은 사람들은 그 남자의 사내다움과 너그러움,*55 그리고 정중한 태도에 감탄했습니다.

이때 왕이 말했습니다.

"오, 샤라자드여, 이젠 그대의 이야기를 한번 듣고 싶구나."[*56]
그러자 샤라자드가 대답했습니다.
"좋고말고요. 전해 들은 바로는—."[*57]

꾀 많은 도둑의 유쾌한 농담

어느 날 밤, 아랍인 가운데서도 도둑 중의 도둑으로 불리우는 남자가 어느 집에 밀을 훔치러 들어갔다가 대번에 집안사람들에게 들키고 말았습니다.

그때 그 곡식 위에는 큰 구리 주발이 얹혀 있었는데, 도둑은 밀 속에 몸을 숨기고 그 주발을 머리에 뒤집어썼습니다. 그래서 사람들은 도둑을 찾지 못하고 그냥 돌아가려고 했습니다. 그러나 사람들이 돌아가려고 한 순간 갑자기 밀 속에서 커다란 방귀 소리[*58]가 들려왔습니다. 사람들이 주발에 다가가서 그것을 들춰보니 도둑이 숨어 있는지라 단번에 붙잡고 말았습니다. 붙잡힌 도둑은 이렇게 말했습니다.

"저는 제가 숨은 장소를 가르쳐 드리기 위해 방귀를 뀌어서 당신들의 수고를 덜어 드렸습니다. 그러니 제발 저를 가엾게 여기시고 한 번만 봐 주십시오. 그러면 알라께서 당신들에게 자비를 베푸실 것입니다!"

그래서 그들은 도둑을 놔주고 아무런 처벌도 하지 않았다고 합니다.
이와 비슷한 이야기가 또 있습니다.
샤라자드는 이야기를 계속했다.

늙은 사기꾼 이야기

옛날에 교묘한 수법의 사기꾼으로 악명 높은 노인이 있었습니다.

어느 날, 노인은 한패들과 같이 시장에 가서 비단을 잔뜩 훔쳐다가 각자의 집으로 가지고 돌아갔습니다. 그 일이 있고 얼마 지나지 않은 어느 날, 노인은 패거리들을 모아 놓고 술을 마셨습니다. 그러자 그중 하나가 매우 값비싼 천을 꺼내더니 이렇게 말했습니다.

"우리 가운데 이것을 훔친 시장에 가지고 가서 팔 수 있는 자가 있을까? 그런 자가 있다면, 그자의 대담성을 인정하겠는데."

이 말을 들은 노인이 말했습니다.

"그럼, 어디 내가 해 보지."

그러자 동료들이 말했습니다.

"한번 해 보시오. 전능하신 알라께서 당신을 위해 문을 열어주시기를!"

노인은 아침 일찍 그 비단을 들고 시장에 가서 그것을 훔친 가게 앞에 앉아 거간꾼에게 경매를 부탁했습니다. 그 비단 임자는 그것을 알고 흥정을 붙여서 사들인 뒤 곧 경비대장을 불렀습니다. 총독은 그 늙은 사기꾼을 붙잡기는 했으나 당당한 풍채에 호사스러운 옷을 입고 있어서 노인에게 물었습니다.

"당신은 이 비단을 어디서 손에 넣었소?"

"이 시장에서 구했습니다. 아까 제가 앉아 있던 그 가게에서요."

"물건 임자가 당신에게 팔았소?"

"아니오, 제가 훔쳤소이다. 이것 말고 또 다른 물건도요."

"그런데 어째서 훔친 장소에 또 팔러 왔는가?"

"그 까닭은 임금님에게만 말씀드릴 수 있소. 임금님께 직접 말씀드리고 싶소. 임금님이 들으시면 좋은 소식이 있지요."

"지금 해 보시오!"

"당신이 임금님이오?"

"아니오!"

"나는 임금님에게만 말씀드릴 수 있다고 하지 않았소."

그래서 경비대장은 노인을 왕 앞으로 데리고 갔습니다.

"오, 임금님, 아뢰고 싶은 말씀이 있습니다."

"무슨 말인고?"

왕이 묻자 늙은 사기꾼이 말했습니다.

"저는 잘못을 뉘우치고 악당들을 하나도 남김없이 임금님의 손에 넘겨 드릴까 합니다. 한 놈이라도 남는다면 제가 그 대신이 되겠습니다."

이 말을 들은 왕이 말했습니다.

"이자에게 명예의 예복을 주고, 이자의 참회를 들어주라."

노인은 왕 앞에서 물러나 패거리들에게 돌아와서 사연을 이야기했습니다. 그러자 모두 그 교묘한 수법에 감탄하며 노인에게 약속한 물건을 내주었습니다.

노인은 나머지 훔친 물건을 가지고 다시 왕을 찾아갔습니다. 왕은 지난번 그 노인이라는 것을 알아보고, 그 노인의 인품이 매우 훌륭하다고 생각했습니다. 그래서 왕은 노인에게서 아무것도 받아서는 안 된다는 명령을 내렸습니다.

그리하여 노인은 왕 앞에서 물러났는데, 그러는 동안 왕의 관심은 노인에게서 차차 다른 것으로 옮겨가서 마침내 사건은 잊혀져버렸고, 노인은 훔친 물건들을 혼자 독차지하고 말았습니다.

이렇게 경비대장의 부하들이 차례로 이야기하는 경험담을 손님방 옆방에서 흥미진진하게 듣고 난 말리크 왕은 매우 흥겨워하면서, 그들에게 금일봉을 내리고 기분 좋게 궁전으로 돌아갔습니다.

〔몇몇 포리의 이야기는 생략했음을 밝혀 둡니다—역자〕

〈주〉

＊1 브레슬라우판 제11권 930번째 밤에서 940번째 밤.

＊2 나라(clime)는 아랍어로 이클림(Iklim)이라고 하며, 그리스어의 크리마($\chi\lambda\iota\mu a$)에서 나왔다. 가끔 영어와 마찬가지로(이를테면 '그 밖의 나라들(other climes)') 토지라는 의미로도 사용된다.

＊3 비바르스(Bibars)라는 이름은 오늘날에도 유명하며, 거의 바이바르스(Baybars)라고 발음된다. 바하리맘루크 왕조(Baharite Mamelukes)〔강의 맘루크라는 뜻. 이 왕조는 나일 강의 로다 섬을 근거지로서 일어났다〕의 제4대로, 나는 이 왕조를 '솔단'〔술탄과 같다〕이라고 부르고 싶다.

바이바르스는 원래 아이유브 왕조 제7대인 알 살리(Al-Salih)의 노예였는데, 1260년에 지나간 시대〔제3대〕 왕을 살해하는 흔한 방법으로 권력의 자리에 올랐다. 시리아에서 아르메니아까지 제압하여 세력이 미치는 영역을 넓혔다.

＊4 다양한 사힐(Sahil) 즉, 바다가 가까이에 있는 토지가 있다. 사힐 미스르(Sahil Misr)라고 하면 카이로의 나일 강 연안을 말하며, 가끔 하(下)이집트 전체에도 사용된다. 여기에서 '사힐'은 일찍이 고귀한 페르시아인의 거주지였던 팔레스타인의 지대가 낮은 땅을 의미한다. 또 이 말은 잔지바르의 연해에도 적용되는데, 다만 거기서는 대개 복수형인 사와힐(Sawahil) 즉, 해안이 사용된다.

＊5 밤의 이야기꾼이란 아랍어로 삼마르(Sammar)라고 하며, 사마르(Samar) 즉, 밤의 대화

에서 유래한 것이다. 야영지 또는 집 안에서 밤의 무료함을 달래주는 이야기꾼을 말한다.

*6 알람 알 딘('Alam al-Din)은 '신앙의 깃발'이고, 산자르(Sanjar)는 고대 페르시아어로 왕자 또는 왕이라는 뜻.

*7 이러한 포리 이야기는 가보리오(Gaboriau)를 비롯하여, 그 모방자들의 추리소설과 기묘한 대조를 보여주고 있다. 〔에밀 가보리오는 프랑스에서 처음으로 탐정소설이라는 장르를 확립한 작가로, 도일의 홈스처럼 명탐정 르코크가 종횡무진 활발히 활동하는 모습을 보여준다. 1835～73년, 불과 37세의 젊은 나이에 사망했다. 버턴은 그를 높이 평가한 듯하다.〕

동양에서는 옛날의 보 거리의 밀정처럼 '도둑을 붙잡는 데는 도둑을 이용한다'〔어떤 일이든 관련된 사람이 가장 잘 안다는 뜻〕는 원칙에 따라, 주로 범죄자 계층에서 경찰관을 모집했고, 그것은 지금도 마찬가지다.

이미 살펴본 것처럼, 바그다드의 바르마크 집안의 대신들은 경비대장의 담당 아래 있는 하급관리〔포리, 포리 앞잡이 등〕로서, 아마드 알 다나프〔264번째 밤〕, 하산 슈만과 도적신 알리(上同), 그리고 원래 일당의 계략을 역이용하기 위해 '협잡꾼 노파 다리라'까지 이용했다.

게다가 포리를 얕잡아보고 놀리는 것은 찻집의 청중들뿐만 아니라, 좀더 교육을 받은 민중에게도 언제나 대환영이었다.

*8 뒤에 알 수 있듯이, 총독(Wali) 또는 Chief(Prefect) of Police를 말한다.

*9 약 4파운드.

*10 즉, 보이는 세계와 보이지 않는 세계의.

*11 즉, '나하고 무슨 상관이 있느냐?'가 아니면 '나와 그녀 사이에는 이렇게 큰 차이가 있단 말인가!'라는 뜻. 이 관용구는 지금도 이집트와 시리아에서 널리 쓰이고 있다. 의문문 형식에서는 의미가 훨씬 더 강해진다. 이집트어 연구자는 항상 질문에 질문으로 대답해야 한다.

*12 태수는 아랍어의 나이브(Naib)(글자 그대로는 대리역, 부관 등의 의미)이며, 나보브(Nabob)와 같다. 복수형은 나우와브(Nawwab)이다. 〔나보브는 위의 나우와브에서 생겨나서 이미 영어화했다. 좁은 뜻으로는 무굴제국 시대, 인도의 이슬람교도 태수지만, 일반적으로는 18, 9세기에 인도에서 부자가 되어 돌아온 영국인을 가리킨다. 그리하여 대부호와 이름난 사람들까지 나보브라고 하게 되었다.〕

영국의 이집트 점령이라는 불행한 사태가 일어나기 전에는, 커다란 고성(古城, Kil'ah) 속에는 터키 고관의 관저와 각종 관리의 숙소, 사무소 등이 있었다.

*13 이 유명하고 유서 깊은 건조물 주와일라(Zuwaylah) 문에 대해서는 이 책 '꼽추 시체가 들려주는 이야기' 주석 26 참조.

＊14 모하메드 알리 파샤(Mohammed Ali Pasha the "Great")가 통치를 시작했을 때, 카이로는 오물로 '숨이 막힐' 정도였다. 그래서 그는, 각 가구주는 자기 집 앞 도로를 깨끗하게 청소해야 한다는 명령을 내리고, 위반하면 재산을 몰수하겠다며 으름장을 놓았다. 위반자 몇 명이 희생양이 된 뒤부터 이 명령은 실행되었다. 그 결과, 그때부터 카이로는 전염병을 몰랐다고 한다. 나는 무함마드 알리 같은 인물이 매우 필요한 탄제르에서 이 글을 썼다.

＊15 즉, '그건 절대 안 될 말이다!'라는 뜻.

＊16 튼튼한 상자란 아랍어로 무스타우다(Mustauda)이며, 가재도구를 보관하는 굳고 단단한 장소.

＊17 왜냐하면 만일 그녀가 불행한 일을 당한다면, 이 거리의 사람들, 특히 가까이 있는 집들의 사람들이 손해를 입기 때문이다. 따라서 다마스쿠스와 페즈 같은 이슬람교도의 도시에서, 특별지구(Harat)는 밤이 되면 튼튼한 나무 문으로 막아버리며, 문지기들은 은열쇠[뇌물이라는 뜻]가 아니면 절대 문을 열어주지 않는다. 앞에서 말한 모하메드 알리는 이 불편함을 없앴지만, 그 대신 등불을 들지 않은 야간 외출자는 벌금을 부과하거나 옥에 가두었다.

＊18 해당 지구의 판관으로서, 직무상 그는 고아들과 그 재산의 보호자였기 때문에, 남의 것을 거짓으로 속여서 빼앗거나 맡은 일을 소홀히 하면 엄벌을 면할 수 없었다.

＊19 전부 금화 6천 닢, 즉 3천 파운드. [참고로 금화 한 닢에는 금 4.25그램이 들어 있고, 은화 한 닢에는 은 4.25그램이 들어 있다.] 이 문장은 뒤에서 빌려 온 것으로, 문장의 뜻을 명백히 하는 게 필요하다.

＊20 다시 말하면, "만약 당신이 도둑을 찾아내어 돈을 되찾아주지 않으면, 나는 왕에게 가서 당신을 고발할 생각이다."

＊21 순나(Sunnah)는 예언자의 관행[구전율법]이고, 파르즈(Farz)는 《코란》의 성스러운 법[계율]이다. 이 책 425번째 밤['카이로 사람과 바그다드 유령의 집' 이야기 주석 2] 참조.

＊22 붉은 죽음은 아랍어로 마우트 아마르(Maut Ahmar)라고 하며, 횡사 또는 끔찍한 죽음을 말한다. [다양한 색깔의 죽음에 대해서는 이 책 '주다르와 그 형' 이야기 주석 40 참조.]

＊23 즉, 잠을 이루지 못해서.

＊24 판관을 가리킨다.

＊25 다시 말하면, "우리는 양쪽 다 똑같이 신용할 수 있다. 그러나 증거는 없고 서로 다른 진술을 하고 있다. 그러므로 신분이 높은 당신이 이로운 처지에 서 있다."

＊26 아랍어로 이르티야드(Irtiyad), 오줌이 튀어서 옷을 더럽히는 일이 없도록, 부드럽고 경사진 땅바닥을 찾는 것. 이만한 내용을 단 한 마디로 표현할 수 있다니!

＊27 데이지는 아랍어로 바하르(Bahar)라고 하며, 이러한 비교 대조에 종종 사용되는 붉은 *Buphthalmus sylvester*를 가리킨다. 알제리에서는 아라와(Arawah)라 불리고 있다. 《향기가 나는 정원 *Jardin Parfumé*》에 나와 있다.

　〔버턴은 그 책을 영어로 번역했다. 참고로 그 문장을 번역해 둔다.

　"어떤 종류의 원전에서는 araoua로 되어 있으며, buphtalmum silvestram을 의미할지도 모른다. 그러나 꼭두서니의 뿌리로 믿어도 되는 근거가 있다. 왜냐하면 여기서는 그것이 낙태약으로서 언급되어 있기 때문이다."〕

＊28 그리스의 오래된 항아리처럼, 아마 땅속에 반쯤 묻혀 있었을 것이다.

＊29 이집트에 있으며, 샤르키야는 페르시암 강의 지류까지 뻗어 있는 일곱 주 가운데 동쪽 끝, 가르비야는 카노비크 강까지 뻗어 있다.

　바라리(황야), 즉 나일 강에 의해 관개되지 않은 지역은 이 두 주의 중간에 여기저기 흩어져 있고, 또 위의 두 주 남부는 카르비야 주와 중부 이집트의 경계를 이루고 있다.

＊30 이름은 알 아트와쉬(경솔한 사람)이지만, 실은 재치 있고 행동이 날쌔고 활발한 사람이었다.

＊31 이 문장에는 이른바 아일랜드인 특유의 모순된 말투〔앞뒤가 맞지 않는 우스꽝스러운 표현〕가 보이지만, 그것은 다음의 시를 보면 용납이 될 것이다.

　두 사람은 손에 손을 잡고, 정처 없이, 천천히,

　　에덴동산을 '홀로' 헤맸다.

＊32 이 말은 우리 영국인이 '이 일에서는 뭔가 이익이 나올 듯하다'라고 말하는 것과 같다. 극히 최근까지 유대인 또는 그리스도교도가 이집트 또는 시리아의 이슬람교도 여자와 불의의 연인 사이가 되면, 죽음이냐 개종이냐 둘 중 하나를 골라야 하는 관습이 있었다.

　총독은 사냥감이 있는지 없는지 확신이 없었으므로 문을 부수려고 하지 않았던 것이다.

＊33 그 유대인은 귀중품을 가지러 가는 척하고 일어나서 달아나버렸다. 그리하여 자신이 그곳에 있었다는 증거를 하나도 남기지 않은 것이다. 원래 이슬람교 법에서는 목격자가 필요하고, 상황증거는 인정되지 않는다. 또 총독을 모시고 있던 경관 같은 어중간한 증인은 소용없다. 그것에 대해서는 앞에서도 설명했다.

＊34 성행위가 있었음을 보여주고 있다. 여기서 여관의 부정한 이용법을 볼 수 있는데, 유럽 곳곳의 적지 않은 큰 호텔에서는 지금도 그것이 계속되고 있다.

＊35 바닥돌은 아랍어로 발라트(Balat)라고 하며, 카이로에서는 투라(Turah) 채석장에서 운반된 석회암과 편평한 사암 석판이다. 이 채석장은 옛날 지자〔기자〕의 피라미드에 석재를 공급했다.

＊36 총독은 아랍어로 무타왈리(Mutawalli).〔이 책 '꼽추 시체가 들려주는 이야기' 주석 10 참조.〕

＊37 여자의 목적은 약속을 지키지 않았다는 혐의로 고소하여 어처구니없는 금액의 손해배상을 요구하는 데 있었다.

＊38 '구원을 청하다'는 아랍어로 Ya'tamiduna huda-hum(올바른 방향을 향하다)이며, 당사자와 같은 나이와 성별의 신자들에게 보낸 빈정거림이며, 또 총독이 '악마 같은 년아!' 하고 부른 것에 대한 건방진 비판이다.

＊39 뚜렷하게 술과 술잔치가 금지된 놀이와 음담과 여자의 간사한 꾀에 대한 이야기를 의미하는 것으로, 후자는 비교적 음란한 성향의 이슬람교도가 좋아하는 제목이다.

＊40 즉, 여자의 간사한 꾀에 대하여.

＊41 상인이므로 몸에 칼을 지니고 있었다.

＊42 즉, "알라의 이름으로 들어오라!"

＊43 다시 말하면, "이런 나쁜 놈! 나를 이런 위험에 빠뜨리다니!"

＊44 채색유리를 끼운 반원형 벽면〔둥근 천장이 벽에 접촉하고 있는 근처에 만들어져 있다〕은 아랍어로 사프 카마리야트 민 알 주자지(Saff Kamariyat min al-Zujaj)이며, 카마리야트는 레인에 의하면 카마르(Kamar) 즉, 달에서 나왔다. 그러나 폰 함머에 의하면, 채색유리가 이집트에 들어온 9세기 말의 바누 툴룬(Banu-Tulun) 왕조의 제2대 후마라와이(Khumarawayh)에서 유래한다고 한다. (채색유리를 수입한 것은 그보다 몇 세기 전이었음이 틀림없다—특히 주의하기 바란다)〔또한, 툴룬 왕조는 835년에 이집트에서 일어나 905년에 멸망했다.〕

　어쨌든 카마리야트는 높이 2피트에 폭 18인치의 채색유리창으로, 마슈라비야(돌출한 격자창) 위쪽 부분을 따라 일렬로 배열된다.

＊45 즉, 쉽게 일당을 체포한 것.

＊46 이것은 봉변을 당하게 한 데다 모욕까지 준 셈이다. 그들의 얼굴을 검게 칠한 건 지옥불을 약속하는 것이었다.

＊47 "제발 부탁이니 적선 좀 해 줍쇼!"는 아랍어로 Shayyan li 'llah! 라고 하는데, 이것은 글자 그대로 '알라(의 사랑)를 위해 뭐든지(좀 주십시오)'라는 의미이다. 이것에 대한 대답은, 이집트에서는 'Allah Ya'tik((내가 아니라) 알라께서 당신에게 줄 것이다)' 또는 'yaftah'Allah(알라께서 (당신에게 먹고 살 길을) 열어 주시기를!)'이고, 모로코에서는 'Sir fi halik(일 없어, 저리 비켜!)'이다. 어떤 도시에서도 구걸하는 자를 만족하게 하는 표현이 있다. 그러나 늘 써서 버릇이 되다시피한 그런 거절문구를 무시하는 풋내기는 흔히 '깜박 잊고 지갑을 집에 두고 왔다'고 말하는데, 그러면 그만큼 더욱 끈질기게 들러붙는 것이다.

＊48 그 패거리가 모두 법의 심판을 받고 신체 일부분을 절단당한 도둑이라는 것을 암시하

고 있다.

*49 '베일도 쓰지 않고'는 아랍어로 무하타카트(Muhattakat)라고 하며, 보통은 '찢어진 베일을 쓰고'라는 의미지만 여기서는 '베일도 쓰지 않고', 즉 '허둥대면서'라는 비유적인 의미이다.

*50 땔감으로 쓰는 풀. '하르파 풀과 불을 함께 두는 것만큼 위험한 일은 없다'라는 문구가 있다.

*51 내가 가끔 지적했듯이, 노래와 모든 음악은 종교상의 언어로 말하면 혐오할 것까지는 없어도 장려할 만한 것은 아니다. 따라서 신앙에 들어선 뒤의 첫걸음은 음악을 끊는 것이다.

*52 이 말은 일반적으로 '막대치기 놀이'를 의미하지만 여기서는 원시적인 형태의 놀이, 또는 서양 쌍륙(雙六)을 말한다. 주사위를 굴려 일정한 수를 뽑은 사람은 술탄(국왕)이나 와지르(대신)라 불리며, 거기에 어울리는 행동을 한다. 지난 세대의 카이로 소년들이 좋아한 놀이 가운데 '파샤(高官) 놀이'라는 것이 있었다. 이 놀이의 방법에 대해서는 《순례》 제1권에 나와 있다.

*53 모로코에서는 사형집행인을 찾기가 매우 어렵다. 왜냐하면 보복이나 피의 복수를 받기 쉽기 때문이다. 그러나 죄인의 머리를 소금에 절이기 위해서는 병사들은 가장 가까이 있는 유대인을 붙잡아서 강제로 머리를 깨끗하게 감게 한 뒤, 긴 여행길을 준비하게 한다. 따라서 어떤 사람들에 의하면, 유대인 지구(게토)는 소금에 절이는 장소(Al-Mallah)라고 불린다고 한다.

*54 페인 씨는 우유, 특히 인공적으로 발효시킨 라반(laban)은 주븐(jubn, 치즈)을 잘못 옮긴 것이 아닌가 하고 의심했지만, 나는 응유 쪽이 더욱 과장스럽다는 점에서 원문 그대로 했다.

*55 동생의 복수를 포기한 점에서.

*56 이 이야기의 이야기꾼은 아마도 포리 비밀 이야기의 단조로움을 피하고자 이쯤에서 원래의 구조로 되돌아간 것 같다. 브레슬라우판에서도 야화는 쭉 계속되며, 또 아름다운 여왕이 알 말리크 알 자히르의 모험담을 이야기했다는 것을 잊어서는 안 된다.

*57 '전해 들은 바로는'은 아랍어로 자무(Za'amu)라고 하며, '그들이 말씀하시되', 그들이 선전한다는 의미. 브레슬라우판이 즐겨 사용하는 말.

*58 '방귀'는 아랍어로 지르타(Zirtah)라고 하며, 더할 수 없이 지저분한 말이다. 이에 반해 프랑스의 수도승들은 안 소네(un sonnet)(14행시)라는 아름다운 이름을 붙였다. 《신백화(新百話, Cent nouvelles Nouvelles)》의 제2화에서도 ung sonnet라는 말을 볼 수 있다.

로케트 대위는 《구름》 속의 스트렙시아데스(Strepsiades)가 한 말 $\beta\rho o\nu\tau\alpha\ \chi o\mu\iota\delta\eta\ \pi\alpha\pi\pi\alpha\xi$(파팍스는 천둥신(雷神)이라는 뜻)를 인용하고 있다. "왜냐하면 원문(《자파

르와 늙은 바다위인 이야기》)의 파토스(Pathos)를 표현하려면, 여자 예언자 자코마 로드지나의 신탁(즉 방귀를 말한다)을 들먹여야만 했기 때문이다." 스턴(18세기 영국의 목사이자 소설가)은 결코 그렇게 신경질적인 유형은 아니었다. 또한 이 주제에 대한 문헌은 62가지의 소리맵시를 구별한 《페테리아나 *Peteriana*》, 즉 '방귀술'을 비롯하여 매우 많다. 지금은 고인이 된 독신인 친구와 함께 식사하고 그의 거실에 들어갔더니, 탁자 위에 방귀(Crepitus Ventris)에 대한 13권의 책과 작은 책자들이 놓여 있었다. 파티에 참가한 많은 사람은 그때까지 한 번도 본 적이 없었던 책이어서 약간 놀랐다고 한다.

여자의 간사한 꾀*¹

옛날 바그다드 도성에 한 아름다운 젊은이가 살고 있었습니다. 집안이 좋고 얼굴이 빼어나게 아름다운 젊은이로 키가 무척 크고 자태도 매우 우아했습니다. 그의 이름은 알라딘이라고 하는데, 상인의 아들 가운데서도 세력과 재산이 있는 편이라 이미 자기 가게를 가지고 장사를 했습니다.

어느 날 그가 가게에 앉아 있는데, 한 장난꾸러기 처녀*²가 지나가다가 얼굴을 들고 젊은 상인에게 흘긋 눈길을 던졌습니다.

그때 가게 문미(門楣)*³에 능숙하게 잘 쓴 글귀가 눈에 띄었습니다.

'남자의 계략은 여자의 간사한 꾀보다 뛰어나다. 따라서 남자의 계략 말고는 더한 계략이 없다.'

처녀는 그만 발끈하여 속으로 중얼거렸습니다.

'흥! 어떻게 해서든 저 사람에게 여자의 수단이 어떤지 그 묘미를 보여줘서 저따위 글귀를 쓸모없게 만들지 않고는 직성이 풀리지 않겠어!'

이튿날 처녀는 외출준비를 하고 한껏 좋은 비단옷을 차려입은 뒤, 천금의 가치가 있는 화려한 장신구를 주렁주렁 달고 두 손을 헤나로 곱게 물들였습니다. 그리고 어깨까지 치렁치렁 머리채를 늘어뜨린 채 시중드는 노예계집에게 보자기를 들려서 밖으로 나가 매우 요염한 교태를 지으며 사뿐사뿐 걸어갔습니다.

이윽고 그 젊은 상인의 가게에 이른 처녀는, 가게 안으로 들어가 앉아 인사하고 어떤 옷감을 찾았습니다.

젊은이가 여러 가지 천을 꺼내 보이자, 처녀는 이런저런 이야기를 해 가면서 천을 들추어 보다가 느닷없이 이렇게 말했습니다.

"저를 자세히 좀 봐주세요. 무척 예쁘지 않아요? 혹시 어디 흠 잡을 데가 있나요?"

"천만에요, 아주 완벽하십니다."

"제 허리가 구부정하다고 욕을 하는 사람이 있는데, 괘씸하잖아요."

그런 다음 처녀는 가슴을 살짝 열어 보였습니다. 젊은이는 두 유방이 눈에 들어오자 그만 정신이 몽롱해지고 완전히 홀려서 대번에 욕정의 포로가 되고 말았습니다.

"오, 어서 넣어 두십시오! *4 알라의 가호가 있을 테니!"

"또, 제 얼굴 생김새를 두고 이러니저러니 흠을 잡는 사람도 있는데 너무하지 않아요?"

"누가 아가씨의 얼굴 생김새를 흠 잡는단 말입니까? 마치 해님처럼 아름다우신데."

그러자 여자는 다시 이렇게 말했습니다.

"누가 저를 왼손잡이라고 놀릴 권리가 있을까요?"

그러면서 처녀는 소매를 걷어 올려 수정처럼 투명한 두 팔을 내보인 뒤, 이어서 베일을 벗어 열나흗날 달 같은 얼굴마저 드러냈습니다.

"제 얼굴을 살짝곰보라느니, 애꾸눈이니, 귀가 한 짝뿐이니 하면서 별의별 소리를 다 하는 사람이 있는데 분해 죽겠어요!"

"여보시오, 아가씨, 나에게 그 고운 얼굴과 예쁜 손발을 보여주시는 것은 무슨 뜻이지요? 평소에는 남의 눈을 두려워하여 소중히 간직해 두실 텐데. 제발 부탁이니, 하고 싶은 말이 뭔지 말해 주십시오."

그리고 젊은이는 그 자리에서 이런 노래를 지어 읊었습니다.*5

살결 흰 미인은 갈라진
머리카락의 칼집에서 나타나
검고 검은 머리카락에
덮이어 사라져 가네.
대지를 비추는 해처럼
반짝이면서
칠흑 같은 밤으로
그 주위를 감싸네.

그러자 처녀가 대답했습니다.

"제가 이런 말을 하는 데는 까닭이 있답니다. 저는 늘 아버지에게 구박을 받고 있는데, 아버지는 입버릇처럼 이렇게 말하는 거예요.

'너는 얼굴도 맵시도 못생겼으니 좋은 옷을 입어도 어울리지 않아. 너나 노예계집이나 똑같으니 뭐 차별할 게 있어야지.'

하지만 아버지는 성실한 사람이라 상당한 재산을 갖고 있어요. 그렇게 말하는 까닭은 사실 한 푼이라도 쓰기 싫어하는 구두쇠이기 때문이지요. 그래서 혼례 비용을 안 내려고 저를 시집보내기 싫어하세요. 그런데도 아버지는 전능하신 알라께서 많은 축복을 내리셔서 당대 제일가는 유력자가 되어 아무것도 부러울 게 없답니다."

"아버지가 누구신지요?"

"모르는 사람이 아무도 없는 최고 재판소의 판관장이에요. 이 도성에서 재판을 하는 판관들은 모두 아버지의 부하랍니다."

젊은이는 처녀의 말을 곧이들었습니다. 얼마 뒤 처녀는 돌아갔지만, 젊은이의 가슴에 남은 것은 털어 버리려야 털어 버릴 수 없는 미련이었습니다. 그는 사랑의 포로가 되어 애태우면서도 도무지 그 처녀와 사귈 방법이 없었습니다. 연모의 정에 가슴이 찢어지는 것만 같아, 젊은이는 자기가 살아 있는지 죽었는지조차 분간하지 못할 정도였습니다.

처녀의 모습이 보이지 않게 되자, 알라딘은 얼른 가게 문을 닫고 곧장 재판소로 달려갔습니다. 그리하여 판관장을 만나 첫인사를 하니 상대도 답례하고 정중하게 자기 옆자리를 권했습니다. 알라딘은 바로 찾아온 까닭을 밝혔습니다.

"사실 어르신의 귀하신 따님을 아내로 주십사고 부탁하려고 찾아왔습니다."

"거참, 반가운 손님이구려. 하지만 내 딸은 당신 같은 인품에는 어울리지가 않소. 당신의 그 싱싱한 생김새와 바람직한 성격, 또 품위 있는 말씨에 도무지 어울리지 않는 아이요."

"그 말씀은 어르신답지 않습니다. 저만 따님에 대해 불만이 없다면, 어르신은 아무것도 걱정하실 필요가 없지 않습니까?"

그래서 마침내 서로 이의 없이 혼사를 맺게 되었습니다. 지참금은 첫날밤 신방에 들기 전에 5파스, 불확정 지참금으로 15파스*6로 혼인계약을 맺었는데, 이것은 만일의 경우 이혼하기 어렵게 하기 위한 장치였습니다. 계약서를 작성하고 나자 알라딘이 말했습니다.

"오늘 밤 당장 결혼하고 싶습니다."

그리하여 그날 저녁, 신부는 매우 급하게 시집을 가게 되었습니다. 신랑은 밤 기도를 마친 뒤 모든 준비를 해 놓은 신방으로 들어갔습니다.

그런데 신부의 베일을 들치고 얼굴을 들여다보니 놀랍게도 기대하던 그 얼굴이 아니라, 속이 매스껍도록 흉한 얼굴이 아니겠습니까? 정말 알라일지라도 행여 그런 얼굴은 두 번 다시 사람들에게 보여주시지 않을 만큼 추악하기 짝이 없었습니다. 그도 그럴 것이 정당한 결점이란 결점*7은 다 이 신부의 얼굴에 모여 있었기 때문입니다.

알라딘은 뒤늦게 후회하며 그 처녀에게 감쪽같이 속아 넘어간 사실을 알았습니다.

불행한 남자는 마지못해 용기를 내어 이 꺼림칙한 신부와 첫날밤의 잠자리에 들었으나, 그날 밤은 마치 알 다이람의 감옥*8에라도 갇힌 듯한 심정으로 엎치락뒤치락하며 고민했습니다.

날이 새자마자 알라딘은 얼른 신부 곁을 떠나 공중목욕탕으로 갔습니다. 그리고 한참 동안 누워서 잠을 잔 뒤 온몸을 씻어 부정한 몸을 깨끗이 하고*9 평상복으로 갈아입었습니다. 그런 다음 찻집에 가서 커피를 한 잔 마셨습니다.

그는 가게로 돌아가서 문을 열고 여느 때처럼 앉아 있었지만, 그 얼굴은 온통 고뇌의 빛으로 덮여 있었습니다. 그때 친구들이 찾아와서는 결혼을 축하하면서 농담조로 말했습니다.

"축하하네, 축하해! 그런데 축하의 과자는 어디 있나? *10 그리고 커피는? 아무래도 자네는 우리를 잊어버린 모양이군그래. 새색시의 얼굴에 넋을 잃어 지혜고 분별심이고 다 아랑곳없다는 식이로군. 알라여, 부디 이 사람을 구해 주소서! 하지만 좌우간 축하하이."

모두 농담 반 진담 반 떠들어대는 바람에, 그는 너무나 화가 나서 금방이라도 옷을 찢고 눈물을 흘릴 듯이 입도 떼지 않고 묵묵히 앉아 있었습니다.

이윽고 모두 돌아가고 점심 무렵이 되자, 그 영악한 처녀가 옷자락을 끌며 살랑살랑 허리를 한들거리면서 걸어왔습니다. 그 모습은 마치 온갖 꽃이 활짝 펴 아름다운 동산에 서 있는 반나무의 날씬한 가지 같았습니다. 더구나 전날보다 더 호화로운 옷을 입고 있는 모습은, 균형 잡힌 몸매며 우아한 태도며 더할 나위 없이 요염했습니다. 지나가던 사람들도 나무 그늘에서 걸음을 멈추고 정신없이 여자를 쳐다볼 정도였습니다.

처녀는 알라딘의 가게에 와 앉으면서 말을 건넸습니다.

"알라딘 님, 축하해요. 오늘 밤에도 알라의 자비를 받으시고 더욱 행복해지시길 빌겠어요!"

젊은이는 대답 대신 이마에 여덟 8자를 새기며 얼굴을 찡그렸습니다.

"도대체 나에게 이토록 심한 짓을 하는 이유가 무엇입니까? 내가 당신에게 무슨 마음에 거슬리는 짓이라도 했던가요?"

"알라딘 님이 잘못한 것이 있어서 그런 건 아니에요. 제 마음에 거슬리는 건 저 문에 쓰여 있는 글귀예요. 저걸 지우고 그 반대되는 말을 써 놓을 만한 용기가 있으시다면 이 궁지에서 구해 드리겠어요!"

"내 머리와 눈에 맹세코, 그런 일이라면 어렵지 않소."

젊은이는 금화*¹¹ 한 닢을 꺼내더니 백인 노예를 불러 말했습니다.

"글씨 집에 가서 금빛과 파란 글씨로 다음과 같은 좌우명을 써 오너라. '여자의 간사한 꾀를 이길 수 있는 것은 없다. 그것은 뛰어나고 훌륭한 지혜로 남자의 기만마저 곧잘 굴복시키기 때문이니라.'"

그러자 여자도 노예를 재촉했습니다.

"꾸물거리지 말고 빨리 가요."

노예는 얼른 달려가서 그대로 써 가지고 왔습니다.

알라딘은 그것을 문에 붙여 놓고 처녀에게 물었습니다.

"이제 마음에 드시오?"

"네, 됐어요. 그럼, 알라딘 님은 지금 곧 성 앞 광장으로 가세요. 거기 가면 풍각쟁이, 원숭이와 곰 사육사, 그 밖에 북을 치고 피리를 부는 무리를 만나실 거예요. 그러거든 내일 아침 일찍 피리와 북을 가져오라고 하세요. 알라딘 님이 판관장인 장인과 커피를 마시고 있는 곳으로 말이에요. 그리고 그 사람들에게 혼례에 대해 축하인사를 하게 하는 거예요. '축하하네, 사촌동생! 넌 정말 좋은 놈이야. 우린 모두 기뻐하고 있다네. 너는 우리 때문에 민망해하지만, 우리는 네가 자랑거리지. 그러니 네가 종적을 감추고 우리를 버리는 한이 있더라도 우린 너를 버리진 않을 거야.' 이렇게 말이에요. 그런 다음에 그들에게 금화와 은화를 뿌려주세요. 판관장님이 사정을 물으시거든 이렇게 대답하세요. '제 아버지는 원래 원숭이를 놀리는 곡예사였습니다. 그게 제 신분입니다. 하지만 알라의 뜻으로 복이 트여서 일류 상인이 된 것이지요.' 이 말을 들으면 판관장님도 가만히 있지 않을 거예요.

'그럼 자네는 풍각쟁이 패거리였단 말인가?'

그리 묻거든 당신은 이렇게 대답하세요.

'그렇습니다. 따님의 명예를 위해서라도 저는 결코 신분을 감추지는 않겠습니다.'

판관님은 틀림없이 이렇게 말할 거예요.

'법의 자리에 앉아서 심판을 내리고 알라의 사도를 조상으로 둔 유서 깊은 가문의 장자의 딸을, 자네 같은 자에게 짝지어줄 수는 없다. 풍각쟁이 따위에게 딸을 내주다니, 당치도 않은 일이다!'

그러면 당신은 이렇게 대답하세요.

'판관장님, 그 사람은 어엿한 제 아내이니, 머리카락 하나라도 1천 명의 목숨보다 소중합니다. 비록 왕관을 준다 해도 포기할 생각이 없습니다.'

그러고 나서 상대방이 이리저리 구슬리거든 그때 당신은 마지못한 듯이 '정 그러시다면 이혼하는 수밖에 없군요.' 하시면 돼요. 그러면 이 결혼은 취소되고 서로 구원받게 되는 거지요."

"그것참 좋은 생각이군요."

알라딘은 곧 성 앞 광장으로 나갔습니다. 가보니 정말 무희와 북 치는 사람, 피리꾼들의 무리가 있었습니다. 알라딘은 그들에게 값을 톡톡히 치르기로 약속하고, 그들이 맡을 임무를 하나하나 지시했습니다.

이튿날 아침 신랑은 기도가 끝나자마자 곧 판관장을 찾아갔습니다. 장인은 정중하게 사위를 맞이하여 옆에 앉힌 뒤, 세계 여러 나라에서 바그다드로 들어오는 온갖 상품과 그 거래에 대해 이것저것 물었습니다. 신랑이 장인이 묻는 말에 일일이 대답하고 있는데, 풍각쟁이들이 저마다 손에 도구를 들고 들이닥쳤습니다.

앞장선 사내는 한 손에 길고 뾰족한 깃발을 휘날리면서 목청껏 소리를 지르고 팔다리를 흔들어가며 온갖 어릿광대짓을 해 보였습니다.

그들이 법정에 몰려들자 판관장은 그만 고함을 질렀습니다. 알라딘은 쓰다 달다 말도 없이 속으로 웃고 있었습니다. 그러자 풍각쟁이들은 판관장에게 인사를 한 뒤 알라딘의 손에 입맞추면서 말했습니다.

"여! 사촌, 축하하네! 자네가 하는 일은 뭐든지 감탄을 자아내는군. 알라께 우리의 주군이신 판관님의 발전을 비네! 자네와 인연을 맺었으니 우리도 조금은 고귀한 신분이 된 셈이거든."

이 말을 들은 판관장은 얼굴이 시뻘게지도록 분노했습니다.

"저자가 지금 무슨 말을 하고 있는 건가?"

알라딘이 얼른 받아서 말했습니다.

"제가 이자들과 같은 집안이라는 사실을 모르십니까? 이 사람은 외사촌이고, 저 사람은 사촌입니다. 제가 상인으로서 존경을 받는 것도 사실 다 이 사람들의 호의 덕분이지요."

판관장은 이 말을 듣더니 얼굴빛이 싹 변하여 당장에라도 노여움을 폭발시킬 듯이 말했습니다.

"절대 이대로 넘어갈 수 없다! 이슬람교로 귀의한 판관의 딸이 천한 신분의 풍각쟁이 따위와 부부가 되다니, 이게 될 법한 일인가? 천지신명께 맹세코, 만약 즉시 딸과 이혼해 주지 않으면 네놈을 책형에 처하고 옥에 가두어 죽을 때까지 빛을 구경하지 못하게 할 테다! 진작 풍각쟁이 일족인 줄 알았더라면 너를 가까이하기는커녕 얼굴에 침이라도 뱉어주었을 텐데. 이 개돼지만도 못한 놈 같으니!"*12

판관장은 다짜고짜 알라딘을 자리에서 차버리더니 이혼하라고 호통을 쳤습니다. 그러나 알라딘도 가만있지 않았습니다.

"판관장님, 제발 자비를 베풀어주십시오! 자비로우신 알라는 결코 일을 서두르시지 않습니다. 설사 알 이라크의 왕궁을 주신다 해도 저는 절대로 아내와 이혼하지 않겠습니다."

판관장은 억지로 이혼을 강요하는 것은 '법률'이 허락하지 않는다는 사실을 깨닫고, 갑자기 부드러운 말투로 말했습니다.

"내 체면을 봐 생각해 주게. 그러면 알라께서도 자네를 보호해 줄 걸세. 만약 자네가 내 딸과 이혼해 주지 않으면 나는 평생토록 체면을 잃게 돼."

그러다가 판관장은 다시 분노의 불길로 이글거리며, 사려분별을 잃고 소리를 질렀습니다.

"좋다! 네가 이혼해 주지 않는다면 이 자리에서 네 목을 치고 나도 죽겠다. 비록 지옥불에 타버리는 한이 있더라도 치욕만은 못 참겠다."*13

알라딘은 한참 동안 생각에 잠긴 시늉을 한 뒤, 이윽고 깨끗이 이혼을 맹세하고 정식 이혼장을 썼습니다.

그는 마침내 불쾌하기 이를 데 없는 고민에서 해방된 것입니다.

그는 자기 가게로 돌아가서 이번 소동을 일으킨 장본인이자 대장장이 조합 우두머리의 딸인 그 처녀를 신부로 맞이하기 위해 여자의 아버지와 담판을 지었습니다.

그리하여 그 처녀를 아내로 맞이해 금실 좋은 부부가 되어 죽을 때까지 더없이 행복하게 살았다고 합니다. 삼계를 다스리시는 주이신 알라를 찬양하라!

〈주〉

*1 카르크판(1814~18년), 196~200번째 밤, 제2권에서. 이 번역은 랑글레 역 《신드바드의 항해》(1814년, 파리 간행)에 부록된 것과 대조했다. 이 이야기는 매우 재치가 있어서 충분히 번역할 가치가 있다.

　　〔L. 랑글레는 프랑스의 동양학자로, 아라비아·페르시아·중앙아시아 등에 대한 연구로 유명하며, 파리의 동양어학교 설립에도 이바지했다. 1763~1824년.〕

*2 장난꾸러기 처녀는 아랍어로 바나트 알 하와(Banat-al-hawa)라고 하며, 글자 그대로는 '사랑의 처녀'. 일반적으로 '이름도 없는 도시 처녀(Anonyma)' 즉 '창녀(fille de joie)'를 의미한다. 그러나 본문의 소녀는 평판이 좋은 여자인 데다, 발랄하고 재치 있는 소녀에게는 어울리지 않는 말이다.

*3 문미(門楣)는 아랍어로 자바트(Jabhat)이며, 문 위에 가로 댄 나무로 문지방과 대응한다.

*4 '넣다' 또는 '덮어씌우다'는 아랍어로 가티(Ghatti)라고 하며, 벌거숭이 아이나 몸 일부를 드러내고 있는 남자를 희롱하는 창녀 등에게 사용되는 일반적인 언어.

*5 이 여자는 칼집(머리카락)에서 방금 빠져나와 번쩍거리는 칼(얼굴)이 다음 순간에는 그 머리카락에 가려서 보이지 않게 되는 모습으로 비유되어 있다.

*6 신방에 들기 전에 지급되는 돈은 무아잘라(Muajjalah)라고 하며, 이혼할 때 지급되는 돈은 Mu'ajjalah이다. 전자는 약 25파운드, 후자는 약 75파운드였다. 카르크판 제2권에는 둘 다 35파운드로 되어 있다.

*7 즉, 노예상인에게 노예를 되돌려 보내도 불평을 할 수 없는 모든 결점.

*8 알 다일람(Al-Daylam)은 메디아를 가리킨다. 〔카스피해(海)의 남부 지방으로, 대략 현재의 이란, 즉 페르시아에 해당한다. 그 감옥은 매우 드물 정도로 음산하고, 죄수들은 잔인한 취급을 받았다.〕 본문에 나오는 '다일람의 감옥'은 바그다드에 있었던 수많은 감옥 가운데 하나이다.

*9 이 책 '아부 알 후슨과 노예처녀 타와즈드' 이야기 주석 22 참조. 성교한 뒤에 목욕하는 관행은 고대 로마에서도 남녀가 모두 지키던 것이었다. 그 습관은 인간의 감각이 지금보다 훨씬 예민했던 무렵에 시작된 건지도 모른다. 나는 실제로 본 적이 있는데, 아랍 말은 여자와 잔 뒤 목욕하지 않은 주인은 태우려고 하지 않는다.

*10 즐거운 하룻밤이 지난 다음 날 아침, 신랑은 친구에게 커피와 과자를 대접한다.

*11 세킨 금화(Sequin)는 아랍어로 샤리피(Sharifi)라 하며, 일반적으로는 아슈라피(Ashrafi)라고 한다. 6~7실링에 상당하는 금화. 〔옛날, 터키에서 주로 사용되었다.〕

*12 즉, 유대인이나 그리스도교도보다 더 괘씸한 놈이라는 뜻이다. 그러므로 평소에 개돼지보다 못한 두 종파의 신자들이 술탄에게 청원했을 때, 그는 이렇게 대답했다. "개가 돼지를 찢어발기든, 돼지가 개를 찢어발기든 내 알 바 아니다."

*13 이 말에 대해서는 411번째 밤〔이 책 '타이족의 연인들' 이야기 주석 1〕 참조. 앞에서도 설명했듯이, '치욕'은 유럽에서는 동양만큼 격렬한 감정은 아니다. 아랍어의 하야(Haya)에 해당하는 서양 언어는 라틴어의 푸도르(Pudor)〔부끄러움, 명예〕 정도일 것이다.

알라딘과 이상한 램프[*1]

오, 인자하신 임금님, 옛날 중국의 한 도시에 매우 가난한 재봉사가 살고 있었습니다.

그 재봉사에게는 알라딘이라는 아들이 있었는데, 이 아이는 어릴 때부터 말할 수 없는 개구쟁이였습니다. 아이가 열 살이 되었을 때 아버지는 자신이 하는 재봉일을 가르쳐주려고 마음먹었습니다. 너무 가난해서 다른 장사를 시키거나 계약 고용살이를 시킬 형편이 도저히 안 되었던 겁니다.

그래서 재봉사는 옷 짓는 기술을 가르치기 위해 아들을 가게로 데려갔습니다.

그런데 알라딘은 일은 하지 않고 먹기만 좋아하는 데다 늘 나쁜 친구들하고 놀러다니느라 하루도 가게에 붙어 있지 않았습니다. 그뿐만 아니라 아버지가 뭔가의 볼일로 이를테면 돈놀이꾼을 만나기 위해 가게를 비우기라도 하면, 금방 뛰쳐나가 친구나 불량배들과 함께 광장으로 몰려가곤 했습니다.

어쨌든 그런 행동을 아무리 타이르고 혼을 내도 전혀 효과가 없었고, 아버지가 하는 말은 도통 들으려고도 하지 않았습니다.

그러는 동안 재봉사는 도무지 손도 댈 수 없이 게으른 자식을 걱정만 하다가 병이 들어 그대로 세상을 떠나고 말았습니다.

그래도 알라딘은 전혀 변하지 않고, 여전히 좋지 못한 놀이에 빠져 있었습니다. 어머니는 남편이 죽어도 아들이 여전히 정신을 차리지 못하고 사람 구실을 못하자,[*2] 가게와 물건을 몽땅 처분하여 실 잣는 일을 시작했습니다.

어머니는 이 뼈 빠지는 일을 하면서 먹기만 좋아하는 아들 알라딘과 겨우 입에 풀칠이나 하면서 살아갔습니다.

한편 알라딘은 잔소리하는 아버지가 없어지자 더욱 게을러져서, 가엾은 어머니는 뼈 빠지게 실을 자아내 돈을 벌고 있는데도, 못된 짓만 하고 돌아다니느라 밥 먹을 때 말고는 집에 제대로 들어오지도 않았습니다.

그러는 동안 알라딘은 어느새 열다섯 살 봄을 맞이했습니다.

어느 날, 알라딘이 거리에 나가 불량한 친구들과 놀고 있는데, '태양이 지는 나라' 마그리브에서 온 한 탁발승이 옆에 다가왔습니다. 그리고 재미있다는 듯이 아이들이 노는 모습을 구경하다가, 갑자기 날카로운 눈빛으로 알라딘 쪽을 보더니, 다른 아이들은 거의 쳐다보지도 않고 알라딘만 유심히 지켜보았습니다.

이 탁발승은 모로코의 두메에서 찾아온 모로코 사람으로, 요술을 부려 산 위에 산을 쌓을 수 있는 마술사인데 점성술에도 능했습니다.

탁발승은 알라딘을 한참 동안 지켜본 뒤, 혼잣말로 중얼거렸습니다.

"바로 이 아이다! 내가 고향을 떠나온 까닭도 이 아이를 찾아내기 위해서였어."

이윽고 마법사는 한 아이를 한쪽으로 데려가서 그 알라딘에 대해 여러 가지로 물었습니다.

"저 아이는 뉘 집 아들이냐?"

마법사는 알라딘의 신상을 시시콜콜 캐물었습니다. 그런 다음 알라딘 옆으로 가서 슬쩍 데리고 나와 물었습니다.

"얘야, 너는 재봉사의 아들이지?"

"맞아요. 하지만 아버지는 오래전에 돌아가셨어요."

그 말을 듣자 마그리브인*3 마술사는, 별안간 알라딘을 끌어안고 입을 맞추더니 눈물을 뚝뚝 흘리면서 한참 동안 흐느껴 울었습니다. 알라딘은 모로코인이 슬퍼하는 모습을 보고 어리둥절해져서 물었습니다.

"아저씨, 왜 우시는 거예요? 그런데 우리 아버지를 어떻게 아세요?"

그러자 모로코인은 슬픔에 찬 낮은 목소리로 대답했습니다.

"내 형제인 네 아버지가 죽었다는데 어찌 슬프지 않을 수 있겠느냐? 난 네 아버지와 피를 나눈 형제란다. 내가 오랫동안 다른 나라에서 사느라 서로 만나지 못했다. 그래서 이번에 형님을 만나 옛이야기라도 나누면서 서로 위로할 생각에 기뻐하고 있었는데, 방금 너는 아버지가 죽었다고 하지 않았느냐! 하지만 피는 속일 수 없는 법, 여러 아이 가운데 네가 내 조카라는 것은 한눈에 알아보았단다. 나는 네 아버지가 결혼도 하기 전에 헤어졌단다.

얘야, 알라딘아, 나는 장례식에도 참석하지 못했구나. 그리고 이제 오랫동안 떠돌이 생활을 하며, 형님과 죽기 전에 꼭 한 번 다시 만나 재회의 기쁨을 나누려던 간절한 소망도 물거품이 되고 말았구나. 멀리서 물어물어 찾아왔는데 참 허무하다. 하지만 인간은 전능하신 알라의 법칙을 어겨서는 안 된단다."

그는 다시 한 번 알라딘을 가슴에 꼭 끌어안았습니다.

"오, 귀여운 아이구나. 나는 이제 너밖에는 마음의 위로가 될 것이 없다. 넌 형님의 자식이니 이제 네가 아버지 대신이다. '자손을 남기는 자는 멸망하지 않는다'*⁴더니 정말 그렇구나!"

그러면서 무어인 마술사는 지갑에서 금화를 열 닢가량 꺼내어 알라딘에게 주면서 물었습니다.

"그래, 집이 어디냐? 아버지가 돌아가신 뒤, 어머니는 어디서 살고 계시냐?"

알라딘은 얼른 일어나서 어머니 집으로 가는 길을 가르쳐주었습니다.

"그럼 이 돈을 어머니에게 갖다 드리고 내가 안부 전하더라고 여쭈어라. 네 삼촌, 즉 네 아버지의 동생이 객지에서 돌아왔는데, 내일쯤 인사를 드리러 가서 형님이 살던 집을 보고 성묘도 하고 싶다 하더라고 말씀드려라."

알라딘은 마술사의 손에 입맞춘 다음, 매우 기뻐서 한달음에 집으로 돌아갔습니다. 평소에는 밤이 되어야 집에 돌아오는 아들이 일찍 들어오자 어머니는 신기한 생각이 들었습니다.

"어머니, 아주 반가운 소식을 전해 드릴까요? 삼촌이 긴 외국여행에서 돌아오셨어요. 저더러 어머니에게 안부 전해 달래요."

"애는 원, 나를 놀릴 작정이냐? 삼촌이라니 누구 말이니? 너한테 삼촌이 어디 있어?"

"아니에요, 어머니, 아버지의 동생이면 삼촌이잖아요. 그런데 왜 어머니는 삼촌도 없고 친척도 없다고 하시는 거예요? 그분은 정말로 나를 끌어안고 입을 맞추면서 눈물까지 뚝뚝 흘리던걸요. 그리고 어머니에게 안부를 전하라면서 돈을 주셨어요!"

"알라딘, 너에게 삼촌이 있었던 것은 사실이야. 하지만 그 삼촌은 예전에 돌아가셨고 다른 형제가 있다는 말은 못 들었는걸."

이튿날 아침, 모로코인 마법사는 알라딘의 모습을 찾아다녔습니다. 왜냐하면 소년이 자꾸만 마음에 걸려 만나고 싶어 견딜 수가 없었기 때문입니다. 그래서 거리를 여기저기 걷노라니 평소와 다름없이 불량배 친구들과 놀고 있는 소년의 모습이 보였습니다.

그는 알라딘에게 다가가서 두 팔로 꼭 껴안고 입을 맞췄습니다. 그런 다음 주머니에서 금화 두 닢을 꺼내며 말했습니다.

"얼른 어머니에게 가서 이 돈을 드리고 삼촌이 오늘 밤에 저녁을 먹으러 가겠다 하더라고 말씀드려라. 그리고 이 금화 두 닢으로 맛있는 음식을 차려 놓으시라고 해, 알겠지? 그리고 너희 집으로 가는 길을 다시 한 번 가르쳐 다오."

"알았어요, 삼촌."

알라딘은 집으로 가는 길을 손가락을 가리키면서 앞장서 걸었습니다. 이 윽고 모로코인은 알라딘과 헤어져 어디론가 사라지고, 알라딘은 한 달음에 집으로 돌아가 금화 두 닢을 어머니에게 주면서 말했습니다.

"삼촌이 오늘 저녁을 잡수시러 오시겠대요."

어머니는 얼른 시장에 가서 여러 재료를 사온 뒤, 이웃집에 가서 냄비와 그 밖의 요리도구를 빌려 왔습니다. 그럭저럭 요리가 다 되고 저녁 먹을 시 간이 되자, 어머니는 아들에게 말했습니다.

"애야, 저녁 준비는 다 되었다. 그런데 어쩌면 삼촌은 집에 오는 길을 모 르실지도 모르잖니? 그러니 네가 마중을 나가서 모시고 오너라."

"알았어요."

두 사람의 얘기가 채 끝내기도 전에 누가 문을 두드리는 소리가 났습니다. 문을 열어보니 마그리브의 마법사가 포도주와 과일을 든 노예를 데리고 서 있었습니다.

모로코인은 방으로 들어오자 알라딘의 어머니에게 인사하고는 눈물을 흘 리면서 물었습니다.

"형님이 늘 앉아 있던 곳이 어디쯤이지요?"

알라딘 어머니가 그 자리를 가리키자, 무어인은 거기 가서 엎드려 기도하 고 바닥에 입을 맞춘 다음 소리쳤습니다.

"오, 이보다 더 슬픈 일이 어디 있겠습니까! 저같이 불행한 사람이 또 있 을까요? 오, 사랑하는 형님! 이제는 형님의 모습을 볼 수 없단 말입니까!"

마법사는 언제까지나 눈물을 흘리며 탄식하다가 마침내 슬픔을 이기지 못해 까무러치고 말았습니다. 그것을 본 알라딘의 어머니는 마법사의 말을 완전히 믿고, 옆으로 다가가 상대의 몸을 부축해 일으키면서 말했습니다.

"이러시다가 자신의 건강마저 해치게 되면 더 큰 일입니다. 이제 그만 고정하세요."

알라딘의 어머니는 마그리브인 마법사를 위로하며 긴 의자 위에 앉았습니다. 마법사는 편안하게 앉아서 식사가 나올 때까지 어머니를 상대로 이야기를 시작했습니다.

"형수님, 형수님은 태어나서 지금까지 저를 한 번도 본 적이 없고, 죽은 형님이 살아 계셨을 때도 저에 대한 얘기는 아무것도 들은 적이 없었을 테니, 틀림없이 의심스럽게 생각하시겠지요. 그런데, 거기에는 까닭이 있습니다. 저는 40년 전에 이곳을 떠나 객지를 떠돌면서 알 힌드와 알 신드 지방을 두루두루 돌아다녔습니다. 그러다가 이집트에 가서 오랫동안 세계의 신비 가운데 하나인 멋진 도시*5에 머물다가, 마침내 '해가 지는' 나라들로 발길을 옮겨 모로코의 두메에서 30년 동안 살았지요.

그런데 어느 날, 집에 앉아 있던 저는 문득 제 고국과 태어난 고향, 그리고 형님(이미 저세상에 갔지만)을 떠올리고는, 불현듯 형님이 보고 싶고 그리워서 미칠 것만 같았습니다. 그리하여 마침내 제가 태어난 고향으로 돌아오려고 결심했는데, 그것은 오로지 형님을 다시 만나고 싶은 한결같은 마음에서였지요. 그때 저는 저 자신에게 이렇게 말했습니다. '이봐, 너는 마치 사막의 아랍인처럼, 언제까지 고향을 등지고 방랑생활을 할 작정이냐? 너에게 가족이라고는 단 한 사람 형님밖에 없지 않으냐. 그러니 당장 여행을 떠날 채비를 해라, 죽기 전에 형님의 얼굴이라도 봐두어야지. 덧없는 세상의 재앙과 내일의 운명을 도대체 누가 알겠느냐? 알라의 자비로 그만한 재산을 이루어 놓고 형님도 만나지 못하고 죽는다면, 죽어서도 후회할 것이다! 어쩌면 형님은 지금 곤경에 처해 가난한 생활을 하고 있을지도 모른다. 그렇다면 형님을 도와서 잘 보살펴 드려야 하지 않겠느냐.'

그래서 저는 곧 일어나서 여행준비를 한 뒤, 〈파티하〉(《코란》의 첫 번째 장)를 낭독했습니다. 그리고 금요일 기도를 마친 저는, 말을 타고 이곳을 향해 여행을 계속한 겁니다. 도중에 여러 어려움을 겪었으나, 알라의 가호 덕분에 무사히 극복하면서 이곳까지 올 수 있었습니다.

저는 이곳에 도착하자 정처 없이 거리를 헤매다가, 바로 이틀 전에 형님의 아들인 알라딘이 아이들과 함께 놀고 있는 것을 발견했지요. 위대하신 알라 덕분에, 저는 저 아이를 본 순간, 마음이 이끌려서(피는 물보다 진하니까요) 틀림없이 내 조카라는 것을 알았습니다.

알라딘을 발견한 순간, 그때까지의 모든 고난이 씻은 듯이 사라지고, 매우 기뻐서 춤이라도 추고 싶었지요. 그러나 사랑하는 형님이 저세상으로 가셨다는 말을 들은 저는 슬픔과 절망을 이기지 못해 정신을 잃고 말았습니다. 조카의 입을 통해 제가 얼마나 괴로워했는지, 아마 형수님도 들으셨을 겁니다. 하지만 알라딘의 밝고 건강한 모습을 보고 제 마음은 위로를 받았지요. 저 아이는 죽은 형님이 남기고 가신 유일한 혈육이고, '자손을 남기고 가는 자는 완전히 죽는 것이 아니다'라고 하니까요."

마그리브인 마법사가 알라딘의 어머니를 바라보니, 그녀는 그의 이야기를 듣고 눈물을 흘리며 울고 있었습니다. 그래서 그는 알라딘 어머니의 마음을 위로하는 동시에 완전히 자기 쪽으로 넘어오게 하려고, 또 남편에 대해서는 잊게 하려고, 이번에는 소년을 향해 말했습니다.

"오, 알라딘, 넌 무슨 일을 배웠니? 말해 봐라. 어머니하고 네가 살아갈 수 있을 만한 일을 배웠니?"

알라딘은 얼굴을 붉히며 부끄러운 듯이 고개를 숙였습니다. 그러자 어머니가 말했습니다.

"어휴, 정말 말이 아니에요. 이 아이는 아무것도 모르는 천둥벌거숭이랍니다. 이런 말썽꾸러기는 아마 세상에 다시는 없을 거예요. 매일같이 저하고 똑같은 동네 불량배들과 어울려 놀기만 한답니다. 아버지도(가엾은 사람!) 이 아이만 걱정하다가 세상을 떠났지요. 게다가 어미는 이렇게 둘이서 먹을 빵 두 개 살 돈을 벌기 위해 밤낮없이 실을 자으며 일하고 있는데 말이에요. 여보세요, 이 아이는 밥 먹을 때 말고는 집에 들어오지도 않아요. 사실 문에 자물쇠를 채우고 두 번 다시 집 안에 들이지 않을 생각이었어요. 집에서 쫓아내어 저 혼자 힘으로 살아가도록 할 참이었지요. 나도 이제 곧 늙은이가 될 나이라, 악착같이 일하거나 이렇게 먹고 살 걱정을 하는 것이 이제는 힘에 부친답니다. 오, 알라시여! 이제는 보살핌을 받아야 할 나이인데도 저 아이에게 매일같이 빵을 먹여줘야만 한답니다!"

이 말을 들은 모로코인은 알라딘을 돌아보며 말했습니다.

"오, 알라딘, 이게 웬 말이냐. 어째서 너는 그런 불효자식이 되었느냐? 이렇게 부끄러운 일이 어디 있을꼬. 이젠 철이 들 나이인데, 성실하고 정직한 부모의 자식으로서 늙은 어머니에게 돈벌이를 시키다니, 수치가 아니냐. 이젠 어른이 되었으니 네가 벌어먹어야 마땅하지 않겠니? 네 아버지의 직업이 마음에 들지 않는다면 네가 좋은 직업을 택하면 돼. 어디 나에게 말해 보렴. 네가 잘되도록 내가 도와줄 테니."

그러나 마그리브인은 알라딘이 잠자코 있을 뿐 아무 대답도 하지 않는 모습을 보고, 아이는 일하는 것보다 빈둥빈둥 노는 것을 좋아하는 거라고 짐작했습니다. 그래서 다시 이렇게 말했습니다.

"그럼, 내가 너를 위해서 비싼 물건을 파는 가게를 하나 차려주마. 그러면 도성 사람들 사이에서 네 이름이 소문날 테고, 계속 물건을 사고팔고 하는 동안 유명한 부자가 되는 거야."

알라딘은 모로코인의 말이 자기를 훌륭한 대상인으로 만들어주겠다는 뜻임을 알자 뛸 듯이 기뻤습니다. 왜냐하면 그런 사람들은 아름다운 옷을 입고 맛있는 음식을 먹는다는 사실을 알고 있었기 때문입니다. 그래서 알라딘은 고개를 숙인 채, 싱글벙글 웃으면서 마그리브인을 쳐다보았습니다. 말은 하지 않았지만, 이의가 없다는 표시였습니다.

그러자 마법사가 말했습니다.

"내가 가게를 내주어 너를 훌륭한 상인으로 만들고자 한다는 것을 너도 이해한 듯하니, 알라딘, 이제는 어엿한 한 남자로서 제대로 구실을 해야 하지 않겠니? 인샬라(만약 알라의 뜻에 맞는다면)! 우선 내일 너를 시장에 데리고 가서 상인에게 어울리는 좋은 옷을 사 주마. 그리고 약속한 대로 훌륭한 가게를 차려주겠다."

알라딘의 어머니는 모로코에서 온, 죽은 남편의 동생이라는 남자에게 다소 미심쩍은 점이 있긴 했지만, 아들에게 가게를 차려서 밑천과 상품을 들여준다는 말을 듣고 솔깃하여 틀림없이 시동생인 줄만 알았습니다. 아무 상관도 없는 남이라면 이렇게 남의 자식을 살뜰하게 돌봐줄 리가 없기 때문입니다.

그래서 어머니는 이제 바른길로 돌아가 머리에서 무지를 몰아내고 진실한 인간이 되라고 알라딘을 타이르기 시작했습니다. 그리고 이 훌륭한 삼촌의 아들이 되었다 생각하고, 삼촌이 하는 말을 잘 따르고, 악동들과 못된 짓 하며 헛되이 보낸 시간을 되찾으라 훈계도 했습니다.

아들을 단단히 타이른 뒤, 어머니는 일어나서 식탁을 펴고 저녁을 차려냈습니다. 식사 중에도 마그리브인은 알라딘에게 장사에 대한 것과 그 밖에 여러 가지 이야기를 해 주었습니다. 알라딘은 매우 기뻐서 꿈을 꾸는 듯한 심정이 되어, 그날 밤은 밤새도록 잠을 이루지 못했습니다.

밤도 점점 깊어지고 술도 다 마셔버린 것을 알자, 모로코인은 인사를 하고 자신의 숙소로 돌아갔습니다. 그러나 일어서기 전에, 날이 새면 다시 돌아와 알라딘을 데려가서 상인의 옷을 한 벌 지어 입히겠다고 말했습니다.

이튿날, 날이 새자마자 무어인이 찾아와서 알라딘을 시장으로 데려갔습니다. 시장으로 들어선 마그리브 삼촌은 온갖 옷을 파는 가게로 들어가서 말했습니다.

"네 마음에 드는 것으로 골라 보아라."

알라딘은 신이 나서 가장 마음에 드는 옷을 골랐습니다. 삼촌은 옷값을 치른 다음, 이번에는 알라딘을 목욕탕으로 데려가서 목욕을 시키고 과일즙을 사 준 뒤 새 옷으로 갈아입혔습니다. 그리고 시장에서 물건을 사고파는 광경을 보여주고는 이렇게 말했습니다.

"애야, 세상 사람들, 특히 상인들과 사이좋게 사귀도록 해야 한다. 이제 장사가 너의 생업이 되었으니, 그리 되면 장사에 대한 것도 배울 수 있을 것이다."

시장에서 나간 모로코인은 거리와 이슬람교 사원을 비롯하여 여러 재미있는 곳을 구경시켜 주었습니다. 그런 다음 다시 요릿집에 들어가서 은 접시에 담긴 맛있는 요리도 배불리 먹여주었습니다.

이윽고 모로코인은 알라딘에게 유원지와 훌륭한 건물을 가리키고는, 함께 그 왕국에 들어가서 눈부실 정도로 화려한 방들을 하나하나 보여주었습니다. 그런 다음 마지막으로, 자신이 머물고 있는 외국 상인들의 대상숙소로 데리고 갔습니다. 모로코인은 그 대상숙소에 묵고 있는 상인들을 죄다 초대했습니다. 그들이 찾아와 만찬이 시작되자, 모로코인은 젊은이를 알라딘이라고 하며, 자신의 조카라고 소개했습니다.

사람들이 음식을 먹고 마시는 동안 해가 지자, 모로코인은 젊은이를 데리고 어머니의 집으로 돌아갔습니다.

밤이 깊어진 뒤에야 돌아온 아들이 어엿한 상인답게 차려입은 모습을 본 어머니는 기쁨의 눈물을 흘렸습니다. 어머니는 가짜 친척인 줄은 꿈에도 모르고 모로코인의 친절에 감사하며 말했습니다.

"오, 뭐라고 감사의 인사를 드려야 할지 모르겠군요. 이 못난 자식에게 이토록 친절을 베풀어주시다니!"

"아닙니다. 형수님, 제가 단지 친절한 마음으로 베풀어주었다고 생각하지 말아 주십시오. 알라딘은 이제 제 아들입니다. 그러므로 이 아이의 아버지인 형님 대신 보살펴주는 것은 제 책임이지요. 이제 아무 걱정하지 마십시오!"

"고금의 모든 성인의 명예에 걸고 알라께 간절히 기도하겠어요. 부디 알라께서 당신을 보호하여 수명을 늘려주시고, 언제까지나 이 아비 없는 자식을 보호하는 날개가 되어주시기를! 이 아이 또한 당신의 분부를 잘 따라서 결코 실망하게 해 드리지 않기를!"

"예, 형수님, 알라딘은 이제 분별 있는 인간, 훌륭한 사람들의 아들입니다. 아버지의 대를 이어 당신을 안심시켜 줄 겁니다. 하지만 유감스럽게도 내일은 금요일이군요. 집회일이어서 상인들은 기도가 끝난 뒤 모두 꽃밭이나 유원지에 가기 때문에, 가게를 열어줄 수 없습니다. 하지만 토요일*⁶에는 인샬라(알라의 뜻에 맞는다면)! 볼일을 마칠 수 있을 겁니다. 그건 그렇고, 저는 내일 일찍 여기 와서 교외에 있는 꽃밭과 유원지로 산책하러 알라딘을 데려가고 싶습니다. 아마 아직 한 번도 구경한 적이 없을 테니까요. 그곳에 가면 놀러 나온 상인들과 명사들과도 만날 수 있으니, 서로 가까워질 좋은 기회가 될 겁니다."

그날 밤 숙소에 돌아간 무어인은 이튿날 아침 일찍 알라딘의 집을 찾아와서 문을 두드렸습니다.

한편, 알라딘은 그날 새 옷을 입고 목욕탕에 가고, 맛있는 것을 먹고 마시며 시내를 구경하는 등, 즐거운 하루를 보낸 일이 매우 기뻤습니다. 더욱이 내일 삼촌이 아침 일찍 와서 꽃밭에 데려다주겠다고 한 약속에 가슴이 설레었습니다. 그래서 그날도 밤새도록 잠을 이루지 못한 채, 뜬눈으로 보낸 밤이 샌 것조차 믿지 못할 지경에 이르렀습니다.

날이 밝은 뒤 문을 두드리는 소리를 듣자, 알라딘은 마치 번개처럼 잽싸게 뛰어나가 문을 열었습니다. 삼촌인 마법사는 알라딘을 보자 끌어안고 입을 맞췄습니다. 그리고 손을 잡고 큰길로 나와 걸어가면서 말했습니다.

"애, 알라딘, 오늘은 네가 태어나서 한 번도 보지 못한 곳을 구경시켜 주마."

그러면서 재미있는 이야기로 알라딘을 웃기고 기쁘게 해 주었습니다.

그러는 동안, 두 사람은 어느새 성문을 빠져나와 공원 안으로 들어가고 있었습니다. 거기에는 눈이 어리는 꽃밭과 거짓말처럼 높이 솟은 건물이 있었습니다.

알라딘이 눈을 반짝이면서 그것을 보고 있으니 무어인이 말했습니다.

"어떠냐, 알라딘, 신기하지?"

알라딘은 난생처음 보는 신기한 광경에 그저 기뻐서 하늘을 나는 것만 같았습니다.

이렇게 두 사람은 발걸음을 멈출 사이도 없이 여기저기 돌아다니면서 구경하다가, 약간 피곤을 느낄 무렵에 매우 훌륭한 꽃밭으로 들어갔습니다.

그곳은 마음이 들뜨고 눈이 휘둥그레질 만큼 멋진 곳이었습니다. 활짝 핀 꽃 사이로 개울물이 졸졸 흐르고 있고, 금빛으로 번쩍이는 놋쇠 사자상에서는 분수가 솟아나고 있었습니다.

두 사람은 작은 호수 앞에 앉아서 잠시 쉬었습니다. 알라딘은 그저 모든 것이 신기하고 재미있어서 마그리브인을 진짜 삼촌을 대하듯이 허물없이 장난을 치면서 즐겁게 떠들었습니다.

이윽고 무어인은 일어서서 허리띠를 늦추더니, 먹을 것과 마른 과일 등이 잔뜩 들어 있는 자루를 하나 꺼내 놓고 말했습니다.

"애, 알라딘, 배고프지? 자, 이리 와서 마음대로 먹어라."

알라딘이 먹기 시작하자 모로코인도 함께 먹었습니다. 두 사람은 그렇게 음식을 먹고 쉬면서 다시 체력을 회복했습니다.

"자, 알라딘, 이제 많이 쉬었으니 조금만 더 거닐다가 돌아가기로 하자."

두 사람이 일어서서 모든 꽃밭을 지나 밖으로 나가니, 풀 한 포기 자라지 않는 높은 산의 기슭에 이르렀습니다.

알라딘은 지금까지 성 밖으로 나온 적이 한 번도 없고, 이렇게 멀리 와 본적도 없어서 마그리브인에게 물었습니다.

"아저씨, 도대체 어디로 가는 거예요? 벌써 꽃밭을 모두 지나 아무것도 자라지 않는 산까지 와 버렸잖아요. 아직도 더 가야 한다면 전 더는 못 걸을 것 같아요. 너무 피곤해서 금방이라도 쓰러지겠어요. 이젠 꽃밭도 없을 듯하니, 그만 집으로 돌아가요."

"아니다, 길을 잘못 든 것도 아니고 꽃밭은 아직 얼마든지 있어. 이제부터 임금님의 꽃밭도 못 따라갈 훌륭한 꽃밭을 구경하러 가는 거란다. 그것에 비하면 지금까지 본 꽃밭은 아무것도 아니야. 그러니 좀더 기운을 내서 걸어라. 넌 이제 어엿한 남자가 아니냐? 알라 무드릴라(알라를 찬양하라)!"

무어인은 알라딘을 달콤한 말로 달래면서 거짓말과 참말을 섞어 재미있고 신기한 이야기를 하기 시작했습니다. 그러는 동안 해가 지는 나라에서 멀리 중국까지 온 그들은, 드디어 이 마법사가 목적하는 곳에 이르렀습니다.

거기까지 오자 모로코인은 알라딘에게 말했습니다.

"오, 알라딘, 이제 앉아서 푹 쉬어라. 여기가 내가 찾던 곳이다. 인샬라! 이제부터 지금까지 전 세계에서 아무도 본 적이 없는 신기한 것을 구경시켜 주마. 좀 쉬었다가 마른 나무토막이나 나뭇가지를 주워 오너라. 거기다 불을 지피는 거야. 그러면 알라딘, 희한한 걸 볼 수 있단다."

이 말을 듣자 알라딘은 삼촌이 어떤 것을 보여주려고 하는지 빨리 보고 싶은 마음에, 피곤함도 잊고 얼른 일어나서 조그마한 나무토막과 마른 나뭇가지를 부지런히 주워 모았습니다.

"오, 알라딘, 그만하면 됐다."

마법사는 품속에서 상자를 꺼내 뚜껑을 열고 향료를 꺼냈습니다. 그리고 향을 피워 놓고는 아무도 모르는 주문을 외면서 기도를 올렸습니다.

그러자 별안간 주위가 깜깜해지고 대지가 진동하며 천둥소리가 울리더니, 금세 땅이 둘로 쫙 갈라졌습니다. 이 무서운 광경을 보고 알라딘은 간이 콩알만 해져서 저도 모르게 달아나려고 했습니다.

그러자 마그리브의 마법사는 알라딘에게 벌컥 화를 냈습니다. 왜냐하면 알라딘이 없으면 지금까지 한 고생이 물거품이 되어, 모처럼 열리던 지하의 보물창고가 열리지 않기 때문입니다.

그래서 알라딘이 달아나려는 것을 재빨리 눈치채고 얼른 일어나서 느닷없이 알라딘의 머리를 호되게 때렸습니다. 알라딘은 어금니가 튀어나올 것처럼 아파서 정신을 잃고 땅바닥에 쓰러졌습니다.

그러나 곧 마법사의 마법으로 정신을 차리자, 알라딘은 울면서 소리쳤습니다.

"아저씨, 내가 뭘 잘못했다고 때리시는 거예요?"

그제야 무어인은 부드러운 목소리로 알라딘을 살살 달래기 시작했습니다.

"오, 알라딘, 나는 너를 훌륭한 사람으로 만들어주고 싶어서 그런단다. 그러니 내 말을 잘 들어야 해. 나는 네 삼촌이니, 네 아버지나 다름없지 않으냐? 다 너를 위해서 그러는 거니 내가 시키는 대로 해라. 좌우간 지금부터 깜짝 놀랄 만한 것을 보여줄 테니, 그러면 이 정도의 고생은 모두 잊어버리게 될 거다."

잠시 뒤, 둘로 갈라진 땅에서 구리 고리가 달린 대리석 판이 나타났습니다. 무어인은 흙점의 모래*7를 평평하게 고르고 나서 알라딘을 돌아보며 말했습니다.

"네가 내 말대로만 하면 어떤 임금님보다도 부자가 될 수 있어. 그래서 너를 때린 것이다. 여기에는 네 이름으로 저장한 보물이 묻혀 있는데도, 너는 이 보물을 버리고 달아나려고 했으니 말이다. 하지만 잘 생각해 보렴. 내가 이 주문과 기도로 어떻게 대지를 둘로 갈라놓았는지, 잘 보려무나."

마법사는 다시 말을 이었습니다.

"자, 알라딘, 구리 고리가 달린 저 돌 밑에 방금 말한 것처럼 보물이 들어 있다. 그러니 너는 저 고리를 잡고 대리석 판을 열면 된다. 이 세상에서 너 말고는 이 석판을 열 힘을 가진 자가 없고, 살아 있는 모든 것 가운데 너 말고는 이 마법의 신기한 보물에 손을 댈 수 있는 자가 없단 말이다."

알라딘은 그만 피로도, 매 맞은 일도, 눈물을 흘린 것도 잊어버리고, 무어인의 말에 홀려서 국왕보다 부자가 될 수 있다는 말에 가슴이 막 뛰었습니다.

"아저씨, 뭐든지 말씀하세요. 아저씨가 시키는 대로 할 테니까요."

"그래, 그럼 저 고리를 잡고 돌을 들어 올려라."

"하지만 아저씨, 이 돌은 너무 무거워서 들어 올리지 못해요. 아저씨도 같이 들어주세요. 난 아직 너무 어리니까요."

"알라딘, 내가 너를 도와주면 아무런 효과가 없어. 그러니 너 혼자서 그 돌을 일으켜야 한다. 쉽게 들릴 거야. 그런데 고리를 잡고 들기 시작하면서 네 이름과 네 아버지, 어머니의 이름을 열심히 외어야 한다. 그러면 조금도 무겁지 않게 들 수 있을 거다."

그래서 알라딘은 용기를 내어 고리를 잡고, 팔에 힘을 주면서 모로코인이 시킨 대로 자기 이름과 부모의 이름을 외면서 들어 올렸습니다. 그랬더니 정말 석판이 쉽게 들렸으므로 돌을 옆으로 밀었습니다.

알라딘이 보물창고의 입구를 막고 있는 돌문을 열자 지하로 통하는 계단이 나왔습니다.

"오, 알라딘, 마음을 진정하여 내 말을 잘 들어 두었다가 틀리지 않도록 해야 한다. 조심해서 그 창고 밑으로 내려가거라. 그러면 방이 네 개가 있고 방마다 황금 항아리가 네 개씩 있을 텐데, 절대로 그 항아리에 손을 대서는 안 된다.

그리고 옷자락이 항아리나 벽을 스치지 않도록 조심해야 한다. 항아리는 거들떠보지도 말고 곧장 나아가면 네 번째 방이 나온다. 알겠느냐? 다시 다짐을 해 두지만 내 말을 안 듣고 항아리를 만지거나 항아리에 정신을 팔게 되면 검은 돌로 변해 버린다, 알겠느냐? 네 번째 방에 이르거든 아까 문을 열 때처럼 네 이름과 부모의 이름을 외면서 그곳을 빠져나가거라. 그러면 숲이 울창하고 과일이 주렁주렁 열린 정원이 나올 것이다. 그 정원 안 오솔길을 한 10미터쯤 걸어가면 앞에 텅 빈 방이 있고, 거기에 30계단쯤 되는 사다리가 있을 거다. 그 천장에 램프가 달렸을 테니 사다리를 타고 올라가서 그 램프를 걷어 속을 비우고 품속에 넣어. 이 램프에는 일반적인 기름이 들어 있는 것이 아니라서*8 옷이 더러워질 염려는 없다. 돌아올 때는 마음껏 과일을 따도 괜찮아. 램프가 네 손에 있는 동안은 뭐든지 네 것이니까."

그런 다음 모로코인은 자신의 도장반지*9를 뽑아서 알라딘의 집게손가락에 끼워 주었습니다.

"알라딘, 이 반지를 끼고 있으면 다치지도 않고 어떤 재난도 당하지 않는다. 그러나 내가 시킨 것만은 무슨 일이 있어도 지켜야 해. 자, 정신 바짝 차리고 조심조심 계단을 내려가거라. 넌 이제 어린애가 아니고 어른이니까 조금도 두려워할 것 없다. 얼마 안 가서 너는 많은 보물을 손에 넣어 세상에서 제일가는 부자가 되는 거야."

알라딘이 용기를 내어 일어나서 지하실로 내려가 보니, 네 개의 방이 있고 방마다 황금 항아리가 네 개씩 놓여 있었습니다. 알라딘은 모로코인이 시킨 대로 조심해서 그 방을 빠져나가 정원으로 나왔습니다.

정원의 오솔길을 나아가자 넓은 방이 나왔으므로 사다리를 타고 올라가서 램프를 내려 불을 끄고 품속에 넣었습니다. 그리고 사다리에서 내려와 정원으로 돌아 나와 보니 나뭇가지에서 새들이 드높은 조물주를 찬양하며 지저귀고 있었습니다.

들어갈 때는 알지 못했는데 자세히 보니 신기하게도 나무마다 열려 있는 과일은 모두 값비싸고 귀한 보석들이었습니다. 게다가 모든 나무가 종류가 다 다르고 보석도 녹색, 흰색, 노랑, 빨강, 그 밖에 여러 빛을 띠고 있어서 아침 햇살을 받은 이슬의 광채보다 더 아름답고 눈부시게 빛나고 있었습니다.

그 보석들은 이 세상의 왕 중의 왕이라도 한 알조차 갖지 못할 만큼 커다란 것들로, 에메랄드, 다이아몬드, 루비, 스피넬, 붉은 스피넬, 진주 등으로 모두 보는 자를 놀라게 하는 것뿐이었습니다.*10

그러나 알라딘은 아직 어려서 그렇게 훌륭한 보석을 본 적이 없었고, 그 가치도 몰랐으므로 그것을 모두 유리알이나 수정 정도로 생각했습니다.

그래서 포도와 무화과처럼 먹을 수 있는 게 아닐까 하고 몇 번이나 살펴보았습니다. 그러다가 아무래도 유리알 같았으므로 그 가치도 모른 채 무턱대고 나무에 열린 것을 따서는 품속에 넘쳐 날 만큼 쑤셔 넣었습니다.

그것은 먹을 수 없는 과일이지만, 그 유리알 같은 과일을 집에 가지고 가서 장난감으로 삼자고 생각한 것입니다. 그래서 열심히 따서 품속에도 주머니에도 쑤셔 넣고, 나중에는 허리띠까지 풀어 거기에 싸서 가져가기 쉽도록 허리에 둘렀습니다.

알라딘은 마그리브인 삼촌이 무서워서, 걸음을 서둘러 방 네 개를 지나, 마지막으로 처음에 들어온 지하실까지 왔습니다. 돌아가는 길에는 황금 항아리 속에 든 것도 가질 수 있었지만, 거기에는 눈길조차 주지 않았습니다.

알라딘은 지하실 계단에 이르자, 계단을 올라가 이제 한 단만 오르면 되는 곳까지 간신히 도착했습니다. 그런데 이 마지막 한 계단이 다른 계단보다 특별히 높아서 혼자서는 도저히 올라갈 수 없었습니다. 몸에 지닌 보석이 너무 무거웠기 때문입니다. 그래서 알라딘은 마그리브인을 향해 소리쳤습니다.

"아저씨, 손을 잡고 저를 끌어올려 주세요."

"그래, 알라딘, 램프를 이리 다오. 그러면 네 짐이 가벼워질 테니까. 아마 램프가 무거워서 못 올라올 거야."

"아니에요, 아저씨. 램프는 조금도 무겁지 않아요. 어서 손을 잡아주세요. 올라가면 램프를 드릴 테니까요."

이 말을 듣자 오로지 램프만 필요한 모로코인 마법사는 어서 램프를 내놓으라고 재촉했습니다.

그러나 램프를 품속의 가장 깊은 곳에 넣은 데다, 보석이 가득 든 다른 주머니가 잔뜩 부풀어 있어서*11 꺼내고 싶어도 손이 닿지 않았습니다.

모로코인은 알라딘이 선뜻 램프를 내주지 않자 그만 화를 벌컥 내며 램프부터 내놓으라고 호통쳤습니다. 하지만 아무런 꿍꿍이셈도 야심도 없는 알라딘은 위에 올라가면 곧 램프를 주겠다고 진심으로 약속했습니다.

모로코인은 아무래도 알라딘이 램프를 내주지 않을 듯하자, 불같이 화를 내며 마침내 램프를 건네받는 일을 포기해 버렸습니다. 그래서 뭔지 모를 주문을 열심히 외면서 모닥불 한복판에 향료를 던져넣자, 그 순간 돌문이 저절로 닫히더니 마법의 힘으로 입구가 굳게 잠기고 말았습니다.

그리하여 진흙이 덮이고 표면의 암석은 원래대로 돌아가 알라딘은 지하실에 고스란히 갇혀버렸습니다.

사실 이 마술사는 앞에서도 말했듯이 알라딘의 삼촌이 아니라 아무 상관도 없는 남이었고, 알라딘을 이용해 불가사의한 램프를 뺏을 생각으로 일부러 삼촌이라 속이고 연극을 한 것입니다. 왜냐하면 이 보물창고는 원래 알라딘을 위해 숨겨져 있었던 것이기 때문입니다.

이 마그리브인 마법사는 본디 순수한 아프리카인으로 '해가 지는 서쪽 나라'의 두메에서 태어나, 어릴 때부터 요술에 심취하여 온갖 신비로운 기술을 배워서 자기 마음대로 마법을 쓸 수 있게 되었습니다.

예부터 아프리카의 도성*12은 이 수상한 학문으로 악명이 높았는데, 이 모로코인은 오로지 요술 책만 읽으며 비술을 배운 끝에 마침내 마법 비결을 터득했습니다. 그는 40년이라는 긴 세월을 마법 연구와 연습에 바친 덕분에,

저주의 힘과 마법 솜씨에서 그 누구도 당할 자가 없었습니다.

그러던 어느 날, 마법의 힘으로 중국 맨 끝에 있는 알 카르아스라는 도시에 이 세상의 어떤 왕도 가질 수 없을 만큼 어마어마한 보물이 숨겨져 있다는 사실을 알았습니다. 그 신기한 보물 가운데서 가장 불가사의한 것은 램프였으며, 그 이상한 램프를 가지면 이 세상의 지위고, 돈이며, 행복이고, 무엇이든 원하는 대로 얻을 수 있을 뿐만 아니라 왕 중의 왕이라 해도 이 램프의 힘만은 이길 수 없다는 것을 알았습니다. 무어인은 마법의 힘을 통해 그 보물이 숨겨진 곳의 문은 알 카르아스에 사는 가난한 집 아들 알라딘이 아니면 열 수가 없고, 또 아주 간단히 알라딘을 손에 넣을 수 있다는 사실을 알아내고는 곧 채비를 하여 중국으로 건너왔습니다. 그리고 알라딘이 램프의 주인임을 쉽게 알아보고, 앞에서 얘기한 방법으로 알라딘을 속여 넘긴 것입니다.

그런데 마법사의 계획도 희망도 완전히 빗나가 버리고, 계략은 송두리째 물거품이 되고 말았습니다. 그래서 젊은이를 죽일 결심을 하고, '생명이 있는 자를 죽여서는 안 된다'*13는 말을 곰곰이 생각한 끝에, 이 불행한 젊은이가 혼자서 멸망하도록 마술의 힘으로 머리 위에 흙을 부은 겁니다. 그리고 알라딘이 땅속에서 나오지 못하면 그 램프도 지하실에서 나올 수 없다는 못된 마음에서도 그런 짓을 한 것입니다.

그리하여 완전히 기대를 배반당한 마법사는 비탄에 젖어 그 자리를 떠난 뒤 자신의 고향인 아프리카로 맥없이 돌아갔습니다.

한편 알라딘은 머리 위에 흙이 덮였으므로 살려 달라고 소리소리 질렀으나 아무리 소리쳐도 대답이 없자, 그제야 비로소 그자가 자기를 속인 나쁜 놈이라는 사실을 깨달았습니다.

가엾은 알라딘은 아무리 궁리해도 살아날 방법이 생각나지 않자, 자신을 덮친 재앙을 원망하고 한탄하면서 울부짖었습니다.

그러다가 그는 혹시 전능하신 알라께서 자신을 곤경에서 구해 주시기 위해 출구를 한군데쯤 마련해 놓지 않았을까 생각하면서 계단을 하나하나 살펴보기 시작했습니다. 그러나 사방은 벽으로 에워싸여 있고, 빛이 전혀 새어 들지 않는 어둠뿐이었습니다.

그것은 마법사가 이미 마법의 힘으로 문이라는 문은 샐 틈도 없이 완전히 막아 버리고, 소년이 지나간 정원 입구까지 굳게 닫아두었기 때문입니다. 알라딘은 정원에 가서 마음을 달래볼까 했지만, 그곳마저 문이 굳게 닫혀 있는 모습을 보고 큰 소리로 울부짖었습니다.

사방이 모두 닫혀 있음을 안 그는 절망을 느끼면서 계단 밑으로 되돌아 와서 앉았는데, 되는 대로 밖에는 되지 않는 법이라고 알라(드높으신 알라를 찬양할지어다!)께서 슬쩍 깨우쳐 주셨으므로 조금은 마음이 밝아졌습니다. 알라께서는 고뇌 속에서도 기쁨을 주십니다.

알라딘의 경우가 바로 그러했습니다. 모로코인 마술사는 알라딘을 땅속에 들여보낼 때 반지 하나를 주면서 이렇게 말했습니다.

"이 반지는 네가 재앙이나 고난에 빠졌을 때 너를 구해 줄 것이다. 이것을 끼고 있으면 모든 재앙을 모면할 수가 있단다. 이것이 너의 안전을 지켜줄 것이다."*14

전능하신 알라의 자비로 문득 그 반지가 생각난 알라딘은 구원을 받게 된 것입니다. 그는 자신의 신세를 생각하며 살 희망을 잃고 비탄에 젖어, 자기도 모르게 늘 하는 버릇대로 두 손 모아 알라께 기도드리며 큰 소리로 외쳤습니다.

"더없이 높은 알라시여, 제가 의지할 수 있는 분은 알라님뿐입니다. 보이는 세계와 보이지 않는 세계를 모두 다스리시며, 죽은 자도 살리시고 구하는 것을 주시며 죄를 용서하시고 고통을 덜어주시며 속박에서 해방해 주시고 고민하는 자에게 기쁨을 주시는 알라시여, 저는 당신 말고 다른 신은 없다는 것을 증언합니다. 당신은 저의 힘이요, 당신은 전능하고 참된 신이십니다. 저는 또한 무함마드는 당신의 종이요, 당신의 사도임을 증언합니다. 오, 알라여, 부디 높으신 자비로써 이 끔찍한 재앙에서 저를 구원해 주십시오."

그리고 오로지 알라께 기도하며 자신에게 닥친 재앙을 한탄하면서 두 손을 격렬하게 맞잡았을 때, 우연히 손가락이 반지를 문질렀습니다. 그러자 이게 웬일입니까! 난데없이 알라딘의 눈앞에 반지의 정령이 나타나 소리치는 것이었습니다.

"아도슴('저, 여기 있습니다')! 당신의 노예가 왔습니다. 무슨 일이든 명령만 하십시오. 저는 그 반지를 끼고 있는 분의 노예, 그 반지는 저의 주군이고 주인이십니다."

이 소리를 듣고 알라딘이 고개를 들어 쳐다보니, 눈앞에 저희 조상인 솔로몬이 다스렸던 마신이 서 있는 게 아니겠습니까!

알라딘이 그 무서운 모습을 보고 와들와들 떨고 있는데 마신이 다시 입을 열었습니다.

"무슨 일이든 명령만 하십시오. 제 주인인 반지가 당신의 손에 끼워져 있는 동안은 저는 진실로 당신의 종입니다."

가까스로 정신을 차린 알라딘은 모로코인이 반지를 줄 때 했던 말이 생각나서 매우 기뻐하며 말했습니다.

"오, 반지 주인의 노예여! 그럼 나를 땅 위로 데려가 다오."

그러자 그 말이 채 끝나기도 전에 별안간 땅이 두 쪽으로 갈라지더니, 어느새 알라딘은 땅 위 보물창고 입구에 서 있고, 그의 어머니는 다시 이 세상의 빛을 볼 수 있었습니다.

꼬박 사흘을 땅속의 캄캄한 지하실에 갇혀 있었던 알라딘은, 대낮의 밝은 빛을 보자 눈도 제대로 뜨지 못했습니다.

보물창고 입구는 원래대로 뚜껑이 덮여 있고, 땅바닥도 평평하여 사람이 들어간 흔적은 전혀 남아 있지 않았습니다. 주위를 둘러보고 꽃밭과 자기가 걸어온 길이 보이자, 알라딘은 그제야 자기가 살아났음을 똑똑히 깨닫고 전능하신 알라께 감사드렸습니다.

이윽고 알라딘은 정신을 차리고 일어나, 기억에 남아 있는 길을 되짚어가서 자기가 살던 곳을 향해 길을 서둘렀습니다. 알라딘은 집 안에 들어가 어머니의 얼굴을 본 순간, 그대로 까무러치고 말았습니다. 죽을 고비를 넘기고 겨우 살아난 데 느끼는 감격과 지금까지 겪은 고난과 공포에서 벗어난 기쁨, 그리고 그동안 너무 굶주렸기 때문입니다.

알라딘이 집을 나간 뒤 날마다 아들을 걱정하며 슬퍼하고 마음 졸이던 어머니는, 아들이 집에 들어서는 모습을 보았을 때 그 기쁨을 이루 말할 수 없었습니다. 그런데 그것도 잠시, 눈앞에서 아들이 쓰러지는 모습을 보자, 순식간에 기쁨은 다시 공포로 변하고 말았습니다. 어머니는 다급하게 알라딘의 얼굴에 찬물을 끼얹고 이웃집에서 향료를 얻어다가 맡게 했습니다.

이윽고 정신을 차린 알라딘은 어머니에게 먹을 것을 달라고 했습니다.

"어머니, 전 사흘 동안 아무것도 먹지 못했어요."

"그래, 알라딘, 어서 이걸 먹고 기운을 차려라. 좀 쉬었다가 너에게 무슨 일이 있었는지 말해 다오. 지금은 몹시 지친 듯하니 아무 말도 묻지 않기로 하마."

음식을 먹고 기운을 차린 알라딘은 한참 쉬고 나니 기분이 좋아졌습니다.

"아, 어머니, 어머닌 왜 제 목숨을 빼앗으려고 나쁜 짓을 꾸민 그런 악당에게 저를 맡기셨어요? 그 악당은 저를 끌고 가서 엄청 고생만 시키고 나중에는 목숨까지 뺏으려 했어요. 그걸 알았을 땐 정말 무섭고 슬펐어요. 어머니는 분명히 우리 삼촌이라고 하셨지만, 그 저주받을 아저씨 때문에 저는 하마터면 죽을 뻔했지 뭐예요. 만일 전능하신 알라께서 그놈의 손에서 저를 구해 주시지 않았더라면, 저도 어머니도 그 악당에게 감쪽같이 속아서 정말로 큰일 날 뻔했어요. 저를 행복하게 해 준다고 약속하며 그렇게도 다정한 척 호의를 베풀더니. 어머니, 사실 그놈은 마법사이고, 모로코인이었어요. 또 저주받을 허풍쟁이이고, 배신자이고, 위선자*15예요! 이 세상에 그놈처럼 악하고 도리에 어긋난 악마는 없을 거예요. 알라시여, 부디 모든 책에서 그놈의 이름을 저주해 주십시오!

이제부터 그놈이 저에게 무슨 짓을 했는지 얘기할 테니, 들어보세요. 제 얘기는 처음부터 마지막까지 거짓 없는 진실이에요. 글쎄 생각 좀 해 보세요. 곧 멋진 보물을 얻게 될 거라고 그렇게 달콤한 말로 다짐해 놓고, 그 악당은 자기 멋대로 약속을 모두 어겼어요. 게다가 그놈이 저를 그렇게 위하는 척하면서 귀여워해 준 것은 오로지 자기 소원을 이루기 위한 것이었어요. 그놈은 처음부터 저를 죽일 생각이었으니까요. 하지만 저는 이렇게 살아서 돌아왔으니 알라께 감사를 드려야 해요! 그럼 이제부터 얘기할 테니, 그놈이 저를 어떻게 골탕먹였는지 들어보세요."

그때부터 알라딘은 어머니에게 자신에게 일어난 일을 자세히 이야기했습니다(그동안에도 알라딘은 줄곧 기쁨의 눈물을 흘리고 있었습니다). 마그리브인이 땅속에 보물이 묻혀 있는 언덕으로 알라딘을 데려가서 향을 피우고 주문을 외는 대목에 이르자, 알라딘은 이렇게 덧붙였습니다.*16

"그러자, 어머니! 그놈의 요술 때문에 제가 보고 있는 앞에서 언덕이 갈라지고 대지가 입을 쩍 벌렸어요. 저는 너무나 무서웠어요. 그놈이 향을 피우고 주문을 왼 순간, 이번에는 무시무시한 천둥소리가 제 귀를 때리고 주위가 깜깜해져서, 저는 기겁을 하고 놀라 팔다리가 벌벌 떨렸어요. 너무 무서워서 달아나려 했지만, 그놈이 제 속을 들여다보고 호통을 치고는 온 힘을 다해 저를 때렸어요. 그래서 저는 잠깐 정신을 잃고 기절했지요. 하지만 어머니, 그 보물창고는 제가 아니면 열 수 없으므로, 그놈 혼자서는 들어갈 수 없는 곳이었어요. 게다가 그놈은 마법사이기 때문에, 그놈에게는 제가 무슨 일이 있어도 필요하다는 사실을 처음부터 다 알고 있었어요. 그래서 그놈은 저를 때리기는 했지만, 나중에 마법의 보물창고에 저를 들여보내기 위해서는 잘 구슬리는 것이 가장 좋은 방법이라고 생각한 거예요. 그래서 우선 자기 손에서 반지를 뽑아 제 손에 끼워주었어요. 제가 땅속으로 내려가자, 말할 수 없이 값진 금은보화가 잔뜩 굴러다니고 있는 네 개의 방이 있었는데, 그 마법사는 저에게 미리 그것에 손을 대서는 안 된다고 경고했어요. 그다음에 있는 아름다운 정원에서는 키 큰 나무가 울창하게 자라고 있었어요. 저는 그 잎과 열매를 보고 깜짝 놀랐지요. 왜냐하면 어머니! 그것은 모두 온갖 색깔의 유리알이었어요! 마지막으로 이 램프가 매달려 있는 방에 도착했지요. 저는 곧 램프를 손에 넣고 불을 끄고*17 속을 비웠어요."

그렇게 말하면서 알라딘은 품속에서 램프를 꺼내, 정원에서 가지고 나온 온갖 보석과 함께 어머니에게 보여주었습니다. 커다란 주머니 두 개에 보석이 가득 들어 있었는데, 그 모두가 세상의 어떤 왕도 전혀 가지지 못한 것뿐이었습니다. 그런데도 그 소년은 그것들을 유리나 수정 정도로 생각했을 뿐, 그토록 귀중한 것인 줄은 꿈에도 몰랐습니다.

알라딘은 다시 말을 이었습니다.

"그리고 어머니, 저는 램프를 가지고 지하실 출구까지 가, 스스로 삼촌이라고 뻔뻔스럽게 말한 그 저주받을 마법사에게 큰 소리로 도와달라고 외쳤어요. 짐이 무거워서 도저히 마지막 계단을 혼자서 올라갈 수 없었거든요. 그런데 그놈은 손을 내밀어주려고도 하지 않고 '먼저 그 램프를 이리 다오!' 그러는 거예요. 하지만 그것은 품속 깊이 들어가 있는 데다, 이 구슬 주머니가 불룩하게 튀어나와 있어서 손이 닿지 않았어요. 그래서 이렇게 대답했지요. '아저씨, 램프에 손이 닿지 않아요. 여기서 나가면 바로 드릴게요.' 그놈은 그래도 그저 램프만이 목적이어서, 제 손에서 그걸 빼앗으면 저를 죽일 작정이었던 거예요. 나중에는 제가 나갈 수 없도록 흙을 열심히 덮어 버렸으니까요. 저는 그 악당 마법사 때문에 그런 괴로움과 어려움을 겪었어요, 어머니."

여기서 알라딘은 다시금 화가 나서 마법사에게 실컷 욕설을 퍼부으면서 소리쳤습니다.

"나쁜 놈! 그 저주받을 놈! 재수 없는 놈! 악당! 거짓말쟁이! 짐승 같은 놈! 배신자! 위선자! 인정도 없고 동정심도 없는 놈!"

알라딘의 어머니는 아들의 얘기를 듣고 마법사인 마그리브인 때문에 아들이 하마터면 죽을 뻔한 경위를 알자, 이렇게 말했습니다.

"애야, 그 저주받을 마법사의 검은 손에서 살아난 것은 전능하신 알라의 자비 덕분이다. 나는 그 놈이 정말로 네 삼촌인 줄로만 알았구나."

사흘 동안 한숨도 자지 못한 알라딘은, 마음이 놓이자 별안간 잠이 쏟아졌습니다. 이튿날 낮까지 푹 자고 눈을 뜬 알라딘은 배가 몹시 고파서 먹을 것을 찾았습니다.

"애, 알라딘, 집에 있는 건 어제 모두 먹어 버리고 지금은 아무것도 없단다. 조금만 참아라. 얼른 실을 자아서 시장에 내다 팔아 뭐든지 사다 주마."

"어머니, 그러실 것 없어요. 그보다는 제가 가져온 램프를 이리 주세요. 아마 그것이 실보다 훨씬 더 많은 돈을 받을 수 있을 거예요."

그래서 어머니가 일어나서 램프를 가져왔는데, 먼지투성이라 몹시 더러웠습니다.

"애야, 램프를 가져왔다만 너무 더럽구나. 먼지를 씻고 닦으면 조금은 더 비싸게 팔 수 있을지 몰라."

어머니는 모래를 한 줌 가지고 와서 램프를 닦기 시작했습니다.

그 순간 어머니의 눈앞에 마족의 한 사람이 불쑥 나타났습니다. 무서운 모습을 한 몸뚱이가 엄청나게 큰 마신으로, 자바비라*¹⁸처럼 커다란 거인이었습니다. 마신이 큰 목소리로 어머니에게 말했습니다.

"무엇이 필요하십니까? 저는 램프의 노예입니다. 그리고 노예는 저 하나만이 아닙니다. 지금 들고 계시는 이상한 램프의 노예들이 모두 저마다 맡은 소원을 들어 드리고 있습니다."

마신의 무시무시한 모습에 기겁한 어머니는 벌벌 떨면서 혀가 굳어 말도 못하고 그 자리에 쓰러지고 말았습니다.*¹⁹

알라딘은 조금 떨어진 곳에서 이 광경을 보고 있었는데, 전에 지하 보물창고에서 반지를 문질렀을 때 나타난 마신을 본 적이 있었으므로 그다지 놀라지는 않았습니다. 노예가 어머니에게 하는 말을 들은 알라딘은 얼른 다가가서 램프를 받아 들고 이렇게 말했습니다.

"오, 램프의 노예여, 나는 배가 고프다. 뭐든지 먹을 것을 가져오너라. 맛있는 요리를 가져다다오."

마신의 모습이 잠깐 보이지 않더니 근사한 밥상을 들고 다시 돌아왔습니다. 그 밥상은 은으로 만든 것으로, 그 위에는 황금 쟁반이 열두 개나 놓여 있고, 온갖 산해진미와 눈처럼 하얀 빵이 담겨 있었습니다. 또 두 개의 은잔과 맑게 거른 묵은 술이 가득 든 술병도 두 개 놓여 있었습니다. 그 상을 알라딘 앞에 놓고 마신은 이내 사라졌습니다. 알라딘이 정신을 잃은 어머니에게 다가가서 얼굴에 장미수를 뿌리자, 어머니는 그 강렬한 향기를 맡고 다시 정신을 차렸습니다.

"어머니, 기운을 차리시고 전능하신 알라께서 우리의 가난한 생활을 위로하시려고 보내주신 이 음식을 잡수세요."

어머니는 눈부신 황금 쟁반을 보고 깜짝 놀라 말했습니다.

"오, 알라딘, 우리를 굶주림과 가난에서 구해 주신 이 너그럽고 인정 많은 분이 누구시냐? 참으로 고맙구나. 아마 어느 나라의 임금님이 우리의 비천한 신분과 가난한 생활을 듣고 이런 맛있는 음식을 보내주셨나 보다."

"어머니, 지금은 그런 걸 생각하고 있을 때가 아니에요. 자, 배가 고프실 테니 어서 일어나서 잡수세요."

알라딘과 그의 어머니는 상 앞에 마주 앉아 음식을 먹기 시작했습니다. 어머니는 지금까지 이렇게 맛있는 음식을 먹어본 적이 없었습니다. 배가 고팠던 두 사람은 걸신들린 것처럼 정신없이 먹어댔습니다. 그 음식들은 마치 임금님의 수라상을 옮겨놓은 것처럼 호화로운 것들뿐이었습니다. 그런데 알라딘도 어머니도 그 쟁반이 얼마만 한 가치가 있는 것인지 전혀 몰랐습니다. 그도 그럴 것이 세상에 태어나서 그런 진귀한 물건은 한 번도 본 적이 없었기 때문입니다.

두 사람은 식사가 끝나자(하지만 저녁에 먹을 음식은 물론, 내일 먹을 음식까지 충분히 남아 있었습니다), 손을 씻고 다시 앉아 이런저런 얘기를 나누웠습니다.

"얘, 알라딘아, 노예인 마신이 너한테 어떻게 했는지 얘기 좀 해다오. 알라 무드릴라(주를 찬양하라)! 알라께서 주신 음식을 배불리 먹었으니, 배가 고프다는 핑계는 이제 대지 못하겠지."

알라딘은 어머니가 램프의 마신을 보고 겁에 질려 정신을 잃고 쓰러져 있는 동안 일어난 일을 이야기했습니다. 그러자 어머니는 깜짝 놀라면서 말했습니다.

"그래? 마신은 정말로 사람 앞에도 나타나는구나! 하지만 난 마신을 이번에 난생처음 봤단다. 아무래도 그 마신은 마법의 보물창고에 있었을 때 너를 구해 준 그 마신인가 보구나."

"아니에요, 어머니, 그것하고는 달라요, 어머니 앞에 나타났던 건 램프의 노예예요!"

"응? 도대체 뭐가 뭔지 하나도 모르겠구나."

"이번에 나타난 마신은 전의 마신과 성질도 다르고 모습도 달라요. 전의 것은 반지의 요정이었지만, 어머니가 보신 것은 어머니가 들고 있던 램프의 요정이었어요."

어머니는 그 말을 듣고 소리쳤습니다.

"어머나! 그런 거였니? 내 눈앞에 나타나 나를 죽을 만큼 놀라게 한 그 흉측한 놈이 램프의 요정이라니!"

"그래요, 어머니."

알라딘이 대답하자, 어머니가 말했습니다.

"그렇다면, 내가 너에게 먹인 젖에 걸고 부탁한다만, 그 램프도 반지도 어딘가에 가져다 버려라. 무서워서 어디 견딜 수 있어야지. 난 그런 건 두 번 다시 보고 싶지 않다. 게다가 마신과 통하는 것은 법에 어긋나는 일이고, 예언자(알라시여, 부디 가호해 주소서!)께서 엄하게 금지하고 계시지 않니?"

"어머니의 말씀이라면 제 머리*20와 눈에 걸고서라도 어기거나 소홀히 하지 않겠지만, 이번 말씀만큼은 참아 주세요. 저는 반지든 램프든 도저히 버릴 수가 없어요. 어머니도 그 눈으로 우리가 굶주려 있을 때 그 노예가 무척 도움된 것을 똑똑히 보셨잖아요? 게다가 어머니, 허풍쟁이 마법사인 그 마그리브 놈은, 네 개의 방에 가득 들어 있던 금은에는 눈길도 주지 말고 오직 램프만 가져오라고 말했어요. 왜냐하면 그놈은 램프의 말할 수 없는 가치를 알고 있었기 때문이에요. 만약 그것을 몰랐다면 저에게도 그토록 공을 들이지 않았을 테고, 그것을 찾아 그 먼 곳에서 이곳까지 찾아왔을 리도 없지요. 게다가 제가 램프를 건네지 않는다고, 스스로 포기하여 저를 지하실에 가두는 짓도 하지 않았을 거예요.

그러니 어머니, 이 램프는 소중히 간직해 두어야 해요. 조심조심 누구에게도 그 비밀을 말하지 마세요. 이것은 이제 우리의 밥줄이고, 이 램프가 없으면 부자도 될 수 없으니까요. 반지도 마찬가지예요. 저는 이 손가락에서 절대로 반지를 빼지 않겠어요. 반지가 없었다면 저는 틀림없이 지하실에서 빠져나오지 못하고 죽어 버렸을 거예요. 그런데 어떻게 이것을 손가락에서 뺄 수 있겠어요? 앞으로 세월이 흐르는 동안 어떤 불행과 재난을 당하게 될지 모르는데, 그런 때 이 반지가 또 우리를 구해 줄지도 모르잖아요? 그렇지만 어머니가 그토록 무서워하시니까, 램프는 어딘가에 숨겨 두고 이제부터는 어머니 눈에 띄지 않도록 할게요."

알라딘의 말을 듣고 곰곰이 생각하던 어머니는 분명히 아들의 말이 맞는지라 이렇게 대답했습니다.

"너 좋을 대로 하려무나. 다만 나로서는 두 번 다시 보고 싶지 않다, 아까 본 그 무서운 광경은 정말 끔찍했어."

알라딘과 어머니는 마신이 갖고 온 요리를 이틀 동안 먹었습니다. 음식을 다 먹고 나자 알라딘은 램프의 노예가 음식을 차려온 커다란 쟁반 하나를 집어 들었습니다.

그 쟁반은 순금으로 만든 기막힌 것이었는데, 알라딘은 그런 줄도 모르고 그것을 가지고 시장에 갔습니다. 그리고 악마보다 더 인상이 나쁜 한 행상인을 만나 쟁반을 내밀며 사겠느냐고 물었습니다.

행상인은 그 쟁반을 보더니 알라딘을 사람들 눈에 띄지 않는 한쪽 구석으로 데려가서 다시 한 번 자세히 쟁반을 살펴보았습니다. 그 쟁반이 순금이라는 것을 확인한 행상인은, 상대방이 쟁반의 진짜 가치를 아는지, 아니면 아무것도 모르는 풋내기인지 도무지 짐작이 가지 않아서 물었습니다.

"이 쟁반을 얼마에 팔 생각이오?"

"가격은 당신이 잘 알고 있을 텐데요."

행상인은 알라딘이 능숙하게 대답하자, 얼마를 주면 될까 한참을 고민하다가 품속에서 슬그머니 금화 한 닢을 꺼냈습니다.

알라딘은 그 금화를 얼른 받아들고 돌아섰습니다. 유대인은 그제야 알라딘이 아무것도 모른다는 사실을 알고, 금화 대신에 잘 닦은 1캐럿*²¹짜리 동전을 줄 걸 그랬다며 아까워했습니다.

알라딘은 그 길로 빵집에 가서 빵을 사고 잔돈을 거슬러 받았습니다. 그리고 집으로 돌아가 어머니에게 빵과 나머지 돈을 주며 말했습니다.

"어머니, 빨리 가서 뭐든 필요한 걸 사 오세요."

어머니는 곧 시장에 가서 필요한 것들을 사왔습니다. 그런 다음 식사를 한 두 사람은 이제 완전히 기운을 차렸습니다.

쟁반 판 돈이 떨어지면 알라딘은 남은 쟁반에서 한 개를 또 가지고 나가 그 엉큼한 행상인을 찾아갔습니다. 그러면 상대는 어느 쟁반이나 똑같이 말도 안 되는 싼 가격으로 사들였습니다. 사실은 그 가격마저 깎고 싶었지만, 처음에 금화 한 닢을 주고 샀기 때문에, 그보다 적은 돈을 주면 젊은이가 다른 장사꾼한테 가버려, 결국 엄청난 돈벌이를 놓치게 될까 봐 참은 것입니다.

그리하여 가지고 있던 황금 쟁반을 다 팔고 나니 은 밥상만 남았습니다. 그것은 크기도 큰 데다 무게가 많이 나갔으므로, 알라딘은 유대인을 집에 데려와서 보여주었습니다.

유대인은 그 크기를 보고 금화 열 닢에 사서 갔습니다.

알라딘과 어머니는 그 돈이 떨어질 때까지 안락하게 살았습니다. 그리고 돈이 떨어지자, 알라딘은 다시 램프를 꺼냈습니다. 그러자 순식간에 전에 나타났던 노예가 나와서 말했습니다.

"오, 주인님, 뭐든지 명령만 하십시오. 저는 램프를 가지고 있는 사람의 노예이니까요."

"배가 고프니 전에 네가 가지고 온 그런 요리를 한 상 가져다다오."

그러자 노예는 눈 깜짝할 사이에 전처럼 기막히게 훌륭한 열두 개의 쟁반에 맛있는 음식을 담아 상을 날라 왔습니다. 밥상에는 깨끗한 빵과 여러 가지 술이 담긴 유리병도 놓여 있었습니다.

그런데 어머니는 알라딘이 램프를 문지르는 모습을 보자, 두 번 다시 마신을 보고 싶지 않아서 밖으로 달아나 있었습니다. 그러나 잠시 뒤 집으로 돌아오니, 눈앞에 은*22 쟁반을 얹은 밥상이 있고, 집 안에 맛있는 냄새가 가득 차 있었습니다. 어머니는 그것을 보자 눈을 크게 뜨고 기뻐했습니다.

"보세요, 어머니! 저에게 램프를 버리라고 하셨지만, 어때요, 이 마신이 한 일을 좀 보세요!"

"오, 알라딘, 부디 알라께서 너를 더욱 행복하게 해 주시기를! 하지만 난 아무래도 그건 보고 싶지 않구나."

두 사람은 곧 밥상에 마주 앉아 배가 부르도록 먹고 마셨습니다. 그리고 나머지는 다음 날 먹기 위해 남겨 두었습니다.

식사가 끝나자 알라딘은 곧 일어나서, 큰 쟁반 한 장을 소매 속에 넣고는, 그것을 팔기 위해 지난번의 유대인을 찾아갔습니다. 그러다가 우연히 정직하고 알라를 깊이 믿는 오래된 보석상 앞을 지나가게 되었습니다.

늙은 보석상이 알라딘을 보고 불렀습니다.

"젊은이, 무슨 볼일로 가시오? 난 당신이 몇 번이나 이 앞을 지나가는 걸 보았고, 유대인 남자와 거래를 하고 있다는 것도 알고 있소. 당신은 그 유대인에게 여러 가지 물건을 팔고 있는 모양인데 오늘도 무얼 팔려고 임자를 찾고 있는 게 아니오? 보시오, 젊은이, 당신은 모를지 모르나 유대인이란 놈은 전능하신 알라께 참회한 정직한 이슬람교도를 속이고 늘 나쁜 짓을 꾸민다오. 특히 당신이 거래하고 있는 그 유대인은 몹시 나쁜 놈이라, 당신은 그놈에게 속절없이 속고 있는 거요. 젊은이, 뭐든지 팔고 싶은 물건이 있거든 나에게 보여주시오. 걱정할 것 없소. 나는 전능하신 알라께 맹세코 정당한 값으로 사줄 테니까."

그래서 알라딘이 옷 속에서 쟁반을 꺼내주니 보석상은 그것을 저울에 달아 본 다음 물었습니다.

"당신이 유대인에게 판 물건이 이것과 같은 것인가요?"

"예, 그렇습니다. 모두 이것과 같습니다."

"그런데 그자는 얼마를 줍디까?"

"금화 한 닢을 주더군요."

보석상은 유대인이 쟁반 하나에 금화 한 닢을 주었다는 말을 듣고 깜짝 놀라 소리쳤습니다.

"정말 지독한 놈이로군! 전능하신 알라의 종을 잘도 속여 먹었구나. 무슨 일이 있더라도 나는 당신을 구해 주겠소!"

그런 다음 금세공사인 노인은 알라딘의 얼굴을 유심히 들여다보면서 말했습니다.

"오, 젊은이, 그 악당 놈이 당신을 속이고 속으로는 얼씨구나 하고 비웃고 있었을 거요. 이 쟁반은 진짜 순은이란 말이오. 지금 달아보니 금화 70닢의 가치가 있는 것이더군. 그 값에 괜찮다면 내가 사겠소."

그렇게 말하며 노인이 금화 70닢을 세어서 알라딘에게 주었습니다. 돈을 받아 든 알라딘은 유대인의 나쁜 꾀를 알려준 친절한 금세공사에게 감사 인사를 했습니다.

그 뒤부터 알라딘은 돈이 떨어지면 쟁반을 그 보석상에게 가지고 가서 팔았습니다.

그리하여 알라딘과 그의 어머니는 전보다 훨씬 편하게 살았습니다. 그래도 두 사람은 먹는 데 많은 돈을 쓴다거나 사치스런 생활을 하며 돈을 물 쓰듯이 쓰는 일도 없이, 옛날 그대로 검소한 생활을 했습니다.

알라딘도 지금은 어린 시절의 그 철없는 행동은 그만두고, 불량배 친구들과의 교제도 끊고, 선량하고 정직한 사람이 되었습니다. 그는 날마다 상인들이 모이는 시장에 나가 그들과 사귀면서 상품에 대한 것을 묻거나 상품의 값을 알아 두기도 했습니다.

때로는 금은방과 보석상에 가서 값비싼 보석을 보고, 보석을 사고파는 모습을 구경하면서 보석에 대한 지식도 얻었습니다.[*23]

그러는 동안 알라딘은 곧 마법의 보물창고에 들어갔을 때 품속에 가득 넣어 온 나무열매가 유리나 수정이 아니라 세상에 보기 드문 보석임을 알게 되었습니다. 그리하여 자기가 이 세상의 어떤 임금님도 갖지 못할 만큼 막대한 부를 갖고 있다는 사실을 알게 되었습니다. 게다가 보석상 거리에 있는 모든 보석을 조사한 끝에, 그곳의 가장 큰 보석도 자신이 가지고 있는 가장 작은 보석의 가치만 못하다는 것을 알았습니다. 그리하여 알라딘은 매일 부지런히 시장에 드나들면서 상인들과 가깝게 지내는 동안 그들의 눈에 들게 되었습니다. 그리고 장사와 거래에 대한 것에서부터 비싼 상품과 싼 상품 같은 사항까지 모든 것을 상인들에게 물어서 배웠습니다.

그러던 어느 날, 알라딘은 새벽에 일어나 옷을 갈아입고 여느 때처럼 보석 시장에 가다가 도중에 포고인이 이렇게 외치는 소리를 들었습니다.

"우리의 인자하고 위대하신 임금님의 명령에 의해 모든 백성은 가게 문을 닫고 집 안으로 들어가라! 국왕의 공주 바드르 알 부즈르 님이 목욕탕으로 행차하신다. 이 명령을 거역하는 자는 누구든지 당장 목이 날아갈 것이다!"

이 포고를 들은 알라딘은 공주의 모습을 한번 보고 싶어서 속으로 중얼거렸습니다.

'소문에 들으니 공주님이 절세미인이라고 하던데, 한 번만이라도 그 모습을 보면 소원이 없을 텐데.'

알라딘은 공주를 볼 방법이 없을까 궁리하기 시작했습니다. 그리하여 목욕탕 문 뒤에 숨어 있으면 공주가 들어올 때 얼굴을 볼 수 있을 것으로 생각하고는, 공주보다 한발 앞서 목욕탕으로 가 아무도 몰래 문 뒤에 숨어 있었습니다.

그때 공주는 도성을 한 바퀴 돌면서 여기저기를 즐겁게 구경한 뒤, 마지막으로 목욕탕에 왔습니다. 그리고 목욕탕 안으로 들어가면서 얼굴에 쓴 베일을 쳐들었습니다. 환히 드러난 공주의 얼굴은 값진 진주나 눈부신 태양처럼 아름다웠습니다. 그 아름다움은 옛날 어떤 시인이 노래한 다음의 시와 같았습니다.

> 마법의 콜 가루
> 반짝이는 그대의 눈빛에
> 매혹스러운 힘을 더하도다,
> 그대의 장밋빛으로 빛나는
> 두 뺨에서 우리는 장미꽃을 꺾노라.
> 그대의 풍요한 검은 머리,
> 칠흑 같은 밤의 어두운 빛.
> 그대의 밝은 이마가
> 그 어두운 밤을 비추도다.[24]

알라딘은 공주의 아름다운 얼굴을 보며 중얼거렸습니다.

"아, 어쩌면 저렇게 아름다울 수 있을까! 저 공주를 만드시고 저토록 아름답고 요염한 얼굴을 주신 알라께 영광을!"

알라딘은 공주의 모습을 본 순간 온몸에서 기운이 빠져나가더니 갑자기 마음이 어지럽고 눈앞이 캄캄해지는 것을 느꼈습니다. 그는 공주의 모습을 보고 한눈에 반하여 그만 사랑에 빠지고 만 겁니다.

이윽고 집으로 돌아온 알라딘은 마치 영혼을 빼앗긴 것처럼 넋이 나가 있었습니다. 어머니가 말을 걸어도 귀에 전혀 들어오지 않았고, 밥상을 차려 놓아도 여전히 멍해 있었습니다. 참다못해 어머니가 물었습니다.

"애야, 알라딘, 도대체 왜 그러느냐? 말 좀 해 봐라. 왜 그리 맥이 없니? 무슨 말을 물어도 잠자코 있으니 평소 너 같지가 않구나. 무슨 일이라도 생겼느냐?"

그러자 평소에 세상 여자들은 모두 어머니와 엇비슷할 거라 생각하고,*25 또 임금님의 딸 바드르 알 부즈르 공주가 아름답다는 것은 소문으로 듣기는 했지만, '얼굴이 아름다운 여자'나 '요염하다'는 말이 어떤 의미인지 몰랐던 알라딘은 어머니를 향해 소리쳤습니다.

"그냥 좀 내버려 두세요!"

그래도 어머니가 무슨 일이 있어도 밥은 먹어야 한다며 앉아서 먹기를 권하자, 알라딘은 시키는 대로 자리에 앉기는 했습니다. 그러나 음식에는 거의 손도 대지 않았습니다. 그러다가 침상에 길게 드러누워서는, 날이 샐 때까지 밤새도록 생각에 잠겨 있었습니다.

이튿날이 되어도 알라딘의 상태는 조금도 변하지 않았습니다. 어머니는 아들에게 무슨 일이 일어난 건지 도무지 알 수가 없어서 걱정되어 어쩔 줄을 몰랐습니다. 그러다가 몸이 아픈가 싶어 알라딘에게 다가가서 물었습니다.

"애야, 어디 몸이 아프거든 아프다고 말을 해라. 의사를 불러올 테니까. 사실 오늘 임금님의 초청으로 아라비아인의 나라에서 의사 선생님께서 오시는 날이란다. 이 의사 선생님께서는 병을 매우 잘 고친다고 온 도성에 소문이 났으니, 네가 정말 몸이 아프다면 얼른 가서 그분을 모셔 오마."

그제야 알라딘은 입을 열었습니다.

"어머니, 전 아무데도 아프지 않아요. 하지만 전 어제까지는 여자란 다 어머니 같겠거니 하고 생각했는데, 어제 저는 바드르 공주님이 목욕하러 가는 모습을 보았어요."

그는 어제 있었던 일을 어머니에게 자세히 얘기해 주었습니다.

"공주님이 목욕탕 앞에서 베일을 벗은 모습을 한 번 보고 나서 창조주의 기막힌 솜씨에 넋을 잃고, 그 순간부터 저는 공주님에게 완전히 반해서 공주님을 사랑하게 되었어요. 그래서 어떻게 해서든 공주님의 사랑을 얻고 싶은 소망으로 가득 찼어요. 공주님을 내 것으로 만들지 않고는 견딜 수 없어요. 그래서 임금님께 청혼하여 정식으로 결혼할 생각입니다."

이 말을 들은 어머니는 기겁하고 소리쳤습니다.

"오, 알라딘, 알라께서 너에게 자비를 베푸시기를! 너 머리가 어떻게 된 게 아니냐? 제발 정신 좀 차려라. 애야, 마물에게 사로잡혀 미치광이가 되어서는 안 된다!"

"아니에요, 어머니, 전 돌지도 않았고 미치지도 않았어요. 어머니가 아무리 뭐라 하셔도 제 생각은 조금도 변하지 않아요. 제가 진심으로 사모하고 있는 아름다운 바드르 알 부즈르 공주님을 얻지 못하면 절대로 마음이 진정되지 않을 거예요. 전 이미 공주의 아버님이신 임금님께 공주를 달라고 청을 드리기로 했어요."

"오, 알라딘, 내 목숨을 걸고 말하지만, 제발 그런 말이랑 하지 말아 다오. 남이 들으면 모두 너를 미쳤다고 하겠다. 그런 바보 같은 소릴랑 작작해라! 그런 걸 임금님께 청하는 사람이 어디 있다던? 대체 누가 그런 부탁을 들어주겠니? 설사 네가 진심이라고 해도, 나는 도무지 알 수 없구나, 도대체 어떤 계산을 하고 임금님께 그런 청을 하려는 건지. 또 누구를 중간에 세워 혼담을 넣을 생각인지."

그러자 알라딘이 말했습니다.

"어머니가 계신데 누구를 중매인으로 세운단 말이에요? 어머니보다 저를 더 사랑하고 진심으로 위해 주는 사람이 있을까요? 그러니, 어머니가 직접 나서주셔야지요."

"아이고, 그게 무슨 소리냐? 내가 어떻게 그런 말을 할 수 있겠니? 나도 너처럼 미쳐버린 줄 아느냐? 그런 당치도 않은 생각일랑 하지도 마라. 애, 알라딘, 대체 네가 누구의 자식인 줄 아니? 너는 이 도성에서 일하던 가난한 재봉사의 아들이란 말이다. 게다가 이 어미도 무일푼에 비천한 집안에서 태어나지 않았니. 그런 내가 어떻게 임금님의 따님을 며느리로 달라는 말을 꺼낼 수 있겠니? 공주님의 아버님은 명예도 그렇고 위세와 권력도 그렇고, 자신과 격이 같지 않은 한, 아무리 왕후장상이라 해도 자기 딸을 시집보내지 않으실 거야. 조금이라도 신분이 낮으면 틀림없이 거절하실 게 뻔한데."

"어머니, 어머니가 하시는 말씀은 저도 잘 알아요. 게다가 부모님이 가난뱅이였다는 사실도 잘 알고 있고요. 하지만 어머니가 아무리 뭐라 해도 제 마음은 조금도, 절대로! 변하지 않아요. 그러니 제가 어머니의 아들이고, 어머니가 저를 정말로 사랑하신다면 제발 제 소원을 들어주세요. 어머니가 아니면 전 의지할 데가 없어요. 공주님에 대한 사랑을 이루지 못하면 전 죽어 버릴지도 몰라요. 네? 어머니, 저는 누가 뭐라 해도 어머니의 아들이잖아요."

"오, 알라딘, 물론 난 틀림없는 네 어미이고, 너 말고 내 피를 이어받은 자식은 아무도 없지. 나도 너에게 짝을 찾아주고 축복해 주고 싶은 마음은 굴뚝같다만, 설령 우리하고 같은 신분의 신부를 원한다 해도, 저쪽 부모 형제는 틀림없이 네가 토지와 정원을 가졌는지, 장사할 물건은 가졌는지, 아니면 뭔가 먹고 살 만한 기술이라도 지녔는지 물을 게 뻔한데, 그러면 뭐라고 대답할래?

알겠니? 우리 같은 가난뱅이에게조차 대답할 말이 없다면, 세상에 어깨를 나란히 할 자가 없는 중국 천자님의 따님을 넘보는 무엄한 짓을 어떻게 할 수 있다는 게냐? 그러니까 너도 곰곰이 생각해 보렴. 누가 도대체 재봉사의 아들에게 시집와 달라고 공주님에게 부탁할 수 있겠어? 그런 말도 안 되는 소리를 입 밖에 내어 보렴. 그러면 우리는 지금보다 훨씬 더 불행한 일을 당하게 될 거야. 잘못하다가는 임금님의 노여움을 사서 너나 나나 죽음을 당하게 될지도 몰라. 얘야, 내 입장이 되어서 생각해 보렴. 어떻게 그런 위험한 다리를 건널 수 있겠는지. 무슨 염치로 임금님의 공주를 내 며느리로 달라고 할 수 있겠어? 게다가 임금님께 접근할 방법이 있기나 하고? 만에 하나 기적처럼 접근한다 하더라도 네 재산에 대해 물으시면 도대체 뭐라고 대답하면 되겠니? 틀림없이 임금님은 나를 머리가 이상한 여자라고 생각하실 게 뻔한데. 그리고 마지막으로, 임금님께 배알을 청한다 하더라도 무슨 선물을 가지고 갈 게 있어야지."

이 말을 듣자 알라딘은 시무룩해져서 그만 고개를 푹 숙이고 말았습니다.

그것을 본 어머니는 다시 말을 이었습니다.

"얘, 알라딘, 임금님은 자비로우시고 동정심이 많으시니 보호나 구원을 청한다면 절대 거절하지 않고 배알을 허락해 주실지도 모르지. 임금님은 마음이 넓으시고 모든 백성에게 차별없이 은혜를 베풀고 계시는 분이니까.

하지만 임금님이 자비를 내리시는 것은 자비를 받을 만한 가치가 있는 사람이 아니면 안 된단다. 하다못해 임금님께 어울리는 선물을 가진 자가 아니면 안 된다는 말이야. 높은 지위에 계시는 임금님께 드릴 만한 것이 아무것도 없는 네가, 어찌 나보고 임금님 앞에 나가서 공주님과 결혼시켜 달라고 말할 수 있니?"

"아참, 어머니 말씀을 들으니 깜빡 잊고 있었던 것이 생각났어요. 그게 있었기 때문에, 저는 임금님께 공주를 맞이하겠다고 청혼할 용기가 났던 거예요. 어머니는 저에게 남들같이 임금님께 드릴 선물이 없다고 하셨지만, 사실은 훌륭한 선물이 있어요. 어떤 임금님도 갖고 있지 않은 멋진 헌상품이 있지요.

그건 말이에요, 제가 유리나 수정인 줄 알았던 그것들이 사실 진짜 보석이었어요. 이 세상 임금님들의 것을 모두 다 합쳐도, 제가 가진 것 가운데 가장 작은 것보다 못하다는 걸 알았어요. 전 가끔 보석상을 찾아가서 제가 가진 것이 기막히게 값진 보석임을 확인했지요. 지하 보물창고 속에서 가져온 것이 그만큼 값진 보석이니 어머니, 걱정하지 마세요.

그런데 우리 집에 자기 그릇이 하나 있지요? 어머니, 그걸 이리 갖고 오세요. 거기다 이 보석을 담아 드릴 테니 이걸 임금님께 가져가서 제 소원을 말씀드리세요."

이윽고 어머니가 가져온 그릇에 보석을 담으니 눈이 부셔서 바라볼 수가 없을 정도였습니다. 하지만 어머니는 그 보석이 알라딘의 말처럼 정말 기막히게 가치가 있는 것인지 어떤지 알 수가 없었습니다.

그러나 이 정도의 것은 왕의 보물창고에도 없을 거라는 말이 아마도 거짓말은 아닌 듯싶었습니다.

"오, 알라딘, 그럼 어미가 큰맘 먹고 한번 해 보마. 하지만 아들아, 임금님이 이 선물 때문에 친절하게 맞이해 주시고 무슨 볼일로 왔느냐고 물으신다고 하자. 그래서 내가 임금님의 따님을 아내로 맞이하고 싶다는 네 소망을 말씀드렸을 때, 만약 세상 사람들이 묻는 것처럼 너에게 재산이 얼마나 되고 수입이 얼마나 있느냐고 물으시면 뭐라 대답하지? 아마 임금님은 네 신상을 들으시기 전에 먼저 그것부터 물으실 테니 말이다."

그러자 알라딘이 대답했습니다.

"이 훌륭한 보석을 보시고 나면 설마 그런 건 묻지 않으실 거예요. 절대로 일어나지 않을 일을 가지고 걱정할 필요는 없지요. 어쨌든 이제부터 가서 보석 선물을 임금님 앞에 내놓고, 따님을 달라 말씀드려 보세요. 미리부터 걱정하지 마시고요. 게다가 어머니도 이미 알고 계시잖아요, 우리가 가지고 있는 램프는 우리에게는 일정한 고정수입과 같다는 것을요. 뭐든지 원하는 것은 손에 넣을 수 있으니까요. 그러니 그 램프만 있으면 임금님께서 그런 것을 물으신다 하더라도 뭐라고 대답해야 할지 금방 알 수 있잖아요."*26

알라딘과 어머니는 밤이 새는 줄도 모르고 이야기를 계속했습니다. 날이 새자 어머니는 다시 마음을 고쳐먹고 기운을 차렸습니다. 알라딘에게서 램프의 위력과 공덕으로 필요한 것은 뭐든지 가져다준다는 이야기를 들었기 때문입니다.

램프의 공덕에 대한 얘기를 듣고 완전히 힘이 난 어머니를 보며, 알라딘은 이 비밀을 남에게 새어 나가게 하면 큰일이다 싶어서 다짐을 해 두었습니다.*27

"어머니, 램프의 공덕과 위력에 대한 얘기는 누구에게도 하시면 안 되니까 조심하셔야 해요. 이 램프는 우리의 소중한 보물이니 누구에게도 절대로 램프에 대한 말은 하시면 안 돼요. 우연한 일로 그 신기한 보물을 잃어버릴지도 모르니까요."

"오, 알라딘, 그런 걱정일랑 말아라. 절대로 염려할 것 없다."

어머니는 일어나서 보석이 가득 든 그릇을 아름다운 천에 싸서 알현실에 사람들이 모여들기 전에 서둘러 집을 나섰습니다.

어머니가 궁전 앞에 이르렀을 때 알현실에는 사람들이 별로 없었고, 대신과 영주들이 마침 출사하려고 준비하는 참이었습니다.

이윽고 고관들과 중신들, 태수들로 알현실이 꽉 차게 되자, 국왕이 나와 옥좌에 앉았습니다.

모두 공손히 인사를 하고는 저마다 자리에 앉아서 여러 가지 청을 드렸고, 왕은 언제나처럼 차례대로 결정을 내렸습니다.

알현이 끝나고 왕이 안으로 들어가자 신하들도 저마다 물러갔습니다. 알라딘의 어머니가 어떻게 왕 앞에 나아가야 할지 몰라서 알현이 끝날 때까지 우두커니 서 있는 사이에 왕이 궁전으로 들어가 버리자, 어머니는 맥없이 알라딘이 기다리고 있는 집으로 돌아왔습니다. 그리고 아들에게 임금님이 두려워서 감히 말을 꺼내지 못했다 말하고, 이튿날 다시 알현실에 나갔으나 역시 헛걸음을 하고 돌아왔습니다.

이러한 날이 한 달 남짓 되었을 무렵, 왕은 알현할 때마다 언제나 어떤 노파가 나와 있는 모습을 보고 이상하게 생각했습니다.

어느 날 왕은 천천히 일어나 대신들을 거느리고 거실로 물러가다가 도중에 대신을 돌아보며 말했습니다.

"오, 대신, 얼마 전부터 늘 접견실에 나타나는 늙은 여자를 보았는데 옷속에 무언가 숨기고 있는 것 같더군."

그리고 왕은 대신에게 노파가 다시 오거든 자기 앞에 불러내라고 일렀습니다.

이튿날 아침에도 알라딘 어머니는 언제나처럼 접견실에 우두커니 서 있었습니다. 왕은 바로 앞에 서 있는 노파를 보자 대신에게 말했습니다.

"어제 내가 말했던 그 여자다. 저 여자를 이리 데리고 오너라. 무슨 볼일로 왔는지 물어보리라."

대신은 곧 알라딘의 어머니를 왕 앞으로 데려갔습니다. 노파가 왕 앞에 엎드리고 국왕의 번영을 축복했습니다.

그러자 왕이 말했습니다.

"오, 여인이여,*28 며칠 동안 접견할 때마다 그대의 모습을 보았다. 무슨 볼일로 왔는지 말해 보라."

알라딘의 어머니는 다시 바닥에 엎드린 다음 이렇게 아뢰었습니다.

"오, 인자하신 임금님, 말씀하신 대로 저는 청을 드릴 일이 있습니다만, 그 청을 말씀드리면 임금님께서 너무나 뜻밖으로 여기시지나 않을까 여간 두렵지가 않습니다."

관대하고 인자한 왕은 노파가 편히 말할 수 있도록 측근에 있는 자들을 죄다 물리고 대신만 남아 있게 했습니다.

"오, 임금님, 저에게는 알라딘이라는 아들이 하나 있습니다. 어느 날 공주님께서 목욕탕에 가셨을 때, 우연히 한 번 보고는 그 아름다운 모습에 그만 한눈에 반해버려 넋을 잃고 정신이 아찔해졌다고 합니다. 그날부터 지금까지 자식 놈은 먹고 마시는 일을 그만두고 밤에도 잠도 자지 않으면서, 오로지 사랑 때문에 가슴을 태우고 있습니다. 그리고 저더러 임금님께 청혼을 드려 공주님을 아내로 맞이하게 해달라고 졸라대는군요. 저로서는 어떻게 해서든 아들놈의 그런 무모한 소망을 단념시키려고, 공주님을 사모하는 것은 네 죽음을 스스로 끌어들이는 일이라고 누누이 타일렀지만, 아들은 소원을 이루지 못하면 차라리 죽어 버리겠다며 아무리 해도 단념하지를 않습니다. 이런 형편이니, 관대하시고 인자하신 임금님, 제발 제 자식 놈의 무례를 용서해 주시고 저희를 벌하지 마시기를 엎드려 부탁합니다."

왕은 그 말을 듣고 큰 소리로 웃어 제치면서 친절하게 물었습니다.

"그런데 그대가 가져온 그 보따리에는 무엇이 들었느냐?"

알라딘의 어머니는 왕이 자기의 말을 듣고 불같이 화내실 줄만 알았는데 조금도 화내는 기색이 없으므로, 얼른 보따리를 풀어서 보석이 든 그릇을 왕 앞에 내놓았습니다.

그러자 접견실은 순식간에 백 개의 촛불을 켜 놓은 듯이 눈부시게 밝아졌습니다. 왕은 세상에 보기 드문 그 보석을 보고 매우 놀라면서 말했습니다.

"나는 여태까지 이토록 알이 굵고 아름다운 보석은 본 적이 없다. 내가 가진 보석 중에도 이런 기막힌 것은 하나도 없어. 이렇게 기막힌 보석을 나에게 선물할 정도라면 내 딸의 신랑감으로 결코 손색이 없겠다. 내 생각에는 바드르 공주에게 그대의 아들 말고는 어울리는 자가 아무도 없을 듯하구나."

왕의 이 말을 들은 대신은 그만 상심해서 말이 나오지 않았습니다. 왕은 평소에 공주를 대신의 아들과 짝지어주겠다고 말해 왔기 때문입니다. 그래서 대신은 잠시 사이를 두었다가 이렇게 말했습니다.

"오, 임금님, 임금님께선 바드르 공주를 제 아들에게 주시겠다고 약속하시지 않았습니까? 임금님, 제 아들을 위해 부디 석 달만 말미를 주십시오. 그러면 그동안 제 아들은 알라의 이름에 걸고, 이 보석보다 더 값진 선물을 갖출 것입니다."

왕은 대신이든 아무리 대단한 고관이든 간에 그 말대로 하기란 도저히 불가능하다는 사실을 잘 알고 있었습니다. 그러나 관대하고 인자한 마음을 가진 왕이었기에 대신의 말대로 말미를 주기로 했습니다.

그리고 알라딘의 어머니에게는 이렇게 말했습니다.

"돌아가서 아들에게 내가 공주를 주겠노라고 약속했다 전해라. 하지만 결혼을 준비하려면 시간이 걸릴 테니, 지금부터 석 달 동안 참고 기다리라 해라."

이 말을 들은 어머니는 이게 꿈인가 생시인가 기뻐하면서 왕 앞에 다가가 옷자락에 입을 맞추며 감사했습니다. 그런 다음 매우 기뻐서 발이 땅에 닿지 않을 정도로 급히 집으로 돌아왔습니다.

알라딘은 어머니가 환하게 웃는 얼굴을 보고 일이 잘된 것이라 짐작하자 가슴이 뛰었습니다.

어머니는 알라딘에게 자세한 이야기를 해 준 다음 이렇게 덧붙였습니다.

"인자하신 임금님께서 너에게 공주를 주시겠다고 약속하셨다. 하지만 임금님이 나에게 약속하시기 전에 대신이 임금님 귀에 대고 뭔가 소곤소곤 약속하는 것 같더라. 그러더니 임금님이 석 달이나 말미를 주시지 않겠니? 그동안에 대신이 나쁜 계교를 꾸미면서 임금님의 마음이 변하게 하지는 않을까 걱정이구나."

알라딘은 설령 석 달을 기다려야 한다 해도 왕이 공주를 자기에게 주겠다고 약속한 사실에 춤이라도 출 듯이 좋아했습니다.

"임금님께서 석 달 뒤에 주시겠다고 약속하신 이상(정말 기다리는 것은 괴로운 일이지만!) 누가 뭐라 해도 기뻐서 견딜 수가 없어요!"

알라딘은 지금까지 어머니 속을 무던히도 썩이고 고생과 걱정을 시킨 것에 대해 용서를 빌면서 말했습니다.

"어머니, 알라께 맹세코 저는 반드시 훌륭한 사람이 되어서 어머니를 안심시켜 드리겠어요. 지금 저는 이 세상의 누구보다도 행복해요. 이것도 다 전능하신 알라의 자비라고 생각해요."

그 뒤 알라딘은 석 달 동안 꾹 참고 지냈습니다.

그러던 어느 날 저녁, 어머니가 기름을 사러 시장에 나갔더니 가게 문이 모두 닫혀 있고 거리가 깨끗이 청소되어 있으며, 집집마다 창문에 촛불이 켜지고 꽃이 장식되어 있었습니다. 그리고 말 탄 근위병과 환관들이 시내를 돌아다니는가 하면 횃불이 벌겋게 타오르며, 낮이 무색할 만큼 훤히게 거리를 비추고 있었습니다.

어머니는 그 낯선 광경을 보고 이상하게 여기면서 아직 닫히지 않은 기름집으로 들어가 기름을 달라 하고는 물었습니다.

"오늘 무슨 일이 있나요? 거리와 집들을 이렇게 꾸미고 군인들의 행렬까지 지나가고 있군요."

"아주머닌 아마 이곳 사람이 아닌 모양이군요."

"아니오, 이 도성에 살고 있다오."

"이 도성에 살면서 오늘 밤 대신의 아드님이 임금님의 바드르 공주님께 장가드는 것을 모르신단 말이오? 지금 대신의 아드님이 목욕탕에 가셨다오. 저 무장한 경호군인은 대신의 아드님을 기다리고 있지요. 곧 신랑 행렬이 신부가 기다리는 궁전으로 갈 거요."

이 말을 듣고 어머니는 깜짝 놀라고 말았습니다. 이 슬픈 소식을 아들에게 어떻게 전해야 할지 몰랐습니다. 가엾게도 알라딘은 하루를 삼년처럼 힘겹게 보내며 석 달이 지나기를 기다리고 있었기 때문입니다.

어머니는 얼른 집으로 돌아가서 소리쳤습니다.

"오, 알라딘, 이보다 놀라운 소식이 어디 있겠니? 네가 상심할 것을 생각하니 입이 떨어지지 않는구나."

"뭔데요, 어머니? 말씀해 보세요."

"임금님이 우리에게 한 약속을 어기셨어. 오늘 밤 대신의 아들이 바드르 공주님에게 장가를 든다는구나. 오, 알라딘! 내가 전에도 말했잖느냐. 대신이 내 앞에서 임금님께 귓속말한 것 때문에 임금님이 마음을 바꾸시는 게 아닌가 하고."

"대신의 아들이 오늘 밤 공주님에게 장가든다는 것은 어떻게 아셨어요?"

어머니는 기름을 사러 갔을 때 온 시내가 깨끗이 장식되고 환관과 태수들이 무장한 장병을 이끌고 신랑이 목욕탕에서 나오기를 기다리고 있던 일들을 죄다 말해 주었습니다.

이 말을 듣고 비탄에 잠긴 알라딘은 격렬한 질투심에 사로잡혔습니다.[29] 그러다가 문득 신기한 램프가 생각나자 마음을 고쳐먹고 말했습니다.

"어머니, 염려 마세요! 대신의 아들이 절대로 공주를 손에 넣지 못하게 해 보일 테니까요. 하지만 지금은 아무 말도 하지 않겠어요. 어머니, 어서 저녁을 준비해 주세요.*30 밥을 먹고 나서 곧 내 방에 들어갈 테니까요. 이 일은 반드시 무사히 잘 될 테니 두고 보세요."

알라딘은 저녁을 먹고 나자 자기 방에 들어가서 문을 잠그고 램프를 꺼내어 문질렀습니다. 그러자 순식간에 램프의 요정이 나타나서 말했습니다.

"무슨 볼일이십니까? 저는 당신의 노예, 램프를 가진 분의 노예입니다."

"내가 하는 말을 잘 들어라! 나는 임금님의 따님을 아내로 달라고 청혼했다. 그러자 임금님은 석 달이 지나면 결혼시켜 주겠다고 약속하셨다. 그런데 임금님은 그 약속을 어기고 대신의 아들에게 공주를 주기로 하여, 오늘 밤 그 대신의 아들과 공주가 결혼식을 올릴 예정이다. 네가 할 일은, (만약 네가 램프의 충실한 노예라면) 오늘 밤 신랑 신부가 신방에 드는 것을 보거든*31 곧 두 사람을 침대째 이리로 납치해 오는 것이다. 알겠느냐?"

"잘 알았습니다."

마신이 사라진 뒤 알라딘은 어머니에게 돌아가서 저녁 시간을 보낸 뒤, 마신이 나타날 시간이 되자 다시 자기 방으로 돌아갔습니다.

얼마 안 있어서 마신이 방금 신방에 든 신랑 신부를 떠메고 돌아왔습니다. 알라딘은 그것을 보고 몹시 기뻐하면서 노예에게 소리쳤습니다.

"그 망할 놈을 뒷간에 데리고 가서 뉘어 둬라!"*32

마신은 신랑을 뒷간에 가두고, 추운 바람을 불어넣어 덜덜 떨게 해 놓고서 돌아왔습니다.

"주인님, 다른 볼일은 없습니까? 뭐든지 분부하십시오."

"날이 새거든 다시 와서 두 사람을 원래 있던 곳에 데려다 놓아라."

"예."

마신은 대답하자마자 벌써 사라지고 보이지 않았습니다.

이렇게 쉽게 뜻을 이루게 될 줄 몰랐던 알라딘은, 오랫동안 애타게 사랑하던 바드르 공주가 자기와 한 방에서 누워 있는 모습을 보자 모든 게 꿈만 같았습니다.

"오, 아름다운 공주여! 나는 당신의 명예를 더럽히려고 이리 모셔 온 것은 아닙니다. 다만 나쁜 놈의 손에서 당신을 자유롭게 해 드리고 싶었을 뿐입니다. 왜냐하면 전에 임금님은 나에게 당신을 주시겠다고 약속하셨기 때문입니다."

바드르 공주는 자기가 어느새 누추하고 어두컴컴한 집에 누워 있는 데다, 알라딘의 말을 들으니 무섭고 떨려서 아무 대꾸도 할 수가 없었습니다.

이윽고 알라딘은 일어나서 언월도를 뽑아 공주와의 사이에 놓고 공주 옆에 누웠습니다.*33 그리고 공주의 몸에는 손가락 하나 대지 않았습니다. 알라딘으로서는 공주와 대신의 아들이 함께 잠자리에 드는 것만 방해하면 되었기 때문입니다.

한편 뒷간에서 밤을 보내게 된 대신의 아들도 무서운 마신에게 기가 질려서 밤새도록 오금도 펴지 못하고 있었습니다.

이윽고 날이 새자 램프를 문지르지도 않았는데 마신이 나타났습니다.

"신부와 신랑을 원래의 방으로 데려다줘라."

마신은 눈 깜짝할 사이에 두 사람을 궁전에 도로 데려다 놓고 왔습니다.

이리저리 끌려갔다 온 두 사람은 너무 무서워서 저마다 살아 있는 심정이 아니었습니다.

마신이 사라지자마자 왕이 공주를 축하하기 위해 찾아왔습니다. 대신의 아들은 문 두드리는 소리를 듣고 얼른 일어나 옷을 갈아입었습니다.

지금쯤 찾아올 사람은 임금님이라는 걸 알았으나, 밤새도록 추운 뒷간에 갇혀 있다가 방금 나와 몸을 좀 녹이려던 참이라 침대에서 나오기가 매우 괴로웠습니다.

왕은 공주에게 다가가서 입을 맞춘 다음, 아침 인사를 하고 신랑이 마음에 들었는지 물었습니다. 그러나 공주는 아무 말도 하지 않고 화난 눈으로 아버지를 쳐다볼 뿐이었습니다.

왕은 얼른 왕비에게 가서 딸의 기색이 좋지 않다고 투덜거렸습니다. 왕비는 딸에게 화를 내고 있는 왕을 그대로 버려둘 수가 없어서 이렇게 말했습니다.

"오, 임금님, 그것은 신혼부부 사이에 흔히 있는 일이랍니다. 특히 첫날밤을 지낸 아침에는 꼭 그렇지요. 신혼부부란 부끄러운 데다 내성적이어서 그런 것이니 제발 그 애를 나쁘게 생각하지 마세요. 좌우간 제가 바드르를 만나고 오지요."

왕비는 옷을 갈아입고 공주에게 가서 아침 인사를 하면서 이마에 입을 맞추었습니다. 그래도 공주는 입을 다물고 아무 말이 없어서 왕비는 속으로 중얼거렸습니다.

'음, 틀림없이 무슨 일이 있었던 거야.'

그래서 왕비가 공주에게 물었습니다.

"애야, 도대체 무슨 일이 있었던 거니? 내가 너한테 아침 인사를 했는데도 아무 대꾸를 하지 않으니 너에게 무슨 안 좋은 일이라도 일어난 건지 걱정되는구나? 제발 말 좀 해 보렴."

그제야 바드르 알 부즈르 공주는 가까스로 고개를 들고 말했습니다.

"어머니 용서하세요. 이렇게 일부러 와 주셨으니 정성 들여 대접하는 것이 제 의무인데 죄송해요. 하지만 부디 제 얘기를 들어주세요."

공주는 간밤에 당한 무서운 일을 자세하게 이야기했습니다. 이야기를 듣고 난 왕비가 놀라면서 말했습니다.

"오, 애야, 조심해야겠구나. 누가 그런 말을 들으면 네가 미쳤다고 할 거다. 그러니 그런 말은 아버님께도 하지 않는 게 좋겠다. 제발 당부한다만, 아버님께는 말씀드리지 않기로 하자."

"어머니, 저는 올바른 정신으로 말하고 있는 거예요. 절대 미치지 않았어요. 그래도 제 말이 믿어지지 않으신다면 신랑한테 물어보세요."

"애야, 그만 일어나거라. 그런 꿈 같은 이야기는 잊어버리고 지금부터 옷을 갈아입고 잔치를 구경하고 오너라. 온 거리가 아름답게 장식되고, 네 결혼을 축하하느라고 북을 치고 노래를 부르며 야단들이란다."

왕비는 공주의 옷시중을 들 시녀를 불러들였습니다. 그리고 왕에게 가서 공주가 첫날밤에 불길한 꿈에 시달려서 고생했다는 이야기를 한 다음 이렇게 말했습니다.

"오, 임금님, 공주가 임금님 말씀에 대답하지 않은 것은 그런 사정이 있었기 때문이니 부디 용서하세요."

그런 다음 왕비는 몰래 신랑을 불러서 간밤의 사건에 대해 물었습니다.

"바드르 공주가 한 말이 사실인지 말해 주게."

신랑은 신부를 빼앗기게 될까 봐 걱정돼 거짓말을 했습니다.

"오, 왕비님, 무슨 말씀을 하시는지 저는 통 모르겠습니다."

그래서 왕비는 공주가 틀림없이 꿈을 꾼 것이라고 생각했습니다.

결혼잔치는 그날 온종일 계속되었습니다. 무희*34와 가희들이 춤추고 노래하면 온갖 관현악기들이 기쁨의 가락을 연주했습니다.

이윽고 밤의 장막이 다시 내려와 신랑 신부가 잠자리에 들 무렵, 알라딘은 자기 방에 들어가서 신기한 램프를 문질렀습니다. 그러자 곧 나타난 마신에게 신혼의 인연을 맺기 전에 신랑 신부를 함께 데려오라고 명령했습니다.

마신이 곧 바드르 공주와 대신의 아들을 침대째 알라딘 앞에 날라 왔습니다. 신랑은 또 어젯밤처럼 뒷간에 갇혀 공포와 고통 속에서 밤을 지새웠습니다.

알라딘은 지난밤처럼 자기와 공주 사이에 언월도를 놓고 공주 옆에서 잤으며, 날이 새자 램프의 노예는 다시 두 사람을 왕궁에 데려다 놓았습니다.

왕은 아침에 눈을 뜨자 공주가 오늘도 어제와 같은 행동을 보일까 걱정하면서, 옷을 입고 공주방으로 갔습니다. 그리고 휘장*35을 들치고 공주의 이마에 입을 맞춘 뒤 어땠느냐고 다정하게 물었습니다. 하지만 공주가 슬픈 눈으로 부왕을 쳐다볼 뿐 한마디도 대꾸하지 않자, 왕은 매우 화를 내며 뭔가 좋지 않은 일이 일어난 것이 틀림없다고 생각했습니다.*36 그래서 칼을 뽑아들고 호통을 쳤습니다.

"도대체 무슨 일로 그러는 것이냐? 시원하게 설명하지 못하면 이 자리에서 단칼에 베어 죽이겠다! 내가 말을 하는데도 한마디 대꾸가 없다니 이 무슨 무엄한 짓이냐? 그게 아비에 대한 존경의 표시란 말이냐?"

"아버님, 저를 그렇게 나무라지만 마시고 제발 고정하세요. 사정을 들으시면 반드시 용서해 주실 거예요."

공주는 그제야 이틀 밤 동안 일어난 일을 자세히 이야기했습니다. 공주의 말을 듣고 가슴이 아파 눈물이 글썽해진 왕은 칼을 다시 꽂고 공주의 이마에 입을 맞추면서 말했습니다.

"오, 공주여, 어째서 어제 그 이야기를 해 주지 않았느냐? 내가 그것을 알았더라면 이런 고통과 무서운 일이 두 번 다시 너에게 일어나지 않도록 지켜주었을 것을! 하지만 이젠 걱정할 것 없으니 어서 기운을 차려라. 오늘 밤에는 경호무사를 딸려서 엄중하게 감시하도록 하마."

왕은 곧 궁전으로 돌아가서 대신을 불렀습니다.

"오, 대신, 이번 사건을 그대는 어떻게 생각하는가? 그대의 아들과 내 딸 사이에 일어난 일에 대해서는 이미 들어 알고 있을 테지?"

"임금님, 저는 아직 아무 얘기도 듣지 못했습니다. 이틀 동안 아직 한 번도 아들을 만나지 못했으니까요."

왕이 공주가 당한 사건을 이야기하자, 대신은 곧 물러가서 아들을 불러 왕의 이야기가 사실이냐고 물었습니다.

"오, 아버님, 알라게 맹세코 바드르 공주가 한 말은 모두 사실입니다."

아들은 전날 밤부터 있었던 사건을 아버지에게 털어놓은 다음, 이렇게 하소연했습니다.

"아버님, 부디 임금님께 이 결혼을 취소하여 저를 이 고통과 재난에서 구해 주십시오. 임금님의 사위가 되는 것은 다시없는 영광이지만 먼저 목숨부터 살고 봐야 하지 않겠습니까?"

아들의 얘기를 들은 대신은 실망하여 눈앞이 캄캄해졌습니다. 그는 아들을 왕의 사위로 만들어서 집안의 번영을 이루려고 했던 겁니다. 대신은 이 일을 어떻게 처리해야 할지 곰곰이 생각했습니다. 사실 이와 같은 행운은 두 번 다시 손에 넣을 수 없는 일이라서, 이 결혼을 취소하는 일은 무엇보다 큰 고통이 아닐 수 없었습니다.

"애야, 오늘 밤에는 너를 지켜줄 호위병을 배치할 테니 오늘 밤만 참아다오. 쉽게 얻을 수 없는 이 행운을 놓쳐서는 안 된다."

대신은 아들을 남겨 두고 왕 앞에 나아가서 바드르 공주의 말이 모두 사실임을 알렸습니다.

"그렇다면 한시도 지체할 수 없다."

국왕은 즉시 모든 잔치를 중지시키고, 이 저주받은 결혼을 취소하라고 명령했습니다.

뜻밖의 포고를 들은 사람들은 매우 놀라며 이상하게 여겼습니다. 특히 대신과 그 아들이 탄식하면서 쓸쓸하게 왕궁에서 물러가는 모습을 보고는 더욱 의아하지 않을 수 없었습니다.

"어찌 된 일일까? 잔치를 취소하다니, 도대체 무슨 일이 있었을까?"

그러나 공주를 아내로 맞이하길 원하고 있는 알라딘 말고, 그 진상을 아는 사람은 아무도 없었습니다. 그래서 알라딘은 혼자 남몰래 미소 짓고 있었습니다. 그런데 왕은 혼인을 취소하고도 자신이 알라딘의 어머니에게 한 약속을 까맣게 잊어버리고는, 전혀 떠올리지 못하고 있었습니다. 대신도 역시 마찬가지여서, 양쪽 다 느닷없이 일어난 재난의 원인이 무엇인지 조금도 몰랐습니다.

그래서 알라딘은 약속한 석 달이 지나기를 손꼽아 기다렸습니다. 석 달이 지나면 공주를 아내로 주겠다고 왕이 약속했기 때문입니다.

드디어 약속 기한이 되자 알라딘은 어머니에게 왕을 찾아가서 약속을 이행해 주겠느냐고 물어보게 했습니다.

어머니가 궁전에 들어가자 이윽고 왕이 알현실에 나타나 옥좌에 앉았습니다. 그런데 거기에 알라딘의 어머니가 서 있는 것을 보자 왕은 비로소 석 달 전의 약속이 생각났습니다. 왕은 대신을 돌아보며 말했습니다.

"오, 대신, 저기 있는 저 노파는 전에 나에게 훌륭한 보석을 준 사람이 아니냐? 그때 나는 석 달이 지나면 내가 부르겠노라고 여러 대신 앞에서 약속했지."

그러자 대신은 자리에서 일어나 알라딘 어머니의 손을 잡고 왕 앞에 데려갔습니다. 어머니가 무릎을 꿇고 왕께 절을 하며 축복하자, 왕은 무슨 볼일로 왔느냐고 물었습니다.

"오, 인자하신 임금님, 임금님께서 저에게 약속하신 석 달이 지났으므로 바드르 공주님을 며느리로 맞이하러 왔습니다."

이 말을 들은 왕은 무척 당황했습니다.

보아하니 노파는 매우 가난하고 천한 신분으로 보였기 때문입니다. 그러나 알라딘 어머니의 말에 대해 다른 말을 할 수가 없었습니다.

왕은 대신을 돌아보며 말했습니다.

"무슨 좋은 방법이 없겠는가? 사실 분명히 약속하기는 했지만, 보아하니 저 노파는 가난해 보이고 고귀한 집안도 아닌 듯한데, 어떤가?"

대신은 아들 때문에 죽도록 상심하고 탄식하고 있던 터라, 속으로 이렇게 중얼거렸습니다.

'내 아들도 얻지 못한 최고의 명예를 어찌 이토록 천한 자에게 줄 수 있단 말인가?'

그리고 나직한 소리로 왕에게 이렇게 말했습니다.

"오, 임금님, 이같이 가난한 자를 내쫓는 일은 매우 쉽습니다. 신분도 모르는 자에게 공주님을 주시다니, 그런 해괴한 일이 어디 있겠습니까?"

"그렇다면 무슨 핑계로 저 노파의 청혼을 거절하면 좋을꼬? 나는 공주를 주겠다고 약속을 했어. 백성들은 왕의 말을 틀림없는 것으로 믿고 있단 말이야."

"그러시다면 공주님을 원하는 그자에게 이런 명령을 내리십시오. 그것은 전에 노파가 가져온 것과 같은 보석을 담은 순금 쟁반 40개와 백인 노예 40명, 흑인 환관 40명을 데려오라고 하는 겁니다."

"오, 알라께 영광 있으라! 대신이여, 그대가 참 좋은 생각을 말해 주었다. 그자도 아마 그런 일은 도저히 할 수 없을 테지. 매우 훌륭한 생각이로다. 나도 이제 마음을 놓았어."

그리고 알라딘의 어머니에게 대신의 말을 그대로 옮겼습니다. 알라딘 어머니는 고개를 설레설레 저으면서 집으로 돌아갔습니다.

그런데 어머니의 말을 들은 알라딘은 웃으면서 말했습니다.

"어머니는 제가 그런 일을 못할 줄 아시는 모양인데 안심하십시오. 그보다도 뭐 먹을 것이나 좀 차려주세요. 밥이나 먹고 나서 그 램프 노예의 힘을 빌려서 임금님께 대답해 드리기로 하지요. 임금님도 어머니와 마찬가지로 나에게 어려운 숙제를 내주면 공주와의 약속을 단념할 줄 아시고 그러시는 듯한데, 그런 건 문제없어요. 좌우간 밥이나 주세요. 임금님께 대한 대답은 저한테 맡겨 놓으시고요."

어머니는 얼른 시장에 먹을 것을 사러 나갔습니다.

알라딘은 자기 방으로 들어가서 마술 램프를 꺼내어 문질렀습니다. 그러자 당장 노예가 나타나서 말했습니다.

"오, 주인님, 무슨 볼일로 찾으셨습니까?"

"내가 국왕에게 공주를 달라고 청했더니 왕께서 나에게 혼수를 요구하시는구나. 보석을 가득 담은 순금 쟁반 40개와 그것을 나를 백인 노예계집과 그 여자들을 호위할 흑인 환관을 각각 40명씩 데려오라 하신다. 그러니 왕이 청한 것을 네가 갖춰주기 바란다."

"알았습니다, 주인님."

마신은 곧 사라지더니 잠시 뒤 순금 쟁반과 백인 노예와 환관들을 데리고 돌아왔습니다.

한참 뒤, 집에 돌아온 알라딘의 어머니는 집 안에 백인 노예계집과 흑인 환관들이 웅성거리고 있어서[*37] 기겁을 하고 놀라 큰 소리를 질렀습니다.

"이것은 모두 알라께서 알라딘의 손자에게까지 물려주기 위해 내리신 램프의 마술이구나!"

알라딘은 어머니가 아직 베일도 벗기 전에 말했습니다.

"어머니, 마침 잘 됐군요. 임금님이 후궁[*38]으로 들어가시기 전에 청하신 물건을 가져다 드리세요. 그러면 임금님이 원하시는 것은 뭐든지 내 손으로 마련할 수 있다는 사실을 알게 되실 테니까요. 그리고 임금님이 대신의 꼬임에 빠져서 나의 약점을 노려봤자 헛일이라는 것을 알게 해 줍시다."

알라딘이 일어나서 대문을 열어주니, 백인 노예계집과 흑인 환관이 한 사람씩 짝을 지어 바깥으로 나갔습니다. 어머니는 앞장서서 궁전으로 나아갔습니다.

이웃 사람들은 이 기막힌 광경을 보고 놀라 자빠지면서 백인 노예계집들의 화려한 모습에 눈이 휘둥그레졌습니다. 그들은 모두 금실로 수놓고 보석을 박은 옷을 입었는데, 아무리 싸게 쳐도 금화 1천 닢은 넘을 듯했습니다.[*39]

사람들은 또 그 쟁반을 보고 입을 쩍 벌렸습니다. 쟁반은 모두 값진 보석이 박힌 비단 보자기로 덮여 있었는데, 그 비단 보자기를 통해 사방으로 퍼지는 찬란한 쟁반의 빛이 햇빛을 반사해서 눈이 부실 정도였습니다.

왕궁에 이르자, 알라딘의 어머니를 맨 앞으로 하여 그들은 궁전 안으로 들어갔습니다. 그 광경을 본 환관장과 시종과 호위병들은 아름다운 백인 노예계집들을 보고 넋을 잃었습니다.

시종이 곧 왕에게 가서 알리자 왕은 즉시 일행을 알현실로 안내하라 하여, 알라딘의 어머니는 일행과 같이 안으로 들어갔습니다.

모두 왕 앞에 서서 공손히 인사를 드리고 그 번영과 영광을 빈 다음, 머리에 인 보석 쟁반을 내려 비단 보자기를 들친 뒤 뒷짐을 지고 쉬었습니다.

왕은 황금 쟁반에 넘칠 만큼 담겨 있는 빛나는 보석을 보고 넋을 잃었습니다. 그리고 이 기적 같은 불가사의한 광경에 도무지 말이 나오지 않아 벙어리처럼 아무 말없이 입을 벌리고 있었습니다.

더구나 이 산더미처럼 쌓인 기막힌 보석을 한 시간도 되기 전에 가져온 데 대해서는 그저 어안이 벙벙할 뿐이었습니다.

그때 어머니가 앞으로 나아가서 바닥에 엎드리며 이렇게 말했습니다.

"오, 임금님, 겨우 이 정도의 것을 공주님께 드리게 되어 참으로 민망할 뿐입니다. 공주님께서는 이것의 몇 배나 되는 것을 받으실 가치가 있는 분이시니까요."

이 말을 들은 왕은 대신을 돌아보며 물었습니다.

"오, 대신, 그대는 어떻게 생각하는가? 그 짧은 시간에 이같은 재물을 갖추어 가져올 수 있는 자는, 확실히 왕의 사위가 되어 공주를 맞을 가치가 있다고 생각하지 않는가?"

대신은(그 재물을 보고 왕보다 더 놀랐지만) 주군이 금은이니 지참금에 기뻐하는 모습을 보고 시기심이 끓어올라 당장에라도 숨이 멎을 것만 같았습니다. 그러나 당장 눈앞에 있는 사실을 어떻게 할 수 없는 일이라 이렇게 대답했습니다.

"이만 한 것으로는 아직 공주님께는 부족한 듯합니다."

그뿐만 아니라 어떻게든 왕을 움직여 바드르 알 부즈르 공주를 알라딘에게서 멀리 떼어놓고 싶은 마음에 이렇게 덧붙였습니다.

"전 세계의 보물을 모조리 그러모은다 해도, 공주님에게는 발톱만 한 가치도 없을 것입니다. 임금님께서는 따님과 비교하면 보잘것없는 이 지참금을 지나치게 높이 평가하고 계십니다."

왕은 재상의 이 말을 듣자 지나친 시기심 탓이라 짐작하고 알라딘의 어머니에게 말했습니다.

"그대의 아들에게 가서, 지참금을 받았으니 약속은 틀림없이 지켜서 그대의 아들을 사위로 맞겠다고 전해라. 그리고 그대 아들과 하루빨리 친해지고 싶으니 얼른 이리 오라고 일러라. 그대의 아들에게 내가 줄 수 있는 데까지 영예를 주리라. 그리고 당장 오늘 밤에 결혼잔치를 준비하겠으니, 내가 말한 대로 어서 아들을 데리고 오너라. 꾸물거려서는 안 되느니라."

알라딘의 어머니는 아들에게 한시바삐 이 기쁜 소식을 전해 주려고 바람처럼 집으로 달려갔습니다. 아들이 임금님의 사위가 된다고 생각하니 기뻐서 하늘에라도 올라갈 듯했습니다.

왕은 알라딘의 어머니가 돌아간 뒤 접견실에서 나와, 공주의 거처로 가면서 그 황금 쟁반에 담긴 보석을 노예들에게 들려 가져오게 했습니다.

바드르 공주는 황금 쟁반에 담긴 기막힌 보석을 보는 순간 넋이 나간 듯이 외쳤습니다.

"이 세상 보물 가운데 이 보석처럼 훌륭한 것은 아마도 없을 거예요."

그런 다음 노예계집들을 보고는 그 아름다운 모습에 눈이 휘둥그레졌습니다. 그리고 말로 표현할 수 없는 훌륭한 보석과 미녀들이 모두 자기에게 주어진 것이며, 보낸 사람이 자기 신랑이 될 사람이라는 사실도 알았습니다.

대신의 아들이 가엾어서 슬픔에 잠겨 있던 공주는 그 아름다운 시녀들을 보자 시름도 어디론지 사라지고 마음이 들뜨기 시작했습니다.

지금까지 공주를 휩싸고 있던 슬픔과 근심이 깨끗이 가신 것을 본 부왕의 기쁨도 공주 못지않았습니다.

한편 알라딘은 어머니가 환하게 웃으면서 돌아온 것을 보고 틀림없이 좋은 소식인 줄 알고 기뻐하며 외쳤습니다.

"오, 자비로우신 알라를 찬양하라! 내 소원이 이루어졌다!"

"알라딘, 좋은 소식을 가져왔으니 기뻐해라! 네 소원이 이루어졌으니 이제는 안심해도 돼! 임금님이 네 소원을 들어주셨단다. 그리고 당장 오늘 밤에 결혼잔치를 열어주시겠단다. 드디어 네가 공주님을 만나게 되는 거야. 임금님은 자신의 약속을 틀림없이 지키기 위해 모든 사람이 보는 앞에서 너를 사위로 삼겠다고 널리 알리셨단다. 게다가 오늘 밤 신방을 차려주겠다고 약속하셨어. 이제 내 역할은 이것으로 끝이다. 이제부터는 무슨 일이 일어나든 그건 네 책임이야."

알라딘은 일어나서 어머니 손에 입맞추며 진심으로 감사를 드렸습니다.

이윽고 어머니를 남겨 놓고 자기 방으로 들어간 알라딘은 램프를 꺼내어 문질렀습니다. 그러자 순식간에 램프의 마신이 나타나서 말했습니다.

"아도슴! 주인님, 무엇을 도와 드릴까요?"

"나를 이 세상에 둘도 없는 목욕탕으로 데려가 다오. 그리고 지금까지 어떤 왕도 입어보지 못한 값지고 호화로운 옷을 가져다 다오. 볼일은 그것뿐이다."

"알았습니다."

마신은 알라딘을 코스로에의 왕들도 본 적이 없는 호화로운 목욕탕으로 안내했습니다.

그 건물은 모두 설화석고와 홍옥수로 지어져 있고, 안에는 보는 사람의 눈을 어리게 하는 아름다운 벽화가 장식되어 있었습니다. 또 넓은 홀*40에는 값진 보석이 박혀 있었는데, 사람은 그림자조차 없었습니다. 알라딘이 들어가니 사람 모습을 한 마신이 그의 몸을 씻겨주었습니다.*41

알라딘은 목욕을 마치고 욕실에서 나와 넓은 홀로 들어갔습니다. 거기서 알라딘은 여태까지 입고 있었던 옷이, 어느새 고귀한 왕이나 입을 만한 호화로운 옷으로 바뀌어 있음을 알았습니다.

이윽고 과일즙과 용연향*42을 탄 커피가 나왔으므로 알라딘이 그것을 마시고 일어서니, 많은 흑인 노예들이 와서 훌륭한 옷으로 갈아입힌 뒤 향수를 뿌리고 향을 피워주었습니다.

원래 알라딘은 가난한 재봉사의 아들에 지나지 않았지만, 지금은 아무리 보아도 재봉사의 아들로는 보이지 않을 만큼 훌륭하였으므로 누가 보아도 이렇게 말할 만했습니다.

"오, 이분은 어느 나라의 왕자님이신지요? 참으로 혈통이란 속일 수 없습니다."

이윽고 마신이 나타나 알라딘을 안고 다시 집으로 돌아왔습니다.

"원하시는 것이 있으면 더 분부하십시오."

"48명의 종이 필요하다. 그중 24명을 내 앞에 세우고 나머지는 내 뒤에 따르게 해다오. 어떤 임금님도 갖지 못한 준마에 태우고 무장을 시켜라. 나에게는 코스로에의 왕도 구경하지 못했을 훌륭한 준마를 가져다다오. 마구는 보석과 황금으로 꾸미고 찬란하게 빛나는 것이 아니면 안 된다.*43 그리고 금화 4만 8천 닢을 준비해 다오. 백인 노예들에게 금화 1천 닢씩 줘야 하니까.

지금부터 임금님께 가야 하니 서둘러 준비해 다오. 방금 말한 것이 없으면 임금님을 찾아뵐 수가 없다. 그리고 얼굴이 아름답고 화려한 옷을 입은 여자 노예를 12명만 데려오너라. 그 노예들은 어머니를 모시고 궁전으로 가야 한다. 거듭 말해 두지만, 그 시녀들에게는 모두 공주가 입어도 어울릴 만한 옷을 입혀야 한다."

"분부대로 하겠습니다."

마신은 대답하자마자 사라지더니, 이윽고 알라딘이 명령한 것을 죄다 갖추어 가지고 돌아왔습니다.

특히 마신이 끌고 온 준마는 온 아라비아의 우수한 말을 전부 모아도 찾아볼 수 없을 만큼 훌륭한 것으로, 그 안장에 덮인 천은 눈이 어릴 만큼 산뜻한 비단이었습니다.

알라딘은 곧 어머니에게 옷을 보내면서 궁전으로 들어갈 채비를 해 드리라고 노예계집 12명에게 일렀습니다.

그런 다음 마신이 데려온 백인 노예 한 사람을 보내어, 왕이 후궁에서 나왔는지 어떤지 보고 오게 했습니다. 백인 노예는 번개처럼 궁전에 갔다 와서 말했습니다.

"주인님, 임금님께서 기다리고 계십니다."

알라딘은 얼른 일어나서 준마를 탔습니다. 백인 노예들도 말을 타고 알라딘의 앞뒤에 따랐는데, 그 광경을 본 거리의 사람들은 모두 감탄의 소리를 질렀습니다.

"그들을 만드시고 이토록 아름답게 치장해 주신 알라를 찬양하라!"

알라딘 일행은 아름답고 고귀한 모습의 주인을 호위하여 조용히 나아가면서 모여드는 사람들에게 금화를 뿌려주었습니다. 그 알라딘의 늠름한 모습은 어느 왕가에서 태어난 후계자라 해도 손색이 없을 정도였습니다.

"오, 영원히 살아 계시는 자비로우신 신을 찬양하라!"

사람들은 저마다 이렇게 속삭였는데, 그것도 모두 이상한 램프의 위력이었습니다.

알라딘의 풍채와 용모는 슬기로운 지혜와 부를 겸비한 매우 고귀한 사람으로 보였습니다. 떼지어 모여든 사람들은 그 대범한 태도에 넋을 잃고 창조주를 찬양했습니다.

알라딘이 이름도 없는 재봉사의 아들임을 알고 있었지만, 누구 하나 그를 시기하는 자도 없이 모두 축복을 보내면서, 이렇게 커다란 행운을 얻은 것은 당연한 일이라고 말했습니다.

왕은 영내의 중신들을 모아놓고 알라딘에게 공주를 주기로 약속했다는 사실을 알린 다음, 알라딘이 궁전에 다가오거든 모두 마중을 나가 인사하라고 명령했습니다.

그래서 제후와 대신, 시종과 태수 그리고 장군들은 알라딘을 맞이하기 위해 궁전 문으로 나가서 각자의 위치에 자리를 잡았습니다.

알라딘이 문 앞에 이르러 말에서 내리려 하자 왕의 대리를 맡은 중신이 앞에 나와서 말했습니다.

"오, 알라딘 님, 말을 타신 채 그대로 들어가셔서 알현실 앞에서 내리시라는 임금님의 분부십니다."*44

그들은 알라딘을 지정한 장소로 안내했습니다. 그곳에 모여 있던 사람들은 일제히 일어나 말에서 내리는 그를 부축하여 알현실 옥좌 앞으로 안내했습니다.

그러자 왕은 얼른 옥좌에서 내려와 알라딘이 바닥에 엎드리려는 것을 못하게 말리면서 그를 껴안고 입을 맞춘 다음, 자기 오른쪽 자리에 앉혔습니다. 알라딘은 주군으로서의 상대에게 걸맞은 인사와 축복의 말을 한 뒤 이렇게 덧붙였습니다.

"오, 임금님의 관대하신 뜻에 따라, 노예나 다름없는 저에게 공주님을 주시어 분에 넘치는 영광으로 생각하오며, 임금님의 번영이 영원토록 이어지기를 알라께 기원합니다. 임금님께서 저에게 베풀어주신 유례없는 친절에 대해서는 무어라 여쭐 말씀이 없습니다. 아울러 아뢸 말씀은, 바드르 공주에게 어울리는 집을 짓기 위해 얼마간의 땅을 주셨으면 하옵니다."

왕은 왕자처럼 기품 있고 빼어나게 아름다운 알라딘의 얼굴을 보고 놀라는 동시에 아름답게 차려입은 훌륭한 백인 노예들에게 경탄의 눈길을 보냈습니다.

그때 여왕 같은 차림새로 왕 앞에 나온 알라딘의 어머니를 보고 왕은 다시 한 번 놀랐습니다.

더구나 알라딘의 어머니 앞에 시녀 12명이 손을 마주 잡고 공손하게 서 있는 모습을 보고는 더욱더 놀랄 뿐이었습니다. 또 왕을 비롯하여 여러 가신은 모두 알라딘의 유창한 말솜씨와 능숙한 말재주에 혀를 내둘렀습니다.

그 광경을 아까부터 말없이 지켜보고 있던 대신은 가슴속에서 시기심이 불길처럼 타올라 당장에라도 숨이 멎을 것만 같았습니다. 그러나 왕은 알라딘의 말을 듣자 그를 와락 끌어안고 입을 맞춘 뒤 이렇게 소리쳤습니다.

"오, 이제야 그대의 그 우아한 말씨와 아름다운 목소리를 듣게 되다니, 참으로 유감이로다!"

왕은 그러한 알라딘을 보고 한없이 기뻐하면서 당장 악대에게 곡*45을 연주하라고 분부했습니다. 그런 다음 일어나서 알라딘의 손을 잡고 궁전으로 안내했습니다. 거기에는 만찬이 이미 준비되어 있어서 환관들이 부리나케 식탁을 차렸습니다.

왕은 자리에 앉자 알라딘을 오른쪽에 앉히고, 대신과 고관들은 그 지위에 따라 저마다 자리에 앉게 했습니다. 악사들이 일제히 곡을 연주하기 시작하자 성대한 결혼잔치가 시작되었습니다.

왕은 쉴 새 없이 알라딘을 쳐다보며 다정하게 말을 걸었고, 알라딘은 매우 정중한 태도로 막힘없이 응답했습니다. 그 태도는 마치 궁전 깊숙한 곳에서 자라난 사람이나, 늘 궁정 사람들과 같이 살아온 사람과 다름없었습니다. 두 사람 사이에 이야기가 무르익을수록 왕의 기분은 더욱 즐거워졌습니다.

식사가 끝나고 상을 물리고 나자, 왕은 판관과 입회인을 불러서 알라딘과 바드르 공주의 혼인계약서를 작성하게 했습니다.

그때 알라딘이 일어서서 나가려고 하자 장인이 된 왕이 말리면서 말했습니다.

"오, 아들아, 어디로 가려는 것이냐? 결혼잔치가 시작되어 이제 곧 혼인 계약서를 교환할 참인데."

"오, 아버님, 바드르 알 부즈르 공주를 위해 공주의 지위와 신분에 어울리는 큰 성을 지으려고 그럽니다. 그 궁전을 짓기 전에는 공주를 만날 수가 없습니다. 하지만 인샬라(신의 뜻에 맞는다면)! 저는 그것을 저의 필사적인 노력과 임금님의 자비로운 은총으로 눈 깜짝할 사이에 완성해 보여 드리겠습니다. 사실 저도 바드르 공주와 한시바삐 부부의 인연을 맺고 싶은 마음이 가득하지만, 먼저 공주를 맞이할 모든 준비를 하는 것이 저의 첫 번째 의무라고 생각하기에 먼저 그 일부터 시작하는 것이 좋을 듯합니다."

"오, 그렇다면 모든 것을 그대가 생각한 대로 처리해라. 내가 가장 좋은 장소라고 생각하는 곳은 궁전 앞 넓은 빈터인데, 만일 그대의 마음에도 든다면 그곳에 성을 짓도록 해라."

"제가 가장 바라는 곳도 임금님 가까이 있는 곳입니다."

알라딘은 백인 노예들을 앞뒤에 거느리고 말을 타고 집으로 돌아가 자기 방으로 들어갔습니다. 그리고 마술 램프를 꺼내어 마신을 불러냈습니다.

"네가 꼭 해 줘야 할 큰일이 있다. 그것은 왕궁 앞에 급히 큰 성을 짓는 일이다. 모두 깜짝 놀랄 만한 것으로 지어서, 훌륭한 가구와 필요한 모든 물건을 완벽하게 갖추어야 한다."

"분부대로 하겠습니다."

마신은 날이 새기 전에 다시 알라딘 앞에 나타나 말했습니다.

"주인님, 원하시는 대로 성을 지어놓았습니다. 보고 싶으시다면 지금 제가 안내해 드리겠습니다."

알라딘이 자리에서 일어나자 램프의 마신은 눈 깜짝할 사이에 그를 성으로 데려갔습니다. 알라딘은 그 호화로운 궁전을 보고 깜짝 놀랐습니다. 그것은 사파이어와 설화석고, 수마키산*⁴⁶ 대리석으로 모자이크 세공한 어마어마한 석조전이었던 것입니다.

이어서 램프의 노예는 알라딘을 보물창고로 안내했는데, 거기에는 금은을 비롯하여 값진 보석이 가득 들어 있어서, 도저히 그 수를 헤아릴 수도, 값을 따질 수도 없었습니다.

다른 방에 가보니 거기에는 식탁, 접시, 주발, 숟가락, 국자, 쟁반, 덮개, 술잔 등 식탁용 그릇이 고루 갖추어져 있었습니다. 부엌에는 이미 요리사도 와 있고 금은으로 된 집기와 요리용 기구들이 모두 갖춰져 있었습니다.

다음에 창고를 들여다보니 호화로운 옷과 피륙이 가득 담긴 커다란 궤짝이 쌓여 있었는데, 그 물건들은 모두 중국이나 인도에서 가져온 금란이나 금실 은실로 수를 놓은 옷들로, 하나같이 보는 사람의 눈을 깜짝 놀라게 하는 것들뿐이었습니다.

다른 방들도 차례차례 돌아보았는데, 말이나 붓으로는 도저히 표현할 수 없을 정도로 온갖 필요한 시설이 갖추어져 있었습니다.

또 마구간에 가보니 어떤 왕도 본 적이 없는 준마가 몇 필이나 매어져 있었습니다. 끝으로 마구와 훌륭한 안장 같은 도구들이 매달려 있는 마구방에 들어갔는데, 어디고 할 것 없이 구석구석마다 온갖 보옥과 진주로 장식되어 있었습니다.

더욱이 이 모두가 단 하룻밤 사이에 이루어진 것입니다. 알라딘은 이 세상의 어떤 부유한 국왕도 지을 수 없을 호화롭고 큰 성을 보고 그저 멍하니 정신을 잃었습니다. 알라딘을 더욱 놀라게 한 일은, 그 궁전에 성자도 호릴 만한 아름다운 시녀와 환관들이 가득 차 있는 것이었습니다.

그러나 이 큰 성에서 무엇보다 기이한 것은 옥상의 정자와 망루였는데, 24개의 창문이 모두 에메랄드나 루비, 그 밖의 보석으로 만들어져 있었습니다.*47 단 창문 하나만은 알라딘의 희망에 따라 미완성된 채 남아 있었습니다. 그것은 왕에게 그 일을 하게 하여 그것이 매우 힘든 일이라는 걸 알게 하기 위해서였습니다.

그 장엄한 건물을 대충 둘러본 알라딘은 매우 기뻐하며 램프의 노예에게 말했습니다.

"한 가지 부족한 게 있는데, 너에게 부탁한다는 걸 깜박 잊었구나."

"주인님, 무엇입니까? 말씀만 하십시오."

"금으로 수놓은 최고급 비단 양탄자가 필요하다. 그것을 펴면 임금님 궁전까지 닿아서 바드르 공주가 이리로 올 때 땅을 밟지 않고 양탄자 위를 걸어오도록 하고 싶어서 그런다."

램프의 노예는 한동안 사라졌다가 이윽고 돌아와서 말했습니다.

"주인님, 주문하신 물건을 가지고 왔습니다."

노예는 알라딘을 데려가서 깜짝 놀랄 만큼 훌륭한 양탄자를 보여주었는데, 그것은 궁전에서 성까지 쭉 펴져 있었습니다. 그런 다음 램프의 노예는 알라딘을 메고 다시 집으로 데려다 놓았습니다.

이튿날 아침 날이 샐 무렵 왕이 자리에서 일어나 창문을 열어 보니 왕궁 정면에 완전히 지어진 으리으리한 성이 서 있지 않겠습니까! 왕은 눈을 비빈 뒤 크게 뜨면서 다시 바라보았는데, 눈앞에 새로 지어진 건물은 누가 보아도 놀랄 만큼 호화롭고 화려한 것이었습니다.

게다가 왕궁과 성 사이에 기이한 양탄자가 길게 깔려 있었습니다. 왕뿐만 아니라 문지기와 하인들도 모두 이 광경을 보고 까무러칠 정도로 놀랐습니다. 대신도 새 건물과 길게 깔려 있는 양탄자를 보자 기겁을 하고 놀라, 왕에게 가서 그 괴이하기 짝이 없는 사건에 대해 얘기했습니다.

"정말이지, 이렇게 훌륭한 건물은 어떤 임금님이라도 못 지을 것입니다."

"이제 그대도 알라딘이 내 사위로서 부끄럽지 않은 인물임을 알았겠지? 사람이 이룬 것이라고는 도저히 생각할 수 없는 이 눈부시게 아름다운 모습을 잘 봐 두게."

그러나 알라딘을 시기하고 있는 대신은 이렇게 말했습니다.

"오, 임금님, 사실 이 호화로운 건물이며 그 많은 재물은 아무래도 마술의 힘에 의한 것이라고밖에 생각할 수 없습니다. 이 세상의 어떤 사람이든, 아무리 큰 부자라 할지라도 이런 성을 하룻밤 사이에 짓는다는 것은 있을 수 없는 일입니다."

"그대는 어째서 알라딘에 대해 그렇게 나쁘게만 말하느냐? 나로서는 그 심정을 이해할 수 없구나. 그대는 알라딘을 시기하고 있어. 그대도 내 옆에서 잘 보았겠지만, 알라딘이 공주를 위해 성을 짓고 싶다기에 땅을 준 것이다. 공주를 위해 이 세상의 어떤 왕도 갖지 못할 진귀한 보물을 그처럼 많이 보내온 자가 이 정도의 성이야 못 지을 게 없겠지."

이 말을 듣고 왕이 더없이 알라딘을 사랑하고 있음을 알게 된 대신은 알라딘에 대한 시기와 증오가 더욱더 불타오를 뿐이었습니다. 그렇다고 알라딘을 어떻게 할 수도 없어, 아무 말도 못 하고 그저 잠자코 앉아 있었습니다.

한편 알라딘은 날이 새어 궁전으로 갈 시간이 되자 일어나서 램프를 문질렀습니다. 곧 마신이 나타나서 말했습니다.

"주인님, 무엇을 도와 드릴까요? 분부만 내려주십시오."

"나는 지금부터 궁전으로 갈까 한다. 오늘은 내 결혼잔치가 있으니 금화 1만 닢을 가져다다오."

마신이 순식간에 사라졌다가 이내 돈을 가지고 나타났으므로 알라딘은 말을 타고 노예들을 앞뒤로 거느리며 궁전으로 갔습니다. 가면서 길가에 모여든 사람들의 머리 위에 금화를 뿌리자, 사람들은 모두 알라딘의 덕을 찬양하며 그 늠름한 모습을 우러러볼 뿐이었습니다.

이윽고 알라딘 일행이 궁전에 다가가자 마중 나온 태수와 중신들, 시종들이 급히 왕에게 가서 알라딘의 도착을 알렸습니다.

왕은 일어나서 사위를 맞아들이며 껴안고 입을 맞춘 다음, 손을 잡고 자신의 오른쪽에 앉혔습니다.

온 도성은 아름답게 장식되었고, 흥겨운 음악이 궁전 가득히 울려 퍼지는 가운데 가희들은 목청을 드높여 노래를 불렀습니다. 잠시 뒤 왕이 점심을 차려오라고 명령하자 환관과 노예들은 서둘러 식탁을 차렸습니다. 어느 요리나 모두 귀인을 대접하는 데 손색없는 것들뿐이었습니다.

왕을 비롯하여 알라딘과 태수, 대관들은 자리에 앉아서 모두 배불리 먹고 마셨습니다. 거리에서도 궁전에서도 성대한 잔치가 벌어졌는데, 지체 높은 귀공자들도 온 나라에서 모여든 태수와 제후들도, 알라딘의 결혼식과 성대한 잔치를 보고 감탄을 금치 못했습니다.

국왕도 알라딘의 어머니를 바라보면서,*48 마음속으로 이토록 막대한 금은보화를 마음대로 주무르는 아들을 두었으면서도 예전에는 초라한 모습으로 궁전에 찾아왔던 일을 떠올리며 다시 감탄했습니다.

구경꾼들은 알라딘이 세운 어마어마한 성을 바라보며 이처럼 큰 건물이 어떻게 하룻밤 만에 들어섰을까 하고 놀라면서 알라딘을 축복했습니다.

"알라의 축복이 있기를! 이 젊은이는 이러한 명예에 어울리는 사람입니다! 부디 알라여, 영원한 축복을 내려주시기를!"

식사가 끝나자 알라딘은 일어나서 왕에게 작별을 고한 뒤, 신부를 맞이할 준비를 하기 위해 말에 올라 노예들을 거느리고 자신이 세운 성으로 돌아갔습니다. 알라딘이 지나가자 구경꾼들은 일제히 축복의 말을 소리 높여 외쳤습니다.

수많은 사람이 결혼식 행렬에 합류하여 알라딘을 새로운 성으로 안내해 갔습니다. 그동안 알라딘은 계속 말 위에서 사람들의 머리 위로 금화의 비를 뿌렸습니다.

성에 도착한 알라딘이 말에서 내려 안으로 들어가 긴 의자에 앉자, 백인 노예들이 팔짱을 끼고 그 앞에 늘어섰습니다. 잠시 뒤 과일즙이 나오자 알라딘은 그것을 마신 다음, 백인 노예와 시녀와 환관 등, 집 안에 있는 모든 사람에게 바드르 알 부즈르 공주를 환영할 준비를 하라고 지시했습니다.

한낮이 지나 더위도 수그러들고 주변의 공기가 시원해지자, 국왕은 무장과 태수와 대신들에게 경기장으로 나가라고 분부한 뒤, 자신도 함께 말을 타고 나갔습니다. 알라딘도 백인 노예들과 함께 말에 올랐는데, 그 말은 순수 혈통의 아랍종 말 중에서도 가장 훌륭한 준마였습니다.

경기장에 나간 알라딘은 능숙한 마술을 발휘하여 눈부신 솜씨로 투창을 다루었으므로 아무도 그를 당할 자가 없었습니다. 그동안 신부는 정자의 발코니에서 알라딘을 지켜보고 있었는데, 알라딘의 늠름한 용사의 모습을 바라보는 동안 완전히 매료되어 하늘에라도 오를 것처럼 기뻐했습니다.

일동은 경기장에서 각자 말을 타고 한 바퀴씩 달린 뒤, 한 사람씩 저마다 마술을 보여주었지만, 누가 뭐라 해도 알라딘을 능가할 자는 아무도 없었습니다. 경기가 끝나자 모두 다 함께 왕궁으로 돌아갔고, 알라딘도 자신의 성으로 물러갔습니다.

그날 저녁, 대신과 귀족들은 신랑을 왕의 목욕탕(술타니라는 이름이 붙어 있었습니다)으로 안내했습니다. 알라딘은 목욕하고 향을 피운 뒤 욕실에서 나와 전보다 더욱 호사스러운 옷을 입었습니다. 그런 다음 태수와 장병들이 엄숙하게 행렬을 지어 서자, 알라딘은 그 뒤에서 말을 타고 나아갔습니다. 일행 가운데 네 명의 대신은 알라딘의 주위를 에워싸고 칼을 뽑아들고 있었습니다.*49 도성 사람들, 외국인, 병졸들도 촛불을 들거나 북과 피리, 그 밖의 온갖 관현악기를 들고 질서 있게 행진을 계속하여 성까지 전송했습니다.

말에서 내린 알라딘은 성 안으로 들어가서 자리에 앉은 뒤, 호위하는 대신과 태수들에게도 자리를 권했습니다. 그러자 백인 노예들이 과일즙과 설탕을 넣은 음료를 내왔고, 긴 행렬을 지어 뒤따라온 사람들에게도 대접했습니다. 그것은 헤아릴 수 없이 많은 인원이었습니다. 알라딘은 백인 노예들에게 성 문 앞에 서서 모여든 사람들에게 돈을 뿌리라고 명령했습니다.

해가 저물자 왕은 곧 공주를 시집보내기 위해, 궁전 안의 모든 사람이 의례를 갖춘 행렬을 지어 신랑의 성까지 데려다주라고 명령했습니다.

조금 전에 신랑을 호위했던 중신과 무관들은 곧 말에 올랐고, 시녀와 환관들은 촛불을 받쳐 들고 바드르 공주를 위해 호화로운 행렬을 지었습니다.

일행은 엄숙하게 행진하여 마침내 성에 들어갔습니다. 신부 옆에는 알라딘의 어머니가 함께 서고, 앞에는 대신과 태수와 귀족들의 부인들이 섰으며, 뒤에는 신랑이 공주에게 보낸 노예계집 48명이 손에 손에 장뇌와 용연향이 배어 있는 보석 박힌 황금 촛대를 받쳐 들고 따라갔습니다.

일행은 알라딘의 성에 이르자 공주를 2층에 있는 신부방으로 안내하여 옷을 갈아입고 화장을 고쳐주었습니다. 그것이 끝나자 시녀들이 신부를 알라딘의 방으로 데려가니 그제야 두 사람은 비로소 얼굴을 마주하게 되었습니다.

신부 옆에 서 있던 어머니는 신랑이 직접 신부의 베일을 벗기자, 눈길을 돌려 공주의 아름다운 얼굴을 바라보았습니다. 주위를 둘러보니 에메랄드와 히아신스를 박아 넣은 보석 촛대 말고도, 황금과 보석들이 눈부시게 빛을 발하고 있었습니다. 어머니는 속으로 이렇게 생각했습니다.

'옛날에는 임금님의 궁전을 상상도 못할 만큼 훌륭한 것으로 생각했지만, 이 저택만은 예외구나. 어떤 대왕도 어떤 천자님도 이만한 보물을 소유한 자는 없을 테고, 전 세계 사람들을 다 모아도 이보다 더 훌륭한 것은 도저히 짓을 수 없으리라.'

바드르 알 부즈르 공주 역시, 저택 안을 유심히 살펴보며 그 웅장하고 화려한 모습에 감탄을 금치 못했습니다.

곧 식사 준비가 되어 모두 즐겁게 먹고 마시고 나자, 여자 80명이 저마다 악기를 들고 나타나 현란하게 손끝을 놀려 현을 울리기 시작했습니다. 그러자 마치 천상에서 울리는 듯한 신비하고 슬픈 가락이 온 방 안을 가득 채워, 듣는 사람들의 마음은 당장에라도 찢어질 것만 같았습니다. 집 안의 호화찬란한 장식에 놀란 공주는 이 광경에 더욱더 놀라서 중얼거렸습니다.

"이토록 아름다운 노래는 난생처음이야."

공주는 음식을 먹는 것도 잊어버린 채 열심히 귀를 기울였습니다.

마지막으로 알라딘이 잔에 술을 가득 따라 손수 공주에게 건네자, 그 자리에 있던 사람들은 한없는 환락의 잔치에 들떠 분위기가 무르익어 갔습니다. 그것은 '두 개의 뿔을 가진 왕' 이스칸다르[*50]조차 한 번도 경험한 적이 없는 멋진 밤이었습니다.

잔치가 끝나고 식탁이 치워지자 알라딘은 일어나서 신부의 방으로 들어갔습니다.[*51]

이튿날 날이 밝자 알라딘은 자리에서 일어나 눈이 부실 정도로 빛나는, 세상에 둘도 없는 호사스러운 옷으로 갈아입었습니다. 그리고 용연향이 배어 있는 커피를 마신 뒤 말에 안장을 얹도록 명령하여, 앞뒤로 백인 노예들을 거느리고 왕궁으로 갔습니다. 어전에 도착하니 환관들은 곧 안으로 들어가서 왕에게 알라딘이 왔음을 알렸습니다.

왕은 알라딘이 왔다는 말을 듣고 곧 일어나 맞이하며 마치 아들을 대하듯이 알라딘을 껴안으며 입을 맞췄습니다. 그런 다음 자신의 오른쪽에 알라딘을 앉히고 축복의 말을 하자, 대신과 태수, 영내의 귀족 대관들도 모두 왕을 따라 했습니다.

왕은 즉시 아침을 준비하라 명령하고, 식탁이 차려지자 다 함께 식사를 했습니다. 모두 배불리 먹고 마시고 난 뒤 환관이 식탁을 치우자, 알라딘은 왕을 돌아보며 이렇게 말했습니다.

"오, 임금님, 오늘은 임금님이 사랑하시는 따님인 바드르 알 부즈르 공주의 성에서 만찬을 대접하고자 하오니, 부디 여러 대신과 중신들과 함께 와주시면 참으로 영광이겠습니다."

왕은 사위의 말에 기뻐하며 대답했습니다.

"오, 알라딘, 참으로 고마운 말이구나!"

왕은 초대를 받은 가신들에게 채비하게 하여 같이 말을 타고 공주의 성으로 향했습니다. 알라딘도 왕을 모시고 갔습니다.

잠시 뒤 알라딘의 성에 이르러 안에 들어가서 건물 안팎을 둘러보니, 모든 것이 사파이어나 루비로 장식된 것이 아니겠습니까? 눈이 어릴 정도로 현란하고 화려한 광경에 감탄을 금치 못하던 왕은 대신을 돌아보며 말했습니다.

"어떤가, 참으로 훌륭하지 않은가? 일찍이 이 세상에 가장 위대하다는 왕 중에서도 이처럼 많은 금은보화를 가졌다는 말은 듣도 보도 못했을 것이다."

"오, 임금님, 이것은 도저히 인간의 힘으로는 할 수 없는 일입니다. 이 세상의 재물을 다 모은다 할지라도 이러한 궁전을 지을 수는 없습니다. 지난번에도 제가 말씀드렸듯이 마술의 힘이 아니고는 어떠한 장인도 이만한 궁전은 지을 수 없으리라고 생각합니다."

왕은 대신이 여전히 알라딘을 미워하고 시기하여, 끝까지 이러한 일은 마술의 힘을 빌리지 않고는 할 수 없는 일이라고 믿게 하려는 것임을 알았습니다.

"대신, 그만하면 알아들었다. 그대로서는 그렇게밖에 말할 수 없겠지. 나는 그대가 왜 그런 말을 하는지 잘 알고 있다!"

이윽고 알라딘은 왕을 천장에 창문이 나 있는 2층 정자로 안내했습니다. 그곳은 천장은 물론이고 격자창과 덧문도 모두 에메랄드와 루비, 그 밖의 여러 가지 값진 보석으로 만들어져 있었습니다.

그것을 본 왕은 더욱더 놀랍고 신기하여 그저 감탄할 뿐이었습니다.

정자 주위를 거닐면서 화려한 그 건축양식을 정신없이 바라보며 구경하던 왕은, 마침내 알라딘이 일부러 끝내지 않고 남겨둔 창문을 보았습니다.

"오, 가엾은 창문이여! *52 아직도 미완성인 채 남아 있다니!"

그런 다음 왕은 대신을 돌아보며 말했습니다.

"저 창문과 창틀이 왜 아직도 완성되지 않았는지 그 이유를 알고 있는가?"

"저 창문이 아직 완성되지 않은 것은 아마도 임금님께서 결혼식을 너무 서두르시는 바람에 완성할 시간이 부족했던 것이 아닐까 합니다."

바로 그때, 알라딘은 신부 바드르 알 부즈르 공주에게 가서 부왕의 방문을 알리고 있었는데, 알라딘이 돌아오자마자 왕이 물었습니다.

"여보게, 알라딘, 저 정자의 창문이 하나 미완성으로 남아 있던데, 어떻게 된 일인가?"

"예, 저희 결혼식이 너무 급하여 저것을 완성해 줄 장인을 찾지 못했습니다."

"그렇다면 내가 완성해 주마."

"알라시여, 부디 임금님의 영광이 영원히 이어지게 해 주소서! 그렇게 해 주신다면, 공주의 성에 임금님의 이름이 영원토록 전해질 것이옵니다."

왕은 곧 보석상과 금세공사를 불러오도록 지시하고, 궁전의 보물창고에서 창문을 만드는 데 필요한 금은과 보석을 찾아와서 창문을 완성하라고 명령했습니다.

한편 바드르 공주가 부왕을 맞이하러 나오자, 왕은 다가오는 공주의 웃는 얼굴을 보고 공주를 끌어안으며 입을 맞춘 뒤 함께 저택 안으로 들어갔습니다.

식사 시간이 되자 왕은 신랑 신부 사이에 앉고, 다른 식탁에는 대신, 태수, 장군, 시종, 종자들이 앉았습니다.

왕은 요리를 먹기 시작했는데, 그 향긋한 풍미와 온갖 사치를 다한 조리법에 그저 감탄을 연발할 뿐이었습니다. 게다가 눈앞에는 처녀 80명이 늘어서 있었는데, 한 사람 한 사람이 마치 보름달을 향해 이렇게 말하는 듯했습니다. *53

"달아, 달아, 높이 솟아올라라. 내가 너를 대신해 줄 테니!"

처녀들은 저마다 온갖 악기를 들고 가볍게 손끝으로 줄을 고르더니 비탄의 눈물에 젖은 자의 마음도 들뜨게 할 만한 명랑한 가락을 연주하기 시작했습니다. 왕은 매우 즐거워하며 이렇게 소리쳤습니다.

"오, 참으로 이 세상의 어떠한 왕도 어떠한 군자도 흉내내지 못할 아름다운 집이로다!"

그들은 맛있는 음식을 먹으면서 끝없이 술잔을 기울였습니다. 술잔치가 끝나자 과자와 과일, 그 밖의 먹을 것이 별실에 마련되어, 일동은 그곳으로 자리를 옮겨 또다시 배불리 먹으며 즐겁게 지냈습니다.

이윽고 왕은 보석상과 금세공사가 정자의 창문을 끝냈는가 보려고 일어나서 옥상으로 올라갔습니다. 그런데 금세공사들이 완성해 놓은 것을 보니 알라딘이 한 것과는 하늘과 땅 차이였습니다.

장인들의 솜씨로는, 알라딘의 다른 창문에 비길 만한 것은 도저히 만들 수가 없었던 겁니다. 장인들은 궁전의 다른 창문들처럼 만들기 위해서는 작은 보물창고에 든 보석을 전부 다 써도 아직 부족하다 말했습니다.

그래서 왕은 큰 보물창고를 열게 하여 필요한 만큼 장인들에게 내주었습니다. 또 그래도 부족할 때는 알라딘이 선물한 보석을 사용해도 좋다고 분부했습니다.

금세공사들은 큰 보석창고의 보석과 알라딘이 가져온 보석을 모조리 모아 공사를 서둘렀으나, 이번에도 역시 창문의 반도 완성하기 전에 보석이 떨어지고 말았습니다.

그것을 본 왕은 대신과 태수들에게 가진 보석을 모두 바치라고 명령했습니다. 금세공사들은 그 보석까지 모조리 다 썼지만, 여전히 모자랐습니다.

이튿날 아침, 알라딘은 창문이 아직도 완성되지 못한 것을 보더니, 지금까지 해놓은 공사를 부수게 하고 보석은 모두 원래의 소유자에게 돌려주라고 명령했습니다. 장인들은 알라딘이 시키는 대로 한 뒤 왕에게 가서 자초지종을 보고했습니다. 그러자 왕이 물었습니다.

"알라딘이 너희에게 뭐라고 말했느냐? 그리고 그 까닭은 무엇이라더냐? 왜 창문이 완성될 때까지 기다리지 못하고 지금까지 한 것마저 부수고 만 것이냐?"

"오, 임금님, 저희는 아무것도 모릅니다. 다만 지금까지 공사한 것을 전부

부수라는 분부만 들었을 뿐입니다."

그들의 대답을 들은 왕은 당장 말을 내오라고 명령하여 급히 누각으로 달려갔습니다.

한편 알라딘은 금세공사와 보석상을 돌려보낸 뒤 자기 방에 들어가서 마술 램프를 문질렀습니다. 그러자 곧 마신이 나타나 말했습니다.

"주인님, 뭐든지 분부만 하십시오. 저는 주인님의 노예입니다."

"저기, 아직 덜 된 창문을 당장 완성해 다오."

"분부대로 하겠습니다."

노예는 자취를 감추더니 잠시 뒤에 다시 나타나서 말했습니다.

"주인님, 분부대로 공사를 마쳤습니다."

알라딘이 옥상의 정자로 올라가 보니 창문은 흠 잡을 데 없이 훌륭하게 완성되어 있었습니다. 알라딘이 한참 동안 그 호화로운 창문을 이리저리 살펴보고 있는데 환관이 들어와서 말했습니다.

"주인님, 임금님께서 말을 타고 성문으로 들어오고 계십니다."

알라딘은 곧 아래층으로 내려가서 왕을 맞이했습니다.

왕은 알라딘을 보자 큰 소리로 외쳤습니다.

"여보게, 알라딘, 그대는 어째서 공사를 중지시켰나? 미완성인 채로 둘 참인가?"

"오, 임금님, 사실 그 창문은 제가 일부러 완성하지 않은 채 둔 것입니다. 완성할 힘이 없었던 것도 아니고, 또 만족스럽지 않은 집에 임금님을 맞이할 생각은 꿈에도 해 본 적이 없습니다. 그러니 부디 함께 정자에 올라가셔서, 아직도 뭔가 부족한 것이 있지는 않은지 검사해 주십시오."

왕은 알라딘과 함께 2층으로 올라가서 좌우를 둘러보았습니다. 그러나 어느 창문을 보아도 조금도 부족한 점 없이 완성돼 있었습니다.

그것을 본 왕은 깜짝 놀라며 알라딘을 얼싸안고 입을 맞추었습니다.

"오, 알라딘, 이게 도대체 어찌 된 일이냐? 이게 무슨 희한한 조화란 말인가? 금세공사들이 며칠씩 걸려도 못하는 일을 그대는 단 하룻밤 사이에 해치우다니! 알라께 맹세코 이 세상에 그대보다 뛰어난 사람은 아무도 없을 것이다."

"알라시여, 부디 우리 임금님께 장수를 내려주시기를! 이 종에게는 분에 넘치는 찬사이십니다."

"아니다, 그렇지 않아. 그대는 전 세계의 명장들이 다 모여도 쉽게 할 수 없는 일을 해낸 것이니, 아무리 칭찬해도 모자랄 뿐이다."

이윽고 왕은 계단을 내려가 바드르 알 부즈르 공주의 방에 들어가서 딸 옆에서 휴식을 취했습니다. 공주는 자신이 살아갈 저택의 웅장하고 화려하기 그지없는 모습에 황홀함을 느끼며 가슴이 기쁨으로 벅차올랐습니다.

한편 알라딘은 그 뒤 매일같이 노예들을 앞뒤로 거느리고 거리를 거닐면서 모여드는 사람들의 머리 위에 황금의 비를 뿌렸습니다.

그래서 외국인도 그곳 사람들도 모두 인심이 후한 알라딘을 무척 좋아하게 되었습니다. 게다가 그는 가엾은 사람들과 가난한 신자들에게 구호금을 늘려주고, 직접 적선을 베풀기도 했습니다.

이러한 선행 덕분에 알라딘의 명성은 온 나라 안에 퍼졌고, 사람들은 그의 행복한 생활이 언제까지나 이어지기를 빌었습니다.

또 알라딘은 늘 사냥터나 경기장에 나가 왕 앞에서 승마술과 검술의 묘기를 보여주었습니다. 바드르 알 부즈르 공주는 남편 알라딘이 말을 타고 재주를 부리는 모습을 볼 때마다 남편에 대한 사랑이 더욱 불타올라, 마음속으로 대신의 아들을 그렇게 쫓아버리고, 진짜 신랑인 알라딘을 위해 자신의 처녀를 간직하게 해 준 것은 모두 알라의 은혜일지 모른다고 생각했습니다.

알라딘의 인망이 날이 갈수록 높아져서 세상 사람들의 입에 끊임없이 오르내리게 되자, 모든 백성이 그를 깊이 사모하고 존경하며 알라딘을 매우 위대한 인물로 보기 시작했습니다.

마침 그 무렵, 이웃 나라 군사들이 말을 타고 영토를 침입해 들어왔습니다. 왕은 곧 군사를 배치하여 출진태세를 갖추고 알라딘을 총대장으로 임명했습니다. 알라딘은 부하들을 이끌고 전진하여 수많은 병마를 거느린 적군에게 가까이 다가붙었습니다.

이윽고 전투가 시작되자, 알라딘은 칼을 뽑아들고 적군의 한복판에 뛰어들었습니다. 그러자 눈 깜짝할 사이에 싸움터는 아수라장으로 변하여, 한 치의 양보도 없이 세찬 싸움이 전개되었습니다. 그러나 마침내 알라딘은 적의 본진을 무찔러 대부분의 적군을 죽이고 나머지는 달아나게 했습니다. 그리고 적의 무기와 식량을 비롯하여 재물과 말, 그 밖의 수많은 전리품을 거두는 큰 성과를 올리고 의기양양하게 수도로 돌아왔습니다. 수도는 승전을 축하하여 아름답게 장식되었고, 떼지어 모여든 사람들은 알라딘의 명예를 찬양하며 환호성으로 맞이했습니다.

왕도 직접 마중을 나가 승리를 축하하며 사위를 얼싸안고 입을 맞췄습니다. 온 나라 안은 알라딘의 공적을 찬양하며 환희에 들끓었고 성대한 잔치가 벌어졌습니다.

이윽고 왕과 사위 알라딘이 함께 성으로 향하자, 도중에 바드르 알 부즈르 공주가 일행을 맞이했습니다. 바드르 공주는 남편이 무사히 돌아온 것을 기뻐하며 이마에 입을 맞춘 다음, 남편을 자신의 방으로 이끌었습니다. 잠시 뒤, 왕도 공주의 방에 들어와서 세 사람이 모여 한자리에 앉자 노예계집들이 과일즙과 과자를 내왔습니다. 그것을 먹고 마신 뒤, 왕은 다시금 알라딘이 전투에서 이기고 돌아온 것과 적의 침입을 훌륭하게 물리친 공훈을 치하하고, 온 나라를 구석구석 아름답게 장식하라고 명령했습니다. 그리하여 가신들과 장병들, 그리고 백성들까지 모두 천상에 유일한 신 알라가 있으면, 지상에는 유일한 사람 알라딘이 있다는 것을 깨달았습니다. 왜냐하면 알라딘이 나라를 위해 훌륭한 전술을 발휘하여 적군을 물리친 것으로 말미암아, 그의 아낌없이 베푸는 너그러운 행위에서 나온 인망이 더욱더 높아졌기 때문입니다. 이렇게 알라딘은 날이 갈수록 출세의 길로 나아갔습니다.

한편, 문제는 마법사 마그리브인이었습니다. 그는 고향으로 돌아간 뒤에도, 신기한 램프를 손에 넣기 위해 온갖 고생과 노력을 거듭했습니다. 마침내 가까스로 램프를 손에 넣으려는 찰나, 모든 것이 물거품이 되어버리자 나날을 그 일만 생각하며 탄식 속에서 세월을 보내고 있었습니다. 그는 이리저리 궁리하다가는 한탄하고, 때로는 화가 난 나머지 알라딘을 저주하면서 큰 소리를 질러대곤 했습니다.

"그 돼먹지 못한 애송이 놈이 지하에서 뒈졌으니 불평할 것도 없지. 게다가 아직 램프도 무사할 테니, 언젠가는 반드시 내 손안에 넣고야 말 테다!"

그러던 어느 날, 그는 무심코 흙점을 치려고 모래판에 모래를 뿌려 그림을 그린 뒤 그 모양을 살펴보았습니다. 그리고 알라딘이 최후를 마치고 램프는 그대로 무사하게 지하에 들어 있는지 어떤지, 더욱 자세히 확인하고 싶어서 그 그림을 종이에 옮겼습니다. 그는 곧 형상의 인과관계, 즉 어머니들과 딸

들*54의 모습은 확실하게 파악했으나, 정작 가장 중요한 램프는 그림자도 보이지 않았습니다.

그래서 그는 다시 한 번 점을 쳐서 알라딘의 죽음을 확인하려 했지만, 그의 모습이 마법의 보물창고 안에는 보이지 않았습니다. 게다가 알라딘이 땅속에서 빠져나와 현재 이 세상에서 건강하게 살고 있다는 사실을 확인한 그는 화가 치밀어 올라 견딜 수 없었습니다.

그뿐만 아니라 큰 희망을 품지 않았으면 도저히 견딜 수 없었을 온갖 어려운 고비를 겪었는데도, 지금은 알라딘이 램프의 주인이 되어 있다는 것도 알았습니다. 마법사는 혼자 중얼거렸습니다.

"나는 그 램프를 위해 누구도 견딜 수 없는 온갖 고생을 겪었다. 그것은 오로지 램프를 차지하기 위한 것이었는데, 그 애송이 놈은 아무런 수고도 하지 않고 램프를 가로챘어. 그 램프의 힘을 알면, 세상의 누구보다 부자가 될 수 있는데 말이야."

마그리브인 마법사는 곰곰이 생각한 끝에 알라딘이 지하실에서 탈출하여 감쪽같이 램프를 손에 넣은 것을 확인하자, 혼잣말을 중얼거렸습니다.

"이렇게 된 이상 그 알라딘이라는 놈의 숨통을 끊어놓는 수밖에 없다."

마법사가 다시 한 번 흙점을 쳐보니 알라딘은 막대한 재물을 손에 넣고, 국왕의 딸과 부부가 되어 있는 게 아니겠습니까? 그것을 안 마법사는 격렬한 질투와 증오에 사로잡혀 가슴속에 분노가 불같이 타올랐습니다. 그는 당장 여행채비를 하여 부랴부랴 중국으로 길을 떠났습니다.

그리하여 알라딘이 사는 왕국의 수도에 도착한 그는 어느 대상숙소에 짐을 풀고 잠시 쉰 뒤 옷을 갈아입고 거리로 나갔습니다.

길을 가는 사람 모두가 눈부시게 화려하고 웅장한 알라딘의 성과 그의 관대한 마음 씀씀이며 기품 있는 태도, 아낌없는 선행에 대해 이야기들을 하고 있었습니다.

사람들이 뜨거운 음식*55을 먹고 있는 음식점에 들어가 보니 거기서도 모두 알라딘을 칭찬하고 있었습니다. 그는 그중 한 사람에게 다가가서 말했습니다.

"이보시오, 젊은 양반, 당신이 지금 대단히 칭찬하고 있는 그분이 누구시오?"

"당신은 아마도 외국 사람인 모양이군요. 어디 먼 나라에서 오셨나요? 그 유명한 알라딘 님을 모르다니요. 알라딘 님의 명성은 세계 구석구석까지 퍼져 있고, 그분의 성 또한 곳곳에서 세계의 불가사의로 손꼽히고 있지 않소? 그런데 어떻게 아직도 알라딘의 이름과 명성을 듣지 못했단 말이오?"

"그 알라딘 님의 성을 꼭 구경하고 싶은데 안내를 좀 해 주시지 않겠소? 난 외국 사람이라서 말이오."

그 젊은이는 두말하지 않고 앞장서서 안내해 주었습니다. 젊은이가 손가락으로 가리킨 건물을 자세히 살펴본 모로코인은 그것이 램프가 한 일임을 알았습니다.

"빌어먹을! 이 재봉사 아들 놈에게 본때를 보여줘야지. 저녁 먹을 돈도 벌지 못하던 놈인데, 두고 봐라! 어떻게 하든지 내 이놈을 죽이고 그 어미도 다시 실 잣는 여자로 만들어주고 말리라."

숙소로 돌아온 마술사는 램프의 소재를 알기 위해 별점과 흙점 도구*56를 꺼내어 점을 쳐보니, 램프는 저택 안에 있고 알라딘이 몸에 지니고 있지 않다는 것을 알았습니다. 마법사는 몹시 기뻐하며 소리쳤습니다.

"그렇다면, 놈의 목숨을 빼앗는 건 식은 죽 먹기고, 램프도 손쉽게 손에 넣을 수 있어."

그는 곧 대장간을 찾아갔습니다.

"램프를 몇 개 만들어주시오. 돈은 두둑이 드릴 테니 어쨌든 급히 만들어 줘야겠소."

"예, 알았습니다."

대장장이는 곧 일에 착수했습니다.

램프가 다 만들어지자, 모로코인은 많은 돈을 치르고 그것을 숙소로 가져와서 광주리에 담았습니다.

그런 다음 도성의 큰 거리와 시장 한가운데를 돌아다니면서 큰 소리로 외쳤습니다.

"자, 헌 램프를 새 램프로 바꾸고 싶은 사람 없소?"*57

그 소리를 듣고 사람들은 웃었습니다.

"저 친구, 아마 여우한테 홀린 모양이군, 헌것을 새것으로 바꿔 준대."

개구쟁이 아이들은 이 이상한 모로코인의 뒤를 졸졸 따라다니면서 소리를 지르고 놀려댔으나, 모로코인은 조금도 개의치 않고 못된 장난을 탓하지도 않았습니다. 그리고 온 도성을 돌아다니다 마침내 알라딘의 성 바로 아래까지 오자,*58 모로코인은 목청껏 소리를 질렀습니다. 아이들이 그걸 보고 외쳤습니다.

"미치광이다! 미치광이다!"

그때 바드르 공주는 정자에 앉아 있다가 왁자지껄한 소리를 듣고 한 시녀에게 말했습니다.

"저 소리가 무슨 소린지 알아보고 오너라!"

시녀가 밖에 나가 보니, 웬 사람이 헌 램프를 새것으로 바꿔주겠다고 소리치고 있고, 그 뒤를 아이들이 졸졸 따라다니면서 놀리고 있지 않겠습니까? 이 기묘한 장면을 전해 들은 공주도 소리 내어 웃었습니다.

그런데 알라딘은 그 램프를 튼튼한 상자 속에 넣어 자물쇠를 채워 두지 않고 어이없게도 방 안에 아무렇게나 굴러다니도록 내버려 두고 있었습니다.*59 그래서 그것을 본 노예처녀 하나가 말했습니다.

"참, 공주님, 나리 방에서 헌 램프를 본 듯한데 새것으로 바꿔달라 할까요? 저 말이 정말인지 거짓말인지 확인도 할 겸해서요."

"그럼, 나리 방에서 보았다는 헌 램프를 이리 가지고 와 보렴."

바드르 공주는 그 램프의 내력에 대해서는 아무것도 몰랐습니다. 남편 알라딘이 그렇게 높은 신분이 된 것도 다 램프 덕분이었는데, 그런 것은 꿈에도 모르고, 단지 헌 램프를 정말로 새것으로 바꿔주는지 시험해 보고 싶었을 뿐입니다. 또 다른 사람들과 마찬가지로 교활환 마그리브인의 음모와 음흉한 속셈을 알 리가 없었습니다.

시녀가 알라딘의 거실에서 램프를 가지고 오자, 공주는 환관장을 시켜 새 램프와 바꿔오게 했습니다.

환관장은 당장 분부에 따라 그 남자한테서 새 램프를 받아 그것을 가지고 공주에게 돌아왔습니다. 자세히 보니 정말로 새 램프인 것을 알고 공주는 모로코인의 계산법이 너무나 우스워서 웃음을 터뜨리고 말았습니다.

한편 모로코인은 환관장이 바꿔 간 램프를 손에 올려놓고 자세히 살펴보니 틀림없이 자기가 찾고 있는 마술 램프인지라, 얼른 품속에 집어넣고 그 자리를 떠났습니다. 남은 램프는 그 자리에 모두 내버리고 바꾸러 오는 사람들에게 모두 줘버렸습니다. 그런 다음 성 밖으로 달아난 그는 사막 가운데서 혼자 밤이 오기를 기다렸습니다.

사방이 어두워지자 모로코인은 램프를 꺼내어 문질렀습니다. 그러자 램프의 마신이 홀연히 나타나서 말했습니다.

"오, 주인님, 당신의 노예가 왔습니다. 무슨 볼일로 찾으셨습니까?"

"알라딘의 성을 송두리째 들어 내 고향인 아프리카로 날아가서 도성 가까이에 있는 정원 안에다 옮겨다오."

"예, 알았습니다. 잠시 눈을 감았다가 뜨시면 이미 성과 함께 고향에 가 계실 겁니다."

아니나 다를까 눈 깜짝할 사이에 그는 성과 함께 이미 아프리카에 와 있었습니다.

한편 공주를 무척 사랑하는 왕은 아침마다 눈을 뜨면 격자창을 열고 거기서 공주의 집을 바라보는 것을 낙으로 삼고 있었습니다.

그날 아침에도 여느 때와 다름없이 창가에 다가가서 알라딘의 성을 바라보았습니다. 그런데 이게 웬일입니까? 왕의 눈에는 아무것도 보이지 않고 성이 있던 곳은 전처럼 텅 빈 광장이 되어 있는 게 아니겠습니까!

왕은 귀신에라도 홀린 듯 눈을 비벼도 보고 크게 부릅떠 보기도 했지만, 분명 성은 흔적도 없이 사라졌습니다. 왕은 어째서 그것이 사라졌는지 도무지 이해할 수 없었습니다.

뭔가에 홀린 듯한 기분은 점점 커져서 왕은 손뼉을 치면서 고민을 거듭했습니다. 사랑하는 딸이 지금 어디서 어떻게 되었는지 전혀 짐작조차 할 수 없자 눈물은 걷잡을 수 없이 뺨을 타고 흘러 수염을 적셨습니다.

왕은 곧 가신을 불러 대신을 데려오게 했습니다. 그러자 즉시 불려 온 대신은 왕이 괴로워하는 모습을 보고 물었습니다.

"오, 현세의 임금님이시여, 부디 알라께서 임금님을 모든 재앙으로부터 지켜주시기를! 도대체 무슨 일로 그토록 침울하신 건지요?"

왕이 소리쳤습니다.

"그대는 그 이유를 모른단 말인가?"

"예, 임금님, 전혀 모르옵니다만."

"그렇다면 그대는 틀림없이 오늘 알라딘의 누각이 서 있는 방향을 아직 보지 않은 것이렷다!"

"예, 임금님. 성은 아직 엄중하게 문이 닫혀 있을 것입니다."

"아무것도 모른다면 그 창문에서 내다보고, 그대가 말하는 알라딘의 성이 정말로 엄중하게 문이 닫혀 있는지 살펴보라."

창밖을 내다본 대신이 성이 사라지고 없는 것을 보고 깜짝 놀라 왕의 곁으로 돌아오자, 왕이 물었습니다.

"어떤가, 내가 비탄에 젖어 있는 이유를 알겠지? 엄중하게 문을 잠근 성을 보았느냐?"

"오, 현세의 임금님, 그것 보십시오! 그 거성도 그 밖의 모든 것도 다 마법의 짓이라고 전에 제가 말씀드리지 않았습니까?"

이 말에 왕은 몹시 화를 내며 소리쳤습니다.

"알라딘은 어디 있느냐?"

"사냥을 나가셨습니다."

왕은 장군과 무관들에게 즉각 사냥터에 가서 사위를 쇠사슬로 묶어 끌고 오라며 서슬이 시퍼렇게 명령했습니다. 그들은 알라딘에게 달려가서 말했습니다.

"오, 알라딘 님, 저희 행동에 노하지 마시고, 용서해 주십시오. 사실은 당신을 사슬로 묶어서 끌고 오라는 임금님의 분부십니다. 왕명에 절대복종하는 것은 저희의 의무이니, 부디 너그럽게 용서하십시오."

이 말을 듣고 깜짝 놀란 알라딘은 영문을 몰라 한동안 아무 말도 하지 못하다가, 이윽고 그들을 돌아보며 말했습니다.

"혹시 그대들 가운데 왜 이런 명령이 내려졌는지 아는 자가 없는가? 나로서는 도무지 짐작도 할 수 없는 일이로구나. 국왕께도 왕국에도 죄를 범한 기억이 전혀 없는데."

"알라딘 님, 저희는 아무것도 모릅니다."

그래서 알라딘은 말에서 내리며 말했습니다.

"임금님의 분부대로 하시오. 왕명인 이상 절대로 따라야 하오."

무관들은 알라딘의 두 팔을 뒤로 돌려 사슬로 단단히 묶어서 도성으로 끌고 갔습니다. 그러나 사람들은 알라딘이 꽁꽁 묶여 족쇄까지 차고 있는 것을 보고, 국왕이 알라딘의 목을 칠 생각임을 알았습니다.

사람들은 알라딘을 무척 흠모하고 있었으므로, 저마다 손에 무기를 들고 모두 모여들었습니다. 이윽고 집 안에 있던 사람들도 속속 거리로 나와서 화난 얼굴로 장병들의 뒤를 따라갔습니다.

장병들이 알라딘을 끌고 궁전에 이르자 왕은 당장 망나니에게 사위의 목을 치라고 명령했습니다. 그러자 백성들은 이 명령을 전해 듣고는, 왕궁 문 앞을 가로막고 국왕에게 항의했습니다.

"만약에 왕이 알라딘 님에게 조금이라도 위해를 가한다면, 지금 당장 왕궁을 때려 부수겠소!"*60

대신은 다시 궁전으로 들어가서 국왕에게 그 사실을 전했습니다.

"오, 임금님, 이제는 우리의 목숨까지 바람 앞의 등불 격이 되었습니다. 불의의 재난을 막기 위해서는 알라딘의 목숨을 살려야 할 듯합니다. 백성들은 우리보다 알라딘을 더 우러러보고 있습니다."

그때 망나니는 이미 피받이 양탄자를 펴서 눈을 가린 알라딘을 앉혀 놓고는 그 주위를 세 번 빙빙 돌면서 왕의 마지막 결단을 기다리고 있었습니다.

그때 왕이 창밖을 내다보니 백성들이 몰려와서 성벽을 부수려 하고 있지 않겠습니까? 그래서 왕은 얼른 알라딘의 목을 베려는 망나니에게 중단하라고 명령하고, 포고관에게는 왕이 사위를 용서하고 전과 다름없이 화해하게 되었다고 백성들을 향해 소리 높여 외치게 했습니다.

풀려난 알라딘은 왕 앞에 나아가서 이렇게 말했습니다.

"오, 임금님, 오랫동안 임금님의 총애를 입고 있는 몸으로서 참으로 깊이 감사드리고 있사옵니다. 그러한 제가 임금님께 어떠한 죄를 저질렀는지 가르쳐주십시오."

그러자 왕이 소리쳤습니다.

"이 배신자 같으니! 나는 지금까지 네가 이렇게 나쁜 놈일 줄은 꿈에도 생각하지 않았다!"

왕은 이어서 대신을 돌아보며 말했습니다.

"저놈을 끌고 가서 창밖을 보여줘라! 그런 다음 그 성을 어디로 보내버렸는지 스스로 고백하게 하자."

알라딘이 밖을 내다보니, 자기 성은 흔적도 없이 사라지고 잘 닦은 길만 펼쳐져 있을 뿐이었습니다.

그는 그저 깜짝 놀라기만 할 뿐, 그로서도 뭐가 뭔지 도무지 알 수 없었습니다.

"어떠냐, 보았느냐? 그대의 성은 어디로 갔느냐? 그리고 내 외동딸, 손안의 구슬 같은 바드르 공주는 어디로 보낸 것이냐?"

알라딘이 대답했습니다.

"오, 현세의 임금님이시여, 저는 이게 도대체 어떻게 된 일인지 도무지 영문을 알 수 없습니다."

"당장 나가서 어찌 된 일인지 자세히 조사한 다음, 바드르 공주의 소식을 알아서 오라! 너 혼자서는 두 번 다시 내 앞에 얼굴을 내밀지 마라. 만약 공주를 데려오지 못한다면 내 기어이 네 목을 치고 말리라!"

"알았습니다. 하오나 40일만 말미를 주십시오. 그래도 공주를 찾아내지 못할 때는 목을 치시든 어떻게 하시든 마음대로 처분하십시오."*61

"좋다, 그대가 청한 대로 40일의 말미를 주지. 하지만 내 손에서 달아날 생각은 꿈에도 하지 않는 것이 좋을 게다. 네가 땅 위에 있든 구름 위에 있든 반드시 찾아내고 말 테니까."

"임금님, 조금 전에도 말씀드린 것처럼 약속 기한 안에 공주를 데리고 돌아오지 못한다면, 저는 제발로 찾아와서 이 목을 내놓겠습니다."

백성들은 알라딘이 풀려났음을 알고 환호성을 지르며 기뻐했습니다. 그러나 알라딘은 포박을 당한 수치와 지인에게 얼굴을 들 수 없는 체면, 그리고 기뻐할 적의 모습을 생각하니 고개를 들 수 없었습니다. 그래서 정처 없이 거리를 헤매고 다녔지만, 느닷없이 자신을 덮친 영문을 알 수 없는 재난 앞에서 자신이 뭘 어떻게 해야 할지 도무지 생각나지 않았습니다.

알라딘은 이틀 동안 아내와 집이 있는 곳을 찾을 방법도 모른 채, 보기에도 딱한 모습으로 도성을 헤매고 있었습니다. 그러는 동안 사람들이 몰래 음식과 마실 것을 가져다주었습니다.

이틀이 지나자, 알라딘은 목적지도 정하지 않고 도성을 빠져나가 성 밖의 황야로 나가서 정처 없이 걸어가다가 이윽고 강가에 이르렀습니다.

그는 견딜 수 없는 슬픔에 사로잡혀 그만 강물에 몸을 던질까 하는 생각까지 했지만, 알라를 깊이 믿는 선량한 이슬람교도였던 알라딘은 자기 영혼 속 알라가 두려워 강가에 서서 목욕하고 몸가짐을 가다듬었습니다. 그런데 오

른손에 물을 떠서 손을 씻다가 우연히 반지를 문지르게 되었습니다.*62

그러자 홀연히 마신이 나타나서 말했습니다.

"아도슴! 당신의 노예가 여기 있습니다. 뭐든지 분부하십시오."

마신을 본 알라딘은 뛸 듯이 기뻐하며 말했습니다.

"오, 노예여, 우리 집과 내 아내 바드르 알 부즈르 공주를 데려와 다오. 집 안에 있던 물건들도 모두 함께."

"오, 주인님, 그것은 제가 할 수 없는 일입니다. 이번 일은 램프의 노예가 한 일이어서 저는 도저히 이 일에 끼어들 수가 없습니다."

"그렇다면 나를 메고 지금 어디 있는지 모르는 내 성 앞까지 날라다 다오."

그러자 노예는 큰 소리로 대답했습니다.

"오, 주인님, 그거라면 쉬운 일입니다."

마신은 알라딘을 메고 하늘 높이 올라가더니 잠시 뒤 아프리카에 있는 알라딘의 성 앞에 내려놓았습니다. 더구나 그곳은 바로 바드르 공주의 방 앞이었습니다.

이때는 어둑어둑하게 날이 저물고 있었지만, 알라딘은 한눈에 자기 성임을 알아보았습니다. 아내와 다시 만날 수 있는 희망을 완전히 잃어버리고 있던 참이라, 모든 근심과 걱정이 한 순간에 사라지고 다시 희망이 살아난 그는 알라께 감사드리며 신(전지전능하신 알라를 찬양하라!)의 신비로운 은총에 고개를 숙였습니다. 알라딘은 절망에 빠져 모든 걸 포기하고 버리려던 순간에 반지 덕분에 힘과 용기를 얻은 것과 모든 희망의 줄이 끊어졌을 때 알라의 은총으로 반지의 노예로부터 도움을 받게 된 일 등을 생각하니, 그는 매우 기뻐 암울한 기분은 모두 어디론가 날아가 버린 듯했습니다.

나흘 동안 성과 아내를 찾아 헤매며 갖은 고생을 다한 알라딘은 그동안 잠을 제대로 자지 못했으므로, 먼저 누각으로 다가가서 바로 그 옆에 있는 나무 밑에 드러누웠습니다. (앞에서도 말했듯이) 그 건물은 아프리카 도성 가까이에 있는 정원 한복판으로 옮겨져 있었기 때문입니다.

알라딘은 그날 밤 성 옆 나무 그늘에서 오랜만에 편안히 푹 잤습니다. 망나니의 손에 걸려 언제 목이 날아갈지 모르는 사람은 밤에도 어지간히 잠이 오지 않으면 잠을 이룰 수 없는 법입니다. 오랜만에 푹 잔 알라딘은 아침 해가 돋아 새들이 지저귀기 시작했을 때야 겨우 잠에서 깨어나 도성 옆을 흐르고 있는 강가로 내려갔습니다.

거기서 얼굴과 손을 씻어 간단하게 목욕을 하고 아침 기도를 끝낸 다음, 되돌아와서 공주의 방 창문 아래 앉았습니다.

한편 바드르 알 부즈르 공주는 저주받을 마법사 때문에 뜻밖의 재난을 당하여, 남편과 부왕의 곁을 떠난 비탄 속에서 아직 날이 새기도 전에 깨어나 눈물을 흘리고 있었습니다. 공주는 밤마다 제대로 잠도 자지 못하고 먹고 마시는 일도 모두 그만두었습니다. 이윽고 새벽 기도시간이 되자 시녀가 공주에게 옷을 갈아입히려고 들어왔습니다.

그날 아침, 신의 뜻이었는지 시녀는 나무들과 개울의 경치를 보여주어 공주를 즐겁게 해 주려고 창문을 활짝 열었습니다.

그리고 무심코 창 밑을 바라보니, 땅바닥에 앉아 있는 알라딘이 보이지 않겠습니까! 그래서 당장 공주를 향해 소리쳤습니다.

"아, 공주님! 공주님! 나리께서 지금 창문 밑에 앉아 계셔요!"

이 말을 듣고 공주가 허둥지둥 일어나 창 밑을 내려다보자 마침 알라딘도 머리를 들어 아내를 쳐다보았습니다. 두 사람은 뛸 듯이 기뻐하며 인사를 나누었습니다.

바드르 공주가 알라딘에게 말했습니다.

"지금은 그 늙은이가 없으니 어서 뒷문으로 들어오세요."

그리고 시녀에게 얼른 문을 열게 했습니다.

알라딘은 곧 뒷문으로 해서 아내의 방으로 뛰어 올라왔습니다. 두 사람은 매우 기뻐서 와락 끌어안고 서로 입을 맞춘 뒤 기쁨의 눈물을 흘렸습니다. 그런 다음 자리에 앉아 알라딘이 물었습니다.

"오, 공주여, 무엇보다 급히 묻고 싶은 것이 있소. 내게 구리로 된 램프가 있었는데, 혹시 보지 못했소?"

"바로 그 램프 때문에 우리는 이런 재난을 당한 거예요!"

"도대체 무슨 일이 있었기에?"

알라딘이 묻자 바드르 공주는 헌 램프와 새 램프를 바꾼 경위를 자세히 얘기한 다음, 이렇게 덧붙였습니다.

"그 이튿날 우리는 벌써 이 나라에 와 있었어요. 램프를 바꿔준 자의 말로는 그가 우리를 속이고 램프의 마력을 빌려서 이런 짓을 했다는 거예요. 그 자는 아프리카 출신의 모로코인인데, 우린 지금 그자의 고향에 와 있는 거예요."

"마법사가 당신을 어떻게 하려는 건지 가르쳐주시오. 당신에게 뭐라고 말했소? 어떻게 하자고 합디까?"

"마술사는 매일 한 번씩 나타나서 당신 대신 자기를 남편으로 맞이하고 당신에 대한 것은 깨끗하게 잊어버리라고 졸라댄답니다. 게다가 그자는 아버지가 당신의 목을 쳤다느니, 당신은 가난뱅이의 아들인데 자기 덕분에 큰 부자가 되었느니 하면서 저를 유혹하려고 해요. 온갖 말로 달래고 으르고 하지만 저는 울고만 있을 뿐 말 한 마디 한 적이 없어요."*63

"그놈이 램프를 어디다 숨겨 두는지는 모르오?"

"늘 몸에 지니고 다녀요. 잠시도 잊을 때가 없어요. 그래도 단 한 번, 방금 제가 얘기한 말을 저에게 했을 때 품속에서 램프를 꺼내 저에게도 보여줬어요."

알라딘은 그 얘기를 듣자 무척 기뻐하면서 말했습니다.

"그렇다면, 바드르 공주, 내 말을 잘 들으시오. 나는 곧 밖으로 나가서 얼른 옷을 갈아입고 돌아올 테니, 시녀 하나를 뒷문에 세워 놓았다가 내가 오면 곧 문을 열게 하시오. 교묘하게 변장을 하고 들어와서 그 악당 놈을 죽여버려야겠소."

밖으로 나간 알라딘은 한 농부를 만났습니다.

"이보시오, 농부, 이 옷을 드릴 테니 당신이 입고 있는 옷을 나에게 주지 않겠소?"

알라딘은 상대가 쌀쌀맞게 거절하자 강제로 농부의 옷을 벗겨 입고는,*64 자신이 입고 있던 호화로운 옷은 그 자리에 남겨 두었습니다. 그런 다음, 옆 마을로 가서 향료시장을 찾아갔습니다. 그리고 당장 사람을 잠재울 수 있는 매우 신기한 힘을 가진 마취제 2드라그램을 금화 두 닢에 산 뒤, 변장한 채 큰길을 지나 돌아왔습니다.

성에 도착하자 노예여자가 뒷문을 열어주어, 알라딘은 바드르 알 부즈르 공주의 방에 들어갔습니다.

알라딘은 변장한 모습 그대로 아내에게 말했습니다.

"내가 하는 말을 잘 들으시오. 당신은 제일 좋은 옷을 입고 예쁘게 화장을 하시오. 그리고 마법사가 오거든 웃는 얼굴로 맞이하면서 같이 식사하자고 권하시오. 그뿐만 아니라 남편 알라딘도 아버지도 싹 잊어버린 듯한 얼굴로 애교를 부리면서, 그놈이 진심으로 좋아진 척하는 것이오. 그런 다음 붉은 포도주를 가져오게 하여, 의미심장하게 마시는 시늉을 하면서 이 일은 비밀로 하도록 맹세하게 하시오. 그리고 그가 술을 두세 잔 먹어 어지간히 취하거든 술에 이 약을 타서 먹이시오. 그놈이 그걸 조금이라도 마시면 당장 죽은 듯이 정신을 잃고 쓰러질 거요."

이 말을 듣고 공주가 말했습니다.

"그런 일을 하는 건 정말 괴로운 일이에요.*65 하지만 당신과 아버님에게서 나를 납치해 괴롭힌 그 악당에게서 벗어날 수만 있다면, 무슨 일이든 하겠어요. 그놈을 죽이는 건 정당하고도 당연한 일이니까요."

알라딘은 아내와 함께 식사하여 배를 채우자, 곧 일어나서 밖으로 나갔습니다.

바드르 공주는 시녀를 불러 가장 화려한 옷을 입고 패물을 찬 뒤 향을 피웠습니다. 그러고 있는데 갑자기 저주받을 마그리브인이 들어왔습니다.

마법사는 바드르 공주가 단장을 하고 평소와는 달리 웃음까지 지어 보이자 무척 기뻐했습니다. 그리하여 바드르에 대한 욕정이 더욱 불타올라 어떻게 해서든 공주를 자기 것으로 만들어야겠다고 생각했습니다.

이윽고 바드르 공주는 상대의 손을 잡아 자기 옆에 앉혀 놓고 이렇게 말했습니다.

"오, 그리운 분, 오늘 밤에 저와 함께 저녁이라도 드세요, 네? 1천 년은 고사하고 2천 년을 슬퍼한들 알라딘이 무덤에서 돌아오는 일은 없을 테니까요. 어제 당신 말씀을 들으니, 아버지가 저를 잃은 것을 슬퍼하셔서 제 남편을 죽였다면서요? 그 말씀을 믿겠어요. 그러니 제가 어제와 달라졌다고 해서 조금도 이상하게 생각하실 것 없어요. 알라딘 대신 이제부터 당신을 저의 벗이자 놀이상대로 삼기로 마음먹었으니까요. 당신 말고는 남자가 아무도 없잖아요. 그러니 오늘 밤에 꼭 와 주세요. 같이 저녁을 먹고 술도 드시게요. 그리고 이건 특별한 부탁인데, 아프리카의 술맛을 좀 보여주세요. 늘 마시는 중국술보다 아프리카 술이 훨씬 맛있을 것 같아요. 저에게도 술이 조금

있지만, 그것은 우리나라에서 담근 술이고, 저는 당신 나라에서 담근 술을 마셔 보고 싶어요."

마그리브인은 바드르 공주가 호의를 표시하며 평소의 슬프고 우울했던 여자와는 전혀 다른 모습을 보여 주자, 공주가 알라딘을 완전히 포기한 줄로 믿고 매우 기뻐하면서 말했습니다.

"좋고말고, 그대의 소원이라면 뭐든지 하리다. 우리 집에는 8년 동안이나 땅속 깊이 묻어 둔 술이 있으니 내가 얼른 가서 파오겠소."

그러나 공주는 더욱더 달콤한 말로 상대의 마음을 끌어당기려고 이렇게 대답했습니다.

"내 소중한 분이여, 저를 혼자 두고 가지 말아주세요. 누군가 하인을 한 사람 보내, 가져오게 하면 돼요. 당신은 제 옆에 가만히 앉아 계세요. 당신이 없으면 허전하니까요."

"오, 공주여, 나 말고는 그 항아리가 어디에 묻혀 있는지 아무도 모른다오. 금방 돌아올 테니 조금만 기다리시오."

그렇게 말하고 마그리브인은 밖으로 나가더니 금방 술을 가지고 돌아왔습니다.

"저 때문에 이렇게 수고를 끼쳐서 미안하군요."

"미안하기는, 내 눈동자여, 나에게는 오히려 영광이오."

바드르 공주는 마법사와 함께 식사하기 시작했습니다. 이윽고 공주가 술을 청하니 시녀가 두 사람의 잔에 찰찰 넘치도록 술을 따랐습니다. 공주가 마법사의 장수와 소원성취를 빌며 건배하자, 상대도 공주의 건강을 축복하며 잔을 비웠습니다.

그리하여 말솜씨도 견줄 자가 없고 말씨도 고상한 공주는 모로코인과 함께 술을 마시면서, 은근히 의미심장한 듯한, 또는 더없이 달콤한 말로 상대의 마음을 사로잡았습니다. 그것은 오로지 마그리브인의 마음을 완전히 포로로 만들어 버릴 속셈에서 나온 것인데, 그는 공주가 진심으로 자기에게 애정을 품고 있는 줄로만 알았습니다. 자신의 목숨을 빼앗기 위해 파 놓은 함정인 줄은 꿈에도 몰랐으니까요. 마그리브인은 공주의 상냥한 말과 마음씨를 보고는 더욱 연정에 불타올라 숨이 막힐 것만 같고, 머리는 어질어질하여, 세상 모든 게 하잘것없이 생각되었습니다.

저녁식사가 끝나고 마그리브인이 취기가 도는 것을 보자 바드르 공주가 입을 열었습니다.

"우리나라에서는 어디서나 관습으로 되어 있는 일인데, 여기서는 어떤지 모르겠군요."

"어떤 관습 말이오?"

"식사가 끝나면 연인끼리 서로 상대의 잔을 받아서 마시는 거랍니다."

이렇게 말하며 공주는 잔에 술을 부은 뒤 시녀를 시켜 마그리브인에게 주었습니다. 그 잔에 마약이 들어 있었던 것입니다.

시녀가 마그리브인에게 잔을 전하자, 공주는 요염하게 몸을 좌우로 흔들면서 자신의 손을 상대의 손안에 넣고 말했습니다.

"오, 내 소중한 분, 자, 보세요. 이렇게 저의 잔은 당신 손에 당신 것은 제 손에 있어요. 사랑하는 사람들은 이렇게 서로 상대의 잔으로 술을 마신답니다."

그리고 자기가 든 잔을 한 방울도 남기지 않고 쭉 들이켜고는, 다시 한 번 빈 잔에 입을 맞춘 뒤 상대에게 돌려주었습니다.

그것을 보고 마그리브인은 매우 좋아하면서 자기도 공주의 잔에 입술을 대고 단숨에 들이켜고 말았습니다. 그 속에 독이 들어 있고 없고는 생각조차 해 보지 않았습니다.

술을 마시자마자 마그리브인은 마치 죽은 것처럼 나자빠지며 손에서 잔을 떨어뜨렸습니다. 그것을 본 바드르 공주의 시녀들은 얼른 달려나가 문을 열고 농부 차림의 알라딘을 끌어들였습니다.

알라딘이 아내의 방으로 올라가 보니 공주는 식탁에 가만히 앉아 있고, 그 맞은편에 마그리브인이 죽은 듯이 쓰러져 있었습니다.

그는 얼른 아내에게 다가가서 입을 맞추고 수고를 치하한 다음 매우 기뻐하면서 말했습니다.

"당신은 시녀들과 안으로 들어가서 한동안 나를 혼자 있게 해 주오. 내가 처리할 일이 있으니."

바드르 공주는 곧 시녀들과 일어났습니다. 알라딘은 얼른 문을 잠그고 무어인에게 다가가서 그 품속에서 마술 램프를 꺼낸 뒤 칼을 뽑아 한칼에 그를 베어 버렸습니다.

그런 다음 램프를 문지르자 마신이 나타나서 말했습니다.

"오, 주인님, 무엇을 도와 드릴까요?"

"내 저택을 당장 이 나라에서 중국으로 날라서 전처럼 왕의 궁전 앞 광장에 옮겨다오."

"분부대로 하겠습니다."

알라딘은 바드르 공주에게 가서 끌어안으며 입맞춤을 나눴습니다. 그렇게 두 사람이 이런저런 이야기를 하는 동안 마신은 성을 송두리째 들어서 본디의 장소로 옮겨 놓았습니다.

시녀에게 식사를 준비하게 한 알라딘은 아내와 식탁에 앉아 더없는 기쁨에 잠겨서 맛있는 음식을 먹기 시작했습니다. 그리고 배불리 먹은 뒤에는 다시 술상이 차려진 방으로 옮겨, 사이좋게 웃고 떠들면서 사랑의 쾌락 속에 입을 맞추며 희롱했습니다. 무릉도원처럼 아름다운 이곳에서 논 지도 꽤 오랜만이어서 두 사람은 쉴 새 없이 정담을 나누고 있었는데, 이윽고 취기가 돌자 누가 먼저랄 것도 없이 졸음이 와서 만족스럽고 편안한 마음으로 잠자리에 들었습니다.

이튿날 아침, 알라딘은 눈을 뜨자마자 아내를 깨웠습니다. 노예들이 들어와서 아내를 아름답게 꾸며주자 남편도 이 세상에서 가장 호사스러운 옷을 입은 뒤, 두 사람은 다시금 재회의 기쁨을 만끽했습니다. 더욱이 공주는 그날 사랑하는 아버지를 오랜만에 만날 예정이었으므로, 더욱 마음이 들뜨고 설레었습니다.

한편 국왕은 사위를 추방한 뒤 매일 딸 잃은 것을 슬퍼하며 밤낮으로 틈만 있으면 방에 앉아서 여자처럼 눈물짓고 있었습니다. 그도 그럴 것이 공주는 외동딸로, 다른 자식이 아무도 없었기 때문입니다. 그래서 매일 아침 눈을 뜨면 얼른 창문을 열고 전에 알라딘의 성이 있던 곳을 바라보면서 눈이 짓무르도록 눈물을 흘리곤 했습니다.

그날도 새벽에 눈을 뜬 왕은 언제나처럼 자리에서 나와 무심코 창밖을 바라보았습니다. 그런데 이게 웬일입니까! 놀랍게도 눈앞에 알라딘의 성이 예전과 다름없이 서 있지 않겠습니까?

왕은 이게 꿈이 아닌가 하고 눈을 비빈 뒤 다시 가만히 바라보니, 그것은 틀림없는 알라딘의 성이었습니다. 왕은 당장 말을 준비시키고*66 말에 안장이 얹히기가 무섭게 얼른 뛰어올라 앉아 알라딘의 성을 향해 정신없이 달려 갔습니다.

알라딘은 왕이 다가오는 모습을 보자 얼른 내려가서 맞이하여 손을 잡고 공주의 방으로 안내했습니다. 공주도 한시바삐 아버지를 만나고 싶어 방에서 달려나왔습니다. 왕은 두 팔을 벌려 공주를 얼싸안고 기쁨의 눈물을 흘리면서 입을 맞추었습니다.

이윽고 알라딘이 두 사람을 2층 손님방으로 안내하여 셋이서 자리를 잡고 앉자, 왕은 공주의 신상에 일어난 일을 자세히 묻기 시작했습니다.

바드르 알 부즈르 공주는 자신의 신상에 일어난 불행한 사건을 차근차근 애기했습니다.

"아버님, 어제 남편의 모습을 보고 저는 비로소 목숨을 건졌구나 생각했어요. 그 저주받을 마법사 마그리브인의 손에서 저를 구해준 사람은 바로 남편이었어요. 이 넓은 대지 위에 저토록 끔찍한 악당은 어디에도 없을 거예요. 사랑하는 제 남편이 없었더라면 저는 그 악당에게서 평생 벗어나지 못하고, 이렇게 살아서 다시 아버님을 만나는 일도 없었을 거예요. 오, 아버님! 저는 틀림없이 슬픔의 바닷속에 빠져 죽고 말았겠지요. 아버님뿐만 아니라 남편까지 잃어버렸을 테니까요. 그 무서운 마법사에게서 저를 구해 준 남편을 저는 평생 은인으로 여기며 살아가겠어요."

공주는 자신의 신상에 일어난 일을 처음부터 끝까지, 즉 그 마그리브인이 램프장수로 변장하여 헌 램프를 새 램프로 바꿔주겠다고 속인 일, 그 가치도 모르고 헌 램프를 주고 새것과 바꾸면서 램프장수의 어리석은 행동을 비웃은 일 등을 자세히 얘기해 주었습니다.

"정신이 들었을 때 우리는 어느새 성 안의 모든 것과 함께 아프리카로 옮겨져 있었어요. 그러다가 남편이 찾아와서 달아날 수 있는 계략을 세워주었지요. 알라딘 님이 서둘러 구원하러 달려와주지 않았더라면, 저는 틀림없이 그 역겨운 마법사의 흉악한 손길에 걸려들어 파멸하고 말았을 거예요."

그런 다음 공주는 술에 마취제를 타서 마법사에게 마시게 한 과정을 처음부터 끝까지 얘기하고, 마지막으로 이렇게 말했습니다.

"이윽고 남편이 마법사를 처치하고 돌아왔어요. 그리고 어떻게 했는지 모르지만, 어쨌든 우리는 아프리카에서 이곳으로 돌아온 거예요."

그러자 알라딘은 마법사가 정신없이 잠에 빠진 모습을 보고, 먼저 아내와 시녀들을 불결한 장소에서 다른 방으로 보낸 다음, 아내가 가르쳐준 대로 마법사의 품속에서 램프를 꺼낸 일, 그리고 그 악당을 칼로 쳐 죽인 일, 마지막으로 램프의 노예를 불러내어 성을 원래의 장소로 옮기라고 명령한 경위를 자세히 얘기한 다음, 이렇게 덧붙였습니다.

"만일 저희 이야기를 의심스럽게 생각하신다면, 이제부터 저희와 함께 가셔서 그 저주받을 마법사를 보십시오."

알라딘의 말에 따라 마법사가 죽어 있는 모습을 본 왕은, 곧 그 시체를 내다가 불태우고 그 재를 공중에 뿌리라고 명령했습니다.

그런 다음 왕은 사위를 끌어안고 입을 맞춘 뒤 말했습니다.

"오, 아들아, 용서해 다오. 그 악질 마술사의 계략으로 하마터면 그대의 목숨을 빼앗을 뻔했구나. 내가 그대에게 한 짓을 용서해 다오. 나는 다만 바드르를 잃은 슬픔을 견딜 수 없어서 그랬던 것이다. 나에게 하나밖에 없는 공주는 이 왕국보다 더 소중하다. 그대도 알고 있겠지만, 부모의 정이라는 것은 어디까지나 자식에게 가는 법이니까. 특히 나처럼 사랑하는 자식이 하나밖에 없으면 더 말할 것도 없지."

왕은 이렇게 변명하면서 사위 알라딘에게 몇 번이나 입을 맞추었습니다. 그러자 알라딘이 말했습니다.

"오, 인자하신 임금님, 임금님께서는 신의 율법에 어긋나는 일은 절대 하시지 않았으며 저도 아무런 죄를 범하지 않았습니다. 이 모든 일은 저 악질 마법사로부터 비롯된 것입니다."

이윽고 왕이 온 도성을 아름답게 장식하라고 명령하자, 신하들은 당장에 성대한 잔치를 열었습니다. 왕은 또 포고관을 방방곡곡에 파견하여 이렇게 알리게 했습니다.

"오늘은 큰 축제일이다. 바드르 알 부즈르 공주와 그 남편 알라딘 님께서 무사히 돌아오신 것을 기념하여, 앞으로 30일 동안 온 나라의 구석구석에서 축하 잔치를 열도록 해라!"

그런데 마술사의 시체를 불태워서 그 재를 공중에 뿌리기는 했으나, 아직 알라딘의 재난은 완전히 끝난 것이 아니었습니다. 그 마법사에게는 그 형보다 더욱 악하고 못된 아우가 있었는데, 그 아우는 마술과 흙점과 점성술에 있어서는 형보다 솜씨가 훨씬 뛰어났습니다. 옛 속담에도 있듯이 '오이를 둘로 가른 것'*67처럼 똑같은 두 사람은 각자 다른 세계에서 살며,*68 자신의 마술과 사기와 부정한 행위로 세상을 차지할 작정이었던 것입니다.

어느 날 이자가 문득 형이 어떻게 지내나 알고 싶어 모래판을 꺼내어 점을 쳐보니 중국에서 무참한 최후를 마친 것으로 점괘가 나왔습니다. 게다가 살해한 자는 알라딘이라는 젊은이란 사실도 알아냈습니다.

마법사의 아우는 곧 여행채비를 하여 길을 떠나서 들판을 지나고 산과 언덕을 넘어 여러 달 동안 여행을 했습니다. 마침내 그는 중국에 들어가 형을 살해한 알라딘이 살고 있는 왕국의 수도에 이르렀습니다.

그는 우선 외국인이 묵는 대상객주에 방을 빌려 잠깐 휴식을 취했습니다. 그러나 곧 밖으로 나간 동생은 알라딘을 죽일 방법을 찾아 여기저기 거리를 돌아다녔습니다.

그러다가 시장 안에 한 아름다운 커피가게가 있어서 들어가 보았습니다. 그곳에는 많은 사람이 모여 만칼라 놀이*69나 주사위 놀이*70를 하고 장기를 두면서 세상 이야기를 나누고 있었습니다.

마법사의 아우도 거기 앉아서 주위 사람들의 이야기에 귀를 기울이고 있는데, 마침 사람들은 파티마*71라는 늙은 여자 성자에 대해 이야기를 하고 있었습니다.

그 노파는 늘 성 밖의 굴속에서 경건한 고행을 하고 있으며, 성내에는 한 달에 두 번밖에 오지 않지만, 지금까지 수많은 기적을 일으켰다는 것이었습니다.

마법사의 아우는 그 이야기를 듣고 속으로 생각했습니다.

'옳지, 바로 이거다! 이제, 그 노파를 이용하여 소원을 풀어야겠다.'

마법사의 아우는 경건한 노파가 행한 기적을 얘기하고 있는 사람들 곁으로 가서 그중 한 사람에게 말을 걸었습니다.

"여보시오, 형씨들은 아까부터 파티마라는 성녀 이야기를 하고 계시는데, 그분은 어떤 분이며 어디서 사시는지요?"

그러자 그 사내가 소리쳤습니다.

"어허! 이상한 사람이군! 이곳에 살면서 파티마 님의 기적을 모른단 말이오? 아마 당신은 외국인인 모양이군. 신심이 깊은 그 성녀의 단식에 대해서도, 세속을 끊은 금욕도, 또 신을 공경하는 아름다운 정신도 아직 당신의 귀에 들어가지 않을 걸 보면 말이오.”

“그렇습니다, 나리. 나는 간밤에 이 도성에 들어온 외국인이라오. 그러니 그 성녀의 기적에 대한 것과 사는 곳을 좀 가르쳐주시구려. 사실 내가 몹시 불행한 일을 당하여 그분을 찾아가서 기도를 부탁하고 싶어서 그러오. 그러면 만에 하나 알라(부디 영광을 누리시기를!)의 축복을 얻어 이 고난에서 구원받을지도 모르지 않소.”

그러자 그 사람은 성녀 파티마의 기적과 신앙에 대해 이야기해 준 다음, 그를 성 밖으로 데리고 가서 언덕 꼭대기에 있는 파티마의 동굴로 가는 길까지 가르쳐주었습니다. 마법사의 아우는 몇 번이나 고맙다고 인사한 뒤 자신의 숙소로 돌아왔습니다.

그런데 그 이튿날 마침 파티마가 성 안에 들어왔습니다. 마그리브인 마법사도 바로 그때 숙소를 나와 사람들이 많이 모여 있는 광경을 보았습니다. 그래서 무슨 일인가 하고 가까이 다가가 보니, 그 성녀가 사람들 속에 서 있고, 번민과 질병으로 고통받고 있는 사람들이 너도나도 노파를 둘러싸고 그 축복과 기도를 청하고 있었습니다.

그런데 파티마의 손이 닿으니, 정말 신기하게도 순식간에 몸에서 고통이 사라져 버리는 것이었습니다.*72

그날 무어인 마법사는 성녀의 뒤를 밟아 동굴로 돌아가는 것을 봐 둔 뒤, 밤이 되기를 기다렸다가 술을 얼른하게 한 잔 마신 다음 동굴로 찾아 들어갔습니다.

성녀는 조그마한 돗자리에 반듯하게 누워 있었습니다.*73 마법사는 다짜고짜 그 배 위에 올라타고는 칼을 겨누었습니다. 성녀는 깜짝 놀라 몸을 움츠렸습니다.

“이 늙은 계집, 잘 들어라! 소리 지르면 당장에라도 숨통을 끊어 놓을 테니 일어나서 내가 시키는 대로 해라.”

마법사는 자신이 시키는 대로만 하면 죽이지는 않겠다고 약속했습니다. 마법사가 성녀의 가슴팍에서 일어나자, 파티마도 몸을 일으켰습니다. 그러자 마법사가 말했습니다.

“네 옷을 모두 이리 내놔. 그리고 너는 내 옷을 입어라!”

성녀는 자기 옷과 얼굴 가리개, 그리고 긴 허리띠, 장옷까지 가져다주었습니다.

"내 얼굴빛을 너처럼 해야겠는데 뭐 바를 것은 없느냐?"

그러자 성녀는 동굴 속으로 들어가서 약 항아리를 가져오더니 고약 같은 것을 꺼내어 마법사의 얼굴에 칠해 주었습니다. 그런 다음 지팡이*74를 건네주고, 걸음걸이와 성에 들어갔을 때의 행동요령도 가르쳐준 뒤, 목에 염주를 걸어주었습니다. 마지막으로 성녀는 거울을 내밀면서 이렇게 말했습니다.

"이걸 보시오! 나하고 똑같구려."

과연 거울을 보니 파티마와 쌍둥이처럼 똑같아서, 마치 그 성녀는 처음부터 어디에도 없었던 듯했습니다. 그런데 마법사는 모든 목적을 이루고 나자, 자신의 약속을 짓밟고 끈을 하나 달라고 했습니다. 그리고 성녀가 그것을 가져오자, 상대를 그 자리에서 목 졸라 죽이고 말았습니다. 성녀의 숨이 끊어지자, 마법사는 시체를 동굴 밖으로 끌어내서 근처에 있는 다른 굴속에 처넣었습니다.

동굴에서 밤을 보낸 마법사는 날이 새자 성 안으로 들어가서 알라딘의 성 밑에 가 섰습니다. 이윽고 그의 주위에 사람들이 새까맣게 모여들었습니다. 모두 마법사를 성녀인 줄 알았기 때문입니다. 마법사는 평소에 성녀가 하는 짓을 흉내내기 시작했습니다. 괴로워하는 자의 머리 위에 두 손을 대고 코란의 문구를 외거나 기도를 드렸습니다.

마침 사람들의 떠들썩한 소리를 들은 바드르 공주는 시녀를 돌아보며 말했습니다.

"무슨 일인지 가보고 오너라. 왜 이리도 소란스러울까!"

그러자 환관장은 무슨 일인가 하고 뛰어나갔다가 곧 돌아와서 보고했습니다.

"공주님, 저 소란은 성녀 파티마 때문입니다. 괜찮으시다면 이리 데려오겠습니다. 그러면 공주님께서도 저 성녀의 손으로 축복을 받으실 수 있을 겁니다."

"얼른 모시고 오너라. 나도 그 성녀의 기적과 공덕에 대한 이야기는 듣고 있었어. 한번 뵙고 직접 축복을 받고 싶구나."

환관장은 밖으로 나가 파티마로 변장한 모로코인 마법사를 데려왔습니다.

마법사는 바드르 알 부즈르 공주 앞에 서자, 먼저 염주를 굴리면서 한바탕 기도를 드리며 공주를 축복하기 시작했습니다. 그 자리에 있던 사람들은 모두 그가 성녀 파티마라는 것을 믿어 의심치 않았습니다. 공주는 얼른 일어나서 인사하고 마법사를 자기 옆에 앉혔습니다.

"오, 파티마 님, 저는 성스러운 할머니의 손으로 축복받고 싶으니, 이제부터 제 옆에 계시면서 신앙의 길을 가르쳐주세요."

그런데 이 모든 것은 저주받을 아프리카인의 나쁜 음모로, 아직도 음흉한 계략을 써서 마지막 복수를 이룰 작정이었던 겁니다. 그래서 마법사는 이렇게 대답했습니다.

"오, 공주님, 저는 사막에 사는 가난한 행자라 도저히 임금님의 궁전에선 살 수가 없습니다."

"파티마 님, 그런 것은 개의치 마세요. 이 성 안에 방 하나를 정해 드리겠어요. 그러면 누구도 두려워할 필요 없이 신을 섬길 수 있어요. 그렇게 하는 것이 동굴에서 알라를 섬기는 것보다 훨씬 편하지 않겠어요?"

"그럼, 그리 하겠습니다. 어찌 공주님의 분부를 어길 수 있겠습니까? 다만 식사와 일상생활만은 제 방에서 저 혼자 하게 해 주십시오. 식사도 좋은 음식은 필요 없습니다. 매일 시녀를 통해 빵 한 조각과 물 한 그릇만 주시면 됩니다."

마법사는 식사 때 베일을 쳐들다가 턱수염과 입수염이 드러나서 남자임이 탄로 날까 봐 그렇게 말한 것이었습니다.

"오, 파티마 님, 안심하세요. 뭐든지 할머니 뜻대로 해 드릴 테니까요. 그럼 거처하실 방을 보여 드리겠어요."

바드르 공주는 일어나서 성녀로 변장한 마법사의 손을 잡고 어느 방으로 데리고 갔습니다.

"파티마 님, 이 방이라면 마음 편히 지내실 수 있을 거예요. 안전하고 누구의 눈에도 띄지 않을 테니까요. 방 이름은 당신 이름으로 부르기로 하겠어요."

이 말을 듣자 마법사는 공주의 친절에 감사해하고, 기도를 드렸습니다. 그런 다음 공주는 덧문과 24개의 창문[75]이 있는, 온통 보석을 박은 정자를 보여주며 물었습니다.

"파티마 님, 이 정자를 보시니 어때요? 무척 아름답지요?"

"오, 공주님, 정말 입으로 표현할 수 없을 만큼 훌륭합니다. 이 세상의 어느 곳을 찾아보아도 이 성에 비길 만한 곳은 없을 거예요. 하지만 안타깝게도 한 가지 빠진 것이 있군요. 그것만 있다면 훨씬 더 아름다울 텐데."

"어머나, 파티마 님, 빠진 것이라니요? 훨씬 더 아름답게 해 줄 거라는 그 한 가지가 도대체 뭘까요? 제발 가르쳐주세요. 지금까지 나는 이보다 더 완벽할 수는 없다고 생각했는데."

"오, 공주님, 둥근 천장 한가운데 루흐라는 큰 새알*76이 매달려 있지 않군요. 그것만 있으면 삼천세계의 그 어느 것도 이 성과 어깨를 겨룰 수 없을 거예요."

"그건 어떤 새인가요? 그리고 그 알은 어디에 있어요?"

"공주님, 루흐는 낙타건 코끼리건 발톱으로 움켜잡고 날아갈 수 있는 큰 새지요. 그만큼 크고 힘이 센 새라서 카프 산에서 가장 많이 볼 수 있답니다. 이 성을 지은 장인이라면 루흐의 알쯤은 구해 올 수 있을 텐데."

이윽고 점심식사 시간이 되어 두 사람은 얘기를 중단했습니다. 시녀가 식탁을 차리자, 바드르 공주는 저주받을 아프리카인에게 식사를 함께하자고 말했습니다. 그러나 그는 초대에 응하지 않았습니다. 무슨 일이 있어도 응할 수 없는 사정이 있었기 때문입니다. 마법사는 벌떡 일어나 아까 공주가 내준 방으로 돌아가 버렸습니다. 그래서 노예여자들은 나중에 저녁식사를 그곳으로 가져다주었습니다.

그러는 사이 해가 지자 알라딘이 사냥터에서 돌아왔습니다. 마중 나온 공주를 가슴에 끌어안고 입을 맞춘 알라딘은, 공주의 얼굴에 어딘지 모르게 슬픈 그림자가 감돌고 있음을 알아차렸습니다.

"왜 그러오, 공주? 무슨 걱정거리라도 생겼소?"

"아니에요, 아무것도 아니에요. 하지만 나의 눈동자인 알라딘 님, 이 성에는 아무것도 부족한 게 없는 줄 알았는데, 둥근 천장에 루흐라는 새알이 매달려 있으면, 아무리 세상이 넓어도 정말 비할 데 없는 보물이 될 거예요."

"그런 하찮은 일로 슬퍼하고 있었소? 그거야말로 아무것도 아니지. 자, 기운을 내요. 눈 깜짝할 사이에 대지의 심연에서라도 구해오게 할 테니까."

알라딘은 이렇게 말하고 자기 방에 들어가서 램프를 문질러 마신을 불렀

습니다.*77

"무엇을 도와 드릴까요?"

"루흐라는 새알을 하나 가져와서 내 누각의 천장에 매달아다오."

그러자 뜻밖에도 마신의 얼굴이 처참하게 분노로 일그러지면서 무시무시한 목소리로 소리를 질렀습니다.

"이 은혜를 모르는 놈 같으니! 나를 비롯하여 램프의 노예가 모조리 너를 섬기고 있는데, 그래도 부족해서 우리 여왕님*78을 데려다가 너와 네 여편네의 눈을 즐겁게 하려고 천장에 매달아 달란 말이냐! 알라께 맹세코 당장에 너희 둘을 재로 만들어서 공중에 뿌려주고 싶다만, 아직 너희가 착한 것과 악한 것을 잘 분별하지 못하는 것 같으니 이번만은 용서해 주겠다. 그런데 한 가지 귀띔해 주겠다만, 이번 일은 마그리브인 마법사의 동생인 저주받을 마법사가 공주님을 부추긴 일이다. 그놈은 동굴 속에서 성녀 파티마를 죽이고 자신이 파티마로 변장하여 이 궁전에 들어와 있다. 그놈은 죽은 형의 원수를 갚기 위해 너를 죽이려 하고 있다. 네 아내를 부추겨서 루흐라는 새의 알을 둥근 천장에 매달라고 한 것도 그놈이다."

이렇게 말하고 마신은 사라져 버렸습니다.

알라딘은 마신의 무서운 형상에 기겁하여 벌벌 떨었으나 곧 용기를 내어 자신의 방을 나가 아내에게 갔습니다. 그리고 짐짓 머리가 아픈 시늉을 해보였습니다.

그것은 진작부터 파티마가 이러한 고통을 고치는 신통력이 있다고 소문을 들었기 때문입니다. 바드르 공주는 남편이 한 손으로 머리를 짚으면서 기분이 좋지 않다고 말하자 무슨 일이냐고 물었습니다.

"어찌나 머리가 아픈지 견딜 수가 없소."

아내는 당장 시녀를 시켜서 파티마를 불러 남편의 머리에 손을 얹어달라고*79 분부했습니다. 그러자 알라딘이 물었습니다.

"그 파티마라는 사람은 누구를 말하는 것이오?"

그래서 공주는 성녀 파티마를 불러들여 방을 하나 내준 사실을 고백했습니다. 곧 노예처녀들이 나가서 마법사를 불러왔습니다. 드디어 마법사가 모습을 나타내자, 알라딘은 일어나 반갑게 맞이하면서 마치 상대의 음모 같은 건 꿈에도 모르는 사람처럼 인사했습니다.

그리고 상대가 진짜 파티마인 것처럼 옷소매 끝에 입을 맞춘 뒤, 예의를 다해 정중하게 말했습니다.

"오, 파티마 님, 부디 나에게 자비를 베풀어주십시오. 나는 당신이 평소에 수많은 사람의 고통을 낫게 해 주신 것을 잘 알고 있습니다. 사실 제가 머리가 아파서 견딜 수 없으니 좀 고쳐주십시오."

저주받을 모로코인은 바라던 바이기는 하지만, 설마 이토록 정중한 대접을 받으리라고는 생각도 하지 못했습니다. 마법사는 알라딘에게 다가가서 한 손은 머리에 얹고 한 손은 품속에 넣어 슬쩍 비수를 뽑았습니다.

그런데 그 모습을 가만히 지켜보고 있던 알라딘은 마법사가 칼집에서 칼을 뽑는 순간 날쌔게 마술사에게 덤벼들어 그의 손에서 칼을 빼앗아 상대의 가슴 깊숙이 찔러 넣었습니다.

이 광경을 보고 바드르 공주가 비명을 질렀습니다.

"오, 어쩌자고 당신은 이 성스러운 파티마 님을 죽이시나요? 이 성녀의 피를 흘려 그 무거운 짐을 자신의 목에 걸려 하시다니! 그 수많은 기적을 일으킨 성녀 파티마 님을 죽이시다니, 당신은 신이 두렵지도 않으세요?"

"아니오, 내가 죽인 자는 성녀 파티마가 아니라 그녀를 죽인 하수인이오. 이놈은 바로, 전에 마술을 써서 당신을 납치하고 내 성을 아프리카로 옮겼던 그 저주받은 마그리브인 마법사의 아우요. 이 괘씸하고 얄미운 동생 놈은 형의 원수를 갚기 위해 나를 해치려고, 우리 도성으로 달려와서 파티마를 살해한 뒤, 그 여자로 변장하여 우리에게 접근했던 거요. 나에게 루흐 새의 알을 가져오도록 당신을 부추긴 것도 이놈이오. 램프의 노예에게 그런 부탁을 하면 내가 죽게 될 거라고 생각한 것이지. 내 말이 미심쩍다면, 여기 와서 이 시체를 자세히 봐요."

알라딘이 마법사의 베일을 걷자, 바드르 알 부즈르 공주의 눈에는 얼굴이 거의 턱수염으로 뒤덮다시피 한 남자의 모습이 들어왔습니다. 공주는 그제야 모든 것을 깨닫고 남편에게 말했습니다.

"오, 여보, 저는 두 번이나 당신을 죽음의 구렁텅이로 몰아넣었군요."

"그러나 당신의 사랑스러운 눈동자의 축복 덕분에 모두 별일 없이 끝났소. 당신을 위해서라면 나는 어떠한 재난도 물리칠 수 있어요."

이 말을 듣자 공주는 알라딘의 품에 와락 뛰어들어 입을 맞췄습니다.

"오, 사랑하는 내 남편! 이 모든 것은 다 당신을 사랑하기 때문이었어요. 일이 이렇게 될 줄은 꿈에도 몰랐으니까요. 어쨌든 당신의 이 다정한 마음은 평생토록 잊지 않겠어요."

알라딘도 아내에게 입을 맞추며 가슴에 꼭 껴안아 주었습니다. 이렇게 온갖 재난을 당하면서도 두 사람의 사랑은 더욱더 깊어만 갔습니다.

마침 그때 왕이 찾아왔으므로 두 사람은 자초지종을 얘기하고 마법사의 시체를 보여주었습니다. 그러자 왕은 시체를 불태우고 마법사 형과 똑같이 그 재를 공중에 뿌리라고 명령했습니다.

그리하여 알라딘은 아내 바드르 알 부즈르 공주와 함께 온갖 즐거움을 누리면서, 그 뒤로는 어떠한 재난도 없이 행복하고 평화로운 세월을 보냈습니다.

이윽고 왕이 세상을 떠나자 알라딘이 옥좌에 올라 왕국의 백성들에게 선정을 베푸니, 백성들은 한결같이 새 왕을 존경하고 사랑했습니다.

그리하여 알라딘과 왕비는 모든 환락을 파괴하고 교제를 끊는 죽음이 찾아올 때까지 평화롭고 행복한 삶을 누리며 화목하게 살았습니다.

멸망하지 않고 영원히 살면서, 운명으로 하여금 언제나 올바른 자의 편에 서게 하시는 알라께 영광 있으라!

〈주〉

＊1 알라딘(Alaeddin)은 '신앙(알 딘)의 높이, 또는 영광(알라)'이라는 뜻이다. 오래된 형태인 Aladdin이 그 발음을 아주 잘 나타내고 있다. 이 이름은 《아라비안나이트》에도 이미 나왔기(249번째 밤과 250번째 밤) 때문에 영국에서는 널리 알려진 이름이다.

동양인은 이것을 다섯 가지로 쓴다. 파리 사본에서는 'Ali al-Din이라고 되어 있는데, 이것은 명백하게 틀린 것이다. 그 밖의 철자로는 (1)'Ala al-Din (2)'Ala yadin (3)'Alah Din(힌두스탄어역) (4)'Alaa al-Din이 있고, 이 마지막 것만이 문법에 맞다.

알라딘 이야기는 판디트 나티사 샤스트리(Pandit Natisa Shastri)가 편집한 《드라비다 야화 Dravidian Nights Entertainments》(Madara Kamara-Sankadai, 마드라스, 1868)의 제2화에 원시적인 형태로 나와 있다.

또한 알라딘은 연극으로도 인기가 높아서, 금세기〔19세기〕 초에 이것을 프랑스 무대에 소개한 것은 에티엔느(Etienne)의 오페라, 테올롱(Théaulon)의 《작은 종 La Clochette》, 스크리브(Scribe)와 멜스빌(Melesville)의 공동작 《작은 램프 La Petit

-*Lampe*〉, 메를(Merle), 카르투쉬(Cartouche), 산틴느(Sanitine) 등이었다.

＊2 구실을 못하는 사람(good for nothing at all)은 아랍어로 아바단('Abadan)이라고 하며, 이 사본에서 많이 사용되고 있고 용법도 정확하다. 이 말은 항상 미래에만 사용되며, 과거를 표현할 때는 카타(Katta)(그는 잘랐다)에서 나온 카투(Kattu)를 사용한다.

＊3 마그라비(Maghrabi)는 고전 아랍어에서는 마그리브인(Maghribi)이며, 원래의 뜻은 '그는 멀리 가버렸다' '태양은 가라앉았다' 등. 그래서 마그리브인은 '태양이 지는 나라, 즉 서쪽에 사는 사람들'(본문의 약간 앞쪽을 읽기 바란다)이 되는 셈이다. 그 밖의 점에 대해서는〔무어인이나 모로코인과의 관계 등〕609번째 밤과 905번째 밤을 참조하기 바란다. 무어인(Moormen)은 마법사로 유명하다. 〔참고로, 서쪽의 마그리브에 대응하여 동쪽을 의미하는 사라센이라는 말이 있다.〕

＊4 이슬람교도들 사이에서 인기가 높은 속담으로, 《아라비안나이트》에도 여러 번 나왔다. 아들은 '어두운 집안의 등불'이다—106번째 밤.

＊5 이 도시는 알 마디나(Al-Madinah)〔일반적으로는 메디나라고 함〕가 아니라 카이로를 가리키는 게 분명하다. 전자의 칭호는 알 무나와라(Al-Munawwarah)＝'빛의 도시'이다.

＊6 토요일은 십계의 제4계율에서 신의 안식일로 정해졌다. 114번째 밤 참조. 〔이를테면 출애굽기 제20장에는 "안식일을 기억하고, 이를 성스럽게 여겨라……"고 되어 있다.〕 몇 세기 동안 더없이 엄격하게 지켜진 뒤 서서히 희미해져 갔는데, 나는 그 이유를 알 수가 없다. 고린도 후서 제16, 17장〔이 책은 13장에서 끝나므로 16, 17장의 내용은 명확하지 않음〕의 글귀는 분명히 신에 의해 그토록 특별히 엄격하고 강력하게 주어졌고, 게다가 인간에 의해 매우 엄중하게 준수된 명령을 폐기하거나 그것에 의해 바꾸기에는 충분하지 않다.

일반적으로 널리 통하는 개념은 유대교도의 안식일(Sabbath)은 그리스도에 의해 폐기되었고, 1604년의 각종 종교회의, 이를테면 라오데키아 회의는 그런 식으로 토요일을 신성시한 사람들을 파문했다.

시대와 함께 그 의도와 목적이 변하여, 초기의 신부들은 토요일을 '부활을 축하하는 날(Feast of the Resurrection)'로 만들었다. 우리나라의 안식일 엄수주의자들이 지키는 '안식일 엄수주의(Sabbatismus)'는 이스라엘〔유대〕적인 관행으로 돌아가면서도 잘못된 날〔즉 일요일〕을 신성시하는 것으로, 그것은 이단이고 매우 불합리리다.

＊7 원문에 베끼어 쓰면서 잘못된 점이 있는데, 아마 자라바 라믈(Zaraba raml)＝'그는 모래를 평평하게 골랐다', 즉 '흙점을 치는 그림을 그렸다'라는 뜻일 것이다.

＊8 이 생각은 장미십자회(Rosicrucians)의 '영원한 빛(Iume eterno)'에서 빌려 온 것. 〔장미십자회는 17, 8세기 무렵 유럽에서 일어나, 연금술과 영생술 등을 비밀리에 연구했다.〕

이 관념은 아직도 시리아 곳곳에 널리 퍼져 있으며, 히브리인, 그리스인, 로마인 등이 묻은 묘지용 작은 램프가 '영원한 빛'으로 불리고 있다. 수백 년이 지난 지금도 계속 켜져 있는 램프가 발견되었다는 얘기도 많이 전해지고 있다. 그러나 여행자는 그런 신비를 결코 볼 수 없다.

*9 도장반지와 그 모험에 대해서는 사모스 섬의 참주 폴리크라테스(Polycrates)가 얽힌 전설 속에서 헤로도토스가 처음으로 언급했다.

〔《역사》 제3권 39장 이하 참조. 간단하게 이 전설을 설명하면, 오랫동안 번영과 행운을 누려오던 폴리크라테스는, 어느 때 장래 일을 서로 굳게 맹세한 친구 아마시스 이집트 왕으로부터 신들은 질투심이 강하므로 뭔가 불행을 겪고 슬퍼하는 것이 좋다, 그러니 네가 가장 소중하게 여기는 보물을 사람들 눈에 띄지 않는 곳에 버리라는 충고를 듣는다.

그래서 폴리크라테스는 바다에 나가 에메랄드가 박힌 황금 도장반지를 바닷속에 던져버린다. 그런데 대엿새 뒤에 어부가 바친 커다란 물고기 배 속에서 그 반지가 나온 것이다. 그래서 이 사실을 아마시스에게 알리자, 아마시스는 폴리크라테스와의 우호관계를 해제한다. 만약 그가 큰 불행을 당해 고난을 겪더라도, 자신은 이제 아무 관계가 없으니 휘말리지 않아도 된다는 것이었다.〕

여기서 잠시 내 의견을 얘기한다면, 이 우연한 사건〔반지가 물고기 배에 들어 있었던 것〕은 아마도 사실을 근거로 하고 있을 거라는 것이다. 어부라면 누구나 알고 있듯이, 어류는 반짝반짝 빛나는 것이나 그 밖의 먹이를 집어삼킨다.

그 원형은 솔로몬의 도장반지에 관한 《탈무드 Talmud》의 이야기이다. 마왕은 병 속에 갇힌 뒤, 멋진 비밀을 가르쳐준다는 조건으로 자신을 풀어달라고 애원했다. 그리고 현자〔솔로몬〕를 달콤한 말로 속여서, 그 반지를 바다에 던져 넣고 그 주인을 40마일이나 떨어진 곳에 버렸다. 그리하여 다윗의 아들〔솔로몬〕은 거지가 되었으나, 마침내 암몬 왕의 눈에 띄어 요리사의 우두머리가 된다. 그 뒤 솔로몬은 왕의 딸 나우자와 함께 달아났는데, 우연히 물고기를 굽다가 그 배 속에서 잃어버린 반지를 발견한다.

이슬람교판 이야기에서는, 솔로몬은 어떤 이교도 왕의 딸 아미나를 납치하여 자신의 하렘에 숨겼다. 어느 날, 목욕탕에 가기 전에 하늘·공기·물·대지, 이 네 수호천사로부터 선물로 받은 도장반지를 그 여자에게 맡겼다. 그런데 모습을 숨기고 주변을 어슬렁거리고 있던 강대한 마신 알 사푸르(3번째 밤과 491번째 밤 참조)가 그 반지를 빼앗아 솔로몬 왕의 모습으로 변신한다. 그 때문에 솔로몬 자신의 모습도 변하여 신하들은 그를 문밖으로 쫓아냈다.

그리하여 옥좌에 오른 알 사푸르는 온갖 부정을 저지르다가 마침내 대신 한 사람이 그 변신을 수상히 여겨 두루마리 법전을 큰 소리로 낭독한다. 그래서 마신은 비명을 지르며 달아나고, 반지는 바닷속에 빠진다. 솔로몬은 어떤 어부 밑에서 일하면서 급료로 하루에 물고기 두 마리를 받고 있었는데, 곧 물고기 배 속에서 자신의 반지를 발견하여 알 사푸르를 병 속에 가두어 버렸다.

*10 이것은 헤스페리데스와 이소페 왕(《캔터베리 이야기 Supplem, Canterbury Tales》 초
　서 협회 간행, '베린의 이야기(Tale of Beryn)')의 낙원이다.

　　　이 동산 중앙에 아름다운 나무가 있고

　　　·················

　　　은과 빛나는 황금의······

　　　〔헤스페리데스는 그리스 신화에서 황금사과의 낙원을 지킨 네 명의 자매를 가리킨
　다.〕또, 《카타 사리트 사가라》에는 줄기는 황금, 가지는 진주, 꽃봉오리와 꽃은 투명
　한 백진주로 되어 있는 나무들이 나온다.

*11 힌두스탄어 번역에서는 알라딘은 램프를 품속에 넣고 있었다. 게다가 양 소매와 품속
　에도 과일을 잔뜩 넣어 빠지지 않도록 허리둘레에 띠를 단단히 두르고 있었다.

*12 아프리카(아랍어로 아프리키야(Afrikiyah))는 여기서 아주 오래된 고전적인 의미로
　사용되었으며, 카르타고(튀니지) 주변의 한정된 지역, 즉 원래의 아프리카(Afica
　Propria)를 가리키고 있다. 그러나 필사생은 이것을 어떤 도시의 고유명사로 생각했
　다. 이를테면 '주다르와 그 형' 이야기(611번째 밤)에서도 파스와 미쿠나스(페즈와
　메키네즈)가 하나의 거류지로 바뀌어 있다.

　　마그리브인, 또는 모리타니인, 마로코(모로코)인은 이슬람권 전체를 통해 마법사로
　유명하다(609번째 밤 참조).

　　이슬람교도의 '아프리키야 왕'은 튀니지, 트리폴리, 콘스탄티나, 부기아(Bugia) 등
　의 네 지방으로 구성되어 있으며, 그 상당한 부분은 산하자(Sanhaja) 또는 신하가
　(Shinhaga)〔제나그(Zenag)라고도 하며, 여기서 근대의 세네갈(Senegal)이 유래했다〕
　의 베르베르족에게 장악되어 있었다. 또 원래의 아프리키야에서 부기아(바자이야
　(Bajaiyah))를 장악하고 있었던 유명한 종족은 자와와(Zawawah)족, 즉 유럽의 '주아
　브병(兵, Zouaves)'이었다. 〔주아브병은 아랍옷을 입은 경장보병을 말하며, 프랑스군
　의 지휘 아래 있었다.〕

*13 마법사는 젊은이를 죽이지 않고, 다만 혼자서 죽도록 내버려 두고 갔으므로 특별히
　살인죄를 범한 것은 아니라는 뜻.

*14 마법사는 자신이 준 선물을 잊을 리가 없지만, 힌두스탄어 번역은 있을 수 없는 사실
　을 다음과 같이 교묘하게 변명하고 있다. "동요한 나머지 마법사는 반지를 잊고 있었
　습니다. 그것은 알라의 섭리에 의해 알라딘이 궁지를 벗어날 수 있는 방법이 되었습
　니다. 또 실제로 이 마법사뿐만 아니라 흑마술을 쓰는 사람들은 종종 신의 섭리에 의
　해 불온한 야심을 저지당하는 것입니다."

*15 위선자는 아랍어로 무나피크(Munafik)라고 하며, 알 이슬람을 믿는 척하는 이단자이
　다. 그 진정한 의미에 대해서는 344번째 밤 참조. 이 형용사는 욕설의 정점에 있으므

로 맨 마지막에 든 것이다. 왜냐하면 7개의 지옥(816번째 밤) 중에서 가장 낮은 것은 '위선자'를 위해, 다시 말하면 불신자이면서 이슬람교도인 척하는 자를 위해 만들어졌기 때문이다.

＊16 여기서 두 번째 얘기를 그대로 되풀이하지 않기 위해서는 생략이 조금 필요했다. 그러나 중요한 대목은 조금도 생략하지 않았다.

＊17 '불을 끈다'는 아랍어로 타파이투 후(Taffaytu-hu)라고 하며, 이것이 올바른 용어이다. 전해오는 바로는, 《아랍어 사전 *Kamus*》의 저자로, 위대한 학자인 피로자바디(Firozabadi)〔이슬람력 817＝서기 1414년에 사망〕는 순수한 아랍어를 연구하기 위해 바다위족 여자와 결혼했는데, 그때 잠자리에 들면서 아내에게 이렇게 말했다. "우크툴리스 시라지(Uktuli's siraj)＝램프를 죽여라." 이에 아내는 다음과 같이 대답했다고 한다. "뭐라고요? 당신은 학자면서도 램프를 *끄*라고 말하지 않고 왜 죽이라고 하시는 거예요?"

＊18 자바비라(Jababirah)족을 비롯하여, 시리아의 전설에서 유명한 거인의 지배자들과 바샨(Bashan)의 왕 오그(Og)에 대해서는 677번째 밤 참조. 데르브로(기아바르(Giabbar)＝거인의 항 참조)는 이 자바비라를 히브리어의 Ghibbor, Ghibborim, 그리고 페르시아어의 Div, Divan 등과 결부하고 있다.

　시리아의 왕 아드('Ad)와 샤다드(Shaddad), 팔라스틴(Falastin, 펠리시테인), 아우지('Auj), 아말리크(Amalik), 바누 샤이트(Banu Shayth)〔샤이트족〕, 즉 세트의 자손도 거인족에 속해 있었다.

＊19 힌두스탄어 번역의 설명에 의하면, 어머니가 램프를 박박 문질렀기 때문에 마신은 어마어마한 소리를 내며 보기에도 무서운 모습으로 나타났다. 그러나 알라딘은 램프를 살짝 문질렀으므로 좀더 부드럽고 친절한 마신이 나타난 것이다. 본문은 갈랑의 번역에서 인용했다.

＊20 그래서 이를테면 중세 유럽에서는 로마교황의 칙서나 국왕의 친서는 경의를 표하여 머리 위에 얹었다. 다필드(Daffeld)가 번역한 《돈키호테》 제1부 제31장 참조.

＊21 1캐럿(아랍어로는 키라트(Kirat))은 반드시 그렇지는 않지만, 대개 금화 한 닢의 24분의 1이다. 184번째 밤과 749번째 밤 참조.

＊22 앞에서 큰 쟁반은 황금이라고 되어 있었는데, 그 다음부터는 은으로 적혀 있다. 이것은 아라비아의 이야기만이 갖는 많은 변경과 모순, 혼란의 하나이다.

　이 뒤에 유대인은 이슬람교도를 흔히 속인다는 보석상의 얘기가 나오는데, 이것은 사실일지도 모른다. 그러나 내 경험으로는 그리스도교도보다 유대인이 더 다루기 쉽다. 유대인은 아마도 나를 '속일(jew)'지 모른다. 하지만 그는 흥정에 있어서는 현명하여, 내가 실망하지 않도록 나에게도 어느 정도의 이익을 남겨줄 것이다. 그러나 그리스도교도는 내 가죽까지 벗겨가고도 아직도 벌이가 모자란다며 불평하리라.

* 23 그러는 동안 몇 년이 흘러 알라딘은 열다섯 살 소년에서 성년에 이른 것으로 생각할 수 있다. 힌두스탄어 번역에는 알라딘과 그의 어머니는 몇 년 동안 실을 잣고 쟁반을 팔아서 생활했다고 쓰여 있다.

* 24 뺨이 낮처럼 희고 머리카락이 밤처럼 검다는 것은 드물지 않은 비유이다.

* 25 이 설명은 서양에서는 우스꽝스럽게 들릴지도 모르지만, 동양에서는 진실이다. 모리 아(Morier)의 《악녀 엘도스 이야기 *Tale of Yeldoz, the wicked woman*》에서는, '셸 림'은 음울한 어머니의 얼굴 말고는 베일을 쓰지 않은 여자의 얼굴을 한 번도 본 적이 없었다. [모리아는 영국의 외교관이자 작가. 1780? ~1847년.]

* 26 앞에서 알 수 있듯이 반지와 램프의 마력은 소유자의 육체와 정신에까지 구석구석 미친 다. 그래서 '풋내기 소년'이 훌륭한 대신이나 전사, 정치가 등으로 변모하는 것이다.

* 27 동양에서는 그러한 물건을 가지고 있다는 혐의를 받기만 해도, 최소한 고문을 당하게 될 것이다.

　내가 구자라트 연대에 근무하고 있었을 때 목격한 것처럼, '땅속에서 발굴한 보물' 을 처리하는 실제적인 방법은 발견자를 옥에 가두고 고문하는 것이었다. 그것은 발견 한 물건을 조금이라도 숨기고 있지 않은지 확인하기 위해서이다.

* 28 이것은 오늘날에도 여전히 일반적인 호칭으로, 무례하거나 모욕적이라고 생각해서는 안 된다.

* 29 힌두스탄어 번역에서는, 알라딘은 그 말을 듣고 마치 마른하늘에 날벼락을 맞은 것처 럼 의식을 잃고 쓰러졌다.

* 30 중대한 순간에 음식을 찾거나 또 자주 식사에 대해 언급하는 것은, 19세기 문명인들 사이에서도 사라지지 않고 남아 있다. 독창적인 쥘 베른(《80일간의 세계일주》의 저 자)도 종종 지루한 장면에서 '자, 이제 아침식사를 합시다(Déjeunons)!'라는 말로 활 기를 불어넣었다. 영국 여행가와 마찬가지로 프랑스 여행가들도 언제나 적극적으로 먹고 마시는 것에 대해 얘기한다. 그것은 이 이야깃거리가 독자들에게 결코 불쾌한 것이 아님을 잘 알고 있기 때문이다.

* 31 힌두스탄어 번역에서는 결혼식의 모습이 묘사되어 있다. "결혼식이 화려한 장관을 이 룬 가운데 어전에서 막을 내리고 밤이 깊어지자, 환관들은 대신의 아들을 신부의 방 으로 안내했습니다. 신랑이 먼저 침상에 들었습니다. 이어서 장모가 된 왕비가 신부 의 손을 잡고 시녀들과 함께 신방에 들어왔습니다. 왕비는 세상의 부모들이 하는 대 로 처녀인 딸의 옷을 벗기고 잠옷으로 갈아입힌 뒤, 신랑의 품에 안기게 했습니다. 그런 다음, 신부에게 모든 기쁨이 있기를 기도하고 시녀들과 함께 방에서 나와 문을 잠갔습니다. 바로 그 순간 마신들이 나타났습니다."

* 32 변소에서 결혼한 날 밤을 보낸다는 유쾌한 착상은, 누르 알 딘 알리 하산과 꼽추 신 랑 이야기(21번째 밤)에서 빌려 온 것이다.

＊33 남녀 사이에 칼을 두고 자는 오래된 기사도적인 관행에 대해서는 770번째 밤을 참조하기 바란다. 폴란드에서는 결혼을 주선한 중매자가 갑옷을 입은 채 신부 옆에서 잤다.

＊34 무희 또는 무용수(Almah)는 직업적인 가수이자 전문 춤꾼이다. 원래 이 말은 알림('Alim) 즉, 학자의 여성형인데, 바이런의 다음의 시에 의해 영어화했다.

　　무희들(Almahs)은 열광적인 음유시인의 가락에 맞춰서 춤을 춘다(《해적 The Corsair》, ii. 2)

　　그녀들은 얼굴을 드러내고 거리를 돌아다니지만, 신분이 높은 집의 안채에는 좀처럼 들어가지 않는다. 물론 축제일 등에는 그런 집의 안마당이나 집 앞에서 춤을 출 때도 있다. 그러나 이집트의 상류층 부인들은 그것조차도 반대하고 있다. 레인은 성 제롬[학승 히에로니무스를 가리킨다]과 의견을 같이하여, 히브리어 또는 페니키아어의 알마(Almah)＝처녀, 소녀, 가희에서 나온 것으로 보고, 시편 제46편과 역대상 제15장 20절의 '알라모테(Alamoth)'를 그렇게 설명하고 있다.

＊35 휘장은 아랍어로 알 바슈하나(al-Bashkhanah)인데, 명백하게 이것은 페르시아어의 Pashkhanah가 본디 뜻과 다르게 전해진 것으로, 모기장(mosquito-curtain)을 말한다.

＊36 부왕은 공주가 처녀로서 아직 합방하시 못한 게 아닌가 의심한 것이다.

＊37 힌두스탄어 번역에서 어머니는 시장에서 돌아온다. "많은 사람이 좋은 옷을 입고 집 안에 모여 있는 것을 보고 몹시 놀랐습니다. 어머니는 방금 사온 음식을 내려놓고 베일을 벗으려고 했습니다. 그러나 알라딘은 그것을 말리면서 말했습니다……."

＊38 후궁(Serraglio)은 흔히 페르시아어의 세라이(Serai) 즉, 궁전에서 나온 것으로 알려 있다. 그러나 사실은 스페인어와 포르투갈어의 세라르(Cerrar)＝'가두다'를 어원으로 하고 있고, 유음(流音)[여기서는 r]을 겹쳐서 써야 한다.

＊39 힌두스탄어 번역에서는 노예들의 옷과 장식품에 금화 1천만 닢(카루르(Karur)＝ crore)의 값이 매겨졌다.

＊40 목욕탕의 큰 홀은 아랍어로 카르아(Kar'ah)라고 하며, 목욕탕 입구에 옷을 벗거나 갈아입도록 만들어 놓은 곳이다. 또한 카르아는 오늘날에는 보통 마슬라흐(Maslakh)라고 불리고 있다. 〔레인은 그의 저서 《근대 이집트인》에서 메슬라흐로 표기하고 있다.〕

＊41 공중목욕탕의 모든 조작, 즉 때 밀기, 안마, 비누로 씻기, 닦기 등을 모두 거쳤다는 뜻.

＊42 용연향(ambergris)이라는 미약에 대해서는 560번째 밤〔이 책 '선원 신드바드와 짐꾼 신드바드 이야기 주석 67〕 참조. 동양에는 미약을 다룬 자료가 매우 많다. 거의 모든 의학논문에는 마지막에 미약에 대한 긴 글이 실려 있다. 그것은 대략 세 종류로 나눌 수 있다. 첫 번째는 의약적인 것으로, 거기에는 몸의 외부에 쓰는 것과 먹는 방법이 있다. 두 번째는 기계적인 것, 이를테면 난도질, 채찍질, 그리고 일종의 야만족이 실

행하고 있는 곤충의 이용 등이다. 어느 늙은 브라만교 승려에 대해 옛날부터 전해오는 우스개 이야기에 의하면, 그의 젊은 아내는 남편에게 안기기 전에 언제나 어떤 부분을 벌에게 쏘이게 해달라고 졸랐다고 한다. 세 번째는 마술적인 것, 미신적인 것 등이다.

*43 이것은 영국인 귀에는 다소 과장되게 들릴지도 모른다. 그러나 바도다라 같은 작은 토후국의 왕도 정식 행차 때는 바꿔 탈 말을 몇 마리 앞세우며, 그 마구와 안장은 모두 다이아몬드를 박은 황금으로 만든 것이었다. 그 광경을 본 사람들은 입에 침을 흘렸다고 한다.

*44 이것은 최고의 영예였다. 아비시니아의 하라르에서는(버턴은 이 백인의 무덤이라고 일컬어진 도시에서 며칠 동안 머물렀다) 대공들조차 왕가의 출입구에서는 말에서 내려야만 했다. 졸저 《동아프리카에 찍은 첫 발자국 First Footsteps in East Africa》에 나와 있다.

*45 음악은 아랍어로 무시카(Musika)라고 하며, 고전적으로는 무시키(Musiki)＝Μουσιλη이다. 힌두스탄어 번역에서는 왕이 '신호를 하자, 큰북과 나팔 등, 온갖 종류의 악기로 즉시 사방팔방에서 가곡을 연주하기 시작했다.'

*46 수마키산 대리석은 아랍어로 마르마르 수마키(Marmar Sumaki)라고 하며 반암(斑岩)을 가리킨다. 고대 이집트에서 그 가장 아름다운 본보기가 생산되었다. 나는 안티레바논 산계에서 그 암맥을 발견했다. 묘한 일이지만, 나일 강의 고대 주민들이 가공한 그 유명한 노란색 대리석(giallo antico), 사문암(蛇紋岩) 대리석(verdantico), 빨간 대리석(rosso antico)(대부분 반암) 등을 생산한 채석장은 오늘날에는 전혀 찾을 수 없다.

*47 아랍어 원전에는 "모든 것이 에메랄드로 만들어진, 스물하고도 네 개의 작은 방이 딸린 정자(키오스크)가 있는데, 하나만이 미완성이었습니다"라고 되어 있다. 나는 '스물하고도 네 개의 창문이 있는 살롱(salon á vingt-quatre croisles)'으로 해독한 갈랑을 채택했다. 왜냐하면 아랍어 원전에도 이야기의 끝에 가면 창문으로 되어 있기 때문에, 처음부터 창문으로 해 두면 작은 방과 창문을 혼동하지 않을 수 있기 때문이다.

힌두스탄어 번역에는 "천장이 둥글게 되어 있는 망루가 있고, 사방의 벽에 여섯 개씩 창문(즉 스물네 개의 창문)이 있으며, 모두 다이아몬드가 박혀 있었습니다"라고 되어 있다.

*48 힌두스탄어 번역에는, 왕은 "베일을 쓰지 않고, 값비싼 보석으로 멋지게 장식한 알라딘의 어머니를 보고 깜짝 놀라, 속으로 중얼거렸습니다. '나는 머리가 새하얀 노파인 줄만 알았는데, 이제 보니 아직 한창때의 여자로서 고운 모습이 남아 있구나……'" 이것도 램프의 기적 가운데 하나였다.

*49 악마의 눈을 피하려고, 이것도 강철이 지닌 기능의 하나이다.

*50 두 개의 뿔을 가진 왕 이스칸다르(Iskandar, Lord of the Two Horns)는 알렉산드로스 대왕을 가리킨다. 464번째 밤 참조. [이 뿔의 해석에 대해서는 여러 가지 설이 있지만, 동쪽과 서쪽을 가리키는 것으로 해 둔다.]

*51 이 장면과 그 뒤의 묘사가 매우 소극적이어서 H. 초텐베르그[알라딘과 그 밖의 원전을 발견한 학자]는 이 이야기가 맘루크 왕조의 왕녀 한 사람을 위해 쓰인 것이 아닌지 의심스럽다고 말했다. 나도 그 소극적인 면은 인정하지만, 그러한 미덕 때문에 문제의 여성들이 이것을 환영했다고 생각하기는 어렵다.

*52 무생물(여기서는 창문)에 대한 이러한 호칭은 매우 관용적인 어법으로, 아랍어 연구가는 이것을 깊이 이해해야만 한다.

*53 이것이 바로 진정한 동양풍이며, 갈랑이 번역하기에 부적합하다고 생각한 의인법이다.

*54 '어머니들'은 주체이고, '딸들'은 종이다. 일름 알 라믈('Ilm al-Raml)='모래의 과학', 즉 흙점(geomancy)에 대해서는 202번째 밤 참조.

*55 이 문장은 갈랑한테서 빌려 온 것이다. 그가 말한 '어떤 뜨거운 음료(*certaine boisson chaude*)'는 명백하게 차를 의미한다. 힌두스탄어 번역에도 이 말이 보존되어 있다.

*56 즉 천체관측의와 지지(Zij), 다시 말해 운세도와 달력 등이다. 이븐 할리칸에 의하면, 프톨레마이오스가 아스트롤라베를 생각해 낸 것은 가축의 발굽에 밟혀 우연히 납작해진 천구의를 보고 나서라고 한다. 이 도구는 고대 아시리아인에게도 알려졌다.

17세기 프랑스 여행가 샤르댕(Chardin)(《항해기 *Voyages*》, ii. 149)은 페르시아판 시드로필(Sidrophil)(윌리엄 릴리(William Lily)의 별명이었다)을 상세히 묘사했다. [릴리는 영국의 점성가로, 그의 《점성술》은 1647년에 간행되어 오랫동안 권위서로 인정받고 있었다.]

"특히 이 페르시아인은 사람 손바닥만 한 크기, 보통 지름이 2~3인치쯤 되는, 멀리서 보면 메달 같은 아스트롤라베를 허리춤에 차고 다녔다."

그런 사람들은 자연의 점성술 즉, 천문학과 사건을 예언하는 판단적인 점성술을 두 개 다 실천했으며, 그로 말미암아 케플러(Kepler)[17세기 독일의 유명한 천문학자]는 이렇게 말했다.

"그녀, 즉 점성술은 어리석기는 했지만 현명한 어머니[천문학]의 딸로서, 그 어머니의 부양과 생명에 있어서는 이 어리석은 딸은 없어서는 안 되는 존재였다."

세비야의 이시도루스(Isidorus)[서기 560?~636년]는 처음에 이 두 부문을 구별하여, 뉴턴의 시대까지 함께 나란히 번영을 누렸다. 그래서 영어에도 많은 점성술어가 남아 있는 것이다. 이를테면 consider, contemplate[모두 별을 관측하여 운명을 판단한다는 뜻], disaster[천체의 불길한 상], jovial[목성 아래 태어났다는 뜻에서 밝은], mercurial[수성 아래 태어났다는 뜻에서 변덕스러운], saturnine un[토성 아래 태어났다는 뜻에서 음울한] 등.

＊57 힌두스탄어 번역에서는 "오래된 램프를 새 놋쇠램프로! 누군가 바꾸지 않겠소?" 위틀리 몬터규 사본에서 조너선 스콧이 번역한 '어부의 아들 이야기'에는, 수탉〔그 배 속에 마법 반지가 숨겨져 있었다〕을 빼앗긴 유대인이 헌 반지와 교환하기 위해 새것을 제공하는 대목이 있다. 〔이 이야기에서도 어부의 아들은 알라딘과 마찬가지로 잃어버린 반지를 다시 뺏어서 궁전과 공주를 원래대로 되찾는다.〕

＊58 힌두스탄어 번역은 다음의 한 문장을 덧붙이고 있다. "알라딘은 말을 타고 사냥을 나가는 것을 좋아하여, 여드레 동안의 예정으로 도시를 떠난 지 벌써 사흘이 되었습니다."

＊59 이것처럼 말도 안 되는 얘기는 다시없을 것이다. 그러나 모든 이야기는, 우리의 가장 현대적인 '사회소설'에서조차 그러한 말도 안 되는 상황에 의존하고 있다. 이유는 명백하다. 그러한 상황이 없으면 이야기가 성립되지 않기 때문이다.

　　힌두스탄어 번역에서는, 알라딘은 사냥하러 나갈 때 언제나 누구의 손에도 닿지 않도록 세심한 주의를 기울여 램프를 중인방 위에 올려두는 습관이 있다고 되어 있다.

＊60 '중국'은 그 당시 동양의 일반적인 '전제군주제'로, 그것을 적당하게 완화한 것은 암살이었음을 알 수 있다.

＊61 힌두스탄어 번역에서는, 알라딘은 이렇게 약속한다. "만일 공주를 찾아서 데리고 돌아오지 않으면 저는 스스로 자신의 목을 베어, 왕좌 앞에 내던지겠습니다."

　　힌두교도는 스스로 목숨을 끊거나, 이렇게 제 손으로 자신의 목을 베는 기술이 능란하다. 서양인에게는 어리석게 들릴지 몰라도, 그들에게는 결코 불가능한 일이 아니다.

＊62 갈랑의 번역에서는 알라딘은 강물 속에 빠지지 않으려고 간신히 붙든 작은 바위(un Petit roc)에 자기도 모르게 반지를 문질렀다고 되어 있다. 힌두스탄어 번역은 다음과 같다. "강기슭이 높아서 내려가기가 쉽지 않았다. 그래서 수면에서 5, 6척 되는 곳에서 바위에 부딪치지 않았더라면, 알라딘은 거꾸로 굴러떨어졌을 것이다. 이 재난은 더할 나위 없는 행운이었던 셈이다. 왜냐하면 떨어졌을 때 바위에 닿으면서 반지를 거기에 대고 문질렀기 때문이다……"

＊63 힌두스탄어 번역에서 공주는 마지막으로 이렇게 말한다. "저는 결심했어요. 만일 그 자가 억지로 자기 뜻을 이루려고 나에게 접근하면, 스스로 목숨을 끊기로요. 낮에도 밤에도 나는 그 사람이 무서워서 견딜 수가 없었어요. 하지만 이렇게 당신을 만나고 나니 이제 기운이 되살아나는 것 같아요."

＊64 이 농부는 당연히 좋은 옷을 입고 있는 모습을 남에게 보이는 것을 두려워한 것이다. 누구든지 그것을 훔친 것으로 생각할 테니까. 하지만 알라딘이 강제로 벗겨 낸 것도 당연한 일이다. 왜냐하면 '필요 앞에는 법도 소용없기' 때문이다.

　　스피타 베이(Spitta-Bey)편 《현대 아랍 콩트집 Contes Arabes Modernes》에도 옷을 교환하는 얘기가 있다. 갈랑의 번역에서는 농부는 마지못해 승낙한다. 힌두스탄어 번역에서는 알라딘은 돈을 주고 설득한다.

*65 공주의 내성적인 성격으로는 외국인과 함께 식탁에 앉아 상대에게 몸을 허락하는 것은 있을 수 없는 일이었다.

*66 왕의 위신 때문에 융단이 깔려 있었어도 걸어갈 수는 없었던 것이다. 아바스 왕조 5세 하룬 알 라시드 교주는 바그다드에서 메카까지 유명한 도보순례를 했지만(또, 이 의식을 한 마지막 교주였지만) 가는 길 내내 융단이나 값비싼 천 판다즈(Pa-andaz)〔페르시아어〕가 길 위에 깔렸다. 〔알라딘이 자신의 저택과 궁전 사이에 깐 것도 판다즈였다.〕

*67 이 속담은 우리의 '한 쌍의 훌륭한 형제(par nobile fratrum)'를, 즉 두 개로 나눈 콩의 반반이 서로 닮은 것과 같은 한 쌍을 간접적으로 표현해 주고 있다.

*68 힌두스탄어 번역에서는 "가령 형 마법사가 동쪽에 있으면, 동생은 서쪽에 있는 식이었습니다. 그러나 1년에 한 번, 두 사람은 흙점을 쳐서 서로의 소식을 알고 있었습니다."

*69 만칼라(Mankalah)는 이집트에서 가장 인기가 높은 놀이이다. 〔레인 저《근대 이집트인》에는 그림을 그려서 그 놀이 방법을 상세히 설명하고 있지만, 상당히 복잡한 수학적 놀이어서 여기서는 그 도구만 소개하기로 한다. 아래 그림은 12개의 구멍이 뚫린 놀이판인데, 이 구멍 속에 넣는 작은 조개껍데기 또는 돌멩이가 72개 필요하다. 승부는 둘이서 겨룬다.〕

*70 원문에서는 주사위 놀이(backgammon)가 뚜렷하게 '여자의 놀이'라고 되어 있다(섭정시대에 파리에서 발명된 것으로 추정되고 있다). 동양의 어떤 지방에서도 오늘날 널리 보급되어 있기는 하지만, 유럽에서 태어난 용어이다. 갈랑의 번역에서는 생략되어 있다. 아라비아의 역사가 이븐 할리칸에 의하면, 놀이판은 파파그의 아들 아르다시르(Ardashir) 왕이 생각해 낸 것으로, 나르다시르라고 불렸다. 그는 놀이판을 세계와 그 주민으로 형상화했기 때문에, 놀이판의 12개의 눈은 달수를, 30개의 말은 날수를, 주사위는 운명을 상징한다고 보았다.

*71 힌두스탄어 번역자 토나람 샤이만은 그녀를 하미다(Hamidah, 찬양해야 할 여자)라고 불렀다.

*72 명백하게 '상상의 힘(la force de l'imagination)'이다. 제2제정〔1852~70년〕의 방탕한 시대에 파리에서 그런 종류의 신기한 실례를 볼 수 있었다.

고급 '사교인'의 모임에서 살색 타이츠를 입은 한 청년이 나타나, 의자에 앉아 자신의 물건을 꺼내놓고 눈을 감았다. 그러자 '공상의 힘'으로 점점 발기하여 사정에 이르렀다. 그런데 곧 사람들의 의심을 샀는데, 그 의자 아래는 공동으로 되어 있어서 사람의 손이 자유롭게 출입할 수 있었고, 손가락으로 만져 위와 같은 현상이 일어났음이 증명되었다.

＊73 이슬람교도는 잠을 자는 자세에 대해서도 까다롭다. 그래서 이런 속담이 있다. "오른쪽으로 누워 자는 것은 왕후에게, 왼쪽으로 누워 자는 것은 현인에게 어울리고, 똑바로 누워서 자는 것은 성인의 자세이며, 엎드려 자는 것은 악마뿐이다."

＊74 지팡이는 아사('Asa)라고 하며, 길이 5피트에서 6피트, 이슬람교도 성자와 승려의 소지품 가운데 하나이다. 그들은 광포한 금욕주의자인 오마르 교주를 흉내내어, 상당히 자유롭게 지팡이의 애무를 나누며〔채찍질〕, 또 그것이 허용되어 있다.

＊75 아랍어 사본에서는 여기서 처음으로 창문에 대해 언급되어 있다.

＊76 〔본문에는 루흐(Rukh)라고 되어 있지만〕 비교적 오래된 저술가들의 '로크(Roc)'에 대해서는 304번째 밤, 546번째 밤, 556번째 밤 등을 참조하기 바란다.

＊77 힌두스탄어 번역에서 알라딘은 품속에서 램프를 꺼낸다. 아프리카의 마법사에게 불행한 일을 당한 뒤부터는 품속에 넣어두고 있었던 것이다.

＊78 여기서 전설 속의 새 루흐와 신비한 새 시무르그〔페르시아의 커다랗고 괴상하게 생긴 새〕를 혼동하고 있다.

＊79 틀림없는 최면술로, 동양에서는 오랜 옛날부터 행해져 왔다. 힌두스탄어 번역에서, 알라딘은 병이 났다고 꾸며 머리에 띠를 동여매고 공주를 찾아간다.

〔그 뒤, 버턴판의 원서 제13권에는 '갈랑의 영역', 즉 갈랑의 프랑스어 번역을 글자 하나하나를 좇아 그대로 영역한 '알라딘과 이상한 램프'가 훨씬 작은 활자로 70페이지 정도를 차지하고 있다. 이 영어 번역은 1711년 무렵에 런던에서 나온 역자 불명의 전 6권에 수록되어 있다. 따라서 대부분의 영역 알라딘은, 이를테면 에브리맨스 총서에서도 위의 영역을 빌려 쓴 것이다. 참고로, 그 첫 문장을 영문 그대로 소개한다. 원전에 충실한 버턴의 번역과는 매우 동떨어진 것을 엿볼 수 있다.

In the capital of one of the large and rich provinces of the Kingdom of China, the name of which I do not recollect, there lived a tailor, whose name was Mustapha, *without any other distinction but that which his Profession afforded him,* ; and so poor, that he could hardly, by his daily labour, maintain himself and family, which consisted of a wife and son.

（이탤릭체 부분은 '재단사라는 그의 직업에서 비롯되는 장점 말고는 이렇다 할 장점이 없다'는 뜻.）〕

알리바바와 40인의 도둑[*1]

옛날 페르시아의 어느 도시에 두 형제가 살고 있었습니다. 형 카심과 아우 알리바바는 아버지가 세상을 떠나면서 남겨준 얼마 안 되는 재산을 공평하게 나눠 가졌는데, 얼마 지나지 않아 그 재산을 모조리 써 버리고 말았습니다. 그런데 형은 곧 부유한 상인의 딸을 아내로 맞이하여, 장인이 전능하신 알라의 부름을 받자, 진귀한 물건과 값비싼 상품이 가득 진열된 커다란 가게와 귀중한 포목들이 빼곡하게 차 있는 창고까지 손에 넣게 되었습니다. 게다가 땅속에 묻혀 있던 엄청난 금화까지 손에 굴러들어왔습니다. 그리하여 형 카심은 대번에 벼락부자가 되어 온 도시에 이름을 알리게 되었습니다.

하지만 아우 알리바바는 가난한 여자를 아내로 맞이하여 초라한 오두막에서 살고 있었습니다. 알리바바는 날마다 숲에 가서 주워 모은 땔감을 세 마리의 나귀에 실어서 시장에 내다 팔아 겨우겨우 입에 풀칠하며 사는 형편이었습니다.

그러던 어느 날, 알리바바가 마른 가지와 땔감을 필요한 만큼 잘라서 나귀 등에 싣고 났을 때, 문득 오른쪽에서 흙먼지가 하늘 높이 피어오르더니, 금세 자신이 있는 방향으로 다가오는 것이 보였습니다. 자세히 바라보니 그것은 기마부대였는데, 바람처럼 말을 달려 금방이라도 자기 옆으로 올 것 같았습니다. 그것을 본 알리바바는 매우 놀라 혹시 산적 떼라면 살해되는 건 물론이고 나귀까지 빼앗기겠다 싶어서, 너무 무서운 나머지 덮어놓고 달리기 시작했습니다. 그러나 상대가 워낙 빨리 다가오고 있어서 숲 밖으로 달아날 시간이 없었으므로, 나귀들은 땔감을 실은 채 수풀 속 지름길로 몰아넣고, 자기는 큰 나무를 타고 올라가 무성한 나뭇잎 사이에 몸을 숨겼습니다. 알리바바는 가지 끝에 앉아서 아래에서는 그가 조금도 보이지 않았지만, 그는 아래쪽 상황을 손에 잡을 듯이 볼 수 있었습니다. 게다가 그 나무는 머리 위로 높이 솟아 있는 암벽 바로 옆에서 자라고 있었습니다.

말을 탄 남자들은 행동이 재빠르고 거친 젊은이들로, 바위 앞까지 우르르 달려와서는 모두 말에서 내렸습니다. 알리바바가 그들을 자세히 살펴보니, 차림새나 행동거지로 보아 모두 산적 일당이며, 크게 장사하는 상인을 습격하여 상품을 약탈한 뒤 안전한 은신처에 전리품을 감추어 두고자 이곳으로 온 것이 틀림없었습니다. 그들을 세어보니 패거리가 모두 40명이었습니다.

도둑들은 나무 바로 아래에 와서 말의 재갈을 벗기고 말의 두 다리를 함께 묶었습니다. 그런 다음 모두 안장자루를 내렸는데, 거기에 금화와 은화가 가득 들어 있는 것은 나중에야 알았습니다. 두목으로 보이는 남자는 이윽고 짐을 어깨에 지고, 가시덤불과 숲을 헤치고 앞으로 걸어갔습니다. 그리고 어떤 지점까지 가자, 여태껏 들어본 적도 없는 묘한 주문을 외웠습니다.

"열려라, 참깨!"*²

그러자 놀랍게도 바위 벽이 양쪽으로 쫙 갈라지면서 커다란 입구가 나타났습니다. 산적들이 모두 그 안에 들어가고 마지막으로 두목이 모습을 감추자 문은 저절로 닫혀 버렸습니다.

그들은 오랫동안 동굴에서 나오지 않았습니다. 그동안 알리바바는 나무 위에서 끈기 있게 참고 기다렸습니다.

섣불리 내려갔다가는 그 무서운 패거리들이 달려나와 자기를 죽이지 않을까 두려웠기 때문입니다. 그러다가 마침내 한 마리의 말에 뛰어올라 나귀를 몰면서 시내로 달아나려고 마음을 먹었습니다. 바로 그때 별안간 문이 열리더니 두목을 따라 도둑들이 나왔습니다. 두목은 입구에 서서 뒤에 따라나오는 부하의 수를 세고 난 뒤, 마지막으로 마법 주문을 외쳤습니다.

"닫혀라, 참깨!"

그러자 문이 저절로 닫혔습니다. 도둑들은 두목의 점검이 끝나자 각자 안장자루를 자신의 말 등에 걸치고 말의 입에 재갈을 물렸습니다. 그리고 준비가 끝나자 두목을 맨 앞으로 해서 원래 왔던 방향으로 달려가 버렸습니다.

알리바바는 나뭇가지에 웅크린 채 산적 떼가 사라져 가는 모습을 가만히 지켜보고 있었습니다. 행여 누군가가 돌아와서 주변의 기색을 살피다가 발각되기라도 하면 큰일이라, 그들의 모습이 완전히 사라질 때까지 나무에서 내려오지 않았습니다. 이윽고 알리바바는 속으로 생각했습니다.

'좋다, 나도 한번 그 주문의 공덕을 시험해 봐야겠다. 내가 주문을 외워도

문이 열리는지 어디 확인해 보자.'

알리바바는 나무에서 내려가 큰 소리로 외쳤습니다.

"열려라, 참깨!"

입에서 주문이 튀어나오자마자 문이 활짝 열렸습니다. 알리바바는 안으로 들어갔습니다.

그것은 자연 암석을 파서 천장을 둥글게 만든 큰 동굴이었는데, 높이는 사람 키만 했습니다. 천장에는 공기통도 있고 둥근 창이 있어서 빛이 새들어와 주위를 밝게 비춰주고 있었습니다.

산적들의 소굴은 음산하고 어두컴컴할 줄만 알았는데, 그 안에 들어가 본 알리바바는 그만 눈이 휘둥그레지고 말았습니다. 동굴 안에는 여러 가지 상품 궤짝이 가득 쌓여 있고, 바닥에서 천장까지 비단이며 수놓은 천이며 색색의 융단이 산더미처럼 쌓여 있었습니다.

그뿐만 아니라 자세히 살펴보니 헤아릴 수 없이 많은 금화와 은화가 가죽 자루와 자루에 가득 차 있었습니다. 그 많은 물건과 금화는 도저히 2, 3년 안에 모은 것이라 할 수 없었습니다. 아마도 도둑들이 몇 대에 걸쳐 장물과 약탈품을 모아 두었나 봅니다. 입구의 문은 그가 안에 들어간 순간 저절로 닫혔습니다. 그러나 마법 주문을 외우고 있었던 알리바바는 조금도 당황하지 않았습니다.

이윽고 알리바바는 다른 것은 거들떠보지도 않고, 나를 수 있을 만큼의 금화가 든 자루만 가지고 나가 나귀 등에 싣고 그 위에 땔감을 얹었습니다. 그것은 자루가 남의 눈에 띄지 않게 하여, 평소처럼 땔감을 싣고 집으로 돌아가는 것처럼 보이게 하기 위한 것이었습니다.

마지막으로 알리바바는 암벽을 향해 주문을 외웠습니다.

"닫혀라, 참깨!"

그러자 즉시 문이 닫혀 버렸습니다.

알리바바는 나귀를 몰아 부랴부랴 도성으로 돌아갔습니다. 집에 이르자 곧 나귀를 우리 안에 몰아넣고 바깥문을 단단히 잠근 다음, 먼저 장작을 내려놓고 그 밑에 실은 돈자루를 아내에게 메고 갔습니다.

아내는 자루를 만져보고 금화가 가득 든 것을 알자, 남편이 도둑질한 것이 아닌가 하고 꾸짖기 시작했습니다.

"가만있어, 내 말 좀 들어봐. 우리에게 행운이 날아들었으니 기뻐해요."

알리바바는 자세히 경위를 이야기한 다음, 자루를 열어 아내 앞에 금화를 쏟았습니다. 아내는 그 찬란한 빛에 눈이 어리는 듯 어쩔 줄 몰라 하면서, 남편의 신기한 이야기에 가슴을 두근거리며 기뻐했습니다. 이윽고 아내가 금화를 하나하나 세기 시작하자 알리바바가 말했습니다.

"이 어리석은 사람아, 언제까지 이 많은 금화를 셀 작정이야? 자, 빨리 구덩이를 파서 아무도 모르게 돈을 숨겨 둡시다."

"정말, 내 정신 좀 봐! 하지만 이 돈을 달아서 얼마쯤이나 되는지 알아 두고 싶어요."

"그럼, 당신 좋도록 하구려. 하지만 누구에게도 말해선 안 돼."

아내는 얼른 남편의 형 카심의 집으로 저울을 빌리러 갔습니다.

마침 카심이 없었으므로 카심의 아내에게 말했습니다.

"형님, 저울 좀 빌려주세요."

그러자 알리바바의 형수*³가 말했습니다.

"큰 거, 작은 거?"

"작은 것이면 돼요."

"잠시만 기다려요, 찾아올 테니까."

카심의 아내는 안으로 들어가더니 저울 접시 밑에 초와 쇠기름을 발라서 들고 나왔습니다. 그것은 알리바바의 아내가 저울에 무엇을 다는지 알고 싶었기 때문인데, 그렇게 해두면 초와 기름에 무엇이든 묻을 것이 틀림없다고 생각했습니다. 카심의 아내는 그렇게 하여 자신의 호기심을 채우려고 한 것입니다.

알리바바의 아내는 그런 줄은 꿈에도 모르고 집으로 돌아와 알리바바가 열심히 구덩이를 파는 동안 금화를 달기 시작했습니다. 그런 다음 두 사람은 그것을 구덩이에 묻고 꼼꼼하게 흙을 덮었습니다.

그것이 끝나자 사람 좋은 아내는 저울 접시 밑에 금화가 하나 붙어 있는 줄도 모르고 저울을 돌려주러 갔습니다. 그런데 카심의 아내는 그 금화를 보자마자 불같은 질투와 분노에 사로잡혀 혼잣말을 중얼거렸습니다.

"어머나, 우리 저울을 빌려 가서 금화를 달았나 봐!"

여자는 알리바바 같은 가난뱅이가 저울로 달만큼 많은 금화를 어떻게 손에 넣었는지 궁금해서 견딜 수 없었습니다.

그래서 요리조리 궁리하다가 저녁때 남편이 돌아오자 다짜고짜 일러바쳤습니다.

"당신은 자기가 엄청 부자인 데다 신분도 상당한 줄 알고 있겠지요? 하지만 놀라지 마세요. 당신 동생 알리바바는 당신에 비하면 태수님이라 할 만큼, 당신보다 훨씬 큰 벼락부자가 됐으니까요. 저울로 달만큼 많은 돈을 갖고 있답니다. 당신은 금화를 하나하나 세면서 좋아하고 있지만요."

"당신은 도대체 어디서 그런 소릴 들었소?"

아내는 알리바바의 아내에게 저울을 빌려준 것과 저울 접시에 금화가 붙어 있었던 일을 얘기하고, 옛날 어느 왕의 초상과 이름이 새겨진 금화를 꺼내 보여주었습니다.

아내의 말을 듣고 금화를 본 카심은 그만 질투와 욕심에 사로잡혀 그날 밤을 뜬눈으로 새우고, 이튿날 일어나자마자 알리바바를 찾아가 말했습니다.

"오, 아우야, 너는 아무리 봐도 가난뱅이로밖에 보이지 않는데, 실제로는 저울을 달아야 할 만큼 많은 금화를 가지고 있다더구나."

"무슨 말씀이신지? 형님 말씀은 통 못 알아듣겠는데요. 무슨 말인지 확실하게 말씀해 주십시오."

그러자 카심은 벌컥 화를 내며 말했습니다.

"시치미 떼고 내 말을 못 알아듣는 척해도 소용없다. 내가 속아 넘어갈 거라고 생각하느냐?"

카심은 어제의 그 금화를 들이대며 소리쳤습니다.

"이런 금화를 잔뜩 손에 넣지 않았어? 네 형수가 저울 접시 밑에 붙어 있는 것을 찾아냈단 말이다."

알리바바는 자신이 많은 금화를 가졌다는 사실을 형과 형수가 어떻게 눈치챘는지 알았습니다. 그래서 이제 그 일을 숨겨본들 아무 소용도 없을 뿐만 아니라 오히려 해를 입을 것만 같아, 하는 수 없이 형에게 도둑*4과 동굴에 숨겨진 보물에 대해 전부 털어놓고 말았습니다.

형 카심은 그 이야기를 듣자마자 이렇게 소리쳤습니다.

"나도 그 장소를 알고 싶구나. 어서 그 문을 여닫는 주문도 알려다오. 미리 말해 두지만, 만약 네가 바른대로 말하지 않으면 이 일을 관가에 알릴 테니 그리 알아라. 그러면 너는 있는 재산을 모두 관가에 몰수당하고 감옥에 들어가게 된다."

알리바바는 형에게 그 장소와 주문을 상세히 알려주었습니다.

이튿날 카심은 나귀 열 마리를 끌고 집을 나서서 알리바바가 가르쳐준 장소를 쉽게 찾아갔습니다. 카심은 그 암벽과 알리바바가 전에 몸을 숨겼던 큰 나무 가까이까지 오자 이곳이 틀림없다 생각해 뛸 듯이 기뻐하며 소리쳤습니다.

"열려라, 참깨!"

그러자 문이 활짝 열렸습니다. 카심이 안에 들어가 보니 보석과 금화와 신기한 재물이 산더미처럼 쌓여 있었습니다. 그 한가운데 선 순간 바위는 저절로 닫혀 버렸습니다.

카심은 수많은 보물을 보고 매우 놀라면서 정신없이 두리번거리고 돌아다녔습니다. 이윽고 정신을 차린 카심은 열 필의 나귀에 실을 만큼 금화를 자루에 담아서 입구까지 날라 놓았습니다.

그리고 바위를 열려고 했지만, 전능하신 알라의 뜻일까요, 그만 그 신비한 주문을 까맣게 잊어버리고 이렇게 소리쳤습니다.

"열려라, 보리!"

물론 그런 주문에 문은 꼼짝도 하지 않았습니다. 당황한 카심은 참깨만 빼고 온갖 곡식의 이름을 연거푸 주워섬겼으나, 이상하게도 참깨만은 생전 듣지도 보지도 못한 것처럼 도무지 머리에 떠오르지 않았습니다.

아무리 해도 동굴 문이 옴짝달싹하지 않자, 카심은 점점 더 당황하여 이제 문 앞에 산더미처럼 쌓아둔 금화 자루는 거들떠보지도 않고 미친 듯이 동굴 안을 이리 뛰고 저리 뛸 뿐이었습니다. 바로 조금 전까지 금은보화를 바라보며, 하늘에라도 오른 것처럼 가슴이 뛰었던 그가, 지금은 천 길 낭떠러지에 떨어진 듯한 심정으로 슬픔과 통한에 빠져버렸습니다.

이렇게 카심은 탐욕과 시기심 때문에 스스로 궁지에 빠져서 살아날 희망을 잃고 말았습니다. 카심이 절망에 빠져 있는 동안, 어느덧 점심때가 되어 도둑들이 돌아왔습니다. 그들은 멀리서 숲 어귀에 나귀들이 어슬렁거리는 것을 보고 수상히 여겼습니다. 카심은 나귀를 매어놓지 않았기 때문에 나귀들이 숲 속을 돌아다니며 여기저기서 어린잎을 뜯어 먹고 있었던 겁니다. 그러나 곧 도둑들은 길을 잃고 돌아다니는 나귀들에게는 눈길도 주지 않았는데, 다만 어쩌다가 도시에서 이렇게 멀리 떨어진 곳까지 오게 되었는지 이상하게 여겼을 뿐입니다. 이윽고 동굴 입구에 도착한 도둑들은 말에서 내려 문 앞에 다가가서 주문을 외웠습니다. 그러자 단번에 문이 활짝 열렸습니다.

그때 동굴 안에 갇혀 있던 카심은 말발굽 소리가 점점 다가오는 것을 들었습니다. 카심은 그것이 산적 일당의 발소리가 분명한지라, 틀림없이 그들의 손에 걸려 죽게 될 거라고 생각하고 그만 공포에 질려 그 자리에 쓰러지고 말았습니다. 그러나 곧 다시 정신을 차리고, 문이 활짝 열린 순간, 잘하면 달아날 수 있겠다 싶어서 쏜살같이 밖으로 튀어나갔습니다.

그러나 운 나쁘게도 맨 앞에 서서 들어오는 두목과 정면으로 부딪쳐 상대를 땅에 쓰러뜨리고 말았습니다. 그것을 본 부하 하나가 얼른 칼을 뽑아들고 카심을 한칼에 베어 죽이고 말았습니다.

그래놓고 도둑들은 안으로 뛰어들어가서 카심이 입구까지 내다 놓은 금화 자루를 원래 자리에 도로 가져다 놓았습니다. 어떻게 해서 그가 들어왔는지 몰라도, 어쨌든 정체를 알 수 없는 사내가 들어와 있었으므로 도둑들은 그저 어리둥절할 뿐, 그전에 알리바바가 가져간 금화에 대해서는 조금도 모르고 있었습니다.

암벽은 깎아지른 듯 높고 가파르며 경사면은 미끌미끌했기 때문, 누가 보아도 천장을 통해서는 들어올 수 없는 곳이었습니다. 게다가 문을 여는 주문을 모르는 한, 입구로는 아무도 들어올 수 없다는 것도 그들은 알고 있었습니다.

이윽고 도둑들은 앞으로 동굴에 들어오려는 자에게 경고하기 위해, 카심의 시체를 네 동강 내어 동굴 안 입구 양쪽에 두 개씩 매달아 놓았습니다. 그러고는 모두 밖으로 나와서 바위를 닫고 또 여느 때처럼 도둑질하러 떠났습니다.

한편 카심의 아내는 해가 져도 남편이 돌아오지 않자 불안해져서 알리바바에게 달려갔습니다.

"오, 서방님, 그이가 아직 돌아오지 않는데 서방님은 그이가 어딜 갔는지 아시죠? 그이에게 무슨 일이 일어나지나 않았는지 걱정이에요."

알리바바도 형에게 뭔가 나쁜 일이 생겨서 돌아오지 못하게 된 것이라고 짐작했습니다. 그래도 형수를 안심시키기 위해 짐짓 아무 일도 아니라는 듯이 이렇게 말했습니다.

"아마도 형님은 무슨 생각이 있어서 일부러 사람 눈을 피해 멀리 돌아오고 계시는가 봅니다. 틀림없이 그 때문에 늦으시는 걸 테니 너무 염려하지 마십시오."

이 말에 다소 마음이 놓인 카심의 아내는 집으로 돌아갔으나 한밤중이 지나도 남편이 돌아오지 않자 완전히 미친 사람처럼 되고 말았습니다. 목 놓아 울고 싶어도 이웃 사람들에게 자신들의 비밀이 탄로 날까 그러지도 못하고 소리 죽여 울면서 자신을 꾸짖으며 후회했습니다.

'내가 그런 말을 해서 알리바바에 대한 질투심을 부채질하지 않았더라면 이렇게는 되지 않았을 텐데.'

그렇듯 눈물을 흘리면서 뜬눈으로 밤을 새운 카심의 아내는 날이 새자, 곧 알리바바를 찾아가서 남편을 찾아달라고 애원했습니다.

알리바바는 형수를 위로해 놓고 곧 세 필의 나귀를 끌고 숲으로 갔습니다.

이윽고 동굴 앞에 다다른 알리바바는 그 앞에 흘려져 있는 생생한 핏자국을 발견하고 이상한 생각이 들었습니다. 게다가 찾고 있는 형의 모습도, 열 마리의 나귀도 보이지 않았습니다. 알리바바는 너무나 불길한 징조에 혹시나 하는 불안을 느끼면서 동굴 앞에 다가가 외쳤습니다.

"열려라, 참깨!"

동굴 안에 들어간 순간, 알리바바는 네 동강이 난 형의 시체가 입구 좌우에 매달려 있는 것을 보았습니다.*⁵

알리바바는 기겁하고 얼른 네 동강 난 시체를 둘씩 천에 싸서 나귀 한 마리에 싣고, 남의 눈에 띄지 않도록 그 위에 다시 나무를 얹었습니다. 그리고 나머지 두 필에 금화 자루를 싣고 그것도 장작으로 덮은 다음, 주문을 외워 동굴 문을 닫고 조심조심 집으로 돌아왔습니다.

집에 이르자 알리바바는 금화를 실은 나귀 두 마리를 아내에게 건네주며 금화를 땅에 묻으라고 일렀으나, 형의 비참한 죽음에 대해서는 한 마디도 말하지 않았습니다. 그리고 형의 시체를 실은 나귀를 끌고 형수를 찾아가서 조용히 문을 두드렸습니다.

카심의 집에는 영리하고 재치 있는 모르기아나*⁶라는 노예처녀가 있었는데, 조용히 빗장을 열어 알리바바와 나귀를 안뜰로 맞아들였습니다. 그는 형의 시체를 내려놓고 노예처녀에게 말했습니다.

"모르기아나, 어서 네 주인의 장례식을 준비해 다오. 나도 곧 형수님에게 알려 드리고 거들어줄 테니까."

그때 카심의 아내가 시동생의 모습을 보고 소리쳤습니다.

"오, 서방님, 그이의 소식을 아셨어요? 아아, 당신의 슬픈 얼굴을 보니 아무래도 불행한 일이 일어났나 보군요. 자, 어서 이야기해 주세요."

알리바바는 형이 당한 갑작스러운 재앙을 자세히 이야기하고 이렇게 덧붙였습니다.

"형수님, 이 모든 것은 운명입니다. 하지만 이 일에 대해선 끝까지 비밀로 해야 합니다. 비밀이 새나가면 우리의 목숨은 없는 거나 마찬가집니다."

카심의 아내는 눈물을 철철 흘리면서 대답했습니다.

"그이가 이런 죽음을 당한 것도 운명이 다했기 때문이겠지요. 서방님의 안전을 위해서 이번 일은 누구에게도 절대로 얘기하지 않겠어요."

"알라께서 정하신 것은 어쩔 수 없습니다. 과부의 기한*⁷이 끝날 때까지 꾹 참고 기다리십시오. 그 기한이 끝나면 내가 형수님을 아내로 맞이하겠습니다. 그러면 평생 안락하고 행복하게 살 수 있을 겁니다. 제 아내가 형수님을 괴롭히거나 질투를 하지 않을까 걱정할 필요는 없습니다. 그녀는 무척 친절하고 마음씨가 고운 여자니까요."

과부가 된 카심의 아내는 남편을 애도하며 흐느껴 울면서 말했습니다.

"모두 서방님이 알아서 해 주세요."

알리바바는 남편의 죽음을 슬퍼하면서 탄식하고 있는 형수에게 작별을 고한 다음, 모르기아나에게 가서 형의 장례식에 대해 의논했습니다. 그리고 이 것저것 주의할 것을 일러준 뒤, 그는 나귀를 앞세워 집으로 돌아왔습니다.

알리바바가 돌아간 뒤 모르기아나는 약방에 가서 중한 열병환자에게 먹일 약을 달라고 부탁했습니다. 약방 주인이 약을 내주면서 물었습니다.

"댁에서 누가 그런 중병에 걸리셨소?"

"주인님이 중병에 걸려서 위독하세요. 벌써 며칠 동안 말도 못 하시고 음식도 못 드시니 도저히 나으실 것 같지 않아요."

이튿날 모르기아나는 다시 그 약방을 찾아가서 숨넘어가는 중병환자에게 먹이는 약을 달라고 했습니다. 약장수가 약을 지어주자 모르기아나는 그것을 받아들면서 깊은 한숨을 내쉬며 눈물을 흘렸습니다.

"주인님이 이 약을 드실 기운이나 있으실지⋯⋯. 어쩌면 집에 도착하기 전에 이미 돌아가셨을지도 몰라요."

한편 알리바바는 형의 집에서 곡소리가 들려오기를 기다리고 있었습니다. 그 소리가 들려오는 것을 신호로 형의 집에 달려가서 장례식을 도와주기로 약속이 되어 있었습니다.

이튿날 아침 모르기아나는 얼굴을 베일로 가리고 바바 무스타파라는 남자를 찾아갔습니다. 그는 상당히 나이가 지긋한 재봉사*[8]로, 수의와 납을 먹인 천을 만들어 팔고 있었습니다.

모르기아나는 무스타파가 가게 문을 열기를 기다렸다가 그의 손에 금화 한 닢을 쥐여주면서 말했습니다.

"미안하지만 눈을 가리고 나를 따라와 주세요."

무스타파가 꺼리는 기색을 보이자, 또 한 닢의 금화를 쥐여주고는 제발 같이 가 달라고 부탁했습니다. 욕심이 많은 재봉사는 곧 승낙했습니다.

모르기아나는 상대의 눈을 흰 천으로 가리고, 손을 잡아 이끌면서 주인의 시체가 누워 있는 집으로 안내했습니다. 그런 다음 어두운 방으로 들어가서 눈가리개를 풀어주며 네 동강 난 시체를 원래대로 꿰매 달라고 일렀습니다.

그런 다음 시체 위에 천을 씌우고는 재봉사에게 말했습니다.

"서둘러서 이 시체에 맞는 수의를 지어주세요. 그러면 또 금화를 드릴 테니까요."

재봉사가 치수를 재어 부랴부랴 수의를 다 짓자, 모르기아나는 약속한 금화를 주고는 다시 재봉사의 눈을 가리고 집에 데려다주었습니다.

그리고 다시 집으로 돌아와서 알리바바와 함께 시체를 씻고 수의를 입혀 언제라도 장례를 치를 수 있도록 깨끗한 장소에 안치했습니다. 준비가 끝나자 이번에는 이슬람 사원에 가서 도사(導師)*[9]에게 장례식이 있으니 와서 죽은 자를 위해 기도를 올려달라고 부탁했습니다. 모르기아나가 도사를 데려오자 네 명의 이웃들이 관을 어깨에 메고,*[10] 도사를 비롯하여 그러한 의식이 있을 때마다 도와주는 몇몇 사람들과 함께 밖으로 나갔습니다.

장례 기도가 끝나자, 다른 사람들이 관을 메고 걷기 시작했습니다. 모르기아나가 맨 앞에 서서 머리를 드러내고, 가슴을 치면서 큰 소리로 울부짖으며 걸으니, 알리바바와 이웃 사람들이 그 뒤를 따라갔습니다. 그렇게 하여 일행은 묘지에 도착하여 시체를 묻고, 카심을 문카르와 나키르—죽은 사람을 심문하는 천사들—의 손에 맡기고 모두 돌아갔습니다.

그러고 나자, 같은 마을에 사는 여자들이 그곳의 관습에 따라 상을 입은 집에 모여들어, 과부가 된 카심의 아내를 위로하고 같이 탄식하면서 슬픔을 함께 나눴습니다. 그 덕분에 여자들이 돌아갔을 때는, 카심의 아내도 어느 정도 체념하고 기운을 되찾게 되었습니다. 알리바바는 형의 죽음을 애도하여 40일 동안 집 안에서 말과 행동을 삼갔습니다. 그리하여 그 자신과 아내와 카심의 과부, 그리고 모르기아나를 제외하면, 그 비밀을 아는 사람은 아무도 없었습니다.

40일이 지나자, 알리바바는 고인의 재산을 자기 집으로 다 옮긴 뒤 형수를 정식으로 아내로 맞이했습니다. 그리고 조카인 형의 큰아들에게 고인의 가게를 맡겨서 장사를 계속하게 했습니다. 이 조카는 오랫동안 어느 부자 상인의 집에 들어가서 일을 배웠으므로 장사에 대한 것은 잘 알고 있었습니다.

한편 어느 날 동굴에 돌아온 도둑들은 지난번에 매달아 두었던 카심의 시체가 흔적도 없이 사라진 데다가, 자세히 살펴보니 많은 금화까지 약탈당한 것을 보고 깜짝 놀랐습니다. 그러자 두목이 부하들을 돌아보며 말했습니다.

"이건 아무래도 조사를 해 봐야겠다. 이대로 있다가는 조상 대대로 오랫동안 모아온 이 보물을 모조리 도둑맞고 말겠어."

이 말에 도둑들은 모두 고개를 끄덕였습니다. 그리고 전에 죽인 자가 문을 여는 주문을 알고 있었고, 그자 말고도 주문을 아는 자가 있어서 그가 시체를 가져가고 많은 금화까지도 훔쳐낸 것이라는 데에 모두 의견이 일치했습니다.

그래서 도둑들은 무슨 수를 써서라도 끝까지 수소문하여 그 수상한 놈을 찾아내기로 했습니다. 도둑들은 이리저리 의논한 끝에, 그들 가운데 재빠르고 영리한 부하 하나를 외국 상인으로 변장시켜, 도성으로 보내기로 했습니다. 도성에 가서는 시내 구석구석을 돌아다니며 최근에 죽은 사람이 있는지 없는지 조사하고, 만약 그런 사람이 있으면 사는 곳을 알아내 오기로 얘기가 결정되었습니다. 그때 도둑 하나가 나서서 말했습니다.

"제가 그 역할을 맡지요. 지금 당장 도성으로 들어가서 틀림없이 좋은 소식을 가져오겠습니다. 만일 실패하면 이 목을 내놓아도 좋소."

그리하여 그는 곧 상인으로 변장하여 한밤중에 도성 안으로 잠입해 들어갔습니다.

이튿날 그는 날이 새기도 전에 시장으로 나갔습니다. 그러자 아직 가게마다 모두 문이 닫혀 있는데, 단 한 곳, 재봉사 바바 무스타파의 가게만 열려 있고 재봉사가 바늘로 무언가를 꿰매고 있었습니다.

도둑은 재봉사에게 아침 인사를 하고 말을 걸었습니다.

"아직 날도 밝지 않았는데 바늘귀가 잘 보이시는 모양이군요."

"당신은 외국인이시오? 나는 늙기는 했지만 이래 봬도 눈은 아직 말짱하다오. 그저께도 캄캄한 방에서 시체를 다 꿰매고 왔는걸."

도둑은 이 말을 듣고 속으로 쾌재를 불렀습니다.

'음, 이 영감한테서 무슨 실마리를 잡을 수 있겠는데.'

그래서 그 노인에게 좀더 이야기를 끌어내려고 물었습니다.

"영감님은 나를 놀리고 싶어서 그러시오? 죽은 사람에게 입힐 수의를 지었다는 말이겠지요. 영감님의 영업은 수의를 짓는 일 아니오?"

"뭐, 그런 건 당신하고 상관없는 일이니 더는 묻지 마시오."

도둑은 상대에게 금화 한 닢을 쥐어주면서 말했습니다.

"나는 영감님의 비밀을 캐내려는 것이 아니오. 내 가슴은, 정직한 자의 가슴속이 그렇듯이 비밀의 무덤이라오. 다만 내가 알고 싶은 건 당신이 그 일을 어디서 했는가 하는 것이오. 그 집을 가르쳐주든가 안내해 주면 고맙겠소."

재봉사는 얼른 금화를 품속에 집어넣으면서 소리쳤습니다.

"나는 그 집으로 가는 길을 눈으로 보지는 못했소이다. 어떤 노예계집이 와서 내 눈을 가리고 시체가 있는 어두운 방으로 데려갔기 때문이지. 그 노예계집은 그 방에서 내 눈가리개를 풀어주고 토막 난 시체를 꿰매게 한 뒤 수의를 지어달라 했소. 그 일이 끝나자 여자는 다시 내 눈을 가리고 여기에 데려다 놓고는 어디론가 가버렸으니 그 집을 가르쳐 드릴 수 없어요."

"지금 말한 그 집은 몰라도 좋으니 당신이 눈을 가린 장소까지는 안내해 줄 수 있겠지요? 거기서 내가 당신 눈을 가리고 손을 잡아줄 테니 짐작으로 한 번 찾아가 보시오. 어쩌면 그 집을 찾을 수 있을지도 모르잖소. 내 부탁을 들어주면 이 금화를 한 닢 더 드리겠소."

도둑이 다시 금화 한 닢을 쥐어주자 바바 무스타파는 얼른 받아 넣더니 부랴부랴 가게 문을 닫고, 전날 모르기아나가 자기의 눈을 가린 장소까지 갔습니다.

거기서 도둑은 재봉사의 눈을 가리고 그의 손을 잡고 걷기 시작했습니다. 바바 무스타파는 머리가 상당히 영리하고 재치 있는 노인이어서, 곧 모르기아나에게 끌려간 길을 찾아내어 한 걸음 한 걸음 세면서 나아갔습니다. 그러다가 갑자기 걸음을 멈추며 말했습니다.

"어저께 여자를 따라온 곳은 틀림없이 이 근처였소."

그때 두 사람이 걸음을 멈춘 곳은 이제는 알리바바의 집이 된 카심의 집 앞이었습니다.

도둑은 다음에 왔을 때 쉽게 찾을 수 있도록 그 집 대문에 분필로 표시를 한 다음, 재봉사의 눈가리개를 풀어주면서 말했습니다.

"바바 무스타파 영감님, 수고해 줘서 고맙소이다. 전능하신 알라께서 당신의 친절에 대해 듬뿍 보상해 주실 거요. 그런데 이 집에 누가 살고 있는지 가르쳐주지 않겠소?"

"나도 잘 모르오. 이곳은 내가 전혀 모르는 동네라서 말이오."

도둑은 재봉사에게서 그 이상의 단서는 얻을 수 없을 거라고 보고, 거듭 고맙다고 인사를 한 뒤 노인을 가게로 돌려보냈습니다. 그런 다음 서둘러 패거리가 기다리고 있는 산속 소굴로 돌아갔습니다.

잠시 뒤, 볼일이 있어서 외출했다가 돌아온 모르기아나는 대문에 누가 분필로 새하얗게 표시해 놓은 것을 보고 매우 수상하게 생각했습니다. 그리고 한동안 가만히 서서 생각한 끝에, 틀림없이 누군가 주인을 해치려는 자가 표시해 놓은 거라 짐작했습니다. 그래서 모르기아나는 이웃집에도 대문마다 똑같은 표시를 했는데, 그 일은 주인에게도 마님에게도 알리지 않고 비밀로 해 두었습니다.

한편 도둑은 소굴로 돌아와서 적의 거처를 알아냈다고 자랑스럽게 패거리들에게 알렸습니다. 그래서 두목을 비롯하여 도둑들은 한 사람씩 다른 길을 통해 도성으로 들어갔습니다. 알리바바의 집 대문에 표시를 해 둔 부하는 그 집을 가르쳐주기 위해 두목과 함께 갔습니다. 도둑은 두목을 이내 그 집으로 데려가서 분필로 표시한 것을 가리키면서 소리쳤습니다.

"우리가 찾고 있는 놈은 이 집에 살고 있습니다."

그런데 두목이 주위를 한 바퀴 둘러보니, 집집마다 똑같은 표시가 되어 있는 게 아니겠습니까? 두목은 이상하게 생각하고 물었습니다.

"이 근처에 있는 집들은 모두 같은 표시가 되어 있는데, 네가 표시한 집이 어느 집인지 도대체 어떻게 알 수 있단 말이냐?"

이 말에 안내를 맡은 도둑은 완전히 당황하여 제대로 대답도 하지 못했습니다. 그러다가 곧 이렇게 소리쳤습니다.

"나는 분명히 한 집에만 표시를 했는데, 어째서 다른 문에까지 표시되어 있는 걸까? 그러고 보니 어떤 게 그 집인지 도무지 짐작을 못 하겠는걸."

이 말을 듣고 두목은 시장으로 돌아가서 부하들을 향해 말했습니다.

"헛수고만 하고 빈손으로 돌아가게 됐구나. 일부러 찾으러 왔는데 그 집을 찾을 수 없다니! 자, 모두 소굴로 돌아가라. 나도 곧 갈 테니."

도둑들은 모두 도성에서 흩어져 보물의 동굴에서 다시 모였습니다. 패거리가 모두 모이자, 두목은 거짓말을 하여 온 도성을 쓸데없이 끌고 다닌 부하를 응징하기 위해 다른 부하들이 보는 앞에서 감옥에 처넣은 뒤*11 다시 말했습니다.

"또 누가 없느냐? 우리의 재물을 훔친 놈을 찾아내는 자에게는 특별한 상을 주겠다."

이 말을 듣자 그들 가운데 또 한 사내가 나서서 말했습니다.

"내가 가서 꼭 찾아내지요. 무슨 일이 있더라도 반드시 두목님이 좋아하실 만한 소식을 가져오겠습니다."

두목은 그자에게 품삯을 주고 말로 보상을 약속한 뒤, 도성으로 내보냈습니다. 그러자 이건 또 어떤 운명이 이끈 것인지, 두 번째 부하도 첫 번째 부하처럼 재봉사 바바 무스타파의 가게를 찾아갔습니다. 그리하여 마찬가지로 금화를 주고 재봉사를 설득하여 눈가리개를 하고 안내를 받게 되었습니다. 그리고 마침내 알리바바의 집을 찾아냈습니다.

이 사내는 전의 동료가 표시한 것을 보고, 아직 하얗게 남아 있는 그 표시와 구별하기 위해 빨간색으로 문기둥에 표시를 해 놓고 서둘러 돌아갔습니다.

그런데 모르기아나가 또 우연히 그것을 보고 전처럼 이웃집 대문에도 모두 똑같은 붉은색으로 표시를 해 놓았습니다. 그리고 이번에도 누구에게도 말하지 않고 시치미를 떼고 있었습니다.

한편, 그 도둑은 패거리의 소굴로 돌아오자 의기양양하게 떠들어댔습니다.

"두목님, 그 집을 찾아내어 표시하고 왔습니다. 이웃집과는 한눈에 구별이 되도록 해 놨습죠!"

그리하여 전과 같이 도둑 무리가 그곳에 가 보니 이번에도 집집마다 똑같은 표시가 되어 있었습니다. 그들은 실망하여 되돌아갔고, 두목은 몹시 화를 내며 두 번째 부하도 옥에 처넣었습니다. 그리고 이렇게 혼잣말을 중얼거렸습니다.

"부하 두 놈이 가서 둘 다 실패하고 옥에 갇혔으니, 이젠 아무도 가려고 하지 않을 것이다. 이제는 할 수 없이 내가 가서 찾아내는 수밖에 도리가 없겠구나."

산에서 내려간 두목은 재봉사 바바 무스타파의 도움으로 어렵지 않게 알리바바의 집을 찾아냈습니다. 이 일로 재봉사는 호주머니에 적지 않은 돈을 챙겼습니다. 그런데 두목은 사람 눈에 띄는 표시는 아무것도 하지 않고, 그 집을 자기 가슴속에 넣어두고 머릿속에 똑똑히 새겨넣었습니다. 그런 다음 숲으로 돌아가 부하들에게 말했습니다.

"이번에는 내가 직접 가서 똑똑히 보고 머릿속에 넣어 왔다. 그러니 이번에는 틀림없이 그놈을 잡을 수 있을 것이다. 너희는 지금 당장 나가서 나귀 19필과 겨자기름을 가득 넣은 가죽 자루 하나와 같은 종류의 빈 가죽 자루 37개를 사오너라. 나하고 옥에 갇힌 두 놈을 빼면 머릿수는 모두 37명이다.

그런 다음, 너희를 빈틈없이 무장시켜서 가죽 자루에 한 명씩 넣고 그 자루를 나귀 등에 둘씩 실을 것이다. 마지막 열아홉 번째 나귀에는 한쪽엔 사람이 든 부대, 다른 한쪽엔 기름이 든 부대를 싣는다.

이렇게 준비가 다 되면 나는 기름장수로 변장해서 나귀 19필을 끌고 도성으로 들어가, 밤이 되면 그 집 앞에 가서 집주인에게 하룻밤 재워 달라고 부탁할 참이다. 그리고 날이 새기 전에 주인 놈을 때려죽이고 도둑맞은 금화를 찾아서 죄다 자루에 담아 싣고 오는 거다."

부하들은 매우 기뻐하며 당장 나가서 나귀와 커다란 가죽 자루를 사고, 두목이 지시한 대로 모든 준비를 했습니다.

사흘 뒤 해가 지기 조금 전에, 그들은 일어나서 자루마다 모두 표면에 겨 자기름을 칠하고, 각자 빈 자루 속에 몸을 숨겼습니다. 두목은 기름장수로 변장하여 나귀 19필에 가죽 자루를 실었습니다. 즉 자루 37개에는 흉기를 든 도둑이 한 사람씩 숨어 있고, 나머지 하나에는 진짜 기름이 가득 들어 있었던 것입니다.

준비가 끝나자 두목은 나귀를 몰고 산에서 내려가, 해가 질 무렵 알리바바의 집 앞에 이르렀습니다. 마침 그때 알리바바는 저녁을 먹고 집 앞을 거닐고 있었습니다. 두목은 그를 보자 공손히 인사하고 말을 걸었습니다.

"나는 시골서 기름을 팔러 온 상인입니다. 종종 이곳에 와서 기름을 팔고 있는데, 오늘은 너무 늦게 와서 하룻밤을 지낼 데가 없어 난처해하고 있습니다. 부디 자비를 베푸시어 나귀의 짐을 내리고 여물이라도 먹일 수 있도록 댁의 뜰을 빌려주신다면 정말 고맙겠습니다만."

알리바바는 전에 그 나무 위에서 두목의 목소리도 듣고 동굴에 들어가는 모습도 보았지만, 상대가 교묘하게 변장하고 있어서 설마 그 도둑의 두목인 줄은 꿈에도 생각하지 못했습니다. 그래서 흔쾌히 그의 청을 들어주어, 하룻밤 묵어가는 것을 승낙하고 말았습니다. 알리바바는 빈 헛간을 가리키며 그 속에 나귀를 몰아넣게 하고 노예를 시켜서 물과 여물을 가져오라고 지시한 다음, 노예처녀 모르기아나에게도 말했습니다.

"손님이 한 분 오셔서 오늘 밤 묵으실 테니, 얼른 식사준비를 하고 잠자리도 봐 드려라."

이윽고 두목이 나귀에서 가죽 자루를 내리고 물과 여물을 주자, 알리바바는 예를 다하여 융숭하게 그를 대접했습니다. 그리고 모르기아나를 불러 손님 앞에서 말했습니다.

"이 손님을 잘 보살펴 드리고 어떤 것에도 불편한 점이 없도록 필요한 건 뭐든지 준비해 드려라. 나는 내일 아침 일찍 목욕탕에 가서 목욕하고 오겠다. 그러니 하인 압둘라를 시켜 깨끗한 흰옷을 한 벌 보내다오. 목욕을 마친 뒤 갈아입을 수 있도록. 그리고 또 한 가지, 집에 돌아와서 먹을 수 있게 오늘 밤 안에 고깃국을 조금 끓여 놓아라."

"분부대로 모두 준비해 두겠습니다."

그래서 알리바바는 침실로 들어가고, 손님인 두목은 저녁을 먹은 뒤 헛간에 가서 나귀들도 먹이를 먹고 물을 마셨는지 확인했습니다.

두목은 알리바바와 집안사람들이 기름이 가득 들어 있는 줄만 알고 있는 가죽 자루를 살핀 뒤, 인기척이 없는 틈을 타서 몸을 숨기고 있는 부하들에게 낮은 목소리로 일러두었습니다.

"밤중에 내 목소리가 들리는 즉시 잘 드는 칼로 가죽 자루를 째고 얼른 뛰쳐나와야 한다."

그런 다음 부엌을 빠져나가 램프를 든 모르기아나의 안내로 침대가 준비된 방으로 들어갔습니다.

모르기아나가 물었습니다.

"필요한 것이 있으면 저에게 말씀해 주십시오. 언제라도 기꺼이 도와 드릴 테니까요."

"아니오, 이젠 아무것도 필요 없소."

두목은 그렇게 말하고 등불을 끈 뒤, 부하를 깨워 일을 해치울 때까지 한숨 자기 위해 잠자리에 들어갔습니다.

그동안 모르기아나는 주인이 시킨 일을 하기 시작했습니다. 먼저 깨끗한 흰옷을 한 벌 꺼내서 아직 자지 않고 있는 압둘라에게 주었습니다. 그런 다음 고깃국을 끓이기 위해 화덕에 냄비를 올리고 불을 지폈습니다. 한참 뒤 국이 다 끓었나 보러 가려고 하니 기름이 떨어져 등잔불이 모두 꺼졌습니다. 마침 그날 밤은 기름이 아무데도 없어서 모르기아나가 쩔쩔매고 있자 그 모습을 보고 압둘라가 말했습니다.

"뭐, 그리 걱정하고 그래. 저 헛간 속에 있는 것이 모두 기름인데 좀 퍼다 쓰지 뭐."

모르기아나는 그러면 되겠다 싶어 압둘라에게 고맙다고 인사했습니다. 손님방에서 느긋하게 누워 있던 압둘라는 내일 아침 일찍 일어나 목욕탕에 가서 알리바바의 시중을 들어야 했으므로 곧 자기 방으로 돌아갔습니다.

모르기아나는 기름통을 들고 일어나서 헛간으로 갔습니다. 그곳에는 가죽 자루가 아무렇게나 나뒹굴고 있었습니다. 모르기아나가 그 하나에 다가가자, 그 속에 숨어서 이제나저제나 신호가 오기를 기다리고 있던 도둑의 부하는 발소리를 듣고 두목이 온 것으로 생각했습니다. 그래서 가죽 자루 안에서 가만히 속삭였습니다.

"이제 나가도 됩니까?"

뜻밖의 사람 소리에 기겁한 모르기아나는 저도 모르게 뒤로 멈칫 물러섰으나, 원래 대담하고 재치 있는 처녀인지라 즉각 대답했습니다.

"아니다, 아직 멀었다."

그리고 가만히 생각했습니다.

'이 가죽 자루 속에는 기름이 아니라 정체를 알 수 없는 수상한 자들이 숨어 있구나. 어쩌면 저 기름장수는 주인님을 해치려고 무슨 나쁜 계략을 꾸미고 있는 건지도 모른다. 자비로우신 알라시여, 부디 이자들의 나쁜 음모로부터 저희 주인을 지켜주소서!"

그래서 모르기아나는 두목의 목소리를 흉내내어 부대마다 다가가서 같은 말을 일러 놓았습니다.

그리고 속으로 생각했습니다.

'이것, 큰일 났다! 나리께서는 저 남자를 기름장수로만 알고 손님으로 대접했는데, 이게 무슨 일이람! 도둑놈들을 집 안에 끌어들이고 말았으니. 이자들은 신호가 오는 대로 나리를 습격하여 약탈한 뒤에 나리를 죽이려는 게 틀림없어.'

마지막으로 모르기아나는 마지막 자루에 다가갔는데, 거기에는 기름이 가득 들어 있어서 그것을 통에 가득 부어 부엌으로 돌아온 다음, 램프에 불을 켰습니다.

그리고 커다란 솥을 하나 꺼내 기름을 쏟고 화덕에 올린 다음, 화덕 밑에 땔감을 산처럼 쌓고 부채질을 하자, 불길이 기세 좋게 타올라 기름이 금세 부글부글 끓기 시작했습니다.

그러자 그녀는 그 기름을 냄비에 하나 가득 퍼서 헛간으로 들고 가, 가죽 자루마다 부어버렸습니다. 그 부글부글 끓는 기름을 부었으니 어떻게 되었겠습니까? 자루 속 도둑들은 달아날 틈도 없이 타 죽어 버리고, 가죽 자루에는 시체가 하나씩 들어 있게 되었습니다.[*12]

그리하여 모르기아나는 뛰어난 임기응변을 발휘하여 소리 하나 내지 않고 집안사람들도 아무도 모르는 사이에 도둑들을 한꺼번에 모조리 다 잡은 것입니다. 도둑들을 모두 죽여 한시름 놓은 모르기아나는 부엌으로 돌아가서 문을 잠그고, 알리바바가 먹을 고깃국을 끓이기 시작했습니다.

한편 도둑의 우두머리는 잠이 든 지 한 시간도 안 되어 자리에서 일어나 창문을 활짝 열고 바깥을 내다보았습니다. 주위는 등불이 모두 꺼져 칠흑같이 어둡고 아무 소리도 들리지 않았습니다. 그래서 부하들이 가죽 자루에서 나오도록 손뼉을 쳐서 신호를 보냈습니다. 그러나 아무도 나오지 않았습니다.

잠시 뒤 다시 한 번 손뼉을 치고 소리까지 질렀으나 그래도 부하들은 아무 반응을 보이지 않았습니다. 다시 세 번째로 소리를 질렀지만 이번에도 아무 대답이 없자, 두목은 완전히 낭패하여 하는 수 없이 헛간으로 갔습니다. 두목은 속으로 이렇게 생각했습니다.

'이놈들이 모두 자루 속에서 잠이 든 모양이구나. 얼른 깨워야겠다.'

이윽고 가장 가까이 있는 자루에 다가간 두목은 기름 냄새와 함께 고기 타는 악취가 코를 찔러서 기겁했습니다. 자루 표면을 만져보니 뜨겁고 검게 그을어 있었습니다. 다른 가죽 자루도 죄다 만져보았으나 모두 마찬가지였습니다. 두목은 부하들에게 닥친 운명을 똑똑히 알자, 자신에게 닥칠 재난이 두려워서 담장에 기어 올라가, 거기서 뜰로 뛰어내려 허겁지겁 달아났습니다. 보복은커녕 오히려 단단히 봉변만 당한 셈입니다.

헛간에 간 두목이 돌아오기를 기다리고 있던 모르기아나는, 아무리 기다려도 그가 오지 않자, 그 사이에 담장을 넘어서 달아났음을 알아챘습니다. 왜냐하면 거리로 향한 출입구에는 이중으로 자물쇠가 채워져 있었기 때문입니다. 그리하여 도적 무리를 한 사람도 남기지 않고 처리한 모르기아나는, 가까스로 가슴을 쓸어내리며 편안한 마음으로 잠자리에 들었습니다. 동이 틀 때까지 아직 두 시간이나 남은 시간에, 알리바바는 자리에서 일어나 목욕탕으로 갔는데, 밤사이에 일어난 일에 대해서는 아무것도 몰랐습니다. 그도 그럴 것이 그 용감한 노예처녀 모르기아나는 주인을 깨우지도 않았고, 또 깨우면 오히려 좋지 않다고 생각한 것입니다. 만약 기회를 봐서 주인에게 자신의 계획을 알리려 했다가는, 때를 놓치고 계획도 물거품이 되어 버릴 수 있었기 때문입니다.

알리바바가 목욕탕에 갔다 왔을 때는 이미 해가 지평선 위에 높이 솟아 있었습니다. 그는 헛간 속에 아직도 가죽 자루가 늘어서 있는 것을 보고 깜짝 놀라 모르기아나에게 물었습니다.

"기름장수 손님은 어떻게 됐느냐? 아직도 기름을 시장에 싣고 가지 않았느냐?"

그제야 모르기아나가 대답했습니다.

"전능하신 알라께서 주인님의 장수와 행복을 지켜주시기를! 그 기름장수에 대해 긴히 드릴 말씀이 있어요."

모르기아나는 주인을 집 밖으로 데리고 나가, 먼저 안뜰의 나무문에 자물쇠를 채운 뒤 가죽 자루를 가리키면서 말했습니다.

"먼저 이 속에 기름이 들었는지 뭐가 들었는지 한번 들여다보세요."

알리바바가 가죽 자루 속을 들여다보니, 빈틈없이 무장한 한 남자가 들어 있어서 깜짝 놀라 달아나려고 했습니다.

그러자 모르기아나가 말했습니다.

"염려 마세요. 이놈에게는 이제 주인님을 해칠 힘이 없으니까요. 보세요. 이렇게 죽어 있지 않아요?"

모르기아나의 든든한 위로의 말을 듣고 알리바바는 물었습니다.

"오, 모르기아나, 우리가 도대체 어떤 재난에서 벗어났다는 말이냐? 이놈은 또 어찌하여 운명의 희생이 된 것이냐?"

"알라 무드릴라—전능하신 알라를 찬양하라! 자초지종을 다 말씀드릴 테니 우선 조용히 하세요. 큰 소리로 얘기하시면 안 돼요. 만에 하나 이웃 사람들에게 비밀이 새나가면 곤란한 일이 생길 테니까요. 어서 모든 가죽 자루를 조사해 보세요. 하나씩, 처음부터 끝까지."

알리바바가 하나하나 조사해 보니, 모두 무장을 한 남자가 한 사람씩 들어 있고 모두 화상을 입고 죽어 있었습니다. 그 모습에 알리바바는 그저 놀라 아무 말도 못하고 가죽 자루를 바라보고 있다가, 이윽고 정신을 차리고 나서 물었습니다.

"그런데 그 남자는, 그 기름장수는, 어디에 있느냐?"

"그 남자에 대해서도 지금 말씀드릴게요. 그 악당은 상인이 아니라 뱃속이 검은 자객이었어요. 꿀처럼 달콤한 말로 주인님을 속이고, 파멸시키려고 했던 거예요. 그 남자가 어떤 인간이고, 어떤 일이 일어났는지 곧 말씀드리겠지만, 그 전에 나리께서는 방금 목욕하셨으니 위장과 몸을 위해 고깃국부터 좀 드시는 게 좋겠어요."

그래서 알리바바가 집 안에 들어가자, 모르기아나가 고깃국을 담아내왔습니다. 그것을 먹고 나자 알리바바가 입을 열었습니다.

"어서 그 이상한 이야기를 해서 나를 안심시켜 다오."

모르기아나는 그동안의 경위를 다음과 같이 얘기했습니다.

"주인님, 사실 주인님이 저에게 고깃국을 끓이라 하시고 침실로 드셨을 때, 저는 지시에 따라 깨끗한 흰옷을 한 벌 꺼내 압둘라에게 주었습니다. 그런 다음 불을 피우고, 고깃국을 불에 올려놓았어요. 준비가 다 되자 위에 뜬 거품을 떠내려는데, 아무래도 등불을 켜야 하겠는 거예요. 그래서 압둘라에게 의논했더니, 그 사람은 헛간에 넣어둔 부대에서 조금 퍼내면 될 걸 가지고 뭘 그리 고민하느냐고 하더군요. 그래서 저는 빈 통을 가지고 첫 번째 자루로 다가갔는데, 그때 뜻밖에도 그 속에서 조심조심 속삭이는 사람 소리가 들려왔어요.

'이제 나가도 됩니까?' 하고요. 저는 그 목소리를 듣고 깜짝 놀라서 가짜 상인이 계략을 써서 주인님을 죽이려 하고 있다 생각했지요. 그래서 저는 이렇게 대답해 주었어요.

'아니다, 아직 멀었다.'

그런 다음 두 번째 자루에 가니 또 다른 목소리가 묻기에 저는 같은 대답을 했어요. 모든 자루가 전부 같은 말을 하더군요. 도둑들이 자신들의 두목한테서 신호가 오기를 기다리고 있었던 것이 틀림없어요. 두목이라는 자는 주인님이 기름장수로 생각하시고 집에 손님으로서 들이신 그 남자를 말하는 거예요. 게다가 주인님이 후하게 대접했는데도, 그 악당은 주인님을 죽이거나 금품을 약탈하고 온 집안을 휩쓸기 위해 부하들을 자루 속에 몰래 숨겨서 들어온 거지요. 하지만 저는 그 악당에게 목적을 이룰 틈을 주지 않았어요.

가장 마지막 자루에는 기름이 가득 들어 있어서, 저는 그 기름을 조금 떠서 램프를 켰어요. 그런 다음 커다란 솥에 불을 지피고 자루에서 퍼온 기름을 붓고, 밑으로는 계속 땔감을 땠지요. 잠시 뒤 기름이 부글부글 끓기 시작하자, 도둑놈들을 한 사람도 남김없이 태워 죽이려고, 기름을 냄비에 담아서 순서대로 자루에 다가가서는 끓는 기름을 자루 속에 끼얹었지 뭐예요.

그렇게 해서 그들을 모조리 물리쳐 없앤 뒤, 저는 부엌으로 돌아와서 램프를 끄고 창가에 서 있었어요. 그 뒤에 가짜 상인이 어떻게 나오는지 보려고 했던 거였어요. 제가 창가에 서 있은 지 얼마 되지 않아서, 도둑의 두목은 자리에서 일어나 몇 번이나 부하들에게 신호를 보내더군요. 하지만 아무 반응이 없자 두목은 2층에서 내려와 헛간으로 갔어요. 그리고 부하들이 모두 죽어 있는 것을 알고는 어디론지 어둠 속으로 달아나고 만 거예요. 두목이 그림자도 없이 사라지자, 문에는 자물쇠가 단단하게 채워져 있었기 때문에, 저는 그놈이 담장에 기어올라 뜰로 뛰어내려 달아난 것이 틀림없다고 생각했어요. 그제야 저는 완전히 마음 놓고 잠을 잤어요."

모르기아나는 자초지종을 주인에게 얘기한 뒤, 곧 다시 말을 이었습니다.

"지금 한 이야기는 모두 진실인데, 사실 지난 며칠 동안 왠지 모르게 그런 일이 일어날 것만 같은 일이 있었답니다. 하지만 혹시 이웃 사람들의 귀에 들어가면 좋지 않을 듯해 일부러 주인님께는 말씀드리지 않았어요. 그렇지만, 이제 이렇게 되었으니 그 사건도 말씀드리는 수밖에 없겠네요.

며칠 전 일인데, 대문 앞에 분필로 하얗게 표시가 되어 있는 것을 보았어요. 그 이튿날에는 흰 표시와는 별도로 빨간 표시가 또 되어 있었지요. 그 표시가 무엇을 위한 건지는 잘 몰랐지만, 어쨌든 저는 누군가 원한을 품은 자가 주인님의 파멸을 노리고 그런 짓을 한 것이라 생각하고, 이웃집 문에도 똑같은 표시를 해 두었어요. 제가 발견한 표시와 똑같은 것을 다른 문에도 모두 표시해 둔 것은, 그렇게 해 두면 어느 집이 어느 집인지 구별이 되지 않을 거라는 생각에서였지요. 정말 그 표시와 이번의 못된 계략이 산적의 짓이고, 그렇게 해서 이 집을 목표로 노린 것인지 어떤지, 한번 잘 생각해 보세요.

그 40명의 도둑 가운데 아직 두 명의 도둑이 살아 있지만, 그 두 사람의 소식은 잘 모르겠어요. 그러니 아직 방심하셔서는 안 돼요. 특히 여기서 감쪽같이 달아난 두목을 부디 조심하셔야 해요. 왜냐하면 만에 하나 그놈의 손에 걸리는 날에는 절대로 무사하지 못할 테니까요. 틀림없이 죽음을 당하고 말 거예요. 저는 힘닿는 대로 주인님의 목숨과 재산이 항상 온전하도록 애쓸 생각이에요. 저는 언제까지나 주인님께 도움이 되어 드리고 싶어요."

이 말을 듣고 알리바바는 매우 기뻐하면서 말했습니다.

"이번 너의 기특한 활약을 들으니 정말 감탄스럽구나. 소원이 있거든 뭐든지 말해 봐라. 내 목숨이 있는 한 너의 용감한 행동을 절대 잊지 않으마."

"우선 이 도둑들의 시체를 묻어 버리는 게 좋을 듯해요. 그러면 이 일은 아무도 모를 테니까요."

그리하여 알리바바는 젊은 하인 압둘라를 뜰로 데려가서 나무 밑에 도둑들의 시체가 들어갈 만한 크기의 구덩이를 깊게 팠습니다. 그리고 37명의 시체를 모두 구덩이에 묻은 다음, 가죽 자루와 무기는 사람 눈에 띄지 않는 곳에 숨겨버리고, 나귀는 하인 압둘라가 한 필, 두 필 시장에 끌고 나가 솜씨 좋게 모두 팔아버렸습니다.

그리하여 이 사건은 어둠에서 시작되어 어둠 속에 묻혀버려, 아무도 모르게 끝났습니다. 그러나 알리바바는 두목과 살아남은 두 명의 부하들이 분풀이로 보복을 시도할지 모른다 여기고, 잠시도 경계의 끈을 늦추지 않았습니다. 그는 신중에 신중을 기하여 비밀을 굳게 지키면서, 지금까지 있었던 사건이나 산적의 소굴에서 약탈해 온 보물에 대해 한 마디도 남의 귀에 들어가지 않도록 조심했습니다.

한편 간신히 목숨만 건져서 달아나, 무사히 산속 소굴에 이른 산적 두목은 속을 부글부글 끓이면서 이를 갈며 분해하고 있었습니다. 그는 반쯤 미치광이가 되어 평소의 얼굴빛은 하늘로 피어오르는 연기처럼 사라지고 없었습니다. 그는 곰곰이 생각한 끝에 마침내 무슨 일이 있어도 알리바바의 목숨을 빼앗고야 말겠다고 굳게 결심했습니다. 그렇게 하지 않으면 알리바바는 주문을 알고 있으므로, 그것을 이용하여 보물을 빼앗아서 차지해 버릴 테고, 그리 되면 전 재산을 잃게 될 수도 있었습니다. 또 그는 혼자서 알리바바를 죽인 뒤 다시 한 번 산적 무리를 그러모아, 몇 대 동안 조상들이 해 온 것처럼 도둑질을 계속하기로 마음먹었습니다.

그리하여 그는 그날 밤에는 쉬고 이튿날 아침 일찍 일어나 상인풍의 옷으로 갈아입었습니다. 그런 다음 도성으로 가서 어느 대상숙소에서 걸음을 멈추고 속으로 생각했습니다.

'그렇게 많은 사람을 죽였으니 틀림없이 관가의 귀에도 들어가서 알리바바란 놈, 지금쯤은 벌써 붙잡혀 재판을 받고 있을 게 틀림없다. 그놈의 집은 파괴되고, 재산은 몰수당했을 거야. 또 사람들은 틀림없이 이 소동에 대해 쑥덕거리고 있겠지.'

그래서 두목은 숙소 주인에게 당장 물어보았습니다.

"지난 며칠 동안 마을에서 뭔가 색다른 일이 없었소?"

주인은 자신이 보고 들은 것을 모두 얘기해 주었습니다. 그러나 두목은 자신이 가장 궁금해하는 사건에 대해서는 한마디도 듣지 못했습니다. 그것으로 알리바바가 무척 조심성이 많고 빈틈이 없다는 것, 또 그만한 재물을 약탈하고 그만큼 많은 사람을 죽이고도 아직 무사하다는 것을 알았습니다. 그런 만큼 더욱더 상대의 술책에 빠져 오히려 자신이 당하지 않도록 빈틈없이 계획을 세워야겠다고 생각했습니다. 이렇게 각오를 하고, 두목은 시장에 가게를 한 채 빌려 동굴에서 좋은 상품을 잔뜩 날라서 그것을 펴 놓고 장사를 시작했습니다.

그런데 우연히도 그 가게는 죽은 카심의 아들이자 알리바바의 조카가 하는 가게와 마주보고 있었습니다. 이 파자 하산이라고 자처한 산적 두목은 곧 이웃가게 주인들과 가깝게 사귀기 시작했고, 특히 카심의 아들에게 친절을 베풀었습니다. 그래서 얼굴도 빼어나게 아름답고 치장도 잘한 카심의 아들과는 오랫동안 잡담까지 나누는 사이가 되었습니다.

며칠 뒤 알리바바가 전부터 하던 대로 조카를 찾아왔을 때, 마침 조카는 가게에 앉아 있었습니다. 그 광경을 본 두목은 그가 알리바바라는 사실을 알고 어느 날 아침 젊은이에게 물었습니다.

"당신 가게에 가끔 오시는 양반은 누구신지요?"

젊은이가 대답했습니다.

"그분은 저의 작은아버님이십니다."

두목은 젊은이에게 전보다 더욱 호의를 베풀어, 상대를 자기 뜻대로 움직이려고 애썼습니다. 그래서 여러 가지 선물도 하고 집으로 초대하여 산해진미를 대접하기도 했습니다.

그러자 알리바바의 조카도 집으로 한번 그를 초대해야겠다고 생각했지만, 집이 좁고 방도 여유가 없어서 파자 하산처럼 훌륭한 대접을 할 수 없었습니다.

그래서 조카는 이 문제를 작은아버지에게 의논했습니다. 그러자 알리바바는 이렇게 말했습니다.

"네가 대접을 받았으니 너도 훌륭하게 대접해라. 마침 내일은 금요일이니 훌륭한 상인들이 모두 가게를 닫는 것처럼 너도 가게 문을 닫고, 아침 일찍 아침을 먹은 뒤 그 파자 하산인가 하는 사람을 데리고 공기의 냄새를 맡으러 나가려무나.*13 그리고 산책하는 동안 상대가 눈치채지 않도록 해서 이리로 데려오도록 해라. 그동안 내가 모르기아나에게 일러서 맛있는 요리와 연회에 필요한 것을 모두 준비해 놓을 테니, 걱정하지 말고 나한테 맡겨두도록 해라."

그리하여 이튿날, 즉 금요일에 알리바바의 조카는 파자 하산과 함께 꽃밭을 거닐었습니다. 그리고 돌아오는 길에 작은아버지의 집이 있는 동네로 갔습니다. 알리바바의 집 앞에 오자, 젊은이는 문 앞에서 걸음을 멈추고 문을 똑똑 두드렸습니다.

"이곳은 저에게는 제2의 집입니다. 작은아버님께서 하산 님에 대한 소문과 저에게 여러 가지로 친절히 대해 주신다는 얘기를 듣고, 꼭 한번 뵙고 싶어 하십니다. 그러니 번거로우시더라도 저희 작은아버님을 만나 주신다면 고맙겠습니다."

파자 하산은 어쩌면 복수할 기회가 있을지도 모른다고 생각하여 적의 집으로 들어가게 된 것을 속으로 기뻐했습니다. 그러나 안에 들어가는 것을 주저하면서, 그 자리에 선 채 뭔가 핑계를 대어 그대로 돌아가려고 했습니다. 바로 그때 문지기가 문을 열어주어 알리바바의 조카는 산적 두목의 손을 잡고 한참 실랑이를 한 끝에, 겨우 안으로 데리고 들어갔습니다. 그러자 상대는 매우 영광으로 여기며, 완전히 기분이 좋아져서 기쁜 표정으로 안에 들어갔습니다.

알리바바는 두목을 정중히 맞이하면서 먼저 상대의 기색을 살핀 다음, 이렇게 인사했습니다.

"어서 오십시오. 제 조카한테 여러모로 친절을 베풀어주셔서 뭐라고 감사를 드려야 할지 모르겠습니다. 당신은 내 조카를 삼촌인 나보다도 더 귀여워해 주시는 모양이더군요."

그러자 하산이 유쾌한 목소리로 말했습니다.

"나는 이 젊은이에게 완전히 사로잡혀 진심으로 좋아하게 됐습니다. 아직 나이는 어리지만, 상당히 지혜로운 청년이더군요."

이렇게 한참 이런저런 이야기를 나눈 끝에, 이윽고 하산이 일어서면서 돌아가겠다고 말했습니다.

"주인장, 이제 그만 가봐야겠습니다. 언젠가 가까운 시일 안에, 신의 뜻이 있다면 다시 한 번 찾아뵙기로 하지요."

그러나 알리바바는 상대를 못 가게 말리면서 물었습니다.

"오, 벗이여! 어디로 가시려고 그러십니까? 나는 식사를 같이할까 하고 모셨는데 아무쪼록 식사나 하시고 가시지요. 저희 요리는 평소에 당신이 드시는 것만큼 맛있지는 않겠지만, 그래도 꼭 제 청을 들어주셔서 저희 집에서 요기나 하고 가십시오."

"주인장, 이렇게 초대를 해 주셔서 정말 감사합니다. 사실은 기꺼이 초대에 응하여 함께 상대해 드려야 하지만, 특별한 사정이 있어서 아무래도 오늘은 이만 돌아가 봐야 할 듯합니다. 더는 오래 폐를 끼칠 수 없는 형편이니, 오늘은 부디 용서해 주십시오."

이 말을 듣고 주인 알리바바는 물었습니다.

"벗이여, 실례지만 그토록 절박하고 중대한 사정이란 게 무엇인지 가르쳐주시지 않겠습니까?"

그러자 파자 하산이 말했습니다.

"그 사정이라는 것은, 사실 최근에 제 병을 고쳐준 의사의 지시로, 소금을 넣은 음식은 절대 금지되어 있기 때문입니다. 그래서 부득이하게 집에 가서 먹으려는 것입니다."

"아하, 그런 사정이시라면 부디 여기서 함께 드시도록 하십시오. 다행히 아직 요리를 만들지 않았으니 당장 요리사에게 일러서 소금을 넣지 않도록 할 테니까요. 잠시만 기다려주십시오. 금방 돌아오겠습니다."

알리바바는 모르기아나에게 가서 모든 음식에 소금을 넣지 말라고 분부했습니다. 부지런히 요리를 만들고 있던 모르기아나는 절대 소금을 넣지 말라는 말을 듣고 은근히 놀라면서 주인에게 물었습니다.

"소금이 들지 않은 음식을 먹다니 도대체 어떤 분이신가요?"

"그게 누구든 너하고 무슨 상관이냐? 내가 시키는 대로 하기만 하면 된다."

"맞는 말씀이에요. 분부대로 하겠습니다."

하지만 모르기아나는 그런 기묘한 주문을 하는 손님이 이상하게 생각되어, 어떻게 생긴 손님인지 몹시 궁금했습니다. 그래서 식사준비가 다 끝나자, 젊은 하인 압둘라와 함께 식탁을 펴고 음식을 나르면서 흘깃 파자 하산을 훔쳐보니, 외국인 상인으로 변장하고는 있었지만, 대번에 그 정체를 알아차리고 말았습니다. 게다가 유심히 살펴보니 소매 속에 칼을 숨기고 있는 게 아니겠습니까?

'옳아, 그랬구나!'

모르기아나는 속으로 중얼거렸습니다.

'이 악당이 소금을 먹지 않는 이유는 바로 그것 때문이었어.*14 이자는 큰 원한을 품고 우리 주인님을 죽이려고 기회를 노리고 있는 거야. 하지만 어딜! 내가 먼저 선수를 쳐서 이놈이 주인님께 손을 대기 전에 처치해 버려야겠다.'

모르기아나는 식탁 위에 새하얀 천을 깔고 음식을 차린 뒤, 부엌으로 돌아가서 산적 두목을 어떻게 해치우면 좋을지 궁리하기 시작했습니다.

알리바바와 파자 하산이 배불리 음식을 먹고 나자, 압둘라가 부엌에 와서 후식을 준비하라고 전했습니다. 모르기아나는 식탁을 치운 뒤 신선한 과일과 말린 과일을 쟁반에 담아내고, 알리바바 옆에는 술잔 셋과 술병을 얹은 조그만 상을 갖다 놓았습니다. 그렇게 한 뒤 모르기아나는 마치 저녁을 먹으러 가는 척하며 압둘라와 함께 별실로 물러갔습니다.

그러자 파자 하산, 즉 산적 두목은 드디어 기회가 왔다 생각하고, 아주 좋아하면서 속으로 혼잣말을 중얼거렸습니다.

'드디어 실컷 원한을 풀 기회가 왔구나. 이 칼로 단번에 놈을 해치워야지. 그런 다음 뜰을 가로질러 달아나는 거다. 저 조카 놈은 방해가 되진 않겠지만, 만일 나를 가로막으려고 손가락 하나 까딱했다간 봐라, 놈도 같이 죽여버리고 말 테니까. 그렇다 해도 저 하인과 노예계집이 밥을 다 먹고 부엌에서 잘 때까지 좀더 기다리는 게 좋겠다.'

두목의 움직임을 가만히 살피고 있던 모르기아나는 상대의 뱃속을 훤히 꿰뚫어보고 이렇게 중얼거렸습니다.

"저놈이 먼저 일을 저지르면 안 되는데. 어떻게 해서든 저놈이 행동하기 전에 먼저 죽여야 해."

이 충실한 노예처녀는 서둘러 옷을 벗더니 부리나케 무희의 의상으로 갈아입고, 얼굴은 값비싼 흰 천으로 가린 뒤, 머리에 아름다운 터번을 감고 금은으로 수놓은 허리띠를 둘렀습니다. 그리고 그 속에 반짝이는 금은과 보석으로 장식한 칼을 숨겼습니다. 그렇게 몸을 꾸민 모르기아나는 압둘라에게 말했습니다.

"주인님의 손님을 대접하기 위해 내가 춤을 추고 노래를 부를 테니 당신은 탬버린을 울려줘요."

시키는 대로 압둘라가 탬버린을 들고 앞장서서 손님방으로 들어가자 모르기아나도 그 뒤를 따라갔습니다. 두 사람은 무릎을 꿇고 절을 한 다음, 그 자리의 흥을 돋우기 위해 노래와 춤을 보여 드리고 싶다고 말하자, 알리바바는 고개를 끄덕이며 말했습니다.

"그럼 한번 해 보아라. 틀림없이 손님도 즐거워하실 게다."

파자 하산도 옆에서 거들었습니다.

"오, 주인장, 재미있는 여흥을 즐기게 되겠군요."

이윽고 옆에 앉아 있던 압둘라가 탬버린을 울리기 시작하자, 모르기아나는 거기에 맞춰 나긋나긋한 몸놀림과 익살스러운 동작으로 능숙하게 춤을 추어 사람들의 갈채를 받았습니다.

그러다가 느닷없이 허리춤에서 칼을 뽑아들고 한 번 앞으로 나아갔다 한 번 뒤로 물러서며 오른쪽 왼쪽, 자유자재로 움직이면서 거침없이 칼을 휘두르자, 사람들은 그 칼춤에 매우 흥겨워하면서 감탄했습니다. 때로는 날카로운 칼끝을 겨드랑이 밑에 찔러 넣는가 하면, 자기 가슴에 찔러 넣는 시늉을 하면서 사람들 앞에 우뚝 서기도 했습니다.

모르기아나는 춤을 마치자 마지막으로 젊은이의 손에서 탬버린을 받아들고, 오른손에 칼을 든 채 모든 예능인이 그러하듯이 행하(行下)를 받기 위해 한 바퀴 돌기 시작했습니다.

맨 먼저 알리바바 앞에 다가가자 그는 금화 한 닢을 탬버린 속에 던져 넣었습니다. 다음에 조카도 금화 한 닢을 주었습니다.

마지막으로 파자 하산 앞으로 다가가자 그도 지갑을 꺼내려고 품 안에 손을 넣었습니다. 그 틈에 모르기아나는 용기를 내어 번개처럼 상대의 가슴팍에 칼을 푹 찔러 넣었습니다. 그러자 그 악당은 끽 소리 한 번 내지 못하고 그 자리에 벌렁 자빠져서 죽고 말았습니다.

그것을 보고 몹시 놀라 넋을 잃은 알리바바가 거친 목소리로 고함을 질렀습니다.

"이 요망한 년! 대체 이게 무슨 짓이냐? 네년 때문에 나는 망하고 말았다!"

"아니에요, 주인님, 이 사람을 죽인 것은 주인님을 구하기 위한 것이지 결코 재앙을 불러오기 위한 것이 아니었어요. 이놈의 옷을 벗겨서 무엇을 감추고 있나 자세히 살펴보세요."

알리바바가 시체의 옷을 벗겨보니, 아니나 다를까 그 속에서 칼이 하나 나왔습니다. 그러자 모르기아나가 말했습니다.

"이 악당은 주인님과 같은 하늘 아래에선 살 수 없는 원수예요. 잘 보세요. 이놈은 다름 아닌 기름장수로 변장했던, 지난번의 그 산적 두목이랍니다. 이놈은 주인님을 죽일 속셈이 있어서 소금이 든 음식을 같이 먹으려 하지 않았던 거예요. 처음에 저는 그 말을 듣고 아무래도 이상한 생각이 들었는데, 이놈을 보고는 한눈에 이놈이 주인님을 죽이려는 것을 알았어요. 오, 전능하신 알라를 찬양하라! 제 예감이 딱 들어맞았지 뭐예요."

알리바바는 이 노예처녀에게 감사의 말을 몇 번이나 되풀이해서 말했습니다.

"오, 정말 놀라운 일이로다! 너는 나를 이자의 손에서 두 번이나 구해 주었어."

알리바바는 모르기아나를 와락 끌어안고 다시 소리쳤습니다.

"모르기아나, 나는 너를 자유롭게 해 주겠다. 그리고 너의 그 충직한 행위에 대한 포상으로 이 조카와 짝을 지어주마."

알리바바는 조카를 돌아보며 말했습니다.

"너는 내가 시키는 대로 해라. 그러면 너도 반드시 운이 트일 것이다. 어쨌든 의무와 정절의 표본이라고 할 수 있는 이 모르기아나를 아내로 맞이하도록 해라. 너도 이제는 알겠지만, 이 파자 하산은 나를 죽이려고 너에게 접근한 거였어. 그것을 모르기아나가 재빨리 알아채고 저놈을 죽여서 우리를 구해 준 것이다."

알리바바의 조카는 그 자리에서 모르기아나와의 결혼을 승낙했습니다. 세 사람은 도둑의 시체를 끌어내어 뜰 한구석에 묻었습니다. 그 뒤 오랫동안 이 사건을 눈치채는 사람은 아무도 없었습니다.

이윽고 알리바바는 형의 아들과 모르기아나의 결혼식을 성대하게 올려주

고, 친구와 이웃 사람들을 초대하여 함께 춤추고 노래하며 음악을 울리면서
화려한 잔치를 벌여 두 사람의 앞날을 축복해 주었습니다.

그 뒤 알리바바는 하는 일마다 행운이 뒤따라 모두 성공하여 재산이 끝없
이 불어났습니다. 그래서 예전에 형 카심의 시체를 운반해 낸 뒤로, 산적이
무서워 산속 보물 동굴에는 한 번도 가지 않았습니다.

그러다가 어느 정도 세월이 흘렀을 무렵, 어느 날 아침 알리바바는 말을
타고 남의 눈을 피해 숲 속 동굴로 가보았습니다. 그리고 주위에 인기척이
전혀 없는 것을 확인한 뒤 안심하고 입구로 다가갔습니다. 알리바바는 말에
서 내려 말을 나무에 매어놓고, 입구에 다가가서 잊지 않고 있던 그 주문을
외웠습니다.

"열려라, 참깨!"

그러자 전과 다름없이 바위가 활짝 열렸습니다. 안에 들어가 보니 금은보
화가 옛날 그대로 고스란히 남아 있었습니다.

그것을 본 알리바바는 산적 일당이 한 사람도 살아남지 않았고, 자기 말고
는 이 비밀의 장소를 아는 사람이 아무도 없음을 확실히 알았습니다. 알리바
바는 당장 실을 수 있는 만큼 금화를 꺼내 안장자루에 싣고 집으로 돌아왔습
니다.

그리고 오랜 세월이 흐른 뒤, 알리바바는 자식과 손자들에게 그 보물 동굴
이 있는 곳을 알려주고, 그 문을 여닫는 방법도 가르쳐주었습니다. 그리하여
알리바바와 그의 일족은 그 옛날 지지리도 가난하게 살았던 도성에서 가장
큰 부자가 되었고, 그 비장의 보물 덕분에 고귀한 지위에까지 올라 평생 안
락하고 행복하게 살았습니다.

〈주〉

＊1 H.C. 쿠트(Coote)는 그의 저서 《민화의 기록 *Folk-Lore Record*》(1881년 제3권)의 '갈
   랑이 번역한 몇몇 이야기의 출전에 대하여' 속에서 알리바바(Ali Baba) 이야기 전체가
   들어 있는 원형은 찾을 수 없다고 말했다. 단, 두 가지의 중요한 사건에 대해서는 사켈
   라리오스(Sakellarios) 교수가 키프로스에서 수집한 두 가지 이야기를 인용하고 있다.
   그중 하나는 마을의 사람이 사는 집 대문에 표시를 남기는 이야기로, 그것은 의심할
   여지없이 옛날부터 수없이 있는 일이다. 또 다른 하나는 '드라코스 이야기'로 '세눈박
   이'라 불리는 식인종이 나오는데, 짐 속에 몸을 숨긴 한 떼의 흑인과 함께 자신의 아내

를 구하려고 한다. 그러나 모두 발각되어 살해되고 만다.

〔W.A. 클라우스턴은 원서 제14권 끝에 약간 상세한 주석을 달고, 대문에 표시를 하는 이야기는 왕가의 보물창고를 약탈하는, 세계적으로 널리 알려진 이야기에서 얻어낸 듯하다고 말했다.

이 이야기는 이집트 왕 람프시니투스에 대해 헤로도토스가 얘기한 것과 같은데, 주인공은 형제의 목이 없는 시체를 되찾기 위해 똑같이 대담한 짓을 했지만 발각되지 않는다.

또 키프로스의 '세눈박이 이야기'에서는, 국왕의 전속 어릿광대가 짐을 풀어 물건을 꺼내기 위해 아래층으로 내려갔다. 그가 짐 하나에 다가가자 안에서 흑인이 말했다. "나리, 이제 됐습니까?" 어릿광대는 같은 방법으로 모든 짐을 확인한 뒤, 2층으로 올라가서 사람들에게 짐 속에 흑인들이 가득 들어 있다고 알려주었다. 국왕의 신부는 이 말을 듣고, 곧 어릿광대와 가신들을 아래층으로 보냈다. 그들은 사형집행인과 함께 첫 번째 짐에 다가갔다. 그러자 흑인이 안에서 물었다. "이제 됐소?" 그들이 됐다고 대답하자 흑인이 밖으로 나왔다. 사형집행인은 그가 나오자마자 목을 베어 버렸다. 그들은 다른 짐에도 다가가서 나머지 흑인들도 모조리 베어 버렸다.〕

＊2 참깨는 심심(Simsim) 또는 삼삼(Samsam)이라고 한다. 그 씨앗은 *Sesamum orientale*, 따라서 프랑스어로는 Sésame, ouvre-toi(열려라, 참깨)!

〔클라우스턴에 의하면 그림에게 알리바바의 독일판이 있다고 하며, 12명의 도적단은 "셈시(Semsi) 산아, 셈시 산아, 열려라!" 하고 소리친다. 이 셈시는 뚜렷하게 심심 또는 삼삼이 본디 뜻과 다르게 전해져 그릇되게 굳은 말이며, 이 이야기가 갈랑의 번역을 통해 독일에 널리 퍼진 것이 아님을 나타내고 있는 듯하다. 그것은 18세기 유럽에 《아라비안나이트》가 정식으로 소개되기 훨씬 전, 아마 12세기 무렵에, 여행자나 순례자의 입을 통해 여러 가지 아라비아 이야기가 유럽에 전해졌던 것이리라.〕

＊3 힌두스탄어 번역에서는 형수(Sister-in-law)를 자타니(Jathani)라고 하며, 형의 아내를 가리킨다. 힌두스탄어에는 다른 동양언어와 마찬가지로 친척을 나타내는 말이 풍부한데, 그 점에서 영어는 매우 빈약하다.

＊4 도둑은 힌두스탄어 번역에서는 타그(Thag)로 되어 있으며, 영어의 사그(Thug)이다. 〔옛날 인도 북부에 몰래 사람을 죽이고 약탈한 뒤, 시체를 흙 속에 묻은 암살단 '사그'가 있었지만, 1828~35년에 모조리 제거되었다. 그래서 이 말은 흉악범이나 자객 등의 의미로 사용되었다.〕

원래 이 말은 사기꾼을 의미하는 데 지나지 않는다. 그래서 하인을 향해 투 바라 타그 하이(Tu bara Thag hai)라고 말하면, '너는 흉악한 악당이다'라는 뜻이다. 그러나 제2의 의미로는 도둑이나 암살자, 제3의 의미로는 파괴의 신에게 닥치는 대로 사람을 죽여 공양의 희생물로 인간을 바치는 바와니 숭배자를 가리킨다. 사그의 말과 행동은 내 친구인 고(故) 메도스 테일러(Meadows Taylor)의 《어느 사그의 고백》에 의해 영국에서 널리 알려지게 되었다. 나는 만약 인도에서 영국인이 추방된다면, 카치(인도 서부의 주)와 페르시아 만의 해적과 마찬가지로 '사그'들이 눈 깜짝할 사이에 부활하리라고 확신한다.

＊5 갈랑의 번역에는 이렇게 되어 있고, 힌두스탄어 번역도 그것을 그대로 좇고 있다. 그러나 넷으로 절단된 시체 가운데, 두 개는 문밖에, 나머지 두 개는 안쪽에 매달았을 것이라고 생각하는 것이 더 자연스러울 것이다.

＊6 모르기아나(Morgiána)라는 유서 깊은 철자를, 불순하기는 하지만 나는 고치고 싶지 않다. 원래의 철자는 마르자나(Marjanah)로, 코랄린(coralline)(산호색의)이라는 의미이며, 붉은 산호인 마르잔(Marjan)에서 유래한 것이다.

＊7 과부의 기한은 아랍어로 이다(Iddah)라고 하며, 그 기한 안에는 재혼할 수 없었다.

＊8 갈랑의 번역에서 이 남자는 '구두 수선공으로……원래 성격이 밝고 언제나 농담을 즐겼다(savetier……naturellement gai, et qui avait toujours le mot pour rire).' 가죽 기술자(Chamar)는 상류층의 대화에서는 터부(taboo)였기 때문에, 힌두스탄어 번역에서 재봉사로 바뀐 것은 당연하다.

＊9 도사(導師, Imam)는 기도의 선도자. 페르시아어로는 피쉬 나마즈(Pish-namaz). 갈랑은 '이만(iman)'으로 했는데, 이것은 다만 신념과 신앙을 의미할 뿐이다. 그의 번역자들은 그 오류를 충실하게 따랐지만, 맹목적인 모방자(servum pecus)일 뿐이다.

＊10 갈랑은 시체를 관에 넣고 못질한 것으로 했는데, 그것은 그리스도교적인 관행이다. 또 죽은 자를 애도하는 기도는 관이 무덤가에 내려졌을 때 하는 것이 보통이고, 장례식을 여성이 주관하는 것은 드문 일이다.

＊11 갈랑은 더 잔인하다. "안내자는 곧 만장일치로 사형을 선고받았고, 본인도 자신의 죄를 인정했다(Aussitôt le conducteur fut déclaré digne de mort tout d'une voix, et il s'y condamna lui-même……)."

＊12 이와 마찬가지로, 이를테면 고대 아라비아사(史)에서는 아랍인 조피르스가 강한 적수 제바 여왕에게 기습하기 위해, 2천 명의 전사를 커다란 낙타 자루 속에 넣었다. 《타바리의 기록 Chronique de Tabari》(vol, ii, 26)

　　또 알 야만의 왕 샤마르(Shamar)는 무장한 병사들을 상자 속에 숨기고, 자마르 칸드리샤마르, 즉 현재의 사마르칸트를 점령했다.

＊13 즉, 산책하러. '공기의 냄새를 맡는다'는 말은 이집트에서는 매우 흔한 표현으로, 앞에서도 이미 나왔다.

＊14 어느 페르시아 시인은 이렇게 노래했다.
　　빵과 소금의 권리를 범하면
　　재앙이 있으리니, 스스로 목을 베리라.

10명의 대신
아자드바흐트 왕과 그 왕자 이야기*1

머나먼 옛날, 아자드바흐트라고 하는 왕 중의 왕이 있었습니다. 나라의 수도는 크나임 마즈드*2라는 곳이며, 그 영토는 시스탄*3과 힌두스탄 국경에서 인도양까지 뻗어 있었습니다. 왕은 10명의 대신이 보좌하는 가운데 왕권을 쥐고 왕국을 통치했는데, 판단력이 정확하고 뛰어난 분별력과 지혜를 갖추고 있었습니다.

어느 날, 왕은 몇 명의 호위병들을 데리고 사냥을 나갔다가, 도중에 암말을 타고 암노새의 고삐를 한 손에 쥔 채 끌고 가는 한 환관을 만났습니다. 암노새의 등에는 둥근 지붕이 있는 비단 가마가 실려 있었는데, 황금으로 가장자리를 두르고 그 둘레에 진주와 구슬을 꿰어 수놓은 띠를 두르고 있었습니다. 가마 주위에는 한 무리의 기사가 호위하며 따르고 있었습니다.

아자드바흐트 왕은 그 광경을 보자, 수행하던 일행에서 빠져나와 말 탄 남자와 암노새 쪽으로 나가서 이렇게 물었습니다.

"그 가마는 누구의 것이고, 안에는 누가 타고 있느냐?"

그러자 상대가 아자드바흐트 왕인 줄은 꿈에도 모르는 환관이 이렇게 대답했습니다.

"이 가마는 아자드바흐트 왕의 대신 이스파한드 님의 것이온데, 가마 안에는 대신의 따님이 계십니다. 대신께서 자드 샤라고 하는 왕에게 이 따님을 시집보내시려는 겁니다."

환관이 왕을 상대로 얘기하고 있는데, 가마 안의 처녀는 얘기 상대가 누구인지 보려고 가마 속에 쳤던 발 한 귀퉁이를 들치고 왕이 있는 쪽을 쳐다보았습니다. 아자드바흐트 왕은 눈부시게 빛나는 처녀의 아름다운 모습을 보자(정말이지 누구도 그만한 미녀를 본 사람은 없었습니다), 그 얼굴에 넋이 나가 당장 그녀의 포로가 되고 말았습니다. 그래서 왕은 환관에게 말했습니다.

"너는 말머리를 돌려서 돌아가도록 해라. 나는 아자드바흐트 왕이다. 사실, 나는 이 여자와 결혼하고 싶다. 아버지가 내 대신이라니 틀림없이 이 청혼을 승낙해 주리라. 그리 무리한 얘기는 아닐 테니까."

그러자 환관이 대답했습니다.

"오, 임금님, 부디 만수무강하시기를 빕니다! 제가 주인께 말씀드릴 때까지 잠시만 기다려주십시오. 그러면 주인님의 승낙을 얻은 뒤에 결혼하실 수 있을 겁니다. 이런 식으로 따님을 납치하시는 것은 임금님답지 않으시고 온당하지도 않습니다. 부모가 모르는 사이에 자식을 납치해 가면 그 부모를 모욕하는 일이 될 뿐입니다."

그러나 아자드바흐트 왕은 말했습니다.

"네가 대신에게 갔다 돌아올 때까지 도저히 참을 수 없다. 내가 그 여자와 결혼하는 것이 그 아버지에게 뭐가 그렇게도 수치가 된단 말이냐."

그러자 환관이 다시 말했습니다.

"오, 임금님이시여, 일을 서두르시면 오래가지 못하고 진정으로 축복받을 수도 없습니다. 정말 이렇게 흉한 방법으로 처녀를 데려가서는 안 됩니다. 아무리 급하셔도 일을 서두르다가 파멸에 빠지시지는 마시옵소서. 왜냐하면 그 아버지가 이 일로 가슴 아파할 것은 불을 보듯 뻔한 일이고, 또 임금님께서도 그런 방식으로는 도저히 소망을 이루지 못하실 테니까요."

그러나 왕은 물러서지 않았습니다.

"이스파한드는 나의 백인 노예요, 노예 중의 노예이다. 아버지가 승낙하건 말건 내 알 바가 아니다."

그렇게 말한 왕은 암노새의 고삐를 잡고 바르자울이라고 하는 그 처녀를 궁전으로 데려가서 곧 결혼하고 말았습니다. 한편 환관은 기사들과 함께 처녀의 아버지에게 가서 이렇게 말했습니다.

"주인님, 주인님은 오랫동안 임금님을 섬기며 하루도 의무를 소홀히 하신 적이 없었습니다. 그런데 이 임금님은 주인님의 승낙도 받지 않고 따님을 납치해 가셨습니다."

그리고 환관은 왕이 억지로 딸을 빼앗아 간 경위를 자세히 얘기했습니다. 이스파한드는 환관의 말을 듣고 불같이 화를 내며 수많은 군사를 불러들여 이렇게 말했습니다.

"지금까지 왕이 여자들의 치마폭에 푹 빠져 있어도 우리는 전혀 상관하지 않았다. 그러나 이제 왕은 우리의 처첩에게까지 그 흉악한 손길을 뻗어왔다. 그래서 내 의견이지만, 이제부터는 성역을 세울 수 있는 장소를 찾아야겠다."

그리고 대신은 아자드바흐트 왕 앞으로 다음과 같은 편지를 썼습니다.

"저는 임금님의 백인 노예 중의 백인 노예, 노예 중의 노예로, 임금님을 섬기는 제 딸아이 역시 한낱 하녀에 불과합니다. 하오나, 전능하신 알라께서 부디 임금님께 장수를 내려주시기를! 알라의 뜻에 따라 이 세상 모든 기쁨과 환락을 누리시기를! 저는 오래전부터 허리띠를 졸라매고 충실하게 의무를 수행하면서, 온갖 어려움을 무릅쓰고 영토를 지키고 모든 외적을 막아왔습니다. 그러나 앞으로는 전보다 더욱 열의를 기울여 경계를 엄중히 할 생각입니다. 제 딸이 왕비가 되었으니, 이제 저 스스로 나아가 이러한 중대임무를 맡고자 하는 바입니다."

대신은 이 편지와 선물을 사자의 손에 들려 왕에게 보냈습니다. 사자가 아자드바흐트 왕에게 도착하자, 왕은 그 편지를 읽고 자기 앞에 놓인 선물을 보면서 매우 만족한 표정으로 기쁨을 표시했습니다. 그리고 왕은 시간이 가는 줄도 모르고 먹고 마시며 환락에 빠졌습니다.

그러자 대신들의 우두머리인 재상이 왕 앞에 나아가 말했습니다.

"임금님이시여, 이스파한드 대신은 임금님의 적입니다. 그자는 임금님께서 하신 일을 좋지 않게 생각하고 있으며, 그가 보낸 이 편지도 책략에 지나지 않습니다. 그러니 그렇게 기뻐하고 있을 때가 아닙니다. 그의 혀끝에서 놀아나는 교묘한 말과 달콤한 말에 속아서는 안 됩니다."

왕은 재상의 말에 귀를 기울이는가 싶더니 이내 한 귀로 흘려버리고, 여전히 흥청망청 먹고 마시고 노래하고 춤추는 잔치에만 정신이 팔렸습니다. 한편 이스파한드 대신은 모든 태수에게 편지를 보내 아자드바흐트 왕에게 심한 처사를 당하고 딸을 빼앗긴 경위를 알렸습니다. 그리고 마지막에 이렇게 덧붙였습니다.

"그러한즉슨, 그는 나에게 한 것보다 더한 짓을 당신들에게도 하지 않을까 우려하는 바이오."

이 편지를 받은 대공들이 모두 이스파한드에게 모여들어 물었습니다.

"도대체 어찌 된 사건입니까?"

대신은 딸에게 일어난 일을 자세히 털어놓았습니다. 그러자 한 사람도 남김없이 왕을 암살하는 데 찬성했습니다. 그들은 곧 말에 올라 군사를 이끌고 왕을 찾으러 나갔습니다.

아무것도 모르는 아자드바흐트 왕은 반란으로 수도가 들끓자, 왕비 바르자울에게 말했습니다.

"이 일을 어떻게 하면 좋을꼬?"

"그건 임금님께서 가장 잘 아실 겁니다. 저는 임금님이 하자시는 대로 따르겠습니다."

왕은 왕비의 대답을 듣고는 준마 두 마리를 내오라고 명령한 뒤, 한 마리에는 자신이 타고 다른 말에는 왕비를 태웠습니다. 그리고 실을 수 있는 만큼의 황금을 싣고 밤새워 말을 달려 카르만*⁴이라는 사막까지 달아났습니다. 그 사이에 이스파한드는 수도에 입성하여 비어 있는 왕좌를 빼앗았습니다.

그런데 이때 배 속의 아이를 갖고 있던 아자드바흐트 왕의 왕비가 산속에서 진통을 시작했습니다. 두 사람은 산기슭에 있는 샘가를 찾아 말에서 내렸고, 왕비는 곧 달덩이 같은 사내아이를 낳았습니다. 어머니가 된 바르자울은 금실로 짠 비단 겉옷을 벗어 그 속에 갓난아기를 싸고, 그날 밤은 그곳에서 아기에게 젖을 물리면서 쉬었습니다.

아침이 되자 왕이 왕비에게 말했습니다.

"지금 우리에게는 이 아이가 방해만 될 뿐이오. 이곳에 주저앉을 수는 없는 노릇이고, 그렇다고 이 아이를 함께 데려갈 수도 없소. 그러니 아이만 이곳에 두고 떠나는 것이 어떻겠소? 알라의 은총으로 누군가가 찾아와 이 아이를 주워서 키워줄지도 모르니까."

두 사람은 절망으로 탄식하며 갓난아기 얼굴 위에 눈물을 뚝뚝 흘렸습니다. 그리고 비단옷에 싼 아기를 샘가에 눕히고, 머리맡에 금화 1천 닢이 든 자루를 하나 내려놓았습니다. 그런 다음 두 사람은 말에 올라타고 서둘러 떠났습니다.

그런데 더없이 높은 주님의 섭리인지, 마침 그 무렵 산적 한 떼가 그 부근에서 대상을 습격하여, 그들이 가지고 있던 상품을 몽땅 빼앗아 버렸습니다. 산적들은 전리품을 나눠 가지려고 산속으로 들어갔습니다. 그러다가 문득 산기슭을 바라보니 웬 비단옷이 눈에 들어왔습니다. 그들이 산을 내려가 그것을 확인해 보자, 놀랍게도 옷 속에 사내아이가 하나 들어 있고 머리맡에는 금화 자루가 놓여 있는 것이 아니겠습니까!

그들은 깜짝 놀라 소리쳤습니다.

"알라를 찬양할지어다! 누가 이런 몹쓸 짓을 한 거야, 이런 곳에 아기를 버리다니!"

그들은 당장 그 금화를 나눠 가졌습니다. 그리고 산적 두목은 아기를 거두어 자식으로 삼기로 하고, 달콤한 우유와 대추야자 열매를 먹였습니다. 집에 아기를 데리고 돌아간 두목은 그 아기를 유모에게 키우게 했습니다.

한편, 아자드바흐트 왕과 왕비는 정신없이 달아나서 마침내 키스라라고 하는 파루스 국왕의 궁전에 이르렀습니다. 두 사람이 파루스 왕의 어전에 나아가자, 파루스 왕은 그들을 반가이 맞이하고 더할 나위 없이 정중하게 대접했습니다. 아자드바흐트 왕은 파루스 왕에게 자신의 신상에 일어난 일을 처음부터 끝까지 얘기했습니다.

그러자 파루스 왕은 아자드바흐트 왕에게 강대한 병력과 엄청난 재물을 내주었습니다. 아자드바흐트 왕은 며칠 동안 파루스 왕 곁에서 쉬고 난 뒤 기력을 회복하자, 곧 병력을 갖춰 자신의 영토를 향해 앞으로 나아갔습니다. 그리고 이스파한드에게 싸움을 걸어 수도에 공격을 가하고, 옛날의 대신을 살해하여 원수를 갚았습니다.

그러고 나서 수도에 들어가 다시 왕좌에 오른 왕은 한동안 휴식을 취한 뒤 국내 정세가 안정되자, 앞에서 얘기한 산으로 신하들을 보내 아들을 찾게 했습니다. 그러나 신하들은 모두 왕자의 행방을 찾지 못했다고 보고했습니다.

세월이 흘러 갓난아기였던 왕자도 어엿하게 성장하여 산적들과 함께 도적질에 가담하기 시작했습니다. 그들이 약탈하러 갈 때는 언제나 그를 데려갔습니다.

어느 날 산적들은 시스탄 나라에서 어떤 대상을 습격했습니다. 이 대상에는 팔 힘이 센 용감한 사내들이 대량의 상품을 운반하고 있었습니다. 그들은 전부터 이 나라에 강도떼가 설치고 있다는 소문을 듣고 있었습니다. 그래서 서로 긴밀히 도와 무기를 제대로 갖추고 남몰래 사정을 살피는 사람을 풀어 놓기도 했습니다. 그들이 돌아와서 산적들의 움직임을 보고했습니다. 그리하여 대상 쪽에서는 전투 준비를 해 기다리고 있었습니다.

산적들이 대상에 다가가서 일제히 습격을 가하자, 양쪽은 서로 뒤엉켜서 치열한 싸움이 전개되었습니다. 그러나 마침내 대상이 다수의 힘으로 산적 무리를 눌러 꼼짝 못하게 하고, 그 가운데 몇 명을 베어 죽이자 남은 자들은 모두 뿔뿔이 달아나 자취를 감췄습니다.

대상이 포로로 잡은 산적 중에는 아자드바흐트 왕의 왕자도 섞여 있었는데, 그들은 마치 달덩이처럼 환하게 빛나는 얼굴과 타고난 아름다움을 지니고 있는 소년을 보고 이렇게 물었습니다.

"네놈의 아비는 누구냐? 너는 어쩌다가 이 산적들과 한패가 되었느냐?"

그러자 소년이 대답했습니다.

"난 산적 두목의 아들이다."

그들은 소년을 묶어서 그의 아버지 아자드바흐트 왕의 수도로 끌고 갔습니다. 일행이 수도에 도착하자, 그 보고를 받은 왕은 적당한 상품을 가지고 알현하라고 명령했습니다.

그들이 왕의 명령대로 소년과 함께 왕의 어전에 나아가니 왕은 소년을 보고 물었습니다.

"이 아이는 누구의 아들이냐?"

그들이 대답했습니다.

"예, 임금님, 저희는 이러이러한 길을 지나가던 중 느닷없이 강도로 보이는 일당에게 습격을 당했습니다. 그래서 놈들과 싸워 물리치고 이 소년을 포로로 붙잡았습니다. 그 뒤 소년에게 아버지가 누구냐고 물었더니 소년은 산적 두목의 아들이라고 대답했습니다."

"이 소년을 나에게 주지 않겠느냐?"

왕의 말에 대상 우두머리가 대답했습니다.

"오, 시대의 임금님이시여, 알라께서 임금님에게 이 소년을 선물로 내리셨습니다. 저희는 모두 임금님의 노예입니다."

그러자 왕은(소년이 자기 아들인 줄은 꿈에도 모르고) 대상 일행을 물러가게 한 뒤 소년을 어전으로 데려오도록 명령했습니다. 소년은 이윽고 왕의 시동이 되었으나, 아버지인 왕은 그래도 소년이 자기 아들이라는 사실을 알지 못했습니다.

세월이 흐를수록 왕은 소년이 단정한 몸가짐과 뛰어난 이해력을 지니고 게다가 몸에 귀티까지 흐르자 몹시 마음에 들어 했습니다. 그래서 보물창고 관리를 그에게 맡기고, 대신들은 그 일에서 손을 떼게 한 뒤, 젊은이의 허가 없이는 한 푼도 꺼내 갈 수 없다고 분부했습니다. 그렇게 몇 년이 흘렀지만, 왕의 눈에 들어오는 사람은 훌륭한 행동거지를 지닌 채 매일매일 맡은 일에 충실한 젊은이뿐이었습니다.

그런데 보물창고는 그때까지 대신들의 손에 맡겨 있어서 금품의 출납도 그들 마음대로 했는데, 일단 젊은이의 손에 넘어가자 더는 대신들의 뜻대로는 되지 않게 되었습니다. 그런 만큼 젊은이는 왕에게 아들 이상으로 중요한 사람이 되어, 왕은 왕자가 없으면 도저히 살아갈 수 없을 정도였습니다.

대신들은 그 모습을 보고 젊은이가 부러워져서 시기하기 시작했습니다. 그리고 어떻게 해서든 왕의 눈*5에서 젊은이를 떼어놓으려고 음모를 꾸몄지만, 도무지 신통한 방법을 찾을 수 없었습니다. 그러나 마침내 운명의 날이 찾아왔습니다. 어느 날 젊은이는 우연히 포도주를 마시고 취하여 정신을 잃고 말았습니다. 그리하여 왕궁 속에서 여기저기 헤매고 다니다가, 운명의 장난인지 여인들이 거처하고 있는 건물 안으로 들어가게 되었습니다. 그곳에는 왕과 왕비가 함께 잠을 자는 작은 침실이 있었습니다. 젊은이는 어쩌다가 그곳까지 와서 침실 안에 들어가게 되었는데, 그곳에는 긴 의자, 즉 침대가 펼쳐져 있었습니다.

젊은이는 여전히 술에 취해 침대 위에 몸을 던진 뒤, 촛불 한 자루에 비친 실내의 그림을 바라보며 감탄을 금치 못했습니다. 그러다가 젊은이는 자기도 모르게 졸음이 와서 세상모르고 잠에 빠져들었습니다. 저녁이 되자 한 시녀가 늘 하던 대로 왕과 왕비를 위해 준비한 과일과 먹을 것, 마실 것 등을 날라 왔는데, 젊은이가 침대에 큰대자로 뻗어 자고 있는 것을 보더니, (젊은이가 술에 취해 있는 줄은 아무도 몰랐고, 본인조차 취해서 자기가 어디에 있는지 몰랐으므로) 임금님이 침대에서 쉬고 있는 줄로만 알았습니다. 그래서 시녀는 침대 옆에 향로를 놓은 뒤 문을 닫고 나가버렸습니다.

그 뒤, 왕은 왕비의 손을 잡고 술 마시던 방에서 나와 함께 침실로 향했습니다. 왕이 침실 문을 열고 안에 들어가니, 이건 또 어찌 된 일인가! 젊은이가 침대 위에 누워 있는 게 아니겠습니까? 그 광경에 왕은 왕비를 돌아보면서 물었습니다.

"이 사내가 여기서 뭘 하는 거지? 이놈이 여기에 온 건 당신 때문이 아닌가?"

그러자 왕비가 말했습니다.

"아닙니다, 저는 전혀 모르는 일이에요."

그제야 눈을 뜬 젊은이는 왕의 모습을 보더니 벌떡 일어나 왕 앞에 엎드렸습니다.

아자드바흐트 왕은 젊은이를 향해 소리쳤습니다.

"근본이 수상쩍은 놈*6이로다, 이 괘씸한 배신자, 네놈이 내 거처에 무슨 볼일로 들어와 있느냐?"

그리고 왕은 젊은이와 왕비를 따로따로 옥에 가두라고 명령했습니다.

첫째 날
꼬리에 꼬리를 무는 불행을 막으려고 애써봤자 무익한 것에 대하여

이튿날 아침, 왕은 옥좌에 앉자 대신 가운데 제일인자인 재상을 불러 이렇게 말했습니다.

"그 산적 젊은이가 저지른 짓에 대해 어떻게 생각하는가? 그놈은 내 침실에 침입하여 내 침대에서 자고 있었느니라. 그놈과 여자 사이에 뭔가 일이 있었던 것이 아니겠느냐. 그대는 이 일을 어떻게 생각하는가?"

재상은 대답했습니다.

"알라시여, 부디 임금님께서 무병장수하게 해 주소서! 임금님은 그 젊은이에게서 무엇을 보셨습니까? *7 그자는 도둑의 아들이고 비천한 출신이 아닙니까? 도둑은 반드시 원래의 비열한 근본으로 돌아가고야 맙니다. 또 큰 뱀의 알을 부화시킨 자는 누구나 그 뱀에게 물리게 되어 있습니다. 왕비님에 대해 말씀드리면, 그분에게는 아무 잘못이 없습니다. 옛날부터 오늘까지 좋은 교육을 받아 품행이 정숙한 모습 말고는 아무것도 보지 못했습니다. 만약 임금님이 허락만 하신다면, 당장 저희가 왕비님께 가서 심문해 보겠습니다. 그러면 이 일의 진상을 알아낼 수 있을지도 모릅니다."

왕이 허락하자 재상은 왕비에게 가서 물었습니다.

"제가 찾아온 것은 왕실의 중대한 위신 문제가 걸린 일이라 오로지 정직한 말씀을 듣고자 해서입니다. 그 젊은이가 어떻게 하여 침실에 들어왔는지 아십니까?"

"나는 그 일에 대해서는 아무것도 몰라요. 맹세코 아무것도!"

왕비는 정말 아무것도 모른다고 천지신명께 맹세했습니다. 재상은 그 말을 듣고 왕비는 이 사건에 대해 아무것도 모르고 있고, 전혀 잘못이 없다는 사실을 알고 이렇게 말했습니다.

"왕비님께 한 가지 계책을 가르쳐 드리지요. 그러면 왕비님의 결백을 증명하고 떳떳하게 임금님 앞에 설 수 있을 겁니다."

"그건 무슨 말인가요?"

왕비가 묻자 재상이 대답했습니다.

"임금님께서 왕비님을 부르셔서 이 일에 대해 물으시면 이렇게 대답하시는 겁니다. '그 젊은이는 후궁에서 내 모습을 보고 사랑을 구하는 편지를 보냈습니다. "당신에게 25캐럿의 보석을 드리겠습니다. 도저히 돈으로는 살 수 없을 정도로 값비싼 물건이지요. 그 대신 당신의 몸을 허락해 주십시오." 저는 그런 걸 제안한 남자를 비웃으면서 거절했습니다. 그러자 그 남자는 또다시 이렇게 써서 편지를 보냈습니다. "승낙하지 않으시면 언제고 밤에 술을 마시고 침실에 몰래 침입하겠습니다. 임금님은 저를 발견하고 제 목을 베시겠지요. 그러면 당신은 얼굴에 먹칠을 하게 되어 임금님을 뵐 낯도 없을뿐더러 여자로서의 정조를 더럽히게 될 겁니다."' 어쨌든 임금님께 그렇게 말씀드리십시오. 저는 곧장 임금님께 돌아가서 이 일을 되풀이해서 말씀드려 두겠습니다."

왕비가 대답했습니다.

"그럼, 나도 그렇게 말씀드리지요."

그러자 재상은 왕에게 돌아가서 이렇게 말했습니다.

"참으로 그 젊은이는 임금님께 분에 넘치는 은혜를 입고도 분수를 모르고 은혜를 저버리는 죄를 범했습니다. 과일의 쓰디쓴 핵은 절대로 단맛으로 변하지 않는 법입니다.[*8] 그러나 왕비님은 아무런 잘못도 없다고 확신합니다."

그리고 재상은 왕에게 조금 전에 왕비에게 일러준, 그 꾸민 이야기를 다시 한 번 되풀이했습니다.

아자드바흐트 왕은 그 말을 듣고 자신의 옷을 찢고는, 젊은이를 끌어내라고 명령했습니다. 그들이 젊은이를 끌고 나와 왕 앞에 앉히자, 왕은 다시 검술사를 불러오라고 분부했습니다. 그 자리에 있던 사람들은 주군이 어떻게 처리하는지 확인하기 위해 눈도 깜짝하지 않고 젊은이를 지켜보았습니다. 이윽고 아자드바흐트 왕은 젊은이를 향해 말했습니다(왕의 말은 분노에 찬 말투였고, 젊은이는 경건하고 고상한 말씨였습니다).

"나는 너를 돈을 주고 사서 너의 충성스러운 절개를 기대하고, 고관대작이나 다른 시동들을 제쳐놓고 너를 보물창고 관리자로 임명했습니다. 그러하거늘 어찌하여 너는 내 체면을 더럽히고, 내 침실에 침입하여 나를 배신했느냐? 내 너를 그토록 총애했거늘, 너는 아무렇지도 않더란 말이냐?"

이 말에 젊은이가 대답했습니다.

"임금님, 저는 진실로 아무것도 모르고 한 일입니다. 또 그곳에 뭔가 볼일이 있었던 것도 아닙니다. 다만 운이 나빠서 그곳에 발을 잘못 들여놓았을 뿐입니다. 그것은 오로지 제가 불운한 탓으로, 좋은 운명을 타고나지 못했기 때문입니다. 사실, 저는 지금까지 나쁜 짓은 아무것도 하지 않으려고 애써 노력해 왔습니다. 조금이라도 허물을 보이면 큰일이라 여겨 스스로 저 자신을 혹독하게 감시하고 있었습니다.

하지만 어느 누구도 불운을 피할 수는 없습니다. 불행한 숙명을 거역해 봐도 소용없는 짓이지요. 그것은 어느 상인의 예를 봐도 명백한데, 그 사내는 불운을 만났으므로 아무리 기를 쓰고 노력해도 모두 헛일이었을 뿐, 결국은 불행한 운명 때문에 쓰러지고 말았습니다."

"그 상인의 이야기란 도대체 어떤 얘기냐? 어쩌다가 그자의 운명이 변하여 불행을 맞이했다는 것인고?"

왕의 물음에 젊은이가 대답했습니다.

"알라시여, 부디 임금님께 만수무강의 복을 내려주시기를!"

그리고 다음과 같은 이야기를 시작했습니다.

운명에 버림받은 상인 이야기[*9]

옛날에 장사를 하여 크게 번창하고 있는 한 상인이 있었는데, 한때는 은화

한 닢으로 50닢이나 벌어들일 만큼 장사가 잘되었습니다. 그러나 이 상인에게도 곧 나쁜 운이 찾아왔지만, 그것을 꿈에도 몰랐던 당사자는 자신에게 이렇게 말했습니다.

"그동안 그토록 많은 돈을 벌었건만, 난 아직도 이렇게 억척스럽게 땀 흘리면서 이 나라 저 나라로 떠돌아다니는 신세구나. 이제부터는 차라리 고향을 떠나지 않고 내 집에 정착하기로 하자. 신물이 나서 이제 더는 고생하기 싫다. 남들처럼 집에 앉아서 편하게 장사를 해야겠다."

그렇게 마음먹은 상인은 가진 돈을 반반 나눠서, 그중 반으로 여름에 밀을 사들인 뒤 이렇게 중얼거렸습니다.

"겨울이 되었을 때 이 밀을 내다 팔면 큰 벌이가 될 거다."

그런데 겨울이 되자, 밀 가격이 샀을 때의 반으로 폭락해 버려서, 상인은 이러지도 저러지도 못하다가 결국 이듬해까지 묵혀 두기로 했습니다. 그러나 이듬해에 밀 값이 더욱 떨어지자 친구 한 사람이 상인에게 이렇게 말했습니다.

"밀 장사에서 자네 운은 좋지 않은 것 같군. 그러니 가격이 얼마가 되든지 지금 파는 것이 좋을 걸세."

그러자 상인이 대답했습니다.

"정말 오랫동안 많은 돈을 벌어들였지! 그러니 지금 당장 손해 좀 보는 건 상관하지 않겠네. 신은 전지전능하시다네! 설령 10년이 걸린다 해도 나는 손해를 보고는 팔지 않겠어!"

상인은 화가 난 김에 곡물창고 입구를 진흙으로 발라 막아버리고 말았습니다. 그러자 전능하신 알라의 뜻에 따라 큰비가 내려, 밀이 들어 있는 창고 지붕에서 빗물이 새어 들어가는 바람에 밀이 죄다 썩고 말았습니다. 그 악취가 어찌나 심하게 코를 찌르던지 상인은 제 돈 은화 5백닢을 들여 짐꾼을 사서 썩은 밀을 꺼내 도시 외곽에 내다 버려야 했습니다.

그것을 알고 친구가 말했습니다.

"거봐, 내가 뭐라던가, 자네에게는 밀 장사 운이 없다고 말하지 않았나. 그런데 자네는 내 말을 귓등으로도 듣지 않았지. 그러니 이번에는 점성술사*[10]한테 가서 자네 운세를 봐달라고 하게나."

그리하여 상인은 점성술사를 찾아가서 자신의 운수를 봐달라고 부탁했습니다. 점성술사가 점괘를 뽑아보더니 말했습니다.

"당신의 운수가 무척 사납다고 나왔소. 어떤 장사에도 손을 대선 안 돼요. 손만 댔다 하면 손해를 볼 테니까."

그러나 상인은 점성술사의 말은 아랑곳하지 않고 이렇게 혼잣말을 했습니다.

"장사한다 해도 난 아무것도 무섭지 않아."

그리고 3년 동안 처음 번 돈의 반을 다 써 버린 그는 나머지 반을 꺼내 배를 한 척 마련했습니다. 그는 이 배에 돈이 될 만한 상품과 자신이 가지고 있던 물건들을 몽땅 싣고 단번에 많은 재물을 얻은 일을 꿈꾸면서 배에 올라탔습니다. 그러나 막상 어디로 가야 할지 몰라 며칠 동안 항구에 계속 머물러 있으면서 상인은 생각했습니다.

'어디 다른 상인들에게 물어보자. 이 상품이 얼마나 돈벌이가 될지, 어느 나라에 수요가 있고 얼마나 이익이 있을지.'

그 질문에 상인들은 어느 먼 나라를 가르쳐주면서, 그곳에 가면 은화 한 닢으로 백 닢을 벌 수 있을 거라고 말했습니다. 상인은 돛을 올리고 그 나라를 향해 떠났습니다. 그런데 도중에 맹렬한 풍랑을 만나 배가 뒤집히고 말았습니다.

널조각에 매달려 간신히 목숨만 건진 상인은 알몸으로 바람을 타고 곧 가까운 곳에 도시가 있는 어느 해안으로 밀려 올라갔습니다. 상인은 알라를 찬양하며 목숨을 건진 일을 신께 감사했습니다. 그리고 곧 가까운 곳에 도시가 있는 것을 보고 그곳으로 가니 한 노인이 앉아 있어서, 자신의 신상 이야기와 재난을 당한 일을 얘기해 주었습니다.

노인은 그 이야기를 듣고 상인의 신세를 몹시 동정하며 먹을 것을 내주었습니다. 상인이 그것을 받자 노인은 이렇게 말했습니다.

"내 집으로 가지 않겠소? 나는 이곳에 논밭을 가지고 있는데, 당신을 관리인과 대리인으로 고용해 줄 수 있소. 급료로 하루에 은화 다섯 닢을 드리리다."

상인이 대답했습니다.

"알라께서 노인장에게 후하게 보답해 주시고 온갖 은혜를 베풀어주시기를!"

그리하여 노인에게 고용된 상인은 씨를 뿌려 잘 가꾼 뒤 곡식의 이삭을 털어서 낟알을 거두고 곡물을 선별했습니다. 무엇 하나 양심에 어긋나는 짓은 하지 않았고, 노인은 노인대로 특별히 감시인을 붙이지도 않고 상인을 굳게 믿고 모든 것을 맡겼습니다.

그러던 어느 날 상인은 문득 생각난 듯이 이렇게 혼잣말을 했습니다.

"이 곡물의 주인은 내 급료를 지급해 주지 않을지도 모른다. 그러니 내 급료만큼 곡물을 따로 챙겨 두는 게 좋겠다. 나중에 내 몫을 받으면 그때 가서 도로 내놓으면 되겠지."

상인은 자신이 받을 몫만큼 곡물을 빼돌려 사람 눈에 띄지 않는 곳에 숨겨 두었습니다. 그리고 나머지 곡물을 노인에게 가져가서 무게를 달고 넘겨주었습니다. 그러자 노인이 말했습니다.

"여기서 자네에게 약속한 급료만큼 가져가게. 그리고 그 곡물을 판 돈으로 옷이든 뭐든 사도록 하게. 내 집에 10년을 있어도 늘 이만큼은 줄 테니까. 난 이런 식으로 급료를 계산한다네."

상인은 마음속으로 생각했습니다.

'정말 미안한 짓을 했구나. 주인의 허락도 없이 곡물을 빼돌렸으니.'

상인은 주인에게 돌려주기 위해 숨겨 두었던 곡물을 꺼내러 갔지만, 곡물이 온데간데없이 사라지고 없어서 풀이 죽은 채 난처한 얼굴로 노인에게 돌아왔습니다. 그러자 노인이 물었습니다.

"왜 그렇게 걱정스러운 기색을 하고 있는가, 대체 무슨 일인가?"

상인이 대답했습니다.

"저는 제 급료를 받지 못할 거라 생각하고 제가 받을 몫만큼 곡물을 빼돌렸습니다. 그런데 방금 노인장이 제 몫을 깨끗하게 지급해 주셨기에 숨겨 둔 곡물을 돌려 드리려고 가지러 갔더니, 어디로 사라졌는지 흔적조차 없었습니다. 그걸 발견한 자가 틀림없이 훔쳐간 듯합니다."

이 이야기를 들은 노인은 화를 내면서 말했습니다.

"불행한 운명을 피할 수 있는 수단은 아무것도 없어! 내가 이렇게까지 베풀어주었건만, 자네는 아무리 운이 나쁘다고 해도 어떻게 이런 짓을 할 수 있단 말인가. 오, 자기 자신을 괴롭히는 자여! 자네는 내가 급료를 주지 않을 거라고 생각했단 말이지. 하지만 이제 자네 같은 사람은 필요 없네, 앞으로는 아무것도 주지 않을 테니까."

노인은 상인을 내쫓았습니다. 비탄에 잠겨 눈물을 흘리면서 밖으로 나간 상인은, 바닷가를 따라 터벅터벅 길을 걸어갔습니다. 얼마 뒤 어부인 듯한 사람들이 바다에 들어가 진주를 캐고 있는 곳으로 갔습니다. 그들은 상인이 눈물을 흘리며 한탄하는 모습을 보고 말을 걸었습니다.

"왜 그러시오? 무슨 일로 그리 눈물을 흘리고 있는 거요?"

그래서 상인은 어부들에게 자초지종을 얘기해 주었습니다. 그 말을 들은 어부들은 상대의 출신을 알고 물었습니다.

"당신은 누구누구의 아들인 아무개가 아니오?"

"그렇습니다."

어부들은 상인을 동정하여 눈물을 흘리면서 말했습니다.

"여기서 잠깐만 기다려 보시오. 이번에는 당신의 운을 걸고 자맥질을 해볼 테니, 뭔가 잡히면 우리하고 당신하고 반반씩 나눕시다."*11

그들은 바다에 들어가 10개의 굴을 따왔습니다. 그런데 그 하나하나에 커다란 진주가 2개씩 들어 있는 게 아니겠습니까! 그것을 보고 그들은 깜짝 놀라서 상인에게 말했습니다.

"알라께 맹세코, 당신에게 행운이 다시 돌아왔소. 당신의 운세는 이제부터 상승세요!"

이 진주잡이 어부들은 상인에게 진주 10개를 주면서 말했습니다.

"여기서 2개를 팔아 밑천으로 쓰고, 나머지는 위급할 때를 대비해 숨겨두는 게 좋을 거요."

상인은 기뻐하면서 만족스러운 얼굴로 그것을 받아들였습니다. 그는 그 가운데 8개를 얼른 겉옷 솔기에 기워 넣고, 나머지 2개는 입 안에 넣었습니다. 그런데 한 도둑이 그 광경을 엿보고 있다가 한패에 이 사실을 알렸습니다. 그리하여 도둑들은 상인을 습격하여 겉옷을 벗겨서 달아났습니다. 도둑들이 자취를 감추자 상인은 몸을 일으키며 중얼거렸습니다.

"그래도 2개의 진주가 있으니 그거면 충분해."

상인은 가장 가까운 도시에 도착하자 그 진주를 팔러 시장에 내놓았습니다.

그런데 마침 그 무렵, 이 도시의 어느 보석상이 커다란 진주 10개를 도둑맞는 사건이 일어났습니다. 그것은 공교롭게도 상인이 가지고 있던 진주와 똑같이 생긴 것이었습니다. 거간꾼의 손에 진주 2개가 있는 것을 보고 그 보석상이 물었습니다.

"그건 누구의 것이오?"

"저 사람의 것이오."

거간꾼의 대답에 보석상은 거지같이 넝마를 입은 상인을 보고 수상쩍게 여기고는 말을 걸었습니다.

"다른 8개의 진주는 어디에 있소?"

보석상은 느닷없이 상대를 놀라게 해서 얼결에 자백시킬 생각이었는데, 그 상인은 겉옷 속에 기워 넣은 진주를 떠올리며 이렇게 대답했습니다.

"도둑에게 빼앗겨 버렸습니다."

보석상은 그 대답을 듣자, 자신의 물건을 훔쳐간 사람은 바로 이놈이 틀림없다고 생각했습니다. 보석상은 그 자리에서 상인을 붙잡아 경비대장 앞으로 끌고 가서 이렇게 말했습니다.

"이놈은 내 진주를 훔쳐간 도둑입니다. 그 가운데 2개는 이놈이 몸에 지니고 있어서 곧 찾았고, 나머지 8개의 행방도 자백을 받았습니다."

진주 도난사건을 잘 알고 있던 경비대장은 상인을 옥에 가두고 채찍질을 한 뒤 상인을 만 1년 동안 옥에 가두어 두었습니다.

그러던 어느 날, 전능하신 알라의 뜻으로 경비대장은 상인에게 진주를 줬던 어부 한 사람을 체포하여 상인이 갇혀 있는 같은 감옥에 가뒀습니다. 어부는 상인을 기억하고 그동안의 사정을 물었습니다. 상인은 어부가 묻는 대로 자신의 신상에 일어난 일을 모두 얘기해 주었습니다. 어부는 상대의 불행한 운명을 알자 깜짝 놀라며 상인을 동정했습니다.

어부는 감옥에서 풀려나자 국왕에게 상인이 당한 일을 호소한 뒤, 그에게 진주를 준 사람이 바로 자신이라고 고백했습니다. 그 얘기를 들은 국왕은 상인을 옥에서 꺼내주고 신상에 대해 물었습니다. 상인이 처음부터 끝까지 모든 일을 얘기하자 왕은 그를 가엾게 여기고, 자신의 궁전 속에 숙소를 정해주고 급여와 덤살까지 지급해 주었습니다.

그런데 그 숙소는 왕실과 연결되어 있었습니다. 상인은 뜻밖의 후한 대우에 기뻐하며 이렇게 말했습니다.

"정말 내 운이 다시 좋아졌나 보다. 이제부터 평생 임금님의 비호 속에서 살 수 있게 된 걸 보니."

그러다 문득 진흙과 돌로 막아놓은 구멍 하나를 보았습니다. 그 안에 무엇이 들어 있는지 궁금해서 상인은 구멍 속 방해물을 없애기 시작했습니다. 그랬더니 놀랍게도 그것은 왕실의 후궁과 마주한 창문이었던 것입니다.

그것을 알고 깜짝 놀란 상인은 얼른 일어나서 진흙을 가져와 원래대로 구멍을 발라버렸습니다.

그런데 이때 환관 하나가 그 상인의 모습을 보고 수상하게 여겨, 왕에게 가서 그 사실을 보고했습니다. 당장 상인을 찾아온 왕은 돌이 제거된 것을 보고 불같이 화를 내며 말했습니다.

"내 후궁의 비밀을 파헤치다니 무엄한 짓이로다! 이것이 나에 대한 그대의 보답인가?"

왕은 신하에게 상인의 두 눈을 도려내라고 명령했습니다. 신하들은 왕의 명령대로 시행했습니다. 상인은 자신의 두 눈알을 손에 들고 말했습니다.

"오, 불길한 별이여, 언제까지 나를 괴롭히려나? 처음에는 내 재산을, 그리고 이번에는 내 목숨까지!"

상인은 절망적으로 한탄하면서 다시 이렇게 외쳤습니다.

"불행한 숙명에 그토록 저항했건만 모두가 헛일이로다! 자비로운 신도 구원해 주지 않았고, 아무리 노력해도 소용없을뿐더러 오히려 더 나빠지기만 했구나."

"그와 마찬가지로, 임금님이시여!"

젊은이는 이야기를 계속했습니다.

"저도 운이 좋았을 때는 무슨 일을 하든지 잘 풀렸습니다. 하지만 한 번 운명에 버림받자 모든 일이 꼬이기만 할 뿐이었습니다."

젊은이가 이야기를 마치자, 왕의 분노도 어느 정도 가라앉아 신하들에게 이렇게 말했습니다.

"이놈을 옥에 도로 가두어 둬라. 날도 저물었으니 내일 다시 사정을 조사하고 죗값을 치르게 할 것이다."

둘째 날
사물의 행방을 지켜볼 것

그 이튿날, 왕의 두 번째 대신인 바하룬이라는 남자가 어전에 나아가 아뢰었습니다.

"알라시여, 부디 저희 임금님을 가상히 여기소서! 그 젊은이가 저지른 소행은 가벼이 볼 수 없는 일, 왕가를 업신여기는 괘씸하기 짝이 없는 행위입니다."

아자드바흐트 왕은 대신의 말을 듣고 젊은이를 끌어내 오라고 명령했습니다.

젊은이가 왕 앞에 끌려나오자 왕은 말했습니다.

"이 저주받아 마땅한 애송이 놈 같으니! 세상에서 가장 무서운 죽음을 면치 못할 것이다. 무거운 죄를 저지른 데 대한 대가로 세상 사람들에게 본보기가 되도록 엄하게 처단하리라!"

그러자 젊은이가 말했습니다.

"오, 임금님, 제발 일을 서두르지 말아주십시오. 사물의 행방을 지켜보는 것은 왕국을 지탱하는 돌기둥이요, 왕권의 존속과 보장의 기본입니다. 시간에 따라 일이 어떻게 변해 나가는지를 주목하지 않는 자는 어느 상인을 덮친 것과 같은 재앙을 부르고, 그것을 고려하는 자는 그 상인의 아들들이 얻은 것과 같은 기쁨을 얻습니다."

"그 상인과 아들의 이야기란 도대체 어떤 내용이냐?"

왕의 물음에 젊은이가 대답했습니다.

"그렇다면 임금님, 제 얘기를 들어보십시오."

상인과 그 아들들의 이야기*12

옛날에 재산이 아주 많은 큰 부자 상인이 있었습니다. 어느 날, 상인은 임신한 아내를 남겨두고 사업차 여행을 떠나면서 아내에게 이렇게 말했습니다.

"이제부터 당신을 두고 길을 떠나려 하는데, 인샬라! 아기가 태어나기 전에 꼭 돌아오리다."

상인은 그렇게 아내에게 작별을 고하고 집을 떠났습니다. 이 나라 저 나라로 여행을 계속하는 동안, 어느 국왕의 궁전에 도착하여 왕을 알현하게 되었습니다. 그런데 이 왕은 왕가의 일과 왕국의 통치를 도와줄 만한 인물을 찾고 있던 터라 행동거지가 단정하고 머리가 영리한 상인을 보자, 자기 곁에 머물러 달라고 부탁한 뒤 정중하게 대접했습니다.

그로부터 몇 년이 지나 상인은 집으로 돌아가도록 허락을 청했으나, 왕은 좀처럼 승낙하지 않았습니다. 그러자 상인이 말했습니다.

"임금님이시여, 저를 집으로 돌려보내 주시어 자식을 만날 수 있도록 해 주십시오. 그렇게 해 주시면 다시 이리로 돌아오겠습니다."

상인은 겨우 왕의 허락을 받았습니다. 왕은 반드시 돌아와야 한다고 다짐하며 금화 1천 닢이 든 지갑을 상인에게 주었습니다. 상인은 배에 올라타 고향을 향해 뱃길을 나아갔습니다.

한편, 상인의 아내는 남편이 어느 나라의 궁전에서 국왕을 위해 일하고 있다는 소식을 전해 듣고, 채비를 한 뒤 두 아들을 데리고(남편이 없는 동안 쌍둥이를 낳았기 때문입니다) 남편이 있는 곳을 찾아 여행길에 올랐습니다.

그러나 무슨 운명의 장난인지, 상인의 아내와 아들들이 어느 섬에 상륙하자, 마침 그날 밤 남편인 상인도 배를 타고 그곳에 도착했습니다.

"너희 아버님께서 계시는 나라에서 배가 들어왔구나. 어서 바닷가로 가서 아버님에 대한 소식을 물어보고 오렴."

어머니의 말에 두 아들은 바닷가로 달려가서 배에 올라타 온 배 안을 뛰어다니면서 놀기 시작했습니다. 해가 저물도록 두 아이는 노는 데만 정신이 팔려 있었습니다.

그 무렵 배 안에서 잠을 자던 아버지 상인은 아이들이 시끄럽게 떠드는 소리에 잠이 깨고 말았습니다. 그래서 벌떡 일어나 "조용히 해!" 하고 소리쳤는데, 그 서슬에 금화 1천 닢이 든 지갑이 상품 궤짝 사이에 빠지고 말았습니다. 상인은 지갑을 찾기 시작했으나 아무데도 보이지가 않아서 자신의 머리를 때리고 아이들을 붙잡아 족치기 시작했습니다.

"지갑을 가져간 건 바로 너희지! 너희가 궤짝 사이에서 놀다가 뭔가 훔쳤을지도 모르지. 그곳에는 너희 둘 말고는 아무도 없었으니까."

상인은 아이들을 붙잡아 지팡이로 때리기 시작했습니다. 아이들이 엉엉 울자 선원들이 주위에 모여들어 말했습니다.

"이 섬 아이들은 모두 악동이고 좀도둑입니다."

그러자 상인은 화가 나서 지갑을 내놓지 않으면 두 아이를 모두 바다에 빠뜨리겠다고 맹세했습니다.

두 아이가 끝까지 지갑에 대해선 모른다고 대답하니, 상인은 마침내 맹세를 실천하지 않을 수 없는 처지가 되고 말았습니다. 상인은 두 아이를 각각 한 다발의 짚으로 묶어서 바닷속에 던져 넣었습니다.

그 뒤 아이들이 늦도록 돌아오지 않아서 걱정된 어머니는 아이들을 찾아 배에 올라가서 사람들에게 물어보았습니다.

"누가 제 아이들을 보지 못하셨나요? 생긴 모습은 이러이러하고 나이는 이런데 말이죠."

그 말을 들은 선원들이 말했습니다.

"방금 바다에 빠뜨린 두 아이의 인상과 닮았어."

어머니는 그 말을 듣고는 두 아들의 이름을 부르면서 울부짖었습니다.

"가엾은 내 아들들, 너희가 죽어 버리면 이 어미는 어떻게 살아가라고! 너희 아버지는 지금 어디에 계시는 걸까? 곧 너희를 만날 수 있었는데."

그러자 선원 한 사람이 물었습니다.

"아주머니의 남편은 대체 누구입니까?"

"저는 아무개라고 하는 상인의 아내입니다. 남편을 찾아가는 중인데 이런 재앙을 당하고 말았습니다."

여자가 하는 이야기를 들은 상인은 그녀가 자기 아내임을 알고, 까무러칠 듯이 놀라 자기 옷을 스스로 찢고 얼굴을 때리면서 아내에게 말했습니다.

"알라께 맹세코 말하는데, 나는 내 손으로 내 아들들을 죽이고 말았다! 서두르다가 일을 그르친 자에 대한 천벌이리라. 느긋하게 자기 자신을 돌아보려 하지 않는 인간에 대한 인과응보가 바로 이것이구나."

상인은 아내와 함께 아들들의 죽음을 슬퍼하면서 하염없이 탄식했습니다. 그런 다음 상인은 선원들에게 말했습니다.

"두 아이가 어떻게 되었는지 행방을 알 때까지, 나는 결단코 이 세상의 모든 쾌락을 끊으리라!"

그 뒤 두 사람은 아이들을 찾아 넓은 바다를 헤매고 다녔지만, 두 아이의 행방을 알 길이 없었습니다.

그런데 바다에 던져진 두 아이는 바람을 타고 육지 쪽으로 흘러가서 마침내 해안에 밀려 올라갔습니다. 형제 가운데 형은 그 지방을 다스리고 있는 국왕의 직속 호위병들이 발견하여 왕에게 데려갔습니다. 왕은 소년의 뛰어난 겉모습을 보고 매우 놀라더니 당장 양자로 삼은 뒤, 백성들에게는 아주 소중하여 지금까지 세상의 눈에 띄지 않도록 숨겨 두었던*13 아들이라고 공표했습니다. 그러자 백성들은 주군을 위해 소년을 크게 축복했고, 왕은 소년을 법정상속인과 왕국의 후계자로 지명했습니다. 그리하여 몇 년 뒤 마침내 국왕이 세상을 떠나자, 젊은이가 그 뒤를 이어 군주의 자리에 올랐습니다. 젊은이가 왕좌에 오르니 영토는 더욱 확장되고 나라는 순풍에 돛단 듯이 성장해 갔습니다.

한편, 그의 부모는 두 형제가 혹시라도 파도에 떠다니다 육지에 밀려 올라갔을지 모른다고 생각하여 모든 섬을 돌아다니며 찾아 헤맸지만, 단서를 전혀 찾을 수 없었습니다. 그리하여 마침내 자식들이 죽었다고 완전히 체념한 부모는 어느 섬에 머물러 살기로 했습니다.

어느 날 상인은 시장에서 거간꾼이 한 소년을 팔러 나와 큰 소리로 외치고 있는 것을 발견했습니다. 상인은 마음속으로 생각했습니다.

'그래, 저 소년을 내가 사자. 아들 대신 키우면 조금은 마음에 위로가 되겠지.'

상인은 소년을 사서 집으로 데리고 돌아왔습니다. 집 안에 들어서니 상인의 아내가 그 아이를 보고 미친 듯이 소리쳤습니다.

"알라께 맹세코, 이 아인 바로 우리 아들이에요!"

그리하여 아버지와 어머니는 아이와 다시 만난 것을 더없이 기뻐하며 형의 소식을 물었습니다.

"파도에 함께 떠다니다가 헤어진 뒤로 형이 어떻게 되었는지 모릅니다."

그러나 한 아이라도 찾은 부모는 그것으로 마음의 위안을 얻었습니다. 몇 년의 세월이 흘러갔습니다.

상인의 가족은 우연히 또 하나의 아들이 왕좌에 올라 있는 나라로 이사했습니다. 되찾은 아들이 성장하자 아버지는 아들을 다른 나라로 보내 장사를 가르치려고 온갖 상품을 마련해 주었습니다.

모든 준비가 끝나자, 젊은이는 집을 뒤로하고 형이 통치하는 수도에 발을 들여놓았습니다. 이윽고 한 상인이 왕가에 어울리는 상품을 가지고 수도를 찾아왔다는 소식이 왕의 귀에도 들어갔습니다. 왕은 상인을 부르러 사람을 보냈고, 젊은 상인은 당장 그 부름에 응하여 왕궁으로 들어가 왕 앞에 엎드렸습니다.

둘 다 서로 형제인 줄 알아보지는 못했지만, 두 사람 사이에 흐르는 피는 속이지 못하는 법이라, 왕은 곧 이렇게 말했습니다.

"내 곁에서 머물러주지 않겠는가, 그렇게 해 주면 신분을 높여주고 그대가 원하는 건 뭐든지 주겠노라."

그리하여 젊은 상인은 한시도 왕 곁에서 떠나지 않고 함께 살게 되었습니다. 그리고 왕이 아무래도 자신을 놓아줄 것 같지 않자, 그는 부모에게 사람을 보내 두 사람 다 그 나라의 수도로 오도록 권했습니다.

그 얘기를 들은 부모는 자식이 있는 곳으로 집을 옮기기로 했습니다. 젊은 상인은 날이 갈수록 왕의 신임을 얻고 있었으나 왕은 여전히 젊은 상인이 자신의 동생인 줄은 꿈에도 몰랐습니다.

그러던 어느 날 밤, 왕은 수도의 교외로 나가 술을 잔뜩 마시고 정신없이 취해 곯아떨어지고 말았습니다. 젊은 상인은 행여나 왕의 신변에 무슨 일이 일어날까 걱정하며 이렇게 혼잣말을 했습니다.

"오늘 밤에는 왕을 위해 잠을 자지 않고 불침번을 서야겠다. 이 정도의 일은 당연히 내가 해야겠지. 왕께서 나에게 그토록 여러 가지로 친절을 베풀어주셨으니."

동생은 즉시 몸을 일으켜 칼집에서 칼을 빼들고 왕의 막사 앞에 버티고 섰습니다.

그런데 왕의 총애를 받고 있는 그를 동료들과 함께 시기하던 왕의 시동 하나가, 칼을 빼들고 입구에 서 있는 그의 모습을 보더니 이렇게 말했습니다.

"왜 이런 시간에 그런 모습으로 서 있는가? 게다가 이런 곳에."

그러자 젊은이가 대답했습니다.

"임금님을 위해 불침번을 서서 경계하고 있는 거라네. 여러 가지로 호의를 베풀어주신 은혜에 보답하려고."

시동은 그 이상 아무 말도 하지 않았습니다. 그러나 이튿날 아침이 되자 모든 가신에게 그 사실을 알렸습니다. 그러자 그들이 말했습니다.

"이건 우리에게 절호의 기회가 온 것이다. 자, 다 같이 가서 임금님께 그 사실을 알리세. 그러면 그 젊은 상인은 임금님의 총애를 잃고 밖으로 쫓겨날 것이고, 우리는 눈엣가시 같은 존재를 내쫓을 수 있게 되는 걸세."

그들은 모두 한패가 되어 왕을 알현하고 이렇게 아뢰었습니다.

"사실 임금님께 넌지시 귀띔하고 싶은 일이 있습니다."

"무슨 일인가?"

"임금님이 그토록 총애하시며 신하 중의 신하도 미치지 못할 정도로 지위를 높여주신 그 젊은 상인에 대한 얘기이온데, 어제 임금님을 암살하기 위해 칼을 빼들고 침입하려는 것을 보았습니다."

왕은 이 말을 듣고 얼굴빛이 변해서 말했습니다.

"그 증거가 있느냐?"

그러자 모두 대답했습니다.

"어떤 증거가 필요하십니까? 만약 증거가 필요하다면, 오늘 밤에 다시 한 번 술에 취해 잠든 척해 보십시오. 그리고 몰래 그자의 움직임을 살펴보시면 임금님 자신의 눈으로 저희가 방금 말씀드린 일을 보시게 될 겁니다."

그런 다음 그들은 젊은이에게 가서 이렇게 말했습니다.

"임금님께서 간밤에 당신이 한 일을 고맙게 여기시고, 당신의 어진 행실을 칭찬하고 계십니다."

그들은 젊은이가 다시 한 번 같은 일을 하도록 부추겼습니다.

이튿날 밤이 되자, 왕은 잠을 자지 않고 젊은이의 움직임을 살폈습니다. 젊은이는 그날도 막사 입구에 가더니 언월도를 뽑아들고 통로에 우뚝 버티고 섰습니다. 왕은 젊은이가 그런 행동을 하는 것을 보고 몹시 불안해져서 젊은이를 체포하라고 명령했습니다. 그리고 젊은이를 향해 이렇게 말했습니다.

"이것이 나에 대한 그대의 보답인가? 그대를 누구보다 아끼고 사랑한 나에게 이렇게 괘씸한 짓을 한단 말이냐!"

그때 두 시동이 일어나서 말했습니다.

"임금님, 명령을 내려주십시오. 저희가 저놈의 목을 베겠습니다."

그러자 왕이 말했습니다.

"섣불리 사람을 죽이는 것은 좋지 못한 행동이다. 중대한 문제니까. 물론 죽이는 건 간단한 일이지만, 한 번 죽이고 나면 다시는 돌이킬 수 없다. 그러니 무슨 일이든 끝까지 확인하고 또 확인해야 하느니라. 게다가 이 젊은이의 목을 베는 일은 우리 손에서 벗어날 수 없지 않으냐."*14

그렇게 말한 왕은 젊은이를 옥에 가두라고 명령했습니다. 왕은 왕궁으로 돌아가서 밀린 국사를 처리한 뒤 사냥을 시작했습니다. 그 뒤 수도에 돌아간 왕은 젊은이에 대한 일은 까맣게 잊어버리고 말았습니다.

그러자 시동들이 왕을 알현하고 이렇게 말했습니다.

"임금님을 죽이려 한 그 젊은이를 만약 이대로 내버려 두시면, 임금님의 가신들은 모두 기강이 해이해져서 왕의 주권을 얕잡아볼 테고, 백성조차 이 사건을 두고 옳으니 그르니 할 것입니다."

이 말을 듣고 왕은 몹시 화가 나 소리쳤습니다.

"그놈을 당장 이리로 끌고 오라!"

그리고 왕은 망나니에게 목을 베라고 명령했습니다. 그들은 젊은이를 끌고 와서 두 눈을 수건으로 가렸습니다. 망나니는 그 곁에 서서 왕을 향해 이렇게 말했습니다.

"임금님의 명령에 따라 어김없이 이자의 목을 베겠습니다."

그러자, 왕이 갑자기 소리쳤습니다.

"잠깐만! 사건의 경위가 밝혀질 때까지 기다리자. 이자에게는 이미 사형이 선고되었고, 어차피 처형을 면할 길도 없지 않으냐?"

왕은 젊은이를 다시 옥에 돌려보냈고, 젊은이는 왕이 처형을 결심할 때까지 옥에 갇혀 있어야 했습니다.

그러던 중 그의 부모도 이 사건을 전해 듣게 되었습니다. 젊은이의 아버지는 당장 궁전에 찾아가 탄원서를 써서 왕에게 올렸습니다. 탄원서에는 이렇게 적혀 있었습니다.

"임금님, 못난 이 아비를 불쌍히 여겨주십시오. 그러시면 알라께서도 임금님을 가엾게 여겨 돌봐주실 것입니다. 섣불리 제 아들을 죽이시면 안 됩니다. 사실 저도 일을 급하게 서두르다가 실수로 제 아들의 형을 바다에 빠뜨려 죽게 했던 일이 있습니다. 그 일로 인해 저는 지금 이 시간까지 아들의 죽음을 슬퍼하고 있습니다. 만약 어떠한 일이 있어 아들을 꼭 죽여야 하겠거든, 부디 아들 대신 이 아비를 죽여주십시오."

늙은 상인은 하염없이 눈물을 흘리며 왕 앞에 엎드렸습니다. 그러자 왕이 말했습니다.

"그대의 신상 이야기를 들려다오."

"예, 임금님, 제 아들에게는 형이 한 사람 있었는데, 저는 한순간의 실수로 두 아이를 바다에 던져 넣고 말았습니다."

상인은 자신에게 일어났던 사건의 자초지종을 얘기했습니다.

왕은 그 이야기를 듣더니, 갑자기 외마디 비명과 함께 울부짖으면서 왕좌에서 뛰어내려 아버지와 동생을 부둥켜안고 말했습니다.

"알라께 맹세코 당신은 나의 아버님, 너는 내 아우, 당신의 아내는 내 어머니입니다."

세 사람은 모두 기쁨의 눈물을 흘리며 흐느껴 울었습니다.

그 뒤 왕은 가신들에게 이 사건의 경위를 얘기하고 이렇게 말했습니다.

"그대들은 어떻게 생각하는가? 내가 마지막까지 이 일을 지켜보고 확인한 것을."

그 자리에 있던 사람들은 모두 왕의 뛰어난 분별심과 앞을 내다볼 줄 아는 지혜에 놀라 혀를 내두르며 감탄했습니다.

왕은 자신의 아버지를 향해 말했습니다.

"아버님께서 일의 행방을 끝까지 지켜보고 서둘러 일을 처리하지 않았다면, 지금까지 그와 같이 후회하며 통탄하는 일은 없었을 겁니다."

왕은 어머니도 왕궁으로 불러들여 네 사람은 다 함께 기쁨을 나누었습니다. 그리고 죽는 날까지 온갖 환락을 누리며 행복한 나날을 보냈습니다.

"그렇다면."

보물창고를 지키는 젊은이가 말을 이었습니다.

"사물의 행방을 끝까지 지켜보고 확인하지 않는 것이 가장 중대한 문제가 아닐까요? 그러니 섣불리 저를 죽여서는 안 됩니다. 뒤늦게 후회하며 가슴을 치게 되어서는 안 될 테니까요."

이 말을 들은 왕이 말했습니다.

"내일 이 사건의 진상을 조사할 테니 감옥으로 돌려보내라. 이런 일에는 신중을 기해야 득이 되고, 이 젊은이의 목은 어차피 베어질 테니까."

셋째 날
참는 자에게 복이 오는 것에 대하여

셋째 날이 되자, 세 번째 대신이 왕 앞에 나아가 말했습니다.

"임금님이시여, 그 젊은이 사건을 더는 미루어서는 안 됩니다. 왜냐하면 그자의 잘못된 행동으로 저희까지 세상 사람들의 입에 오르내리고 있기 때문입니다. 세상의 소문을 잠재우기 위해 당장 그자를 죽여야 합니다. 임금님께서 자신의 침대에서 왕비와 외간 남자가 자는 광경을 보고도 묵인하셨다는 말을 들어서야 되겠습니까?"

왕은 그 말을 들으니 분한 생각이 들어 젊은이를 끌어내라고 명령했습니다.

부하들은 왕의 명령대로 젊은이에게 족쇄를 채운 채 끌어냈습니다. 대신의 이야기를 듣고 분노에 사로잡혀 마음이 어지러워진 왕은 젊은이를 향해 이렇게 말했습니다.

"네 이놈, 이 근본도 알 수 없는 수상쩍은 녀석! 너는 나를 모욕하고 내 이름을 더럽혔다. 무슨 일이 있어도 네 목숨을 이 세상에서 사라지게 해야겠다."

그러자 젊은이가 대답했습니다.

"오, 임금님, 무슨 일에서나 인내심을 지니셔야 합니다. 그러면 무슨 소망이든 틀림없이 이룰 수 있을 겁니다. 전능하신 알라께서는 우리가 끈기 있게 기다리면 뱃길을 잔잔하게 잠재워 주시고, 또 아부 사비르는 참고 기다린 덕분에 굴속에서 기어올라와 왕좌에 오를 수 있었습니다."

"아부 사비르라는 자는 대체 누구냐? 그자의 이야기는 어떤 이야기인고?"

왕이 묻자 젊은이가 대답했습니다.

"그렇다면 임금님, 제 이야기를 들어주십시오."

아부 사비르의 이야기

옛날, 어느 마을에 아부 사비르라는 촌장이 있었습니다. 이 남자는 검은 소를 많이 키우면서, 오동통하고 귀엽게 생긴 아내와 두 아들과 함께 행복하게 살고 있었습니다.

그런데 언제부턴가 이 가족이 사는 작은 마을에 사자 한 마리가 어슬렁거리며 나타나더니, 아부 사비르의 가축을 물어 죽이고는 뼈만 남기고 먹어치우곤 했습니다. 날이 갈수록 가축이 한 마리씩 사라지자 참다못해 아내가 어느 날 남편에게 말했습니다.

"그 사자 때문에 재산이 형편없이 줄어들었어요. 더는 내버려 둘 수 없으니, 당장 말을 타고 마을 사람들을 이끌고 가서 그놈의 사자를 잡아버리세요. 그러면 안심할 수 있을 것 아니에요."

그러나 아부 사비르는 이렇게 말했습니다.

"참아야 해, 여보. 참는 자에게 복이 온다고 했소. 그 사자 놈은 우리에게 몹쓸 짓을 했지만, 죄를 짓는 놈은 반드시 전능하신 알라께서 멸하실 것이오. 그놈의 숨통을 끊어놓는 것은 다름 아닌 우리의 인내심이오. 나쁜 짓을 하면 반드시 그 대가를 치르게 될 것이오."

며칠이 지난 어느 날, 그 나라의 왕이 아침에 사냥을 나갔다가 사자를 만나, 부하들과 함께 끝까지 추적한 끝에 마침내 사자를 죽이고 말았습니다. 이 소식이 아부 사비르의 귀에 들어가자, 그는 옳다구나 하고 아내에게 말했습니다.

"거 보시오, 내가 뭐라고 했소, 나쁜 짓을 하면 반드시 대가를 치른다고 하지 않았소. 설령 내가 직접 사자를 죽이려 했어도 아마 성공하지 못했을 거요. 이것이 인내가 주는 선물이라오."

그 뒤 우연히 마을에서 한 남자가 살해되는 사건이 일어났습니다. 그러자 국왕은 마을을 약탈하라고 명령했고, 관리들은 아부 사비르의 재산은 물론이고 다른 마을 사람들의 재산도 모조리 빼앗아 갔습니다.

그것을 보고 아내는 남편에게 말했습니다.

"왕가의 관리들은 모두 당신을 알고 있어요. 그러니, 그 사람들을 통해 임금님께 가축을 돌려 달라고 사정해 보세요."

그러나 남편은 이렇게 대답했습니다.

"여보, 마누라, 나쁜 짓을 하는 놈은 반드시 보복을 당한다고 하지 않았소? 분명히 임금께서는 옳지 않은 행위를 했소. 그러니 언젠가 악행에 대한 대가로서 천벌을 받을 것이오. 누가 빼앗아 가든 그 사람의 재산도 반드시 빼앗기게 되어 있으니까."

그런데 이 이야기를 우연히 이웃집 남자가 듣게 되었습니다. 이자는 전부터 아부 사비르를 시기하고 있었던 터라, 당장 국왕에게 달려가서 그의 말을 일러바쳤습니다. 국왕은 관리를 보내 아부 사비르의 남은 재산마저 모조리 빼앗아 가고 아내와 자식들과 함께 그 마을에서 내쫓았습니다.

그들은 마을에서 가까운 황무지를 떠돌아다녔습니다. 아내가 남편에게 말했습니다.

"우리가 이런 신세가 된 건 당신이 일을 제대로 처리하지 못하고 꾸물거렸기 때문이에요."

그래도 남편은 여전히 이렇게 말하는 것이었습니다.

"좀더 참고 견딥시다. 꾹 참고 견디다 보면 좋은 일도 생기겠지."

얼마 뒤 그들은 강도를 만나, 마지막으로 남아 있는 소지품과 입고 있던 옷까지 빼앗기고 두 아들마저 납치당하고 말았습니다. 아내는 울면서 남편에게 말했습니다.

"이게 좋은 일이란 말이에요? 그런 멍청한 소릴랑은 집어치우고 같이 도둑들을 쫓아갑시다. 어쩌면 우리를 불쌍하게 여기고 아이들을 돌려줄지도 모르잖아요."

하지만 남편은 이렇게 말했습니다.

"여보, 마누라, 참으라니까 그러는구려. 나쁜 짓을 하는 놈은 반드시 천벌을 받는 법이야. 도리에 어긋나는 짓을 하면 언제가 그것이 자신에게 되돌아온단 말이오. 설령 내가 놈들을 쫓아간다 해도, 아마 놈들의 칼에 목이나 베이기 십상일 거요. 지금은 참는 게 제일이오. 참고 견디면 결국 복을 받게 될 테니까."

그리하여 두 사람은 계속 걸어서 마침내 키르만 나라의 어느 마을에 도착했습니다. 그 근처에는 강이 흐르고 있었습니다. 강가에 이르자 남편은 아내에게 말했습니다.

"당신은 여기서 기다리고 있어요. 내가 마을에 들어가서 머물 만한 곳을 찾아볼 테니."

남편은 강가에 아내를 남겨두고 마을로 들어갔습니다.

그러자 곧 그곳에 말을 탄 사내가 물을 찾아 다가왔습니다. 말에게 물을 먹이려는 것이었습니다. 그러다가 촌장의 아내를 본 사내는 그 아리따운 모습에 마음이 움직였습니다.

남자는 여자에게 말을 걸었습니다.

"자, 일어나서 나와 함께 말을 타고 가지 않겠나? 당신을 아내로 삼고 예뻐해 줄 테니까."

"용서해 주세요. 그러면 알라께서도 당신을 용서하실 테니. 저는 남편이 있는 몸이에요."

그러자 남자는 칼을 꺼내 여자를 위협했습니다.

"내 말을 듣지 않으면 당신을 베어 죽이는 수밖에."

아내는 남자의 뻔뻔스러운 태도를 보고 모래 뒤에 손가락으로 글자를 썼습니다.

"아부 사비르 님, 당신이 계속 참기만 하는 사이에 재산도 자식도 잃고, 이번에는 아내까지 납치당하는군요. 당신의 눈에는 그 무엇보다, 당신의 전 재산보다도 더 소중한 아내를. 이제부터 정말로 당신은 평생 슬픔에서 헤어나지 못할 거예요. 그렇게 되어서야 비로소 당신의 인내가 얼마나 헛된 것이었는지 알게 되겠지요."

이윽고 말 위의 남자는 여자를 자기 뒤에 태우고 그대로 달아났습니다. 아부 사비르가 돌아와 보니 아내의 모습이 온데간데없이 사라지고 없었습니다. 그러다가 모래 위에 적혀 있는 글을 읽고 어떻게 된 일인지 안 그는 눈물을 흘리며 한동안 비탄에 잠겨 있었습니다. 그런 다음 그는 이렇게 혼잣말을 했습니다.

"이봐, 아부 사비르, 그래도 너는 참고 견뎌야 해. 어쩌면 앞으로 더욱 끔찍하고 더욱 괴로운 일이 일어날지도 모르니까."

아부 사비르는 마치 사랑에 미치고 욕정에 사로잡힌 미치광이처럼 발길 닿는 대로 마구 헤매고 다니다가, 이윽고 한 무리의 인부가 부역을 하면서 왕궁을 짓고 있는 곳에 이르렀습니다. 공사감독이 아부 사비르를 보더니 그를 붙잡고 말했습니다.

"왕궁을 짓고 있는 인부들과 함께 일해라. 그렇지 않으면 평생 감옥에 처넣어 둘 테다."

그리하여 인부가 되어 일하게 된 아부 사비르는 매일 빵을 한 개씩 배급받

앗습니다. 한 달쯤 일했을 때, 우연히 인부 한 사람이 사다리에서 떨어져 다리뼈가 부러졌습니다. 아부 사비르는 비명을 지르면서 울부짖는 인부를 보고 말했습니다.

"울지 말고 참으시오. 꾹 참고 견디다 보면 언젠가 좋은 일이 있을 테니까."

"언제까지 참으란 말이오?"

"끈기 있게 참고 기다리면 우물 바닥에서 기어올라 왕좌에 오를 수도 있다오."

바로 그때 국왕이 격자창 옆에 앉아 있다가 두 사람의 대화를 들었습니다. 왕은 아부 사비르의 말을 듣고 순간 몹시 화가 났습니다. 그래서 당사자를 잡아서 끌고 오라고 명령하니, 부하들은 당장 그를 왕 앞에 끌고 왔습니다.

그런데 이 왕의 궁전에는 지하 감옥이 있고, 그 속에 크고 깊은 사일로*¹⁵가 하나 있었습니다. 왕은 그 굴속에 아부 사비르를 가두고 이렇게 말했습니다.

"이 미치광이 같은 놈, 이제 곧 알게 될 거다. 네놈이 어떻게 이 굴에서 기어올라 왕좌에 오르는지."

그 뒤에도 왕은 자주 지하 감옥에 찾아와 굴 입구에 서서 이렇게 말하곤 했습니다.

"어이, 이 미치광이 놈, 어이, 아부 사비르, 빨리 굴에서 나와 왕좌에 오르지 않고 뭐하고 있느냐!"

그리고 매일 빵을 두 개씩 주었습니다. 아부 사비르는 입을 다문 채 묵묵히 모든 일을 꾹 참고 있었습니다.

그런데 이 왕에게는 동생이 하나 있었는데, 오래전에 왕 때문에 그 굴에 갇혀서 그곳에서 죽고 말았습니다. 그러나 영내의 백성들은 그 동생이 아직 살아 있는 것으로 알고 있었습니다. 그의 감금상태가 오래가자 신하들은 그 일과 함께 주군의 포악한 정치에 반감을 지니게 되었고, 이윽고 세상에도 왕은 폭군이라는 소문이 퍼졌습니다. 그러다가 마침내 폭도들은 왕궁으로 몰려가서 왕을 죽이고 말았습니다.

이어서 그들은 사일로로 찾아가서 아부 사비르를 왕의 동생으로 착각하고 구출해 주었습니다. 왜냐하면 얼굴부터 모든 것이 왕의 동생과 쏙 빼닮은 데다 오랫동안 굴속에 갇혀 있었으므로 잘 구별할 수 없었던 것입니다. 그래서 그들은 아부 사비르가 왕의 동생이라는 것을 눈곱만큼도 의심하지 않고 이렇게 말했습니다.

"당신의 형님을 대신하여 이 나라를 통치해 주십시오. 우리는 형님을 죽였습니다. 이제 당신이 그 대리인이고 우리의 주군이십니다."

그러나 아부 사비르는 입을 다물고 단 한 마디도 하지 않았습니다. 그것이 인내의 선물이라는 것을 그는 알고 있었던 겁니다. 그는 천천히 몸을 일으켜 왕의 옷을 입고 왕좌에 올랐습니다. 그 뒤, 그는 백성들에게 올바른 정사를 펼쳐 왕으로서의 위세가 날이 갈수록 높아졌습니다. 신하와 백성들은 왕의 명령에 순종했고 장병들도 엄청난 수로 늘어났습니다.

그런데 그 옛날 아부 사비르의 재산을 약탈하고 그를 마을에서 내쫓은 왕에게는 세력이 강한 적이 한 사람 있었습니다. 그 적이 왕에게 반기를 들고 일어나, 말을 타고 상대를 공격하여 그 수도를 점령하고 말았습니다. 가까스로 달아난 왕은 아부 사비르의 도시에 가서 구원을 요청했습니다. 이 도시의 군주가 옛날에 자신이 강제로 재산을 빼앗고 내쫓은 촌장인 줄은 꿈에도 모른 왕은, 그 도시의 왕 앞에 엎드려 사정을 호소했습니다. 그러나 아부 사비르는 상대의 정체를 알고 이렇게 말했습니다.

"이거야말로 아무래도 인내의 선물인 듯하구나. 더없이 높으신 알라께서 나에게 이자를 마음대로 할 권한을 주신 것이다."

그래서 아부 사비르 왕은 호위병들에게 명령하여 부정한 왕과 그 종자들의 모든 것을 빼앗게 했습니다. 부하들은 즉시 그들의 소지품을 빼앗고 옷도 벗긴 뒤 나라 밖으로 내쫓아 버렸습니다. 아부 사비르를 섬기는 장병들은 이 광경을 보고 깜짝 놀라서 말했습니다.

"임금님이 이렇게 가혹한 처사를 하시다니, 어떻게 된 일이지? 이웃 나라의 왕이 찾아와서 구원을 청했는데도 오히려 약탈하는 건 왕으로서 할 일이 아니야."

그러나 그들은 감히 그 말을 입 밖에 낼 수는 없었습니다. 얼마 뒤 영토 내에 산적 무리가 있다는 보고가 왕의 귀에 들어왔습니다. 그래서 왕은 샅샅이 뒤져 산적을 찾고 맹렬한 추적의 손길을 늦추지 않은 끝에, 마침내 적들을 모조리 잡아들였습니다. 그런데 이 도둑들은 놀랍게도, 왕과 그 아내를 황무지에서 습격하여 금품을 빼앗고 두 아이까지 납치해 간 그 산적 떼였습니다.

그것을 안 왕은 그들을 어전 앞으로 끌어내 오라고 명령한 뒤 그들을 보자마자 이렇게 물었습니다.

"이러이러한 날에 너희가 납치해 간 두 소년은 지금 어디 있느냐?"

그러자 그들이 대답했습니다.

"둘 다 저희와 함께 지내고 있는데, 그들을 모두 임금님을 섬기는 백인 노예로서 진상하고 저희가 그동안 모은 재물을 몽땅 바칠 뿐만 아니라, 지금 입고 있는 옷까지 모두 벗어드리겠습니다. 그리고 앞으로 못된 짓은 삼가고 오로지 임금님을 위해 싸우겠습니다."

그러나 아부 사비르 왕은 그들이 하는 말은 들은 체도 하지 않고 재물을 모조리 빼앗고 모두 사형에 처했습니다. 그리하여 두 아들을 되찾은 왕은 꿈에도 그리던 재회를 하게 되어 매우 기뻐했습니다. 그 모습을 보고 부하 장병들은 자기들끼리 이렇게 속삭였습니다.

"아니, 이건 형보다 더 잔인한 폭군이다! 산적 일당이 찾아와서 지은 죄를 뉘우치고 화해의 표시로 두 소년을 선물하려고 했는데도 임금님은 아이들도 금품도 모두 빼앗고 모조리 죽여 버렸어! 이건 정말이지 끔찍한 압제정치다."

그 뒤 아부 사비르의 아내를 납치해 간 사내가 찾아와서, 틀림없는 자신의 아내가 분명한데도 도무지 몸을 허락하지 않는다고 왕에게 호소했습니다. 왕은 여자의 주장을 들은 뒤에 판결을 내릴 테니 당사자를 데려오라고 명령했습니다. 그러자 사내는 여자를 어전으로 데려왔습니다. 여자를 본 왕은 이내 자기 아내임을 알아채고, 강탈자의 손에서 도로 빼앗은 뒤 사내를 사형에 처하라고 명령했습니다.

그때 아부 사비르 왕은 장병들의 기색이 이상해지는 것을 보고, 그들이 자신을 폭군으로 여기고 불복을 외치며 소리 높여 규탄하려는 것을 눈치챘습니다. 그래서 그는 신하와 대신들에게 자초지종을 설명했습니다.

"전능하신 알라께 맹세하고 말하지만, 사실 나는 이 나라 국왕의 동생이 아니오! 그뿐만 아니라, 나는 내가 한 말이 왕의 귀에 들어가는 바람에 투옥되었던 자에 지나지 않소. 왕은 그 일로 매일같이 나를 찾아와서 괴롭혔소. 모두 나를 왕의 동생으로 생각하고 있지만, 나는 아부 사비르라는 사람이오. 이것은 알라께서 나의 인내를 가상히 여겨 나에게 왕권을 주신 것이오.

나에게 보호를 요청했습니다가 오히려 나에게 약탈당한 그 왕은, 나에게 맨 처음 나쁜 짓을 한 자로, 아무 이유도 없이 내 전 재산을 빼앗고 처자와 나를 고향에서 내쫓았소이다. 그래서 나는 그놈이 나에게 한 그대로 갚아주었을 뿐이오. 말하자면 정당한 보복을 한 셈이지.

또 나는 죄를 뉘우친 산적들을 죽인 것에 대해서도 눈곱만큼도 후회하지 않소. 왜냐하면, 무엇보다 그놈들은 황무지에서 방황하고 있는 우리 가족을 습격하여 남아 있는 재산과 두 아들까지 빼앗아 간 놈들이기 때문이오. 즉 내가 도로 빼앗은 두 소년, 모두 백인 노예라고 생각했던 아이들이 사실은 내 아들들이었소. 그러므로 나는 전에 산적들이 나에게 한 짓을 그대로 돌려주었을 뿐이오. 이것이 바로 인과응보라는 것이오.

내가 죽인 마지막 사내에 대해서 말하면, 내가 그의 손에서 빼앗은 여자는 바로 내 아내이고, 놈은 육체적인 힘으로 내 아내를 강탈해 갔던 거였소. 그러나 더없이 높으신 알라께서는 아내를 다시 내 손에 돌려주셨소. 그러니 이 것도 나의 당연한 응보라오. 그대들은 사물의 겉만 보고 판단하여 내 행동을 사납고 악하다고 생각했지만, 내가 한 행동은 한치도 정의에 어긋남이 없는 정당한 것이었소."

사람들은 왕의 이야기를 듣고 깜짝 놀라 왕 앞에 엎드려 머리를 조아렸습니다. 그리고 국왕에 대해 더욱더 깊은 존경심과 애정을 느끼면서 자신들의 예의 없는 태도를 빌고 알라의 위업을 찬양했습니다.

그들은 왕이 끈기와 인내 덕분에 알라로부터 왕권을 물려받은 일과 참을성 있게 기다린 끝에 굴속에서 왕좌에 오른 한편, 원래의 왕은 왕좌에서 굴속*16으로 내던져진 일 등이 참으로 신기하게 생각되었습니다.

아부 사비르는 아내의 얼굴을 마주보며 이렇게 말했습니다.

"당신은 어떻게 생각하시오, 인내의 성과와 그 달콤한 맛을? 그리고 성급함의 결과와 그 쓴맛은? 좋은 일이든 나쁜 일이든, 모든 인간의 행위에는 반드시 인과응보가 따르는 법이라오."

젊은 보물창고지기는 이야기를 계속했습니다.

"임금님, 이러하듯이 가능하다면 언제나 참는 것보다 더 좋은 것은 없습니다. 끈기 있게 기다리는 것은 귀인의 습성이며, 특히 왕자에게는 인내야말로 가장 신뢰할 만한 것이기 때문입니다."

왕은 젊은이에게서 이 이야기를 듣자 분노가 어느 정도 가라앉았습니다. 그래서 왕은 젊은이를 옥에 돌려보내라고 명령하고 그날은 모두 흩어졌습니다.

넷째 날
서두르다가 일을 그르치는 것에 대하여

넷째 날이 되자, 즈샤드라는 네 번째 대신이 나타나서 왕 앞에 엎드려 이렇게 말했습니다.

"임금님, 저 젊은이가 하는 말에 속아서는 안 됩니다. 그놈은 사실을 말하고 있는 것이 아닙니다. 저놈이 살아 있는 한, 세상 사람들은 계속 와글와글 떠들어 댈 테고, 임금님의 마음에도 늘 걱정거리로 남게 될 것입니다."

그러자 왕은 소리쳤습니다.

"알라께 맹세코 그대의 말이 틀림없다. 오늘은 그자를 끌어내어 기필코 내가 보는 앞에서 베어 버리게 하리라."

왕은 젊은이를 끌어내 오라고 명령했습니다. 부하들이 젊은이에게 족쇄를 채워 데려오자, 왕이 말했습니다.

"이 가증스러운 놈 같으니! 날마다 이야기만 들려주면서 그 혀끝으로 내 마음을 돌리려는 생각을 한단 말이냐? 내 오늘은 반드시 너를 죽여 이 세상에서 사라지게 하고 말리라."

그 말을 듣고 젊은이가 대답했습니다.

"오, 임금님이시여, 언제나 마음만 정하면 저 같은 것쯤은 이 세상에서 사라지게 하는 건 일도 아닐 것입니다. 그렇지만, 일을 서두르는 건 비천한 자들의 성질이고, 참는 것이야말로 귀인의 표시입니다. 만약 저의 목숨을 빼앗으신다면 틀림없이 후회하실 것이고, 저를 다시 되살리고자 해도 이미 돌이킬 수 없게 됩니다. 참으로 성급하게 일을 처리하는 사람은 비자드 왕자를 덮친 것과 같은 불행을 당하게 될 것입니다."

"그 이야기는 어떤 이야기인고?"

왕의 물음에 보물창고지기가 대답했습니다.

"궁금하시다면 이제부터 제 이야기를 들어보십시오."

비자드 왕자 이야기

옛날, 어느 국왕에게 비자드라고 하는 왕자가 있었습니다. 그는 당대에 겨룰 자가 없을 만큼 아름다운 청년으로, 서민들과 함께 또는 상인들과 자리를 같이하여 얘기를 나누는 것을 매우 좋아했습니다.

어느 날, 많은 사람이 어떤 모임에 참석하게 되었는데, 누구랄 것도 없이 빼어나게 아름다운 왕자에 대해 이야기했습니다.

"이 시대에 저 청년만큼 아름다운 남자는 없을 거야."

누가 그렇게 말하는 소리가 들려오자, 다른 사람이 이렇게 대꾸했습니다.

"그런데 말이야, 어느 왕국의 이러저러한 공주님은 저 청년보다 더 아름답다네."

비자드는 그 이야기를 듣자 분별심을 잃고 가슴이 마구 설레서, 마지막에 말한 사람을 불러서 물었습니다.

"방금 당신이 한 이야기를 다시 한 번 들려주구려. 그리고 나보다 아름답다고 딱 잘라 말한 그 공주에 대해 알고 있는 사실을 들려주시오. 누구의 공주인지."

그러자 상대가 대답했습니다.

"그 공주님은 아무개 왕의 딸이라고 합니다."

이 말을 듣고, 비자드는 공주가 그리워 견딜 수가 없어서 얼굴빛마저 변하고 말았습니다.

이윽고 그 일이 부왕의 귀에 들어가자 왕이 말했습니다.

"아들아, 네가 그리워하는 그 처녀는 네가 원하는 대로 될 것이고, 우리는 그 처녀를 마음대로 할 수 있는 권한을 가지고 있다. 그러니 그 처녀를 달라고 내가 청할 때까지 기다리도록 해라."

하지만 왕자는 말했습니다.

"전, 잠시도 기다리고 있을 수 없습니다."

그래서 부왕은 서둘러 일을 추진하기로 하고, 상대의 아버지와 그의 딸을 두고 담판을 벌였습니다. 그러자 그 아버지는 딸에 대한 지참금으로 금화 10만 닢을 요구했습니다.

"좋소."

부왕은 승낙하고 보물창고의 금화를 달아보니 지참금에서 조금 모자랐습니다. 부왕은 아들에게 이렇게 말했습니다.

"아들아, 조금만 더 기다려라. 나머지 돈을 마련해서 신부를 데려오면 된다. 이제 그 처녀는 네 것이나 다름없다."

이 말을 듣고 왕자는 화를 내며 소리쳤습니다.

"저는 도저히 참고 기다릴 수 없습니다."

왕자는 칼과 창을 집어 들더니 말을 타고 왕국을 뛰쳐나가 큰 길거리를 휩쓸고 다니기 시작했습니다.*17

그런데 마침 그날, 비자드 왕자는 한 무리의 사람을 습격했다가 그 수가 워낙 많아 오히려 붙잡혀서, 강도질을 하고 있던 그 나라의 왕에게 끌려갔습니다. 이 왕은 왕자의 풍채와 빼어나게 아름다운 얼굴을 보고 이상하게 여겨 이렇게 말했습니다.

"이건 산적의 얼굴이 아니다. 여보게, 젊은이, 자네는 도대체 누구인가. 사실대로 말해라."

그러나 비자드는 자신의 신분이 밝혀지는 일이 부끄러워, 차라리 죽는 편이 낫다고 생각하며 이렇게 대답했습니다.

"저는 한낱 도둑, 강도에 지나지 않습니다."

왕은 마음속으로 생각했습니다.

'이 젊은이의 사건은 서둘러 처리할 것이 아니라 사정을 잘 조사해 볼 일이다. 일을 서두르다가 후회하는 일이 없도록.'

그리하여 왕은 청년을 왕궁 안에 가둬두고 가신으로서 자신을 섬기도록 했습니다. 한편, 왕자 비자드가 행방불명이 되었다는 소문이 사방에 퍼지자, 부왕은 곳곳의 국왕들에게 (왕자가 죄수의 몸이 되어 섬기고 있던 왕에게도) 편지를 보내 왕자의 소식을 물었습니다.

그 편지가 왕자를 데리고 있는 왕에게도 도착하자, 왕은 비자드의 사건을 가볍게 처리하지 않은 것을 전능하신 알라께 감사드린 뒤, 왕자를 자기 앞에 데려오라고 명령했습니다. 그는 왕자를 향해 이렇게 말했습니다.

"그대는 자신의 목숨을 그렇게 헛되이 버릴 작정이었나?"

비자드가 대답했습니다.

"뵐 낯이 없어서 죽을 생각이었습니다."

"체면이 두렵다면 더욱 경솔한 짓을 해서는 안 되지. 섣불리 행동하다가는 결국 후회하게 된다는 걸 모른단 말인가? 나 또한 이 일을 서둘러 처리했더라면 후회할 뻔하지 않았나."

그런 다음, 왕은 비자드 왕자에게 옷을 하사하고 부족한 지참금을 융통해주겠다고 약속했습니다. 그리고 왕자의 아버지에게는 왕자가 건재하다는 기쁜 소식을 알려 마음을 위로해 주었습니다. 왕은 비자드에게 이렇게 말했습니다.

"자, 이제부터 그대의 아버님에게 돌아가게."

그러자 왕자가 말했습니다.

"그런데 임금님이시여, 기왕 친절을 베푸신 김에 부디 신부와의 결혼식을 앞당겨주십시오. 왜냐하면 아버님께 돌아가면, 아버지는 사자를 보낼 것이고, 그 사자가 돌아온 다음에야 일을 추진하게 되기 때문입니다."

왕은 어이가 없어서 웃으면서 말했습니다.

"그렇게 일을 서두르다간 망신만 당하고 원하는 것은 아무것도 이루지 못하게 되는 게 아닐까, 난 그것이 걱정이네."

왕은 왕자에게 금은을 듬뿍 주고, 공주의 아버지에게 보내는 추천서도 써서 왕자를 떠나보냈습니다.

왕자가 공주의 나라에 가까이 가자, 공주 아버지인 왕이 백성들과 함께 직접 마중을 나와 훌륭한 숙소까지 마련해 주었습니다. 그리고 추천서에 적힌 취지대로 당장 왕자와 신부의 결혼식을 올리도록 분부했습니다. 왕은 또 왕자의 아버지에게 왕자가 도착한 사실을 알리고, 딸을 출가시킬 만반의 준비를 끝냈습니다.

드디어 신부의 혼롓날*[18]이 되었는데, 성질이 급하고 참을성이 없는 비자드 왕자는 자기 방과 공주 방 사이에 있는 벽에 구멍을 하나 뚫었습니다. 그리고 신부의 모습을 구경하려고 그 구멍을 통해 방 안을 들여다보았습니다.

그런데 신부의 어머니가 그것을 보고 깜짝 놀라, 시동에게 새빨갛게 달군

쇠꼬챙이를 두 개 가져오게 하여, 왕자가 들여다보고 있는 구멍 속에 그것을 찔러 넣었습니다. 부지깽이가 왕자의 두 눈을 찔러 눈알이 튀어나온 왕자는 그 자리에서 정신을 잃고 쓰러졌습니다. 그리하여 결혼잔치는 곧바로 가장 슬픈 비탄의 장으로 변하고 말았습니다.

젊은이는 이야기를 계속했습니다.

"오, 임금님! 왕자가 일을 서둘러 경솔하게 행동한 결과를 보십시오. 끝까지 참고 기다리지 않아서, 나중에 오랫동안 후회의 눈물을 흘리며 기쁨을 괴로움으로 바꿔버린 것입니다. 당황하여 깊이 생각하지도 않고 왕자의 두 눈을 망가뜨린 왕비님도 마찬가집니다. 이 모든 것은 느닷없이 갑자기 일을 추진한 탓이니, 임금님께서도 성급하게 저를 죽여서는 안 됩니다. 왜냐하면 저는 임금님의 손안에 있으므로, 언제고 저를 죽일 마음만 있으면 죽이실 수 있기 때문입니다."

왕은 이 말을 듣자 분노가 어느 정도 가라앉아서 이렇게 말했습니다.

"이자를 감옥으로 돌려보내라. 내일이 되면 깊이 생각해 볼 테니."

다섯째 날
선행과 비행의 응보에 대하여

다섯째 날이 되자 자르바울이라는 다섯 번째 대신이 왕을 알현하고 왕 앞에 엎드려 말했습니다.

"현세의 임금님이시여, 가령 누군가가 당신의 집*[19]을 들여다본 사실을 들으시거나 들여다보는 자를 발견하면, 당연히 그자의 두 눈을 도려내야 할 것입니다. 그렇다면 임금님이 왕궁 한복판에서, 게다가 침대 위에서 보신 사내는 어떻게 해야 마땅할까요?

게다가 그놈은 왕비님과의 관계도 의심받고 있고, 임금님의 일가도 친척도 아닙니다. 그러니 그놈을 사형에 처하시어 이 수치를 씻어 버리시기 바랍니다. 사실 이 왕국의 안위와 임금님의 정사에 대한 저희의 열의, 또 임금님에 대한 저희의 깊은 존경심이 없다면 결코 이렇게 권하지 않을 것입니다. 그 젊은이가 잠깐이라도 목숨을 이어가는 것은 아무리 생각해도 온당치 않습니다."

그 말에 왕은 온몸에 성난 기색을 띠고 소리쳤다.

"당장 그놈을 끌고 오너라!"

부하들이 젊은이를 끌어내어 족쇄를 채운 채 왕 앞에 끌고 와 엎드리게 하자, 왕이 말했습니다.

"이 돼먹지 못한 괘씸한 놈! 너는 큰 죄를 저질러 놓고도 이미 오랫동안 목숨을 이어 왔다. 그러나 이제는 너를 죽이지 않을 수 없구나. 네놈이 살아 있으면 우리가 안심할 수 없기 때문이다."

그러자 젊은이가 대답했습니다.

"오, 임금님이시여, 알라께 맹세코 저는 결백합니다. 그래서 더더욱 임금님께서 저를 살려주시기를 바랍니다. 사실, 아무런 죄도 없는 사람은 고통도 형벌도 두렵지 않고, 슬픔과 고뇌도 그리 중요하지 않습니다. 그러나 죄를 지은 인간은 아무리 목숨이 길어도 반드시 그 죗값을 치러야만 합니다. 언젠가 틀림없이 죽음을 당하게 마련입니다. 마치 다드빈 왕과 그 대신이 당한 것처럼."

"그건 또 어떤 이야기인고?"

아자드바흐트 왕이 묻자, 젊은이가 대답했습니다.

"그렇다면 제 얘기를 들어보십시오, 임금님."(알라시여, 부디 저희 임금님께서 만수무강하시기를!)

다드빈 왕과 그 대신들의 이야기

옛날, 타바리스탄*20이라는 나라에 다드빈이라는 이름의 국왕이 대신 두 명을 거느리고 있었습니다. 한 사람은 조르한이라 하고, 또 한 사람은 카르단이라고 했습니다. 조르한 대신에게는 아르와라는 딸이 하나 있었는데, 그 아름다운 얼굴은 당대 으뜸으로 손꼽히고, 정숙하며 신심도 누구보다 깊었습니다. 그것은 자주 단식을 하고 예배를 드리면서, 전능하신 알라를 더없이 경배했기 때문입니다.

그런데 다드빈 왕은 세간에 이 미녀에 대한 소문이 자자하자, 그녀를 자나 깨나 잊지 못하고 그리워하다가 하루는 아르와의 아버지인 조르한 대신을 불러서 이렇게 말했습니다.

"그대의 딸을 나에게 아내로 주기 바라네."

그러자 대신이 대답했습니다.

"그 문제라면 딸과 의논하게 해 주십시오. 만약 본인이 승낙하면 임금님의 측녀로 드리겠습니다."

"그럼, 서둘러 주게나."

대신은 딸을 찾아가서 이 일을 의논했습니다.

"애야, 임금님이 너를 소원하시어 결혼하고 싶다 하시는구나."

그러자 딸 아르와가 대답했습니다.

"아버님. 저는 남편 같은 건 필요 없어요. 하지만 아버님이 무슨 일이 있어도 결혼하라고 하신다면, 저보다 신분이 낮은 사람과 하고 싶어요. 즉, 제가 남편보다 신분이 높아야 한다는 거지요. 그러면 저 말고 다른 여자에게 손을 대거나 저에게 눈을 부릅뜨지*²¹ 않을 테니까요. 저보다 고귀한 분은 안 돼요. 제 쪽에서 노예나 시녀로 살기는 싫으니까요."

대신은 왕에게 돌아가서 딸이 한 말을 그대로 전했습니다. 그러자 왕은 더욱 연모의 정에 불타올라 대신에게 이렇게 말했습니다.

"순순히 결혼시켜 주지 않으면, 본의는 아니지만 강제로 딸을 빼앗겠네."

대신은 다시 한 번 딸에게 돌아가서 왕의 말을 되풀이했습니다. 그러나 딸의 대답은 한결같았습니다.

"저는 남편 같은 건 필요 없어요."

대신은 다시 왕의 어전에 돌아가 딸의 말을 전했습니다. 그 말을 듣고 왕이 화가 나서 대신을 위협하자, 대신은 딸의 손을 잡고 자취를 감춰버렸습니다.

그 일이 왕의 귀에 들어가자, 왕은 곧 군대를 파견하여 구석구석 뒤져 조르한을 찾고 도로도 막아 버렸습니다.

한편 왕이 직접 찾아 나서서 마침내 대신을 발견하자, 창으로 머리를 공격해 죽이고 말았습니다. 그런 다음 왕은 강제로 딸을 빼앗아 왕궁으로 데려가서 당장 자기 것으로 만들어 버렸습니다. 대신의 딸 아르와는 무슨 일이 일어나든 참을성 있게 조용히 견디며 전능하신 알라께 모든 것을 맡겼습니다. 그리고 남편 다드빈 왕의 왕궁에서 밤낮없이 정성 들여 신을 섬겼습니다.

그러던 어느 날, 왕은 볼일이 있어서 멀리 여행을 하게 되었습니다. 그래서 왕은 두 번째 대신 카르단을 불러 말했습니다.

"그대에게 부탁하고 싶은 것이 있네. 그건 다름이 아니라, 조르한 대신의 딸이자 내 아내인 아르와를 그대가 직접 빈틈없이 지켜주었으면 하는 것이네. 나에게는 이 세상에 둘도 없이 사랑스러운 사람일세."

카르단은 마음속으로 생각했습니다.

'임금님이 그 여인을 나에게 맡기신 건 나에게 더할 나위 없는 명예를 주신 것이다.'

그래서 그는 대답했습니다.

"기꺼이 분부대로 하겠습니다."

왕이 여행을 떠나자 카르단은 속으로 생각했습니다.

'임금님이 그토록 어여삐 여기시는 그 여인을 내 눈으로 직접 보고 싶구나.'

대신은 왕비를 몰래 훔쳐보기 위해 몸을 숨기고 멀리서 그 아름다운 모습을 지켜보았습니다. 그는 그녀의 아름다움에 감탄하여, 분별심은 어디론가 사라지고 아주 반하고 말았습니다. 대신은 다음과 같은 편지를 써서 사람을 시켜 왕비에게 보냈습니다.

"왕비님, 저에게 연민을 베풀어주십시오. 당신이 그리워서 죽을 것만 같습니다."

편지를 본 왕비는 이렇게 답장을 보냈습니다.

"대신이시여, 당신은 신앙이 있고 사람들에게 신임을 받는 자리에 계십니다. 그러니 신뢰를 저버리지 마시고 당신의 내면을 외면과 일치시키십시오. 자신의 부인과 법률로 인정받은 여자를 상대하십시오. 이번 일은 단순한 색욕일 뿐, 여자라는 것은 모두 다 똑같고, 맛도 다르지 않습니다.*22 만약 앞으로도 이러한 희롱을 계속하신다면 당신은 세상의 웃음거리가 되어 비난을 받을 것입니다."

대신은 이 대답을 듣고 왕비가 몸도 마음도 매우 정숙하다는 것을 알았습니다. 그는 자기가 한 일을 더없이 후회하는 한편, 왕의 후환이 걱정되기 시작했습니다.

"무슨 수를 써서든 왕비를 파멸시켜야만 한다. 그렇지 않으면 나는 왕의 총애를 잃게 될 것이다."

왕은 여행지에서 돌아오자 카르단에게 그동안 영내의 상황에 대해 물었습니다. 그러자 대신은 이렇게 대답했습니다.

"오, 임금님이시여, 단 한 가지 상서롭지 못한 일을 제외하고는 모든 면에서 더할 나위 없이 평안합니다. 제가 여기서 목격한 일이온데, 그 증거를 임금님께 보여 드리는 것은 부끄러운 일입니다. 그러나 제가 잠자코 있어도 다른 사람이 발견할지도 모르고, 그렇게 되면 권고와 신임이라는 점에서 임금님을 배신한 꼴이 될 것입니다."

다드빈 왕이 말했습니다.

"분명히 말해라. 나에게 그대는 진실을 말해 주는 자 말고는 아무것도 아니다. 어떤 말을 하든 신뢰할 수 있는 왕가의 조언자가 아니더냐. 행여나 그대의 말을 의심하는 자는 아무도 없을 것이다."

그리하여 대신은 말했습니다.

"임금님께서 진심으로 사랑하고 계시는 그 여인에 대한 일이온데, 신심이 깊어서 열심히 단식과 기도를 한다고 말씀하셨지만, 그것은 모두 계략이고 속임수라는 것을 제가 똑똑히 증명해 보이겠습니다."

이 말을 들은 왕은 걱정되어 말했습니다.

"그게 무슨 소린가?"

"먼저 말씀드리고 싶은 것은, 임금님께서 출발하신 지 2, 3일 지나서 어떤 자가 저를 찾아와 귀띔하더군요. '대신님, 이쪽으로 와보십시오.' 그래서 저는 왕비님의 침실 입구로 갔습니다. 그랬더니 이게 웬일입니까? 왕비님이 아버지의 시동이었던 아부 알 하이르와 나란히 있지 않겠습니까? 왕비님은 그 시동을 평소 남달리 귀여워하셨습니다. 그러다가 하인을 상대로 불륜을 저지른 것이니, 이것이 제가 보고 들은 자초지종입니다."

다드빈 왕은 이 말을 듣자 분노에 불타 환관*23에게 소리쳤습니다.

"얼른 가서 방에 있는 그 여자를 죽여라!"

그러자 환관이 말했습니다.

"임금님이시여(알라시여, 저희 임금님이 만수무강하시기를!), 왕비님을 지금 당장, 또 그런 방법으로 살해해서는 안 됩니다. 그보다도 왕비님을 낙타 등에 태워 길도 없는 황야로 데리고 가서 그곳에 던져버리는 게 좋을 듯합니다. 만약 왕비님이 죄를 지으셨다면 알라의 뜻에 따라 목숨을 잃을 것이고, 결백하다면 알라께서 구원해 주실 테니 그러면 임금님도 왕비를 살해했다는 죄를 면할 수 있게 됩니다. 왜냐하면 그 왕비님은 임금님께서 마음에 두신 분이고, 임금님은 그분을 사랑하시는 까닭에 그분의 아버지를 죽이셨기 때문입니다."

그러자 왕이 말했습니다.

"그래, 네 말이 옳다!"

그래서 환관 한 사람에게 왕비를 낙타에 태워 사람이 사는 곳에서 멀리 떨어진 황야로 데려가 버려두고 오라 명령했습니다. 또한 왕비의 고통을 오래 끌지 않도록 하라고 분부했습니다.

환관은 왕비를 낙타에 태워 함께 사막으로 가서, 먹을 것도 마실 것도 주지 않고 버려두고 돌아왔습니다. 왕비는 언덕에 올라가 돌을 주워 벽감 모양으로 늘어놓은 뒤, 그 앞에 서서 기도를 올리기 시작했습니다.

마침 그 무렵, 키스라 왕의 부하인 낙타 몰이꾼이 낙타를 몇 마리 잃자, 왕은 만약 낙타를 찾지 못하면 목숨은 없다고 위협했습니다. 그 때문에 낙타 몰이꾼은 궁전을 나와 사막 속으로 뛰어들어, 이윽고 왕비가 있는 장소에 이르렀습니다. 그는 여인이 혼자 예배를 드리고 있는 모습을 보고, 기도가 끝나기를 기다렸다가 곁에 다가가서 인사를 한 뒤 물었습니다.

"부인은 누구신지요?"

그러자 상대가 대답했습니다.

"저는 전능하신 신을 섬기는 종입니다."

"이렇게 쓸쓸한 곳에서 무엇을 하고 계시오?"

"더없이 높으신 알라를 섬기고 있습니다."

낙타 몰이꾼은 여자의 아름다운 모습에 거의 넋을 잃을 지경이었습니다.

"어떻소, 내 아내가 되는 것이. 그래 주면 내가 무척 위해 주고 사랑해 주리다. 그리고 전능하신 알라께서 원하시는 대로 당신을 도와주겠소."

그러나 여자는 이렇게 대답했습니다.

"나에게 남편 같은 것은 필요 없습니다. 여기서 혼자 주님과 함께 살고 싶습니다. 하지만 당신이 나를 불쌍하게 여기고, 더없이 높은 알라의 뜻에 따라 나를 도와주고 싶다면, 어디든 물이 있는 곳으로 데려가주세요. 그것이 나에게 친절을 베푸시는 겁니다."

그래서 낙타 몰이꾼은 강물이 흐르는 장소까지 가서 여자를 내려놓고는, 이상히 여기면서 그대로 가버렸습니다. 여자의 곁을 떠나 한참 나아가자, 여자의 축복 덕분인지 잃어버렸던 낙타들을 발견하여, 낙타 몰이꾼은 곧 왕궁으로 돌아갔습니다.

　키스라 왕은 궁으로 돌아온 낙타 몰이꾼에게 물었습니다.

　"낙타를 찾았느냐?"

　"예."

　낙타 몰이꾼은 젊은 여자를 만난 일을 얘기하고 여자의 뛰어나게 아름다운 외모를 자세히 설명했습니다. 그 얘기를 듣자 여자가 마음에 든 왕은 당장 부하들을 이끌고 그 장소로 가 보았습니다. 그리고 이내 여자를 발견했는데, 왕은 보자마자 그만 깜짝 놀라고 말았습니다. 낙타 몰이꾼이 자세히 설명한 인상보다 훨씬 더 아름다운 미녀였기 때문입니다. 왕은 여자에게 인사한 뒤 이렇게 말했습니다.

　"나는 왕 중에서도 가장 위대한 왕, 키스라 왕이다. 그대는 내 아내가 될 마음이 없는가?"

　그러자 여자가 대답했습니다.

　"임금님이시여, 저를 어떻게 하실 생각이신지요? 저는 사막 속에 버려졌던 여자입니다."

　"무슨 일이 있어도 내 말을 들어줘야겠소. 하지만 만약 승낙하지 않는다면, 나도 이곳에 남아 오로지 알라와 그대를 위해 봉사하면서 그대와 함께 전능하신 신을 숭배하리다."

　그런 다음 왕은 여자를 위해 천막을 치게 하고, 자신을 위해서도 서로 마주보이는 곳에 천막을 치도록 명령했습니다. 그것은 두 사람이 함께 알라를 숭배할 생각이었기 때문입니다. 왕은 여자에게 식량도 보내기 시작했습니다. 그것을 보고 여자는 속으로 생각했습니다.

　'저분은 대왕님, 보잘것없는 나 때문에 가신과 영토를 버리게 하는 건 옳지 않아.'

　그래서 여자는 늘 음식을 가져다주는 시녀에게 말했습니다.

　"임금님께 전해 주세요. 자신의 여자들 곁으로 돌아가시라고. 임금님께 나 같은 여자는 필요 없으니까요. 나는 더없이 높으신 알라를 섬기기 위해 여기서 살고 싶습니다."

시녀는 왕에게 돌아가서 그대로 전했습니다. 그러자 왕은 그 자리에서 여자에게 이렇게 말했습니다.

"나는 왕위도 필요 없소. 나도 이곳에 머무르며 이 황야에서 그대와 함께 알라를 숭배하겠소."

여자는 왕의 진심을 확인하자 왕의 소망에 응하여 이렇게 말했습니다.

"오, 임금님이시여, 저는 당신의 소망에 따라 당신의 아내가 되겠습니다. 그러나 거기에는 조건이 있습니다. 다드빈 왕과 그의 대신 카르단, 환관장의 시종을 끌고 와서 임금님의 회의에 참석시키시는 겁니다. 왕의 어전에서 그들에게 한마디 하고 싶은 말이 있어섭니다. 그러면 임금님께서는 저를 더욱더 사랑하고 귀여워해 주실 겁니다."

"왜 그런 일이 하고 싶은 거요?"

키스라 왕이 묻자, 여자는 자신의 신상에 대해 자초지종을 얘기하고, 다드빈 왕의 왕비가 된 경위와 카르단 대신의 계략으로 정절을 의심받은 일 등을 털어놓았습니다. 키스라 왕은 그 얘기를 듣고 그녀에게 더욱더 반하여, 더욱 깊은 애정을 느끼면서 말했습니다.

"그대의 생각대로 하시오."

왕은 가마를 가져오게 하여 거기에 여자를 태우고 궁전으로 데려가, 더없이 정중하게 대우하며 부부의 인연을 맺었습니다. 그 뒤에 바로 왕은 다드빈 왕에게 대군을 보내, 카르단 대신과 환관인 시종들과 함께 다드빈을 자기 앞에 강제로 데려오게 했습니다. 그들은 물론 키스라 왕이 왜 그러는지 알 리가 없었습니다. 그뿐만 아니라 키스라 왕은 왕비 아르와를 위해 궁전 안뜰에 커다란 막사를 쳤습니다. 왕비는 그 막사 안으로 들어가서 눈앞에 발을 쳤습니다. 가신들이 각자의 자리에 앉자, 아르와 왕비는 발 한쪽을 들치고 입을 열었습니다.

"거기, 카르단 대신은 일어나시오. 이러한 집회 자리에서 키스라 대왕 앞에 앉아 있는 건 무례한 일이죠."

이 말을 듣고 완전히 당황한 대신은, 온몸의 뼈가 내려앉는 것만 같아서 무서운 나머지 벌떡 일어났습니다. 왕비가 말을 이었습니다.

"이렇게 여러분이 모이신 자리에서 당신을 신문하도록 일어서게 하신 알라의 위덕에 걸고 맹세코, 비천하고 비굴한 카르단이여, 이 자리에서는 부디 당신이 진실을 얘기해 주기 바라오. 무엇 때문에 거짓말로 나를 위협했고, 내 집에서, 그리고 남편의 영토에서 나를 내쫓았으며, 그리하여 결국은 선량한 이슬람교도까지 죽이기에*24 이르렀는지 정직하게 말하는 게 좋을 것이오. 이제는 거짓말을 해도 소용없고 잔꾀는 통하지 않을 테니 말이오.”

대신은 이 말을 듣고 상대가 아르와라는 사실을 알았습니다. 그리고 이제는 거짓말을 해서는 안 되며 진실만이 살 길임을 깨달았습니다. 그는 대지에 깊이 머리를 조아리고 눈물을 흘리면서 말했습니다.

“악행을 저지르는 자는 누구든, 설사 목숨은 건지더라도 반드시 악에 대한 대가를 치러야만 합니다. 알라께 맹세코, 죄를 짓고 도리에 어긋난 짓을 한 사람은 바로 접니다. 그런 짓을 한 것은 두려움과 억제할 수 없는 색욕, 그리고 제 이마에 표시된 불운*25 탓입니다. 참으로 이 여인은 순결하고 정숙하며 아무런 모자람도 없습니다.”

다드빈 왕은 이 말을 듣더니 자기 얼굴을 때리며 카르단에게 소리쳤습니다.

“알라시여, 이 남자를 죽여주소서! 네놈이 나와 왕비 사이를 갈라놓고 내 얼굴에 먹칠했구나!”

그러나 키스라 왕은 다드빈 왕에게 이렇게 말했습니다.

“알라는 틀림없이 그대도 죽일 것이다. 왜냐하면 그대는 일을 서둘러 사정을 제대로 조사하지도 않은 채 죄인과 결백한 자도 구별하지 못했기 때문이다. 분별심이 있었다면 누가 사악하고 누가 올바른지 똑똑히 알 수 있었을 것이다. 이 악당이 그대의 파멸을 계획했을 때, 그대의 판단력은 어디에 가 있었는가? 그대의 눈은 어디에 달려 있었는가?”

그런 다음 키스라 왕은 아르와 왕비에게 물었습니다.

“그대는, 내가 이들을 어떻게 처분해 주기를 바라시오?”

그러자 왕비가 대답했습니다.

“모든 자에게 전능하신 알라의 법을 실행해 주십시오.*26 살인자는 죽이고, 죄인은 우리를 벌한 것처럼 벌주어야 합니다. 물론 선행을 한 자도 우리에게 한 것과 똑같이 해 주어야 합니다.”

그런 다음 왕비가 관리들에게 다드빈에 대해 지시하자, 그들은 창을 들고 다드빈의 머리를 찍어 죽이고 말았습니다. 그러자 왕비가 말했습니다.

"이는 내 아버지를 죽인 데 대한 대가입니다."

왕비는 또 카르단 대신을 낙타 등에 실어서 자신이 당한 것과 똑같이, 사막으로 싣고 가서 음식도 물도 주지 않고 버리라고 명령했습니다. 그리고 대신에게는 이렇게 말했습니다.

"네가 죄를 지었으면, 벌을 받아 굶주림과 갈증으로 사막 속에서 죽게 될 것이다. 그러나 만약 너에게 죄가 없다면 내가 구원받은 것처럼 너도 구원받으리라."

그리고 환관 시종에 대해서는, 다드빈 왕에게 왕비를 죽이지 말고 사막에 버리라고 권한 사람이기에 훌륭한 옷을 내리라고 말했습니다.

"그대와 같은 자는 임금님의 은총을 입고 높은 지위로 올려주는 것이 마땅하오. 왜냐하면 그대는 당당하고 훌륭한 말을 해 주었기 때문이오. 인간은 자신이 한 행동에 따라 보답을 받는 법입니다."

그 뒤, 키스라 왕은 이 남자를 영내의 어떤 지방의 총독으로 임명했습니다.

젊은이는 이야기를 계속했습니다.

"임금님이시여, 그러하오니 좋은 일을 하는 자에게는 좋은 보답이 있고, 죄도 잘못도 없는 자는 사물의 결말을 두려워하지 않습니다. 그리고 저는 오, 임금님이시여! 죄를 짓지 않았으므로 이윽고 알라께서 당신께 진상을 알리고, 적과 시기하는 자에 대해 승리를 약속해 주실 거라 믿습니다."

왕은 이 말을 듣자 분노가 가라앉아 이렇게 말했습니다.

"이자를 옥으로 돌려보내라. 내일 다시 사정을 조사하게 하리라."

여섯째 날
알라를 믿는 것에 대하여

여섯째 날이 되자, 대신들의 분노는 더욱 높아졌습니다. 왜냐하면 젊은이를 마음대로 처형할 수 없어서, 주군에게 자신들이 목숨을 빼앗기게 되는 것이 아닌가 걱정되었기 때문입니다. 그러자 이번에는 3명의 대신이 왕의 어전에 나아가 두 손을 짚고 엎드리면서 말했습니다.

"임금님, 저희는 임금님의 허가를 받은 조언자로서, 진심으로 임금님의 위신을 지키고 안녕을 도모하고자 노력하는 자들입니다. 임금님께서는 상당히 오랫동안 그 젊은이를 살려 두라 명령하고 계시지만, 저희는 그렇게 함으로써 어떤 이익을 얻을 수 있는지 솔직히 이해가 되지 않습니다. 아직까지 그자를 죽이지 않고 살려 두었기 때문에, 백성들 사이에서 소문은 더욱 흉흉해지고, 임금님에 대한 의혹은 점점 더해 갈 뿐입니다. 그러니 거짓말을 아주 뿌리째 없애기 위해서라도, 반드시 그놈의 숨통을 끊어놓아야 합니다."

이 말을 듣고 왕은 말했습니다.

"알라께 맹세코 그대들의 주장은 이치에 맞고, 또 지극히 당연하다!"

그러고는 젊은 보물창고지기를 끌어내 오라 명령하고, 그가 왕 앞에 끌려나오자 이렇게 말했습니다.

"아무리 그대의 사정을 조사해 봐도 그대를 살려주려는 자는 아무도 없고, 모두 그대의 피에 굶주려 있구나."

그러자 젊은이가 대답했습니다.

"임금님이시여, 저는 인간이 아니라 오직 알라의 구원만을 바라고 있습니다. 만약 알라께서 살려주신다면 아무도 저를 해치지 못할 겁니다. 또 만약 진실 때문에 알라께서 제 편이 되어주신다면, 거짓 때문에 제가 누구를 두려워할 필요가 있을까요? 저는 알라께 모든 것을 맡겼습니다. 티 없이 순진한 진심을 말입니다. 그리고 인간들의 도움은 기대하지 않기로 했습니다. 알라의 구원을 청하는 자는 누구를 막론하고, 바흐트자만이 마침내 소원을 이룰 수 있었던 것처럼 제 소원도 이루어질 것입니다."

"바흐트자만이란 도대체 누구이고, 그 이야기는 어떤 이야기인고?"

왕이 묻자, 젊은이가 대답했습니다.

"그렇다면 제 이야기를 들어보십시오."

바흐트자만 왕의 이야기

그 옛날, 바흐트자만이라고 하는 왕 중의 왕이 있었는데, 이 왕은 먹고 마시는 것을 무척 좋아하는 데다 술을 많이 마시는 사람이었습니다. 그런데 어느 때 적의 군대가 왕의 영토를 노리고 국경을 침입하자, 한 친구가 이렇게 말했습니다.

"임금님이시여, 적의 목표는 당신입니다. 단단히 경계해야 합니다."

그러자 바흐트자만이 대답했습니다.

"걱정 없네. 나에게는 무기와 재물이 있고 군대도 있으니까, 아무것도 걱정할 필요 없어."

이윽고 친구들은 왕에게 말했습니다.

"임금님, 어서 알라의 구원을 청하십시오. 알라께서 재물이나 무기와 전사보다 훨씬 더 임금님을 도와주실 겁니다."

그러나 왕은 조언자들의 말에 귀 기울이지 않았습니다. 얼마 지나지 않아 적군은 전쟁의 시작을 알리고 왕을 공격하여 승리를 거두었습니다. 더없이 높은 알라 말고 다른 것을 믿었던 왕의 신념은 아무런 도움도 되지 않았습니다. 왕은 적군으로부터 달아나 제후 한 사람에게 구원을 청했습니다.

"나는 오로지 귀공을 믿고 달아나 왔소. 귀공의 손에 매달려 그대의 비호를 기다리고 있으니, 어서 나를 구출해 주고 적군을 물리쳐주시기 바라오."

믿었던 왕이 많은 자금과 엄청난 병력을 제공해 주자 바흐트자만 왕은 마음속으로 이렇게 말했습니다.

'이제 이만한 병력으로 무장도 했으니, 이번에야말로 반드시 적을 쓰러뜨리고 정복하고야 말리라.'

그러나 이번에도 왕은 '전능하신 알라의 가호로'라는 말은 하지 않았습니다.

이윽고 적과 아군의 전투가 시작되었고, 왕은 이번에도 패하여 정신없이 달아나고 말았습니다. 아군 병력은 뿔뿔이 흩어져 달아나고, 돈은 바닥났으며, 게다가 적은 어디까지고 추적의 손길을 늦추지 않았습니다. 그래서 왕은 바다에서 탈출하여 마주보는 해안으로 건너갔습니다. 그곳에는 커다란 도시가 있고, 그 속에 큰 성채가 서 있었습니다. 왕이 도시의 이름과 성주의 이름을 묻자 사람들은 이렇게 대답했습니다.

"저건 하디단 왕의 성입니다."

다시 걸음을 재촉하여 왕궁에 도착한 왕은, 신분을 숨기고 기사로 가장하여 하디단 왕을 섬기고 싶다고 청했습니다. 그러자 하디단 왕은 바흐트자만 왕을 종자로 삼고 후하게 대우했습니다. 그러나 바흐트자만의 머릿속에는 여전히 모국과 고향에 대한 생각뿐이었습니다.

그러다가 곧 적군이 하디단 왕을 공격해 들어왔습니다. 왕은 적을 맞이하

여 싸우기 위해 군대를 내보내고, 그 대장에 바흐트자만을 임명했습니다. 이
윽고 아군의 모든 힘이 싸움터로 향하자, 하디단 왕도 나서서 대열을 갖추었
습니다. 그런 다음, 스스로 나아가 창을 던지고, 맹렬히 승부에 도전하여 적
군을 압도하니, 그 기세등등하던 적들도 거미처럼 흩어져 사방으로 달아났
습니다.

왕과 군사들이 싸움에서 이기고 돌아오자 바흐트자만이 왕을 향해 말했습
니다.

"임금님이시여, 들어 보십시오. 임금님께서는 구름 같은 대군을 거느리고
도 직접 싸움터에 나가 목숨을 걸고 싸우셨는데, 저는 그것이 이해가 되지
않습니다."

그러자 왕이 말했습니다.

"그대는 스스로 기사이고 학자라고 자처하면서도, 승리는 머릿수에 있다
고 생각하는가?"

"저의 신념은 그렇습니다."

바흐트자만의 대답에 하디단 왕은 소리쳤습니다.

"알라께 맹세코 그대의 그 신념은 잘못된 것이다!"

그리고 곧 이렇게 덧붙였습니다.

"알라 이외에 다른 것을 믿는 자에게 재앙이 있어라! 한 번 더 재앙이 있
어라! 사실 이 군사는 환상과 위엄을 위해 만들어진 것일 뿐, 승리는 오직
알라의 손에 의해 주어지는 것이다. 여보게, 바흐트자만, 나 또한 옛날에는
승리는 군사의 수에 있다고 믿었노라.*27 그러던 어느 날, 적이 3백의 병력으
로 공격해 들어왔고, 나는 80만 명의 병사로 이를 맞이했네. 그때 나는 군사
의 수를 믿었지만, 적은 알라를 믿었지. 그래서 결국 나는 싸움에 패하여 자
존심도 다 내던지고 달아나서 어떤 산속에 몸을 숨겼다네.

나는 그곳에서 속세를 떠나 은둔하고 있는 수행자를 한 사람 만났네. 나는
이 남자와 사이가 가까워져서 내 고통을 털어놓고 그때까지 있었던 일을 모
두 얘기해 주었지. 그러자 은자가 말했네. '당신이 왜 그렇게 되었는지, 왜
싸움에 졌는지 아시오?' 내가 모른다고 대답하자, 상대는 이렇게 말하더군.
'당신은 군사 수가 많은 것을 믿고 더없이 알라를 신뢰하지 않았소. 만약 당
신이 전능하신 알라를 믿고, 당신에게 손실과 이득을 주는 것은 오직 알라뿐

임을 알았다면, 적은 당신과 싸워도 이길 수 없었을 것이오. 그러니 알라께 돌아가시오.'

그 은자의 말을 듣고 그제야 내가 분별심을 되찾고 잘못을 뉘우치자, 그는 이렇게 말했네. '나머지 병력을 수습하여 돌아가 적과 싸우도록 하시오. 만약 적군의 마음이 변하여 알라로부터 떠나 있다면, 당신은 설령 혼자일지라도 적을 꺾을 수 있을 것이오.'

나는 그자의 말을 듣고, 전능하신 알라께 신뢰를 보냈다네. 그리고 살아남은 병사들을 모아 밤의 어둠을 틈타 적군에게 기습을 가했지. 적은 우리의 수가 많은 줄 알고, 보기에도 끔찍하게 무너지고 말았다네. 그리하여 나는 다시 내 성 안으로 들어가 전능하신 알라의 은총으로 원래의 옥좌에 다시 오른 거라네. 그래서 지금은 알라의 가호를 기도하지 않고는 싸우지 않는 것이야."

바흐트자만은 이 이야기를 듣자 비로소 자신의 실수를 깨닫고 이렇게 소리쳤습니다.

"위대한 신의 온전한 모습을 찬양해라! 임금님이시여, 방금 하신 이야기야말로 저의 지난날의 모습과 똑같습니다. 이제 와서 무엇을 숨기겠습니까. 저는 바흐트자만 왕이라고 하며, 방금 말씀하신 일이 저에게도 일어났었지요. 따라서 저도 알라의 자비의 문을 두드려 알라께 참회할 생각입니다."

그런 다음, 바흐트자만 왕은 산에 들어가 한동안 알라를 경배했습니다. 그러던 어느 날 밤, 꿈속에 한 남자가 나타나 왕에게 말을 걸었습니다.

"바흐트자만이여, 알라께서는 그대의 잘못을 용서하셨다. 이제 그대에게 구원의 문을 열어주시고 오래된 적을 물리치는 데 힘을 실어주실 것이니라."

왕은 꿈속의 이 말을 절대적으로 믿고, 자리에서 일어나 발길을 돌려 자신의 도시로 향했습니다.

도시에 가까워졌을 무렵, 적을 섬기는 한 무리의 가신을 만나 가는 길을 제지당했습니다.

"너는 어디서 왔느냐? 보아하니 이단자 같은데. 이 도시의 왕에게 발각되지나 않아야 할 텐데. 우리 임금님은 누가 이 도시에 발을 들여놓기만 하면, 바흐트자만 왕이 두려워서 누구를 막론하고 죽여 버리니까 말이야."

바흐트자만이 '더없이 높은 알라 말고는 그 누구도 그를 해치거나 구원해 줄 수 없다'고 말하자, 그들은 대답했습니다.

"사실 임금님에게는 강대한 병력이 있으므로 대군의 수를 믿고 안도하고 계신다네."

바흐트자만은 이 말을 듣고 안심이 되어 혼잣말을 했습니다.

"나는 오로지 알라께 의지해야 한다. 알라의 뜻에 맞는다면, 나는 전능하신 주님의 도움으로 적군을 정복할 수 있을 것이다."

그리고 그들을 향해 물었습니다.

"그대들은 내가 누구인지 알고 있느냐?"

"아니, 모르오만."

"나는 바흐트자만 왕이다."

왕이 소리쳤습니다. 그들은 그제야 왕이 틀림없음을 알아채고, 즉각 말에서 내려 왕의 등자에 입을 맞추었습니다.

"임금님이시여, 왜 이렇게 목숨을 건 모험을 하시려는 겁니까?"

"아니다, 내 목숨 따위는 문제가 아니다. 나는 전능하신 알라를 믿고 그 가호를 구하고 있는 것이다."

"그것으로 만족하시기를!"

그리고 곧 이렇게 덧붙여 말했습니다.

"저희가 도와 드릴 가치가 있는 분입니다. 이제 기운을 내십시오. 저희 재산과 생명을 내던지고서라도 임금님을 도와 드리겠습니다. 저희는 왕가의 가신으로서 누구보다도 후한 대우를 받았습니다. 그러니 임금님께서는 저희와 함께 가시고 다른 부하들은 뒤에서 따르게 하겠습니다. 백성의 마음은 모두 임금님을 지지하고 있으니까요."

"전능하신 알라의 뜻에 따라 가능한 건 뭐든지 하도록 해라."

왕이 대답하자 그들은 왕을 모시고 도성에 들어가 자신들 속에 숨겨주었습니다. 그리고 전에 바흐트자만을 섬겼던 가신들과 의논하여 이 계획에 대해 털어놓았습니다. 그러자 모두 매우 기뻐하며 바흐트자만에게 달려왔습니다. 그들은 서약서를 쓰고 왕의 손을 굳게 잡고서 충성을 맹세한 뒤, 적을 공격하여 적의 왕을 죽이고, 마침내 바흐트자만 왕을 다시 옥좌에 앉혔습니다.

젊은 보물창고지기는 이야기를 계속했습니다.

"그리하여 언제나 알라와 함께 있으며 순수한 의도를 가진 자는 좋은 보답만을 얻게 됩니다. 저 자신은 전능하신 알라 이외에 다른 구원의 손길은 없으므로, 만족한 마음으로 알라의 명령에 따르고 있습니다. 왜냐하면 알라께서는 제 마음이 순수하다는 걸 알고 계시기 때문입니다."

이 이야기를 듣자 왕도 분노가 가라앉게 되어 이렇게 말했습니다.

"이자를 옥으로 돌려보내라. 내일 다시 사정을 조사하게 할 테니."

일곱째 날
관대함에 대하여

일곱째 날이 되자, 비카마르라는 일곱 번째 대신이 왕을 알현하고 그 앞에 엎드려 이렇게 말했습니다.

"임금님이시여, 그 젊은이를 용서하신들 도대체 어떤 이득이 있습니까? 세상에 임금님과 이자에 대해 소문이 무성합니다. 그런데도 왜 사형을 미루시는 건지요?"

대신의 말에 또다시 왕은 분노가 폭발하여 젊은이를 끌어내오라고 명령했습니다.

부하들이 족쇄를 찬 젊은이를 어전에 데려가자, 아자드바흐트 왕은 이렇게 소리쳤습니다.

"흥, 이 저주받을 놈 같으니! 오늘 이후, 너는 내 손에서 구원받을 수 없을 것이다. 네가 내 체면을 짓밟았기 때문이다. 절대로 용서할 수 없다."

그러자, 젊은이가 대답했습니다.

"임금님이시여, 큰 허물이 있는 경우 외에 큰 관용은 없습니다. 죄상이 크면 그만큼 자비도 커지기 때문입니다. 그러므로 아무리 저 같은 자를 용서하신다 해도, 임금님과 같은 분에게는 그것이 자비도 뭐도 아닙니다. 저에게 아무런 죄가 없다는 것을 알라께서는 진실로 알고 계십니다. 게다가 알라께서는 사람에게 관대하라고 명령하셨습니다. 가장 큰 관대함은 목숨을 살려주는 것입니다. 왜냐하면 임금님이 사형시키던 사람을 살려주는 것은 거의 죽어 가는 사람을 다시 살리는 일과 같기 때문입니다. 또 나쁜 짓을 하는 자는 언젠가는 악의 대가를 치를 것입니다. 비카르드 왕이 그랬던 것처럼."

"비카르드 왕?"

왕이 묻자 젊은이는 대답했습니다.

"궁금하시다면 임금님, 제 이야기를 들어보십시오."

비카르드 왕의 이야기

옛날에 비카르드라는 국왕이 있었는데, 수많은 재물을 모으고 어마어마한 수의 군사를 거느리고 있었습니다. 그러나 그 행동이 사납고 악해, 사소한 일에도 징벌을 가하고 어떠한 범죄자도 절대로 용서하지 않았습니다.

어느 날 왕은 사냥에 나갔다가, 귀가 떨어지고 말았습니다. 시동 하나가 활을 잘못 쏘았는데, 하필이면 왕의 귀에 맞았기 때문입니다. 비카르드 왕은 무섭게 소리쳤습니다.

"누구냐, 누가 이 화살을 쏜 것이냐?"

놀란 호위병은 야토르라고 하는, 실수를 저지른 젊은이를 끌고 왔습니다. 젊은이는 너무나 두려운 나머지 정신을 잃고 땅에 쓰러졌습니다.

그러자 왕이 명령했습니다.

"이놈을 죽여라."

그러자 정신을 차린 야토르가 말했습니다.

"임금님이시여, 이것은 제가 좋아서 한 짓도 아니고, 일부러 그런 것도 아닙니다. 그러니 제발 용서해 주십시오. 자비는 가장 훌륭한 행위이니, 틀림없이 이 세상에서는 언젠가 그 선행에 대해 대가를 얻을 것이요, 저세상에서는 알라와 이승의 일을 정리하실 때, 임금님의 장부에 쌓인 재물로 기록될 것입니다. 그러니 부디 용서해 주시고 저의 재앙을 물리쳐주십시오. 그러면, 알라께서도 당신에게서 똑같은 재앙을 물리쳐주실 것입니다."

이 말을 들은 왕은 시동의 주장에 마음이 움직여 그를 용서해 주었습니다. 그때까지 누군가를 한 번도 용서한 적이 없었던 왕이……

그런데 그 시동은 어느 국왕의 왕자로, 죄를 지어서 부왕의 곁을 달아난 자였습니다. 그러한데 비카르드 왕을 섬기는 동안 아까와 같은 사건이 일어난 것입니다.

그 뒤 한참이 지나, 우연히 한 남자가 왕자의 정체를 알고 부왕에게 알렸

습니다. 부왕은 당장 편지를 써서 왕자의 마음을 달래주고 고국으로 돌아오라고 간곡히 설득했습니다. 왕자가 그 말에 따라 고국에 돌아가자, 아버지는 마중을 나와 아들의 귀국을 진심으로 반겼습니다. 그리고 지난날의 사건도 두 사람의 대화로 원만하게 해결되었습니다.

그러던 어느 날, 비카르드 왕은 낚시하기 위해 배를 타고 바다로 나갔는데, 뜻밖에 풍랑이 일어서 배가 뒤집히고 말았습니다.

왕은 간신히 널빤지에 매달려 물 위에 떠서 정처 없이 흘러다닌 끝에 알몸으로 낯선 육지의 해안에 밀려 올라갔습니다. 상륙한 나라는 우연히도 앞에서 얘기한 시동의 아버지가 다스리는 곳이었습니다. 비카르드는 밤이 되어 도성에 이르렀지만, 성문이 닫혀 있어 근처의 묘지에서 하룻밤을 보냈습니다.

그런데 이튿날 아침, 사람들이 도성에서 나와 보니, 놀랍게도 최근에 살해된 남자의 시체가 묘지 한구석에 버려져 있는 게 아니겠습니까. 그리고 그 묘지에서 자고 있는 비카르드의 모습을 보고, 사람들은 밤 사이에 비카르드가 살인을 저질렀다고 생각했습니다. 그래서 그들은 비카르드를 붙잡아 왕의 어전에 끌고 가서 말했습니다.

"이자는 사람을 죽였습니다."

"그렇다면 그자를 옥에 가둬라."

왕의 명령으로 그들은 비카르드를 옥에 가두었습니다. 비카르드 왕은 옥 중에서 이렇게 혼잣말을 했습니다.

"이런 신세가 된 것은 내가 많은 죄를 짓고 포악한 짓을 했기 때문이다. 정말이지 나는 많은 사람을 부당하게 죽여 왔다. 따라서 이건 내 악업에 대한, 그리고 지난날의 압제에 대한 응보다."

비카르드는 그렇게 잘못을 뉘우치고 있는데, 어디선가 새가 한 마리 날아와 옥사 지붕 위에 내려앉았습니다. 그것을 보자 사냥을 무척 좋아하는 비카르드는 돌을 주워 새를 향해 던졌습니다.

바로 그때 그 나라의 왕자가 공과 채를 가지고 운동장에서 놀고 있었는데, 비카르드가 던진 돌에 귀가 맞아 그만 귀가 떨어지고 말았습니다. 왕자는 그 자리에서 까무러쳤습니다. 사람들은 즉시 돌을 던진 비카르드를 붙잡아 왕자 앞에 끌고 갔습니다. 왕자가 곧 사형을 명령하자, 사람들은 비카르드의 머리에서 터번을 벗기고 두 눈에 가리개를 씌우려고 했습니다. 그때 왕자가 상대를 자세히 보니 그의 한쪽 귀가 떨어지고 없어서 물어보았습니다.

"나쁜 짓을 하지 않았으면 귀를 베이지 않았을 텐데!"

그 말에 비카르드가 대답했습니다.

"아니요, 그렇지 않소. 알라께 맹세코! 이 귀를 잃은 사연을 말하자면 이러이러하오. 그래도 나는 활로 내 귀를 떨어뜨린 자를 용서해 주었소."

이 말을 듣고 상대의 얼굴을 자세히 들여다본 왕자는 그의 정체를 알아채고 큰 소리로 외쳤습니다.

"오, 당신은 비카르드 왕이 아니십니까?"

"그렇소만."

"도대체 어쩌다가 이곳에?"

그래서 비카르드 왕이 자초지종을 얘기하자 사람들은 무척 놀라 이렇게 외쳤습니다.

"스바나 룰라(주를 찬양하라)!"

그리고 전능하신 알라의 온전한 모습을 찬양했습니다.

왕자는 일어나서 왕에게 다가가 왕을 포옹하고 입을 맞춘 뒤, 경의를 표시하며 의자에 앉히고 왕의 예복을 하사했습니다. 그런 다음 왕자는 아버지를 돌아보며 말했습니다.

"이분은 저를 용서해 주신 임금님으로, 제가 활을 쏘아 귀를 떨어뜨린 바로 그분입니다. 저를 용서해 주셨으니, 물론 저도 용서해 드리겠습니다."

그리고 비카르드 왕에게 말했습니다.

"저에게 자비를 베풀어주신 공덕으로, 지금과 같은 하늘의 도움이 있었던 것입니다."

왕자는 비카르드 왕을 정중하게 대접하고 온갖 예를 갖추어 고국으로 돌려보냈습니다.

젊은이는 이야기를 계속했습니다.

"그러하오니, 임금님이시여, 자비보다 훌륭한 덕은 없으니, 임금님께서 관용을 베푸시면 언젠가는 눈앞에 당신을 위한 재물이 쌓여 있음을 보시게 될 겁니다."

왕은 그 말을 듣는 동안, 불타오르던 분노가 가라앉아서 이렇게 말했습니다.

"이자를 옥으로 돌려보내라. 내일 다시 조사할 테니."

여덟째 날
질투와 원한에 대하여

여덟째 날이 되자, 모든 대신이 한자리에 모여 의논하기 시작했습니다.

"온갖 요사스러운 말로 우리를 현혹하는 그 애송이 놈을 어떻게 하는 것이 좋겠소? 그놈이 살아남아서 우리를 파멸시키지나 않을까 생각하니 등골이 오싹해서 원! 그러니 그놈이 무죄로 풀려나 우리가 당하기 전에, 다 같이 왕의 어전에 나아가 서로 협력하여 목적을 이루도록 합시다."

그리하여 대신들은 한 사람도 빠짐없이 어전에 나아가서 왕 앞에 엎드렸습니다.

"오, 임금님이시여, 부디 조심하십시오. 그 젊은이는 마법을 사용하여 임금님을 홀리면서 간사한 갖은 꾀를 부려 속이려 하고 있습니다. 저희가 들은 얘기에 귀 기울이신다면 틀림없이 그자를 살려 두려 하지 않으실 겁니다. 아무렴요, 단 하루도. 그러니, 그자가 하는 이야기에 부디 주의하십시오. 저희는 임금님의 대신으로서 임금님의 위세가 길이 빛나도록 온 힘을 다해 보필하고 있습니다. 그런 저희 말에는 귀를 기울이지 않으시고, 도대체 누구의 말을 믿으려 하십니까? 보십시오, 저희 10명의 대신은, 그자가 죄인이고, 악의가 있어서 임금님의 침실에 침입하여, 임금님을 모욕하고 체면을 짓밟으려 했음을 증언합니다. 만약 임금님이 그자를 살려주시겠다면 영내에서 추방해 주십시오. 그러면 더는 그 일이 세상 사람들의 입에 오르내리지 않게 될 것입니다."

왕은 대신들의 이야기를 듣고 불같이 노하여 젊은이를 당장 끌어내 오라고 명령했습니다. 그자가 어전에 모습을 나타내자 대신들은 일제히 소리쳤습니다.

"오, 이 교활한 놈! 너는 지금까지 온갖 꾀를 부려 사형을 면하고, 교묘한 말로 임금님을 속이고 있다만, 과연 그런 발칙하기 짝이 없는 큰 죄를 저질러 놓고 용서받을 수 있을 거라 생각하느냐?"

왕은 젊은이의 목을 베기 위해 망나니를 데려오라고 명령했습니다. 그러자 대신들은 저마다 젊은이에게 달려들며 말했습니다.

"제가 죽이겠습니다."

그러자 젊은이가 말했습니다.

"임금님이시여, 대신들이 서두르는 모습을 잘 살펴보시기 바랍니다. 질투 때문인지, 아닌지. 저들은 저와 임금님의 사이를 갈라놓으려 하고 있습니다. 그래야 옛날처럼 뭐든지 마음대로 주무를 수 있을 테니까요."

그러자 왕이 말했습니다.

"대신들이 너에게 불리한 증언을 한 것에 대해서는 어떻게 생각하느냐?"

"오, 임금님이시여, 자신의 눈으로 보지도 않은 일을 그들이 어떻게 증명할 수 있을까요? *28 그것은 질투와 원한에 지나지 않습니다. 그러므로 만약 저를 죽이시면 임금님은 나중에 진심으로 후회하시게 될 겁니다. 대신들의 악의 때문에 아이란 샤의 신상에 일어난 것과 같은 후회를 하시게 될까 봐 걱정됩니다."

"그건 또 무슨 이야기인고?"

아자드바흐트 왕이 묻자 젊은이는 대답했습니다.

"그렇다면 임금님, 제 얘기를 들어보십시오."

아일란 샤와 아부 탄맘 이야기

옛날에 아부 탄맘이라는 상인이 있었습니다. 영리하고 행동거지가 반듯하며, 무슨 일에나 눈치가 빠르고 동작이 날쌔며 성실했습니다. 게다가 돈도 아주 많았습니다. 그런데 그 나라에는 시기심이 강하고 악랄한 국왕이 있어서, 아부 탄맘은 어느 날 이 왕에게 재산을 빼앗기는 것이 아닌가 걱정하며 이렇게 혼잣말을 했습니다.

"이곳을 떠나 걱정 없는 곳으로 가야겠다."

그래서 상인은 아일란 샤로 가서 그곳에 으리으리한 집을 지은 뒤, 재물을 옮겨 와 자신의 거처로 정했습니다. 이윽고 이 상인에 대한 소식이 아일란 샤 왕의 귀에 들어가자, 왕은 상인을 왕궁에 불러들여 이렇게 말했습니다.

"그대가 내 나라에 와서 내 신하가 된 것은 이미 들어 알고 있네. 게다가 듣자하니, 그대는 인품이 뛰어나고 재능이 있는 데다 마음이 상당히 너그럽다 하더군. 잘 왔어, 참으로 기쁘고 반갑네! 이곳은 그대의 땅이니, 그대하고 싶은 대로 뭐든지 하게. 뭐 필요한 것이 있으면 곧 해결해 주지. 그 대신, 내 가까이 있으면서 회의에도 참석해 주어야 하네."

아부 탄맘은 왕 앞에 엎드리며 말했습니다.

"오, 인자하신 임금님이시여, 저는 저의 모든 재산과 목숨을 바쳐 임금님을 섬길 생각이오나 부디 곁에서 모시라는 말씀만은 거두어주십시오. 왜냐하면 임금님을 곁에서 모시면 적과 시기하는 자가 생겨서 제 신변이 위험해지기 때문입니다."

그리하여 상인은 선물과 금품을 진상하고 왕가를 위해 충성을 바쳐 일했습니다. 왕은 영리하고 행동거지가 반듯하며, 분별력 있는 상인이 마음에 쏙들었습니다. 그래서 나랏일을 백성들에게 알리는 일에서부터 임명과 해임의 권리까지 상인의 손에 맡겼습니다.

이 아일란 샤 왕에게는 대신이 3명 있었는데, 전부터 그들이 국사를 맡아 밤낮없이 왕을 가까이에서 모시고 있었습니다. 그런데 아부 탄맘 때문에 세 사람은 왕에게서 멀어졌고, 왕 자신도 자꾸만 그들을 따돌리려고 노력했습니다.

그래서 대신들은 이 문제에 대해 서로 협의하기로 했습니다.

"당신들은 어떻게 하는 것이 좋겠소? 임금님께서 우리를 무시한 채 그자만을 감싸고 보호해 주시고 있소. 정말이지, 우리 이상으로 대우를 해 주신단 말이오. 그래서 말인데, 저자를 임금님에게서 멀리 떼어놓을 방법을 궁리해야 하지 않겠소?"

세 사람은 각자의 생각을 털어놓았는데, 그중 한 사람이 이렇게 말했습니다.

"터키인 국왕에게 세상에 보기 드문 아름다운 공주가 하나 있소. 그런데 어떤 사신이 가서 공주에게 청혼하든 임금님은 그 사신을 죽여 버리고 만다오. 그런데 우리 임금님은 그 사실을 모르고 계시오. 그러니 이제부터 임금님을 찾아가서 그 공주의 이야기를 꺼내봅시다. 임금님이 공주에게 마음을 빼앗기면, 아부 탄맘을 보내 청혼하라 말합시다. 그러면 저쪽 왕은 그놈을 베어 버릴 것이고, 우리는 방해물을 처치하게 되는 셈이니, 이 문제는 완전히 해결될 것 아니겠소."

의논이 끝나자 세 사람은 어느 날(아부 탄맘의 모습이 보이지 않는 날) 왕을 알현하고, 터키인 국왕의 딸에 대해 얘기했습니다. 그들이 공주의 아름다운 얼굴에 대해 온갖 말로 찬사를 늘어놓자, 마침내 왕은 공주에게 아주 반하여 이렇게 말했습니다.

"그 공주를 아내로 맞이할 수 있도록 누군가를 사신으로 보냈으면 좋겠는데 누가 좋을꼬?"

대신들이 대답했습니다.

"그 역할에는 아부 탄맘 말고는 적임자가 없습니다. 무엇보다 분별력이 있고 행동거지도 훌륭하니까요."

그러자 왕이 말했습니다.

"그대들의 말대로 이 일에 그자 만한 적임자는 없다."

그리고 왕은 아부 탄맘을 불러 물었습니다.

"내 전언을 가지고 가서 터키인 왕의 공주를 아내로 주십사고 청을 넣어주지 않겠나?"

"예, 임금님, 그렇게 하겠습니다."

아부 탄맘이 흔쾌히 대답하자, 곧 준비가 시작되었습니다. 왕이 상인에게 왕의 옷을 입히자, 상인은 왕의 선물과 친서를 가지고 출발하여, 길을 서두른 끝에 마침내 투르키스탄의 수도에 이르렀습니다.

사절이 도착한 것을 안 터키인 국왕은 가신을 보내 반가이 맞이한 뒤, 정중하게 대접하고 신분에 어울리는 거처를 마련해 주었습니다. 그리고 사흘동안 손님을 접대한 뒤 어전에 불러들이자, 아부 탄맘은 왕 앞에 나아가 어전에 어울리게 엎드려 머리를 조아리며 선물과 편지를 내밀었습니다. 왕은 편지를 읽은 뒤 이렇게 말했습니다.

"아부 탄맘이여, 우선 그대와 내 딸이 서로 얼굴을 보고, 그대는 내 딸의 말을, 딸은 그대의 말을 들어보아야 한다."

왕은 아부 탄맘을 딸 방으로 안내하게 했습니다. 이미 그 소식을 듣고 있었던 공주는, 거실을 금은과 이 세상에서 가장 값비싼 그릇 등으로 장식하고, 공주 자신은 호화찬란한 예복을 입고, 아름다운 장신구로 꾸민 뒤 황금 의자에 앉아 있었습니다.

아부 탄맘은 안으로 들어가면서 이렇게 중얼거렸습니다.

"현자가 한 말 가운데 이런 것이 있다. '눈을 다스리는 자는 부정한 일을 당하지 않고, 혀를 조심하는 자는 웃음거리가 되지 않으며, 손을 감시하는 자는 길게 늘어나는 일은 있어도 줄어드는 일은 없다'*²⁹고."

아부 탄맘은 바닥에 앉자, 두 눈을 감고 손발을 옷자락으로 덮었습니다.*³⁰ 공주가 입을 열었습니다.

"여보세요, 아부 탄맘. 얼굴을 들고 나를 보면서 얘기하는 게 어때요?"

그러나 그가 말도 하지 않고 얼굴도 들지 않자, 공주는 다시 말했습니다.

"왕이 그대를 보낸 것은 단순히 나를 바라보면서 나와 대화를 하기 위한 것이 아니던가요? 그런데 어째서 그러는 거지요? 그대는 나에게 한 마디도 하지 않으니."

그리고 곧 다시 덧붙여 말했습니다.

"당신 주위에 있는 커다란 진주와 보석, 금과 은을 마음대로 가지세요."

그러나 아부 탄맘은 어떤 보물에도 손대지 않았습니다. 공주는 그가 보물에 눈길조차 주지 않자 화를 내며 소리쳤습니다.

"장님에다 벙어리이고 귀머거리인 사람을 사신으로 보내다니!"

공주는 부왕에게 이 사실을 알렸습니다. 그러자 왕은 아부 탄맘을 불러서 말했습니다.

"그대는 내 딸을 보러 찾아왔을 텐데, 어째서 딸을 보지 않는 것이오?"

"저는 모든 것을 보았습니다."

"보석도 보았을 텐데 왜 몇 개 얻지 않았는고? 그건 사실 그대를 위해 장식해 둔 것인데."

그러나 아부 탄맘은 이렇게 대답했습니다.

"내 것이 아닌 물건에는 손을 댈 수 없습니다."

그 말을 듣고 왕은 그를 기특하게 여겨 호사스러운 예복을 하사하고 이렇게 말했습니다.

"자, 그 우물 속을 한 번 들여다보시오."

아부 탄맘이 우물가에 다가가서 안을 들여다보니, 놀랍게도 아담의 아들 해골이 가득 들어 있는 게 아니겠습니까? 왕이 말했습니다.

"그건 내가 죽인 사신들의 목이라네. 그들을 죽인 이유는 그들이 자신의 주군에게 충실하지 않다고 보았기 때문이라네. 나는 예를 분별하지 못하는 사신을 볼 때마다 이렇게 말했지. '저 남자를 보낸 주인은 그 남자보다 더 못할 것이다. 왜냐하면 사신은 그를 보낸 자의 혀이고, 사신의 교양은 곧 주인의 교양이기 때문이다. 따라서 그런 주인이라면 이놈이든 저놈이든 내 사위로 어울리지 않지.' 그러고서 나는 사신들을 사형에 처했다네. 그런데 그대는 달라. 그대의 훌륭한 예의범절 앞에 우리가 졌으니, 그대의 왕이 내 딸을 얻은 셈이지. 그러니 이젠 안심하게. 딸은 그대 주군의 것이니까."

그리고 아부 탄맘에게 선물과 진귀한 물건들을 비롯하여 '이것은 귀하와 귀하의 사신에게 경의를 표하는 뜻으로 드리는 것입니다'라고 쓴 편지를 주어 아일란 샤로 돌려보냈습니다.

아부 탄맘이 명령받은 일을 잘 해내고 귀국하여 왕에게 선물과 편지를 전하자, 왕은 매우 기뻐했습니다. 그리고 전보다 더욱 그를 아끼며 최고의 명예를 부여했습니다.

며칠이 지나 투르키스탄 국왕이 공주를 보내자, 아일란 샤 왕은 뛸 듯이 기뻐하며 당장 공주와 두터운 인연을 맺었습니다. 왕의 눈에 아부 탄맘의 인품은 더욱더 훌륭하고 고결하게 비쳤습니다.

대신들은 그 광경을 보자, 더욱 격렬한 질투와 원한을 느끼며 서로 이렇게 말했습니다.

"저자를 없앨 방법을 빨리 찾지 않으면 우리는 모두 화병이 나서 제 명에 못 살 거요."

그래서 이리저리 궁리한 끝에 한 가지 계략을 실행하기로 얘기가 되었습니다. 그래서 대신들은 두 소년을 찾아갔는데, 그 소년들은 왕을 시중드는 시동으로, 언제나 왕의 머리맡에서 잠을 잤고, 왕은 그들의 무릎 위가 아니면 잠을 자지 않았습니다.*31 다시 말해, 두 사람은 침실에서 시중드는 시종이었습니다.

대신들은 이 두 사람에게 각각 금화 1천 닢쯤을 주고 말했습니다.

"우리가 부탁하는 것을 들어다오. 이 금화는 필요할 때 매우 쓸모 있을 테니 넣어 두게."

"무엇을 하란 말씀이신지요?"

두 소년이 묻자 대신들은 대답했습니다.

"아부 탄맘이라는 작자가 우리를 방해하고 있다. 만약 이대로 그를 내버려 두면, 우리는 모두 임금님의 총애를 잃게 될 것이다. 그래서 너희 두 사람에게 부탁하려는 것이다. 너희는 임금님과 너희 둘만 있을 때 임금님이 주무시려 하시거든, 너희끼리 이런 이야기만 하면 된다.

'정말이지, 임금님은 아부 탄맘 님을 끔찍하게 아끼시면서 상당히 높은 지위에 올려주셨어. 하지만 그 사람은 임금님의 체면을 짓밟은 죄인이고, 저주받을 사내야.'

'어떤 죄를 저질렀는데?'

'그자는 임금님의 체면을 짓밟고 이렇게 말했대. "투르키스탄 국왕은 사신이 공주에게 청혼하러 가면, 반드시 그 사신을 죽여 버리는 관습이 있는데, 그 국왕이 나만은 살려주었다. 왜냐하면 공주가 나에게 반해버렸기 때문이다" 하고 말이야.'

'그게 사실이야?'

'알라께 맹세할 수도 있어. 이건 이미 모두 다 알고 있는 사실이야. 하지만 임금님이 무서워서 임금님께 말하지 못하고 있을 뿐이지. 임금님이 사냥이나 여행을 나가시면, 아부 탄맘은 어김없이 왕비님을 찾아가 둘이서 은밀한 행동을 한다니까.'

이렇게 너희끼리 얘기하면 된다."

그 말을 듣고 시동들은 대답했습니다.

"그렇게 하겠습니다."

그래서 어느 날 밤, 왕과 두 사람만 남아 있을 때, 왕이 잠을 자려고 자리에 눕자 시동들은 전에 들었던 대로 얘기를 나눴습니다. 자는 척하며 그 이야기를 다 듣고 난 왕은 분노와 모욕 때문에 금방이라도 죽을 것만 같았습니다. 그는 속으로 이렇게 말했습니다.

'이놈들은 아직 어린아이이고 분별심이 있는 나이도 아니므로 누구와 무슨 관계가 있는 건 아닐 게다. 그러나 이놈들도 누구한테 무슨 말을 듣지 않고선 이런 얘기를 할 리가 없지.'

왕은 아침이 되어도 분노가 가라앉지 않자, 더는 생각할 여지도 없이 곧 아부 탄맘을 불러내어 한쪽으로 데리고 가서 말했습니다.

"주군의 명예를 지키지 않는 자는 어떤 죄에 해당하는가?"

아부 탄맘은 서슴없이 대답했습니다.

"그럴 때에는 주군이 그자의 명예를 지켜주지 않아도 됩니다."

아일란 샤 왕은 다시 물었습니다.

"왕의 거처에 들어가 왕을 배신하는 자는 어떻게 해야 하는가?"

아부 탄맘이 대답했습니다.

"그런 자는 살려 두어서는 안 됩니다."

그 말을 듣고 왕은 아부 탄맘의 얼굴에 침을 뱉으면서 말했습니다.

"둘 다 바로 네놈이 한 짓이다."

그리고 당장 칼을 뽑아 들고 그의 배를 갈라버렸습니다. 아부 탄맘은 그 자리에서 그대로 숨이 끊어지고 말았습니다.

왕은 시체를 끌고 가서, 어전 안에 있는 우물 속에 던져 넣었습니다.

그러나 왕은 아부 탄맘을 죽이고 난 뒤, 이내 후회하기 시작했습니다. 깊은 슬픔이 밀려오면서 안타까워 견딜 수 없는 심정이었습니다. 왕은 누가 그 이유를 물어도 누구에게도 말해 주지 않았습니다.

사랑하는 왕비에게도 아무 얘기도 하지 않았고, 왕비가 왜 그렇게 슬퍼하시냐고 물어도 슬프지 않다고 대답할 뿐이었습니다.

대신들은 왕이 그토록 슬퍼하는 까닭이 아부 탄맘의 죽음을 애도하는 마음 때문임을 알면서도, 그의 죽음을 무척 기뻐했습니다.

그 뒤 아일란 샤 왕은 밤이 되면 두 시동의 침실로 가서, 뭔가 왕비에 대해 얘기하는 것을 훔쳐 듣기 위해 몰래 두 사람의 기색을 엿보았습니다.

어느 날 밤, 왕이 그 침실 입구에 숨어 있으니, 두 시동 가운데 하나가 눈앞에 금화를 늘어놓고 만지작거리다가 이렇게 말하는 것이 들려왔습니다.

"에잇! 이런 금화가 다 무슨 소용이란 말이야? 우리는 아무것도 살 수 없고 쓸 수도 없는데. 우린 공연히 아부 탄맘을 배신하여 죽게 만들었어. 왜 그런 끔찍한 짓을 한 거지!"

그러자, 다른 시동이 말했습니다.

"임금님이 그 자리에서 죽일 줄 알았더라면, 그런 짓을 하지 않았을 텐데."

거기까지 들은 왕은 더는 참지 못하고 두 사람에게 뛰어들면서 소리쳤습니다.

"이런 괘씸한 놈들! 네놈들이 도대체 무슨 짓을 한 것이냐? 말해 보아라."

두 사람은 놀라 소리쳤습니다.

"오, 임금님, 제발 살려주십시오!"

왕은 두 사람에게 다시 호통을 쳤습니다.

"알라와 내 용서를 구한다면 둘 다 진실을 얘기해라. 진실 말고는 너희를 구해 줄 수 있는 건 아무것도 없다."

이 말을 듣고 두 사람은 왕 앞에 엎드리며 말했습니다.

"알라께 맹세코, 인자하신 임금님이시여, 대신들이 저희에게 이 금화를 주면서 아부 탐맘을 함정에 빠뜨리는 거짓말을 하라고 시켰습니다. 임금님께서 그분의 숨통을 끊어놓도록. 저희는 대신들이 시키는 대로 말했을 뿐입니다."

왕은 이 말을 듣고 머리카락을 뿌리째 뽑아버릴 듯이 쥐어뜯고 자신의 손가락을 두 동강이 내어버릴 듯이 물어뜯었습니다.

왜냐하면 정확한 조사를 위해 아부 탐맘에게 시간을 주었으면 좋았을 것을 너무 성급하게 행동한 것이 후회되고 몹시 슬펐기 때문입니다.

왕은 대신들을 불러서 말했습니다.

"이 극악무도한 놈들! 알라께서 네놈들의 행동을 모르실 거라 생각했느냐? 너희의 악업은 이제 금방이라도 너희 머리 위로 돌아올 것이다. 너희는 모르느냐, 동포 때문에 굴을 파는 자는 자기가 그 속에 빠진다는 속담*32을. 네놈들은 물론 오늘 내 손에 현세의 징벌을 받을 것이다. 그러나 내일은 내세의 징벌과 알라의 보복을 받으리라."

왕은 대신들을 처형하라고 명령했습니다. 망나니는 왕 앞에서 명령대로 그들의 목을 베어 버렸습니다. 그 뒤 왕은 왕비에게 가서 아부 탐맘을 성급하게 죽이게 된 경위를 얘기했습니다. 왕비는 깊이 탄식했고, 왕과 그 일족들도 비통한 눈물을 흘리며 평생을 후회와 회한 속에 살았습니다. 왕은 우물에서 아부 탐맘의 시체를 건져 올린 뒤, 궁전 속에 둥근 지붕을 얹은 무덤을 지어 그 속에 유해를 잘 묻어주었습니다.

젊은이는 이야기를 계속했습니다.

"오, 인자하신 임금님이시여! 이렇듯 알라의 뜻에 따라, 질투 때문에 나쁜 짓을 한 대신들의 악의는 자기 자신의 목에 돌아오게 된 것입니다. 저는 전능하신 알라께서 저에게 임금님의 총애를 받는 저를 시기하는 모든 자를 이길 힘을 주시고, 또 임금님께 진실을 보여주실 것을 믿어 의심치 않습니다. 저는 제 목숨을 잃는 것은 두렵지 않습니다. 제가 두려운 것은 저를 죽인 뒤 임금님께서 후회하시는 일입니다. 왜냐하면 저는 아무런 잘못도 없고 어떤 죄도 짓지 않았기 때문입니다. 만약 스스로 죄를 범한 기억이 있다면, 아무 말도 하지 못할 것입니다."

왕은 이 말을 듣고 당황하고 난감하여 고개를 숙이고 겨우 말했습니다.

"이자를 옥으로 돌려보내라. 내일 다시 사정을 조사해 보리라."

아홉째 날
이마에 새겨진 운명에 대하여

아홉째 날이 되자, 대신들은 모두 한자리에 모여 서로 의견을 나누었습니다.

"도대체 그 젊은 놈은 번번이 우리 일에 훼방만 놓고, 임금님이 죽이려 하실 때마다 그럴듯한 얘기로 홀려서 속여 넘긴단 말이야. 그놈을 없애고 안심하려면 어떻게 하는 게 좋을지 여러분의 의견은 어떻소?"

대신들은 이마를 맞대고 의논한 결과 왕비를 찾아가기로 했습니다. 그리하여 모두 왕비를 찾아가서 말했습니다.

"왕비님은 자신이 관련된 이 사건에 대해 도무지 관심이 없으시군요. 이렇게 무관심해서는 신상에 이롭지 않습니다. 또 임금님도 먹고 마시며 유흥에 빠진 채, 세상 사람들이 수군거리고 있는 것을 잊고 계십니다. 사람들은 탬버린을 두드리면서 '왕비는 그 젊은이와 사랑에 빠졌다'고 수군거리느라 시간 가는 줄 모르고 있는데 말이죠. 그자가 살아 있는 한, 소문은 더욱 시끄러워지기만 할 뿐 가라앉지 않을 겁니다."

그러자 왕비가 말했습니다.

"알라께 맹세코 말하지만, 그 사람에게 불리한 증언을 하게 한 것은 그대들이에요. 그런데 이번에는 어떻게 하라는 건가요?"

"왕비님은 임금님께 가서서 눈물을 흘리며 이렇게 말씀하시면 됩니다. '여인들이 찾아와 말하기를 온 도시에서 제가 망신을 사고 있다고 하더군요. 그 젊은이를 살려주어서 임금님께 어떤 이득이 돌아오나요? 만약 그자를 죽이지 못하시겠거든, 그런 헛소문이 사라지도록 차라리 저를 죽여주십시오.'"

자리에서 일어난 왕비는 자신의 옷을 찢은 뒤, 왕의 어전으로 갔습니다. 그리고 대신들도 있는 자리에서 자신의 몸을 던지면서 말했습니다.

"임금님이시여, 저의 수치는 임금님께 아무 상관도 없는 것인가요? 아니면 수치 같은 건 두렵지 않으신 건가요? 이건 정말 임금님께서 하실 만한 행동이 아닙니다. 자신의 아내에 대한 임금님의 집념이 겨우 이 정도일 줄이야.*33 당신은 너무 무관심하신 것 같아요. 그래서 영내의 사람들은 남자고 여자고 모두 당신에 대해 이야기하느라 떠들썩합니다. 자, 어느 쪽이든 하나를 선택하세요. 그자를 죽이고 소문을 뿌리째 뽑아버리든지, 아니면 저를 죽이시든지."

이 말을 듣자 왕은 분노에 가득 차 왕비를 향해 이렇게 말했습니다.

"나는 그자를 살려 둘 생각이 없소. 내일이 아니라 바로 오늘, 반드시 죽이고 말 거요. 그러니 당신은 안심하고 거처로 돌아가도록 하시오."

그런 다음 왕은 젊은이를 끌어내라고 명령했습니다. 부하들이 젊은이를 어전으로 끌고 오자 대신들이 소리쳤습니다.

"오, 이 비열한 놈, 얼른 뒈져버려라! 네놈의 질긴 명도 오늘로서 끝날 것이다. 대지가 네놈의 살덩이에 굶주려 있어, 그 고기로 배불리 먹으려고 말이다."

그러나 젊은이는 그들을 향해 말했습니다.

"살고 죽는 일은 여러분의 말이나 질투 속에 있는 것이 아닙니다. 그것은 우리의 이마에 기록된 숙명 속에 있습니다. 그러므로 만약 제 이마에 뭔가 적혀 있다면, 그것이 실현된다 해도 어쩔 수 없는 일입니다. 아무리 노력하고 궁리하고 조심해도 그것에서 벗어날 수 있는 사람은 아무도 없습니다. 마치 이브라힘 왕과 그 왕자에게 일어난 일처럼."

"이브라힘 왕이란 누구를 말하는 것이냐? 또 그 아들은?"

왕이 묻자 젊은이는 대답했습니다.

"그렇다면 제 이야기를 들어보십시오."

이브라힘 왕과 그 왕자 이야기

옛날에 이브라힘이라고 하는 왕 중의 왕이 있었는데, 여러 나라의 왕후들도 이 왕 앞에서는 고개를 숙이고 복종했습니다. 그러나 왕에게는 자식이 하나도 없어서, 왕은 그 때문에 왕권이 자신의 손에서 떠날지도 모른다고 생각하면 가슴이 죄어 오는 것만 같았습니다.

왕은 줄기차게 아들을 원하여, 끊임없이 노예를 사들여서 잠자리를 같이 하곤 했습니다. 그러는 동안 마침내 한 여자가 아이를 가지니, 왕은 더없이 기뻐하며 푸짐한 선물과 막대한 축의금을 주었습니다. 달이 차서 아이 낳는 날이 다가오자 왕은 점성술사들을 초대했습니다. 그들은 아이 낳는 시간을 기다리면서 천체관측의(天體觀測儀)를 세워 조심스럽게 시간을 지켜보았습니다.

이윽고 측실이 사내아이를 낳자 왕은 크게 기뻐했습니다. 사람들도 이 기쁜 소식을 듣고 서로 축하인사를 했습니다. 그 뒤 시간을 계산하여 갓난아기의 천궁도와 운세를 살피던 점성술사들은, 한순간 얼굴빛이 홱 변하더니 당황하는 기색을 보였습니다. 왕이 그들에게 말했습니다.

"그 천궁도를 나에게 설명해 다오. 그대들에게 죄를 묻지 않을 테니 아무것도 두려워할 필요 없다."*34

그러자 그들이 대답했습니다.

"오, 인자하신 임금님이시여, 이 왕자님의 천궁도에 의하면, 7살이 되면 무서운 위험에 처하여 사자에게 물려 죽을 수 있습니다. 그리고 사자한테서 무사히 벗어난다 해도 그보다 더욱 고통스럽고 더욱 중대한 사건이 일어날 것입니다."

"그건 어떤 일이냐?"

왕이 물어도 그들은 이렇게만 대답할 뿐이었습니다.

"저희는 말씀드릴 수 없습니다. 임금님께서 아무 일 없을 거라고 보장해 주신다면 모르지만."

"알라께서 너희를 보장해 주실 것이다!"

그제야 그들은 말했습니다.

"설령 사자의 손에서 살아남더라도, 그 왕자님의 손에 의해 임금님은 파멸당하게 되실 겁니다."

왕은 그 말을 듣자 얼굴빛이 확 변했고, 가슴속에는 무거운 돌이 쿵 내려앉는 것만 같았습니다. 그러나 마음속으로 이렇게 말했습니다.

'나는 조심하고 노력하여 왕자가 사자에게 먹히지 않도록 할 것이다. 왕자가 나를 해친다는 건 있을 수 없는 일이다. 틀림없이 점성술사가 거짓말을 한 게야.'

왕은 갓난아기를 유모들과 고귀한 부인들에게 맡겨 키우게 했습니다. 그러나 아무래도 점성술사들의 예언이 마음에 걸려 하루하루를 불안 속에 보냈습니다. 그래서 왕은 어느 높은 산꼭대기에 올라가서 깊은 굴을 파고, 그 속에 여러 개의 방을 지어, 식량과 옷과 그 밖에 필요한 모든 것을 갖다 두었습니다. 그리고 그 움막에서 갓난아기와 아기를 키워줄 유모 한 사람을 살게 했습니다.

왕은 매달 첫째 날에 산으로 가 움막 입구에 서서, 가져간 밧줄을 내려 아이를 끌어올렸습니다. 그리고 아이를 가슴에 안고 입을 맞추며 한동안 데리고 놀았습니다. 그런 다음, 다시 아이를 원래대로 굴속에 내려놓고 왕궁으로 돌아갔습니다. 왕은 7년 동안 그렇게 생활하며 세월을 보냈습니다.

그런데 예정된 숙명, 이마에 새겨진 운명의 시간이 다가와서 만 7년이 앞으로 열흘밖에 남지 않았을 때, 우연히 이 산속에 사냥꾼들이 들짐승을 쫓아서 들어왔습니다. 그리고 사자를 한 마리 발견하자, 그들은 일제히 사자를 공격하기 시작했습니다. 사자는 사냥꾼들을 피해 산속으로 달아나다가 산꼭대기 한복판에 있는 굴속에 떨어지고 말았습니다.

유모는 사자의 모습을 보고 이내 방으로 달아났습니다. 그러자 사자는 아이에게 달려들어 아이의 어깨를 물어뜯어 놓았습니다. 그런 다음 유모가 달아난 방을 찾아내어 그녀에게 달려들어 잡아먹고 말았습니다. 소년은 그 사이에 기절하여 쓰러져 있었습니다.

한편 사냥꾼들은 사자가 굴속에 빠진 것을 보고 그 입구로 모여들었습니다. 그러자 소년과 여자의 비명이 들려왔습니다. 잠시 뒤 그 소리도 그치자 사냥꾼들은 사자가 두 사람을 죽였을 거라고 생각했습니다. 일행이 굴 입구에 빙 둘러서 있으니, 갑자기 사자가 벽을 타고 기어올라와 금방이라도 튀어나올 듯했습니다. 그래서 사냥꾼들은 사자가 머리를 내밀 때마다 돌로 머리를 내리쳐서, 마침내 사자를 굴속에 다시 떨어뜨렸습니다. 그 모습을 보고 사냥꾼 하나가 굴속 내려가서 사자에게 마지막 공격을 가했습니다. 사냥꾼이 부상당한 소년을 보고서 방 안에 들어가 보니, 여자의 시체가 사자에게 뜯어 먹힌 채로 있었습니다.

사냥꾼은 방 안에 있는 의복과 여러 물건들을 먼저 동료들에게 알리고, 그것들을 굴 밖으로 옮기기 시작했습니다. 그리고 마지막으로 소년을 안아 올려 밖으로 데리고 나간 뒤, 자신들의 집에 데려가서 상처를 치료해 주었습니다.

소년은 사냥꾼들 곁에서 자랐으나, 자신의 신분에 대해서는 아무것도 가르쳐주지 않았습니다. 모두 소년에게 물었지만, 본인도 뭐라고 말해야 할지 몰랐던 것입니다. 그도 그럴 것이 아주 어렸을 때부터 굴속에 갇혀서 자랐기 때문이었습니다.

사냥꾼들은 소년의 뛰어난 말솜씨에 감탄하며 세상에 둘도 없이 귀여워해 주었습니다. 그중 한 사람이 양자로 삼아 키우면서 사냥과 승마도 가르쳤습니다. 그리하여 열두 살이 되었을 때는 벌써 어엿한 용사가 되어, 동료들과 함께 사냥을 하거나 도둑질에 가담하기도 했습니다.

그러던 어느 날, 그들은 나그네를 습격하기 위해 나갔다가 밤이 깊어서 장사를 크게 하는 상인 일행과 맞닥뜨렸습니다. 그러나 막강한 실력자들이 대상을 호위하고 있어, 산적들과 한바탕 싸운 끝에 그들을 모조리 베어 죽이고 말았습니다. 소년은 상처를 입은 채 달아났는데, 아침이 되어 눈을 떠보니 동료들이 모두 쓰러져 있었습니다. 그래서 소년만 겨우 살아남아 길을 걸어가기 시작했습니다.

그러다가 우연히 보물을 찾아다니는 한 사내를 만났습니다.

"어이 젊은이, 어디로 가나?"

소년이 자신에게 일어난 일을 자세히 얘기하자 사내가 말했습니다.

"기운 차려라. 이제 너에게 좋은 운이 돌아왔으니, 곧 알라께서 너에게 기쁨을 내려주실 거다. 나는 어떤 숨겨진 보물을 찾고 있는데, 거기에는 엄청난 보물이 가득 들어 있단다. 그러니 내 조수가 되어 함께 가자꾸나. 그러면 평생 안락하게 살 수 있는 돈을 주마."

그 사내는 소년을 자기 집에 데려가서 상처를 치료해 주면서 며칠 동안 함께 지냈습니다. 소년이 건강을 되찾자, 보물 찾는 사내는 소년과 두 마리의 짐승을 이끌고, 필요한 물품들을 모두 그러모아 여행길에 나섰습니다. 그리고 마침내 하늘 높이 우뚝 솟아 있는 산에 도착했습니다. 그곳에서 사내는 한 권의 책을 꺼내 안에 적혀 있는 글을 읽은 다음, 산꼭대기에 깊이 5완척(腕尺)가량의 굴을 팠습니다. 그러자 돌판이 하나 나타나서 사내는 그것을 일으켜 세웠습니다. 놀랍게도 그것은 굴 입구를 가로 막던 뚜껑이었습니다.

사내는 잠깐 나쁜 공기가 빠져나오기를 기다렸다가, 젊은이의 몸에 밧줄을 감아 촛불과 함께 양동이처럼 굴속에 내려보냈습니다. 소년이 가만히 주의를 기울여 보니, 굴 위쪽에 엄청난 재물이 쌓여 있는 것이 보였습니다.

사내가 밧줄을 동여맨 양동이를 아래로 내려주자, 소년은 거기에 보물을 옮겼고, 상대는 그것을 끌어올렸습니다. 그러는 사이 이제 충분하다고 생각되자, 사내는 일손을 멈추고 가축의 등에 보물을 실었습니다. 한편, 소년은 사내가 밧줄을 내려서 끌어올려 주기를 기다리고 있었습니다. 그러나 사내는 커다란 돌을 굴려서 굴 입구를 막고는 그대로 달아나버렸습니다.

소년은 사내의 비정한 행동에 놀라 알라(찬양할지어다!)께 매달려 기도하다가, 어찌해야 좋을지 알 수 없어 막막한 심정으로 이렇게 말했습니다.

"이런 곳에서 죽는다는 건 정말 괴로운 일일 거야."

왜냐하면 그곳은 완전한 암흑이었고, 굴속은 한 치 앞도 보이지 않았기 때문입니다.

소년은 눈물을 흘리며 중얼거렸습니다.

"나는 사자와 산적의 손아귀에서는 벗어났지만, 이번에는 이 굴 안에서 꼼짝없이 죽게 되었구나. 그것도 천천히, 아주 천천히 죽어가는 거다."

소년은 어찌할 바를 모르고 그저 죽음을 기다릴 뿐이었습니다.

그런데 그렇게 생각에 잠겨 있으려니, 갑자기 무시무시한 기세로 흘러가는 물소리가 들려왔습니다. 소년은 일어나 물소리가 나는 쪽으로 걸어갔습니다. 그러자 한쪽 구석에서 세차게 물이 흐르는 소리가 들려왔습니다.

소년은 무서운 기세로 흘러가는 물소리에 귀를 쫑긋 세우고, 이렇게 혼잣말을 했습니다.

"이건 커다란 강에서 나는 소리다. 나는 어차피 오늘이나 내일 여기서 죽을 수밖에 없는 신세야. 그렇다면 어떻게 되든 이 물속에 한번 뛰어들어 보자. 이 굴속에서 서서히 죽어가기는 싫으니."

소년은 용기를 내어 옷자락을 걷어 올린 뒤 물속으로 뛰어들었습니다. 소년은 물살을 타고 무서운 기세로 떠내려가다가 이윽고 깊숙한 강바닥(와디)에 이르렀습니다. 그 아래쪽은 지하수가 모여 커다란 강을 이루고 있었습니다.

땅 위로 나왔다는 걸 알자, 소년은 눈이 어지러워서 그날은 온종일 정신을 잃고 쓰러져 있었습니다. 이튿날 정신을 차린 소년은 일어나서 강을 따라 나아갔습니다. 전능하신 알라를 찬양하며 앞으로 걸어가는 동안, 마침내 소년의 부왕이 다스리고 있는 커다란 마을에 도착했습니다.

마을 안으로 들어가니 사람들이 소년의 신상에 대해 물었습니다. 소년이 자신에게 일어났던 일들을 얘기해 주자, 사람들은 알라의 은총으로 그 모든 재난에서 무사히 살아난 것을 알고 감탄했습니다. 그 뒤 소년은 마을 사람들 곁에 거처를 정하고 그들의 사랑을 듬뿍 받으면서 지냈습니다.

한편 얘기는 바뀌어, 아버지인 왕은 늘 그랬던 것처럼, 굴에 찾아가서 유모를 불렀으나 아무 대답도 들리지 않았습니다. 그래서 왕은 불안해하며 부하 하나를 굴속에 내려보냈습니다. 부하는 유모가 사자에게 물어뜯겨 죽었고, 소년의 모습은 보이지 않는다고 왕에게 알렸습니다. 왕은 그 말을 듣자 자신의 머리를 때리며 하염없이 탄식한 뒤, 어떻게 된 일인지 자기 눈으로 직접 확인하기 위해 굴속으로 내려갔습니다. 그러자 눈앞에 죽은 유모와 사자가 보였는데, 아들의 모습은 어디에도 보이지 않았습니다. 왕궁으로 돌아온 왕은 점성술사들에게 그들의 예언이 꼭 들어맞았음을 알렸습니다. 점성술사들은 그것을 듣고 말했습니다.

"오, 인자하신 임금님, 사자란 놈이 왕자님을 잡아먹은 것입니다. 전생의 숙명대로 되었으니, 임금님은 왕자님의 손에서 구원받은 셈입니다. 만약 왕자님이 사자의 손에서 무사히 살아났다면, 알라께 맹세코 저희는 왕자님 때문에 임금님의 신상을 걱정해야만 했을 겁니다. 임금님의 파멸 원인은 바로 왕자님이었으니까요."

그리하여 왕은 탄식하고 슬퍼하는 일을 그만두었고, 세월의 흐름과 함께 그 사건도 서서히 잊혀 갔습니다.

한편, 소년은 마을 사람들과 살면서 점차 성장해 갔습니다. 그리고 알라께서 그 섭리를 성취하고자 하실 때는 인간의 힘으로는 아무리 해도 그것을 막을 수 없는 노릇인지라, 젊은이는 마을 사람들과 함께 도둑질을 하게 되었습니다.

백성들이 아버지 이브라힘 왕에게 어려움을 호소하자, 왕은 부하들을 이

끌고 나가 도둑들을 모조리 잡아들였습니다. 그때 도둑들과 함께 있었던 젊은이가 활을 꺼내 적을 겨냥하고 쏘았습니다. 그런데 그 화살이 하필이면 아버지에게 명중하여 목숨이 위험할 정도의 큰 상처를 입히고 말았습니다.

부하들은 왕을 어전으로 모신 뒤, 그 젊은이와 도둑을 체포하여 왕 앞에 끌고 갔습니다.

"이놈을 어떻게 처분할까요?"

"나는 지금 내 신상이 더 걱정이다. 얼른 점성술사들을 불러오라."

왕의 명령에 부하들이 즉시 점성술사들을 데려오자, 왕이 말했습니다.

"너희는 내가 아들의 손에 걸려 죽을 거라고 예언했습니다. 그런데 지금 이 상황은 도대체 어떻게 된 것이냐? 그 도둑들 때문에 큰 상처를 입었으니 말이야!"

점성술사들은 깜짝 놀라면서 말했습니다.

"오, 임금님, 임금님을 쏜 자가 바로 왕자님입니다. 이는 알라께서 정하신 운명이고 점성술에도 나온 그대로입니다."

이브라힘 왕은 이 말을 듣고 도둑들을 끌어내라고 명령한 뒤 그들에게 말했습니다.

"사실대로 말하렷다! 너희 가운데 누가 활을 쏘아 나를 맞혔느냐?"

그러자 도둑들이 대답했습니다.

"우리의 동료인 이 젊은이입니다."

왕은 그들이 가리킨 젊은이를 뚫어지게 쳐다보면서 말했습니다.

"여봐라, 젊은이, 그대의 신상 이야기를 해 보라. 아버지의 이름이 뭔지 말해 다오. 알라께 맹세코 목숨만은 살려줄 테니까."

젊은이가 대답했습니다.

"오, 인자하신 임금님, 저는 아버지의 이름을 모릅니다. 아버지는 저를 굴속에 가두고 유모의 손에 맡기셨는데, 어느 날 사자의 공격을 받아 저는 어깨를 물렸습니다. 그리고 곧 제 옆을 떠난 사자는 유모를 덮쳐 갈기갈기 찢어놓고 말았습니다. 그런데 다행히 알라의 은총으로 어떤 사람이 저를 굴 밖으로 꺼내 주었습니다."

그리고 젊은이는 처음부터 끝까지, 자신이 지내온 이야기를 죄다 들려주었습니다. 이브라힘 왕은 그 얘기를 듣고 큰 소리로 부르짖었습니다.

"이 젊은이는 틀림없는 내 아들이다!"

그리고 곧 이렇게 덧붙였습니다.

"그 어깨의 옷을 벗어보라."

젊은이는 왕이 시키는 대로 어깨를 드러내 보였습니다. 그러자 놀랍게도 흉터가 아직 남아 있지 않겠습니까? 왕은 귀족과 중신들, 그리고 점성술사들을 불러 놓고 말했습니다.

"알았는가, 알라께서 이마 위에 새기신 운명은 행복과 불행을 가리지 않고 누구도 그것을 지울 수 없다. 우리 인간에게 한번 정해진 것은 아무리 발버둥을 쳐도 반드시 그 사람에게 닥치는 법이다.

나는 그야말로 온갖 수단과 방법을 동원하여 그것을 피하려고 노력했으나 모두 다 소용없는 짓이었습니다. 알라께서 내 아들에게 정해 주신 숙명을 아들은 달갑게 받아들였고, 나도 알라의 섭리를 견디는 수밖에 없었습니다. 그래도 나는 알라를 찬양하고 감사할 것이다. 나는 타인의 손이 아니라 내 아들의 손에 당했기 때문이다. 알라 무드릴라(알라를 찬양하라)! 왕위는 마침내 아들의 손에 들어갈 수 있게 되었습니다!"

왕은 젊은이를 가슴에 꼭 끌어안고 입을 맞춘 뒤 이렇게 말했습니다.

"아들아, 그래서 이 아비는 운명의 손에서 너를 보호하려고 너를 그 굴속에 가두었던 것이다. 그러나 그토록 조심했건만 아무 보람이 없었구나."

왕은 왕관을 벗어 아들의 머리에 씌워주고, 가신들에게는 충성을 맹세하게 했습니다. 그리고 백성들을 모두 아들의 손에 맡기고 정의롭고 공정한 정치를 펼치라고 명령했습니다.

그날 밤 왕이 아들에게 마지막 작별을 고하고 세상을 떠나자, 젊은이는 아버지를 대신하여 옥좌에 올랐습니다.

젊은 보물창고지기는 이야기를 계속했습니다.

"오, 임금님이시여, 임금님의 경우도 이와 똑같습니다. 만약 알라께서 제 이마에 뭔가를 기록하셨다면, 제가 임금님께 아무리 변명해도 소용없는 일이고, 저에게 정해진 일은 어김없이 일어나고야 말 것입니다. 알라께서 정하신 숙명을 거슬러, 온갖 예를 들어 임금님께 설명해도 아무것도 달라지지 않습니다.

또 이 대신들도 마찬가지로, 저를 없애기 위하여 기를 쓰고 있지만, 어차피 아무것두 얻지 못할 겁니다. 왜냐하면 알라께서 저를 구하려고 하신다면, 그들을 물리치고 저에게 승리를 안겨주실 것이기 때문입니다."

왕은 이 말을 듣자 어찌할 바를 모르고 당황했습니다.

"이자를 옥에 돌려보내라. 내일 다시 사정을 조사해보자. 게다가 해도 이미 저물었으니까. 하지만 나는 이자에게 두 눈 뜨고 볼 수 없는 무참한 죽음을 내릴 생각이다. 내일이 되면 그에 맞는 대가를 치르게 하리라."

열째 날
죽음에 대하여. 앞당기면 미룰 수 없고, 미루면 앞당길 수 없는 것에 대하여

열 번째 날이 되자, (그런데 이날은 알 미르잔*35 이라 불리며, 위아래 귀함과 천함의 구분 없이 수많은 사람이 왕을 알현하고 기쁨의 인사를 올린 뒤 물러가게 되어 있었습니다) 대신들은 협의 끝에 도시의 이름난 사람들에게 얘기해 보기로 의견이 모였습니다.

그래서 대신들은 그들에게 말했습니다.

"오늘 그대들은 임금님 앞에 나아가 인사를 올릴 때 이렇게 말해 주지 않겠소. '오, 임금님(주를 찬양하라!), 임금님께서는 정사도 재판도 훌륭하게 수행하시고, 백성들의 일도 사사로움 없이 이치에 맞게 처리하십니다. 그러나 그 젊은이의 사건만큼은 그리하지 못하고 계십니다. 그자는 임금님께서 그토록 귀여워하셨음에도 자신의 비천한 신분을 드러내어 발칙한 죄를 저질렀는데, 무슨 생각으로 지금까지 살려주시는 겁니까? 정말이지 궁전 속 옥에 넣어두고 매일같이 그자가 하는 이야기를 듣고 계시는데, 세상에서 뭐라고 쑥덕거리고 있는지 임금님은 모르실 겁니다.'"

그러자 그들이 대답했습니다.

"잘 알았습니다."

그리하여 명사들은 다른 사람들과 함께 어전으로 들어가 왕 앞에 엎드린 뒤, 왕의 위세를 축복하며 기쁨의 인사를 하니, 왕은 그들의 지위를 몇 등급이나 올려주었습니다. 그런데 보통은 인사가 끝나면 얼른 물러가는 것이 관행이었으나, 그날은 그들이 그대로 자리에 앉는 모습을 보고 왕은 뭔가 자신

에게 할 얘기가 있는 모양이라고 여겨 그들을 향해(대신들도 함께 앉아 있었습니다) 이렇게 말했습니다.

"볼일이 무엇인지 말해 보라."

그러자 그들은 대신들이 가르쳐준 그대로 말했고, 대신들도 옆에서 함께 거들었습니다.

아자드바흐트 왕은 그들의 주장을 듣고서 이렇게 대답했습니다.

"오, 나는 그대들이 이것만은 알아주길 바란다. 즉, 방금 그 이야기는 모두 나를 사랑하는 마음에서, 또 나에게 좋은 충고를 해 주고자 하는 충성스러운 마음에서 나온 것으로, 나는 그 점에 대해선 조금도 의심하지 않는다. 게다가 모두 알고 있다시피, 만약 내가 그대들을 반쯤 죽일 마음을 품는다면, 그것은 얼마든지 쉬운 일이다. 그런데 내가 왜 내 손안에 있고, 내 마음대로 할 수 있는 그 젊은이를 죽이지 않고 그대로 두는 것일까?

실제로 그자의 죄상은 너무나 뚜렷하게 사형에 해당하는 것이다. 그런데도 내가 그 사형을 미루어 온 것은 다만 그 죄가 너무나 크기 때문이다. 내가 그놈의 처형을 미뤄 그놈에게 불리한 증거가 더욱 굳어지면, 내 마음은 물론이고 백성들의 마음도 편해지리라. 어쨌든 오늘 바로 그놈을 죽이지 않는다 해도, 내일은 반드시 사형을 면치 못할 것이니라."

그리고 왕은 젊은이를 옥에서 끌어내라고 명령했습니다. 젊은이는 어전에 나오자 엎드려 왕을 축복했습니다. 그러자 왕이 말했습니다.

"이 저주받을 놈 같으니! 네놈 때문에 언제까지 내가, 세상 사람들로부터 잔소리를 듣고, 처형을 늦췄다고 비난받아야 한단 말인가. 이 도시의 백성들조차 네놈 때문에 나를 비난하고 있으니, 나는 드디어 세상의 웃음거리가 되고 말았다. 이렇게 일부러 여기까지 와서 네놈을 처형하지 않는다고 나를 비난하고 있으니! 언제까지 사형을 미룰 수 있을 거라 생각하느냐. 좋다! 오늘은 반드시 네 피로 세상의 입을 막아 버리리라."

그러자 젊은이가 대답했습니다.

"오, 인자하신 임금님, 저 때문에 세상에 이러쿵저러쿵 소문이 돈다면 알라께 맹세코, 다시 한 번 위대한 알라께 맹세하고 말하지만, 그런 세상의 소문을 이곳에 가지고 들어온 것은 다름 아닌 바로 이 악당 대신들입니다. 그들은 무지한 백성들을 상대로 있는 말, 없는 말로 왕가의 온갖 험담을 퍼뜨리고 있습니다. 하지만 더없이 높은 신을 믿는 저는, 언젠가는 신의 뜻으로 그들의 원한이 그들 자신의 머리 위에 도로 떨어질 거라고 생각합니다.

임금님은 저를 죽이겠다고 위협하시지만, 제 목숨은 언제나 임금님 손안에 있습니다. 그러니 저를 없애는 문제 때문에 임금님의 마음이 어지러워져서는 안 됩니다. 왜냐하면 저는 새 사육사의 손에 잡힌 참새나 마찬가지니까요. 마음만 먹으면 언제든지 제 목을 벨 수 있고, 또 마음만 있으면 놓아줄 수도 있지요. 그러나 제 처형이 번번이 미뤄진 것은 임금님의 마음 때문이 아니라 제 목숨을 쥐고 계시는 알라 때문입니다. 오, 임금님이시여, 전능하신 신께서 제 처형을 원하신다면 아무리 임금님이라 해도 그것을 연기할 수는 없습니다. 단 1초도…….

게다가 사실, 인간은 자신에게 쏟아진 재앙을 스스로 물리칠 수 없습니다. 그것은 바로 술라이만 샤 왕이, 키워준 조카딸을 통해 자신의 소망을 이루려고 몹시 마음을 태우며 애를 썼지만, 결국 모든 게 물거품으로 돌아간 것과 같습니다. 왜냐하면 왕의 임종은 몇 번이나 미뤄졌으나, 마침내 알라의 은총으로 수명을 다했기 때문입니다."

왕은 소리쳤습니다.

"이 지긋지긋한 놈! 네놈의 교묘한 변명은 도저히 당할 수 없구나! 그 이야기는 또 어떤 이야기냐? 얘기해 보아라."

그리하여 젊은이는 이야기를 시작했습니다.

"그렇다면 임금님, 제 이야기를 들어보십시오."

술라이만 샤 왕과 그 조카딸 이야기

옛날에 정사를 잘 돌보고 사려분별이 뛰어난 술라이만 샤라는 국왕이 있었습니다. 왕에게는 형제가 하나 있었는데, 딸을 하나 남기고 일찍 세상을 떠났습니다. 그래서 술라이만 샤는 그 아이를 소중하게 키워주었습니다. 조카딸은 이윽고 생각도 깊고 교양과 재주도 뛰어난 여자로 성장했고, 얼굴 또한 당대에 비길 자가 없는 미인이었습니다.

이 왕에게는 아들이 둘 있었는데, 전부터 속으로 한 아들을 조카딸과 짝지어주려 하고 있었습니다. 한편, 한 왕자는 아버지의 조카딸을 빼앗을 작정이었습니다. 두 왕자 중 형의 이름은 발루완 샤이고, 동생은 말리크 샤, 조카딸은 샤 하툰이었습니다. 어느 날 술라이만 샤 왕은 조카딸을 찾아와 머리에 입을 맞춘 뒤 이렇게 말했습니다.

"너는 내 조카딸이지만, 오히려 친자식보다 더 사랑스럽게 여기고 있다. 그것은 세상을 떠난 네 아버지를 내가 진심으로 사랑했기 때문이다. 그러니, 나는 너를 내 아들 하나와 짝을 지어주어 내 법정 추정 상속인으로 지명할 생각이다. 그러면 내가 죽은 뒤 그 아들이 왕위에 오르게 된다.

무슨 말인지 알겠지? 너는 두 아들 가운데 누구를 선택하겠느냐? 너는 그 아이들과 함께 자라서 두 사람을 잘 알고 있을 테니까."

그러자 그녀는 일어나서 왕의 손에 입을 맞추고 이렇게 대답했습니다.

"오, 인자하신 임금님! 저는 임금님의 시녀, 임금님은 저의 지배자이십니다. 그러니 무엇이든 원하시는 대로 하십시오. 임금님의 소망은 저보다 훨씬 고상하고 훌륭하며 신성한 것입니다. 만약 저를 평생 시녀로 섬기게 하고 싶으시다면 저에게는 남편보다 오히려 그편이 더 낫습니다."

왕은 조카딸의 대답을 칭찬하고 예복을 내린 뒤, 호화로운 선물을 보냈습니다.

그런 다음 동생인 말리크 샤 왕자를 조카딸과 결혼시켜 자신의 상속인으로 지명하고, 백성들에게는 동생인 말리크 샤 왕자에게 충성을 맹세하라고 명령했습니다.

이 소식이 형 발루완의 귀에도 들어가, 동생이 아버지의 편애로 형을 제치고 후계자로 선택된 것을 알자 가슴이 불타오르는 것만 같았습니다. 그리고 그 일을 한탄하는 동안, 질투와 증오의 감정이 마음속에 생겨나기 시작했습니다. 발루완은 그것을 마음속 깊이 감춰두었으나, 가슴은 여자와 영토 문제로 뜨거운 불길처럼 맹렬하게 타올랐습니다.

한편, 샤 하툰은 눈부시게 아름다운 신부가 되어 동생 왕자에게 시집을 갔습니다. 그리고 곧 아이를 가져 이윽고 환하게 빛나는 달덩이 같은 아들을 낳았습니다.

발루완은 동생의 그런 모습을 볼 때마다 참을 수 없는 질투와 시기로 가슴이 끓어올랐습니다. 그러던 어느 날 밤, 발루완은 아버지의 궁전에 숨어들어 동생의 방으로 다가갔습니다. 유모는 요람 앞에서 자고 있고, 요람 속에는 동생의 아기가 새근새근 잠들어 있었습니다.

발루완은 갓난아기 옆에 서서 달덩이처럼 밝게 빛나는 그 얼굴을 바라보다가, 이윽고 어느새 악마가 그의 가슴속에 숨어들어, 그는 생각나는 대로 중얼거렸습니다.

"이 아기가 내 것이 되어선 안 될 게 뭐람. 정말이지 나는 동생에 비하면 이 아이의 부모로서 훨씬 더 훌륭하다. 암, 그 처녀와 영토도 나에게 훨씬 더 잘 어울리지."

그러다가 발루완은 완전히 그 생각에 빠져들어 견딜 수 없는 분노에 사로잡히고 말았습니다. 그래서 칼을 꺼내 아기의 목덜미에 대고 긋고는 숨통을 끊어놓은 것으로 생각했습니다. 발루완은 아기가 죽은 것으로 알고 그 자리를 떠나 동생 방에 숨어들었습니다. 그는 동생이 공주와 베개를 나란히 베고 잠들어 있는 모습을 보고 여자도 죽여 버릴까 생각하다가, 곧 자신에게 이렇게 말했습니다.

"이 젊은 신부는 내가 차지할 것이니 살려 두기로 하자."

발루완은 동생에게 다가가 목을 베고 머리를 몸통에서 떼어낸 뒤, 시체만 남긴 채 자취를 감췄습니다. 그러나 막상 그러고 보니, 세상이 갑자기 답답해지고 자신의 목숨 따위는 하찮게 생각되었습니다. 그래서 내친김에 아버지도 죽여 버릴까 하고 술라이만 샤 왕의 침소를 찾았는데, 도무지 숨어들 방법이 없었습니다.

발루완은 하는 수 없이 왕궁을 떠나 도시 속에 몸을 숨겼다가, 이튿날 부왕의 성채 가운데 하나로 가서, 그곳에서 자신의 신변을 굳혔습니다.

한편 유모는 곧 아기에게 젖을 물리기 위해 눈을 떴으나, 요람이 피투성이가 되어 있는 것을 보고 깜짝 놀라 비명을 질렀습니다. 그 소리를 듣고 자고 있던 사람들이 벌떡 일어나 달려나왔고, 왕도 눈을 뜨고 현장에 달려가니, 아기는 목이 베어져 있고 침대는 피로 흥건하며, 그 아버지까지 침실에서 목이 잘려 죽어 있는 게 아니겠습니까!

아기를 자세히 살펴보니 아직 숨이 붙어 있어 즉시 상처를 꿰매어 붙이게 했습니다. 한편 발루완 왕자를 찾아간 왕은 그의 모습이 보이지 않자 어디론가 달아났음을 알고, 이 일을 저지른 사람이 바로 발루완이라는 것을 깨달았습니다. 왕은 말할 것도 없고 영내의 백성이나 샤 하툰 공주에게도 이 일은 매우 통탄할 사건이었습니다.

술라이만 샤 왕이 아들 말리크 샤를 관에 넣어 땅속에 묻고 성대한 장례식을 거행하니, 거기에 참여한 사람들은 하염없이 눈물을 흘리며 애도했습니다.

한편, 발루완은 달아나서 적의 침입에 철저히 대비했는데, 그 병력이 점차 강대해져서, 오로지 부왕에게 선전포고 하는 일만 남아 있었습니다. 부왕은 전부터 그 아기에게 깊은 애정을 보내며, 무릎 위에 안고 전능하신 알라께 무사한 성장을 기원하곤 했습니다. 언젠가는 이 아이에게 왕권을 물려주고 싶었기 때문입니다. 아이가 다섯 살이 되자 왕은 아이를 말에 태워주었고, 사람들은 그 모습을 보고 기뻐하면서, 아버지의 원수를 갚고 할아버지의 마음을 기리도록 부디 수명을 늘려달라고 기도했습니다.

그동안, 모반자 발루완은 로움*36의 카에사르에게 달콤한 말로 환심을 산 뒤, 아버지를 왕위에서 물러나게 하는 데 도움을 달라고 요청했습니다. 그래서 카에사르는 발루완의 편을 들어 엄청난 규모의 군대를 빌려주었습니다.

그러나 아버지 술라이만 샤 왕은 그 얘기를 듣고 카에사르에게 사자를 보냈습니다.

"현세의 가장 걸출한 대왕이시여, 어찌하여 악한 사람을 도와주려고 하십니까? 발루완은 내 아들이지만 동생의 목을 베고, 심지어 요람에 누워 있는 조카의 목까지 긋는 악행을 저질렀습니다."

그러나 왕은 로움의 왕에게 발루완의 조카가 완쾌하여 지금 살아 있다는 사실은 털어놓지 않았습니다. 카에사르는 사건의 진상을 알자, 몹시 탄식하며 술라이만 샤에게 답장을 보냈습니다.

"만약 귀하가 원하신다면, 내가 그자의 목을 베어 귀하에게 보내드리리다."

그러나 술라이만 샤 왕은 다음과 같이 대답했습니다.

"그자를 두둔할 생각은 털끝만큼도 없으나, 곧 틀림없이 그는 자신의 악업에 대해 천벌을 받을 것입니다. 오늘이 아니면 내일이라도……."

그때부터 왕은 카에사르와 계속 편지를 주고받고 선물도 교환했습니다. 그런데 로움의 왕은 과부가 된 공주가 세상에 보기 드문 미모의 소유자라는 소문을 듣고 공주에게 아주 반해서, 술라이만 샤 왕을 통해 결혼을 신청했습니다. 이쪽에서도 그 요청을 거부할 이유가 없었습니다.

그래서 왕은 샤 하툰을 찾아가서 이렇게 말했습니다.

"얘야, 내 딸아, 로움의 왕이 너를 왕비로 맞이하고 싶다는구나. 너는 어떻게 생각하느냐?"

공주는 눈물을 흘리면서 대답했습니다.

"오, 인자하신 임금님이시여, 어떻게 저에게 그런 말씀을 하실 수 있으신지요? 아직 이 가슴에는 작은아버님의 아들이, 죽은 뒤에도 남편으로 살아 있습니다."

"그래, 네 말이 옳다. 그러나 이제는 앞날을 깊이 생각해 봐야 하지 않겠느냐. 나는 이제 죽음을 생각해야 할 나이가 되었습니다. 알다시피 나는 이미 늙었고, 너와 네 아들이 마음에 걸려서 그런다. 게다가 나는 로움의 왕과 다른 왕들에게 그 큰아버지란 놈이 네 아들을 베었다고 말했지만, 병이 완전히 나아 건재하다는 사실은 비밀로 해 두었습니다. 그러던 차에 로움의 왕이 너를 왕비로 맞이하고 싶다고 말해 왔으니, 우리로서는 그것을 거절하기는 커녕 오히려 이쪽에서 간청해서라도 그 왕과 결혼하여 너의 뒤를 든든히 하는 게 좋지 않겠느냐?"

공주는 입을 다문 채 아무 말도 하지 않았습니다. 그래서 술라이만 샤 왕은 카에사르에게 승낙하는 답장을 보냈습니다. 그리고 드디어 결심하고 카에사르에게 공주를 보냈습니다. 공주와 얼굴을 마주한 카에사르는 그녀가 과연 소문대로 어떠한 찬사로도 모자랄 만큼 미인인지라, 날이 갈수록 그녀에게 깊이 빠져들어 다른 어느 측실보다 열렬히 사랑하게 되었습니다. 그는 또 술라이만 샤에게도 더욱 깊은 호의를 보냈습니다. 그러나 정작 중요한 샤 하툰의 마음은 여전히 자식에게만 가 있어서 아무것도 할 수 없었습니다.

한편, 술라이만 샤의 왕자이자 모반자인 발루완은 샤 하툰이 로움의 왕과 결혼한 사실을 알고, 그녀를 자기 것으로 만들려던 희망을 잃고 몹시 슬퍼했습니다.

아버지 술라이만 샤 왕은 늘 마음을 다잡아 손자를 보호하면서 소중하게 키워, 아버지의 이름을 따서 말리크 샤라고 이름을 지어주었습니다. 소년이 열 살이 되자, 왕은 백성들을 모아 소년에게 충성을 다할 것을 맹세하게 하고, 자신의 추정 상속인으로 지명했습니다. 그런데 며칠 뒤 자연에 진 빚을 갚아야 하는 노왕(老王)은 삶의 마지막 순간이 찾아와 마침내 숨을 거두고 말았습니다.

얘기는 바뀌어, 한 무리의 병력이 발루완에게 힘을 보태어 한곳에 모여 있었습니다. 그들은 발루완에게 사자를 보내 몰래 불러낸 뒤, 소년 말리크 샤를 습격하여 포로로 잡고 그의 큰아버지인 발루완을 옥좌에 앉혔습니다. 그들은 발루완을 왕으로 선언하고 한 사람도 남김없이 충성을 맹세하여 신하가 된 뒤 이렇게 말했습니다.

"우리는 당신을 떠받들어 당신에게 옥좌를 넘겨주었으나, 부디 동생의 아들만은 죽이지 마시기를. 왜냐하면 우리는 아직 그 소년의 아버지와 할아버지인 술라이만 샤 왕에게 맹세한 서약과 그들과 맺은 굳은 약속에 묶여 있기 때문입니다."

발루완 왕은 그 조건을 승낙하고 소년을 지하 감옥에 깊숙이 가두었습니다. 얼마 뒤 이 슬픈 소식은 소년의 어머니 귀에도 들어가 슬픔이 한 가지 더 늘고 말았습니다. 그러나 그녀는 아무 말도 하지 않고, 오로지 전능하신 알라께 모든 것을 맡겼습니다. 작은아버지인 술라이만 샤 왕을 거짓말쟁이로 만들게 될까 봐, 소년이 감옥에 갇힌 사실을 남편 카에사르 왕에게 감히 털어놓을 수 없었던 겁니다.

모반자 발루완은 아버지 대신 국왕이 되어 모든 걸 원하는 대로 이루었으나, 소년 말리크 샤는 만 4년을 지하 감옥에 갇혀 있어서, 얼굴빛은 창백하게 변하고, 과거의 아름다운 얼굴은 흔적도 없이 사라지고 말았습니다. 그러나 알라(찬양하라!)께서는 이윽고 이 소년에게 구원의 손길을 내밀어 감옥에서 풀어주려고 생각하셨습니다. 어느 날, 발루완은 영내의 중신, 귀인들과 함께 한자리에 앉아, 아버지 술라이만 샤 왕의 생애와 그가 가슴속에 품었던 온갖 일들에 대해 이야기하고 있었습니다. 그러자 그 자리에 있던 몇몇 인품이 뛰어난 대신들이 발루완에게 이렇게 말했습니다.

"오, 임금님, 참으로 알라께서 당신에게 은총을 베풀어, 당신이 원하는 것을 성취해 주시니, 마침내 아버지에 이어서 국왕에 올라 모든 것을 손에 넣으셨습니다. 그러나 그 젊은이로 말할 것 같으면, 본인에게는 아무런 잘못도 없습니다. 이 세상에 태어난 뒤 지금까지 평온함과 기쁨을 전혀 맛보지 못한 채, 그 얼굴마저 쇠퇴하여 아름다운 얼굴이 못 알아볼 정도로 변하고 말았습니다. 그런데 도대체 그 젊은이가 무슨 죄가 있어서 그런 고통과 형벌을 받아야만 하는 것인지! 사실 책임을 져야 할 사람은 따로 있습니다. 지금까지 알라의 은총으로 당신은 그런 사람들에게 승리를 거두어 왔습니다. 하지만 그 가엾은 젊은이에게는 아무런 잘못도 없습니다."

발루완이 대답했습니다.

"그대들이 하는 말이 다 옳소. 그러나 그 아이가 나에게 무슨 짓을 할지도 모르고 나는 그 젊은이의 음모가 두렵소. 게다가 어쩌면 백성들도 대부분 그를 편들지 모르고."

그러자 대신들이 말했습니다.

"오, 임금님, 그 아이가 무엇이기에? 그에게 무슨 권력이 있다는 겁니까? 만약 그 아이가 두려우시면 국경에라도 보내십시오."

발루완은 이 말을 듣고 말했습니다.

"그것참 좋은 생각이로다. 그럼 군대의 대장으로서 국경의 근거지를 평정하는 데 그 아이를 파견해야겠다."

그런데 문제의 근거지 바로 맞은편에는 냉혹하고도 잔인한 많은 수의 적군이 진을 치고 있어서, 발루완은 조카를 그곳에서 죽게 만들려는 속셈이었습니다.

발루완은 지하 감옥에서 젊은이를 끌어내라고 명령하여 자기 옆에 가까이 부른 뒤, 그의 기색을 살폈습니다. 그런 다음 젊은이에게 예복을 입게 하니, 그 광경을 본 가신들이 무척 기뻐했습니다. 왕은 다시 젊은이를 위해 부대를 상징하는 깃발과 함께 대군을 주어 앞에서 말한 근거지에 파견했습니다. 그곳에 간 자는 누구든지 죽거나 포로가 되거나 둘 중 하나였습니다.

그리하여 말리크 샤는 병력을 이끌고 현지로 갔는데, 어느 날, 적군이 밤의 어둠을 틈타 기습공격을 해 왔습니다. 그래서 아군 병사들의 일부는 달아났지만, 나머지는 모두 적에게 포로로 붙잡히고 말았습니다. 적은 말리크 샤도 포로로 잡아 아군 병사들과 함께 굴속에 던져 넣었습니다. 동료들은 젊은이의 미모를 참으로 아깝게 생각했습니다. 젊은이는 보기에도 참혹한 모습으로 만 1년을 그곳에 갇혀 있었습니다.

그런데 적들은 해마다 새해가 시작되면 죄수들을 끌어내어 성채 꼭대기에서 땅 위로 던져버리는 관습이 있었습니다. 그리하여 그 시기가 돌아오자, 그들은 포로로 갇힌 병사들을 끌어내어, 말리크 샤와 함께 땅 위로 내던졌습니다. 하지만 말리크 샤는 운 좋게 다른 사람들 위에 떨어져서 땅바닥에 부딪치지는 않았습니다. 왜냐하면 그의 죽음은 신이 지켜주었기 때문입니다.

그렇게 내던져져 그 자리에서 죽은 자들은 결국 들짐승의 먹이가 되었고, 죽은 자들의 뼈는 바람에 불려 사라지고 말았습니다.

말리크 샤도 땅 위에 떨어져 정신을 잃은 채, 하루 밤낮을 내내 그곳에 누워 있다가 가까스로 정신을 차리고 보니, 상처 하나 없이 무사하여 더없이 높으신 알라의 은총에 감사하면서 그 자리를 떠났습니다. 어디로 가야 할지 자신도 알 수 없는 가운데 나뭇잎을 씹으며 굶주림을 견디면서 계속 나아갔습니다. 낮에는 적당한 장소에 몸을 숨기고 있다가 어두워지면 밤새도록 죽을힘을 다해 걸어갔습니다.

며칠을 그렇게 걷는 동안 마침내 사람들이 사는 마을에 다다라 만나는 사람들에게 말을 걸었습니다. 그는 성채에 갇혀 적의 손에 내던져졌지만, 다행히 전능하신 알라의 구원으로 살아서 돌아온 것이라며 자신의 신상 이야기를 들려주었습니다.

사람들은 그를 가엾게 여겨 먹을 것과 마실 것을 대접했습니다. 젊은이는 그곳에서 며칠 신세를 진 뒤, 자신의 큰아버지인 발루완의 왕국으로 가려면 어디로 가야 하는지 물었습니다. 그러나 물론 발루완 왕이 자신의 큰아버지라는 말은 하지 않았습니다.

사람들이 길을 가르쳐주자, 젊은이는 맨발로 걸음을 재촉하여 가까스로 큰아버지의 수도에 이르렀습니다. 몸에 아무것도 걸치지 않고 주린 배를 안은 채, 팔다리는 꼬챙이처럼 야위고 얼굴은 매우 창백했습니다.

젊은이가 성문 옆에 앉아 있으니, 뜻하지 않게 발루완 왕의 중신들이 다가왔습니다. 그들은 사냥하러 나왔다가 말에게 물을 주려던 참이었습니다. 젊은이는 말에서 내려 잠시 쉬고 있는 그들에게 다가가 말을 걸었습니다.

"뭐 좀 물어보고 싶은 게 있는데, 귀공들이 가르쳐주시지 않겠습니까?"

"뭐든지 물어보게나."

"발루완 왕은 건강하게 잘 계시는지요?"

그들은 상대를 비웃으면서 대답했습니다.

"여보게, 젊은이, 자네는 정말 멍청하군. 외국인인 데다 거지인 주제에 임금님에 대해 묻다니, 도대체 어디서 온 건가?"

"거짓 아닌 진실로, 그분은 내 큰아버님이십니다."

젊은이의 이 말에 그들은 수상쩍다는 표정으로 말했습니다.

"아까는 수수께끼가 하나였는데, 지금은 둘이 되었군."

그리고 젊은이에게 물었습니다.

"여보게, 젊은이, 자네는 마치 마신에라도 홀린 모양인데, 함부로 임금님의 친척이라고 지껄여대다니, 도대체 어디서 온 건가? 우리는 임금님에게 조카가 한 사람 있다는 것 말고는 친척이 있다는 말을 들은 적이 없네. 그조카님은 궁전의 감옥에 갇혀 있다가 이단자들의 정벌에 파견되었으나, 이미 살해되고 이 세상에 없을 걸세."

"내가 바로 그 조카랍니다. 죽지 않고 살았지요. 사실 이러저러해서 많은 고생을 겪었습니다."

그들은 곧 젊은이가 말리크 샤라는 것을 깨닫자, 일어나서 그의 두 손에 입을 맞추고 무사함을 기뻐했습니다.

"오, 우리의 주군이시여, 당신이야말로 진정한 왕이시고 왕자님이십니다. 그러므로 저희는 오로지 당신의 행복과 장수를 기원할 뿐입니다. 보십시오, 알라께서도 당신을 그 뱃속 검은 큰아버님에게서 구해 주시지 않았습니까? 그자는 아무도 살아서 돌아올 수 없는 곳으로 당신을 몰아넣고, 당신의 파멸을 기도했습니다. 정말이지 당신은 죽음 위에 쓰러졌지만, 알라의 뜻에 따라 구원받은 것입니다. 그런데 어찌하여 다시 적의 손안에 몸을 던지려는 겁니까? 알라께 맹세코 자신을 구하고, 두 번 다시 그자에게 돌아가서는 안됩니다. 아마 이 대지의 표면에 발을 딛고 서 계시는 한, 언젠가는 전능하신 알라의 뜻에 따라 출세하여 고향에 돌아가는 날이 올 것입니다. 하지만 또다시 그놈의 손에 떨어지는 날에는, 이번에는 잠시도 당신을 살려 두지 않을 겁니다."

젊은 왕자는 그들에게 감사의 인사를 했습니다.

"부디 알라께서 그대들에게 행복으로 보답해 주시기를! 그대들은 나에게 훌륭한 도움말을 해 주었으니 말이오. 그런데 그대들은 도대체 내가 어디로 가기를 바라는 것이오?"

"당신의 어머니가 계시는 곳, 로움의 나라로."

"하지만 내 할아버지이신 술라이만 샤는 로움의 왕이 어머니를 아내로 맞이하고 싶다고 했을 때, 나에 대한 것은 모두 숨기고 비밀로 하셨소. 어머니도 그렇게 하셨고. 그래서 나는 어머니를 거짓말쟁이로 만들 수는 없다오."

그러자 그들이 대답했습니다.

"그렇게 말씀하시는 것도 무리는 아닙니다. 하지만 저희는 오로지 당신의 행복만을 바랄 뿐입니다. 설령 당신이 평민을 섬긴다 해도 그것은 살아남기 위한 손쉬운 방법에 지나지 않습니다."

그들은 저마다 돈을 내어 거두어서 젊은이에게 약간의 돈을 주고, 옷을 입히고 먹을 것도 나눠준 뒤, 1파라상의 길을 함께 걸어갔습니다. 그리하여 도시에서 멀리 떨어진 곳까지 오자, 이제는 안심이라며 작별인사를 했습니다. 말리크 샤는 다시 여행을 계속하여 큰아버지의 영토를 나가, 로움 왕국에 발을 들여 놓았습니다.

그리하여 어떤 마을에 이르러 그곳에 거처를 정한 뒤, 어느 농가에서 이삭을 훑고 씨를 뿌리고 그 밖에 온갖 일을 하면서 열심히 거들어주었습니다.

한편 어머니 샤 하툰은 자식을 그리워하는 마음이 날이 갈수록 더해가서 밤낮없이 오로지 자식에 대한 생각이 머릿속에서 떠나지 않았습니다. 게다가 어느새 소식이 딱 끊겼으므로, 점점 불안에 사로잡혀 밤에도 잠을 이루지 못했습니다. 그렇다고 남편 카에사르 왕 앞에서 자식에 대해 얘기를 할 수도 없었습니다.

그런데 왕비의 곁에는 작은아버지인 술라이만 샤 왕의 궁전에서 따라온 한 환관이 있었습니다. 그 환관은 영리하고 재치가 있는 데다 무척 지혜로운 사람이었습니다. 그래서 왕비는 어느 날, 그를 불러 눈물을 흘리면서 말했습니다.

"그대는 내 어린 시절부터 지금까지 줄곧 환관으로서 내 곁을 지켜주었습니다. 그런 그대가 내 아들의 소식을 알아봐 줄 수는 없을까? 그대도 알다시피, 나는 아들에 대해 아무 말도 할 수 없으니까 말이야."

그러자 환관이 대답했습니다.

"오, 왕비님, 이건 왕비님이 처음부터 비밀로 해 오신 일입니다. 설령 이곳에 아드님이 오신다 해도 왕비님은 아들을 맞이할 수 없습니다. 임금님께 왕비님의 체면이 서지 않을 테니까요. 게다가 모두 왕비님이 하시는 말을 믿지 않을 겁니다. 아드님이 큰아버지의 손에 죽었다는 소문이 나라 안팎에 널리 퍼졌으니까요."

"그대가 하는 말이 백번 옳아. 하지만 만약 아들이 살아 있다면, 이 근처에서 양치기라도 하게 하되 서로 얼굴이 마주치지 않도록 하면 되지 않을까?"

그러자 환관이 물었습니다.

"그렇다면 이 문제를 어떤 방법으로 해결하는 것이 좋을까요?"

왕비가 대답했습니다.

"여기에 내 패물이 있으니 필요한 만큼 가지고 가게. 그 대신 아들을 데려오거나 아들의 소식이라도 가져와야 하네."

그리고 두 사람은 은밀하게 머리를 맞대고 의논했습니다. 그리하여 국내에 뭔가 볼일이 있는 것처럼 꾸미기로 했습니다. 즉, 왕비에게는 남편 말리크 샤가 살아 있던 시절 지하에 묻어둔 보물이 있는데, 왕비를 모시던 이 환관 말고는 아무도 그 소재를 모른다, 그래서 환관을 시켜 그것을 가지러 보내는 것처럼 연극을 하자는 것이었습니다.

그리하여 왕비는 남편 카에사르 왕에게 그 사실을 얘기하고, 환관이 멀리 여행을 떠나는 것을 허락해 달라고 부탁했습니다. 카에사르 왕은 환관에게 여행을 위한 말미를 주고, 도중에 재난을 당하지 않도록 준비를 하라고 분부했습니다.

그래서 환관은 상인으로 변장하여 발루완의 도시로 가서, 왕비의 아들에 대해 수소문하기 시작했습니다. 그리하여 정보를 수집한 결과, 지하 감옥에 갇혀 있었던 젊은이는 큰아버지인 왕이 석방하여 국경에 파견했는데, 그곳에서 살해되고 말았다는 것입니다. 그 사실을 알게 된 환관은 이 불행한 일을 매우 슬퍼하며 가슴이 찢어지는 듯한 심정으로 어찌할 바를 모르고 있었습니다.

그러던 어느 날, 우연히 성문 옆에서 젊은 말리크 샤를 만나, 옷을 입혀주고 여비도 만들어준 발루완 왕의 중신 가운데 한 사람이 도성에서 환관의 모습을 보았습니다. 상인으로 변장하고 있었지만 곧 그의 정체를 알아본 남자는, 그가 처해 있는 사정과 왜 이 도시에 찾아왔는지 그 까닭을 물었습니다.

"상품을 팔러 왔습니다."

환관의 대답을 듣고 중신이 말했습니다.

"자네가 비밀을 지켜줄 수 있다면 귀띔해 주고 싶은 것이 있는데."

환관이 대답했습니다.

"물론 비밀을 지킬 수 있습니다! 무슨 일입니까?"

그러자 중신이 말했습니다.

"우리는 왕자님인 말리크 샤를 만났네. 나와 일행이었던 몇몇 아랍인들과 함께 어느 연못가에서 왕자님을 만나 여비를 드리고, 로움의 어머니 곁으로 보내드렸지. 큰아버지인 발루완 왕에게 걸리면 살해될 테니까 말이야."

그리고 그는 그들 사이에서 일어난 일을 모조리 얘기해 주었습니다. 그 얘기를 듣고 환관은 얼굴빛이 변해 중신에게 말했습니다.

"안심하십시오, 비밀은 꼭 지킬 테니까."

중신도 대답했습니다.

"자네도 왕자님을 찾으러 온 모양인데 걱정하지 않아도 될 걸세."

"사실대로 말하면 그것이 제 임무입니다. 왕자님의 어머니께서는 자나깨나 마음을 놓지 못하고 계십니다. 그래서 왕자님의 소식을 알아내기 위해 저를 보내신 것입니다."

"무사하길 빌겠네. 왕자님은 방금 내가 말한 것처럼 로움의 어딘가에 계실 테니까."

환관은 발루완 왕의 중신에게 인사하고 상대를 축복한 뒤, 말을 타고 귀로에 올랐습니다.

중신은 큰 길가까지 환관과 같이 가 주었습니다.

"우리가 왕자님과 헤어진 곳은 이 근처라네."

그리고 환관과 작별한 뒤 자신의 도시로 돌아갔습니다.

환관은 서둘러 말을 달려 나아가다가 도중에 마을에 들어설 때마다, 중신에게서 들은 인상을 단서로 젊은이에 대한 소식을 수소문했습니다. 그러는 사이 마침내 젊은 말리크 샤가 사는 마을에 도착했습니다.

환관은 마을에 들어서자, 말에서 내려 왕자의 행방을 수소문했지만, 소식을 알고 있는 자는 아무도 없었습니다. 환관은 하는 수 없이 출발준비를 시작했습니다. 그리고 다시 말에 올라타 마을을 지나가다가, 암소 한 마리가 밧줄에 묶여 있고, 그 옆에 고삐를 쥔 젊은이 한 명이 잠을 자는 모습을 보게 되었습니다. 환관은 젊은이를 바라본 뒤 아무 생각 없이 그대로 지나갔습니다다. 그러나 곧 고삐를 당기며 중얼거렸습니다.

"내가 찾고 있는 젊은 왕자님이 방금 지나온 저 젊은이 같은 몰골이 되어 있다면, 내가 어떻게 알아볼 수 있을 것인가? 아, 먼 길을 그토록 고생했을 것이니 참으로 가여운 일이야! 내가 모르는 누군가를, 얼굴을 맞닥뜨려도 알아볼 수 없는 사람을 어떻게 찾아다닐 수 있담!"

그렇게 말한 환관은 잠자고 있던 젊은이에 대해 이것저것 생각하다가, 말머리를 돌려 젊은이 곁으로 다가갔습니다. 젊은이는 여전히 자고 있어서 환관은 말에서 내려 바로 옆에 나란히 앉았습니다. 그리고 환관은 젊은이의 얼굴을 한참 지켜보면서 속으로 생각했습니다.

'내가 아는 한, 이 젊은이는 말리크 샤일지도 모른다.'

그는 헛기침한 뒤 젊은이에게 말을 걸었습니다.

"여보시오, 젊은이!"

그 소리에 자고 있던 젊은이가 눈을 뜨고 벌떡 일어났습니다. 환관이 물었습니다.

"이 마을에서 당신 아버님을 뭐라고 부르오? 그러니까 아버님의 성함은?"

그러자 젊은이가 대답했습니다.

"나는 이러이러한 나라에서 태어났소."

환관이 잇따라 질문을 퍼붓고 상대가 거기에 대답하자, 마침내 환관은 이 젊은이가 바로 왕자가 틀림없다는 걸 알았습니다.

환관은 일어나서 젊은이를 부둥켜안고 입을 맞춘 뒤, 완전히 변한 왕자의 모습에 눈물을 흘렸습니다. 환관은 자기가 왕자를 찾아 헤매다닌 일과 어머니의 남편인 카에사르 왕에게는 비밀로 하고 찾아온 사실을 얘기해 주었습니다. 그리고 비록 얼굴을 마주 볼 수 없더라도, 어머니가 자식이 무사히 잘 있는 것을 알고 만족해하실 거라고 말했습니다.

다시 마을로 돌아간 환관은 왕자를 위해 말을 한 필 사서 거기에 왕자를 태우고 길을 서둘렀습니다. 그리고 가까스로 자기 나라의 국경에 이르렀는데, 바로 그때 큰길가에서 출몰하는 강도들이 나타나 두 사람의 소지품을 몽땅 빼앗은 뒤 두 손을 꽁꽁 묶고 말았습니다.

그리고 두 사람을 길가에 있는 굴속에 던져 넣고 사라져 버렸습니다. 즉 두 사람이 죽게 내버려둔 것입니다. 그들은 지금까지 수많은 사람을 그 굴속에 던져 넣었고, 모두 그대로 죽고 말았습니다.

환관이 굴속에서 울기 시작하자 젊은이가 말했습니다.

"운다고 무슨 소용이 있습니까, 어떤 이득이 있어요?"

"저는 죽는 것이 무서워 우는 게 아닙니다. 왕자님이 하도 딱하고 가여워서 그러지요. 또 왕비님의 마음을 생각하고, 왕자님이 온갖 고난과 괴로움을 겪은 끝에 이렇게 무참하게 죽는 것을 생각하니, 눈물이 나서 견딜 수 없군요."

그러자 왕자가 말했습니다.

"나에게 일어난 일은 나를 위해 이미 기록되어 있던 일이고, 한 번 기록된 것을 지우는 건 누구에게도 불가능한 일이오. 만약 내 수명이 오늘까지라면 아무도 그것을 연장할 수 없는 거라오."

그리하여 두 사람은 그날 밤에도 그 이튿날도, 또 이튿날 밤에도 그 다음 날도 동굴 속에 갇혀 지냈습니다. 그들은 굶주림 때문에 점점 몸이 쇠약해져서 거의 죽을 지경이 되어, 힘없이 가느다란 신음을 내는 것이 고작이었습니다.

그런데 전능하신 알라의 섭리와 그가 기록한 운명에 의해, 그리스인의 왕이자 말리크 샤의 어머니 샤 하툰의 남편인 카에사르 왕이, 마침 그날 아침 사냥을 떠났습니다. 왕은 한 마리의 사냥감을 쫓아 부하들과 함께 마침내 그 굴이 있는 곳까지 오게 되었습니다. 그러다가 부하 하나가 사냥감을 잡기 위해 굴 바로 옆에 말을 세우고 내렸습니다. 그때 굴속에서 희미한 신음이 들려왔습니다. 그것을 듣고 부하는 다시 말을 타고 모두가 모여들 때까지 기다렸습니다.

그런 다음 카에사르 왕에게 그 사실을 알리자, 왕은 하인 하나에게 굴속에 내려가 보라고 명령했습니다. 굴속에 내려간 하인은 정신을 잃고 있는 젊은이와 환관을 둘러메고 나왔습니다. 그들이 두 사람의 밧줄을 끊고 목에 포도주를 흘려 넣자, 잠시 뒤 두 사람은 정신을 차렸습니다. 왕은 환관을 가만히 바라보다가 그 정체를 알고 소리쳤습니다.

"여봐라, 너는 환관 아무개가 아니냐!"

환관이 왕 앞에 엎드리면서 대답했습니다.

"그렇습니다, 임금님!"

왕은 매우 이상하게 여기며 물었습니다.

"도대체 무슨 일로 이런 곳에 있는 것이냐? 무슨 일이 있었지?"

환관이 대답했습니다.

"저는 보물을 찾으러 나와서 그것을 찾아 이곳까지 가지고 왔습니다. 그런데 저도 모르는 사이에 악마의 눈이 제 뒤를 밟고 있었던 모양입니다. 그래서 여기서 둘만 있을 때 강도들에게 습격을 받아 재물은 빼앗기고 이 굴속에 갇히고 만 것입니다. 그놈들은 다른 사람들에게 그랬던 것처럼 저희도 서서히 굶어 죽이려는 속셈이었습니다. 그러나 더없이 높으신 알라께서 저희를 가엽게 여기시고, 임금님을 이곳에 보내주신 것입니다."

왕과 부하들은 매우 놀라 우연히 그곳에 오게 한 신께 감사드렸습니다.

잠시 뒤 왕은 환관을 돌아보며 물었습니다.

"너와 함께 있는 그 젊은이는 누구냐?"

"예, 임금님, 이자는 저희 유모의 아들인데, 어릴 때 헤어졌습니다가 오늘〔원문 그대로〕 우연히 만나자 그 어머니가 저에게 이렇게 말했습니다. '이 아이를 함께 데려가 주십시오.' 그래서 오늘 아침, 임금님의 하인이라도 시키려고 데려왔습니다. 상당히 눈치가 빠르고 동작이 날쌔며, 영리한 젊은이인 듯해서요."

그리하여 왕과 그 일행은 환관과 젊은이를 데리고 귀로에 올랐는데, 가는 길에 젊은이가 환관에게 발루완의 형편과 백성을 다스리고 있는 방법 등을 물으니 환관이 대답했습니다.

"신께 맹세코 말씀드리지만, 백성들은 그 왕 때문에 무척 괴로워하며 신분의 위아래 구별 없이 왕의 얼굴을 보고 싶어 하는 사람이 아무도 없습니다."

왕은 어전에 돌아오자, 샤 하툰 왕비에게 이렇게 말했습니다.

"당신에게 기쁜 소식을 가지고 왔소. 그 환관이 돌아왔소."

그리고 무슨 일이 있었는지, 또 함께 데리고 온 젊은이에 대해서도 얘기해 주었습니다.

그 이야기를 들은 왕비는 분별력을 잊고 하마터면 비명을 지를 뻔했으나 가까스로 정신을 바로잡았습니다. 그러자 왕이 말했습니다.

"왜 그러시오? 재물을 잃었기 때문에? 아니면 환관이 고생을 겪은 것이 가슴 아파서 그러시오?"

"그런 것은 아니지만, 여자라는 것은 원래 겁이 많답니다."

그 뒤 환관이 들어와서 자신이 겪은 일을 자세히 얘기한 뒤, 왕자의 신상과 왕자가 겪은 수많은 고난, 큰아버지가 일부러 왕자를 죽일 곳으로 몰아넣은 일, 포로가 되어 굴속에 내던져진 일, 그리고 성채 꼭대기에서 아래로 내던져진 일, 그러나 알라의 은총으로 그 모든 위험에서 구출된 일 등을 모두 얘기해 주었습니다. 환관이 얘기하는 동안 왕비는 내내 눈물을 흘리며 듣고 있었습니다.

이윽고 왕비는 환관에게 물었습니다.

"임금님이 그 아이를 보시고 누구냐 물으셨을 때 뭐라고 대답했나?"

환관이 대답했습니다.

"저는 이렇게 말씀드렸습니다. '이 아이는 저희 유모의 아들입니다. 어릴 때 헤어졌는데, 이렇게 잘 성장했기에 하인으로서 임금님을 모시게 하려고 함께 온 것입니다.'"

"잘 대답했소."

왕비는 환관의 노고를 위로하고 아들인 왕자를 세심하게 보살펴달라고 분부했습니다.

한편 카에사르 왕은 환관을 전보다 더 후하게 대우하고, 젊은이에게는 품삯을 충분히 내주었습니다. 젊은이가 늘 왕가에 드나들면서 충실하게 근무하니 왕의 신임은 날이 갈수록 높아졌습니다.

한편, 샤 하툰 왕비는 창가나 난간에 나가서 끊임없이 아들의 모습을 찾고는 가만히 지켜보곤 했는데, 아들을 애타게 그리는 마음은 숯불 위에서 몸을 태우는 듯한 심정이었습니다. 그래도 말을 걸 수는 없었습니다. 그런 상태로 오랫동안 살던 어느 날, 왕비는 아들을 그리는 애절한 마음에 금방이라도 죽을 것만 같았습니다. 그래서 마침내 자기 방 입구에 서서 아들을 기다리다가 아무 말도 하지 않은 채 가슴에 꼭 껴안고, 가슴과 두 뺨에 입을 맞췄습니다.

그런데 바로 그 순간에, 왕가의 집사가 지나가다가 왕비가 젊은이를 포옹하고 있는 모습을 보고 깜짝 놀라 시녀에게 누구의 방인지 물었습니다.

"왕비님의 방입니다."

이 대답을 듣고 집사는 마치 마른하늘에 날벼락이라도 맞은 것처럼 온몸을 부들부들 떨며 돌아왔습니다.

왕은 기색이 이상한 집사를 보고 소리쳤습니다.

"이 덜렁이 같은 놈! 대체 무슨 일이기에 그러느냐!"

집사가 대답했습니다.

"오, 임금님, 이 세상에 제가 방금 목격한 것보다 기막힌 일이 또 있을까요?"

"무엇을 보았는데 그러느냐?"

"그 환관과 함께 온 젊은이는 샤 하툰 님을 위해 데려온 것이 틀림없습니다. 방금 왕비님의 방 앞을 지나가다가, 왕비님이 누군가를 기다리는 얼굴로 방문 앞에 서성이는 모습을 보았습니다. 그런데 그 젊은이가 오자 왕비님이 젊은이에게 다가가 가슴에 끌어안고 뺨에 입을 맞추시는 것이 아니겠습니까?"

카에사르 왕은 이 말을 듣자, 놀라움을 감추지 못해 고개를 떨어뜨리고 말았습니다. 그리고 왕은 자리에 털썩 주저앉아서 자신의 수염을 뿌리째 뽑을 것처럼 뒤흔들었습니다. 그런 뒤 곧 몸을 일으켜 젊은이를 붙잡아 옥에 가두라고 명령했습니다. 또 환관도 붙잡아 둘 다 어전의 지하 감옥에 집어넣었습니다.

그런 다음 왕은 샤 하툰의 방에 들어가서 말했습니다.

"알라께 맹세코 그대는 아름다운 귀인의 딸, 깨끗한 평판과 뛰어난 명성에 세상의 모든 왕이 다투어 왕비로 소망한 여자! 그대의 얼굴은 참으로 아름답소! 그러나 그대의 마음은 비천하여 안과 밖이 다르니, 밖은 깨끗하지만 안은 더럽고, 얼굴은 아름답지만 행동거지는 추악한 그대에게 알라의 저주가 내리기를 기도할 것이오! 맹세코 나는 그대와 그 발칙한 애송이를 가신들에게 본보기로 보여줄 작정이오. 그대가 그 환관을 여행시킨 것은 오직 그 애송이 때문이었어.

그래서 환관 놈은 그놈을 데려와서 궁전에 끌어들였고, 그대는 내 머리를 짓밟았소.[37] 이것은 분수를 모르는 발칙한 행동이니, 내가 그대들을 어떻게 처분하는지 곧 보여줄 것이오."

그렇게 말한 뒤 왕은 왕비의 얼굴에 침을 뱉고 나가버렸습니다. 그동안 왕비는 한 마디도 하지 않았습니다. 그 자리에서 변명해 봤자 왕이 그녀의 말을 믿어줄 리가 없다는 것을 잘 알고 있었기 때문입니다. 왕비는 전능하신 알라께 매달렸습니다.

"오, 위대하신 알라시여! 당신은 비밀로 봉인된 것을, 겉은 드러났으나 내면에 숨겨진 사항을 알고 계십니다! 만약 저의 죽음을 앞당겨 정하셨다면 부디 미루지 말아 주십시오. 또한 죽음을 미루셨다면, 부디 앞당기지 말아 주십시오!"

왕비가 그렇게 며칠을 보내는 동안, 카에사르 왕은 완전히 의욕을 잃어 먹고 마시는 일을 그만두고 잠도 자지 않으면서 어찌할 바를 모르고 이렇게 혼잣말을 했습니다.

"그 환관과 젊은 놈을 죽인다 해도 내 마음에 위로가 될 수는 없다. 아내가 데려오게 한 것이니 그 두 사람에게는 아무 잘못도 없다. 그렇다고 셋 다 죽여 버리고 싶지도 않다. 어쨌든 성급하게 죽여서는 안 돼. 후회하게 되면 곤란하니까."

그래서 정확한 사정을 알게 될 때까지 왕은 세 사람을 그대로 살려 두었습니다. 그런데 왕에게는 키워준 어머니인 유모가 한 사람 있었는데, 상당히 분별력 있는 이 유모가 왕의 기색이 이상한 것을 눈치챘습니다. 그러나 감히 직접 물어볼 용기가 나지 않아 유모는 샤 하툰 왕비를 찾아갔습니다. 그런데 왕비는 왕보다 더욱 처참한 몰골이라 어떻게 된 일이냐고 물었습니다. 왕비는 대답하려 하지 않았습니다. 그래도 유모가 끈질기게 달래고 어르면서 간곡하게 캐묻자, 마침내 왕비는 유모에게 누구에게도 말하지 않겠다고 맹세할 수 있는지 물었습니다. 노파가 왕비의 이야기는 모두 비밀로 하겠다고 맹세하자, 왕비는 자초지종을 전부 얘기하고, 그 젊은이가 아들임을 밝혔습니다.

이야기를 듣고 난 노파는 왕비 앞에 엎드려 말했습니다.

"듣고 보니 아무것도 아닌 문제로군요."

그러나 왕비는 말했습니다.

"어머니, 알라께 맹세코 저는 아무도 믿어주지 않을 변명을 하여 목숨을 보호할 바에는, 차라리 나 자신과 그 아이의 죽음을 선택하겠어요. 모두 이렇게 말할 테니까요. '그 여자는 자신에게 오명이 씌워지지 않도록 변명을 하고 있을 뿐'이라고요. 그리 되면 앞으로도 계속 괴로워하며 살아가야 할 거예요."

노파는 왕비의 말과 지혜에 마음이 움직여 이렇게 말했습니다.

"왕비님의 말씀도 맞습니다. 하지만 나는 알라께서 언젠가는 진실을 밝혀 주실 거라고 생각해요. 참고 기다리세요. 이 길로 임금님을 찾아가 임금님의 이야기도 듣고 나서 어떻게 해야 할지 잘 생각해 볼 테니. 인샬라!"

그렇게 말하고, 노파는 일어나서 왕을 찾아갔습니다. 그러자 왕도 비탄에 잠겨 두 무릎 사이에 머리를 파묻고 있었습니다. 노파는 왕 옆에 앉아서 인자하게 말을 걸었습니다.

"오, 아들이여, 진정 그대는 나의 오장육부를 태워 버릴 작정인가 보구려. 그대는 이렇게 며칠이나 말도 타지 않고 슬퍼하고만 있는데, 나는 어디가 안 좋은 건지 도무지 짐작할 수 없으니 원!"

그러자 왕이 대답했습니다.

"어머니, 이 모든 것은 다 그 저주받을 여자 때문입니다. 제가 그토록 사랑하고 아껴주었건만 결국 이런 짓을 저지르고 말았으니 말입니다."

왕은 유모에게 처음부터 끝까지 모든 것을 얘기했습니다. 그러자 노파가 소리쳤습니다.

"그대가 그렇게 통탄하는 까닭이 그 행동이 의심스러운 여자 때문이었단 말이오?"

"나는 그 연놈들을 어떤 방법으로 죽일지 생각하는 중입니다. 다른 자들도 교훈을 얻어 지난 잘못을 뉘우칠 수 있도록 말입니다."

왕의 말에 노파는 말했습니다.

"아들이여, 그건 경솔한 짓이오. 서둘러 사람을 죽였습니다가는 반드시 후회하고 살인의 죄책감을 면치 못할 거요. 이 사건의 진상을 확실하게 밝힌 뒤에 어떻게든 좋을 대로 하세요."

"어머니, 그 젊은 놈에 대해서 증거 따위는 필요 없습니다. 왕비는 그놈을 위해 환관을 그곳으로 보냈고, 환관은 그놈을 데려왔으니까요."

그러자 노파는 다시 말했습니다.

"한 가지, 왕비에게 자백을 시킬*38 방법이 있어요. 그 여자의 가슴속에 있는 것은 뭐든지 확실하게 밝혀줄 거예요."

"어떻게 해서 말입니까?"

"그대에게 후투티*³⁹의 심장을 가져다 드리지요. 왕비가 잠들면 그것을 가슴 위에 얹어놓고 뭐든 알아내고 싶은 것을 여쭤보세요. 그러면 그대에게 뭐든지 털어놓게 될 테니 이 일의 진상을 알 수 있을 겁니다."

왕은 이 좋은 생각을 듣고 기뻐하면서 말했습니다.

"자, 서둘러주세요. 누구도 알지 못하게."

노파는 일어나서 이번에는 왕비에게 가 이렇게 말했습니다.

"볼일을 마치고 왔어요. 자, 이렇게 하는 거예요. 오늘 밤 임금님이 그대의 방에 들어오시면 자는 척하세요. 그리고 뭔가 물으시면 잠든 척한 채 대답하세요."

왕비가 감사드리자, 노파는 나가서 후투티 새의 심장을 가져와 왕에게 주었습니다. 밤이 되어 왕이 아내의 방에 들어가 보니, 아내는 똑바로 누워 깊이 잠들어 있었습니다. 왕은 그 옆에 앉아서 아내의 가슴 위에 후투티의 심장을 얹고, 정말 자고 있는 건지 확인하기 위해 잠시 기색을 살폈습니다.

그런 다음 왕은 왕비에게 물었습니다.

"샤 하툰, 샤 하툰, 이것이 나에 대한 그대의 보답이오?"

그러자 왕비가 물었습니다.

"제가 무슨 죄를 지었습니까?"

"이보다 더 큰 죄가 어디 있단 말이오? 당신은 자신의 색욕 때문에 그 젊은이를 이곳에 불러들였소. 그자를 상대로 자신의 음욕을 채우려고 말이오."

"저는 음욕 같은 건 없습니다. 당신의 시동 중에는 그 아이보다 훨씬 아름다운 미남자들이 많이 있지만, 저는 아직 한 번도 그들을 원한 적이 없습니다."

왕비의 대답에 왕이 다시 물었습니다.

"그렇다면 왜 그 젊은이를 끌어안고 입을 맞춘 것이오?"

"그 젊은이는 내 피를 나눠준 혈육, 내 아들입니다. 아들을 그리는 모정을 참지 못해 아들을 끌어안고 그 뺨에 입을 맞췄을 뿐입니다."

왕은 왕비의 대답을 듣고 깜짝 놀라서 말했습니다.

"그 젊은이가 당신 아들이라는 증거가 있소? 전에 당신의 작은아버지인 술라이만 샤 왕에게서 편지를 받았는데, 거기에는 발루완이 당신 아들의 목을 베었다고 씌어 있었소."

"예, 그 아이의 큰아버지가 목을 벤 것은 사실입니다. 하지만 죽지는 않았지요. 그래서 제 작은아버지가 상처를 꿰매고 키웠습니다. 그의 수명이 아직 다하지 않았기 때문이지요."

왕은 이 이야기를 듣고 비로소 말했습니다.

"증거는 그것으로 충분하다."

그리고 깊은 밤인데도 아랑곳하지 않고 왕은 이내 일어서더니, 젊은이와 환관을 데려오라고 명령했습니다. 왕이 촛불을 들고 젊은이의 목덜미를 살펴보니, 귀에서 귀까지 베인 흉터가 있는데, 상처가 마치 금을 쭉 그은 것처럼 잘 붙어 있었습니다.

그것을 본 왕은 알라 앞에 엎드려 머리를 조아렸습니다. 알라 덕택에 왕자가 모든 고난과 재앙에서 구원받았기 때문입니다. 그리고 왕은 성급하게 젊은이를 죽이지 않은 일을 더없이 기뻐했습니다. 만약 일을 서둘렀더라면 후회해도 소용없는 일, 엄청난 회한에 시달렸을 것이기 때문입니다.

젊은 보물창고지기는 이야기를 계속했습니다.

"그 젊은이는 구원받은 것이 아니라 수명이 연장되었기 때문에 진실이 밝혀진 것입니다. 인자하신 임금님이시여, 저도 이와 마찬가지로 역시 수명이 연장된 것이고, 저는 그 정해진 수명을 누릴 생각입니다. 그리고 전능하신 알라께서 그 악랄한 대신들을 처단하시고 저에게 승리를 안겨주실 것으로 믿고 있습니다."

젊은이가 말을 마치자 왕이 말했습니다.

"이놈을 옥으로 돌려보내라."

신하들이 분부대로 하자 왕은 대신들을 돌아보며 말했습니다.

"그 젊은이가 그대들을 향해 분수없이 건방진 말을 했지만, 나는 그대들이 이 왕국의 복지를 위해 훌륭한 조언을 해 주고 있음을 잘 알고 있네. 그러니 낙담하지 말게. 나는 그대들의 조언은 빠짐없이 실행할 생각이니까."

대신들은 그 말을 듣고 기뻐하며 저마다 변명을 늘어놓았습니다. 그러자 왕이 말했습니다.

"그놈의 처형을 미룬 것은 다만 그자가 하는 이야기를 많이 듣기 위해서였어. 그러니 이번에는 기간을 더 두지 않고 즉시 처형할 생각이네. 그대들은 이제부터 곧 형장에 교수대를 세우고, 포고인들을 시켜 사람들을 불러모은 뒤 행렬을 지어 죄수를 교수대로 옮기라고 하게. 그리고 포고인에게는 이렇게 소리치라고 하게. '이것은 임금님이 특별히 아꼈음에도 임금님을 배신한 사내에 대한 응보다!'"

이 말을 듣고 크게 기뻐한 대신들은 그날 밤 매우 좋아서 잠도 오지 않았습니다. 그들은 온 도시 안에 포고령을 내리고 교수대를 세웠습니다.

열하루째 날
알라의 신속한 구원에 대하여

열하루째 날이 되자, 대신들은 아침 일찍부터 왕궁의 성문에 모여 왕에게 아뢰었습니다.

"임금님, 궁전 문 앞에서 교수대까지, 임금님이 내리신 판결에 의해 젊은이가 처형되는 것을 구경하려고 사람들이 모여들고 있습니다."

아자드바흐트 왕이 죄수를 끌어내라고 명령하자, 형리들이 곧 그를 끌고 왔습니다. 대신들은 젊은이를 향해 말했습니다.

"이 정체를 알 수 없는 악당! 너도 오늘로서 마지막이니 더 목숨을 이어가겠다는 희망은 버리는 게 좋으리라. 이제 구원의 손길을 바라는 것은 더이상 무리다."

그러나 젊은이는 말했습니다.

"악랄한 대신들이여, 분별력이 있는 인간이 어떻게 전능하신 알라께 건 모든 희망을 버릴 수 있단 말이오? 인간은 아무리 강한 억압을 받아도, 불행 속에 구원이 찾아오고 죽음 가운데 생명을 얻는 것이오. 마치 알라께서 구원하신 죄수의 경우처럼."

"그건 또 어떤 이야기인고?"

왕이 묻자 젊은이는 대답했습니다.

"인자하신 임금님이시여, 이런 이야기가 전해오고 있습니다."

알라의 구원을 얻은 죄수 이야기

옛날, 왕 중의 왕이 있어, 눈 아래 감옥이 내려다보이는 높은 궁전에서 살고 있었는데, 밤만 되면 누군가가 외치는 소리가 들려왔습니다.

"오, 영원한 구원의 신이시여, 언제나 구원의 손길을 내밀어주시는 신이시여, 저를 구원해 주소서!"

어느 날 왕은 화가 나서 말했습니다.

"저 바보 같은 놈은 죄를 저질러 놓고 고통과 형벌에서 구원해 달라 기도하고 있구나."

그리고 왕은 관리들에게 물었습니다.

"저 감옥에 있는 놈은 도대체 누구냐?"

"피투성이가 된 놈*40입니다."

이 대답을 듣고 그자를 끌고 오라고 명령한 왕은, 죄수가 끌려나오자 이렇게 말했습니다.

"이 어리석은 놈, 멍청한 놈아! 네 죄는 사형에 해당하는 죄이거늘, 어떻게 이 감옥에서 구출될 거라고 생각하느냐?"

왕은 죄수의 신병을 위병들에게 넘겼습니다.

"이놈을 끌고 가 도성이 보이는 곳에서 책형(磔刑)에 처해라."

그런데 그때는 마침 밤이었는데, 위병들은 죄수를 처형하려고 도성 밖으로 끌고 나갔습니다. 그때 느닷없이 산적들이 나타나 칼과 그 밖의 무기를 들고 습격해 왔습니다. 그것을 보고 위병들은 죽이려던 죄수를 내동댕이치고 달아났습니다. 한편, 처형당할 뻔한 죄수도 달아나서 사막 속에 뛰어들었습니다. 정신없이 달아나다 보니 잡나무들이 자라는 숲에 들어가게 되었는데, 이번에는 무섭게 생긴 사자가 한 마리 나타나 죄수를 습격하여 물고는 발아래로 내던져 버렸습니다. 그리고 나서 사자는 한 나무에 다가가 그것을 뿌리째 뽑아서 죄수의 몸 위에 덮고는 암사자를 찾아 숲 속 깊이 자취를 감췄습니다.

죄수는 오로지 더없이 높은 알라께 매달려 구원을 빌면서 혼잣말을 했습니다.

"이건 도대체 어찌 된 일이지?"

그리고 자기 몸을 덮고 있는 나무를 헤치고 일어나 보니, 주변에는 온통 인간의 해골이 흩어져 있었습니다. 그것은 사자들이 먹어치운 인간의 잔해였던 것입니다.

죄수가 다시 한 번 주변을 둘러보고 있으니, 뜻밖에 돈주머니가 하나 있고 그 옆에 금화가 산더미처럼 쌓여 있는 게 아니겠습니까! 깜짝 놀란 죄수는 주머니에 금화를 잔뜩 채워 넣고 쏜살같이 숲을 빠져나왔습니다. 사자가 무서워서 뒤도 돌아보지 않고 정신없이 달린 끝에, 마침내 어떤 마을에 다다르자 마치 죽은 듯이 땅에 쓰러지고 말았습니다.

사내는 그대로 날이 샐 때까지 누워 있다가, 피로가 가시자 다시 몸을 일으켜 금화는 땅속에 묻어둔 뒤 마을로 들어갔습니다. 그리하여 죄수는 알라의 구원을 얻은 데다 돈까지 손에 넣은 것입니다.

젊은이의 이야기를 다 듣고 난 왕이 말했습니다.

"이 애송이 같은 놈! 너는 언제까지 이야기나 늘어놓으면서 나를 속일 작정이냐? 이제는 너를 처형할 때가 되었습니다."

그리고 왕은 젊은이를 교수대에 매달라고 명령했습니다.

하지만 신하들이 젊은이를 막 교수대에 매달려는 순간, 이게 웬일입니까? 젊은이를 주워서 키워준 산적 두목이 나타난 것입니다. 산적 두목이 사람들에게 물었습니다.

"이 많은 사람은 뭐냐? 무슨 일로 이렇게 많은 사람이 모여 있는 거지?"

사람들이 왕의 시동이 큰 죄를 저질러서 지금 교수형에 처하는 중이라고 말하자, 두목은 사람들을 헤치고 앞으로 나가 죄수를 바라보았습니다. 그리고 그를 알아보고는 앞에 다가가서 상대를 가슴에 끌어안고 그 입에 입맞춤*41을 퍼붓기 시작했습니다.

잠시 뒤 두목이 말했습니다.

"이 젊은이는 내가 어느 산속에서 발견한 아이로서, 비단옷에 싸여 버려져 있었소. 그것을 내가 데려다 키워서 이 아이도 어느덧 우리와 함께 도둑질을 하기 시작했지요. 그러다가 어느 날 우리는 상인들을 습격했는데, 오히려 우리가 당하여 동료들은 다치고 이 아이는 납치당해서 어디론가 가버렸다오. 그날부터 지금까지 사방팔방으로 이 아이를 찾아다녔지만, 도무지 그 행방을 알 수 없었소. 이 젊은이가 바로 그 아이요."

왕은 이 이야기를 듣고, 젊은이가 틀림없는 자기 아들임을 깨달았습니다. 왕은 날카롭게 비명을 지르며 젊은이에게 몸을 던지더니, 부둥켜안고 입을 맞추고는 눈물을 흘리며 말했습니다.

"하마터면 내가 너를 죽일 뻔했구나. 내가 만약 너를 사형에 처했더라면, 아마 나는 뉘우치고 한탄하느라 죽고 말았을 것이다."

왕은 젊은이를 묶고 있던 쇠사슬을 풀어주고 자기가 쓰고 있던 왕관을 벗겨 아들의 머리에 씌워주었습니다. 그것을 본 백성들이 기쁨의 환성을 지르자, 나팔 소리가 맑고 또렷하게 울리고 큰북이 둥둥 울리면서 화려한 경축 분위기로 바뀌었습니다. 사람들이 거리를 온통 아름답게 장식하여 이 경사스러운 날을 축하하니, 들판의 새도 하늘을 나는 날개를 쉬고 위대한 축제를 축하하며, 떠들썩한 도시의 환성에 맞춰 노래를 불렀습니다.

장병들과 백성들은 화려한 행렬을 지어 왕자를 궁전으로 안내해 갔습니다. 어느새 소식을 들은 어머니 바르자울은 맨발로 마중을 나와 아들에게 몸을 던졌습니다.

왕은 감옥 문을 열고 모든 죄수를 석방한 뒤, 이레 낮 이레 밤 동안 대축제를 열고 성대한 잔치를 벌였습니다.

한편, 일이 이렇게 되자 대신들은 공포에 휩싸여 아무 말도 하지 못했습니다. 치욕과 경악에 사로잡혀 이미 자신들은 죽은 목숨이나 다름 없다고 각오했습니다.

그 뒤, 왕은 아들을 옆에 거느리고 옥좌에 앉아 대신들을 앞에 앉혀놓고 이번 일에 앞장선 중신과 영내의 명사들을 소집했습니다. 그들이 모여들자 왕자는 대신들을 돌아보면서 말했습니다.

"여보게, 악랄한 대신들이여, 고개를 들고 똑똑히 보라, 알라의 위업과 그 신속한 구원을."

대신들이 한 마디도 대답하지 못하자, 왕이 다시 말했습니다.

"그대들을 제외하고, 살아 있는 모든 것은, 하늘을 나는 새까지, 오늘 나와 기쁨을 함께 해 주어 기쁘기 그지없다. 그대들의 가슴에는 슬픔이 가득하겠지만, 사실 그것은 그대들이 나에게 더없는 적의를 품고 있었기 때문이다. 내가 그대들이 하는 말에 귀를 기울였더라면, 나는 끝없이 후회했을 것이고 비탄에 찬 나머지 비참하게 죽었을 것이다."

그러자 왕자가 말했습니다.

"오, 아버님, 아버님의 올바른 생각과 깊은 통찰력, 참을성과 분별심 등이 없었다면, 이토록 큰 기쁨은 찾아오지 않았을 겁니다. 만약 아버님께서 성급하게 저를 죽였더라면, 아버님은 격렬한 후회에 사로잡혀 언제까지나 괴로워하셨겠지요. 이처럼 누구라도 경솔하게 일을 추진하는 자는 반드시 후회하게 마련입니다."

이윽고 왕은 산적 두목을 불러들여 그에게 좋은 옷을 하사한 뒤, 자신을 사랑하는 자는 모두 옷을 벗어 두목에게 던지라고*42 명령했습니다. 그래서 명예의 옷이 잇따라 그의 머리 위에 쏟아져내리자, 산적 두목은 그 무게를 이기지 못해 거의 주저앉을 지경이었습니다. 그리고 아자드바흐트 왕은 그에게 수도 경비권까지 부여했습니다.

그런 다음 왕은 최초의 교수대 옆에 새롭게 9개의 교수대를 설치하라고 지시한 뒤, 왕자에게 말했습니다.

"이 악랄한 대신들은 결백한 너를 제거하려고 음모를 꾸민 자들이다."

그러자 왕자도 말했습니다.

"아버님, 저들의 눈에 저에게 잘못이 있는 것으로 보였다면, 그것은 제가 아버님의 좋은 조언자이고, 아버님의 재물을 늘 감시하면서, 아버님의 보물 창고에 손도 대지 못하게 한 것 때문입니다. 그래서 이자들은 질투와 시기심 때문에 저를 위협하고 죽이려고 일을 꾸민 것입니다."

이 말을 듣고 왕이 말했습니다.

"이제 앙갚음을 할 때가 다가왔다, 아들아! 그들의 악업에 대한 앙갚음으로서 저들을 어떻게 처분하는 것이 좋겠느냐? 저들은 너의 죽음을 계획하고 너에게 수모를 주어, 세상의 왕후들 사이에서 너의 명예를 손상시켰다."

그리고 대신들을 돌아보면서 이렇게 말했습니다.

"너희에게 저주가 내리기를! 이 몹쓸 거짓말쟁이들 같으니! 뭔가 변명할 말이 있으면 해 보아라!"

그러자 대신들이 대답했습니다.

"오, 임금님이시여, 저희에게는 아무것도 변명할 여지가 없습니다. 악한 짓을 하려다가 불구가 되고 말았습니다.*43 사실 저희는 이 젊은이에게 나쁜 누명을 씌웠고, 그것이 결국 저희에게 돌아온 것입니다. 해를 입히려다가 오히려 저희가 당한 셈이지요. 그렇습니다, 저희는 그를 위해 무덤을 팠으나, 저희 자신이 그 무덤에 떨어진 것입니다."

그리하여 왕은 대신들을 교수대에 매달아 처형하라고 명령했습니다. 그것은 알라의 올바르고 정당한 결정이었습니다.

그 뒤 아자드바흐트 왕과 그 왕비와 왕자는 이 세상의 모든 환락을 누리며 남은 생애를 보낸 뒤, 환락을 멸하는 자가 찾아온 날 모두 저세상으로 떠났습니다. 영원히 살아서 멸망하지 않는 신을 찬양하라! 영원히 우리에게 자비를 베풀어주시는 신께 영광을!

〈주〉

＊1 브레슬라우판, 제6권, 335번째 밤~387번째 밤. 이것은 고대 페르시아의 《바흐트야르 나메 Bakhtyar Nameh》 즉 《바흐트야르 이야기》로, 왕자이자 주인공인 '행운의 친구'를 기념하여 그런 제목이 붙여졌다. '인도의 잘리아드 왕과 시마스 재상' 이야기 같은 신디바드 이야기군(群)은 보통 대신의 수가 7명이다. 〔《아라비안나이트》 속에서 신디바드 이야기 계통에 속하는 가장 유명한 이야기는 '여자의 간사한 꾀와 원한'이다.〕

이 이야기에서는 오마르의 말을 인용하여 이맘 알 자라이(Al-Jara'i)가 권고한 것처럼, 완전한 수에 도달한 셈이다. "중요한 일을 시작하기 전에, 10명의 총명한 친구와 의논하는 것이 바람직하다. 만약 본인에게 친구가 5명밖에 없으면, 각자에게 두 번씩 의논하라. 만약 친구가 한 사람밖에 없으면 10번 묻고, 10번 의논하라. 만약 한 사람도 없으면 아내에게 가서 의논하라. 그리고 아내가 뭐라고 하든 남편은 그 정반대의 일을 실행하라." 〔이 부분은 오마르의 말.〕

또, 토미 무어〔토머스 무어를 가리키는 듯〕도 이렇게 말했다.

"옛날 내가 아는 현자가 말했다.

뭐든지 의심이 갈 때, 2개의 선 가운데 어느 코스를 선택해야 좋을지 망설여질 때,

그때는 여자의 지혜를 빌려라. 그리고 그녀가 뭐라고 조언하든, 그 정반대로 하라, 틀림없이 성공하리라."

'10명의 대신 이야기'는 《신(新)아라비아 이야기 또는 천일야화 보유편 Nouveaux Contes Arabes, ou Supplément aux Mille et une Nuits, etc.》(라베(I'Abbé) 번역, 파리, 1788년) 속에 혼돈된 형태로 나와 있다. 돔 샤비(Dom Chavis)와 카즈트(Cazotte)에 의해 간행된 《아라비아 이야기》(영역자는 로버트 헤론)의 제3권에서는 《보에트자드와 그 10명의 대신 이야기 The Story of Bohetzad and his Ten Viziers》로 되어 있다. C. 드 페르스발의 《천일야》판에서는 제8권에, 고티에판에서는 제6권에 수록되어 있다.

＊2 샤비와 카조트에 의하면, '수도를 이세사라(Issessara)라고 한 디네로우(Dineroux) 왕국'(시리아 지역 전체와 인도양의 섬들을 포괄한다)으로 되어 있다.

＊3 시스탄(Sistan)은 페르시아어의 형태. 아랍어에서는 시지스탄(Sijistan)이라고 한다. 고전문학 속의 드라기아나(Dragiana), 파루스(페르시아 본토) 동쪽의 한 지방. 영웅 루스탐(Rustam)의 봉토로서 전설상 이름 높은 곳. [루스탐, 또는 로스탐은 이란의 대서사시 《왕자의 서(書)》의 주인공.]

＊4 카르만(Karman)은 흔히 카르마니아(Karmania)라 불리며, 페르시아어의 키르만(Kirman) 즉 벌레에서 나온 것으로 추정되고 있다. 그것은 누에의 산지로 여겨지기 때문이다. 그러나 헤로도토스(iii, 93)에 의하면 아시아의 에티오피아인들은 게르마니(Germanii, 카르만)와 인더스 강 중간에 분포했다고 되어 있으므로, 이 명칭은 더욱 오랜 시대의 것이다. 카르마니아라는 이름은 또한 스트라본에도 나와 있고, 그 밖의 고전에도 시누스 카르마니쿠스(Sinus Carmanicus)[카르마니아 만(灣)]라는 이름이 보인다.

＊5 왕의 눈은 왕의 은총을 가리킨다.

＊6 《아라비안나이트》가 많은 곳에서 증명해 온 것처럼, 일반적으로 인간의 근본은 온 생애에 걸쳐 그 사람의 행동에 영향을 주는 것으로 여겨지고 있다. 그래서 보석상의 아내[이 책 963번째 밤 이하 '카마르 알 자만과 보석상의 아내']는 비천한 태생으로, 그녀의 비열한 행위도 그 때문으로 여겨졌다. 서구의 격언이나 민화에서도, 이 같은 사고방식을 찾아볼 수 있다. 이를테면 Bon sang ne peut mentir. [피는 못 속인다는 뜻에서 '그 아버지에 그 아들'.]

＊7 '그를 믿으시다니'라는 말이 빠져 있다.

＊8 힌디어의 브라지 바바(Braj Bakha) 방언에 다음과 같은 속담이 있다.

　　Jo jako paryo subhao jae na jio-sun.

　　Nim na mitho hoe sichh gur ghio sun.

　　(늙은 호랑이의 성질은, 그것이 어떤 성정이든 인간을 배신하지는 않을 것이다. 님나무는 아무리 구르나 기에 담가도 여전히 쓴맛이 날 것이다.)

　　님(Melia azadirachta)은 '페르시아 라일락'을 말하며, 이 잎은 매우 쓴맛이 나고 해충을 예방하는 약으로 이용된다. 구르는 영인어의 자게리(Jaggeri)이며 '막설탕', 기는 '투명버터'이다.

＊9 로바크는 힌두스탄어의 같은 속담을 들고 있다.

　　샤비와 카조트의 번역본에서는 '카스카스 또는 고집 센 남자 이야기'로 되어 있다. 불운에 대해 자일스가 번역한 《요제지이(聊齊志異)》를 보면 좋다. 같은 대목에서 젊은 귀부인은 말(馬)을 향해 이렇게 말하고 있다. "당신은 몇 번이나 나에게 돈을 요구했어요. 하지만 당신의 운이 나빠서 지금까지 일부러 드리지 않았던 거예요."

*10 점성술사는 마나짐(Manajjim)으로, 이집트의 작은 도시에서는 공인된 권위자이다.

*11 이슬람교도 사이의 친절하고 관대한 행위. 실생활에서도 전혀 드물지 않다.

*12 샤비와 가조트에서는 '이라지(알 하지) 부함마드와 그 아들들의 이야기, 또는 경솔한 남자 이야기'로 되어 있다. 이 이야기는 여러 가지 형태로, 또 많은 변경을 거쳐서 세상에 널리 퍼져 있다. [알 하지는 메카에 순례한 사람들에게 주어지는 칭호.]

*13 이른바 '흉악의 눈'을 두려워하여, 근래에는 이러한 관습을 좀처럼 볼 수 없다. 그러나 여러분이, 카이로에서 사치스럽게 꾸민 이집트 여성이, 눈 주위에 파리가 새까맣게 달라붙어 있고, 해진 옷을 입은 더러운 아이의 손을 잡고 걸어가는 모습을 본다면, 어떻게 된 일인지 이해가 갈 것이다. 만약 그 아이를 칭찬하고 싶더라도 여러분은 "오, 정말 귀여운 아이로구나." 하지 말고 그저 "인샬라!"(알라의 뜻이라면!)라고 말해야 한다.

*14 즉, '우리는 언제든지 마음만 먹으면 젊은이를 죽일 수 있다'는 뜻.

*15 사일로(silo)는 아랍어로 마트무라(Matmurah)이다. 지하실이라는 의미로도 사용된다. 서아프리카 일대에서 널리 쓰이는 말.

*16 즉, 살해된 자의 공동묘지에 있는 수로에.

*17 [본문에는 '길을 베기 시작했다(fell to cutting the way)'라고 되어 있으므로] 모자라는 지참금을 마련하기 위한 강도질, 곧 강도가 되었다는 뜻.

*18 신부의 혼례(bride's going-in)란 '신부 쪽에서 올리는 혼례'라는 뜻으로, '부부의 인연을 맺다' '남녀가 잠자리를 같이하다'의 going in unto와 혼동해서는 안 된다.

*19 즉 당신의 하렘, 당신의 처첩.

*20 페르시아의 중요한 주(州)로, 도시 타바리스탄(Tabaristan)은 카스피해(海)의 많은 별칭 가운데 하나이기도 하다. 형용사는 타바리(Tabari)이고, 타바라니(Tabarani)는 티베리아스(Tiberias)의 원주민이다.

*21 즉 '경멸의 눈길로 나를 내려다본다'는 뜻. 이 '자기보다 비천한 자와 결혼하는 것'은 지금도 여전한 동양의 사고방식으로, 서양 여성들에게는 거의 없다.

*22 이것은 이슬람교도들이 흔히 쓰는 문구로 말할 것도 없이 거짓이다.

*23 뒤쪽에서는 '시종', 즉 하렘 입구의 감시인으로 불리고 있다.

*24 카르단의 고발에 의해 아부 알 하이르가 처형된 일을 가리키는 것으로, 이야기 지은이는 그 특유의 불합리함으로 이 사건을 부주의하게 빠뜨렸다.

*25 머리뼈의 봉합선이 아니라, 이마를 가리킨다. 이 이마는 시 같은 데서는 한 장의 종이에 비유되며, 그 위에 지울 수 없는 운명이 기록되어 있다고 한다.

*26 즉 동태복수법(同態復讐法, *lex talionis*)으로, 이것은 이슬람교의, 또 실제로 모든 범죄법리학의 본질이다. 우리는 아르와 왕비의 결정을 의심해서는 안 된다. 입법자 중에서 가장 온건하고 가장 인도주의적인 공자조차도, 자기 아버지를 살해한 자를 도와

준 사람을 절대 용서하지 않았다.

*27 나폴레옹 대제도 신의 뜻은 대개 '군대의 총수(總數)'에 유리하다고 믿었다.

*28 이슬람교도들 사이에서는 간접 증거가 합법적인 것으로 인정되지 않는다. 목격자는 실제로 본 것을 증언해야 한다.

*29 아랍어 관용구에서 긴 손, 또는 팔은 권력을 의미하는데, 이 말은 유럽 여러 나라에서도 드물지만 사용되고 있다. 샤비 카조트는 '두 손을 가슴 위에 깍지 끼는 자는 그 손을 베어 버릴 수 없다'고 의역했다.

*30 아랍어로 자마 아트라파(Jama'a atrafah)라고 하며, 글자 그대로는 '손발을 뺐다'는 뜻. 윗사람 앞에서 손발을 가리지 않는 것은 '예절'에 어긋나는 것이었다.

*31 오래전부터 해 오던 마사지에 대해서는 《아라비안나이트》 속에서 종종 언급되었다. 왕이 '소년들의 무릎 위에서 잔다'는 것은, 소년들의 무릎에 두 발을 걸친 채 잠든다는 뜻이다.

*32 히브리어를 비롯하여 모든 동양어에서 볼 수 있는 속담. 잠언 제26장 27절에는 '굴을 파는 자는 자기가 그 속에 빠진다'고 되어 있다.

*33 즉, 앙갚음이 너무 늦다는 뜻.

*34 언어의 동양적인 의미에서 진정 왕다운 왕이라면, 점성술사가 자식이나 후계자를 위협하는 불길한 징조를 감히 예언한다면 그들의 목을 벨 것이다. 이것은 또 그 자신의 실현이 예측되기 때문에 가장 적극적인 대역죄이기도 하다.

*35 알 미르잔(Al-Mihrjan)은 추분(秋分)이며, 페르시아인의 2대 축제(또 하나는 '새해') 가운데 하나이다. 우리의 미카엘 축일에도 남아 있다.

*36 '로움(Roum)의'는 '그리스인의'라는 뜻. 《코란》 제30장 1절에 '알리프 람 밈. 그리스인(알 로움)은 패배했다'고 되어 있다. 〔최초의 알리프 람 밈은 ALM의 세 문자로, 《코란》의 거의 모든 장 첫머리에 이 세 가지 알파벳이 나열되어 있는데, 무엇 때문인지 그 진짜 의도는 알 수 없다.〕

*37 '머리를 짓밟는다'는 것은 아라비아어로 두수티(Dusti)인데, 장로가 제자들의 등을 말을 타고 밟고 가는 의식(카이로에서 열린 것은 1881년이 마지막)으로, 흔히 '도세(Doseh)'라고 불렀다. 이탈리아, 이집트인은 '도소(Dosso)'라고 했다.

*38 앞에서도 언급했듯이, 이슬람법은 이런 종류의 자백이 없으면 완전히 시행되지 않는다. 그러나 그 자백은 채찍에 의해 얻을 수도 있다.

*39 후투티(hoopoe)는 아랍어로 후드후드(Hudhud)라고 하는데, '후드! 후드! (Hood! Hood!)' 하고 우는 소리에서 붙여진 이름이다. 이 이색적인 새는 《코란》 제27장에서 수많은 찬사를 받고 있다. 〔솔로몬에게 '시바의 여왕'에 관한 슬픈 소식을 전해 주고, 여왕에게는 문서를 전달했기 때문이다.〕 이 후투티는 시각이 발달했고, 지하수를 찾아낼 정도로 후각도 예민하다. 그래서 악마들은 이 새가 부리로 가리킨 곳에서 물을 찾

는다.

＊40 즉, 현행범으로 붙잡혔다는 뜻.

＊41 아들에게 입맞춤하듯이. 내가 본 바로는 영국 사람은 이렇게 남성의 키스를 받으면 노골적으로 불쾌한 표정을 짓는다. 그러나 옛날 프랑스와 이탈리아에서는 매우 흔한 입맞춤이었다.

＊42 동양의 군주뿐만 아니라 당시의 모든 유럽에서도 이용되었던 비교적 값싼 보상법이다.

＊43 '불구로 만들다'는 아랍어로 카스프(Kasf)이며, 낙타의 비절(飛節 : 짐승의 뒷다리 가운데 부분 관절)의 힘줄을 끊어 온전하지 못하게 만드는 것을 말한다. 이 문장은 '저희는 자신의 죄로 말미암아 만신창이가 되었습니다'라고 읽어도 괜찮다.

알리 후와자와 바그다드의 상인

하룬 알 라시드 교주의 시대에 바그다드에 알리 후와자라는 상인이 살고 있었습니다. 이 사람은 자그마한 장사를 하여 간신히 생계를 유지하면서, 조상 대대로 물려받은 집에서 가족도 없이 혼자 살고 있었습니다.

그런데 이 상인은 우연히 사흘 밤 내내 꿈에서 한 성스러운 노인의 모습을 보았는데, 노인은 그때마다 이렇게 말했습니다.

"너는 왜 너의 의무인 메카순례를 하지 않느냐? 그리고 언제까지 그렇게 태평하게 있을 셈이냐?*1

이 말에 깜짝 놀란 상인은 전능하신 알라의 성전을 참배하기로 마음먹고 곧 가게와 가지고 있던 상품을 모조리 팔아치웠습니다. 그리고 집을 세놓은 뒤, 성지 메카로 떠나는 상인 무리에 합류했습니다.

그런데 고향을 떠나기 전에, 상인은 여비를 제외하고 남은 금화 1천 닢을 흙으로 구운 단지에 넣은 뒤 그 위에 아사피리*2를 가득 채워 넣고 아가리를 단단히 싸서 막았습니다. 그리고 오랫동안 가까이 지내던 상인에게 가져가서 이렇게 말했습니다.

"형제여, 교역을 떠나는 상인들 사이에 끼여 메카순례를 한다는 소문은 들었겠지. 그것 때문에 올리브 열매가 들어 있는 단지를 하나 가지고 오는데, 이것을 내가 돌아올 때까지 맡아주지 않겠나?"

그러자 그 상인은 이내 일어나 알리 후와자에게 창고 열쇠를 내주면서 말했습니다.

"그러게, 이 열쇠를 가져가서 창고 문을 열고, 어디든 자네 마음에 드는 곳에 그 단지를 갖다 두게. 순례에서 돌아오면 그대로 돌려줄 테니까."

그리하여 알리 후와자는 친구가 말한 대로 하고 창고 문에 자물쇠를 채운 뒤 열쇠를 주인에게 돌려주었습니다. 그리고 알리 후와자는 단봉낙타에 자신의 짐을 싣고는, 또 다른 낙타를 타고 대상과 함께 길을 떠났습니다.

일행은 긴 여행길 끝에 성지 메카에 도착했습니다. 마침 12월이라 수많은 이슬람교도가 순례하러 와서, 카바*³ 앞에서 예배를 올리고 절을 하고 있었습니다. 카바 주위를 돌며 순례에 필요한 모든 의식을 마치자, 알리 후와자는 상품을 팔기 위해 길 가게를 열었습니다.*⁴ 그러자 마침 그곳을 지나가던 상인 두 명이 알리 후와자의 가게에 진열된 훌륭한 물건을 보고 무척 감탄하여, 그 아름답고 뛰어난 솜씨를 입에 침이 마르도록 칭찬했습니다. 이윽고 한 사람이 동료에게 말했습니다.

"이 상인은 무척 진기하고 가격이 좋은 상품을 가져왔군. 그런데 이집트 수도 카이로에 가지고 가면 이곳의 시장보다 훨씬 비싸게 팔 수 있을 텐데 아쉽군."

알리 후와자는 카이로 이야기가 나오자, 그 유명한 도시에 가 보고 싶어서 견딜 수 없었습니다. 그래서 바그다드로 돌아갈 계획을 그만두고 이집트로 여행을 떠나기로 했습니다.

그래서 알리 후와자는 다시 대상과 함께 이집트로 향했는데, 그곳에 도착해 보니 나라와 도시가 무척 마음에 들었습니다. 그는 자신의 상품을 다 팔아치우고 막대한 이익을 올렸습니다. 그 뒤, 그는 다른 상품을 사들여 이번에는 다마스쿠스에 가보기로 마음먹었습니다. 그러나 그 전에 만 한 달 동안 카이로에 머물면서, 시내의 성지를 참배하거나, 성 밖에 나가 카이로에서 며칠씩 걸리는 나일 강 언저리의 유명한 도시들도 구경했습니다.

이윽고 이집트를 떠난 알리 후와자는 성지 예루살렘에 도착하여, 이슬람교도들이 개조한 바누 이슬람의 신전에서 기도를 올렸습니다. 그런 다음 다시 며칠이 걸려 다마스쿠스에 도착했는데, 이 도시도 역시 훌륭한 곳이었습니다. 인구도 무척 많고, 밭과 목장은 샘과 용수로를 통해 물이 충분히 공급되었으며, 정원에서는 수많은 꽃이 서로 아름다움을 경쟁하였고, 과수원에는 과일이 가지가 휘어질 것처럼 열려 있었습니다. 그러한 즐거움에 젖어서 알리 후와자는 바그다드에 대해서는 거의 잊어버렸습니다.

그리고 알레포, 모술, 시라즈 등지로 여행을 거듭하며 한곳에 며칠씩 머물렀는데, 특히 시라즈에서는 오랫동안 머물렀습니다. 그래서 그는 여행을 떠난 지 7년이 지난 뒤에야 바그다드로 돌아갔습니다.

한편, 후와자가 단지를 맡긴 바그다드의 상인은, 7년 동안 알리 후와자에 대해서도, 맡은 물건에 대해서도 까맣게 잊고 있었습니다. 그러던 어느 날 아내와 함께 저녁을 먹으면서 우연히 올리브가 화제에 올랐습니다. 그러자 아내가 남편에게 말했습니다.

"올리브가 있으면 조금 먹어보고 싶어요."

그제야 남편이 말했습니다.

"올리브 이야기를 하니까 생각이 나는군. 알리 후와자가 7년 전에 메카 순례를 떠나면서 올리브 단지를 맡기고 갔는데, 그게 아직 창고 속에 그대로 잠자고 있을 거야. 그 사람은 지금 어디쯤 있을까? 그 뒤 어떻게 되었을까? 최근에 순례단에 들어가서 다녀온 어떤 사람 얘기로는, 알리 후와자는 이집 트에 간다고 하면서 성지 메카를 떠났다고 하던데. 그 사람이 살아 있는지 죽었는지는 전능하신 알라 말고는 아무도 모를 거야. 그 올리브가 그대로 있 다면 가져와서 같이 먹어봅시다. 자, 큰 접시하고 등불을 가져와요, 내가 조 금만 내올 테니."

그러나 정직하고 성실한 아내는 이렇게 대답했습니다.

"무슨 소리예요? 그런 무책임한 행동으로 약속을 저버리면 안 돼요. 그때 맡은 그대로 돌려주지 못하면 당신은 약속을 어기게 되어 수치를 느끼게 되 고, 우리는 그 친구 분에게 얼굴도 들지 못하게 돼요. 나는 그런 비열한 짓 을 함께 하고 싶지 않아요. 그리고 이젠 올리브 같은 건 먹고 싶지 않아요. 게다가 7년이나 지났잖아요, 아무리 생각해도 그건 먹을 수 있을 것 같지 않 아요. 안 그래요? 제발 부탁이니 그런 짓은 그만두세요."

그런 이유로 상인의 아내는 부끄러운 줄 알라며 으르고 부탁하여 일단 그 자리에서는 남편이 알리 후와자의 올리브에 손대는 일을 말릴 수 있었습니 다.

그러나 고집이 세고 불성실한 상인은 그날 밤에는 알리 후와자의 올리브 에 손을 대지 않았지만, 그 일이 언제나 머릿속에서 떠나지 않아서, 마침내 어느 날 그 계획을 실행하기로 했습니다. 그는 자리에서 일어나 접시를 들고 창고 쪽으로 걸어갔습니다. 그런데 도중에 우연히 아내와 마주치고 말았습 니다.

"난 당신의 옳지 못한 행동에는 가담하지 않겠어요. 그런 짓을 하다간 반 드시 대가를 치를 거예요."

아내는 그렇게 말했으나, 남편은 그 말을 듣고도 전혀 아랑곳하지 않고 창고에 가서 단지를 열었습니다. 그러나 올리브는 썩어서 하얀 곰팡이가 피어 있었습니다. 상인은 단지를 옆으로 기울여 내용물을 접시에 쏟았습니다. 그러자 뜻밖에도 올리브와 함께 금화가 한 개 나왔습니다. 그것을 보고 욕심이 난 상인은 올리브를 몽땅 다른 단지에 옮겨보았습니다. 그러자 놀랍게도 단지의 아래쪽 반은 전부 금화로 가득 차 있는 게 아니겠습니까! 상인은 곧 금화와 올리브를 원래의 단지에 도로 넣고 뚜껑을 덮은 뒤, 아내에게 돌아가서 말했습니다.

"당신 말이 맞았어. 단지를 열어 보니 올리브에는 곰팡이가 나 있고, 썩어 있더군. 그래서 원래대로 해두고 왔지."

그날 밤 상인은 금화를 떠올리며, 어떻게 하면 그것을 가로챌 수 있을지 궁리하느라 한숨도 자지 못했습니다. 그리고 날이 새자, 상인은 금화를 전부 꺼내고 시장에서 신선한 올리브를 산 뒤, 그것을 단지에 채워 넣고 뚜껑을 덮어 원래의 장소에 두었습니다.

한편 알리 후와자는, 알라의 자비로 그달 끝 무렵에 마침내 무사히 바그다드에 도착할 수 있었습니다. 그는 제일 먼저 옛 친구인 상인에게 찾아갔습니다. 상인은 겉으로는 반가워하며 친구를 포옹했지만, 속으로는 어떻게 해야 할지 몰라 매우 당황했습니다. 인사를 마치고 서로 기쁨을 나눈 뒤, 알리 후와자는 곧 옛날에 맡겨 둔 올리브 단지를 돌려달라고 부탁했습니다. 그러자 상인은 알리 후와자에게 말했습니다.

"여보게, 자네가 그 올리브 단지를 어디에 뒀는지 나는 모르네. 하지만 여기 열쇠가 있으니, 창고에 가서 자네 것은 뭐든 가지고 가게."

알리 후와자는 친구의 말대로 창고에서 단지를 꺼내 와서 인사를 한 뒤 서둘러 집으로 갔습니다.

그러나 단지를 열어 보니 금화가 보이지 않았습니다. 너무 놀란 알리 후와자는 슬픔에 사로잡혀 절망적으로 탄식했습니다. 그러다가 그는 상인에게 돌아가서 말했습니다.

"여보게! 오, 전지전능하신 알라시여, 굽어살피소서, 내가 성지 메카로 순례를 떠날 때 그 단지 속에 금화 1천 닢을 넣어 두었는데, 그것이 사라지고 하나도 없군. 자네는 어찌 된 일인지 모르나? 만약 자네가 사정이 여의치 않아서 사용했다면 별문제가 아니지만. 형편이 되는 대로 갚으면 되니까 말일세."

그러나 상인은 겉으로는 안됐다는 듯이 이렇게 말했습니다.

"그 단지는 자네가 직접 창고 속에 넣어 두었네. 그러니 나는 단지 안에 올리브 말고 무엇이 들어 있는지 알 리가 없지. 게다가 자네가 넣어 두고 자네가 가지고 가지 않았나? 그런데 이제 와서 금화를 도둑맞았다고 나를 추궁하는 건가? 자네가 이런 생트집을 잡다니, 정말 기가 막히는군. 갈 때는 단지 속에 돈이 들어 있다는 말은 한마디도 하지 않고, 올리브가 가득 들어 있다고 말하지 않았나. 분명히 그랬지? 만약 금화를 넣어 두었다면 그것도 그대로 들어 있을 게 아닌가."

그 말을 들은 알리 후와자는 애원하듯이 말했습니다.

"그 1천 닢의 금화는 오랫동안 고생해서 모은 내 전 재산이네. 제발 나를 불쌍히 여기고 돌려주게."

그러자 상인은 무섭게 화를 내면서 말했습니다.

"어이, 이 친구야, 입으로는 정직하다고 말하면서 근거 없는 트집을 잘도 잡는군그래. 내 집에서 나가주게. 그리고 두 번 다시 내 집에 오지 말게. 자네가 어떤 사람인지 이제 똑똑히 알았네. 이 천하의 사기꾼 같으니!"

알리 후와자와 상인이 옥신각신하는 소리를 듣고 이웃 사람들이 모두 가게 앞으로 모여들었습니다.

상인의 가게 앞에 구름처럼 모여든 사람들은 이 사건에 대해 저마다 시끄럽게 떠들어댔습니다.

그리하여, 알리 후와자라는 자가 올리브를 담은 단지에 금화 1천 닢을 숨겨 그것을 어떤 상인에게 맡겼다는 사실이 온 바그다드에 알려졌고, 사람들은 가난하건 부유하건 구별 없이 모두 그 소문을 들었습니다. 그뿐만 아니라 당사자가 메카를 순례하고 7년 뒤에 무일푼이 되어 돌아와 보니, 부자인 상인이 금화 같은 건 모른다고 맹세하면서 끝까지 잡아떼고 있다는 것도 세상의 화젯거리가 되었습니다. 문제가 도무지 결말이 나지 않자, 알리 후와자는 사건을 판관에게 가져갈 수밖에 없었습니다. 그는 판관에게 거짓말쟁이 친구에게서 1천 닢의 금화를 변상받게 해달라고 호소했습니다. 그러자 판관이 물었습니다.

"그대에게는 변호해 줄 증인이 있는가?"

그러자 원고인 알리 후와자가 대답했습니다.

"판관님, 저는 제 비밀이 남에게 알려지는 것이 싫어서, 이 사건에 대해서는 누구에게도 얘기하지 않았습니다. 그래서 전능하신 알라만이 유일한 증인입지요. 그 상인은 제 친구인데, 저는 그 친구가 정직하지 않은 데다 친구를 배신하리라고는 생각도 하지 않았습니다."

"그렇다면, 상인을 불러서 서약을 시킨 뒤 주장을 들어보세."

피고가 나타나자, 사람들은 메카의 카바를 향해 두 손을 들고, 모든 성스러운 것에 걸고 맹세하게 했습니다. 그러자 피고는 소리쳤습니다.

"나는 알리 후와자가 가지고 있는 금화에 대해서는 아무것도 모른다는 것을 맹세합니다."*5

이 진술을 들은 판관은 피고에게 무죄를 선고하고 피고를 돌려보냈습니다.

알리 후와자는 슬픔에 잠겨 집으로 돌아가, 이렇게 혼잣말을 했습니다.

"아, 내가 받은 그 판결, 도대체 뭐가 정의란 말인가! 나는 돈을 잃었을 뿐만 아니라, 나의 정당한 주장마저 거짓말 취급을 받았다! 악당을 상대로 싸우면 남은 것까지 잃어버린다더니 정말 맞는 말이었어."

그 이튿날 알리 후와자는 사건의 경위를 쓴 진정서를 작성했습니다. 그리고 하룬 알 라시드 교주가 금요일 기도를 드리러 가는 길에 무릎을 꿇고 엎드려 그 진정서를 내밀었습니다. 이 충실한 자들의 왕은 그 고소장을 읽고 사정을 이해한 뒤 이렇게 명령했습니다.

"내일 원고와 피고를 알현실로 데려와 내 앞에서 사건을 진술하게 해라. 내가 직접 죄인을 밝혀내리라."

그날 밤 진실한 신자들의 왕은 늘 하던 대로 변장을 하고, 바르마크 집안의 자파르와 검객인 마스룰을 데리고, 바그다드 광장과 큰 길거리와 뒷골목을 돌아다니면서 도시의 동정을 살폈습니다. 어전을 나가 시내의 광장으로 가니, 아이들이 시끄럽게 떠들고 있었습니다. 그리고 바로 근처에서 열댓 명의 아이들이 달빛 속에서 놀고 있는 것이 눈에 띄었습니다.

교주는 잠시 걸음을 멈추고 아이들이 노는 모습을 구경했습니다. 얼굴이 잘생기고 피부가 하얀 소년이 다른 아이에게 이렇게 말하고 있었습니다.

"우리 이제부터 재판놀이를 하는 게 어떨까? 내가 판관이 될 테니 너희

가운데 누군가가 알리 후와자가 되고, 또 한 사람은 알리 후와자가 순례하러 가기 전에 금화 1천 닢을 맡은 상인이 되는 거야. 그리고 둘 다 내 앞에 와서 각자의 주장을 말해 봐."

교주는 알리 후와자라는 이름을 듣자, 상인을 고발한 고소장이 자기에게 들어와 있는 것을 떠올리고, 그 소년이 어떻게 판관 역할을 하고 어떤 판결을 내리는지 지켜보기로 했습니다. 교주는 소년들의 모의재판을 흥미롭게 지켜보면서 마음속으로 이렇게 중얼거렸습니다.

'아무래도 이 사건이 온 도시에 화젯거리가 되어 있나 보다. 아이들까지 알고 이렇게 재판놀이를 하는 걸 보니.'

이윽고 원고 알리 후와자의 역할을 맡은 소년과 절도로 고발당한 바그다드의 상인 역할을 할 소년이 앞으로 나와, 그럴싸하게 앉아 있는 판관 역의 소년 앞에 섰습니다. 판관이 먼저 입을 열었습니다.

"여보게, 알리 후와자, 이 상인을 무슨 일로 고발하려는 것인가?"

그러자 원고는 고발한 이유를 자세히 얘기했습니다. 그러자 판관은 상인 역의 소년을 향해 말했습니다.

"피고는 이 고발에 뭐라고 대답하려는가? 왜 금화를 돌려주지 않는 거지?"

고소당한 소년은 진짜 피고처럼 판관 앞에서 죄를 부인하면서, 신께 맹세해도 좋다고 말했습니다. 그러자 판관인 소년이 말했습니다.

"그대가 돈을 훔치지 않았다고 맹세하기 전에, 나는 원고가 그대에게 맡겼다는 올리브 단지를 이 눈으로 보고 싶다."

그리고 알리 후와자 역의 소년에게 소리쳤습니다.

"내가 조사할 것이 있으니 지금 당장 그 단지를 가져와라."

원고가 단지를 가져오자, 판관은 서로 다투고 있는 두 사람을 향해 말했습니다.

"자, 이제부터 내가 하는 말에 거짓없이 대답해야 한다. 이 단지는 원고가 피고에게 맡긴 것이 틀림없느냐?"

두 사람이 틀림없다고 대답하자, 판관 역의 소년이 다시 말했습니다.

"그렇다면 단지를 열어 올리브를 조금 가지고 오너라. 그 올리브가 지금 어떻게 되어 있는지 조사해 볼 테니까."

그는 그 올리브를 한 입 먹어보고 말했습니다.

"어떻게 된 일이지? 향기도 신선함도 조금도 변하지 않았어. 7년이나 지나면 올리브는 곰팡이가 피어 썩어 버릴 텐데. 마을에 가서 올리브 상인 두 사람을 이리 데리고 오너라. 이것을 감정해 달라고 해야겠다."

그러자 그 역할을 맡은, 다른 두 소년이 법정의 판관 앞에 나타났습니다. 판관이 물었습니다.

"너희는 올리브를 사고파는 상인인가?"

"예, 그렇습니다. 그 일은 조상 대대로 내려오는 가업으로, 올리브를 사고 팔아 나날의 생계를 꾸려가고 있습니다."

판관이 다시 물었습니다.

"그럼, 얘기해 다오. 올리브는 얼마나 보관할 수 있는지? 향기를 잃지 않고 신선하게."

두 소년이 대답했습니다.

"예, 나리, 아무리 잘 보존해도 3년이 지나면 향기도 사라지고 색도 변해 먹을 수 없게 됩니다. 그렇게 되면 버리는 것 말고는 방법이 없습니다."

그 말을 듣고 소년 판관은 말했습니다.

"그렇다면 이 단지 속에 있는 올리브를 조사하고, 그것이 얼마나 지난 것인지, 또 그 상태와 맛매가 어떤지 나에게 알려주게."

기름 상인 역할을 하고 있는 두 소년은 단지 속에서 두세 개의 열매를 꺼내 입에 넣어본 뒤 말했습니다.

"판관나리, 이 올리브는 상태가 멀쩡하고 향기도 좋습니다."

그러자 판관이 말했습니다.

"그대들은 거짓말을 하고 있다. 알리 후와자가 그 단지에 올리브를 넣은 것은 7년 전의 일, 순례를 떠날 때였어."

"판관나리께서 뭐라고 하시든, 이 올리브는 올해에 딴 것입니다. 바그다드의 모든 기름 상인에게 물어보셔도 모두 똑같이 말할 것입니다."

게다가 피고에게도 그 열매를 맛보고 향기를 맡게 하니, 피고도 두 사람의 증언을 인정하지 않을 수 없었습니다. 그러자 소년 판관은 피고인 소년에게 말했습니다.

"그대가 악당이고 형편없는 자라는 것은 이미 밝혀졌다. 그대의 죄는 충분히 책형에 처할 만하다."

이 말을 들은 소년들은 기뻐하며 손뼉을 치면서 춤을 추었습니다. 그런 다음 바그다드의 상인 역을 한 소년을 붙잡아 형장으로 끌고 갔습니다.

충실한 자들의 왕인 하룬 알 라시드 교주는, 이 재판놀이에서 판관 역을 한 소년의 영리함에 매우 감탄하며 자파르 대신에게 이렇게 말했습니다.

"지금의 모의재판에서 판관 역할을 한 소년을 잘 기억해 두었다가 내일 부르도록 하게. 재판놀이에서 들은 것처럼, 내일은 그 소년에게 내가 보는 앞에서 정식으로 이 사건을 해결하게 할 것이다. 또 이 도시의 판관을 소환하여, 올바른 재판의 모습을 저 소년에게서 배우게 해야겠다. 그러니 알리 후와자에게는 올리브 단지를 가져오게 하고, 아울러 마을의 기름 상인을 두 사람 부르도록 하게."

하룬 알 라시드 교주는 대신에게 이렇게 명령하고 어전으로 돌아왔습니다.

이튿날, 바르마크 집안의 자파르는 아이들이 재판놀이를 하고 있었던 곳으로 가서, 학교 선생에게 아이들이 있는 곳을 물었습니다.

"오늘은 이미 모두 집에 돌아갔습니다."

선생이 대답하자, 대신은 가르쳐 준 집을 찾아가서 아이들에게 어전에 들라고 전하고 이렇게 물었습니다.

"간밤에 판관 역할을 맡아서 알리 후와자 사건에 판결을 내린 것은 누구냐?"

그러자 가장 나이가 많은 소년이 대답했습니다.

"바로 접니다. 대신님."

소년은 왜 그런 것을 묻는지 이유를 몰라 새파랗게 질려 있었습니다.

"나를 따라오너라. 충실한 자들의 임금님께서 너에게 볼일이 있으시다."

이 말을 듣고, 소년의 어머니는 기겁해 울기 시작했습니다. 그러자 자파르는 소년의 어머니를 위로하며 말했습니다.

"부인, 두려워할 것 없소. 걱정하지 않아도 되오. 부인의 아들은 금방 무사히 돌아올 테니까. 인샬라! 교주님께서 틀림없이 커다란 은총을 내려주실 거요."

대신의 말에 갑자기 기운이 솟아난 어머니는 서둘러 아들에게 좋은 옷을 입히고 대신과 함께 보냈습니다. 대신은 소년의 손을 잡고 교주 알현실로 갔습니다. 그리고 주군이 지시한 그 밖의 여러 가지 일들을 모두 실행에 옮겼습니다.

이윽고 충실한 자들의 왕은 재판석에 앉고는 그 소년을 옆에 앉혔습니다. 그리고 당사자들, 즉 알리 후와자와 바그다드의 상인이 어전에 들자, 교주는 소년이 분쟁을 재판할 것이니, 각자 소년 앞에서 주장을 펼쳐보라고 명령했습니다.

그리하여 원고와 피고는 소년 앞에서 저마다 자신의 처지를 자세히 얘기했습니다. 그리고 피고는 죄상을 완강하게 부인한 뒤, 자신의 주장은 진실이라면서 두 손을 들고, 신전 쪽으로 얼굴을 향해 당장에라도 맹세하려고 했습니다. 그때 소년 판관이 상대를 제지했습니다.

"그만하시오! 지시가 있을 때까지 맹세해서는 안 됩니다. 그보다 먼저 올리브 단지를 법정에 제출하시오."

단지는 즉시 운반되어 와서 판관 앞에 놓였습니다. 소년은 그것을 열라고 명령한 뒤 열매를 하나 먹어보더니, 미리 불러둔 두 명의 기름 상인에게도 마찬가지로 먹어보게 했습니다. 그리고 그 열매가 얼마나 되었는지, 또 그 맛매가 좋은지 나쁜지 확실하게 말하라고 분부했습니다. 두 사람의 증인은 판관이 분부한 대로 대답했습니다.

"이 올리브는 향기가 변하지 않고 그대로 남아 있습니다. 틀림없이 올해에 딴 것입니다."

그러자 소년은 말했습니다.

"그대들이 잘못 알고 있는 것 같소. 왜냐하면 알리 후와자가 단지 속에 올리브를 넣은 것은 7년 전이었으니까. 그런데 올해 딴 열매가 어떻게 단지 속에 들어 있을 수 있겠소?"

"하지만, 저희가 하는 말은 틀림없는 사실입니다. 의심스러우면 곧 다른 기름 상인을 불러서 물어보십시오. 그러면 정말인지 아닌지 알 수 있을 겁니다."

바그다드의 상인은 더 이상 자신의 죄를 숨길 수 없게 되자, 금화를 꺼내고 단지 속에 새 올리브를 채워 넣은 것을 다 말했습니다. 그 말을 듣고, 소년은 진실한 신자들의 왕에게 말했습니다.

"자비로우신 임금님, 간밤에 저희는 재판놀이에서 이 사건을 재판했지만,

죄상에 대해 판결을 내리는 것은 오직 임금님의 권한입니다. 저는 지금 임금님의 어전에서 판정을 내렸으나, 부디 코란의 법칙과 사도의 관습에 따라 이 상인을 처벌하시기 바랍니다. 또 알리 후와자는 금화의 주인임이 명백하게 밝혀졌으니, 1천 닢의 금화를 이자에게 돌려주라고 명령하십시오."

교주는 바그다드의 상인으로부터 금화 1천 닢을 숨긴 장소를 자백받고, 그것을 본디 주인인 알리 후와자에게 돌려준 뒤, 상인을 끌고 가서 교수형에 처하라고 명령했습니다.

교주는 또 이 사건을 경솔하게 재판한 판관을 돌아보며, 소년을 본받아 좀더 신중하고 성실하게 직책을 수행하라고 분부했습니다. 그리고 진실한 신자들의 왕은 소년을 끌어안고, 대신에게 왕실의 내탕금 가운데 금화 1천 닢을 소년에게 주라고 명령한 뒤, 부모에게 무사히 돌려보냈습니다.

그 뒤 소년이 어엿한 성인으로 성장하자, 교주는 그를 술친구로 뽑아 많은 재물을 내리고 더할 나위 없이 소중하게 대우했습니다.

〈주〉

＊1 이런 종류의 꿈은 알 이슬람에서는 흔한 일이다. 물론 기독교도는 그런 꿈을 꾸지 않는다. 그것은 이슬람교도가 처녀 마리아나 성인들의 모습을 꿈에서 보지 않는 것과 같다. 이것은 그들의 '주관성'을 얘기하는 가장 좋은 증거이다.

＊2 아사피리(Asafiri, 작은 올리브 열매)에 대해서는 드 사시의 《고전시문집》 제2장에 나와 있다. 이 책 '카마르 알 자만의 이야기' 주석 80에 풀이되어 있다.

＊3 메카에 있는 이슬람교의 성전. 본디 정사각형 건물이라는 뜻이며, 이슬람교의 제1성소(聖所)로서 전 세계의 이슬람교도들은 이쪽을 향해 예배를 드린다.

＊4 두 군데의 성지[메카와 메디나]에서 한동안, 또는 평생 정착하는 순례자도 드물지 않았다. 그리하여 성지에는 끊임없이 새로운 피가 보급되는 것이다.

＊5 이슬람교도 사이에 있었던 법정에서의 선서 진술은 중세 유럽의 재판과 마찬가지로 '결정적인 소송법(litis decisio)'이었다.

서로를 속여먹은 두 사기꾼 이야기

 옛날, 바그다드에 알 마르와지라는 한 사기꾼이 살고 있었습니다. 그는 늘 못된 짓을 저질러 사람들에게 피해를 줬기 때문에, 온 도시에서 그를 모르는 사람이 없을 정도로 악명이 높았습니다.

 어느 날, 이 남자는 양의 똥을 한 짐 지고 집을 나서면서, 그것을 건포도 가격으로 팔아넘기기 전에는 자기 집 문지방을 넘지 않겠다고 스스로 맹세했습니다.

 그런데 다른 도시에 알 라지라는 또 한 사람의 사기꾼이 있었는데, 천하에 이름 높은 악당이었던 이 사내도 같은 날, 산양 똥*1을 한 짐 지고 집을 나섰습니다. 그리고 마음속으로 무슨 일이 있어도 말린 무화과 가격이 아니면 팔지 않겠다고 결심했습니다.

 두 사기꾼은 각자 짐을 지고 여행을 하다가 어느 날 객줏집에서 딱 마주쳤습니다. 그러자 한 사람이 다른 상대에게, 돈을 벌려고 여행을 나서기는 했지만 고생이 이만저만이 아니고, 물건을 사줄 사람이 좀처럼 나서지 않는다며 불평을 털어놓았습니다. 두 사람은 저마다 속으로 상대를 속일 생각을 하고 있었습니다. 그래서 알 마르와지가 알 라지에게 말했습니다.

 "여보시오, 그 짐을 팔 거요?"

 "물론이죠."

 상대의 대답에 알 마르와지가 다시 물었습니다.

 "그럼, 나한테 있는 상품도 사주겠소?"

 알 라지가 승낙하니 두 사람의 거래는 당장 성립되어, 양쪽 다 상대의 물건과 교환하는 조건으로 자신의 물건을 팔았습니다. 거래가 끝나자, 두 사람은 작별을 고하고 각자 동쪽과 서쪽으로 헤어졌습니다.

 두 사람은 서로의 모습이 시야에서 사라지자마자, 내용물을 조사하기 위해 각자의 짐을 풀어 보았습니다. 그러자 한쪽은 양의 똥을, 또 한 사람은 산양의 똥을 한 짐씩 지고 있었음을 알고, 둘 다 상대를 찾아서 여관으로 돌아갔습니다.

여관에서 다시 얼굴을 마주한 두 사람은 서로 웃음을 터뜨리면서 거래를 취소했습니다. 그러고는 앞으로 함께 장사하여, 돈이든 상품이든 모두 공유하고 똑같이 나누기로 합의했습니다. 그러자 먼저 알 라지가 알 마르와지에게 말했습니다.

"이제 내가 사는 곳으로 함께 가세. 자네 고향보다 훨씬 가까우니까."

그리하여 알 마르와지는 알 라지를 따라갔는데, 집에 도착하자 알 라지는 아내를 비롯하여 가족과 이웃에게 이렇게 말했습니다.

"이 사람은 내 형제인데, 오랫동안 호라산에 가 있다가 이제야 돌아왔다오."

그리고 알 마르와지를 사흘 동안 매우 극진하게 환대했습니다. 나흘째가 되자 알 라지는 상대에게 말했습니다.

"형제여, 이쯤에서 뭔가 일을 저질러 보지 않으려나?"

"무슨 일을 할 건데?"

"내가 죽은 척을 할 테니, 자네는 시장에 가서 짐꾼 두 사람과 관을 얹어 놓는 관대를 구해 오게. 그리고 나를 실어서 거리와 시장을 돌아다니면서, 장례식을 위해 마을 사람들의 희사를 받는 거야."*2

옳거니! 알 마르와지는 시장에 뛰어가서 필요한 것들을 준비하여 알 라지의 집으로 돌아왔습니다. 돌아와 보니 동료가 입구에 뻗어 있는데, 수염을 묶고, 눈을 감고, 얼굴은 새파랗게 질려 있고, 배는 부풀어 오르고, 팔다리는 축 늘어져 있는 게 아니겠습니까? 알 마르와지는 알 라지가 정말 죽은 것으로 생각되어 몸을 흔들어 보았으나 꼼짝도 하지 않았습니다. 그래서 이번에는 칼을 꺼내 다리를 찔러 보았지만, 그래도 꿈쩍하지 않습니다. 그러고 있으니 죽은 척하고 누워 있던 알 라지가 입을 열었습니다.

"이 얼뜨기 같으니, 지금 뭐 하고 있는 거야?"

"자네가 정말로 가버린 줄 알고."

"얼른 일이나 시작해. 장난은 그만두고."

그래서 알 마르와지는 알 라지를 관대에 실어서 시장에 나가, 온종일 희사를 구하며 돌아다녔습니다. 그리고 저녁이 되자 다시 관대에 싣고 돌아와서 날이 새기를 기다렸습니다.

이튿날 아침, 알 마르와지는 알 라지를 다시 관대에 싣고, 전날과 마찬가지로 희사를 구하면서 시장을 돌아다녔습니다. 그러다가 경비대장과 딱 마주쳤습니다. 경비대장은 전날에도 희사를 베풀었으므로, 이 광경을 보자 화가 나서 짐꾼들에게 달려들어 패기 시작했습니다. 그리고 시체를 빼앗아 가며 말했습니다.

"내가 묻어 주고 천국에서 상을 받아야겠다."

부하 관리들이 시체를 짊어져 관청으로 운반하자, 경비대장은 일꾼을 데려와서 무덤을 파라고 지시했습니다. 그리고 수의와 향료*³를 준비하고, 시체를 염습하기 위해 노인을 한 사람 데리고 왔습니다. 노인은 먼저 경을 읽고 나서 의자에 시체를 눕혀 놓고 그 몸을 씻은 뒤 수의를 입혔습니다. 그러나 수의를 입힌 순간 죽은 사람이 똥을 싸는 바람에, 노인은 시체를 다시 씻고, 자신도 목욕하러 밖으로 나갔습니다. 한편, 말단관리들도 마지막 독경이 시작되기 전에 몸을 깨끗이 하려고 어디론가 가고 없었습니다.

죽은 사람은 혼자 남게 되자 마치 악마 같은 모습으로 벌떡 일어났습니다. 그리고 염습하는 노인이 남겨두고 간 옷을 주워 입은 뒤, 찻잔과 주전자 등을 닥치는 대로 하얀 천에 쓸어 담고, 수의를 옆구리에 끼고는 얼른 그곳을 빠져나갔습니다.

문지기가 이 사내를 보고 염습하는 노인인 줄 알고 이렇게 물었습니다.

"염습이 벌써 끝났소? 그렇다면 경비대장님께 알려야겠군."

사기꾼은 "예" 대답하고는 집으로 돌아갔습니다. 그런데 집에 돌아가 보니 알 마르와지가 자기 마누라에게 열심히 수작을 걸고 있는 게 아니겠습니까?

"이렇게 되었으니 당신 목숨에 걸고라도 두 번 다시 남편의 얼굴은 볼 수 없을걸. 말하지 않아도 알고 있겠지만, 지금쯤 벌써 땅속에 누워 있을 테니까. 나도 옥신각신한 끝에 간신히 도망쳤거든. 만에 하나 그자가 자칫 말실수라도 하면 사형을 면할 수 없단 말이야."

"그래서 당신은 도대체 나에게 뭘 어쩌라는 거예요?"

"내가 하자는 대로 고분고분 말을 들어달라는 거지. 내가 임자 남편보다 훨씬 나을 테니까."

그런 다음 알 마르와지는 본격적인 일에 들어가기 전에 동료의 마누라와 새롱거리기 시작했습니다.

그 수작을 다 들은 알 라지는 혼잣말을 중얼거렸습니다.

"저 못된 난봉꾼 같으니! 감히 내 마누라한테 흑심을 품어? 어디 따끔한 맛 좀 보여주마."

그리고 갑자기 두 사람 사이로 뛰어들었습니다. 알 마르와지는 상대를 보고 의아한 표정으로 물었습니다.

"도대체 어떻게 빠져나왔나?"

그래서 알 라지는 감쪽같이 관리들을 속인 이야기를 자세히 한 뒤, 마을 사람들로부터 잔뜩 그러모은 돈에 대해 둘이서 얘기를 나눴습니다. 이윽고 알 마르와지가 말했습니다.

"사실 난 상당히 오랫동안 집을 비워서 이제 그만 고향으로 돌아가고 싶네."

"자네 좋을 대로 하게."

"그러니 우리가 모은 돈을 나누지 않겠나? 그리고 이번에는 자네 쪽에서 나하고 함께 우리 집에 가세. 나의 연극과 수법을 보여줄 테니까."

"그럼, 내일 다시 와서 돈을 나누기로 하세."

알 마르와지가 가 버리자, 남편은 마누라를 향해 돌아서서 말했습니다.

"우리가 번 돈을 저놈이 반 나눠달라는군. 그렇지만 감히 어딜 넘봐! 그렇게는 못하지. 난 마음이 변했어. 놈이 임자한테 수작을 걸고 있는 것을 들은 이상은. 그래서 말인데, 나는 놈을 깜짝 놀라게 해서 이 돈은 모두 내가 차지할 생각이야. 임자는 내가 시키는 대로 해야 해!"

"좋아요."

마누라의 대답을 듣고 남편은 이야기를 계속했습니다.

"내일 날이 밝으면, 나는 곧 죽은 척을 할 거야. 그러면 임자는 큰 소리로 울부짖으면서 미친 듯이 머리카락을 쥐어뜯는 거야. 그러면 사람들이 달려오겠지. 그렇게 되면, 입관할 준비를 해서 나를 묻는 거야. 그러고 나서 모두가 묘지에서 돌아가면 다시 무덤을 파고 나를 꺼내 줘. 나는 무덤*4 속에서 이틀 정도는 견딜 수 있으니까 걱정하지 말고."

"당신이 하라는 대로 하지요."

그리하여 날이 새자, 마누라는 남편의 수염을 묶고 하얀 천을 씌운 뒤, 커다란 소리로 울부짖기 시작했습니다. 그 비명을 들은 이웃 사람들은 남자 여자 할 것 없이 잔뜩 모여들었습니다. 한참 있으니 알 마르와지가 돈을 나누러 왔습니다. 그는 슬피 우는 울음소리를 듣고 물었습니다.

"도대체 무슨 일이오?"

"당신 형제가 죽었다는구려."

이 말을 들은 알 마르와지는 속으로 생각했습니다.

'저 녀석이 나를 속이고 돈을 독차지하려고 그러는구나. 내 당장 저놈을 혼내주고 되살려주리라.'

그러고는 자신의 옷가슴을 잡아 뜯고, 터번을 벗어 내팽개치고는 꺼이꺼이 울면서 소리쳤습니다.

"불쌍한 내 형제! 아, 불쌍한 내 형님! 아! 불쌍한 내 두목! 아!"

알 마르와지가 사람들 옆에 다가가자, 모두 일어나서 애도의 말을 했습니다. 이윽고 알 마르와지는 알 라지의 마누라에게 인사한 뒤 물었습니다.

"형님이 어쩌다가 갑자기 돌아가셨소?"

"나는 아무것도 몰라요. 글쎄, 아침에 일어나 보니 죽어 있지 뭐예요."

알 마르와지는 다시 마누라가 가지고 있는 돈에 대해 물었습니다.

"그것도 몰라요. 어떻게 되었는지, 전혀."

마누라가 그렇게 소리치자, 알 마르와지는 사기꾼 동료의 머리맡에 앉아서 말을 걸었습니다.

"이봐, 알 라지! 난 이제부터 열흘 동안 밤낮없이 자네 곁을 지키고 있을 거야, 자네 무덤 옆에서 살 작정이라고. 그러니까 어리석은 짓은 그만두고 일어나."

그러나 아무 대답도 없어서 알 마르와지는 칼을 뽑아 상대의 팔다리를 쿡쿡 찌르기 시작했습니다. 그러면 상대도 몸을 움직이지 않을 수 없을 거라고 생각한 겁니다. 그러나 상대는 꿈적도 하지 않았습니다. 이윽고 알 마르와지는 제풀에 지쳐서, 동료가 정말로 죽은 줄 알고 체념했습니다. 하지만 아무래도 수상쩍어서 이렇게 혼잣말을 했습니다.

"이놈은 나를 속이고 돈을 전부 혼자 슬쩍할 생각인 거야."

알 마르와지는 입관 준비를 하고, 향료를 비롯하여 필요한 물품을 가지고 왔습니다. 그런 뒤 다 같이 시체를 씻는 장소로 옮기자, 알 마르와지는 물을 끓여서 시체 옆에 다가갔습니다. 그리고 부글부글 끓어올라 3분의 1 정도가 증기로 날아갈 정도로 끓인 열탕을 시체에 끼얹으니, 피부가 순식간에 빨갛게 익어서 보라색으로 변하더니 물집이 생기고 부풀어 올랐습니다. 그래도 알 라지는 꼼짝 않고 누워 있었습니다.

이윽고 일동은 시체를 수의로 싸서 관대에 실어 어깨에 지고 묘지로 운반했습니다. 그리고 무덤의 시체 안치소에 내려놓은 뒤 흙을 덮은 다음 그대로 사방으로 흩어졌습니다. 그러나 알 마르와지와 과부가 된 마누라는 눈물을 흘리며 무덤 옆에 앉은 채 꼼짝도 하지 않았습니다. 마침내 해가 질 때까지 앉아 있다가 마누라가 말했습니다.

"이제 집으로 돌아갑시다. 울어봤자 죽은 양반이 돌아올 리도 없잖아요."

그러자 상대가 대답했습니다.

"아니오, 알라께 맹세코 나는 열흘 밤 열흘 낮, 이 무덤 옆에서 지낸 뒤가 아니면 여기서 한 발짝도 움직이지 않을 거요!"

마누라는 그 말을 듣자, 사내가 자신의 맹세를 지키고, 또 그 탓에 남편이 정말 죽어 버리지 않을까 애가 탔습니다. 그러면서도 속으로는 이렇게 생각했습니다.

'이자는 일부러 시치미를 떼고 있는 거야. 내가 먼저 집으로 돌아가면 이 사람도 잠시 있다가 곧 어딘든 가버리겠지.'

마누라는 혼자 일어나서 집으로 돌아갔습니다. 알 마르와지는 밤늦도록 무덤가에 가만히 앉아서 혼잣말을 했습니다.

"언제까지 이렇게 기다려야 한다지? 그렇다고 이 악당 놈을 돼지게 해서 돈을 한 푼도 못 건지는 것도 아까운 일이고. 차라리 무덤에서 놈을 꺼내 실컷 패주고 달구쳐서 내 몫을 빼앗아야겠다."

알 마르와지는 흙을 파헤치고 무덤 속에서 시체를 끌어냈습니다. 그리고 무덤 바로 옆에 있는 풀밭으로 가서 종려나무 가지*5를 꺾어 와, 시체의 두 발을 묶고 이 나뭇가지로 마구 후려쳤지만, 그래도 시체는 꼼짝도 하지 않았습니다. 한참 그러고 있으니 어깨가 어쩌나 아픈지 넌더리가 나고 말았습니다. 게다가 순찰하는 야경꾼에게 들켜 붙잡히면 큰일이라고 생각했습니다. 그래서 알 라지를 둘러메고 묘지를 나선 알 마르와지는 걸음을 재촉하여 배화교도의 시체 안치소를 찾아갔습니다. 거기서 시체를 '침묵의 탑'*6 속에 던져 넣은 뒤, 다시 한 번 어깨에서 힘이 빠질 때까지 맹렬하게 때리고 또 때렸습니다. 그래도 상대는 조금도 움직이지 않았습니다. 알 마르와지는 시체 옆에 앉아서 잠시 쉬었습니다. 그런 다음 다시 일어나 또 실컷 때렸습니다. 그렇게 날이 샐 때까지 계속 때렸지만, 그래도 알 라지는 옴짝달싹하지 않았습니다.

그런데 마침, 평소에 재물을 빼앗아 이 시체 안치소에 가져와서 약탈품을 나누곤 하던 밤도둑들이 아침 일찍 이곳에 찾아왔습니다. 모두 열 명이 각각 보물을 잔뜩 안고 있었습니다. 그들이 '침묵의 탑'에 다가가자 안에서 누가 때리는 듯한 소리가 들려왔습니다. 두목이 소리쳤습니다.

"저놈들은 배화교도인데 천사들*7의 손에 모진 고통을 당하고 있는 거다."

그들이 묘지에 들어가자, 알 마르와지는 수많은 도둑이 시끌벅적하게 들어오는 모습을 보고 경비 관리들이 습격해 온 것으로 생각했습니다. 그래서 즉시 그 자리를 피해 묘석 사이에 몸을 숨겼습니다.

도둑들은 알 라지가 두 다리가 묶인 채 누워 있고, 그 옆에 나뭇가지가 70개나 있는 것을 보고 깜짝 놀랐습니다.

"이 자식! 이놈은 악랄한 대역죄인인가 보구나! 대지도 이런 짐승을 그 자궁 속에 받아들이지 못하는 걸 보니. 보아하니 이놈은 새로 들어온 놈이야. 오늘 밤이 무덤에서의 첫날 밤이어서 방금 천사의 고문을 받고 있었던 거지. 그러니 너희도 마음에 켕기는 일이 있으면 속죄하는 마음으로 이놈을 실컷 패주어라."

"우리는 한 놈도 빠짐없이 죄 많은 인간이니."

도둑들은 그렇게 말하며 한 사람씩 시체에 다가가서 백 번씩 때렸습니다. 그렇게 때리면서 한 사람이 이렇게 말했습니다.

"이건 내 아버지를 위해!"

그러자 다른 사람들도 덩달아 때리면서 저마다 소리쳤습니다.

"이건 내 할아버지를 위해!"

"내 형제를 위해!"

"내 마누라를 위해!"

도둑들은 번갈아가며 죽은 사람을 실컷 때리는 동안 제풀에 지쳐버리고 말았습니다. 알 마르와지는 구석에서 그 모습을 구경하면서 속으로 웃음을 참으며 생각했습니다.

'놈에게 설법을 해 주는 건 나뿐만이 아니군. 위대한 신 알라 외에 주권 없고 권력 없다!'

이윽고 약탈품을 나누기 시작한 도둑들은, 칼 한 자루를 두고 그것을 서로 가지겠다고 싸우기 시작했습니다. 그때 두목이 끼어들었습니다.

"먼저 칼날을 시험해 보는 게 좋겠다. 그것이 훌륭한 칼이면 그 가치를 알 수 있을 것이고, 무디면 무딘 대로 확실하게 구별할 수 있게 될 테니."

이 말을 듣고 부하들이 말했습니다.

"그럼, 이 시체로 한번 시험해 봅시다. 아직 죽은 지 얼마 안 되는 따끈따끈한 놈이니까."

그리하여 두목은 칼집에서 칼을 빼어 공중에 높이 치켜들고 내리치는 시늉을 했습니다.

일이 이 지경에 이르자 그때까지 죽은 척하고 누워 있던 알 라지는, 역시 여기까지가 한계라는 것을 알고 체념하면서 속으로 말했습니다.

'나는 죽음에서 벗어나게 해달라고 열심히 알라게 매달려, 염습장의 돌판도, 열탕도, 칼도, 비좁은 무덤 속도, 모두 이를 악물고 견뎌왔고, 실제로 이렇게 살아 있다. 하지만 아무리 그래도 저 칼만은 못 당해. 단칼에 모든 게 끝장나고 말 테니까.'

알 라지는 벌떡 일어나서, 죽은 사람의 넓적다리뼈를 움켜잡고 있는 도둑들에게 힘껏 소리쳤습니다.

"야, 이 귀신들아, 네놈들은 이거나 처먹어라!"

알 라지가 갑자기 한 도둑에게 공격을 하자, 동료인 알 마르와지도 힘을 보태러 나와서 또 한 사람을 때려눕힌 뒤, 마구 소리를 지르면서 닥치는 대로 도둑들을 때렸습니다. 이 느닷없는 기습에 도둑들은 가지고 있던 약탈품도 그 자리에 내팽개치고 몹시 놀라 넋을 잃고 사방으로 달아나고 말았습니다. 너무 무서워서 분별심도 어디로 다 사라져버리고, 정신없이 달려서 배화교도의 묘지를 나가 1파라상〔5킬로미터 정도〕쯤 되는 곳에 이르렀을 때, 그들은 일단 걸음을 멈췄습니다. 죽은 사람에게서 온몸의 털이 곤두서는 무서운 경험을 당하여 간이 콩알만 해진 도둑들은, 그곳에서 온몸을 와들와들 떨면서 정신을 가다듬었습니다.

한편 알 라지와 알 마르와지는 어느새 화해하고 그 자리에 털썩 앉아서 전리품을 나누기 시작했습니다. 그때 알 마르와지가 말했습니다.

"이 돈은 자네 손에 땡전 한 푼 넘겨주지 않겠어. 자네 집에 있는 돈을 내 몫만큼 주지 않는 한."

그러자 알 라지가 대꾸했습니다.

"누가 그런 멍청한 짓을 한대? 이 돈도 내 몫은 내 몫이지. 절대로 양보할 수 없어."

두 사람은 서로 침을 튀기며 말다툼하면서 어느 쪽도 상대에게 양보하지 않았습니다.

"너 같은 놈에게는 한 푼도 줄 수 없어!"

오는 말이 고와야 가는 말이 곱다고, 목소리는 점점 거칠어졌고, 말다툼은 끝없이 계속되었습니다.

이때 도둑들은, 일단 한숨 돌리고 나자 한 사람이 말했습니다.

"다시 한 번 돌아가서 동정을 살펴보는 게 어때?"

그러자 두목도 찬성했습니다.

"죽은 사람이 그런 짓을 할 수 있을 리가 없지. 죽은 사람이 그렇게 되살아났다는 얘기는 태어나서 지금까지 한 번도 들어본 적이 없어. 좋아, 돌아가서 우리 돈을 되찾자. 귀신한테 돈이 무슨 필요가 있어!"

그러자 돌아가는 것이 좋은가 어떤가에 대해 의견이 둘로 갈라졌습니다. 그러다가 한 사람이 이렇게 말했습니다.

"우리는 무기를 잃어서 놈들에게 칼을 휘두를 수가 없어. 그러니 거기에 다가갈 수 없지. 다만, 누군가 한 사람이 가서 동정을 살피는 거야. 그래서 놈들의 기척이 없으면 우리에게 신호를 보내는 거지."

모두 이 의견에 동의했습니다. 또 누가 그 역할을 무사히 해내면, 그자에게 약탈품의 반을 상으로 주기로 했습니다.

그래서 도둑 하나가 묘지로 돌아가서 '침묵의 탑' 입구에서 걸음을 멈췄습니다. 그러자 알 마르와지가 상대에게 퍼부어대는 소리가 들려왔습니다.

"이 돈은 네놈에게 한 푼도 줄 수 없어!"

상대도 똑같은 말을 하면서, 둘이서 미친 듯이 온갖 욕설을 서로 퍼붓고 있었습니다.

도둑은 걸음아 날 살려라 하면서 일당에게 돌아갔습니다.

"네 뒤는 어땠어?"*8

동료들이 물었습니다.

"냉큼 달아나, 뒤도 돌아보지 말고, 이 멍청이들아! 목숨이 아깝거든 달아나라고! 죽은 사람들이 수없이 되살아나서 이러쿵저러쿵, 와글와글 떠들어대고 있단 말이야!"

이 말을 들은 도둑들은 뒤도 돌아보지 않고 사방으로 튀어나갔습니다.

한편 두 사기꾼은 알 라지의 집으로 돌아가서 화해하고, 전에 그러모은 돈에 도적들의 약탈품을 더하여 오랫동안 안락하게 남은 생애를 보냈다고 합니다.

〈주〉

*1 산양 똥은 보통 연료로 사용되지만, 때로는 익살맞은 사람들이 짓궂은 장난으로 과자 속에 섞는 일이 있다. 이 과자는 누클 이 피쉬킬(Nukl-i-Pishkil), 즉 '산양 똥 봉봉'이라 불린다. 〔봉봉은 과일즙이나 브랜디, 위스키 따위를 넣어 만든 사탕.〕

*2 이 문장은 원전의 알 수 없는 의미를 수정하기 위해 페인이 보충한 것이다. 이슬람교도들이 진짜 신도를 땅속에 묻을 때는 초라하지 않게 그에 알맞도록 치르게 되어 있다. 그래서 가난한 자들은 종종 장례식을 위해 희사를 요구한다.

*3 이 향료는 아랍어로 하누트(Hanut)라 하며 시체를 씻는 물인데, 대추나무 잎을 삶은 것이다. 입과 그 밖의 구멍을 메우는 데는 솜과 함께 장뇌가 사용된다. 부자들은 훈훈한 향기가 나도록 장미수, 사향, 용연향, 백단, 침향도 사용한다.

*4 무덤은 아랍어로 라드(Lahd) 또는 루드(Luhd)라고 하며, 직사각형의 수로 한쪽에 판 구덩이 또는 굴. 이곳에 시체를 안치하고 진흙이 묻지 않도록 야자잎 등으로 덮는다.

*5 종려나무 가지는 아랍어로 자리다(Jaridah)〔여기서 자리드 놀이가 나왔다〕라고 하며, 잎을 떼어낸 것. 채찍, 의자, 소파, 침대 등 갖가지 목적에 사용된다. 〔자리드 놀이는 짧게 자른 종려나무 가지 몇 개로 하는 어린이들의 경기.〕 '채찍을 맞을(eating stick)' 때의 호걸다운 모습을 다룬 이야기는 이집트의 하층계급에게 늘 인기가 높다.

*6 '침묵의 탑'은 아랍어로 나우스(Nawus), 안이 텅 비어 있는 돌탑으로, 중앙의 우물 위에 격자를 끼워 그 위에 배화교도의 시체를 두어 맹금류의 먹이가 되게 한다. 봄베이〔뭄바이〕에 사는 파르시교도〔일종의 배화교도〕들이 이 풍습을 보존하고 있으며, 유럽인에게는 '침묵의 탑'이라는 이름으로 알려졌다. 나이스(Nais)와 나우스는 '불의 사원'

을 의미하며, 그리스어의 나오스(*Naôs*)〔사원〕와 비슷한 것도 묘하다.

*7 죽은 자를 찾아오는 문카르와 나키르라고 하는 천사에 대해서는 939번째 밤〔이 책 '염색공 아부 키르와 이발사 아부 시르' 이야기 주석 31〕 참조. 알 마수디(제31장)에 의하면, 위의 명칭은 나일 강이 불어났을 때 측정용으로 사용하던 수위표의 제13, 14 완척에 이집트인이 붙인 것이며, 이 표는 그 시대에는 최고 17완척의 증수(增水)를 나타내는 것으로 여기고 있다 한다.

*8 '어이, 아삼, 너는 뒤에 무엇을 남기고 왔느냐?' 즉 '너는 무엇을 보았느냐?'는 속담을 암시한 것.

천하루 밤 에세이

리처드 버턴

머리글

내가 군이 강조하지 않더라도 이 기나긴 이야기의 마지막에 이르른 독자들은, 이제까지 중세 아랍인의 가장 좋은 상태와 가장 나쁜 상태를 보아 왔다. 아라비안나이트 파노라마의 끝없이 바뀌는 정경을 한 번 들여다보고 사악한 것 속에서 선량한 영혼을 볼 수 있는 사람들은, 중세 이슬람교도들의 고결한 정신과 요람에서 무덤에 이르는 그들 인생에서 정결함을 느낄 수 있으리라.

어릴 때는 부모에게 몸과 마음을 바쳐 있는 힘을 다하고 친구를 사랑하며 '스승과 주인'에게, 또 학교 선생님에게도 경의를 표시해야 한다. 청년기에는 단호히 성년을 준비하기 시작하며, 그 훈련이 청춘시대 전체를 차지한다. 그는 이미 예의범절이 몸에 밴 훌륭한 신사이고, 흉한 모습이나 천박한 경탄, 또는 비천한 내향성 따위는 이미 찾아볼 수 없다. 어른이 되어서는 의지와 기개가 하늘을 찌를 듯하며, 언제나 술탄을 위해, 나라를 위해, 특히 자신의 신앙을 위해 싸울 준비가 되어 있다. 예의 바르고 행동거지는 은근하며 마음의 절도와 자존심, 자제심과 극기에서는 좀처럼 남에게 뒤지지 않는다. 외국인에게는 친절하고 동포에게는 강한 애착을 가지며, 윗사람을 잘 따르고 아랫사람에게는—만약 그런 계층이 존재한다면—인정을 베푼다. 동양의 전제군주제는 지금까지 수립된 어떤 공화국보다 평등과 우애의 관념에 한층 더 가까워져 있다.

친구로서는 다몬과 핀티아스[로마 신화에 나오는, 신의가 두터운 죽마고우]의 본보기가 되고, 연인으로서는 돈키호테의 모범이다. 그러면서도 옛날 고귀한 기사의 기묘한 버릇은 전혀 찾아볼 수 없다. 기사로서는 기사도의 본보기로, 약한 자를 돕고 강한 자를 누르며, 한편으로는 여성의 명예를 적극적으로 보호한다.

남편으로서는 가장의 지위로 말미암아 존경받고, 또 한 사람 이상의 아내에게서 사랑받는다. 아버지로서는 자식들에 대한 애정이 그의 일생을 지배한다. 즉, 가장 가정적이어서 가족의 품 말고는 다른 즐거움을 찾지 않는다. 마지막으로 그의 죽음은 간소하고 감상적이며 그때까지의 생애와 다름없이 교화적(敎化的)이다.

더욱 높은 면에서 살펴보면, 중세 이슬람의 정신은, 고대 이집트인과 마찬가지로 더없이 숭고한 도덕관념을, 자신의 종교와 관련된 모든 사항에 대한 가장 깊은 숭배를, 신의 유일성과 전능에 대한 탁월한 개념을 발휘하고 있다. 또한 숙명과 운(가사 와 카다르), 신의와 예정(豫定) 따위에 대한 훌륭한 체념도 눈여겨볼 만하다. 이것은 비교적 퇴폐적이고 지역적으로 쇠퇴했던 시기에서조차 이슬람교의 침체한 양상을 고결하게 끌어올린 특색이다. 여기서 번영 속에서도 흥청거리지 않는 절도, 역경에 처해서도 결코 흔들리지 않는 불굴의 정신, 위엄, 완전한 자율 그리고 마지막으로 진정 영웅적인 음조를 울리는 높고 먼 정적주의가 태어났다.

나아가서 이것도 공포를 이기는 사랑의 지상성(至上性)에 대한 단순한 신앙, 가난한 사람이나 힘이 약한 사람에 대한 끝없는 인애와 자비, 가장 무서운 위험과 재해도 무조건 용서하는 너그러움('그것은 고귀한 사람의 성질이다'), 때로는 불가능하게 여겨지는 아낌없는 관용성, 동양이나 모든 나라 예의의 바탕이요, 기반이 되는 보편적인 박애·인애에 대한 열정 등에 의해 누그러지고 완화되었다.

그리고 그 전체의 정점을 꾸미고 있는 것은 인간성의 진보와 완전화를 믿는 순수한 신념이다. 그는 그 인간성을 깎아내리기는커녕 칭찬하고 있다. 그리고 그는 그것이 바로 사회의 기초이고 사회의 존재 목적 자체라고 생각한다.

그의 비관주의는 히브리인인 솔로몬이나 인도의 불교신자, 유럽의 비교적(秘敎的)인 불교 모방자 등과 같은, 진정한 비관론자의 슬픈 듯 암울한 교의보다도, 오히려 이른바 '모세의 서(書)'가 고대 콥트인으로부터 빌린 낙관주의를 훨씬 닮아 있다. 현세의 죄와 슬픔, 애감(페이소스)과 감상(베이소스)을 바라볼 때 그는 한숨짓지 않을 수 없다. 또 늘 변화하며 잠시도 머물러 있지 않지만 결국엔 덧없이 끝나는 세상이나 조그마한 행복, 너무 많은 불행 따위를 접하게 되면 그 비애를 느끼지 않을 수 없다. 그러나 그의 시름은 다음과 같이 표현된다.

　맑고 감미로운 목소리, 그에 못지않은 목소리는
　맑고 슬프도다.

　또 그는 희망을 전혀 품지 않은 사람들처럼 한탄하지 않는다. 그는 내세의 보상에 절대적인 확신이 있다. 또 한편으로는 그의 왕성한 시적 충동이, 형식적 운문이 아닌 관념의 시가, 찬연한 그의 내면의 이상주의가, 재미나 멋없이 메마르고 평범한 인생의 가장 보잘것없는 사물에 영혼을 불어넣어, 인류 안에 간추려진 자연의 가장 기분 좋은 조화를 일깨운다.

　무지(無知)와 미신의 암운이 유럽의 지적(知的) 수평선 위에 무겁게 깔려, 동양에서 번뜩이기 시작한 학문의 모든 빛을 차단한 시대, 그리고 문학상의 세련되고 우아한 것은 뭐든지 '아라비아 연구(Studia Arabum)' 속에 분류된 시대(우즈리)의 이슬람교도는 바로 그런 존재였다.

　물론 중세 이슬람교도의 어두운 면도 그에 못지않게 뚜렷하게 드러난다. 최악의 상태에 있는 아랍인은 야만성이 남아 있는 단순한 미개인이다. 그들은 어린아이 같은 면과 뻔뻔함, 단순함과 교활함의 모범적인 혼합물로, 그럴싸한 외모 속에 변덕스러운 마음을 애써 감추고 있다. 또 언제나 지배자에 대한 반역을 암시한다. 불온하고 방탕한 독립정신이 있음에도 그의 둔하고 느린 본능적 보수성은, 두말할 것도 없이 폭군의 압제 앞에는 납작 엎드려 굴복한다. 육체적인 게으름 탓에 그의 정신적 무기력은 직접적인 행동이나 모든 종류의 노력을 번거롭게 여긴다. 그의 의식적인 나약함은 한쪽으로 치우쳐 도량이 좁고 거만한 태도 속에 나타난다.

　그리고 그의 우둔하고 자기만족적인 무지는 아무리 사위스러운 미신도 아름답게 꾸민다. 그리고 무섭도록 아는 게 없고, 사리에 어두운 행위에서는 해로운 광신과 이슬람교 이외의 모든 교의에 대한 맹렬한 증오가 태어나게 마련이다.

　사실, 바로 이러한 대조가 진기하고 흥미로운 전체를 이루고 있다.

제1장 《아라비안나이트》의 기원

어디서 태어났나

우선 여기서 문제가 되는 것은, 헤로도토스의 극적인 서사시와 마찬가지로 그 비슷한 예를 찾아볼 수 없는, 이 하나의 산문시를 언제 어디서 누가 썼는가 하는 점이다.

나는 이제부터 독자 앞에 이미 법정에 제출된, 각종 소답서면(訴答書面)의 조사된 문서를 글로 써서, 가능한 한 자세하고 알기 쉽게 원전에 대한 참고자료를 제공하고자 한다. 단호하게 갑의 의견을 넣고 을의 의견을 뺄 때에는, 거기에 대한 나 자신의 이유도 간단하게 설명할 것이다.

또 이 제목에 들어가기 전에, '민화집'의 산문 내용을 다음의 세 항목으로 분류해 둔다.

(1) 우화 또는 동물우화.

(2) 동화. 편의상 초자연적인 원인으로 만들어진 이야기에 그렇게 이름을 붙여 두자. 이것은 옛날 페르시아에서 인기가 높았다.

(3) 역사에 관한 이야기, 역사상 이상야릇하고 재미있는 이야기, 각종 어록과 구술. 이러한 이야기에서는 편자 또는 필사생이 연대를 무시하고 사용하지 않은 한, 사람 이름이 가장 오래된 성립연대를 밝히는 확실한 단서를 제공하고, 또 처리 여하에 따라서는 가장 최근의 성립연대를 일러준다.

위의 구성분자의 각각에 대해서는, 이야기 내용을 검토할 때 더욱 상세한 주석이 필요해질 것이다.

《아라비안나이트》의 운문 부분도 다음의 세 가지 범주로 분류할 수 있다.

(1) 아랍인의 가장 오래된 고전적인 시. 이를테면 '내걸린 시'에서 여러 가지로 인용한 것. 〔'내걸린 시' 또는 '금박(金箔)의 시'는 《7개의 서정시》를 가리키며, 옛날에 최고상을 받은 시는 금문자로 새겨져 메카의 신전 카바의 벽에 내걸렸으므로 그러한 속칭이 생겨났다.〕

(2) 중세의 시. 알 아스마이와 아부 노와스 같은, 알 라시드 교주 궁정의 계관시인에게서 시작되어 알 하리리(1030~1100)에 이르기까지.

(3) 근대시의 인용. 또 편자 또는 필사생이 고쳐 쓴 유행작품.*1

《아라비안나이트》의 유래를 더듬어갈 때, 우리는 신중하게 언어양식에서 내용을 떼어놓아야 한다. 이 근본적인 차이를 무시함으로써 다음과 같은 비평이 나왔다.

《아라비안나이트》 사본 조각
가장 오래된 아라비아어 사본. 9세기 시카고 대학 동양 연구소박물관 소장.

"오랫동안 유럽에 알려져 왔고, 거의 2백 년 동안 수많은 사람이 연구한 작품의 기원이 아직도 해명되지 않았으며, 연구자들이 그 비밀에 도전했다가 모두 실패로 끝난 것은 상당히 묘한 일이다."

또, 그로 말미암아 주요 권위자들도 즉시 두 파로 갈라지고 말았다. 그 한 파는 이 작품을 사실상 페르시아의 것으로 보고, 다른 한 파는 마찬가지로 강경하게 순수한 아라비아산이라고 주장했다.

갈랑은 후원자인 드 길라그의 딸인 O후작부인에게 보낸 편지〔이하 이 편지는 《헌정서신(獻呈書信)》이라고 약칭한다〕 속에서 《아라비안나이트》는 페르시아를 거쳐 인도에서 유래한 것이며, 현재의 형태로 정리된 것은 이름을 알 수 없는 한 아랍인 작자에 의한 것이라고 주장하여, 문학자로서의 날카로운 눈매와 명민함을 보여주었다.

이 인도 기원설은 랑글레도 학자답게 지지했는데, 당시로써는 어쩔 수 없는 당연한 주장이었다. 왜냐하면 인도의 모든 문학이 훨씬 더 오래된 문명에서 태어난 것과 데바나가리로 잘못 불리고 있었던 자국의 알파벳 나가리 문자가, 페니키아와 힘야르 왕국을 거쳐 고대 이집트에서 나왔다는 것이 아직 증명되지 않았기 때문이다. 그리하여 유럽은 백 년이 넘도록 《아라비안나이트》를 《필파이 우화》〔뒤에 설명〕와 비교하며 만족하고 있었다.

그러나 결국 그는, 《아라비안나이트》가 페르시아의 《하자르 아프사나 *Hazar Afsanah*》(천 가지 이야기)의 아랍화라는 것으로 그 논점을 훌륭하게 증명했다.

폰 함머는 먼저 '아랍인의 헤로도토스'로 불리는 알 마수디를 법정에 소환하여 신문했다. 이 시인은 카이로가 창건되기 30년쯤 전인 944년(=이슬람력 333년)에 바소라에서 유명한 《황금 목장과 보석 광산 *Muruj al-Dahab wa Ma'adin al-Jauhar*》의 초판을 간행했다.

스티리아의 동양학자*²는 같은 책 제68장의 한 문장을, 틀린 글자가 있음에도 그대로 인용했다.

"또 실제로 아랍인의 역사를 잘 알고 있는 많은 사람은, 앞에서 한 이야기와 그 밖의 짧은 이야기가, 자기 스스로 나서서 국왕들에게 그런 이야기들을 들려주거나, 그런 이야기를 암기하고 소리내어 읽어 당대 서민들의 인기를 얻은 사람들에 의해 짜깁기 되었다 생각하고 있습니다.

페르시아와 인도, 그리스, 로마 등에서 번역되어 우리에게 전해진 책은 모두 그렇게 만들어진 것입니다.

우리는 이런 종류의 작품에 내려야 할 판단을 얘기한 것입니다. 《하자르 아프사나》라는 제목의 책 또한 그런 것입니다. 이 말은 아랍어로는 '쿠라파'(이야기 또는 호색담)를 뜻합니다. 그리고 일반 사람들에게는 《천일야화 *Kitab Alf Laylah wa Laylah*》라는 제목으로 알려져 있습니다.

그것은 한 사람의 왕과 대신, 대신의 딸 샤라자드와 노예여자인 디나르자드의 이야기입니다. 인도의 왕들과 대신들에 관한 상세한 이야기가 들어 있는 《파르자와 시마스 이야기》,*³ 《알 신디바드의 서(書)》,*⁴ 그 밖의 서로 비슷한 이야기들도 이런 종류의 것입니다."

폰 함머는 알 마수디의 제116장을 인용하여 이렇게 덧붙였다. 아바스 왕조 2세 알 만수르(하룬 알 라시드 교주의 할아버지)는 그리스어와 라틴어, 또 시리아어와 페르시아어(팔라비어)의 많은 저작을 아랍어로 번역시키고, 특히 《칼릴라와 딤나》(피드파이 또는 필파이 우화),*⁵ 아리스토텔레스의 《논리학》, 프톨레마이오스의 《지리(地理)》, 에우클레이데스의 《원론(原論)》 등을 지명했다고. 그래서 그는 다음과 같이 결론을 내렸다.

"《아라비안나이트》의 원전은…… 만수르 교주 시대, 즉 하룬 알 라시드 교주 시대보다 30년 전에 번역된 듯하다. 이 하룬 알 라시드 교주는 그 뒤 이러한 이야기 속에서 커다란 역할을 하게 되었다."

또 폰 함머는 알 마수디가 《천 가지 이야기》에 언급하고 나서 백 년 정도 뒤에 '라스티(Rasti)'라는 사람이 이 이야기를 운문화하여 다시 썼을 것이라고 했다. '라스티'는 가즈니 왕조의 왕 마흐무드의 궁정에 출사했던 한 악사(樂士)의 필명이었다. 이 왕은 33년 동안 임금 자리에 있다가 1030년에 죽었다.

하룬 알 라시드
아바스 왕조 최성기의 칼리프. 르네 부르 그림.

폰 함머는 12년 뒤(1838년 8월)에 《천일야(千一夜)의 페르시아 기원에 관한 각서》라는 제목의 논고를 발표하고, 두 번째로 더욱 중대한 증거 물건을 제출했다. 그것은 유명한 《키타브 알 피리스트》(《아랍어 저작 목록》)로, 흔히 '에브 야코브 엘 웨레크로 알려진' 모하메드 빈 이사크 알 나딤(마지막은 '교주의 술친구'라는 뜻)에 의해 987년에 저술된 것이다. 다음에 제8장에서 한 문단을 인용해 보자.

"야화의 이야기꾼과 꾸며낸 모험담의 이야기꾼의 역사 및 그러한 주제를 다룬 저서의 제목에 관한 제1절. 모하메드 빈 이사크가 말했다.

가공의 제목으로 책을 쓰고, 그러한 책을 도서관에 맡긴 최초의 사람들은 고대 페르시아인(및 제1왕조의 왕들)이었다. 제3왕조 아슈카의 왕들은 여기에 다른 이야기들을 덧붙였으며, 사산 왕조(제4대와 마지막 왕가) 시대에는 이야기가 더욱 늘어났다. 아랍인들도 그것을 아랍어로 번역하고, 말재주가 좋은 사람들이 그것을 아름답게 꾸며서 그것과 비슷한 다른 이야기들을 써 냈다.

그런 종류로서 최초의 책은 《하자르 아프산의 서(書)》로, 이는 《아르흐 쿠 라파》(천 가지 이야기)라는 뜻이었다. 그 줄거리는 다음과 같다.

옛날, 왕 중의 왕이 있었는데, 그는 밤마다 처녀를 왕비로 맞이하여 품고 는 이튿날 아침이면 그 여자를 베어 죽이는 습관이 있었다. 어느 날 이 왕은 샤라자드라고 하는 한 왕녀를 아내로 맞이했다. 그녀는 총명한 데다 박식하 여, 왕과 잠자리를 같이하자마자 곧 왕에게 꾸며낸 이야기를 들려주었다. 그 리고 그녀는 이야기를 남겨두어 다음 날 밤에 이어서 얘기함으로써, 왕이 그 녀를 죽이지 않고 이야기를 계속하도록 요구하게 했는데, 그런 날이 어느덧 천 밤이나 지나고 말았다. 그동안 왕은 그녀와 잠자리를 같이하여 자식을 얻 었고, 그제야 그녀는 자신이 왕에게 쓴 계략을 털어놓았다. 그러자 왕은 그 녀의 지혜를 칭찬하고 그녀에게 호의를 베풀어 목숨을 살려주었다.

이 왕은 또 디나르자드(두냐자드?)라고 하는 유모를 두고 있었는데, 이 여자도 왕비의 계략을 거들었다.

이 이야기는 바만의 딸 후마이*6를 위해(또는 후마이에 의해) 만들어졌으 며, 그 속에는 다른 것이 들어 있었다고 전해진다.

모하메드 빈 이사크는 다시 덧붙이고 있다.

사실 야화를 듣고 즐거워한 맨 처음 사람은 (마케도니아의) 알 이스칸다 르[알렉산드로스 대왕을 가리킴]인데, 그는 꾸며낸 이야기를 들려주어 자신 을 웃겨주는 사람들을 많이 거느리고 있었다. 그러나 그는 단순히 이야기를 듣고 흥겨워하기만 하는 것이 아니라, 더욱 빈틈없고 조심성 있는 인간이 되 고자 했다. 그의 뒤에도 역대 왕들은 마찬가지로 《하자르 아프산》이라는 제 목의 책을 이용했다. 여기에는 천야(千夜)가 들어 있지만, 이야기는 2백 야 화도 되지 않는다. 왜냐하면 이야기 한 편을 가지고, 가끔 며칠 밤에 걸쳐 이어졌기 때문이다.

나는 이 책 전체를 여러 번 보았다. 이것은 실로 우스꽝스러운 이야기를 모은 불순한 책이다.”

〈애서니엄 The Athenaeum〉(제622호)의 한 기고가는 레인의 근세 기원설에 반대하여, 천일야의 기원은 훨씬 더 오래된 것이라면서 그 증거를 들고 있다. 이븐 사이드〔1218년 그라나다에서 태어나 1286년 튀니지에서 죽음〕는 고국을 떠나 1241년에 카이로에 도착했다. 그는 에스파냐 시인이자 역사가로 《알 무할라 비 알 아슈알》(운문으로 꾸며진 것)과 이집트 아프리카 풍토지(風土誌)를 썼는데, 후자는 없어진 것이 확인되었다.

서양에서 출판된 《아라비안나이트》 가운데 가장 초기에 그려진 삽화.

어쨌든 이븐 사이드는 그 속에서 코르도바 사람인 알 쿠르투비의 말을 인용했는데, 그것이 이번에는 에스파냐의 아랍인 역사가 모하메드 알 마카리에 의해 《꽃 피는 안달루시아 숲에서 불어오는 향기로운 바람 *Windwafts of Perfume from the Branches of Andalusia the Blooming*》(1628~29) 속에 소개되었다. 페인은 드지 박사의 간행본 원전을 토대로 다음과 같이 번역했다.

"이븐 사이드는 풍토지 속에서 엘 쿠투비의 말을 인용하여, 파티마 왕조 역대 교주의 훌륭한 유원지였던 카이로의 정원 가운데 후데지 정원이 만들어진 이야기를 하고 있다. 즉, 엘 아미르 비 아캄 일라 교주*7가 한 바다위 족(族) 여자에게 푹 빠져서, '선택받은 정원'과 가까운 곳에 위에서 말한 후데지 정원을 만들었다. 그리고 가끔 그곳에 드나들다가 결국 그곳에서 암살 당했다. 그 뒤 그 정원은 오랫동안 역대 교주들의 유원지가 되었다.

세간에서는 이 바다위족 소녀와 그 사촌오빠인 이븐 미야,*8 그리고 엘 아미르 교주에 얽힌 이야기 등 여러 소문이 많이 퍼져 있었으므로, 그들에 대한 이야기는 마치 알 바탈*9의 이야기나 천야일야(千夜一夜)나, 그 밖의 비슷한 이야기와 같은 것이 되었다."

이븐 사이드의 이 같은 문구가, 알 마크리지의 저작으로 전해지고 있는 유명한 《지지(地誌) *Khitat*》 속에도 나온다. 존 페인은 영국박물관에 보존된 사본에 의해 다음과 같이 번역했다.

"엘 아미르 교주는 연인인 바다위족 소녀(아크야)를 위해 '선택받은 정원' 부근의 어떤 장소를 특별히 엘 후데지라고 이름 붙였다.

이븐 사이드는 《풍토지》 속에서 알 쿠르투비의 역사를 인용하여 바다위족 소녀와 사촌오빠인 이븐 메나(메이야), 엘 아미르 교주에 얽힌 세간의 전설에 대해 언급하고 있다. 그 결과, 정원에서의 그들의 전설(또는 이야기)은 엘 베타르나 천야(千夜) 등과 비슷한 것이 되었다."

이것은 뚜렷하게 《아라비안나이트》가 알 아미르(12세기) 시대에 있었음을 뜻한다. 페인은 제목의 차이를 매우 중시했지만, 나에게 그런 것은 큰 문제가 되지 않는다.

제목을 바꾼 까닭은 쉽게 설명할 수 있다. 아랍인들은 홀수에 신성(속담에서는 행운)이 깃들어 있고, 따라서 짝수는 불길한 것이라 여겼다.

그래서 윌리엄 위즐리 경이 말한 것처럼, 1001이라는 수는 동양에서 인기가 있다. 그는 또 콘스탄티노플의 '천한 개의 원기둥'이 있는 저수지를 인용하고 있다.

《천일일(1001일) *Hazár o yek Rúz*》이라는 책도 있는데, 이것은 17세기 중엽에 이스파한의 수피파 수장이자 유명한 탁발승인 무프리스가 저술한 것이다. 프랑스어 번역은 페티 드 라 크루아, 영어 번역은 암브로즈 필립스가 했다.

《하자르 아프사나》에 관한 중대한 사실은 그것이 《아라비안나이트》의 원형이라는 것이다. 아랍인은 이 페르시아어 책에서 그 중요한 특색인 뼈대와 첫 이야기, 그리고 마지막 이야기까지 모조리 빌려 썼다. 한편, 두 여주인공에게 오래된 페르시아 이름을 남겼음은 의심할 여지가 없다.

실베스트르 드 사시 남작은 아라비아 기원설을 주장한 유력한 권위자이다. 그 관찰은 명백하게 갈랑을 바탕으로 한 것으로, 드 사시에 의하면 《아라비안나이트》는 처음에 시리아에서 만들어져 속어로 쓰였다, 사망이나 다른 원인으로 같은 작자의 손에서 완성되지 않았다, 모방자들은 이미 유명해진 이야기 가운데 원래의 이야기집에 들어 있지 않은 이야기, 이를테면 '선원 신드바드의 항해담'이나 '7인의 대신 이야기' 등을 덧붙여 완성하려고 노

▲ 앙투안 갈랑(1646~1715)

▶《천일야》
갈랑판 초판본.

력했다는 것이다.

드 사시는 페르시아적인 뼈대와 취향은 인정하지만, 그저 그뿐이라고 보았다. 이슬람교 이전의, 또는 비(非)아라비아적인 허구는 실제 원전에는 거의 나오지 않으며, 모든 이야기는 페르시아와 인도, 중국을 무대로 한 사건을 다루고 있지만, 아바스 왕조 시대의 바그다드·모술·다마스쿠스 그리고 카이로의 주민과 풍속, 습관을 그리는 데 그치고 있다는 것이다.

그는 또 쓰는 말은 일반적인 방언으로 고전과 문학용어와는 크게 동떨어져 있으며, 현대의 용법과 공통된 언어도 많이 들어 있는 것으로 보아 아랍문학의 쇠퇴를 간접적으로 나타내고 있다고 지적했다.

이상의 견해는 모두 본질보다는 겉으로 드러난 현상에만 주목한 것으로 매우 얕은 생각이다. 《하자르 아프사나》가 거의 천 년 전에 페르시아어에서 아랍어로 번역되었다면, 이것은 엄연한 사실이지만 완전히 별개의 모습을 취하여, 내용은 변하지 않더라도 다른 나라의 옷을 걸칠 만한 충분한 시간과 여유가 있었던 셈이다.

언어와 이름과 날짜 따위가 바뀌는 것을 아무렇지도 않게 여기는 수많은 편자와 필사생의 손에 걸리면, 미사여구를 늘어놓은 화려한 페르시아어도 이내 솔직하고 실용적이며 평범한 아랍어로 변해 버릴 것이다. 게다가 오래된 조로아스터교〔배화교와 같음〕를 이슬람으로 교화하여, 아리만을 마왕으로, 장 빈 장을 아버지인 아담으로, 또 디브와 페리를 마신이나 마녀신으로 바꾸는 것쯤이야 식은 죽 먹기가 아니겠는가.

아랍인 번안자가 두 여주인공의, 또 두 형제 왕의 이름을 바꾸려고 하지 않은 것, 또는 무대를 호라산이나 외(外)페르시아에서 더는 옮기려 하지 않은 사실만 봐도, 그것은 분명하다.

분명하게 말하면, 박학한 남작은 산스크리트어의 《스카 사프타티》에서 번역되어 천야일야처럼 훌륭하게 이슬람교도의 것이 된 《앵무새 이야기 *Tota-Kahani*》 같은 작품을 연구한 적이 없다.

이렇게 근본적으로 고쳐진 또 하나의 좋은 예는, 그리스도교로 바뀐, 후기 시리아어의 《칼릴라와 딤나》, 즉 《필파이 우화》이다.

유럽의 민화에서도 그것과 똑같은 과정을 볼 수 있다. 이를테면 《로마인 무훈담 *Gesta Romanorum*》에서는 고대 로마인의 생활과 풍속, 그리고 습관이 5백 년 뒤에는 중세 유럽의 그리스도교도의 기사도적인 것으로 바뀌어 갔다.

따라서 나는 여기서 오스트리아의 아랍어 학자 폰 함머는 훌륭하게 자신의 주장을 뒷받침했지만, 프랑스 학자는 실패했다고 말하고 싶다.

레인은 3년에 걸쳐 번역에 종사하는 동안, 처음에는 폰 함머의 의견을 지지하다가, 이어서 드 사시의 견해로 기울어졌다. 물론 세부사항, 특히 《아라비안나이트》의 발상지에 대해서는 의견을 달리했다.

발상지로서 시리아가 선택된 것은 그 당시 유럽인들에게 가장 익숙한 곳이었기 때문이다. '바스의 마누라'〔《캔터베리 이야기》에 나오는 이야기〕에서도 예루살렘을 세 번이나 참배했지만, 야만적이고 위험한 나일 강 유역에는 거의 아무도 가지 않았다.

그러나 레인은 이집트, 특히 카이로의 그가 알고 있었던 유일한 곳을 무척 좋아했다. 그렇다고 《아라비안나이트》를 순수하게 '아랍적', 즉 나일 강을 기원으로 보는 그의 견해에는 존경의 뜻을 나타낼 수 없다.

그 밖의 저술가들은 그 이상으로 갈림길에 들어섰다. 그중에는 모술의 관용어를 발견하고 메소필라이[모술의 별칭]를 출생지라 주장한 자도 있고, 또 W.G.P. 파르그레이브는 대담하게도 '이 재미있는 작품의 원본은 11세기 무렵 바그다드에서 만들어진 듯하다'고 말했다.

언제 성립했는가

다음으로 깊이 생각해야 할 문제는, 《아라비안나이트》가 언제부터 지금의 형태를 갖추게 되었는가 하는 그 시대이다. 이 점에 대해서는 여러 가지 설이 있는데, 10세기부터 16세기에 이르고 있다.

갈랑은 먼저 독단적으로 13세기 중엽이라고 했다. 드 사시는 자세한 이유도 들지 않고, 또 많은 편자와 필사생의 손을 거친 것이 틀림없다는 사실도 잊고, 다만 언어의 성질과 문체의 특이성에서 판단하여 이슬람력 9세기 중엽(1445~6년)을 최신 연대라고 주장했다.

갈랑의 번역을 통해서만 《아라비안나이트》를 접했던 홀은, 자신의 《평론》에서 이미 15세기 말엽설을 주장하고 있었다. 레인은 다음과 같이 말했다.

"15세기 마지막 25년 이전에 시작된 것도 아니고, 또 16세기 첫 25년 이전에 완성된 것도 아니다."

다시 말해 이집트가 1517년에 오스만 튀르크의 술탄 셀림(1세)에 의해 정복된 뒤 곧 완성되었다는 것이다.

마지막으로, 석학 바일 박사는 독일어역(제2판)의 '머리글'에서 이렇게 말하고 있다.

"아마도 15세기에 한 이집트인이 아라비안나이트의 오래된 본보기에 따라 일부분을 짓고, 구전 또는 필기된 기록에 의해 다른 일부분을 나중에 더 보탰을 것이다. 그러나 그 작품은 완성되지 않았거나 일부가 사라졌으므로, 16세기에 이르러 사라진 부분이 새로운 이야기로 채워졌다."

그러나 페인도 정확하게 말한 것처럼 《아라비안나이트》의 성립연대를 물을 때는, 먼저 무엇보다도 학자들이 수집한 4종의 간행본과 12종의 사본 MSS를 비교하여 보물의 알맹이를 결정해야만 한다. 이 비교를 통해 모든 간행본과 사본에 공통으로 들어가는 이야기는 다음 13편의 이야기라는 것을 확실하게 알 수 있다.

(1) 샤리아르 왕과 그 아우 이야기(삽화 1 포함)

(2) 상인과 마신 이야기(삽화 3 포함)

(3) 어부와 마신 이야기(삽화 5 포함)

(4) 바그다드의 짐꾼과 세 여자(삽화 6 포함)

(5) 세 개의 능금

(6) 누르 알 딘 알리와 그 아들 바드르 알 딘 하산 이야기

(7) 꼽추 시체가 들려주는 이야기(삽화 12 포함)

(8) 누르 알 딘 알리와 소녀 아니스 알 자리스 이야기

(9) 사랑에 미친 가님 이야기(삽화 2 포함)

(10) 알리 빈 바카르와 샤무스 알 나하르의 이야기

(11) 카마르 알 자만의 이야기(삽화 1 포함)

(12) 흑단 말

(13) 바다에서 태어난 줄나르와 그 아들 페르시아 왕 바드르 바심

〔참고로 이 책에 수록된 권수를 표시하면, (1), (2), (3), (4), (5), (6), (7), (8), (9)는 제1권, (10), (11), (12)는 제2권, (13)은 제4권.〕

이상 43편의 이야기는 책 전체 이야기의 5분의 1이 약간 못된다. 맥나튼판*10에서는 총 264밤에 이르는 이야기가 실려 있다.

그래서 알레포의 박물학자 패트릭 러셀 박사는 원래의 《아라비안나이트》는 200밤이 넘지 않으며, 후대의 작자들이 1001밤이 되도록 나중에 더 보탠 것으로 믿었다. 갈랑은 그 프랑스어역 《천일야화》에서 약 4분의 1 정도인 264번째 밤의 '신드바드의 일곱 번째 항해'로 끝내고, 그 뒤에는 일부러 자매의 대화와 밤의 이별을 빼고 연속적으로 이야기를 싣고 있다.

그의 모방자인 페티 드 라 크루아 또한, 자신의 프랑스어역 《아라비안나이트》에서 1000일을 232일로 줄였다.

이 민화집에 나오는 연대학상의 증거는, 그 이야기들이 어느 시기 이후에는 집필되지 않았다는 것을 결정할 수 있는 점에서만 효과가 있다. 즉, 실제 연대는 필사생에 의해 무척 애매해지고 말았다.

이를테면, '어부와 마신 이야기'는 785년*11에 태어난 것으로 되어 있는데, 그것은 거의 불가능한 연도이다. 또 '재봉사 이야기' 속의 불멸의 이발사 이

▲ E.W. 레인 (1801~1876)

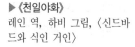
▶《천일야화》
레인 역, 하비 그림, 〈신드바
드와 식인 거인〉

야기는 불행한 연인과의 모험이 이슬람력 653년 사파르월 10일(1255년 3월 25일)에 일어난 것으로 되어 있다. 이것은 이발사 자신의 이야기 속에서도 확인되고 있다. 즉 이발사는 아바스 왕조 36세 알 무스탄시르 빌라*12 (1225~1242년) 시대에 바그다드에서 쫓겨났다가, 다른 교주가 즉위한 뒤에 바그다드로 돌아왔다. 이 다른 교주는 알 무스타심 빌라(1242~1258년, 아바스 왕조 마지막 교주) 말고 누구도 될 수 없다.

그리고 이야기의 끝에서 이발사는 '90고개를 넘은 늙은이' 또는 알 무스탄시르 시대에 '매우 늙은 남자'라고 되어 있다. 그렇다면 '꼽추 시체가 들려주는 이야기'는 1265년 이전, 즉 칭기즈칸의 후계자 훌라구칸이 바그다드를 습격한 지 7년 뒤에 성립될 수는 없다. 그 습격은 문명세계 구석구석까지 영향을 미쳤던 무서운 대변동이었다. 그런데 그 중대한 시기를 암시하는 내용은 한 마디도 찾아볼 수 없다. 따라서 이 완전한 침묵은 위의 성립연대를 무효로 하기에 충분하다.

그렇다면 우리는 '꼽추 시체가 들려주는 이야기'와 그 이야기에 끼인 짤막한 토막 이야기를 1265년보다 50년 늦춰서, 빨라도 1315년 무렵에 성립되었다고 보아야 할 것이다.

마찬가지로, 민화집의 내용에서 이끌어 낸 각종 추리에도 그다지 배울 만한 것은 없다. 그것은 고작해야 몇 번의 편집 또는 개정을 간접적으로 나타 낼 뿐이다.

레인은 '마법에 걸린 왕자'에서, 네 가지 색깔의 물고기는 서기 14세기 초에 나온, 맘루크 왕조의 왕 모하메드 이븐 칼라운의 사치금지령에 의해 착안한 것이라고 억측했다. 그러나 그러한 옷의 차별은 636년 예루살렘 점령 뒤 오마르 교주에 의해 강제되었다가, 하룬 알 라시드 교주에 의해 부활되고, 다시 1322년에 이른바 만데빌에 의해 오랜 폐해로 평가된 것을 레인은 잊고 있다. 〔만데빌은 영국인의 필명으로, 유명한 《동방여행기》를 썼다.〕

'바그다드의 짐꾼과 세 여자'에서는, '술탄의 오렌지'가 페르시아계 이라크의 술타니야 시(市)(13세기 중엽에 창건)와 서로 연관되었으나, '술탄의 (sultani)'는 단순히 '왕(王)의'라는 뜻으로 품질이 가장 뛰어나고 값이 비싼 오렌지를 표현한 것인지도 모른다.

이 이야기에는 탁발승 칼란다르(Kalandars)가 나오는데, 이 칼란다르*13도 필사생의 단순한 착상일지도 모른다. 왜냐하면 브레슬라우판은 살루크(Sa' aluk), 즉 거지라고 읽고 있기 때문이다.

'나사렛인 거간꾼 이야기'〔이 책 '꼽추 시체가 들려주는 이야기'의 삽화〕에 나오는 대상숙소인 알 마스루르(Khan al-Masrur)는 1420년 초에는 폐허 상태였다. 그러나 주와일라 개선문(Bab Zuwaylah)은 1087년에 생긴 것이다.

같은 이야기에 알 문카리 거리(Darb al-Munkari)라고 한 것은, 아마 알 마크리지의 자세하고 빈틈없는 《지지(地誌)》의 알 문카디 거리일 것이다. 여기서도 우리는 알 마크리지 시대(1430년 무렵)에는 그 명칭이 쓰이지 않게 되어, 14세기(1350년 무렵)에 죽은 두 고관 가운데 한 사람의 이름을 따서 알 아미르 바크타미르 알 우스타다르 거리라고 불렸음을 알고 있다. 마지막에, 또 1320년 무렵 지어진 알 자와리 대상숙소도 나온다.

'누르 알 딘 알리와 그 아들 바드르 알 딘 하산 이야기'에서는 '사히브 (Sahib)'를 대신의 칭호로 쓰고 있는데, 이것은 14세기 말엽에 가서야 처음 쓰인 것이다.

'선원 신드바드와 짐꾼 신드바드'에서는 데칸 지방의 위대한 힌두 왕국, 나라시마의 비자야나가르(Vijayanagar)(흔히 나르신가의 비자나가르)에 대해 언급하고 있는데, 전제군주제는 14세기(1320년)에 막 태어났으므로 편자 또는

▲ J.C. 마르드뤼스(1867~1949)

▶《천일야화의 서》
마르드뤼스 역, 레올 갈레 그림, 〈샤
리아르 왕과 샤라자드〉

필사생이 멋대로 끼워 넣은 것일지도 모른다.

'흑단 말'은 뚜렷하게 초서(중세 영국 최대의 시인) 이전의 것이다. '잠자는 자와 깨어 있는 자'(별칭 '어릿광대 하산')도 셰익스피어의《말괄량이 길들이기》보다 이전에 나온 것인지도 모른다. 그러나 이야기라는 것은 세계적이므로, 그런 종류의 비슷함을 강조할 수는 없다. 그러나 마지막 이야기, 특히 '카마르 알 자만과 보석상의 아내'와 '구두 수선공 마루프와 그 아내 파티마'는 뚜렷하게 15, 6세기의 것이다.

'카마르 알 자만과 보석상의 아내' 이야기에는 레반트인(Lawandiyah), 시계(Sa'ah),*14 그리고 알 이슬람의 장로(Shaykh al-Islam) 따위의 단어가 보이는데, 이 성직은 1453년 스탄불(이스탄불의 가장 오래된 시부(市部))을 점령한 뒤, 모하메드(무함마드) 2세가 창시했다.

'구두 수선공 마루프와 그 아내 파티마' 이야기에는 아딜리야('Adiliyah) 사원이 거론되고 있는데, 이 모스크는 1501년에 투만 베이(맘루크 왕조 마지막 왕)가 알 나스르 문 밖에 지은 것이다. 그러나 나는 거듭 말한다. 이러한 명칭들은 모두 단순한 기록일 뿐인지도 모른다고.

이에 비해, 이슬람교도의 내면적 생활과 민중의 풍속 습관을 검토하면, 《아라비안나이트》의 주체는 1400년 이전에 쓴 것이 틀림없다는 사실을 알 수 있다.

아랍인은 포도주·사이다·보리 맥주를 마시지만 증류주는 마시지 않는다. 또 커피와 담배를 몰랐고, 천연두(judri)는 잘 알려졌지만 매독은 무시했다.

또 《아라비안나이트》에 나오는 여러 번의 전쟁에서는 활, 던지는 화살, 칼, (보병용)창, (기병용)장창 따위가 쓰인다. 화기가 언급될 때는 언제나 필사생을 의심의 눈초리로 감시해야만 한다.

그러한 것들을 고려하면 이 작품은 14세기 이전에 쓴 것이라고 단정해도 무방할 것이다. 《아라비안나이트》에서는 포도주, 특히 나비즈(Nabiz), 즉 이슬람교 이전에 바다위족이 잘 알고 있었던, 건포도를 발효시킨 액체가 곳곳에 등장한다.

원칙적으로 성자의 경우를 제외하고, 또 대개 알 라시드 교주도 제외하고, 손을 깨끗이 씻은 뒤에야 '술'이 나오기 시작한다. 여성도 남성과 마찬가지로 '취하기 위해서'라는 솔직한 목적으로 술을 마신다.

그러나 증류주를 만드는 방법은 14세기가 되어 일반인에게 알려지게 되었다. 그리스인과 로마인들은 증류는 향수 제조에 한정되었고, 시인 니칸드로스(기원전 140년)는 증류기를 암빅스($\alpha\mu\beta\iota\xi$)라 불렀다.

소금물을 끓인 다음 그 증기를 차가운 멍석에 걸러 용기에 모아 단물로 바꾸는 기술을, 철학자의 '돌'(화금석(化金石)을 가리킴)의 연구자들이 대충 넘길 리가 없었다. 그 결과 전 유럽에 그리스 이름이 아랍어로 바뀐 단어, 이를테면, Alchemy(연금술), Alembic(란비키, Al-$\alpha\mu\beta\iota\xi$), Chemistry(화학), Elixir(연금약액, 영약(靈藥)) 따위를 볼 수 있다.

한편, 'Alcohol'(Al-Kohl)은 원래 '분말상 물질의, 극도로 미세한 상태'를 뜻하며 명백하게 그 물질의 유래를 보여주고 있다. [눈꺼풀에 바르는 콜 가루에 대해 자세히 알고 싶다면 이 책 '어부와 마신 이야기' 주석 30 참조.]

1036년에 죽은 이븐 시나는 사람의 몸을 란비키(증류기)에 비교하여, 복부는 증류병, 머리는 꼭대기 부분에 해당한다고 했다. 그 뒤 약 200년이 지나 우리는 유럽에서 증류가 시작된 사실을 알았다.

포도주는, 아랍인이 서지중해 연안을 침략한 8세기에 아르날두스 드 빌라

노바에 의해 처음으로 언급되었는데, 그는 이 새로운 발명품을 만능통치약이라 불렀다. 또 그의 제자 레이먼드 래리(1236년 마조르카 출생)는 포도주는 신의 선물이라고 공언했다.

그런데 《아라비안나이트》는 가장 새로운 이야기에서도 '인격이 고결한' 이슬람교도인 '하얀 커피', 근대 이슬람교도의 Raki(건포도로 만드는 브랜디), 즉 Ma-hayat(생명의 물)에 대해 전혀 언급하지 않았다. 음주가들은 오로지 포도주만 즐겨 마신 것이다.

15세기 말에 유럽을 침범하기 시작한 매독도 《아라비안나이트》에서는 무시되어 있다. 이 질병은 처음에는 남에

《아라비안나이트》
〈신드바드 이야기〉 '신드바드와 바다 노인' 장면. 역자·삽화가 불명, 1819.

게서 전염되지 않고 원인을 모르게 저절로 생겨나며 비교적 치명적이지 않다. 그런데 어느 시기가 지나면 갑자기 맹렬한 기세로 걷잡을 수 없이 퍼져 유행병으로 변해 간다. 그리고 병이 급하거나 심하지도 아니하면서 쉽게 낫지도 않는 상태가 되었다가 마지막에는 다시 처음과 같이 완화된다. 이를테면 '영국 콜레라'(콜레라균에 의하지 않는 급성 위장염)는 먼 옛날부터 알려졌지만, 1831년에 아시아형이 발생하여 여러 번 맹렬한 유행을 보여준 뒤, 바야흐로 지중해 북부 연안, 특히 에스파냐와 이탈리아에서 풍토병이 되어가고 있었다.

그와 마찬가지로 천연두(주드리(judri). 이 책 '꼽추 시체가 들려주는 이야기' 주석 2 참조)도 모하메드가 태어난 570년에, 중앙아프리카에서 아라비아

로 전해졌고, 그때부터 유행병·풍토병·특발병으로서 문명세계에 퍼졌다.

매독은 인류 문명의 역사가 시작되기 전 무덤 속에 있던 해골에서도 나타나고 있으며, 모세도 임질에 대해 언급한 것 같다(레위기 15:12). 유베날리스나 마르티알리스도 암시했지만,[15] 그 뒤에서는 에우세비우스가 갈레리우스는 302년에 성기가 부종 때문에 부어 죽었다고 쓰고 있다. 또 약 100년 뒤에는 팔라디우스 주교가, 헤로라고 하는 남자가 창부와 관계하여 음경의 고름 궤양증에 걸렸다고 기록하고 있다.

1347년에 유명한 나폴리의 요안나는 아비뇽(Avignon)이라는 자신의 도시에 사창가를 열고, 거느리고 있던 매춘부들을 의학적으로 검진시키기로 했다. 영국은 오늘날에도 검진에 반대하고 있지만……. 아비뇽 사창가의 규약 제9조에서, 그녀는 확실하게 '음락(淫樂)의 대가인 질병(Mal vengut de paillardise)'에 대해 언급하고 있다.

1832년 이래 이 제목을 연구한 리코르〔매독과 임질이 별개의 질병이라는 것을 밝힌 프랑스의 전문의〕에 의하면, 이런 종류의 사창가는 1200년 이후 프랑스에서는 드물지 않았고, 특발적인 성병도 널리 알려져 있었다고 한다. 그러나 1493~94년에는 바르셀로나에서 성병이 무서운 기세로 걷잡을 수 없이 퍼졌다. 그것은 전문의 로드리고 루이스 디아스의 한 논고에서 엿볼 수 있다. 산토도밍고〔도미니카공화국의 수도〕에서 이 질병은 이파스·콰이나라스·타이나스티자스라는 병명으로 널리 퍼져 있었다. 그래서 유럽에서는 성병이 유럽인의 피와 '인디언'의 피가 섞여서 생겼다는 의견도 있었다.[16] 그 가운데에는 15세기에 서유럽으로 옮겨 간 집시[17] 탓으로 돌리는 사람도 있고, 또 에스파냐에서 쫓겨난 모리스코(Morisco)인〔무어인〕 때문이라는 사람도 있었다.

그래서 이 성병은 '나폴리의 질병(Mal de Naples)', '프랑스의 질병(Morbus Gallicus)'으로 유명해졌고—신(新)라틴제국에서는 지금도 '갈리아'라는 속칭이 쓰이고 있다—영국에서는 '프랑스인의 질병(French disease)'이라고 불렀다. 의학상의 시필리스(매독)라는 병명은 프라카스토로의 시(1521년)에서 유래하는데, 그 시 속의 양치기 시필루스는 태양을 저주하다가 신의 노여움을 사서 죽음을 당한다.

한 교황(식스투스 4세)을 불구로 만들고, 한 국왕(프랑수아 1세)을 죽인 뒤, 이 '큰 질병(Grosse Vérole)'은 그 사나운 기세가 수그러들기 시작했는데, 그것은 바로 수은의 효능이었던 것으로 알려졌다.[18]

앞에서도 말했듯이 《아라비안나이트》는 커피(1550년)나 담배(1650년)가 동양에 보급되기 이전 시대에 속해 있다.

커피는 아비시니아 본토 남쪽에, 시다마 가라족이 사는 카파(Kafa or Kaffa) 지방에서 그 이름이 나왔고, 1429∼30년에 알 샤질리 장로에 의해 알 야만(예멘)의 모하(Mokha, 모카)에 수입되어, 카와(Kahwah, 오래된 술)라고 하는, 매우 비슷한 아랍어 이름이 붙여졌다.

《아라비안나이트》(맥나튼판)에서는 12번 나오지만[19] 초기의 이야기에서는 전혀 나오지 않는다. '카마르 알 자만과 보석상의 아내'를 제외하면, 《아라비안나이트》는 뚜렷하게 커피의 시대에 속하지 않으므로, 우리는 필사생을 의심해도 무리가 없을 듯하다.

16세기에 들어서자, 커피는 근동에서 포도주를 대신하기 시작한다. 그리고 점차 이 야만적인 음료가 일상생활이나 민화에서 고전적인 음료를 몰아내갔다.

담배에도 마찬가지이다. 《아라비안나이트》에서는 식육, 채소, 과일 따위와 관련하여 단 한 번 나왔으며, '타바(Tabah)'라 불리고 있다(931번째 밤).

레인은 필사생의 짓이라고 생각했지만, '염색공 아부 키르와 이발사 아부 시르' 이야기에서는 셔벗수와 커피가 이미 보급되어 있었고, 실제로 현재와 같은 지위를 유지하고 있었던 것 같다.

중국에 파견된 매카트니 경은 보고서에 담배를 피우는 것이 구세계(舊世界)에서 자연발생적으로 생겼음을 간접적으로 나타냈다.[20] 그것은 사실임이 분명하다. 남아프리카의 부시먼이나 그 밖의 미개족은 다하(Dakha, *Cannabis indica*)를 불에 넣고 둘러앉아서 그 연기를 들이마시고 취했다. 담배가 없는 흡연은 참으로 간단했다.

그레이트 레드 파이프 스톤 퀼리의 북미 인디언족들이나 담배를 재배하지 않는 지방의 미개족은 키니키닉, 즉 붉은 버드나무 껍질 말고도 약 7종의 대용물을 썼다.

원래의 담배는 곧 대마와 아편 말고 다른 모든 대용물을 대신하게 되었고, 1496년에 처음으로 산토도밍고의 에스파냐인들에 의해 사용되어 1565년에 영국으로 들어갔다.

따라서 북미 원주민들 사이에서 파이프(채워진 물질이 아니라)를 뜻한 타바코라는 말이 일반적인 명칭이 되어 구세계 전체에 퍼진 것이다.

그리고《아라비안나이트》에 그려진 일반적인 술자리를 보면 알 수 있듯이, 파이프는 가장 새로운 이야기가 쓰였을 때조차 알려지지 않았다.

결론

이 멋진 민화집을 저술한 작자, 또는 작자들에 대해서 우리는 아무것도 모른다. 갈랑은 이렇게 말했다.

"아마 이 위대한 작품은 한 사람의 손에서 이루어진 것은 아닐 것이다. 왜냐하면 단 한 사람의 인간이 이토록 뛰어난 가공의 이야기를 이토록 많이 만들어낼 만큼 풍부한 상상력을 지닐 수 있다고는 도저히 믿을 수 없기 때문이다."(《헌정서신》)

레인은, 더욱이 레인 혼자만, 이 작품은 이집트에서 한 작자 또는 기껏해야 두 작자에 의해, 즉 한 사람이 다른 사람의 뒤를 이어받아서 썼다고 주장했다.

이름난 아랍어 학자가 어째서 그런 결론에 이르렀는지 도무지 이해할 수 없다. 그 주장은 이를테면 맥나튼판이나 불라크판처럼, 명백하게 서로 필사한 사본 MSS의 편자와 필사생에 대해서라면 옳은 말일 수도 있다.

게다가, 나중에 검토하게 될 몇 가지 이야기의 문체가 같기는커녕 극단적으로 서로 다르다. 즉, 스스로 국적이 다르다는 것을 얘기하고 있는 셈이다. 서아프리카, 이집트, 시리아 등이 확실히 표현되어 있고, 어떤 작자는 바그다드와 다마스쿠스와 카이로를 잘 알고 있는 것으로 생각하는가 하면, 다른 작가는 아무것도 모르는 것이다.

모든《아라비안나이트》는 원고본이든 인쇄본이든 마지막 몇 개의 이야기에서는 절대적으로 차이가 있는데, 그 차이의 정도는 브레슬라우판과 맥나튼판을 비교해 보면 잘 알 수 있다. 또 실제로 유럽에서 보존되고 있는 사본류는 지금까지 번역된 것에 몇 권분의 이야기를 더 보태야 할지도 모른다. 나는 그렇게 믿어 의심치 않는다. 이 점에서는, 워틀리 몬터규 사본(버턴은 이것을 번역하여 보유에 수록했다)을 하나의 시금석으로 생각할 수 있다.

우리는 《아라비안나이트》의 역사를, 이른바 호메로스의 서사시 《일리아드》
와 《오디세이아》에 비교해도 좋을 것이다. 후자는 음유시인에게서 음유시인
에게로 전해 내려오면서 시문의 본체가 서서히 커져, 마침내 페리클레스 시
대에 집대성되었던 불멸의 가요시(歌謠詩)와 고대의 서사방식, 그리고 운문
의 집합체이다.

마지막으로 위에 든 각종 자료에서 다음과 같은 결론을 이끌어내도 괜찮
다고 생각한다.

(1) 이 책의 구성은 기계적으로 아랍화되었으나 순수하게 페르시아의 것이
다. 원형은 《하자르 아프사나》*21이다.

(2) 가장 오래된 이야기, 이를테면 '신디바드(7현인)'나 '잘리아드 왕'은 8
세기 알 만수르 교주의 시대에 성립된 듯하다.

(3) 이 민화집의 가장 중요한 부분으로서 앞에 든 13편의 이야기는, '협잡
할멈 다리라'*22와 함께 10세기에 나온 것으로 보인다.

(4) 가장 새로운 이야기, 특히 '카마르 알 자만과 보석상의 아내'와 '구두
수선공 마루프와 그 아내 파티마'는 16세기 것이다.

(5) 이 책은 13세기에 현재의 형태를 갖췄다.

(6) 지은이는 당연한 이유로 분명하지 않음. 아마 작자는 전혀 없었을지도
모른다. 편자나 필사생에 대한 지식은, 앞으로 운 좋게 사본류가 발견되기를
기다려야 할 것이다.

〈주〉

*1 나는 폰 함머 푸르그슈탈(Von Hammer-Purgstall) 남작이 다음과 같이 세 가지로 분류
한 것을 알고 무척 반가웠다.

(1) 비교적 오래된 이야기. 이를테면 '7인의 대신'(여자의 간사한 꾀와 원한)이나 '신
드바드의 항해'(선원 신드바드와 짐꾼 신드바드)는 이 민화집의 토대가 된다. 이러한
이야기들은 다시 두 가지로 세분된다. (a)신기하고 순전히 공상적인 것. 예를 들면 '이
무기의 여왕.' (b)교훈적인 우화나 도덕적인 실례가 뒤섞인 현실주의적인 것.

(2) 역대교주, 특히 알 라시드 교주와 얽힌 특별히 아랍적인 이야기와 일화.

(3) 이집트계 이야기.

존 페인(John Payne)은 다음과 같이 대략 5항목으로 나누었다.

(1) '오마르 빈 알 누만 왕과 두 아들 샤르르칸과 자우 알 마칸 이야기' 같은 역사에

관한 이야기 또는 긴 사랑 이야기.

　⑵ 역사상의 인물이나 당시의 일상생활에 속하는 사건과 모험을 다룬 일화 또는 짧은 이야기.

　⑶ 사랑을 다룬 낭만적인 이야기로, 여기에는 다음과 같은 세 가지의 이야기가 포함된다. ⒜순수하게 낭만적이고 초자연적인 것. ⒝허구. 근거와 역사적 사실 여부는 묻지 않는다. ⒞환상적인 이야기.

　⑷ 동물우화.

　⑸ '아부 알 후슨과 노예처녀 타와즈드' 같은 야화 본디의 이야기.

＊2 폰 함머 푸르그슈탈의 별장은 스티리아(오스트리아 남동부의 주)의 주도(州都) 그라츠 부근에 있다. 내가 마지막으로 그의 도서실을 방문했을 때는, 서거한 당시 그대로 남아 있었다.

＊3 '시마스'〔레인의 센마스〕에 대해 이러쿵저러쿵 말하고 있으므로, 이 이야기는 '인도의 잘리아드 왕과 시마스 재상'〔이 책 899번째 밤 이하 이야기〕과 같다.

＊4 '7인의 대신' 별칭 '여자의 간사한 꾀와 원한'을 가리키고 있다. 폰 함머와 그 밖의 많은 사람은 부주의하게 '선원 신드바드'와 혼동하고 있다. 이 두 가지 이야기는 옛날에는 독립된 것이었지만, 지금은 《아라비안나이트》에 편성되어 있다. 이것은 이 이야기가 덧붙여져 성립된 것임을 간접적으로 표현해 준다.

＊5 《칼릴라와 딤나》는 더없이 우아한 문장가 압둘라 이븐 알 무카파(Abdullah ibn al -Mukaffa)에 의해 아랍어로 옮겨졌다. 그는 로즈 비(태양의 신)라 불리는 페르시아인의 배화교도였지만, 나중에 이슬람교로 개종, 775년 알 만수르 교주의 명령으로 참혹하게 사형되었다. 〔참고로 칼릴라와 딤나는 책 속에 나오는 두 마리의 승냥이 이름이다. 인도의 설화집 《카타 사리트 사가라》가 그 원전이다.〕

＊6 이슬람력 829년에 바이순구르 바하두르 한(Bayisunghur Bahadur Khan)의 명령으로 비교 대조된 《왕서(王書)》(피르다우시(Firdausi) 작 Shah-nameh)의 한 사본의 서문에 따르면, 《하자르 아프사나》는 여왕 후마이(Humai, 아랍어로는 후마야(Humayah))를 위해, 또는 후마이에 의해 작성되었다고 한다.

　이 페르시아의 마르게리트 드 나바르(《엡타메론》의 작자)는 아케메네스 왕조의 6세(아르다시르) 바만(Bahman)의 딸이고, 아내였다. 그리고 그 자손에게서 사산 왕조라는 이름의 시조인 아부 사산(Abu Sasan)이 나와, 아케메네스 왕조가 마케도니아의 알렉산드로스 대왕에게 정복당하자, 그 뒤를 이은 것이다.

　또 후마이는 7세 왕비로서, 남편의 뒤를 이어 32년 동안 통치한 뒤, 아들 다라 또는 다랍 1세 즉, 다리우스 코도마누스(Darius Codomanus)에게 왕관을 물려주었다. 그녀는 유럽에서 (헤로도토스를 통해) 파리사티스(Parysatis)라는 이름으로 더 잘 알려져 있다.

*7 엘 아미르 비 아캄 일라(El Aamir bi-ahkam-illah)는 이집트의 파티마 왕조 7대 교주였다. 재위 서기 1101~1129년.

*8 〈애서니엄〉지의 기고가는 그를 이븐 미야(Ibn Miyyah)라 부르고 이렇게 덧붙였다. "바다위족 소녀는 이 사촌오빠에게 자신의 노예 처지를 하소연하는 시문(詩文)을 써보냈다. 그러자 젊은 사촌오빠는 교주의 험담을 써서 답장을 보냈다. 알 아미르 교주는 그 답장을 발견하고 이븐 미야의 혀를 자르라고 명령했으나 그는 벌써 달아난 뒤였다."

*9 885번째 밤에 다음과 같은 구절이 있다. "이 사람은 고집이 세고 융통성 없는 폭군, 아무도 당해낼 자가 없는 악마, 약삭빠른 도둑 등, 흡사 아부 모하메드 알 바탈의 재현이라고 할 수 있는 인물이라서, 아무도 당할 자가 없었습니다." 어원적으로는 '악한 사람'을 뜻한다.

*10 맥나튼판은 《샤나마》의 편자 터너 메이캔(Turner Macan) 대령의 사본 MS에서 인쇄되었다. 그는 영국의 이집트 총영사 솔트(Salt)의 상속자들로부터 그 사본을 사들였다. 메이캔이 죽은 뒤, 지금은 없는 알렌스 집안(당시는 레든홀 스트리트에 있었다)의 소유로 귀속되었다. 나는 그 뒤 어떻게 되었는지 알기 위해 그 집을 찾았으나 헛일이었다. 〔맥나튼판은 현재는 제2콜카타판으로 불리고 있다.〕

*11 오래된 번역에서는 '예언자 솔로몬이 죽은 뒤 1800년'으로 되어 있다. 즉 825년에 해당한다.

*12 〈세터데이 리뷰〉지(86년 1월 2일자)는 이렇게 썼다. "버턴 대위는 알 문타시르와 알 무스탄시르의, 결코 같은 사람이 아닌 교주들의 이름을 구별하지 않는 오류에 빠졌다." 옳은 말이다. 교주 가운데 가장 훌륭하고 가장 현명한 인물을 우울한 미치광이이자 부모를 죽인 자와 혼동했으니 참으로 부끄러운 이야기가 아닐 수 없다. 그러나 이 오류는(변명할 생각은 없지만) 알 슈터 저서의 잘못된 글자 때문이었다.

*13 드 사시는 '칼란다르(Kalandar)'라는 성직계급이 서기 1150년에 시작되었다고 했다. 그러나 샤리프 부 알리 칼란다르(Sharif bu Ali Kalandar) 노승은 1323~24년에 죽었다. 신드에서는 최초의 칼란다르인 오스만 이 마르완디(Osman-i-Marwandi)가 1274년에 죽어 세완(Sehwan)에 묻혔다. 따라서 창설 시기는 일정하지 않다.

*14 시간을 재는 기구는 오래전부터 있었다. 그리스인은 물시계를, 로마인은 해시계를 가지고 있었다. '사라센인'은 물시계의 완성자였다. 기록에 의하면, 알 라시드 교주가 카를 대제에게 선물한 물시계는 일종의 '뻐꾸기시계'였던 것으로 전해진다. 시계판의 12개의 문이 차례차례 열리면서 작은 공이 놋쇠 종을 때려 시간을 알린다. 정오가 되면, 기사 12명이 시계판의 문을 닫는다.

　　트리토니우스(Trithonius)에 의하면, 아이유브 왕조의 술단(왕) 알 말리크 알 카밀(Al-Malik al-Kamil)은 1232년에 황제 프레데릭 2세에게 측시기(測時器)를 선물했는데, 이것은 슈트라스부르크와 파도바 시계와 마찬가지로 시간과 날짜와 해를 알리고 달의 모양을 표시하며, 태양과 유성의 위치를 기록했다.

15세기 말 무렵 가스파르 비스콘티(Gaspar Visconti)는 어느 14행시 속에서, 본디 휴대할 수 있는 시계에 대해 언급했다. 뉘른베르크의 '살아 있는 듯한 달걀'도 유명했다. 영국 최초의 시계(애슈턴 레버(Ashton Lever)의)는 1541년에 제작되었고, 프랑스에서는 1544년에 휴대용 경선의(經線儀, 크로노미터)가 보급되었다.

*15 로마인 사이에는 성병이 잘 알려져 있지 않다. 왜냐하면 '풍자가는 그것을 업신여기는 한편, 의사들은 침묵하고 말하지 않기' 때문이다. 그러나 켈수스(Celsus)《음부(陰部)에 대하여 De obscenarum Partium Vitiis》제18권)는 팽창한 고환, 음경의 사마귀, 음식창(陰蝕瘡) 따위를 들고 있다. 세르비우스(Servius)[4세기 로마 문법가]도 녹같은 빨간색의 반점은 성병이라고 말했다.

*16 데이비드 포브스(David Forbes)에 따르면, 페루 사람들은 매독이 인간과 알파카(남미산 가축)의 교합에서 발생했다고 믿고 있었다. 그래서 고대 법률에는 독신자가 알파카를 집 안에서 키우는 것이 금지되어 있었다.

*17 집시는 '1422년 7월 무렵'이 아니라, 1427년 여름에 파리의 성문 앞에 나타났다. 그러나 동유럽에는 그보다 훨씬 더 일찍 출현했다.

*18 매독은 한 개인에게만 한정되는 병이 아님을 덧붙여도 무방하리라. 내 친구인 고(故)아노트(Arnott) 박사(봄베이[뭄바이], 제18연대)는 바로다에서 이 질병에 걸린 군마를 보여주었고, 또 탄제르에서는 이 말 매독에 걸린 뚜렷한 사례를 보았다.

동양인은 성병이나 그 밖의 질병을 '다른 사람에게 옮기는' 습관을 지니고 있었다. 다른 사람에게 병을 옮기면 자기는 낫는다고 생각했다. 이를테면 처녀는 임질을 낫게 한다는 식이다.

매독은 기후에 따라 크게 다른 양상을 띤다. 페르시아에서는 접촉하지 않아도 전염하는 것으로 알려져 있고, 아비시니아에서는 가끔 치명적일 때가 있다. 또 이집트에서는 모래찜질이나 유황 연고로 간단하게 낫는다. 마지막으로, 수은제를 전혀 모르는 운얌웨지(Unyamwezi) 같은 곳에서는 코와 얼굴의 카리에스(골괴저)를 한 번도 본적이 없었다.

*19 원래의 커피(100번째 밤의 카와(Kahwah), 즉 묵은 술이 아니라)가 처음 나온 것은 426번째 밤('카이로 사람과 바그다드 유령의 집' 주석 4 참조)이다. 거기서는 커피를 끓이는 사람을 카와지야(Kahwahjiyyah)라고 부르는데, 이 잡종적인 언어는 '카이로 사람과 바그다드 유령의 집'에 나오는 그 한 문장이 근세에 쓰인 것임을 말하는 것이다.

이야기가 진행됨에 따라 커피가 등장하는 횟수도 늘어나, 예를 들어 866번째 밤 이야기에도 나오지만, 이 '알리 누르 알 딘과 띠를 만드는 미리암 공주'는 '알라딘 아부 알 샤마트 이야기'[249번째 밤]의 근대판일지도 모른다.

'염색공 아부 키르와 이발사 아부 시르'에서는 현대식으로 셔벗과 함께 마시고 있다.

'카마르 알 자만과 보석상의 아내'에 가서는 커피라는 말이 여러 번 나오는데(966~977번째 밤), 주로 아침 식사 뒤에 마시고 있다.

　　그리고 마지막으로 '압둘라 빈 파지르와 그 형제'의 978번째 밤과 979번째 밤에 두 번 나온다.

＊20 일본의 담배도 고유의 것으로 알려져 있다. 또, 최근에 중국을 여행한 많은 사람은 감자와 옥수수도 먼 옛날부터 재배되고 있었다고 한다.

＊21 불행하게도 이 《하자르 아프사나 *Hazar Afsanah*》는 이름만 전해지고 있을 뿐이다. 나는 몇 년 동안 친구와 거래처를 괴롭히면서 그 사본을 찾았지만 헛수고로 끝났다. 그러나 나는 언젠가는 성공하리라고 믿고 있다. 테헤란의 시드니 처칠도 늘 탐색하고 있다.

＊22 제3장에서, 알 마수디가 이 이야기에도 언급하고 있음을 말하고자 한다.

제2장 유럽의 《아라비안나이트》

유럽의 《아라비안나이트》는 느리게 조금씩 앞으로 나아온 발달의 역사를 가지고 있다. 이 과정은 맨 처음 프랑스인 갈랑에 의해 시작되어(1704~17년) 오스트리아 독일인인 폰 함머에게 이어졌고(1823년), 영국인 존 페인에 의해 완성되었다(1882~84년).

그러나 유럽의 《아라비안나이트 엔터테인먼트 *Arabian Nights' Entertainments*》(아라비아 야화)는 프랑스인의 재능 덕분에 이루어졌음을 우리는 기억해야 할 것이다. 앙투안 갈랑은 동양의 보물창고 속에 묻혀 있는, 이야기꾼들을 위한 산더미 같은 재료를 가장 먼저 발견한 사람이었다. 그는 교양과 학식보다 매혹적인 말재주가 훨씬 더 뛰어난 인물이었다.

그리하여 그의 즐거운 번안물은 세계의 고전 가운데 하나가 되어, '셰에라자드'와 '디나르자드', '하룬 알 라시드', '칼란다르(탁발승)' 등은 당장 프로스페로[셰익스피어 작 《폭풍우》의 주인공]와 로빈슨 크루소, 걸리버 등과 마찬가지로 독자에게 친숙한 존재가 되었다. 학식이 깊고 성실한 이 프랑스인의 멋진 의역작품이 명성을 얻지 않았더라면, 아마도 우리는 레인의 기묘한 모작(模作)이나 라틴어화한 영어를[즉 레인이 번역한 《신역 천일야화》를 가리킴] 읽지 않았을 것이다.

페인의 멋진 번역은 동양학자와 문장가용이지, 대중용은 아니다. 또 나의 번역은 인류학자나 동양의 풍속과 습관을 연구하는 사람들에게 알맞은 것이다. 갈랑은 그것의 대중화를 이룩한 것이고, 더욱이 그것은 오직 그만이 해낸 일이다.

《대영백과사전》은 제멋대로 이 우수하고 멋진 동양학자이자 고전학자이며, 문학자인 그를 무시했으나, 독자 여러분은 기꺼이 그의 약력에 관심을 가져줄 거라고 생각한다.

앙투안 갈랑은 1646년, 몽디디에에서 약 6마일[9.6km] 떨어진 피카르디의 작은 도시 롤로(Rollot)에서 태어났다. 그는 '가난하고 정직한' 농부 집안의 일곱 번째 아이였는데, 어머니가 일찍 과부가 되는 바람에 그를 교육할 기회가 거의 없었다. 그러나 대성당 참사회원이자 콜레주 드 누아용의 총장이 친절하게 도움의 손길을 내밀어, 어머니를 궁지에서 구해 주었다. 갈랑은 그때 겨우 네 살이었다.

그는 이 학교에서 9년에서 10년 동안 라틴어, 그리스어, 히브리어 등을 공부했지만, 그 뒤 후원자를 잃고 '가난한 형편' 때문에, 열서너 살 때 어느 상점에서 일하게 되었다.

그러나 그는 몸으로 하는 일을 싫어하여 12개월 동안 힘든 노동을 한 뒤에 몰래 파리로 달아났다. 그곳에는 친척 할머니 한 사람 말고는 아는 사람이 없었다. 그 할머니의 소개로, 그는 누아용의 참사회원의 친척인 목사를 알게 되었는데, 그 사람이 그를 콜레주 드 플레시스의 부교장에게 추천해 주었다.

그곳에서 갈랑은 동양 연구에 뚜렷한 진보를 보였고, 이윽고 콜레주 마자랭으로 옮겨서 그곳의 교수인 고드인의 조수가 되었다. 그러나 그것도 잠시, 곧 고고학 연구가이자 우수한 외교관이며, 1670년에 콘스탄티노플의 프랑스 대사에 임명된 드 누앙투르 후작의 수행비서관 자리에 추천되었다.

이 대사는 협정서〔터키 정부가 거류 외국인에게 치외법권을 허용한 협정서〕의 어려운 문제를 해결한 뒤, 레반트 지방의 항구도시와 예루살렘을 포함한 '성지'를 참배했는데, 갈랑은 그런 곳에서 비문을 베끼거나 유적을 스케치하고 메달 같은 골동품을 찾아 모았다.

갈랑은 시리아에서는 《천일야화》의 사본을 구할 수 없었다. O후작부인에게 보낸 《헌정서신》에서 그는 분명하게 '시리아에서 가져오게 해야만 했다'고 말했다.

하지만 그는 서민의 풍속 습관과 종교, 미신 따위를 연구하면서 《천일야화》의 번역을 준비했다. 1676년에 대사가 스탄불에 부임하게 되자, 갈랑은 비서직을 그만두고 프랑스로 돌아왔다.

1679년, 대정치가 콜베르의 도서관과 박물관을 채울 각종 물건이나 재료를 찾아 모으기 위해, 동인도회사가 제공하는 경비로 세 번째 여행을 했다. 이 임무는 18개월 뒤에 그 회사의 변경과 함께 끝나고, 콜베르와 르부아 후작의 추천으로 대왕 루이 14세의 '국왕전속 골동품 수집가'가 되었다. 왕가의 수집실을 위해 옛날 화폐와 메달을 모으는 임무를 맡은 것이다.

갈랑이 스미르나를 출발하려던 순간, 지진과 그것에 뒤따르는 화재가 발생하여, 그는 간발의 차이로 재난을 모면했다. 이 재앙에서 거의 1만 5천 명의 주민이 죽었다고 한다. 갈랑은 폐허 속에 파묻혔으나, 철인과 같은 의지와 침착성을 유지하며 마침내 구조됨으로써 불에 타 죽는 일을 면했다.[*1]

갈랑은 다시 파리로 돌아왔다. 거기서 테브노에게 뛰어난 아랍어, 히브리어, 터키어 실력을 인정받아, 죽을 때까지 왕립도서관에서 근무할 수 있었다. 그 뒤에는 비농 박사의 후원을 받았는데, 이 초대 상원의장은 농장과 연금을 주어 갈랑의 공로에 보답했다.

갈랑은 또 데르브로의 애제자가 되어, 데르브로가 죽은 뒤 미완성인 채 남아 있던 동양장서목록을 완성하고, 거기에 서문을 쓰는 영광을 누렸다.

그리고 1년 뒤에 비농 의장이 죽자, 갈랑은 1697년에 최고행정재판소장이자 하(下)노르망디의 칸 지사인 푸코와 손잡고, 이 새로운 후원자의 도서실과 고전 수집에서 《코란》의 번역을 포함한 일련의 역작을 위한 자료를 발견했다. 이러한 역작에 의해 갈랑은 문학계에 강력한 지지를 얻어, 1701년에 금석학·문학 아카데미(Academie des Inscriptions et Belles Lettres)의 회원으로 뽑혔다.

갈랑은 칸에서 1704년[*2]에 《천일야화》(6권)를 간행했다. 그것은 《천일야, 프랑스어로 번역한 아라비아 이야기 Mille et une Nuit, Contes Arabes Traduits en François》의 제1부인데, 금방 《아라비아 야화》로서 유명해진다.

이 이야기는 4분의 1로 축소되어 이야기의 중심 줄기가 빠지고 단편적이며 의역적이기는 하지만, 신비롭고 현란한 상상력과 참으로 놀랍고 신기한 이야기, 호화롭고 장려한 무대 등으로 당장에 이례적인 성공을 거두었다. 그것은 로맨스에 대한 하나의 계시였다.

프랑스는 아주 참신하고 너무나 분방한 종교와 도덕, 또는 철학에서 참으로 목적 없는 어떤 것을 발견하고 말할 수 없이 기뻐하며 거기에 열렬하게 빠져들었다.

음란하게 달라붙은 옷과 난잡한 도덕을 지닌, 안이하고, 완전히 부패해 버린 구제도(舊制度)의 유럽에서 보기에 장엄한 옷을 입은 이 동양의 방랑자

▲《천일야화》
갈랑 역 〈죽은 아내와 순장된 신드바드〉 구스
타프 도레 그림.

▶〈카마르 알 자만과 부두르 공주 이야기〉
P.C. 마틸리에 그림.

는 참으로 놀랍고 신기한 것이었다. 어떤 면에서는 천재인 샤를 노디에는 이렇게 말했다.

"이런 이야기는 프랑스에서는 거의 미지의 문학이지만, 발표되자마자 에스프리(esprit)가 넘쳐나는 작품에 대한 대중의 인기를 증명하는 결과를 보였다. 이런 종류의 작품은 우리의 이야기(로망)나 소설 속에서 만들어진, 모든 관념과는 전혀 다른 풍속과 성격, 복식, 지방색에 대한 자세하고 꼼꼼한 묘사를 인정했다. 아니 그보다는 오히려 그것을 요구했다. 사람들은 그것을 읽은 뒤의 매혹에 놀라워했다. 그것은 진실한 정서, 참신한 묘사, 놀랍도록 풍부한 상상력, 열의를 띤 현란한 색채, 가식 없는 감수성의 매력, 캐리커처가 없는 희극의 맛이다. 그 에스프리와 자연스러움은 이윽고 모든 곳에서 모든 사람을 기쁘게 해 줄 것이다."

《아라비아 이야기》는 일찍부터 갈랑의 문학적 명성을 높였다. 미쇼의《세계의 전기(傳記) Piographie Universelle》(1856년판, 제15권)에는 이렇게 적혀 있다.

"이 이야기의 처음 2권에서는 언제나 어김없이 첫머리는 '언니, 만약 잠이 오지 않는다면, 언니가 알고 있는 이야기를 한 가지 들려주세요'로 시작된다.

이 재미없고 메마른 문구가 지겨워진 몇몇 청년들이 매우 추운 어느 날 밤, 역자의 집 문을 탕탕 두드렸다. 그들은 잠옷 차림으로 창가에 나온 역자에게, 한참 동안 무의미한 질문들을 퍼부어 화를 돋운 끝에, 마지막으로 이렇게 말했다.

'갈랑 씨, 만약 잠이 오지 않는다면, 당신이 잘 알고 있는 재미있는 이야기를 한 가지 들려주세요.'

갈랑은 이 훈계에 넌더리가 나서 그 뒤부터는 놀림거리가 된 글머리를 없애버렸다."

이 이야기는 갈랑이 처음에 적극적으로 빌려 썼던 아랍적인 구성을 왜 그토록 빨리 포기했는지를 설명해 주고 있으며, 따라서 그만한 공적이 있다고 할 수 있다.

영국은 당장 프랑스에서 《천일야화》를 훔쳐왔다. 사실 언제, 어디서, 누가 그것을 영역했는지는 어떠한 권위자도 모르는 것 같다.*³ 어쨌든 론스의 《서지학자 편람》에는 최초의 영어판이 다음과 같이 소개되어 있다. 《아라비안나이트 엔터테인먼트》 프랑스어에서 번역, 런던, 1724년, 6권. 또 각주에 의하면, 이 번역은 지극히 부정확하고 어법도 비속하지만 여러 번 다시 출판되었다고 한다. 〔이 영역 초판은 1711년 무렵 나온 것으로 추정된다.〕

1712년에 애디슨은 〈스펙테이터〉지(제535호)에 '알 나슈사르 이야기'〔'꼽추 시체가 들려주는 이야기' 속 삽화 '이발사 다섯째 형 이야기'〕를 소개했다. 이 영역은 스타일이나 문체로 보아 그 자신이 직접 쓴 것으로 보인다. 그러나 그 해에 영역본 재판이 나왔다.

초판본은 대영박물관에 소장되었는데,*⁴ 6권을 셋으로 나눠 제본한 것이 한 조를 이루고 있다. 그런데 제1권과 제2권은 1713년의 4판, 제3권과 제4권은 1712년의 재판, 제5권과 제6권은 1715년의 3판이다. 즉 제1, 2권은 몇 번이나 판을 거듭했는지 알 수 있다. 그러나 이렇게 되면 모든 것이 뒤죽박죽이다.

영국에서 《천일야화》가 명성을 얻은 것은 1713년, 즉 갈랑의 불역 초판이 나온 지 9년 뒤에, 영역이 벌써 제4판에 달한 사실을 봐도 알 수 있다. 그 인기는 프랑스에서의 인기에 못지않았을 것이 틀림없다.

그러나 《피크위크 페이퍼스》〔디킨스의 장편소설〕를 읽지 않는 사람들이 있는 것과 마찬가지로, '동양의 병적인 공상 이야기'에 대해 이러쿵저러쿵 얘기하는 사람도 있었다.

이 작품이 처음 영국에 등장했을 때, 헨리 웨버*5는 '대중에게 커다란 감명을 준 것으로 생각된다'고 말했다.

《아라비안나이트》
〈신드바드 항해기〉 '하늘이 어두워지는가 했더니 거대한 로크새가 나타났다.' 에드워드 데트몰트 그림.

시인 포프는 1720년에 아무런 비평도 하지 않고, 애터베리 주교에게 두 권(불역? 영역?)을 보냈다. 아무 말도 하지 않았다는 점에서 판단하건대, 포프는 매우 재미있게 읽었다고 봐도 될 것이다. 주교는 매우 강력하게 야화를 좋아하지 않는다 밝히고, 여성의 옷차림에 대해 묘사한 것을 두고, 자신이 보는 바로는 프랑스인 가운데 누군가가 쓴 것 같다고 말했다.

그래도 《아라비안나이트》는 매우 빠르게 대중의 지지를 얻어 갔다. 우리는 이 책이 처음 출판된 뒤에 얼마나 많은 영향을 주었는가 하는, 이색적인 실례를 알고 있다.

스코틀랜드의 검사총장 제임스 스튜어트 경은, 어느 토요일 밤, 딸들이 야화를 열심히 읽고 있는 것을 보고 책을 빼앗고는, 안식일 전날 밤을 그런 너절한 심심풀이로 보낸다고 꾸짖었다. 그러나 이 근엄하고 중후한 검사총장은 자신이 야화의 매력에 포로가 되어, 그날 밤새도록 손에서 책을 놓지 못하고, 안식일 아침이 올 때까지 읽었다고 한다.

1780년 이후에 비티 박사는 그러한 이야기들이 갈랑이 번역한 것인지 혹은 지어낸 것인지, 확실치 않다고 말했다. 또 점잖은 칼라일은 그의 독특한 어법으로 야화를 '새빨간 거짓말'로 규정하고, 그런 '불결한 문학'을 가정에서 몰아내야 한다고 말했다. 단 두 마디의 말이지만, 얼마나 멋진 성격묘사인가!

프랑스에서 발견된 《아라비아 이야기》의 유일한 결함이라면, 문체가 '그다지 정확하지 않은(peu correcte)' 점이었다. 또 실제로 고상한 품격이 모자란다.

그러나 트레뷔티앙을 포함하여 프랑스의 모든 모방자는 철저하게 그들의 지도자 것을 그대로 베껴 썼다. 샤를 노디에도 이렇게 말했다.

"필자로서 갈랑의 문체는 정당하게 평가받지 못하고 있다고 생각된다. 그의 문체는 길거나 번거롭지 않고 웅변적이며, 늘어지거나 비속하게 흐르지 않고, 자연스럽고 친숙한 데다, 재기에서 나오는 기품도 풍부하며, 페로의 천진난만함과 라퐁텐의 순박함이 더할 나위 없이 잘 섞여 있다."

그런데 완전히 문학적 명성을 얻은 갈랑은 1706년에 파리로 돌아오자, 고전학회의 근면하고 유능한 회원이 되어 국외의 동양학자들과 편지를 주고받는다.

그로부터 3년 뒤에, 갈랑은 아랍어와 시리아어를 강의한 알레포의 피에르 디피 교수의 뒤를 이어 콜레주 루아얄의 아랍어 교수로 임명되었다. 그런 다음 5년 동안, 자신의 귀중한 연구를 여러 사람에게 널리 알리는 데 전념했다.

그리고 삶의 마지막 순간이 찾아왔다. 천식과 폐병에 시달린 마지막 병상에서 갈랑은 누아용으로 사람을 보내 조카 줄리앙 갈랑*⁶을 불러들인 뒤, 자신의 초고 정리와 유서 작성을 돕게 했다. 그는 자신의 저작은 왕립도서관에, 자신이 만든 고전학 사전은 학회에, 《알코랑 Alcoran》은 비농 신부에게 유언으로 증여했다.

그리고 그는 1715년 2월 17일, 향년 69세에 세상을 떠났다. 야화의 제2부(이 역시 6권)는 미발표로 남겨졌다.*⁷

갈랑은 매우 빠르게 쇠퇴해 가는 구파(舊派) 문학자였다. 생활이나 외모는 검소하고, 오로지 문학에만 몰두하여 연구면에서는 통찰력과 뛰어난 관찰력으로 두각을 드러냈지만, 세속의 일에서는 거의 어린아이나 다름없었다. 전기 작가가 말했듯이, 갈랑은 비할 데 없이 깊은 지식을 쌓는 것에서 행복을 발견한 것처럼, 어린아이들에게 교육의 원리를 가르치는 것에서 행복을 발견했을 것이다. 한마디로 말하면, 진실과 정직, 면밀함과 불굴의 근면이 더없이 훌륭한 그의 생애를 특징짓고 있었다.

갈랑에 의하면(《헌정서신》), 그의 사본 MS는 4권(그 가운데 3권만 현존)으로 구성되어 있었다고 한다. 3권뿐이라면 282번째 밤, 다시 말해 '카마르 알 자만의 이야기' 첫 부분까지일 것이다. 분실한 부분(권)이 다른 권과 마찬가지로 140쪽이었다면,

《아라비안나이트 요정 이야기》 표지
윌리엄 히스와 로빈슨 그림, 1899. 런던.

앞에 말한 이야기 말고 '사랑에 미친 가님 이야기'와 '흑단 말'이 나중에 더 보태어지는 셈이다.

그러나 그것만으로는 그 권수의 3분의 2도 차지 않는다. 그가 집어넣은, 또는 집어넣은 것으로 추정되는 나머지 3분의 1에는 다음의 열 가지 이야기[*8]가 해당한다.

(1) 자인 알 아스남 왕자와 마신의 왕 이야기. Histoire du Prince Zeyn Al-asnam et du Roi des Génies. 〔참고로, 버턴 번역의 표제와 일반적인 속칭을 들고 싶다. The Tale of Zayn Al-Asnam. '아홉 번째 다이아몬드의 처녀'.〕

(2) 후다다드와 그 형제 이야기. (다르야바르의 왕녀 포함) Histoire de Codadad et de ses frères. (including La Princesse de Deryabar) 〔Adventures of Khudadad and his Brothers.〕

(3) 알라딘과 이상한 램프. Histoire de la Lampe merveilleuse. 〔Aladdin ; or, The Wonderful Lamp.〕

(4) 장님 바바 압둘라 이야기. Histoire de l'Aveugle Baba Abdalla.

(5) 시디 누만 이야기. Histoire de Sidi Nouman.

(6) 후와자 하산 알 하발 이야기. Histoire de Cogia Hassan Alhabal. 〔이상의 세 이야기는 버턴판에서는 '교주의 밤의 모험 이야기' 속에 한데 묶여, 각각 Story of the Blind Man, Baba Abdullah. History of Sidi Nu'uman. Hostory of Khwajah Hasan al-Habbal이라는 제목으로 되어 있다.〕

(7) 알리바바와 40인의 도둑. Histoire d'Ali Baba, et de Quarante Voleurs exterminés par une Esclave. 〔Story of Ali Baba and the Forty Thieves.〕

(8) 알리 후와자와 바그다드의 상인 이야기. Histoire d'Ali Cogia, Marchand de Bagdad. 〔Story of Ali Khwajah and the Merchant of Baghdad. '어린이의 재판'.〕

(9) 아미드 왕자와 선녀 페리 바누 이야기. Histoire de Prince Ahmed et de la fée Peri-Banou. 〔Adventures of Prince Ahmad and the Fairy Peri-Banue. '하늘을 나는 양탄자'.〕

(10) 여동생을 시기한 두 언니 이야기. Histoire de deux Soeurs jalouses de leur Cadette. 〔Tale of the Two Sisters who Envied their Cadette. '말하는 새와 노래하는 나무와 황금의 물'.〕

세상에 가장 널리 알려진 두 가지 이야기, 즉 '알라딘'과 '알리바바와 40인의 도둑'을 포함해 위에 써놓은 이야기에 대해서는, 지금까지 여러 억측이 있었는데, 대체로 다음과 같은 세 가지가 있다.

첫째로 드 사시는 파리의 공공도서관에서 갈랑에 의해 발견되었다고 주장했다.

둘째로 아랍어 문법에 정통한 체너리는, 갈랑은 스미르나의 시장이나 레반트 지방의 다른 항구에서 라위(Rawi), 즉 직업적인 강석사(講釋師)의 이야기에서 빌려 쓴 것이 아닌가 추측하고 있다.

셋째로 페인은 '비교적 가까운 시기에, 바그다드의 한 주민이 하룬 알 라시드의 전설과 그 밖의 유명한 이야기를 본떠 만들었을' 가능성이 있다고 추

《아라비안나이트》
〈알리바바와 40인의 도둑〉에서
도둑들이 보물을 운반하는 장면.
1820년대 미국판 삽화.

측했다. 그러면서 다음과 같이 덧붙였다.

"유럽의 공공도서관에 소장되어 있음이 밝혀진 《아라비안나이트》의 각종 사본을 완전히 조사해 보면, 부가된 이야기의 출전(出典) 문제에 대해 무언가 해결의 실마리를 찾을 수 있을지도 모른다."

내 생각은, 예를 들어 '잠자는 자와 깨어 있는 자'나 '자인 알 아스남' 등에 있어서는 페인의 의견과 완전히 일치한다. 그러나 전에 든 이유로, 그 10편은 아랍어 사본보다는 페르시아어 사본 속에서 찾아볼 수 있지 않을까 생각하고 있다. 어쨌든 나는 모두가 발견될 것을 믿어 의심치 않는다. 갈랑은 문학상의 위조를 범할 사람은 아니었다.*9

〔이것은 주석에도 있듯이, 초텐베르크가 사들인 아라비아어 사본에 의해 밝혀졌고, '알라딘'과 '자인 알 아스남'은 그 사본 속에서 발견되었다. 상세한 것은 버턴판 보유 제7권에, 보유와 함께 전12권의 라이브러리 에디션에서는 제12권에 수록된 W.F. 커비의 '알라딘과 야화의 각종 사본에 관한 초텐베르크의 연구'에 나와 있다. 《엔사이클로페디아 브리태니커》(1960년판)의 천야일야 담당집필자에 의하면, '알리바바'의 원전도 1910년에 옥스퍼드 대학 도서관에서 그 자신의 손으로 발견되었다.〕

책 전체 가운데 가장 유명한 '알라딘'에 대해, 나의 친구 고(故) 파머 교수는 이 이야기가 동양의 이야기라는 것을 의심했지만, 나는 진짜 동양의 이야기라 확신하고 있다. 동양풍 허구의 모든 기본을 갖춰 구성된 것이다.

무대는 '사람들이 어떤 종류의 따뜻한 술(차)을 마시는' 중국이고, 주인공의 아버지는 가난한 재봉사다. 그리고 '주다르와 그 형' 이야기와 마찬가지로, 이윽고 마그리브인 마법사가 나타나고 신기한 램프와 마법의 반지가 등장한다. '헌 램프를 새 램프로 바꾸고 싶은 사람 없소?'라고 외치는 마법사의 목소리—이 이야기에서 가장 중요한 부분인데—는 '어부의 아들 이야기'*¹⁰와 필적한다. 즉, 뒤의 이야기에서는, 유대인이 낡은 반지를 새것으로 바꿔준다고 하자, 공주는 남편이 오래 끼고 있던 지저분한 반지를 떠올리고는, 남편이 잠든 사이에 그것을 빼내어 유대인에게 줘버리고 만다. 어느 쪽 이야기에서도 왕궁은 먼 곳으로 이동되어 버리고, 양쪽 다 마지막에는 뱃속 검은 마법사가 죽고, 남녀 주인공은 그 뒤 행복하게 산다는 줄거리다.

모든 아랍어 학자가 인정하고 있듯이, 갈랑은 이야기 가운데 일부를 빼거나 줄이고, 설명을 덧붙이거나 대신하여 다른 것을 쓰며 사실이나 문장의 대담한 왜곡을 하는 죄를 제멋대로 범했지만, 동양의 각국 언어에 대한 그의 깊은 지식을 보면, 그 자신도 그 잘못을 알고 있었음을 짐작할 수 있다. 그러나 문학상의 그런 난행은 그 당시의 관습이었다.

만약 우리가 갈랑을 공정하게 관찰한다면, 그는 대부분 어떤 목적을 위해, 즉 자신의 번역 작업을 대중화한다는 목적을 위해 오류를 범한 것임을 알게 될 것이다. 그리고 그의 성공은 실제로 수단을 정당화했다고 할 수 있다.

다음에, 도를 넘어선 자유로운 번역은 그만두고라도, 절대적인 오류를 들어죽 벌여 놓아도 이치에 맞지 않는다고는 할 수 없을 것이다. 바일 교수와 페인은, 갈랑이 상인에게 대추야자 껍질(écorces)을 던져버리게 했다면서 비난했는데, 그것은 당연한 일이다. 대추야자에는 얇은 껍질밖에 없기 때문이다.

'첫 번째 노인의 이야기'에서는 유럽의 독자들에게 친숙하다는 이유로, 소를 죽이는 도구로서 '나무망치(maillet)'가 등장한다. 그러나 이야기의 마지막에서는 '불길한 식칼(le couteau funeste)'로 변해 있다.

'누르 알 딘 알리와 그 아들 바드르 알 딘 하산 이야기'에서도 원전과의 차이를 엿볼 수 있다. 원전에는 주인공이(겉옷뿐만 아니라) 속바지까지 벗어 머리맡에 두었다는 중요한 사실이 분명히 기록되어 있는데, 갈랑 교수는 주인공이 옷을 완전히 입은 상태로 침대에 누웠다고 했다. 이것은 분명히 각주에서, 동양인은 '바지를 입은 채 잠을 잔다'는 것을 독자에게 가르쳐주기

위해서였다. 〔이것은 첫날밤
의 정사에 대한 묘사이다.〕

석궁(石弓)〔새총 같은 것〕
을 강철활(arbalète)과 혼동하
는 것은 단순한 무지 탓이지
만, 일반적으로 이 둘은 흔히
혼동되어 왔다. 더 잘 알고
있어야 하는 레인조차 같은
실수를 범했다. 또 조심하지
않고 '나일 강 기슭을 따라'를
'에티오피아 쪽을 향해'라고
번역하고, 하리다타니(행복군
도(幸福群島))를 '하레단 아
이들'의 섬이라고 잘못 번역
한 것도 눈에 뛴다.

명랑한 여자가 이발사의 두
번째 형에게 한 것은 '손가락
끝으로 가볍게 때린 것(des

《아라비안나이트》
〈수정 궤짝의 미녀〉 E. 포스터 역, 로버트 스머크 그림,
1820. 런던.

petits soufflets)'이 아니라 '목덜미를 사정없이 올려붙인 것'이었다. 여섯째
형은 '언청이(aux lèvres fendues)'가 아니었다. 왜냐하면 자신의 아름다운 아
내에게 질투한 바다위인 남편이 아래위 입술을 베어낸 것이기 때문이다.

하이아타르네후스(하야트 알 누후스)에서는 '여왕의 얼굴에 찬물을 끼얹
는' 것이 아니라, 노파가 장미수(eau-de-rose)를 끼얹는다.

마지막으로 야화의 대단원도 프랑스어 번역과 아랍어 원전에는 심한 차이
가 있다. 그러나 이것은 아마도 갈랑의 잘못은 아닐 것이다. 그는 원전의 대
단원을 한 번도 보지 않았기 때문이다. 그러나 사실 동양풍의 정취*[11]에는
어울리지 않더라도, 그토록 유쾌하고 동정적인 결말을 창조해 냈으니, 그는
크게 칭찬받을 만하다.

나는 결국, 두 작품〔원전과 갈랑의 번역〕을 나누어, 《아라비안나이트》의 4
분의 1밖에 포괄하지 않는 갈랑의 의역을 아주 다른 책으로 여길 필요가 있

다고 생각한다. 갈랑의 번역은 아름다운 곳은 부풀리고, 원전의 결함이나 이상한 부분을 고치거나 숨겼으며, 알몸에는 파리인의 최고급 옷을 입히고, 지방색 대부분을 완전히 없애 버렸다. 또 음률이 있는 산문을 무시하거나 시문을 제외하고, 극히 드물게 3, 4행의 시를 번역했을 뿐이다. 일반적으로 말하면, 이야기의 진수를 이루는 속담과 경구, 도덕적 반성도 배제되어 있다. 그리고 더욱 애석한 것은, 심원함과 미묘함에서 종종 셰익스피어적이라고 할 수 있는, 비교적 미묘한 성격묘사도 대수로이 여기지 않았다.

갈랑은 여러 면을 가진 보석의 한 면만 보여준 셈이다. 대중의 기호를 존중하느라, 원전의, 가끔 반발적인 단순함, 어린아이 같은 외설스러움, 난잡한 소동 따위를 제외하지 않을 수 없었다. 하렘의 꽃다운 향기 속에 섞여 있는 피 냄새도 없다. 나라의 번창과 세월의 황폐를 두드러지게 하는 익살스러우면서도 재미있는 이야기도, 라블레식의 큰 웃음도 없다.

그런 식으로 생각하면 갈랑의 번역은 아름다운 직물을 뒤집어 보는 일과 같은 것으로, 하나의 찌꺼기(caput mortuum)다. 그러나 갈랑의 묘사만을, '유럽의 정원에 동양적인 공상 속 마법의 꽃을 이식하려고 한' 그의 노력만을 바라보는 사람들은, 역시 그의 이야기를 오랜 사막 여행 뒤에 갑자기 눈앞에 나타난 멋진 산들의 놀라운 경치에 비교하는 것이다.

그러한 이야기들은 색다른 동경과 뭐라 표현할 길 없는 욕망을 불러일으킨다. 그러한 불가사의한 상상성은 사람들로 하여금, 그 뒤쪽에 보이지 않는 새롭고 신비로운, 예상 밖의 것이—사실 미지의 모든 마력이—가로누워 있는 듯한 몽상에 빠지게 한다.

《아라비안나이트》는 아득히 먼 곳에 있는 모든 동양어, 페르시아어, 터키어, 힌두스탄어 등으로 번역됐다. 뒤의 그것은 《멋진 이야기 Hikayat al -Jalilah》라는 제목으로 1836년 포트조지 대학의 텍스트용으로서, 문시 샴스 알 딘 아마드가 번역했다. 그러한 번역은 모두 아랍어에서 직접 번역한 것이다. 나는 갈랑이 번역한 동양어역을 찾았으나 아직 찾지 못했다.

나는 고(故) 베르트루디 제이먼에게서 '호프만과 하이네의 언어'[즉, 독일어]로 《아라비안나이트》를 엄밀하게 전체를 완전하게 번역한 것이 있다 들었고, 또 그것을 믿어왔다. 그러나 라이프치히나 그 밖에 개인적으로 조사한 바로는, 그런 완역은 아직 나와 있지 않았음을 확실히 알았다.

갈랑의 번역을 고쳐서 본디 《아라비안나이트》를 세계에 보여주려고 맨 처음 시도한 맥스 하비히트 박사는, 브레슬라우에서(1824~25년) 15권의 소형본으로 간행했다.*12 이 독일어 번역은 '튀니스 사본'*13의 번역으로 불리고 있다. 그러나 독일어 번역서 쪽이 그 아라비아어 원전보다 더욱 비난받아야 할지도 모른다. 문체의 매력 따위는 눈을 씻고도 찾아볼 수 없기 때문이다. 지나치게 소심하여 모든 곤란을 회피하고 있을 뿐만 아니라, 어처구니없는 착오를 몇 군데 볼 수 있어서, 풍속에 대한 설명으로서나 참고서로서 전혀 도움이 되지 않는다. 이렇게 엉성한 점은 저명한 교수가 일을 협력자들에게 맡겨놓고, 그들의 부주의한 역문의 교정을 게을리한 것으로 해석하는 수밖에 없다.

다음의 독일어역〔이라기보다 그 대본이 된 프랑스어역〕은 궁중고문관 J. 폰 함머 푸르그슈탈에 의해 이루어졌다. 그는 카이로와 콘스탄티노플에 잠시 머무는 동안, 갈랑이 무시한 이야기들을 프랑스어로 번역했다. 그리고 1810년, 코생 드 페르스발과 사이가 나빠지자, 자신의 번역원고를 츠빙겐의 출판업자 코타에게 맡겼다.

그 때문에 친젤링 교수*14가 그 프랑스어역을 독일어로 번역한 중역의 독일어역이 나타났고, 또 프랑스어역의 원고는 런던으로 가던 도중에 이상하게 잃어버리고 말았다. 마지막으로 《미간행(未刊行)의 이야기집 Contes inédits》은 G.S. 트레뷔티앙에 의해 프랑스어로 번역되어 간행되었다(파리, 1828년).

폰 함머도 레인과 마찬가지로 원전을 자기 멋대로 취급하여 지워 버리거나 줄였으므로, 결국 군데군데 원전의 자취는 완전히 사라지고 말았다. 또 어려운 문구를 건너뛰거나 잘못 번역하기도 했다.

《아라비안나이트》의 독일어역에서 유일하게 훌륭한 것은 구스타프 바일 박사의 번역이다. 그는 1808년 4월 24일 태어나 아직도 하이델베르크 대학에서 교편을 잡고 있다.*15 그에 의하면 그 원전은 브레슬라우판, 아브드 알라만 알 사파티의 불라크 텍스트, 작센 고타〔독일의 옛 공국〕의 도서관에 있는 한 사본 등이었다. 그러나 이 바일 박사도 야별(夜別)의 구성을 무시했다. 머리글은 생기가 없고 몇 단어에 한정된 주석은 불충분하며, 운문은 곳곳에서 산문으로 바뀌고, 압운한 산문은 완전히 없어졌다. 그 반면, 이 학자는 정확한 번역에 뛰어나서, 그 이전에 나온 역자들과 뚜렷한 대조를 이루고 있다.

에스파냐와 이탈리아는 우수한 동양학자를 많이 낳았으나, 그들은 수고를 아껴 《아라비안나이트》를 자신들의 힘으로 번역하지는 않았다. 즉, 갈랑의 번역을 조악하게 재탕한 싸구려 번역이 대중을 만족시킨 듯하다.[*16] 신라틴어, 아이슬란드어, 러시아어(?), 그 밖의 번역서에 대해서는 좀더 뒤에 가서 언급할 예정이다.

갈랑은 수많은 판 가운데 4종의 《아라비안나이트》[*17]가 두각을 드러내고 있는 프랑스에서 결코 잊힌 존재는 아니다. 그의 성공은 엄청난 모방자를 낳았고, 드 사시의 이른바 '금제품(禁制品)의 엄청난 수입'을 가져왔다.

이미 1823년에 폰 함머는 프랑스에서 7종을 헤아렸지만, 최근에 그 수는 엄청난 규모로 늘어나 있다. 이 제목을 전공한 윌리엄 F. 커비는 갈랑의 모방자에 관한 상세한 서지학적 주해(註解)를 나에게 선물했다. 〔아라비안나이트 말고 다른 여러 동양 이야기를 모은 책이나, 그것을 번역한 것. 또는 그것을 자료로 해서 쓴 것이나 제목만을 따온 것—이를테면 스티븐슨의 《신 아라비안나이트》—등이 자세히 설명되어 있다. 커비는 1912년에 죽은 영국의 곤충학 대가로서, 고활자(古活字)에도 정통했다.〕

〈주〉

[*1] 트레뷔티앙에 의하면, 폰 함머 남작도 《아라비안나이트》 때문에 물에 빠져 죽을 뻔했다고 한다.

[*2] 갈랑의 프랑스어역은 1704~1717년에 전12권으로 간행되었다. (헤퍼(Hoeffer)편 《전기(傳記)》, 그레세(Graesse) 편 《진서(珍書)의 보물창고 Trésor de Livres rares》, 《대영백과》 제9판 등에 나와 있다.)

[*3] 영국은 프랑스에서 《코란》의 최초 영역도 빌려 왔다. 이것은 프랑스의 이집트영사 앙드레 뒤 레이에(André du Rayer)가 아랍어에서 번역한 것을 앤드루 로스(Andrew Ross)가 중역한 것으로, 빈약하고 거칠고 나쁜 번역이었다. 그러나 이 영역은 1734년에 박식한 조지 세일(George Sale)의 신역이 나옴으로써 밀려나고 만다. 서론과 주석을 포함한 고지식하기 짝이 없는 번역 작업 때문에 세일은 '이슬람교도가 되었다'는 오명을 썼다.

＊4 《인쇄본의 목록》 1884년. 영국인이 자랑스러워하는 영국박물관에 이런 실수가 있음을
얘기하는 것은 나로서는 부끄러운 일이다.

＊5 헨리 웨버(Henry Webber)가 수집한 《동양의 이야기》(1812, 에든버러 간행, 전 3권)의
머리글. 그는 세계에서 처음으로, 샤리아르와 샤 자만의 첫 이야기의 모험과 《미친 올
란도》(제28화)의 아스트루포와 기아콘드의 유사성을 지적했다.

　　M.E. 레베크(Lévêque)는 《인도와 페르시아의 신화와 전설》(1880, 파리)에 이 아라
비아와 이탈리아의 이야기를 프랑스어로 번역하여 같이 실었다.

＊6 이 조카 줄리앙 갈랑(Julien Galland)은 《메카 순례의식집 *Recucil des Rits et Cérémonies*
des Pilgrimage de La Mecque》(파리 및 암스테르담, 1754년 간행)을 저술했다.

＊7 이 후반은 1717년이 될 때까지 간행되지 않았다. 그의 《비드파이와 로크맘의 인도 우
화 및 이야기들 *Contes et Fables Indiennes de Bidpai et de Lokman*》은 1724년에 초판
이 나왔다.

＊8 페인은 '잠자는 자와 깨어 있는 자'(별칭 '어릿광대 하산') 이야기를 더해 11편으로 하
고 있다. 그는 나중에 이 이야기를 브레슬라우판에서 영역하여 《아랍어로부터의 이야
기》에 실었다.

＊9 어느 문학자는 최근에 나에게 (9)와 (10)은 파리의 국립도서관에서 발견되었다고 확
실히 말했다. 그러나 두 사람의 친절한 친구가 조사하여 그렇지 않다는 것을 확인해
주었다. 코다다드(후다다드), 바바 코기아(후와자), 페리(선녀) 같은 페르시아 어조는
페르시아어 사본임을 암시하고 있다.

＊10 조너선 스콧 번역 《아라비아 야화 *The Arabian Nights' Entertainments*》(런던, 롱맨
스사, 1811년) 제6권. 부록, 옥스퍼드 대학 도서관 소장 워틀리 몬터규 사본에서 수
집한 새로운 이야기. 나는 스콧 번역을 다시 출판할 때, 님모 등이 그의 제6권을 지
운 것을 유감으로 생각한다.

＊11 드 사시에 의하면 사본 가운데에는, 샤리아르 왕이 샤라자드의 마지막 이야기가 지루
해서 사형을 명령하려 했을 때 그녀가 세 아이를 데리고 나타나, 기쁘고 행복한 결말
을 맺는 것이 있다고 한다. 폰 함머는 이러한 다른 형태를 더욱 극적이라 하여 좋아
했지만, 드 사시는 분만에 뒤따르는 여러 가지 곤란한 점을 들어 그것을 제외했다.
이 점에서 그는 보잘것없는 것에 지나치게 집착한 것이다.

＊12 《천일야. 아라비아 이야기. 튀니스 사본에서 처음으로 완역》 "Tausend und Eine
Nacht : Arabische Erzählungen. Zum ersten mal aus einer Tunisischen Handschrift ergänzt
und vollständig übersetzt," Von Max Habicht, F.H. von der Hagen und Karl Schatte.

＊13 하비히트(Habicht) 박사의 말('머리글'에 의하면, 그는 지기인 아랍인 학자 M. 안나
가르(Annagar)를 통해, 다른 귀중한 저작과 함께 튀니스에서 그 사본을 손에 넣었다.
그리고 드 사시 남작, 랑글레 그 밖의 학자들의 도움으로, 여러 사본을 참조하여 튀

니스 사본의 빠진 문구가 있는 문장을 메웠다고 한다.

그러나 그 편찬 모습은 놀라울 정도로 대범하여, 정오표를 만든다면 거의 책 한 권 분량이 될 것이다. 게다가 최초의 4권의 색인이 5권째에 인쇄되었다. 미처 그때가 되어 비로소 이야기의 목록을 작성할 필요성을 느낀 것처럼……

1839년 하비히트가 죽자, 그 뒤 그의 번역은 유명한 H.J. 플라이셔(Fleischer) 교수가 4권을 추가하여 완결했다(즉, 제9~12권). 그러나 이 교수도 선배의 모든 결함을 성실하게 모방하여 목차까지 생략했다.

*14 《아라비안나이트》 가운데 번역하지 않은 이야기와 일화. 폰 함머가 처음으로 아랍어에서 프랑스어로 번역. 나아가서 A.E. 친젤링(Zinserling)이 프랑스어에서 독일어로 번역, 슈투트가르트 및 츠빙겐, 1823년, 전3권. 〔이상의 독일어문은 생략.〕 따라서 트레뷔티앙(Trébutien)의 프랑스어역은 번역의 번역의 번역이다.

*15 《천일야 아라비아 이야기 Tausend und Eine Nacht Arabische Erzählungen》 구스타프 바일 박사가 처음으로 원전에서 완전하고 충실하게 독일어로 번역(Zum erstenmale aus dem Urtexte vollständig und treu übersetzt von Dr. Gustav Weil).

그(바일)는 1836년 이집트에서 귀국한 뒤 이 번역에 착수하여, 1838~42년에 독일어역 초판을 완결했다(전3권). 나의 장서는 1872년의 4권본(슈투트가르트)으로 백 개가 넘는 목판화가 들어 있는데, 레인이 동양적인 삽화가 어떤 것인지를 가르쳐주기 전까지는 모두 유럽풍이었다.

*16 현재, 가장 인기가 높은 것은 《천일야, 아라비아 이야기 Mille et una notte, Novelle Arabe》(나폴리, 1867년, 삽화 수록, 8절판, 4프랑). 또 신개정판인 "Milleet una notte"와 밀라노에서 간행된 전4권, 8절판, 4프랑(발행일 불명) 따위가 있다.

*17 4종이란 (1) 코상 드 페르스발(Caussin de Perceval) 역(譯), 파리, 1806년, 전9권, 8절. (2) 에두아르 고티에(Edouard Gautier) 역, 파리, 1822~24년, 전7권, 12절. (3) 데스탱(Destain) 역, 파리, 1823~25년, 전6권, 8절. (4) 드 사시 남작 역, 파리, 1838년(?), 전3권, 8절 대형, 삽화 수록.

제3장 내용과 형식

내용

나는 앞에 이 산문시를 우화와 동화와 역사상의 비밀 이야기,[*1] 이 세 가지로 나누었는데, 이번에는 그 항목들을 더욱 자세하고 빈틈없게 고찰해 보고자 한다.

명백하게 《아라비안나이트》의 다른 모든 제목에 앞서는 우화 또는 동물우화는 '인류의 의식이 눈뜬 이후, 가장 초기의 창조물의 하나'로 불려 왔다. 매우 오래된 것은 분명하지만, 나는 오히려 우화를 질투심이 강한 전제군주제 또는 강력한 독재정치가, '뚜렷한 진실'을 얘기하려 하면 온갖 장애를 가하고 위험으로 내모는, 비교적 문명화한 시대의 산물로 여기고 싶다. 지은이가 노골적으로 칭송하거나 이름을 대며 비방하는 것을 방해받을 때는 무언가의 암시를 줄 수 있고, 또 양 베린즈 또는 늑대 이장그랭처럼 아군이나 적을 칭찬하거나 헐뜯을 수 있다. 그리고 우화의 목적은 두 가지이다.

Duplex libelli dos est : quod risum movet,

Et quod prudenti vitam consillo monet—

(책이 주는 두 가지 선물은 웃음을 자아내고, 현명한 충고로 인생을 가르쳐 주는 것이다.)

맹수가 말을 하는 것은 도덕적인 의도에 대해서, 또 마찬가지로 사회적이나 정치적인 풍자에 대해서도 신랄함과 우스꽝스러움을 곁들이는 관습에서 나왔다.

우화의 문학상 기원은 불교적인 것이 아니었다. 우리는 특히, 그 기원을 인도에서 찾는 '인도 게르만'파를 회피해야 한다. 또 그것은 이솝적인 것도 아니었다. 아이소포스(이솝)는 명백하게 시대의 축적된 재화와 보물을 물려받은 것이다.

렙시우스 교수가 우리에게 가르친 것처럼, "인류가 기억하는 한, 고대에서 우리는 단 하나의 진보된 문화, 단 하나의 문자, 단 하나의 문화적 발달, 즉 이집트의 그것밖에 모른다."

자음표(字音表)에 대한 알파벳의 발명은 바빌론에도, 아시리아에도, 또 문명의 맨 끝인 중국에도 미지의 것이었지만, 그것이 이집트의 문학을—시, 역사, 비평, 우화, 일화 등을—영원히 고정했다.

그 가운데 특히 '사자와 쥐'는, 거칠고 세련되지 못한 초기의 시도로서가 아니라 완성된 형태로서, 기원전 1200~1166년 라메스 3세 시대의 파피루스에 기록되어 있다. 대화형식도 '승냥이 코피와 에티오피아 고양이'의 대화에서는 완벽한 수준에 이르러 있다. 그러므로 아프리카는 동물우화의 발상지였다. 그러나 그것은 마하피 교수가 생각한 것처럼 동물숭배의 선택받은 땅으로, 그곳에서는 Oppida tota canem venerantur nemo Dianam(모든 도시는 개를 숭배하고, 디아나 여신을 숭배하지 않는다는 뜻)이기 때문이 아니라,[*2] 다만 나일의 토지가 우화와 서사시 사이의 모든 형태의 문학을 탄생시켰기 때문이다.

검은 대륙에서 페니키아, 유대, 프리지아, 그리고 소아시아까지는 불과 한 걸음 거리이고, 소아시아에서 그리스에는 나룻배가 다니고 있었다. 여기서 우화는 아이소포스(Αισωπος), 즉 이솝(Æsop)에게서 보급자를 찾아냈다. 그의 이름은 전설의 영역을 벗어나지 않지만, 아마도 아이티오프(Αιθιοψ)(에티오피아)와 관련되어 있을 것이다. 현자들도 Æsopus et Aithiops idem sonant.(아이소포스와 아이티옵스는 똑같이 들린다)고 말했다.

이상에서 알 수 있듯이, 그리스인은 동물우화가 발생한 토지의 전설을 보존한 셈인데, 우화작가인 아이소포스 시대에는 프사메티코스 1세가 이집트를 그리스인에게 개방한 지〔그리스 용병의 힘으로 이집트를 통일한 것〕약 100년 뒤인 크로이소스 왕과 솔론(기원전 570년)의 시대와 같다고 생각해도 될 것이다.[*3]

우화는 또 초기에 아프리카에서 동쪽으로 이동하여, 티그리스 유프라테스 강 유역에 형성된 제2의 문명 발상지 속에서 새로운 고향을 만들었던 것 같다. 고(故) 조지 스미스는 쐐기문자 속에서 '소와 말의 대화'나 '나와 태양의 대화' 같은 동물우화의 단편을 발견했다.

그 뒤 수백 년 동안 마케도니아 알렉산드로스의 정복은 센 우세레트 왕이나 세미라미스 여왕이 시작한 것을 완성하고, 동방을 서방 세계와 연결하여 인류의 잡다한 가족을 혼합했으므로, 동양은 형식상 그리스화하고 말았다. 셀류코스 왕조 시대에 바크톨리아의 독립왕국이 번영했던 시기(기원전 255~125년)에는, 그리스의 예술과 과학, 문학 그리고 언어조차도 고대 이란의 영역으로 퍼져, 다시 동쪽으로 나아가 북인도에 이르렀다.

《아라비안나이트》
〈항아리에서 튀어나온 정령〉 르네 부르 그림.

포루스[인도의 왕]는 기원전 19년에 아우구스투스 황제에게 두 번 사절단을 보냈는데, 그 가운데 한 번 바르고사(현재 구제라트의 발로치)의 사자(使者)인 자르마노차가스가 송아지 가죽에 그리스어로 쓴 편지를 가져갔다고 한다(스트라보, 제15권, 제1장). 〔이 책은 그의 《지리서》 전17권을 말함.〕 세네카는 또 이렇게도 말했다.

Quid sibi volunt in mediis barbaronum regionibus Graecae artes?

(야만적인 지역 가운데서 왜 그리스 예술을 원하는가?)

마케도니아 시대의 상(上)인도는 대체로 불교적이고 아라비아와 페니키아를 거쳐 이집트에서 빌려 온 거칠고 나쁜 알파벳을 가지고 있었지만, 아직은 사회가 발전하지 않고 문화 수준이 낮은 상태였다. 건물도 목조여서 우리가 알고 있는 한, 사회적 발달의 중요한 잣대인 석조건축은 없었다.

그러나 바크톨리아 왕국은 인도문명에 자극을 받았고, 그 결과 고전문학이 베다문학에 대립하게 되었다. 그리스 문학은 페르시아를 거쳐 남쪽으로 내려가 아라비아에 다다른 뒤, 토착의 모방자들을 찾아냈고, 또 그곳에서 아이소포스는 로크맨(Lokman)이라는, 이름이 같은 몇몇 현자들에 의해 대표되었다.*4 그 가운데 한 사람은 노예, 재단사, 목수 또는 양치기인 '하바시'(에티오피아인)였다. 이 말은 두툼하고 튀어나온 입술과 평발을 가진 흑인 노예를 뜻하는데, 그렇다면 역사상의 아이소포스와 외면적으로 다른 셈이나.

그리스인에 의해 인도로 전해진 이솝적인 우화는, 불교 신앙과 토착적인 기원의, 조악하고 기이한 미개인의 우화와 부딪혔을지도 모른다. 그러므로 '여우 이야기(Reynard the Fox)'는 카피르족(남아프리카)이나, 라이베리아의 만덴간 니그로족에 속하는 바이족 사이에도 서로 비슷한 것을 가지고 있다. 근대의 집시 또한 동물우화를 가지고 있다는데, 아직 한 번도 그 유래가 밝혀진 적이 없다(릴랜드).

그러나 나는 처음 벤파이 교수가 또 카이스 포크너가 이솝적 우화와 힌두교적 우화 사이에서 본 미묘한 차이를 인정하는 것은 아니다. "전자에서 동물은 동물로서 행동하는 것이 허락되지만, 후자에서는 동물의 모습을 빌린 인간처럼 행동하는 것이다."

동물우화의 본질은 귀가 서고 털이 수북한 원인(原人) Homo primigenius에 대한 추억이다. 그리고 그 표현은 맹수의 형제를 오랜 세월의 체험을 통해 인간처럼 행동하고, 생각하고, 말하게 하는 것이다. 초기의 인류에게는 자신과 마찬가지로 태어나고, 살고, 죽어가는 '하등동물'도 완전히 인간적이고 평등한 수준에서 인간을 대신할 수 있는 것처럼 생각했던 게 틀림없다.

어쨌든 위와 같은 혼혈, 즉 인종적인 세례는 우수하고 건강한 자손을 만들어냈다. 그리하여 2세기 이후, 이집트적, 그리스적, 인도적인 이야기가 로마와 중국 사이의 문명화한 세계에 널리 전파된 것이다. 이야기에는 날개가 있어 원시시대의 돌도끼보다 훨씬 멀리 날아간다. 그 결과 성서를 제외하고, 어떤 책보다 많은 독자를 가졌던 한 권의 책이 탄생했다. 하지만 그 원형은 분명하지 않다.*5

팔레브어에서는 《자비단 히라드(시대의 지혜)》, 또는 고대 배화교 왕(王) 《호샹그의 성약(聖約)》, 산스크리트어에서는 《판차탄트라》(5장) 같은 책은, 학식이 높은 브라만 비슈누 샤르마(Vishnu Sharma)가 인도의 어떤 왕자들을 위해 들려준 우화와 일화를 모은 것이다. 그 인도의 원전은 아랍어, 히브리어, 시리아어, 그리스어, 라틴어, 페르시아어, 터키어 등, 수많은 언어로 번안되고 번역되어, 각종 다양한 제목들이 붙여졌다. 볼테르는 이 엄숙한 작품에 대해서 현명하게도 이렇게 평가했다.

"이 세상의 거의 모든 사람이 이런 종류의 이야기에 열광한 것과 그러한 이야기가 인류를 교화한 것을 생각하면, 필파이, 로크맨, 이솝의 우화에는 그 존재 이유가 있다고 생각한다."

그러나 페르네〔1861년 이후 스위스의 그곳에서 활약한 뒤〕의 현자는 좀더 철저하게 비평해야 했다고 나는 생각한다. 원인(原人)이 커다란 목소리로 얘기하는 이러한 우화에는 독특한 아름다움, 즉 유서 깊은 오래된 시대의 매력이 있다. 그들의 지혜 속에는 소박하고 아담한 예스러운 향기가 감돌고 있는 것이다. 그런데 고전적인 우화와 《아라비안나이트》의 우화의 중요한 차이에 대해 말한다면, 아이소포스와 가브리아스는 하나의 사건과 하나의 풍자와 비유에 대한 간결한 이야기를 썼지만, 아라비아의 우화는 흔히 '여러 사건을 포괄한 긴 이야기에서 각각의 사건이 어떤 종류의 사회적 또는 정치적 양상에 의해 특색지어지고, 그 자체가 더할 나위 없이 아주 흥미로운 이야기를 형성하고 있다는 것이다. 그리고 가끔 더없이 멋진 비유와 풍자를 나타내면서, 또한 매우 교묘하게 배우들의 특이한 풍채와 용모를 유지하고 있다.' 또 고대의 우화와 '여우 라이네케' 이후 오직 독일에서 만들어진 근세의 것을 포함한 중세의 우화 사이에도 마찬가지로 뚜렷한 차이가 있다. 후자는 매우 익살스러우면서 재미가 있으며, 피상적인 부조화에서 나오는 기지가 풍부하다. 그러나 인간과 동물을 이어주는 근본적인 깊은 유대를 무시하고 있다.

그 성공의 중요한 비결을 살펴보면, 특히 '여우 이야기군(群)'은 신랄한 풍자 투였고, 서민은 그것을 평판이 나쁜 모든 '왕후와 고위성직자'들에게 적용할 수 있었다.

우리의 민화집에는, 2종류의 명확한 우화군이 들어 있다.*6 제1군은 5편의 일화를 포함한 11편으로 이루어지며, 앞에는 '오마르 빈 알 누만 왕과 두 아들 샤르르칸과 자우 알 마칸 이야기'라는 장편의 기사도 사랑 이야기가 있고, 뒤에는 '알리 빈 바카르와 샤무스 알 나하르의 이야기'라는 비련 이야기가 계속된다.

제2군은 8편의 우화로 구성되며, 이것은 다른 삽화 10편과 함께 '인도의 잘리아드 왕과 시마스 재상'(알 마수디가 야화에서 독립한 이야기라고 평가한 것) 속에 삽입되어 있다.

어느 쪽도 동물우화에는 사실처럼 보이기 위한 어떤 의식적인 행위가 쓰여, 단조로움을 막고 내용에 변화를 주며 대신들의 살해 같은, 손에 땀을 쥐게 하는 클라이맥스 뒤에는 청중이나 독자들에게 휴식을 준다.

이러한 우화들은 '은자 이야기' 같은 일화나 짧은 이야기, 또는 전기(傳記)나 문학상의 일화, 잡화(雜話), 어록 따위를 섞어서 읽는 사람이 지루해하지 않게 구성되어 있다. 이러한 구성 형식은 우화 못지않게 오래된 것인 듯하다.

우리는 오르피그니 사본*7 속 '두 형제'의 이야기(유수프와 즈라이하의 원형이며, 《코란》에서는, '요셉과 포티파르의 아내'에 해당)로 보아, 그것이 라메스 3세의 시대로 거슬러 올라가는 것임을 알고 있다. 이 이야기는 매력적인 소박함과 지방색을 띤 날카로운 필치로 얘기되어 있다. 이를테면 "자, 즐거운 한때를 보내고 함께 잡시다! 머리를 풀어요!"

《아라비안나이트》의 우화 가운데에는 사실, 내용이 종잡을 수 없고 조금도 재미있지 않은 것도 있다. 그러나 '이리와 여우'(악인과 교활한 남자) 같은, 가장 뛰어난 우화에서는 두 사람의 성격이 세심하게 구별되어, 행동이든 대화든 어디 하나 허술한 데가 없다. 그리고 필파이 우화군의 연구자에게 익숙한 형식인 '벼룩과 생쥐'는 우리나라(영국) 독자에게는 특히 기이하게 생각될 것이다.

우화 다음으로 오래된 것은 원래의 동화로, 거기서는 자연의 우주가 순전히 상상 속의 존재인 우주에 의해 보완되어 있다. '현실세계는 합리적인 영혼보다 못하다'고 베이컨은 정상적인 양식을 가지고 말했다. "그래서 허구는 역사가 거부하는 것을 인류에게 제공하고, 어느 정도로는 실체를 즐길 수 없는 경우에 그림자로 정신을 만족하게 해 준다. 그리고 현실의 역사에서는 악덕과 미덕의 공죄(功罪)에 따라 사실 여부가 정해지는 것이 아니므로, 허구는 그것을 바로잡고 공죄에 따라 상벌을 받는 사람들의 운명을 우리 앞에 보여준다."

그러나 나는 좀더 말하고 싶다. 역사는 인생을 있는 그대로 그리거나, 그리려고 한다. 이에 반해, 허구는 사려 깊게 일정한 선에 배열 또는 규정된, 이치로 보아 옳은 인생의 모습을 보여주거나, 보여주려고 한다. 따라서 허구는 역사의 단순한 시녀가 아니다. 자기 자신의 가정을 거느리고 예술의 극치임을 자부한다. 괴테도 말했듯이, 예술은 '자연이 아니므로, 예술이다'.

공상 또는 상상력은 '까다롭고 딱딱한 문지기의 법칙에 반대하며 희망의 문호를 널리 개방하고 있는, 친절하고 상냥한 여자 문지기다.'

그리고 중요한 말을 한마디 빠뜨렸는데, 공상의 기능은 신기한 것, 불가능한 것에 대한 인간 본래의 동경, 또 이상적인 것, 완전한 것에 대한 인간의 더욱 고급스러운 소망을 중요하게 여긴다. 그것은 청춘의 거창한 꿈이나 환상을 실현하고, 그 '별개의 더 나은 세계'의 일부분을 그려서 보여준다. 《아라비안나이트》의 상상적인 장식은, 이야기 전체의 절대적인 사실주의를 잘 부각시켜 준다. 우리는 평범하고 보잘것없는 인물과 정경과 사건에서, 보잘것없이 메마르고 스산한 세계의 평범한 환경에서, 먹고 마시고 잠자고 눈뜨고 싸우고 사랑하는 현실에서, 우리가 존재할 수 있다고 생각하지만, 또한 존재하지 않는다는 것을 알고 있다. 어떤 나라와 무대로 순식간에 납치되듯이 날아가서 재미있어하는 것이다. 우리는 누구나 인생의 어느 시기에, 초자연적인 힘을 동경하며 신기한 나라를 들여다보고 싶어한다.

그런데 여기서의 그는 바로 그 한복판에 있다. 여기에서는 엄청나게 큰 마신이 인간의 명령을 실행하기 위해 불려 나와, 눈 깜짝할 사이에 이 세상 어디든지 가고 싶은 곳으로 데려가준다. 그뿐만 아니라 도시를 파괴하고 금은 보화의 궁전을 지을 수도 있다. 또 맛있는 요리와 달콤한 술을 멋진 그릇이나 세상에는 없을 법한 컵에 담아 내오고, 동양의 끝에서 좋은 것만 골라낸 과일을 가져올 수도 있다. 여기서는 자신의 친구를 왕좌에 앉혀 적의 군사를 마구 죽이고, 연인을 몇 명이든 안게 해 주는 남녀 마법사도 볼 수 있다.

《아라비안나이트》의 이러한 비현실적인 개연성과 성립할 수 없는 가능성이 거의 지난 2백 년 동안 유럽의 인생과 문학상에 영향을 주었다. 그리하여 독자는 그 주문에 걸려 '정말이라 해도 안 될 게 뭐 있느냐'[8] 반문하고 싶어질 것이다.

독자의 머리는 눈앞에서 어른거리고 있는 눈부신 광채에, 생각지도 않게 차례차례 튀어나오는 남녀 마신들과 악령과 천사에게, 또는 남녀 인어와 하늘을 나는 목마, 말하는 동물, 생각하는 코끼리에게, 마법의 반지와 그것에 복종하는 노예에게, 솔로몬의 양탄자에 비견할 마법의 침대의자에 현혹되어 꿈속으로 빠져 버릴 것이다.

그러므로 어떤 사람이 평가한 것처럼, 이러한 동화는 거의 모든 시대와 모든 계층, 모든 재능의 사람들을 즐겁게 해 주었고, 지금도 여전히 즐겁게 해 주고 있는 것이다.

《아라비안나이트》 속 동화는 철저하고 순수하게 페르시아적이다. 내가 아는 한, 육체적으로 가장 고귀하고 아름답고 유능한 이란 종족은 세계 역사에 커다란 영향을 미쳤지만, 그 사실은 아직 충분히 인식되고 있지 않다. 이란 인은 그리스가 영원한 재산($\chi\eta\mu\alpha$ $\epsilon\iota\varsigma$ $\alpha\epsilon\iota$)에 대한 봉사를 최대의 신념으로 삼은 이집트인을 위해서 한 것을, 바빌론의 예술과 문학을 위해서 했다. 즉, 그리스도 이란도 본능적으로 과장된 것이나 기괴한 것을 모두 배제하고, 아름다움의 관념을 자신들의 특색으로 선택했다. 그들은 예술과 공상의 분야를 자연과 사실의 세계와 마찬가지로 진실한 것으로 만들었다. 이 혁신은 히브리인들에게 박수로 환영받았다. 이른바 '모세의 서'는 신중하게, 보란 듯이 미래의 상벌을 무시했으나, 이 현세에서 이집트인의 생활을 지배한 것은 바로 그 내세였다.

그러나 신앙의 제2의 요람지인 메소포타미아로 옮긴 유대인은 곧 그들의 아시아적 생활환경의 영향을 받아, 이집트 신화에 바빌론의 전설을 가미함으로써, '이국 우화의 어리석음'을 보태어 모세의 율법을 헛되이 만들고, 결국은 《탈무드》가 증명하듯이, 더없이 허황하고 미신적이며 '내세적인' 것이 되고 말았다.

이 같은 변화는 알 이슬람(이슬람교)에도 일어났다. 그 초자연주의는 '대지를 천사의 집으로서 낙원화한' 페르시아에서 그대로 빌려 쓴 것이다. 위대하고 당당한 천재인 모하메드는 주위 환경과 상황 때문에 곤란을 겪고 귀의자들에게 이렇게 선언했다. "나는 풍속과 관습을 확립하기 위해 파견된 자이다."

그리고 그는 상상력이 없었기 때문에, '여자와 향료와 기도' 말고 다른 모든 것, 특히 음악, 시, 조형미술, 허구를 싫어했다. 그러나 그의 방식은 모세의 그것과 달리, 마술과 형이상학적인 실체를 추구했고, 그는 그러한 것을 유대인한테서 빌려 썼다. 또 유대인은 그것을 바빌로니아인에게서 빌리고 있었다. 모하메드의 영혼과 정신도, 천사와 악마도, 우주창조론도, 천국과 지옥도, 커다란 심연에 걸쳐진 다리조차도, 모두 탈무드적이거나 이란적이다.

그러나 모하메드는 거기서 걸음을 멈추고 다른 사람들의 전진을 막으려고 했다. 코라이슈족[모하메드는 이 고귀한 일족에서 태어났다] 내부의 그의 적들은, 그 무렵 '아름답게 빛나는 코란'의 어리석고 가공적인 이야기보다 뛰어난 것으로서 페르시아의 운문 우화를 암송했고, 그것을 침이 마르도록 찬양했다. 그리고 이러한 비웃는 자들의 지도자는 나즈루 이븐 하리스라는 자였는데, 그는 베도르의 전쟁 뒤 체포되어 모하메드의 명령으로 그 자리에서 처형당했다.

마르드뤼스판 《아라비안나이트》 삽화
피리 연주자의 아들은 서로 싸우는 자들에게서 가로챈 양탄자로 공주를 유괴한다. 그러나 공주는 그를 걷어차 버리고 지팡이로 양탄자를 두드리며 말했다. "날아라 양탄자야. 나를 궁전으로 데려다 다오."

오마르 교주로 하여금 알렉산드리아 도서관에 있는 모든 것을 파괴하고 페르시아 배화교도의 성전을 불태우라고 명령하게 한 것도, 이 같은 맹렬한 광신과 독선적인 편협성이었다. 이 폐해는 아직도 알 이슬람 속에 남아 있는데, 신앙심이 두터운 사람은 이런 식으로 평가될지도 모른다. "그는 말한다. 《코란》이나 《언행록》을, 또 그 밖의 법률과 종교 책을 늘 공부합니다. 그러나 그는 시를 절대 읽지 않고, 음악 또는 이야기에는 귀도 기울이지 않습니다."

모하메드는 매우 무미건조하고 평범하며 물질적인 체제라기보다 오히려 개혁을 남겼으므로, 메소포타미아와 페르시아의 영향으로 생기를 얻고 인종적으로 세례를 받기 전까지는, 그것은 다만 '모세의 율법'을 약속하는 정도의 것이었다. 그러나 인간의 성정은 예언자 모하메드보다 강했다. 그래서 분개한 성정은 재빨리 절대적인 보복에 나섰다. 탄생한 지 백 년도 되기 전에 정통파 알 이슬람은 타사우프, 즉 수피파의 발흥에 간담이 서늘해졌다. 그것은 고전적인 플라톤주의와 그리스도적인 그노시스 설(說)의 부활로서, 근대적인 물활론(物活論)이 약간 더해져 있었다. 그리고 동양의 왕성한 상상력에 자극받아, 수피파는 금세 가장 시적이고 비실제적이며 가장 정신적이고 일찍이 한 번도 없었던 초자연적인 교양을 형성해 갔다. 그리하여 신앙에 대한 모든 사람의 간절한 바람을 만족시킨 것이며, 그 신앙은 현실과 증거가 튼튼한 기반 위에 놓이는 순간 더는 신앙이 아니게 되고 만다.

나는 《아라비안나이트》에서, 참으로 페르시아적인 연애담의 표본으로서 '이무기의 여왕'을 다뤄보고자 한다. 레인은 이 이야기를 칼라일류(流)로 헐뜯으면서 생략했다.

가장 먼저 눈앞이 환해지는 장면은, 크고 작은 뱀들의 회의 모습이다. 뱀들은 몸은 뱀이지만 인간의 머리를 가지고 있다. 여왕은 욕심 많은 나무꾼 때문에 동굴 속에 갇힌 불행한 젊은이 하시브를 반갑게 맞이한다. 그리고 자신의 신상을 얘기하기 위해 '부르키야의 모험'을 인용한다. 부르키야는 편자나 필사생에 의해 이슬람교로 개종된 이스라엘 사람이다. 그러나 우리는 그의 위장된 신앙 속에 더욱 오래된 종교를 꿰뚫어 볼 수 있다.

믿을 만한 역사서에 의하면, 솔로몬은 '일곱 바다를 건너 아득한 저편'이 아니라 예루살렘이나 티베리아스 호숫가에 묻혀 있다. 그리고 그의 도장반지는 잠시드 대왕의 수정컵을 미리 간접적으로 표현해 준다.

일곱 바다를 걸어서 건너갈 때 부르키야의 눈에 들어온 온갖 광경 속에, 신앙심이 깊은 마신과 신앙이 없는 마신의 싸움이 있다. 그것은 본디 조로아스터교적인 이원설로 두 개의 대립하는 원리, 즉 선과 악, 호름즈드(신)와 아리만(악마)의 대결이다. 마왕 사푸르는 디브(마신)의 우두머리 에셈이며, 세계를 에워싸는 카프 산은 페르시아어의 아르보르즈에 해당한다. 알라를 섬기는 두 종 하리트와 마리트에 대한 터무니없는 생각 역시 배화교적이다. '카요마르스(아담 이전의 인간처럼 양성구유자)의 씨에서 두 사람의 인간 형태를 한 나무 한 그루가 자라, 거기서 인류의 조상인 최초의 남녀 메시아와 메시아나가 태어났다.' 그들은 '빛의 나라'를 위해 창조되었으나 아리만에게 유혹되었다.

부르키야는 9명의 천사를 만나, 지구상에 있는 일곱 개의 바다에 대한 설명을 들은 뒤, 네 명의 대(大)천사와 얼굴을 마주한다. 즉, 페르시아의 라완 바프시(생명을 주는 자)에 해당하는 가브리엘과 미카엘(베슈테르), 라파엘(이스라필), 그리고 아자제르 또는 아즈라일(두마 또는 모르다드로, 죽음을 주는 자)이 4대 천사로, 그들은 커다란 용을 퇴치하려고 한다. 이 커다란 용은 고대 페르시아 왕 타무라스에 의해 아르보르즈(카프) 산 뒤로 쫓겨난, 인류의 원수이며 악마이다.

이어서, 부르키야는 삽화 속의 삽화, '얀샤의 이야기'를 시작한다. 이 얀샤라는 이름 자체도 페르시아 이름이고, 이어서 무대인 카부르와 호라산 왕의 두 개의 페르시아 이름이 나온다.

젊은 왕자 얀샤는 사냥을 나가서 길을 잃고 식인종의 손아귀에 떨어진다. 그들의 몸은 둘로 갈라져, 반신이 각각 독자적으로 움직인다. 그것은 시크(분열자)라고 하며, 아랍인이 페르시아의 님 치라(반쪽 얼굴)에서 빌려 쓴 것이다. 얀샤 일행은 원숭이의 나라로 달아나는데, 그곳의 주민들은 동양에서는 일반적으로 그렇게 믿어지고 있듯이, 머리는 인간과 같고 말도 할 줄 안다. 이 원숭이들은 끊임없이 개미족과 교전 중이다. 아마도 그것은 헤로도토스나 그 밖의 고전 탐구자들의 '개보다 약간 작고, 여우보다 큰 개미'*[9]를 낳은, 어느 분명하지 않은 신화를 암시한 것이리라.

그 뒤에 삽화는 동양 민화 특유의 평범한 가락으로 흘러버린다. 강을 건너 유대인의 마을에 도착한 얀사는 나귀 배 속에 들어가 보물산 꼭대기로 운반된다. 그곳에서 그는 새의 왕인 나스르 노인을 만나 그의 궁전에 머문다. 얀샤는 금단의 방에 들어가서 백조 처녀에게 반하고 만다. 그리고 뻔한 방법으로 그녀를 자기 것으로 만든 뒤, 그녀를 잃고, 야그무스 은자(이 이름은 테그무스 왕과 마찬가지로, 그리스어를 흉내낸 것) 덕분에 다시 처녀를 손에 넣는다. 그러나 마지막에 강에서 헤엄을 치며 놀고 있던 그녀가 상어에게 물리는데 그 뒤의 이야기는 주석할 필요도 없을 것이다.

그녀가 죽자, 얀샤는 죽을 때까지 그녀의 죽음을 애도한다.

한편, 얀샤의 이야기를 다 듣고 나자 작별을 고하고 고향으로 돌아가기로 한 부르키야는, 가는 도중에 히즈르를 만난다. 이 예언자는 카이코바드(기원전 6세기)를 섬기던 재상으로, 마케도니아의 알렉산드로스와 인연이 있어서 그의 도움을 받아 부르키야는 마침내 소망을 이루게 된다.

세 번째이자 마지막으로, 동양인이나 서양인이나 함께 재미있어하는 역사 이야기와 위인의 '일화'가 있다. 아무리 근엄한 지은이라 해도 우스꽝스럽거나 감상적이고, 도덕적이거나 몹시 음란한 담론으로 연대기류(流)의 지루함을 더는 것을 경멸하지는 않는 법이다.

그 연대는 천차만별이다. 초기의 역대 교주와 관련된 일화 가운데에는, 거의 같은 시대의 것으로 보이는 것이 있다. 그 밖에 '카이로의 도적신(盜賊神) 알리의 기담'이나 '알라딘 아부 알 샤마트 이야기' 같은 이야기는 훨씬 근세에 들어온 것으로 오토만의 이집트 정복기(16세기)의 것이다. 그러한 모든 것은 확실히 수니파를 지지하고 시아파의 이단자에 대해서는 맹렬한 반감을 드러내고 있는데, 그것은 그러한 이야기를 살라 알 딘(쿠르드족의 살라딘. 야화 속에서 다뤄진 인물 가운데에는 역사상의 가장 새로운 인물이자 마지막 왕이다)이 파티마 왕조가 무너진 뒤에 썼음을 얘기하고 있다.*10

그러한 일화는 가끔, 어느 프랑스인 학자의 이른바 '하룬 알 라시드의 몽환적인 시대'와 서로 연관되어 있으며, 이 위대한 교주가 《아라비안나이트》에서 이 부분의 주인공으로 되어 있다. 정통파 아론〔알 라시드를 가리킴〕은 고금을 통해 지금까지 한 번도 없었던 가장 멋진 제국의 중심인물로서 역사가의 의견을 종합하면, 알라의 대리자로서 카이사르와 교황의 권력을 아울러 갖추고, 이를 참으로 올바르게 행사한 것으로 알려져 있다.*11

다음에 두세 가지의 평하는 말을 인용해 보자. 알리 빈 탈리브 알 호라사니는 934년, 즉 교주가 죽은 지 50년이 지나 더는 빈말을 할 필요가 없게된 시대에, '전쟁과 순례에 온 마음을 쏟으며, 그 은혜를 널리 모든 사람에게 베푼 인물'이라고 평가했다. 사디(1291년 사망)는 그 《장미정원 Gulistan》(제1의 서)에서 그에게 매우 유리한 이야기를 했다.

파흐르 알 딘(14세기)은 그의 장점, 웅변, 학식, 관용 등을 찬양했고, 알 슈티(1445년 출생)는 '그는 교주 중에서도 가장 뛰어나고, 지상의 왕자 중에서도 가장 명성이 높았다'고 주장했다. 알 네프자위 장로(16세기)*12는 그 《마음의 기쁨을 위한 향기로운 정원 Rauz al-'Atir fi Nazah al-Khatir》에서

〔제7장〕, 하룬을 '도량이 넓고 자비로운 왕으로서 너그럽기로는 비할 자가 없다'고 평가했다.

또 최근의 저술가들도 그를 찬미해 마지않았다. 이를테면, 크레타 섬 사람인 알리 아지즈 에펜디는 《제와드 이야기》[13]에서 '하룬은 아바스 왕조 역대 교주 가운데 가장 마음이 넉넉하고 고상하며, 현명하고 순결했다'고 말했다.

이 아바스 왕조 제5세 교주는 피부가 하얀 호남자로, 고귀하고 왕자다운 풍채와 품격을 갖추고, 폴로와 궁술을 매우 좋아하는 스포츠맨이었다. 그의 교육을 담당한 문법학자 겸 시인인 알 아스마이에게

《천일야화 이야기》 마르드뤼스판. 호색한으로 묘사된 샤리아르 왕과 샤라자드. 로드릭 맥클레이 그림, 1923. 런던

그가 한 말은, 건전한 분별심과 참된 지혜를 보여주는 것이었다.

"공석에서는 나에게 아무것도 가르쳐주지 마십시오. 성급하게 나에게 특별한 주의를 주지 마십시오. 보통 때는 내가 선생님에게 질문할 때까지 기다려 주십시오. 그리고 내가 묻는 말에 정확하게 대답하고, 필요 없는 말은 일체 하지 말아 주십시오. 특히, 나의 믿음을 얻기 위해 또는 선생님의 권위를 위해 나를 번거롭게 하는 일이 없도록 주의해 주십시오. 역사와 전설에 대해 얘기할 때는, 내 허락이 없는 한 너무 길게 이야기하지 마십시오. 재판에서 내가 공정하지 못한 것을 알았을 때는 심한 말로 꾸중하지 말고 자상하게 나를 깨우쳐 주십시오. 사원이나 그 밖의 공적인 장소에서 해야 하는 연설에 가장 필요한 사항을 가능한 한 가르쳐주십시오. 그리고 어려운 말이나 이해할 수 없는 말은 쓰지 않도록 하시고, 또 지나치게 꾸민 듯한 말은 삼가해

주십시오."*14

하룬 알 라시드는 과학과 문학, 특히 역사와 전설에 정통했다. 그것은 그의 이해력이 학자의 이해력 못지않게 뛰어났기 때문이다. 그리고 그 시대의 교양 있는 모든 아랍인과 마찬가지로 시에 대한 폭넓은 지식도 있어서, 때로는 직접 능숙하게 즉흥시를 지었다.*15 그런 그는 1년 걸러 이따금 걸어서 순례했는데, 그런 한편으로 그의 군사원정은 거의 순례 횟수와 같았다.

교주 시대를 통해 그는 매일 백 번 머리를 숙이며 기도했으며, 특별한 이유가 없는 한, 죽을 때까지 그것을 소홀히 하지 않았다. 또 자신이 가진 재산에서 매일 백 디르함까지 기부하곤 했다.

그는 칭찬의 글을 기뻐하며 우수한 지은이에게는 아낌없이 금품을 주었다. 그 가운데 한 사람으로, 설교사인 아브드 알 삼마크는 그를 공정하게 평가하여 이렇게 말했다. "임금님이 위대하면서도 겸손한 것은 임금님의 위대함보다 훌륭하다."

알 니프타와이는 말했다. "어떠한 교주도 시인과 입법가와 신학자에 대해 그토록 너그럽지는 않았다. 하기는, 나이를 먹을수록 그는 다른 죄악 중에서도 특히 자신의 낭비벽을 슬퍼하며 눈물을 흘리곤 했다."

무례한 편지를 보낸 그리스 황제에 대한 그의 답서에는 강한 투혼이 넘치고 있었다. "알라의 이름을 걸고! 충실한 자들의 왕 하룬 알 라시드로부터 로마인의 개(犬) 니케포루스에게. 나 그대의 편지를 읽었노라. 오, 사악한 어미의 자식이여! 내 대답을 들을 것도 없이 그 눈앞에 보여주리라." 그러고는 몸소 궁전 안뜰에서 낙타를 '나프'(무릎을 꿇리는 것)시켜서, 비잔틴의 사자에게 전쟁할 뜻이 있음을 보여주었다. [그 뒤 곧 키프로스 섬과 로도스 섬을 점령하여 니케포루스의 오만한 콧대를 꺾어놓았다.] 그것은 그의 불굴의 정력과 이단자 혐오를 보여주는 한 예에 불과했다.

그러나 만약 서구 측의 주장을 믿는다면, 그는 외교적인 거래와 카를 마그누스*16와의 친교에서는 자신의 광신을 잊어버렸다. 마지막으로 교화(敎化)되고 잘 조정된 그의 통치는 서구 그리스도교 나라의 야만스러운 행위나 소란과 뚜렷한 대조를 이루었다. 왜냐하면 바그다드의 화려한 궁정과 온갖 사치를 다한 생활, 그리고 그 양탄자와 벽걸이 따위는 궁전의 중앙홀에 골풀을 깐 런던이나 파리의 반미개 상태를 훨씬 능가하고 있었기 때문이다.

이 위대한 교주는 23년하고도 몇 달 동안 왕좌에 있었다(이슬람력 170~193년＝서기 786~809년). 그의 젊은 날은 화려했고 재위한 시절은 영광으로 빛났으나, 그의 최후는 확실하게 밝혀지지 않았다.[*17] 그의 죽음을 예지하는 환상이 선량한 이슬람교도답게 호라산으로 전쟁을 하러 가던 중에 나타나자, 그는 자신의 무덤을 파게 하고 가리개가 있는 가마로 그곳까지 옮기라 명령했다. 그리고 무덤을 보더니 소리쳤다. "오, 사람의 아들이여, 마침내 너도 이곳에 이르렀구나!" 그런 다음, 가마를 땅에 내리게 한 뒤 가마 속에 누운 채 무덤 옆에서 《코란》을 소리 내어 외도록 명령했다. 묻힌 곳은 투스 근처의 한 마을 사나바드로, 향년 45세였다.

하룬 알 라시드 교주는 《아라비안나이트》 속에서는 고집이 세고 횡포를 부리는 전제군주이지만, 그 무렵의 이슬람적 관념에서 보면 그것은 올바른 왕자의 풍채와 품격이었다. 그러나 그 생애를 살펴보면, 그는 동양의 일반적인 폭군이나 동시대의 서구 국왕들만큼 사납고 악착하기가 이를 데 없거나 잔인하지는 않았다. 오히려 많은 면에서, 에스파냐에서 극동의 중국에 이르는 세계를 괴롭힌 역사상의 악한 군주에 비하면 훨씬 뛰어난 인물이었다.

그러나 단 한 가지 큰 잘못, 도저히 믿기지 않는 그 무서운 비극이 그의 통치에 악명 높은 오점과 함께 결코 씻을 수 없는 핏자국을 남겼다. 피르다우시가 노래했듯이 '눈에 눈물이 넘쳐흐르는' 이 이야기는 바로 바르마크 집안의 대학살이다. 지금까지도 가끔 얘기되고는 있었지만, 여기서도 그냥 넘겨버릴 수 없는 얘기다.

'에브나' 즉, 아라비아화한 페르시아인에 속하는 유서 깊은 이란계의 한 가문이 오랫동안 옴미아드 왕조〔일반적으로 우마이야라고 하지만, 역자는 버턴의 표기 Ommiades를 따랐다〕를 섬기고 있었는데, 8세기 초에 가장인 하리드 빈 베르메크가 아바스 왕조 초대 칼리프에게 발탁되어 대신 겸 재무 감독관이 되었다.[*18]

가문에서 가장 명망이 높았던 그는 알 만수르(2세)가 증오스러운 옴미아드 왕조의 수도였던 다마스쿠스에서, 특별히 건설된 바그다드로 천도했을 때도 어엿하게 재직하고 있었다. 그 개인적인 자질과 공적인 공로에 의해 역사상 최고의 인물로 칭송받기에 이른 그는, 야야라는 아들에게 지위를 물려주었다. 그의 아들인 야야도 일찍이 청년시절부터 사려가 깊고 분별력이 뛰어났으며 매우 총명하고, 너그럽고 고결한 정신을 가져 인망을 모은 정치가였다.

알 마디 교주(3세)는 아들 하룬의 교육을 이 야야에게 맡겼다. 따라서 하룬은 그를 아버지라 부르곤 했다. 한편, 야야는 자신의 아이를 교주로 만들고자 꾀한 광신적인 폭군 알 하디(4세)가 암살될 때까지, 어린 하룬의 생명을 보호하기 위해 몹시 애썼다. 마침내 왕좌에 오른 하룬은 야야를 재상에 임명했다.

이 위대한 정치가에게는 알 파즈르, 자파르, 모하메드, 무사, 이 네 명의 아들이 있었다. 그때 베르메크 집안[바르마크 집안과 같음]은 권세의 절정에 다다라 있었는데, 그때부터 차츰 쇠하여 보잘것없이 되는 것은 동양에서는 거의 틀림없는 사실로 시간이 문제였다.

알 파즈르는 하룬의 젖형제였다. 왜냐하면 친교를 단단하게 다진다는 흔한 목적으로, 두 어머니 사이에서 젖먹이의 교환이 이루어졌기 때문이다. 알 파즈르는 뛰어나게 머리가 좋았지만, 기질과 태도 면에서는 별 매력이 없었다. 그런 것은 또한 자파르의 특징이기도 했다. 자파르는 온당한 상식의 권고자이자 중재자로서, 또 믿을 수 없을 만큼 자비롭고 너그러운 사람으로서, 《아라비안나이트》에도 자주 나오는데, 시인과 수사가들은 하나같이 미사여구를 늘어놓으며 그를 찬미했다.

모하메드는 뛰어난 식견과 고상한 정조의 소유자로, 무사는 용감하고 뛰어나게 정력적인 인물로 유명했다. 사람들은 이 두 사람에 대해 '선행을 쌓으며 남에게 해를 주지 않았다'[*19]고 말했는데, 참으로 지당한 말이다. 하룬 알 라시드의 즉위(786년)에서 그들의 몰락(803년)까지 10년 동안(그 사이의 7년은 제외하고), 야야와 그 아들들인 알 파즈르와 자파르는 모리타니[아프리카 서북부에 있는 공화국]에서 타타르 지방으로 뻗어 간 이질적인 대(大) 사라센 제국의 사실상의 지배자였다. 그들은 그 분열을 막는 데 뚜렷한 공을 세웠다.

그들의 몰락은 '마른하늘에 날벼락'처럼 갑작스럽고 무자비하게 닥쳐왔다. 교주와 자파르는 누각에서 술잔치를 벌이며 하룻밤을 보내고, 유프라테스 강가의 안바르 시와 가까운 알 우무르(수도원)에 머물고 있었다. 하룬은 한밤중에 시동 야시르 알 리프라[*20]를 불러내어 자파르의 목을 가져오라고 명령했다. 시동이 나가보니, 자파르는 그때까지도 장님 시인 아부 자카르와 그리스도교도인 의사 가브리엘 이븐 바라티아스와 함께 흥에 취해 있었다. 자파르는 시동을 시켜, 교주에게 돌아가서 자신이 죽었다 전하라고 말했다. 그리고 이렇게 덧붙였다.

"교주님이 뉘우치면, 너는 내 목숨의 은인이 되는 거고, 그렇지 않으면 알라의 뜻대로 하는 거지."

자파르는 시동의 뒤를 밟았는데, 다만 "오, 네 어미하고 붙어먹을 놈! 한 마디만 더 대꾸하면 놈보다 너를 먼저 베어 버릴 테다!" 하는 교주

《아라비안나이트》
〈마법에 걸린 왕자〉 이야기에서 왕이 신기한 물고기를 찾아 검은 섬에 도착하는 장면, 르네 부르 그림.

의 고함만 들었을 뿐이었다. 자파르는 즉시 자신의 두 눈을 가리고 운명의 일격을 받았다.

워글 그 뒤 곧 어전에 불려나온 알 아스마이는, 목이 하룬에게 운반되어 오자 그것을 가만히 바라본 뒤 두 사람의 증인을 불러내어, "나는 자파르를 죽인 자를 용서할 수 없다!"고 소리치면서 야시르의 목을 벨 것을 명령했다고 말했다.

그러나 교주의 집념은 자파르의 죽음만으로는 끝나지 않았다. 그는 큰 죄인의 시체를 매달아 놓던 티그리스 다리의 기둥 한쪽에 자파르의 목을 내걸고, 다른 한쪽에는 몸통을 내걸라고 명령했다. 그리고 몇 달이 지나자, 교주는 그 유해를 불태워 버림으로써 죽은 사람을 다시 한 번 모욕했다. 그것은 이슬람교도들에게 가해질 수 있는 마지막이자 최악의 모욕이었다.

회계출납소의 계산서에 적힌 다음 두 가지 항목의 차이에, 그 연민과 공포

가 숨어 있는 건 아닐까.

 '대신 자파르 빈 야야에게 보내는 어의(御衣) 한 벌에 4만 디나르(20만 파운드)', '바르마크 집안 자파르의 시체소각용 나프타 및 갈대에 10키라트(5실링)'

 한편, 야야와 알 파즈르는 하룬 교주의 명령으로 바그다드에서 체포되어 '하브스 알 자나디카'(배화교도용 감옥)에 가두어지고, 그 막대한 재산은— 그 때문에 몰락을 앞당겼다는 말도 있지만—몰수되고 말았다.

 모든 연대기를 편집한 사람이 반드시 지지하고 있는 건 아니지만 역사가 알 타바리에 의하면, 바르마크 집안의 모든 가족이, 남자, 여자, 어린아이까지 모두 1천 명이 넘는 사람이 불과 세 명을 남기고 모조리 학살당했다고 한다. 그 세 사람은 야야와 그 아들 모하메드와 알 파즈르였다.

 하룬 교주의 양아버지 야야는 일흔네 살까지 살았는데, 루카에서 2년 동안 감옥살이를 하다가 805년에 옥에서 생을 마감했다. 알 파즈르는 재산을 숨긴 죄로 2백 대의 태형을 선고받아, 아버지보다 3년 뒤인 808년 11월에 죽었다. 그리고 약 넉 달이 지나서 그 무서운 젖형제인 하룬 교주도 죽었다. 늙은 아버지를 위해 구리 물병을 품속에 넣어 물이 식지 않게 했다는 아들 알 파즈르의 슬픈 이야기도 전해지고 있다.

 이 무서운 대학살의 원인에 대해서는 여러 설이 있지만, 충분하게 설명되는 것은 아직 하나도 없었고, 아마 앞으로도 없을지 모른다. 일반의 생각은 《아라비안나이트》 속 이야기에 구체화되어 있다.*21

 하룬 교주는 하렘 속에서도 자파르와 함께하고 싶어서, 자신의 큰 누나인 아바사와 형식뿐인 결혼을 시켰다. 그녀는 '당대 제일의 미인'으로 소문난, 몸도 마음도 모두 훌륭한 여자였다. 그러나 하룬 교주는 분명하게 말했다. "내가 그대를 내 누이와 혼인시키는 것은, 그녀를 쳐다봐도 법에 어긋나지 않게 하기 위한 것이니 절대로 손을 대서는 안 된다."

 자파르는 명령을 거역하지 않겠다고 엄숙하게 맹세했다. 그런데 그의 어머니인 아타바가, 광기에 사로잡혀 그를 속이고 술을 먹인다. 취한 자파르는 교주와의 약속을 어기게 된다. 〔교주와 아바사와 자파르가 함께 술을 마시다 교주가 잠깐 자리를 비운 사이, 두 사람은 술에 취한 데다 젊었으므로, 자파르가 그녀에게 다가가 그 몸을 범하고 말았다고도 전해진다. 그러나 버턴은

여자 쪽이 먼저 유혹한 것 같다고 생각했다.〕

그 결과 이븐 할리칸에 의하면 사내아이가, 다른 사람들에 의하면 쌍둥이가 태어났다고 한다. 그 아이는 믿을 만한 환관과 노예여자에게 맡겨 메카에 숨겨졌다. 그러나 그 비밀을 즈바이다 왕비가 알게 되었다. 왕비는 자기 나름의 이유로 이 부부(자파르와 아바사)를 싫어했고, 야야에 대해서도 특별한 불만을 품고 있었다.*22 그리하여 이 비밀은 곧 교주에게 전해졌다. 많은 사람이 굳게 믿고 있는 것처럼 가장 믿을 수 있는 기록에 따르면, 하룬 교주는 아바사와 그녀의 아들을 그녀의 거실 지하 굴속에 산 채로 묻어 버렸다고 한다.

그러나 아마 자파르의 이 위증죄는 단순한 '최후의 갈대'〔큰 짐 위에 더 보태어지는 극히 가벼운 짐, 즉 덧붙이는 짐이라는 뜻〕에 지나지 않았을 것이다. 이미 바르마크 집안의 최대의 적, 알 파즈르 빈 라비아가 대신의 자리에 올라 있었고(786년), 그는 그 뒤 7년 동안이나 이 중요한 지위에 있었다.

자파르는 또 하룬 교주가 어두운 지하 감옥에 깊숙이 가두도록 명령했던 야야 빈 압딜라, 사이드, 아리데, 이 세 사람이 달아나는 것을 도와, 너그러우면서도 무분별한 면을 보여주었다. 그 배반 행위를 꾸짖자, 자파르 대신은 모든 것을 털어놓았다. 그때 하룬 교주는 이렇게 외쳤다(고 한다). "잘했다!" 그러나 곧 이렇게 중얼거리는 소리가 들려왔다. "내가 그대를 죽이지 않으면, 알라께서 나를 죽일 것이다."

위대한 바르마크 집안도 때로는, 특히 금전문제에서는 권력을 함부로 행사하고, 하룬 교주와 즈바이다 왕비에게 지나치게 방자하고 교만하여 업신여기는 듯한 태도를 보인 듯하다. 권세가 컸다는 것만으로도 많은 강대한 적과 중상하는 사람을 낳아, 그들은 익명으로 시와 산문을 써서 쉴 새 없이 교주에게 보냈다. 또 한 가지, 알 이슬람이 보급되기 전에 그들 집안은 바르프〔지난날 바크톨리아 왕국의 수도〕의 나우베하르, 즉 피라에트룸(Pyraethrum, 새로운 사원)을 관장하고 있었다는 사실을 잊지 말아야 한다.

그래서 하룬 교주는 야야에 대해, '마음 깊은 곳에 깃든 마기교〔배화교의 일종〕에 대한 열정이 그로 하여금 그 신앙과 관련된 모든 기념물을 보존하게 한다'*23고 평가한 것으로 전해진다. 그리하여 그들은 '자나다카(Zanadakah)'의 오명을 썼다. 이 말은 원래 조로아스터교의 교전(教典)을 연구하는 사람들에게 이용되었는데, 일반적으로는 '신에게 버림받은 자'나 '무신론자' 따위를 뜻한다. 그리고 하룬 교주가 죽은 뒤, 바그다드에서 종교상의 치열한 분쟁이 일어난 것도 특별히 기록할 만하다.

이븐 할리칸은 유명한 문법학자로, 전설연구가인 사이드 이븐 살림의 말을 인용했는데, 이 학자는 철학적으로 다음과 같이 평했다. "실제로 바르마크 집안은 알 라시드의 엄벌을 받을 만한 일은 아무것도 하지 않았다. 그러나 그들 가문의 (권력과 번영의) 시대가 너무 길었다. 그리고 오래 이어지는 것은 무엇이든 지겨워지게 마련이다."

파흐르 알 딘은 이렇게 말했다. "사람들은 아직도 그들의 파멸을 자파르와 파흐르(알 파즈르)의 거만하고 공손치 못한 태도,[24] 왕자(王者)로서 도저히 넘겨버릴 수 없는 태도 탓으로 돌리고 있다."[25]

시인 이븐 바드룬에 의하면, 하룬 교주의 여동생 오라이야[26]가 이렇게 물었다고 했다. "오라버니는 자파르를 죽이고 나서는 하루도 즐거운 얼굴을 보여주시지 않으시는군요. 왜 그 사람을 죽였나요?" 그러자 교주가 대답했다.

"글쎄, 혹시라도 내 옷자락이 그 이유를 알고 있다면, 난 그것을 갈기갈기 찢어버리고 싶다!"

그래서 나는 알 마수디와 마찬가지로, '파멸의 진짜 원인은 뚜렷하지 않고, 오직 알라만이 모든 것을 아신다'고 생각하고 싶다.

하룬 교주는 자신의 큰 죄를 진심으로 뉘우친 듯하다. 그날 이후 그는 하루도 편히 잠들 수 없었다. 아마 그는 자파르를 다시 살릴 수만 있다면 자신의 모든 영토라도 내던졌을지 모른다. 만약 누군가가 그의 눈앞에서 바르마크 집안을 경멸하는 말이라도 할라치면, 그는 언제나 이렇게 소리쳤다.

"그대의 조상에게 신의 저주가 내리기를! 험담은 그만둬라, 아니면 그 가문의 뒤를 잇던가!"

또 그에게는 그 손실을 한탄할 만한 충분한 이유가 있었다. 총명하고 세상일에 밝은 바르마크 집안을 아주 없앤 뒤부터, 하룬 교주의 통치 아래 있던 나라 정세는 전혀 나아지지 않았다. 파즈르 빈 라비아는 지성적인 사람으로 문학과 예술에 전념하고는 있었지만, 야야와 자파르를 대신할 만한 인재는 아니었다.[27]

또 교주의 대항자인 두 아들의 벼슬을 올려준 것도 현명하지 못한 방법이

어서, 그로 말미암아 독살의 공포에 떨기도 했다. 마지막으로, 바르마크 집안의 파멸을 슬퍼하며 탄식하는 백성들의 모습도, 그의 회한에 찌르는 듯한 고통을 주었을 것이 틀림없다.

가혹하게 바르마크 집안사람들을 모조리 죽인 이 범죄는 역사에 기록된 가장 무서운 비극의 하나로서, 소름 끼치게 악명 높은 사건이다. 그래서 온몸의 털이 곤두서는 듯한 이 사건의 경위는, 오늘날까지 많은 사람으로 하여금 이 제목에 대해 통탄의 붓을 들게 하고 있다.*28

《아라비안나이트》
〈첫 번째 애꾸눈 중의 이야기〉에서, 묘지에 도착하여 매장소 안으로 들어가는 두 사람, 스텐리 우드 그림.

하룬 교주와 마찬가지로 즈바이다(Zubaydah) 왕비에 대해서도, 거의 모든 면에서 그 시대의 어느 왕비보다 뛰어났고, 최악의 상황에도 동양의 일반적인 포악한 여왕 그 이상이었다 해도 무방할 것이다. 《아라비안나이트》에서, 그녀는 질투심에 사로잡히면 결국 경쟁상대를 팔아치우거나 산 채로 땅속에 묻어 버리는데, 우리는 그런 이야기를 사실로 받아들여서는 안 된다. 그러나 만약 그것이 모두 사실이라고 해도, 그녀는 자신의 고귀한 신분에 어울리는 공인된 방법에 따랐을 뿐이다. 이전 세대의 카이로 비밀 이야기에 의하면, 많은 부(副)왕비가 온갖 범죄를 저지른 것과 그 범죄에는 하룬 교주의 사촌동생인 즈바이다 왕비의 미덕, 즉 절개와 지조 같은 건 눈곱만큼도 없었음을 엿볼 수 있다. 교주 시대의 예법과 19세기의 '품행'(즉 겉으로만 품행이 바르고 점잖을 뿐 실제로는 절개와 지조가 없는 행동)이 얼마나 이질적었는지는 '아부 유수프 판관과 하룬 알 라시드 교주 그리고 즈바이다 왕비'라는 짧은 이야기를 읽으면 대강 짐작할 수 있다.

즈바이다 왕비는 내기에서 남편을 이겼는데, 그 전에 남편이 이겼을 때 심한 벌을 받은 것(실오라기 하나 걸치지 않은 알몸으로 걸어다녀야 했던 일) 때문에 몹시 화가 나 있었다. 그래서 왕비는 교주에게 궁전의 노예 가운데 가장 못생기고 가장 더러운 여자와 잠자리를 같이할 것을 주문했다. 그리하여 태어난 사람이 나중에 왕비의 아들(알 아민 6세)을 죽이고 교주의 자리에 오른 알 마문이다.

즈바이다는 아바스 왕조 2세 알 만수르의 손녀딸로, 그의 아들 자파르(야화에서는 시종일관 알 카심(Al-kasim)으로 불리고 있다)의 딸이었다. 그녀의 이름은 아마트 알 아지즈, 즉 전능하신 신의 시녀이며, 다른 이름은 남편의 그것이 아부 자파르였던 것처럼 움 자파르였다. 또 속명인 '포동포동(Creamkin)'은 크림 또는 신선한 버터를 뜻하는 즈바이다에서 유래했는데, 이는 그녀의 몸이 살집이 풍만하고 맑고 산뜻했기 때문이다.

그녀는 남편 못지않게 위엄이 있고 대범했다. 그녀의 궁전에서는 늘 기도 드리는 소리가 끊이지 않았다. 알 마수디는 위험한 교주 알 카히르(19세)를 향해, 어느 역사가에게 '중대한 일에서나 또 놀이에서도, 이 왕비의 고결함과 관대함은 따를 자가 없었다'고 말하게 하고, 나아가서 풍부한 증거를 들고 있다.

알 슈티도 그녀가 어느 시인의 입에 보석을 가득 채워준 적이 있고, 그는 그것을 2만 디나르(약 4억 원)에 팔았다고 쓰고 있다. 나아가서 이븐 할리칸도 '그녀의 어진 마음이 담긴 사랑은 더없이 넓고, 그 말과 행동에는 절개가 있으며, 그녀가 메카를 순례하는 길에 베푼 공덕에 대해서는 천하가 다 아는 사실이므로 여기서 새삼 되풀이할 필요도 없다'고 확실하게 말했다.

나는 졸저 《순례》(버턴이 쓴 《알 메디나와 메카 순례 견문기》라는 제목의 명저) 제3권 2장에서, 다르브 알 샤르키, 즉 메카에서 알 메디나로 통하는 동방가도가 즈바이다의 깊은 신앙심에서 유래한 것과 바그다드에서 예언자 모하메드의 묘지까지 우물을 판 것, 그리고 저수지와 대상숙소뿐만 아니라 대사막을 걷는 순례자의 지표로서 벽까지 건축한 것 따위를 기술했다.

그녀는 또 물 부족에 허덕이는 메카에, 산을 뚫고 바위를 깎아 아라파트 산맥의 아인 알 무샨 호수와 연결하여, 공중위생에 가장 중요한 물을 보급했다. 전체길이 약 10마일에 이르는 이 훌륭한 수도는 금화 170만에서 200만냥〔약 400억 원〕의 경비를 들여 건설되었다.

그녀의 이름이 아직도 바다위족이나 '성도(聖都)의 아들들' 사이에서 유명한 것도 이상한 일이 아니다. 그녀는 오랜 과부생활 끝에 이슬람력 216년 바그다드에서 죽었다. 지금도 남아 있는 그녀의 무덤에는 오랫동안 절친한 친구와 친척들의 참배가 끊이지 않았다.

이어서 이야기 하나하나를 훑어보면서, 몇 마디 비평하고 주석을 덧붙이고자 한다. 제목이 아무리 광범위하게 걸쳐 있어도, 개략적으로 대충대충 하는 비평은 필연적으로 짧은 것이 되지 않을 수 없다.

'샤리아르 왕과 그 아우 이야기'라는 제목의 멋진 첫 이야기는, 내가 아는 한 모든 간행본이나 사본에서 대체로 같은 줄거리기는 하지만, 세부에는 매우 차이가 난다. 그것은 페인의 번역과 레인의 번역, 그리고 졸역을 비교하면 확실해질 것이다.

'대신과 현자 두반 이야기'에는 칼에 베여 몸에서 떨어졌는데도 말을 하는 머리가 나오는데, C. 바르비에 드 메이나르는 그 본디 바탕을 더듬어가면 알마수디의 책까지 거슬러 올라간다고 한다.

내가 특히 독자 여러분에게 추천하고 싶은 것은 '바그다드의 짐꾼과 세 여자'이다. 그 터무니없이 난잡한 소동도 결국은 모두의 결혼으로 끝나고 만다. 레인은 '아랍인 여성을 마치 매춘부처럼 묘사하고 있다'면서 비난했다. 그러나 레인도 그 시대에, 그가 사랑하는 카이로의 최고급 사교계에서 음란한 희롱이 있었던 사실을 틀림없이 알고 있었을 것이다.

문체와 인물의 변화에서 판단해도, 가장 '고풍스러운' 표현이 어떤 것은 라위, 즉 직업적인 강석사에 의한 것임을 알 수 있다. 그러나 모든 원전에 그러한 표현이 보존되어 있으므로 충실한 번역에서는 생략할 수 없다.

다음의 '세 개의 능금'은 전적으로 나의 주석을 정당화하고 있다. 이에 대해서는 어떤 트집꾼들이 꼬투리를 잡고 있는 것도 사실이다. 거리에서 한 흑인이 정사를 떠들어댔다고 해서 자신의 사촌누이인 아내를 죽일 만큼 질투심이 강한 영국인이 과연 있을까? 그러나 제1권〔'샤리아르 왕과 그 아우 이야기' 주석 6 참조〕에 이 책의 기본적인 경향을 파악하려고 일부러 삽입한 주석을 읽으면, 독자는 그 의혹이 타당하다는 것을 이해할 것이다. 나는 여기에, 그와 같은 원인 때문에 '인류의 하급관리들'이 영국의 음탕한 여자들에게 천거되었다고 덧붙이고 싶다.

때로는 '두 사람의 대신'으로 불리는, 다음 이야기 '누르 알 딘 알리와 그 아들 바드르 알 딘 하산 이야기'는 매우 극적인 줄거리로 유명하다. 이 동양적이고 산뜻한 줄거리의 창조는 에스파냐 문학과 이탈리아 문학을 제외하고는 모든 유럽 문학과 뚜렷한 대조를 이룬다. 에스파냐 문학은 그들의 연극에 대한 기호가 그 방향을 결정했으나, 이탈리아 문학은 보카치오 시대에 시칠리아를 통해 동양에서 많이 빌려 온 것이다.

유럽 문학의 이 커다란 결함은 프랑스에서 낭만주의 운동이 일어날 때까지 이어졌다. 이때 겨우, 빅토르 위고와 알렉산더 뒤마 등이 완벽한 공상과 끝없는 상상력, 장려한 모습 등의 참으로 신비로운 창조력을 발휘하여, '프랑스어 산문을 치명적으로 손상하지 않고 프랑스 시를 부활시켰다.'*29

'두 사람의 대신'에 이어지는 것은, 이 책의 주옥같은 작품 '꼽추 시체가 들려주는 이야기'로, 경탄스러울 정도로 멋진 사건이 훌륭하게 펼쳐져 있다. 한편, 엉뚱하면서도 자연스러운 단순함과 유머가 책 전체에 넘치고 있어서, 이 이야기는 전 세계의 구석구석까지 반향을 일으켰다. 그 영향으로 애디슨은 '아르나샬 이야기'*30를 썼고, '샤카시크(또는 이발사 여섯째 형 이야기)'에서 '바르베크 집안의 향연(Barmecide Feast)'이라는 글귀가 나왔다. (아무것도 나오지 않는 향응이라는 뜻에서, 내용이 빈약하고 겉만 번드르르한 향응을 뜻하게 되었다.) 또 앞에서 주석한 것처럼 이발사의 신상 이야기는 역사적 사실에 의한 것으로, 알 마수디(제114장)가 그것을 상세히 설명하고 있다.

다음은 '누르 알 딘 알리와 소녀 아니스 알 자리스 이야기'로, 진정한 익살을 지닌 영롱한 단편이다. 특히 주목할 만한 점은 노예상인의 변명, 바그다드 정원의 묘사, 술잔치, 교주의 희롱, 불행한 주인공의 행복한 결말이다.

이 이야기의 밝은 분위기는 뒤에 이어지는 이야기 '사랑에 미친 가님 이야기'의 음침한 분위기로 희미해져 가지만, 이 이야기는 페르시아어의 '4명의 탁발승 이야기'의 힌두스탄어판 '바그 오 바하르', 터키어의 '40인의 대신 이야기' 같은 변형을 가지고 있다.

그 암담한 대단원은 '첫 번째 환관 부하이트의 이야기'의 기지에 찬 음담

패설(이 책 39번째 밤 이하)과 '두 번째 환관 카후르의 이야기'의 재미있는 유머에 의해 약간 완화되어 있을 뿐이다. 특히 후자의 '반(半)거짓말'은 동양 일대에 널리 알려져 있다.

여기서 또, 연인의 고뇌는 탄식이 절로 나올 정도로 쌓여 가는데, 그것은 마지막에 짊어진 그 짐을 내려놓기 위해서다. 즉, 동양의 이야기 작가는 경험에 의해, 원칙적으로 비극적인 결말이 '재미가 없다'는 것을 알고 있는 것이다.

《아라비안나이트》
〈꼽추 시체가 들려주는 이야기〉에서, '뛰어나오다가 시체를 걷어차 버려 시체는 계단 아래로 데굴데굴 굴러 떨어지고……' 로버트 스머크 그림.

다음은 기사도의 장편 연애담 '오마르 빈 알 누만 왕과 두 아들 샤르르칸과 자우 알 마칸 이야기'로, 이것은 야화 전체 이야기의 8분의 1을 차지한다. 레인은 '외설스럽고 지루하다'며 이 장편을 줄여버리고 멋대로 번역했다. 그러나 식견 있는 한 평론가에 의해 레인의 잘못은 바로잡아졌다. 이 평론가는 '400쪽 가운데 몇 줄의 문장을 없앤 정도라면, 어떤 언어로든 인쇄하는 데 지장은 없을 것이다. 게다가 지루하다는 변명이 이토록 부적절하게 쓰인 적도 거의 없다'고 분명하게 드러냈는데, 지당한 생각이다.

이 이야기는 중세 아랍인의 기사도를 그린 그림 두루마리로서 흥미진진하며, 그 밖에도 주목할 만한 점이 많이 있다. 이를테면 "왕위는 신의 손에!" [이 책 142번째 밤]로 시작되는 시는 그리스도교 유럽의 마니교[즉, 유일신에 대한 이원교(二元教)의 신앙]에 대한 하나의 훈계다.

이 이야기는 왕가의 3대에 걸친 정치상 업적을 얘기하고 있으며, 동양예술의 모든 특징을 갖추고 있다. 성지, 왕궁, 하렘, 수도원, 성채, 동굴 따위의 광경이 주마등처럼 펼쳐지고, 고요한 전경 속에서 잠시 휴식을 취하는 것 같다가도, 다음 순간 치열한 전투 장면과 왕자와 기사의 무용담에 온몸의 털이 곤두서는 듯한 전율에 사로잡히게 된다. 등장인물도 잘 그려져 있다.

누만 왕은 죽어야 할 늙은 호색한이고, 노파 자트 알 다와히는 (적에 대한) 재앙의 여자라는 별명에 딱 어울린다. 아브리자 공주는 매력 있는 여자 무사로 등장하여, 마침내 비참하게 가슴 아픈 죽음을 맞이하는 운명이다. 자우 알 마칸은 현명하고 신앙심이 깊은 왕자, 누자트 알 자만은 지루한 수다꾼이지만 전형적인 여동생, 단단 대신은 현자이자 충고자로서 추악한 야심가인 시종과 좋은 대조를 이룬다. 칸마칸은 부드러우면서도 강인한 아랍 기사의 전형이다. 그리고 친절하고 단순한 화부(火夫)는, 여자를 유혹하는 바다 위인이나, 막돼먹은 흑인 가즈반 같은 악당들은 더욱 못돼 보이게 하는 역할을 맡고 있다.

왕족 일문의 운명은 중간에 매우 매력적인 두 가지 삽화에 의해 멎는다. ('타지 알 무르크와 두냐 공주 이야기―사랑하는 자와 사랑받는 자'와 '아지즈와 아지자 이야기')

타지 알 무르크와 두냐 공주는 어떤 곤란과 위험도 아랑곳하지 않는 전형적인 연인의 모습을 보여준다. 아지즈와 아지자 이야기에서는 사랑에 빠진 여자의 아름다운 모습이 잘 그려져 있다. 지은이의 목적은, 아름답고 현명한 사촌동생의 사랑을 얻는 행운을 누리지만, 어리석게도 그녀를 비탄에 빠뜨린 '바보'를 그려내는 데 있었다. 그가 성질이 전혀 다른 여자들에게서 받는 형벌에는 유감스러운 점이 조금도 없다.

마지막으로, '오마르 빈 알 누만 왕과 두 아들 샤르칸과 자우 알 마칸 이야기'의 줄거리는 참으로 잘 짜여 있어서, 막이 내리기 전에 모든 출연자가 무대에 등장하는 것은 있을 수 없는 일이기는 하지만 매우 예술적이다.

십자군의 장편 연애담에 이어지는 것은 일련의 우화로 모두 16편이며, 일부는 인간과 동물의 짧은 이야기이고 일부는 본디 동물우화다. 그러나 이것에 대해서는 이미 주석한 바 있다.

이어서 '알리 빈 바카르와 샤무스 알 나하르의 이야기'라는 젊은 페르시아인 왕자와 교주의 측실 샤무스 알 나하르의 어둡고 슬픈 사랑 이야기가 펼쳐진다. 이것은 '두 사람의 순교자'가 로미오와 줄리엣처럼 살해되는 것으로 끝나는 무척 가슴 아픈 이야기다. 이는 진정한 연애에는 때때로 많은 난관이 뒤따르며, 남자나 여자나 이른바 '사랑' 때문에 죽을 수도 있다는 것을 넌지시 일러준다.

그다음에 '카마르 알 자만의 이야기'라는 장편이 이어지는데, 갈랑은 '카마랄자만'이라는 이름으로 유럽 최고의 사교계에 소개했다. '흑단 말'과 마찬가지로 이 이야기는 '클레오마데스와 클라레몬드(Cleomades and Claremond)'와 같은 출처에서 유래한 듯하며, 이 이야기가 널리 보급되었던 것은 하나도 이상한 일이 아니다. 〔레인은 '흑단 말'이 13세기의 '클레오마데스와 클라레몬드'와 매우 비슷하므로, 어느 한쪽이 다른 한쪽을 모방했거나 둘 다 공통의 기원을 가지는 것으로 생각하고, 그 공통의 기원은 페르시아의 '하자르 아프사나'일 거라고 했다. 그러나 오늘날까지 이 책은 일부조차 발견되지 않았으므로 레인의 설은 어디까지나 억측이다.〕

이 '카마르 알 자만의 이야기'는 생명과 변화와 움직임이 풍부하며, 요즘 같으면 3권 분량이 될 정도로 많은 인물과 사건을 포괄하고 있다. 게다가 초자연적인 것이 자연적인 것과 참으로 재미있게 서로 경쟁하고 있다.

마신 다나쉬와 마족의 왕 알 디미리야트의 딸 마임나는 사람과 마찬가지로 질투심이 강하여 자신들의 연인이 얼마나 아름다운지 서로 자랑한다. 그래서 그들은 벼룩으로 변하는데, 그 때문에 의외의 일이 벌어진다. 〔즉, 두 마신은 여자를 싫어하는 미남 카마르 알 자만의 침대에 남자를 싫어하는 미녀 부두르 공주를 둘러메고 와서 나란히 눕혀놓는다. 그리하여 어느 쪽이 아름다운지 판정을 내리려고 하지만 좀처럼 우열을 가릴 수 없었다. 그래서 벼룩으로 변하여 두 남녀를 깨운 뒤, 어느 쪽이든 상대에게 더 많이 반하는 쪽이 지는 것으로 하자고 제안한다.〕

등장인물도 모두, 대범하고 탄탄한 필치로 그려져 있다. 주인공인 왕자는 의지가 약하고, 변덕이 심하며, 부도덕하고 성급하고 난폭하다. 그의 두 아내는 악한 행동에 있어서는 알맞은 맞수로서, 두 아들 암자드와 아스아드가 형제애의 모범인 것과 좋은 대조를 이룬다. 적어도 한 가지 뛰어난 멜로드라마적인 장면이 있다. 또 놀랄 만큼 음란한 행위, 음탕한 여자가 아니고는 도저히 생각조차 할 수 없는 못된 행실이, 끔찍한 '악녀' 부두르 공주와 남편이 다시 만나는 장면에 색다름을 부여하고 있다. 〔남자로 변한 부두르 공주

가 일부러 남편에게 남색을 강요하는 것으로, 이 정사에는 연애시(戀愛詩)가 꽤 많이 나온다.〕

삽화 '니아마 빈 알 라비아와 그 노예계집 나오미의 이야기'는 젊은 연인들의 단순하고 유쾌한 연애담으로, 부도덕하고 잔인한 두 왕비의 끓어오르는 욕정과 좋은 대조를 이룬다. 그와 동시에 헤어졌던 사람들이 다시 만나고, 잃어버린 것을 되찾고, 미혼자들은 맺어지는 등, 모든 것이 19세기 소설처럼 행복하게 끝나는 대단원의 막간을 미리 장식하고 있다.

다음의 '알라딘 아부 알 샤마트 이야기', 우리의 옛친구 '알라딘'의 긴 이야기는 현재의 대목에서는 전혀 어울리지 않는다. 그것은 '알리 누르 알 딘과 띠를 만드는 미리암 공주'의 일부분이다.

그리고 샤 반달, 즉 항구의 왕, 쿤술(Kunsul, 유럽인) 또는 콘술, 카프탄(Kaptan) 또는 카피타노(Capitano)〔후자는 이탈리아어로, 둘 다 선장〕, 해상에서의 대포 사용, 제노바 시가 선택된 것 따위는 모두 이 이야기가 15세기 또는 16세기에 속하는 것이며, 따라서 야화의 끄트머리에 있는 '카마르 알 자만과 보석상의 아내'와 '구두 수선공 마루프와 그 아내 파티마' 등과 같은 선상에 두어야 할 것이다.

류트 연주자인 즈바이다가 마신에게 납치되는 것과 솔로몬 대왕의 양탄자의 변형인 마법의 침대의자, 이슬람교에 귀의하는 것을 거부한 왕이 살해되는 것 따위를 보면 이것은 명백하게 유럽계 이야기로, 나는 바헤르 박사와 함께, 그것이 '샤를마뉴 대제의' 딸 엠마와 그의 비서 아인하르트의 전설을 바탕으로 한 것이라고 믿는다. 또한 그 일에 대해서는, 앞에서 말한 일부분의 이야기에서 주석을 첨부했다〔이 책 '알리 누르 알 딘과 띠를 만드는 미리암 공주' 주석 1 참조〕.

이 어느 정도 역사적인 허구에 이어서, 일련의 우화와 짧은 역사 이야기가 시작되어, 앞에 언급한 '이무기의 여왕'까지 이어져 있다.

그러한 것들은 모두 역사적인 것으로, 그 근원을 찾는 것은 그리 어렵지 않을 것으로 생각된다. 많은 이야기는 알 마수디의 책 속에서 볼 수 있다. 이를테면 '타이족의 하팀'이라는 불길한 이야기는 그대로 《황금 목장과 보석 광산》에 있고, '이브라힘 빈 알 마디와 이발외과의사'와 '이브라힘 빈 알 마디와 상인의 여동생' 등도 같은 책에서 볼 수 있다.

'라브타이트 도시'는 고트족의 마지막 사람 돈 로드리고의 전설을 구성하고 있는데, 아마 워싱턴 어빙[미국의 작가]의 귀에도 들어간 모양이다. '원기둥이 많은 도시 이람과 아비 키라바의 아들 압둘라'는 모든 이슬람교도가 역사적 사실을 바탕으로 한 이야기로 생각하고 있다. 또 '알 마문 교주와 이집트의 피라미드'처럼 여러 저술가가 알 마문 교주가 기자의 피라미드에 대해 장난한 것을 기록한 것이 있다. 이 피라미드에는 지금도 그가 한 행위의 흔적이 남아 있다.

'모술의 이사크'의 원종(原種)은 알 마수디에 있고, '하룬 알 라시드와 노예처녀와 도사 아부 유수프 이야기'는 많은 저술가가 얘기한 바 있다. '페르시아인 알리'는 이란의 어떤 익살소설에서 나온 재미있는 이야기다.

'게으름뱅이 이야기'는 '해상(海商) 신드바드'군(群)에 속하며, 휘팅턴과 고양이 이야기와 같은 특징을 가지고 있다. [휘팅턴은 15세기 영국인으로, 한 마리의 고양이 때문에 큰 부자가 되었다고 한다. 반(半) 전설적인 인물, 나중에 런던 시장에 세 번이나 선출되었다.]

'알리 샤르와 줌르드' 이야기에서 줌르드는 노예시장에서 매매될 때는 띠를 만드는 미리암 공주와 같은 무분별함을 드러내고, 침대에서는 부두르 공주가 무색하리만치 음란한 짓거리를 한다. '영락한 남자가 꿈을 꾸고 부자가 된 이야기'는 역사적 사실을 바탕으로 하고 있으며, 또 알 마수디는 다음의 '알 무타와킬 교주와 측실 마부바' 이야기에서 마부바의 교태를 얘기하며 네개의 대구(對句)를 인용하고 있는데, 그 가운데 둘은 《아라비안나이트》[이 책 352번째 밤 참조]와 같다.

'운스 알 우유드와 대신의 딸 알 와르드 필 아크맘'은 많은 동양어로 번역된 연애담이며, '오즈라족의 연인들'은 이븐 할리칸의 '오즈라족의 사랑'과 함께 알 마수디의 '사랑의 순교자들'에 해당한다.

'하룬 알 라시드와 시인 세 명'은 카이로에 '낮은 밤의 약속을 말살한다'(부르크하르트 역)라는 속담을 남겼다.

하룻밤이 지나면 간밤의 맹세
사라져 버리는 덧없음이여.

또 이 구절은 콘그리브의 《도리스》를 시사하고 있다.

　한밤에 처녀의 정을 얻어도,
　내일이면 시치미 떼는 얼굴……

　'하룬 알 라시드와 세 노예처녀'는 《가르강튀아》(제1서, 제11장)의 냄새가
난다.
　"이건 내 거예요." 한 사람이 말하면, "아니에요, 내 거예요." 또 한 사람
이 말한다……. 〔이것은 잠자는 교주 파루스의 쟁탈 장면이다.〕
　'얼간이와 사기꾼'은 '미련한 선생'과 마찬가지로, 힌두교와 이슬람교 민화
에서는 케케묵은 우스개다. '키스라 아누시르완 왕과 시골처녀'는 알 마수디
의 '왕과 올빼미와 촌락'에 해당하며, 이 지은이는 또 아누시르완 왕의 4종
의 옥새에 대해 언급하고 있다. '환관 마스룰과 이븐 알 카리비'는 알 무타
자드 교주가 거느렸던 '독송자 이븐 알 마가지리와 환관'과 같은 근원에서
나왔다.
　'아부 알 후슨과 노예처녀 타와즈드'에서는, 그 무렵 유럽에서 매우 유행
했던 토론과 학문의 과시가 지겨우리만치 극단적인 형태로 나타나 있다. 이
것은 누자트 알 자만이('오마르 빈 알 누만 왕과 두 아들 샤르르칸과 자우
알 마칸 이야기' 속에서) 장장 16쪽에 걸친 토론으로 청중을 지치게 하는 것
과 같으며 거의 쓸모가 없다.
　이러한 단편적인 이야기와 일화의 단조로움은 '선원 신드바드와 짐꾼 신드
바드'의 일곱 번째에 걸친 항해에 의해 보상된다. 이른바 이 '아라비아의 율
리시스'는 그리스의 형제뻘과 마찬가지로, 12대 왕조(기원전 3500년)의 콥
트어 여행담 《난파한 선원》이라는 고귀한 가문에서 전해진 것이리라. 현재는
파피루스에 기록된 채 상트페테르부르크에 소장되어 있다. 〔영국의 고고학
자 아서 웨이걸(Weigall)에게 《파라오의 영광 *The Glory of the Pharaohs*》이
라는 좋은 책이 있으며, 그 속에 '난파한 선원'이 상세히 소개되어 있다.〕
　실제적인 형태에서의 '신드바드'는 대니얼 디포의 《해적 싱글턴》〔1720년
작〕과 마찬가지로 갖가지 여행담이나, 알 이드리시, 알 카즈위니, 이븐 알
와르디 등에서 중요한 부분을 뽑아 쓴 상상력의 산물이다.

이 이야기에는 호메로스와 혜로도토스의 거인과 난쟁이와 대백로(大白鷺), 아리스토메네스의 탈출[그는 기원전 7세기의 메세니아 왕으로, 11년 동안 산속에서 농성하며 스파르타인과 싸웠다], 페르시아에서 유명한 플리니우스의 괴수(怪獸), 성 브레난(브란다누스)의 자석산[그는 중세의 항해 전설 《성 브란다누스의 항해》의 주인공으로, 낙원의 섬을 발견했다고 한다], '바바리아의 어네스트 공(公)'의 항해술,*31 그리고 9세기부터 14세기에 걸친 이슬람교도 저술가들*32 에게서 빌려 쓴 여러 인용물을 볼 수 있다. '바다의 노인'('선원 신드바드의 다섯 번째 항해' 참

《아라비안나이트》
〈흑단 말〉에서, 서로 사랑하는 두 남녀를 태우고 하늘을 나는 흑단 말, 존 배튼 그림.

조)은 프랭클린이 번역한 《카마르파》라는 페르시아의 연애담 속에 나타나며, 자세한 부분도 모두 일치하고 있다.

이 '아라비아의 율리시스'는 중세 아랍인이 동방으로 얼마나 뻗어 갔는지 보여주는 것이어서 귀중한 자료가 될 수 있다. 그들은 자기도 모르는 사이 중국에 도착하여, 광둥에서 교역의 중심지를 형성했다. 그러나 이렇게 그러모은 이야기의 더욱더 큰 장점은, 그때까지의 여행기 가운데 가장 매력적인 책을 만들고, 로빈슨 크루소와 같은 아이들의 기쁨과 모든 시대의 감탄 대상을 만들어낸 일이다.

신드바드의 살아 움직이는 건강한 힘과 사실주의는, 다음의 '놋쇠의 성'에 배어 있는 깊은 애수 때문에 뚜렷하게 두드러져 보인다. 후자는 암울한 날의 무서운 읽을거리다.

이어서 옛날이야기 '여자의 간사한 꾀와 원한'이 시작된다. 《아랍어 작품

목록》에 의하면, 여기에는 《신디바드 알 카비르》와 《신디바드 알 사기르》의 2종의 판이 있으며, 후자는 아마 전자에서 필요한 부분만 뽑은 기록인 듯하다.

앞에서도 말했듯이, 이 전설집은 편자에 의해 《아라비안나이트》에 도입되었고, 또한 독립한 작품으로서 전 세계에 널리 퍼졌다. 여백이 없어서 이 멋진 일화집을 낱낱이 자세하게 논할 수는 없지만, 만약 상세한 주를 덧붙인다면 책 한 권의 분량은 충분히 될 것이다.

그러나 몇 개의 주석을 더하는 정도는 괜찮으리라. '여자의 간사한 꾀와 원한'은 《카터》(제13장), 《게스타 로마노룸》(제28번), 보카치오(《데카메론》 〈제3일〉 6화와 〈제6일〉 8화) 등에 비슷한 이야기가 있고, 라퐁텐은 이것을 '리샤르 미뉴트로'(풍류담 제1부 2화)로 바꿨다. 게다가 대부분 《아라비안나이트》의 말투로, 알 네프자위 장로에 의해 인용되어 있다. 〔《향기로운 정원》 에서는 제11장에 들어 있다.〕

가장 기지가 풍부하고 가장 음란한 이야기 '세 가지 소원'은 갓난아기로 변하여, 자기 나라의 어린아이 방까지 침입한다. 또 이 이야기는 다른 형태로 '바수스보다 더 불행하다'(아랍어 사전 《카무스》)는 속담 속에서 찾을 수 있다. 어떤 이스라엘 미녀가 남편을 시켜서, 자신이 누구보다 아름다운 여자가 되게 해달라고 기도하게 했다. 여호와의 신은 그 소원을 들어주었다. 그랬더니 그녀는 남편을 모욕적으로 다루기 시작했고, 남편은 그래서 그녀를 암캐로 변하게 해달라고 기도했다. 그리고 세 번째 소원으로 그녀는 본디 자기 모습으로 돌아갔다.

'주다르와 그 형' 이야기는 현지 사정에 밝은 것과 모로코를 모른다는 점에서 판단하는 이집트계 이야기다. 이 이야기는 거의 천사 같은 선량함이나 관대함과 거의 악마 같은 사심과의 뚜렷한 대조를 그리고 있지만, 이것은 아랍인이 매우 좋아하는 제목이다. 이와 같은 양극단은 고결한 마음을 가진 이발사 아부 시르와 무서울 정도로 몰인정한 염색공 아부 키르 속에서도 볼 수 있다.

'가리브와 그 형 아지브 이야기'는 《안타르 이야기》나 '오마르 빈 알 누만 왕'의 계열에 속한다. 초인적인 미덕과 용기, 기품, 이슬람교적인 모든 것의 승리를 사실보다 지나치게 부풀려서 비이슬람교적인 지상의 쓰레기에 대항

시키는 그 모습은 동양적인 배외주의의 뚜렷한 본보기가 되고 있다. 식칼의 수도사 장(라블레, 제1서 제27장)의 무용담처럼, 이 이야기는 불가능한 전투와 거인이나 사교도(邪敎徒), 무사 등의 이야기를 희롱하고 있는 듯한 면도 있다.

이 장편 연애담에 이어지는 것은 13편의 짧은 이야기인데, 명백하게 모두 역사적 사실을 바탕으로 하고 있다. 이를테면 '알 누만의 딸 힌드와 알 하자지'와 '모술의 이사크와 그 연인, 그리고 악마'를 알 마수디와 비교해 보기 바란다.

짧은 이야기가 끝나면 에밀 가보리오가 통속화한 이야기와 같은 2편의 긴 탐정물이 시작된다. '협잡할멈 다리라와 사기꾼 딸 자이나브의 못된 장난'과 '카이로의 도적신(盜賊神) 알리의 기담'이 그것으로, 둘 다 '도둑이 도둑을 알아본다'는 원리를 토대로 하고 있다. 앞에서도 나온 뚜쟁이 노파 다리라는 유명한 인물이었던 모양이다. 알 마수디는 이렇게 평가했다.

"한마디로 말해 이 노인(알 우카브)은 그 악행과 일을 꾸미는 교묘한 재간에서는, 뚜쟁이 달라(다리라?)를 비롯하여 고금의 사기꾼과 협잡꾼들을 능가했다."

'아르다시르와 하야트 알 누후스 공주'는 독창성이 모자라, 우리는 점차 이미 나온 이야기의 복사본을 읽는 듯한 인상을 받는다. 그러나 '바다에서 태어난 줄나르와 그 아들 페르시아 왕 바드르 바심'은 그렇지 않은데, '어부 압둘라와 인어 압둘라'와 마찬가지로 남녀 인어의 실체를 그리고 있다. 스위프트의 독창적인 창조물, 이를테면 마족(馬族)의 휘이넘〔《걸리버 여행기》참조〕과 조금 비슷한데, 더욱 조밀한 영역 속에 서식하는 자는 인류의 모순투성이이고 불합리한 편견과 취향을 정당하게 비난하거나 엄격하게 비판할 수 있음을 증명하고 있다.

두 여인의 낭만적인 이야기 '사이프 알 무르크 왕자와 바디아 알 자마르 공주 이야기'는 그 글머리에서 보아 본디 독립된 작품이었던 것 같다. 또 11세기 페르시아에도 존재하고 있었음을 알 수 있다. 이 이야기는 동양의 모든 이슬람교도의 언어 말고도 신드어에도 들어 있으며, 후자에서는 주인공은 '사이파르'라 불리고 있다. 우리는 여기서도 '바다의 노인'이라기보다 '바닷가의 샤이프'를 만나거나, 영혼이 육체 밖에 있는 마신과 가까워지기도 한다.

작자는 샤리아르 왕으로 하여금 '자네는 신의 눈으로 볼 때 천의 마신보다 한 사람의 인간이 소중하다는 것을 모르느냐' 하는 인간미 넘치는 말을 하게 함으로써 구혼자인 사이프를 순조롭게 공주와 맺어 주었는데, 그 뒷맛은 참으로 상쾌하다.

'바소라의 하산'은 신드바드와 마찬가지로 규모가 크고 훌륭한 모험담이지만, 그의 항해와 여행은 자연계라기보다는 오히려 초자연적이고 환상적인 세계에 걸쳐 있다. 이야기는 길지만 절대 지루하지 않으며, 인물도 나무랄 데 없이 탄탄한 필치로 그려져 있다. 주인공 하산은 소심하게 목적을 추구하며 울기도 하고, 기절도 하고, 시를 읽기도 하지만 꽤 재미있는 남자로, '사랑은 길을 찾아낸다'는 것을 증명하고 있다.

여자친구의 전형이라고도 할 수 있는 아름다운 소녀, 행복을 잃기 전까지는 자신이 행복하다는 것을 전혀 모르는 어리석지만 귀여운 아내, 착하고 어진 여자의 잔인성을 유감없이 발휘하는 매우 사납고 고집스러운 여왕, 아마존의 풍속과 관습도 생생하게 그려져 있다.

다음 이야기 '바그다드의 어부 할리파'는 어부가 누추한 환경에서 벗어나 교주가 좋아하는 술친구가 되기까지의 과정을 그린 것으로, 동양적인 생활을 연구하는 데 귀중한 자료다.

'알리 누르 알 딘과 띠를 만드는 미리암 공주'와 '인도의 잘리아드 왕과 시마스 재상'에 대해서는 이미 따로 주석했는데, 끝 부분의 이야기들은 명백하게 비교적 근세에 성립되었음을 보여주고 있으며, 거기에 대해서는 아무것도 말할 것이 없다.

나는 이 책 맨 첫머리에서 《아라비안나이트》의 중요한 두 가지 특징은 페이소스(애수)와 유머라고 말했다. 이 두 가지가 고도로 예술적인 대조를 보여주면서 서로 엇갈리거나 마주치며, 커피가게 청중의 눈물과 웃음을 유발하도록 빈틈없이 계산되어 있다. 감상적인 부분은 대개 애정이나 소박한 슬픔을 나타내고 있다. 이를테면 '바다위인 하마드 이야기', 가난한 자에게 보시하고 두 손을 잘린 여자 이야기, 대신의 죽음과 슬퍼하는 사람들의 노래. 아브리자 공주의 살해와 어머니가 살해된 것도 모르고 그 젖을 빠는 아기, 그리고 일반적으로, 선량한 이슬람교도들의 최후 등은 모두 누구도 따라갈

수 없는 명쾌한 필치로 소박하게
묘사되어 있다.

나중에 부왕(副王)이 되는 친
절한 목욕탕 화부(火夫)의 성격
속에는 슬픔과 기쁨이 뒤섞여 있
고, '사랑에 미친 남자'와 '불을
만져도 아무렇지도 않은 대장장
이', '신으로부터 구름을 얻은 신
자와 경건한 국왕', '아지즈와 아
지자 이야기'에서는 근심과 걱정
의 색이 짙게 배어 있다.

'청소부와 귀부인'에서는 절대
적으로 비극적인 존엄성을 띤 새
로운 격조를 볼 수 있다. 그것은
낡고 불결한 것에서 발전할 수
있는 날카로운 정서를 나타내고
있다. 류트에 표시된 기발한 착

《아라비안나이트》
〈바소라의 하산〉에서, '그 깃옷 밑에서 달도 부끄러
워할 만큼 아름다운 처녀 열 명이 나타났다.' 앨버트
래츠포드 그림.

상은 나중에 노래가 되어 결실을 보게 되는데, 이 독창적인 걸작은 절묘한
온정과 시적 우울, 과거를 생각하는 슬픔과 재회를 원하는 헛된 소망이 융합
되어 있다.

'원기둥이 많은 도시 이람과 아비 키라바의 아들 압둘라'와 '놋쇠의 성'에
서는 우울과 장엄하고 무게 있는 페이소스, 진정한 숭고함의 극한 자체가 달
성되어 있다. 특히 후자의 시문 부분은 너무나 익숙하고 솜씨 있게 슬픔을
담아내고 있는데, 그것은 이야기를 듣는 사람들의 마음에 언제까지나 메아
리치는 긴 절망의 신음이다.

또 나는 책 첫머리에서 익살담의 유머러스한 맛과 우리 북국의 '기지(wut)'
를 비교해 보았는데, 그것은 페이소스(애수)가 다른 만큼 서로 달랐다.

가장 중요한 것은 카이로 사람의 '희롱문구'로, 아마 이교도의 조상으로부
터 물려받은 독특한 익살인 듯하다. 이런 종류의 예는 수탉과 개, 요리사에
대한 환관의 이야기, 대신의 고함 "후추가 부족해!", '오마르 빈 알 누만 왕

과 두 아들 샤르르칸과 자우 알 마칸 이야기' 속의 마약을 먹은 사내, 두 형제의 말다툼, 젬젬 성수(聖水), 환관 부하이트와 카후르 등이다.

때로는 산초 판사의 타고난 날카로운 기지가 뒷받침하는, 라블레 풍의 소동이 벌어지는 매우 익살스러운 작품도 있다. 그것은 이를테면, 바그다드의 여자들의 난잡한 소동, 기사 루카의 수염에 칠해진 성분(聖糞), 새롱거리는 아마시스 왕을 떠올리게 하는 '바르마크 집안의 자파르와 늙은 바다위인'〔이 책 394번째 밤 이하 이야기 주석 2 참조〕 등에서 볼 수 있다.

나아가서 추악한 노인의 묘사, '세 가지 소원'의, 다른 섹스〔더 큰 음경에 대한 소망〕에 대한 매우 독한 풍자, '페르시아인 알리', '유부녀와 다섯 명의 구애자'—이 이야기는 《카타 사리트 사가라》의 '우파코사와 네 명의 정부'에 해당한다—'알 야만의 남자와 노예계집 여섯 명' 등에서 그 절정에 달해 있다. 특히 마지막 이야기에는 진정한 팔스타프식의 해학을 볼 수 있다. 〔팔스타프는 셰익스피어의 《헨리 4세》에 나오는 허풍쟁이.〕

그러나 이발사 형제에 대한 불멸의 이야기, 특히 두 번째, 다섯 번째, 여섯 번째 이야기에는 언어의 기교를 쓰지 않고 표현되어 있다. 밝고 상쾌한, 참으로 진정한 재치가 있다. 마지막으로, 진실하고 자유분방한 늙은 호색가 아부 노와스가 모습을 드러내면, 익살은 언제나 상스러운 마이리지아스 풍이 되어 버린다. 〔마이리지아스는 아일랜드 전설상의 조상.〕

형식

지금까지 내용을 고찰했으니, 이번에는 《아라비안나이트》의 언어와 양식을 한번 살펴보자. 가장 먼저 주목해야 할 점은 이 민화집의 참으로 교묘한 구조다. 나는 이 구조가 《데카메론》이나 그 뒤에 나온 비슷한 이야기들에 본보기가 되었다고 생각하지 않을 수 없다. 완전한 모양새를 갖춘 훌륭한 '첫 이야기'는 이 작품의 존재 이유를 충분히 보여주는 것으로, 그로 말미암아 하나의 위대한 전기소설(傳奇小說) 풍의 민화집에 필요한 모든 통일성이 유지되고 있다.

이것은 동시대의 힌두교도의 작품인 《카타 사리트 사가라》*33를 읽으면 알 수 있다. 이 책은 언뜻 보아 《아라비안나이트》와 비슷한 것 같지만 다르다. 우선 머리글이 충분하지 않다. 또, 수많은 독립된 이야기와 우화를 서로 이어주는 고리가 없어서 전체적으로 볼품이 없다. 따라서 그 무질서와 혼란이 독자에게 영향을 주어, 메모라도 하지 않으면 줄거리를 따라갈 수 없다.

내가 이 책 맨 첫머리에서 말한 것처럼, '밤 없이 아라비아의 야화는 존재하지 않는다!' 그러므로 나는 그러한 중간 휴식을 '이야기에 있어서 허용하지 않을 수 없는 중단'으로 여기기는커녕, 길고 복잡한 이야기 속에 삽입된 즐겁고 안락한 중단으로 여겨 특별히 주시하고 있다. 또 실제로 다시 한 번 새로 쓴다면, 나는 캘커타[콜카타]판의 방침에 따라, 단락마다 자매의 대화로 시작하고 끝나게 할 것이다.

그러나 이 점에 대한 의견은 분분하며, 비평가는 나에게 각종 사본에서도 일치하는 견해를 찾아볼 수 없지 않으냐고 말할 것이다. 즉, 브레슬라우판은 많은 부분에서 이야기를 멈추지 않고 단순히 밤의 수를 삽입하고 있을 뿐이다. 갈랑이 사용한 국립도서관의 사본은 겨우 282번째 밤만 들어 있고, 또 이 프랑스인은 236번째 밤 이후(어떤 판에서는 192번째 밤 이후)부터는 밤을 구별하는 것을 멈추었다. 워틀리 몬터규 사본에서는, 샤리아르 왕은 진작부터 후회하고 있었으며, 뒤의 이야기는 갈랑의 경우와 마찬가지로 단순한 여흥으로서 이어질 뿐이다.

나는 이야기의 첫머리에 둔 비슷한 말의 되풀이와 주목을 끌기 위한 산문시를 고심 끝에 보존했다. 이를테면 '옛날, 지금으로부터 아주 먼 옛날, 한 임금님이 있었습니다'를 들 수 있는데, 언어를 낭비하지 않도록 노력하는 영국에서는 이 문구가 단지 '옛날 옛날(Once upon a time)'로 되어 있다.

마지막에 맺는말도 휴식을 일러주기 위해 교묘하게 계산되어 있다. "그리고 모두 환락을 멸하고 교제를 단절시키는 자가 찾아올 때까지, 더없이 즐겁고 재미있게 남은 생애를 보내고 마침내 저세상으로 떠났습니다." 이것과 보카치오의 상투문구와 비교해 보자.

"그는 스코틀랜드를 정복하고 그 나라의 왕이 되었습니다."(〈제2일〉, 제3화) "그는 남은 재산으로 아무 부족함이 없이 남은 생애를 보냈습니다."(〈제2일〉, 제4화). "그리하여 그녀는 무지한 채 살았습니다. 그리고 오늘도 아직 모르는 채 있습니다."(〈제6일〉, 제8화). 우리는 이 꼬리말을 더욱 줄여서 "일동은 그 뒤 오랫동안 행복하게 살았습니다"로 바꾸고 있다.

현재의 형태로 《아라비안나이트》를 얘기할 경우, 나는 이 작품을 라위 또는 나카르, 즉 직업적 강석사(힌두교도의 바트 또는 바르드에 해당하며, 카사스 또는 마다라고 불린다)가 쓴 것으로 생각하지 않을 수 없다. 나의 박식한 친구 A. 폰 클레머 남작은, 흔히 '내걸린 시(Suspended Poems)'라 불리는《무알라카트 Mu'allakat》를 '라위의 낭독에서 기록된' 것으로 보고, 그러한 강석사 덕분으로 여기고 있다. 그러므로 우리의 원전에는 '라위는 이렇게 말했다 (Kal' al-Rawi)'라는 상투문구가 끊임없이 나와서 이야기를 멈추고 있다.

이《아라비안나이트》는 직업적 강석사를 위한 교본 같은 것으로 많은 장소에서 암송된다. 그들은 모든 것을 암기하고 곳곳에 '재담'과 '촌철살인의 익살'을 집어넣는다. 생각지도 않은 곳에서 튀어나오는 민망한 욕지거리의 많은 부분이 아마 이러한 '행위'에 의한 것일지도 모른다. 그것은 단순히 웃음을 유발하기 위한 것이었다.

이러한 습관이 얼마나 오래된 것이고, 동양적인 생활이 얼마나 변하지 않는 것인지는,《아라비안나이트》속에 추가해도 무방한 구약성서인《에스더서》에 의해 증명되어 있다. 그 제6장 1절에 이런 문구를 볼 수 있다. "그날 밤에 왕은 잠이 오지 아니하므로."

라위는 서로 말을 주고받듯이 이야기를 낭독하고, 사자(Saj'a), 즉 산문시에 억양을 붙이고, 운문인 부분은 라바브(Rabab)라는, 현이 하나뿐인 바이올린의 선율에 맞춰서 노래하곤 했다. 스콧 박사는 알레포의 역사가에게서 강석사의 자태에 대한 생생한 묘사를 빌려 왔다.[34]

"그는 커피가게 한복판을 왔다 갔다 하면서 암송한다. 그리고 이따금 표현상 강조하는 몸짓이 필요한 경우에는 걸음을 멈춘다. 보통 청중은 매우 열심히 귀를 기울인다. 가끔 재미있는 모험이 펼쳐지는 가운데 청중의 기대가 최고조에 달했을 때, 강석사는 갑자기 얘기를 딱 멈추고 가차없이 자취를 감춰버린다. 절체절명의 궁지에 빠진 주인공도, 또한 청중도 내팽개치고서.

그러면 출입구 근처에 있던 사람들이 그를 붙잡아 이야기를 끝내고 가라며 졸라 댄다. 그러나 그는 언제나 교묘하게 사라져 버린다.[35] 호기심에 가득 찬 청중은 이튿날 같은 시간에 다시 찾아와서 다음 이야기를 듣지 않을 수 없다.

강석사가 나가버리면 삼삼오오 모여든 사람들은 일제히 극 중의 등장인물에 대해, 또는 완성되지 않은 모험담 속 사건에 대해 토론을 시작한다. 그리

고 마치 그 결론에 이 도시의
흥망이 걸려 있기라도 한 것
처럼 입에 거품을 물고 반대
의견을 주장한다."

'커피가게'에서 살인사건이
일어나자 이러한 서민적 집회
소는 폐쇄되었다. 그로 말미
암아 1885~86년 몹시 추운
겨울에, 빈민계급은 비가 올
것처럼 찌푸린 하늘 아래 진
창을 이룬 길거리에서 카이프
(뱅, 마약)를 피우며 블랙커
피를 홀짝거려야 했다. 그러
한 상황의 탄제르에서, 나는
일요일과 목요일 시장이 서는
날에 라위가 활약하는 모습을
지켜보았다.

《아라비안나이트》
〈알리바바와 40인의 도둑〉에서, 두목 앞에서 춤추는 모
르기아나. 레옹 칼레 그림.

인기가 있는 장소는 '소코
데 바르라'(대시장)라고 하며, 반세기 전의 수에즈와 베이루트 같은 상황에
놓여 있었던 탄제르 교외에 있었다. 그곳은 더러운 비탈면이다. 땅바닥은 질
척거리는 진흙으로 미끈거리고 역한 냄새가 나며 먼지가 풀풀 날리고 있다.
곳곳에 무너져가는 묘지, 불결한 노점, 다 떨어진 텐트가 있고, 그곳에 드나
드는 것은 더러운 넝마 뭉치 같은 여자들과 하이크(줄무늬 모직물) 또는 프
루누스(일종의 프란체스코파 수도사의 승복)를 입은 남자들로, 웅크리고 있
는 낙타를 돌보거나 지브롤터의 육식가들을 위해 소를 사고팔고 있었다.

그런 곳에서 시장 사람들은 강석사 주위로 모여들어 원을 이룬다. 이 다부
진 체격의 남자는 폭넓은 띠 말고는 아무것도 몸에 걸치지 않고 있다. 발의
장식은 띠 속에 넣어 걷어 올린다. 사람들의 눈길을 끄는 것이라야 헝클어진
머리, 번뜩이는 눈, 히죽히죽 웃는 웃음, 그리고 전체적으로 신통치 않은 풍
채뿐이다.

그는 보통 짧은 막대기를 활용한다. 또 북 치고 피리 부는 사람이 없을 때는, 스스로 물시계 같은 모양의 작은북을 들고 있다가 이야기 사이사이에 그 북을 두드린다. 이 강석사는 즉흥 기도를 올려 자신도 청중도 훌륭한 이슬람교도인 것을 증명한 뒤, 연극의 막을 올린다. 천천히 힘을 담아 얘기하다가 느닷없이 활발한 어조를 떨어뜨리거나, 몹시 우스꽝스럽게 찡그린 표정을 지어 분위기를 바꾼다. 앞으로 나아갔다가 뒤로 물러나고 비틀거리기도 하면서, 하나하나 다양한 손짓으로 무언극을 펼쳐 보인다. 그의 얼굴과 목소리, 몸짓까지 매우 표정이 풍부해서 아랍어를 한 마디도 알아듣지 못하는 유럽인조차 그의 이야기를 짐작할 수 있다.

청중은 숨을 죽이며 미동도 하지 않고 내내 서 있다. 외국인들은 그들의 다부지고 야만적인 풍채 속에 숨어 있는 순진하고 맑고 산뜻한 감정을 알고 깜짝 놀란다. 대체로 그의 연기는 마지막에 햇병아리 배우가 돈을 청하며 돌아다니면서 은화를 한 개씩 허공에 흔들어 보이는 것으로 끝난다. 그 은화 한 개가 일반적인 보수인데, 그것은 바르바리 지방의 신비로운 돈으로, 1페니의 12분의 1인 커다란 동전 '프루스'의 몇 개에 해당한다. 내가 들은 이야기는 모두 순수하게 현지의 것이었다. 그러나 페스나 메키네스에 한동안 살았던 젊은 터키인 파프리 베이는 아직도 그곳에서는 《야화》가 암송되고 있다고 나에게 딱 잘라 말했다.

러셀 박사를 포함하여, 많은 여행가는 《아라비안나이트》의 완전한 사본을 찾지 못했다고 푸념하고 있다. 그들은 누구도 죽지 않고서는 그것을 통독할 수 없다는 항간의 미신을 한 번도 들은 적이 없는 것이 분명하다. 야코브 알틴 파샤에 의하면 이 미신은 14, 5세기에 생겼다고 하며, 그는 이것을 두 가지로 해석하고 있다. 첫째로, 이것은 익살스러운 과장이며, 누구나 이 긴 민화집을 읽을 만한 시간이나 인내력을 가지고 있지 않음을 뜻한다. 둘째로, 이 작품은 무익한 것으로 비난받고 있다는 것이다.

이집트가 이븐 알 하자르, 알 아이유, 알 카스타라니(그 밖의 사람들은 말할 것도 없고) 같은 학자와 법률학자를 낳았을 때, 이 나라의 기호는 사실을 대상으로 하는 재미없고 메마른 학문과 실증적인 과학으로 기울어졌다. 실제로 이 기호는 오늘날에도 완전히 사라지지 않고 남아 있다. 하이리 파샤처럼 수학은 법률 연구에 있어서조차 역사나 지리보다 쓸모 있다고 주장하는 사람들이 적지 않으며, 카이로의 교육부 장관은 언제나 기술가, 즉 수학자였다.

법률학자들도 모든 '무용지물'에 대해 여러 사람에게 널리 알리고, 그 속에 이야기뿐만 아니라 공인된 역사학이라고 할 수 있는 것까지 담고 말았다. 그렇지만 사회란 가볍게 읽을 수 있는 경문학(輕文學)이 없이는 안식할 수 없다. 그래서 소설을 읽는 계층의 사람들은 《야화》의 모든 외설스러움만 갖추고 그 장점은 거의 갖추지 않은 작품에 빠지게 되었다.

터키는 정규 희곡을 탄생시키고, 정치가이자 학자인 무니프 파샤, 문학자이자 교수인 에크렘 베이, 근대 터키 국내에서 최대의 작가로 주목받는 케말 베이, 초대 런던 대사 비서 아브드 알 하크 하미드 베이 같은 재기 넘치는 저작들의 활동을 촉구한 유일한 이슬람국이다.[36]

처음에 연극은 비교적 조잡한 형태로, 《야화》에서 주제를 모조리 빌려 왔다. 다음에는 우리와 마찬가지로 프랑스 연극을 본떴고, 마지막에는 과감하게 독창성을 발휘하게 된 것이다.

몇 년 전에, 나는 다마스쿠스의 정청(政廳) 안마당에서 하룬 알 라시드와 세 사람의 탁발승이, 사슴 가죽과 그 밖에 필요한 소도구를 모두 갖추고 열변을 토하여 관중의 갈채를 받는 모습을 본 적이 있다. 《야화》 속에 역사적인 소재가 얼마나 많이 들어 있는지는 《야화》를 잠시만 들여다보면 알 수 있다.

《아라비안나이트》의 문체를 깊이 생각하고 연구하면서, 우리는 이 작품이 결코 우리의 편집방침에 따라 편찬된 것이 아니라는 사실을 명심해야 한다. 따라서 트렌즈, 레인, 그리고 《아랍어로부터의 이야기》의 페인 등이 한 것처럼, 원문 전체를 한 구절 한 구절 본디 뜻에 충실하게 번역할 필요는 없다. 이러한 한자, 한 문장을 소홀히 하지 않는 양심적인 방법은, 그 작품이 유능한 문학자에 의해 빈틈없이 모아지고 배열된 카몽이스〔그 대표작은 《우스 루지아다스》로, 버턴의 영역이 있다〕 같은 작가의 번역에 필요하지만, 현재 어떤 형태의 《아라비안나이트》는 그렇게 다뤄야 할 필요가 없다.

맥나튼〔제2콜카타〕, 불라크, 베이루트의 각 원전은 배열순서가 같은 사본에 의해 인쇄된 것이지만, 그래도 세부적으로는 가끔 차이가 있다. 많은 친구가 나에게 그 일을 해 보지 않겠느냐고 말했다. 그러나 설령 장로나 어학 교사, 필사생들의 도움이 있다 해도, 이 작업은 지나치게 벅차고 지루하며 달갑지 않은 것이다. 오히려 공백이 뚫려 있어도 그것을 상상이나 이질적인 것으로 메우기보다는 그대로 두는 편이 낫다.

실제로 레인도 말했듯이, 학자들은 평범하고 일반적이며 흔해빠진 '비속'한 가락의 언어에 완전히 질려버려 그것을 고쳐 더 세련되게 만들려고 했으며, 또 개작까지 하려고 한 적이 한두 번이 아니었다. 즉, 차마 다시 볼 수 없는 것으로 만들려고 한 셈이다. 그런 짓을 하는 것은 드라이덴이나 포프한 테서 빌린 새털장식으로 로버트 번스를 잘 차려입히는 것과 같다.

원전의 첫 번째 결점은, 내가 '선원 신드바드와 짐꾼 신드바드'에서 지적했듯이 내용의 분배와 배열에 있다. 그리고 앞부분의 이야기는 대부분 너무 길고, 몇몇 다른 이야기는 너무 짧다. 그러나 거기에는 변화라는 최상의 장점도 있다. 또 편자와 필사생의 즉흥적인 기분으로는 설명되지 않는 모순과 혼란, 불합리 그리고 지은이가 앞에 말한 것을 잊어버린 듯한 불필요한 되풀이 따위를 볼 수 있다.

때로는 전혀 확실하지 않은 인물이나 이야기를 암시한 무의미한 비유도 있다. 본 줄거리에서의 탈선도 급격하고 무익하며, 이렇다 할 목표가 없을 뿐만 아니라, 많은 페이지는 너무 길어서 지루하거나 너무 상세하여 뜻을 종잡을 수 없을 때도 있다. 이집트와 시리아 특유의 비속한 구어체와 단어, 성구 등이 끊임없이 나오는 것도 *37 통독의 즐거움을 감소시킨다. 그러나 그 반면에 거기에는 효용가치가 있는 것도 부정할 수 없다. 즉, 그 당시의 일상적 회화체가 그대로 쓰인 것은, 캠프나 캐러밴, 하렘, 시장, 커피가게 따위에서 암송하는 라위가 말재주를 부리기에는 안성맞춤이었다.

게다가 적절하게 평가되고 있듯이, 《아라비안나이트》는 모든 사람이 이해하기 쉬운 구어체 아랍어와 문어체 아랍어의 중간에 있는 유일한 역사(驛舍)와 같다. 따라서 모리타니에서 메소포타미아에 이르는 이슬람교 국가에 이바지하고 싶은 연구자에게는 없어서는 안 되는 것이다.

'하툰'(칭호) 같은 터키어와 '샤 반달'(항만 감독) 같은 페르시아어를 자주 쓰는 것도 번역할 때 고풍스러운 맛을 낸다. 그뿐만 아니라 여러 가지 어원에서 어휘를 빌리는 것도 필요한데, 그렇게 하지 않으면 효과가 나지 않을 것이다.

그러나 때때로 문체가 극도로 화려하고 과장에 가깝도록 비약하는 일도 있다. 이를테면 '인도의 잘리아드 왕과 시마스 재상' 이야기에 있는 대신들의 이야기다. 전투 장면도 대부분 훌륭하게 묘사되어 있는데, 매우 급함을 나타내는 간결함과 눈에 보이는 듯 뚜렷한 필치가 결합하여 참으로 '생기가 넘치는 활발한 문장'이 되어 있다.

전체적인 특징은 천진난만함과 단순함, 명확함과 독특한 간결함이다. 눈부신 화려함은 언어 속이 아니라 이미지 속에 있다. 언어는 약하지만 감각은 스칸디나비아의 고전처럼 강렬하다. 그 점에서 이 아랍어 작품은 페르시아의 이야기 작자들의 특징인 지나친 미사여구나 야단스러운 부풀림과는 전혀 다르다.

《아라비안나이트》에는 변하지 않는 경전 구절의 반복을 포함하여 상투적인 문구가 많이 나온다. 또 로크맨의 지혜, 요셉의 아름다움, 야콥의 슬픔, 욥의 인내, 다윗의 음악, 처녀 마리암의 순결함 같은, 판에 박은 듯한 비유도 있다. 눈썹은 눈(ن)이고, 눈은 사드(ص)이며, 입은 밈(م)이다. 〔이상 세 가지는 아랍어의 알파벳.〕

술을 따르는 미소년은 암흑의 하계에서 솟아오르는 태양이고, 뺨의 검은 점은 작은 용연향 조각, 코는 위로 휘어진 언월도, 아랫입술은 대추열매, 치아는 묘성(昴星)이나 싸락눈, 이마의 머리카락은 전갈, 코 밑의 어슴푸레한 수염은 에메랄드, 뺨의 수염은 한 떼의 개미인가, 뺨은 장미 또는 아네모네를 에워싼 람(ل, L에 해당하는 아라비아 문자)이다. 술을 따르는 미소녀는 해님과 겨루는 달님이요, 그 뺨은 진주, 속눈썹은 날카로운 칼을 비웃고, 시선은 눈썹의 활에서 날아가는 화살이다.

정부(情婦)가 되면 설령 옆 골목에 산다 해도, 리와 강(江)의 적의를 품은 바다위인 일족에 속하고, 그들의 칼은 언제나 그녀 연인의 피에 굶주려 있으며, 그들의 독설은 애오라지 '이별의 치욕'을 노린다.

청년은 알리프〔ا, 영어의 A에 해당〕처럼 늘씬한 자태로, 우리라면 버들가지라 부르고 싶은 반나무*38의 작은 가지처럼 날렵하고 나긋나긋하다. 한편 노인은 냉혹하고 허리가 휘어졌으며, 잃어버린 청춘을 헛되이 진흙 속에서 찾으려고 땅바닥에 납작 엎드린다.

ㄷ스란 남작은 이렇게 판에 박힌 비유에 대해 말했다.

"이슬람교 시인의 비유적인 용어는 가끔 이해하기 어려울 때가 있다. 수선화는 눈(目)이다. 그 식물의 연약한 줄기는 꽃 아래 나른하게 휘어져 있다. 그래서 꿈꾸는 듯한 눈동자가 떠오르는 것이다. 진주는 눈물과 치아, 두 가지를 말한다. 이는 이따금 싸락눈이라고도 하는데, 그것은 싸락눈이 하얗고 습기가 있기 때문이다. 입술은 홍옥수 또는 루비이고 잇몸은 석류꽃이다. 도금양(myrtle)의 검은 잎은 연인의 검은 머리 또는 젊은이의 뺨에 처음으로 나는 부드러운 수염과 뜻이 같은 말이다. 부드러운 털 그 자체는 안장의 이자르, 즉 말머리의 장식끈이라 불린다. 또 그 끈의 완만하게 구부러진 모양은 람(ﻝ)이나 눈(ﻥ) 문자에 비유된다. 뺨이나 목덜미에 보이는 곱슬머리는 전갈이라 불리는데, 그것은 검은색 때문이거나 흔들리는 모습이 닮았기 때문이다. 눈은 칼이고 눈꺼풀은 칼집이다. 하얀 피부는 장뇌, 검은 점은 사향이고, 사향은 또 검은 머리를 뜻한다. 검은 점은 또 이따금 입술의 꿀을 찾아서 뺨을 기어가는 개미에도 비유된다. 아름다운 얼굴은 보름달이고 낮이다. 검은 머리는 밤이다. 허리는 버들가지나 긴 창이고, 얼굴의 땀은 자존심이므로 시인이 돈 많은 후원자에게 보수를 바라고 찬사를 보낼 때는 '얼굴의 땀을 판다'고 말한다."

〈주〉

＊1 우화나 일화의 수는 원전에 따라 다르지만 대략 4백 종이 넘을 것이다. 그 가운데 약 반을 레인이 번역했다.

＊2 로마인의 천박함, 대범함, 무지 따위의 뚜렷한 예. 이집트의 고대 도시는 모두, 각각의 우상(금속, 돌 또는 나무 조각상)을 가지고 있었고, 그 가운데서 신은 가톨릭의 제병(祭餠)의 경우와 마찬가지로 인간의 모습을 하고 있었다. 게다가 저마다 상징적인 동물이 키프라, 즉 기도하는 방향(예루살렘 또는 메카)을 나타내는 것으로 쓰였다. 그것은 서민의 사고를 고정화하고 집중시키는 구상적인 수단으로, 마치 최면술사의 수정구슬과 같은 것이었다. 게다가 여신 디아나(Diana)는 여신 파슈트(Pasht)에 비해 조금도 뛰어나지 않았다. 우상숭배에 대한 진정한 견해를 알고 싶은 분은 《코란》 제39장 4절을 참조하기 바란다.

＊3 헤로도토스(ii. c. 134)는 '이솝이라는 우화작가(Ὁ λογοποιος)는 그녀(로도피스

(Rhodopis))의 노예 가운데 하나였다'고 주석했다.

아리스토파네스(《벌 *Vespae*》, 1446)는 델파이〔그리스의 옛 도시〕시민에 의한 그의 살해와 '옛날, 옛날, 어떤 싸움이 일어났습니다'로 시작되는 그의 우화에 대해 언급했다. 한편, 고전 주해자는 《평화 *Pax*》(1084) 속에서 '뱀과 게'가 암시된 사실을 발견했다. 그 밖에 《벌》(1401)과 《새 *Aves*》(651)에서도 이솝에 대해 언급하고 있다.

＊4 3명의 전혀 다른 로크맨(Lokman)이 존재하고 있다. 세일의 《코란》(제31장)에서도, 스미스(Smith) 편 《전기사전(傳記事典)》의 '아이소포스' 항에서도 이 세 사람이 철저히 혼동되고 있다.

가장 연장자인 첫 번째 로크맨은 알 하킴(성자)이라고 부르며, 그 이름을 딴 《코란》의 한 장(章)의 주인공이다. 〔제31장은 '로크맨의 장'이라는 제목으로 되어 있다.〕

그는 아자르(Azar)의 자손인 바우라(Ba'ura)의 아들로, 욥의 이모의 아들이었다. 그는 다윗 왕의 미늘갑옷을 만드는 기적을 목격하고, 아드(Ad)족〔첫 번째 아드족〕이 멸망했을 때 그 나라의 왕이 되었다. 〔두 번째 아드족은 오늘날의 예멘 지방에 왕조를 세우고 1천 년 정도 번영했다고 한다.〕

두 번째 로크맨 또한 성자를 자처했는데, 그는 본디 아비시니아의 흑인 노예였다. 다윗 또는 솔로몬 왕(페르시아의 카이 카우스(Kay Kaus)와 카이 후스라우(Kay Khusrau), 또 그리스의 피타고라스 등과 같은 시대)의 시대에 이스라엘 사람에게 팔려 갔다. 그의 몸은 '너는 검고 못생긴 점에서 로크맨과 닮았지만, 지혜는 닮지 않았다'(이븐 할리칸 i. 145)는 속담 속에 암시되어 있다.

이 흑인 또는 준(準)흑인은 신앙심이 깊은 생애를 보내며, 격언과 실례(동물우화가 아니라)를 수집한 《암살 *Amsal*》이라는 책을 한 권 남겼다. 그래서 동양인은 지금도 흔히 이렇게 말한다. '아무도 로크맨에게 뭔가를 가르치려고 해서는 안 된다'(페르시아어로 "Hikmat ba Lokman amokhtan"). 그의 경구 가운데 셋은 세상 사람들의 기억 속에 남아 있다.

"마음과 혀는 사람 몸의 가장 좋은 부분이자 가장 나쁜 부분이다." "나는 손으로 만져서 사물을 확인하는 맹인한테서 지혜를 배웠다." 또 주인한테서 받은 콜로신스 오이를 먹었을 때, "나는 지금까지 당신한테서 많은 과자를 받았으니, 만약 이 쓴 오이를 거절한다면 깜짝 놀라실 겁니다." 그는 유대와의 라믈라에 묻혔다.

가장 젊은 '독수리' 로크맨은 아드족의 왕으로, 3500년, 즉 7마리 독수리의 수명(역사가 타바리(Tabari)의 말)만큼 오래 살았다고 한다. 그는 발톱으로 우물을 팔 수 있었다. 거기서 '로크맨보다 강하다'는 속담이 생겼다. '로크맨보다 대식가'라는 속담은, 그가 아침으로 낙타 한 마리, 또 저녁에도 한 마리를 먹었기 때문이다. 상세한 것은 체너리(Chenery)의 《알 하리리론(論) *Al-Hariri*》에 나와 있다. 단, 이 책에서는 세 명의 로크맨이 둘로 줄어 있다.

＊5 나는 뒤에 다시 언급할 《카타 사리트 사가라》가 '최초에 수집된 가장 초기의 대표작'이라는 설에 동의할 수 없다.

＊6 《카타 사리트 사가라》의 동물우화는 더욱 수가 많다. 그러나 마찬가지로 2대군으로 크게 나눌 수 있다. 제1군은 제60장(제10권)에, 제2군은 같은 권의 제62～65장에 수록. 여기서도 역시 《아라비안나이트》처럼 일화와 구전이 혼합되어 있어, 이런 편찬양식이 매우 오래된 것임을 간접적으로 알려준다.

＊7 브루그슈(Brugsch)의 저서 《이집트사 History of Egypt》 제1권에 나와 있다. 〔하인리히 칼 브루그슈는 19세기 독일의 우수한 이집트학자. 가끔 이집트에 여행, 1863년에 괴팅겐 대학교수가 된다.〕

이 우화는 여러 가지 점에서 흥미롭다. 형 하네프(포티파르)는 소의 언어를 이해하는데, 민화에 잘 나오는 이야기이다. 그의 '어린 동생'인 바타(요셉)는 형수의 음란한 유혹에 '분개하여 남(누비아)의 표범'이 되는데, 모습은 수소로 변한다. 완전한 탈바꿈이다. 《두 형제》는 누군가가 말했듯이 '세계에서 가장 오래된 책'은 아니다. 세계최고(世界最古)의 이름은 샤바스(Chabas)에 의해, 기원전 2200년 속담의 한 사본에 붙여졌다.

또한 이집트 민화집(Contes Populaires) 속의 '세네하 이야기(Story of Saneha)'를 보면 좋다. 이것은 모세 시대보다 훨씬 이전의 소설이다.

＊8 몇 년 전, 나는 하숙집의 늙은 안주인에게서 여행 중에 걸리버 선장을 만나지 않았느냐는 질문을 받은 적이 있다.

＊9 이 인용은 롤린슨이 번역한 헤로도토스(제3의 서 102장)에서. 네아르코스(Nearchus)는 이러한 인도산 개미 껍질을 목격했다. 〔네아르코스는 알렉산드로스 대왕의 부장으로서 원정에서 돌아오다가 인더스 강 하구부터 티그리스, 유프라테스 하구까지 항해하여 신항로를 개척했다. 그 《해안 항해기》에 의한 것이리라.〕

합리주의자 가운데에는 '승냥이'라고 설명하는 자도 있는데, 승냥이의 키라면 본문의 그것과 일치한다. 또는 'pengolens', 즉 개미핥기라고 하는 사람도 있다.

＊10 〈에든버러 리뷰〉(1886년 7월호)지의 어느 집필자는 《아라비안나이트》가 실질적으로 현재의 형태를 이룬 것은 쿠르드족과 타타르족의 나일 강 유역 침입에 따른 일반적인 문예부흥기, 즉 13, 14, 15세기 전체를 포괄하며, 서기 1527년 오토만 정복과 함께 끝난 황금시대라고 간접적으로 표현했다.

＊11 앞으로 두 번 다시 "The good (fellow?) Haroun Alrasch'id"의 황금시대라고 하는 문구는 듣고 싶지 않다. 이것은 베이컨의 얇은 조각밖에 연상시키지 않는 잘못된 발음이다. 〔버턴은 언제나 하룬 알 라시드(Harun Al-Rashid)라고 표기했고, 그것이 맞다.〕

＊12 네프자위 장로(長老)의 저서 《향기로운 정원》(아라비아의 성애학(性愛學) 입문서, 프

랑스어역, 교정, 220부 인쇄, 이시도르 리즈우 에 세 아미(Isidore Liseux et ses Amis)
사, 파리, 1866년)을 보기 바란다. 편자는 유명한 시디 모하메드(Sidi Mohammed)가
《아라비안나이트》에서 몇 가지 이야기를 베껴 써서, 같은 작품의 튀니지 사본에서 다
른 이야기를 빌려 쓴 것(나는 한 친구한테서 그것이 잘못이 아니라는 말을 들었다)을
기록하는 일을 잊었다. 〔푸트남사판의 《향기로운 정원》을 편찬한 A.H. 월턴에 의하
면, 프랑스인 장교가 한 최초의 번역(1850년)이 리즈우사에서 개정 출판되었을 때,
버턴은 일찌감치 이에 주목하여, '그의 아라비안나이트 제10권 속에서 잘못하여,
1886년이 아니라 1866년에 나왔다고 말했다……'고 되어 있듯이, 1866년은 버턴의
실수다.〕

　　이 책은 공정하게 편집되지 않았고, 주석은 오류투성이며, 색인도 없다……고 말했
을 정도다. 내가 본문을 쓰고 나서, 《향기로운 정원》(또는 《훈원(薰園)》)은 두 번 영
역되었다.　하나는　Cheikh Nefzaoui의　The Perfumed Garden, a Manual of Arabian
Erotology(16세기), 개정, 코스모폴리, 1886년, 런던과 베나레스의 카마 샤스트라 협
회용과 한정용〔단 프랑스어역에서〕. 이것에 대항하는 판은 곧 어느 발행처에서 나올
예정인데, 그의 위원회—스스로 그렇게 부르고 있다—는 문학적 해적의 표본으로,
마치 저자의 눈앞에서 주머니의 지갑을 소매치기하듯이 대담하고 아무런 거리낌 없이
도둑질을 하는 것과 같다.

＊13 저명한 터키인 학자 E.J.W. 지브(Gibb)의 번역(글래스고, 윌슨＆매코믹사, 1884
　　년).

＊14 데르브로(D'Herbelot)('아스마이'의 항 참조). 나는 이 훌륭한 저술가의 말을 인용했
　　다가 동양학의 어느 아마추어에게 비난을 받았다. 그러나 데르브로는 나의 비평가가
　　책 한 권으로 보여주는 것보다 더 다양한 지식을 단 한 페이지로 보여주었다.

＊15 그 실례에 대해서는 알 슈티(Al-Siyuti)의 저서 《교주의 역사》를 보기 바란다. 또 네
　　프자위 장로(長老)의 《향기로운 정원》 참조.

＊16 하룬 교주가 카를 대제(샤를마뉴)에게 보낸 유명한 해, 물, 뻐꾸기시계(horologium
　　-clepsydra-cuckoo clock), 개(犬) 베세릴로, 코끼리 아부 루바바 등의 선물은 동양
　　관계의 권위자들이 다루지 않고 있다. 따라서 나의 지인인 고(故) 파머 교수가 쓴 작
　　은 저서 《하룬 알라시드 Haroun Alraschid》(런던, 마커스 워드, 1881년)에도, 그 일
　　에 대해서는 전혀 언급되어 있지 않다. 〔E.H. 파머는 영국의 동양학자로, 케임브리지
　　대학의 아랍어 교수. 1882년 바다위족을 회유하기 하기 위해 이집트에 파견되었다가
　　살해되었다. 《코란》의 매우 잘된 번역이 있다.〕 그 밖에 서기 801년에 피사 항에 들
　　어간 페르시아 왕 아론의 파견사절 압달라가 가져온 시계, 코끼리, 천막, 리넨 벽걸
　　이, 비단옷, 향료, 나뭇가지 모양의 촛대 등 많은 선물이 돔 마르탱 부케(Dom
　　Martin Bouquet)의 저서 《골족(族)과 프랑스의 사담집(史談集)Recueil des Histor.

des Gaules et de la France》(1746, 파리) 속에 언급되어 있다.

＊17 대부분의 사람들은 죽은 실제 날짜와 시간이 확실치 않다 말하고 있다.

＊18 나는 앞에서, 베르메크(Bermek) 또는 바르마크의 통속적인 어원을 설명한 바 있다. 데르브로('바르마크 집안'의 항 참조)는 '홀짝거리다(supping up)'를 암시한 페르시아의 시문을 인용했다. 〔왜냐하면 bar는 영어의 up이고, makidan은 sack 또는 sup을 뜻하는 페르시아어에서 유래하기 때문이다.〕

　　이 집안의 초기 역사에 대한 알 마수디의 기술은 불행히도 분실되고 없다. 본문의 할리드(Khalid)는 아부 살라마의 뒤를 이어, 알 사파〔아부르 아바스 알 사파를 가리키며, 아바스 왕조 초대 교주〕의 궁정에서 처음으로 대신의 칭호를 얻었다.

＊19 알 마수디, 제112장. 〔이것은 앞에서 다룬 《황금 목장과 보석 광산》.〕

＊20 이븐 할리칸(Ibn Khallikan)(i. 310)에 의하면, 이 환관은 아부 하심 마스룰(Abu Hashim Masrur), 즉 보복의 검객으로, 많은 밤의 미행에서 자파르와 유쾌하게 동행했다. 그러나 환관 마스룰은 교주보다 오래 살았다.

　　파흐르 알 딘(Fakhr al-Din)은 마스룰이 자파르의 적이었다고 덧붙이며, 처형에 대한 자세한 내막을 얘기했다. 〔이븐 할리칸은 맘루크 왕조의 아라비아 역사가이자 법학자로, 1282년 사망. 865명의 전기를 수록한 《전기사전》은 그의 대표작으로, 오늘날에도 많은 사람에게 인용되고 있다.〕

＊21 브레슬라우판 제7권. 페인 역에서는 제1권에 같은 제목으로 채록. 알 마수디(제112장), 이븐 할리칸, 파흐르 알 딘 등에 의한 이 사건의 기술에 비하면, 뚜렷히 드러나는 생생한 맛이 부족하다.

＊22 알 마수디, 제111장.

＊23 우즐리(Ouseley) 대령의 저서 《타리흐 이 바르마키 *Tarikh-i-Barmaki*》에서 따온 조너선 스콧 박사의 발췌 내용에 나와 있다.

＊24 알 마수디, 제112장. 자파르의 방자한 행동에 대해서는 이븐 할리칸(i. 303)을 읽기 바란다.

＊25 알 마수디, 제24장. 《아라비안나이트》에서는 자파르에게 이단의 의심을 품었던 징후를 볼 수 있다. 알 라시드 교주는 조로아스터교도를 혐오했다.

＊26 이 재능과 기예를 갖춘 공주는 '춘희'를 연상시키는 악습에 물들어 있었다. 〔춘희는 창녀의 의미이므로, 메사리나 같은 문란한 성행위가 있었음을 말하는 것이리라.〕

＊27 이 책 '바르마크 집안의 자파르와 콩장수'를 참조할 것. 거기에는 자파르 재상이 '책형에 처해졌다'고 되어 있다.

＊28 특히 나의 친구인 페인이 끝의 에세이(제9권)에서 이 문제를 당당하게 논술하고 있다. 그러나 나는 바르마크 집안의 파멸을 제외하고, 그의 교주론이나 즈바이다 왕비론과는 모든 점에서 의견을 달리하지 않을 수 없다.

＊29 한두 사람이 아니라 수많은 작가가 이와 반대되는 의견을 가지고 있다. 또, 현대의 프랑스는 프랑스 산문에 대한 빅토르 위고의 영향이 대체로 유익하지 않았던 것으로 보고 있는 듯하다.

＊30 현재 《민화와 허구, 그 이동과 변형》이라는 제목의 저서를 집필하고 있는 '민화학자' W.S. 클라우스턴(Clouston)에 의하면, 특별하고 뛰어난 지혜가 가득 담긴 이 이야기를 맨 처음 번안한 사람은 아콘(아크레(Acre))의 십자군 전사인 주교 자크 드 비트리(Jacques de Vitry)였다고 한다. 그는 1240년, 자신이 설교한 '훈화'의 모범을 보여주고 로마에서 죽었다. 아마 그는 그 이야기를 시리아에서 듣고 자신의 신자들에게 들려주기 위해, 몽상가를 젖 짜는 여자와 그 우유통으로 변형했을 것이다.

＊31 오도(Odo)〔프랑스의 수도사〕가 쓴 같은 제목의 라틴어 시를 덧붙인 발데크의 헨리(Henry of Waldek)〔서기 1160년에 활약〕의 운문 연애담. 산문 번역은 오늘날에도 독일에 보급되어 있다.

＊32 이를테면 9세기의 《인도의 불가사의 *Ajaib al-Hind*》로, 이것은 1878년에 J. 마르셀 데비크에 의해 번역되었다. 또 같은 무렵, 두 사람의 이슬람교도가 쓴 여행기가 르노드(Renaudot)〔프랑스의 신학자이자 동양학자. 1646~1720년〕에 의해 번역되었다.

　　　11세기에 들어서면 유명한 사이드 알 이드리시가 있고, 13세기에는 알 카즈위니의 《세계의 불가사의 *Ajaib al-Makhlukat*》, 14세기에는 이븐 알 와르디의 《외국지지(外國地誌) *Kharidat al-Ajaib*》가 있다. 레인은 신드바드의 대부분이 뒤의 두 책에서 나왔다고 했다.

＊33 《카타 사리트 사가라》는 토니(Tawney) 교수에 의해 번역되어 훌륭한 주석이 덧붙여졌다. 그러나 그는 생략부호를 즐겨 쓰며 여러 가지 이야기를 멋대로 지웠다. 이를테면, 쐐기를 주운 원숭이(vol. ii. 28) 이야기가 이에 해당된다. 이 이야기는, 참고로 Khirad Afroz(i. 128)와 Anwari-i-Suhayli(chapt. i.) 등에도 들어가 있으며, '원숭이가 어떻게 목수일과 상관이 있느냐'는 페르시아 속담을 낳았다.

　　　이 인도의 작품과 《아라비안나이트》를 비교해 보는 것은 매우 흥미로운 일이다. 둘의 닮은 점은, 그 다른 점과 마찬가지로 뚜렷하다.

　　　둘의 마법은 같은 것이며, 인도 쪽에도 요괴학과 마술, 변태와 복원, 바람의 남자와 불의 남자와 물의 남자 같은 괴물, 하늘을 나는 코끼리와 말(i. 541~43), 기원을 거는 암소와 성스러운 산양, 웃는 물고기(i. 24), 마법 무기의 신기한 활약 같은 것이 많이 나온다. 인도인은 또 이슬람교도와 같은 무기로 싸운다. 무서운 전쟁을 좋아하며 영웅들에게는 어의(御衣) 대신 '명예의 터번'을 수여한다.

　　　같은 사회의 단계와 상태에서 생기는 이색적인 닮은 점도 볼 수 있다. 도성은 축하를 위해 아름답게 꾸며지고, 사람들은 금화를 가지고 다닐 때 옷 한구석에 넣고는 '아니, 이런(Ha! Good)!'(Good, by Allah! 대신) 하고 소리친다. 연인들은 명령에 따라서 죽고, '우아한 허리의' 귀부인도 알코올을 마시며(i. 61), 공주들은 술에 취한다 (i. 476). 한편 환관도, 지위가 높은 궁녀도, 뚜쟁이(Kuttini)도 《아라비안나이트》에서 처럼 뛰어난 역할을 연기한다.

우리의 브라만은 구애에도 강하다. 그는 이 덧없는 현세에서 이별하는 괴로움을 탄식하며, '미친 듯이 날뛰는 쌍둥이'인 청춘을, 또 빛나는 매력을 가진 미인을 마음껏 즐긴다. 그는 노인을 욕하고, 섹스를 찬양하거나 비방한다. 현대 유럽의 유행인 낡은 문구도, 그가 매우 사랑하는 것이다. 이를테면, '쾌락을 주어야 하는 사물로부터 쾌락을 얻는 것은 인지상정이다', '이 세상에 현자가 이해할 수 없는 것이 어디 있을까' 등이 이에 속한다.

그는 또 평범한 착상이나 틀에 찍어낸 듯한 착상을 마음껏 활용한다. (i. 19, 55, 97, 103, 107. 사실상 곳곳에서). 그리고 그의 결말은 문장 전체에 걸쳐 있는데, 그것은 세련된 산스크리트 문체에서는 피할 수 없는 일이다. 그래도 그의 표현 가운데에는 멋지고 간결하며, 아주 효과적이고 알맞은 것이 있다. 이를테면 의혹의 음계를 올라간다, 응시의 끈에 묶였다(연인들끼리), 불행과 가난 같은 얼굴을 한 젖먹이 두 명, 내 턱을 붙잡는 늙은 나이, 조물주의 교묘함의 첫 번째 시도(호수), 칼날 끝에 서는 것만큼 어렵다(서약), 나의 오장육부는 고뇌의 불길로 타올랐다, 선량한 사람의 마음처럼 투명하다, 바보가 득시글거리는 어느 수도원이 있었습니다, 경전의 독송으로 멍해졌다, 돌멩이조차 그를 비웃지 않을 수 없었다, 달이 동쪽의 웃는 이마에 입을 맞췄습니다, 그녀는 오만한 사랑의 바다에 이는 물결 같았습니다(ii. 127), 미의 바다의 물결이 청춘의 산들바람에 술렁거리기 시작했습니다, 왕은 주사위 놀이를 하고, 노예처녀를 사랑하고, 거짓말을 하고, 밤늦도록 자지 않고, 이유도 없이 화를 내고, 무자비하게 재물을 빼앗고, 선인을 화나게 하고, 악인에게 보답했습니다(i. 562), 등등. 이런 종류의 뛰어난 어구가 매우 많다.

또 프랑스인이 셰익스피어에게도 인정하지 않는 그 괴기성이 있다. 이를테면, 그녀는 자고새처럼 굶주린 눈을 하고, 그의 신묘한 모습을 삼켜 버렸다(i. 476). 이것은 흔히 양립하기 어려운 것을 대조함으로써 나온 것이다. 이를테면 요정의 뜰에 비유된 새의 행렬처럼.

인도의 수사적인 문체는 아랍어 문체의 온건성, 솔직성, 단순성 따위와는 매우 다르며, 후자의 신조는 '미문체(美文體)'의 경우를 제외하고 적확성과 결부된 간결함이다. 마지막으로 이러한 이야기의 분위기 속에는, 서구에서는 낯선, 처음부터 끝까지 훑어 읽기를 매우 곤란하게 하는 점이 있다.

＊34 스콧 박사는 댈러웨이(Dallaway)가 콘스탄티노플의 같은 정경을 묘사하고 있음을 덧붙였다. 그곳의 강석사는 현대의 신문 형식인 '관보(官報)'처럼 '국왕이나 대신의 최근 조치에 대해 백성들을 회유하는' 데 이용되었다. 하렘을 위한 여자 강석사도 있었

으며, 그 가운데에는 하산 알 바즐리의 어머니처럼, 명성을 얻은 자도 있었다(이븐 할리칸 i. 370).

*35 여기서 시시한 질문을 하는 사람들에 대해, 페르시아 속담의 '다음 이야기는 내일 다시(Baki e dastan farda)'가 나왔다.

*36 그러나 페르시아(이란)에서는 본격적인 연극이 시작되었다. 이 나라에서는, 17세기에 이스파한의 유명한 수피파 우두머리 다르와이슈 무흘리스(Darwaysh Mukhlis)가 몇 편의 인도 희곡을 페르시아어로 번역했다. 그 가운데 Alfaraga Badal-Schidda(《고민 뒤에 기쁨》)라는 제목의 한 초고가 파리의 국립도서관에 남아 있다. 그러나 그는 자신의 번역서에 독창성을 주고자 표제를 Hazar o yek Ruz(《천일일(千一日)》)로 고치고, 1675년에는 마침 이스파한에 머물고 있던 친구 프티 드 라 크루아(Croix)에게 그 복사를 허락했다.

《질 블라스》의 르사주(Le Sage)는 무흘리스의 이야기 대부분을 희가극으로 바꿨다고 한다. 그러한 작품들은 이탈리아 극장에서 공연되었다. 나는 지금도 라이시엄(런던의 극장 이름)에서 《아라비안나이트》가 상연되는 것을 보고 싶다.

*37 여기서 나는 이 점에서 가장 큰 잘못을 범한 브레슬라우판의 원전에서, 몇 가지 안 되지만 그 실례를 들어둔다.

여성형 대신 남성형이 쓰인 것은 vol. i. 9 말고도 몇 페이지 속에 세 번. nahnú 대신 ahrá nahná (iv. 370, 372). Aná ba-ashtari '나는 살 것이다'(iii. 109). Aná 'Amíl '나는……할 것이다'(v. 367). 'Ammáltahlam '그는 했다의 'Amala에서' '분명히 너는 꿈을 꾸고 있다'를 'Ammálin yaakulú '그들은 먹으려 하고 있었다'(ix. 315). Ay wa' llahi 대신 Aywá '예, 알라께 맹세코'와 Bitá 및 Matá '속하다'(iii.80) 등등.

이 정도면 충분할 것이다. 문체 면에서 대부분 이집트적인 '주다르와 그 형' 이야기가 그 밖에 많은 예를 제공해 줄 것이다. 그렇지만, 많은 사람들이 상상한 것처럼 통속적인 구어체 아랍어를 근대의 산물로 생각해서는 안 된다. 이를테면, 알 하자지와 알 샤비의 이야기(이븐 할리칸 ii. 6)가 증명하듯이 구어체 아랍어는 알 이슬람력 제1세기에 볼 수 있다.

*38 러시아 민요에서도 젊은 처녀는 흔히 이 나무에 비유된다. 그 예는 다음과 같다.

이브시카, 이브시카, 제로나이아, 모이아(오, 버들이여, 오, 나의 푸른 버들이여!)

제4장 사회 상황

나는 여기서 《아라비안나이트》에 나타나 있는 사회 상황, 비교적 초기의
발전단계에 있는 알 이슬람(이슬람교), 여성의 지위, 위대한 전설화집(傳說
話集)의 에로티시즘 따위에 대해 논하고자 한다.

이슬람교

위대한 교주(하룬 알 라시드) 시대에 바그다드의 생활은 호화찬란했고,
웅대하고 화려한 수도는 일찌감치 그 극점에 닿아, 벌써 붕괴와 쇠퇴의 조짐
을 드러내고 있었다. 그 시절 그리스와 아라비아에 한정되어 있었던 인류문
명의 중심지로서, 또 로마 최대의 판도마저 능가하는 커다란 제국의 수도로
서, 바그다드는 실질적으로 환락의 도시, 9세기 파리와 다름없었다. 바빌론
과 니네베[고대 아시리아의 수도]의 뛰어난 후계자이자 '예언자의 미소'인
다마스쿠스와 히라의 후계자이며, 오마르 교주가 창설한 쿠파를 대신하는
'평화의 동산'(다르 알 살람)이야말로 지리(地利)로 보나 날씨로 보나 천하
무적의 강대한 힘을 가지고 있었다.

전설적인 에덴동산의 소재지인 티그리스 유프라테스 강 유역은 일찍부터,
인류발전의 큰 중심지인 나일 강 유역의 뒤를 이어 후임자가 되었다. 그리고
말로는 표현할 수 없는 터키인의 압제 아래에 지금은 쇠망과 황폐의 상태에
빠져 있기는 하지만, 중추적인 요충지를 차지하고 있는 만큼, 철도와 운하가
유럽과 연결되면 그 미래는 아주 유망하다.

그때의 바그다드 인구는 매우 많았음이 분명하다. 왜냐하면 1258년 홀라
구칸의 공격에 의해 죽은 희생자 수가 최저 80만 명으로 추정되고, 어떤 권
위자는 놀랍게도 '전사자' 수를 그 배 이상으로 계산하고 있기 때문이다. 그
리고 바그다드의 행정도 세계에 유례가 없는 것이었다. 조세와 과세 업무는
실정에 맞게 잘 정돈되고 있었고 교주가 이를 직접 감시했다. 수로와 관개시

메카 순례 장면
《마카마트》 1237년판 사본에 실린 삽화. 메카 순례자들을 실감나게 묘사했다. 파리 국립도서관
소장.

설의 결합 조직, 육교, 교량, 대상숙소가 갖춰진 훌륭한 교통로, 급사가 말
을 타고 운반하는 우편제도에 의해 바그다드는 바깥세계의 부(富)를 마치
저수지에 물을 끌어들이듯이 쓸어 모을 수 있었다.

교육시설도 매우 규모가 컸다. 나라와 백성의 재원에서 막대한 금액이 이
슬람교 사원에 할당되어, 각각의 모스크에 이슬람교의 훌륭한 규정에 따라
한 학교씩 설립될 예정이었다. 이 학교에는 호라산과 모로코 사이의 모든 지

방에서 불러모은 교사들이 배치되었다.*¹ 많은 양의 책이 전세계의 학자들을 끌어들였다. 그야말로 시인, 찬미자(讚美者), 코란학자, 문학자, 설교사, 수사학자, 의사, 과학자들에게는 황금시대여서, 그들은 고급을 선호하고 거짓말같이 호화로운 선물을 받으면서 중국의 고관처럼 온갖 영예를 누리며 대접받았다.

그와 동시에 아무리 비천한 이슬람교도라도, 어부이든, 기술자이든, 학식이나 수완을 통해 사라센 제국 최고의 관직에 오르는 야망을 품을 수도 있었다. 그리하여 아랍인의 천성(天性)이라는 강력한 어린 밑나무에 이집트와 고대 메소포타미아의, 그리고 페르시아와 그리스 로마의 과실을 접붙여서 열매를 맺게 할 수 있었다. 그 결과, 그러한 접목의 당연한 과정으로서 비상한 번식력과 활력을 지닌 어린 가지가 자란 것이다.

교육기관은 오로지 이슬람 세계에 의해 공인된 중요한 세 가지 목표, 즉 신학과 민법과 문예에만 마음을 썼다. 잘 훈련된 많은 의원은 지배세력으로 하여금 집중적인 동시에 분산적인 복잡한 통치기구를 설치하게 하고 그것을 넓힐 수 있었다. 그것은 종종 부유한 상류계급에서는 치명적인 전제군주제가 되기 쉽지만, 비천한 국민의 이해를 무시하는 일은 결코 없었다. 그것이 동양적인 정치의 아름다운 이상이다. 제국의 법관들 밑에서는 판관들이 법률, 질서, 재판 등을 집행했다. 그들의 재결에 따라서는, 아무리 가난한 자라도 이슬람교도든 아니든 상관없이 국민의 일반적인 찬성을 얻으면, 교주에게 가서 항소할 수도 있었다. 교주는 신앙의 지도자(이맘)로서 최고상소법원의 최고 재판장이었다.

현명한 정치는 필연적으로 국가 번영의 2대 지주인 농업과 상업을 발전시켰다. 고대부터 물려받은 관개공사를 곁들인 과학적인 운하개설은 메소포타미아 평야를 흑인국(아프리카, 특히 이집트를 가리킨다)의 경쟁자로 만들어 농경에 확실한 이익을 주었다. 크고 넓은 광산의 잔해도 이런 종류의 공공부원(公共富源)을 소홀히 여기지 않았음을 말해 주고 있다. 항해법은 수송과 항행을 장려했다. 어업을 위한 법규는 19세기인 오늘날에도 뒤떨어진 한 산업 부문의 발전을 지향하고 있다.

가장 실질적으로 조성된 것은 통상무역과 제조업 그리고 수공업이었다. 그것은 전세계의 모든 나라에서 홍수처럼 흘러들어온 황금에 의해, 멋지고 호화로운 궁정의 존재에 의해, 또 그러한 문명이 필요로 하는 새로운 기술과 공업에 대한 수요에 의해 크게 장려되었다.

수공업은 각각의 우두머리를 가진 동업조합과 기업조합으로 나뉘었고, 칼리프 정권은 '그다지 심하게 간섭'하지 않았다. 이러한 항만 감독, 대상 우두머리, 조합장 등은 각종 상업을 관리하고, 사기꾼을 처벌하며, 개인적으로 조합원의 행동에 대해 책임을 지고 있었다. 그것은 오늘날 카이로에서도 볼 수 있다. 안정과 진보의 필수조건인 공공질서는 첫째로 국민을 만족하게 함으로써 유지되었다. 그들은 격해지기 쉬운 성정의 소유자였지만, 거의 아무런 불만도 품지 않았다. 다음은, 적절한 지도를 받은 유능한 경찰력에 의해 유지되었다. 그것은 서구에서는 가장 이루어지기 어려운 것으로 여겨지는 국가정치의 한 기관이었다.

그러나 동양에서는 경비대장 또는 경무장관이 조금이나마 사회의 무보수 협조에 의지할 수 있다. 도시는 몇 개의 지구(地區)로 나뉘어, 밤이 되면 각 지구는 다른 지구로부터 차단되었다. 이슬람교도는 법률과 종교에 따라 이웃을 감시하고, 이웃의 범죄를 통보하며, 필요하다면 직접 형법을 집행할 수 있었다. 그러나 그것이 곤란한 경우에 평화의 수호자들은 남녀 사립탐정의 도움을 받았다. 그렇게 남몰래 사정을 살피는 사람은 타와와분(회오자(悔悟者))이라 불렸는데, 그 이유는 우리나라의 '경찰(bow street runner)'과 마찬가지로 그들이 더욱 부끄러운 직업을 포기했기 때문이다. 그들의 모험담은 이전 세대의 뉴게이트 감옥역보(監獄曆報)〔중죄인의 경력 기록〕와 마찬가지로 서민들을 즐겁게 해 주었다. 우리는 이 계급을 통해, 재앙의 아마드와 뚜쟁이 다리라 이야기, '알 말리크 알 나시르와 세 경비대장', 그리고 '16인의 포리' 등을 즐길 수 있었다. 여기서, 또 그 밖의 많은 부분에서, 우리는 에스파냐에서 태어나 유럽 일대를 풍미했던 '악당(惡黨)'문학의 기원을 보는데, 그것은 또한 《출세의 길 Le Moyen de Parvenir》*²도 탄생시켰다.

이 제목에 대해서는 더는 설명할 필요가 없을 것이다. 바그다드의 문명이 당시 게르만적이었던 유럽의 미개상태와 뚜렷한 대조를 보여주고 있었던 것은, 《아라비안나이트》 자체가 더없이 완벽하게 증명하고 있다.

이에 반해 국가에 대한 국교(國敎)의 영향, 알 라시드 교주가 재위하던 시절의 이슬람교의 상황, 그리스도교와 그리스도교 나라와의 관계 등에 대해서는 어느 정도 상세한 해석이 필요하다. 예전부터 얘기되어 온 것처럼, 이슬람교는 본질적으로 전투적인 종교여서 싸움터가 아닌 곳에서는 그다지 잘 드러나지 않을 것이다. 풍요로운 수도의 극단적으로 사치스러운 생활, 그 속에서 마치 비옥한 휴한지에 잡초가 우거지듯이 태어나게 마련이었던 음란한 행실과 수많은 악덕, 그리고 국민들의 집회지에 저절로 나타나는 세계주의적인 사고, 그러한 것들은 구세(救世)의 신앙인 이슬람교의 원시적인 단순함에는 참으로 괴로운 시련이었다.

하룬 교주와 그 사촌동생 즈바이다 왕비는, 앞에서도 말한 것처럼 거의 광신적인 정통파였다. 그러나 바르마크 집안은 이단적인 경향이 있다는 의심을 받고 있었다. 또 민중은 늘 그렇듯이 지나치게 격렬해지기 쉬워서, 기도의 부름에 대해서는 언제라도 싸울 각오가 되어 있는 한편, 대중에게 감화를 주지 않고는 못 배기는 학자들은 재미나 멋이 없이 메마른 모하메드의 교리에 몹시 불만을 품고, 일련의 분립과 혁신을 계획하고 있었다.

'아부 알 후슨과 노예처녀 타와즈드' 속에서, 독자는 이미 알고 있는 일이지만, 교리문답, 의식, 샤피파의 사도관행(순나트)(조금 변경하면 다른 3종의 정통파에도 적용된다)이 훌륭하게 전개되어 있다. 유럽은 오늘날 '마우메트(Mawmet)'(우상)나 '마호메리(Mahommeri)'(mummery, 이슬람교도의 예배소) 같은, 옛날의 편협한 언어상의 속임수에 대해서는 이미 완전히 잊어버리고 있다. 그래서 교양 있는 사람들은 이제 '대 사기꾼 마호메트'라 말하지 않고, 또 그가 '어느 비천한 장인(匠人)의 아들인 가난한 고아'를 쫓아낼 정도로 어리석고 사악했다고는 믿지 않는다.

이제까지 수많은 책이 중대한 점에 대해, 즉 이슬람교 창시자는 그리스도교 창시자와 마찬가지로 새로운 종교를 일으킬 생각은 조금도 없었다는 점에 대해, 대중을 가르쳐 깨우치려고 했으나, 거의 하나도 성공하지 못했다. 또 실제로 모하메드의 주장은 '나사렛 교파'로부터 내려온 긴 세월의 앙금이나, 오랜 세월 사용하여 초기의 몸바탕에 스며든 잡다한 폐해를 깨끗이 없애는 데 있었다. 따라서 편견이 없는 관찰자에게는, 그의 개혁이 그 뒤의 어떤 시도보다 본디 교리에 더욱 접근하게 한 것 같다.

메카의 사도 모하메드는 정통파의 신앙 하나피(나중에 그는 알 이슬람이라 명명했지만)가 맨 처음 알라에 의해 아담에게 교시되었다고 주장하고,

그것을 일종의 성전에 기록했다. 그러나 그 성전은 현재 사라지고 없다. 게다가 이 최초의 《성전》은 후계자인 시스(세스)와 세비아교(배성교(拜星敎)인 Sabaan은 아니다)의 시조 이드리스(에노호?)의 시대에 여러 가지가 추가로 기록되었다. 그로 말미암아 이슬람교는 '최초의 인간' 아담을 기원전 3천 년 무렵, 다시 말해 피라미드의 건조보다 약간 뒤에 둔 히브리인과 그리스도교도의 가련한 가정(假定)—그들의 과학과 진보에 참으로 해로웠던 오류—을 범하지 않아도 되었다. 아담 이전의 모든 민족*3과 이슬람교도의 모든 왕조는 커다란 장애물을 없앴고, 그것은 오늘날의 인류학적 견해와도 일치한다.

MAHOMET
l'imposteur

모하메드

유대교의 《탈무드》는 모하메드 시대보다 백 년이나 전에 완성되어, 복음서도 아라비아어로 번역되어 있었다. 게다가 모하메드는 여행이나, 유대인과 그리스도교도 친구와의 대화를 통해, 옛날의 유대교와 마찬가지로 그리스도교가 개혁의 필요를 높이 외치고 있음을 깨달았던 것 같다.*4 과장된 삼위일체론이라기보다 오히려 삼신론, '제4자', 성인 숭배 등은 사실상 신을 왕좌에서 끌어내렸다. 한편 성모예배는 이 신앙을 여자의 종교로 만들고, 또 미신은 그 무서운 태내에서 믿을 수 없이 많은 이단의 언설과 기괴하기 짝이 없는 불합리를 이끌어냈다. 성직에 있는 저술가조차 4~7세기 그리스도교 교회에 대해서는 더없이 음산하게 묘사하고 있으며, 어떤 사람은 '낙원의 왕국이 하나의 지옥이 되어 버렸다'고 공언했다. 이집트는 콥트인과 그리스인의 피비린내 나는 종교전쟁 때문에 혼란에 빠져, 반쯤 광기 어린 미신을 지닌 은자의 움막으로 뒤덮여 있었다. 또한 언제나 '이단의 다산국'인 시리아는 자국의 가장 좋은 토지 대부분이 수도원이나 수녀원에 독점당하는 것을 묵인하고 있었다.

　모하메드는 시험적인 방법을 수없이 시도한 끝에, 두 가지 근거를 바탕으로, 즉 신의 유일성과 가장(家長)의 성직을 바탕으로 독자적인 체계를 내세운 듯하다. 그는 영원히 '성직제주의'를 없애 버렸지만, 그 존재야말로 어떤 사람이 예리하게 비평했듯이 그리스도교의 최선의 증거인 동시에 모든 사람이 알고 있는 것처럼 최대의 약점이기도 하다.

　이슬람교도의 가족은 아무리 비천해도 국가의 축소된 모형이어야 하며, 이슬람교를 믿는 모든 아버지는 자신의 가정에서는 승려이고 제사장이었다. 그래서 결혼하는 데도, 아이에게 할례(이른바 세례에 해당한다)하는 데도, 이슬람법을 가르치는 데도, 또 죽은 사람을 묻는 데도 별다른 도움이 필요하지 않았다. 진정으로 종교적 의식이라고 부를 만한 것은 아무것도 없었다. 많은 사람이 모여 하는 기도는 단순히 개인의 집합 기도에 지나지 않았고, 성직제(聖職制)에 가깝게 들어갈 수 있는 자는 겨우 율령에 정통한 오레마(학자)나, 물라(교사)였다. 이런 식으로 성직제를 폐기함으로써, 모하메드는 고대의 지혜와 근대의 지혜를 융합했다. '태어날 때 승려 없고, 결혼식에 승려 없고, 죽을 때 승려 없다'가 지금의 합리주의적인 교파의 포부이다.

　메카의 사도 모하메드는 현명하게 강제적인 할례의식과 모세 율법의 의식적인 목욕을 보류했다. 그리고 하루 다섯 번의 예배는 단순히 인간의 사고를 세속에서 벗어나게 할 뿐만 아니라, 몸을 청결하게 유지하게 하는 데 도움이 되었다. 이 두 가지 규정은 그리스도교의 창시자(그리스도)에 의해 평생 실행되었지만, 그를 한 번도 본 적이 없는 제자들은 명백하게 정치상의, 또 선전상의 목적으로 그것을 없앴다. 그들은 청결이 경신(敬信)에 버금간다는 진리를 무시하고, 힌두교의 최하층 수행자처럼 불결을 신심의 부속물이고 증거라고 한 시몬 스타일라이트와 사바 같은 성인들을 위해 길을 열었다. 오늘날에도 이따금 이탈리아인 목사가 자주 목욕하는 것은 '사치'한 죄의 표시라고 하여 영국 가톨릭교도 소녀의 입욕을 금지하는 일이 있다.

　모하메드는 산상수훈(山上垂訓)에 들어 있는 교훈을 유대인보다 훨씬 더 호의적으로 받아들인 것 같다. 그는 또 동양에서 남용되기 쉬운 포도주의 음용을 금지하려고 애썼다. 그리고 내기를 비난했다. 왜냐하면 흥분하기 쉬운 아열대적인 기질의 종족은 참을성이 강하고 공정하게, 또는 온화하게 승부를 겨룰 수 없다는 것을 잘 알고 있었기 때문이다. 그는 모든 신자가 자선을 위해 지급해야 했던 일정 금액을 없애 버리고, 처음으로 구빈세(자카트)를 정했다. 그리하여, 남유럽의 가톨릭교 각국에서 일어나 시리아와 그리스도교를 볼 수 있는 극동에까지 미치고 있는 구걸의 치욕과 불명예를 회피했던 것이다. 그러한 것들과 그 밖의 중요한 조치를 통해, 그는 육체적으로 청결하고 온건하며 절도 있는 생활을 이슬람교도의 이상으로 삼았다. 그러나 '시대의 지도자' 모하메드는 '진정한 예언력으로 신성한 것 속에' 특히 자신의 좁은 경계 밖에서는 어떠한 선도 인정하지 않는, 그 청교도적이고 바리사이(Pharisee)주의적인 편협함 속에 '자기를 파괴시켰다.'

그는 내부 관찰력과 함께 외부 관찰력도 지니고 있었다. 그 두 가지는 개인적이고 외면적인 개혁은 내면적인 인간의 향상에 비하면 하찮은 문제라는 것을 그에게 가르쳤다. 그가 폐기하고 소생시켜야 하는 사명을 띠고 있었던 '더욱 순수한 신앙' 속에, 그는 어느 쪽이나 똑같이 치명적인 두 가지 중대한 결함을 발견했다. 그것은 곧 이기주의와 인류의 타락이었다(그것은 지금도 마찬가지이다). 따라서 거기에는 더욱 고도의 율법이 필요했다.*5

유대교가 선량한 유대인에게 모든 종류의 현세적 축복, 자손, 부, 명예, 권력, 수명 등을 약속한 것처럼, 그리스도교도 선량한 신자에게 신을 공경하는 생활에 대한 선물로서 개인적인 구원과 내세의 행복을 제공했다. 그것은 사실 지옥에 빠질 거라고 협박하면서 천국을 약속한 것이다.

그리스도교는 결코 '선을 위해 선을 베풀라'고 말하지 않았다. 지금도 키케로와 함께 "결국은 의로움 자체를 위해 의로움이 요구되어야 한다. 그것이 의롭기 때문이지, 그것이 행해지고 있기 때문은 아니다"라고 선언하지는 않고 있다. 오늘날에도 필로 유데우스와 함께, '선량한 사람은 그날을 위해 그날을 구하고, 그 광명을 위해 그 광명을 구한다. 그는 오로지 선 자체를 위해 선을 추구하려고 노력한다'고 공언할 용기가 없다. '지옥을 면하고 천국을 얻기 위해 선을 행하라', 이것을 의무로 하는 그리스도교의 소박하고 무의식적인 이기주의에 대해서는 이 정도로 해두자.

그리스도교의 또 하나의 중대한 결함은 인간의 본성을 얕보는 것이다. 그리스도교는 마치 가련하게 여기는 듯이 인간의 '타락'을 운운하면서, '원죄' 때문에 떨어져 버린 인간의 비참한 상태를 매우 즐기고 있는 것처럼 보인다.

그리하여 '신의 더욱더 위대한 영광을 위해(ad majorem Dei gloriam)' 신 앞에 엎드려 머리를 조아리는 것이다. 오늘날에도 정통파의 많은 사람은 세례를 받지 않고 죽은 그리스도교도의 갓난아기는 더욱 높은 존재에 알맞지 않다고 생각한다. 그중에는 '지옥의 변두리(림보)'까지 고안해낸 자도 있는데, 그것은 명백하게 죄 없는 주인을 안주시키기 위해서다. 〔림보는 지옥과 천국의 중간에 있으며, 비(非)그리스도교도와 세례를 받지 않은 자의 영혼이 사는 장소라고 한다.〕 그런 까닭에 그리스도교는 유대교와 마찬가지로, 자신들의 성인과 수도승을 인정하면서도, 인류의 진보를 완전히 무시하고 있다. 양쪽 다 처음부터 아무런 결점이 없는 존재를 이끌어내어, 그 뒤의 인간은 모두 이 유형에서 육체적으로나 정신적으로나 타락했다고 주장하고 있다. 이에 비해 우리는, 초기의 인간은 야수에 못지않게 야만인이었지만, 수백만 년 동안 지상에 살면서 점차 완성의 영역에 다가갔다고 믿고 있다. 그리고 11세기 인간과 혈거인을 비교해 보면, 과거의 진보를 통해 인류의 장래를 미루어 짐작할 수 있다고 생각한다.[*6]

모하메드는 결코 고대의 성자의 도의적 수준에 다다른 것은 아니었다. 그는 그리스도교의 이기주의를 조금도 배제하려 하지 않았다. 오히려 천국의 쾌락과 지옥의 공포를 부풀리기까지 했다. 그러나 그런 반면, 그는 인간성을 높이 칭찬했다. '타락'은 가볍게 무시하고 인간은 천사보다도 뛰어나다고 했다. 인간의 비천한 면이 아닌 고귀한 면을 강조함으로써, 동포에게 위대하고 착해지라고 격려했다. 그는 또, 이 현세에서도 여성을 포함한 인류의 완성 가능성을 인정했다. 그리고 더없이 높은 이상을 내걸고, 자신도 무의식적으로 '명예는 의무'라는 기사도의 금언에 따라 행동했다.

그의 예언자들은 대부분 결함이 없는 사람들이었다. 이를테면 '알라의 순진한 자'가 죄를 범했다면, 그는 '자기 자신에 대해 죄를 범한 것'이다. 마지막으로 모하메드는 알라로 하여금, 단순히 제국뿐만 아니라 모든 인간의 생애와 운명을 미리 정하게 했다. 그리하여 타인에게 동정을 베풀고 너그러워질 것을 가르쳤는데, 이것이야말로 진정한 인도주의라고 할 수 있다. 또 재앙도 행운도 자긍심과 함께 받아들일 것을 가르쳤다.

그리스도교의 역사가들은 이슬람교의 경이적인 발흥과 이교도와 우상숭배자의 토지뿐만 아니라, 그리스도교도의 크고 넓은 지역에 걸쳐 눈부신 진출을 이룩한 사실을 다양하게 해석하고 있다. 프리도는 "그것은 신이 고의적으로 불러일으킨 것이라 생각한다. 가장 신성한 종교를 좇아 살지 않았으므로, 그리스도교 교회에 내린 천벌일 것이다"라고 뭔가 석연치 않은 표현을 했다. 일반적으로는 칼의 자유로운 행사에 의한 것이라고 하지만, 그것은 더없이 무지한 까닭이라고 할 수 있다. 모하메드의 시대와 이슬람교 초기에는 실제의 전사들만 살해되고, 나머지는 지즈야 즉 인두세를 지급하거나 조세를 바치는 국가가 되기만 하면 이슬람교도의 거의 모든 특권을 누릴 수 있었다. 그러나 설령 강제적인 개종이 조직적으로 이루어졌다 해도, 단 80년 동안 로마가 800년 걸려 획득한 것보다 더 넓은 판도를 차지한 한 제국이 발흥했다는 사실은 충분히 설명되지 않는다. 이렇게 짧은 기간에 이루어진 유일신교의 위대한 부활은 흩어진 아랍민족들을 한곳으로 모아, 영원한 원수지간이면서도 하나의 강대한 국민으로 통합한 것이다. 6년 동안의 전쟁으로 시리아를 정복하고, 5년인가 10년 만에 페르시아를 쳐서 거꾸러뜨린 뒤, 그리스 로마를 항복시키고, 이집트를 진압함으로써 북아프리카를 따라 대서양까지 이슬람교의 세력을 확대했다.

그동안 나일 지방의 콥트인은 정식으로 그리스도교를 몰아냈다. 그리스도의 탄생지인 시리아도, 그 본거지의 하나인 메소포타미아도, 모두 비잔틴 제국이 마지막으로 죽을힘을 다해 지원했지만 결국 같은 운명을 걷는다. 아프리카 북서부는 일찍이 이단으로서 오만한 로마의 우상숭배적이고 철학적인 체계를 거부하고, 미온적이나마 반달족이 수입한 아리우스파의 그리스도교를 신봉하고 있었다. 그러다가 《코란》의 교리를 접하자마자 그것을 열렬하게 환영하고, 그 뒤에도 매우 열광적으로 이슬람교를 믿고 의지했다. 그리하여 이슬람교는 그리스도교 나라 경계의 3분의 1 정도로 축소되었지만, 그래도 이 새로운 신앙에는 이렇다 할 정도의 두드러진 결함은 아무것도 찾을 수 없었다. 또 에스파냐와 시실리아를 제외하면, 일단 뿌리를 내리고 난 뒤에는 어느 나라에서도 다른 종교에 추월당하는 일이 없었다.

이슬람교가 더는 칼을 휘두르지 않는 현재도, 그것은 중국, 동인도 제도, 특히 아프리카 서부와 중부의 크고 넓은 지역으로 세력을 뻗고 있는데, 그 홍보를 맡고 있는 것은 독학한 개인이고 무역에 종사하는 여행자들이다. 한편 그리스도교는 정부의 강력한 도움이 없는 한, 검은 대륙에서 전진하거나 존속할 수 없다.

또한 극도로 도덕적인 이슬람교에, 그런 줄도 모르고 '방종'의 낙인을 찍는다고 그 눈부신 보급이 해명되는 것도 아니다. 또는 일부다처, 축첩, 노예*⁷ 등의 좋은 미끼와 음식*⁸과 제6감〔성감(性感)〕의 쾌락에 바쳐진 '완전히 관능적인 낙원' 탓으로 해봤자 마찬가지이다.

이 수수께끼를 푸는 단순한 열쇠는 이슬람교가 위대한 그리스도교의 개혁이 긴급히 필요한 시점에 나타난 것, 그리고 그것이 구축한 교리가 그리스도교의 교리보다 더욱 민중에게 알맞았던 것, 또 사회적·성적·생활적인 그들의 요구를 어디까지나 충분히 채운 것 따위에 있다. 실제적인 동양학자 라이트너 박사가 자기 자신의 체험을 바탕으로 말한 것처럼, "이슬람교는 다른 어떤 종교보다도 자기를 더욱 잘 적응시킬 수 있고, 또 시대의 정신에 맞추어, 이에 귀의하는 온갖 민족의 필요와 환경에 적응해 왔다."*⁹

그러므로 이슬람교는 넓은 범위를 침투하여 쉽사리 무너지지 않는 높은 지위를 쌓아올린 것이라고 나는 덧붙이고 싶다. '경직되어 움직이지 않는 죽은 손'은 이슬람교의 현상에 대한 강력한 비유다. 그러나 그것은 한정되고 불완전한 관찰에서 나온 것으로, 직유와 은유의 필수조건인 사실이라는 기반이 빠져 있다.

〔이 뒤에 영국 역사가 팔그레이브의 《아라비아 중동부 여행기》를 중심으로 약 3쪽에 걸쳐서 그의 이슬람교관이 얼마나 불공평한지 논증하고 있는데, 내용이 일반적으로 매우 어려워서 생략했다.〕

여성

내가 다음으로 깊이 생각하고 연구하고 싶은 것은 《아라비안나이트》에서의 여성의 지위다. 그것은 영국뿐만 아니라 유럽 전체에 알려진, 이슬람교도의 가정(家庭)과 가정(家政)에 대한 통념과 기묘하리만치 차이가 있다. 그것을 읽고 매우 놀란 대부분의 야화 독자들은 나에게 이런 말을 했다. 야화에서 볼 수 있는 여성의 성격은 남성보다 결단력과 행동과 남자다운 점에서 훨씬 뛰어나며, 여성들의 건방진 태도와 그들이 공사(公私)의 생활에 미치는 절대적인 영향력에 완전히 놀랐다는 것이다.

나는 이슬람교 속의 섹스라는 제목에 대해 본문 주석 전체에서 매우 자세

16세기 이집트의 《코란》
오늘날까지 널리 쓰이고 있는 나스흐 서체로 쓰여 있다.

하고 빈틈없이 생각하고 연구했으므로, 여기서는 더 덧붙일 것이 없다. 여성은 전세계 어디서나 남성이 만들어낸다. 아마존 전설의 가장 큰 매력은 그녀들이 남자 없이 어떻게 살아 움직이고, 존재하는지 아는 것이다. 그러나 그것은 낡고, 그러면서도 늘 새로운 우화이다.

사자를 때려눕히고 끌고 가는 것은 누구인가. 그것은 남자다!

양성(兩性)이 내란상태에 있었던 문명의 단계에서 쓴 고대인의 책은, 여자를 현실생활에서 가축 이상으로 열등한 존재로 보고 있다. 따라서 문학 여명기부터 지금까지, 여성은 기대를 배반당한 독설과 마찬가지로 부당한 찬양의 대상이 되고 있다. 일찍이 세계가 탄생시킨 '성전(聖典)' 속에서, 아마 가장 기괴한 본보기라고 할 수 있는 《전도서》는 대담하게도 이렇게 공언했다.
"나는 천 명 가운데서 한 사람을 찾았으나 이 모든 사람 가운데에서 여자는 한 사람도 찾지 못하였느니라"(제7장 28절)

그리하여 페트로니우스의 비관론을 뒷받침한 셈이다.

Femina nulla bona est, et si bona contigit ulla
Nescio quo fato res mala facta bona est.
〔대강의 뜻은, 여자는 누구도 선량하지 않다.〕

그리고 《시편》(제30편 15절)에서는 세 가지 탐내는 것, 지옥과 대지와 여성기(女性器, osvulvae)에 대한 오래된 비웃음을 볼 수 있다〔단 일반 성서에서는 제30편은 제12편으로 끝난다〕. 유대 율법학자의 학식은 참으로 혐오스러운 희화를 그려, 오른쪽의, 또 그 밖의 원문을 부풀리거나 아름답게 꾸몄다.

모하메드의 언행으로 전해지는 한 전설 가운데, "여자들은 지력과 신념이 없다. 이브가 창조되었을 때 사탄은 기뻐하며 이렇게 말했다. '너는 내 군사의 반이고, 내 비밀의 보관인이며, 나의 화살대다. 내가 그것을 쏘면 반드시 명중한다'"고 하는 것이 있다. 다른 전설에 따르면, "나는 천국의 문 앞에 섰다. 그러자 놀랍게도 그 속에 사는 것은 대부분 가난한 자들이었다. 또 나는 지옥의 문 앞에 섰다. 그러자 놀랍게도 그 속에 사는 것은 대부분 여자였다."*10 "유리병을 주의하라!" 모하메드는 아름다운 목소리로 노래하고 있는 낙타 몰이꾼을 향해 소리쳤다. 〔유리병(glass-phials)은 요강을 말하는 듯하며, 여자 성기의 다른 이름인지도 모른다.〕 그 밖에도 '여자는 달콤한 이슬과 독으로 만들어졌다'거나 '여자의 머리카락은 길고 지혜는 짧다' 같은 격언이 있는 등, 세상에 바람처럼 떠도는 비천한 소문은 한도 끝도 없다.

힌두교도도 그 점에서는 그에 못지않다. 여자는 번갯불처럼 자연적으로 주어진 변덕을 지니고 있다(《카타 사리트 사가라》 제1편 147). 여자는 영웅호걸의 마음에 지푸라기만 한 가치도 두지 않는다. 여자는 죄에 있어서는 금강석처럼 단단하고, 공포에 있어서는 밀가루처럼 부드럽다. 또 여자는 파리처럼 장뇌를 떠나 퇴비 위에 앉는다.

"암탉이 운다 해서(여자의 의견) 무슨 의지가 되랴?" 이것은 힌두교도의 속담이다. 나아가서 '백발 처녀'(즉 괴물을 가리킨다)나 '미인이 걸어가면 악마가 그 뒤를 따라간다'고도 한다.

여자를 더욱 작은(그리고 매우 열등한) 인간으로 생각하는, 똑같이 피상적인 견해를 고전 속에서 널리 볼 수 있다. 에우리피데스는 알케스티스(기원전 438년)라는 아름다운 여성을 그렸지만, 여자를 싫어하기로 유명했다. 《전도서》보다 훨씬 인간미가 있는 시모니데스는 축녀(畜女), 견녀(犬女), 묘녀(猫女) 따위로 이름을 지어 붙인 뒤, 10권째의 마지막을 훌륭한 봉녀(蜂女)로 꾸몄고, 따라서 10%만 정상으로 묘사되어 있다.

중세 유럽에서는 성모 마리아(Virgin mother)의 교리가, 이집트를 제외하고 고대인에게는 알려지지 않은 지위를 여성에게 주었다. 이집트에서는 여신(女神) 이시스가 남편의 협력자이자 남신(男神) 오시리스를 완전하게 만드는 존재였기 때문이다. 그런데 《아라비안나이트》는 감정적인 동양에서 당연히 예상할 수 있듯이, 위와 같은 견해를 더욱 부풀리고 있다. 여자는 대부분 '욕망의 신의 신자'이며, 격정이 솟아날 때마다 날뛰는 충동의 동물이며, 불안정 속에서만 안정하고 무절조 속에서만 절조를 유지한다. 엉터리 금욕자, 불성실하고 매우 잔인한 노파, 단순한 쾌락을 위해 죄악을 저지르고 움므 크루슴*11처럼 매춘으로 이끄는 추악한 늙은 뚜쟁이 따위가 세상에 밝은 뛰어난 필치로 그려져 있다.

그러나 그에 못지않게 효심이 깊은 딸, 헌신적인 애정을 바치는 모범적 연인, 신앙심 깊은 부인, 아무런 결점이 없는 어머니, 성녀, 학식이 있는 여자 설교사, 정절을 지키는 과부, 헌신적이고 용감한 부인 같은 모범도 만나게 된다.

> 여자는 절개가 굳다고
> 말씀하시지만, 사실은
> 솔개가 뿌린 썩은 고기.
> 은근한 색향과 정담도
> 하룻밤은 남편의 것이 되고,
> 다른 밤에는 장딴지도 팔뚝도
> 모르는 남정네의 품에 안겨 자네. ……
> 〔이 책 93번째 밤에 실은 시에서 버턴은 세 번째 행만 인용했지만, 참고를 위해 앞뒤를 추가했다.〕

위와 같은 글에는 여성에 대한 묘사와 고의적인 경멸이 드러나 있지만, 그 외 동시에 부부생활의 행복을 그린 멋진 장면도 볼 수 있다. 수많은 실례 중에서도 《아라비안나이트》의 아름다운 대단원에서 샤리아르 왕이 샤라자드의 미덕을 입증하는 대목이 그 좋은 예다.

《카타 사리트 사가라》의 경우도 마찬가지이며, 그 세상의 평판은 마찬가지로 열렬하다. 이를테면 "좋은 가문의 여성은 그 미덕이 유일하고 유능한 시종에 의해 수호되지만, 부정한 여자는 왕자조차도 수호해 줄 수 없다. 어느 누가 격류와 광기의 여자를 잘 다룰 수 있단 말인가."(제1편) "여성의 과잉된 애정이야말로 감연히 그 일에 종사하는 여러분의 유일한 영웅이다."(제1편) "그리하여 연약하게 태어난 여성은 이 세상에 온갖 악업을 가져오며, 거기서 분열과 혐오의 정이 생겨나지만, 또 여러분은 곳곳에서 달빛이 천체를 꾸미듯이 훌륭한 집을 꾸미는 덕망 높은 여성을 발견할 것이다."(제1편) "임금님이시여, 보시는 바와 같이 훌륭한 주부는 남편을 잘 섬깁니다. 여자라고 언제나 나쁜 것은 아닙니다."(제2편)

완전한 여성은 일곱 가지 필요조건을 갖추고 있다. (1) 언제나 쾌활해서는 안 된다. (2) 또, 언제나 슬픈 내색만 해서는 안 된다. (3) 언제나 말이 많아서는 안 된다. (4) 그렇다고 말없이 생각에 잠겨 있어서도 안 된다. (5) 언제나 멋만 부려서는 안 된다. (6) 또 차림새를 소홀히 해서는 안 된다. (7) 어떠한 때라도 늘 극단으로 치닫지 말고 침착하고 냉정해야 한다.

이슬람교 안에서의 여성의 법적지위는 이상할 정도로 높다. 그 진상은 아직 일반 대중의 머릿속에 배어 있지는 않지만, 이미 유럽이 가끔 확인해 온 사실이다. 지금부터 약 백 년쯤 전에, 미르자 아부 탈리브 한이라는 한 세금 징수원이 런던에 2년 동안 머문 뒤, 자국의 여성을 위해 어떤 '변명'이라기보다 하나의 설욕론을 썼는데, 그것은 지금도 한 번쯤 읽어보고 인용할 만한 가치가 있다.[*12]

국민이라는 것은 서로에 대해 피상적인 판단밖에 내릴 수 없다. 풍속이 다르면 그것이 가끔 유일하고 두드러진 특색이 되는데, 잘 살펴보면 그리 중요하지 않다는 것을 알 수 있다. 유럽인은 마치 그리스의 주부가 '집안에서 집안일만 하는($\varepsilon\nu\delta o\nu$ $\mu\varepsilon\nu\varepsilon\iota\nu$ and $o\iota\kappa o\upsilon\rho\varepsilon\iota\nu$)' 것을 일과로 삼은 것처럼, 동

이슬람 여성

양 여성이 '격리'되어 있는 것이나, 유부녀가 남편과 함께 외출하지 않고, '무도회나 파티'에도 같이 갈 수 없는 것, 그리고 언제나 고대 히브리 여성처럼 '자매처'(첩)의 굴욕을 받기 쉬운 것 따위를 보고 듣고는, 무지하기 짝이 없는 일이지만 그녀들은 단순한 노비이며, 그녀들의 인생은 살 가치가 없다고 단정하고 말았다. 또 실제로 박학한 여성인 마티노 여사는 예전에 어느 하렘을 방문하고 연민과 비탄에 사로잡히고 말았다. 왜냐하면 가련하게도 하렘의 여자들은 이를테면 삼각법이나 지구의의 이용법에 대해 아무것도 몰랐기 때문이다. 손니니는 다르게 생각했다. 또 나의 경험도 동양에 오래전부터 사는 모든 사람과 마찬가지로, 위의 결론과는 정반대다.

　'카마르 알 자만과 보석상의 아내' 이야기 주석 1에서 말한 것처럼, 무함마드는 왕좌에 오른 지 제5년째*13에 양녀 자이나브와 무분별하게 부당한*14 결혼을 한 뒤, 히잡(Hijab), 즉 여성의 얼굴 가리개 제도를 만들었다. 그것은 아마 현지의 관습을 부풀린 것이리라. 옛날이나 지금이나, 바다위족에게까지 미친 남녀격리의 한 변형인 이 관습은, 아마 오랫동안 아라비아의 모든 도시에 있었던 것이 틀림없고, 그 목적은 《코란》이 "이 관행은 너희의 마음에 있어서나 그녀들의 마음에 있어서나 더욱 청신할 것이다"(제32장 32절)라고 말했듯이, 양성을 유혹에서 구하는 데 있었다.*15

자신들의 명예를 지키는 제약을 기뻐한 여성들은 그것을 스스로 받아들이고, 지금도 여전히 실천하고 있다. 그녀들은 자유라기보다는 방종을 즐기지 않는다. 방종은 여자다운 예의범절이나 조신함이라는 고대의 전통과 양립하지 않는다는 것을 알고 있기 때문이다. 그래서 그녀들은 아내를 고급매춘부〔고대 그리스의 고등내시〕처럼 사람들의 눈에 아무렇지도 않게 드러내는 남편을 무척 비열하다고 생각한다.[*16]

주바이르 파샤는 다른 사람의 반역죄 때문에 지브롤터로 추방되었는데, 명백하게 질투심이 강한 남편이 설계한 주택지구를 방문한 뒤, 내 친구 바크르 대령에게 이렇게 말했다고 한다. "우리 아랍인은 귀한 보석이 있으면, 그것을 아무데나 던져두어 남에게 도둑맞는 것보다는, 상자에 넣어 자물쇠를 채워두는 것이 현명하다고 생각합니다." 동양인은 본능적인 방법을, 서구인은 합리적인 방법을 선택한다. 동양인은 강한 질투심으로 자신의 보물(처첩)을 보호하며, 그 주위에 모든 경계망을 둘러쳐 모든 위험을 막는다. 그리고 만일 처첩이 부정한 짓을 저지르면 죽여 버린다. 그런데 서구인은 무도회 의상을 눈부시게 갖춰 입히고, 일부러 요란하게 가슴과 등을 사교계 사람들 눈앞에 드러나게 한다. 수많은 매력을 모든 유혹 앞에 드러내고 나서 만일 길을 잘못 들어서면, 남편은 유혹자를 죽이거나 죽이겠다고 협박한다. 그것은 불의 시련이다. 이 시련을 안전하게 통과하는 적은 수의 사람들은, 엄격한 시련을 받은 적이 한 번도 없는 사람들에 비해, 도덕의 세계에서 훨씬 더 높은 입장을 주장할 수 있을지도 모른다. 그러나 결정적인 문제는, 그리스도교의 유럽이 그러한 유혹을 제공한 것이 과연 현명했는가 하는 것이다.

두 번째로 우리와 반대되는 이슬람교의 습속은 결혼제도이다. 이슬람교의 결혼은 한 처녀가 남자에 대한 평가만을 듣고 그와 부부가 되는 것에서 시작된다. 그러나 그것은 몇 세대 전에는 우리 조상들의 풍습이기도 했다. 그리고 오늘날에도 남유럽의 고귀한 가문 사이에는 이 풍습이 남아 있다. 나는 오랫동안 이 문제를 연구했는데, 이른바 '연애결혼'과 전혀 모르는 다른 사람과의 결혼—뚜렷하게 양극단이지만—가운데 어느 쪽이 더 행복한지는 좀처럼 결정하기가 쉽지 않다. '자매혼'은 북유럽처럼 일부일처제인 민족에게는 괴로운 시련이다. 아니 괴로운 시련일 것이다. 거기서 안주인은 가끔 '가족의 주인(主人)'이자 '보트 속의 유일한 인간'이 되기 때문이다. 그러나 동양의 여성은 훨씬 더 우아하여, 일부다처제 속에서 자란 처녀는 종교상의 이유에서 임신과 수유 중에는 남편과 연속 3년 동안 격리되며, 모르몬교도 처녀처럼 '한 아내의 남자와의 육체적 교섭'을 망설이는 경향이 있어서 사정은 매우 다른 양상을 띠는데, 그 부담도, 만약 그것이 부담이라고 한다면, 꽤 가벼워지는 셈이다.

마지막으로, '가장 중심의 가족'은 대부분 고위관리나 귀족에 한정된다. 한편 어느 쪽도 공공연하게 무시할 수 없는 이슬람교법과 여론은, 가정의 지휘권을 '대등한' 아내, 즉 첫 번째 부인에게 맡기는 동시에, 다른 처첩의 권리와 특권도 빈틈없이 감시해 준다. '페르시아 왕자' 미르자 아부 탈리브*17는 '아시아 여성의 자유가 왜 유럽인의 그것에 비해 더 작게 보이는가'에 대해 여섯 가지 이유를 들고, 나아가서 이슬람교도의 부인이 그리스도교도의 부인보다 크게 유리한 지반을 차지하고 있는 점을 여덟 가지 열거하고 있다. 거기서 우리는 그의 제1조를 보기로 들고 싶다.

관습에 의해, 이슬람교의 어머니에게는 가정, 노예, 하인, 자식, 특히 자식에 대해 전제적인 지배권을 주었는데, 그것은 법률에도 위반되지 않는다. 어머니만이 자식의 초기 교육과 신앙의 선택, 결혼과 집안일 따위를 지도할 수 있다. 또 이혼할 때 어머니는 딸을 선택하고, 아들은 아버지에게 보낸다. 그리고 남편과 의논하지 않고도 하루 이틀 정도가 아니라 1주일에서 2주일 정도까지 집을 비울 수 있는 자유가 있다. 그녀가 다른 사람의 가정을 방문하는 동안, 남편이나 열다섯 살 이상의 모든 남자는 하렘에 들어가는 것이 금지된다.

그러나 이슬람교도인 아내에게 유리하고 중요한 점은 그녀가 '법적인 공수자(共受者)'라는 사실이다. 유산상속은 코란법에 의해 보장되어 있다. 또 결혼을 합법화하기 위해서는 신랑이 아내에게 지참금을 보내야 하며, 그녀가 취득한 모든 재산은 그녀를 위해 확보된다. 이에 반해 영국의 '기혼여성의 재산법'은 수백 년 동안이나 더없이 끔찍한 독설을 되풀이하다가 겨우 1882년에야 성립되었다.

마지막으로, 일반적으로 이슬람교도와 동양인은 육체적으로 여자를 만족하게 할 수 있는 기술과 비법을 연구한다. 나는 이 책 맨 첫머리에서 미개인들이 실천하고 있는 '남자로 만드는' 법,*18 즉 사춘기에 이른 젊은이에게 성

(性)의 기술을 가르치는 법에 대해 언급했는데, 영국의 교육은 바로 이 지식 분야를 매우 소홀히 하고 있고, 그 결과 개인과 가족, 세대 상에 수많은 불행을 가져오고 있다. 19세기 영미의 거짓 미덕과 더없이 점잖지 못한 점잖음은 이 제목이 불결하고 꺼림칙하다 하여 '사회'는 모든 실정을 외면했다. 그래서 영국인은 유럽에서 가장 아름다운 여성을 두고도 그 이용 방법을 전혀 모른다고 널리 웃음거리가 되고 있는 형편이다.

그런데 동양 일대에서는 이런 종류의 연구가 수많은 책을 통해 이루어져 있고, 그 대부분은 생리학자나 사회적 지위가 있는 사람들, 고위성직자 등이 쓴 것이다. 이집트인은 특히, 터키인의 이른바 '몸 아랫부분 (la partie au-dessous de la taille)'을 다룬 최정적(催情的)인 책을 좋아하여, 새로운 저작인 데다 보통 석판인쇄의 염가판이면, 1천5백 부에서 2천 부는 그 자리에서 팔려나간다. 그 수줍음이 많은 레인도 《하르바트 알 쿠마이트》(구렁말의 경쟁. 포도주에 대한 시적인 은어)라는 제목의 464쪽 4절판에 대해 언급하고, 그 문장을 인용했다. 〔《신역 천일야화》 제1권. 1912년 런던 간행은 제1권에, 이 책에서 작은 이야기가 2편이 인용되어 있다.〕 데르브로에 의하면 위의 책은 판관 샴스 알 딘 모하메드가 쓴 것이라고 하며, 철저하게 마지막 몇 쪽까지 술잔치와 여자에 관한 제목을 다루었다. 그리고 끝에 이르러 저자는 "오오, 독자여, 이처럼 내가 장황하게 얘기한 것은, 여러분이 무엇을 피해야 하는지를 더욱 잘 알게 하기 위해서다"라고 하며, 앞에서 찬양했던 모든 것을 비난하면서 붓을 놓는다.

신학자이자 역사가인 자랄 알 딘 알 슈타마저, 그 사실 여부에 대해 여러 가지로 논의하고 있지만 《키타브 알 이자 피 일름 알 니카 *Kitab al-Izah fi' ilm al-Nikah*》(교열(交悅)의 학문에 대한 해설서)를 썼다. 나의 소장본은 발행일자가 없는 33쪽의 석판인쇄인데, 명백하게 카이로에서 나온 것으로, 글머리는 다음과 같은 한 문장으로 시작된다. "알라 무드릴라(신께 영광 있으라)! 처녀의 앞가슴을 유방으로 꾸미고, 여인의 넓적다리를 남자의 창끝의 모루로 삼으신 신을 찬양하라!"

이 온아한 신학자는 《키타브 나와지르 알 아이크 피 알 나이크 *Kitab Nawazir al-Ayk fi al-Nayk*》(교열에서의 전면위(纏綿位)의 매력) (이 책은 《키타브 알 위샤 피 파와이드 알 니카 *Kitab al-Wishah fi fawaid al-Nikah*》

(교열의 은총에 관한 처녀대(處女帶)의 서(書))의 발췌)도 쓴 것으로 전해진다.

수많은 포르노그래피(호색문헌) 가운데, 우리는 《키타브 루주아 알 샤이흐 일라 사바 피 르 쿠와트 알 바 *Kitab Ruju'a al-Shaykh ila Sabah fi'l-Kuwwat al-Bah*[19]》(성력(性力)에 있어서 노인 회춘의 서)의 제2쪽에 언급된, 다음의 7권의 저작 목록을 빌려 오기로 하자. 이 책은 아마드 빈 술라이만, 일명 이븐 카말 바샤의 저작이다.

(1) 《키타브 알 바 *Kitab al-Bah*》(성애(性愛)의 서) 알 나리의 저서.

(2) 《키타브 알 아르스 와 알 아라이스 *Kitab al-'Ars wa Al-Arais*》(신랑과 신부의 서) 알 자히즈의 저서.

(3) 《키타브 알 키얀 *Kitab al-Kiyan*》(처녀의 서) 이븐 하지브 알 누만의 저서.

(4) 《키타브 알 이자 피 아스라르 알 니카 *Kitab al-Izah fi asrar al-Nikah*》(교회(交會)의 비술에 관한 해설서)

(5) 《키타브 자미 알 리자 *Kitab Jami al-Lizzah*》(열락(悅樂) 해설의 서) 이븐 사무사마니의 저서.

(6) 《키타브 바르잔(야르잔?) 와 자나히브 *Kitab Barjan(Yarjan?) wa Janahib(??)*[20]》

(7) 《키타브 알 무나카하 와 알 무파타하 피 아스나프 알 지마 와 알라티 *Kitab al-Munakahah wa al-Mufatahah fi Asnaf al-Jima wa Alatih*》(성교 및 웅위(熊位)와 그 방식에 관한 안내서) 아지즈 알 딘 알 마시히의 저서.[21]

또한 위의 책 말고도 《리자트 알 니사 *Lizzat al-Nisa*》(여성의 쾌락)이라는 아랍어, 페르시아어, 힌두스탄어 등의 성전(性典)을 추가해도 괜찮다. 이것은 유명한 산스크리트어 성서(性書) 《아낭가랑가 *Ananga-Ranga*》(육체가 없는 것, 즉 사랑의 신 큐피드의 무대) 또는 《인도의 애기론(愛技論) *Ars Amoris Indica*》의 번역인데 그것도 몹시 조악한 것으로, 많은 것을 줄이고, 보탠 것은 하나도 없다.[22]

나는 산스크리트어 원전을 비롯하여, 마라티어역·구자라트어역·힌두스탄어역 따위를 소장하고 있는데, 후자는 8절판으로, 페이지 번호가 없는 66쪽짜리 책, 그 가운데 8쪽에는 각종 아산(Figurae Veneris 또는 성교체위)을 나타낸 더없이 기괴한 삽화가 실려 있다. 그것은 곡해자의 승리처럼 여겨진다. 또 이 작은 책자는 봄베이에서 석판 인쇄되어 온 나라에 뿌려졌다.[*23]

이런 종류의 책을 단순한 호색본으로 생각해서는 안 된다. 의사이자 아랍어 학자인 석학 슈프렝거는 라이덴 도서관에 소장된, 저명한 라지(Rhazes) 〔9세기 아라비아 의사〕의 논설에 대해 다음과 같이 평가했다. "이 책에 들어 있는, 이러한 제목에 대한 동양 사람들의 수많은 기이한 관찰, 정확하고 실용적인 사고방식과 그 사고방식의 참신성 등은, 이 책을 아랍인의 의학서 가운데 가장 중요한 작품으로 만들었다."

나는 인류학자들에게 '쿠투브 알 바'(성전류)의 연구를 진지하게 권유할 수 있다.

호색문학

여기서 《아라비안나이트》의 '호색담(turpiloquium)'에 대해, 이 책 맨 첫머리에서 말한 사항을 다시 덧붙이는 것이 현명할 듯하다. 이 책을 모두 읽은 독자는 아마 나와 마찬가지로, 본문의 소박한 음란함은 외설이라기보다는 비속한 농담이라고 생각할 것이다. 떠들썩하게 웃는 가운데 주고받는 그런 이야기는 정신을 불순하게 하려고 시도된 것이 아니라, 오히려 '기지의 배설물'이라고 하는 편이 나을 것이다. 사악함이 없는 담백함을 가지고 거칠고, 천박하며, 야비하기도 하고, 때로는 무서울 정도로 솔직하고 '추하기도' 하지만, 그러면서도 풍기문란한 어떤 것을 암시하고 있다거나, 부도덕한 정서를 미묘하게 드러내고 있다고 비난할 수는 없을 것이다.

언어의 비속함이지 관념의 비속함이 아니다. 음란하기는 해도 타락하지는 않았다. 숨김 없고 순수하며 완전한 자연스러움은, 문제가 도덕보다는 형식에 있음을 보여주고 있으며, 그것은 또 비속함을 거의 걸러주는 것으로 생각된다. 동양 전체에 걸쳐, 왕에서 백성에 이르기까지, 주부에서 매춘부에 이르기까지, 모든 남녀와 어린이의 언어가 그러하다. 모든 것이, 소박한 프랑스인 여행가가 일본인에 대해 말한 그대로다.

"사물을 그 이름으로 부르는 것밖에 모를 만큼 천하고 상스럽다."

이러한 원시적인 언어의 단계를 보고, 레인과 부르크하르트는 '이집트에서의 매우 음란한 대화의 자유'에 혹평을 가했는데, 이집트에서도 또 세계 어디에서도 사물과 감각적인 행위의 명칭에는, 세 가지의 다른 단계가 있다. 맨 먼저 속어인 '생(生) 언어(mot cru)'가 있고, 그다음은 기술적, 과학적 용어이며, 마지막이 문학적 또는 상징적인 명명법이다. 그것은 가끔 '생 언어'보다 더욱 매력이 있고, 암시가 풍부하며 사람의 마음을 끌기 쉬워서 훨씬 부도덕하다.

《아라비안 나이트》
〈네 가지 이야기〉에서, 샤갈 그림, 1948.

나는 여기서 최고의 문명이 바야흐로 자연의 언어로 돌아가고 있음을 말하고 싶다. 현실파의 투장(鬪將)인 J. 리슈판의 《덫 La Glu》이라는 작품에는, 이를테면 '방뇨(petée)', '매춘부(putain)', '적당히 내버려두었다(foutuea la six-quatre-dix)', '웃기는 방귀의 연속(facétieuse pétarade)', '너는 그것을 꽂아 넣었다(tu t'es foutue de)', '이 악당놈(Eh vilain bougre)!' 따위와 같은 '케케묵은' 표현이 있다.*24

《아라비안나이트》 속의 이러한 살아 있는 비어나 분별없는 외설스러움을 비난하는 비평가에 대해서, 나는 존슨 박사가 그의 사전 속 음란한 언어를 비난한 귀부인에게 한 말을 인용하여 대답하는 수밖에 없다. "부인, 당신도 그런 말을 찾고 계셨던 거군요!" 그러나 나는 거듭 말하지만, 《아라비안나이트》에는 또 하나의 요소가 있다. 그것은 영국의 독자에게 있어서, 설령 아무리 천박한 사람이라도 완전히 받아들일 수 없는 절대적인 외설이다. 내 이웃의 이른바 '자연에 반하는 악덕(Le vice contre nature)'—마치 모든 것을 포괄하는 자연에 반하는 것이 뭔가 존재할 수 있다는 것 같은 말투지만—과

주로 관련되어 있다.*25

이 제목에 대해서는 다음에 상세히 설명해야만 한다. 왜냐하면 동양학자와 인류학자에게 있어서 흥미로운 논제라면, 그 어떤 것이든 제외하지 않는 것이 내 본디 방침이기 때문이다. 나에게는 수치나 혐오 때문에 이런 문제를 언급하는 것조차 억누르려는 사람들이야말로, 큰 해악을 끼치는 것이라고 생각한다. 라티스본의 주교 알베르트 볼슈테트(일반적으로 알베르트 마그누스라는 이름으로 알려진 13세기 독일의 철학자이자 자연과학자, 성인. 만물박사라는 별명이 있을 만큼 박식했다)가 이렇게 말한 것은 당연하다.

Quia malum non evitatum nisi cognitum, ideo necesse est cognsscere immundiciem coitus et multa alia quae docentur in isto libro.

(악을 모르면 그것을 피할 수 없으므로, 이 책 속에서, 부정한 교합이나 죄에 대해 아는 것이 중요하다.)

만테가차 교수의 언어도 마찬가지로 진실하다. "수치스러운 이름으로 인간의 고뇌를 은폐하는 것은 반대로 위선 또는 비겁함일 뿐이다."

고(故) 그로트는 테베(고대 그리스의 도시국가)의 유명했던 이에로스 로호스(ιερος λοχος), 즉 카이로네이아(그리스 중부에 있는 도시)에서 절멸당한 성단(聖團, 새크리드 밴드) 같은 명물적인 존재를 설명하려고 했지만, 어쩔 수 없이 입을 다물고 다만 그 제목의 표면을 언급하는 데 머물렀다고 말하며 한탄했는데, 그것도 맞는 이야기였다. (이에로스 로호스는 '성스러운 동료'라는 뜻인데, 오랫동안 무적을 자랑했던 남색의 연인들로 편성된 부대를 말하며, 카이로네이아에서는 3백 명의 대원이 모두 전사하여 정복자의 눈물을 자아냈다고 한다.) 이것은 대중을 대상으로 한 책에서는 피할 수 없었겠지만, 나의 번역에는 적용되지 않는다. 그러므로 나는 다음에 이 문제를 신중하고 진지하게 역사적으로 논하고, 암시적인 무화과 잎 또는 포도나무 잎으로 가리지 않고 알몸뚱이 그대로 보여주고자 한다.

남색론

이 '무서운 병리(病理)'는 아직 젊었던 시절, 우연히 내 앞에 처음 나타났다. 1845년, 신드를 정복하고 병합한 찰스 네피어 경은 그때부터 자신의 점령지를 호기심 어린 눈길로 살피기 시작했다. 그에게 보고된 바로는, 진지에서 1마일도 채 되지 않는 곳에 있는 인구 약 2천 명의 작은 도시 카라치에는 매음굴이 3채나 있었고, 그곳에서는 여자가 아니라 소년과 환관들이 돈을 받고 몸을 팔고, 특히 소년은 약 2배의 요금을 받고 있었다.*26

그즈음 신드어를 할 줄 아는 영국군 장교는 나 한 사람뿐이어서, 나는 그 문제를 간접적으로 조사하여 보고하라는 명령을 받았다. 나는 자신의 보고서를 봄베이 정청에 제출하지 않는다는 특별한 조건으로 이 임무를 맡았다. 왜냐하면 정복자 네피어의 지지자들은 그 정청에서 호의와 자비, 또는 사사로움 없이 정당한 태도를 기대할 수 없었기 때문이다. 나는 시라즈의 미르자 모하메드 호사인과 함께 카라치로 갔다. 나는 상인으로 변장하고 미르자 압둘라라는 이름으로 그 도시에서 여러 밤을 보냈다. 그동안에 나는 매음굴 구석구석을 다니면서 아주 작은 정보까지 수집하여 그것을 정식으로 총독관저에 보냈다.

그런데 '악마의 형제' 네피어는 곧 나의 불운한 공문서를 관청에 남겨둔 채 신드를 떠나고 말았다. 그 때문에 이 서류는 다른 잡다한 보고서와 함께 봄베이 정청의 손에 들어가, 예상한 대로의 결과를 불러일으켰다. 비서과에 있는 한 친구의 연락으로 네피어 경의 후임자들 가운데 한 사람이 나를 군무에서 즉시 쫓아낼 것을 정식으로 제안했다는 얘기였다. 그 당사자는 이미 고인이 되었으므로, 나로서는 죽은 사람을 큰 소리로 꾸짖을 생각은 없다.*27

그 뒤 나는 멀리 있는 많은 나라에서 조사한 결과, 다음과 같은 결론에 이를 수 있었다.

(1) 내가 '남색대(男色帶, Sotadic Zone)'라고 부르는 것이 존재하고 있다. 그것은 서쪽이 지중해의 북쪽 기슭(북위 43도)과 남쪽 기슭(북위 30도)에 의해 한정되어 있다. 그러므로 그 깊은 정도는 780마일에서 800마일로, 남프랑스, 이베리아 반도, 이탈리아, 그리스 그리고 모로코에서 이집트에 이르는 아프리카 연해지역을 포괄하고 있다. 〔Sotadic은 그리스 시인 소타데스의 이름에서.〕

(2) 이 남색대는 동방으로 갈수록 좁아져서, 소아시아, 메소포타미아, 칼데아, 아프가니스탄, 신드, 펀자브 및 카슈미르 지방 등이 포함된다.

(3) 인도차이나에 이르러 이 지대는 넓어지기 시작하여, 중국과 일본, 투르키스탄을 거느린다.

(4) 이어서 남색대는 남태평양 제도와 신세계(아메리카 대륙)를 포함하며, 이 방면에서는 발견된 당시, 몇몇 예외는 있지만 남색적인 연애가 이미 성립된 민법적 관행이 되어 있었다.

(5) 남색대 안에서 이 악덕은 일반적이고 풍토병적이며, 최악이라도 기껏해야 단순한 과실이라는 식으로 인식되고 있다. 그런데 여기에 한정된 경계에서 북쪽이나 남쪽에 사는 민족들은, 동포의 비난을 정면으로 받으면서 가끔 남색을 하는 정도다. 그들은 대체로 육체적으로 남색행위가 불가능하며, 이에 대해 매우 강한 혐오감을 나타낸다.

비역 또는 남색(pederasty)에 대한 지지적(地誌的)인 각론—나는 남색을 지리적, 풍토적인 것으로 생각하고, 인종적이라고는 생각하지 않으므로—에 들어가기 전에, 그 원인과 유래에 대해 몇 가지 살펴두어야 할 것이 있다. 우리는 우선, 소년애[소아애라고도 남색이라고도 한다]가 고결한 정서적인 일면을 가지고 있음을 잊어서는 안 된다. 플라톤학파 사람들도, 플라톤의 학원에서 공부한 제자들도, 또 그 후계자인 수피파 또는 이슬람교 그노시스파 사람들도, 그러한 애정을 열정적인 동시에 청순하며, 인간의 영혼 속에 조물주와 창조물을 결합한 아름다운 이상이라고 여겼다. 그들은 젊은이를 이 현세에서 가장 깨끗하고 아름다운 대상으로 여긴다고 공언하며, 나아가 조물주의 육체적·정신적 걸작을 사심 없이, 육체적인 관능을 섞지 않고, 사랑하고 찬미함으로써 신에게 가장 열렬한 숭배의 마음을 바치는 것이라고 선언했다. 그들은 또, 그러한 애정은 여자에 대한 사랑보다 뛰어나고, 아무리 깨끗하다 해도 늘 성욕을 암시하는 이성애와 그 찬미보다 훨씬 더 비이기적이라고 덧붙였다.*28 게다가 동양인은, 촛불을 그리워하는 나방의 열정은 장미꽃을 그리는 금조(琴鳥)의 애정보다 순진하고 격렬하다고 말한다.

전성시대의 그리스인에게 열 살 전후의 어린아이에 대한 제도는 도덕과 정치상의 이유에서 옹호되었다. 애인은 교훈이나 실례를 들어 사랑하는 사람을 교육하는 동시에, 이 두 사람은 형제 이상의 긴밀한 인연으로 맺어져 있었다. 그리스 소요학파의 철인 히에로니무스는 젊은이의 활기찬 성정과 그들과의 교제에서 생기는 믿음 덕분에, 가끔 전제정치가 쓰러지게 되었으므로 치자제(稚子制)를 적극 변호했다. 소크라테스 역시 분명히 말했다. "가장 용기 있고 씩씩한 군대는 소년과 그 연인으로 편제할 수 있다. 왜냐하면 그들은 누구보다도 서로 상대를 버리는 일을 더없는 치욕으로 여길 것이기 때문이다." 또 베르길리우스까지 아름다운 양치기 코리돈(Formosum pastor Corydon)의 불쾌한 냄새에도 이렇게 썼다.

Nisus amore pio pueri
〔사랑하므로 소년을 얻고자 했다는 뜻.〕

나의 머리에 떠오르는, 그리고 솔직하게 말해 단순한 억측에 지나지 않는, 남색 풍습의 유일한 육체적 원인은, 남색대의 내부에 다른 곳에서는 좀처럼 볼 수 없는 남성적인 기질과 여성적인 기질이 뒤섞여 있는 것이다. 그래서 남자의 여성적 체질이 생기고, 그 결과 남자는 능동자도 수동자도 되며, 또 여자는 상찰자(相擦者), 남성적 사포(mascula Sapho)*29의 예찬자, 프리카트리스 또는 라버*30〔모두 상찰자의 뜻〕의 여왕이 되는 것이다.

만테가차 교수는 이 병리학상의 색정과 이 성애감(性愛感)의 도착 원인을 발견했다고 주장했다. 그에 의하면, 그것은 수많은 색정 도착 가운데에서 진기한 것의 하나로, 박해할 게 아니라 의학자는 정성스럽게 보호하고 심리학자는 연구해야 할 가치가 있다고 한다. 또 그는, 모든 경우와 긴밀하게 직결된 곧창자와 성기의 신경은, 특히 남색자에게 비정상적으로 발달되어 있으므로, 삽입에 의해 보통 성기를 통해 얻을 수 있는 오르가슴을 얻을 수 있다고 한다. 그것과 마찬가지로 여성 가운데서도, 배후에서(a posteriori) 이물을 삽입하지 않으면 쾌감을 전혀 느끼지 못하는 상찰자가 있다. 그래서 만테가차는 비역을 다음의 세 종류로 나누었다.

(1) 신경의 이상분포와 감각과민증에 의해 생기는, 말초신경적 또는 해부학적인 비역.

(2) 통로가 좁으므로 배후에서의 정교(情交)를 좋아하는 경우로, 이것은 음란한 비역이다.

(3) 심리적인 비역

그러나 이러한 분류는 명백하게 피상적이다. 문제는 그 신경장애를, 그리고 그 이상한 신경분포와 상태를 불러일으키는 것이 무엇인가 하는 것이다.[31]

비스마르크는 남성과 여성 사이에 정신적인 차이를 인정했지만, 나는 풍토라는 언어 속에 일괄된 다양하고 미묘한 영향력 때문에 생긴, 혼합된 육체적 체질이 있는 것이 아닌가 생각한다. 이 병리학적 색정이 인종이나 환경과는 뚜렷한 관계도 없이 문명화한 그리스인에게서 브라질의 식인종 투피(Tupi)족에 이르기까지, 세계 대부분에 널리 퍼져 있는 사실을 설명하는 데는 아무래도 이런 종류의 뭔가를 가정할 필요가 있다.

월트 휘트먼은 자위자의 잿빛 얼굴에 대해 언급했다. 표현하기 어렵지만, 한번 보면 잊을 수 없는 병든 사람의 어떤 독특한 표정을 짓고 있는 그 얼굴에 대해서 말이다. 자칭 남색자의 생기 없는 얼굴빛, 부석부석한 얼굴, 건강하지 않은 피부는 그 인간의 근본이 되는 특질을 똑똑히 얘기하고 있다. 그래서 G. 아돌프 박사가 "모든 상습 남색자는 흔히 한번 보기만 하면 즉시 서로 알아본다"고 한 것은 맞는 말이다. 그것은 여자 같은 걸음걸이, 눈길, 몸짓 따위에 의해 남색자 속에 저절로 나타나는 여성적 체질과는 전혀 별개의 것이다. 그것은 특수한 어떤 것이다. 여자와 그 대용물에 다가가지 않는 젊은 목사의 얼굴빛과 표정도 마찬가지이다. 유명한 저서 《외설죄에 관한 법의학적 연구 *Étude Medicolégale sur les Attentats aux Moeurs*》 속에서 타르듀 박사 그리고 아돌프 박사도, 상습 남색자들의 '뒷부분'〔항문을 가리킨다〕의 특이한 깔때기 모양, 그 악습이 있기 전부터 윤활하고 주름이 없는 점, 그와 동시에 남성기의 특수한 형상 따위에 대해 언급했다. 그러나 이러한 관찰은 카스파르, 호프만, 부르아르델, J. H. 앙리 쿠타뉘(《비역에 대한 소견 *Notes sur la Sodomie*》 1880년, 리온) 등에 의해 반박되었다. 그러나 그것은 의학상의 문제이므로 여기서 논의할 일은 아닌 것 같다.

남색의 기원은 세월의 어둠 속에 묻혀서 확실하지 않다. 그러나 그 유래는 많은 저술가, 특히 빌레이,[32] 로젠바움,[33] H.E. 마이에르[34] 등에 의해 자세하고 빈틈없게 추구되었다. 근대 독일인과 마찬가지로, 자신은 아무것도 발명하지 않았지만 다른 민족의 발명을 크게 개선한 고대 그리스인은 남색을 오르페우스〔그리스 신화에 나오는 트라키아 출신의 뛰어난 음악가로, 오르피즘이라는 신비로운 교의의 교조] 탓으로 돌렸다. 그 오명은 트라키아의 여성들에게도 씌워졌다.

에우리피데스는 오이디푸스의 아버지 라이오스[테베의 왕]를 남색의 창시자로 여기는 한편, 티마이오스[기원전 400년 무렵의 그리스 역사가]는 소아애의 풍습은 크레타 섬에서 그리스로 전해졌다고 했다. 아리스토텔레스는 맬서스주의적인 이유에서, 그것을 미노스[크레타 왕]에게 돌렸다.

그러나 헤로도토스(《역사》 제2서, 80장)는 훨씬 뛰어난 지식을 가지고, 오르페우스와 디오니소스의 의식은 원래 이

《아라비안나이트》 마르드뤼스판 삽화
어릿광대 아부 하산이 잠에서 깨어나자, 하렘의 주인이 되어 있었다. "이게 꿈인지 현실인지, 어디 손가락을 깨 물어 보게."

집트의 것임을 발견했다. 그렇지만 이 역사의 아버지도 고고학자라기보다는 여행가이자 연대기 작가였으므로, 다음 문장에서는 실수를 범했다(제1서, 135장). "페르시아인은 뭔가 음란한 얘기를 들으면 당장 소중하게 자기 속에 간직해 버린다. 따라서 그 밖에도 여러 가지가 있지만, 그리스인에게서 소년애(少年愛)를 배운 것이다."(고상한 영역자(英譯者) 롤린슨은 '소년애'를 '부자연한 색욕'이라고 나타냈다) 플루타르코스는 페르시아인들은 그리스 본토를 실제로 알기 훨씬 전부터 그리스식으로 노예소년을 이용했다고 말했는데, 이편이 훨씬 진실에 가깝다.

그리스인의 성전과 영웅시대를 다룬 호메로스와 헤시오도스[전자보다 약간 뒤의 그리스 시인]의 시에는 남색을 암시하는 문구가 하나도 없다. 물론 훨씬 이후의 세대가 되면, 루키아노스[기원전 100년 무렵의 그리스 풍자시인]는 오레스테스와 필라테스, 테세우스와 페이리토오스를 의심한 것과 마

찬가지로, 아킬레우스와 파트로클로스의 사이를 의심했다. 호메로스의 미의 찬미는 오로지 여성을, 특히 마음에 들어 한 헬레나를 대상으로 했다. 그러나 크레타 섬의 도리스인은 이 악습을 아테네와 스파르타에 권했던 것 같고, 그 뒤에는 타렌툼〔타란토〕과 아그리겐툼〔아그리젠토〕, 그 밖의 식민지에 그것을 전한 모양이다.

스트라보가 《지지》 제10권 4~21절에서 인용한 에포로스는 애인(εραστης)에 의한 사랑하는 소년(παραστοθεντες)의 폭력적인 유괴, 소아(κλεινος)에 대한 능욕자(φιλητωρ)의 의무, 2개월 동안 계속된 '혼례' 따위에 대해 기이한 이야기를 했다.*35 프랄톤의 저서 《법률》 제1권 8장도 참조하기 바란다. 세르비우스 역시 이렇게 말했다.

De Cretensibus accepimus, quod in amore puerorum intemperantes fuerunt, quod postea in Laconas et in totam Graeciam translatum est.
〔크레타 섬에서는 소년애가 매우 성행했다. 그리고 나중에는 라코니아에, 다시 그리스 전역에 이식되었다는 뜻.〕

크레타 섬 주민도, 또 나중에는 그 우수한 제자 카르시디시 반도(半島) 사람들도, 아름다운 소년에게 애인이 없는 것은 불명예라고 생각했다. 따라서 크레타 섬의 도리스인 전체가 숭배한 제우스 신은 가니메데스〔제우스 신을 위해 술을 따른 트로이아의 미소년〕를 사랑하고,*36 도리스인의 또 다른 신 아폴론은 히아킨토스를 사랑했다. 또 나중에 태양신으로 숭배된 도리스인 영웅 헤라클레스는 힐라스와 그 밖의 수많은 소년을 사랑했다. 그리하여 크레타 섬은 신들과 반은 신인 사람의 본보기에 의해 남색을 신성화한 것이다.

그러나 마침내 단속령이 발표되자, 이 남색 문제도 법적인 제약을 받았다. 진지한 소년애와 불성실한 색정을 대략 구별한 크세노폰에 의하면(《라케데몬의 정체》 ii. 13), 리쿠르고스와 솔론이 당시의 주역이었다고 한다. 그들은 하르모디오스와 아리스토게이톤〔서기 412년에 아테네의 폭군을 살해한 두 청년〕의 그것 같은 순수한 남색을 인정했지만, 노예계급에 대해서는 자유인을 타락시킨다는 이유로 금지했다. 그 결과, 소년애는 마치 여성과의 연애와 똑같이 운운되었다(플라톤, 파이드로스, 크세노폰 등). 이를테면 "옛날에 매우 아름다운 소년 또는 젊은이가 있었는데, 그는 무척 많은 연인을 거느리고 있었다……"는 식이었다. 이것은 마치 하피즈나 사디[둘 다 중세 페르시아의 유명한 시인]의 어조다.

아이스킬로스, 소포클레스, 에우리피데스 등은 남색을 무대에 올려도 된다는 허락을 받았다. 왜냐하면 '많은 남자는 여자를 정부로 두는 것을 좋아하는 것과 마찬가지로, 소년을 애인으로 삼는 것을 좋아했다. 그것이 그리스의 질서 있는 많은 도시에서의 상습적인 유행이었기' 때문이다. 아르카이오스, 아나크레온, 아가톤, 핀타로스 같은 시인들은 남색을 즐겼고, 테오그니스는 '앳된 홍안의 미소년'을 노래했다. 정치가 아리스티데스와 테미스토클레스는 테오스의 미소년 스테시리우스 때문에 싸우고, 피시스트라투스는 소년 에로스 신을 위해 처음으로 제단을 건설한 칼무스를 사랑한 한편, 칼무스는 피시스트라투스의 아들 이피아스를 사랑했다. 웅변가인 데모스테네스는 크노시온이라고 하는 젊은이를 숨겨두어 아내의 격렬한 분노를 샀다. 크세노폰은 클리니아스와 아우톨리코스를, 아리스토텔레스는 에르메아스, 테오데크테스*37를, 엠페도클레스는 파우사니아스를, 에피쿠로스는 피토클레스를, 아리스티포스는 에우티키데스를 사랑하고, 스토아 철학을 연 제논은 여성에 대해 철학적 무관심을 보여주며 오로지 남색만 즐겼다. 아테나이오스(《식통대전(食通大全)》 v.c. 13)에 나오는 한 남자는, 유언장에 자신이 사랑한 젊은이들은 자신의 장례식 때 검투사처럼 싸워야 한다고 써서 남겼다고 한다. 루키아노스 속의 카리클레스는, '불임의 쾌락'을 사랑한다 하여 칼리크라티다스를 비난했다.

마지막으로 아르키비아데스와 소크라테스의 유명한 정사가 있는데, '신성한 남색'으로서 떠들썩한 이야깃거리가 되었다. 아테나이오스(v. 13)에 의하면, 플라톤은 아르키비아데스에게 아주 반해 푹 빠져 있는 소크라테스를 묘사했다고 한다.*38 고대 그리스인은 두 사람의 관계를 불순하게 보았던 듯하며, 그렇지 않았다면 유베날리스가 다음과 같이 쓰지는 않았을 것이다.

Inter Socraticos notissima fossa cinaedos.
(소크라테스 속에는 보통 이상의 육욕이 매우 뚜렷하다.)

이어서 피르미쿠스도 '소크라테스의 남색(Socratici padiconens)'〔페디콘은 능동적인 남색자를 가리킨다〕에 대해 언급했다. 현대에는 '그리스도교 이전의 그리스도교도'인 그리스 성인(聖人)들의 남색을 의문시하는 풍조가 있다. 그러나 소크라테스의 사랑이라는, 세계에 널리 퍼진 말은, 햇빛이 들어오지 않는 곳이므로 숲이라는 식의 터무니없는 억지스런 말로는 도저히 설명되지 않는다. 우리는 그러한 점잖음을 고상한 익살로 나타냈을 고대 그리스인의 윤리관에 19세기 편견과 선입관을 지나치게 적용하려 한다.

플라톤 학파의 아그논에 의하면(플라톤, 플루타르코스, 키케로 등도 확인했지만), 스파르타인은 결혼 전의 소년소녀를 똑같이 다뤘다. 따라서 유베날리스는 수동적 남색자에 대해 '라케데모니우스'〔스파르타인의 옛 호칭으로 라케데몬인)를 쓰고, 다른 저술가는 그 말을 여성 상찰자에게 적용했다. 기원전 404년에 펠로폰네소스 전쟁이 끝난 뒤로, 이 말의 용법은 심한 욕설로 변해 버렸다. 그래도 여전히, 유명한 나르키소스*39를 낳은 보이오티아인〔고대 그리스공화국 보이오티아의 주민)들도 어느 정도의 순수성을 유지했음이 분명하다. 오비디우스는 이렇게 그리고 있다(《변신 이야기》 iii. 339).

Multi illum juvenes, multae cupiere puellae ; Nulli illum juvenes, nullae tetigere puellae.
(젊은이는 소녀를 원하지만, 어떤 젊은이도 소녀에게 손을 대지 않는다는 뜻인가.)

왜냐하면 세 명의 연인을 가졌다고 하는 용장 에파미논다스〔고대 그리스 테베의 장군)는 연인들로 구성된 신성연대를 창설하여 에로스의 존엄성을 보여주고, 명예롭지 못한 생명보다 영광스러운 죽음을 선택했기 때문이다.

마지막으로 아이스키네스에 의하면, 아테네인은 겉으로는 남색자를 사형에 처했지만, 그러한 위협을 통해서도 카라치의 그것과 같은 소년들의 매음굴을 뿌리째 없애 버릴 수는 없었다. 노예와 소년 남창이 '배회하는'(그렇게들 말했다) 포르네이아〔그리스어로 매음굴이라는 뜻)나 포르노보스케이아〔매음굴을 경영하는 장사라는 뜻)는 도시의 성벽이나 일종의 탑이 있는 곳 근처에 있으며, 국가에 일정한 세금을 냈다. 문명화한 그리스 사회의 쾌락은

주로 이단적인 색정—고급매
춘과 남색—속에서 추구되었
던 것 같다.

16세기 프랑스어는 성기
(性器)에 대해 4백 개의 명칭
을 가졌고, 교열(交悅)과 관
련된 말은 3백 가지에 이르렀
던 것으로 추정된다. 그리스
어의 어휘도 그에 못지않게
풍부하여, 모든 남색 어휘(마
이에르는 거의 백 종류를 들
었지만)와 병리학적 색정의
명명법은 꽤 기묘하고 흥취가
있으므로, 여기에 인용할 가
치가 있다고 생각한다.

▽아브론(Abron)〔아르고스
시민〕의 생활을 하는 것. 즉,
$παεχων$로 수동적 연인의 생
활을 하는 것.

《아라비안나이트》 마르드뤼스판 삽화
아버지 유산을 물려받은 젊은이는 첫날밤에 처음으로 아
내의 얼굴을 본다는 관습에 따르지 않고, 여자노예 가운
데서 아내를 고른다.

▽아가톤의 노래.

▽아이스크로우르기아(Aischrourgia)=불성실한 사랑. Akolasia, Akrasia.
Arrerokoitia 등으로도 불린다.

▽알키노오스(Alcinoan) 젊은이들 또는 '이단자'.

In cute curanda plus aequo operata juventus.

(피부를 보살피는 데 있어서, 젊었을 때 이상한 노력을 한다는 뜻.)

▽알레고메노스(Alegomenos) '입에 올리지도 못할 자'. 이것은 앙키라 시
회에서 명명되었다. 그 밖에 Agrios, Apolaustus, Akolastos라고도 불렸다.

▽양성구유자(Androgyne). 아우소니우스는 이렇게 썼다(《단시집(短詩
集)》lxviii. 15).

Ecce ego sum factus femina de puero.

(보라, 나는 치자(稚子)에서 여자로 바뀌었노라.)

▽바다스(Badas)와 바디제인(badizein)=뒤집힌 엉덩이(clunes torquens). 또 바탈로스(Batalos)=남창(catamite)〔이것은 수동적 남색자〕.

▽카타피고스(Catapygos) 카타피고시네(Katapygosyne). 이것은 반지에서 유래한 말.

▽키네두스(Cinaedus, Kinaidos). 능동적 남색자($\pi o\iota \omega \nu$). 그 활동모습 Kinetics에서, 아니면 어떤 뜻에서의 개의 순종($\chi \upsilon \omega \nu\ \alpha'\iota \delta \omega \varsigma$)에서 유래한다. 또 스파탈로키네두스(Spatalocinaedus, 넘칠 듯 음란한 빛)=아름다운 가니메데스〔트로이아의 미소년〕.

▽칼키디사레(Chalcidissare, Khalkidizein). 에보이아 섬의 칼키스라는 도시 이름에서 나왔다. 이 도시는 '배후에서의 사랑'으로 유명하다. 대부분은 어린아이가 고환을 핥는 데 이용된다.

▽클라조메스(Clazomenac)는 엉덩이, 또 남색적 질병을 가리킨다. 뒤집힌 베누스(Aversa Venus)〔항문성교를 가리킴〕에 탐닉한 이오니아의 도시에서 유래. 또 수동자에게도 쓰인다.

▽엠바시코에타스(Embasicoetas). 본디 결혼식 때의 횃불잡이. 취침 전에 마시는 '취침주', 그리고 여자 같은 남자를 뜻하기도 한다.

▽에피페데시스(Epipedesis)=육체적 공격.

▽게이톤(Geiton)은 글자 그대로는 '이웃 사람'으로 엔코르피우스의 애인 〔뒤의 《사티리콘Satyricon》의 기사 참조〕. 여기서 프랑스어의 지톤(giton)이 나왔다. 동의어인 바르다쉬(bardache)(프랑스어)와 bardascia(이탈리아어)는 포로, 노예 따위를 뜻하는 아랍어인 바라다지(baradaj)에서 파생했다. 증대사(增大辭)의 형태는 폴리게이톤(Polygeiton)이다.

▽히피아스(Hippias)〔아테네의 참주〕. 이것은 수동자(여자 또는 소년)가 능동자 위에 걸터앉을 때 쓰인다.

▽모흐테리아(Mokhtheria)는 소년을 상대로 한 발칙한 행위.

▽치자의 애인(Paidika). 이 말에서 페디카레(paedicare, 능동자)와 페디카리(paedicari, 수동자)가 나왔다.

▽파티코스(Pathikos)와 파티쿠스(Pathicus)는 수동자. 그 밖에 Malakos

(malacus, mol lis, facilis), Malchio, Trimalchio(Petronius), Malta Maltha   등 모두 같다.

▽프락시스(Praxis)＝악업.

▽피기스마(Pygisma)＝둔기(臀技, buttockry). 대부분의 능동 남색자는 너무 흥분하기 쉬워서 삽입까지 이르지 않고 엉덩이에서 끝나버리기 때문이다.

▽페니키사레(Phoenicissare, φοινικιζειν)는 월경 때의 쿤닐링게레[쿤닐링구스]이며, 이 악덕이 페니키아의 관습이었기 때문이다.

▽피키디사레(Phicidissare)는 성기 또는 고환을 핥는 개의 몸짓을 뜻한다. (denotat actum per canes commissum quando lambunt cunnos vel testiculos) 또, 어린이의 누정(漏精)에도 쓰인다.

▽사모스 섬의 꽃(Samorium flores). 이것은 사모스 섬의 남창적인 매음을 간접적으로 나타낸 말.

▽시프니아사레(Siphniassare, 시프노스 또는 시판트 섬에서 유래)는 '손가락으로 엉덩이를 찔러 가려움을 없애는 것(digito podicem fodere ad pruriginem restinguendam)'이라고 네덜란드의 석학 에라스뮈스가 말했다. (미라보가 쓴《호색본 *Erotika Biblion*》의 *Anoscopie*를 참조하기 바란다)

▽트립시스(Thrypsis)＝음핵 마찰.

앞에서 말한 것처럼, 그리스의 남색은 고귀하고 이상적인 일면을 가지고 있었다. 그런데 로마는 그 종교나 정치와 마찬가지로, 매우 물질적인 에트루리아인한테서 이 그릇된 행위를 가져와서 파렴치하게도 그것을 한층 더 타락시켰다. 공화정체 아래서도 플라우투스는, 극 중 한 인물에게 매우 천연덕스럽게 "연인이여, 내 등 뒤에서 비켜주오(Ultro te, amator, apage te a dorso meo)!"라고 소리치게 했다. 이런 향락적인 풍조가 점차 강해짐에 따라 이 악덕은 더욱더 성행하여, 리비우스(《로마 건국사》 xxxix 13)는 디오니소스 축제 때, '수많은 남자가 얼마나 여자를 타락시켰는가(plura virorum inter sese quam foeminarum stupra)'에 대해 언급했다. 〔오토 키퍼의 이름난 저서《로마 성 풍속사》를 보면 참으로 난잡하고 문란한 주신제(酒神祭)에 대한 리비우스의 긴 글이 일부 번역되어서 실려 있다. 로마 원로원은 기원전 186년에 이를 금지했는데 체포된 남녀는 7천 명에 이르렀다고 한다.〕

물론 개개인의 항의도 없지는 않았다. 이를테면, 파비우스 막시무스 세르빌리아누스(기원전 612년, 집정관)는 순결이 의심스럽다는 혐의로 자기 아들을 처벌했고, C. 프로티우스라는 한 민병은 음란한 요구를 한 군단 사령관 Q. 루스키우스를 죽였다.

흔히 호민관 스칸티니우스가 처음 생각해 낸 것으로 알려 있지만, 성립연대(기원전 226년?)가 확실하지 않은 스칸티니아법(Lex Scantinia)은 이러한 추행을 벌금으로써 뿌리째 없애 버리려고 했다. 또 율리아법(Lex Julia)은 사형으로 조치를 취했다. 그러나 로마제국의 판도가 확대됨에 따라 물밀듯이 밀려오는 추행의 범람을 막을 수 없었다. 그때는 어떤 계급이든 이러한 '불임의 쾌락'을 경멸한 자는 없었던 듯하다. "그 시절의 사람들은 이런 사랑에 그리스도교 국가처럼 오욕의 낙인을 찍지는 않았다"고, 베일은 '아나크레온'[고대 그리스의 서정시인]의 항에서 기술했다.

카툴루스의 '대머리 남창(Cinaedus calvus)'인 카이사르 황제는 로마의 모든 아내의 남편이고 모든 남편의 아내였다(수에트니우스의 저서《역사적 비평적 사전》제52장). 부하 병사는 카이사르를 찬양하며 "카이사르는 갈리아국(골)을 정복했지만, 니코메데스는 카이사르를 정복했다(Gallias Caesar subegit, Nicomedes Caesarem)"고 노래했다(수에트니우스). 〔청년 시절, 카이사르는 비티니아 왕 4세 니코메데스를 방문했다가 아깝게도 청춘의 꽃을 잃고 말았다고 한다. 위의 말 다음에 '오늘 골인(人)을 정복한 카이사르는 승리에 빛나지만, 카이사르를 정복한 니코메데스에게는 승리가 없다'는 문구가 이어진다.〕 여기서 '비티니아의 개선문(Fornix Bithynicus)'이라는 니코메데스의 별명이 나왔다.

　Videsne ut Cinaedus orbem digito temperet.
　〔남창이 하나의 손가락 끝으로 세계를 지배하고 있는 것을 모르느냐는 정도의 뜻.〕

로마의 티베리우스 황제〔아우구스투스 황제의 의붓아들〕는 스핀트리에 즉, 밀실(Sellarii)의 격투자들(Symplegma)을 발명했다(세네카의 저서《자연의 여러 문제 Quaest. Nat.》). 〔스핀트리에는 글자 그대로는 여자의 팔찌를

의미하는데, 육체의 인연으로 사슬처럼 엮인 능동자와 수동자를 가리킨다.]

이렇게 음란하게 놀고 즐기는 것은 19세기 무렵 나폴리에서 수많은 영국인에 의해 되살아났는데, 아우소니우스는 이렇게 기술하고 있다(《단시집》 cxix. 1).

> Tres uno in lecto : stuprum duo perpetiuntur ;
> 〔한 침상에 세 사람. 두 사람은 추행을 하고, 두 사람은 그 추행을 감수한다는 뜻. 그 다음에 "그럼, 네 사람이 있다는 얘기가 아닌가? 아니, 그렇지 않다네! 가운데 남자를 두 번 헤아려야지. 그는 동시에 하기도 하고 당하기도 하니까" 라는 설명이 이어지고 있다.〕

또, 말티아리스도 이렇게 말했다(《단시집》 xii. 43).

> Quo symplegmate quinque copulentur ;
> Qua plures teneantur a catena ;
> 〔어떻게 다섯 사람이 함께 교합할 수 있는가, 어떻게 그 이상의 사람이 줄줄이 엮여서 맺어질 수 있느냐는 뜻.〕

아우소니우스는, 칼리굴라 황제가 참을 수가 없어, 기도 의식이 끝나기도 전에 강제로 신관 M. 레피두스를 범했다는 이야기를 했다. 홍안의 네로는 정식으로 피타고라스(또는 드리폴로스)와 결혼하고 나중에 스포루스를 아내로 맞이했는데, 이 남자는 처음에 특수한 방법으로 거세당했다. 그리고 죽은 왕비의 이름을 따서 세비나라고 이름 지어져〔희대의 미인으로 불렸던 포피아 세비나를 가리키며, 서기 65년 임신 중에 네로의 발길질에 사망〕, 왕비로서의 명예를 주장했다. 위대한 하드리아누스 황제가 공공연하게 안티노오스를 사랑한 것과 엘라가발루스 황제의 방탕하고 음탕한 모습도, 로마인으로 하여금 혀를 차게 하기는커녕 오히려 크게 기뻐하게 했던 것 같다.

우라노폴리스 도시는 남창을 두고 매음 영업하는 곳을 인정했으므로 성년과 미성년자의 남창(이미 7세가 되면 남창 가업을 물려받았다)이 문 앞에 서서 손님을 꾀는 행위를 했다. 그들은 여자와 마찬가지로 짧은 소매의 속옷과 겉옷(달마티카)을 입었다. 현대의 이집트에서 볼 수 있듯이, 수동적인 소년(남창)들은 공중목욕탕에도 출입했다. 이런 종류의 방탕아들은 프리메이슨 단원과 마찬가지로, 서로 알아볼 수 있는 각종 신호를 쓰는 습관이 있었다. 그리스인의 신호는 한 손을 쥐고 고환을 가리키거나, 가운뎃손가락을 세워서 흡사 암탉이 알을 품고 있는지 어떤지 만져보는 듯한 동작을 했다. 그래서 아테네 시민은 그것을 Catapygon(음란한 손가락) 또는 남색자라 부르고, 로마인은 불순한 또는 더러운 손가락(digitus impudicus or infamis)이라고 명명했다. 그것은 또 라블레와 손금쟁이의 '넷째 손가락'*40이다. 또 하나의 신호는 '새끼손가락으로 머리를 긁는 것(digitulo caput scabere)'(Juv. ix. 133)이었다.*41

소년이 돈을 받고 몸을 파는 일을 처음으로 금지한 사람은 도미티아누스 황제였다(51~96년. 그는 공포정치를 펼쳤고, 아내에게 암살되었다). 그러나 그리스인인 성 바울로는 일찌감치 정식으로 이 악덕에 대한 자신의 혐오감을 분명히 드러냈다(《로마서》 제1장 26절, 《고린도전서》 제6장 8절). 따라서 우리는 크로티우스(《진실한 그리스도교 de Verit》 li. c. 13)의 의견에 따라, 초기 그리스도교는 그것을 억압하려고 크게 노력했다고 생각하고 싶다. 그리고 마지막으로 테오도시우스 황제는 신성을 더럽히는 행위라 하여 남색을 화형으로 처단했다.

제정로마의 이교시대(異教時代)의 문학은 소년과 소녀를 전혀 구별하지 않았다. 호라티우스(Sat. ii. 118)는 천진난만하게 이렇게 노래했다.

> Ancilla aut verna est praesto puer ;
> (이 시집의 116~119행에서는 위의 인용구도 포함하여, 다음과 같은 문장을 볼 수 있다. "그대들의 양근이 발기했을 때, 누구든 그대들의 공격대상이 될 어린 하녀나 노예소년이 옆에 있는데도, 그대들은 욕정으로 터지길 원하는가? 나는 아니다, 결코!")

햄릿도 마찬가지지만, 다만 부정직한 뜻에서이다.

> 남자는 나를 기쁘게 해 주지 않는다,

여자도 마찬가지이다.

마찬가지로 에스파냐 사람인 말티아리스(xi. 46)도 이렇게 말했다. 그는 이런 종류의 남색적인 말이 가득한 보물창고이다.

Sive puer arrisit, sive puella tibi.
〔앞뒤의 글을 덧붙여 의역하면, "그대들이 문 위쪽에 명찰이 걸린 방의 문턱을 넘어설 때, 여러분을 미소로 맞이하는 자가 소년이든 소녀든……."〕

몰리에르의 기지와 피론의 음탕한 성질이 결합한 그 불가사의한 《사티리콘》은, 작자 자신은 라블레와 마찬가지로 더럽고 흐린 것 가운데 가장 청순한 것이라고 말했지만, 그건 바로 어떤 남색의 승리다.[*42] 〔《사티리콘》은 페트로니우스의 작품으로 알려 있고, 폭군 네로 시대의 음란한 사회생활, 특히 어린아이 기톤을 중심으로 한 지칠 줄 모르는 남색의 추구가 뚜렷하게 그려져 있다.〕 주인공인 기톤은 열일곱 살의 아름다운 청년으로서 교묘한 감언으로 사람들을 낚는데, 마치 섹스의 화신 같다. 그의 연인들(엔코르피우스와 아스큐르토스)은 그에게 몹시 질투하며 그가 가버리면 마음에 깊은 상처를 입는다. 그러나 난파 직전의 상황에서 죽음에 처한 부부의 대화만큼 슬픈 것이 또 있을까. 그 밖에는 모든 사람이 자신의 이웃을 범하려는 것 같다. 커다란 양물을 우뚝 세운(alte succinctus) 남자는 아스큐르토스를 갑자기 덮치고, 타렌툼의 선원 리쿠스는 엔코르피우스를 강간하려 한다는 식이다. 그래도 훌륭하고 완벽한 표현을 볼 수 있다(제7부). "비탄의 목소리는 매우 훌륭했다(죽어가는 남편은 자신의 노예들을 해방시켜 주었으므로). 무엇보다 그의 아내는 마치 그를 사랑하고 있었다는 듯이 눈물을 흘리지는 않았지만……. 그가 아내에게 그토록 친절하게 행동하지 않았더라면, 과연 어떻게 되었을까?"

호색적인 라틴어휘[*43]는 남색과 관련하여 약 90가지를 헤아리며, '로마적인 솔직함으로 얘기하는' 어떤 어휘는 특별히 뜻이 매우 깊다. '아베르사 베누스(Aversa Venus)'는 소년처럼 다뤄지는 여성을 암시한다〔즉, 항문성교를 가리킨다〕. 그래서 피론이 번역한 말티아리스(x. 44)는 정부인 말티아리스에게 이렇게 호소했다. 〔말티아리스는 박복한 남색시인으로, 결혼한 적이 없었다. 따라서 정부인 말티아리스는 남색 상대인 친구 율리우스 말티아리스를 가리킨다.〕

Teque puta, cunnos, uxor, habere duos.
〔그리고 매춘부와 아내, 그 둘을 갖추고 있다고 생각한다, 정도의 뜻.〕

capillatus 또는 comatus는 calamistratus라고도 하며, 인두로 머리를 곱슬곱슬하게 지진 연인을 말한다. 이 남자는 effeminatus, 즉 여자 역할을 하는 여성화한 남자다. 또는 능동자인 draucus, puerarius(소년의 연인), dominus(주인) 등의 뜻으로도 쓰인다. delicatus는 노예 또는 환관이라는 뜻이다.

divisor(찢는 것)이라는 이름은 동물의 내장을 절개하는 그의 관행에서 유래했다. facere vicibus(Juv. vii. 238), incestare se invicem 또는 mutuum facere 'Plaut, Trin. ii. 437'〔모두 교대로 한다는 뜻〕는 '소년의 나쁜 짓'이라 불리는데, 그것은 두 사람이 교대로 능동자가 되고 수동자가 되기 때문이다.

그들은 또 gemelli와 fratres, 즉 남색의 상대(compares in paedicatione)라고도 불린다. 불법적인 정욕(illicita libido)은 거꾸로 된, 또는 배후의 베누스(praepostera seu postica Venus)를 말하며, '어떤 것을 드러내다 또는 구부리다'(indicare (seu incurvare) aliquem)라는 아름다운 문구로 표현된다. 탈모(depilatus), 털을 뽑다(divellere pilos), 연한 갈색말(glaber), 엉덩이의 털을 뽑다(nates pervellere) 따위는 모두 남색적인 차림새를 암시하는 말이다.

'머리를 숙이다'는 뜻의 demittere caput와 dejicere caput의 미묘한 차이도 어휘로 늘어놓을 가치가 있는 한편, 수동적인 소녀(pathica puella), 치자(稚子, puera), 순진한 소년(putus), 어린 수탉(pullipremo), 소년(pusio), 성스러운 엉덩이(pygiaca sacra), 네발짐승(quadrupes), 갑충(甲蟲, scarabaeus) 따위는 설명할 필요도 없을 것이다.

이 남색은 로마에서 멀리, 또한 넓게 그 식민지로, 특히 오늘날 프로방스라 불리는 프로빙키아 지방에까지 그 영향이 미치게 되었다. 아테나이오스

(xii. 26)는 마실리아[마르세유]의 주민을 '쾌락을 위해 여자처럼 행동한다'며 비난하고, 마치 그곳이 다른 코린트[향락 생활로 이름 높은 도시]인 것처럼 '배를 타고 마실리아로 가라!'는 상투구를 인용하고 있다. 또 실제로 켈트족은 모두 이 악덕을 지니고 있다 하며, 아리스토텔레스(《정치학》 ii. 66)도 스트라보(iv. 199)도, 디오도루스 시쿨루스(v. 32)도 비난했다.

로마 문명은 북아프리카에도 남색을 전파시켰다. 그곳에서는 깊이 뿌리를 내렸지만, 남쪽의 니그로와 니그로계 민족은 이 도착적 성애를 완전히 무시했다. 물론 보르

《아라비안나이트》 마르드뤼스판 삽화
바그다드의 가난한 나무꾼이 인도와 중국 공주의 병을 고쳐주고, 그 포상으로 두 사람을 아내로 맞는다.

누와 하우사 등과 같은 왕국처럼 외국인이 이주한 곳은 예외다. 옛날의 모리타니아, 지금의 모로코에서는*44 원주민인 무어인이 유명한 남색자다. 성직자 집안에서 나온 이슬람교도조차 공공연하게 남창을 두는 것이 인정되었고, 그들의 제자는 성당을 그런 음행에 써도 그다지 나쁘게 생각하지 않았다. 한 예지만, 영국인 아내도 가정에서 '이 무서운 소년'을 쫓아낼 수 없었다. 그러나 남색은 《코란》에 의해 금지되어 있다. 제4장 20절에는 이런 문구가 있다. "그리고 만약 너희 사이에서 두 사람(의 남자)이, 이 죄를 범한다면 둘 다 처벌하라." 그 형벌은 공개적인 징계, 모욕, 처벌 따위에 의한 어느 정도의 상해 또는 손상이다.

롯과 남색자들에 대해서는 제7장 78절, 제11장 77~84절, 제26장 160~174절, 제29장 28~36절 등의 네 군데에 뚜렷이 언급되어 있다. 맨 먼저,

백성에게 파견된 예언자는, "너희는 일찍이 누구도 한 적이 없는 혐오스러운 행위에 빠지려는 것이냐? 진실로 너희는 여자가 아닌 남자에게 색정을 품고 접근하고 있다"고 말한다. 다음에는 죄인들을 멸한 비에 대한 기술이 있고, 제11장에서는 평원의 도읍에 내린 심판이 자세히 묘사되어 있다. 여기서는 가브리엘, 미카엘, 라파엘의 세 천사가 아름다운 젊은이로 변신하여, 죄인들을 유혹하기 위해 롯에게 모습을 드러냈다. 그러나 성스러운 롯의 힘은 아무 소용이 없었다. 그는 마을 사람들의 호색적인 취향에서 도저히 천사들을 지킬 자신이 없었다. 그래서 롯은 문을 걸어 잠그고, 그 안에서 도시 사람들과 문제를 의논한다. 그러나 곧 폭도들은 벽에 기어오르기 시작했다. 가브리엘은 주인이 곤경에 빠진 모습을 보고, 한쪽 날개로 폭도들의 얼굴을 때려 장님으로 만들고 말았다. 그러자 다른 사람들은 롯이 집 안에 마법사를 숨겨두고 있다고 하면서, 구원을 청하며 달아났다.

그리하여 '모든 도시'는—만약 실제로 존재했다면 농민의 촌락이었을 것이 분명하지만—공중으로 들어 올려졌다. 즉, 가브리엘은 마을 아래에 날개를 집어넣고 그것을 하늘 높이 들어 올렸으므로, 하계 사람들은 개가 짖고 닭이 우는 소리를 들을 수 없었다. 이어서 돌이 비처럼 쏟아졌다. 그것은 빨갛고 하얀 줄이 쳐진, 지옥불로 구운 점토 조약돌로, 아브라하트 알 아슈람의 군사〔메카에 침입한 아비시니아인들〕를 멸망시킨 무기와 마찬가지로, 하나하나에 겨냥하는 상대의 이름이 새겨져 있었다. 그리고 마지막에 '모든 도시'는 뒤집혀서 대지에 버려졌다.

이러한 우발적인 거짓 이야기들이 다른 두 장에서도 길게 되풀이되어 있는데, 이것은 남색에 대한 경고라기보다는 알라의 위력을 보여주는 본보기로 얘기되어 있다. 모하메드는 철학적인 무관심으로 남색을 바라보았던 것 같다. 그를 받들고 믿었던 사람들의 일반적인 견해는, 범죄자가 공개적으로 잘못을 뉘우치는 모습을 보여주지 않으면 간통과 마찬가지로 처벌당해야 한다는 것이었다. 그러나 간통과 마찬가지로 이 법률은 지나치게 너그러우며, 또 네 명의 믿을 수 있는 목격자가 증거를 보지 않은 한 고발하지 않는다.

나는 앞에서도 주석했지만〔이 책 '오마르 빈 알 누만 왕과 두 아들 샤르르칸과 자우 알 마칸 이야기' 주석 292〕, 극락의 미녀 하우리스(Houris)의 짝인 미소년 길만(Ghilman) 또는 울단(Wuldan)은, 내세의 행복한 상태에 있는 진정한 신자들에게 합법적인 남창이 될 것이라는 터무니없는 속설이 있다. 이 생각은 이슬람교의 어디서도 지지를 받지 못하고 있다. 또 나는 가끔 방탕아들이 이 속설에 대해 운운하는 것을 들었지만, 학자들은 그런 주장을 말이 되지 않는다 생각하고 있다.

모로코의 경우와 마찬가지로, 이 악덕은 알제, 튀니스, 트리폴리 같은 옛 섭정관구나 남지중해 연안의 모든 도시에 구석구석 침투해 있지만, 누비아족이나 베르베르족, 또 두메에 사는 훨씬 더 원시적인 민족에게는 알려지지 않았다.

동쪽으로 향하면, 우리는 모든 추행의 고전적인 고장으로 알려진 이집트에 이르게 된다. 게다가 이상하게도 그러한 추행은, 가장 깨끗한 생활을 보낸 사람들이나 절도와 도덕의, 또 종교와 미덕의 본보기로 알려진 사람들과 매우 밀접한 관련을 맺으면서 번성했다. 고대 콥트인들에게 남색은 종교적 의식의 중요한 부분이 되어 교대로 교접하는 두 마리의 수컷 바위자고새로 상징되었다. 이 폐해는 캄비세스 2세〔고대 페르시아의 제7대 왕〕의 침략(기원전 524년)을 통해 세력이 더 커진 듯하다. 이 왕의 군대는 프사메티코스 3세〔이집트 제26왕조 제6대〕를 격파한 뒤, 나일 강 유역에 정착하여 온갖 반란 속에서도 약 190년 동안이나 영토를 유지했다. 이 6세대 동안 페르시아인은 하(下)이집트, 특히 고(故) 로저스 베이가 입증한 것처럼 나일 강에서 가장 오래된 삼각주 파이윰(Fayyum) 지방에 영향을 남겼다.[45] 또 그리스인들도 이 폐해를 경멸하지는 않았다. 그들은 '이집트의 해방자이자 구세주인' 알렉산드로스 대왕의 지휘 아래 이집트 왕조를 전부 없애 버렸다. 그러나 환관 바고아스에 대한 이 마케도니아 왕의 사랑은 역사상 유명하다.

그 시대 이후, 그리고 역대 프톨레마이오스 왕 시대에서의〔기원전 330~23년〕, 도덕은 점차 타락해 갔다. 카노푸스〔고대 이집트의 유명한 도시〕의 난잡한 유희는 사생활에까지 침투하여, 여성의 방탕한 행동도 남성에 못지 않았다. 그리스도교도 이슬람교도 사태를 호전시킬 수는 없었다. 이전 세기에 손니니가 여행한 무렵(1717년), 사회적인 도덕은 최악의 상태에 이르렀던 것 같다. 절대적으로 믿을 만한 이 프랑스의 사관(士官)은 곳곳에 널리 퍼진 죄악을, 특히 '이집트인의 기쁨'이 되어 있었던 남색과 짐승을 상대로 하는 변태적인 성행위를 비할 수 없이 음산한 필치로 그리고 있다《여행기》

제15장).

나폴레옹의 정복이 전개될 무렵, 조베르는 브루익스 장군에게 편지를 보내 다음과 같이 말했다.

"아랍인과 맘루크들은 우리 포로 몇 명을 마치 소크라테스가 알키비아데스를 다룬 것처럼 다뤘다. 그 때문에 그들은 목숨을 끊거나 그렇지 않으면 달갑게 받아들이는 수밖에 없었다."〔물론 폭력적인 남색행위를 간접적으로 나타내고 있다.〕

지난날의 영국 이집트인들은 사이드 파샤와 매우 고상한 네덜란드 총영사 드 로이세네르의 이야기를 떠올리고는, 지금도 재미있어하며 낄낄 웃는다. 그 이야기라는 것은, 총영사가 이 남색 문제에 대해 의견을 말하기 전에, 능동과 수동의 실험을 해 보라고 자못 진지하게 권유받은 것을 말한다. 지금은 유럽인과의 광범위한 교류를 통해, 사태의 개혁까지는 아니라도 상류계급에서는 어느 정도 삼가는 모습이 보이기 시작했다. 여전한 악덕이 있기는 하지만, 조소적인 외국인의 눈에 자신들의 악덕을 드러내려고 하지 않는다.

고대의 추행에서 또 하나의 초점인 시리아와 팔레스타인은 이집트에서 빌려 쓴 양성구유, 즉 두 가지를 겸하는 신들에 대한 숭배를 더욱 부풀렸다. 플루타르코스는 고대의 나일 강 주민들이 달을 '남녀의 성(性)'으로 생각하고, 루나(Luna)〔여자의 달신〕에게 남자를, 루누스(Lunus)〔남자의 달신〕에게 여자를 희생물로 바쳤다고 말했다. 이시스(Isis) 신도 역시 양성이었다. 그것은 에테르(Aether) 또는 에아(Air, 아이르)(하층(下層)의 천상계)는 창조적 자연의 용매라는 생각에서 온 것이다. 다마스키오스는 이 교의를 대기의 다산력(多産力)으로 설명했다. 여기서 오르페우스가 쓴 것으로 전해지고 있는 단장(斷章), 유피테르(Air)의 노래가 나왔다.

모든 것은 요베(유피테르)에게서 생겨나니,
요베는 남자, 요베는 죽지 않는 신부.
사람들은 두 개의 성을 가진 아이르(Air)를 요베라 불렀네.

율리우스 피르미쿠스에 의하면, "아시리아인과 아프리카인의 일부는(지중해 연안의 주민?) 아이르(Air)를 중요한 원소로 생각하고 그 상상 속의 모습(imaginata figura)을 숭배하며, 유노(Juno) 또는 처녀 베누스(Virgin Venus)라는 이름으로 신성시했다……. 그들은 얼굴을 여성화하고 피부도 매끄럽게 하고, 남성기를 여성적 장식으로 욕되게 하지 않는 한, 정식으로 이 여신을 섬길 수 없다. 여러분은 그들의 사원 자체 속에서 무참한 희롱을 견디는 신음 속에서, 여성 같은 수동자(viros muliebria pati)가 되는 그러한 남자들의 모습을 보게 될 것이다. 그들은 일부러 과시하듯이, 불순하고 음란한 육체의 오욕을 드러낸다." 우리는 여기서 환관화〔거세화와 같다〕의 종교적 의의를 볼 수 있다. 그것은 탬버린을 두드리는 손(Tympanotribas), 곧 골인(Gallus)*46에 의해 종교적인 의식으로서 이루어졌다. 레아 신(Rhea) 또는 좋은 어머니(Bona Mater, 프리기아에서는 키벨레 신(Cybele)으로 불림)의 거세승이다. 또 그 밖의 많은 종교에 의해서도 실행되었다. 그리스도교도 여러 가지 원전이 보여주고 있듯이,*47 옛날부터 배어 있던 이 사고방식을 모두 떨쳐 없앨 수는 없었다.

여기서도 또한 제2의 단계에 있는, 즉 남색이 식인풍습처럼 미신으로 변한 단계의 남창애(男娼愛)에 대한 설명을 볼 수 있는 셈이다. 자연에 의해 심어진 경향이라고 가정하면, 이 남색을 인간의 산 제물과 마찬가지로 비밀축제에서의 남녀 신에 대한 가장 무난한 공양으로 생각한 것을 쉽게 이해할 수 있다. 그래서 로마에서도 이집트와 마찬가지로, 이시스 신(Inachidos limina, Isiacae sacraria Lunae)을 모시는 사원은 남색의 중심지였고, 이 관행은 메소포타미아에서 멕시코와 페루에 이르기까지 중요한 승려계층에 의해 도입되었다.

남창에 대한 가장 오래된 기술은 소돔과 고모라(Gomorrah)(='Amirah, 곧 경작된 나라라는 뜻), 아드마, 스보임, 소알 또는 벨라, 이 다섯 도시의 전설상 파괴에서 볼 수 있다(《창세기》 제19장). 이 전설은 남색자에게 모든 것을 거꾸로 하게 하는 율법학자들에 의해 유감없이 과장되거나 아름답게 꾸며졌다. 이를테면 어떤 사람이 다쳤다면, 그 사람은 피를 흘린 죄로 벌금이 부과되어 가해자에게 돈을 지급해야 했다. 또 누군가가 이웃 사람의 당나귀 귀를 베어 버리면, 그 귀가 자랄 때까지 당나귀를 보살펴야 한다는 식이었다.

이 유대학자들은 그 주민들을, 악당을 우두머리로 섬기는 사기꾼 일족으로 단정하고, 글자 그대로 읽은 심판을 정당화한다. 그러나 여행자는 그들의 주장을 그대로 받아들일 수 없다.

나는 가장 아름다운 호수인 사해(死海)의 북부와 남부를 꼼꼼히 살핀 적이 있다. 모아브의 대고원을 배경으로 한 그 아름다운 고요함은 '머리에서 성지'가 떠나지 않는 이상한 병에 걸린 병자를 제외하고, 모든 사람에게 찬탄의 대상이다.*48 그러나 나는 그 부근에 분화구의 흔적이나 화산계의 표시, 또 '유성암(流星岩)'의 자취도 전혀 발견하지 못했다. 호수의 이름이 유래한 아스파르트는 석회암에서 유출된 광물화한 식물이고, 유황과 염분은 요르단 강을 통해 쉴 새 없이 호수로 흘러들고 있다.

따라서 나는 위의 역사를 하나의 신화로 여겨야만 한다. 그리고 그 신화는 아마 두 가지 역할을 한 것 같다. 첫째는, 그런 식으로 험담을 들은 이단적인 조상의 맬서스식 관행에서 유대인을 떼어놓는 일이다. 그 점에서는, 롯의 자손 이름을 '모압', 즉 아버지의 정액과 '암몬', 즉 어머니의 아들, 곧 사생아라는 식의 말도 안 되는 어리석은 전설과 비슷하다. 〔이단적인 조상의 맬서스식 관행이란 롯의 딸들이 자손을 남기기 위해 술에 취해 잠든 아버지와 교합하여, '모압'과 '벤암미', 즉 암몬인의 조상을 얻은 것을 말한다.〕

다음으로 이 신화는 하요르단 지방과 사해를 포함한, 이상한 균열도 해명하려고 했다. 고(故) R. 머치슨 경은 완고하게 이 지형을 '침하(沈下)화산'이라고 불렀다. 그러나 수원지를 그 자연스러운 배설구인 에로스(아카바)만(灣)에서 차단하고 있는 위와 같은 지질학상의 특징은, '지대가 낮은 도시들'이 아직 존재하기 전인 수만 년 전에 이루어진 것이 틀림없다. 그렇지만 고대의 입법자인 모세의 중요한 안목은 의심할 여지없이 인구증가에 이롭지 않은 도착행위를 반대하는 것이었다. 그는 분명히 말했다. "짐승과 행음하는 자는 반드시 죽일지니라."(〈출애굽기〉제22장 19절) "누구든지 여인과 동침하듯 남자와 동침하면 둘 다 가증한 일을 행함인즉 반드시 죽일지니 자기의 피가 자기에게로 돌아가리라."(〈레위기〉제20장 13절) 그리고 "이스라엘 여자 가운데 창기가 있지 못할 것이요, 이스라엘 남자 가운데 남창이 있지 못할지니."(〈신명기〉제23장 17절)

남색신화에 관한 오래된 주석은 충분하지 않다. 이를테면 '카데시(Kadesh, 남창)'에 대한 파크허스트의 견해를 살펴보자. "이에 의해 우리는 소돔과 인접한 도시들에 대한 위와 같은 처벌의 특별한 타당성을 인정할 수 있다. 그들은 남색의 불순한 행위에 의해 천상계를, 여호와*⁴⁹로부터 독립한, 그리고 여호와에 대립한 다산(多産)의 원인으로 보려 했다. 그래서 여호와는 천상계에서 단비가 아니라 유황을 내려 주민을 멸했을 뿐 아니라, 옛날에는 신의 동산이었던 전 국토를 씨도 뿌릴 수 없고 아무것도 자라지 않는, 불모의 유황과 소금으로 바꿔버리고 말았다."

여기서 인정해야 하는 것은, 이 다섯 도시에 대한 처벌이 종교적으로 열렬하게 서민적인 의식을 실행하고 있었던 사람들에게는 참으로 가혹한 타격이었다는 점이다. 이런 의식은 오늘날에도, 이를테면 나폴리와 시라즈 같은 많은 도시가 단순한 쾌락을 위해, 게다가 신으로부터 어떠한 법도 받지 않고 시행하고 있다. 그러므로 이 신화는 두세 곳의 농촌을 폭풍우로 파괴하는 정도로 그친다면, 아마 그다지 문제가 되지 않았을지도 모른다.

시리아에 들어간 히브리인은 이미 그곳이 아시리아와 바빌로니아에 의해 종교화되어 있음을 알았다. 이 아시리아와 바빌로니아에서 아카드인의 이슈타르(Ishtar)[사랑과 풍작의 여신]는 더욱 서쪽으로 가서 아르메니아의 Ashtoreth, Ashtaroth, Ashirah, Anaitis로, 페니키아의 Astarte로, 그리스의, 하늘과 사랑의 여왕인 위대한 달의 여신 아프로디테(Aphrodite)로 변해 갔다.*⁵⁰ 한편으로, 이 여신은 베누스 밀리타(Venus Mylitta) 즉, 자식을 낳는 어머니(Procreatrix)이고, 칼데아어로는 Mauludata, 아랍어로는 Moawallidah (자식을 낳는 여신)이라고 했다. 이 여신은 여자처럼 꾸민 남자들의, 또 그 반대로 남자처럼 꾸민 여자들의 숭배를 받았다. 그래서 5서(書)에서는(〈신명기〉 제22장 5절) 남녀가 옷을 바꾸는 것이 금지되어 있다. ["여자는 남자의 옷을 입지 말 것이요, 남자는 여자의 옷을 입지 말 것이라."]

남창은 성스러운 카데시(Kadesh)라 하고, 창녀는 카데샤(Kadeshah)라고 했다. 그리고 둘 다 말로 나타낼 수 없는 난잡하고 음란한 행동에 빠졌음은 의심할 여지가 없다. 에우세비오스(《콘스탄티누스전(傳) De bit. Const.》 iii. c. 55)는 아파크(Aphac)에서의 음행의 도장(道場)을 그리고 있는데, 거기서는 여자와 '남자가 아닌 남자'가 귀신(베누스)을 위해 온갖 추행을 저질렀다고 설명했다. 여기서는 프리기아의 상징인 키벨레(Kybele)와 아티스(Attis, Atys)가 시리아어인 Ba'al Tammuz와 Astarte로, 또 그리스어의 Dionaea와 Adonis로, 즉 더욱 큰 두 개의 광명인 신인동형동성적(神人同形同性的)인 형상으로 변했다. 아페카(Apheca, 아파크)라는 장소는 베이루트에서 케다르스 지방으로 뻗은 루트의 중간에 있는, 지금의 와디 알 아피크를 말하는데, 훌륭한 자연미를 지닌 이 협곡은 여신과 반신(半神)의 성애(性愛)에 어울리는 무대다. 그리고 콘스탄티누스 대제가 파괴한 사원의 폐허와 절묘한 조화를 이루는 웅장하고 화려한 분수가 대조의 미묘함을 자아내고 있다.*51

페니키아인은 이 반남반녀적인 숭배를 그리스 전역으로 넓혀 갔다. 스트라보(viii. 6)에 의하면, 히에로도울리(Hierodouli)라 불린 코린트 섬의 아프로디테를 섬기는 성스러운 신자와 심취자들은 베누스 신전을 위해 1만 명의 고등내시를 바쳤다고 한다. 그러한 더없이 음탕한 즐거움에서 호라티우스에 의해 일반화된 속담[미상(未詳)]이 생겨났다.

이러한 의식의 중심지 가운데 하나는 키프로스 섬으로, 세르비우스(Ad. Æn ii. 632)에 의하면, 그곳에는 여자의 몸으로 여자 옷을 입고 남성처럼 홀(笏)을 든 채 머리에 주교의 관을 쓴, 수염 난 아프로디테의 초상이 서 있었다고 한다. 사람들은 그것을 숭배할 때 옷을 서로 바꿨고, 그곳에서 치녀성을 희생으로 바쳤다.

헤로도토스(《역사》 i. co. 199)는 바빌론에서 있었던 파과(破瓜)의 상황을 묘사했는데, 그는 종족적 제사의 단순한 성별식(聖別式)이었던 이 풍습의 천박한 면밖에 보지 못했다. 어디에서나 결혼 전의 소녀들은 아버지와 씨족에게 속하므로, 이 처녀는 아내로서 남편 개인의 재산이 되기 전에, 공공적으로 지급해야 하는 빚을 내는 것일 뿐이다. 이 같은 풍습은 고대 아르메니아와 에티오피아의 각 지방에서도 성행했다. 헤로도토스는 바빌로니아인의 그것과 매우 비슷한 관행을 '키프로스 섬의 어떤 지방에서도 볼 수 있다'고 했다. 그것은 유스티누스(xviii. c. 5)도 인정하고 있다. 그리고 아마도 그것을 통해, 바빌로니아인이 사마리아의 여러 도시에 이식한 '스코스 베노스(Succoth Benoth)', 즉 '처녀의 성소'*52를 해명할 수 있을 것이다.

유대인은 '개(犬)'에 대해서도,*53 이교도인 이웃의 추행을 매우 교묘하게 모방한 듯하다. 간악한 레하베암의 시대에(기원전 975년), "그 땅에 또 남색하는 자가 있었고, 여호와께서 이스라엘 자손 앞에서 쫓아내신 국민의 모든 가증한 일을 무리가 본받아 행하였더라."(《열왕기》 상권 제14장 24절) 이 그릇된 행동은 아서 왕(기원전 958년)에 의해 없어지게 되었다. 하기는

그의 할머니*54는 프리아프스
〔파루스의 상징〕 신의 제사장
이었지만. 어쨌든 아서 왕은
신전 남창을 나라에서 추방하
고 말았다. (《열왕기》 상권
15장 12절) 그러나 예언자들,
특히 이른바 이사야(기원전
760년)는 소리 높여 불평했
다. "만군의 여호와께서 우리
를 위하여 생존자를 조금 남
겨 두지 아니하셨더라면 우리
가 소돔 같고 고모라 같았으
리로다."(《이사야서》 제1장 9
절)

또 선량한 요시야 왕(기원
전 641년)은 강력한 조치를
요구받고, 특히 "여호와의 성
전 가운데 남창의 집을 헐었

《아라비안나이트》 마르드뤼스판 삽화
사촌형이 한 여인을 데리고 모습을 감췄던 묘지를 찾아
내어 왕자가 안으로 들어가 보았더니, 두 사람은 침대
위에서 서로 부둥켜안은 채 숯처럼 새까맣게 타 있었다.

으니, 그곳은 여인이 아세라를 위하여 휘장을 짜는 곳이었더라."(《열왕기》
하권 23장 7절) 남창의 매음굴(pueris alienis adhaeseverunt)은 사원 부근에
있었던 듯하다. 시리아는 오늘날에도 자기 나라의 '예부터 내려오는 낡은 풍
습'을 잊지 않고 있다. 다마스쿠스에서 나는 아마위 대사원(모스크)의 신자
가운데에서 몇 가지 눈에 띄는 실례를 발견했다. 드루즈파의 광신도에 대한
기록은 부르크하르트의 《시리아 여행기》에서 찾아볼 수 있으며, '부자연스러
운 경향은 그들 사이에서는 매우 일반적이다.'

남색대는 소아시아와 메소포타미아의, 타고난 남색가 종족인 '말로 표현할
수 없는 터키인'이 실제로 차지하고 있는 지역 전체에 퍼져 있다. 소아시아
지역에서, 우리는 우선 여자 몸의 특이성, 즉 늘어지고 빈약하며 납작한 유
방(mammae inclinatae jacentes et pannosae)을 발견할 수 있다. 그 북쪽과

남쪽의 여성은 지방에 따라 이례적인 예는 있어도, 유럽 처녀 특유의 위로 솟은 유방(mammae stantes)*55을 가지고 있다. 하지만 터키, 페르시아, 아프가니스탄 그리고 카슈미르의 여성은, 때로는 아이도 낳기 전에 유방의 아름다운 곡선을 완전히 잃어버린다. 그리고 아기를 낳고 나면, 마치 자루 같은 모양이 되고 만다. 이런 현상은 기후 때문만은 아니다. 마라타 지방의 여성들은 카슈미르와 비교하면 습기가 훨씬 더 많고 훨씬 더운 지역에 살면서도, 아기를 낳은 뒤에도 탄력 있는 유방을 유지하고 있는 것으로 유명하다.

남색은 물론 아시아 터키의 시골보다 도시에서 더욱 성행하고 있다. 그러나 그런 시골마저 이 악습에 물들어 있다. 한편, 유목민인 투르크만인〔아랄해 주변과 이란, 아프가니스탄 일부에 산다〕은 이 점에서 인도의 바다위족이라고 할 수 있는 집시족과 꺼림칙한 대조를 보여준다.

쿠르드인 주민은 이란계이고, 그것은 남색이 깊이 뿌리내리고 있음을 말해 준다. 나는 《아라비안나이트》에서 위대하게 빛나는 살라딘〔쿠르드인 출신〕이 상습적인 남색자였다는 것을 주석해 두었다. 아르메니아인은 민족적인 성격에서 돈 때문에 몸을 팔기는 하지만, 소년보다는 여자를 선호한다. 그루지야〔캅카스 산맥 남쪽에 있음〕는 터키에 남창〔수동적 남색자〕을, 사카시아는 첩을 공급했다. 메소포타미아에서의 야만적인 침략자는 나일 강 유역의 문명 다음으로 가장 오래된 문명을 거의 파괴해 버렸다. 그 때문에, 고대 바빌론의 신비로운 유적은 악마 숭배자인 만다야교도(Mandaens)와 알리일라히(Ali-ilahi)교도 같은 정체불명의 민족들을 제외하고는 어디에도 남아있지 않다.

페르시아(이란)에 들어가면 아르메니아와 반대이다. 헤로도토스가 주장하는 것과 반대로, 나는 이란이 당시에는 하잘것없었던 그리스인이 아니라 티그리스 유프라테스 강 유역의 민족들로부터 병리학적 사랑(남색)을 도입했다고 믿고 있다. 그러나 그 유래는 그렇다 치고, 이 나쁜 풍습은 이제 뼛속까지 스며들어 씻어버릴 수 없다. 무엇보다 그것은 소년 시절에 시작되는데, 많은 페르시아인이 그것을 아버지의 엄격한 교육 탓으로 돌린다. 사춘기에 이른 청년들은 유럽에서 간음이 공급되고 있는 편법을 아무것도 가지고 있지 않다. 오나니슴*56은 할례에 의해 어느 정도 방지되고, 아버지의 노예처녀나 첩에게 손을 대면 죽음까지는 아니라도 혹독한 처벌을 받지 않을 수 없다. 따라서 그들은 교대로 서로를 이용하며, 그것이 아리슈 타키슈, 라틴어의 facere vicibus or mutuum facere(모두 '서로 행한다'는 뜻)로, '소년의 관례'이다.

기질, 생활환경, 격세유전 따위가 이 습속을 일반 사람들에게 추천하며, 결혼하여 상속인이 생기면 그 뒤 가장은 다시 미소년에게 돌아간다. 그러므로 하피즈의 모든 서정시는, 이를테면 아파카 를라('Afaka 'llah)(알라께서 당신(남)에게 건강을 내려주시기를!) 같은 아랍어 감탄문이 증명하고 있듯이, 청년을 대상으로 한 것이다.*57 물론 대상은 가끔 상상 속의 것이지만, 상상 속의 소녀에게 호소하는 것은 예의에 어긋난 것이고, 예의가 없는 거라고 생각할 수 있을 것이다.*58

이러한 남색적 경향을 뒷받침하는 실화가, 시라즈의 어느 시아파 우두머리(유럽의 추기경에 해당한다)와 관련하여 얘기되고 있다. 한 친구가 전에 그에게 말했다. "예하께 한 가지 여쭙고 싶은 의문이 있지만, 감히 입 밖에 낼 용기가 나지 않습니다." "사양 말고 말해 보게." 성승(聖僧)은 이렇게 대답했다.

"다름이 아니라, 무지타이드! 예를 들어 당신이 장미나 히아신스 꽃밭에 있는데, 밤의 산들바람이 사이프레스 잎사귀를 살랑살랑 흔들고 있다고 합시다. 그리고 당신 옆에 약관의 미청년이 있고, 절대로 사람 눈에 띄지 않는다고 가정합시다. 실례지만, 그 결과는 어찌 되겠습니까?"

성인은 명상(瞑想)의 옷깃 위에 의혹의 턱을 묻었다. 그리고 거짓말을 하기에는 너무나 성실한 그는 이윽고 이렇게 중얼거렸다. "부디 알라께서 나를 악마의 그런 유혹에서 지켜주시기를!"

그러나 페르시아에도 이 나쁜 풍습을 뿌리 뽑기 위해 최대의 노력을 기울인 사람들이 없었던 것은 아니었다. 시라즈 자체에도 자식이 큰 죄를 범한 사실을 알고 그를 살해한 어느 아버지에 대한 소문이 있었다.

그러나 그러한 실례도 남색 풍습을 없애는 데에는 아무런 영향을 끼치지 못했다. 샤르단의 말에 의하면, 페르시아에 남창의 집은 드물지 않았으나 창부의 집은 존재하지 않았다고 한다. 지금도 여전히 소년들은 식사, 목욕, 탈모, 연고 같은 것에 있어서, 온갖 미용사들의 극진한 시중을 받는다.*59 남색의 악습은 기껏해야 경범죄 정도로 보일 뿐이고, 어떤 통속소설에도 그 이야기가 튀어나온다.

이스파한의 남자가 사디 장로(《장미정원》의 작자)를 놀리며, 시라즈 노인의 대머리를 물항아리 바닥에 비유하자, 이 지혜 많은 시인은 항아리 주둥이를 위로 향하더니, 이스파한 젊은이의 오래 써서 낡은 podex(바닥이라는 뜻이지만 엉덩이를 가리킨다)에 비유했다. 또 한 가지, 시라즈인들이 매우 좋아하는 다음과 같은 희롱 이야기가 있다.

이스파한의 아버지들은 아들에게 장사를 가르칠 때, 1파운드의 쌀을 대준다. 그것은 아들이 똥을 채소의 비료로 팔고, 그 돈으로 다른 먹을거리를 살 수 있다는 뜻이다. 여기서 '상추 뿌리의 흙덩이(Khakh-i-pai kahu)'라는 속담이 나왔다. 이에 대해, 이스파한인은 두 도시 사이의 휴식처 이름을 들어 응수한다. 그곳에서 여행자들에게 마구를 보관하게 해 준다는 구실로, 많은 시라즈인을 강간한 일이 있었기 때문이다. 거기서 '안장과 안장깔개 속에 넣어서 옮긴다(Zin o takaltu tu bibar)'는 속담이 나왔다.

하렘 또는 가이니시암(모두 '여자들의 방'이라는 뜻)에서 붙잡은 침입자에 대해 페르시아인들이 잘 쓰는 형벌은, 그들을 알몸으로 만들어 마부나 흑인 노예에게 던져주는 것이다.

나는 전에 한 시라즈 사람에게, 만약 수동자가 괄약근을 힘껏 오므려서 저항하면 어떻게 삽입하느냐고 물어본 적이 있다. 그랬더니 그는 씽긋 웃으면서 이렇게 대답했다. "우리 페르시아 사람들은 그것을 해결하는 요령을 잘 알고 있습니다. 끝이 뾰족한 텐트용 말뚝으로 꼬리뼈를 두드리는 겁니다. 열릴 때까지 두드리죠."

30년쯤 전에, 어느 유명한 동양 선교사가 너무나 말을 많이 해서 페르시아 왕족인 한 장관을 몹시 화나게 한 바람에, 마침내 이 발칙한 모욕을 받고 말았다. 그는 회상기 속에서 자신의 '더럽혀진 몸'을 운운하며 그 일을 암시했다. 그러나 영국 독자들은 이 고백의 뜻을 완전히 이해하지는 못할 것이다.

그 무렵, 브시레의 총독이자 익살스러운 악당으로 이름이 높았던 나스르 장로는, 봄베이 해병대에 근무하는 유럽인 젊은이들을 초대해서 인사불성이 되도록 술을 먹이는 습관이 있었다. 이튿날 아침, 해군사관 후보생들은 대개 샴페인 때문에 묘한 자극을 받아 후문이 아프다며 투덜댔다고 한다.

이와 같은 동양의 '스키로스인(Scrogin)'은 손님들에게 인간대포를 본 적이 있느냐고 물었다. 손님들이 없다고 대답하자, 흰 수염의 노예 하나가 욕설을 섞어 큰 소리로 울부짖으면서 방 안으로 끌려 들어왔다. 이 노예는 곧 네 발로 엎드린 채 손발이 단단히 묶였다. 바지가 벗겨지고, 수십 개의 후추열매가 항문에 삽입되었다. 과녁은 상당한 거리에 놓인 종이 한 장이었다. 그리고 끝에 고춧가루를 묻힌 성냥이 콧구멍 속에 들어오자, 재채기와 동시에 포도탄이 발사되어 과녁에 명중한 탄환의 수로 승패가 정해졌다.

우리는 부부 사이의 남색에 끊임없이 시달린 페르시아 여성의 방탕한 행동을 보더라도 놀랄 필요는 없다. 1856~57년의 불행한 전투 중에(우리는 승리를 거두지 못했지만) 페르시아인의 하렘은 본격적으로 폭발했다. 그리고 고귀한 집안의 여성들조차 사관들의 주거지를 떠날 수 없었다.

아프가니스탄과 신드의 도시들은 페르시아적인 나쁜 짓에 철저하게 물들어 있어서 사람들은 이렇게 노래한다.

Kadr-i-kus Aughan danad, Kadr-i-kunra Kabuli :
〔부귀한 집안의 가치는 아프간 사람이 알고 있다네. 카불 사람은 다른 '그것'을 아주 좋아하지!
글 속의 쿠스는 옥문, 쿤라는 항문이라는 뜻. 또 카불은 아프간의 수도.*60〕

아프간인은 대규모 상업여행가로서, 많은 소년과 젊은이가 각각의 대상을 수행한다. 그들은 흔히 여장을 하고 눈에는 콜 가루를 칠하고, 뺨에는 연지를 찍고, 머리는 기르고, 손발가락은 헤나로 물들인다. 그리하여 카자와, 즉 낙타 등의 가마를 타고 유유히 나아간다. 그 이름도 쿠치 이 사파리(Kuch-i-safari, 여행처(旅行妻))라 불리며, 남편들은 그들 곁을 터벅터벅 걸어간다.

아프가니스탄에서도 여성들이 남색자가 아닌 악마들을 발견했을 때, 그녀들 사이에서 열광적이고 방탕한 소동이 일어났다. 이 사건은 카불의 인민봉기(1841년 11월)와 맥나튼, 번스, 그 밖의 영국군 장교학살의 가장 큰 실마리가 되었다.

다시 동쪽으로 나아가면, 남색에 푹 빠져 있는 펀자브 주의 시크교도와 이슬람교도가 있다. 한편, 북쪽의 히말라야 민족들이나 남쪽의 라지푸트족, 마라타족 등은 그것을 모른다. 카슈미르인(Kashmirians)도 마찬가지로 남색을 좋아하며, 3대 악덕자인 카파도키아인(Kappadociann), 크레타 섬 주민(Kretaiss), 킬리시아인(Kilicians)에, 또 하나 카파를 더하고 있다. 〔모두 K를 C로 바꿔 읽으면 알기 쉽다. 킬리시아는 지중해 연안에 있었던 고대 왕국의 이름. 카파는 그리스 문자의 K이다〕 이런 속담이 있다.

Agar kaht-i-mardum uftad, az in sih jins kam giri ;

Eki Afghan, dovvum Sindi, siyyum badjins-i-Kashmiri :

(남자가 모자라는 이 세상에도, 다음의 셋은 피하라. 아프간인에 신드인, 그리고 악당 카슈미르인.*61)

루이 다비르는 라호르와 라크나우의 타락을 그리고 있는데, 그는 그런 곳에서 여장한 남자가 화관(花冠)을 쓰고 긴 머리를 풀어헤친 채, 여자의 걸음걸이와 차림새, 말투를 흉내내고, 무용수 같은 교태를 부리며 찬미자들에게 추파를 던지는 것을 목격했다.

빅토르 자크몽의 《항해지》는 '펀자브의 사자(獅子)'인 란지트 싱과 그의 수동자 구라브 싱의 남색을 기술했다. 영국인은 구라브 싱을 반란죄에 대한 대가로, 지배자로서 카슈미르에 보냈다. 그러나 되풀이하여 말하면, 힌두교도는 남색을 뱀을 보듯 싫어하여, 간다 마라(Ganda-mara, 항문을 두드리는 자)라거나, 간두(Gandu, 항문을 사용하는 자)라는 말을 들으면, 영국인과 마찬가지로 기겁한다.

1843~44년에, 대부분 봄베이 지구의 힌두교도 사민병으로 구성되었던 나의 연대는 반다르 가를라*62라고 하는, 어떤 연옥 같은 곳에 머물러 있었다. 청록과 녹색 열대식물의 숲이 곳곳에 흩어져 있는 모래벌판에서, 본부 카라치에서 약 40마일 정도 북쪽에 있었다. 가까운 곳에는 원주민 마을이 있었으나, 진흙과 거적으로 지은 오두막이 마치 더러운 덩어리 같은 것이어서 한 사람의 여자도 공급할 수 없었다. 그래도 남색은 드물어서 불과 한 건, 게다가 몇 년이 지난 뒤에 비극적으로 드러났다. 한 젊은 브라만〔인도 카스트 제도에서 가장 높은 지위인 승려 계급〕인 사민병이 전부터 하급 병사와 관계를

맺고 있었는데, 그러던 중 불행하게도 하층민인 수동자가 대담하게 능동자가 된 것이다. 능동자는 아랍어로는 '알 파이르(하는 자)'라고 하며, '알 마흐르(당하는 자)'만큼 업신여김을 받지는 않는다. 그 때문에 상급인 사민병은 회한과 복수심에 사로잡혀, 머스킷총에 탄환을 채워넣은 뒤 자신의 연인을 쏜 것이다. 그는 하이데라바드의 군법회의에서 교수형에 처했는데, 마지막 소원을 묻자 다리를 묶고 매달아 주기를 원했으나 받아들여지지 않았다. 왜냐하면 '허리 아래'를 자극하여 더럽혀진 그의 영혼은, 영원토록 가장 낮은 생명의 형태를 취하여 윤회를 계속할 운명에 있다고 생각했기 때문이다.

인도에서 더 나아가면, 앞에서 말한 것처럼 남색대는 훨씬 더 넓어지기 시작하여 중국, 투르키스탄, 일본 등을 완전히 잠식해 버린다. 중국인은 우리가 대도시의 그들을 알고 있는 한, 잡식적이고 색정적이다. 즉, 그들은 음탕한 선민으로, 오리, 산양, 그 밖의 동물과 그들의 계획적인 성행위에 버금가는 것은, 그들의 남색뿐이다.

켐프파와 오르로프 트레(《중국에서의 항해》) 따위는 중국과 일본의, 청소년을 위한 숙소를 다루고 있다. 미라보(《아난도리아》)는 함모크 속의 여자들의 동성애를 그리고 있다. 〔위의 책은 《아난도리아, 또는 자물쇠가 달린 사포 양의 고백》(1778)으로, 사포의 동성애를 그린 것. '자물쇠가 달린'은 '실화소설'이라는 뜻이다.〕

북경이 약탈당했을 때, 여러 후궁에서 오래된 머스킷 총탄보다 약간 큰 공이 많이 발견되었는데, 그것은 모두 은제품으로, 속에는 구슬처럼 작은 놋쇠공이 들어 있었다.[63] 간편하고 손쉬운 방법이 달리 없을 때, 여자들은 그것을 음순 사이에 끼우고 침대 위에서 상하운동을 하면 기분 좋은 자극을 얻을 수 있다. 그 밖에도 그녀들은 온갖 사치스러운 세공품과 미약, 최음성이 있는 향료, 특수한 기구를 가지고 있다. 물에 녹여서 귀두에 바르면, 음경이 박동하며 팽창하는 환약도 있다. 마찬가지로 아메리고 베스푸치에 의하면 아메리카의 여성들은 인위적으로 남편의 음경 크기를 키울 수 있었다고 한다.[64]

장식못을 박은 중국제 탄성 고무링은 지금은 귀두와 포피 중간에 끼워진 헤리슨(Herisson), 즉 모환(毛環, Annulus hirsutus)으로 바뀌었다.[65]

생명의 나무 또는 우주 구세주의 모조품, 즉 음경을 대용하는 기구에 대해 살펴보면(라틴어로는 팔루스(phallus) 또는 파스시눔(Fascinum)*⁶⁶이라고 하며, 프랑스어로는 고드미셰(godemiché), 또 이탈리아어로는 파사템포(passatempo) 또는 딜레토(diletto)라고 한다. 후자에서 영어의 '딜도(dildo)'가 나왔다), 그 종류가 매우 다양하여, 안에 충전물을 넣은 '프렌치 레터(French letter)'에서 공격용구 같은 모양에 돌기가 나 있는 원뿔형 뿔까지 천차만별이다(프렌치 레터'는 영국의 은어로 보통 콘돔의 뜻으로 쓰인다). 남성용으로서는 이른바 '메르킨(merkin, 인공질)*⁶⁷이 있다. 얇은 가죽에 솜을 채운 심장 모양의 제품으로, 인공질이 달린 위아래 두 개의 끈으로 의자 등받이에 묶어서 쓴다.

중국과 일본에는 연애편지 부류가 매우 발달했는데, 그것은 가끔 외설적인 동시에 익살스럽기도 하다. 큰 음경으로 한 번 공격해 쇠주전자를 부수는 힘 센 사나이 이야기나, 큰 음경을 가진 남자가 뇨고가시마 섬(여자들만 산다는 상상의 섬)에 상륙하자마자, 곧 흐물흐물 시들어서 섬을 탈출한다는 익살스러운 이야기는 우리에게도 친근감을 준다. 우리는 투르키스탄에 대해 아는 것이 거의 없지만, 그 빈약한 지식조차 내 말이 틀림없다는 사실을 증명하고 있다. 슈일러는 그 《투르키스탄》에서 '찬미자들에게 에워싸인 바차(Batchah)(페르시아어의 bachcheh는 남창) 또는 노래하는 소년'의 삽화를 싣고 있다. 타타르(달단)인에 대해서는 파차스 신부가 간결하게 "그들은 스도미 또는 바가리(Buggerie)[모두 남색이라는 뜻]에 탐닉하고 있다" 말했다.

학식이 깊은 회의론자인 에스파냐의 토마스 산체스 박사(예수회 소속의 신학자)는 특수한 성애도착(性愛倒錯)의 죄악에 대한 어려운 문제를 결정해야만 했다(미라보의 '남창'의 항 참조). 그것은 예수회 수도사들이 마닐라에서 꼬리가 있는 남자를 본국으로 데리고 돌아온 데서 시작되었다. 이 남자는 꼬리뼈의 움직일 수 있는 부분의 길이가 7인치에서 10인치에 이르러, 두 여자 사이에서 한 여자는 정상적으로 즐기고, 다른 한 여자에게는 꼬리뼈를 음경 대신 썼다. 박사의 평결은 불완전한 남색, 곧 단순 간음이었다.

아메리카에서의 남색대는, 베링해협에서 마젤란해협까지 전반구(全半球)를 모두 포함하고 있다. 이러한 '소아애(mollities)'의 범람에 인류학자들은 소스라치게 놀랐다. 왜냐하면 그들은 남색을 쾌락의 산물이나 큰 문명도시의 특산물로 여기고 있었기 때문이다. 또 남녀 출생비율이 거의 비슷하고,

여자아이의 유아살해가 없는 소박한 미개 지방에서는 남색이 필요하지 않으므로 알려지지 않은 것이라 생각하는 경향이 있었다. 신세계 대부분의 토지에서는 이 도착행위에 하나의 타락한 기호(嗜好)—상습적으로 사람 고기를 즐겨 먹음—가 뒤따랐다.[*68] 삼림과 초원에는 사슴부터 영양까지 많은 사냥감이 깃들여 살고 있고, 바다와 강에서는 어패류[*69]가 많이 잡힌다. 그런데도 브라질의 투피족은 다른 어떤 음식보다 사람 고기를 즐겼다. 밴크로프트의 저서[*70]에도, 신세계의 미개종족과 야만인들 사이에 남색이 이상하리만치 널리 퍼져 있는 것은 뚜렷하다. 반쯤 얼어붙은 북쪽 맨 끝에 사는 사람들조차 '비교적 온난한 기후에서는, 더할 나위 없이 자유롭게 발전하는 것으로 보이는 모든 정열을 품고 있다.'(제1장)

"거의 영원히 겨울인 북미 인디언의 호색성과 일부다처는 가장 관능적인 열대종족의 그것보다 훨씬 심하다."(마틴의 저서 《영령(英領) 식민지 Brit. Colonies》 iii. 524) 그 가운데 가장 뚜렷이 드러나 있는 실례를 두세 가지 인용한다.

캐디악 섬과 싱클리트 열도의 코니아가족(Koniagas)에 대해(i. 81~82) 이런 기술을 볼 수 있다. "그들 관습 가운데 가장 혐오스러운 것은 남첩(南妾)의 습속이다. 캐디악 섬의 어머니는 가장 아름답고 유망한 아들을 골라 여자 옷을 입히고 여자처럼 키운다. 즉, 집안일을 가르쳐 여자의 일을 하게 하고, 여자나 소녀와 사귀게 함으로써 완전한 여자로 키우는 것이다. 그리고 열 살 또는 열다섯 살이 되면 부잣집 남자와 결혼시키는데, 부자 남자는 그런 반려자를 멋진 발굴품으로 생각한다. 이러한 남첩은 아추누치크(Achnutschik) 또는 스초판스(Schopans)라 불린다."(인용된 권위자들은 홀름베르그, 랑스도르프, 빌링, 촐리스, 리샨스키, 마르샹 등) 누토카 후미나 알류샨 열도에서도 마찬가지이다. 그곳에서는 '남첩이 구석구석 퍼져 있지만 코니아가족만큼 극단적이지는 않다. '부자연스러운' 애정의 대상이 되는 소년들은 얼굴에 수염이 자라기 시작하면 철저하게 뽑아버린다. 그리고 턱에는 여성의 그것처럼 문신한다.' 캘리포니아주에서는 최초의 선교사들이 그와 같은 습속을 발견했는데, 젊은이들은 요야(Joya)라 불리고 있었다(밴크로프트, i 415 외에 바롱, 크레스피, 보스카나, 모플라스, 토르케마다, 뒤플로, 파게 등의 여러 권위자). 코만치족은 근친상간과 남색을 결합했다(i. 515).

"아레구이, 리바스, 그 밖의 권위자에 의하면, 뉴멕시코에는 남첩이 널리 퍼져 있다. 이 꺼림칙한 인간의 모습을 짐승이라 부르면 오히려 짐승을 모욕하는 것이 될 만큼, 그들은 여자 옷을 입고 여자 역할을 하며 무기사용도 거부했다."(i. 585)

남색은 쿠바, 칼레타, 그 밖에 중미 각국의 종족들에 의해 조직적으로 이루어지고 있다. 카시케(Cacique)〔에스파냐어로 추장이라는 뜻〕와 어떤 족장들은 젊은이의 하렘을 유지하면서, 그들의 불결한 역할이 예정되면 여자 옷을 입혔다. 그들은 카마요아(Camayoa)라는 이름으로 통하며, 선량한 유부녀들은 그들을 혐오하고 업신여기는 태도로 흘겨 보았다(i. 773~74). 나와(Nahua)족〔북·중미의 원주민〕에 대해서는 피에르 드 간(별명 드 무사) 신부가 이렇게 썼다. "몇몇 성직자들은 여자를 한 사람도 가지지 않았다. 그러나 그 대신 소년들이 그 역할을 했다〔이 한 줄은 라틴어〕. 이 나라에서는 그것이 아주 자연스러운 일이어서, 늙은이와 젊은이의 구별 없이 모든 남자가 그 죄악에 물들어 있었다. 그들은 그것에 완전히 빠져, 여섯 살 난 아이까지 그것을 했다."(테르노, 캄판 편 《항해기 Voyages》 제1집) 유카탄 반도〔멕시코 남동부에 있는 반도〕의 마야족은, 라스카사스의 말에 의하면 '부자연스러운' 색욕의 대유행 때문에 부모는 가능하면 빨리 자식을 결혼시키고 싶어했다고 한다(킹스보로의 저서 《고대 멕시코의 문물 Mex. Ant.》 viii. 135). 베라 파즈(Vera paz)에서는 사람에 따라서는 친이라고 부르기도 하고, 또 다른 사람들은 카비아르나 마란이라고 하는 신이 다른 신과 직접 남색을 하고, 인간에게 그것을 가르쳤다. 아버지 가운데에는 자기 아들에게 소년을 주어 여자처럼 쓰게 하는 자도 있고, 만약 다른 사람이 이 수동자를 범하면 간통으로 다뤄졌다. 또 유카탄에서는 베르날 디아스가 주민의 남색적 경향을 입증하는 조각상을 발견했다(밴크로프트, v. 198).

드 파우(《아메리카인에 대한 철학적 연구 Recherches Philosophiques sur les Americains》 런던, 1771년)는 멕시코 전체의 이 문제에 대해 많은 발언을 했다. 이를테면 북부지방에서 남자는 소년과 결혼하며, 그런 소년은 여장하고 무기를 휴대하는 것이 금지되었다. 고마라에 의하면 타마리파스에는 남창의 사창가가 있었고, 또 디아스와 그 밖의 기록을 보면 이 외설죄는 통칙이었음을 알 수 있다. 멕시코와 페루에서는 이 남색이 정복자들〔에스파냐인을 가리킨다)의 잔인하고 포악한 행위를 정당화하지는 않더라도, 한 가지 원인이 되었을지도 모른다. 또 니카라과 일대에서도 남색이 있었고, 초기 탐험가들은 파나마 원주민들에게서도 그것을 발견했다.

우리는 페루와 그 인접지구의 악덕에 대해 뚜렷하고 상세한 근거를 가지고 있다. 가장 먼저 시에자 데 레온, 이 저자의 것은 하클루이트 협회 평의회가 무참하게 지워 편찬한 판이 아닌 원문 그대로, 또는 파차스의 초역본(제5권 등)으로 읽어야 한다〔원문은 중세 영어로 적혀 있기 때문〕.

그는 뉴 그라나다 인디언에 대해 이렇게 말했다. "올드 보트(푸에르토 비에호(Puerto Viejo))와 푸나에서는, 악마들이 몹시 활개를 치자 소년들이 사원에서 희생으로 바쳐졌다. 그들의 희생제와 엄숙한 축제가 열릴 때는, 귀인과 유력자들이 그 꺼림칙한 추행에 그들을 남용했다." 일반적으로 산골짜기가 많은 나라에서는 성스러운 가면을 쓴 악마가 이 관행을 전했다. 왜냐하면 모든 사원이나 중요한 예배소는, 이미 어릴 때부터 여장하고 여자처럼 말하는 남자를 한두 사람, 또는 그 이상 거느리고 있었다. 그리고 신성한 것이나 종교의 가면 아래 수장들은 축제일에 그들과 관계를 맺었다.

산타엘레나 곶을 습격한 거인*71에 대해, 시에자는 이렇게 말했다(제52장). 그 거인들은 여자들을 범한 뒤에 죽이고 남자들도 다른 방법으로 죽였으므로, 원주민은 신이 몹시 증오했다. 모든 원주민은 신이 죄의 크기에 따라 그들에게 벌을 내릴 거라고 말했다. 그들이 저주받은 성교에 몰두하고 있었을 때, 갑자기 하늘에서 무시무시한 소리와 함께 무서운 불길이 내려왔다. 그 한복판에서 빛나는 천사가 칼을 들고 나타나자, 단 한 번의 공격에 모조리 죽은 그들은 불길에 휩싸여 깡그리 재가 되고 말았다.*72 남은 것은 몇 개의 뼈와 두개골뿐으로, 그것은 신의 뜻에 따라 징벌의 증거물로서 불타지 않은 것이다.

하클루이트 협회의 무자비한 삭제판에서는, 툼베스(Tumbez) 섬 주민에 대한 다음과 같은 기술을 볼 수 있다. "그들 대부분은 매우 부도덕하여 증오할 죄악을 저질렀다." 또 "악마의 속삭임으로, 인디언이 증오할 죄를 저질러도 아무렇지도 않게 생각했고, 그런 남자를 그들은 여자라 불렀다."

제52장과 58장에서는 그 예외를 볼 수 있다. 후안캄바(Huancamba)의 인디언들은 '페르트 비에호와 과야킬(Guayaquil) 주민과 매우 가깝지만, 이 증

오할 죄를 범하지 않는다'. 또 요술사와 마법사로서 연해의 주민보다 뒤떨어진 셀라노족, 즉 섬의 산지(山地) 종족은 남색에 그다지 빠지지 않았다.

《잉카족의 왕실기록 *The Royal Commentaries of the Yncas*》에 의하면, 이 나쁜 폐단은 비교적 근세에 들어와서 생긴 것이라고 한다. 페루인〔고대 잉카 제국 시대의 원주민〕의 초기 역사에서, 사람들은 이 죄를 '언어도단'이라고 생각했다. 만약 쿠스코(Cuzco)〔고대 잉카제국의 수도〕의 인디언(잉카족의 혈통을 잇지 않았다)이 화를 내며 상대에게 남색자라고 말하면, 그는 오랫동안 매우 나쁜 놈으로 취급받았다.

어느 장군이 잉카 왕 크카팍 유판키(Ccapacc Yupanqui)에게, 모든 계곡은 아니지만 곳곳에 남색자들이 몇 명씩 흩어져 있다는 것, '그리고 그것은 주민 모두가 다 그런 것이 아니라 몇몇 사람들의 은밀한 악습'이라고 보고했다. 그러자 이 잉카 왕은 범죄자들을 공개적으로 화형에 처하고, 그들의 집과 농작물, 나무까지도 파괴해 버리라고 명령했다. 게다가 자신의 혐오감을 확실하게 보여주기 위해 만약 단 한 사람이라도 이 악습에 빠지면 마을 전체를 똑같이 처벌하라고 명령했다(Lib. iii. cap. 13). 또 다른 대목에서도 이런 기술을 볼 수 있다.

"공공연하게 또는 일반적으로 이루어진 것은 아니고 어떤 특수한 사람들이 은밀하게 저지른 것이지만, 어떤 지방에는 남색자들이 존재하고 있었다. 또 어떤 곳에서는 사원 안에 그들을 거느리고 있었다. 왜냐하면 악마가 그들에게 신들은 그런 인간을 매우 좋아한다고 설득했기 때문이다. 그리하여 악마는 이교도들이 이 죄악에 대해 느끼고 있었던 치욕의 베일을 벗고 공공연하게, 일반적으로 이 나쁜 폐단에 물들도록 배신자로서 행동했다."

정복자들의 시대에는 남첩은 페루 전역에서 흔히 볼 수 있는 존재였다. 1530년, 누노 데 구스만의 말에 의하면, 쿠스코에서 '가장 마지막에 붙잡혀 가장 용감하게 싸운 사람은 여장한 어느 남자였는데, 그는 어렸을 때부터 그 추행을 좋아했다고 자백했다. 그래서 그를 화형에 처했다."

V.F. 로페스[73]는 페루에서의 남색 지옥도를 묘사했다. 인티 카팍(크카팍) 아마우리 왕 이후에, 이 나라는 바다에서 침입한 거인족의 공격을 받았다. 그들이 수치심도 체면도 없이 남색을 제멋대로 해 나가자, 정복당한 종족들은 달아나지 않을 수 없었다. 선(先) 잉카(프레 잉카)인 아마우타(Amauta), 즉

승려왕조 시대에 페루는 이미 야만상태로 타락하여, 쿠스코의 왕들은 다만 이름으로만 남았을 뿐이다. "이러한 모든 오욕과 빈곤은 수간과 남색이라는 두 가지 악덕에서 비롯됐다. 특히 여자들은 모든 권리를 빼앗긴 자연 앞에 분노했다. 그녀들은 한자리에 모여 자신들이 모욕적이고 비참한 상황에 빠진 것을 탄식하며 함께 울었다……. 세상은 거꾸로 뒤집혀서 남자들은 서로 사랑하고 질투했다……. 여자들은 이 악덕을 막을 방법을 찾았으나 아무 소용없었다. 물론 그녀들은 악마적인 약초와 처방을 써서, 몇몇 사람들을 무사히 자기들 곁으로 데리고 돌아왔다. 그러나 끊임없이 이어지는 악덕을 막을 길은 어디에도 없었다. 이러한 상태가 거짓 없는 중세기를 형성하고 있었고, 그것은 잉카의 정체(政體)가 수립될 때까지 이어졌다."

신치 로코(sinchi Roko)(몬테시노스의 제95세, 가르시라소의 제91세)가 잉카 황제가 되었을 때[잉카는 원래 왕이나 황제를 의미하는 페루어, 에스파냐어], 그는 쇠퇴한 도덕을 보았다. "잉카 국왕의 사려분별도, 이 왕이 세상에 널리 펴서 알린 엄격한 법률도, 자연에 어긋나는 죄악을 완전히 뿌리 뽑을 수는 없었다. 남색은 새로운 기세로 되풀이되었고, 많은 여자가 극심한 질투심에 사로잡혀 자신들의 남편을 살해했다. 점술사와 마법사는 매일 어떤 풀을 재료로 써서 사람을 실성하게 하는 마법의 제조약을 만들면서 살았다. 여자들은 이 조제약을 음식이나 술에 타서 질투하는 대상에게 먹였다."

앞에서 말했듯이, 브라질의 투피족은 사람 고기를 즐겨 먹는 것과 남색으로 악명이 높았다. 또 뒤의 남색은 순수한 루시타니아[대체로 현재의 포르투갈에 해당하는 지방]의 혈통을 이은 식민자들까지 그 미개인들의 본보기를 본뜬 사실이 증명하듯이, 민족 특유의 악습은 아니었다. 안토니오 아우구스트 다 코스타 아기아르*74는 이 점에서 매우 솔직하다. "영국이라면 교수대로 보냈을, 그리고 천박한 타락을 재는 척도 자체인 죄악은, 거의 모든, 또는 대부분의(de quasi todos, ou de muitos) 사람들이 함께 저지르고 있으므로 우리끼리는 도저히 처벌할 수 없다. 아! 만약 하늘의 분노가 이러한 죄(delictos)를 벌하기 위해 지상에 내려온다면, 이 제국의 한 도시뿐만 아니라 10개가 넘는 도시가 소돔과 고모라의 대열에 들게 될 것이다."

최근까지 브라질의 남색은 가벼운 죄로 여겨졌다. 그리고 유럽으로 이주한 사람들은 알몸이기는 했지만, 콜럼버스가 말한 것처럼 '사념(邪念)이 없는 옷을 입지' 않았던 미개인의 습속을 본받았다. 포르투갈 영사의 한 사람은 상류사회의 모임에서 어떤 청년신사의 거리낌 없는 말과 행동이 자아낸 유쾌한 소동에 대해 자주 이야기했다. 즉, 이 혼혈아인 '수동자'는 느닷없이 영사를 돌아보며 능동자가 되어 달라고 졸라댔다는 것이다. 그러나 오늘날에는 교육의 개선과 유럽 여론의 영향으로, 루소(=포르투갈) 브라질인 사이에서는, 병리적 사랑이 정상적인 한도로까지 줄어들었다.

앞에서 말했듯이 남색대의 바깥쪽에서는, 이 나쁜 짓이 산발적이지 풍토적인 것은 아니었다. 그러나 시골보다 사춘기가 비교적 일찍 찾아오는 대도시의 육체적, 정신적 영향은 대부분의 나라에서 똑같아서, 절도를 짓밟는 남색이 성행했다. 바다위 아랍인〔아라비아 반도의 유목민〕은 이 악덕에 전혀 물들지 않았다. 그런데 알 야만〔예멘을 가리킴〕의 수도 사나와 그 밖의 인구가 많은 곳은 오랫동안, 그리고 지금까지도 완전히 남색에 감염되어 있다.

역사에 의하면, '아라비아 펠릭스'〔비옥한 아라비아라는 뜻으로, 아라비아 반도 남동부〕의 전제군주인 주 샤나티르(Zu Shanatir)는 서기 478년에 젊은 이를 자신의 왕궁으로 꾀어낸 뒤, 볼일을 보고 나면 창밖으로 던져 버렸다고 한다. 이 비정한 군주는, 긴 곱슬머리라는 뜻으로 '듀 노와스'라 불리는 젊은 제라스의 손에 마침내 살해되었다.

흑인종은 대개 남색이나 트리바디즘(여성 간의 동성애)에 물들지 않았다. 그래도 호안 도스 상투스[*75]는 서아프리카의 카콩고(Cacongo)에서 몇 명의 '치부디(Chibudi)'를 발견했다. 이 말은 '여자처럼 꾸미고 스스로 여자처럼 행동하며, 남자로 불리는 것을 수치스럽게 여기는 남자를 말한다. 그들은 남성과 결혼하여 그 부자연한 추행을 명예로 여긴다'. 마다가스카르도 소녀 옷을 입은 소년 무용수와 가수를 좋아했다. 다호메 왕국에서 나는 여전사인 아마존을 위해 매춘부들을 거느리고 있는 것을 보았다.

남색대의 북쪽에서는 지방적이지만 뚜렷한 실례를 볼 수 있다. 크리스토파 바로즈[*76]는 볼가 강 서쪽에서 '오위크라는 이름으로 불리는 매우 아름다운 석조의 성과 그것 옆에 닿아 있는, 러시아인들이 소돔이라 부르는 도시'를 그리고 있다. "……그 도시는 백성들의 사악함 때문에 신의 심판을 받아 땅속으로 빨려 들어갔다."

그리스도교는 원칙적으로, 저술이나 설교에서 단호하게 남색에 반대했으나, 역시 뚜렷한 예외가 있다. 그 가운데 가장 기묘한 것은, 아마도 중세기의 어떤 의학적 저술가들의 사고방식일 것이다. "Usus et amplexus pueri, bene temperatus, salutaris medicina."(타르듀) (적당히 소년을 이용하고 껴안는 것은 유익한 약이라는 뜻.) 베일도, 베네벤트의 대주교 지오반니 델라 카사의 악명 높은 저서로, 흔히 '엉덩이(남색)의 장(章) (Capitolo del Forno)'으로 알려진 《찬양해야 할 남색에 대하여 De laudibus Sodomiae》에 대해 언급했다. 또 이 저자는 이 악덕을 조직적으로 비난한 도미니코 수도회가 산타 루치아의 추기경에게 1년 가운데 석 달, 즉 6월에서 8월까지 남색을 합법화하도록 요청한 것과 추기경이 '여러분이 원하는 대로 하라'고 청원서에 써넣었다는 보고서에 대해서도 언급했다. 그러나 베일이 색정은 겨울보다 여름에 더 차갑다는 기묘한 이유로 이 역사를 부정하면서, 'R이 붙지 않는 달은 포옹을 줄이고, 많이 먹으라'고 한 속담을 인용했다. 그러나 독신 성직자의 경우에 있어서 그러한 추행은 피할 수 없는 것이었다. 예를 들면, '한 사람의 예수회 수도사 이 땅에 잠들다……(Cit-git un Jésuit, etc.)'고 한 유명한 예수회의 묘비를 보라.

　근대의 수도, 이를테면 런던, 베를린, 파리 등에서는 이 나쁜 폐단이 주기적으로 발생한 듯하다. 영국은 오랫동안 남색가를 이탈리아, 특히 나폴리로 쫓아냈으므로, 거기서 '영국인의 악습(Il vizio Inglese)'이라는 말이 생겨났다. 최근에 런던과 더블린에서 세상 사람들을 깜짝 놀라게 한 추잡한 소문이 새어나가게 하는 것은 바람직하지 않으리라. 그러므로 그러한 사건에 대해 알고 싶은 사람은 경찰 보고서를 읽기 바란다.

　베를린은 종교, 습관, 도덕 등에서 형식주의와 청교도주의, 배외주의 따위의 강렬한 냄새를 풍기고 있지만, 파리와 런던보다 그다지 나을 것도 없다. 이 문제의 유명한 권위자 가스파르 박사*77는 수많은 흥미로운 사건, 특히 노(老) 카유 백작과 6명의 공범자를 인증했다. 박사와 편지를 주고받는 많은 통신자 가운데 한 사람이 그에게 귀띔한 바로는, 플라톤과 율리우스 카이사르는 물론이고 빈케르만과 플라텐도 그 협회[미상]에 속해 있었다고 한다. 그리고 그의 조사를 통해, 이 협회는 두세 개의 지명만 들어도 발레르모, 루브르, 스코틀랜드 고지, 상트페테르부르크 등에서 활발하게 활약하고 있었음이 밝혀졌다.

프레데릭 대왕은 자기 조카에게 이렇게 말했다고 한다. "분명히 말해서 내 개인적인 경험으로 보아, 이 쾌락을 키우는 것은 그다지 유쾌하지 않아." 이 이야기에서 볼테르와 영국인의 유명한 일화가 생각났는데, 그들은 '경험'이라는 면에서 의견이 일치하여, 그것이 결코 만족할 만한 것이 아님을 발견했다. 그 뒤 며칠이 지나자, 그 영국인은 페르네의 성자〔볼테르를 가리킨다〕에게 자신이 다시 한 번 시도한 것을 보고했더니, 상대는 "처음은 철학자, 두 번째는 남색가!"라고 소리쳤다고 한다.

독일에서 이런 것이 마지막으로 부활한 곳은 프랑크푸르트와 그 주변의 한 협회로, 그들은 스스로를 '검은 넥타이(Des Cravates Noires)'라고 불렀다. 이것은 아마 A. 베로〔프랑스의 작가〕의 '하얀 넥타이(Des Cravates Blanches)'에 대응한 것이리라.

파리는 베를린이나 런던만큼은 타락하지 않았다. 다만, 베를린과 런던에서는 추잡하고 좋지 못한 소문을 쉬쉬하며 수습해 버리지만, 프랑스에서는 그런 짓을 하지 않는다. 그러므로 남색에 대한 훨씬 더 많은 기사가 대중의 눈에 들어가는 셈이다. 17세기 프랑스에 대해서는, 《세계의 모든 민족의 매춘사 Histoire de la Prostitution chez tous les Peuples du Monde》와 《이탈리아화한 프랑스 La France devenue Italienne》를 참조하기 바란다. 뒤의 논문은 일반적으로 라뷔탱의 백작 뷔시*78의 《골인(人)의 연애사 L'Histoire Amoureuse des Gaules》 뒤에 채록되어 있다. 그 무렵 남창의 본거지는 샹플뢰리, 즉 샹 드 플뢰레〔꽃의 광장이라는 뜻〕라는, 특별히 허가를 한 하급 매춘부의 밀회지구였다.

18세기에 들어서면, 볼테르가 노래한 것처럼 '프랑스인이 미쳐 날뛰던 시대'로, '철학적 죄악'이라는 말도 새로 생겨났고 남색이 일시적으로 다시 나타났다. 그리고 피도제 드 마이로베르트(Pidauzet de Mairobert)가 죽은 뒤 (1779년 3월), 그의 '아난드린파의 변명(Apologie de la Secte Anandryne)'은 《영국의 간첩 L'Espion Anglais》 속에 공개 발표되었다. 그 당시에는 샹젤리제 가로수길 (샹엘리제)의 남색 골목에 '에뷔고르의 특별지구(fief reservé des Ebugors)'*79가 있었다. '부부(veuve)'는 남색용어로서는 진짜 정부, 즉 마음에 드는 젊은이를 말한다〔보통은 '과부'라는 뜻〕.

군주제가 무너지는 결정적인 시기에, 미라보*[80]는 남색은 규정화되었다고 선언하고 이렇게 덧붙였다. "남색 취향은 앙리 3세(프랑스의 엘라가발루스 왕) 시대만큼 유행하지는 않았지만 꽤 퍼져 있었다. 그가 재위하던 시절에는 남자들이 루브르의 주랑 밑에서 서로 왕성하게 도발했다*[81][앙리 3세는 로마의 엘라가발루스 황제와 마찬가지로 남색에 지나치게 빠졌다고 하며, 자주 여장하고 남창인 시동들을 측근에 거느렸다]. 세상에서는 이 도시(파리)를 경찰의 걸작이라 말하고 있다. 그래서 남색 전용의 공인 장소가 마련되어 있다. 그리고 이 직업을 지망하는 젊은이들은 주의 깊게 등급별로 나뉘어 있다. 법규상 제도가 거기까지 미치고 있기 때문이다. 능동자와 수동자가 될 수 있고, 아름다운 홍안에 통통하게 살이 찐 자는 높은 양반들만이 가지고 있거나, 아니면 주교와 자본가들에게 매우 비싼 값에 팔렸다. 고환은 제거되었어도 주고받는 일이 가능한 자는 제2급에 속한다. 그들도 가격이 높은데, 그것은 남자의 시중을 들면서 여자처럼 행동하기 때문이다. 그리고 쾌락에 필요한 기관을 갖추고 있지만 너무 많이 써서 더는 발기할 수 없는 자는 제3급에 속한다……"

왕정복고와 제국[1814년에 부르봉 왕조 복위, 제국은 제1차 제국을 가리킨다]을 위해 경찰은 도덕문제보다 정치문제에 더욱 경계의 눈초리를 빛냈다. 도양 거리(옛날의 산 토마스 드 루브르 지구)에 독자적인 암호를 가진 평판 높은 클럽이 있었는데, 그 집은 17세기 호텔이었다. 옆으로 길게 입구 두 개가 나 있어 오른쪽은 남자전용실로, 왼쪽은 여자전용실로 쓰였고, 겨울에는 오후 4시에, 여름에는 오후 8시에 영업을 시작했다. 호객하는 젊은이는 여자 의상을 아름답게 차려입고, 커다란 엉덩이와 가는 허리를 만지작거리면서 거리를 누볐다. 이런 상황이 계속되다가 1826년에 마침내 경찰에 의해 폐쇄되었다.

루이 필립의 시대에는[1830~48년], 드 부아시(De Boissy) 후작에 의하면, 알제의 정복이 나쁜 결과를 가져왔다고 했다. 그는 단도직입적으로 프랑스 부대의 '아랍적인 습속'에 대해 불평을 외치고, 아프리카에서의 여러 전쟁은 결과적으로 '놀랄 만한 남색의 범람'을 불러왔다고 공언했다. 마치 매독이 그 정열의 시대에 16세기 이탈리아 전쟁에서 생긴 것처럼…… 이 재앙은 군대에서 민간사회로 크게 번지면서 맹위를 떨쳤는데, 도시와 큰 마을에서 남색의 민주화가 이루어졌다고 할 수 있을 정도였다. 적어도 우리는 《남색자의 거동기록 *Dossier des Agissements des Pédérastes*》을 통해 그렇게 미루어 짐작하고 있다.

'영광스러운 남색자의 성스러운 회중(La Sainte Congrégation des glorieux Pédérastes)'의 총회는 프티 뤼 드 마라이스에서 열렸는데, 그 골목에는 극장이 끝나면 많은 사람이 소변을 보러 간다는 핑계로 모여들었다. 그들은 대정원 담장을 따라 나란히 서서 자신들의 엉덩이를 드러낸다. 그러면 부자와 귀족들이 두둑한 지갑을 가지고 찾아와서 자신들이 가장 마음에 드는 것을 골라 적당히 볼일을 보는 것이다.

앞에서 말한 '남색골목'은 오후 7~8시 사이에는 위험한 곳이었다. 그래서 경찰도 야경꾼도 감히 이 골목에 발을 들여놓으려 하지 않았다. 나무에 밧줄을 치고, 무장한 경찰이 새로 들어오려는 자들을 쫓아냈다. 소문에 의하면, 예전에 이들 가운데에는 빅토르 위고도 있었다고 한다. 그러나 이 악덕행위도 마침내 시당국에 의해 진압되고 말았다.

프랑스 제국은 도덕을 개선하지 않았다. 남색자의 무도회는 드 라 마들렌 제8번가에서 열렸고, 특히 1864년 1월 2일에는 무려 150명이 넘는 남자들이 모여들었다. 그들은 모두 교묘하게 여장을 하고 있었으므로 지주조차 정체를 들키지 않을 수 있었다. 또 '백근위병(百近衞兵)과 여제 용기병(女帝龍騎兵)'*82으로 불리는 남색 클럽도 있었다. 그들은 왕궁의 의장을 본떠 만든 뒤 그것을 일반 옷장 속에 숨겨 두었다. 여기서 '여자 황제를 연기하는 것(faire l'Impératrice)'은 육체적으로 이용되는 것을 뜻했다.

그 본거지, 즉 '남색골목'의 멋진 호텔은 검사총장에 의해 발견되었다. 그는 모든 남자의 이름을 기록했지만, 그 가운데 적지 않은 상원의원과 명사들이 들어 있어서 황제는 현명하게 고발조치를 철회했다. 이 클럽은 1864년 7월 10일에 해체되었다. 같은 해에 장군의 아들 로레단 라루시가 편집한 《라 프티 레뷔 *La Petite Revue*》는 '소돔의 도망'이라고 제목을 붙인 논설을 싣고, '리옹 진보당'에 보낸 카스타그나리의 편지를 논한 뒤, 이 나쁜 폐단이 많은 부대(plusieurs corps de troupes)에 의해 도입되었다고 밝혔다.

수동자(*tantes*)의 강청(強請, *chantage*)에 관한 최근의 상황에 대해서는, 독자는 타르디외 박사의 저명한 연구(Études)의 최신판을 참조하기 바란다. *83 그가 밝힌 바로는 고용인 계급이 이 폐해 많은 풍습에 가장 감염되어 있고, 나이로 보면 열다섯 살에서 스물다섯 살 사이에 가장 많이 나타난다고 한다.

《아라비안나이트》의 남색은 간단하게 말하면 세 가지 범주로 나눌 수 있다. 첫째는 익살스러운 형태로, 이를테면 제멋대로 하는 부두르 공주의 짓궂은 장난, 노예처녀로 줌르드와 같은 농담 따위이다. 두 번째는 매우 엄연하고 매우 진지한 도착상황으로, 한 예로 아부 노와스*84가 세 명의 젊은이를 타락시키는 장면을 들 수 있다. 그리고 세 번째 형태에서는, 여자 학자 또는 여자 성직자들이 현명하고도 학문적으로 논하고, 엄격하게 비난했다.

이상으로 외설성의 해명이라는, 이 부분의 논제를 마치기로 한다. 대부분의 독자는 《골의 아마디스 Amadis de Gaul》〔왕자 아마디스의 무용, 연애담, 에스파냐 또는 포르투갈의 전기소설로, 15세기 프랑스의 드 몬타르보가 현재의 형태로 정리한 것이다〕의 특색을 이루고 있는, 그 고상함이 《아라비안나이트》에는 없다는 것을 유감으로 생각할지도 모른다. 위 이야기의 지은이는 젊은 남녀를 함께 남겨둔 뒤 이렇게 말한다. "이 부분은 아무 말도 하지 않고 그대로 두자. 양심에 있어서나 자연에 있어서나 유쾌하지 않은 그런 상황은 당연히 가볍게 여기고 깨끗이 생략해야 하니까."

또 외설적인 정경묘사 뒤에, "여기에는 음란한 말로 현명한 사람들에게 모욕을 가하는 일은 전혀 없다. 또는 호색적인 사항으로 음탕한 사람들을 자극하는 것은 아무것도 없다"고 단언한 영국식 방식을 우리가 존경하지 않는 것은 아니다. 다만 그런 사고방식은 동양적인 사고방식이 아니며, 우리는 그 모습 그대로의 동양인을 이해해야 한다. 동양인은 지금도 '모든 세계는 청순하다(Mundis omnia munda)'고 믿고, 또 '자연은 더럽혀지지 않았다(Naturalia non sunt turpia)'고 믿고 있다. 그리고 베이컨이 거짓말에 거짓말을 더하면 즐거움이 커진다고 보증했듯이, 아랍인은 극단적인 미덕과 그 옆에 놓인 무서운 악덕의 놀랍고 뚜렷한 대조를 즐기고 있다.

이 책 모두를 읽은 독자들도, 귀에 거슬리는 부분은 작품 전체에서 아주 적은 비율밖에 차지하지 않는다는 사실에 동의할 것이다. 거드름을 피우거나 위선적인 말과 행동이 배어 있던 시대에는, 곳곳에서 타산적인 펜(pen)

이 《아라비안나이트》라는 '호색문학'을 슬퍼하거나 '오탁(五濁)의 윤리'를 자세히 설명하고, 또 '매음굴의 쓰레기 같은 읽을거리'를 강조할 것이다. 그리고 '고대의 불결한 이야기의 무분별한 보급(!)'을 못마땅하게 여겨 한탄할지도 모른다. 이러한 독단적인 자칭 검열관들은 '학문적인 언어의 타당한 애매함에 싸여 있어서' 아리스토파네스와 플라톤을, 호라티우스와 베르길리우스를, 나아가서 마르티알리스와 페트로니우스까지 읽는다. 그들은 사람들이 라틴어로 얘기하면 입을 다문다. 그런데 일상 영어에서는 보잘것없는 장애물에도 흥분해서 분개하는 것이다. 이런 모순을 없애기 위해서 그들은 가장 먼저 학교에서 청소년의 마음과 기억에 스며들어 있는 고전류뿐만 아니라, 보카치오, 초서, 셰익스피어, 라블레도 멋대로 지워야 할 것이다. 그 밖에 해마다 한 마디의 항의도 없이 판을 거듭하고 있는 버턴(《우울의 해부》의 저자 로버트 버턴을 가리킴), 스타인, 스위프트 그 밖의 많은 작품도 마찬가지이다.

마지막으로 이렇게 부조리한 청교도들은 왜, 구약성서 속에서 인간의 오물과 성기와 교회, 나아가 뻔뻔스러운 매음, 간음, 밀통, 오나니슴, 남색, 동물을 상대로 한 변태적인 성행위 따위를 암시한 문구를 지우려 하지 않는 것인가? 이 위선자들!

〈에든버러 리뷰〉(1886년 7월 제335호)지의 사사로운 마음을 가진 비평가의 노골적이고 고의적인 허위에 대해, 나는 진심으로 감사의 말을 하고 싶다. 거짓말은 온전치 못하며 목숨이 짧고, 악의는 곧 증발해 버리게 마련이다.[85] 내가 그런 사람들의 눈앞에 자연과 예술의 모든 매력을 갖춘 웅장하고 화려한 풍경을 펼쳐 보여줘도, 그들은 들판 한구석에 점점이 흩어져 있는 작은 퇴비 더미에 불결한 코를 박고 있는 것과 같다고 생각한다.

〈주〉

*1 아랍문학을 위한 최초의 학교는 이븐 아바스(Ibn Abbas)에 의해 창설되었다. 그는 메카 부근의 계곡에서 수많은 사람에게 강의를 했는데, 그것은 매우 원시적인 수업이었다. 이어서 다마스쿠스의 대사원에서 공개수업이 열렸다. '마드라사(Madrasah, 아카데미 또는 대학)'의 기원에 대해서는 이븐 할리칸의 머리글을 참조하기 바란다.

*2 프랑수아 베로알드 드 베르빌(François Beroalde de Verville)에 의한 이 《잡록(雜錄)

Salmagondis〉은 그 뒤 타바린, 곧 가짜 브루스캄빌 도비네(Bruscambille d'Aubigné)와 소렐(Sorel)에 의해 고쳐졌다.

＊3 이전 아담설은 그리스도교 나라에서도 주장되었지만, 거의 성공을 거두지 못했다.

＊4 구약성서만큼 부도덕한 작품은 없을 것이다. 그 신은 고대 히브리인의 가장 나쁜 유형으로, 한 유대인 가장에게 내려준 십계 속에서 모든 죄를 용서하고, 또는 명령했다. 즉 그는 아브라함에게는 아들을 죽이라 명령하고, 야곱에게는 형제를 속이는 것을 인정하게 했으며, 모세에게는 한 이집트인을 살해하고, 유대인들에게는 한 종족 전체를 약탈하라고 명령했다……. 외설적인 것은 오난이나 다말, 롯과 그 딸들, 암논과 그 아름다운 여동생(사무엘하 제13장). 압살롬과 그 아버지의 첩들, 호세아의 '음란한 아내' 등의 이야기, 또 그 위에 솔로몬의 아가(雅歌)가 있다. 유대인들이 분명히 실행한 수많은 전율적인 행위는, 레위기 제8장 24절, 제11장 5절, 제17장 7절, 제18장 7, 9, 10, 12, 15, 17, 21, 23절, 제20장 3절 등을 보기 바란다.

단순히 부정과 불결에 대해서만 보아도, 다음에 든 대목만큼 더러운 것이 또 있을까. 열왕기하 제18장 27절, 토비아스(경외편) 제2장 11절, 에스더서 제14장 2절, 전도서 제22장 2절, 이사야서 제36장 12절, 예레미야서 제4장 5절, 그리고 에스겔서 제4장 12~15절로, 여기에서 기본이 되는 것은 사람의 똥을 소통으로 바꾸는 것이다!

＊5 이것은 분명하다. 그 우주창조설은 글자 그대로 읽힌 신화이며, 그 역사는 대부분 몹시 도덕적인 곡해이며, 그 윤리는 탈무드적인 히브리인의 윤리다. 물론 그것은 전성기에는 공훈을 세웠지만, 오늘날에는 활력과 진보 대신 쇠망과 노쇠 상태를 드러낼 뿐이다. 좀처럼 없어지지 않지만, 과학이라는 완만한 독으로 말미암아 멸망해 가고 있다.

＊6 이것이 현대인은 유럽의 고대인에 비해 절대 뛰어나지 않다고 논하는 사람들에 대한 대답이다. 그들의 주장에도 물론 일리가 있지만, 그들은 3만 년 또는 30만 년이 아니라 불과 3천 년의 성과를 보고 있을 뿐이다.

＊7 게다가 성바울로가 그리스도교도인 노예 오네시모(Onesimos)를 그의 이단(？)의 주인 빌레몬(Philemon)에게 돌려보낸 뒤의 이야기다. 이슬람교라면 물의를 일으켰을 것이다.

＊8 이것 역시, 그리스도교의 창시자(예수)가 '식탁에 앉아 먹고 마시게 할' 것을 이러쿵저러쿵 말하고 있는데도 말이다(누가복음 제22장 30절).

나의 주석은 가끔 이 뿌리 깊은 편견에 대해 언급하고 있다. 그 결과는 인기를 얻기 위한 '이슬람교의 영혼 없는 여성'과 마찬가지로 좋은 뜻을 가지고 남을 속여 넘기고 있다.

"누구도, 어떠한 눈동자의 기쁨이 선행에 대한 보답으로서, 선인(善人)을 위해 숨겨져 있는지 모른다."(《코란》 제32장 17절)는 구절은 성 바울로 성서의 구절(《고린도1서》 제2장 9절)과 마찬가지로, 분명히 '정신적'이다. 그러나 허위 속에는, 특히 사리사욕에서 나온 것에는 영원히 사라지지 않는 것이 있다.

*9 나는 다른 데서, 이슬람교의 엄격한 보수주의를 주석했다. 그러나 이것은 동양의 모든 동양적인 종교와 공통된 것이다. 그렇다 해도, 정적주의가 아니라 진보야말로 인류를 지배하는 원리이고, 그것은 다양한 성질의 사건에 의해 조성되어 있다. 이집트에서는 위대한 무함마드 알리의 통치, 시리아에서는 다마스쿠스의 대학살(1860년)이 근동 일대에 걸쳐서 이슬람교의 구조를 크게 바꾸어 놓았다.

*10 Kitab al-'Unwan fi Makaid al-Niswan, 즉 《여자의 음모에 관한 입문서》(레인 i. 38)

*11 이 여자는 아랍인의 표본 가운데 하나였다. 처음 30년 동안 그녀는 몸을 팔았고, 다음 30년 동안은 적과 아군을 위해 뚜쟁이 노릇을 했다. 마지막 30년 동안은 노화와 질병으로 병상에 누운 채, 방 안에 한 마리의 수사슴과 한 노파를 붙여 놓고 그들이 욕정을 다투는 모습을 바라보며 즐겼다.

*12 그의 페르시아어 논설 《아시아 여성의 자유옹호에 대하여》는 1801년도의 '아시아 연감(Asiatic Annual Register)'에 번역 개재되었다. 존 스콧 박사 말고도 많은 저작가가 인용하고 있다.

아부 탈리브 한은 여행기도 썼다. 이것은 1810년에 찰스 스튜어트(Charles Stewart) 교수에 의해 번역되어, 1814년에 8절, 3책본으로 재판되었다.

*13 나는 그의 통치의 시작을 히지라(Hijrah)부터로 여긴다. 이 말은 문자 그대로는 분리라는 뜻이지만, 흔히 '도망'을 가리킨다. 대략 말하면, 메카의 무함마드를 성실한 열광가로 보고, 알 메디나의 무함마드를 무법한 폭군으로 보는 것이 현대 저술가의 관행이다. 그러나 나는 이 견해가 너무나 불건전하고 불공평하다고 생각한다. 사인(私人)으로서의 처지에 있었던 메카의 예언자는 그의 칭호인 알 아민(Al-Amin)(믿을 수 있는 사람)이 증명하듯이 선량한 시민이었다.

그러나 이단분자에 의해 고향에서 쫓겨났을 때, 그는 사실상, 또 법률상으로도 왕이 되었다. 아니, 일종의 교황이 된 것이다. 그리고 이 설교사는 적의 정복자이자 '충실한 신자들의 왕'으로 변해 갔다. 그의 통치는 동양의 모든 지배자와 마찬가지로, 피에 물들어 있었다. 그러나 그리스도교도들이 그의 탓으로 하고, 이슬람교도들이 스스로 고백한 모든 범죄와 잔학행위가 사실이었다고 가정해도, 율령이나 예언자들이 모세, 여호수아, 사무엘의 탓으로 돌리고 있는 참사와 대파괴에 비하면, 영광되고 열광적인 생애 위에 남겨진 단순한 오점에 지나지 않는다.

*14 그러나 그것은 근친상간은 아니었다. 사람들이 부당하다고 떠들어댄 것은 그 결혼이 아랍인적인 체면을 무시했기 때문이다.

*15 무함마드의 '편의주의'는 많은 사람에 의해 명예롭지 않은 것으로 받아들여졌지만, 그들은 여론에 따르는 것이 '계시'의 본질 자체라는 것은 생각하지도 않았다.

*16 이것은 내 아내(이사벨 버턴)의 《시리아의 내부생활 The Inner Life of Syria》에 지적

되어 있다.

＊17 미르자(Mirza)는 이름 앞에 오면 '평민'을 의미하고, 뒤에 오면 '왕자'를 뜻한다. 따라서 애디슨의 '미르자의 환상'(《스펙테이터》지 159호)은 '평민의 환상'이다.

＊18 여자도 마찬가지이다. 교육과정은 며칠에서 1년에 이르며, 사춘기에는 마술적인 의식을 통해, 또는 가끔 어떤 종류의 잘라냄을 통해 축하한다. 이것에 대해서는 바이츠(Waitz), 레클뤼(Réclus)와 스쿨크래프트(Schoolcraft), 페슈알 렉사(Péchuel-Loecksa), 콜린스(Collins), 다우슨(Dawson), 토머스(Thomas), 브라프 스미스(Brough Smyth), 카를로 빌헬미(Carlo Wilhelmi), 우드(Wood), A.W. 하위트(Howitt), C.Z. 무하스(Muhas), 만테가차(Mantegazza) 교수 등의 기술이 있다.

＊19 바(Bah)는 색욕을 뜻하는 속어로서 이런 저작은 '쿠투브 알 바' 즉, 직역하면 '색욕의 서'이다.

＊20 이 제목은 나도, 내가 물어서 의논한 사람들도 그 뜻을 헤아릴 수 없었다. 나의 유일한 해석은 가공의 인명일지도 모른다는 것이다.

＊21 그리스에는 다음과 같은 성애 전문가들이 있었다.

(1) 아리스티데스(Aristides)와 그 《리브리 밀레시 *Libri Milesii*》(미상).

(2) 헬레네의 하인 아스티아나사(Astyanassa), 양성구유화에 대해 썼다. 〔수이다스에 의하면 그녀는 헬레네의 하녀이자, 메넬라오스의 아내. 처음으로 '성애적 체위론'을 썼다고 한다.〕

(3) 키레네(Cyrene)는 프리아푸스 신에게 호색적인 헌납물을 바친 예술가. 〔역시 수이다스에 의하면, 그녀는 고등내시로, '도데카메카노스'라는 별명이 있었는데, 그것은 그녀가 정사에서 열두 가지의 다른 체위를 실천했기 때문이라고 한다.〕

(4) 엘레판티스(Elephantis)도 체위론(Varia concubitus genera)을 쓴 여류시인. 〔엘레판티네라고도 불리며, F.C. 포르베르그에 의하면 티베리우스 황제는 그녀의 호색본을 침실에 꾸몄다고 한다.〕

(5) 에베메루스(Evemerus) Q. 에우니우스의 미완성 유고 속에 보존된 그의 신성한 이야기(Sacra Historia)는 히에로니무스 코르무나에 의해 수집되었다.

(6) 헤미테온(Hemitheon) 시바리스인〔방탕아를 가리킴〕적인 저작이 있다.

(7) 무사이오스(Musaeus), 서정시인.

(8) 사모스 섬의 소녀 니코(Niko).

(9) 필라에니스(Philaenis)는 색도(色道)의 쾌락을 노래한 여류시인. 아테나이오스(Athen) viii. 13에서는, 교사 폴리크라테스(Polycrates)의 작품으로 되어 있다.

(10) 프로타고리데스(Protagorides). 그 호색적인 대화.

(11) 소타데스(Sotades). 마로네아의 시인으로, 수이다스에 의하면, "Cinaedica"(남색)이라는 시편을 썼다고 한다.

⑿ 견유학파(犬儒學派)의 스포드리아스(Sphodrias)와 그《애기론(愛技論)》

⒀ 트렙시클레스(Trepsicles)와 그《색도(色道)의 쾌락》

로마인들은 Aedituus, Annianus, (아우소니우스 속에서) Anser, Bassus Eubius, Helvius Cinna, Laevius, Memmius, Cicero, Pliny the Younger, Sabellus(체위론), Sisenna (수동자(受動者)의 시인으로, 밀레투스의 우화의 번역자), Sulpitia(온건한 에로티스트) 등이 있다. 이상의 사람들에 대해서는 블롱도(Blondeau)편《성애사전 *Dictionnaire Érotique*》참조(파리, 리주사, 1885년 간행).

＊22《아낭가랑가》(애단(愛壇))는 A.F.F와 B.F.R가 산스크리트어에서 번역하여 주석을 단 것이다(코스모폴리, 1885년, 런던과 베날레스의 카마 샤스트라 협회용과 한정독자용 뿐. 초판은 품절이고, 곧 재판이 나올 예정이다).

＊23 현지의 신문잡지는 지금까지 가끔, 이미 매우 왜곡된 공중도덕을 끝없이 저하하는 이러한 불쾌한 호색 간행물 출간을 금지 시킬 것을 주장했다. 그러나 '여론의 제국'은 그런 일에는 지독하게 무관심하며, 일반적으로 그저 평온한 생활만을 원하고 있는 듯하다. 영국에서는 만약 음란서적이 법률로 금지되어 있지 않다면, 누구도 그것을 사고팔지 않을 것이다. 법률상의 고통과 형벌이 터무니없이 높은 가치를 가까스로 지탱하고 있을 뿐이다.

＊24〈스펙테이터〉지(119호)는 '교육을 받은 사람의 수치스러운 말씨'에 대해 불만을 토로했다. 그것은 '도시 사람들, 특히 프랑스의 세련된 사람들은 우리 언어 가운데 가장 천박하고 야만적인 말을 쓰며, 때로는 그것을 어릿광대조차 얼굴을 붉힐 방법으로 입에 올리기 때문이다.'

＊25 반델로(Bandello) 주교의《설화집 *Novelle*》(제1권, 파리, 리주사, 1879년, 소형 18절)에 나와 있다. 거기에는 죽어가는 어부가 고해신부에게 이렇게 대답한다. "오! 오! 신부님, 소년을 상대로 즐기는 것은 나에게 있어서 음식을 먹는 것과 마찬가지로 자연스러운 일이었습니다. 그런데도 자연을 어기는 죄를 범했다느니 어쨌다느니 하시다니요!" 더욱 현명한 고대인들 사이에서는, 자연을 어기는 죄는 결혼하고, 자식을 낳는 일은 아니었다(？).〔반델로는 이탈리아의 소설가. 1484～1562년. 장편 214편의 이야기로 구성된《설화집》은 보카치오의《데카메론》에 버금갈 정도로 유명하다.〕

＊26 이 부분이 특히 그 방면에 노련한 사람의 호기심을 자극했다. 그 이유는 잘라내지 않은 소년의 고환을 동물의 동작을 제어하는 하나의 고삐로 이용할 수 있기 때문이었다. 그리스와 로마의 호색문학에서는 이런 종류의 글은 하나도 찾아볼 수 없지만, 같은 원인은 어떤 경우에도 같은 결과를 가져온다고 예상해도 무방할 것이다.

그러나 미라보(카데시(Kadhesch)의 항)에는 이렇게 적힌 글도 있다. 현대의 어느 고귀한 인물, 친밀한 집사가 소년들 대신 여자들을 데려오려고 하자, "여자들이라니! 흥! 나에게 소매 없는 헐렁한 옷(un gigot sans manche)을 주겠다는 거냐!"고 소리친다. '방직공의 저울추(Le poids du tisserand)'의 항에도 나와 있다.

* 27 1847년 12월 31일과 1848년 3월 2일에 정청에 제출되어 '인도 정청 기록발췌' 속에 인쇄되었다. 이것은 (1) 신드의 인구와 기타에 대한 보고, (2) 중독의 생태와 기타에 대한 짧은 보고로, 고인이 된 내 친구이자 군의보인 존 E. 스톡스(Stocks)와 공동으로 집필한 것이다. 그가 젊은 나이에 세상을 떠난 것은 식물학에 커다란 손실이었다.

* 28 아테나이오스(Athenaeus) (xiii. 84)에서, 매춘부 그리콘은 '소년들은 여자를 닮은 경우에만 아름답다'고 공언했다. 마찬가지로, 《아라비안나이트》[이 책 422번째 밤]에서도, 여자 학자가 이렇게 말했다. "소년이 처녀에 비유되는 것입니다. 왜냐하면 사람들은 '그 젊은이는 마치 여자 같다'고 말하니까요." 또 여성과 비교한 남성의 더욱 뛰어난 육체적 아름다움에 대해서는 《아라비안나이트》[이 책 243번째 밤]를 참고하기 바란다. 또 변성하기 전의 소년의 목소리는 어떤 프리마돈나의 목소리보다 아름답다.

* 29 음핵의 이상발달(priapiscus, veretrum muliebre. 아랍어에서는 아부 타르투르(Abu Tartur))로 '남성적'이라고 불렸다. 그 때문에, 그녀는 남자의 역할을 할 수 있었다. 기원전 612년에 태어난 사포(Sappho)는 마리 스튜어트, 라 브랑빌리에, 마리 앙투아네트, 그 밖의 명예롭지 못한 부분이 있는 많은 여성의 이름과 마찬가지로 유명했다.

틸로스의 막시모스(Maximus) (Dissert. xxiv)는, 사포의 에로스는 소크라테스적이며, 기린나(Gyrinna)와 아티스(Atthis)는 소크라테스에 대한 알키비아데스와 케르미데스 같은 존재였다고 공언했다. [사포 자신이 자신의 애무에 몸을 맡긴 소녀 세 명을 들고 있고, 그 가운데에 키드노(Cydno)와 아티스의 이름이 보인다. 기린나는 이 키드노가 아닌가 한다.]

지금은 사라지고 없는 문서를 참조할 수 있었던 오비디우스는, 파온(Phaon)에게 보낸 편지와 《애가 Tristia》(ii. 265) 속에서 같은 견해를 보여주고 있다.

Lesbia quid docuit Sappho nisi amare puellas?

(레스보스는 소녀애 말고, 사포에게 무엇을 가르쳤는가?)

[파온은 레스보스 섬의 미모의 나루터지기로 사포는 그를 사랑했으나 좌절하고, 레우카디아곶에서 몸을 던져 스스로 죽었다고 하는데, 이것은 전설인 듯하다.]

수이다스도 오비디우스를 지지했다. 롱기누스는 아티스에게 바친 유명한 송시(頌詩) 에로티케 마니아($\dot{E}\rho\omega\tau\iota\kappa\eta$ $\mu\alpha\nu\iota\alpha$) (육욕만을 가리키는 말)를 찬양했다.

Ille mi par esse Deo videtur………

(Heureux! qui prés de toi pour toi seule soupire……불멸의 신들처럼, 그 사람에게 축복이 내리기를……)

그러나 베른하르디(Bernhardy) 보드(Bode) 리히터(Richter), K.O. 뮐러(Müller) 등, 특히 웰커(Welcker)는 사포를 순결한 거울로 바꿔놓고 말았다. 그것은 마치 그 음탕하기 이를 데 없는 천재 셰익스피어를 선량한 영국시민으로 바꾼 우리나라의 우둔한 재사(才士)들과 마찬가지이다.

＊30 상찰녀(라버)는 아랍어로 사하카(Sahhakah)라 하고, Tractatrix, Subigitatrix라고도 하며, 이 책 93번째 밤('오마르 빈 알 누만 왕과 두 아들 샤르르칸과 자우 알 마칸 이야기' 주석 197)에서 주석한 바 있다. 여기서 Lesbianise($\lambda\varepsilon\sigma\beta\iota\zeta\varepsilon\iota\gamma$)와 tribassare가 나왔다. 전자는 여자 대 여자의 사랑에, 후자는 그 성기(性技)에 적용된다. 〔전자는 영어로는 레즈비어니즘 또는 레즈비언 러브라고 하며, 후자는 트리바디즘이라고 한다.〕

이것은 음순의 마찰이나 비정상적으로 발달한 경우의 음핵의 삽입 등과 같이 자연스러운 방법이 있는가 하면, 여성용 자위기구(fascinum, 페르시아어의 Mayajang), 고양이 발(patte de chat), 바나나, 그 밖의 온갖 대용품에 의한 인위적인 방법도 있다. 《아라비안나이트》에서는 이 여성의 성도착은 아주 조금 언급되어 있을 뿐이므로, 더는 얘기할 필요가 없을 것 같다.

＊31 플라톤은 최초 세 종류의 인간, 즉 남자와 여자와 남녀 또는 양성을 갖춘 남녀추니가 존재했으므로 이러한 도착적 욕정이 생겨났다고 설명하고 있지만, 이것은 이해할 수 없는 말이다. 제우스가 남녀추니를 반역죄로 없애 버리자, 다른 두 사람은 각각 둘로 갈라졌다. 그래서 각각의 분신은 동성 가운데 다른 반쪽을 찾아서, 원인(原人) 남자는 남자를, 원인 여자는 여자를 구한다고 한다. 물론 그럴듯한 얘기지만, 과연 사실일까?

이 사고는 아마 이집트에서 나온 것이리라. 이집트는 히브리인에게 남녀추니의 인류를 공급했고 거기서 인도로 전해져서, 몸의 한쪽은 남자이고 다른 쪽은 여자인 시바신이 태어났다.

최초로 창조된 인간은(《창세기》 제1장 27절) 남녀추니(hermaphrodite, ＝Hermes＋Venus)였다. masculum et foeminam creavit eos—하나님은 남자와 여자를 창조하셨다—그것은 6일째 되던 날이었다. 〔이 경우 〈창세기〉에서는 '사람'이라는 역어가 쓰였다.〕 이브가 만들어진 것은 훨씬 뒤의 일이었다. 그동안 아담은, 이를테면 어느 《탈무드》 연구자들이 말한 것처럼 모든 종류의 동물과 교합했다.

＊32 《여성론 De la Femme》(파리, 1827년).

＊33 《고대의 미독(黴毒) Die Lustseuche des Alterthums》(할레, 1839년).

＊34 에르시 및 그루버 편 《일반백과사전 Allgemeine Encyclopaedie》(라이프치히, 블록하우스사, 1837년) 속에 그리스의 남색에 관한 마이에르(Meier)의 철저한 논평이 있다. 그는 도리스, 이오니아, 이오니아의 여러 주, 아티카의 도시들, 소아시아의 도시들 따위에 걸쳐서 자세하고 빈틈없게 조사했다.

＊35 스파르타에서는 사랑하는 사람은 에이도프누스($\varepsilon\iota\delta\pi\nu\eta\lambda\alpha\varsigma$) 또는 아에도프누로스($\varepsilon\iota\delta\pi\nu\eta\lambda o\varsigma$)라 불리고, 사랑받는 사람은 테살리아〔고대 그리스의 한 주〕에서와 마찬가지로, 아이타스($\alpha\iota\tau\alpha\varsigma$ 또는 $\alpha\iota\tau\eta\varsigma$)였다.

*36 나는 종교를 공부하면 할수록, 인간이라는 것은 자기 말고는 아무것도 숭배하지 않는다고 굳게 믿게 되었다. 크레타 섬 주민에 의하면, 유피테르가 된 제우스는 고대의 한 국왕이었다. 신화화한 조상 덕분에, 제우스는 모아브 왕국의 케모시에 대한 히브리인의 여호와처럼, 지방신(地方神)으로 숭배되었다. 즉 오랜 세월과 긴 여행길에 의해 이름에 품격이 더해져, 고대의 섬 추장도 마침내 최고의 존재가 된 것이다.

가니메데스(Ganymede, 아마 여기서 라틴어 Catamitus 남창이 나온 것이리라)는 아마 프리기아의 미소년으로, 오랜 시간이 지나는 동안 현자의 상징이 되고, 독수리(통찰력)에 납치되어 신들의 대열로 들어갔을 것이다. 신들의 남색에 대해서는 베일(Bayle)의 '크리시포스(Chrysippe)'의 항을 보면 된다.

*37 오데(Audé)의 저서 《그리스의 도덕관념과 플라톤을 읽는 것의 위험에 관한 논설 *Dissertation sur les idees morales des Grecs et sur les danger de lire Platon*》(Bibliophile, Rouen, Lemonnyer. 1879). 이 저자는 고(故) 옥타브 델레피에르(Octave Delepierre)의 가명이다.

*38 지금까지 그것을 제목으로 한 책이 여러 가지 나와 있다. 이를테면 《수업 중인 소년 알키비아데스 *Alcibiade Fanciullo a Scola*》, D.P.A.(피에트로 아레티노(Pietro Aretino)의 머리글자로 추정되고 있다. 인기를 얻기 위함인가?) Oranges, par Juann Vvart, 1652. 소형 정사각의 4절판으로, 총 102쪽. 머리글 3쪽으로, 끝에 쪽수 번호가 없는 한 장이 있는데 거기에 V.M.이 쓴 14행시가 4편 실려 있다.

같은 발행일의 재판도 있는데, 이것은 약간 긴 형태의 소형 12절판으로, 총 122쪽. 그 가운데 2쪽은 14행시에 할당되어 있다. 1862년에 라숑 출판사(Imprimerie Raçon)가 머리글 4쪽, 본문 108쪽의 8절을 102부 간행했으며, 1863년 남색을 다룬 외설문서로서 경찰에서 발행금지처분을 받았다. 이 작품은 다시 프랑스어역 《수업 중인 소년 알키비아데스 *Alcibiade Enfant à l'ecole*》를 낳았다. 이 책은 1866년 초 이탈리아어에서 프랑스어로 번역되어 암스테르담에서 간행된 것으로, 역자는 페르란테 팔라비치니(Ferrante Pallavicini)였다. 그(1618년 출생)는 로마의 죄상을 들어 그것을 꾸짖고 못마땅하게 여기는 문장을 씀으로써 바르베리니가(로마의 명문)의 분노를 샀다. 그리하여 그는 1644년 3월 5일 아비뇽에서 단두대의 이슬로 사라졌다. 향년 26세.

팔라비치니는 고대 연구에 힘쓴 방탕하고 재주 있는 사람으로, 그 특이성은 1643년에 나온 《오페라 걸작집 *Opere Scelte*》을 통해 엿볼 수 있다.

다음으로, 기암바티스타 바세기오(Giambattista Baseggio)가 이탈리아어에서 번역하고, 책을 아끼고 사랑하는 한 프랑스인이 주석과 꼬리말을 쓴 《수업 중인 소년 알키비아데스에 관한 논설 *Dissertation sur l'Alcibiade fanciullo à scola*》(J. Gay, 파리, 1861년)이 있으며, 이것은 총 78쪽 8절판으로, 발행 부수는 254부였다.

나는 《남색자 *Amator fornaceus, amator ineptus*》(Palladii, 1633)라는 책이 있다고

들었지만, 아직 보지는 못했다. 그 가운데에는 이 책을 《소년 알키비아데스》의 원본으로 보는 사람두 있지만, 비평가 대부분은 빈약하고 지루한 작품으로 평가하고 있다.

＊39 나르키소스(Narcissus)는 저림, 마비, 마취 따위를 뜻하는 나르크($νάρκη$)에서 유래한다. 이 꽃(수선화)은 지옥의 신들에게 사랑을 받으며, 푸리아이〔그리스어로는 에리니에스라고 하며, 세 자매인 복수의 여신〕에게 바쳐졌다. 나르키소스(영어로는 나르시소스)와 히폴리토스(Hippolytus)는 가끔 병적인 욕정, 자위, 음란증을 위한 음핵 마찰 등의 상징으로 생각되었고, 미라보는 나르키소스 속에서 양성구유의, 즉 최초의 (이브가 창조되기 전의) 아담의 원형을 보았다. 나는 나르키소스가 자기 자신의 완전한 모습에 반하는 인도의 비쉬누 신을 간접적으로 나타내는 것 같다. 〔참고로, 영국의 하브로크 엘리스는 1898년에 처음으로 '나르키소스적 경향'을 성심리학적으로 논했고, 이윽고 자기도취증―나르시시즘이라는 성심리학상의 술어가 생겨났다.〕

＊40 원래 넷째 손가락(medicus)은 고대 수상술(手相術)의 시에 있듯이, 제3지, 또는 반지를 끼는 손가락이다.

＊41 세네카도 마찬가지로 digits scalpit caput(손가락으로 머리를 긁다)를 썼다. 현대의 이탈리아인도 집게손가락과 가운뎃손가락 사이에 엄지손가락 끝을 끼워서 음핵을 암시한다.

＊42 오늘날 새롭지 못한 '에페소스의 과부 이야기'만큼 기지에 찬 이야기가 또 있을까. 그 냉소적인 드라이 유머야말로 《아라비안나이트》에 어울리는 것이다. 이 이야기가 전세계에 퍼져 있는 것도 이상한 일이 아니다.

이 이야기는 신(新)파이드로스(neo-Phaedrus)에도, 무사이오스(Musaeus)의 이야기집에도, 또 《7현인 Septem Sapientes》에도, '위로받은 과부'라는 제목으로 나온다. 그리고 '자기 남편의 무덤 위에서 창부가 된 여자 이야기(Fabliau de la Femme qui se fist putain sur la fosse de son Mari)'로서 브란톰과 라퐁텐을 완전히 사로잡았다.

아벨 레뮈자(Abel Rémusat)〔프랑스의 유명한 중국학자, 1788~1832년〕는 그의 《중국 콩트집 Contes Chinois》 속에서, 이 이야기가 중국에도 알려 있다고 썼다.

＊43 P.P의 저서 《라틴어 성애어휘 Glossarium eroticum linguae Latinae, sive theogoniae, legum et morum nuptialium apud Romanos explanatio nova》(Parisiis, Dondey-Dupré, 1826, in 8 vo.) P.P는 《염서(艷書) Erotica Biblion》〔미라보 저작〕에 주석을 더한 기사(技師) 슈발리에 피에르 피에뤼그(Chevalier Pierre Pierrugues)를 가리키는 것으로 추정된다. 그러나 게이에 의하면, 이 저작에는 드 쇼넨(de Schonen) 남작이 협력했고, 저자로 알려져 있는 피에뤼그는 실재했는지 어떤지 확인되지 않았다고 한다.

블롱도(Blondeau)와 포르베르크(Forberg) 같은, 다른 어휘주해학자의 저서는 파리의 리주사에서 간행되었다. 〔포르베르크는 독일 철학자. 만년의 명저 《서양 고전 호

색문학 입문》이 있다.〕

＊44 유럽의 질투심이 강한 사람들이 콘스탄티노플 주변의 훌륭한 지역과 마찬가지로, 단순한 야만국이라고까지 깎아내리고 있는 이 멋진 나라 모로코에는 3종의 이슬람교 민족이 살고 있다. 먼저 베르베르인으로, 그들은 자신들을 타마지트(Tamazight)(Amazigh의 복수형)라 부르며, 게토우리아의 토착민으로서 아프리카 셈 계통의 언어를 쓰고 있다.

　　다음은 8세기 정복자들의 후손인 아랍인으로, 대부분 유목민이고 낙타 사육자다. 마지막 세 번째는 본디 무어인인데, 도읍에 살고 있으며, 원래는 아랍인이었지만 혼혈종족이다. 또 6백 년에 이르는 에스파냐 사람의 거주에 의해 다시 변화가 일어났다. 그것은 둔중한 용모와 양피지 같은 피부색을 보면 알 수 있다. 그 점에서 마치 옛날 아메리카의 옥타룬(octaroon)과 같다.〔옥타룬은 8분의 1 혼혈아라고 하며, 흑인의 피가 8분의 1 전해지고 있는 흑백혼혈을 말한다.〕그 무어인에 대해서는 내 친구인 고 아서 레어드(Arthur Leared) 박사의 《모로코와 무어인 Sampson Low》(Co., 1876)에 상세히 기술되어 있다.

＊45 내가 본 바로는 지금도 이집트에서 사라지지 않은 페르시아어는 이 이란인의 지배 탓이다. 이를테면 '바흐시시(Bakhshish)'〔정표 또는 봉사료라는 뜻으로, 외국인 여행가의 고민거리다〕는 나일 강 유역 서쪽의 이슬람교 지구에서는 널리 쓰이지 않는다. 축의(祝儀)라는 뜻으로, 무어인은 하디야(Hadiyah)라고 한다.

＊46 골인(Gallus)은 글자 그대로는 수탉의 의미. 호색문학상의 용어로는 '거세한 수탉'이고, '환관'이다.

＊47 거세를 정당화하고 있는 성경 구절은 마태복음 제18장 8～9절, 마가복음 제9장 43～47절, 누가복음 제23장 29절, 골로새서 제3장 5절 등이다.

　　성바울로(고린도전서 제7장 29절)는 아내가 있는 자는 없는 자처럼 아내와 함께 살아야 한다고 했다. 아프리카의 아벨계 이단자들은 아벨〔아담과 이브의 둘째 아들, 형 카인에게 살해되었다〕이 순결한 채 죽었으므로 여자를 삼갔다.

　　오리게네스(Origenes)〔알렉산드리아의 그리스인 신학자, 185～254년〕는 마태복음(제19장 12절)을 지나치게 엄격하게 해석하여, 자신의 신체를 불구로 만들었으므로 당연히 파문당했다. 그러나 그의 제자인 아랍인 발레리우스(Valerius)는 서기 250년에 '발레리우스파'라고 하는 거세자 종단을 창설했다. 그리고 콘스탄티누스 황제 유스티누스 황제에게 박해받고 쫓겨나, 근대 스콥지파(Skopzis)의 정신적 교조가 되었다.

　　이러한 거세자(환관)는 11세기 말에 두 사람의 그리스인 요안네스(John)와 예프렘(Jephrem)이 키예프의 주교였을 무렵, 처음으로 러시아에 출현했다. 요안네스는 1089년에 안나 와세보로도나 왕녀에 의해 그 나라에 갔으며, 연대기에 의하면 나우제, 즉 '시체'라고 불렸다.

그러나 18세기 초에(1715~33년) 어떤 종단이 우그리체 주변과 모스크바에 탄생하여 처음에는 크리스티, 즉 '채찍질 고행자'라 불렸는데, 나중에는 근대 스콥지파로 발전했다. 이 광범위한 문제에 대해서는 드 슈타인(De Stein)(토속학지(土俗學誌), Zeitschrift für Ethn, Berlin, 1875)과 만테가차를 참조하기 바란다. [그의 이름난 저서 《인류의 성생활 The Sexual Relations of Mankind》 1935년판에서는 제6장 이하.]

*48 파차스(v. 84)의 '사해'에 관한 터무니없이 어리석은 기술을 참고할 것.

*49 여호와는 여기서는 가르치려 하지 않고, 그들을 파멸시킴으로써 어쩔 수 없이 악역을 해야 했다. 그러나 "우리는 우리의 모습과 비슷하게 신들을 만들어, 우리가 지상에서 보는 것을 천상계로 옮긴다(Nous faisons les Dieux à notre image et nous portons dans le ciel ce que nous voyons sur la terre)."

야훼(Yahweh) 또는 야(Yah)〔여호와(Jehovah)의 어원〕는 분명히 이집트어이고, 이집트의 안흐(Ankh), 즉 '영원히 사는 것'에 해당한다. 그러나 이 어근은 바빌론에서 배운 것으로, 오늘날에도 설형문자에서 볼 수 있다.

*50 나로서는 아스타르테가 원래 금성의 베누스인지 아닌지 도무지 알 수가 없다. 그러나 막스 뮐러 박사와 G. 콕스(Cox) 경이 인도에서 새벽의 여신 아프로디테와 그 시신(侍神) 카리테스(Charites)〔미의 여신들로, 보통은 3명, 다른 신을 섬기고, 독자적인 지위를 가지지 않는다〕를 도입한 것은 틀림없다고 생각한다.

*51 이 고전적인 베누스의 고장에서는 이슈타르 아슈타로스의 숭배는 절대 멸망하지 않았다. 페르시아인의 후예이자 시아파의 교의를 지닌 메타왈리(Metawali)의 이단자들과 '빌라드 브샤라(Bilad B'sharrah)'(이것은 Bayt Ashirah에서 유래한 것으로 생각하고 싶다)의 농민은 오늘날에도 이 폐허를 순례하고, 사이이다트 알 카비라(Sayyidat al -Kabirah) 즉 '위대한 부인'에게 맹세한다.

정통파 이슬람교도들은 그들의 말도 안 되는 난잡하고 음란한 행동을 비난하고, 샤자라트 알 샤트(부인의 나무)라 이름 붙여진 나무에 거는 램프와 넝마조각을 지적한다. 특히 호색적인 종족이 살고 있는 리바누스(Libanus) 지방의 그리스도교도 지구 카스라완의 주민도 또 안류으로 유명한 히말라야삼나무 밑에서 잔치를 벌이고, 페니키아인 창부들과 마찬가지로 여자들은 베누스 신에게 자신을 희생으로 바친다. 이렇게 오래된 미신의 부활은 선교사의 '편람'에는 한 마디도 언급되어 있지 않지만, 인류학자가 연구할 가치는 충분히 있다.

*52 주해학자 가운데에는 '여자의 생식능력에 있어서 신성한 예배당'으로 해석하는 사람도 있다. 또 율법학자들은 그 형상을 둥지 속에 앉아 있는 암탉의 모습이라고 했다.

*53 고대 유대인은 '개'를 남색자와 남창에 적용했다. 그러므로 그들은 주인의 집 안에 들어갈 수 없는 '개의 가치'를 그렇게 해석했지만(〈신명기〉 제23장 18절, 즉 '개의 가치'를 남창의 가치라고 해석했다), 이것은 개의 종족에 대한 심한 모욕이다.

*54 그녀의 이름은 마아가(Maacah)라고 하며, 그녀의 칭호는 어떤 사람에 의하면, '왕의 어머니'였다. 그녀는 공산주의자 종단을 창설했는데, 그들은 결혼을 거부하고 훌륭한 신전 안에서 간음과 근친상간을 숭배의 대상으로 삼았다.

*55 뚜렷한 예외는 빈이다. 처녀의 유방이 이상하게 발달한 것이 특히 눈길을 끄는데, 이 것도 곧 축 늘어지게 된다.

*56 오나니슴(Onanisme)에 대해서는 창세기 제38장 2~11절 참조. 〔오늘날에 이 고사에 기초한 오나니슴은 '자위'가 아니라 '성교중단'임이 밝혀졌지만, 여기서는 티소 이래의 속설에 따르기로 한다.〕 고전문학에서는 메르쿠리우스(Mercury)〔로마 신화에 나오는 상업의 신〕가 님프인 에코를 사모하여 광란상태에서 산속을 헤매고 있던 아들 판(목 양신)에게 이 '탈라바의 기술(Art of le Thalaba)'을 가르쳤고, 목양신은 그것을 양치 기들에게 전수했다. 미라보의 '탈라바' 항에 나와 있다.

*57 《아라비안나이트》의 독자들은 아랍시 속의 '그'가 가끔 '그녀'가 되어 있는 것을 눈치 챘으리라. 여행을 통해 더럽혀지지 않았던 시대의 아랍인은 남색을 무시했다.

*58 그런 이유로, 모하메드는 자신의 어린 아내인 아이샤를 남성 명사로 불렀다.

*59 그것과 마찬가지로 로마인들 사이에서는, 체조교사의 땀에 젖은 몸을 백조의 솜털로 닦아주는 젊은이 또는 소녀(Iatroliptae)가 있었다. 이것은 나중에 이른바 마사지 전문 가의 손길로 부활하는 관행이다. 또 향료와 향수를 발라주는 자(Unctores)를 비롯하 여, 몸을 문지르는 자(Fricatrices)와 머리를 감겨주는 자(Tractatrices) 그리고 티눈을 없애주는 자(Dropacistae)와 털을 뽑는 자(Alipilarii) 따위가 있었다.

*60 이것은 유명한 노래를 비튼 것이다(로벅(Roebuck), i. sect. 2, No. 1602).

대장장이는 쇠의 가치를, 보석상은 보석의 가치를 알고 있다.

장미의 가치는 금조(琴鳥)가, 칸바르의 가치는 주인인 알리가 알고 있다.

*61 로벅(《동양속담집》 제1부)은 신드인을 쿰부(Kumbu 또는 Kumbsh), 즉 펀자브의 농 부라고 했고, 다른 사람들도 멋대로 표현을 바꿨다.

*62 졸저 《신드 재방문》 제1권에 나와 있다.

*63 이것과 음탕한 구슬(grelots lascifs)을 혼동해서는 안 된다. 이것은 페그〔미얀마의 한 지방〕의 주민들이 포피 속에 끼워서 쓰는 금 또는 은으로 만든 작은 구슬이다. 니콜 로 데 콘티(Nicolo de Conti)〔15세기 중엽에 활약한 이탈리아의 항해가〕도 이것에 대 해 언급했는데, 그는 시술받는 것을 거부했다.

*64 《콜럼버스의 발견 이야기 Relation des découvertes faites par Colomb》(볼로냐, 1875 년). 또 베스푸치(Vespucci)〔15세기 이탈리아의 항해가〕의 편지(라무지오(Ramusio) 1. 131)와 파로(Paro)의 《아메리카인에 관한 철학적 연구 Recherches philosophiques sur les Americains》 등에 나와 있다.

*65 아벨 휴로 드 빌뇌브(Villeneuve) 박사의 저서 《파리론(論) Thése de Paris》에서 빌려

쓰고 있는 앞에 게재한 만테가차의 책을 참조하기 바란다. "Frictiones per coitum productae mugnum mucosae membranae vaginalis turgorem……."(교접에 의한 마찰은 팽창 때문에 최고도로 질의 점액을 분비시킨다는 뜻)

*66 파스시누스(Fascinus)는 프리아프스(양근) 신으로, 명백한 동성애자인 로마의 베스타 처녀(vestal virgins)가 이 신에게 희생물로 바쳐졌다. 〔베스타 처녀란 원래 불의 여신 베스타에게 평생 또는 30년 동안 몸을 바쳐 신전의 성화를 태운 넷, 또는 여섯 명의 처녀를 말한다.〕 또 양근 모양을 한 목걸이 부적을 가리키기도 한다. fascinum은 남자 성기이다. 〔영어의 매혹(fascination<fascinate)도 여기서 나온 것임을 덧붙여둔다. 보통 사전은 모두 facinum=charm에서 나왔다고 되어 있다.〕

*67 캡틴 그로스(Captain Francis Grose)〔영국의 고고학자, 1731~91년〕는 《염소어사전(艶笑語辭典) Lexicon Balatronicum》에서, 머킨(merkin)을 '여자의 옥문을 모조한 털'이라고 설명했다. 베일리의 《고대 사전》에 나와 있다. 1764년의 이른바 개정판에는 이 말이 들어 있지 않지만, 오늘날에는 일반적으로 대용질(代用膣, cunnus succedoneus)로 쓰이고 있다. 〔웹스터 대사전에도 '여성기 대용의 가짜 털'이라고 되어 있을 뿐이다.〕

*68 나는 앨버트 투틀(Albert Tootle)의 뛰어난 번역서 《포로가 된 헤세의 한스 슈타데 The Captirity of Hans Stade of Hesse》(런던, 하클루이트 협회, 1876년)에 붙인 주석에서 놀랍게도 사람 고기를 즐겨 먹는 이 타락한 기호에 대해 언급했다.

*69 브라질의 조개더미는 때로는 200피트의 높이에 이르는 것도 있다. 나는 〈인류학〉지 (1873년 10월호 제1호)에서 그것에 대해 논술했다.

*70 허버트 하우 밴크로프트(Bancroft)의 저서 《남미 태평양연안 제주(諸州)의 원주민 The Native Races of the Pacific States of South America》(런던, 롱맨스, 1875년).

*71 고대 잉카의 역사가는 모두 이러한 거인에 대해 언급했다. 그들은 아마 팔다리가 큰 브라질의 카리브인을 말하는 것이리라.

*72 이것은 선교사들의 종교상 기만인 듯하다. 소돔 전설의 유럽 또는 미국판 같은 것.

*73 로페스(Lopez)의 저서 《페루의 아리아계 종족 Les Races Aryeunes du Pérou》(파리, 프랭크, 1871년).

*74 아기아르(Aguiar)의 저서 《브라질과 브라질인 O Brazil e os Brazileiros》(산토스, 1862년).

*75 '동양의 에티오피아(Aethiopia Orientalis)'(Purchas, ii. 1588).

*76 Purchas, iii. 243.

*77 가스파르(Gaspar) 박사의 가장 저명한 저서는 (1)《실용법의학 편람 Prakisches Handbuch der Gerechtlichen Medecin》(베를린, 1860년), (2)《법의학을 위한 임상적 신법규 Klinische Novellen zur gerechtlichen Medecin》(베를린, 1863년) 등이다.

＊78 이 뷔시(Bussy)는 테오필 비앙의 이야기《라리사 Larissa》라는, 페트로니우스 아르비 테르의 다른 모방작품을 간행했다.〔라리사는 그리스의 한 도시 이름. 페트로니우스는 유명한《사티리콘》의 작자로, 고대 로마의 음탕하기 짝이 없는 남색 풍조를 그렸다.〕그의 사촌누이인 세비녜(Sévigné)〔프랑스의 여류 서간문학자〕는 그 작품에 찬사를 보냈다.

베일리는 뷔시의 섬세한 필치에 반대하고, 페트로니우스의 외설스러움에 대해 변호했다. 그의 '외설성에 대한 변명(Eclaircissement sur les obscénités)'(《고대 사전》의 부록)에 자세히 나와 있다.

＊79 (남색자를 뜻한다) 에뷔고르(Ebugor)는 라블레 작품의 불그랑(Boulgrin)이다. 우크하르트(Urquhart)〔스코틀랜드의 작가이자 라블레의 번역자로 유명하다〕는 이 부그르(단수형)를 잉글(Ingle)이라고 번역했는데, 부그르는 이탈리아에 부지아르도(bugiardo, 거짓말쟁이)라는 말을 제공한 불가리아인(Bulgarians)에게서 유래했다. 또 리트레에 의하면, bougre와 bougrerie(남색)는 13세기에 생겼다고 한다.

그러나 나는 이 속칭이 16세기부터 알려지기 시작했다고 생각할 수밖에 없다. 그 시대에 남프랑스의 위그노(신교파)가 뷔그레(Bugres), 즉 브라질 원주민의 풍속을 연구했고, 또 그러한 원시적인 원주민 몇 명이 유럽에 건너간 것이다. 앙리 2세와 카트린 드 메디시스 왕비를 맞이한 루앙의 대제전(1564년 6월 16일)은, 대행렬의 일부로서 새롭게 탐험한 나라들의 잉꼬새와 그 밖의 조류, 동물과 함께 3백 명의 인간(50명의 '뷔그레' 또는 투피족 포함)을 공개했다.

＊80《염서(艷書) Erotica Biblion》.

＊81 '짚의 기사(chevaliers de Paille)'로 불렸는데, 그것은 입에 짚을 무는 것으로 나타냈기 때문이다.

＊82《밀판백서(密版百書) Centuria Librorum Absconditorum》 피사누스 프락시(Pisanus Fraxi)편, 한정본(4 to. p. lx. & 593. 런던, 1879년).

＊83 이 방면에 정통한 한 친구가 다음과 같은 유명한 남색자 일람표를 나에게 제공해 주었다. 이러한 성애도착의 크고 넓은 보급 상태와 매우 많은 유명인이 이에 연루된 사실에 놀라는 독자가 있다면, 가장 위대한 사람들이 최악의 도착자 속에 포함되는 사실을 명심하기 바란다. 이를테면 마케도니아의 알렉산드로스 대왕, 율리우스 카이사르, 나폴레옹 보나파르트 등은 일반 평민을 얽매고 있는 도덕 법칙에서 초연해 있었다. 그러나 이 세 사람은 모두 남색 혐의를 받았다. 국왕 가운데에는 다음과 같은 남색자가 있었다. 앙리 3세, 파르마(이탈리아)의 카를로 2세, 3세.

그리고 또 Shakespeare, Molière, Theodrus Beza, Lully(작곡가), D'Assoucy, Count Zintzendorff, the Grand Condé(대(大) 콩데) Marquis de Villette, Pierre Louis Farnèse, Duc de la Vallière, De Soleinne, Count D'Avaray, Saint Mégrin, D'Epernon, Admiral de la Susse, La Roche-Pouchin Rochfort, S. Louis〔루이 9세인가〕, Henne(강신술사), Comte Horace de Viel Castel, Lerminin, Fievèe, Théodore Leclère, ArchiChancellier Cambacèrés, (대법관 캄바세레스), Marquis de Custine, Sainte-Beuve, Count D'Orsay 등이 있다.

그 밖의 사람들에 대해서는 아래 피사누스 프락시의 책 3권을 참조하기 바란다. 《발금서목록(發禁書目錄) Index Librorum Prohibitorum》(런던, 1877년), 앞에서 말한 《밀판백서》, 《금압도서(禁壓圖書) 일람표 Catena Librorum Tacendorum》(런던, 1885년). 그 색인에 의해 사람의 이름을 알아낼 수 있을 것이다.

*84 이 특이한 인물에 대해 이븐 할리칸(ii. 43)은 다음과 같이 평가했다. "명백하게 성격과 다른 작품을 쓴 시인 네 명이 있었다. 아부 알 아타히야(Abu al-Atahiyah)는 자신은 무신론자이면서 경건한 시를 썼다. 아부 후카이마(Abu Hukayma)의 시는 그가 성적 능력을 잃었다는 것을 증명했으나 그 자신은 수산양보다 호색적이었다. 모하메드 이븐 하짐(Mohammed ibn Hazim)은 자족(自足)을 찬양했는데 자신은 개보다도 탐욕스러웠다. 또 아부 노와스(Abu Nowas)는 남색의 기쁨을 노래했지만, 자신은 개코원숭이보다 더 여자를 좋아했다."

*85 악의를 품은 불공평한 혹평은 지금까지 한 번도 그 대상에게 상처준 적이 없었다. 사실 그것은 일반적으로 저자의 적이 줄 수 있는 가장 큰 은혜다. 그러나 인쇄는 되었으나 공판은 되지 않은 책을 통속적인 평론지 속에서 다루는 것은 문학계에 통용되는 예의에 어긋나는 일이다.

아라비안나이트란 무엇인가

고산고정일

아라비안나이트란 무엇인가

아라비안나이트 이야기책이 세상에 나온 것은 태양왕 루이 14세 시대 프랑스 귀족문화가 화려하게 꽃피우던 시절의 일이다. 동양학자 앙투안 갈랑이 아라비아어를 번역한 《천일야화(프랑스어판은 *Les mille et une nuit*이지만, 영어판 *Arabian Nights*가 일반적이 됨)》는, 궁정뿐 아니라 서민들에게도 열렬한 환영을 받았다. 이 신비한 이야기들은 미지의 세계에 대한 호기심을 키워가던 유럽인들에게는 사막의 오아시스와 같았다. 어쩌면 환상과 현실이 경계를 넘나드는 이 금빛 찬란한 이야기로 말미암아 유럽 열강들이 식민지 확장에 더욱 열을 올렸을지도 모르는 일이다. 아라비안나이트는 어떤 이야기며, 언제, 어떻게 이루어졌을까?

'성적 향연'으로 시작되는 첫 번째 밤

그것은 불륜에서 비롯되다

《아라비안나이트》라고 하면 어떤 이야기가 생각날까?

디즈니 애니메이션 영화 〈알라딘〉을 비롯해 많은 사람은 아이들을 대상으로 한 이야기를 떠올릴 것이다. 램프를 문지르면 마신(魔神)이 나오는 〈알라딘과 이상한 램프〉, "열려라 참깨!"란 주문으로 유명한 〈알리바바와 40인의 도둑〉, 바다를 떠돌다 온갖 신비로운 섬에 닿는 〈선원 신드바드의 모험〉 등이 온 세계에 널리 알려진 이야기다.

그런데 '아라비안나이트'는 어째서 '천일야화(千一夜話)'라 불리는 걸까?

옛날 옛적에 한 임금님이 있었는데, 그는 밤마다 처녀를 한 사람씩 품고서 이튿날 아침이 되면 죽여 버리길 거듭했다. 이에 샤라자드라는 현명한 여성이 사람들을 이 재난으로부터 구하기 위해 스스로 나서서 왕비가 되었다. 샤라자드는 밤마다 매우 재미있는 이야기를 들려주었으므로 왕은 날이 새도 그녀를 죽일 수 없었으며, 1천 일 하고도 하룻밤 동안 정신없이 그 이야기를 들었다고 한다.

시작의 줄거리는 이러한데, 책 읽는 사람이 아이라면 이 정도로 충분하다. 그러나 여기에는 왕이 번번이 왕비를 죽이는 이유가 밝혀져 있지 않다. 그렇다면 왕은 프랑스의 '푸른 수염'과 마찬가지로 세상에 드문 연속 살인마로밖에 보이지 않는다. 그 왕에게는 나름대로 이유가 있었다. 하지만 어린 독자에게 그 이유를 모두 밝힐 수는 없었다.

왕비의 배신, 즉 아내의 불륜으로 시작되는 이 이야기책은, 본디 어른들이 밤에 카페나 모닥불 주위에 모여서 나누던 가벼운 이야기를 기록한 것이기에 애증과 관능의 표현이 풍부하게 나온다.

"신록이 싱그럽고 꽃들이 활짝 핀 왕궁의 정원.

눈부시게 아름나운 옷을 입은 어인 20명이 들어온다. 빛을 머금은 물방울이 세차게 뿜어 나오는 분수 주위에서 그녀들은 실오라기 하나 걸치지 않은 알몸이 되었다. 놀랍게도 여인 가운데 10명은 남자였다. 한결같이 빼어난 미남 미녀들은 정원 이곳저곳에서 서로 끌어안고, 끝없는 쾌락을 탐하는 것이었다."

만약 원작에 충실하려면, 아라비안나이트는 이렇게 시작되어야 하리라. 아이들을 상대로 한 이야기라는 이미지와 정반대로, 이 이야기는 왕비가 벌이는 성적 향연에서부터 시작된다.

옛날에 두 형제 왕이 있었는데 형은 샤리아르, 동생은 샤 자만으로, 그들은 서로 떨어져 저마다 자기 나라를 훌륭하게 통치했다. 헤어진 지 20년이 지났을 무렵, 동생이 형의 나라를 방문하려고 나섰다가, 형에게 줄 선물을 두고 온 것이 생각나 서둘러 왕궁으로 되돌아갔다.

그런데 왕궁으로 되돌아온 샤 자만은, 침실에서 아내가 검둥이 요리사한테 안겨 잠들어 있는 놀라운 광경을 보았다. 격노한 왕은 칼을 뽑아 아내와 그 사내를 베어 버리고는, 누구에게도 이 사실을 말하지 않은 채 형을 만나러 다시 출발했다.

이윽고 동생은 형의 궁전에 이르렀고, 두 사람은 눈물을 흘리며 다시 만난 것을 기뻐했다. 하지만 날이 갈수록 동생의 얼굴빛이 나빠지자 형은 이름난 의사를 부르고 약을 쓰지만 아무런 효과도 보지 못했다.

어느 날 형은 동생에게 함께 사냥을 가자고 권하지만, 마음이 내키지 않은 동생은 사양하고 형 혼자서 종자들을 거느리고 사냥을 떠났다.

답답한 심정으로 궁전 안을 헤매던 동생은, 인적 없는 곳의 창 너머로 정원을 멍하니 내려다보다가 생각도 못한 광경을 보게 되었다.

왕궁 뒷문이 갑자기 열리더

《아라비안나이트》
'왕은 아부 시르에게 많은 백인·흑인 노예, 여자노예를 내리셨다.'

니 형님의 아내와 곱게 차려입은 여자노예 20명이 나타났다. 우아함과 사랑스러움의 화신 같은 왕비는 '시원한 물을 찾는 영양처럼 단아하게' 걸어 나왔다. 왕비와 여자노예들은 분수가로 가서 옷을 모두 벗었는데, 그 가운데 10명은 후궁들이고 10명은 백인 노예들이었다. 그들은 둘씩 짝지어 흩어졌다.

혼자 남은 왕비가 큰 소리로 누군가의 이름을 부르자 나무 위에서 한 남자가 뛰어내려왔다. 눈알을 뒤룩거리고 침을 흘리는 흉측한 검둥이! 그가 대담하게 두 팔을 벌려 왕비의 목을 끌어안자 왕비도 검둥이의 몸을 와락 끌어안았다. 그는 거칠게 입을 맞추고는 마치 단춧구멍에 단추가 비집고 들어가듯 음욕을 마음껏 채웠다.

이를 모두 지켜본 샤 자만은 너무 놀란 나머지 자신의 고통을 잊어버렸다.

열흘 동안의 사냥을 마치고 돌아온 형이 얼굴빛이 좋아진 동생을 보고 기뻐하며 그 까닭을 묻자 더는 숨길 수 없게 된 동생은 결국, 형에게 오기 전 아내의 부정을 발견하여 두 사람을 베고 온 일과 형수의 일을 모두 털어놓았다.

동생의 말을 도무지 믿을 수 없었던 형은 다시 사냥을 간다고 나간 뒤, 몰래 왕궁으로 돌아와 왕비와 후궁들의 부정을 직접 보게 된다.

두 왕은 마음에 큰 상처를 입고 그길로 궁을 빠져나와 밤낮없이 길을 걸어 바닷가의 어느 목장 큰 나무 밑에 다다랐다. 한밤중이 되자 눈앞에서 소용돌이치던 파도 속에서 검은 기둥이 치솟더니, 목장 쪽으로 다가왔다. 겁에 질린 두 사람은 나무 꼭대기로 기어 올라가 숨을 죽이며 지켜보았다.

잠시 뒤 모습을 나타낸 것은 몸집이 하늘을 찌를 듯이 크고 우락부락하게 생긴 마신이었다. 머리에는 수정 궤짝을 이고 있었는데, 마신이 뚜껑을 열자 태양처럼 눈부시게 아름다운 여자가 나왔다.

이윽고 마신은 여자의 넓적다리를 베고 잠들었는데, 얼굴을 들어 나무 위를 쳐다본 여자는 두 임금이 나무 꼭대기에 매달려 있는 것을 발견하고 자신에게 오라며 손짓했다. 마신을 깨우겠다는 여자의 협박이 무서워 두 형제는 여자가 시키는 대로 했다. 형제와 정을 나눈 여자가 도장반지를 요구하며 그동안 어리석은 마신의 머리맡에서 정을 나눈 남자 570명의 도장반지를 보여준다. 마신은 결혼 첫날밤에 처녀를 납치해 자기 말고는 아무도 손댈 수 없도록 처녀를 궤짝 속에 가두어뒀지만, 여자는 그동안 내내 마신 모르게 정을 통해온 것이었다.

자신들보다 훨씬 강한 힘을 지닌 마신도 여자에게 속아 큰 불행을 당하는 모습을 보고 형제는 마음이 가벼워진다. 그래서 도성으로 돌아가 다시는 여자와 결혼하지 않겠다 마음먹고 여자들에게 본때를 보여주기로 한다.

아우 샤 자만 왕은 무사히 고국으로 돌아가고, 도성으로 돌아온 샤리아르 왕은 대신을 불러 정조와 서약을 깨뜨린 왕비를 처형하게 하고, 직접 칼을 빼들어 후궁들과 백인 노예들을 모조리 베어 버렸다.

그 뒤 샤리아르 왕은 밤마다 처녀를 한 사람씩 품고는 이튿날 아침이 되면 죽여 버렸다. 이 일이 3년 동안 이어지자 참다못한 백성들은 왕을 저주했고, 딸 가진 부모들은 앞다투어 달아나 마침내 도성 안에 젊은 처녀는 한 사람도 남지 않게 되었다.

그래도 왕은 평소처럼 처녀를 하나 데려오도록 대신에게 명령했다. 사방으로 찾아 나섰으나 한 사람도 발견할 수 없었던 대신은 슬픔에 잠긴 채 집으로 돌아갔다. 대신에게는 샤라자드라는 큰딸과 두냐자드라는 작은딸이 있었다. 큰딸은 지혜가 풍부하고 박식한 데다 예의범절도 뛰어났다.

근심에 싸여 있는 아버지에게 그 까닭을 전해 들은 샤라자드는 자신을 타이르는 아버지를 뒤로 한 채, 임금님에게 시집을 가 임금님과 여자들을 파멸에서 건지겠다고 나선다.

그리하여 왕궁으로 가게 된 샤라자드는, 동생 두냐자드에게 자신이 부르면 궁전으로 와 이야기를 해 달라고 조르라는 부탁을 한다.

왕비가 된 샤라자드는 침실로 인도되고 잠자리에 들기 전 동생과 작별인사를 하고 싶다며 눈물짓는다. 왕의 명령으로 불려 온 두냐자드는 침상 발치에 앉게 되고, 이윽고 왕은 침상에 올라 신부와 첫날밤의 인연을 맺고 세 사람은 깊이 잠들었다.

한밤중이 되자 샤라자드는 눈을 뜨고 계획대로 두냐자드에게 신호를 보냈다. 동생이 몸을 일으키며 언니에게 재미있는 이야기를 해달라고 조르자, 샤라자드는 임금님께서 허락해 주신다면 이야기를 들려주겠다고 했다. 마침 잠이 오지 않아 몸을 뒤척이고 있던 왕은 이를 허락했다. 그리하여 샤라자드는 설레는 가슴을 누르며 이야기를 시작했다.

이렇게 《아라비안나이트》의 기념할 만한 첫 번째 밤이 시작되었다.

연약한 여인이 지닌 뜻밖의 지혜

〈상인과 마신 이야기〉로 드디어 긴 이야기의 물꼬가 터진다.

한 상인이 행상을 다니다가 나무 그늘에서 말린 대추를 먹고 있었는데, 별안간 분노에 찬 마신이 나타나 칼을 휘두르며 그를 베어 버리려고 했다. 상인이 퉤 하고 뱉은 대추씨가 공교롭게도 마신의 아들 가슴팍에 명중해서 아들이 그만 죽고 말았다는 것이다. 그래서 마신이 복수를 하려는 것이었다.

상인으로선 마른하늘에 날벼락이었다. 그는 마신에게 빚을 갚을 때까지 기다려 달라고 부탁해서 그 자리를 가까스로 벗어났다. 이윽고 상인이 마신의 칼에 죽기로 약속한 날이 다가왔는데, 이때 그는 노인 세 사람을 만났다.

그 노인들은 모두 뜻밖의 재난을 당한 사람들로, 저마다 자신의 체험담을 마신에게 들려주었다. 그러자 마신은 자기가 겪은 것보다도 더 엄청난 우연의 재난에 놀라, 노인들에게 상인의 피를 3분의 1씩 나눠주겠다고 했다. 그 결과 상인은 목숨을 건지게 됐다.

이야기 속에서 저마다의 이야기가 또 이야기를 이루는 복잡한 구조인데, 유일한 주제는 바로 '우연한 운명 앞에선 체념할 수밖에 없다'는 것이다. 대추씨 때문에 아들을 잃어버린 마신은 세 노인에게서 더욱 불행한 체험담을 듣고서 마음을 가라앉힐 수 있었다.

샤라자드는 왕이 왕비에게 배신당한 것은 분명히 끔찍한 일이지만, 원한을 푸는 방식은 잘못된 것이 아니냐고 부드럽게 타이르면서 이야기를 시작한 것이다.

이 시작 부분에서 흥미로운 점은, 샤라자드의 외모가 전혀 묘사되어 있지 않다는 점이다. 그녀에 대한 설명은 다음과 같은 내면적인 묘사뿐이다.

"샤라자드는 선왕(先王)들에 관한 책이며 연대기, 전설에 대해 많이 알고 또 옛사람들과 문화에 관한 수많은 이야기와 구전(口傳), 교훈 등을 읽고 있었다. 그래서 고대민족과 그 통치자들에 관한 역사책도 방대하게 모으고 있었다. 그리고 시를 좋아하여 많은 시를 통째로 외고 있을 뿐 아니라 철학, 과학, 예술 및 온갖 기예에 이르기까지 깊은 지식을 가지고 있었다. 게다가 명랑하고 상냥하며 총명한 건 물론이고, 기지가 풍부하고 박식한 데다 예의범절도 뛰어났다."

《아라비안나이트》에서는 여자가 등장하면 머리끝부터 발끝까지 온갖 비유를 써서 그 아름다움을 나타내는 것이 보통이다. 그런데 샤라자드에 대해서는 겉모습은 전혀 묘사하지 않고 그저 훌륭한 인격만을 말하고 있다.

한편 다른 등장인물은 어떤가. 왕은 참기 어려운 고통 때문이라고는 하지만, 아무런 거리낌 없이 차례차례 사람을 죽이는 병적인 인물이다. 그리고 샤라자드의 아버지인 대신은, 왕이 무서워서 그 명령을 좇아 여인들의 처형을 계속할 수밖에 없었던 약한 인간이다.

왕의 행동은 기이하기 짝이 없다. 그러나 제정신을 잃은 지배자가 일으키는 대량학살은, 굳이 먼 옛날의 네로나 칼리굴라를 예로 들 것도 없이 지금도 일어나고 있는 일이다. 그런 최악의 사태에 대처하는 인간으로서, 지은이가 샤라자드라는 여성을 주인공으로 내세운 것은 흥미로운 일이다.

왕의 독단적인 권력을 막기 위해 남자들이 음모를 꾸민다면 결국 그들은 왕을 암살할 것이다. 그러나 샤라자드는 힘없는 연약한 여성이다. 그래서 그녀는 시간을 들여 멀리 돌아가는 방식으로, 즉 여자의 수단이라고 할 만한 방식으로 왕의 병든 마음을 치료해 간다. 샤라자드의 훌륭한 인품은 마구 죽음을 당하는 처녀들을 구할 뿐 아니라 한낱 약한 인간인 왕마저도 구해 내는 것이다.

이슬람에서 여성은 남성보다 못한 존재로 여겨진다. 그러나 여기서는 반대로, 샤라자드가 목숨을 걸고 사람들의 고난에 대처하는 인물로 나온다.

그리하여 《아라비안나이트》

잘 차려입은 샤라자드와 두냐자드(대단원)

는 시작에서부터 인간의 어리석음과 마성(魔性)에 대하여, 총명함과 고귀함을 대비시켜 이야기를 시작하고 있는 것이다.

아라비안나이트의 기원

아라비안나이트에 포함된 이야기 가운데 초기 작품에 속하는 내용은 인도와 페르시아에 기원을 두고 있다. 아라비안나이트 앞부분에 셰에라자드(샤라자드)의 아버지가 딸을 설득하려고 말해 주는 동물 우화는 불교설화집 《샤타카 Sataka》에서 그 기원을 찾을 수 있다. 아라비안나이트 전반에 뚜렷하게 드러나는 '여성혐오'의 문학적 전통으로 보더라도 인도로부터 많은 영향을 받았을 것으로 여겨진다.

인도나 페르시아에서 비롯된 것으로 보이는 몇 편의 이야기가 페르시아 문화 진성기인 사산 왕조(226~651년) 시기에 정리되었고, 이것이 이슬람이 발흥하면서 아라비아어로 번역되어 널리 퍼진 듯싶다. 9세기, 이슬람 세계를 지배하며 경제적 번영을 구가하던 아바스 왕조 시기에 바그다드에서 아라비안나이트의 원형이 제작되었다. 1947년 시카고 대학이 이집트에서 사들인 고문서에서 현존하는 최고의 아라비안나이트 사본이 발견되었다. 이것은 이야기가 기록된 것 가운데 가장 오래된 아라비아어 사본이다.

이 아라비안나이트 사본은 종이에 씌어 있었고, 조각조각 부분적으로만 전해지고 있으나 다행히 이야기의 제목과 첫머리 부분이 기록되어 있었다. 아랍어 제목은 《키다브 하디스 아르흐 라이라》, 즉 '천일야 이야기책'이다. 이야기의 첫머리 15줄이 씌어 있고, 아라비안나이트의 이야기꾼 셰에라자드가 샤라자드라는 이름으로 나온다. 사본 조각에는 동생인 두냐자드가 샤라자드에게 "잠들지 않았다면 이야기를 들려주세요"라고 조르는 장면이 씌어 있다. 그 사본을 보면 그때에도 현재 전해지고 있는 내용과 비슷한 양상으로 이야기가 전개되고 있었음을 짐작할 수 있다.

아라비안나이트 일부분이 아닐까 생각되는 이야기는 역사가이자 연대 기록자로 유명한 10세기 작가 알 마수디의 저작 《황금 목장과 보석 광산》에 나온다. 마수디에 따르면 자신이 《황금 목장과 보석 광산》을 쓰기 전에 이미 《하자르 아프사나》(중세 페르시아어로 '천 가지 이야기'라는 뜻)라는 이야기집이 있었다고 한다. 이 이야기집에는 페르시아와 인도, 그리스에 전해지는 옛날이야기가 담겨 있다고 하며, 이것을 아라비아어로 옮겨 놓은 것이 《아르흐 라이라》(천일 밤)라는 제목으로 알려졌다고 한다.

같은 시대 이븐 안나디무의 기록이 마수디의 이야기를 뒷받침하고 있다. 책방 주인이었던 안나디무가 작성한 서적 목록에는 《하자르 아프사나》라는 책 이름이 쓰여 있다. 그는 이 이야기에 대해 이렇게 설명하고 있다. '하룻밤 잠자리를 같이한 처녀를 날마다 죽여왔던 왕'이 '셰에라자드라는 현명한 처녀'의 이야기를 날마다 듣게 되면서, 결국 여성에 대한 보복성 악행을 그만두게 된다. 그것이 이야기의 줄거리라는 것이다.

또, 안나디무는 《하자르 아프사나》에는 약 2백 가지의 이야기밖에 실려 있지 않았다고 하며, 그 모두가 '조잡한 줄거리의 보잘것없는 이야기'였다고 한다. 최근의 연구에서는, 아라비안나이트의 모태가 되었던 이야기집은 오늘날의 형태보다 훨씬 짧은 것으로, 마수디와 안나디무가 기록했던 《천 가지 이야기》와 초기 아라비안나이트 사이에 어떤 연관성이 있는 것으로 보고 있다. 결국 '1000가지'나 '1001가지'라는 표현은 처음엔 그저 '많은 이야기'를 뜻하는 데에 불과했던 것이다.

그 뒤, 12세기 카이로에서 편찬된 서적 목록에는 지금과 같은 《천일야화화(아르흐 라이라와 라이라)》라는 제목이 기록되어 있다. 그 무렵 이집트에서 이 같은 종류의 이야기가 널리 읽히고 있었다는 사실은 다른 자료에서도 많이 드러난다.

그러나 9세기쯤에 출현한 《아르흐 라이라》의 원본은 발견되지 않았으며, 초기의 이야기들이 어떠한 경위로 지금과 같은 형태가 되었는지는 아직까지도 밝혀지지 않고 있다.

이상을 종합해 보면, 틀림없이 9세기 또는 10세기의 바그다드에서 원형이 만들어져 차츰 이야기에 살이 붙었으며, 15세기쯤 카이로에서 최종적으로 정리되었다고 볼 수 있다.

아라비안나이트 성립의 수수께끼

아랍 세계의 아라비안나이트는 전문 야담가의 입을 통해 전해 내려온 것으로 보인다. 그들은 길거리와 카페에서 다양한 이야기 공연을 펼쳤다. 영국인 의사 러셀이 남겼던 《알레포의 박물학》에는 18세기 시리아에서 활동하던 야담가의 공연이 생생하게 묘사되어 있다. 19세기 카이로에서 생활한 적이 있는 아라비안나이트 번역가 레인은, 당시의 카이로 서민들에게 가장 인기 있었던 공연이 전설적인 영웅의 무용담이었다고 했다. 아라비안나이트는 거의 구연하지 않고 있어 민간에서는 거의 잊혔던 것으로 보인다. 오늘날 중동 세계에서 이야기 공연의 전통은 거의 사라졌지만, 최근 들어 야담가의 공연을 부활시키고자 하는 시도가 이루어지고 있다.

중동 세계에서는 거의 잊힌 아라비안나이트는 프랑스 동양학자 앙투안 갈랑의 번역을 계기로 18세기 프랑스 궁정에서 별안간 인기도서가 되었다. 그 뒤 아라비안나이트는 유럽의 여러 언어로 번역되어 널리 읽혔으며, 세계문학으로 변신하기에 이르렀다.

갈랑은 대사 비서관으로서 아라비아어를 비롯한 동양의 여러 언어에 정통하여 중동 세계를 두루두루 여행하며 정보를 모았다. 그러나 그의 일기 따위로 미루어 보건대, 중동에 머물러 있을 당시 갈랑은 아라비안나이트의 존재를 알지 못했던 듯하다. 프랑스에 귀국한 갈랑은 《신드바드 항해》를 프랑스어로 번역했다. '신드바드 항해'는 아라비안나이트와는 다른 계통의 이야기군에 속해 있었지만, 갈랑은 '신드바드'를 《천일야화》라는 장대한 이야기 일부로 굳게 믿고 있었다고 한다. 곧 《천일야화》 전편의 번역을 계획한 갈랑은 지인을 통해 서너 권의 사본을 구하여 곧바로 번역을 시작했다. 갈랑판(版) 《천일야화》 제1권은 1704년에 출판되었다.

갈랑이 번역에 쓴 아라비아어 사본 3권은 파리 국립도서관에 소장되어 있다. 4권은 행방이 묘연하지만, 설령 발견되었다 해도 이들 사본에 기록되어 있는 것은 2백 몇십 밤의 이야기에 그친다. 《천일야화》에는 제목처럼 천일일 밤의 이야기가 들어 있을 것이라 믿었던 갈랑은 어떻게든 이어지는 이야기의 사본을 손에 넣고자 했다.

천일일 밤의 이야기를 찾고 있던 갈랑은 지인을 통해 시리아의 수도승 한나 디야부를 만나 열네 가지 이야기를 더 알아낼 수 있었다. 이때 디야부가 들려준 이야기 속에는 아라비안나이트를 대표하는 이야기로 유명한 '알라딘과 이상한 램프'도 들어 있었다. 알라딘의 이야기는 아라비아어로 된 사본을 번역한 이야기가 아니다. 알라딘의 출처는 지금도 여전히 밝혀지지 않고 있다. 20세기 중반에 이르러서야 시기적으로 이어지는 여섯 가지 형태가 확인되었다. 두 가지는 8세기 페르시아어로 된 《하자르 아프사나》의 아랍어 번역판인 〈아르흐 쿠라파〉와 〈아르흐 라이라〉이고, 한 가지는 9세기 〈아르흐 라이라〉를 바탕으로 한 작품에 당시 유행하던 다른 이야기를 포함한 것이다. 다음으로 이븐 아브두스의 10세기 작품과 이집트의 설화들이 들어 있는 12세기 작품이 있고, 그 뒤부터 16세기까지의 이야기를 포함한 마지막 것은 이슬람의 반십자군 이야기들과 몽골족이 중동에 전한 동양의 이야기들이 들어 있다.

이처럼 갈랑이 세상에 내놓은 이야기책은 원전의 아라비아어 사본만을 그대로 번역한 것이 아니다. 신드바드도 알라딘도 본디의 《천일야화》에는 들어 있지 않은 이야기였다. 독자들이 제목 그대로의 천하루 밤 이야기를 간절히 기대하자, 여러 다양한 사본으로부터 이야기를 끌어다가 갈랑판 후속편으로 속이며 가짜 사본을 만드는 사람도 나타났다.

이렇게 해서 새로운 《천일야화》가 유럽에서 탄생했다. 온라인 《대영백과사전》에는 "아라비안나이트는 서양 민속학의 일부가 되었다"고 씌어 있다. 이 환상적인 모험담은 동방에 대한 환상을 더욱 부추겼다. 이 이야기들의 무대인 아랍 세계에서도 갈랑판을 계기로 하여 처음으로 아라비안나이트 인쇄본이 출판되었다. 갈랑이 '만들어낸' 새로운 《천일야화》는 많은 이의 가슴을 설레게 하며 풍부한 상상의 세계를 펼쳐갔다.

세계의 판타지로

갈랑판 《천일야화》의 출판을 계기로 유럽에서는 아라비안나이트가 대유행했다. 동양풍 이야기가 잇따라 출판되고, '완전한' 사본을 구하고자 한 나머지 가짜 책이 날조되는 일도 일어났다. 갈랑판은 순식간에 중상류 계급의 서재 한편을 차지했을 뿐 아니라, 민중들 사이에선 조잡한 내용의 값싼 책들이 널리 읽혔다.

갈랑판의 마지막 권은 1717년에 출판되었으나, 책 전체가 완결되기에 앞서 단축판과 영역판이 먼저 등장했다. 영어로 번역된 《천일야화》는 흔히 '챕북(chapbook)'이라 불리는 민중 취향의 소책자로 보급되어 영국 서민층에도 파고들었다.

영국에서는 갈랑판 제1권 출판 직후인 1706년에 《아라비안나이트 엔터테인먼트 *The Arabian Nights' Entertainment*》라는 제목으로 갈랑판의 번역이 출판되었다. 오늘날의 《아라비안나이트》라는 명칭은 이 책에서 유래했다. 그 뒤 아이들을 대상으로 한 쓸모없는 출판물도 여럿 출판되었으나, 1811년에 조너선 스콧 박사가 저술한 영역본이 아동용 각색본의 기초가 되었다.

아동문학으로서 확고한 위치를 확립했던 아라비안나이트는 입체 그림책과 요지경의 소재가 되기도 했다. 또한 《알라딘과 이상한 램프》는 마임에 도입되어 큰 인기를 얻어, 1788년에는 런던의 코벤트 가든 극장의 무대에도 올랐다. 이렇게 아라비안나이트는 유럽 민중이 공유하는 지식이 되고 있었다.

무한한 상상과 찬란한 환상이 어우러진 아라비안나이트의 세계는 유럽과 미국의 많은 작가에게 큰 영향을 끼쳤다. 갈랑판이 출판되었을 즈음에는 이미 동양을 소재로 한 소설이 크게 유행하고 있었다.

이러한 소설은 벡퍼드의 《바테크》, 포토츠키의 《사라고사에서 발견된 원고》를 필두로 하는 환상문학의 걸작으로 이어졌다. 워즈워스와 콜리지 등의 시인들도 아라비안나이트로부터 시적인 영감을 얻었다.

그 뒤 공상과학 소설과 판타지 소설 분야가 새롭게 등장하는데, 아라비안나이트가 전해 준 공상의 세계는 이 새로운 장르에도 커다란 영향을 미쳤다. 여전히 세계적으로 선풍적인 인기를 얻고 있는 《해리 포터》 시리즈를 보더라도, 그 밑바탕에는 《천일야화》가 유럽 사회에 몰고 온 환상세계에 대한 충격과 그 영향이 있음을 알 수 있다.

대영제국이 전성기를 누렸던 빅토리아 왕조기에는 아랍 세계의 식민지화라는 정치적 목적이 뚜렷하여, 이에 부응하는 형태로 아라비안나이트 번역이 이루어졌다. 그 가운데에서도 버턴의 완역판은 가장 자세하고 믿을 만한 영역본으로 이름나 있다. 난잡한 민중의 익살이나 성적인 부분도 생략하지 않고 고귀한 인간성까지 차별 없이 두루 포함했으며, 다른 문화를 이해할 수 있도록 자세한 주석까지 달아 놓았기 때문이다. 또한 이 완역판은 아라비안나이트가 몰고 온 흥분된 분위기의 맨 마지막을 의의 있게 만들었다는 중요한 뜻을 지닌다. 버턴의 번역 작업으로 동방세계에 대한 이미지가 확립되고, 호색적이며 기발하고 엉뚱한 판타지로서의 아라비안나이트 상이 정립되었기 때문이다. 서유럽인들에게 동양이란 그저 눈부시게 번쩍이는 황금과 갖가지 보석이 산더미처럼 쌓인, 정복 대상으로만 비춰지고 있었다.

아라비안나이트 들여다보기

아름다움은 자기 긍정의 힘

아름다움은 강력하고 마술과도 같은 힘을 발휘한다. 그 힘은 상대를 눌러 꼼짝 못하게 할 정도로 대단하다. 이것이 아라비안나이트의 특징이자 아랍 세계의 사고방식이기도 한데, 여기서는 그 아름다움에 대해서조차 독특한 자기 긍정의 힘이 발휘된다. 〈알 야만의 남자와 노예계집 여섯 명〉(334번째 밤~338번째 밤)에서는 생김새와 피부색이 다른 여자 여섯 명이 제 몸을 자랑하며 자신과 반대되는 사람과 아름다움을 겨룬다. 그녀들은 자신의 피부가 희건 검건, 또 몸이 마르건 뚱뚱하건 스스로 만족하고 고민하지 않는다.

그녀들의 자기 자랑을 보고 있으면 '자부심이야말로 세상 살아가는 힘'이 아닐까 하는 생각이 든다.

《아라비안나이트》
샤리아르와 샤 자만 형제가 나무숲에서 벌거벗은 여인을 훔쳐보고 있다. 살리에의 러시아어판 삽화.

이야기를 잠시 살펴보면, 제일 먼저 살갗이 하얀 여자가 일어나 자신의 눈부시게 빛나는 피부는 기적에 가까울 정도로 사랑스럽고 아름다운데, 먹빛과 대장간의 먼지를 닮은 검은 피부는 연인들의 사이를 갈라놓는 까마귀의 얼굴과 같다고 말한다.

그러자 검은 여자가 날렵하게 일어나 검은 머리는 젊음의 표시이고, 하얀 머리는 삶이 끝난다는 증거이다, 첩자나 비방자로부터 연인을 지켜주는 것은 오히려 칠흑 같은 어두운 밤이고 새벽에 반짝이는 하얀 빛은 오히려 그들을 들키게 한다고 반박한다. 그러면서 흰 살빛은 문둥이 빛깔이고 흰 서리의 차가움은 지옥에서 죄인을 벌주기 위한 것이라며 상대를 깎아내린다.

다음으로 뚱뚱한 여자가 앞자락을 열어 오목한 배꼽과 불룩한 배를 보여주며 신께서 자신을 복숭아와 석류가 탐스럽게 열린 가지처럼 만들어주었다고 자랑한다. 그러고는 사람들이 살찐 새의 고기를 즐겨 먹고 여윈 새를 싫어하는 것처럼 빈약하고 썩은 고깃점 같은 마른 여자는 볼품없다고 한다.

그러자 마른 몸매의 미녀는 비계 많은 고기는 푸줏간밖에 더 쓸 곳이 없다며 자신은 수양버들이나 등나무 넝쿨처럼 우아한 몸맵시를 가졌으므로 연인들이 사랑 때문에 정신을 잃는 것은, 바로 자신 같은 여자 때문이라며 한껏 자랑을 늘어놓는다.

그다음으로 자기 자랑을 나선 살빛이 누런 여자는 금화의 빛깔, 유성과 달, 잘 익은 사과를 닮은 자신의 살색은 티 없이 깨끗한 순금처럼 고귀하다며 똥파리 색을 닮은 갈색 살빛은 욕의 대상이 될 뿐이고, 음식에 들어 있다면 독이 될 뿐이라고 한다.

그러자 갈색 피부를 가진 여자가 마지막으로 나서서 자신의 살빛은 나병에 걸린 것처럼 하얗지도 않고, 담즙처럼 누렇지도 않으며, 숯처럼 검지도 않아 수많은 남자의 넋을 빼앗아버리는 색이라고 되받는다.

이처럼 서로 주거니 받거니 하며 자기 아름다움을 자랑하는 그녀들을 보면, 누군가가 정해 놓은 조건에 맞춰 변화하려 하기보다는 자신이 가진 아름다움을 먼저 돌아보게 될 것이다. 수많은 사람이 저마다 생김새가 다르듯 저마다 가진 아름다움도 다 다르리라.

아라비안나이트의 세계는 매우 차갑고 혹독하다. 이 세계에서 아름다운 사람은 철저히 찬미받고 못생기고 흉한 사람은 마음도 못된 인물로 등장한다. 아름답게 태어나지 못한 사람은 대체 어떻게 하라는 걸까. 이 세계에 성형수술 따윈 존재하지도 않고, 출세해서 복수하려 해도 엄격한 계급사회라 그러기도 어렵다.

그렇다면 자기 내부에 강력한 무언가를 은밀히 키우는 수밖에 없다. 그것이 바로 '자부심'이라는 숨은 아군이다. '자부심'을 크고 강하게 키워서 세상과 싸워나가는 것이다. '자부심'을 크게 살찌우는 것이 꿋꿋하게 살아가는 비법이다.

오늘날에도 다이어트며 화장이며 미용 등등, 아름다움을 추구하는 여성들의 노력은 눈물겨울 정도다. 하지만 그들이 바라는 것은 '자신감'이다. 다시 말해 죽을힘을 다해 '자부심'을 키워서 살아갈 힘을 얻으려고 하는 것이다.

이는 현대에도 두루 쓰이는 방법인 셈이다.

아라비안나이트에 나오는 여성들의 '자부심'도, 현대 여성들의 미용에 대한 노력도, 모두 살아갈 힘을 원한다는 점에서 서로 통한다.

아름다움은 모든 문을 연다

우리는 누구나 아름다운 사람을 좋아한다. 인류는 예로부터 '아름다움'에 큰 가치를 부여해 왔는데, TV를 비롯한 영상 매체가 널리 보급된 오늘날에는 그런 경향이 특히 두드러진다.

사람들은 매력적인 연예인을 갖은 말을 다해 칭찬하며 떠받든다. 그러나 그 사람이 매력을 잃으면 바로 외면해 버린다. 아무리 마음의 아름다움을 이러쿵저러쿵 말해 봤자, 비주얼 시대에서 이러한 현상은 돌이킬 수 없다. 말하자면 잔혹하기 짝이 없는 심미안(審美眼)이 대중에게 침투해 버린 것이다.

이런 '아름다움' 지상주의는 아라비안나이트에서 뚜렷하게 나타난다. 그 가차없는 태도로 볼 때 아라비안나이트는 현대와 매우 닮아 있다. 철저한 계급사회에서 살아가는 대중의 동경심이 한곳에 모이기라도 한 듯, 작품 속의 아름다운 사람은 매우 열렬하게 사랑받는다.

아라비아 시나 글에 나오는 미녀의 조건은 버턴의 말을 빌리자면 대강 이러하다.

"그 모습은 등나무 가지 같고, 동양의 버들가지처럼 우아하며, 보름달 같은 얼굴은 칠흑같이 검은 머리와 뚜렷한 대조를 이루고 있다. 뺨 중앙에는 장밋빛이 감돌고, 거기에 검은 점이 매력을 더한다. 미인의 싱싱하게 빛나는 눈은 매우 크고 검으며 그 갸름한 모양은 편도(扁桃)에 비유된다. 또 약간 처진 눈꺼풀과 긴 명주실 같은 속눈썹이 부드러운 인상과 함께 우수 어린 매우 매력적인 표정으로 보이게 한다. 눈썹은 옅고 반듯하며, 이마는 넓고 상아처럼 희며, 콧날은 오똑하고, 입은 작고, 입술은 붉으며, 이는 '산호에 박혀 있는 진주' 같다.

유방은 두 개의 석류에 비유되며, 허리는 날씬하고, 엉덩이는 넓고 크며, 팔다리는 작다. 손가락도 가늘고 헤나 잎으로 만든 주황색 염료로 손톱을 물들이고 있다."

아이섀도와 마스카라로 분위기를 내고, 눈썹을 얇고 날렵하게 그리고 매니큐어까지 바른 그 모습은 오늘날 아가씨들과 다를 바 없다.

여름철이 되면 피부를 갈색으로 태운 아가씨들이 가끔 눈에 띈다. 태양은 건강과 활력의 상징이라 일부러 일광욕을 하는 사람도 많다. 그러나 사막의 나라에서 태양은 미움받는 존재다.

태양은 쨍쨍 내리쬐어 만물을 바싹 말라 죽게 한다. 또 피부를 거칠게 하며 여자들을 빨리 늙게 하는 것이다.

뜨거운 태양이 작열하는 한낮에 비해, 밤은 겨우 한숨을 돌릴 수 있는 시간이다. 달이 조용히 주위를 비출 때, 그 모습은 하늘에 나타난 여신같이 보인다. 그래서 아름다운 것의 상징은 달이다. 아름다움은 언제나 달로 비유된다. 그 예는 다음과 같다.

"사방을 비추는 보름달, 환히 빛나는 달님과도 같은 생김새, 갓 태어난 아이는 달님처럼 아름다웠으므로 '카마르 알 자만'(시대의 달)이라 이름 지어졌다. 생긋 웃으면 입술 사이로 환한 보름달이 엿보였다."

사람들이 열렬하게 바라는 것이야말로 가장 아름다운 것이라는 진리에 따라, 여기서는 달이 가장 뛰어난 아름다움을 비유한 말이다.

상상력을 고취하는 탁월한 묘사

아라비안나이트에서는 형태가 있는 것뿐만 아니라 오감의 흐뭇함까지 구체적으로 표현한다. 〈누르 알 딘 알리와 소녀 아니스 알 자리스 이야기〉(34번째 밤~38번째 밤)에서, 알 파즈르 대신이 왕을 대신해 사들인 아름다운 노예처녀의 모습을 보자.

"키가 5척 남짓한 늘씬한 여자로, 가슴은 봉곳하고 커다란 눈동자는 콜 가루를 바른 것처럼 까맣게 빛나고 있었습니다. 입맞춤하면 꿀이나 과일즙보다 달콤할 것 같은 입술, 처녀다운 매끄러운 볼, 단정하고 윤기나는 얼굴에 탄력 있는 엉덩이, 맵시는 나무 꼭대기에 하늘거리는 작은 나뭇가지보다 아름답고, 그 목소리는 아침의 산들바람보다 부드럽고 온화했습니다."

아름다운 처녀를 묘사하는데 눈으로만 그리는 것이 아니다. 보고 듣고 만지고 우리가 느낄 수 있는 모든 감각을 동원해 눈앞에 아리따운 여인을 그려낸다. 이 여인이 목욕하고 훌륭한 옷을 입자 그 아름다움은 곱절이 된다.

아라비안나이트 속 여인들의 목욕 모습을 보면 현대 여성들이 공들이는 미용과 별다를 것이 없을 정도다. 온몸을 부드럽게 마사지 받고, 설탕 반죽을 이용하여 털을 없애며, 머리카락에는 사향 냄새가 향기롭게 풍기는 보드라운 향유를 발라준다. 또 꽃에서 채취한 염료로 손톱과 발톱을 물들이고, 콜 가루로 속눈썹과 눈썹을 길게 하며, 발에는 용연향의 연기를 쐬어 피부 구석구석까지 은은한 향이 스며들도록 한다. 오늘날 여성들이 마사지 받고 제모 크림을 발라 손질한 다음, 마스카라로 눈 화장을 하고 매니큐어, 페디큐어, 향수까지 뿌리는 그 모습과 놀랍도록 닮은 것이다.

알 파즈르 대신에게는 보름달같이 잘생긴 아들이 하나 있었는데, 이웃 처녀 가운데 제 것으로 만들지 않은 여자가 없을 만큼 바람둥이였다. 대신은 노예처녀에게 조심하라고 일러뒀지만, 처녀는 눈 깜짝할 사이에 대신의 아들 누르 알 딘 알리와 사랑에 빠진다.

"술기운이 올라 있던 젊은이는 처녀에게 다가가 꼭 끌어안았습니다. 그러고는 처녀의 두 다리를 쥐고 자기 허리에 감자, 처녀도 사내의 목을 끌어안고 연거푸 입을 맞추고 환희의 속삭임을 나누며 사랑의 희롱에 도취했습니다. 사내는 여자의 혀를 빨고 여자도 사내의 혀를 핥는 동안 마침내 사내는 처녀의 속옷 끈을 풀어 처녀를 빼앗고 말았습니다."

뒷날 이 일은 파란을 불러일으키는 원인이 된다. 이러한 묘사에서도 알 수 있듯 무슨 일이든 생생하게 표현하는 것이 아라비안나이트의 매력이다. 자유로운 표현은 단순히 호화로운 궁전, 훌륭한 미인, 풍요로운 시장의 정경에 국한된 것이 아니다.

《아라비안나이트》라 하면 '마술 램프'가 떠오르듯이 환상의 묘사도 무척이나 자유롭다. 14번째 밤에서는 마법을 쓰는 공주가 원숭이로 변한 왕자를 구하기 위해 마신과 싸운다.

손은 아귀가 많은 곰의 손과 같고 다리는 거대한 배의 돛대 같으며, 눈은 이글이글 타오르는 화톳불의 기름 항아리 같은 마신과 싸우면서도 공주는 전혀 뒤지지 않는다. 마신이 사자로 변신해 공격하자 재빨리 몸을 피한 공주는 순식간에 날카로운 칼이 되어 사자를 두 동강 내버린다. 다시 사자의 머리가 전갈로 변하자 공주는 커다란 뱀이 되어 그 흉측한 전갈에게 덤벼든다.

이렇게 엎치락뒤치락하는 싸움을 보고 있으면 손에 땀이 밸 정도로 흥미진진하다.

결국 마신은 한 줌의 재가 되고, 공주는 마법에 걸렸던 원숭이에게 물을 끼얹어 본디 모습을 찾아준다. 그녀는 그저 스쳐 지나가는 사람을 위해서 과감하고 용감하게 악을 처단한 것이다. 그러나 공주는 마신의 화살에 맞아 치명상을 입은 탓에 마신처럼 재로 변하고 만다. 변신을 거듭하며 우리의 상상력을 자극했던 그녀의 죽음이 남을 위한 아름다운 희생이기에 더욱 기억되리라.

인정사정없는 질투의 결말

처지가 어렵던 사람이 고난 끝에 행복을 누리게 되면 사람들은 기뻐한다. 그러나 처음부터 큰 행운을 누리던 사람이 실패하면, 겉으로는 안타까워하는 척하면서도 속으로는 즐거워한다. 이는 '사촌이 땅을 사면 배가 아프다'는 우리네 속담과도 통하는 이야기라 할 수 있다. 이것들은 모두 인간에게서 빼놓을 수 없는 감정인 질투에서 비롯되는 것이다. 질투는 무척이나 포괄적인 범위의 감정으로서 자칫하면 위험을 부를 수 있다. 아라비안나이트에는 그 위험성에 대해 경고하는 이야기들이 담겨 있는데, 13번째 밤에 나오는 〈질투한 사나이와 질투받은 사나이〉도 그 가운데 하나이다.

어떤 도시에 벽 하나를 사이에 두고 이웃해 사는 두 사나이가 있었는데, 한 사나이는 운 좋은 다른 사나이를 시기하여 그를 해칠 궁리를 했다. 운 좋은 사내는 이웃 사내가 자기에게 악의를 품고 있으며 줄곧 훼방 놓으려 한다는 걸 깨닫고 다른 곳으로 이사한다. 이사한 곳은 황폐했지만, 예배당을 짓고 알라를 찬양하며 지냈는데, 소문을 듣고 수도승과 수행자들이 사방에서 모여들었다.

그 명성이 도시 안팎으로 퍼져 나가자 질투 많은 사내는 그곳을 찾아간다. 그리고는 자신이 질투하는 사내를 우물 속으로 떠밀어 버린다. 우물에 빠진 사내는 우물 속에서 마신을 만나고, 마신은 악령에 씐 공주를 치료하는 방법을 알려준다. 질투받은 사내는 마신이 가르쳐준 방법으로 공주를 구하고 결혼하여 결국 국왕의 자리까지 오른다.

그는 길을 가다 질투 많은 남자를 만나는데 그를 탓하기는커녕 금화와 낙타를 주며 고향으로 돌려보낸다.

이 이야기는 질투심 때문에 사랑하는 여자를 베어 죽이고 그 정부까지 죽이려는 마신에게, 그 남자가 자비를 구하면서 들려주는 이야기이다. 남자는 왕이 질투 많은 남자에게 선물까지 줘서 보냈다며 목숨만은 살려달라고 애걸한다. 이에 마신은 그러겠다면서 그를 원숭이로 바꿔 버린다.

질투는 스스로 파멸을 불러오는 감정이다. 질투의 부메랑이 다시 자신에게 돌아오는 것이 두렵다면, 다른 사람과 비교하여 자기를 학대하지 말고 자신을 믿어보는 것이 어떨까? 너그러운 사람에게 행운도 쉽게 다가서는 법이니까.

본능에 충실하게

잔혹과 불평등은 인간 역사의 그늘에 존재하는 하나의 현실이다. 그러나 인간은 그 기나긴 역사 속에서 점점 지혜를 얻어, 서로 편히 살기 위해서 공평한 규칙을 몸에 익혀 왔다. 그리고 최근에 이르러 '사람은 날 때부터 평등하며 결코 약한 자를 괴롭혀서는 안 된다'는 사고방식이 겨우 자리를 잡게 되었다.

만약 요즘 같은 때 신체적 결함이나 얼굴의 약점을 노골적으로 말한다면 사람들은 과연 어떤 반응을 보일까? 정의감과 이성이 불쾌한 자극을 받게 되어 바로 기분이 나빠지고 말 것이다. 만약 누가 노인의 외모에 대해 늙고 추하다고 솔직히 말한다면, 사람은 어차피 다 늙는다면서 우리는 분노하리라. 이처럼 우리에겐 금지 용어가 있고, 말로써 사람에게 상처를 주지 않으려는 배려심도 있다.

그런데 아직 사람들의 감성이 다듬어지지 못하고 야비한 구석이 남아 있던 아라비안나이트 시대에는, 추함도 늙음도 고스란히 나쁜 캐릭터를 묘사하는 데 쓰였다.

현대 공포 영화를 살펴보자. 이런 영화에는 맨 처음 괴물에게 살해되는 인물, 즉 끔찍한 장면을 연출하기 위한 배역이 존재한다.

주인공 일행이 사람들의 공감을 얻기 쉬운 외모를 갖춘 데 비해서 이런 조연들은 대체로 첫인상이 안 좋다. 하지만 그것만 가지고 관객들이 그가 죽어도 상관없다고 생각하지는 않는다. 따라서 그렇게 살해되는 인물은 보통 성격도 나쁜 악한 인물로 묘사된다. 못생겨서가 아니라 악당이므로, 그가 가장 먼저 죽어도 관객은 별로 불쾌감이나 동정심을 느끼지 않는다. 관객은 영화를 계속 보면서 부디 주인공 일행만은 살아남기를 바란다.

즉 겉모습으로 사람을 판단해선 안 되며 깔봐서도 안 된다고 현대인들은 생각한다. 그래서 영화에서 죽음을 당하는 역은 정신적으로 악한 면이 있어야 관객에게 '죽어도 할 수 없지'란 공감을 얻게 된다.

그러나 아라비안나이트에서는 아직 그런 상식이 존재하지 않는다. 사람들의 조롱도 모욕도 참으로 야비하고, 추함은 그 자체만으로 악이나 다름없이 취급된다. 그래서 독자의 속을 시원하게 풀어주기 위해서 험한 꼴을 당하는 배역은 언제나 아무 죄도 없고 그저 겉모습이 평범치 못한 인물이 맡는다.

그러나 거꾸로 생각하면 현대는 이러한 사람들의 이유 없는 차별, 외모에 대한 경멸 및 혐오감이 억압된 사회라고도 할 수 있다. 그런 불공평은 자기도 모르는 사이 마음속 깊숙한 곳에 분명히 자리하고 있는 요소이기 때문이다.

'볼품없다', '꼴사납다' 같은 단어만 봐도 그렇다. 아름다움은 선호하지만 추함은 싫어하는 감정은 본능적으로 우리 마음속에 존재한다.

다만 현대인은 이 감정을 이성으로 억누를 수 있을 만큼 진보하여 절대 입 밖에 내지 않는다. 자기 내부의 불평등이나 나쁜 마음을 인정하고 싶지 않기 때문이다.

그러나 아라비안나이트에서 그것은 금기가 아니다. 오히려 아라비안나이트는 인간의 속마음과 본성을 드러내는 이야기로, 결코 착한 척은 하지 않는다.

저도 모르게 범하고 만 근친상간

아라비안나이트에서는 이를테면 친아버지가 아름다운 아들에게 사랑 비슷한 감정을 품는다는 식으로 위장된 동성 소아성애증(Pedophilia ; 어린아이에 대한 병적인 흥미 또는 성애)이 등장한다. 그러나 이것은 용납될 수 없는 것, 꺼림칙한 것으로 묘사되고 있다. 자트 알다와히의 동성애는 그야말로 불쾌하기만 하다. 이처럼 그 시대의 동성애는 금기 사항이었는데, 요즘에는 사람들의 인식이 많이 바뀌어 동성애도 더 이상 금기로 취급받지 않는다.

그러나 근친 간의 성애는 오늘날에도 여전히 금기시되고, 입에 올리기조차 꺼려지는 주제이다. 아라비안나이트에도 이런 감각은 존재한다. 다만 지은이는 대담하게도 입을 다물고만 있지 않는다. 근친 간의 사랑은 금기지만

은밀히 존재하고 있는 것으로서, 〈첫 번째 애꾸눈 중의 이야기〉(11번째 밤)에 일찍부터 등장한다.

애꾸눈 중은 한 나라의 왕자였는데, 그에게는 같은 날 태어난 사촌형이 있었다. 오랜만에 큰아버지 댁에 찾아간 그는 사촌형에게서 기묘한 부탁을 받는다. 지금 곧바로 매장소로 가자, 그러면 여자 하나가 올 거다, 자기가 그 여자와 함께 무덤에 들어가거든 본디대로 뚜껑을 덮고, 그 위에 흙을 덮은 뒤 석회가루를 물에 개어 발라 달라는 거였다.

왕자는 부탁을 꼭 들어주겠다고 맹세했으며 술에 취해 머리가 멍하던 참이라 사촌이 하라는 대로 했다. 형이 베일을 쓴 여자와 함께 무덤에 들어가서 계단 안쪽으로 사라지자, 왕자는 부탁받은 대로 무덤을 본디대로 해놓았다.

나중에 술에서 깬 왕자는 당황해서 무덤 입구를 찾으려 한다. 그러나 아무리 찾아도 발견되지 않았다. 양심의 가책을 느낀 왕자는 큰아버지께 이 사실을 털어놓았고, 큰아버지는 매우 놀라 그 무덤을 찾는다.

여기저기 찾아 헤맨 끝에 마침내 그 무덤을 찾아 몹시 기뻐하며 안으로 들어가자 뜻밖에 넓은 방이 나왔다. 바닥에는 가루며 쌀알, 그 밖에 음식물과 온갖 일용품이 흩어져 있고, 방 한복판의 침대에는 사촌형과 그 여자가 서로 부둥켜안고 누워 있었다. 두 사람 다 숯처럼 새까맣게 타 있어서, 마치 화염지옥에라도 떨어진 것 같은 꼴이었다. 큰아버지는 그 꼴을 보더니 아들의 얼굴에 침을 뱉고, 모든 것이 인과응보며 저세상에서는 더욱 괴롭고 긴 심판이 기다리고 있을 거라며 아들의 시체를 신발로 소리가 나도록 때렸다.

큰아버지의 냉혹한 태도에 왕자가 놀라 항의하자 큰아버지는 사촌형의 잘못을 이야기해 주었다. 사촌형은 어릴 때부터 누이동생을 사랑해 큰아버지가 몇 번이나 둘 사이를 떼어놓으려다 둘 다 아직 어렸으므로 참곤 했다. 그런데 다 자란 남매는 큰 죄를 저질러 큰아버지는 사촌형을 감금하고 꾸짖으며 호되게 혼내주었다. 내시와 종들까지 입을 모아 후대에까지 수치를 남기는 일이 없도록 조심하라며 충고했고, 큰아버지 또한 엄하게 훈계했다. 그 뒤 큰아버지는 남매를 따로 살게 하고 동생을 가둬두었는데, 그 사촌누이도 미칠 듯이 오라비를 사모해 큰아버지가 사냥 나간 틈을 타서 무덤으로 사라진 것이었다. 큰아버지는 그들이 신의 정당한 심판을 받아 천벌의 불길에 타버리고 말았지만, 마지막 심판 때는 더욱 괴롭고 긴 고통을 받게 될 것이라고 했다.

근친 간의 성애는 매우 커다란 금기다. 그 결과는 몹시 참혹하여 결코 행복해질 수 없다.

이는 상대가 여동생인 줄 알면서도 이성으로서 사랑한 이야기인데, 자기도 모르는 새에 근친상간을 저지른 예도 있다.

〈오마르 빈 알 누만 왕과 두 아들 샤르르칸과 자우 알 마칸 이야기〉(45번째 밤~145번째 밤)의 왕자 샤르르칸은 운명의 장난으로, 노예상인의 손에 넘어간 누이동생과 사정도 모르고 결혼하여 딸까지 얻는다. 그리스 신화의 오이디푸스 이야기와 마찬가지로, 저도 모르게 근친상간을 범한 셈이다.

그러나 샤르르칸은 그녀가 가지고 있던 보석을 통해 그녀가 여동생임을 깨닫고 신을 두려워하며 비탄에 잠긴다. 그리하여 더는 결혼생활을 이어 갈 수 없게 되자, 그는 할 수 없이 여동생을 시종장에게 시집보낸다.

이처럼 근친상간은 확실히 금기였다. 하지만 이는 어디까지나 일부 사람에게서만 볼 수 있는 특수한 죄였다. 일반적인 '죄'는 종교상의 계율로써 규정되어 있었다.

그리스도교의 일곱 가지 큰 죄는 교만, 인색, 음욕, 분노, 탐욕, 질투, 나태인데, 이슬람교에도 지옥에 떨어지는 일곱 가지 죄악이 있다. 즉 우상숭배, 살인, 행실이 곧고 마음씨가 고운 여인을 부정하다고 헐뜯는 것, 고아를 훔치는 것, 고리대금, 성전(聖戰)에서의 탈주, 부모님에게 복종하지 않는 것이다. 기독교의 죄악이 비교적 추상적인 데 비해서 이슬람교의 죄악은 구체적이다. '성전에서의 탈주'란 말은 오늘날 사막 병사들의 모습을 떠올리게 한다. 그리고 훌륭한 아낙네에 대한 비방을 용서받을 수 없는 죄로 여겨, 그녀들의 입장을 보호하고 있는 것도 흥미롭다.

어쨌든 아라비안나이트의 배경이 엄격한 계율의 세계였다는 점은 확실하다. 그런데도 지은이는 때로는 서로를 미지의 존재로 만들고, 또 때로는 이교도의 습성을 핑계 삼아, 인간계의 온갖 금기를 흥미진진하게 그려 내었다.

여성과 남성에 대한 토론

아라비안나이트로서는 드물게 토론의 형식을 띤 장이 있다.

그것은 〈남녀 우열에 대해 어떤 남자와 여류자 학자가 토론한 이야기〉

(419번째 밤~423번째 밤)로, 이슬람력 561년, 바그다드의 설교사 시트 알 마샤이프라는 여성이 하마 시(市)라는 곳에서 유익한 설교를 했다는 이야기이다.

그녀는 지적이고 성품이 너그러운 데다 지조가 굳세어 늘 수많은 신학생과 학자, 문인들이 찾아와 신학 문제를 토론하거나 여러 가지 화제가 되는 문제를 함께 얘기했다.

어느 날, 신학자가 친구와 함께 찾아와서 알 마샤이프와 이야기를 했다. 그때 그들의 시중을 들어준 사람은 마샤이프의 남동생으로, 신학자 친구는 마샤이프의 이야기에 귀 기울이지 않고 그 동생의 얼굴만 뚫어지게 바라보면서 그 아름다운 모습에 감탄하고 있었다.

그 모습을 보고 있던 마샤이프는 신학자 친구를 향해 '여자보다 남자를 더 좋아하는 것이 아니냐'고 물었고, 그때부터 남자와 여자의 우열에 대한 토론이 시작된다.

'남자가 여자보다 우수하다는 증거가 어디에 있느냐'는 마샤이프의 첫 번째 질문에 남자는 '알라께서는 여자보다 남자에게 우선권을 주었고, 수니에서도 예언자는 여자의 위자료를 남자의 절반으로 정했다. 또 윤리적인 이유를 들자면, 남자는 능동적이고 적극적이며, 여자는 어디까지나 수동적이고 피동적이다' 라는 대답을 한다.

이에 마샤이프는 상대가 오히려 자신의 논점을 증명해 주었다며 논리적으로 다시 반박한다.

"당신은 스스로에게 도움이 되지 않는 불리한 증거를 제시했습니다. 알라께서 여자보다 남자에게 우선권을 주신 것은 사실이지만, 그것은 다만 남성이라는 것의 고유하고 불가결한 성질에 의한 것일 뿐입니다. 남자의 성질은 젖먹이에게도 소년에게도, 또 청년에게도 성인에게도, 마찬가지로 노인에게마저 공통되는 성질로, 그 점은 어디 하나 다른 데가 없습니다. 그렇다면 남성이 우수하다는 것이 단지 남자라는 이유 때문이라면, 당신은 소년에게도, 백발노인에게도 마찬가지로 마음이 끌리고 또 기쁨을 느껴야 합니다. 남자라는 점에서는 소년도 노인도 다를 게 없으니까요. 하지만 당신과 나 사이의 차이는 성교의 쾌락이나, 그 쾌락을 만드는 것으로 보이는 본성에 달려 있습니다. 이 우연하고 비본질적인 점에 있어서 청년이 왜 처녀보다 뛰어난가에 대해서는, 당신은 아무런 증거도 제시하지 않았습니다."

부드럽게 에둘러 표현했지만, '남자가 좋다고 해도 노인은 안 좋을 테죠. 성교할 수 있는 나이에, 그것도 아름다운 사람이 좋은 것뿐이에요'라고 딱 잘라 말하고 있는 셈이다. 그러자 그 남자는 대답한다.

"당신은 단아한 모습과 장밋빛 뺨, 유쾌한 미소와 아름다운 말씨를 지닌 젊은이가 태어나면서부터 갖춘 성질을 모르신단 말입니까? 그런 점에서 젊은 남성은 여자보다 우수합니다. 알라께서도 '수염 없는 남자를 눈여겨보지 마라. 한순간 눈동자가 검은 낙원의 처녀를 바라본 듯한 기분이 들기 때문이다'라고 말씀하셨습니다. 또 아부 노와스도 '아무리 형편없는 남자라도 월경이나 임신을 할 걱정은 조금도 없다' 노래했지요."

아부 노와스는 유명한 남색가이자 시인으로, 이것은 성(性)의 대상으로 한 남성의 이로운 점을 농담 삼아 노래한 것이므로, 이 남자는 마샤이프가 말한 것처럼 동성애자라는 것을 인정한 셈이 된다.

"노예계집을 칭찬하거나 그 아름다움을 찬양하여 값을 매기고 싶을 때는 흔히 그 여자를 젊은 남자에게 견주어 말하지 않습니까? 뺨에 새로이 솜털이 나고 윗입술에 처음으로 붉은 기가 돌며, 두 뺨에 보랏빛 청춘의 빛이 활짝 피게 되면 젊은 남자란 마치 보름달같이 상쾌합니다."

그는 이렇게 남자가 여자보다 우수하다는 증거는 충분하다며 젊은 남성의 아름다움을 찬양한 노래를 몇 곡이고 계속한다. 이에 대해 마샤이프는 꼼꼼히 반박한다.

"당신의 논리는 정말 독선적이군요. 하지만 본론에서 벗어나면 안 됩니다. 젊은 남자를 어떻게 처녀에 비유한단 말입니까? 처녀는 말씨도 상냥하고 맵시도 아름다워 마치 바질의 가는 가지 같고, 하얀 이는 카밀러의 꽃잎 같지요. 또 머리카락은 사람의 영혼을 매다는 밧줄을 닮았답니다.

모든 아름다움은 처녀 속에서 극치를 이루어, 타향을 떠도는 나그네이거나 고향에 있는 사람이거나 맨 먼저 처녀에게 마음이 이끌리는 법입니다. 처녀에게는 크림보다 매끄럽고 꿀보다 달콤한 붉은 입술이 있으니까요. 그리고 처녀는 빛나는 상아구슬 같은 한 쌍의 유방이 있어, 그 두 개의 언덕 사이에 가슴이 놓여 있는 형국이지요. ……나는 새도 떨어뜨리는 세도를 가진 왕후와 군주도 여자 앞에서는 몸을 낮추고 무릎을 꿇는다는 것과, 이 세상의 모든 쾌락이 여자에게 달려 있다는 것을 당신은 모르시나요? 이 세상의 많은 부자가 영락하고, 권력 있는 사람들이 그 앞에 무릎을 꿇으며, 뛰어난 사람들이 그 노예가 되고 마는 것은, 오로지 이 여자들 때문이랍니다! '세계는 여자를 의미한다'는 말을 한 사람이 있는데, 정말 맞는 말입니다.

그런데 당신이 인용하신 신성한 전설에 대해서 생각해 보더라도, 그것은 당신에게 유리한 증언이 아니라 오히려 불리한 증언입니다. 예언자는 수염이 없는 소년을 눈동자가 검은 낙원의 처녀에 비유한다고 말씀하신 것 말이에요. 비유의 주체가 되는 것은 비교되는 것보다 한 단계 뛰어나다는 점은 의문의 여지가 없지요.

그러므로 여자가 더 뛰어나고 훌륭하지 않다면, 어찌 다른 것을 여자에 비유하겠습니까? 당신은 처녀가 소년에 비유된다고 말씀하셨지만 그렇지 않습니다. 그 반대입니다. 청년이 처녀에 비유되는 겁니다. 왜냐하면 사람들은 '저 젊은이는 마치 여자 같다'고 말하니까요. 또 시인들에게서 증거로 인용한 문구는 모두 자연의 섭리에 어긋나는 성질에서 나온 것이겠지요.

평소에 남색을 즐기는 자나 남창(男娼) 또는 신앙을 저버린 자는 전능하신 알라가 그 성전 속에서 이렇게 비난하고 계십니다.

'너희는 사람들 가운데 남자에게 다가가 너희 주가 만드신 아내를 소홀히 하는 것인가? 참으로 너희는 죄를 범한 자이다!' 그런 사람들은 바람을 피우거나 도리에 어긋난 행동을 하고, 또 악마를 따르며 음욕에 굴복하는 것을 좋아하고, 처녀를 젊은 남자에 비유하여 끝내 '처녀는 두 가지 기술에 뛰어나다'고 말합니다. 이 사람들은 모두 바른길에서 벗어나 정의를 저버리는 것입니다."

어느 시대에나 강한 것은 다수파와 정통파, 남색가인 손님은 '올바른 어머니족'을 대표하는 마샤이프의 말재주를 당할 수 없다. 남녀에 관계없이, 어떤 뜻으로는 인간의 성적 에너지가 문명과 산업, 사회의 발전에도 연관되어 있다. 우리는 이미 그것을 알고 있기에, 800년도 더 된 마샤이프의 예리한 관찰력을 가벼이 여길 수 없다.

그녀는 말을 잇는다.

"이 세상에서 최상의 쾌락은 여자에게 있고, 영원한 행복은 여자 없이는 얻을 수 없다는 사실을 당신은 모르십니까?

알라께서 낙원의 예언자와 성인에게 소년으로 하여금 봉사하게 하셨다지만, 젊은이를 봉사 말고 다른 목적에 쓰는 것은 지옥에 떨어져도 마땅할 타락이고, 방종이요 비열한 행위입니다. 시인도 이렇게 절묘하게 노래했습니다.

'소년의 꽁무니를 쫓는 것은 주제를 모르는 짓이다. 어떠한 사람도 고귀한 여자를 사랑한다면 자기의 고귀한 천성을 보여주어야 하니. 소년의 엉덩이를 즐기며 밤을 보내고서, 더러운 오욕 속에 눈뜨는 자 얼마나 많던가. 누렇게 바랜 붉은 꽃잎의 더러움이 생생하게 오욕을 얘기하니 부끄러운 빛 감출 길 없구나. 과연 그렇노라, 밝은 대낮에 옷에 묻은 똥 자국은 웃음거리가 될 수 있으리. 한눈에 매료되는 선녀 같은 미녀를 품는 쾌락의 밤 얼마나 기쁠쏘냐. 그 차이는 하늘과 땅 사이. 아침에 일어나면 깨끗하고 그윽한 향 피어올라 집안 가득 향기롭구나. 처녀 옆에 소년 따위를 앉혀 보아도 좋을 것 하나 없고, 더러운 웅덩이에 침향을 비교해 보아도 아무 소용없는 것을.'

이는 시의 형식을 빌어서, 뒤에서 하는 행위의 폐해를 노골적으로 말하는 것이다.

버턴은 '여자의 훌륭한 덕은 휘장 뒤에 숨어 있기는 하지만, 정숙한 여자라도 유럽의 가장 저급한 매춘부조차 얼굴을 붉힐 만한 말을 하고 있다'며 놀라워했다. 이른바 '이집트식'의 노골적인 말투가 읽을거리에 강한 영향을 준다고 할 수 있겠다.

아무리 말솜씨가 좋은 논객일지라도 이치에 꼭 맞는 의견 앞에선 아무 말도 못하게 된다. 그래서 신학자와 그 친구는 마샤이프의 가르침에 기뻐하며 조용히 돌아간다. 마샤이프는 보통지식을 뛰어넘는 높은 이해력과 판단력으로 남동생에게 성적 매력을 느낀 손님의 마음을 타이르고, 냉정해지도록 회유한 셈이다.

남녀의 우열을 논하는가 싶더니 어느새 성애의 비교 이야기가 되어 있는 점 또한 단계를 뛰어넘는 아라비안나이트적인 사고방식이라 할 수 있으리라.

이슬람 세계의 바른 삶에 대한 가르침

사람은 평생 배우며 살아간다고 한다. 나날이 배우고 배워 그 모자람을 채워도 배움에는 끝이 없다. 그래서 지혜와 덕이 매우 뛰어난 사람들을 우리는 본보기로 삼고 그들의 말에 귀 기울이게 되는 것이다.

그런데 아라비안나이트에서는 놀랍게도 여자노예가 학자나 교주보다도 뛰어나게 그려진다. 〈아부 알 후슨과 노예처녀 타와즈드〉(436번째 밤~462번째 밤)를 보면 상인의 아들 아부 알 후슨은 아버지가 남겨주신 막대한 재산을 흥청거리며 쓴 끝에, 남은 것이라곤 아버지가 재산과 함께 남겨준 타와즈드라는 노예계집 하나뿐이었다. 그녀는 모든 학문과 예술에 통달하여 해박한 지식을 지니고 말솜씨도 뛰어났다. 타와즈드는 주인을 위해 스스로 교주에게 비싸게 팔리고자 자신의 가치를 드러내기 위해 학문에 대해 아는 것을 털어놓는다.

이 이야기는 대부분이 타와즈드의 입을 빌려 이야기되는 지식이다. 우리는 그녀를 통해 이슬람 세계에서 지향하는 삶과 그들의 생활방식을 엿볼 수 있다.

"기도는 노예와 알라 사이의 영적인 소통으로, 거기에는 열 가지의 공덕이 있습니다. 첫째는 마음에 광명을 주고, 둘째는 얼굴을 빛나게 하며, 셋째는 자비로운 알라를 기쁘게 하고, 넷째는 악마를 노하게 하며, 다섯째는 재앙을 물리치고, 여섯째는 적의 흉계를 방지하며, 일곱째는 자비심을 더욱 키우고, 여덟째는 복수와 형벌을 방해하며, 아홉째는 노예를 알라께 가까이 갈 수 있게 하며, 열째는 음욕과 방종을 억제합니다. 그런 까닭에 기도는 절대적으로 필요한 것으로서 의무적인 의식이며, 신앙의 기둥입니다."

이것은 지금도 변함없는 이슬람 기도의 효과일 것이다. 아라비안나이트의 세계에서는 생활과 종교가 밀착되어 기도가 삶을 치유하고 있다. 그들은 기쁨도 슬픔도 모두 알라의 덕이라 생각하고 언제나 기꺼이 받아들인다.

타와즈드의 설명은 종교상의 예의에서 세법까지 끝없이 이어진다.

"코란법에 의하면 특별한 의도, 음식과 성교의 절제, 구토의 금지 등이 라마단 단식 때 반드시 지켜야 하는 법도입니다. 법령에 따르는 모든 사람이 이를 어김없이 지켜야 하지만, 임신 중이거나 분만한 지 40일이 지나지 않은 부인은 제외됩니다. 삼가야 할 것이라고 해도, 고약, 콜 가루, 길 위의 모래먼지 등을 쓰는 것, 길가의 먼지, 무심코 침을 삼키는 것, 몽정 또는 모르는 여자를 보고 사정하는 것, 사혈하는 것 등은 모두 단식을 깨뜨리는 것이 되지 않습니다."

이처럼 인간의 생리상 어쩔 수 없는 일을 인정하며 신성한 단식의 달 라마단의 세세한 규정이 서술된다. 종교상의 해석이 끝나면 인체의 문제도 이야기한다. 드디어 독자들은 지루함에서 조금 구원받으리라. 그런데 놀랍게도 타와즈드는 인체의 모든 것을 꿰뚫고 있다.

"인간의 뇌실에는 본디 감각이라 불리는 5가지 기능이 들어 있습니다. 즉, 상식·상상·사고·인식·기억이 그것입니다. 알라께선 혀는 생각을 전하는 도구로, 눈은 등불로, 코는 냄새를 맡는 도구로, 손은 사물을 붙잡는 도구로 정하셨습니다. 간장은 연민의, 비장은 웃음의, 신장은 기능의 자리이고, 폐장은 통풍기, 복부는 저장실, 심장은 인체의 지주이자 대들보입니다. 심장이 건전하면 인체도 모두 건전하고, 심장이 부패하면 몸 또한 부패합니다."

그녀는 전문가 못지않게 신학박사와 법률의 대가들, 문학자, 점성학자 등 수많은 학자 앞에서 당당하게 설명한다. 그리고 우리에게 도움이 되는 건강 상식도 전해 준다.

"두뇌를 상하게 하는 첫 번째 원인이 과식입니다. 먼저 먹은 음식이 소화되기 전에 잇달아 먹으면 이것이 인체를 쇠약하게 하는 원인이 됩니다. 그러므로 장수를 바라는 사람은 아침을 일찍 먹고 저녁도 일찍 먹어야 합니다. 성생활은 적당히 하고, 흡각이나 사혈 같은, 좋지 않은 수단은 되도록 피해야 합니다. 그리고 자신의 배를 셋으로 나눠 하나는 음식, 또 하나는 마실 것, 나머지는 공기를 위한 공간이 되도록 합니다. 왜냐하면 사람의 장의 길이는 약 162인치이므로 음식, 음료, 호흡을 위해 각기 54인치씩 나누는 것이 적당하기 때문입니다. 걸을 때는 조용히 걷는 것이 몸에 훨씬 좋은 방법이고, '자랑스럽게 지상을 걷지 말라!'고 한 전능하신 알라의 말씀에도 따르는 것이 됩니다."

스트레스를 받아 조급증을 내고 있는 현대인에게는 모든 일을 느긋하게, 아득바득하지 않는 것이 건강을 지키는 방법이다. 출근 시간이면 지하철 문이 열리기가 무섭게 달려나가는 사람들을 흔히 보는데 5분 일찍 아침을 시작하면 어떨까?

당시 이슬람에서는 사혈, 즉 정맥에서 일정량의 피를 빼는 것이 두통이나 눈을 또렷하게 해 주는 데에 효과가 있다고 여겨졌다. 그러나 위생지식이 부족한 시대이므로 세균이 들어가 병을 일으키는 사고도 있었던 터라 이 방법을 금하고 있는 것이다. 도를 지나친 의료행위보다 자연스러운 건강법을 취하고, 평소에 주의해서 생활하라 말하고 있는데, 이는 아무리 의술이 뛰어나게 발달해도 예방이 가장 큰 치료임을 우리에게 다시 한 번 일깨워 준다.

타와즈드는 '여자가 만들고, 만들기 쉬우며, 특히 소화가 잘되는 음식'을 좋은 음식이라고 말하는데, 전자레인지에 돌리는 즉석식품에 의존하기 쉬운 요즘 새겨들어야 할 얘기인 듯하다. 음식이 부족했던 시대를 벗어난 우리는 절제하고 정성들여 먹도록 노력해야 한다. 이렇게 아라비안나이트를 통해 우리는 바른 삶에 대해 고민해 보고, 또 하나의 지혜를 배우게 되는 것이다.

천한 번째 마지막 밤
이야기를 끝낸 샤라자드가 살려줄 것을 호소하는 마지막 장면.

천 한 번째 밤은 어떻게 밝았는가

길고 긴 이야기 마지막에

긴 이야기에도 끝은 있고, 마침내 1천 일 하고도 하룻밤이 밝아 이야기가 끝이 난다.

재미있는 이야기를 하던 긴 세월 동안 샤라자드는 샤리아르 왕의 아들을 셋이나 낳았다. 이야기가 끝나자 샤라자드는 왕 앞에 엎드려 부디 아이들을 위해 죽음만은 면하게 해달라고 간청한다. 그러자 왕은 눈물을 흘리며 아이들을 가슴에 끌어안고 자신은 아이들이 태어나기 전부터 이미 그녀를 용서했으며, 앞으로 그녀에게 어떠한 위해도 가하지 않으리라고 약속한다.

왕은 지난날 처녀들을 함부로 죽이고 포악한 정치를 일삼은 일을 반성하고, 대신들을 불러 모든 것을 깊이 뉘우치고 샤라자드와 정식으로 결혼하겠다고 한다.

결혼식에 샤리아르 왕의 동생 샤 자만이 초대되어 오고 왕은 동생과 단둘이 있게 되자 아우에게 지난 3년 동안 자신과 샤라자드 사이에 있었던 일을 이야기한다. 그는 동생에게 샤라자드에게서 들은 수많은 속담과 비유, 연대기와 재미있는 이야기, 풍자, 우스갯소리, 전설과 우화 따위를 들려준다.

그것을 들은 샤 자만은 무척 감동하여 여자를 믿지 못했던 마음에서 벗어나 샤라자드의 동생 두냐자드를 아내로 맞이하고 싶다고 한다.

그리하여 두 형제와 두 자매의 결혼이 이루어진다. 샤라자드와 두냐자드는 결혼식을 앞두고 함께 목욕탕에서 몸을 씻는데, 거기서 처음으로 그녀들의 아름다운 외모가 묘사된다. 지금까지 이야기하는 사람으로서 단지 지적인 존재로 여겨졌던 샤라자드도 눈앞이 아찔해질 정도의 아름다움을 지녔던 것이다.

붉은 옷을 입은 샤라자드의 모습을 본 샤리아르 왕과 주위에 모여 있던 사람들은 그 아름다움에 완전히 사로잡힌다.

샤라자드는 결혼식 절차에 따라 옷을 여러 번 갈아입고 왕 앞에서 섰는데, 마지막으로 젊은 남자의 차림새로 나타난다. 그녀가 허리를 꼬고 엉덩이를 흔들면서 칼자루에 머리카락을 늘어뜨리고 샤리아르 왕에게 다가가자 왕은 주인이 손님을 안 듯 샤라자드를 껴안으면서, 그 귀에 대고 칼을 뺏어 버리겠다고 위협한다.

샤라자드는 위험하고 아리따운 젊은이를 연기하고, 왕도 그 분위기에 맞추어 매력적인 지배자를 연기하고 있으므로, 예전의 할리우드 영화나 연애소설처럼 고혹적인 한 장면이 연출된다. 남장이라는 것도, 날카로운 눈초리에 교태를 감춘, 여자의 최고 도발이라고 할 수 있으리라. 샤라자드는 낮에는 성스럽고 밤에는 요염한, 이상적인 여성으로 그려져 있다.

그 뒤 샤리아르와 샤 자만, 두 왕은 매일 서로 번갈아 왕국을 다스리면서 늘 온화하고 화목하게 지냈고, 두 왕비도 마찬가지로 전능하신 알라를 섬기며 오로지 신께 감사를 바치면서 살았다. 그들은 이 세상의 기쁨과 위안과 환희를 마음껏 누리며 살다가 전능하신 알라의 자비로운 품으로 돌아간다. 늘 해피엔드를 꿈꾸는 독자들은 더없이 만족하리라.

스트레스를 잊게 하는 약

이렇게 긴 이야기는, 오락이 없던 시대에 너무나 필요했던 즐거움이었다. 그러나 TV와 컴퓨터 등 수많은 오락거리가 있는 요즘, 사람들이 이 이야기를 끝까지 다 읽을 수 있을지 의문이다. 어쩌면 마음에 괴로움이 있어서 현실에서 달아나고 싶을 때, 또 자신처럼 고통받고 있는 사람들에게 위로받고 싶어 이 책을 선택할지도 모른다. 자유를 억압당했던 여자들, 노역의 신분에 묶여 출세할 수 없었던 남자들, 아라비안나이트에 다양한 육체상의 고통이 있다면, 현대에는 정신적인 스트레스가 그를 대신하여 인간에게 더 큰 고통을 주고 있기 때문이다.

그런 뜻에서 아라비안나이트는 현실을 잊게 하는 약이 되어 읽는 사람에게 마음 든든한 무언가를 줄 것이다.

이 긴 이야기의 영어판 전체를 번역하여 완성한 버턴의 노고와 열의도 특별히 적어둘 만한 일이다. 버턴은 아라비안나이트에 온 마음이 쏠려 취하다시피 했을 테니까 말이다.

신드바드들의 지리적 세계관

신드바드들이 바다에서 활발히 활동하던 시대, 이슬람교도(모슬렘)들은 세계(대지와 거주세계)를 어떻게 생각하고 있었을까?

코란과 인간전승의 지리적 세계

코란에 따르면, 대자연의 넓고 큰 땅은 깔개 또는 침상처럼 펼쳐져 있으며 움직이지 않는 산들이 기둥으로서 자리해 있다. 또한 두 개의 바다(또는 바다와 큰 강)가 있어, 한쪽은 맛있고 달콤하며 다른 쪽은 짜고 쓰디쓴데, 두 바다 사이에는 장벽이 가로 놓여 있다. 이러한 코란의 지리관에 대해 하디스

(경전 전승)와 민간전승은 더욱 구체적인 대지의 모습을 보여준다. 먼저 인류와 진(마법의 요정)이 사는 땅은 걸어서 5백 년이 걸리는 넓은 대지로, 그 가운데 2백 년씩 걸리는 곳이 바닷속 땅과 사람이 살지 않는 땅이며, 80년이 걸리는 곳이 알렉산드로스 대왕(전설적인 영웅으로 그리스·페르시아·
인도에 이르는 대제국을 건설함)에 의해 대지의 끝으로 갇혀버린 고그(Gog)와 마고그(Magog)의 땅, 그리고 남은 20년이 걸리는 곳이 인류가 사는 땅이 되었다고 한다. 이 대지는 평평한 원반형 모양으로 되어 있고 '주해(周海)'라고 불리는 대양에 둘러싸여 있으며, 또 이 대지와 대양은 전체가 카프(Karf)라고 불리는 산으로 둘러싸여 있다고 보았다. 그리고 카프 또는 카프를 받치고 있는 암석은 푸른 옥으로 만들어져 있어서 그 푸른색이 반사되어 하늘이 파랗게 보이는 것이라거나, 마법의 요정 진이 사는 카프는 모든 산의 어머니로서 이 산들은 지하의 지맥(支脈)에 의해 카프와 연결되어 있다거나 하는 식의 생각을 하고 있었다. 그 밖에도 대지는 천사, 암석, 수소, 커다란 물고기의 순으로 떠받치고 있다는 설도 있었다.

또한 지역적 세계는 새에 견주어 머리 부분은 중국, 오른쪽 날개는 인도, 왼쪽 날개는 하자르, 가슴 부분은 메카를 중심으로 이라크에서 이집트까지, 꼬리 부분은 마그리브(북서
아프리카)라 했다.

지리서와 지도로 보는 세계

아라비안나이트에는 동쪽인 중국에서 서쪽인 이베리아 반도의 안달루스, 그리고 서북쪽인 아프리카에 이르는 지역 모두가 이야기의 무대로 등장한다. 그 무렵, 신드바드로 대표되는 이슬람 상인은 인도양 부근을 비롯한 머나먼 이국과 교류하고 있었다. 더욱이 프톨레마이오스가 편찬한 지리서 등에 대한 아라비아어 번역 활동도 한몫을 하여, 이슬람 세계는 아프로유라시아(유럽, 아프리카, 아시아를
아울러 이르는 이름)의 폭넓은 지리적 정보도 획득할 수 있었다.

그 결과, 9세기 아라비아어 지리서에 이미 동쪽으로는 신라(한반
도), 서쪽으로는 '영원의 섬들'(카나리아
제도), 북쪽으로는 투리(셰틀랜드 제도,
지금의 노르웨이), 그리고 남쪽으로는 잔지바르(모잠비크의
베이라 남쪽)까지 언급되어 있음을 볼 수 있다.

또한 당시의 지리서에는 '대지는 공 모양과 같으며, 달걀 속 노른자와 같이 천공의 내부에 위치한다. 적도 이남은 24도까지가 거주지며, 남은 부분은 바다로 뒤덮여 있다. 우리는 대지의 북쪽 4분의 1에 살며, 남쪽 4분의 1

은 황폐하다. 우리 밑 2분의 1 땅에는 아무도 살지 않는다'는 기술이 남아 있다. 이 지리서 이후에도, 우리가 사는 반구는 동서남북의 각 끝 지점에서 같은 거리만큼 연결되는 위치에 '대지의 둥근 지붕'이라는 세계의 정상이 있다는 설이나 지동설까지 등장하지만, 이슬람교도 학자들은 지구가 우주의 중심에 자리하고 있다는 생각에서 벗어나지는 못했다.

물론 이것은 16세기에 이르러 코페르니쿠스에 의해 지동설이 등장한 서구 세계에 비하면 꽤 이른 시기의 과학적인 생각이었다.

많은 학자는 아프로유라시아 북반구에 있는 인류 거주 가능 지역을 남에서 북으로, 동서로 긋는 가상의 7개 선에 따라 각 이크림(위도권을 말하며 일종의 기후대)으로 나누고 코란에 나오는 2개의 바다를 인도양(페르시아만과 홍해 포함)과 지중해로, 그리고 이들을 가르는 장벽을 수에즈 운하로 보는 경향이 강했다.

이런 것들은 이슬람교도들의 세계지도에 그대로 나타난다. 예를 들어, 10세기 지도에서는 대지가 메카를 중심으로 하여 원형으로 그려지고, 그 바깥쪽을 '주해'가 둘러싸고 있으며, '주해'로부터 인도양과 지중해가 대지로 휘어든다. 후대의 지도 역시 같은 모양의 구도이지만, 섬과 산의 형태가 매우 구체화하여 7개의 기후대가 분명히 그려져 있는가 하면 '주해' 바깥쪽으로 카프 산맥이 그려져 있기도 하다. 그 밖에도 경위도를 이용한 보다 '과학적'인 지도도 만들어졌다.

신드바드의 지리적 세계

마지막으로, 〈신드바드 항해기〉에 등장하는 놀랍고 신기한 많은 사물들—첫 번째 항해(섬처럼 큰 물고기, 바다의 종마, 진기한 물고기), 두 번째 항해(다이아몬드 계곡, 루흐, 장뇌나무, 코뿔소와 그 뿔), 세 번째 항해(털북숭이 인간, 희귀한 이무기), 네 번째 항해(식인종), 다섯 번째 항해(바다의 노인, 정향), 여섯 번째 항해(용연향 샘)—은 9세기 이후 여러 종류의 이슬람 지리서에도 기록되어 있다. 그것을 대조해 보면 〈선원 신드바드와 짐꾼 신드바드〉 이야기의 주요 무대가 남아시아와 동아시아, 그 가운데에서도 인도에서 수마트라에 이르고 있음을 알 수 있다.

이슬람교도들은 세계를 기본적으로 '이슬람의 땅'과 '전쟁의 땅'으로 나누어 구분하고 있었으며, 후자인 비(非)이슬람권은 그들에게 '경이로운' 미지의 지역이었다. 북쪽 고그와 마고그의 땅과 동쪽과 남쪽의 와크 와크 땅 (여성의 머리와 닮은 열매를 맺으며, 그 열매가 익으면 '외크 외크!' 하며 외친다는 나무가 살고 있다는 전설이 유명) 등이 그들의 호기심을 특히 자극했던 듯하다.

그리고 이러한 세계관—지리적 지식과 정보—은 아라비안나이트의 밑바탕이 되어, 〈신드바드 항해기〉를 비롯한 〈나무꾼 하시브와 이무기 여왕〉 속 이야기 〈부르키야의 모험〉과 778번째 밤부터 831번째 밤 사이 다루어지는 〈바소라의 하산〉 등에 반영되었다.

세계의 모습이란

아라비안나이트에는 8세기 무렵의 민화부터 16세기에 만들어진 이야기까지 포함되어 있다. 그 당시 세계의 모습은 어땠을까? 세계사에서는 11세기에 제1차 십자군 원정이 이뤄졌고, 13세기 말에는 마르코 폴로가 《동방견문록》을 출판했으며, 15세기에는 콜럼버스가 아메리카 대륙을 발견했다. 그리고 16세기에는 마젤란이 세계일주를 했고, 기독교가 보급되고 영국 국교회가 생겨났으며, 코페르니쿠스는 지동설을 발표했다. 또한 당시 아랍 사람들의 규범이 된 종교는 물론 이슬람교였다. 이야기 곳곳에 무함마드의 가르침이 등장하는 것을 보아 알 수 있다. 이 시대는 기독교의 확장과 겹치므로 종교적인 대립에 관한 일화도 엿보인다.

이런 시대에 아라비안나이트는 이야기로서 다듬어지고 성장해 나간 것이다. 기초가 된 페르시아 전설은 뒷날 인물, 풍습, 종교마저 아라비아 세계에 맞춰 바뀌었고, 세월과 더불어 그 규모가 점점 커졌다. 무려 8백 년에 걸쳐 만들어졌으니, 여러 명임이 분명한 작자들의 이름이 하나도 남아 있지 않은 것은 너무나 당연한 일이다.

밤 이야기와 여러 장치들

아라비안나이트에는 마법 힘이 아닌 교묘한 속임수를 부리는 동물과 인간의 모습이 등장하여, 사람을 놀라게도 하고 즐겁게도 하며 도와주거나 때로는 죽이기도 한다. 예컨대, 〈놋쇠의 성〉 이야기(566번째 밤~578번째 밤)의 절정에서는 한 탐험가가 놋쇠의 도성 안에 잠들어 있는 공주 미라의 몸에서 보석을 꺼내려고 다가가자, 공주의 침대 양옆에 놓여 있던 두 노예 조각상이 움직이기 시작한다. 한쪽에서 짧은 창을 들고 있던 노예 조각상은 느닷없이 그의 등을 후려쳤고, 또 다른 노예 조각상은 손에 든 칼로 단숨에 그의 목을 쳐버린다. 탐욕을 부린 탐험가는 그 자리에 쓰러져 숨이 끊어진다.

〈흑단 말〉이야기(357번째 밤~371번째 밤)에서는 기계장치로 움직이는 말이 중심적인 역할을 하고 있다. 어느 날 페르시아 왕 앞에 현자 세 사람이 발명한 진기한 물건을 가지고 찾아온다. 그 가운데에서도 세 번째 현자가 발명한 흑단 말은 흑단에 보석을 박아 만들어 빼어난 자태를 뽐내고 있었으며, 안장과 고삐에 훌륭한 세공을 입힌 굉장한 볼거리였다.

게다가 '사람이 한 번 올라타기만 하면 어느새 하늘을 날아 어디든지 가고 싶은 데까지 데려다준다'는 것이다. 세 번째 현자는 자신과 왕자의 누이인 공주와의 결혼을 반대하는 왕자를 조종하는 방법도 알려주지 않고 말에 태워 상승 나사를 돌리게 한다. 그러자 왕자를 태운 말은 눈 깜짝할 사이에 하늘 높이 사라져 버린다. 사람들은 마법의 말이라고 했지만, 사실 그것은 과학적 지식을 통해 인간이 만들어낸 제트 추진식 비행장치였다. 그 뒤 왕자는 조종방법을 알게 되고 하늘을 나는 말 덕분에 만난 아름다운 여인과 결혼하여 행복하게 살지만, 말은 결국 부왕에 의해 해체되고 만다. 이 이야기는 왕자가 얻은 마음의 성숙이 뛰어난 기계보다 훨씬 가치가 있다는 교훈을 전해주고 있다.

아라비안나이트의 공상세계에 이러한 기계장치가 그려진 배경에는 중세 이슬람 세계가 고대 그리스에서 이어받아 더욱 발전시킨 과학적 지식이 있다. 그러한 높은 공학적 기술 수준을 전하는 서적으로 바누 무사 삼 형제의 《기계장치세공에 대한 책》(9세기)과 알 자자리의 《교묘한 기계장치의 지식에 대한 책》(1204년 또는 1206년) 등이 있다.

이 책들에는 실용적인 기계뿐 아니라 궁정의 즐거움을 위해 만들어졌던 여러 태엽 인형들의 설계도가 담겨 있다. 펌프, 도르래, 톱니바퀴 따위를 실로 정교하게 조합하여 사람이나 동물을 움직이게 만든 물시계나, 술잔치에서 자동으로 술을 따르는 기계 따위가 실제로 고안되었다.

그 기술지식은 근대 유럽으로 전해져 17세기 과학혁명 이후, 유럽의 기술자들이 직접 움직이는 인형을 만들기 시작했다. 그리고 19세기에는 시판용 움직이는 인형을 만드는 시계 기술공들의 공방이 등장하기에 이른다. 그때는 아라비안나이트가 유럽에서 절대적인 인기를 누렸던 시대이자 동양취미의 전성기이기도 했다. 프랑스, 스위스의 공방에서 만들어진 태엽 인형 가운데에는 지극히 '동양적'인 분위기를 자아내는 인형이 적지 않았다. 인형은 어떤 의미에서 다른 세계 사람들의 '움직이는 표본'이기도 했다.

알리바바의 세계
─유목민과 낙타 문화

알리바바 이야기의 무대는 페르시아 마을로, 그곳은 마을 밖으로 한 발짝만 나가도 잔혹한 도적이 자유자재로 활개를 치는 아주 거친 황야였다. 마을의 가난한 상인 알리바바는 우연히 도적이 보물을 숨겨둔 동굴을 발견한다. 알리바바는 동굴의 문을 열 수 있는 신비로운 주문을 엿듣게 되어 동굴에서 몰래 보물을 꺼내오는 데 성공한다. 도적의 보물을 손에 넣은 알리바바를 시기한 형 카심은, 탐욕에 눈이 멀어 동굴을 찾아갔다가 도적에게 잔인한 죽음을 당하고 만다. 집념이 강한 도둑들은 자신들의 보물을 훔친 괘씸한 녀석을 집요하게 찾아다니다가 마침내 알리바바가 그 범인이라는 사실을 알아낸다. 도적의 두목은 몇 번이고 알리바바에게 복수하려 하지만, 그때마다 번번이 알리바바의 총명한 노예처녀 모르기아나의 방해를 받아, 결국 보물은커녕 목숨까지도 빼앗기고 만다.

알리바바의 이야기에서 도적은 황야를 상징하는 존재로 그려진다. 그들은 도시에 형성된 부(富)를 좇아 황야를 달려와, 그것들을 다시 도시에서 황야로 되돌리는 역할을 한다. 황야를 달리는 도적의 이미지는 사막에서 살아가는 유목민과 겹치는 부분이 많다. 동시에 도적들이 금세 기름장수로 둔갑하는 모습은 도적과 상인 사이의 미묘한 관계를 암시하고 있다 하겠다. 도적들은 상인으로 모습만을 바꿈으로써 아주 간단히 도시의 생활 속으로 파고들어 갈 수 있는 것이다. 즉, 황야를 자신의 영역으로 하는 자는 상인으로서의 가면도 가지고 있다. 실제로, 유목은 도시 주민이나 농민과의 상호관계 속에서 성립하는 생업 활동이다.

도시 생활과 황야의 생활은 느낌부터가 다르다. 상인과 직공이 모여 시장 (bazaar)의 떠들썩함을 만들어내고 복작대는 사이 순식간에 시간이 흘러가 버리는 도시에 비해, 황야의 생활은 적막하고 시간이 천천히 지나가는 정적인 이미지가 강하다. 그러나 도시와 황야는 결코 동떨어진 존재가 아니다. 그것은 '이슬람은 사막의 종교'라는 말과 '이슬람은 도시 생활에 본바탕을 둔 시스템'이라는 표현이 동시에 성립한다는 점에서도 알 수 있다. 도시와 도시 사이에는 반드시 황야가 존재하며, 그곳에서 생활하는 유목민과 그곳을 지나는 상인이 도시를 오가고 있었음은 두말할 나위 없다. 도시를 오가는 사람들을 품음으로써 도시는 보다 활기를 띤다. 그리고 황야에서 도시로, 도시에서 황야로 생활의 위치를 바꾸는 일은 그 땅에 사는 사람들에게 그리 어려운 일은 아니었으리라.

샤라자드의 세계

아라비안나이트에는 다양한 여성들이 등장한다. 샤라자드와 두냐자드처럼 남자를 이끄는 용기와 지혜를 가진 여성도 있고, 남자로 변장하고 대모험에 나선 여성, 놀라우리만큼 간사한 꾀로 사람들을 궁지에 빠뜨리는 여성, 엄청난 지식으로 남성 학자들을 이해시키는 여성, 사랑하는 남자를 위해 자신의 모든 것을 바치는 여성.

그녀들은 이야기 속에서 열변을 토하고, 크게 분노하며, 웃기도 하고 울기도 한다. 그녀들은 아라비안나이트 이야기의 반을 짊어진 당당한 존재들이다. 다만 남성보다 좀더 감정적이지만, 흥에 겨우면 감당할 수 없을 만큼의 마성도 발휘한다. 다른 나라 사람들이 보기에는 그녀들을 가린 불투명한 천 밖에 보이지 않아도, 그 안에는 틀림없이 뜨거운 사막 나라의 정열이 물결치고 있다.

이처럼 아라비안나이트에는 아주 호방하고 쾌활한 여성들이 나오지만, 오늘날 중동 여성들은 인권침해의 사각지대에 놓인 모습으로 사람들 입에 오르내리고 있다. 그 억압된 모습을 상징하는 것이 바로 그녀들이 의무적으로 뒤집어써야 하는 부르카, 니캅, 차도르, 히잡 등이다. 부르카는 머리에서 발

목까지 온몸을 천으로 가린 것으로서, 눈 부위에도 망사로 창을 달아 겉에서
는 누기 누구인지 전혀 분간할 수 없다. 이슬람권에서 살지 않는 사람이라면
무서운 느낌마저 들 정도이다. 니캅은 눈 부분만 내놓고 온몸을 천으로 휘감
은 것이며, 차도르는 모자가 달린 망토 모양으로 얼굴만을 내놓은 것, 히잡
은 머리에 두르는 두건 형태로 상체를 가리는 것이다.

사실 이들의 옷은 뜨거운 햇볕과 모래바람으로부터 몸을 지키기 위해 만
들어졌다. 또한 살을 드러내지 않고 몸의 선이 드러나지 않는 차림을 함으로
써, 사회 속에서 남성과 여성의 관계를 이성적으로 유지할 수 있게 하려는
의도를 지니고 있었다. 그러나 현대에 와서는 이러한 의도가 빛이 바랜 것이
현실이다. 최근 유럽에서는 몸을 가리는 부르카 차림이 여성들의 복종을 상
징한다며 이를 금하는 법안을 속속 통과시키고 있다.

그런가 하면 중동에 대해 에로틱한 환상을 갖는 사람도 있다. 베일 속에
감춰진 신비로운 아름다움, 정신을 혼미하게 만드는 관능적인 여성들이 한
데 어우러져 누워 있는 하렘(Harem)의 풍경, 관능적인 허리춤으로 남성을
매료시키는 벨리댄스. 대체 그곳에서는 어떤 여성들이 어떻게 생활하고 있
을까?

이집트나 시리아, 이란과 같은 중동의 여러 나라를 여행하며 시장을 돌아
다닐 때나 버스 창으로 보이는 마을을 멍하니 바라볼 때, 그리고 초대받은
집의 장막 안을 살짝 들여다볼 때, 우리는 뜻밖에도 놀라운 광경과 마주하게
된다. 그것은 다양한 여성의 모습—남편을 손에 쥐고 흔드는 호탕하고 쾌활
한 아내, 가사와 직장일 모두 완벽하게 소화해 내는 커리어우먼, 의욕이 넘
치는 우수한 여대생, 혼담 이야기에 설레는 젊은 처녀의 모습—이다. 그것
이 바로 현대판 부즈르 공주(알라딘에 나오는 술탄의 힘), 마샤이프(박학한
여성), 아지자, 다리라 등 에너지 넘치는 여성들이 활약하는 '셰에라자드의
세계'이기도 하다.

1천 일하고도 하룻밤 동안, 셰에라자드의 이야기를 들으면서 샤리아르 왕
은 이렇게 생각했는지도 모른다. 세상에는 참으로 다양하고도 많은 '여자'가
있구나 하고. 언젠가는 차도르와 부르카로도 억누를 수 없는 개성이 강한 빛
을 발하며 표현될 때가 올지도 모른다. 변화하지 않는 사회란 없다. 언젠가
그녀들이 대범한 웃음과 활력을 퍼뜨리며 아랍 세계의 사람들이 다시 세계

의 중심에서 새로운 무언가를 만들어 낼 날이 올지도 모를 일이다. 아랍의 그녀들이 자신이 원할 때 차도르를 쓰고 벗을 수 있을 때가 온다면, 그녀들은 진정으로 매력적인 아라비안나이트의 여자가 될 것이다.

이슬람과 베일

고대로부터 아라비아 반도와 주변지역에는 햇빛과 모래먼지를 막기 위해, 또는 부유함과 자신을 과시하기 위해 베일을 쓰는 여성들이 있었다. 이윽고 《코란》이 모든 기준이 되다시피 하자 베일의 착용이 마치 의무처럼 자리 잡았다. 모슬렘 여성을 짓궂은 괴롭힘으로부터 보호하기 위해 다른 여성들과 구분할 수 있는 베일을 쓸 것을 명한 33장 59절, 남녀 모두 시선을 밑으로 하고 얌전하게 행동하며 특히 여성은 아름다운 부분을 가리도록 하라고 명한 24장 30·31절 등, 어떤 면에서는 베일의 착용이 요구되었으므로 이 관습은 모슬렘들 사이에 널리 퍼지게 되었다.

단, 무엇을 이용하여 신체의 어느 부분을 가려야 한다는 조항은 뚜렷하게 나와 있지 않았으므로, 상세한 내용은 후세 사람들의 해석과 판단에 맡기게 되었다. 나라와 지역, 나아가 개인에 따라 베일의 형태와 덮는 범위가 다른 것은 이 때문이다.

20세기 전반, 중동 곳곳에서 일어난 국가 규모의 서양화 정책과 여성해방 운동의 결과 베일은 점차 사라져 갔다. 그러나 1970년대가 되어 모슬렘 사이에서 베일의 의미와 역할에 대해 다시금 인식하는 움직임이 일었다. 코란에서 말한 것처럼, 여성은 아름다운 부분을 감추어야 한다는 생각에서 몸의 실루엣과 머리카락을 감추는 새로운 패션이 생겨나 '히잡' 또는 '이슬람 의복'이라 불리며 각지로 널리 퍼졌다.

이란, 사우디아라비아 등 이슬람 옷의 착용을 의무화한 나라가 있는 한편, 중동 및 동남아시아 곳곳에서는 여성의 사회 진출에 따라 가족과 본인의 의지로 베일을 착용하는 모슬렘 여성들도 찾아볼 수 있다.

벨리댄스의 유혹

오리엔탈 댄스라고도 하는 벨리댄스는 본디 아랍 세계의 대중무용이었다. 옛 이집트에서는 마을의 축제나 결혼식 따위에서 가와디라고 불리는 집시들이 춤 솜씨를 뽐냈다. 지금도 결혼식 따위에서는 전문 춤꾼을 불러 사람들의 흥을 돋우는 일이 많으며, 또한 관광산업으로 자리잡기도 했다. 미국에서 일어난 붐이 전 세계로 퍼져 우리나라에서도 벨리댄스 강좌에 많은 사람이 모여들고 있다. 중동에서는 이슬람 계율 때문에 대체로 춤의 사회적 지위가 낮으나, 카이로에서 매년 국제 벨리댄스 페스티벌이 성황리에 개최되는 것에서 보이듯 벨리댄스 문화의 사회적 승인을 촉구하는 움직임도 있다. 온몸을 가리는 부르카 문화와 대조적으로 최소한의 의상이나 얇은 옷을 몸에 걸치고 정열적으로 배나 허리를 비틀거나 흔드는 벨리댄스 문화의 공존은 참으로 아이러니한 일이 아닐 수 없다.

아라비안나이트의 노래

시녀는 방에서 나가더니 곧 다마스쿠스의 비파와 페르시아의 하프, 타타르의 피리, 이집트의 다르시마네 등을 가지고 왔습니다. 처녀는 천천히 비파를 집어 들어 몇 가락 줄을 고른 다음 낮고 고운 목소리로 조용히 노래를 부르기 시작했습니다. 산들바람의 날개보다 가볍고 낙원에 있는 타스민의 샘보다 달콤하게, 시름의 그림자는 추호도 없이, 흥겨운 가락으로 이런 노래를 부르기 시작했습니다. (49번째 밤에서)

아라비안나이트, 그 길고 재미있는 이야기 여기저기에는 음악과 춤과 노래가 어우러지고 가락에 맞추어 읊은 시문이 마치 찬란한 별빛처럼 아로새겨 있다.

거기에는 아부 누와스, 이븐 알 무타즈, 알 마우시리 부자, 이븐 시나와 같은 역사상 실제로 존재했던 시인과 음악가가 나온다.

이 가운데 알 마우시리 부자는 아바스 왕조 최고 전성기인 5대 칼리프 하룬 알 라시드(재위 786~809년)의 전속 음악가로, 칼리프의 술친구이기도 했다. 이 부자는 함께 바그다드의 궁정에서 타고난 음악적 재능과 명성을 마구 써서, 아라비안나이트 중에서 흥미로운 몇몇 일화의 주인공으로 나오기도 한다. 아라비안나이트에는 이러한 아바스 왕조의 시인과 음악가를 중심으로 창작되고 명성을 떨친 수많은 시문이 더러 삽입되어 있을 뿐 아니라 그 노래의 반주를 담당한 다양한 악기—류트, 카눈, 덜시머, 다프(Daff) 등—의 모습도 보인다.

아라비안나이트에 나오는 음악가들은 아랍 음악사의 한 시대를 풍미하며 가장 세련된 음악을 선보였는데, 그곳에서 불린 노래는 아랍 유목민의 풍요로운 전통을 방불케 한다. 또한 이야기 속에 나오는 악기는 아랍의 여러 나라로 전해져 민속악기와 고전악기로서 오늘날까지 남아 있다. 이렇게 아라비안나이트의 가락은 아주 오랜 옛날에 탄생하여 이윽고 바그다드의 궁정과 거리에서 화려하게 꽃피웠으며, 그 뒤에도 계속 끊이지 않고 이어져 현대 아랍 문화의 한 축이 되고 있다.

그렇다면 그 가락의 실체는 어떠할까? 물론 음률 그 자체는 완전히 사라져 버렸다. 그러나 바그다드의 이라크 국립음악합주단 '알 차르기 알 바그다드'가 연주하는 고풍스러운 소리맵시의 노래, 그리고 마그리브에 남아 있는 고전 노래인 누바 등에서 당시 도시에서 유행하던 대중가요(이라키·마캄)의 아련함을 조금이나마 엿볼 수 있다.

중동 이슬람 세계의 악기

중동 이슬람 세계에 분포하는 악기는 매우 풍요롭고도 다채롭다. 그 가운데에서도 카눈이나 류트처럼 특히 이슬람 시대에 들어와 생겼거나 더 좋게 보완된 악기도 있다. 그러한 악기 가운데 몇 개는 아라비안나이트에도 나온다. 악기의 재질은 예외 없이 유목민 문화와 건조한 기후, 마른 토지의 상태에서 비롯된 것이다. 예컨대 북에는 양의 가죽을, 현악기의 현에는 양의 창자를, 또한 활에는 말의 꼬리털을 각각 이용했다. 또한 네이(ney)와 같은 각종 피리는 식물의 줄기로 만든다. 네이는 이슬람 신비파인 수피가 즐겨 부는 피리가 되었다. 기원전 2천5백 년의 메소포타미아에 기원을 둔 리라(심시미야)가 그러했듯, 이러한 악기들은 모두 손으로 만들었으므로 저마다 조금씩 다른 모양을 하고 있다.

이집트와 메소포타미아 등 문명 발상지에서 생겨난 여러 종의 악기는 중동을 무대로 하여 오랫동안 발전하고 변해 왔다. 또한 그 사이에 이러한 악기는 동쪽과 서쪽으로 계속 전해져 널리 퍼져 나갔다. 그 옛날 아시리아의 하프나 인도의 5현 비파가 일본의 쇼소인이라는 사원으로 전해진 사실은 널리 알려져 있다. 이러한 동쪽으로의 전파에는 실크로드가 커다란 역할을 했다. 한편 서쪽으로의 전파는 오스만 제국의 영토 확장에서 비롯되었다. 거기에는 '우드→비파, 기타', '산투르, 카눈→양금, 친바롬, 쳄발로, 피아노', '시타르→샤미센(일본의 전통 현악기), 산겐(샤미센의 일종)', '라바브→레벡, 바이올린', '쳉→하프' 등 세월의 흐름에 따른 다양한 변화 양식이 그려진다. 악기 문화의 이동은 음악 양식에도 영향을 미쳐 터키의 군악이 서양의 브라스밴드를 탄생시키기도 했다.

살아 있는 아라비안나이트 음악

이슬람 음악은 단선율 형식이며 화성이 없고 독특한 곡조와 가락체계, 단일한 선율에 현란한 꾸밈음, 뛰어난 즉흥연주가 특징이다. 연주자에게 상당한 자유가 주어지지만, 곡조와 가락은 특정한 관례나 양식에 따라 엮어진다. 연주자는 일반적으로 한 음악을 이루는 세부 내용으로부터 음악의 구조가 떠오르도록 하는 데에 더 관심을 둔다. 운율은 반음에 가까운 미분음을 쓰거나 그보다 좁거나 넓은 음정을 써서 꾸민다.

아라비안나이트 음악은 지금까지도 아랍 세계 곳곳에서 그 흔적을 발견할 수 있는데, 가장 전형적인 것 가운데 하나는 이베리아 반도의 후(後)우마이야 왕조에서 태어난 아랍 안달루시아 음악이다. 이것은 일반적으로 '누바'라는 이름으로 불린다. 이 음악은 동방의 바그다드에서 안달루시아로 간 음악가 지르얍이 바그다드 궁정에서 유행하던 음악을 바탕으로 코르도바에서 처음 만들어 낸 것이다. 이는 풍부한 궁정시와 민중시로 이루어진 독창곡과 합창곡을 주제로 하고 여기에 악기의 간주를 끼워넣은 이른바 '접속곡'이다. 합주단은 라바브, 바이올린, 류트, 카눈, 네이, 다라부카, 다프 등으로 이루어져 있으며 연주자가 노래한다. 누바는 15세기 말까지 안달루시아에서 모로코, 알제리, 튀니지 등 마그리브의 여러 나라로 전해져 지금도 현지에서 활발하게 연주되고 있다.

열려라 참깨
—중동 세계의 문자

"죽음을 벗어날 문인은 없으되, 그의 손이 적은 글은 영원히 읽힌다."

아라비안나이트의 12번째 밤에 나오는 〈두 번째 애꾸눈 중 이야기〉는 애꾸눈 탁발승이 직접 겪은 기이한 경험담이다. 여기에는 당시 '아라비아 문자를 아름답게 쓰는 것'이 높은 평가를 받고 있었음을 보여주는 다음과 같은 일화가 나온다. 이 탁발승은 본디 한 나라의 왕자였으나, 마신의 아내와 하룻밤 인연을 맺어 화가 난 마신에 의해 꼬리 없는 원숭이로 변해 버린다. 왕자는 그런 모습으로 여행을 하다가 우연히 한 나라에서 문자를 쓸 기회를 얻게 되자 타고난 글씨 솜씨를 선보인다. 그의 아름다운 글씨 솜씨는 그 나라의 왕을 매우 기쁘게 했다. 그리고 그는 원숭이 모습 그대로 왕의 궁전에서 환대를 받는다. 앞부분에 소개한 구절은 원숭이가 두루마리에 적은 시의 일부로, 인간의 유한한 삶과 시대를 넘어 전해지는 글(문자)의 대비가 뚜렷하게 드러난다.

현재 중동이라 불리는 지역에는 기원전 약 3천 년 무렵부터 많은 문자가 생겨났다. 그 가운데에서도 아라비아 문자는 비교적 나중(4세기쯤)에 등장한 문자다. 그러나 7세기 이슬람의 발흥 이후, 이 문자는 아라비아 반도를 넘어 동서로 뻗어 나가 아라비아 문자 문화권을 형성했다. 현재 아라비아 문자는 아라비아어를 공용어로 하는 아랍의 여러 나라뿐 아니라, 이란과 아프가니스탄 등, 비아라비아어 권에서도 쓰이고 있다.

아라비아 문자가 이렇듯 널리 퍼진 까닭은 그것이 이슬람과 매우 밀접한 관계에 있었기 때문이다. 이슬람 경전 코란은 예언자 무함마드에게 내려진 신의 언어이다. 코란은 아라비아어로 계시 내용을 담고 있고 또한 아라비아어로 외워야 하는 것이었다. 그리고 이 언어를 표기하는 아라비아 문자 역시 신의 언어를 나타내는 것으로 신성시되었다.

무함마드 시대의 코란은 주로 입에서 입으로 전해졌으나, 서서히 동물의 뼈, 식물의 잎, 파피루스, 양피지 조각 따위에 적은 기록도 늘어났다. 이것들은 선지자가 검증하지 않은 것들이었다. 이에 따라 코란의 내용에 차이가 생겨 많은 다툼이 일었다. 이를 걱정한 3대 칼리프 오스만은 이것들을 하나의 책으로 묶었다. 이후 오스만파에 기초한 코란의 사본 제작이 활기를 띠었다. 이러한 상황 속에서 아라비아 문자도 빠르게 발전한다. 우선 종이의 보급에 따라 글자체가 변화하고 새로운 서체가 생겨났다. 그리고 이븐 무라크를 비롯한 역대 서가에 의해 각 서체가 정비되어 규범과 체계를 갖춘 문자예술로서 아라비아 서예(이슬람 서예)가 번영하게 되었다.

우상숭배를 금하는 이슬람 세계에서 종교적인 조각과 회화가 꺼려졌던 점도 서예의 가치를 높일 수 있는 이유 중의 하나였다. 이슬람 예배당인 모스크에서 우리 눈길을 끄는 것은 연속적인 식물 문양, 기하학 문양, 그리고 아라비아 문자를 사용한 우아하고 아름다운 장식이다.

이 독특한 글자로 쓰인 아라비아 문학은 아랍 세계에서 화려한 꽃을 피웠으나, 17~18세기에 이르러 지역 대부분이 정복되자 철저히 파괴되었다.

각 지방에서 독특한 서체와 색채를 발달시키면서 끝없이 변화해 온 아라비아의 서도(書道). 현대 아라비아 서예가들도 그 전통을 이어 나가는 한편, 다른 문자의 서예나 다른 예술로부터 영감을 받으며 다채로운 창작활동을 벌이고 있다.

아라비아 문자와 알파벳

아라비아 문자는 중남부 셈 문자의 하나로 페니키아 문자, 아람 문자, 나바테아 문자를 거쳐 4세기쯤 탄생했는데, 그 뒤 수세기를 거치면서 형태가 갖추어졌다. 문자 수는 자음을 나타내는 글자 28개이며, 오른쪽에서 왼쪽으로 쓴다. 28개의 글자 가운데 22개는 셈 문자에서 자모의 형태만 바꾼 것이고, 나머지 6개는 그 이전의 문자로 표기된 언어에서는 쓰이지 않았던 소리를 나타내는 데 쓰인다. 같은 아랍 문자에서 발전된 히브리 문자, 시리아 문자와는 가까운 관계에 있다. 기원을 찾아 거슬러 올라가면 팔레스타인에서 출토된 기원전 17세기의 비문에 보이는 카난 문자에 다다른다. 이것은 알파벳, 즉 유한 개수의 표의문자로서 언어를 기술하는 문자체계의 시작이기도 하다. 이 문자로부터 히브리, 시리아, 아라비아 각 문자 말고도 셈 계통 언어인 에티오피아 문자, 셈 계에 속하지 않는 그리스 문자와 라틴 문자 등, 현존하는 다양한 알파벳이 생겨났다.

문자를 둘러싼 기술과 미술

이슬람과 함께 크고 넓은 지역에 뿌리를 내린 아라비아 문자. 각지에서 활발히 진행되었던 사본의 제작에는 글씨를 잘 쓰는 사람들을 비롯한 장인들의 기술이 빛났다. 글자 상태의 좋고 나쁨을 결정하는 붓(카람)은 서예가가 직접 만드는데, 서체에 따라 붓의 굵기나 붓끝의 형태를 바꾸기도 했다. 그 밖에도 농도와 퍼짐이 좋은 잉크의 조합, 채색과 삽화, 제본 등 아라비아 문자 사본에 대한 기술과 미술은 각 지역의 민족적 전통을 받아들이며 크게 발전했다. 아라비아 문자가 책에만 이용되었던 것은 아니다. 그 쓰임은 매우 다양했

《아라비안나이트》
〈알리바바와 40인의 도둑〉에서 알리바바가 '열려라, 참깨'를 외치고 있는 장면, 1856. 미국.

다. 건축물과 생활용품의 장식으로, 또한 부적과 효험 있는 주술도구로서 아라비아 문자는 다양한 소재에 새겨지고 짜여 왔다.

일러스트 예술로

이슬람 세계의 사본 삽화는 전통적으로 몇 번이고(설령 다른 텍스트를 가진 사본이라도) 같은 구도의 삽화가 그려지는 일이 많았다. 그와 같은 사본 예술 가운데에서 아라비안나이트의 삽화와 관련이 있는 작품은 매우 드물었다. 그러나 1704년에 갈랑이 이 작품을 세계에 알린 뒤 약 3백 년 동안, 서구세계는 텍스트를 개정하는 것만으로는 만족하지 못하고 늘 새로운 시각세계를 펼치고자 했다.

새로 시작되는 시기의 작품은 인쇄상의 제약으로 말미암아 목판과 동판으로 인쇄된 삽화가 페이지와 페이지 사이에 끼워졌다. 이런 그림 대부분은 똑같은 것이거나 본문에 한두 장 정도 들어가는 것이 고작이었다. 처음부터 어린이를 위해 만들어진 값싼 그림책에도 신드바드나 알라딘의 이야기가 가끔 다루어졌다. 19세기, 나폴레옹의 이집트 원정으로 사람들의 관심이 한순간 중동으로 쏠리게 됨에 따라 '오리엔탈리즘 회화'라는 특이한 회화 장르가 새로 생겨났다. 또한 가로목판이라는 새로운 목판 인쇄기술 덕분에 본문과 같은 페이지에 삽화가 들어갈 수 있게 되었으며, 수십 수백 장이 넘는 삽화가 한 권의 책에 수록될 수 있게 되었다.

한편 19세기 전반에는 아라비아어 원전이 인쇄본으로 등장함에 따라 새로운 번역본도 잇달아 출판되었다. 이와 같은 일련의 변화는 새로운 형태의 아라비안나이트 삽화를 탄생시켰다. 서양화가의 상상에 머물러 있었던 아라비안나이트의 시각세계는, 이때부터 중동의 생활양식과 풍습에 대해 보다 정확한 묘사를 보여주는 삽화로 발전해 간다. 19세기 후반이 되면 오리엔탈리즘뿐 아니라 일본미술의 영향을 받은 삽화도 나타나기 시작했는데, 그 가운데에서도 본디 중동이 무대인 알라딘의 이야기에는 자포니즘(Japonism ; _{19세기 서양 미술계에 불어 닥쳤던 일본 회화의 열풍})의 특징을 보이는 삽화가 즐겨 그려졌다. 20세기에 들어와서는 컬러 오프셋 인쇄기술이 등장하여 삽화의 황금시대를 맞이하게 된다. 세계대전 뒤에는 삽화뿐 아니라 유명 화가들의 유채화 작품이나 콜라주 작품이 탄생했으며, 지금도 현대 일러스트레이터들에게 마르지 않는 상상력의 원천이 되고 있다.

20세기 삽화 황금시대

이슬람 세계에서 갈랑의 번역 이전에는 전통적인 삽화가 거의 제작되지 않고 있었다. 따라서 사실상 아라비안나이트 삽화의 역사는 영역판에 삽화가 처음으로 들어간 1706년부터 시작되었다고 볼 수 있다. 갈랑이 번역한 초판은 삽화가 없는 대신 식물이나 정물 모양의 작은 장식이 페이지 한쪽 여백에 들어가 있었다. 한편 영국 및 미국에서 출판된 어린이용 그림 동화책에는 신드바드나 알라딘 이야기가 자주 선택되었다. 본격적으로 화가가 그린 아라비안나이트의 삽화는 '요정문고'에 실렸던 마릴리에의 작품이다. 이와 같은 19세기 초엽의 삽화는 본문과는 별도로 인쇄되어 삽입된 '브로드사이드'라 불리는 에칭 또는 목판화였다.

1798년에 시작된 나폴레옹의 이집트 원정 때문에 서양인의 관심은 금세 중동으로 집중되기 시작했다. 이를 단적으로 보여주는 것이 이른바 '오리엔탈리즘 회화'의 존재다. 19세기 전반 이후 인쇄본으로 등장한 불라크의 번역본과 같은 이집트계 아라비아어 원전(ZER)을 바탕으로 한 새로운 번역본도 잇달아 출판되었는데, 번역본의 저자 가운데 한 명인 레인은 삽화 작업에도 깊이 관여했다. 그 때문에 그의 번역본에는 중동의 생활양식과 풍습이 정확하게 묘사되어 있다.

20세기로 접어들면서 오프셋 인쇄술의 등장과 함께 삽화에도 다양한 색채가 쓰였다. 호화로운 컬러 삽화가 들어간 그림은 가장 좋은 선물로 인식되어 그 수요는 절정에 달했다. '삽화의 황금시대'라고도 할 수 있는 이 시기를 대표하는 삽화가들—아서 래컴과 로빈슨 형제 등—은 함께 모여 아라비안나이트의 삽화를 그렸다. 그 가운데에서도 에드먼드 듈락은 아라비안나이트의 삽화 3부작을 시작으로 성공을 거두었다. 그의 작품에는 이슬람 세계 사본 삽화의 요소가 늘 들어가 있었다. 그 뒤의 아라비안나이트 삽화는 한동안 그의 양식을 따랐다. 아라비안나이트의 삽화는 유럽뿐만 아니라 전 세계에서 최고의 인기를 누렸다.

샤갈의 리소그래피

독특한 색채 감각으로 세계의 마음을 사로잡은 예술가 마르크 샤갈(1887~1985). 샤갈의 작품에서도 삽화가 한 역할은 크다. 특히 〈죽은 영혼〉, 〈우화〉, 〈성서〉의 세 작품(〈우리 사랑〉을 포함하면 4연작)은 그의 판화 작품의 백미로 알려졌다. 그러나 그의 아라비안나이트 삽화는 그 이전의 작품과는 다르다고 봐야 한다. 그로서는 그것이 최초의 컬러 리소그래피(석판인쇄)이기 때문이다. 샤갈의 판화에 본격적으로 색채가 들어간 것은 바로 아라비안나이트를 동기로 하여 제작되었던 작품이었다(1946~1948). 이후, 컬러 리소그래피에 의해 연작 〈서커스〉, 〈창조〉 등 많은 작품이 제작되었다. 19세기까지의 아라비안나이트 삽화를 유심히 살펴보면, 화가의 서명 말고도 'del 아무개'라는 조공이나 세공의 이름이 새겨진 작품을 많이 발견하게 된다. 그것은 판화기법이 에칭이든 가로목판이든 화가가 직접 작품을 조판하지 않고 밑그림만을 그리는 것이 일반적이었기 때문이다. 당연한 일이지만 이 분업화는 작품에 대한 불만족을 낳는다. 이처럼 자신이 머릿속에 그린 작품을 직접 마무리하고 싶어 하는 욕구는 리소그래피라는 방법에 의해 해결되었다.

이미 1875년에 영국의 화가 월터 크레인(Walter Crane, 1845~1915)이 '알라딘'과 '알리바바' 이야기에 리소그래피 삽화를 그려 넣었다. 크레인의 작품은 이전까지의 아라비안나이트 삽화 중에서는 찾아보기 드문 '오리지널 판화'^(디자인, 제판, 인쇄의 모든 과정을 직접 또는 감독 아래 작업한 판화)라는 점에서 주목받는다.

그러나 똑같이 '오리지널 판화'임을 강조하는 샤갈의 삽화는 그로부터 반세기를 더 지나서야 출판된다. 그 사이에 컬러 인쇄 기술은 매우 빠르게 발전하여 오프셋 인쇄술 등장이 그림에 대량생산을 가능케 하고, 20세기 초엽부터 삽화 황금시대의 막이 열렸다.

이때까지도 샤갈은 흑백 에칭 작품에서는 자신이 직접 제판 작업을 했다. 그러나 1945년 회고전을 위해 뉴욕 현대미술관을 방문했던 샤갈이 프랑스 귀국 뒤 바로 착수했던 작업은, 동판이 아닌 리소그래피용 석판 또는 아연판이었다. 피카소와 샤갈은 우연히도 같은 시기에 이 새로운 방식과 만났다. 샤갈은 피카소보다 몇 개월 늦게 샤브롤 마을의 무르로 형제의 판화공방에서 직인들의 팀에 들어가 함께 리소그래피 제작을 시작했다. 피카소와 샤갈, 이 두 거장이 리소그래피에 착수했을 즈음 그들에게 커다란 영향을 끼쳤던 것은 두말할 필요 없이 앙리 드 툴루즈 로트레크의 작품이었다.

1948년에 출판된 《아라비안나이트의 네 가지 이야기》에는―1부터 90까지의 번호를 매긴 90부에는 12장의 리소그래피가, A부터 K까지의 알파벳 기호를 매긴 11부에는 13번째의 삽화를 포함한 1부터 13까지의―모든 리소그래피가 담겨져 있다. 책에 실린 1부터 X까지의 번호(로마 숫자)가 매겨진 10부는, 전자와 똑같이 13번째 작품이 수록된 특장판으로 10부에는 각 작품의 인쇄 166장이 실려 있다. 단계 인쇄를 제외하고 모두 작자의 서명이 새겨 있다. 겉은 기본을 단 두꺼운 종이 상자에 들어가 있으며 표지도 겹으로 되어 있다. 또한 컬러 리소그래피 말고 간단한 설명문과 흑백의 삽화(선화(線畫)의 동판인쇄)도 들어 있다.

단계 인쇄 166장에서 이들의 석판화가 6~8단계의 인쇄를 거쳤음이 판명되었다. 그 내용은 〈카마르 알 자만과 보석상의 아내(1~3)〉, 〈바다에서 태어난 줄 나르와 그 아들 페르시아 왕 바드르 바심(4~7)〉, 〈어부 압둘라와 인어 압둘라(8~9)〉, 〈흑단 말(10~12)〉과 마지막 13번째 작품 〈셰에라자드의 밤〉(모두 원제임)으로 구성되었다. 샤갈이 선택한 이 네 가지 이야기는 '알라딘'이나 '신드바드'와 같은 꿈과 모험, 마법으로 가득한 작품이 아니라 모두 낭만적 요소가 뚜렷한 작품이다. 1946년에 프랑스 서

샤갈의 컬러 리소그래피
《아라비안나이트》〈셰에라자드의 밤〉
왕은 생각했다. '그녀(샤라자드)의 이야기가 끝날 때까지 그녀를 죽이지 않을 것이다.'

적을 출판했던 미국의 판테온북스 사로부터 아라비안나이트의 삽화 제작 의뢰를 받았을 때, 그가 사랑하는 아내를 병으로 떠나보낸 지 2년이 지난 뒤였다. 상심한 나머지 약 10개월간 제작 활동을 접었던 샤갈이지만, 죽은 아내 벨라에 대한 사랑의 추억 때문이었는지 이 작품에서 다시 껴안고 있는 연인들을 그리기 시작했다.

한편, 13번째 〈셰에라자드의 밤〉에 그려진 새나 12번째의 〈흑단 말〉에 그려진 말처럼 그림 저마다에는 얼핏 내용과 관계없는 모티브가 많이 그려져 있다. 샤갈의 모든 작품을 채우고 있는 이들 수소와 암컷 새, 양, 당나귀, 말, 개 등의 모습은 샤갈이 소년 시절을 보낸 비테부스크(지금의 벨라루시)의 풍경과 그곳에 대한 향수로 보여진다. 샤갈은 "문학과 나의 예술 사이에는 아무런 관계가 없다. 문학적 주제의 영향도 상징주의의 암시도"라고 말한다. 어쨌

든 샤갈의 아라비안나이트는 이 책을 읽고 있는 독자에게나 전혀 내용을 알지 못하는 사람에게나, 그 풍부한 색채를 통해 사랑과 환상의 세계로 끌어들일 수 있게 하는 작품임에는 틀림없는 듯하다.

천하루 밤 에세이

리처드 버턴은 자신의 《아라비안나이트》 뒤쪽에 〈Terminal Essay〉라는 제목의 글을 덧붙였다. 이 글에는 《아라비안나이트》와 그 사회에 대해 그가 조사하고 분석한 내용이 상세히 실려 있다.

제1장은 《아라비안나이트》의 바탕이 된 페르시아의 《하자르 아프사나》가 언제쯤 어떻게 해서 아라비아에 들어왔는지, 그리고 어떻게 아랍화 되었는지에 대해 이야기하고 있다. 이에 따라 고전 아라비아 작가와 많은 동양학자를 증인으로 세워 신문하고 진술한 내용에 대한 증거를 들게 한 뒤, 결국 가장 오래된 이야기는 8세기에, 핵심을 이루는 42편의 이야기는 10세기에 만들어졌다고 보았다. 또 발효주와 무기, 커피, 담배, 천연두 따위에 근거를 두고 가장 새로운 이야기는 16세기에 만들어졌으며, 현재 형태와 가깝게 정리된 것은 13세기 무렵이라고 결론을 내렸다.

제2장에서는 《아라비안나이트》를 유럽에 처음으로 소개한 프랑스의 앙투안 갈랑 교수를 도마 위에 올려놓았다. 그가 번역할 때 사용한 원전이나 출전이 분명치 않은 11편의 이야기를 검토하는 동시에, 이 프랑스어역의 지나친 프랑스어풍을 지적하고 그 공로와 잘못을 상세히 설명했다. 그런 다음, 갈랑역의 중역(重譯)과 레인의 영역, 그 밖에 몇몇 원전역들을 몹시 날카롭게 비판했다.

제3장에서는 《아라비안나이트》의 복잡다단한 내용과 성격, 그리고 그 특이한 형식을 검토했다. 버턴은 특히 그 속에 들어 있는 십수 편의 동물우화에 대해 언급했는데, 모든 우화의 조상이 나일 강 유역의 흑인국이라 미루어 판단하고 있는 것이 매우 흥미롭다. 그런 다음 동화(공상이야기＝판타지) 종류는 모두 페르시아계라고 하며 '이무기의 여왕'을 본보기로 분석 논증했다. 역사에 대한 이야기에는 《아라비안나이트》에 가끔 등장하는 아바스 왕조

5세인 하룬 알 라시드 교주와 그 왕비 즈바이다 등의 이야기가 많은 면을 차지했다. 어느 날 밤 느닷없이 명문 바르마크 집안 출신인 자파르 대신의 목을 베어 그 시체를 티그리스 강 다리 기둥에 내걸고, 남녀노소 1천 명 이상의 일족을 가혹하게 죽인 그 교주의 난폭하기 짝이 없는 잔학행위는, 아직도 그 원인이 밝혀지지 않은 채 역사에 남아 있어 이야기의 소재로 충분하기 때문이다. 또한 이 장에서는 '선원 신드바드' 같은 낱낱의 이야기를 다루면서 그 특색과 출전, 또는 다른 이야기와의 유사성 따위를 검토하고 있다.

그리고 뒤의 형식론에서는 이야기들의 구조를 논하고, 《데카메론》과 비교하거나 문체에 대해 언급하면서, 원전의 아랍어는 결코 고전 아랍어가 아니고 일상의 통속적인 아랍어임을 실례를 들어 증명했다. 그리고 《아라비안나이트》의 전체적 특징은 '어조는 약하지만 감각은 강렬'한 것임을 역설한다.

제4장은 《아라비안나이트》의 배경이자 근간인 사회적 환경을 이슬람교, 여성, 호색문학, 남색의 4항목에 걸쳐 논하고 있다. 이것은 그야말로 버턴의 독무대로서, 동양인의 생활에 대한 해박하기 그지없는 지식과 깊은 체험이 뒷받침된 매우 귀중하고 뛰어난 견해라 할 수 있다.

그는 이슬람교가 짧은 기간에 그리스도교를 제압하고 광대한 세력권을 쌓아올린 이유는 그 환경 적응성에 있다고 지적했다. 아프리카에서는 앞으로 그리스도교 보급은 바랄 수 없으리라 단정한 뒤, 이슬람교 대 그리스도교의 우열시비를 비교하고 있는 것은 대단하다고 할 수 있다. 버턴으로서는 이슬람교의 유일신성에 비해 그리스도교의 삼위일체가 아무래도 이해가 가지 않는 것이다. 게다가 할례와 목욕 같은 열대권의 종교에 반드시 필요한 조건을 그리스도교가 무시한 점이, 중근동이나 아프리카에서 자신의 무덤을 파는 결과가 되었다.

여성론에서는 문명국보다 여성의 법적 지위가 뜻밖에 높은 것과 설령 4명의 아내가 인정된다 해도 이슬람교도의 부부생활은 대체로 원만하다는 것을 제시한다. 그것은 유소년 시절부터 받는 개방적인 성교육 때문이며, 신앙심이 두터운 신학자들조차 늘 포르노그래피를 쓰고 있다는 것이 강조되어 있다.

또 유럽에서 끊임없이 비난의 대상이 되고 있는, 여성을 격리하는 하렘의 풍습에 대해서는 동서양 여성관의 근본적인 차이에 의한 것으로 보고 있다. 즉, 아랍인과 이집트인은 자신의 아내를 소중히 생각하여 하렘에 가두어 놓고 남의 눈에 띄지 않게 한다. 그것은 마치 귀중품을 소중하게 보물상자 속에 넣어두는 것과 같다. 그런데 유럽인은 아내를 더없이 아름답게 치장하여 사교계로 내보내 일부러 남의 눈에 띄게 한다. 그것은 마치 귀중품을 아무데나 내팽개쳐 두고는 누구든 훔쳐가라고 말하는 것이나 다름없다. 그리고 간통이 일어나면 상대 남자와 결투를 하는 것이다. 과연 어느 쪽이 더 합리적이냐고 되묻고 있다.

다음은 《아라비안나이트》에 가끔 나타나는 '자연에 반하는 악덕', 즉 남색론이 약 50쪽에 걸쳐 전개된다. 이것은 석학 에드바르트 베스터마르크의 '동성애론'(《도덕관념의 기원과 발달》 중)과 최근 D.J. 웨스트의 저서인 《동성애》(펭귄 총서), 또 그 밖의 남색과 관계된 저서들 모두가 많든 적든 버턴의 남색론에서 영향과 암시를 얻은 것이다. 그 수많은 인용과 방증, 해박한 지식, 세계 각지에서 수집한 귀중한 체험, 그의 독특한 세계주의적 성격, 그러한 것들이 이 남색 연구에 큰 영향을 미쳐 이 탁월한 논문을 탄생시켰다고 해도 괜찮을 것이다. 특히 독특한 것은 그의 근본적인 남색관이다. 버턴은 그리스 로마의 고대부터 오늘날까지, 고도 문명인에서 최하 미개인에까지 퍼져 있는 이 악습의 근본 원인이 개인의 육체와 정신, 또는 사회 환경과 인종이 아니라 지리와 풍토에 있다고 미루어 생각했다. 즉, 풍토에서 남색으로 기울어지기 쉬운 개인의 소질이 만들어진다고 하여 이른바 '소타딕 존 (sotadic zone ; 남색대)'을 설정한 것이다.

풍속 연구자로서 풍토라는 공통된 요소를 발견하고, 거의 전 세계에 걸친 남색을 결론지은 버턴의 대담한 식견에 감탄하지 않을 수 없다. 남색자들은 괄약근 신경의 이상발달 같은 특이체질이나 여성적인 심리가 있다고 보는 사람도 있지만, 그러한 것이 모든 남색자에게서 나타나는 것은 아니다. 여자 동성애자도, 사포 같은 여인에게서 볼 수 있을 듯한 음핵의 이상발달이 누구에게서나 일어나는 것도 아니다. 그렇다면, 역시 버턴처럼 뭔가 큰 공통분자를 가정해야만 했던 것이다.

버턴의 생애

우리나라에서 버턴은 오로지 《아라비안나이트》를 번역한 사람으로, 또 동양학자로 알려졌지만, 유럽과 미국에서는 단순히 그 정도에 머무르지 않고 여러 방면에 걸친 공적으로 매우 유명한 인물이다. 이를테면 아프리카 탐험에서는 뒤의 스탠리 등과 함께 지리학적인 공로를 많이 쌓았고, 그의 저서 《동아프리카에 찍은 첫 발자국 First Footsteps in East Africa》(1856, 나중에 에브리맨스 총서로도 간행되었다)은 글자 그대로 아프리카 탐험의 선구적인 역작으로서 이미 고전적인 훌륭한 저서가 되어 있다. 또 이슬람교에 대해서는 유럽인 이슬람교도가 아니라 동양인 이슬람교도로서 맨 처음 메카를 순례했다는 점에서 유일한 존재이며,[1] 이 순례의 체험을 낱낱이 자세하게 묘사한 《알 메디나와 메카 순례 견문기》는 동양의 습속과 종교에 관한 그의 해박한 지식과 날카로운 통찰력을 보여주는 것으로서, 매우 독특하고 귀중한 문헌이다. 그리고 포르투갈의 대시인(大詩人) 카몽이스의 연구가, 번역자로서도 일류의 권위자였다.

그는 원래 열정에 불타는 의기를 가진 사나이였는데, 그 야성적인 정열의 배출구를 미지의 세계에 대한 탐구에서 찾은 동시에, 문학적인 정열의 배출구를 미지의 세계문학(카몽이스의 《오스 루시아도스》, 《아라비안나이트》, 또는 《펜타메론》) 연구로 돌린 것은 매우 흥미롭다. 그가 지은 책이 모두 70종에 이르며, 그가 자유롭게 구사한 언어는 35개 국어에 이른다고 하니, 참으로 엄청난 정력과 많은 재능, 견줄 데 없이 깊은 지식과 학식을 갖춘 세상에 둘도 없는 천재였다고 하지 않을 수 없다.

그러나 타고난 자유로움과 고집스러운 성격 때문인지, 강렬한 개성과 거리낌 없는 정당한 의견 때문인지, 사회의 속물근성과 타협하는 것을 싫어하여 살아 있을 때는 사회적으로 제대로 대우받지 못한 불우한 사람이었다. 그래서인지 눈빛이 반짝반짝 빛나고 풍성한 수염에 덮인 동양적인 풍모 속에는 항상 세계인으로서의 애수가 감돌고 있는 것처럼 느껴진다.

버턴의 할아버지 에드워드 버턴(Edward Burton)은 아일랜드의 투암에서 목사로 지냈고, 아버지 조지프 네터빌 버턴(Joseph Netterville Burton)은 제36연대 소속 육군 중령으로, 순수한 아일랜드인이자 매우 방랑적인 기질의 소유자였다. 버턴이 아일랜드인 특유의 건장하고 튼튼한 체격과 용감한 진 취성을 풍부하게 지녔던 것이나 일정한 곳에 안주하지 못하고 전 세계를 이 리저리 돌아다닌 것도, 아버지로부터 물려받은 유전적인 성격이었을지도 모른다.

또 바른 혈통은 아니지만, 멀리 부르봉 왕조의 혈통을 이어받았다는 맥그 리거 일족의 어머니에게서 그는 고귀한 혈통과 고매한 정신을 물려받았다.

이러한 부모 사이에서 리처드 프랜시스 버턴(Richard Francis Burton)은 1821년 3월 19일 데번셔의 토키(Torquay)에서 태어났다.[2] 어렸을 때는 프 랑스와 이탈리아에서 살았고, 학교교육도 불규칙하나마 프랑스와 이탈리아 에서 머물 때 기초교육을 끝내고, 나중에 옥스퍼드의 트리니티 칼리지에서 2, 3년 동안 공부했다. 그러나 대륙생활에 익숙하고 호방하고 활달한 기질을 가진 버턴이, 조용하고 신사적인 학원 분위기에 적응하지 못한 것은 당연한 일로, 재학 중에 그의 무성한 콧수염을 조롱한 학생에게 그 자리에서 결투를 신청했다는 흥미 있는 이야기도 전해지고 있다.

아직 자신의 타고난 직분을 스스로 깨닫지 못했던 버턴은 1842년 10월, 넓은 세상을 찾아서 인도 바로다(Baroda)의 뭄바이 원주민 보병 제18연대에 육군 소위로 임관했다. 그러나 모든 제약을 싫어한 자유인 버턴은 어떠한 훈 련도 받고 싶지 않았다. 또 아무런 의미도 없는 병사 훈련 검열을 되풀이하 고, 지루한 군법회의로 하루를 보내는 언제나 엇비슷한 영국·인도적인 생 활, 그리고 가십과 추문 투성이의 안이한 장교생활도 견딜 수 없었다.

이러한 환경에서 하루라도 빨리 탈출하고 싶었던 버턴에게 이윽고 그 소 망을 이루는 날이 왔다. 신드 조사단의 조수에 임명된 것이다. 이것은 단순 히 그가 원한 자유와 기회를 주었을 뿐만 아니라, 뒷날 동양연구에 없어서는 안 될 밑바탕이 되었다. 1850년에 유럽으로 돌아갈 때까지 군대생활에 소비 된 2, 3년을 제외하면, 버턴은 거의 5년 동안 미지의 나라를 답사하고 연구 하는 데 보냈고, 그동안에 이룩한 조사실적도 물론 컸지만, 이미 유럽에서 그 싹을 보여주었던 어학적 재능도 탁월한 성장을 이룩했다.

버턴은 일찍이 옥스퍼드 시절부터 아랍어를 혼자서 공부하고, 전 인도의 공용어와 상용어로 두루 쓰이고 있었던 힌두스탄어의 초보 단계를 습득했 다. 그리고 인도로 간 뒤에도 온갖 어려움 속에서도 굽히지 않고 노력을 계속하여 마침내 그 복잡하고 난해한 아랍어를 비롯하여 힌두스탄, 구자라트, 마라티, 페르시아, 물탄(Multani)의 언어를 숙달하고, 관청에서 보는 어학시험에서 첫째가는 성적을 올렸다.

또 1847년에는 병으로 휴가를 내어 데칸 지방을 방문한 뒤로는 텔루구(Telugu)와 토다(Toda)어 등의 드라비다계 언어를 습득하는 동시에, 여가를 할애하여 산스크리트, 터키, 아프간(Pushtu), 아르메니아의 여러 언어까지 공부했다. 그동안에도 동양의 습속, 종교, 인류학적 조사, 서재와 현장의 두 가지 연구가 착착 진행되고 있었다.

신드 조사의 결과는 1851년에 간행된 《신드 또는 불행한 골짜기 Scinde, or the Unhappy Valley》에 정리되었는데, 그 밖에 인도 체재 중의 연구논문으로서는 아시아협회 뭄바이 지부의 기관지에 실린 자타크(Jataki)어, 물탄어, 아프간어에 관한 문법론(1849), 신드에 관한 정부보고, 인더스 강 유역의 민족들을 다룬 단행본 《고아와 푸른 산맥 Goa and the Blue Mountains》(1851), 《인더스 강 유역의 매사냥 Falconry in the Valley of the Indus》(1852) 등이 있다.

그러나 버턴은 너무 많은 일을 하여 몸과 마음이 지쳐 열병에 걸리고 눈에 염증이 생겨 마침내 1850년 유럽으로 돌아가게 되었다. 하지만 귀국 이유는 질병뿐만 아니라 시크 전쟁[3]에 통역으로 종군하기 위해 지원했는데, 그것이 실패로 끝났기 때문이라는 얘기도 있다. 어쨌든 버턴의 생애의 제1기인 인도 시절은 사실상 이것으로 끝났다.

버턴은 신드 조사에 종사하고 있었던 무렵부터 이슬람 신학을 공부하여 《코란》에 통달했고, 이슬람교도들과도 가까이 교류하고 있었다. 따라서 메카 순례에 대한 생각은 일찍이 그때부터 그의 머릿속에 있었던 것으로 미루어 생각되며, 그것을 단순한 호기심이나 모험정신에 돌리는 것은 아무리 생각해도 타당하지 않은 것 같다.

1853년 봄, 그는 대규모 답사계획을 세워서(메카 순례도 포함하여) 아프리카 동부의 대사막인, 이른바 '공백의 지역'(아랍어로는 룹알할리(Rub'al-khali), 영어로는 Empty Abode라 부른다)을 가로질러 무스카트로 나가려고 결심했다. 그런데 불행하게도 이 계획은 여러 가지 사정으로 변경되어, 마침내 《메카 순례 Personal Narrative of a Pilgrimage to Al-Madinah and Meccah》

에 상세히 소개된 코스를 잡아 실행된 것이다. 그러나 이 순례야말로 19세기 가장 대담한 모험으로 인정받게 되었다. 아프간의 탁발승 압둘라(버턴의 가명)가 그 예리한 감수성과 깊은 통찰력, 온갖 지식을 동원하여 아라비아의 풍습과 종교, 자연을 그린 《메카 순례》는, 그 생생한 필치와 다채로운 서술을 통해 독자들의 마음을 완전히 사로잡는다.

각주에 든 고증도 이를테면 담배에 대해서든, 아라비아문학에 대해서든, 또 마약에 대해서든 그 하나하나가 모두 좋은 읽을거리라고 할 수 있다. 그러므로 스탠리 레인 풀(뒤에 상세히 설명)은, 이 책의 본 판(전 2권, 1924, 런던)의 머리말에서 이렇게 말했다.

"처음으로 이 책이 세상에 출판된 지 벌써 40년의 세월이 흘렀다. 그러나이 책은 1855년, 세계를 깜짝 놀라게 했던 그 탄생 때와 마찬가지로, 중년이 된 지금도 여전히 싱싱함과 참신함으로 넘치고 있다고 생각한다. 그 생생하고 산뜻한 묘사, 신랄하고 비타협적인 태도, 강렬하고 개성적인 색채는 이세상의 그렇고 그런 여행기와 이 책의 간격을 크게 벌려놓고 있다……아랍인의 생활과 풍습에 관한 기술과 셈족의 관념에 대한 통찰은, 반세기 전과마찬가지로 오늘날에도 진정한 민족적 기록으로서 이 책에 영원한 가치를부여하고 있다……이슬람교 순례와 순례자들의 생활에 대한 뛰어난 해설서로서, 또 자유분방하고 강렬한 성격을 거리낌 없이 드러낸 책으로서, 이 책은 여행기의 고전 중에 독자적인 위치를 차지하면서 대부분의 고전과 달리언제까지나 독자들을 끌어당길 것이다……"라고.

(참고로 이 책의 초판은 3권으로 구성되어 있지만, 본 판이나 이른바1893년의 기념판은 2권으로 구성되었다.)

제2의 계획은 그 규모가 작았지만, 엄밀한 지리학적 목적 아래 이루어졌다. 일찍이 인도 정부도 홍해무역에 중대한 의의가 있는 소말리랜드 탐험을 기도하고 있었으므로, 버턴의 계획에 대해서도 어느 정도 지원을 아끼지 않았다. 버턴은 아라비아에서 뭄바이로 건너간 뒤 1854년 10월에는 벌써 아덴에서 모습을 드러냈다. 이 탐험에서 조수로서 버턴에게 협조한 세 젊은 사관이 있었는데, 그 가운데 한 사람이 나중에 유명해진 스피크(Speke) 중위였다.

소말리랜드의 두메를 지나 수도 하라르(Harar, 현재의 아비시니아 수도)에 이르는 여정은 이 계획에서 가장 위험하고 어려운 것이었는데, 그것을 훌륭하게 완전히 이루어내어 성공한 사람은 오직 버턴 한 사람뿐이었다.

원래 이 도시는 서아프리카의 수단의 팀부크투와 마찬가지로 금단의 도시로 알려져 '백인의 무덤'이라고도 불렸을 만큼 위험한 곳으로, 로마가톨릭의 선교사조차 절대로 남몰래 숨어들 수 없었다. 광신적이고 야만적인 주민은 어떠한 백인도 성 안에 한 걸음도 들어가는 것을 허용하지 않았고, 버턴에 의해 그 신비의 베일이 벗겨질 때까지 완전히 미지의 세계였다. 그러나 유감이지만 일부 지식인 말고는, 이제까지 들어 본 적 없는 이 놀라운 답사의 의의를 그다지 높게 평가하지 않은 것 같다.

버턴 부인은 그 저서 《R.F. 버턴 경 전기 *Life of Sir R.F. Burton*》(1895)에서 이렇게 말했다.

"그는 4개월 동안 사막 속으로 자취를 감췄다. 그러나 눈에 띄지 않고 세상에 알려지지 않은 이 여행은, 이집트인과 영국인에게, 또 지금은 이탈리아인에게도 매우 중요한 것이었다. 마침내 '무서운 도시'가 눈에 들어오자, 자신의 행운과 담력에 의지하여 대담하게 발을 들여놓은 그는 태수에게 인사를 전하고 알현을 요청했다. 이 경우에도 그의 외교적인 수완과 아랍인으로 통하는 능력, 또 그의 건전한 이슬람교 신학 덕택에 열흘 동안 그 도시에 머무는 것을 허락받았지만, 매일 밤 생명의 위험 속에서 언제 목숨을 빼앗길지 모르는 상태에 있었다."

돌아오는 길은 오히려 훨씬 더 위험하여 적대하는 마음을 품은 야만족에게 위협당하고 식량을 비롯하여 식수의 부족에 시달리며, 매일 죽음의 위협 속에서 홀로 열사의 사막을 횡단하여 돌아왔다. 그 《동아프리카에 찍은 첫발자국》은 이 하라르 원정을 얘기한 것으로, 그의 수많은 여행기 중에서도 특히 우수하여 《메카 순례》와 나란히 오랫동안 후세에 전해질 것이다.

버턴은 그 대모험을 마치고 아덴으로 돌아오자마자, 몸과 마음의 피로가 채 가시기도 전인 1855년 4월, 세 명의 협력자를 데리고 두 번째 소말리랜드 오지탐험을 시도했다. 그러나 그 도중에 야만족의 습격을 받아 스트로얀은 살해되고, 스피크는 열한 군데에 상처를 입었으며, 버턴 자신은 입 안에 창이 꽂혀 뽑지도 못한 채 하룻밤 내내 상상도 할 수 없는 고통을 겪었다.

그렇지만 체력도 투혼도 남달리 억세고 질겼던 버턴은, 그러한 참극을 당하고도 조금도 굴하지 않았다. 일단 오지탐험을 뒤로 미룬 그는 정신을 보호

하고 기른다는 핑계로 크림 전쟁에 지원하여, 이른바 바시 보주크(Bashi
-Bozuks)리는 터키 부정규병을 지휘하는 장교에 임명되었다. 그런데 이 부
대는 다행인지 불행인지 독직사건 때문에 실전에 참여할 수 없었기 때문에,
버턴은 임무를 그만두고 1856년 12월, 이번에는 동아프리카의 잔지바르로
갔다.

한편 이미 학계에서는, 특히 왕립지리학협회는 타고난 탐험가로 보이는
버턴과 그 공적에 주목하고 있었으므로, 곧 외무성에 대해 버턴을 나일 강의
수원지인 적도 아프리카 미지의 호수지방으로 파견시키도록 종용했다. 그리
하여 버턴은 다시 스피크와 함께 그 탐험에 나서서 1858년 2월, 수많은 어
려움을 겪은 끝에 마침내 탕가니카 호수를 발견했다. 그 호수 북단을 답사한
뒤 버턴은 병에 걸렸지만, 벌써 그해 7월에는 아랍인들의 정보를 모아 우케
레웨(Ukerewe) 호수, 즉 빅토리아 니안자 호수의 소재를 대략 지도상에 분
명하게 드러내 보이고 있었다. 그런데 그가 병을 앓고 있을 때, 스피크는 혼
자 북쪽으로 나아가 버턴이 묘사한 지점에서 이 대호수를 발견했다. 그리고
버턴보다 한발 먼저 고국으로 돌아가서는 약속을 깨고 모든 공을 독차지하
려고 했다. 오늘날 지리학 서적에는 스피크가 빅토리아 호수의 발견자로 되
어 있고, 그 덕분에 그의 이름은 단번에 세계적 탐험가의 대열에 끼었지만,
실제 사정은 위와 같은 것이다. 그리하여 나중에 버턴과 스피크는 왕립지리
학협회의 공개석상에서 분쟁을 종결할 예정이었으나, 스피크는 당일에 스스
로 목숨을 끊고 말았다.

그러나 가장 중요한 것은, 버턴의 원정이 그 뒤의 모든 탐험의 선구이자
직접적인 원인이 되었다는 점이다. 즉, 탕가니카 호수의 발견에서 자극을 받
아, 스피크와 그랜트,[4] 베이커,[5] 리빙스턴,[6] 스탠리 등, 후기의 유명한 탐
험여행이 이루어졌다는 사실이다. 또한 버턴은 이 탐험보고를 《적도 아프리
카의 호수지방 The Lake Regions of Equatorial Africa》(1860, 왕립지리학협
회 회보 제33권)이라는 제목으로 한 권의 책으로 정리했는데, 이것이 바로
중앙아프리카 탐험에 관한 엄청난 후기문헌을 탄생시킨 아버지라고 할 수
있다. (이 책은 1961년 아메리카의 호라이즌 사에서 《중앙아프리카의 호수
지방》이라는 제목으로 새롭게 전 2권으로 간행되었다.)

그 뒤 3년이 지나, 버턴은 다시 황금해안, 다호메이, 베냉 만(The Bight

of Benin) 등의, 영토확장열에 사로잡힌 뒷날의 영국에 지극히 중요한 지역도 답사했다. 우연이라고는 하지만, 영국 국가의 영토확장에 매우 귀중한 공헌을 한 셈이다.

따라서 스탠리는 "그는, 오늘날의 이 나라를 있게 했고 그것 없이는 우리의 부도 물질적 번영도 보잘것없었을, 오랜 옛날부터의 소박한 영국 정신이다", "금전보다 명예를 추구하는 모험과 진취적인 기상을 끝까지 견지했다"는 말로 버턴을 찬양했다.

그 뒤, 버턴은 다시는 아프리카 오지탐험을 과감하게 실행하지 않았다. 그것은 아마 스피크와의 괴로운 논쟁과 목숨을 건 자신의 공명을 스피크 때문에 반쯤 빼앗긴 일 때문일 것이다. 그리하여 의욕을 잃고 미국으로 건너간 버턴은 모르몬교 도시인 솔트레이크 시티로 가서, 그 신도가 되어 안주의 땅을 얻으려고 했으나, 그때의 교단장 브리암 영에게 완곡하게 거절당하고(이때의 체험과 관찰은 《성인의 도시 City of the Saints》(1861)에 기록되어 있다), 마침내 1861년 외무성에 들어가 서아프리카, 페르난드 포(Fernands Po)의 영사를 출발점으로 하여 남은 반생을 외교관으로 보내게 되었다.

버턴은 그해에 우연히 이사벨 아란델(Isabel Arundell)이라는 매우 헌신적인 여성의 사랑을 얻어 결혼했다. 그리고 아내의 따뜻한 정신적, 물질적 지원에 힘입어 침체했던 지난날의 활력을 되찾아, 마지막까지 영사로서의 맡은 바 책임을 다하는 한편, 학자로서 자신의 연구에 몰두하여 자신만의 깊은 체험과 학식을 쏟아 부어 수많은 역작을 차례차례 세상에 발표했다.

관직에 대해서는 페르난드 포를 시작으로 1865년에는 브라질의 산투스로, 1869년에는 다마스쿠스로, 1871년부터 1890년까지는 트리에스테로 끊임없이 옮겨 다니면서 영사를 역임했는데, 취미와 학식과 경험에서 보아 버턴에게 가장 어울렸던 것은 다마스쿠스 영사 시절로, 그 재임 중에는 오로지 아라비아문학의 연구에 몰두한 것으로 알려져 있다.

이렇게 딱 알맞은 임무에서 외무성 한 조각의 사령장에 의해 트리에스테로 옮기지 않을 수 없었던 버턴의 마음은 말할 것도 없지만, 당시의 지인과 동양연구자들은 한결같이 다마스쿠스를 떠나 트리에스테에 묻힌 동양의 석학에게 진심으로 동정과 애석함을 금할 수 없었던 것이다. 당대의 가장 화려한 두 사람의 아라비아 학자 버턴과 파르그레이브[7]가, 전자는 트리에스테에, 후자는 남미 몬테비데오의 공사관에 재임했다는 것은 운명의 아이러니라고는 하지만 참으로 안타까운 일이 아닐 수 없다.

그러나 어쨌든, 버턴은 그동안 먼저 《서아프리카 방랑기 *Wanderings in West Africa*》(2권, 1863)를 내고, 이어서 《아베오쿠타와 카메룬 사람 *Abeokuta and the Cameroons*》(2권, 1863), 그리고 2부작인 《다호메이 왕에 대한 임무 *Mission to the King of Dahomé*》(1864)와 《서아프리카 소식 *Wit and Wisdom from West Africa*》(1864)을 저술하고, 산투스에서의 견문과 남미 오지탐험의 체험을 《파라과이 전선에서 온 편지 *Letters from the Battlefields of Paraguay*》(1870)에 상세히 기술했다. 그것은 아르헨티나에서 페루까지 남미대륙을 횡단했을 때의 풍물을 그린 흥미로운 여행기이다.

다마스쿠스 당시의 연구와 답사는 《미답의 시리아 *Unexplored Syria*》(1872)로 결실을 보았는데, 거기에는 버턴 부인도 힘을 합해 서로 도왔다. 그 밖에 여행기와 회상기도 수없이 많은데, 《잔지바르 *Zanzibar*》(1872), 《북극의 끝, 아이슬란드에서의 한 여름 *Ultima Thule, a Summer in Iceland*》(1875), 《고릴라의 나라, 특제 콩고 강의 폭포 *Gorilla Land or the Cataracts of the Congo*》(1875), 《에트루리아인의 볼로냐 *Etruscan Bologna*》(1876), 《신드 재방문 *Sind Revisited*》(1877), 《미디안의 금광 *The Gold Mines of Midian*》(1878), 《미디안 지방 *The Land of Midian*》(1879), 《황금을 찾아서 황금연안으로 *To the Gold Coast for Gold*》(1883) 등이 있고, 대부분 2권짜리이다.

또, 버턴은 칼의 명수로 《검의 서(書) *The book of the Sword*》(1884) 말고도, 칼의 고증과 실지를 설명한 책이 2종 있다. 거기에 왕립지리학협회와 아시아학회, 인류학회 등의 기관지, 그 밖의 신문잡지에 보낸 논고를 더하면 놀라운 양에 이를 것이다. 게다가 만년의 역작 중에는 카몽이스(Camoens) 작 《루시아다스 *The Lusiads*》의 영역 6권(1880), 《카몽이스, 그 생애와 루시아다스 *Camoens: his Life and the Lusiads*》(1882), 《데카메론》과 같은 계열의 이탈리아 고전 《5일 이야기 *Pentameron*》의 영역 2권 말고도 《아라비안나이트》 전 17권(1885~88) 같은 문예작품의 번역도 있다.

그중에서도, 원전을 번역한 《아라비안나이트》는 버턴의 천재적인 어학력과 모든 지식을 기울여 완성된 것으로, 단번에 뤼양의 종잇값을 올리고 온갖 번역본을 압도하면서 전 세계에 그 참된 값어치를 인정받게 되었다. 그리고 오늘날에는 가장 권위 있는 표준 번역서로서 널리 즐겨 읽히고 있다. 원전 자체가 본국에서조차 희귀한 데다 종류가 많고, 게다가 난해한 구어체 아랍어로 쓰여 있는 만큼, 정확하고 충실한 주석이 달린 완역을 자랑하는 버턴판의 의의는 거의 절대적이라고 하지 않을 수 없다. (구어체 아랍어가 어려운 것은 라틴어, 그리스어와 중세 및 고대 영어가 어려운 것과는 비교되지 않을 정도라고 한다.)

이미 이 책 머리글에서도 그 번역 작업의 위대함에 대해 언급했지만, 여기서 참고로, 같은 《아라비안나이트》의 역자로 이름난 E. 윌리엄 레인(Lane)의 조카인 스탠리 레인 풀의 비평을 소개하고자 한다. (참고로 풀은 1854년 출생으로, 동양고전학의 권위자이며, 더블린에서는 오랫동안 아랍어학 교수를 역임했고, 《아라비안나이트》의 연구가였다. 처음에는 버턴의 번역을 상당히 혹평한 레인 일족의 한 사람이었지만, 나중에는 호의적인 태도로 돌아섰다. 또한, 이 인용은 버턴의 저서 《메카 순례》—본 판, 1924년—에 있는 그의 '머리글' 끝에서 빌려 온 것인 동시에, 이 약전 또한 그 '머리글'에서 도움을 얻은 바가 컸음을 미리 밝혀둔다.)

버턴의 《아라비아 야화》의 영역은 그의 저서 《메카 순례》보다 훨씬 유명하다. 그는 그다지 세상에 알려지지 않은 하라르 여행을 계속하던 무렵, '그 멋진 작품, 고국에서는 수없이 번역되어 수없이 읽히면서도 거의 이해받지 못하고 있는'《아라비안나이트》의 이야기를 읽어주어 아랍인 친구들을 기쁘게 하곤 했다. "영국에서는 성서에 이어서 그 제목이 가장 친근한 책이면서도 가장 알려지지 않은 책 가운데 하나이다. 이유는 그것의 약 4분의 1이 번역에 도무지 적합하지 않기 때문이다. 또 아무리 낙천적인 동양학자라 해도 감히 4분의 3 이상을 축어적(逐語的)으로 번역할 용기는 없을 것이다. 따라서 독자들은 대상을—작품의 본질 자체를—잃는 셈이다."—버턴의 저서 《동아프리카에 찍은 첫 발자국》 제1권에서.

그런데 이 '낙천적인 동양학자'가 1855년에 불가능하다고 했던 그 작업을 30년 뒤에 감히 시도한 것이다. 그러나 그는 명백하게 연구자의 편의를 도모하기 위해 '축어역'을 하고 비매품으로 인쇄했다. (버턴은 당시의 '고상한'

상류사회를 고려하여 1천 부 한정판으로 그쳤으나, 나중에 부인에 의해 보급판이 나왔다.)

그의 아라비아학과 동양생활에 대한 백과전서적인 지식의 기념비로서, 《아라비안나이트》의 번역은 그야말로 버턴 최대의 업적이었다. 여러 가지로 비평할 여지는 있다 해도, 어쨌든 이 번역은 비범한 공적이 아닐 수 없다. 그 번역작업을 들여다보면, 버턴이 아랍인의 은어와 '비속어'는 말할 것도 없고, 그들의 가장 비밀스럽고 가장 꺼림칙한 습관에도 놀라울 정도로 밝았음을 엿볼 수 있다. 이슬람교도의 어휘와 습속에 대해 깊이 이해하고 있었음을 실증하는 것으로서, 이 번역은 어디 한 군데도 흠 잡을 데가 없다. 서적상의 목록 가운데 '진귀한 책'으로 손꼽히는 작품의 대열 속에 끼어들어, 값비싼, 그러나 부러워할 것은 없는 지위를 획득한 그 '인류학적인 주석'을 보면, 버턴이 동양적인 부도덕에도 매우 정통했음을 알 수 있다.

그러나 그러한 특색은 그만두고라도, 이 《아라비안나이트》의 번역은, 종종 말의 의의의 엄정한 재현에서 보여준 지극히 오묘한 재능과 적절한 표현에 의해 월등히 걸출한 것이 되었다. 버턴의 어휘는 놀라울 만큼 대상으로 하는 범위가 넓고 다양하며, 종종 다른 사람들이 모두 실패한 대목에서도 정확한 표현을 찾아내고 있다.

1885년 오더 오브 세인트 세이켈 앤드 세인트 조지라는 문화훈장을 받고 상급 훈작사(勳爵士)에 서임된 리처드 버턴 경은, 19년 동안 트리에스테 영사를 역임한 뒤, 1890년 10월 20일 69세로 그곳에서 영원히 잠들었다. 그의 유해는 버턴 부인에 의해 미라로 만들어진 뒤, 영국의 모트레이크의 아라비아식 분묘 속에 묻혀 있다.

버턴의 이모저모

이 책을 통해 처음으로 리처드 프랜시스 버턴 경을 만나는 독자들은, 아마 그의 사람됨과 업적에 대해 궁금해질 것이다.

여기서는 그 특이한 성격과 풍모를 부각한 인물평전을 소개하기로 한다. 그것은 프랭크 해리스(Frank Harris, 1856~1931)의 《현대인물론 *Contemporary Portraits New York*》(1915)이다.

저자 해리스는 그 《카사노바 정사(情史)》에 비교되는 걸작 《나의 생애와 애인들》을 쓴 미국의 소설가이자 평론가이다. 그는 이 책 속에서도 버턴과 비스마르크에 대해 한 장(章)에 걸쳐 이렇게 평가했다.

"비스마르크는 버턴만큼 위대한 인물은 아니었다…… 버턴은 훨씬 넓은 범위의 지식과 큰마음, 깊은 관용, 친절한 온정을 가지고 있었다."

특히 해리스는 버턴과 몇 번이나 만나 대화를 나눈 적이 있고, 특히 위대하기로 첫째가던 인물인 버턴이 나이가 들면서 세상의 인정을 받지 못한 채, 애석하고 허망하게 그 천부적 재능이 퇴락해 가는 것을 누구보다 안타까워했다.

……내가 리처드 버턴을 처음으로 만난 것은, 그가 1880년대에 황금 해안에서 귀국한 바로 뒤, 런던의 어느 객실에서였다.

그의 명성은 이미 세계적이었다. 아프리카의 제1급 탐험가로서 아라비아와 동양의 풍습에 정통한 데다, 이슬람교 순례자가 되어 메카에서 이슬람교도들에게 설교한 유일한 유럽인이었기 때문이다. 게다가 그는 인도의 언어를 열 가지 이상이나 알고, 아프리카의 중요한 방언 외에 유럽 각국어도 그에 못지않게 많이 알고 있었다. 그야말로 그는 좀처럼 보기 어려운 매우 뛰어난 학자인 데다 영문(英文)의 천재이자 위대한 저술가였다.

그에게 몹시 호기심을 느끼고 있던 나는 이 전설상의 영웅을 만날 수 있게 된 것이 말할 수 없이 기뻤다. 버턴은 평범한 야회복을 입고 있었는데, 어딘지 모르게 야성적인 데가 있었다. 키는 커서 약 6피트 정도이며, 어깨는 넓고 각진 체형이었다. 60세라고는 도저히 생각할 수 없을 만큼 청년같이 몸을 움직였고, 그 동작은 거칠었다.

구릿빛으로 탄 얼굴에는 흉터가 있었다(그것은 하라르에 남몰래 숨어들었다가 돌아올 때, 야만인들의 습격을 받아 입 안을 창에 찔렸기 때문이다). 검고 오만하고 인상이 좋지 않은 눈, 약간 밖으로 튀어나온 듯한 단단한 턱에서는 무서운 풍모가 느껴졌다. '야성적', 이것이 내가 버턴을 떠올릴 때 반드시 생각나는 단어다.

나는 그에 대해 아주 많은 관심을 품고 있었으므로, 결국 망설인 나머지 아예 말을 꺼내지도 못하고 그에게 나쁜 인상만 남긴 채 곧 헤어지고 말았다. ─나는 나 자신에게 화가 났지만, 그는 그런 나를 아랑곳하지 않는 듯 의젓하고 차가웠다.

우리를 다시 만나게 해 준 사람은 로베트 캐머런 선장이었다. 전형적인 선원으로, 선량한 캐머런은 아프리카에서 버턴의 조수가 되어, 그를 마치 우상처럼 숭배하고 있었다. 버턴은 그의 영웅이었다. 그의 말에 따르면, 버턴은 누구보다 현명하고 강력하며 용감하고 우수하며 유능했고, 게다가 일주일 만에 새로운 외국어 하나를 배우기까지 했다고 한다. 완전히 감상적인 영웅 숭배였다.

"바야르(중세 기사의 본보기로 알려짐)와 '훌륭한 크라이턴'(스코틀랜드의 문무를 겸비한 모험가. 영국 극작가 J.M. 배리의 희극 속 주인공)을 섞은 것 같은 분이군요."

내가 빈정거리는 듯이 말하자, 그는 이렇게 대답했다.

"게다가 인간적이고 용감하고!"

"증거야, 증거!" 나는 소리쳤다. "용기라는 증거 말이오! 아프리카의 탐험가는 누구나 용기로 살아가고 있어요. 버턴은 어떤 경우에도 훌륭하게 해냈지요. 상황이 곤란하고 위험할수록, 버턴은 오히려 의기와 기개가 하늘을 찌를 듯 마음과 힘을 다해 떨쳐 일어났어요. 정말 훌륭한 인물이죠."

"아무도 믿어주지 않겠지만, 그는 정말 친절합니다. 내가 아프리카 열병에 걸렸을 때는 6주일이나 나를 간호해 주었어요. 당신도 진정으로 그를 아는 게 중요해요. 그렇게 되면 그를 좋아하게 될 겁니다."

이 캐머런 덕분에 버턴과 나는 다시 만나 저녁을 함께 먹은 뒤, 오랫동안 애기를 나눴다. 버턴은 편안하게 오직 그만이 할 수 있는 이야기를 해 주었다. 다마스쿠스와 불멸의 동양, 아프리카, 브라질 등에 대해서도.

나는 지금도 그의 쏘는 듯한 날카로운 눈빛을 떠올릴 수 있다. 그는 캐머런이 평가한 것처럼 '정말로 비인습적이었다'. 그때 나는 아직 어렸으므로, 그가 칼라일과 거의 마찬가지로 너무나 '신랄'하게 동포를 지나치게 경멸한다고 생각했다. 그 당시 나는 인생이라는 것이 비범한 인간에게 얼마나 비극적이고 잔혹한 것인지 몰랐던 것이다.

버턴은 백과사전처럼 박식했다. 영국의 시와 산문을 놀랄 만큼 잘 알고 있었다. 내가 어쩌다가 공포 때문에 간담이 서늘해져서 'Frighted out of fear'라는 문구를 쓰자 그가 소리쳤다.

"그것참 훌륭한 표현이군! 자네의 말인가? 어디서 배웠나?"

신기한 풍습이나 범죄에 대한, 또 인류 속 특이한 것이나 야만적인 것에 대한 그의 토속학적 취향은 끝이 없었다. 아메리카 서부의 린치(사형 : 私刑) 이야기는 그를 황홀경에 빠뜨렸고, 파리의 '치정에 얽힌 범죄'는 그를 흥분시켰다.

그의 지적 호기심은 높다기보다 놀라울 정도로 넓고 깊었다. 그는 자주 흑인들의 음탕하고 비도덕적인 풍습이나 사람 고기 먹는 것에 대해 이야기했고, 또 중국인의 잔학함과 러시아인의 자해(러시아에 출현한 스콥치 종단처럼, 종교상 자신의 성기를 잘라내기도 하는 것)에 대한 이야기에 귀를 기울였다. 버턴을 열광시키는 것은 인간의 신성이 아니라, 이상성(異常性)이었던 것이다.

그의 마음속에는 완전한 불신이라는 절망적인 어두운 그림자가 깃들어 있었다. '잘난 체하지 않는 염세주의자와 체질적인 우수가, 더할 수 없이 밝은 하늘 아래 매우 깊게 뿌리내리고 있다'고 그는 풀이했는데, 분명히 이 비관주의적 우수는 아랍인과 마찬가지로 버턴도 태어날 때부터 가지고 난 것이었다. 또 이슬람교도에 대해 '현세의 죄와 슬픔, 애수와 감상을 바라보며 그 가련함을 느낄 때 그는 한숨을 내쉬지 않을 수 없다'고 썼을 때, 버턴은 자기 자신을 생각하고 있었던 것이다. 그의 웃음은 뱃속 깊은 곳에서 나온 것이라 해도, 뭔가 슬픔 같은 것이 배어 있었다.

그는 마음속으로는 정말 너그러웠다. 그의 마음에는 커다란 인류가 존재하고 있었다. 가난한 사람들과 힘 없는 사람들에 대한 끝없는 사랑이 숨어 있었다. 그는 이렇게 말했다. "아무리 무서운 위험과 해악도 조건 없이 용서하는 것이 귀인이라는 표시다."

자유를 사랑하는 것도 편협할 정도여서, 아무리 보잘것없는 일에도 그것이 나타나 있었다. "내 아내가 이런 끔찍한 옷을 입혀줬지." 그는 어느 날 밤 그렇게 소리쳤다. "나는 이 옷이 싫어. 치욕의 제복 같은 것이지. 나 자신이 아니게 되는, 치욕의 화살표(영국에서 관유물에 찍는 도장)라도 찍혀 있는 편이 차라리 나을 듯하군."

그의 눈에는 혐오의 반감이 번뜩였다.

자유의 가장 유능하고 광신적인 애호자와 마찬가지로, 버턴도 다수의 독선적 행위보다 한 사람의 독선적 행위를 좋아했다. 그는 주장했다.

"동양의 전제군주제는 어떤 공화정체도 아직 만들어내지 못한 평등과 우애의 이상에 훨씬 더 접근했다."

나는 나중에 캐머런에게 이렇게 말했다.

"인생과 책의 달인이지만, 마음속 깊은 곳은 아랍의 장로와 마찬가지로 아무도 감당할 수 없는 폭군입니다."

다음에, 그가 집필한 《아라비안나이트》에서 두 개의 글을 인용했는데(여기서는 하나만 싣는다), 그것은 나의 논평에 변화를 주는 데 필요한 것이다. 나는 특별히 이 인용 때문에 변명을 시도할 생각은 없다. 그것은 매우 탁월한 영문으로, 그 자체가 기억할 만한 가치가 있기 때문이다.

"무대가 바뀌면, 아랍 노인과 '하얀 수염의 노인'이 엄숙하게 교체되어, 화톳불을 둘러싸고, 아랍인의 표현을 빌리면 마치 초원의 흙무더기처럼 옷자락을 펼치고 앉는다. 그동안 나는 그들의 환대에 보답하고 또 그 환대를 계속 받기 위해 그들이 좋아하는 이야기를 읽거나 암송해 준다. 여자들과 아이들은 빙 둘러앉은 채 원 바깥쪽에 그림자처럼 가만히 서서 귀를 기울이거나 숨을 삼키고 있다. 귀만으로는 성에 차지 않아서 눈으로도 입으로도 이야기를 집어삼키려는 듯한 기세다. 아무리 바보 같고 자유분방한 공상이라도, 아무리 기이하고 묘한 일이라도, 불가능한 것 가운데서도 가장 불가능한 사항이라도, 그들에게는 매우 자연스러운 예삿일처럼 보이는 모양이다.

그들은 작자가 차례차례 불러일으키는 감정의 기복 속에 완전히 빠져서, 타지 알 무르크의 정의로운 정신과 기사도적인 무용을 자기 일처럼 자랑스럽게 여기고, 아지자의 헌신적인 애정에 감동하며 눈시울을 붉힌다. 또 높이 쌓여 있는 수많은 황금을 마치 흙무더기인 것처럼 행로로 뿌리는 이야기를 들으면 침을 흘리고, 판관이나 탁발승이 황야의 비천한 익살꾼에게 봉변을 당할 때마다 낄낄거리며 즐거워한다……

이러한 즐거운 분위기는 드물기도 하지만 때로 깨질 때가 있다. 그것은 보통 사람보다 뛰어난 소양을 지닌 베두인 사람이 느닷없이 '아스타그파를라!' ─알라여, 용서해 주소서─하고 소리칠 때다. 그것은 바로…… 사막의 귀족들 사이에서는 결코 들을 수 없는 섹스 이야기를 들었기 때문이다."

나는 버턴을 단순한 위인으로만 알고 있었을 때도, 생각지 않게 그 인생의 비극과 마주한 적이 몇 번 있었다. 그 이전부터 나는 그가 다마스쿠스의 영사로서 곤경에 처한 사실을 알고 있었다. 그곳의 유대인들은 이슬람교도의 재판을 피하고자 영국 신민이 되고 싶어 했는데, 그것이 방해를 받자 런던에 있는 유력한 동포를 부추겨 버턴을 소환할 것을 청원한 것이다. 결국 버턴은 소환되어 영사직에서 해임되었다. 나는 그가 옳다는 것을 굳게 믿고 있었다.

"그 사건에 대해 자세히 얘기해 주시지 않겠습니까?"

어느 날 밤 내가 버턴에게 물으니, 그는 이렇게 대답했다.

"그 이야기는 너무 길고 복잡하네. 게다가 외무성도 내가 옳다는 것을 인정했어."

내가 그래도 자세한 내용을 듣고 싶어 하자 그가 말했다.

"자네는 로슈(프랑스)의 감옥 얘기를 기억하고 있나. 보통 사람은 그 안에 들어가면 똑바로 설 수도 없고 편히 누워 있을 수도 없다네. 그래서 그 압박감으로 서서히 죽어간다더군. 현재의 정부관리 자리도 평균 키가 넘는 인간에게는 그 감옥과 같다네."

영국은 옛사람들을 찬양하고 현대인들을 과소평가하는 묘한 경향이 있어서, 많은 사람은 내가 버턴과 롤리^(엘리자베스 여왕의 총신, 1618년 사망)를 비교하면 깜짝 놀라곤 한다. 그러나 사실은 언론에서나 행동에서나 버턴이 훨씬 더 위대했다.

버턴은 훨씬 더 용감했고 탐험가로서도 더 많은 공적을 세웠다. 또 훨씬 뛰어난 학자로서, 롤리가 아무것도 모르는 세계에 대해 깊이 알고 있었다. 게다가 훨씬 더 위대한 저술가이자 뛰어난 개성의 소유자였다. 젊은 펨브룩 경이 언젠가 롤리의 따귀를 때린 적이 있었다. 제정신인 자라면 버턴을 때린다는 것은 아무도 생각지 못할 일이다.

그러나 귀족주의적인 엘리자베스 왕조 영국은 롤리에게 영예를 수여하고 중요한 자리에 앉혔다. 빅토리아 왕조 영국은 리처드 버턴을 위해 요직을 내주지도 않았고, 그에게 봉사할 기회도 주지 못했다. 생각해 보라, 버턴은 어떤 서유럽인보다 훨씬 더 근동의 사정을 깊고 자세히 알고 있었다. 그리고 문학적인 아랍어와 이집트와 수단에서 쓰이는 온갖 방언의 달인이었다.

그런데도 우리는 이집트를 점령했을 때, 이집트 통치를 위해 더블린 경을 파견했다. 그리고 리처드 버턴에게는 작은 영사직을, 마치 개에게 뼈다귀를 주듯이 던져줬을 뿐이었다. 더블린은 아랍어를 전혀 몰랐고, 이집트에 대해서도 아는 것이 없었다. 그러나 그 어느 쪽에 대해서든지 지구상의 누구보다도 정통한 버턴은 그 말 많고 팔방미인인 아일랜드 귀족보다 천 배나 더 유능했다.

나는 깊이 생각한 결과, 이렇게 말하고자 한다. 이집트에서 영국이 벌인 모든 잘못은 오직 이 차이에서 생겨난 것이라고.

더블린을 임용한 것은 글래드스턴(1868~94년 사이에 네 번 이나 수상이 된 자유당 당수)이었다. 그는 또, 자신과 마찬가지로 아는 것 없고 사리에 어두운 어느 저널리스트의 도움말을 그대로 받아들여 고든(나중에 이집트에서 토민군의 습격을 받아 살해된 장군)을 수단에 파견했다.

버턴은 다음과 같이 쓰고 있다.

"영국은 자국이 세계최대의 이슬람제국이라는 뚜렷한 사실을 잊고, 문관 임용시험에서도 아랍어보다 그리스어, 라틴어 지식에 더 중점을 두었다……"

여기서 화제를 다시 한 번 버턴에게 돌려야 한다. 이번에는 리턴 경과 자리를 같이했을 때, 버턴과 함께 보낸 어느 날 밤의 이야기를 하고 싶다. 그전에 리턴 경은 인도 부왕(副王)을 역임했다. 그는 자신이 그 요직에 전혀 알맞지 않은 사람이라는 것을 스스로 잘 알고 있었던 처음이자, 오직 하나뿐인 부왕이었다. 그는 평소에 자주 이렇게 말했다.

"나는 나보다 열등한 사람이 인도에 파견되는 것을 막기 위해 인도에 머물고 있었을 뿐이다."

나중에 나는 그에게 왜 버턴을 그 임무에 추천하지 않았느냐고 물었다. 리턴 경은 버턴의 훌륭한 재능을 어느 정도 알고 있었다. 내 물음에 그는 이렇게 소리쳤다.

"누구도, 절대로, 그를 파견하지 않을 거네. 버턴에게 어울리는 직함도 지위도 없을 뿐만 아니라, 그는 지나치게 자주적이거든."

천재에 대한 영원한 공포와 혐오!

나는 예전에 베니스에 머물던 중에 시간이 남아돌아 주체하지 못했던 때가 있었다. 그때 문득 건너편 기슭의 트리에스테에 버턴이 있는 것을 떠올렸다(그때 그는 그곳에서 영사를 지내고 있었고, 그곳은 그에게 영면의 땅이 되기도 했다). 나는 당장 다음 기선을 타고 버턴의 집을 방문했다.

내 눈에 들어온 것은, 우리 안에서 죽어가고 있는 사막의 사자였다. 그는 실의에 빠진 채 어려운 처지로 죽어가고 있었다. 그토록 뛰어난 재주와 기질을 쓸 희망이 없어서 죽어가고 있었던 것이다. 그의 영혼은 트리에스테에서 살아가는 데 의지가 될 만한 것을 하나도 찾지 못했다. 버턴은 뛰어난 문학자였지만, 마음속으로는 행동하는 사람이고, 위대한 지도자이며, 나아가서 더욱더 위대한 통치자였다.

어느 날 오후 함께 외출한 우리는 작은 찻집에 들렀다. 그곳에서 뜻밖에 나는 버턴의 인생조정법에 대해 실험적인 교훈을 배웠다. 그는 독일어도 잘했지만, 이탈리아어는 더욱 유창했다. 그는 가게 사람들과 근처 사람들을 직관적으로 알고 있는 것처럼 보였다. 불과 몇 분 안에 모든 사람의 믿음과 칭찬을 받았다. 그는 약 30분 동안 즐거워하는 청중들을 향해, 단테의 말을, 그 위대한 피렌체 사람의 글을 풍부하게 인용하면서 얘기를 이어갔다.

그날 밤, 버턴은 자신의 생애에 있었던 여러 사건에 대해 얘기해 주었다. 그는 인도 육군에 있었을 무렵, 자주 원주민으로 변장하여 그들 사이를 어슬렁거리며 돌아다녔다. 물론 동료 장교들은 그의 우월함에 반감을 품고, '백인 니거(흑인을 낮춰 부르는 말)'라 부르며 업신여겼다. 그러나 버턴은 그런 말을 마음에 두지 않고 웃어넘겼다. 찰스 네피어는 그런 그에게 칭찬과 후원을 베풀어주었다. 역시 '영웅은 영웅을 알아보는 법'이다.

네피어 장군의 요청으로 버턴은 유명한 '보고서'를 작성하여 제출했지만, 불행하게도 그것이 뭄바이 정청으로 들어가 인도에서 버턴의 승진 가능성은 사라지고 말았다. 이것 역시 질투심 강하고 어리석은 평범한 사람들에 의해 입은 상처로서 이러한 일들이 위대한 인생에 수없이 되풀이된 비극이다.

나는 또 《향기로운 정원》에 대한 감상을 물었다. 버턴은 어느 기간 동안 이 책의 번역과 주석에 전념했다. (그러나 버턴이 죽은 뒤, 품위 있는 숙녀였던 부인은 이 번역서를 다른 귀중한 일지와 함께 불태워 버리고 말았다.) 그의 이야기로는, 신중하게, 충격을 주지 않고 영국에 알리겠다는 생각으로 언론의 자유를 행사한 것이라고 한다.

"하지만 이젠 너무 늦은 것 같군." 버턴은 덧붙였다. "영국은 뭔가 커다란 패배와 맞닥뜨리려 하고 있어. 허위와 범용이 결혼한 셈이지." ……그의 어조는 다시 격해졌다. 그래서 나는 화제를 바꿔야겠다고 생각했다…….

나는 평소에 칼라일과 버턴을 영국에 주어진 가장 위대한 통치자로 생각하고 있었다. 전자는 영국 자신을 위한, 후자는 이슬람 민족을 위한.

그러나 칼라일은 청교도이고, 음치이며, 아름다움을 이해하지 못하는 장님이었다. 한편, 버턴은 그 정반대에 있었다. 그는 동양과 미개인의 모든 악덕에 정통한, 터무니없는 욕정을 가진 관능주의자였다. 그의 야성적이고 돌출된 두툼한 입술은, 나에게 《아라비안나이트》라는 호색문학의 연구에 몰두한 그의 동기를 충분히 말해 주었다……

버턴의 지위는 동양의 한 왕좌에 버금갔으며, 명예롭지 못한 사무적인 일이나 하는 영사는 아니었다. (프랭크 해리스의 저서 《현대인물론》에서)

〈역주〉

(1) 스위스 여행가이자 이슬람학자로서 거의 평생을 동양에서 보낸 존 루이스 부르크하르트는 버턴보다 이전에, 즉 1814년에 메카를 순례했지만, 그도 역시 그 밖의 두세 사람과 마찬가지로 유럽인 이슬람교도로서 순례한 것에 지나지 않는다.

(2) 스탠리 레인 풀(Stanley Lane-Poole)은 출생지를 하트퍼드셔(Hartfordshire)의 바람하우스라고 했는데, 나중의 조사에서 토키인 것이 밝혀졌다. 쳄버의 신판(新版) 《전기사전(傳記辭典)》에 나와 있다.

(3) 1848~49년에 영국군과 시크교도 사이에 두 번째 전쟁이 벌어졌다.

(4) James Augustus Grant는 1860~63년에 스피크와 함께 나일 강 수원지를 답사했다. 《아프리카 횡단기 *A Walk Across Africa*》와 그 밖의 저서가 있다. 1827~92년.

(5) Samuel White Baker는 1864년에 알버트 니안자 호수를 발견하고, 1879년에는 키프로스 섬을 답사했다. 1821~93년.

(6) David Livingstone은 스코틀랜드의 선교사이자 탐험가. 누가미 호수를 발견한 뒤(1849)부터 아프리카 탐험에 종사하면서 1866년에는 제2차 대탐험을 감행했다. 이때 열병에 걸려 탕가니카 호숫가에서 휴양했는데, 본국에서는 소식을 알 수 없어서 헨리 모턴 스탠리 경이 그 행방을 조사하여, 매우 어려운 조건을 무릅쓰고 온 힘을 다한 끝에 마침내 리빙스턴과 다시 만났다. 이 극적인 모험여행은 스탠리의 《어떻게 리빙스턴을 발견했나 *How I Found Livingstone*》(1872)를 통해 세계적으로 유명해졌다. 1813~73년.

(7) William Gifford Palgrave를 가리키며, 여행가, 아라비아 학자로서 이름을 떨쳤고 1884년에 우루과이에 영국대사로 부임했다. 《중앙 및 동부 아라비아에서의 1년 동안 여행기》, 《동양문제 평론》 등의 저서가 있다. 1826~88년.

고산고정일(高山高正一)

서울에서 태어나다. 성균관대학교국문학과졸업. 성균관대학교대학원비교문화학과졸업. 소설 「청계천」으로 「자유문학」 등단. 1956년~현재 동서문화사 발행인. 1977~87년 동인문학상운영위집행위원장. 1996년 「한국세계대백과사전」 편찬주간발행. 지은책 「청계천 사람들」 「불굴의 혼·박정희」 「한국출판100년을 찾아서」 「愛國作法·新文館 崔南善·講談社 野間淸治」 「망석중이들 잠꼬대」 「高山 大三國志」 「불과 얼음 17일 전쟁 장진호」 「세계를 매혹한 최승희」 한국출판문화상수상, 한국출판학술상수상.

World Book 137

Richard Francis Burton

THE BOOK OF THE THOUSAND NIGHTS AND ONE NIGHT
아라비안나이트 V

리처드 버턴/고산고정일 옮김

1판 1쇄 발행/1969. 12. 12
2판 1쇄 발행/2010. 12. 12
2판 4쇄 발행/2022. 9. 1
발행인 고윤주
발행처 동서문화사
창업 1956. 12. 12. 등록 16-3799
서울 중구 마른내로 144(쌍림동)
☎ 546-0331~2 Fax. 545-0331
www.dongsuhbook.com

잘못 만들어진 책은 바꾸어 드립니다.

✱

이 책의 출판권은 동서문화사가 소유합니다.
의장권 제호권 편집권은 저작권법에 의해 보호를 받는 출판물이므로
무단전재와 무단복제를 금합니다.
사업자등록번호 211-87-75330
ISBN 978-89-497-0678-8 04080
ISBN 978-89-497-0382-4 (세트)